etunion

. Jahrhunderts

rene Gebiete,
viedererworben wurden

Folgende Unionsrepubliken sind mit Zahlen bezeichnet:

1 Estnische SSR
2 Lettische SSR
3 Litauische SSR
4 Weißrussische SSR
5 Moldauische SSR
6 Georgische SSR
7 Azerbajdžanische SSR
8 Armenische SSR
9 Tadžikische SSR
10 Kirgisische SSR

KRÖNERS TASCHENAUSGABE BAND 244

Manfred Alexander

Günther Stökl

Russische Geschichte

Von den Anfängen bis zur Gegenwart

7., vollständig überarbeitete
und aktualisierte Auflage

Mit 9 Karten

ALFRED KRÖNER VERLAG STUTTGART

Alexander, Manfred
Stökl, Günther
Russische Geschichte
Stuttgart: Kröner 2009
(Kröners Taschenausgabe; Band 244)
ISBN 978-3-520-24407-9

Gesamtherstellung: Friedrich Pustet, Regensburg

INHALT

DER MOSKAUER STAAT

DAS PETERSBURGER IMPERIUM

DIE KOMMUNISTISCHE SOWJETMACHT

DIE RUSSLÄNDISCHE FÖDERATION

UMSCHRIFT UND DATIERUNG

Die Wiedergabe russischer und ukrainischer Wörter in Lateinschrift folgt im allgemeinen der philologisch-wissenschaftlichen Transkription. Es sind danach auszusprechen:

s	wie s in ›muss‹ (stimmlos)
š	wie sch in ›Schule‹ (stimmlos)
z	wie s in ›Rasen‹ (stimmhaft)
ž	wie j in ›Journal‹ (stimmhaft)
c	wie deutsches z
č	wie tsch in ›Peitsche‹
šč	wie schtsch
e	wie ›je‹
ë	wie ›jo‹ (betont)
ė	wie ä
y	wie dumpfes i

’ hinter oder ´ auf einem Konsonanten bedeutet dessen j-Erweichung. Von diesem Transkriptionsprinzip wurde – vor allem bei Eigennamen – dann abgegangen, wenn eine bestimmte Form der Wiedergabe im Deutschen völlig eingebürgert ist (also ›Zar‹, nicht ›Cań‹, ›Jel’cin‹, nicht ›El’cin‹). In einzelnen Fällen bringen Parallelformen wie Aleksandr (Nevskij) und Alexander (I.) den Unterschied zwischen dem europafernen Moskauer und dem europäisierten Petersburger Russland zum Ausdruck.

Für Ereignisse in Russland folgt die Datierung, wenn nicht beide Daten angegeben sind, dem bis zum 1. Februar 1918 in Russland verwendeten julianischen Kalender. Um das Datum unserer (gregorianischen) Zeitrechnung zu erhalten, muss man dem julianischen Datum im 16. und 17. Jahrhundert zehn, im 18. Jahrhundert elf, im 19. Jahrhundert 12 und im 20. Jahrhundert 13 Tage hinzufügen.

VORWORT ZUR ERSTEN AUFLAGE

Russland, das den Menschen des mittelalterlichen Abendlandes nur vom Hörensagen bekannt war, ist heute Tag für Tag in aller Munde. In diesem Wandel spiegelt sich das Wachsen der russischen Macht, und dieser Wandel weckt das Bedürfnis, Russland geschichtlich zu verstehen und zu erklären. Es fehlt nicht an berufenen und unberufenen Versuchen solcher Erklärung, und man mag mit Recht die Frage stellen, ob es erforderlich war, einen weiteren Versuch hinzuzufügen, zumal die Fortschritte der historischen Wissenschaft jede Zusammenschau durch einen einzelnen als ein die Kräfte übersteigendes und darum unerreichbares Ziel erscheinen lassen. Was allein versucht werden konnte, war dies: Die Ergebnisse der Wissenschaft und die eigene Interpretation zu einer Handreichung zu vereinigen, deren erhoffter Nutzen mehr im Öffnen von Zugängen für weiteres Nachdenken und Forschen als im Anbieten fertiger Thesen bestehen sollte. So wenig die historische Synthese der Vereinfachung und Verallgemeinerung entraten kann, so sehr muss sie sich vor einseitiger Vereinfachung und vor billiger Verallgemeinerung hüten. Dass dies mit einer Scheu vor dem Werturteil, auch dem moralischen Werturteil, über Geschichtliches nichts zu tun hat, wird der Leser erkennen.

Im Mittelpunkt der Darstellung steht das Wachstum der russischen Macht, die politische Geschichte. Diese folgt eigenen Antrieben, vollzieht sich aber jeweils in einem komplizierten Zusammenhang innerer und äußerer, geistiger, sozialer und wirtschaftlicher Kräfte, die im Rahmen des Möglichen mit darzustellen waren, weil sie mitgesehen werden müssen. Nur aus der vollen Wirklichkeit des geschichtlichen Lebens, deren Erkenntnis jedes sinnvolle Bemühen der Geschichtswissenschaft anstrebt, ohne sich doch in der Fülle des Faktischen zu verlieren, lässt sich die Schicksalsfrage nach dem geschichtlichen – und gegenwärtigen – Verhältnis Russlands zu Europa und Asien, zwischen die es unentrinnbar hineingestellt ist, versuchsweise beantworten. Wenn die Antwort mehr in die Nähe eines ›sowohl – als auch‹ gerät als in die eines ›entweder – oder‹, so scheint mir darin nicht nur quälende Zwiespältigkeit, sondern auch Hoffnung zu liegen.

Ich habe dem Verlag zu danken für die Anregung zu diesem Buch und für die Geduld, mit der er das Werden des Manuskriptes begleitet hat, meinem Assistenten, Herrn Dr. Hans Lemberg, für die Zusammenstellung der Stammtafeln und für das Entwerfen der Karten, und all denen, die in Vergangenheit und Gegenwart die Geschichte Russlands zum Gegenstand ihres Forschens gemacht haben, für die Belehrung, die ich aus ihren Arbeiten schöpfen konnte.

Köln, Silvester 1961 *Günther Stökl*

VORWORT ZUR SIEBTEN AUFLAGE

Bücher leben in der Zeit und spiegeln ihre Zeit. Als Günther Stökl 1962 die erste Auflage der *Russischen Geschichte von den Anfängen bis zur Gegenwart* herausbrachte, geschah dies zu einem Zeitpunkt großer Machtentfaltung der Sowjetunion und der optimistischen Vorstellung vom Generalsekretär der KPdSU Chruščëv, die Länder des ›Kapitalismus‹ einholen und letztlich überholen zu können. Das Bild des Auslands von der Sowjetunion war noch durch die Gräuel der Stalinzeit geprägt, deren Aufklärung Chruščëv eingeleitet hatte. Die deutsche Wahrnehmung der Weltmacht Sowjetunion setzte die Erfahrung des Zweiten Weltkriegs fort, in dem Hitlers Angriffskrieg in der Tiefe Russlands zum Stocken gekommen und die Soldaten der Roten Armee auf ihrem Siegeszug nach Westen die Landkarte Europas gründlich verändert hatten. Wenigen Deutschen galten diese Ereignisse damals als ›Befreiung‹, eher als Vergeltung und Züchtigung für den Hochmut der Nationalsozialisten. Die Flüchtlinge, die Vertriebenen, die Kriegsgefangenen und Deportierten hatten wenig Anlass, über das damalige Russland Positives zu denken.

Die Informationsquellen über die russische Geschichte waren 1962 noch beschränkt: Der erste Band des *Handbuchs der Geschichte Russlands* erschien erst 1981, fremdsprachige Literatur blieb Vielen noch verschlossen, deutschnationale oder gar nationalsozialistische Darstellungen älteren Datums genügten weder den historischen noch den aktuellen politischen Bedürfnissen. Unter diesen Voraussetzungen hat Günther Stökl sein Werk bewusst zwischen einem Handbuch, das dann ganze Generationen von Studenten auch zum ›Lernen‹ verwendeten, und einer popularisierenden Darstellung angesiedelt, deren stilistische Brillanz bewundert wurde.

Die Zeiten haben sich geändert: Die Sowjetunion gehört der Vergangenheit an, und viele Erwähnungen im Text, die sich nicht direkt auf die Zeit ihres Bestehens beziehen, sind damit überholt. Das genannte *Handbuch* vermittelt wissenschaftlich gesicherte Kenntnis und die Übersicht über die grundlegende Literatur zu diesem Thema; zahlreiche Monografien unterschiedlicher Qualität betrachten den Verlauf der russischen Geschichte insgesamt oder in Teilbereichen; der ›Markt‹ ist unüberschaubar geworden. Unter diesen Bedingungen das Buch von Günther Stökl wieder aufzulegen, es auf einen anderen Leserkreis hin auszurichten, es im Umfang zu kürzen, in der Darstellung zu verdichten, zu aktualisieren und in die Gegenwart hin fortzuschreiben, ist eine mutige Entscheidung des Verlags, der damit einerseits die Bedeutung dieses Werkes würdigt und andererseits dem Bearbeiter eine fast unlösbare Aufgabe übertragen hat: Eine Straffung des Textes, eine Akzentuierung der historischen Abläufe und eine Verminderung von fremden Namen und Begriffen sollen dem Buch eine Möglichkeit geben, über die Modernisierung in Äußerlichkeiten hinaus den veränderten Lesegewohnheiten Rechnung zu tragen und einem erweiterten Kreis von Lesern den Einblick in die Geschichte der größten Landmacht der Erde zu vermitteln. Für die Unterstützung in dieser Arbeit danke ich den Lektoren des Kröner Verlags, Frau Dr. Aparicio Vogl und Herrn Alfred Klemm, die manche stilistische Verkrampfung geglättet, Unachtsamkeiten aufgedeckt, Fachbegriffe verdeutlicht und die äußere Form des Buches (einschließlich der Karten) gestaltet haben.

Die Geschichte aber geht weiter, auch wenn der vorliegende Text zu einem Ende kommen musste, das zum einen vom Verlag vorgegeben wurde, zum anderen auch inhaltlich sinnvoll ist. Die Darstellung sollte mit der Wahl des neuen Staatspräsidenten Medvedev und des Ministerpräsidenten Putin enden, die gemeinsam Kontinuität und innere Ruhe zu verkörpern schienen. Die weiteren Ereignisse des Jahres 2008 brachten aber auch andere Kontinuitäten in den Blick: eine von der Versuchung der Macht und eine von deren Gefährdung, die die Brüchigkeit des Erreichten enthüllten. In der Auseinandersetzung mit Georgien und der Ukraine offenbarte Moskau seinen Anspruch auf einen Großmachtstatus und ließ alte Befürchtungen über seine Unzuverlässigkeit wieder aufleben; in der Finanz- und Wirtschaftskrise, die am Ende des Jahres 2008 begann und auch Russland hart getroffen hat, erweist sich die russische Wirtschaft als tief in globale Zusammenhänge eingebunden und von deren Konsequenzen betroffen.

Die Zeitgeschichte ist offen für unerwartete Ereignisse und für kontroverse Deutungen. Der Historiker ist aber nur ein rückwärtsgewandter Prophet, der im Nachhinein zu erklären versucht, wie und warum es zu einer bestimmten Entwicklung gekommen ist; die Zukunft zu deuten ist ihm unmöglich. Dies erzwingt Zurückhaltung und einen offenen Schluss des Textes.

Der Bearbeiter hat aus dem Werk von Günther Stökl, das vor fast 50 Jahren in der ersten Auflage erschien, selbst viel gelernt; das Studium bei seinem Autor hat ihn geprägt, und das Bewusstsein der Verantwortung gegenüber dem Buch und seinem Verfasser hat die Überarbeitung geleitet und belastet. Sie möge der *Russischen Geschichte von den Anfängen bis zur Gegenwart* in ihrer jetzigen Gestalt zugutekommen.

Köln, im Januar 2009 *Manfred Alexander*

FRÜHZEIT UND KIEVER REICH

Einleitung und geografische Voraussetzungen

Der Gegenstand

Russland ist als Großmacht in die Politik zurückgekehrt, und nach dem Ende der Weltmacht Sowjetunion, in die Russland aufgegangen schien, treten die alten Probleme der russischen Geschichte wieder hervor. Russische Geschichte ist zum einen die Geschichte der Ostslaven, die ihre erste Staatlichkeit in der Kiever Ruś fanden, über den Moskauer Staat zum Kern eines Imperiums aufstiegen und nach Ende der Sowjetunion heute im Wesentlichen in drei Staaten leben: Russland, Ukraine und Weißrussland. Russische Geschichte ist aber seit ihrem Beginn nicht nur Geschichte der ›Großrussen‹ als Teil der Ostslaven (neben den heutigen Ukrainern und Weißrussen), sondern umfasst auch die Nachbarn aus anderen Sprachgebieten, mit denen diese zusammenlebten. In der russischen Geschichte verbindet sich also die Geschichte eines ›Volkes‹ mit der Geschichte eines Vielvölkerstaates. Die Spannung zwischen einer ›nationalen‹ Geschichte der Russen und einer Geschichte der Territorien, bevor sie von den ›Russen‹ dominiert wurden, durchzieht die Betrachtung bis heute.

Wollte man die vorrussische Geschichte der verschiedenen Völker in die russische Geschichte mit einbeziehen, so ergäbe das eine Geschichte Eurasiens, genauer eine Geschichte des östlichen Europa und des nördlichen Asien mit keinem anderen Ordnungsprinzip als dem der räumlichen Kontinuität. Die sowjetische Konzeption der ›Geschichte der UdSSR‹ strebte dies an, indem sie die Machtexpansion des russischen Staates verschleierte und eine Folgerichtigkeit bis zum Ziel aller Geschichte im Sinne der kommunistischen Heilslehre vortäuschte. Aber weder die griechischen Kolonien an der Nordküste des Schwarzen Meeres noch die Goten in den Steppen zwischen Dnepr und Dnestr, weder die christlichen Königreiche der Armenier und Georgier noch die islamisch geprägten Herrschaftsgebilde Zentralasiens, weder der chazarische Händlerstaat am Unterlauf von Wolga und Don noch das Reich der Mongolenchane sind ›russische‹ Geschichte. Andererseits hörte die russische Geschichte auch nicht auf, wenn der Staat zerfiel und Teile des russischen Volkes unter fremde Herrschaft gelangten. Volk und Staat sind als Träger der russischen Geschichte in wechselvoller Weise aufeinander bezogen.

Diese Vielfalt zeigt sich auch in der Entstehung der modernen Nationen, zu denen die Ostslaven geworden sind: Was als ›Kiever Ruś‹ gemeinsam begann, hat sich im Verlauf der Geschichte auseinander entwickelt und ist schließlich zu den Großrussen, den Ukrainern und den Weißrussen (früher ›Weißruthenen‹) von heute geworden. Deren Erwachen zu nationalem Selbstbewusstsein ist erst ein Ergebnis der nationalen Bewegung im 19. Jahrhundert, und die Gründung souveräner Nationalstaaten erfolgte erst nach dem Zusammenbruch der Sowjetunion. Die Wege liefen jedoch schon seit dem Mongolensturm im 13. Jahrhundert auseinander, als die westlichen und südwestlichen Gebiete der alten Ruś die Rettung aus der nationalen Katastrophe in einem Anschluss an das Großfürstentum Litauen suchten, während der Nordosten für mehr als zwei Jahrhunderte unter tatarische Fremdherrschaft geriet, ehe das aufstrebende Moskauer Großfürstentum die Rolle des Einigers und Befreiers übernehmen konnte. Die Ausgliederung des ukrainischen und des weißrussischen Volkes aus der ursprünglichen Gemeinsamkeit der Ruś ist dabei ein Ergebnis ihrer andersartigen politischen, sozialen und kulturellen Entwicklung.

In deren jeweiligem Geschichtsbewusstsein spiegelt sich dieser Vorgang jedoch anders wider als in dem der Herrschafts- und Staatsvölker: der Großrussen, Polen und Litauer. Für Großrussen war und ist dies alles *russische* Geschichte, und zwar nicht nur Geschichte des russischen Staates, sondern Geschichte des russischen Volkes; die Verselbstständigung der Ukrainer und der Weißrussen gilt ihnen nur als eine Erscheinung jüngsten Datums ohne tieferen geschichtlichen Hintergrund. Ukrainer und Weißrussen dagegen übertragen ihr modernes nationales Selbstbewusstsein auf die Vergangenheit und entwerfen das Bild einer in sich geschlossenen Entwicklung, die aber, abgesehen von bescheidenen Episoden der Eigenstaatlichkeit, reine Volksgeschichte bleiben muss. Eben in diesen Episoden der Emanzipation von den Großrussen sehen andererseits die Litauer den Höhepunkt ihrer historischen politischen Leistung und die Polen den größten Erfolg ihrer abendländischen Kulturmission.

Der Historiker, der sich von einseitig nationalpolitischer Ausdeutung der Geschichte freihält, muss den Formenreichtum der geschichtlichen Wirklichkeit anerkennen und auf allzu einfache Deutungen in Zeit und Raum verzichten. Die Grenzräume und Übergangszonen der russischen Geschichte sind in ihrer Eigenart zu achten; nach Westen hin ist die Begegnung der griechisch geprägten Welt, der die Ostslaven nach Glaubensform und kultureller Herkunft angehören, mit der lateinischen Welt äußerst fruchtbar gewesen und hat unverwischbare Spuren hinterlassen. Nach Osten hin hat das Zusammenleben mit Völkern islamisch geprägter Kultur vielfältige Gestalt angenommen.

Erforschung und Darstellung

Die Begründung einer zentralen Herrschaft in Kiev und die Übernahme des Christentums aus Byzanz schufen die Voraussetzung für eine schriftliche Überlieferung der Entstehung und Festigung der ›russischen Geschichte‹. Dies geschah – wie bei anderen Völkern – zunächst in der chronologischen Aufzeichnung wichtig erscheinender Ereignisse. Sehr früh jedoch wurden diese schlichten ›Annalen‹ durch eingeschobene Erzählungen aufgelockert: Die ältesten erhaltenen Chroniken sind Kompendien des geschichtlichen Wissens ihrer

Zeit und bieten dieses Wissen in der ganzen Bandbreite von der knappen Nachricht bis hin zur kunstvollen literarischen Darstellung.

> Das ist die Erzählung der vergangenen Jahre, woher das russische Land kam, wer als erster in Kiev zu herrschen begann, und wie das russische Land entstand. So wollen wir diese Erzählung beginnen.

Mit diesem Satz beginnt die älteste russische Chronik, die in der erhaltenen Fassung auf das Jahr 1113 zurückgeht, aber eine Bearbeitung und Zusammenfassung vorhergehender Aufzeichnungen aus dem 11. Jahrhundert darstellt. Der letzte Bearbeiter war ein Mönch namens Nestor, nach dem der Text als ›Nestorchronik‹ bezeichnet wird; besser spricht man jedoch von der Erzählung der vergangenen Jahre (*Povest' vremennych let*). Die älteste erhaltene Handschrift dieses Textes ist allerdings gut zweieinhalb Jahrhunderte jünger: Ein Mönch namens Lavrentij (Laurentius) hat sie im Jahre 1377 geschrieben (*Lavrent'evskaja letopiś* = Laurentiuschronik). Schon dieser zeitliche Abstand zwischen Textgestaltung und Handschrift lässt die Schwierigkeiten ahnen, denen sich die quellenkritische Erforschung der altrussischen Chroniken gegenübersieht; wie nicht anders zu erwarten, schildert sie vor allem die politische Geschichte des russischen Landes: Die *Erzählung der vergangenen Jahre* wurde zu einem Zeitpunkt abgefasst, als das Großfürstentum Kiev unter Vladimir Monomach seine letzte Phase politischer Einheit erlebte; sie beschreibt den Aufstieg des Kiever Staates und seine Glanzzeit im 11. Jahrhundert. Die politische Zersplitterung der folgenden Zeit prägte auch die russische Annalistik, so dass der *Erzählung der vergangenen Jahre*, als der Wurzel des gemeinsamen Geschichtsbewusstseins, in vielen russischen Teilfürstentümern mehr oder minder lokale Fortsetzungen folgten. Schon die neben der *Laurentiuschronik* älteste Handschrift aus dem Hypatiuskloster in Kostroma (*Ipat'evskaja letopiś* = Hypatiuschronik) wurde zu einer galizisch-wolhynischen Chronik, die das südwestrussische Fürstentum Halyč-Wolhynien ins Zentrum stellte; dies wiederholte sich überall, wo politische und kulturelle Mittelpunkte von einiger Dauer entstanden: in den Stadtrepubliken Novgorod und Pskov (Pleskau), in den Fürstentümern Rostov und Vladimir, Tveŕ und Rjazań und vor allem im Fürstentum Moskau. Mit dem Aufstieg Moskaus setzte eine umgekehrte Entwicklung ein: Überall, wo sich die Macht des Moskauer Großfürsten durchsetzte, wurde die lokale Geschichtstradition durch die Moskauer Sicht ersetzt.

Zweierlei unterscheidet die russische Annalistik grundlegend von ähnlichen historischen Quellen im lateinischen Abendland: Zum einen wurden die altrussischen Chroniken erst sehr spät durch urkundliche Quellen in größerer Zahl ergänzt: Keine Urkunde stammt aus der Zeit vor dem 12. Jahrhundert, und erst im 15. Jahrhundert treten sie häufiger auf. Die Chroniken sind also für viele Jahrhunderte russischer Geschichte die Hauptquelle der historischen Erkenntnis, allerdings eine sehr ergiebige, differenzierte und bei entsprechender Kritik auch erstaunlich zuverlässige Quelle. Zum anderen blieb die russische Annalistik über einen viel größeren Zeitraum als jene des Westens in der Geschichtsschreibung vorherrschend. Das hängt zum Teil damit zusammen, dass der Buchdruck in Russland sehr spät begann und sich nur zögerlich durchsetzte. Bis in das 18. Jahrhundert hinein hat man die alten Chroniken abgeschrieben. So erklärt sich die große Zahl der erhaltenen Handschriften und die Fülle von Varianten und Kombinationen, die für die russische Geschichtswissenschaft die Chroniken und nicht die Urkunden zum wichtigsten Gegenstand der Quellenkunde und Quellenkritik gemacht haben.

Neben den letzten Ausläufern der Annalistik stehen in Russland dann unvermittelt die ersten Versuche einer modernen, kritischen Geschichtswissenschaft: Ein Mitarbeiter des Zaren Peters des Großen, Vasilij Nikitič Tatiščev (1686–1750), sammelte und sichtete als erster russischer Historiker und Autodidakt systematisch die Quellen für eine künftige Geschichtsdarstellung. Seinem Sammeleifer ist die russische Geschichtswissenschaft noch heute zu Dank verpflichtet, denn für seine fünfbändige, erst lange nach seinem Tod 1768 gedruckte *Russische Geschichte von den ältesten Zeiten an* hat er manche später verlorene Quelle benutzt.

Dem Außenseiter Tatiščev standen im petrinischen und nach-petrinischen Russland noch für längere Zeit überwiegend deutsche Gelehrte an der neugegründeten Petersburger Akademie der Wissenschaften gegenüber. Die Ablehnung der methodisch geschulten, aber auch manchmal überheblichen Ausländer verband sich in den Augen der Russen mit der damaligen politischen Situation im Lande, in dem Ernst Johann Biron als allmächtiger Günstling der Kaiserin Anna Ivanovna mit seinem deutschen Anhang die Staatsgeschicke lenkte. Der Königsberger Gottlieb Siegfried Bayer (1694–1738), der zu dieser Zeit die Theorie vom skandinavischen Ursprung des russischen Staates entwickelte und damit zum Begründer der ›normannistischen‹ Schule wurde, konnte so russischen Patrioten als Rechtfertiger der *Bironovščina*, der verhassten Deutschenherrschaft, erscheinen. Obwohl sich später zahlreiche russische Historiker der Bayer'schen Auffassung im Prinzip angeschlossen, erwies sich die nationalpolitisch bedingte Ablehnung seiner These bis in die sowjetpatriotische Geschichtsauffassung hinein, in ihrem Kampf gegen die ›Normannisten‹ jederzeit als wirkmächtig.

Ungeachtet dieses Streites waren die deutschen Historiker Bayer, Gerhard Friedrich Müller (1705–83) und August Ludwig von Schlözer (1735–1809) für die Entwicklung der russischen Geschichtswissenschaft bedeutsam, vermittelten sie doch eine wissenschaftliche, insbesondere philologische Methodik: Sie sammelten in großem Umfang historische Quellen und betätigten sich als deren Herausgeber; Schlözer schließlich leitete mit seinem *Nestor* (1802–09) die textkritische Arbeit an der ältesten russischen Chronik ein, die bis heute nicht abgeschlossen ist. Als Quellensammler und Geschichtsforscher bereiteten diese Historiker der Geschichtsschreibung des 19. Jahrhunderts den Weg.

Als erster russischer Fachhistoriker verfasste Nikolaj Michajlovič Karamzin (1766–1826) mit patriotischem Schwung eine zwölfbändige *Geschichte des russischen Staates* (1816–29), die unter den gebildeten Russen ein nationales Geschichtsbewusstsein entstehen ließ. Karamzins Werk blieb unvollendet und reicht inhaltlich nur bis zum 17. Jahrhundert; es war zwar methodisch nicht auf der Höhe der Zeit, fand aber durch seine literarische Qualität und patriotische Gesinnung, die im Lob der Autokratie gipfelte, große Anerkennung. National orientierte Historiker konnten hier später anknüpfen. Kritisch äußerten sich jedoch methodisch geschulte Historiker, denn für eine wissenschaftlich begründete Synthese der russischen Geschichte fehlten noch die Voraussetzungen, etwa eine systematische Sammlung und Veröffentlichung der wichtigsten Quellen.

Bemühungen in diese Richtung fanden unter dem Zaren Alexander I., der die Modernisierung Russlands im westlichen Sinne förderte, durch staatliche Initiativen und entsprechende Mittel Unterstützung. Zum Teil wurden die Universitäten Träger dieser Bestrebungen, bei denen das Interesse der Gesellschaft und die Förderung durch den Staat fruchtbar zusammenwirkten. Die erste ›historische Gesellschaft‹ entstand 1804 an der Moskauer Universität; die übrigen Universitäten folgten im Laufe der Zeit diesem Beispiel. In Publikationen dieser Institutionen ist eine nahezu unübersehbare Fülle von Quellen und Untersuchungen zur Geschichte Russlands zugänglich gemacht worden. Maßgeblich unterstützt wurden sie darin durch die 1834 gegründete ›Archäographische Kommission‹ der kaiserlichen Akademie der Wissenschaften in Petersburg, die Publikationen wie die *Sammlung der Staatsurkunden und Staatsverträge* (*Sobranie gosudarstvennych gramot i dogovorov*, 4 Bde., 1813–28, Bd. 5, 1894) herausgab und Sammlungsunternehmen wie die berühmte ›Archäographische Expedition‹ (1829–32) in russischen Bibliotheken und Archiven organisierte. Ihre Tätigkeit entsprach dem Geist der Zeit und kann mit dem Unternehmen der ›Monumenta Germaniae Historica‹ in Deutschland, deren erste Veröffentlichung 1826 erschienen war, verglichen werden, bis sie 1929 beim Umbau der Petersburger Akademie zur ›Akademie der Wissenschaften der UdSSR‹ aufgelöst wurde.

Die ›Archäographische Kommission‹ gab umfangreiche Sammlungen von Akten zur Rechtsgeschichte Russlands heraus und vor allem die *Vollständige Sammlung russischer Chroniken* (*Polnoe Sobranie russkich letopisej*), deren erster Band 1841 erschien und deren Reihe noch heute fortgesetzt wird. Andere Institutionen in der Provinz folgten dem Beispiel des Sammelns und Edierens; mit der Quantität der publizierten Quellen wuchs die Qualität der textkritischen Arbeit und es entfaltete sich die Geschichtswissenschaft in voller Breite. Dies zeigte sich an den großen Darstellungen der russischen Geschichte, die in der zweiten Hälfte des 19. Jahrhunderts einsetzten. Wie anderswo waren die russischen Historiker dabei in z. T. heftige Meinungskämpfe ihrer Zeit, die in hitzigen Gefechten nationalistischer und sozialistischer Ideologien ausgetragen wurden, verwickelt, wobei sich aber die besten Gelehrten fernhielten, weil sie sich von den Erfordernissen der Wissenschaft leiten ließen. Das gilt z. B. für Sergej Michajlovič Solov́ev (1820–79), dessen *Geschichte Russlands von den ältesten Zeiten an* (*Istorija Rossii s drevnejšich vremen*) von 1851 bis zum Tode des Verfassers in 29 Bänden erschien und in der Darstellung bis in die Zeit Katharinas II. reicht. Es ist dabei nicht nur der höhere Grad kritischer Quellenauswertung, die weit größere Breite des benutzten Materials und die unbefangen nüchterne Haltung gegenüber angeblicher historischer Größe, die Solov́ev vor Karamzin auszeichnen, sondern vor allem die Einsicht in größere Zusammenhänge geschichtlicher Entwicklung, die ihm Hegel und Ranke vermittelt hatten.

Vasilij Osipovič Ključevskij (1841–1911), Solov́evs Schüler, hat dessen enzyklopädische, breite Darstellung komprimiert. Seine Gesamtdarstellung unter dem Titel *Kurs der russischen Geschichte* (*Kurs russkoj istorii*) umfasst aber immer noch fünf Bände (1904–21). Der glänzende Stilist suchte dem ›Sinn der Geschichte‹ oder den historischen Abläufen auf die Spur zu kommen; die geschichtswissenschaftliche Kleinarbeit trat dahinter zurück, so dass man manchmal Jahreszahlen und Fakten bei Solovév nachlesen muss. Seit Ključevskij hat die russische Geschichtswissenschaft ihren Schwerpunkt in der Sozial- und Wirtschaftsgeschichte und nicht mehr in der Staats- und Institutionengeschichte, wie bei einigen seiner Vorgänger. Dies mag manchem seiner Nachfolger den Übergang in die sowjetische Geschichtsbetrachtung erleichtert haben.

Die letzte Phase der russischen Geschichtswissenschaft vor dem Umbruch des Jahres 1917 war zwar kein goldenes, aber immerhin ein silbernes Zeitalter, das zahlreiche bedeutende Talente in Kunst und Wissenschaft hervorgebracht hat und eine Zeit der selbstverständlichen Zugehörigkeit zu Europa darstellte. Auf dem Gebiet der Geschichte gehören zu diesem Zeitraum Gesamtdarstellungen, besser Lehrbücher, wie die von Sergej Fëdorovič Platonov (1860–1933) und Aleksandr Evgenevič Presnjakov (1870–1929), um diese Namen stellvertretend für viele andere zu nennen.

An diese Leistungen hat die Geschichtswissenschaft in der Sowjetunion nach fast zwei Jahrzehnten eines Niedergangs anknüpfen können, nachdem Stalin im Zweiten Weltkrieg ein sowjetpatriotisches und nationalistisches Geschichtsbild in die Ideologie hatte einbauen lassen und in der Historie ein nützliches Mittel zu diesem Zweck erkannt hatte. Darauf baut auch auf, was russische Historiker außerhalb des Sowjetbereiches und in Russland nach dem Ende der Sowjetunion sowie nichtrussische Historiker auf dem Gebiet der russischen Geschichte forschend und darstellend geleistet haben und leisten.

Der Schauplatz

Menschliches Leben und damit Geschichte spielen immer in einem konkreten Raum und sind dort den natürlichen Gegebenheiten unterworfen. Die russische Geschichte gilt im Besonderen als ein Produkt der Landesnatur; dies meinten nicht nur Außenstehende, die oft die Fremdartigkeit der Menschen und der dortigen Gesellschaft aus den geographischen Verhältnissen und dem Klima des Landes zu erklären suchten, sondern auch viele Russen selbst. Die Begegnung mit dem Westen Europas, die in der russischen Geschichte neuerer Zeit zentrale Bedeutung gewonnen hat, mag auf beiden Seiten die Wahrnehmung der Unterschiede betont haben; denn die reich gegliederten Landschaften des mittleren und westlichen Europa vermitteln ein anderes Lebensgefühl als die Waldebenen und Steppen Eurasiens. Bei einem Vergleich sollte man aber Folgendes bedenken:

Die russische Geschichte ist das Ergebnis eines langen Prozesses, in dem das gewaltige Territorium, über das sich das russische Imperium am Ende des 19. Jahrhunderts erstreckte, erst allmählich entstand; es erwuchs aus einem Kernraum von viel geringerem Ausmaß. Dieser umfasste das Gebiet der oberen Düna, der oberen Wolga und des oberen und mittleren Dnepr, damit also nur einen kleinen Teil des sogenannten europäischen Russland, und zwar den mittleren Westen. Dieses flache, wasserreiche Waldland, das nur im Süden zur Übergangszone der Waldsteppe aufgelockert wird, ist weder so groß noch seiner natürlichen Beschaffenheit nach von der benachbarten polnischen Landschaft so grundverschieden, dass sich daraus allein der Verlauf der russischen Geschichte erklären ließe. Zudem besitzt es keine natürlichen Grenzen. Die Möglichkeit einer Expansion wurde aber erst verhältnismäßig spät verwirklicht: Ein dauerhaftes Ausgreifen russischer Herrschaft und Siedlertätigkeit in den südlichen Steppenstreifen fand nicht vor dem 16., in das Gebiet jenseits des Urals praktisch nicht vor dem 17. Jahrhundert statt, und selbst der Norden des europäischen Russland ist erst spät und zögerlich einbezogen worden.

Drei Elemente bestimmen die Landschaft des europäischen Russland und die Lebensbedingungen der Menschen: Die Vegetationszonen, das Flusssystem und das Klima. Als Vegetationszonen folgen einander von Norden nach Süden die Tundra, dann der Wald – zunächst als reiner Nadelwald, weiter im Süden dann als Mischwald –, und zuletzt die Steppe. Zwischen Wald und Steppe schiebt sich die Waldsteppe mit einem schon stark aufgelockerten und Veränderungen von

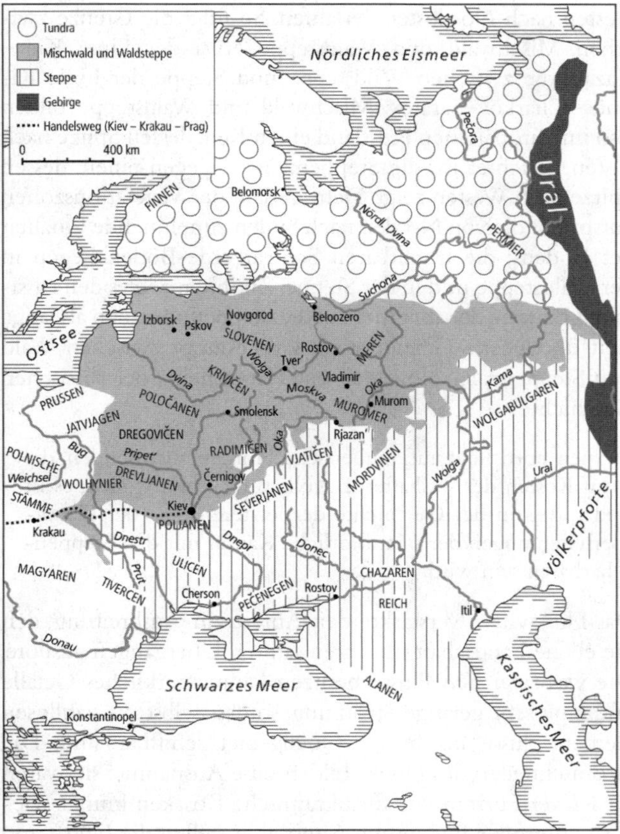

Karte 1: Landschaftstypen und ostslavische Stämme in der Frühzeit.

Menschenhand besonders ausgesetzten Baumbestand. Beiderseits der unteren Wolga geht die Steppe in eine wüstenähnliche Vegetationszone über, im asiatischen Teil Russlands, der dieselben Vegetationszonen aufweist, sogar in eine richtige Wüste. Wichtig ist, dass die Vegetationsstreifen von Südwesten nach Nordosten verlaufen. So folgt die Grenze zwischen Mischwald und Waldsteppe etwa der Linie Kiev–Kazań, die zwischen Waldsteppe und Steppe der Linie Kišinëv–Chaŕkov–Saratov. Mischwald und Waldsteppe bilden also im europäischen Russland einen Keil, dessen Spitze nach Osten gerichtet ist, die Steppenzone dagegen einen, dessen Spitze nach Westen zeigt. Dem Verlauf der Vegetationszonen entspricht die von Norden nach Süden zunehmende Qualität des Bodens; die fruchtbaren Schwarzerde-Böden liegen in der Waldsteppe und in der Steppe. Zu ihnen zog es den russischen Bauern, der aber hier auf die Steppennomaden als lange Zeit überlegene Gegner stieß. Der ›Kampf zwischen Wald und Steppe‹ galt Solovév als ein Hauptthema der russischen Geschichte:

> Asien hört nicht auf, räuberische Horden auszusenden, die auf Kosten der sesshaften Bevölkerung leben wollen; es ist klar, dass in der Geschichte der letzteren eine der Haupterscheinungen der unaufhörliche Kampf mit den Steppenbarbaren sein wird.

Das Flusssystem verstärkte den Anreiz zur Ausbreitung, den die ebene Landschaft mit ihren sanften Übergängen ausübte. Die wasserreichen Flüsse besitzen kaum merkliches Gefälle und eine sehr geringe Strömung, so dass selbst die zahllosen kleinen Flüsse bis in ihr Quellgebiet schiffbar sind. Die Stromschnellen des Dnepr bilden eine Ausnahme; sie waren für Kiever Fürsten wie für ukrainische Kosaken immer wieder von großer Bedeutung. Sonst aber stellen die Flüsse und Ströme Russlands bequeme, hindernisfreie und sichere Verkehrswege dar. Den dichten, straßenlosen Wald konnten die ostslavischen Siedler überhaupt nur auf Wasserläufen durchqueren; ihre Ansiedlung hielt sich entsprechend an die Hauptströme, folgte dann den Nebenflüssen stromaufwärts und stieß erst zuletzt in den Wald selbst vor. Außerdem liegen die Quellgebiete von Düna, Dnepr und Wolga so nahe beieinander, dass diese Ströme praktisch ein einziges System bilden. Über Nebenflüsse konnte man von dort auch leicht zum

Don und zu den Flüssen, die in das Eismeer münden, gelangen. Ehe diese Verbindung durch Kanäle verbessert werden konnte, transportierte man die leichten Boote über sogenannte Schleppstellen (*voloki*) über Land, ein Verfahren, das die Waräger auf ihrem Wege von der Ostsee ins Schwarze Meer ebenso anwendeten wie später die Kosaken bei der Erschließung Sibiriens. So lange die feindlichen Nomaden die Steppe beherrschten, boten die Flüsse also die sichersten Wege.

Flüsse sind aber nur dann bequeme Verkehrswege, wenn sie in die gewünschte Richtung fließen; andernfalls behindern sie den Verkehr empfindlich, und zwar nicht nur ihrer Größe und Breite, sondern auch ihrer vielfach sehr steilen Ufer wegen. Der Ost-West-Verkehr quer zu den Flussläufen war dadurch erschwert. Die südrussische Steppe, die von zahlreichen, tief eingeschnittenen Wasserläufen durchquert wird, war für die Nomaden und Kosaken ein schwieriges und hindernisreiches Gelände, das genaue Ortskenntnis erforderte und von größeren Verbänden nur auf den Wasserscheiden (*šljachi*) durchzogen werden konnte. Diese Tatsache erleichterte den ›Kampf des Waldes mit der Steppe‹ erheblich: Große Heere der Tataren rückten nur auf wohlbekannten Wegen heran, auf die sich die russischen Verteidiger konzentrierten.

Die Lebensbedingungen und Bewegungsmöglichkeiten des Menschen sind schließlich abhängig vom Klima. Russland hat, von der Schwarzmeerküste abgesehen, ein extrem kontinentales Klima mit langen, kalten und schneereichen Wintern und mit kurzen, heißen, normalerweise nicht besonders trockenen Sommern; die Härte des Klimas nimmt nach Norden und nach Osten hin zu. Die Übergangszeiten der Schneeschmelze im Frühjahr (*ottepel'*, ›Tauwetter‹) und der Herbstregen machen die unbefestigten Wege – vor allem im Schwarzerdegebiet – praktisch unpassierbar (*rasputica*, ›Zeit der schlechten Wege‹). Dies bedingt, dass in der russischen Geschichte der Krieg im Winter keine Ausnahme darstellt, die man zu vermeiden trachtete, sondern eine Normalerscheinung war, denn der Frühwinter (November, Dezember) eignet sich am besten für große Truppenbewegungen: Die Wasserläufe sind schon zugefroren, aber die großen Schneefälle stehen noch aus, und gegen die Kälte kann man sich schützen und sich an sie weitgehend gewöhnen. Ausländische Invasoren, wie Napoleon mit der ›Grande armée‹ im Jahr 1812, haben diese Regel oft zum eigenen Nachteil missachtet.

Die natürlichen Voraussetzungen des russischen Landes vermögen also Manches an der russischen Geschichte besser verständlich zu machen, aber entscheidend in der Geschichte ist nicht die Geografie, sondern der Mensch.

Die Besiedlung

Die Vorbevölkerung

Menschliche Siedlung hat es im Gebiet des späteren Russland seit der Steinzeit gegeben. Was Archäologen freilegten, erlaubt zwar gewisse Schlüsse auf die Lebensweise der Menschen jener Zeit, lässt vielleicht auch größere Zusammenhänge prähistorischer ›Kulturen‹ hervortreten, aber die Träger dieser Kulturen bleiben namenlos und stumm. Auch die spärlichen schriftlichen Quellen der antiken Welt über die Gebiete nördlich des Schwarzen Meeres lassen die weiten Räume des dicht bewaldeten Norden des Kontinents im Dunkel. Im Grunde sind es daher Analogien zu besser bekannten Gegenden und Rückschlüsse von einem viel späteren, historisch erfassbaren Zustand, mit denen man die ›Vorgeschichte‹ zu verstehen sucht, und damit bleibt diese, bis schließlich schriftliche Quellen auftauchen, im Bereich von Hypothesen und endloser wissenschaftlicher Kontroversen.

Der erfassbare Zustand stellt sich wie folgt dar: In den Steppenstreifen nördlich des Schwarzen Meeres kamen aus Asien durch die Völkerpforte zwischen Ural und Kaspischem Meer immer wieder nomadische Horden; hier lösten die

Völker und Namen einander in rascher Folge ab, beginnend mit den Skythen (8. Jahrhundert v. Chr.) und Sarmaten (4. Jahrhundert v. Chr.) und endend mit den Mongolen-Tataren (13. Jahrhundert n. Chr.). Das Waldgebiet nördlich davon war von Völkerschaften der finno-ugrischen Sprachfamilie bewohnt, die im Westen beiderseits des finnischen Meerbusens die Ostsee erreichten und mit ihrem östlichen, ugrischen Zweig über den Ural hinweg nach Asien hinübergriffen. Von der Ostseeküste ausgehend schlossen sich in südwestlicher Richtung die Balten an, und zwischen diesen und den dako-thrakischen Stämmen im Donaugebiet muss die sogenannte Urheimat der Slaven gelegen haben.

Auch in den nördlichen Wäldern gab es Bewegung, aber wegen mangelnder schriftlicher Quellen ist sie nur aus ihren Ergebnissen erkennbar: Man kann annehmen, dass der Wald ein viel langsameres Tempo der Binnenmigration erzwang als die offene Steppe. Vom Ergebnis her gesehen waren die Slaven durch ihre erstaunliche Ausbreitung nach allen Seiten die Hauptträger dieser Bewegung. Die slavische ›Urheimat‹, also jener Raum, von dem aus die Ausbreitung begann, ist weder durch archäologische noch durch andere Quellen eindeutig zu bestimmen; weder lässt sich eine bestimmte prähistorische Kultur mit den Slaven und nur mit den Slaven verbinden, noch bieten die spärlichen Angaben antiker Schriftsteller dafür genügend Anhaltspunkte. Lediglich die Sprachwissenschaft kann bisher Argumente liefern, die die Vorstellungen von der slavischen Urheimat über bloße Vermutungen hinausheben: Die ältesten erhaltenen Sprachdenkmäler zeigen das Slavische nicht mehr als eine einheitliche Sprache, sondern in drei voneinander unterscheidbaren Gruppen – einer westlichen, einer südlichen und einer östlichen Variante. Die Unterschiede zwischen ihnen sind noch relativ gering, so dass die slavische Spracheinheit nicht allzu lange vor dem erfassbaren Zustand gelegen haben muss; man setzt sie in die Zeit zwischen dem 4. vorchristlichen und dem 4. nachchristlichen Jahrhundert. Andere Argumente lassen auch eine gewisse räumliche Abgrenzung zu. Danach hätten die ›Urslaven‹ in dem Raum nördlich der Karpaten zwischen Weichsel, Düna und oberem Dnepr gelebt, ohne die Küste der Ostsee zu erreichen. Zwar gibt es kaum Meinungsverschiedenheiten darüber, dass hier die Urheimat der Slaven zu suchen ist, wohl aber darüber, ob es *nur* dieses Gebiet war. Polnische Forscher neigen dazu, dessen Grenzen nach Westen bis zur Elbe auszudehnen, russische dagegen greifen nach Osten über den Dnepr hinaus bis in das Gebiet der oberen Wolga und des oberen Don über. Dies zeigt bereits, dass die Frage nach den ursprünglichen slavischen Wohnsitzen vielfach mit Fragen des nationalen Prestiges vermischt wird. Sicher erscheint jedenfalls, dass die späteren russischen Westgebiete zwischen mittlerem Dnepr und oberem Dnestr sowie beiderseits des Pripet' sehr alter slavischer Siedlungsboden sind. Man hat sogar vermutet, dass die Unzugänglichkeit der Pripet'sümpfe die Slaven davor bewahrt hat, frühzeitig in die Bewegungen in der Steppe hineingezogen zu werden. Die fließenden Übergänge der Landschaft und die ausgedehnten Grenzzonen lassen noch heute Siedlungsgebiete und Sprachen ineinander übergehen. In einem – allerdings sehr kleinen – Teil des heute russisch besiedelten Raumes sind die Slaven also autochthon.

Die ursprünglichen Bewohner des späteren Russland unterschieden sich vor allem in ihrer Lebensweise voneinander, wobei Steppe und Wald die Bedingungen vorgaben. Aber auch innerhalb des Waldgebietes gab es Unterschiede: Während die finno-ugrischen Stämme vor allem von Jagd und Fischfang lebten, müssen Slaven und Balten früh auf waldfreien oder gerodeten Böden Ackerbau betrieben haben, obgleich auch bei ihnen Jagd, Fischfang und das Waldgewerbe der Zeidlerei – die Ausbeutung wilder Bienen – bedeutend waren. Als Ergebnis der Geschichte kann man feststellen, dass der slavische Bauer schließlich über den finnischen Jäger und den türkischen Hirtennomaden gesiegt hat. Voraussetzung dazu war die Ausweitung der ostslavischen Siedlungstätigkeit.

Die ostslavische Wanderung

In der *Erzählung der vergangenen Jahre* beschreibt der Chronist den Stand der ostslavischen Siedlung vor der Entstehung des Staates der Ruś wie folgt:

> So kamen die Slaven auch an den Dnepr und ließen sich da nieder und nannten sich Poljane, andere wieder Drevljane, denn sie wohnten in Wäldern; wieder andere siedelten zwischen Pripet' und Dvina (Düna) und hießen Dregoviči; andere saßen an der Dvina und nannten sich Poločane nach dem Flüsschen Polota, das in die Dvina mündet. Slaven wohnten auch um den Ilmensee, die nannten sich mit ihrem Namen, d. h. Slaven (Slovene), und bauten eine Stadt und nannten sie Novgorod. Wieder andere siedelten an der Desna, am Sejm und an der Sula, die hießen Severjanen.

Die älteste russische Chronik enthält in verschiedenem Zusammenhang mehrere solcher Stammeskataloge; die Aufzählungen weichen jedoch etwas voneinander ab, so dass außer den schon genannten noch andere ostslavische Stämme auftreten: die Kriviči, »die an den Oberläufen von Wolga, Dvina und Dnepr wohnen und deren Stadt Smolensk ist«, ferner die Bužane am Bug, die später Velynjane (Wolhynier) hießen. In einem Fall vermerkt der Chronist sogar eine Wanderung innerhalb des Slaventums und unterscheidet Ostslaven von den Ljachen, d. h. den Polen (Westslaven):

> Die Poljane lebten für sich und waren, wie gesagt, von slavischem Stamm und nannten sich Poljane, und ebenso waren die Drevljane Slaven und nannten sich Drevljane; die Radimiči und Vjatiči aber stammten von den Ljachen. Denn es waren zwei Brüder unter den Ljachen – Radim, der eine, und Vjatko, der andere –, die kamen und ließen sich nieder, Radim am Sož, und die nannten sich Radimiči, Vjatko mit seinen Leuten an der Oka, und von ihm nannten sie sich Vjatiči. Und es lebten in Frieden die Poljane und Drevljane, die Severjane, die Radimiči, die Vjatiči und die Chrvate. Die Dulebi lebten am Bug, wo jetzt die Velynjane sind, die Uliči und die Tiverci saßen am Dnestr bis an die Donau heran.

Nach der geografischen Ordnung ergibt sich daraus folgendes Bild: Die Slovenen oder Novgoroder lebten im Gebiet um den Ilmensee, die Poločanen in der Gegend von Polock, östlich davon in der Landschaft um Smolensk die Krivičen; südlich von ihnen siedelten von Westen nach Osten die Dregovičen an der Berezina, die Radimičen am Sož, die Vjatičen bis in das Gebiet der oberen Oka; südlich des Pripet', nordwestlich von Kiev, finden sich die Drevljanen mit dem Hauptort Korosteń, östlich von ihnen im Flussgebiet der Desna die Severjanen; in Kiev selbst sowie westlich und südwestlich davon wohnten die Poljanen, noch weiter im Westen, im Quellgebiet des Bug, in Wolhynien, die Duleben, und südwestlich von diesen am Nordostabhang der Karpaten die weißen Kroaten. Zeitweise scheinen die Ostslaven noch weiter nach Süden gelangt zu sein, aber die Mitteilung des Chronisten, dass die Tivercen zwischen Bug und Dnestr, die Uličen zwischen Dnestr und Prut im Küstengebiet des Schwarzen Meeres »Städte« von Dauer bauten, wird man mit Vorsicht aufnehmen müssen; dieses von den Griechen ›Groß-Skythien‹ genannte Gebiet war ein Teil der großen Völkerstraße von Osten nach Westen, und es ist wenig wahrscheinlich, dass die Ostslaven hier längere Zeit hätten unbehelligt bleiben können.

Unabhängig davon, ob der Chronist die Verhältnisse seines 11. Jahrhunderts schildert, als die Stämme schon keine wirkliche Bedeutung mehr besaßen, oder ob sein Bericht die Lage in der ersten Hälfte des 9. Jahrhunderts widerspiegelt, ist in jedem Fall nach den Gründen für die Ausbreitung der Ostslaven nach Norden, Osten und Süden zu fragen. Darüber sind jedoch nur Vermutungen möglich: Übervölkerung, Wanderlust, innere Streitigkeiten werden dabei stets im Spiel gewesen sein. Aber es lassen sich auch äußere Gründe anführen: 1. Ganz ungestört war die Ruhe des innereuropäischen Waldbezirks nicht, denn schon im 2. Jahrhundert durchquerten die Goten diesen Raum von der Weichsel- bis zur Dneprmündung und müssen dabei durch slavisches Siedlungsgebiet gezogen sein. Andere Germanenstämme folgten im 3. Jahrhundert und konnten die Slaven in Unruhe versetzen, auch wenn sie nicht so weit nach Osten gerieten. 2. Die Wohnsitze der Slaven lagen nahe der großen Völkerstraße im Süden; es ist nicht unwahrscheinlich, dass Teile von ihnen schon in den Sog der Hunnen gerieten; jedenfalls waren sie den Byzantinern in der ersten Hälfte des 6. Jahrhunderts als Nachbarn an der unteren Donau bekannt, wo sie nach 567 unter die Herrschaft der Awaren gerieten.

Die Berichte des Geschichtsschreibers der Goten Jordanes und des oströmischen Historikers Prokopios über die Völkerschaften nördlich der unteren Donau im 6. Jahrhundert haben zu sehr kühnen Hypothesen über die ostslavische Frühgeschichte Anlass gegeben: Beide erzählen übereinstimmend von den volkreichen Stämmen der Slaven (Σκλαβηνί, Σκλάβοι) und Anten (῎Ανται, ῎Αντες), beide versetzen die Slaven nach dem Westen in das Gebiet der Dnjestr- und Donaumündung, die Anten nach dem Osten, Jordanes allerdings westlich, Prokopios östlich des Dnepr. Da Prokopios zudem ausdrücklich erwähnt, dass Slaven und Anten sich in Sprache, Religion und Lebensweise kaum voneinander unterschieden, liegt die Annahme nahe, dass die Anten im Mündungsgebiet des Dnepr Ostslaven waren, aber die Quellen reichen nicht aus, um von einem ›Reich der Anten‹ als erstem ostslavischen Herrschaftsgebiet zu sprechen. Auch ist es bisher nicht gelungen, eine Kontinuität zwischen den Anten des 6. Jahrhunderts und dem Kiever Staat des 9. Jahrhunderts herzustellen. Dass Kij, der sagenhafte Gründer der Stadt Kiev, mit dem bei Prokopios genannten Anten Chilbudii identisch ist, lässt sich nicht beweisen; außerdem fehlen für diese Zeit im Dneprgebiet größere Bodenfunde, so dass dieses Gebiet damals nur eine sehr spärliche Bevölkerung aufgewiesen haben dürfte. Der russische Chronist kennt jedenfalls die Anten nicht.

Immerhin finden sich andere slavische Stammesnamen – Severjanen, Dregovičen, Poljanen, Krivičen, Drevljanen –, die die *Erzählung der vergangenen Jahre* nennt, auch in byzantinischen Quellen; dort bezeichnen sie slavische Gruppen, die über die untere Donau hinaus nach Süden vorgedrungen und auf der Balkanhalbinsel sesshaft geworden waren. Dies deutet wohl auf einen ursprünglichen Zusammenhang hin, den aber schon die Awaren offenbar zerrissen haben. Ihnen folgten im 7. Jahrhundert die Bulgaren, im 9. die Magyaren mit sicher ähnlicher Wirkung, während in der Zwischenzeit die Chazaren an der unteren Wolga und am unteren Don ihre Macht bis zum Dnepr ausweiteten.

Unklar ist, welcher Art all diese Stämme eigentlich waren, ob sie durch gemeinsame Abstammung zusammengehaltene Verbände darstellten oder territoriale Gemeinschaften um einen Siedlungsmittelpunkt bildeten. Die Namen der Stämme, soweit sie etymologisch zu deuten sind, sprechen eher für Territorialverbände, denn sie enthalten topografische Elemente: Poločane vom Fluss Polota, Poljane von *pole* (Feld), Derevljane von *derevo* (Baum) und wenn der Chronist für die Ostslaven in der Gegend des Ilmensees abwechselnd die Bezeichnungen *Slovene* und *Novgorodci* (Novgoroder) verwendet, so war in seiner Vorstellung der städtische Mittelpunkt des Territoriums bereits das kennzeichnende Stammesmerkmal. Der Name *Novgorod* (Neustadt) weist überdies darauf hin, dass hier schon die Besiedlung eines ›neuen‹ Gebietes erfolgt war, auch wenn die ›alte‹ Stadt der Novgoroder Slaven unbekannt ist.

Jedenfalls spricht aus der ältesten Chronik ein spürbares Überlegenheitsbewusstsein des Kievers über die Stämme weiter im Norden, die nach den ererbten Sitten und Gewohnheiten lebten und im Vergleich mit den Poljanen in und um Kiev rückständig und unzivilisiert wirkten. Über die Sitten und Gewohnheiten besagter Stämme können die Archäologen einige Aussagen machen. Danach ist ein Unterschied zwischen dem Süden und dem Norden, zwischen offener Waldsteppe und dem Gebiet dichten Waldes, feststellbar: Der Süden war kulturell weiter fortgeschritten, in den Methoden der Landwirtschaft ebenso wie in der Entwicklung verschiedener Handwerke. Ferner lassen sich anhand der archäologischen Befunde unterschiedliche Stammesgebiete abgrenzen, wodurch das lange vorherrschende Bild einer undifferenzierten Primitivität der Ostslaven vor der Staatsgründung überholt ist. Im Großen und Ganzen wird man sagen können, dass sich das materielle Leben der ostslavischen Stämme im 7. und 8. Jahrhundert wohl nicht allzusehr von dem der russischen Bauern im Mittelalter und weit darüber hinaus unterschied.

Viel schwieriger ist die Frage nach der sozialen und politischen Ordnung dieser Stämme zu beantworten. Die Überlieferung weiß so gut wie nichts von Stammesführern, aber mächtige und politisch erfolgreiche Persönlichkeiten hätten gewiss Spuren hinterlassen. Die Fürsten, die das Kiever Reich zusammenfügten und beherrschten, waren der Quelle zufolge sicher keine ostslavischen Stammesführer; aber sie hatten offenbar auch keine Schwierigkeiten, sich gegen solche durchzusetzen.

Andererseits weiß man nicht, wie die ersten Städte in diesem Gebiet entstanden sind, die der Chronist, wenn man von legendären Gründungssagen absieht, für das 9. Jahrhundert benennt. Die Archäologen konnten in den letzten Jahrzehnten nachweisen, dass sich im Kerngebiet zahlreicher späterer Städte im 8. Jahrhundert kleinere, zum Teil befestigte Siedlungen befanden, die zwar noch keine ›Stadt‹, aber vermutlich Siedlungsmittelpunkte mit einem Markt waren. Auch den Betrieb von Handwerken, vor allem solchen der Metallbearbeitung, konnte man in diesen Siedlungen nachweisen (z. B. Smolensk, Tveŕ, Černigov, Kiev). In anderen Fällen spielte offenbar die Lage am Rande des ostslavischen Siedlungsgebietes eine Rolle bei der Entstehung von Siedlungszentren; hier gab es Gelegenheit zum Handel mit den Nachbarn und die Notwendigkeit, sich zusammenzuschließen; Alt-Ladoga und später Novgorod am Volchov mit dem Zugang zur Ostsee und der Verbindung nach Skandinavien wären hier zu nennen, ferner Izborsk und Pskov als Grenzstädte im Nordwesten, Beloozero im Nordosten an der Šeksna im Gebiet der finnischen Vesen, im Osten Rostov, Murom und Rjazań, alle im Gebiet finnischer Stämme, der Meren, Muromer und Mordvinen, und mit leichtem Zugang zur Wolga. Stammeszentren können diese Städte in Gebieten, in die sich die ostslavische Siedlung eben erst vorschob, kaum gewesen sein. Umgekehrt können bei einer Reihe von Stämmen wie den Radimičen, Vjatičen und Severjanen weder der Chronist noch die Archäologen einen städtischen Mittelpunkt nennen. Es gab also Siedlungsmittelpunkte, deren Entstehung sich aus wirtschaftlichen und militärischen Gründen erklären lässt; ihre politische Bedeutung bleibt dagegen unklar; auch kann man kaum etwas darüber aussagen, ob sie etwa Mittelpunkte eines religiösen Kultes gewesen sind. Zwar ist es nicht vorstellbar, dass diese ›Stämme‹ ohne eine innere Ordnung gelebt haben sollen, aber kein Forscher, der darüber geschrieben hat, ist über Vermutungen und Hypothesen hinausgekommen: Solov́ev war der Meinung, dass der *rod* (Sippe) als eine auf Blutsverwandtschaft beruhende Einheit die ursprüngliche ostslavische Lebensweise gewesen sei. Er übertrug dabei die historisch belegten Beziehungen innerhalb der fürstlichen Sippe der Rjurikiden auf das vorgeschichtliche Stadium und verallgemeinerte ein dynastisches Prinzip zu einem sozialen; das ist sicher unzulässig, selbst wenn man außer Acht lässt, dass die Rjurikiden ursprünglich Skandinavier waren. Die Slavophilen glaubten dagegen an eine urtümliche demokratische Lebensform der Slaven überhaupt und der Ostslaven im Besonderen in Gestalt der Dorfgemeinde, der *obščina* oder, wie sie später hieß, des *mir*. Auch sie übertrugen eine relativ junge Organisation auf eine viele Jahrhunderte ältere Epoche, verallgemeinerten sie und machten aus ihr eine Ideologie. Der erbitterte Streit zwischen den Vertretern des ›Sippenlebens‹ (*rodovoj byt*) und den Vertretern des ›Gemeindelebens‹ (*obščinnyj byt*) war vom Standpunkt der Wissenschaft aus ein Streit mit gleich schlechten Argumenten; in der russischen Ideengeschichte des 19. Jahrhunderts hatte er allerdings seine Bedeutung. Aus den Quellen lässt sich für die Ostslaven weder das eine noch das andere beweisen.

Etwas weniger spekulativ ist der Versuch, die ostslavischen Verhältnisse aus Analogien mit anderen slavischen Völkern zu verstehen. So hat sich bei den Südslaven auf dem Balkan bis in die Neuzeit eine offenbar sehr alte Form des Zusammenlebens in Gestalt der Hausgemeinschaft (*zadruga*) erhalten. Nun ist es natürlich ebenfalls problematisch, eine Lebensform, die sich in den abgeschlossenen Tälern der adriatischen Küste erhalten hat und die in kroatischen Rechtsdenkmälern des 13. bis 15. Jahrhunderts genannt wird, auf die in ganz anderen Verhältnissen lebenden Ostslaven viel früherer Zeit zu übertragen, nur weil es sich in beiden Fällen um Slaven handelt. Aber es gibt in der Tat einen alten Begriff, der sowohl bei den Südslaven als auch bei den Ostslaven (in der *Russkaja Pravda*) vorkommt – die *verv'*; nur kann man von der *verv'* nicht *mehr* sagen, als dass sie eine soziale Organisation nicht allzu großen Umfangs mit gewissen rechtlichen Funktionen gewesen sein muss. Ob sie ein Geschlechterverband oder eine Dorfgemeinschaft gewesen ist, bleibt unklar; das eine konnte zudem in das andere übergehen, so dass sich die Prinzipien gar nicht säuberlich trennen lassen.

Aus dem Wenigen, was die Quellen über die frühen Ostslaven berichten oder was aus Analogien zu erschließen ist, geht hervor, dass zwar die Vorstellung kultureller Primitivität auf sie nicht in dem Maße zutrifft, wie man das lange Zeit für selbstverständlich gehalten hat, dass sie aber in ihrer sozialen und politischen Organisation unbestimmt bleiben. Und so trifft der Verfasser der ältesten russischen Chronik vielleicht den Kern der Sache, wenn er die Novgoroder Slovenen und die Krivičen zu den Warägern jenseits des Meeres sagen lässt: »Unser Land ist groß und reich, aber es ist keine Ordnung in ihm.«

Die Nachbarn

Die Siedelbewegung brachte die Ostslaven mit einer ganzen Reihe von Völkern in Berührung: In nördlicher und nordöstlicher Richtung drangen sie in Wohngebiete finnischer Stämme vor, was der russische Chronist auch vermerkt, wenn er bei der Berufung der Waräger auch die finnischen Čuden nennt. Von Konflikten zwischen den vordringenden Ostslaven und den alteingesessenen Finnen ist aber nicht die Rede.

Angesichts der dünnen Besiedlung kam es zu einem jahrhundertelangen Nebeneinander, das im Ergebnis zu einer weitgehenden Slavisierung der finnischen Stämme führte, obgleich sich in abgelegenen Gegenden einige von ihnen bis heute gehalten haben (Mordvinen, Čeremissen-Mari, Votjaken-Udmurten, Syrjänen-Komi). Aus dieser ostslavisch-finnischen Verbindung sind die Großrussen hervorgegangen. Außer Zweifel steht, dass die Ostslaven in jeder Beziehung die Überlegenen waren. Zum Teil führte diese Symbiose daher nicht nur zu einer Verschmelzung, sondern auch zu einer Verdrängung; Gleiches gilt auch für die slavisch-baltische Beziehung.

Die übrigen Nachbarschaftskontakte der ostslavischen Stämme waren ganz anderer Art: Ehe Rjurik (s. Seite 27) mit seinen Warägern ins Land gerufen wurde, so berichtet die *Erzählung der vergangenen Jahre*, zahlten die Poljanen, die Severjanen und die Vjatičen, also die südöstlichen Stämme, Tribut an die Chazaren, ein türkisches Nomadenvolk mit kaukasischen Elementen. Diese hatten im 7. Jahrhundert nördlich des Kaukasus und an der unteren Wolga ein Staatswesen errichtet, das wichtige Handelswege beherrschte, freundschaftliche Beziehungen zu Byzanz pflegte und über lange Zeit eine Vermittlerrolle in verschiedene Richtungen spielte. Die chazarische Herrschaft hatte die Form tributärer Abhängigkeit in verschiedenen Stufen und scheint nicht drückend gewesen zu sein, denn Christentum und Islam wurden in gleicher Weise toleriert, obwohl sich die führende Schicht der Chazaren im 9. Jahrhundert dem Judentum zuwandte. Zu ihrem Machtbereich gehörten auch die Wolgabulgaren, deren Herrschaftsgebiet am Unterlauf von Wolga und Don sie im 7. Jahrhundert erobert hatten. Ein Teil der türkstämmigen Bulgaren zog daraufhin nach Westen ab, um schließlich südlich der Donau ein neues mächtiges Staatswesen zu begründen; ein anderer Teil wich nach Norden aus und ließ sich im Gebiet der mittleren Wolga und der unteren Kama nieder. Diese Wolgabulgaren, deren Nachkommen die heutigen Čuvašen sind, kamen durch die Beherrschung des Wolga-Handelsweges zu Reichtum und Macht, blieben aber von den Chazaren als den Herren der Wolgamündung wirtschaftlich und politisch abhängig. Unter ihre Herrschaft gerieten die finnischen Stämme der mittleren Wolga, Mordvinen und Čeremissen, die die Waren für den einträglichen Pelzexport zu liefern hatten. In ihrer Hauptstadt Bolgar besaßen die Wolgabulgaren ein Handelszentrum, das auf die Ostslaven über friedliche Handelsbeziehungen aber auch für kriegerische Unternehmen eine große Anziehung ausübte. Dabei verband nicht nur der Handel, sondern auch der Islam die Wolgabulgaren mit dem arabischen Kalifat. Erst der Zusammenbruch des Chazarenstaates verschaffte dem wolgabulgarischen Chanat schließlich die Selbstständigkeit und ließ es zu einem achtenswerten Nachbarn des Kiever Reiches werden.

Abhängig vom Chazarenchan waren auch die Magyaren, ein Stamm der finno-ugrischen Sprachgruppe, der von den türkstämmischen Nachbarn die nomadische Lebensweise annahm, aber trotz starker Einflüsse seine Sprache beibehielt. Als die Magyaren im 9. Jahrhundert von dem neu auftretenden Turkvolk der Pečenegen bedrängt wurden, zogen sie durch die Steppe nach Westen, wo sie an der mittleren Donau sesshaft geworden sind.

In der ersten Hälfte des 9. Jahrhunderts wurde die Lage in der großen Ebene nördlich des Schwarzen Meeres dann unruhig: Nicht nur das Erscheinen der Pečenegen und der Abzug der Magyaren nach Westen waren Anlass dafür, dass Kaiser Theophilos (829–842) von Byzanz die griechischen Besitzungen im Süden der Halbinsel Krim zu einem Militärbezirk (*thema*) zusammenfasste und durch die Festung Sarkel am linken Ufer des Don sicherte. Durch Jahrhunderte hindurch hatten Versprengte und Zurückgebliebene der großen Völkerzüge auf der Krim Zuflucht gefunden, unter anderem auch ein Rest der Goten. Teils stand die Bevölkerung unter griechischer Herrschaft, teils gehörte sie zum chazarischen Machtbereich. Stärkste Stütze des Griechentums war die christliche Kirche, die schon in der Spätantike an der Nordküste des Schwarzen Meeres Fuß gefasst hatte, im 8. Jahrhundert in zwei Eparchien organisiert war und in den Mönchen zahlreicher Klöster über Träger künftiger Missionsaufgaben verfügte.

Dagegen besaßen die nördlichen Nachbarn der Ostslaven – die Varäger aus dem germanischen Skandinavien – weder wirtschaftliche noch kulturelle Reichtümer: Früh schon hatten Schweden als Seefahrer an der gegenüberliegenden Küste der Ostsee Stützpunkte errichtet, von denen aus sie in das Landesinnere vorgedrungen waren. Über den Lauf der Düna fanden sie schon im 7. Jahrhundert Zugang zu den Flusssystemen der Wolga und des Dnepr. Zunächst bevorzugten sie den Handel mit den Arabern über die Wolga; in den Städten Rostov am Nerosee, Suzdal' und Murom belegen Bodenfunde die Existenz früher varägischer Stützpunkte. Die Varäger bildeten Genossenschaften bewaffneter Fernkaufleute, wie sie auch das abendländische Mittelalter kannte. Ihr Ziel waren die Reichtümer des Orients und der Kaiserstadt am Bosporus, die Waren der arabischen und der byzantinischen Märkte. Friedlicher Handel und Raub lagen freilich nahe beieinander, und der Handel mit Pelzen, besonders aber mit Sklaven, hat zahlreiche arabische Goldmünzen in schwedische Horte befördert. Der Schrecken, den die Normannen zu dieser Zeit im Abendland hervorriefen, hatte seine Entsprechung bei den Bewohnern der chazarischen Hauptstadt Itil an der Wolgamündung und der griechischen Städte auf der Krim.

Die Staatsgründung

Die Überlieferung

»Wer als erster in Kiev zu herrschen begann«, erzählt die Chronik der ›vergangenen Jahre‹ unter den Jahren 859 und 862:

> Es hoben die Varäger von jenseits des Meeres Tribut ein bei den Čuden und bei den Slovenen, bei den Meren und bei allen Krivičen. Die Chazaren aber erhielten Abgaben von den Poljanen, von den Severjanen und von den Vjatičen,

und zwar eine Silbermünze und ein Eichhörnchenfell von jedem Haushalt […] Sie vertrieben die Varäger über das Meer und gaben ihnen keinen Tribut mehr, und sie begannen, sich selbst zu regieren; aber es herrschte keine gerechte Ordnung unter ihnen, Sippe erhob sich gegen Sippe, Zwiste entstanden unter ihnen, und sie begannen sich gegenseitig zu bekämpfen. Da sprachen sie untereinander: Lasst uns einen Fürsten suchen, der über uns herrsche und über uns Gericht halte nach dem Recht. Und sie begaben sich über das Meer zu den Varägern, zu den Ruś. Denn diese Varäger nannten sich Ruś, so wie andere Schweden heißen, wieder andere Norweger, Engländer, andere Gotländer, so auch diese. Und es sprachen die Ruś, Čud', Slovenen, Krivičen und alle: Unser Land ist groß und fruchtbar, aber es ist keine Ordnung in ihm. Kommt, bei uns Fürst zu sein und über uns zu herrschen! Und es wurden drei Brüder erwählt mit ihren Sippen, die nahmen mit sich die ganze Ruś und kamen; der älteste, Rjurik , ließ sich in Novgorod nieder, der zweite, Sineus, am Beloozero, der dritte, Truvor, in Izborsk. Von diesen Varägern heißt es Russland. Die Novgoroder – das sind Leute von varägischer Art, früher aber waren sie Slaven. Nach zwei Jahren starben Sineus und sein Bruder Truvor. Die ganze Herrschaft übernahm Rjurik und teilte seinen Gefolgsleuten Städte aus, dem einen Polock, einem anderen Rostov, einem dritten Beloozero. Und in diesen Städten sind die Varäger Neuankömmlinge, die ersten Siedler aber waren in Novgorod die Slovenen, in Polock die Krivičen, in Rostov die Meren, in Beloozero die Vesen, in Murom die Muromer; über alle diese herrschte Rjurik. Und es waren bei ihm zwei Männer, nicht von seiner Sippe, sondern Bojaren, die erbaten sich Urlaub, um mit ihrer Sippe nach Konstantinopel zu ziehen. Und sie zogen den Dnepr abwärts, und im Vorbeiziehen erblickten sie auf einem Hügel eine Stadt. Und sie fragten und sprachen: Wessen Stadt ist das? Da gab man ihnen zur Antwort: Es waren drei Brüder, Kij, Šček und Choriv, die haben diese Stadt errichtet, und wir bewohnen sie als ihre Nachkommen und zahlen den Chazaren Tribut. Askol'd und Dir aber blieben in dieser Stadt und sammelten viele Varäger um sich und begannen über das Land der Poljanen zu herrschen; Rjurik aber war zu der Zeit Fürst in Novgorod.

Ehe die Geschichtswissenschaft mit ihrer Quellenkritik einsetzte, hat man diesen Berufungsbericht wörtlich genommen und in dem Väräger Rjurik den Begründer des russischen Staates gesehen. Zu bedenken ist jedoch Folgendes: Der Bericht in der vorliegenden Form wurde zwei Jahrhunderte ausschließlich mündlich überliefert; der Chronist musste bei seiner Aufzeichnung zu Beginn des 12. Jahrhunderts von der Situation seiner Zeit ausgehen und dem Ansehen der herrschenden Dynastie dienen, die auf ihren varägischen Ursprung stolz war und deren bedeutendste Vertreter Vladimir der Heilige und Jaroslav der Weise besonders enge Verbindungen zu Novgorod und Skandinavien besaßen. Außerdem enthält die Erzählung sagenhafte Motive, wie etwa die zweimal auftretende Dreizahl von Brüdern als Herrschaftsstifter und Stadtbegründer. Schließlich fällt der Widerspruch auf, dass der Begriff ›Rus‹ zweimal unterschiedlich verwendet wird: Einmal bezeichnet er jene Väräger, zu denen man über das Meer schickte, das andere Mal jene Landesbewohner, die diese Mission veranlassten. Trotzdem darf man den Berufungsbericht als Quelle nicht vernachlässigen: Dass Väräger sowohl vor als auch nach der sogenannten Staatsgründung auf diesem Territorium ansässig waren, lässt sich nicht leugnen. Eine andere Frage ist allerdings, welche politische Bedeutung dem Auftreten der Väräger zukam und ob die ersten Herrschaftsbildungen im Norden und im Süden des späteren Russland mit einer historischen Persönlichkeit verbunden werden können. Leider lassen sich die Existenz und das Wirken der genannten Personen aus anderen Quellen nicht beweisen; aber gewisse Hinweise gibt es doch: Bei der Suche nach dem historischen Rjurik in westlichen Quellen stieß F. Kruse schon im 19. Jahrhundert auf den jütländischen Wikinger Rorik, der in der ersten Hälfte des 9. Jahrhunderts fränkischen Chronisten als ›Galle der Christenheit‹ berüchtigt war. Seine Lebensdaten lassen sich zwar mit dem Berufungsbericht der Chronik in Einklang bringen; allerdings müsste Rorik in Nordrussland schon in ziemlich vorgerücktem Alter aufgetreten sein. Von einem solchen Unternehmen wissen die westlichen Quellen aber nichts. In der überwiegenden Mehrzahl waren die genannten Varäger sicher Schweden; die Dänen fehlen in der Aufzählung der Varägervölker; dass der russische Chronist sie im Begriff der ›Rus'‹ miterfasst hat, ist möglich, aber nicht überzeugend. So bleibt die Identität von Rjurik und Rorik eine Hypothese.

Etwas anders liegt der Fall der Kiever Varäger Askol'd und Dir, die dem Berufungsbericht zufolge nur Gefolgsleute des Rjurik waren; sie könnten auch selbstständig nach Kiev gelangt sein. Griechische Quellen bezeugen, dass am 18. Juni 860 das Volk der Rhōs (῾Ρῶς) in feindlicher Absicht mit einer Flotte vor Konstantinopel erschien. In der besagten russischen Chronik fehlt ein Hinweis auf ein so frühes Unternehmen gegen Konstantinopel. Wohl aber ist die Schilderung des byzantinischen Chronisten Hamartolos in die russische Überlieferung übernommen worden, und in jüngeren Fassungen der altrussischen Chronik findet sich der Zusatz, dass Askol'd und Dir die Anführer gewesen seien. Das Ereignis wird in den russischen Quellen allerdings anders datiert, nämlich auf das Jahr 866. Sind aber Askol'd und Dir erst nach dem Auftreten Rjuriks nach Kiev gezogen, so muss die Datierung auch für den Berufungsbericht korrigiert werden: Danach wäre Rjurik um das Jahr 856 ins Land gekommen, während sich Askol'd und Dir mit ihren Leuten in den folgenden Jahren in Kiev festsetzten und 860 ihren Zug gegen die Kaiserstadt durchführten. Diese Interpretation der Quellen hat einen hohen Grad von Wahrscheinlichkeit für sich; aber leider nennt keine der griechischen Quellen die Namen der Anführer, und so bleiben Zweifel bestehen, die immer wieder auch andere Hypothesen hervorgebracht haben.

Es besteht kein Grund, Rjurik und seine varägischen Zeitgenossen in das Reich der Sage zu verbannen, denn skandinavische Stützpunkte in Novgorod und in Kiev kurz nach der Mitte des 9. Jahrhunderts sind archäologisch belegt. Schwierigkeiten bietet dagegen die Deutung des Namens ›Ruś‹ und die Beurteilung des Zusammenhangs zwischen der zunächst noch lokalen Warägerherrschaft und der Staatsbildung.

Der Name ›Ruś‹

Ruś wurden berufen und Ruś beriefen – dieses Problem lädt schon der Chronist der *Erzählung der vergangenen Jahre* dem Leser auf, zumal er ausdrücklich hervorhebt, dass die Bezeichnung ›Russland‹ (*russkaja zemlja* = ›russisches Land‹) von den Warägern herrühre, und im Übrigen der Sprachgebrauch der Chronik kaum einen Zweifel daran lässt, dass zuerst die Waräger als ›Ruś‹ bezeichnet wurden und erst später eine Übertragung dieses Namens auf das ganze Land und dessen Bevölkerung stattfand. Nun könnte diese Mitteilung schon auf eine bestimmte ›normannistische‹ Tendenz des Chronisten zurückgehen und den wirklichen geschichtlichen Ursprung verschleiern. Dieser müsste dann jedoch mit Hilfe anderer Quellen aufgeklärt werden, was alle Forscher, die nicht an einen germanischen Ursprung des Namens der Russen glauben wollten, versucht und zu diesem Zweck eine Unzahl von Theorien entwickelt haben.

Die Etymologie des Wortes ist schwierig: Weder die Ableitung von Flussnamen wie Roś noch die von den iranischen Roxolanen, die bei antiken Schriftstellern erwähnt werden, hält philologischer Kritik stand; ebensowenig ist ein Zusammenhang mit dem slavischen Adjektiv *rusyj* (blond) wahrscheinlich, wenn man nicht alttestamentliche Prophezeiungen nach Art des Mittelalters umdeuten will. Am überzeugendsten bleibt jene Erklärung, die nach Raum und Zeit den Warägern und dem Bericht von deren Berufung am nächsten liegt. Danach geht ›Ruś‹ auf das finnische *ruotsi* für Schweden zurück und dieses wiederum auf altschwedische Wurzeln. Über die Finnen sei demnach eine Selbstbezeichnung schwedischer Küstenbewohner auf die Schweden überhaupt übertragen worden, und die Slaven hätten dieses finnische Wort übernommen. Da die schwedischen Waräger nach Überquerung der Ostsee zuerst mit finnischen Stämmen in Berührung kommen mussten, hat diese Theorie die geografischen Umstände und die historische Wahrscheinlichkeit für sich. Die Übertragung des Namens ›Ruś‹ von den schwedischen Einwanderern auf die Ostslaven ist allerdings nur verständlich, wenn diese bei der ostslavisch-russischen Staatsbildung eine maßgebende Bedeutung besessen haben.

Anklänge an den Volksnamen ›Ruś‹ gibt es in verschiedenen Schriften aus lange vor den Varägern liegenden Zeiten. Dies betrifft etwa im *Alten Testament* das sagenhafte Volk der ›Rhōs‹, das nach Ezechiel im Bunde mit Gog und Magog über Israel hereinbrechen wird. Einige Heiligenlegenden nennen zwar später ein nördlich des Schwarzen Meeres lebendes Volk ›Rhōs‹, aber sie sind entweder von zweifelhafter Glaubwürdigkeit oder liegen schon sehr nahe am Datum der sogenannten Staatsgründung, so dass sich in ihnen spätere historische Ereignisse verbergen könnten.

Gewichtiger ist das Zeugnis des Bischofs Prudentius von Troyes in den *Annales Bertiniani* für die Jahre 830 bis 822. Er berichtet, dass Kaiser Ludwig der Fromme am 18. Mai 839 in Ingelheim eine byzantinische Gesandtschaft empfangen habe. In Begleitung der Griechen hätten sich »einige Leute [befunden], die angaben, dass sie, d. h. ihr Volk, Rhos hießen« und die, wie aus einem vorgelegten Brief des byzantinischen Kaisers Theophilos hervorging,

> ihr eigener König, Chacanus mit Namen, zu ihm (Theophilos), wie sie versicherten, in freundschaftlicher Absicht geschickt hätte; jetzt bäte er, Theophilos, den Kaiser, sie unter seinem Schutz durch sein ganzes Reich reisen zu lassen, da er nicht zugeben könne, dass sie auf demselben Wege, auf dem sie gekommen, heimkehrten, weil sie durch rohe und barbarische Stämme von entsetzlicher Wildheit hindurch müssten.

Der Zeitgenosse Prudentius fügt hinzu, dass eine genauere Befragung durch Kaiser Ludwig diese ›Rhos‹ als Schweden entlarvt habe. Das war zu dieser Zeit der ständigen Bedrohung durch Normanneneinfälle im Frankenreich keine Empfehlung, und die Rhos sollten festgehalten werden, bis sich ihre Harmlosigkeit herausgestellt hätte.

Dieser Bericht ist weder Sage noch Legende; 17 Jahre vor dem vermutlichen Erscheinen Rjuriks am Ilmensee stellt er die Identität von den ›Rhos‹ als Schweden fest, sagt aber nicht, aus welcher Gegend – aus dem Novgoroder, Kiever oder aus dem oberen Wolgagebiet – diese ›Rhos‹ kamen und welche politische Aktivität sie in ihrer Heimat entfaltet hatten.

Der Streit zwischen ›Normannisten‹ und ›Antinormannisten‹

Der Streit über den Ursprung der russischen Staatsgründung dauert bis heute an und erlebte einen seiner letzten Höhepunkte in einer Polemik, die der schwedische Archäologe Ture Arne und der sowjetrussische Historiker B. D. Grekov 1946 führten. Es ist dabei bezeichnend, in welchen Publikationen das geschah: von schwedischer Seite in der Tageszeitung *Dagens Nyheter*, von sowjetischer Seite in der *Neuen Zeit* (*Novoe vremja*), die dem Außenministerium der UdSSR nahestand. Auch der Ansatz der Kontroverse ist bezeichnend: Arne hatte geschrieben, dass nach dem Bericht der *Nestorchronik* »den russischen Staat im Jahre 862 die Waräger organisierten, also Schweden«; Grekov versuchte daraufhin zu beweisen, dass »Rjurik in Novgorod eine schon bestehende staatliche Organisation vorfand«, weil auch im alten Russland »an einem bestimmten Punkte der Entwicklung gesellschaftlicher Beziehungen […] das staatliche Leben begann«. Das nationale Prestige hing also offenbar an dem Begriff des ›Staates‹ und erst in zweiter Linie war es mit der Unabhängigkeit und Originalität der kulturellen Leistung verbunden. Dieses Problem durchzieht den Streit der ›Antinormannisten‹ mit den ›Normannisten‹, auch wenn sich die weltanschaulichen Voraussetzungen änderten, von denen die Streitenden jeweils ausgingen. Es ist dabei kaum je ernsthaft überlegt worden, ob es überhaupt berechtigt und sinnvoll ist, für das frühe Mittelalter in Russland schon von einem ›Staat‹ zu sprechen, und zwar auch für die Zeit nach dem Erscheinen der Varäger. Es erscheint dagegen viel angemessener, von der Errichtung von Herrschaft auszugehen. ›Herrschaft‹ hat es in Russland aber sicher auch schon vor den Varägern gegeben – als Machtausübung eines Dorf- oder Stammesältesten, eines Sippenoberhauptes oder Burgherren –, räumlich mehr oder minder eng begrenzte Herrschaft. Auch die ersten Varägerführer waren nicht mehr als Herren über bestimmte Gebiete, Rjurik im Norden, Askol'd und Dir im Süden, andere vielleicht auch noch an anderen Orten.

Was um die Mitte des 9. Jahrhunderts in Russland geschah, war eine Veränderung der Herrschaftsformen, vielleicht auch eine Vergrößerung der Herrschaftsgebiete, aber es war sicher nicht die Errichtung einer umfassenden politischen Organisation, die man vernünftigerweise als ›Staat‹ bezeichnen könnte. Der erste russische Staat wurde also nicht 862 ›begründet‹ und auch nicht in dem chronologisch richtigen Jahr 856, sondern er entstand sehr allmählich von der zweiten Hälfte des 9. Jahrhunderts an und durch das ganze 10. Jahrhundert hindurch, bis er schließlich mit dem Eintritt in die Familie der christlichen Völker und Staaten seine endgültige Gestalt gewann. Die schwedischen Varäger haben diese Entwicklung zweifellos befördert, und ihre Herrschaft in Russland – wie die Dynastie varägischen Ursprungs, die über die Ostslaven herrschte – sind historische Realitäten. Die Varäger waren aber nur ein Element und eine historische Kraft unter mehreren. Die russische Geschichte allein durch die Varäger zu erklären ist demnach ebenso eine Fiktion wie eine russische Geschichte ohne Varäger.

Das erste Jahrhundert der russischen Geschichte

um 850	legendäre Gründung von Kiev
862 (856?)–879	Rjurik Fürst von Novgorod
873–913	Oleg Fürst von Kiev und Novgorod (Daten unsicher)
911	Handelsvertrag mit Byzanz
913–945	Igor, Sohn von Rjurik, Fürst von Kiev
944	Handelsvertrag mit Byzanz
945–962	Ol'ga (gest. 969), Frau von Igor, Fürstin von Kiev
962–973	Svjatoslav, Sohn von Igor und Ol'ga, Fürst von Kiev
973–980	Jaropolk, Sohn von Svjatoslav, Fürst von Kiev
980–1015	Vladimir ›der Heilige‹, Bruder von Jaropolk, Fürst von Kiev
992–1025	Bolesław ›der Tapfere‹, Herzog der Polen

Die territoriale Vereinigung der ›ganzen Ruś‹

Der *Erzählung der vergangenen Jahre* zufolge hat erst Rjuriks Nachfolger Oleg die nördlichen und südlichen Gebiete der Varägerherrschaft vereinigt. Oleg entstammte der Sippe Rjuriks, war aber nicht dessen Sohn; 882 soll er mit einem großen Heer von Varägern, Slaven und Finnen nach Süden aufgebrochen sein. Nach der Eroberung von Smolensk und Ljubeč konnte er Askol'd und Dir in Kiev durch eine List um ihre Herrschaft bringen:

> Und Oleg ließ sich in Kiev nieder und herrschte da und sprach: Kiev soll die Mutter der russischen Städte werden. Und es waren bei ihm Varäger und Slaven und die übrigen, die sich Ruś nannten. Da begann Oleg Städte zu errichten und setzte einen Tribut fest für die Slaven und Krivičen und Meren und bestimmte auch für die Varäger eine Abgabe von Novgorod, dreihundert Grivnen im Jahr um der Erhaltung des Friedens willen.

Dieser Bericht des Chronisten gibt ein anschauliches Bild des Vorganges, angereichert mit sagenhaften Details und nur annähernd richtig datiert. Gestützt auf die Herrschaft im Norden gewann Oleg danach zunächst das Gebiet am oberen Dnepr und dann mit Kiev den Schlüssel zu der Wasserstraße zwischen Ostsee und Schwarzem Meer, dem Weg »von den Varägern zu den Griechen«. Die Herrschaft sicherte er durch Anlage von ›Städten‹, also befestigten Stützpunkten. Von dort ließ der Sieger durch seine Gefolgsleute, denen er jeweils einzelne ›Städte‹ zuteilte, den Tribut der Unterlegenen einsammeln. Ausgehend von dieser Achse des künftigen Kiever Staates mit den Endpunkten Novgorod und Kiev wurden dann die abseits siedelnden ostslavischen Stämme unterworfen und zur Tributzahlung gezwungen.

Dass Kiev die ›Metropolis‹ der Ruś werden musste, war dem Chronisten aus den Verhältnissen seiner Zeit natürlich klar; unklar ist dagegen zunächst, warum Oleg das Zentrum seiner Herrschaft aus dem Kerngebiet im Norden nach dem Süden verlegte. Die Bevorzugung Kievs lässt sich jedoch verstehen, wenn man die zweite Grundlage der Varägerherrschaft (neben der militärischen Gefolgschaft des Fürsten) berücksichtigt: den Fernhandel.

Die Verträge mit den Griechen

Das eigentliche Ziel der Varäger war Konstantinopel, die ›Kaiserstadt‹ (*Cařgrad*), das Symbol für Handelsgewinn und Kriegsbeute im Süden. Diesem Ziel lag Kiev nicht nur sehr viel näher als Novgorod, sondern der Besitz von Kiev sicherte den Zugang zum Süden. Über Novgorod kamen auch neue kriegerische Varäger aus Skandinavien, mit Kiev aber hatte Oleg die Lebensader des Fernhandels in der Hand.

Nach byzantinischen Quellen waren 860 die ›Rhōs‹ zum ersten Mal vor Konstantinopel erschienen; dem Bericht der russischen Chronik zufolge verging fast ein halbes Jahrhundert, ehe dieses Unternehmen wiederholt wurde. Im Jahre 907, so heißt es dort, »machte sich Oleg auf gegen die Griechen« mit einem gewaltigen Heer von Varägern, Slaven und Finnen »zu Pferde und auf Schiffen«. Die Angreifer verwüsteten zunächst die Umgebung der Stadt; aber erst, als sie die Sperre des Goldenen Horns umgingen und ihre Schiffe über Land in den Seitenarm des Bosporus brachten, boten die Griechen die Zahlung eines Tributs an, um Frieden zu erlangen. Da die griechischen Quellen über diesen Feldzug schweigen, sind das Ereignis und die Einzelheiten ungewiss; aber die Chronik enthält unmittelbar danach den ausführlichen Text eines auf den 2. September 911 datierten Handelsvertrags der Kiever Ruś mit Byzanz. An der Echtheit dieses Vertrags, ebenso wie an der der späteren Verträge von 944 und 971 ist nicht zu zweifeln; aus dem Text ist zudem zu schließen, dass dem Chronisten in Kiev die Verträge vorgelegen haben. Der 911 abgeschlossene Vertrag war für die Ruś sehr vorteilhaft, denn er garantierte eine ganze Reihe von Privilegien, um unter besonders günstigen Bedingungen in Konstantinopel abgabenfrei Handel treiben zu können. Byzanz dagegen erwirkte nur einige Absicherungen für die friedliche Form dieses Handels. Die ungewöhnlich große Privilegierung der Kaufleute der Ruś lässt sich am besten dadurch erklären, dass die Byzantiner unter Druck verhandelten, also eine militärische Bedrohung nicht anders als durch Zugeständnisse abwehren konnten; die bis ins einzelne gehenden Vertragsbestimmungen (die fremden Kaufleute erhielten für sechs Monate im Jahr Anspruch auf Verpflegung und Benutzung von Bädern, sie waren vor der Heimfahrt mit Proviant und Ausrüstung zu versehen; für verschiedenste Konflikte, für Schiffbruch und Todesfall waren eingehende Regelungen getroffen worden) setzen außerdem die Erfahrungen eines entwickelten Handelsverkehrs voraus.

Zwischen 860 und dem Beginn des 10. Jahrhunderts waren also offenbar intensive Beziehungen zwischen Kiev und Byzanz in Krieg und Frieden entstanden, denen der Vertrag von 911 eine feste und rechtsverbindliche Form gab. Noch handelte es sich dabei ausschließlich um Handelsbeziehungen, und das galt auch für den folgenden Vertrag, der 944 den

Fremden bedeutend weniger vorteilhafte Bedingungen einräumte, weil ein vorhergehender Zug des Kiever Fürsten Igor augenscheinlich militärisch missglückt war. 971 wurde dann kein Handelsvertrag, sondern ein Friedensvertrag geschlossen, nachdem Svjatoslav in Bulgarien in eine militärisch aussichtslose Lage geraten war. Die Reihe der Verträge und vor allem die Bewahrung der Texte in der *Erzählung der vergangenen Jahre*, die nichts Ähnliches über das Verhältnis zu anderen Nachbarn vermeldet, beweist die hervorragende Bedeutung, die das Verhältnis zu Byzanz für Kiev – zunächst auf wirtschaftlichem Gebiet – hatte.

Innere Konsolidierung

Während die Verträge mit den Griechen in der altrussischen *Erzählung* genau wiedergegeben werden, bleiben die inneren Verhältnisse der Kiever Ruś weitgehend im Dunkeln; selbst der genealogische Zusammenhang zwischen den Fürsten ist unsicher. Oleg, der Nachfolger Rjuriks, ›regierte‹ nach den Angaben der *Erzählung* von 873 bis 912 oder 913; er gilt dem Chronisten aber formal nur als Statthalter für Rjuriks Sohn Igor, der Oleg als Fürst in Kiev nachfolgte (913–945). An dieser Stelle wird die Chronologie der Überlieferung problematisch: Selbst wenn Igor bei Rjuriks Tod eben erst geboren worden wäre, wäre er bei seinen letzten strapazenreichen Feldzügen gegen Byzanz (941, 944) rund 70 Jahre alt gewesen, was wenig wahrscheinlich ist. Zudem ist es auffallend, dass der Name des Stammvaters Rjurik in der später so fruchtbaren Fürstensippe der Rjurikiden recht selten vorkommt, während Oleg zeitweise so häufig auftritt, dass die einzelnen Träger dieses Namens nur schwer auseinanderzuhalten sind. Das größere Ansehen in der Familienüberlieferung genoss also offenbar Oleg.

Auch für die erste Hälfte des 10. Jahrhunderts ist der Chronist noch wenig verlässlich: Die Ehe zwischen Igor und Ol'ga vermeldet er für 903, der einzige bekannte Sohn aus dieser Ehe, Svjatoslav, wurde aber angeblich erst 942 geboren. Chronologie und Genealogie sind demnach auch hier schwer in einen überzeugenden Zusammenhang zu bringen. So unklar also manche äußeren Zusammenhänge sind, so undeutlich bleiben die Personen: Die Schilderung von Olegs Ende etwa trägt rein sagenhafte Züge, und von Igor erzählt der Chronist nur, dass er einige Kriegszüge unternommen und mit seiner Herrschaft gewisse Schwierigkeiten gehabt habe.

Die Züge der Waräger richteten sich aber nicht nur gegen Byzanz, sondern auch immer wieder gegen den islamischen Orient: 913 und 941 stießen sie bis in den Kaukasus vor, was zwar kühne Expeditionen nach Wikingerart waren, aber keine Beute brachte und auch ohne politische Folgen blieb. Diese Expeditionen zeigen, dass die politischen Verhältnisse im nördlichen Schwarzmeergebiet instabil waren; doch auch die Herrschaft der Kiever Fürsten war nicht stabil: Die Gefolgsleute des Fürsten mussten bei den unterworfenen ostslavischen Stämmen den geforderten Tribut oft mit Gewalt eintreiben, und letztlich sollten die Drevljanen den Kiever Fürsten nach überzogenen Forderungen sogar erschlagen.

Da sich der Fürst auf eine Heeresfolge der unterworfenen Stämme demnach nicht verlassen konnte, holte sich Igor für seinen letzten Zug gegen Byzanz Verstärkung: er »sandte [...] über das Meer zu den Varägern und lud sie ein gegen die Griechen«. Eine solche Einladung war aber nicht unproblematisch, denn wenn die erwartete Beute ausblieb, entstanden schwierige Situationen. Auch kamen die Geworbenen unter eigenen Führern, die ihrerseits nach Reichtum und Macht strebten. Ein solcher Varägerführer scheint Svenel'd gewesen zu sein, der die Uličen und Drevljanen für Igor zur Botmäßigkeit zwang, aber am Ende eine ernsthafte Konkurrenz für den Fürsten darstellte: »Die Leute des Svenel'd sind wohlversehen mit Waffen und Kleidung, aber wir sind nackt«, lässt der Chronist die Gefolgsleute Igors sprechen, »geh mit uns Tribut eintreiben, damit du davon Gewinn hast und wir«. Ein solcher Tribut bestand vor allem aus Fellen, Wachs und Honig, den Hauptexportartikeln des russischen Fernhandels. In seinem zeitgenössischem Werk *De administrando imperio* hat der byzantinische Kaiser Konstantin Porphyrogennetos den Handel in der Kiever Ruś folgendermaßen geschildert: Im November begaben sich der Fürst und seine Gefolgschaft (*družina*) zu den tributpflichtigen Stämmen, um die Abgaben einzutreiben. Da die Betroffenen auch für den Unterhalt der Tributeinnehmer zu sorgen hatten, bedeutete dieser Umritt eine harte Belastung und war nur mit Gewalt durchzusetzen. Während des Winters mussten die Slaven am Oberlauf des Dnepr Boote herstellen, die nach der Schneeschmelze nach Kiev gebracht und dort mit den eingetrieben Waren beladen wurden. Gemeinsam fuhr man dann den Dnepr hinunter, musste die Stromschnellen über Land umgehen und konnte danach ungehindert die Flussmündung und den griechischen Zielhafen Mesembria am Schwarzen Meer erreichen. Dies wiederholte sich Jahr für Jahr.

Ob man diese Verbindung von militärischer Macht und gewinnbringendem Handel bereits einen ›Staat‹ nennen kann, erscheint fraglich: Die unterworfenen Slaven blieben, von der Tributleistung abgesehen, sich selbst überlassen und lebten ihr Leben weiter, das mit den Zielen der varägischen Herren wenig gemein hatte. Von langer Dauer konnte dieser Zustand nicht sein, denn die Schwierigkeiten nahmen bald zu: Die Tributpflichtigen begannen sich zu widersetzen; die Byzantiner schränkten die Rechte der Ruś ein; in der Steppe machten die nomadischen Pečenegen die Umgehung der Stromschnellen unsicher.

Der Überlieferung nach war es eine Frau, die die Herrschaft der Kiever Fürsten auf eine neue Grundlage stellte: Ol'ga, die Witwe Igors, regierte 945–962 für ihren minderjährigen Sohn Svjatoslav. Sie ist als jene Fürstin in die Geschichte Russlands eingegangen, die den ersten Versuch zur Christianisierung des Landes unternommen hat. Ol'ga verwaltete Teile des Landes persönlich und leitete dabei allgemeine Reformen ein, die in der Regulierung der Abgaben und der Einrichtung von Verwaltungsbezirken bestanden. Damit lassen sich um die Mitte des 10. Jahrhunderts Ansätze zu einer festeren Ordnung erkennen, auf der von nun an die

Herrschaft beruhen sollte. Es ist gewiss kein Zufall, dass um diese Zeit das Christentum für Russland eine Rolle zu spielen begann. Noch aber waren dazu die Verhältnisse nicht wirklich reif, denn als Svjatoslav 962 die Macht von seiner Mutter übernahm, setzte sich für ein Jahrzehnt noch einmal der varägische Herrschaftsstil durch.

Äußere Machtentfaltung

Svjatoslav (962–973), Sohn von Igor und Ol'ga, stellt der Chronist in der Art eines Heldenliedes als unbesiegbaren Kriegsfürsten dar. So werden von ihm nur ruhmreiche kriegerische Unternehmungen nach allen Richtungen berichtet, wobei offen bleiben muss, ob hinter dieser aggressiven Tätigkeit wirklich System oder gar ein imperialer Plan steckte. Immerhin war das Ausmaß von Svjatoslavs Feldzügen erstaunlich, und seine Erfolge sind nicht zu leugnen, da sie durch byzantinische Quellen, vor allem durch einen sehr ausführlichen Bericht des Leo Diaconus (geb. um 950), bestätigt werden. Dabei vermittelt Svjatoslav den Eindruck einer selbstbewussten, kriegerischen Führerpersönlichkeit, nicht jedoch von politischer Weisheit.

Dem ersten Angriff Svjatoslavs nach Nordosten in das Gebiet der Vjatičen, die bis dahin kaum von Kiev abhängig gewesen waren, folgte ein Feldzug gegen die Wolgabulgaren im Osten. Nach deren Unterwerfung besiegte er die Chazaren und zerstörte deren Staatswesen. Dadurch gewann der Kiever Fürst in Tmutorokań auf der Tamańhalbinsel einen Stützpunkt am Azov'schen und am Schwarzen Meer, öffnete aber gleichzeitig neuen Völkern den Weg durch die Steppe, mit denen der Kiever Staat am Ende nicht mehr fertig werden sollte. Dieser Vorstoß Svjatoslavs auf die Tamańhalbinsel fand auch Widerhall in orientalischen Quellen.

Den weiträumigen Aktionen im Osten folgten ebenso bedeutende im Westen. Die Gelegenheit dazu bot eine außenpolitische Aktion der Byzantiner: Im ersten Viertel des 10. Jahrhunderts hatte der nunmehr christliche und slavische Staat der Donaubulgaren unter dem Zaren Simeon eine dauernde und schwere Bedrohung des byzantinischen Reiches dargestellt, dessen Krone Simeon sogar angestrebt hatte. Unter seinem schwachen Sohn und Nachfolger Peter hatte sich das Kräfteverhältnis zwar zugunsten der Byzantiner verschoben, aber ein selbstständiger Bulgarenstaat so nahe der Reichshauptstadt Konstantinopel war für die Byzantiner schwer erträglich, und so forderten die Byzantiner den Kiever Fürsten Svjatoslav auf, gegen Zahlung von Hilfsgeldern im Bunde mit ihnen einen Feldzug gegen die Bulgaren zu unternehmen. Die Ereignisse des Jahres 967 entwickelten sich jedoch keineswegs nach den Plänen der byzantinischen Politik: Svjatoslav brach zwar in kurzer Zeit den bulgarischen Widerstand, wollte dann aber die Beute für sich behalten und sogar seine Residenz in das bulgarische Perejaslavec an der Donau verlegen, wie der Chronist behauptet. An einem solchen neuen Mittelpunkt seiner Herrschaft wären aus allen Richtungen die Güter zusammengeströmt: Gold, Seidengewebe, Wein und Früchte aus Griechenland, Silber und Pferde aus Ungarn und Böhmen und aus der Ruś Felle, Wachs, Honig und Sklaven. Für den Aufbau eines solchen Fernhändler-Imperiums konnte er aber keine byzantinische Zustimmung erwarten, und so richtete Svjatoslav, nachdem er 968 eine Bedrohung Kievs durch die Pečenegen abgewehrt hatte, in den folgenden Jahren zusammen mit den Bulgaren direkte Angriffe gegen Byzanz. Dagegen wehrte sich die byzantinische Armee in einem Sommerfeldzug des Jahres 971 unter Führung des Kaisers Johannes Tzimiskes, besiegte Svjatoslav, den die Bulgaren angesichts der byzantinischen Erfolge im Stich gelassen hatten, und zwang ihn in der Donaufestung Dorostolon (Silistria) zur Kapitulation. Auf dem Heimweg fiel er bei den Dnepr-Stromschnellen im Kampf gegen die Pečenegen, die Byzanz vorsorglich gegen ihn um Hilfe gebeten hatte – das bulgarische Reich erstand nicht wieder, und die byzantinische Stellung an der unteren Donau war für lange Zeit gesichert. Die Kiever Ruś war nach einem Jahrzehnt eindrucksvoller militärischer Kraftentfaltung auf ihre Ausgangspositionen im Westen zurückverwiesen.

Svjatoslav hinterließ drei Söhne, die er schon während seiner Abwesenheit als Verwalter in den einzelnen Landesteilen eingesetzt hatte: Jaropolk in Kiev, Oleg bei den Drevljanen und den jüngsten, Vladimir, in Novgorod. Hier macht nun die Chronologie wiederum Schwierigkeiten, denn wenn Svjatoslav bei seinem Tod nicht älter als 35 Jahre war, so können seine Söhne zu diesem Zeitpunkt nicht erwachsen gewesen sein. Der Chronist berichtet denn auch von einigen Beratern, die in dem nun folgenden Bruderkampf um die Macht eine unheilvolle Rolle gespielt hätten. Sieger blieb nach einigen Jahren Vladimir, nachdem er jenseits des Meeres neue Varägergruppen zu seiner Unterstützung angeworben hatte. Ihm fiel nun die Aufgabe zu, aus der Herrschaft der varägischen Ruś einen russischen Staat unter Beteiligung der Ostslaven zu formen, der neben anderen Staaten nicht nur kriegerisch bestehen konnte.

Im ersten Jahrzehnt seiner Alleinregierung war Vladimir bestrebt, seine Macht zu festigen, denn in den Jahren des Bruderkampfes war Manches schon Gewonnene verlorengegangen: Zwei Feldzüge waren notwendig (981, 982), um die Vjatičen wieder zu unterwerfen; ein Unternehmen gegen die Wolgabulgaren (984) blieb ohne entscheidenden Erfolg. Dagegen gelang nach Nordwesten eine Ausdehnung der Macht in das Gebiet der baltischen (preußischen) Jatvinger, und auch in westlicher Richtung war Vladimir durch die Eroberung des Grenzgebietes jenseits des oberen (nördlichen) Bug, der ›červenischen Burgen‹, erfolgreich. Hier allerdings erwuchs ihm in dem aufstrebenden polnischen Staat mit dem Zentrum um Gnesen unter Bolesław Chrobry ein gleichwertiger Gegner. Dagegen hatten die Kiever Russen zumindest mit den Tschechen, die von Böhmen aus längere Zeit hindurch die Gebiete um Krakau beherrschten, und somit an das Kiever Reich grenzten, eine ungestörte Verbindung. In der Steppe mussten sie sich indessen mit den Pečenegen und anderen Turkstämmen auseinandersetzen, die sich im Spannungsfeld zwischen Byzanz und Kiev bewegten. Hingegen scheint im Verhältnis zu Byzanz nicht mehr ausschließlich das Gesetz des Krieges gegolten zu haben. So schob Vladimir zwar jene neugeworbenen Waräger, die ihm zur Macht verholfen hatten, nach Konstantinopel ab, ließ dem byzantinischen Kaiser aber gleichzeitig eine Warnung zukommen und riet ihm, die Waräger nur in kleinen Gruppen in die Stadt zu lassen und an verschiedenen Orten in seinen Dienst zu nehmen. Diese guten Beziehungen zwischen Kiev und Byzanz wurden in der Folge offenbar getrübt, denn als Vladimir sich 988 zu einer Unterstützung des byzantinischen Kaisers Basileios II. entschloss, die dann im weiteren Verlauf zur Christianisierung Russlands führte, soll er damit einen grundlegenden Wechsel seiner Politik vollzogen haben.

Im Vergleich zu Svjatoslavs Kriegstaten waren Vladimirs Erfolge bescheidener, aber auch solider. Dabei ist es bezeichnend, dass er sich von den Warägern zu befreien suchte und sich auch türkischer Hilfstruppen bediente: Seine Herrschaft verlor den Charakter des Improvisierten und passte sich den Gegebenheiten an; dies bedeutete aber, dass er früher oder später über die Politik hinaus auch den Bereich der Religion und Kultur mit einbeziehen musste. Es ist möglich, dass Vladimir mit Rücksicht auf die warägischen Kräfte, die ihm zum Sieg verholfen hatten, und im Gegensatz zu seinem Bruder Jaropolk, zunächst auf die germanischen wie slavischen Kulte setzte, ja vielleicht sogar einen Synkretismus als eine Art Staatsreligion zum Fundament seiner locker gefügten Herrschaft machen wollte; die *Erzählung der vergangenen Jahre* berichtet darüber, aber ihre Aussagen über das heidnische Vorleben des später heilig gesprochenen Fürsten sind sicher übertrieben. Wollte Kiev den christlichen Nachbarn ein ebenbürtiger Partner werden, dann konnte das nicht durch eine Förderung der Stammesreligionen, sondern nur durch die Annahme des Christentums geschehen. Die Stunde dafür schlug, als Vladimir nach Sicherung seiner Macht einen Hilferuf des byzantinischen Kaisers erhielt.

Die Christianisierung

980–1015	Vladimir ›der Heilige‹, Sohn von Svjatoslav, Großfürst von Kiev
988	Taufe Kievs
1015–19	Svjatopolk, Sohn des Vladimir, Großfürst von Kiev
1019–54	Jaroslav ›der Weise‹, Sohn des Vladimir, Großfürst von Kiev

Vorgeschichte

Im Süden des späteren Russischen Reiches hatte das Christentum bereits in der Antike Fuß gefasst, obwohl die russische Andreaslegende übertreibt. Sie erzählt nämlich, dass der Apostel Andreas im Jahre 33 von Sinope nach Cherson auf der Krim gekommen sei und von hier aus eine Missionsreise nach dem Norden, nach Kiev und Novgorod, unternommen habe, um schließlich über Rom nach Sinope zurückzukehren. Bedeutsam war aber in der Tat der Einfluss der Krim, die als die ›Wiege des russischen Christentums‹ bezeichnet worden ist. Dort hatte das griechische Christentum im 8. und 9. Jahrhundert eine wesentliche Verstärkung erfahren, als der Bilderstreit im byzantinischen Reich – die Entfernung von Ikonen aus den Kirchen –, bilderfreundliche Mönche an den Rand der griechischen Welt verbannte. Auch die Krimgoten gehörten als Arianer der christlichen Kirche an. Eine zweite Quelle christlicher Beeinflussung waren die transkaukasischen Länder: Armenien hatte sich schon im 3., Georgien im 4. Jahrhundert dem Christentum zugewandt, das von hier aus über den Kaukasus hinübergreifen konnte und immer wieder auch unter den Nomaden der Steppe Anhänger gewann, nicht zuletzt unter den Bewohnern des Chazarenreiches.

Dies alles sind aber nur mögliche Ausgangspunkte für die Christianisierung der Ruś, die entweder schon in der Zeit erfolgte, als dort noch die skandinavischen Varäger herrschten oder erst dann, als diese sich schon mit den Ostslaven vermischt hatten. De facto ist unbekannt, wer in den Höhlenkirchen Kievs aus dem 8. und 9. Jahrhundert gebetet hat; in der Religion mögen sich Skandinavier und Slaven am ehesten gemischt haben. Aus den Viten der Heiligen sind aber keine entsprechenden Schlüsse zu ziehen; dasselbe gilt für eine Nachricht aus der Vita des älteren ›Slavenapostels‹ Konstantin (Kyrill), der während seiner Reise zu den Chazaren im Jahre 861 in Cherson angeblich auf christliche Schriften in ›russischer‹ Schrift gestoßen war.

Allerdings gibt es aus dieser Zeit ein sehr viel gewichtigeres Zeugnis dafür, dass die ersten offiziellen Missionsversuche der griechischen Kirche die Kiever Ruś erreicht hatten: Derselbe Patriarch Photios, der in zwei Predigten über den Schrecken berichtet, den der Angriff der barbarischen Rhōs im Jahre 860 in Konstantinopel verbreitet habe, teilte im Jahr 867 seinen Bischöfen mit, dass diese Rhōs sich nun zum Christentum bekennen würden und aus erbitterten Feinden der Griechen jetzt deren Freunde geworden seien: »Sie haben bereits von uns einen Priester und einen Bischof erhalten und zeigen einen regen Eifer für die christliche Lehre.« Ein solcher Missionsversuch in der Kiever Ruś fügt sich durchaus in den Zusammenhang kirchenpolitisch-missionarischer Aktivität, die der Patriarch Photios auch sonst den Slaven gegenüber entfaltet hat. Unter seinem Patriarchat war 863 die Entsendung der Brüder Konstantin und Method nach Mähren erfolgt, und ein Jahr später hatte sich der Bulgarenchan Boris taufen lassen. Erkennbare Spuren hat dieser angebliche Bekehrungsversuch der Ruś indes nicht hinterlassen: Wenn Kiev damals tatsächlich die ersten christlichen Priester aufgenommen und den Bau der ersten christlichen Kirche erlebt haben sollte, so haben diese Anfänge den Zusammenbruch der Herrschaft von Askol'd und Dir jedenfalls nicht überlebt.

Erst den zweiten der ›Griechenverträge‹ aus dem Jahr 944 beschworen die christlichen Vertreter der Ruś in der Kirche des hl. Elias, während die ungetauften ihren Eid im Freien, auf einem dem Gott Perun geweihten Hügel, leisteten. Um die Mitte des 10. Jahrhunderts war die Kiever Ruś aber bereits so weit konsolidiert und anerkannt, dass neben einer möglichen

Christianisierung aus dem Osten auch eine aus dem Westen, aus dem christlich gewordenen Herzogtum Böhmen, möglich erscheint.

Den Wandel der Zeit verkörpert die Kiever Fürstin Ol'ga: Ihre persönliche Taufe ist gut bezeugt, Ort und Zeitpunkt allerdings sind sehr umstritten. Am wahrscheinlichsten ist, dass sie schon vor ihrer Reise nach Konstantinopel (957) im heimatlichen Kiev, in dem es ja schon Christen und auch eine christliche Kirche gab, getauft worden ist, und Manches deutet darauf hin, dass nicht griechisch-byzantinische, sondern lateinisch-abendländische, vielleicht in der Tradition der Slavenlehrer stehende Missionare diese Taufe vollzogen haben. Konstantin Porphyrogennetos (905–959) jedenfalls, dessen *De cerimoniis aulae Byzantinae* den Besuch der Kiever Fürstin in Konstantinopel eingehend schildert, schreibt nichts über eine bei dieser Gelegenheit vollzogene Taufe, wohl aber erwähnt er einen Priester Gregorios, der sich in Ol'gas Gefolge befunden habe.

Zu dieser Zeit war die Taufe eines Herrschers nicht allein ein Akt persönlicher Überzeugung, sondern zog in der Regel die Taufe des Volkes unmittelbar nach sich. Das hat die Kiever Fürstin sicher auch angestrebt; aber zweierlei stand dem offenbar im Weg: Zum einen führte Ol'ga in formalem Sinne nur die Regentschaft für ihren minderjährigen Sohn Svjatoslav, dessen Stellungnahme bei einer so grundsätzlichen Entscheidung daher berücksichtigt werden musste. Nun lässt die altrussische *Erzählung* keinen Zweifel daran, dass Svjatoslav dem Christentum nicht freundlich gesinnt war; es hätte auch wenig zum Stil seiner Herrschaft gepasst. Ausdrücklich wird zudem berichtet, dass Svjatoslav in dieser Frage seine varägische Gefolgschaft hinter sich hatte. Zum andern war die Christianisierung für Ol'ga wie für alle Fürsten in dieser Situation ein Akt, dessen Durchführung politische Vorsicht erforderte. So musste es auch ihr darauf ankommen, mit dem Aufbau einer kirchlichen Organisation in ihrem Lande nicht in die Abhängigkeit einer fremden Macht zu geraten. Zumindest ein eigenes Erzbistum war wohl die Vorbedingung für die Taufe, was auch in anderen Regionen (Mähren, Bulgarien, Ungarn, Polen) immer der entscheidende Punkt war. Es ist gut möglich, dass Ol'ga 957 in Konstantinopel entsprechende Wünsche vorgebracht hat; sicher aber ist, dass sie 959/960 eine eigene Gesandtschaft zu Otto I., dem König des Ostfrankenreiches und späteren Kaisers schickte, die Missionare und wohl auch einen Bischof erbitten sollte. Daraus kann man schließen, dass es Ol'ga mit der Christianisierung ihres Landes Ernst war und dass Byzanz ihren kirchlichen Autonomiewünschen zu wenig Entgegenkommen gezeigt hatte. Otto I. entsprach ihrer Bitte, aber die Mission des Mönches Adalbert aus dem Kloster St. Maximin in Trier, des späteren Erzbischofs von Magdeburg, sollte nicht von Erfolg gekrönt sein: Als Adalbert in Kiev eintraf, hatte Ol'ga die Regierung schon an Svjatoslav abgegeben, und an eine Christianisierung der Ruś war fürs Erste nicht mehr zu denken. Bemerkenswert an dieser Episode ist dennoch die Tatsache, dass für die Kiever Ruś des 10. Jahrhunderts der Weg nach dem lateinischen Westen ganz offensichtlich noch gangbar war, sogar in kirchlichen Fragen.

Einzelheiten über die Christianisierung der Ruś können aus verschiedenen Quellen mit ziemlicher Genauigkeit rekonstruiert werden: Der eigentliche Akt der Taufe hatte eine Vorgeschichte, denn zum einen war eine gewissermaßen unterschwellige Christianisierung seit Langem im Gange, zum anderen wurde auch um den offiziellen Schritt seit Ol'gas erstem Versuch immer wieder gerungen. Selbst unter Svjatoslav gab es keine echte Reaktion im Sinne der alten Religion; seine Haltung entsprach eher einer Verachtung religiöser Neuerungen, verbunden mit praktischer Toleranz. Sein Sohn Jaropolk war sogar mit einer Griechin verheiratet und scheint daher eher an die Bestrebungen seiner Großmutter angeknüpft zu haben. Dem entspricht eine unsichere Nachricht, nach der im Jahr 979 eine Gesandtschaft des Papstes aus Rom bei Jaropolk erschienen sei; danach hätte dieser an die Kontakte zum lateinischen Westen angeknüpft. Jaropolks Bruder Vladimir hingegen soll vorchristliches Brauchtum erneuert haben, und der Chronist berichtet in diesem Zusammenhang auch von einer Verfolgung der Christen und dem ersten Martyrium zweier Waräger in der Kiever Ruś. Dabei ist aber zu berücksichtigen, dass die Weigerung eines christlichen Warägers, seinen Sohn als Opfer für die heidnischen Götter herauszugeben, sich allzu gut in hagiografische Überlieferungen fügt, die den späteren Heiligen Vladimir zunächst als abstoßend und grausam darstellen. In Wirklichkeit war die Entscheidung für das Christentum längst so weit vorbereitet, dass es nur mehr eines äußeren Anstoßes bedurfte.

Der Taufakt

Was die *Erzählung der vergangenen Jahre* von der Taufe Vladimirs und der Kiever Ruś berichtet, ergibt kein klares Bild; es handelt sich um eine Legende in literarischer Form, die den geschichtlichen Kern nur durchschimmern und den Anteil der Griechen in hellstem Licht erstrahlen lässt. Angeblich erschienen Gesandtschaften der muslimischen Wolgabulgaren, der ›Deutschen‹ von Rom, der jüdischen Chazaren, und schließlich ein griechischer ›Philosoph‹ in Kiev, um Vladimir die Vorzüge ihres Glaubens vorzutragen. Danach habe Vladimir seinerseits Boten ausgesandt, um die fremden Religionen zu erkunden. An allen anderen Religionen hätten die Boten in ihrem Bericht etwas auszusetzen gehabt, aber im Gottesdienst der Griechen hätten sie nicht mehr gewusst, ob sie im Himmel oder auf der Erde seien. Dementsprechend habe Vladimir die Entscheidung getroffen und nur mehr gefragt: »Wo nehmen wir die Taufe?«

Mit dieser Legende, in der sich die religionsgeschichtliche Situation widerspiegelt, verbindet sich eine zweite, deren historischer Hintergrund ein Feldzug Vladimirs gegen die Stadt Cherson (russ. Korsuń, daher ›Korsuner Legende‹) ist: Vladimir konnte die Stadt einnehmen und verlangte von den byzantinischen Kaisern Basileios und Konstantin deren Schwester Anna zur Frau. Das wurde ihm gewährt – unter der Voraussetzung, dass er Christ würde. So ließ sich Vladimir, durch ein Genesungswunder am eigenen Leibe beeindruckt, in Korsuń taufen.

Das fehlende Verbindungsstück bieten arabische Quellen zur gleichzeitigen byzantinischen Geschichte. Danach befand sich der junge Kaiser Basileios II. (976–1025) zu Beginn des Jahres 988 in einer verzweifelten Situation: Zwei Jahre zuvor hatte er gegen den Zaren Samuel des westbulgarischen Reststaates eine empfindliche Niederlage erlitten, und er musste mit einem weiteren Angriff der Bulgaren rechnen. Zur gleichen Zeit hatte sich im asiatischen Teil des Reiches Bardas Phokas zum Gegenkaiser erhoben und sowohl die Armee als auch den grundbesitzenden Adel hinter sich gebracht. Dem legitimen Kaiser in der Residenz, der über keine kampfkräftigen Truppen mehr verfügte, drohte also ein vernichtender Angriff vom Westen wie vom Osten. Hilfe konnte nur mehr von außen kommen, und so schickte er eine Gesandtschaft zum Kiever Fürsten Vladimir mit der Bitte um Unterstützung. Diese muss in den ersten Wochen des Jahres 988 nach Kiev gekommen sein, und wenn ihre Mission den angestrebten raschen Erfolg haben sollte, durften die griechischen Gesandten nicht mit leeren Händen kommen. Byzanz versprach Vladimir also die Hand der ›purpurgeborenen Prinzessin‹ Anna, was angesichts des byzantinischen Selbstwertgefühls der höchste Preis war, den es anbieten konnte, denn niemals zuvor hatte ein fremder Fürst eine im kaiserlichen Palast und als Tochter des regierenden Kaisers geborene byzantinische Prinzessin zur Frau erhalten. Das ungewöhnliche Angebot, erzwungen durch die Not der Stunde, erfüllte seinen Zweck: Noch im Frühjahr 988 trafen aus Kiev 6000 Krieger ein, in der Mehrzahl sicher Waräger, die bei Chrysopolis den Truppen des Bardas Phokas eine erste Niederlage bereiteten und dem Kaiser binnen eines Jahres die endgültige Niederwerfung des Aufstandes ermöglichten.

Die Motive, die Vladimir dazu veranlasst hatten, der Bitte des Kaisers so schnell und wirksam zu entsprechen, sind leicht verständlich: Die Christianisierung des Landes war nur noch eine Frage der Zeit; für diesen wohl unvermeidlichen Schritt eine solch unvergleichliche Rangerhöhung zu gewinnen, wie sie die dynastische Verbindung mit dem byzantinischen Kaiserhaus darstellte, war eine einmalige politische Chance. Dabei sollte die Aufbietung der Truppen den Kiever Fürsten kaum belastet haben; es ist im Gegenteil sehr bezeichnend, dass diese als Kern einer varägisch-normannischen Spezialtruppe und Leibgarde auch nach der Niederwerfung des Aufstandes in byzantinischen Diensten blieben, sich aus den Heimatländern laufend ergänzten und zu einer ständigen Einrichtung wurden.

Was Vladimir dann trotzdem in einen Konflikt mit Byzanz brachte, war der *Erzählung* der vergangenen Jahre zufolge die Weigerung der Kaiserschwester, das Versprechen des Bruders zu erfüllen, und offenbar bereute auch Basileios II. selbst, nachdem er durch das Eingreifen der Varäger aus seiner schwierigen Lage befreit war, sein großzügiges Angebot. In dieser Situation hat ihn der Angriff Vladimirs auf Cherson zur Einlösung seines Versprechens gezwungen; die Ehe kam zustande, und Russland wurde christlich.

Der Legende nach wurde Vladimir in Cherson von einem griechischen Priester getauft; darauf nahm der Kiever Fürst

> die Kaiserschwester, Anastasios und die Priester von Cherson mit den Reliquien des heiligen Klemens und von dessen Schüler Phoibos, und er nahm die kirchlichen Gefäße und die Ikonen für sich zum Segen […] Den Griechen aber gab er als Morgengabe für die Kaiserschwester Cherson wieder und kam selbst nach Kiev. Als er dorthin gekommen war, ließ er die Götzenbilder umstoßen, die einen zerschlagen, die anderen dem Feuer übergeben, [und er befahl] Kirchen zu bauen und sie dort zu errichten, wo Götzenbilder standen. Und er erbaute die Kirche des heiligen Basilios auf dem Hügel, wo der Götze Perun und die anderen standen und wo der Fürst und das Volk Opfer darbrachten […] Und er begann in den Städten Kirchen zu errichten, Priester einzusetzen und in allen Städten und Dörfern die Leute zur Taufe zu führen.

Für mittelalterliche Chronisten besteht die Christianisierung eines Landes im Wesentlichen aus zwei Handlungen, der Taufe und der Einrichtung einer kirchlichen Organisation. Von dem langwierigen Vorgang der Verchristlichung eines Volkes vor und nach den offiziellen Akten berichten sie im Allgemeinen nur wenig; die *Erzählung* der vergangenen Jahre allerdings vermeldet über den Aufbau der christlichen Kirche in der Ruś nichts.

Der Aufbau der Kirche und die Verchristlichung der Ruś

Das Selbstbewusstsein der griechischen orthodoxen Kirche ließe erwarten, dass sie die Namen und die Taten ihrer kirchlichen Würdenträger verkünden würde, die nach der Taufe den Aufbau der Kirche in der Ruś durchführten und leiteten. Um so erstaunlicher ist die Tatsache, dass ein Metropolit in Kiev erst für das Jahr 1039 bezeugt ist: In diesem Jahr – so heißt es in der *Erzählung* – »wurde die Kirche der heiligen Gottesmuter, die Vladimir, der Vater Jaroslavs, errichtet hatte, durch den Metropoliten Theopempt geweiht«. Da der Kiever Großfürst Jaroslav zwei Jahre zuvor eine neue Kirche der heiligen Sophia ausdrücklich als Metropolitankirche gestiftet hatte, kann man annehmen, dass auch der Metropolit Theopempt in diesem Jahr nach Kiev gekommen ist. Zwischen diesem Datum und dem Taufdatum Vladimirs liegt aber ein halbes Jahrhundert, und schon für das Jahr 1018 berichtet der sächsische Chronist Thietmar von Merseburg, dass es in der großen Stadt Kiev, der Hauptstadt des Reiches, »mehr als 400 Kirchen« gegeben habe. Die Zahl mag übertrieben sein, aber auch eine wesentlich geringere Anzahl von Gotteshäusern setzt eine kirchliche Organisation voraus, über die jedoch nichts bekannt ist. Zwar wurde Thietmar zufolge der 1018 in Kiev einziehende Polenherzog Bolesław Chrobry vom »Erzbischof der Stadt mit den Heiligenreliquien und allerlei anderem Prunk im Kloster der hl. Sophia« empfangen, und aus griechischen Quellen ist die Einsetzung des Metropoliten

Theophylaktos von Sebasteia zum Metropoliten der Ruś bekannt, aber weder die eine noch die andere Nachricht findet eine Bestätigung in der russischen Überlieferung. Dort finden sich in hagiografischen Texten nur einige Namen von Erzbischöfen oder Metropoliten, über die sonst nichts bekannt ist. Diese Tatsache hat in der Literatur zu einer großen Zahl recht kühner Hypothesen geführt: Einerseits nahm man an, der Oberhirte der jungen russischen Kirche habe in den ersten Jahrzehnten wohl nicht in Kiev, sondern in einer anderen Stadt seinen Sitz gehabt. Damit aber wäre die Unterordnung eines russischen Metropoliten unter den griechischen Patriarchen in Konstantinopel noch nicht infrage gestellt. Andererseits bestreitet man gerade dies und versucht den Nachweis, dass überhaupt nicht griechische, sondern andere kirchliche Kräfte die Mission und den kirchlichen Aufbau in der Ruś durchgeführt hätten; dies könnte die autokephale orthodoxe Kirche Bulgariens oder die römische Kirche gewesen sein.

Unbestreitbar ist, dass die russische Kirche aus diesen Richtungen Einflüsse erfahren hat, die sich im altrussischen geistlichen Schrifttum niedergeschlagen haben. Das christliche Gedankengut übernahm Kiev dabei meist nicht unmittelbar von den Griechen, sondern in der in Bulgarien geschaffenen kirchenslavischen Gestalt – in Bulgarien hatte die Christianisierung ja mehr als ein Jahrhundert früher begonnen und unter dem Zaren Simeon im ersten Viertel des 10. Jahrhunderts bereits zu einer bemerkenswerten Blüte mit einem reichen kirchlichen Schrifttum von Übersetzungen aus dem Griechischen ins Slavische geführt, was deren Übernahme in der Kiever Ruś nahelegt, wo auch viele alte Handschriften erhalten geblieben sind, aber die Namen der Vermittler sind unbekannt.

Westlich-lateinische Einflüsse hatten ein geringeres Ausmaß und waren etwas anderer Natur: Sie vermittelten nicht das geistliche Leben in voller Breite, sondern Einzelnes, z. B. die Legenden der böhmischen Heiligen Wenzel und Ludmilla, des Prager Patrons, des hl. Veit oder Einrichtungen kirchenrechtlicher Natur, wie die Abgabe des Zehnten, der indes nicht wie im Westen von der ganzen Bevölkerung abgeführt werden musste. Vladimir gewährte der ersten Kiever Hauptkirche (*Desjatinnaja cerkov́* = Zehntkirche) dieses Recht, das es im byzantinischen Bereich nicht gab. Das Medium des Einflusses war auch vom Westen her die kirchenslavische Literatur, die in Mähren in den letzten Jahrzehnten des 9. Jahrhunderts entstanden war und sich an einigen Orten zäh gegen das nach dem Tode des Erzbischofs Methodios (gest. 885) allein erlaubte Lateinische hielt. Die Personen der Vermittler bleiben indes auch hier im Dunkeln, aber es wird sich wohl um slavische Geistliche gehandelt haben, die der Verfolgung durch die fränkische Reichskirche entkommen waren.

Unter den Bedingungen dieser Zeit, als sich die östlich-griechische und die westlich-lateinische Kirche zwar längst auseinandergelebt hatten, aber das Schisma (1054) noch nicht vollzogen war, könnte man also von einer ›internationalen‹ Missionierung der Kiever Ruś sprechen. Dennoch lassen die realen Machtverhältnisse vieles nur als Spekulation erscheinen: Die bulgarische Kirche war nach dem Zusammenbruch des ersten Bulgarischen Reiches selbst in ihrer Unabhängigkeit bedroht und nicht mächtig genug, ein solch großes Missionsgebiet zu betreuen; Rom war zu weit entfernt, um mit den byzantinischen Ansprüchen erfolgreich konkurrieren zu können, es ist auch sehr zweifelhaft, ob dies die Päpste überhaupt versucht haben. Nachrichten über einen mehrfachen Gesandtschaftswechsel zwischen Rom und Kiev in den Jahren nach dem Taufakt (988–1001) sind nur in sehr späten Fassungen der russischen *Erzählung* aus der Mitte des 16. Jahrhunderts überliefert und verdienen kaum Vertrauen. Es ist sehr unwahrscheinlich, dass die Jurisdiktion der lateinischen Kirche über ein so großes Land so rasch und spurlos in Vergessenheit geraten wäre. Dagegen gab es für die Moskauer Chronisten zur Zeit Ivans IV. sehr wohl ein Motiv, vielleicht vorhandene dunkle Überlieferungen auszugestalten und entsprechend zu ergänzen: das Ansehen des neuen Moskauer Zartums. Historischer Kern könnte vielleicht eine Botschaft der Gemahlin des Kaisers Otto II., Theophano, an die Gemahlin Vladimirs, Anna, sein, beide waren ja byzantinische Prinzessinnen.

Gegenüber solchen Hypothesen bleibt die traditionelle Auffassung, dass die russische Kirche von Anfang an in der Jurisdiktion von Byzanz stand, am wahrscheinlichsten. Priester aus den nahe gelegenen griechischen Küstenstädten und geistliche Begleiter der Prinzessin Anna mögen, wie es die *Erzählung* berichtet, die vorhandenen Ansätze zu einem ersten Fundament ausgebaut haben; wenn aber ein Erzbischof die junge Missionskirche betreut hat – und die Mitteilung Thietmars macht das glaubhaft –, dann bleibt allerdings die Frage zu klären, welche Bedeutung dann der Einrichtung einer russischen Metropolie am Ende der 30er Jahre des 11. Jahrhunderts zukommt. So ist unklar, ob es nur die Lückenhaftigkeit der Überlieferung ist, die hier den Eindruck eines wichtigen Einschnitts vermittelt, oder ob ein bis dahin ungeklärtes Verhältnis nun seine endgültige Form gefunden hat. Vielleicht besaß ein Missionserzbischof eine größere Selbstständigkeit als ein in die byzantinische Hierarchie eingeordneter Metropolit, oder stellte umgekehrt die Errichtung der Metropolie ein Zugeständnis an den Rang des Kiever Großfürsten Jaroslav dar? Die Auseinandersetzungen der Folgezeit sprechen eher für die zweite Version.

Jaroslav (1019–54) war wie sein Vater Vladimir mithilfe der Novgoroder und varägischer Hilfstruppen an die Macht gekommen; seine Frau Ingegärd (Irina) war eine schwedische Königstochter und Christin nach lateinischem Ritus, was den Stil seines Hofes beeinflusst haben wird, der zu dieser Zeit keineswegs allein durch Byzanz bestimmt war. Als Jaroslav im Jahre 1036 allein die Macht übernahm, die er bis dahin mit seinem Bruder Mstislav geteilt hatte, scheint man in Byzanz dieser Tatsache Rechnung getragen und ihm mit einer eigenen Metropolie endlich jenes Maß an kirchlicher Selbstständigkeit zugestanden zu haben, das zweifellos schon Ol'ga und Vladimir angestrebt hatten. Offenbar war Jaroslav damit indes nicht zufrieden, denn nach einem Krieg mit Byzanz im Jahre 1043 und nach dem Tode des ersten Metropoliten Theopempt in dieser Zeit wurde deutlich, in welche Richtung Jaroslavs Kirchenpolitik zielte. Im Jahre 1051 »rief Jaroslav die Bischöfe zusammen und setzte in der Kirche der heiligen Sophia Ilarion, einen Russen, zum Metropoliten ein«; damit maßte er sich ein Recht an, das nur dem Patriarchen und dem Kaiser in Konstantinopel in gemeinsamer Aktion zukam. Mit diesem Versuch, sich in der Kirchenorganisation von Byzanz unabhängig zu machen, konnte er sich allerdings nicht durchsetzen. Schon im folgenden Jahr kam es zur Heirat von Jaroslavs Sohn Vsevolod mit einer byzantinischen Prinzessin, und der Russe Ilarion musste als Metropolit dem Griechen Efrem (Ephraim) weichen. Von da ab wurde die kirchliche Oberhoheit des Patriarchen in Konstantinopel bis in das 15. Jahrhundert hinein nicht mehr infrage gestellt. Der Patriarch ernannte den russischen Metropoliten und konnte dabei Vorschläge des russischen Großfürsten berücksichtigen; keinem russischen Kandidaten blieb jedenfalls die weite Reise nach Konstantinopel erspart. Im 13. und 14. Jahrhundert spielte sich schließlich ein ziemlich regelmäßiger Wechsel von Russen und Griechen auf dem Stuhl des ›Metropoliten von Kiev und der ganzen Ruś‹ ein; in der ersten Zeit wird aber das griechische Element dominiert haben, das eine feste Führung der russischen Kirche durch die griechische sicherte. In geringerem Ausmaß gilt das auch für die einzelnen Bistümer – Novgorod, Belgorod und Juŕev, zu denen unter Jaroslavs Söhnen Perejaslavl' und Černigov hinzukamen. Ohne dass ein unmittelbarer Zusammenhang erkennbar wäre, muss sich die Trennung der griechischen von der lateinischen Kirche 1054 auf die Zuordnung der christlichen Ruś zur griechischen Kirche ausgewirkt haben, was das Verhältnis Russlands zum lateinischen Westen in geistigen und kulturellen Fragen bis zum heutigen Tag entscheidend bestimmt.

Dagegen konnte der mittelalterliche russische Staat in politischen Fragen seine Unabhängigkeit von Byzanz bewahren. Das war keineswegs selbstverständlich, denn in der byzantinischen Vorstellung von der »einen, ungeteilten Welt« der christlichen (d. i. griechisch-orthodoxen) Ökumene waren die kirchliche Oberhoheit des Patriarchen und die politische des Kaisers nicht zu trennen. In der Theorie gab es also nur einen Souverän: den christlichen Weltkaiser in der Stadt Konstantins des Großen. Griechische Autoren sprechen daher vom russisch-byzantinischen Krieg des Jahres 1043 konsequent als von einem »Aufstand der Russen«, aber in der praktischen Politik blieb die Ruś immer unabhängig.

Für die ›Verchristlichung‹ des Landes und für das Entstehen eines russischen Christentums eigener Prägung war neben dem Aufbau einer kirchlichen Organisation auch die Bildung eines eigenen russischen Mönchtums notwendig. Auch hier liegt der Anfang im Dunkeln: Verbindungen von den Klöstern auf der Krim zu Kiev lassen sich nicht nachweisen, so wahrscheinlich sie auch sind. Erst Jaroslav, der »die Priester sehr schätzte, besonders aber die Mönche«, gründete nach dem Bericht des Chronisten der *Erzählung der vergangenen Jahre* die ersten Klöster in Kiev: das Georgs- und das Irenenkloster, beides fürstliche Stiftungen (Ktitorklöster) nach byzantinischem Vorbild. Der mächtige Baum des russischen Mönchtums trieb aber aus anderer, rein asketischer Wurzel. Vorbild der russischen Klöster war das Kiever Höhlenkloster, hervorgegangen aus Eremitenhöhlen am rechten Dneprufer. Auch wenn sich dieses geistliche Zentrum der Kiever Ruś der fürstlichen Einflussnahme und der Anhäufung von irdischem Besitz nicht entziehen konnte, so war es doch in der Lage, eine erste Blüte russischer geistlicher Kultur hervorzubringen und mit seinem nach der reformierten Regel (Studiten) geordneten Gemeinschaftsleben zum Vorbild aller späteren russischen Klöster zu werden. Dabei kennt das russische Mönchtum ebenso wie das griechische keine Orden mit festgelegten Aufgaben; es erhielt Richtung und Ordnung stets durch überragende geistliche Persönlichkeiten. Für das Kiever Höhlenkloster war dies der dritte Abt in den 60er und 70er Jahren des 11. Jahrhunderts, den die russische Kirche als den hl. Feodosij (Theodosius) verehrt.

Stadt und Land

Mit der Christianisierung trat die Ruś in ein neues Stadium ihrer Entwicklung ein: Die Annahme des Christentums brachte die Schriftlichkeit und damit die Voraussetzung dafür, dass sich die Kontakte mit den Nachbarn und die Nachrichten darüber vermehrten. Daneben hat auch die russische Archäologie in den letzten Jahrzehnten die Kenntnisse über das christliche Kiev erweitert. Umstritten bleibt allerdings die Frage, wie diese Kiever Ruś nach ihrem Beitritt zur Familie der christlichen Völker und Staaten in das mittelalterliche Europa einzuordnen ist. Die Antwort hängt davon ab, wo man den Schwerpunkt des wirtschaftlichen und sozialen Lebens in der Kiever Ruś sehen will: War es nach wie vor der Handel, dem die führende Schicht Reichtum und Geltung verdankte? Dieser Meinung waren Ključevskij und seine Schüler. Oder trat nun der Grundbesitz an die erste Stelle und wurde damit ein System feudaler Beziehungen geschaffen wie im Abendland? Das behaupteten vor allem die sowjetischen Historiker. Sofern es sich dabei nicht um einen Streit der Begriffe handelte – der geschichtswissenschaftliche und der marxistische Begriff ›Feudalismus‹ haben wenig miteinander zu tun –, lassen sich für beide Auffassungen gute Gründe anführen.

Die wirtschaftliche und soziale Entwicklung

Zum Zeitpunkt der sogenannten Staatsgründung war eine sozial noch wenig differenzierte ostslavische Bevölkerung agrarisch tätig und besaß städtische oder stadtähnliche Siedlungsmittelpunkte mit Handwerk und lokalem Handel; die Waräger hatten Fernhandel und expansive militärische Kraftentfaltung beigesteuert. Die sprachliche Assimilierung der Waräger in das slavische Umfeld muss dabei verhältnismäßig rasch vor sich gegangen sein, weil sonst die germanischen Lehnwörter im Altrussischen zahlreicher wären und die Christianisierung des Landes nicht allein über die slavische

Sprache vermittelt worden wäre. Es mag aber länger gedauert haben, bis aus unsteten Fernkaufleuten mehr oder minder ortsgebundene Grundbesitzer wurden. Den kriegerischen Charakter behielt die führende Schicht – ob slavisiert oder nur durch Ostslaven ergänzt – selbstverständlich bei. Die Unterschiede der Herkunft und der Lebensweise verschwanden allmählich, indem der slavische Stammesadel in den Fürstendienst trat und umgekehrt die varägischen Gefolgsleute des Fürsten zu Grundbesitz kamen. Aus beiden ›Quellen‹ entstanden die »christlichen Russen«, wie sie bereits im Vertrag von 944 sichtbar wurden.

Präzise Angaben über die rechtliche Natur des Eigentums an Grund und Boden lassen sich für die Frühzeit nicht machen, denn entsprechendes Urkundenmaterial setzt erst gegen Ende des 13. Jahrhunderts ein. Für die Zeit vorher geben die Chroniken und die erhaltenen altrussischen Rechtsdenkmäler nur vage Informationen, die der Interpretation weiten Spielraum lassen. Unbestreitbar ist zunächst der fürstliche Besitz an Land – an Ackerboden, vor allem aber an Wald, Weiden und Gewässern. Jagd und Fischerei waren wichtig für den Lebensunterhalt, aus dem Wald kamen die Exportgüter des Fernhandels, ausgedehnte Weiden brauchte man für das in Krieg und Frieden gleich wichtige Pferd. So waren es Jagd-, Wasser- und Weiderechte des Fürsten, die zuerst unter besonderen Rechtsschutz gestellt wurden: Verwalter fürstlichen Besitzes treten in den Quellen in verschiedenen Rängen und unter zahlreichen Namen auf. In der zweiten Hälfte des 11. Jahrhunderts wurde dann ein ähnlicher Rechtsschutz auch auf den Besitz der übrigen Großen des Kiever Reiches ausgedehnt; die Bezeichnung ›Gospodin‹, die bis gegen Ende des 15. Jahrhunderts die offizielle Anrede der Fürsten war, wurde fortan auch für den ›Herrn‹ allgemein verwendet. Wenn in der Folge Grenzverletzungen unter schwere Strafe gestellt wurden, so war damit auch klar, dass ein ›Herr‹ ein genau abgegrenztes Stück Land besaß, dessen Grenzen verletzt werden konnten. Während für das 11. Jahrhundert tatsächlich ausgedehnter Grundbesitz der führenden Schicht belegt ist, können die Anfänge dieser Entwicklung für die davor liegende Zeit nur vermutet werden.

›Adeliger‹ Grundbesitz kann sich bereits in der slavischen Gemeinde entwickelt haben; er kann aus eigenmächtiger Aneignung von Beauftragten des Fürsten hervorgegangen sein, die sich ein privates Ausbeutungsgebiet zulegten; er kann auf Schenkungen des Fürsten zurückgehen, obwohl dies erst für das 12. Jahrhundert und zunächst auch nur an kirchliche Empfänger, etwa neugegründete Klöster, nachzuweisen ist. In jedem Falle war der Grundbesitz erblich (*votčina*) und die Verfügung über ihn frei; er war sicher zum Teil, aber nicht unbedingt mit dem Fürstendienst verbunden. Da es keinen unmittelbaren Zusammenhang zwischen der Verleihung von Land und der Delegierung von Macht gab, kann man indes nicht von einem Feudalsystem sprechen: Zwar unterscheiden die Quellen zwischen einer ›älteren‹ und einer ›jüngeren‹ Gefolgschaft des Fürsten, aber beide unterschieden sich hinsichtlich ihrer Funktionen bzw. Verantwortung; Landbesitz konnten beide Gruppen haben und durch fürstliche Gunst vermehren. Die Aufsagung des Dienstes führte nicht zum Verlust des Besitzes; der Wechsel zu einem anderen Fürsten war in voller Freiheit möglich und wurde mit deren Zunahme zu einer häufigen Erscheinung.

Wie schon erwähnt, ist es eine andere Frage, ob der private Grundbesitz der sozialen Oberschicht schon in der Zeit des Kiever Reiches die Hauptgrundlage der Wirtschaft und damit auch der politischen Macht gewesen ist. Die Beantwortung dieser Frage hängt davon ab, wie der private Großgrundbesitz zu dieser Zeit organisiert war, ob der ursprünglich freie Bauer schon in Abhängigkeit von einem Grundherren geraten war und wie hoch man die Bedeutung des Fernhandels für die führende Schicht und für die gesamte Wirtschaft einschätzt.

Der Fernhandel, ob er nun von den politisch Mächtigen oder von einem eigenen Stand der Kaufleute betrieben wurde – beides war in der Kiever Ruś offenbar gleichzeitig der Fall –, musste schon der erforderlichen Organisation wegen an geeigneten Siedlungspunkten konzentriert sein und dabei deren Blüte nach sich ziehen. Eine solche Blüte des Städtewesens bezeugt nicht nur der Zeitgenosse Thietmar von Merseburg, sondern beweisen vor allem die Ergebnisse der Ausgrabungen, was insbesondere die drei Städte an entscheidenden Punkten der alten varägischen Handelsstraße betrifft: Novgorod am Ilmensee im Norden mit Verbindungen nach Westen über Land und Wasser, Smolensk in der Mitte, wo der Kauffahrer von Lovat' und Düna her in das Flussgebiet des Dnepr gelangte und leicht in das Flussgebiet der Wolga hinüberwechseln konnte, und Kiev im Süden, wo sich die nord-südliche Handelsstraße mit einer west-östlichen kreuzte und der Beginn der Steppe einen Halt erforderte. Zur Ermittlung der Einwohnerzahl dieser Städte reichen die Quellen nicht aus. Wenn etwa der russische Historiker Vernadsky die Gesamtbevölkerung der Kiever Ruś im 11. Jahrhundert auf 7,5 Millionen, die städtische Bevölkerung auf eine Million (13 %) und die Bevölkerung der genannten drei größten Städte auf zusammen 400 000 schätzt, so bleiben dies Vermutungen. Doch das mittelalterliche Kiev, die ›Mutter der russischen Städte‹, war eine ansehnliche Stadt, die einen Wachstumsring nach dem andern ansetzte und sich immer wieder als zu eng erwies, wenn neue größere Bauten ausgeführt werden sollten: Sowohl die Zehntkirche Vladimirs als auch die Sophienkathedrale Jaroslavs lagen zunächst außerhalb der befestigten Stadt, um dann sehr rasch in diese einbezogen zu werden. Die Stadt musste aber nicht nur Kirchen, Klöstern und dem Hof des Fürsten mit allen Nebenbauten Raum bieten; dazu kamen zahlreiche ›Höfe‹ von anderen, nicht in Kiev residierenden, aber an einem Stützpunkt in Kiev interessierten Fürsten und weitere ›Höfe‹ von Bojaren. In der ausgedehnten Unterstadt (*podol*) lebten Handwerker und Kaufleute, darunter auch fremde aus Ost und West; dort gab es Schmiede aller Art, von den Waffenschmieden bis zu den Goldschmieden, Töpfer und Schnitzer, Sattler, Weber und Schneider waren vertreten. Weil es zu kostspielig und mühsam war, die steigenden Bedürfnisse der Bevölkerung allein durch den Import zu befriedigen, stellte man auch Glas, vornehmlich zu Schmuckzwecken, das man zuerst von den Griechen bezogen hatte, mit der Zunahme der Kirchen- und Klosterbauten dann in Kiev selbst her. An der Vermittlung von entsprechenden Kenntnissen konnte es in der weltoffenen Stadt nicht fehlen, in der sich Armenier, Syrer und Juden mit Lateinern aus vielen Ländern trafen; der Dichter des berühmten *Igorliedes* lässt in Kiev Böhmen und Mährer, Deutsche und Venezianer die Niederlage der Russen durch die Polovcer betrauern; um 1228 wurde in der Kiever Unterstadt sogar eine lateinische Kirche errichtet, und die orthodoxe Geistlichkeit beschwerte sich über die religiöse Propaganda von Dominikanern.

Kiev war befestigt und verfügte über eine Reihe von Stadttoren, deren berühmtestes – das ›Goldene Tor‹ im Süden – nach byzantinischem Beispiel eine kleine Muttergotteskirche trug. Das Vorbild Konstantinopels war aber nicht nur in Sakralbauten, sondern in der Stadtplanung überhaupt deutlich erkennbar: Neben dem ›Goldenen Tor‹ verweist darauf eine Hauptkirche zur ›Göttlichen Weisheit‹ (Sophienkathedrale) als sichtbarer geistlicher Mittelpunkt nicht nur der Stadt, sondern des ganzen Landes.

An solch geradezu südlichen Glanz der Metropole reichten Novgorod und Smolensk nicht heran. Ihre große Zeit kam später – für Smolensk im 12. und 13. Jahrhundert, für Novgorod noch später, ehe diese Stadt in der zweiten Hälfte des 15. Jahrhunderts in den Moskauer Staat einbezogen wurde. Die Kirche hat auch ihnen das griechische Vorbild vermittelt, das aber im Norden durch westliche Einflüsse ergänzt wurde; beide Städte besaßen aufgrund ihrer Lage von Anfang an eine bevorzugte Stellung. So beweisen die im 11. Jahrhundert einsetzenden Texte auf Birkenrinde (›Birkenrindenurkunden‹) für Novgorod ein intensives städtisches Wirtschaftsleben und eine erstaunliche Verbreitung der Lese- und Schreibfähigkeit unter der Bevölkerung.

Vorbilder und fremde Einflüsse konnten aber auch in der Kiever Ruś nur wirken, wenn maßgebende Schichten der Bevölkerung an einer regelmäßigen Kommunikation beteiligt waren, wie sie ein wohlausgebauter Handel darstellt. So kann eine Stadtentwicklung wie die Kievs nicht allein auf der Grundlage eines allmählich sich entwickelnden adeligen Großgrundbesitzes erklärt werden; sonst bliebe es unverständlich, warum der Rückgang des Handelsverkehrs nach dem Süden, als die Steppe immer unsicherer wurde und 1204 der griechische Partner durch die Eroberung Konstantinopels im Vierten Kreuzzug ausfiel, einen so raschen und unaufhaltsamen Niedergang des Kiever Reiches nach sich zog, denn einem feudalen Agrarstaat wäre damit keine lebenswichtige Ader durchschnitten worden. Umgekehrt geht es allerdings auch zu weit, in der Kiever Ruś des 11. Jahrhunderts einen reinen Handelsstaat zu sehen – je weiter die Entwicklung fortschritt, desto weniger trifft dies zu.

Mittelalterliche Grundherrschaft war niemals nur Herrschaft über ein Stück Land, sondern immer auch Herrschaft über Menschen, die das Land nutzten. Nun hat es auch in der Kiever Ruś Sklaven gegeben (*raby*, *cholopy*), die von ihrem Herren zu beliebiger Arbeit verwendet werden konnten. Ihre Zahl ist unbekannt, aber dass ihre Bedeutung nicht groß genug gewesen sein kann, um sie als charakteristisch für die Gesellschaft und Wirtschaft der Kiever Ruś gelten zu lassen, ergibt sich schon daraus, dass die Quellen viele Bezeichnungen für andere Gruppen kennen, die die unterste Schicht und die breite Masse der Bevölkerung bildeten und von den Sklaven unterschieden werden, wobei die Deutung dieser Bezeichnungen im Einzelnen sehr umstritten ist, denn die spärlichen Quellen erstrecken sich über einen relativ langen Zeitraum und spiegeln daher einen durch die Entwicklung bedingten Bedeutungswandel wider.

Ziemliche Einmütigkeit besteht darüber, dass die ›Smerden‹ (*smerdy*) wohl die ursprünglich freien ostslavischen Bauern waren. Von anderen Gruppen steht fest, dass sie in Abhängigkeit von Reichen und Mächtigen geraten waren, ohne dass sie dadurch zu Sklaven geworden wären. Ursache dafür konnte eine unbezahlte Schuld sein, die abgearbeitet werden musste (*zakupy*), oder ein freiwillig eingegangenes Schutzverhältnis, das ebenfalls zu einer Arbeitsverpflichtung führte (*vdači*); die Bezeichnung *rjadoviči* fasst vermutlich die genannten und alle anderen zusammen, die durch einen Vertrag (*rjad*) eine Bindung an einen Herrn eingegangen waren. Wenn aber der Grundherr seinen Boden nur von Sklaven und Halbfreien der geschilderten Art bestellen lässt, die Masse der Bauern aber frei in der Dorfgemeinde lebt, kann man sicher nicht von einem voll entwickelten Feudalsystem sprechen. Marxistische Historiker haben daher aus ideologischen Gründen den Charakter der Smerden als freie und unabhängige Bauern bestritten, um schon für das Kiever Russland eine feudale Gesellschaftsordnung nachzuweisen. Erst für das 12. Jahrhundert sind jedoch Fälle bekannt, in denen ein Dorf ausdrücklich mit seinen Bauern einem Grundherrn, etwa einem Kloster, übereignet wurde. Im Übrigen waren die Smerden nur vom Fürsten abhängig, dem sie nicht nur jene allgemeine Abgabe zu leisten hatten, die aus dem ursprünglichen Tribut der Unterworfenen hervorgegangen war, sondern der sie auch gegen Übergriffe schützte und ihr Land einzog, wenn keine Erben vorhanden waren. Der Fürst trat hier folglich nicht als Grundherr, sondern als oberster Richter und Herrscher auf. Die Smerden sind also am ehesten mit den ›Staatsbauern‹ zu vergleichen, die es in Russland immer gegeben hat; nur wird die schwache Organisation des ersten russischen Staates diese Abhängigkeit, zumal in abgelegenen Gebieten, kaum sehr spürbar gemacht haben. In jedem Fall waren die Kiever Smerden noch nicht an die Scholle gebunden, zumindest nicht in ihrer Masse, und damit entfällt die Voraussetzung dafür, selbst in ausschließlich sozialökonomischem Sinne von einem Feudalismus gemäß marxistischer Auffassung zu sprechen.

Wenn ein Fürst einem Kloster Land schenkte, so wurde dieses ›Kirchenland‹, und die Bauern, die es bestellten, wurden ›Kirchenleute‹. Unter diesen Begriff fielen im alten Russland viele Menschen: zum einen die ›weiße‹ und ›schwarze‹ Geistlichkeit (Weltgeistliche, die heiraten durften, und Mönche), zum anderen praktisch alle, die durch ihre Arbeit mit der Kirche verbunden waren oder Fürsorge empfingen. Dazu zählten auch die sogenannten *izgoi*; bei dieser rätselhaften sozialen Erscheinung handelte es sich um Menschen verschiedener Herkunft und unterschiedlichen Standes, die aus der ursprünglichen Lebensordnung auf irgendeine Weise herausgefallen waren. Eine Formulierung aus dem 12. Jahrhundert nennt als Beispiele für diese Leute den Popensohn, der nicht lesen und schreiben gelernt hat und daher den Beruf des Vaters nicht ausüben kann, den Sklaven, der sich freikauft, und den Kaufmann, der Bankrott gemacht hat; eine spätere Ergänzung fügte den ›verwaisten‹, d. h. um seine Herrschaft gebrachten Fürsten hinzu. Sie alle nahm die Kirche als ›Kirchenleute‹ in ihre Obhut und unter ihr Gericht; auf diese Weise sorgte sie für die Festigkeit und den Zusammenhalt der altrussischen Gesellschaft mit ihrer eigenen Ordnung.

Aus der Bezeichnung ›Kirchenleute‹ ging dann wohl die spätere Nachkiever Bezeichnung für die Bauern überhaupt hervor, denn das russische Wort *krest'jane* (aus *christiane* = Christen) ist schwer anders zu erklären, als dass Bauern auf Kirchenland in einem besonderen Sinne als ›Christen‹ bezeichnet wurden (vergleichbar den *monastyrskie christiane* als ›Klosterbauern‹) und diese Bezeichnung schließlich auf alle Bauern übertragen wurde. Voraussetzung für diese Erklärung ist aber die große Bedeutung und der besondere Umfang, den der kirchliche Grundbesitz im alten Russland hatte. Die Anfänge reichen auch hier in die Kiever Zeit zurück, und es ist gewiss kein Zufall, dass sowohl die *smerdy* als auch die *izgoi* mit dem 13. Jahrhundert allmählich aus den Quellen verschwinden.

Das altrussische Recht

Die erhaltenen Aufzeichnungen des ersten russischen Rechtes sind älter als die Chroniktexte; sie werden von dem Chronisten bei der Wiedergabe der Verträge aus dem 10. Jahrhundert zwischen der Kiever Ruś und Byzanz wörtlich zitiert. Modern gesprochen handelt es sich dabei um internationale Abkommen mit einem in seiner Rechtsvorstellung weit überlegenen Partner, spiegeln daher das Rechtsdenken der vorchristlichen Kiever Rus' nur ungenau wider. Erst in Dokumenten, die nach seiner Christianisierung entstanden, tritt das mittelalterliche Russland mit klar erkennbaren eigenen Zügen in Erscheinung, denn seit Jaroslav wurden die rechtlichen Verfügungen der Kiever Fürsten gesammelt und schriftlich festgehalten. In den verschiedenen Fassungen der *Russkaja Pravda* (›russisches Recht‹), deren Entstehung und gegenseitige Abhängigkeit die Forschung vor schwierige Probleme stellen, ist die russische Rechtsentwicklung etwa vom Beginn des 11. bis zum Ende des 12. Jahrhunderts erfasst. Ganz überwiegend handelt es sich dabei um strafrechtliche Bestimmungen, die die Selbsthilfe in Streitfällen und damit das Recht des Stärkeren im Interesse der öffentlichen Ordnung eindämmen und das Eigentum schützen sollten. So trat an die Stelle der Blutrache die Zahlung eines Wergeldes in unterschiedlicher Höhe je nach dem Rang des Getöteten, doch blieb die Blutrache für einen engen Kreis naher Verwandter erlaubt; allmählich setzten die Fürsten neben die Genugtuung des Geschädigten dann eine an sie selbst zu entrichtende Strafe. In der *Russkaja Pravda* ist weiterhin eine ritterliche Welt festgehalten, in der die Ausrüstung des wehrhaften Mannes – Waffen, Kleidung und Pferd – besonders geschützt und ehrenrührige Körperverletzungen (etwa mit der Scheide oder dem Knauf des Schwertes) besonders schwer geahndet wurden. Als oberster Richter trat immer mehr der Fürst auf, daneben aber in zivilrechtlichen Fällen auch ein Zwölfmännerkollegium, das als Mittel der Rechtsfindung Zeugen hörte und Bürgen ernannte.

Unstrittig ist, dass sich in manchen dieser Bestimmungen germanische Rechtsvorstellungen finden lassen, wobei jedoch einzelne Formulierungen so kurz und einfach sind, dass Parallelen noch nicht unbedingt eine Beeinflussung bedeuten müssen. Anders liegen die Dinge beim byzantinischen Recht, das die Kirche vermittelte, für die das griechische Kirchenrecht, der *Nomokanon*, maßgebend war: Schon der ›Slavenapostel‹ Methodios hatte ihn ins Slavische übertragen, und auf russischem Boden hat dieser Text als *Kormčaja kniga* (›Kunst des Steuermanns, das Schiff der Kirche zu lenken‹) eine lange und komplizierte Überlieferungsgeschichte. So musste der Text bei seiner Übernahme in mancher Hinsicht den russischen Verhältnissen angepasst werden, denen die eigene Rechtssphäre der Kirche noch unbekannt war. Dies erfolgte durch zwei kirchliche Statute (*ustavy*), deren erstes Vladimir dem Heiligen und deren zweites Jaroslav dem Weisen zugeschrieben wird. In ihnen wurde bestimmt, dass die ›Kirchenleute‹ allein der kirchlichen Rechtsprechung unterlagen (nur in Streitfällen zwischen Kirchenleuten und anderen war ein gemischtes kirchlich-weltliches Gericht zuständig); weiterhin regelten die Statute die Abgabe des Kirchenzehnten von den Gerichtseinkünften des Fürsten, vom Handelsgewinn und vom Ertrag der Landwirtschaft und übertrugen den Bischöfen die Aufsicht über Maß und Gewicht. Kirche und Markt lagen also auch in den altrussischen Städten nahe beieinander; in dieser Bestimmung wird zudem sichtbar, welche Bedeutung die Kirche im christlichen Russland für die Herstellung einer verbindlichen öffentlichen Ordnung gewann. Dies war für die ›Staatsbildung‹ von sehr viel größerer Bedeutung als die eigentliche ›Staatsgründung‹ im 9. Jahrhundert.

Die politische und gesellschaftliche Organisation

Das Herrschaftsgebilde der christianisierten Kiever Rus´ war ein lockerer Zusammenschluss von ›Ländern‹ (*zemli*) oder Fürstentümern (*knjaženija*), deren territoriale Grenzen lange Zeit noch sehr vage blieben. Dennoch fühlte sich die Bevölkerung wohl als Einheit, auch wenn sich die einzelnen ›Länder‹ der Zahl und dem Ausmaß nach im Laufe der Zeit wandelten: Sie wurden nach den Städten benannt, deren Umgebung und wirtschaftliches Einzugsgebiet sie bildeten – man sprach vom ›Novgoroder Land‹, ›Kiever Land‹ usw. –; als alle bedeutenderen Städte schließlich zu Mittelpunkten eigener Fürstentümer wurden, entstanden hier Subzentren, die in Zeiten der Schwäche des Kiever Großfürsten selbstständige

Bedeutung gewinnen mussten. Die Durchsetzung einer zentralen Macht war also das entscheidende Kriterium dafür, ob die Kiever Ruś als ein Staat bezeichnet werden kann oder nicht. Da Institutionen fehlten, die eine Kontinuität der Staatlichkeit hätten garantieren können, war demnach die Persönlichkeit des Großfürsten maßgebend für ihre Existenz und Dauer.

Der Fürst übte seine Herrschaft im jeweiligen Gebiet im Prinzip persönlich aus: Er war oberster Richter und Heerführer, er zog in der Frühzeit sogar selbst den Tribut ein. Nach Innen wahrte er die Ordnung mit der Durchsetzung des Rechtes, nach Außen die Sicherheit durch die Abwehr der Feinde; sein Recht war es, die dafür nötigen Mittel aus dem Land zu ziehen. Die Verwaltung des fürstlichen Eigenbesitzes und die Verwaltung des Landes unterschieden sich zunächst nur wenig: In beiden Bereichen bestimmte der Fürst Helfer, denen er gewisse Aufgaben auf dem Gebiet der Rechtsprechung, der Organisation des Heeres und der Einziehung von Abgaben übertrug. Allerdings waren die Verwalter des Fürstengutes (*tiuny, ključniki*) dem Stand nach Unfreie, während der Fürst seine Statthalter (*posadniki*) im Lande aus seiner engeren Gefolgschaft wählte, obwohl der Aufgabenbereich ungefähr derselbe war. Für die einzelnen Verwaltungsbezirke überliefern die Chroniken unterschiedliche Bezeichnungen: *volosti* (Herrschaften) und *pogosty* (Märkte, Steuerbezirke); dazu treten wie anderswo auch die Begriffe ›Hundertschaften‹ und ›Tausendschaften‹ auf – der *tysjackij* (Tausendschaftsführer) war z. B. in Novgorod ein städtisches Organ mit militärischen Aufgaben. Um eindeutig definierbare, klar abgegrenzte Begriffe handelt es sich dabei indes nicht.

Das Heer der Kiever Fürsten bestand normalerweise aus zwei ganz verschiedenen Teilen: aus der fürstlichen Gefolgschaft und aus dem Aufgebot des Volkes. In der Gefolgschaft unterschied man wiederum eine ›ältere‹ (*staršaja*) und eine ›jüngere‹ (*mladšaja*), wobei der Unterschied nicht altersbedingt sondern sozial bedingt war: Die ›jüngeren‹ Gefolgsleute dienten dem Fürsten persönlich, meist als Krieger der fürstlichen Truppe, die ›älteren‹ Gefolgsleute waren dagegen mächtige und einflussreiche Männer, die jeder dem Fürsten eine eigene Gefolgschaft zuführten. Fürst und Gefolgschaft waren sicher durch einen Eid, vermutlich sogar durch einen regelrechten Vertrag, miteinander verbunden. Da die Gefolgschaft im Umkreis des Fürstenhofes lebte, stellte ihr Unterhalt in Friedenszeiten ein schwieriges Problem dar. Nur bei ständigen Angriffsunternehmen mit reicher Beute war die Entlohnung der fürstlichen Truppe sichergestellt.

Das Volksaufgebot (*opolčenie*) unterstand nicht der unmittelbaren Verfügungsgewalt des Fürsten, sondern wurde von der altrussischen ›Volksversammlung‹ (*veče*) einberufen und dem Fürsten jeweils aus besonderem Anlass zur Verfügung gestellt. Es wurde vom ›Hundertschaftsführer‹ geleitet, den zwar in der Regel der Fürst ernannte, der aber nicht zur fürstlichen Gefolgschaft gehörte. Diese doppelte Heeresorganisation legte nahe, dass die Fürsten Angriffskriege vorzugsweise mit ihrer Gefolgschaft führten, die wohl durch angeworbene Freiwillige verstärkt wurde, während das Volksaufgebot mehr zu defensiven Aufgaben herangezogen wurde.

Die Existenz einer ›Volksversammlung‹ beweist, dass es im mittelalterlichen Russland neben der fürstlichen Verwaltung auch noch andere Ordnungsfaktoren gab, die zweifellos aus der vorstaatlichen Zeit herrührten. Deren Ursprung und Einfluss bleiben indes ebenso dunkel, wie die altrussische Dorfgemeinde: Dass das *veče* schon eine alte Einrichtung der ostslavischen Stämme gewesen ist, kann nur durch Analogien wahrscheinlich gemacht, aber nicht aus historischen Quellen bewiesen werden. Es spielte jedoch – anders als die ›Dorfgemeinde‹ – auch noch in historischer Zeit eine bedeutende Rolle, wobei das *veče* dann wahrscheinlich keine Versammlung wehrfähiger Männer eines Stammes mehr war, sondern im Prinzip eine Versammlung aller Freien einer bestimmten Landschaft oder einer Stadt, wo die gerade Anwesenden jederzeit durch eine Glocke zusammengerufen werden konnten. Es war demnach eine Institution der unmittelbaren Demokratie, die ohne eine Geschäftsordnung einberufen und an

Entscheidungen beteiligt wurde. Die politische Bedeutung des *veče* hing dabei offenbar vom jeweiligen Ausmaß an fürstlicher Macht ab; im Notfall oder bei günstiger Gelegenheit konnte es aktiviert und im Wesentlichen in der städtischen Selbstverwaltung wirksam werden. Dies geschah, als im 12. und 13. Jahrhundert die Fürstenmacht verfiel und die Bevölkerung jeweils selbst die Geschicke ihrer Stadt in die Hand nahm, um sie aus den Streitigkeiten der Fürsten herauszuhalten. Besondere Bedeutung erlangte das *veče* in Novgorod, wo sich die Stadtgemeinde auf Dauer der Fürstenmacht entziehen konnte. Aber auch in anderen Fällen hielt sich das *veče* formal noch ziemlich lange, bis es in den größeren Städten durch die neue Form des Stadtrechts nach deutschem Vorbild abgelöst wurde. Doch was allein in Novgorod tatsächlich wirkmächtig wurde, war als eine gesamtrussische Möglichkeit überall vorhanden.

Die Kompetenzen des *veče* lassen sich nur schwer abgrenzen. In Novgorod konnte es über jede Frage beraten, die ihm vorgetragen wurde; es konnte bindende Beschlüsse fassen, Fürsten berufen und absetzen, ja regelrechte Verträge mit den Fürsten schließen; es konnte über Krieg und Frieden entscheiden, Gesetze bestätigen, ausnahmsweise auch Urteile fällen und in die Verwaltung eingreifen. Symbol dieser lebendigen politischen Tradition wurde in Novgorod die Glocke, die der Moskauer Großfürst deshalb, als er die Freiheit der Stadt gebrochen hatte (1478), im Triumph nach Moskau bringen ließ.

Die Blütezeit des Kiever Reiches von Vladimir ›dem Heiligen‹ bis Vladimir Monomach

1015–19	Svjatopolk, Sohn des Vladimir
1019–54	Jaroslav ›der Weise‹, Sohn des Vladimir
1025–34	Mieszko II., König von Polen
1034/38–1058	Kasimir ›der Erneuerer‹, Herzog der Polen

1054–78	Triumvirat von Izjaslav, Svjatoslav und Vsevolod, Söhne des Jaroslav
1078–93	Vsevolod, Sohn des Jaroslav
1093–1113	Svjatopolk, Sohn des Izjaslav
1097	Fürstentag in Ljubeč
1113–25	Vladimir II. Monomach, Sohn des Vsevolod

Die beiden ersten christlichen ›Großfürsten‹

Als der Chronist der *Erzählung* die Herrschaft des Großfürsten Vladimir und dessen Sohn und Nachfolger Jaroslav beschrieb, war seine eigene Gegenwart von der Uneinigkeit der Fürsten geprägt. Die Taufe der Ruś bedeutete für ihn daher deren Aufstieg zu Größe und Ruhm; Vladimir selbst erschien ihm als »neuer Konstantin«. Auch der Metropolit Ilarion von Kiev nannte Vladimir in seiner Lobpreisung (1037–50) »Lehrer und Führer«, dessen Sohn Jaroslav das Erbe des Vaters treu bewahrt und die Stadt Kiev mit einer neuen Kirche geschmückt habe, »wie sie in keinem andern Land des Nordens zu finden ist [...]. Mit Größe hat er sie umkleidet wie mit einem Diadem«; beide hätten »nicht in einem armen und unbekannten Land, sondern in der Ruś [geherrscht], von der man weiß und hört bis an alle Enden der Welt«. Diese Einschätzung entsprach wohl kaum der noch sehr einfachen personalen Herrschaft in dem locker gefügten politischen Gebilde der Kiever Ruś; vielmehr mischt sich die Kritik des Chronisten an der eigenen Gegenwart mit einer Idealisierung der Frühzeit, die für den geistlichen Berichterstatter ihren Höhepunkt in der Taufe erreicht hatte. Darin ist auch der Hinweis auf Konstantin begründet, wobei der Vergleich mit dem ersten christlichen Kaiser des Römischen Reiches den Rang eines ›Großfürsten‹ für den beinahe ebenso verdienstvollen Kiever Herrscher als geradezu bescheiden erscheinen lassen musste.

Der Aufstieg der Kiever Ruś zu Ruhm und Größe war in der Tat sehr viel mühevoller, als ihn die Darstellung des Chronisten erscheinen lässt; über Vladimirs Regierungszeit berichtete er nach der Christianisierung nur noch wenig. Er erscheint in der Folge nur noch als der ideale christliche Fürst, der sein Land durch Kriegszüge und Befestigungen gegen den äußeren Feind, die heidnischen Pečenegen in der Steppe, schützte, mit den christlichen Nachbarn in Frieden lebte und seine Herrschaft im Innern als ein Regime der Mildtätigkeit, der Nächstenliebe und der Förderung von Glauben und Bildung ausübte. Aber bei aller Weisheit seines Herrschertums hatte es Vladimir offenbar völlig versäumt, für seine Nachfolge Vorsorge zu treffen, um das Erreichte auch zu erhalten. Das ist um so weniger verständlich, als er selbst durch einen mörderischen Bruderkrieg zur Herrschaft gekommen war und eine große Zahl von Söhnen hinterließ. Unklar ist, ob er einem ungeschriebenen Gesetz der Fürstensippe folgte, keinem Nachfolger die Alleinherrschaft zu sichern, da sich der geeignetste von allein durchsetzten würde, oder ob er nicht genügend Macht besaß, um einen Nachfolger zu ernennen. Das Letztere wird wohl der Fall gewesen sein: Auch Vladimir hat die einzelnen ›Länder‹ der Ruś durch seine erwachsenen Söhne verwalten lassen, was deren politischen Ehrgeiz wecken musste. In den letzten Jahren seiner Regierung scheint Vladimir sogar selbst Schwierigkeiten bekommen zu haben, denn die *Erzählung* berichtet, dass Jaroslav in Novgorod die Zahlungen nach Kiev einstellte. Während der Vorbereitung zu einem Kriegszug gegen den eigenen Sohn starb Vladimir.

Zu diesem Zeitpunkt herrschte Jaroslav in Novgorod, Svjatopolk in Turov, Svjatoslav bei den Drevljanen, Boris im Nordosten in Rostov, Gleb in Murom und Mstislav im südöstlichen Außenposten Tmutorokań; im westlichen Polock herrschte Brjačeslav, der Sohn ihres schon verstorbenen Bruders Izjaslav. Zunächst besetzte Svjatopolk die Metropole Kiev und ermordete dabei seine Brüder Boris und Gleb – was ihm den Ruf als ›verfluchter‹ Brudermörder einbrachte; die Ermordeten wurden die ersten russischen Nationalheiligen, weil sie angeblich dem christlichen Gebot der Bruderliebe treu geblieben waren und dem heidnisch handelnden Svjatopolk keinen Widerstand geleistet hatten. Auch einen dritten

Karte 2: Die Fürstentümer der Ruś (11. und 12. Jh.).

Bruder, Svjatoslav, konnte Svjatopolk mit Gewalt beseitigen, Brjačeslav in Polock und Mstislav in Tmutorokań hielten sich aus dem darauf folgenden Kampf zwischen Svjatopolk und Jaroslav heraus. Vier Jahre dauerte der Kampf der beiden Brüder um Kiev, aus dem Jaroslav schließlich als Sieger hervorging. Beide Seiten holten sich fremde Hilfe: Jaroslav verstärkte seine Truppen durch Varäger, Svjatopolk verbündete sich zuerst mit den Pečenegen, nach einer Niederlage später mit dem polnischen Herzog Bolesław Chrobry, der ihn im Jahre 1018 nach Kiev zurückführte. Weil an diesem Unternehmen auch Sachsen teilnahmen, kann Thietmar von Merseburg über die Stadt Kiev berichten. Für seine Hilfe erhielt Bolesław von Svjatopolk die červenischen Burgen, die Vladimir ein Menschenalter vorher gewonnen hatte und die Jaroslav und Mstislav dann 1030/31 ein zweites Mal erobern mussten. Ohne polnische Hilfe konnte sich Svjatopolk allerdings nicht in Kiev halten, und so wurde er schon im folgenden Jahr 1019 von Jaroslav endgültig besiegt. Dieser war damit aber noch keineswegs Alleinherrscher über ›die ganze Ruś‹, denn während Brjačeslav sich ruhig verhielt und das Polocker Fürstentum im weiteren Verlauf innerhalb der Kiever Ruś einen unauffälligen eigenen Weg ging, erwies sich Mstislav von Tmutorokań als gefährlicher Konkurrent.

Das Fürstentum Tmutorokań gibt viele Rätsel auf, denn über seine Entstehung ist ebenso wenig bekannt wie über seinen Untergang. Nur im 11. Jahrhundert berichtet der Chronist der *Erzählung* darüber als Teil der Kiever Ruś, und nur unter dem Fürsten Mstislav hat es eine selbstständige Bedeutung erlangt. An der Entfernung nach Kiev kann es wohl nicht gelegen haben, denn diese war nicht größer als jene von Novgorod nach Kiev; aber noch konnten die Russen die Steppe nicht dauerhaft beherrschen. Wenn die Vermutung zutrifft, dass der Metropolit Ilarion nach seiner Absetzung in Kiev nach Tmutorokań emigrierte und später als Mönch Nikon einer der Verfasser der *Erzählung der vergangenen Jahre* wurde, so hätte das Interesse des Chronisten an Tmutorokań über die Bedeutung von Mstislav hinaus einen verständlichen

Grund. Mstislav konnte jedenfalls seine Herrschaft über benachbarte kaukasische Völkerschaften ausdehnen; mit deren Hilfstruppen zog er dann gegen Jaroslav, der sich wieder auf neue Varäger stützen musste. Etwa halbwegs zwischen Novgorod und Tmutorokań kam es 1024 zur Schlacht, in der Mstislav siegte; die Folge war eine Art Reichsteilung der Brüder mit dem Dnepr als Grenze, wobei die Metropole Kiev gewissermaßen ausgespart blieb; Jaroslav residierte weiter in Novgorod; Mstislav übersiedelte nach Černigov, von wo aus er die Teilgebiete seiner Herrschaft zweifellos leichter verwalten konnte als von Tmutorokań aus. Diese Teilung dauerte ohne weitere Konflikte bis zum Tod Mstislavs im Jahr 1036. Erst danach war Jaroslav Alleinherrscher und ließ sich in Kiev nieder. Damit begannen jene knappen zwei Jahrzehnte, die für die Russen den Höhepunkt ihrer mittelalterlichen Geschichte darstellen.

In der Außenpolitik wurde Jaroslav in die Konflikte seiner Zeit einbezogen: Der erwähnte Feldzug gegen Byzanz im Jahre 1043 war ein Misserfolg. Die russische Aktivität richtete sich insgesamt vornehmlich nach Westen, was für einen Herrscher, der lange Zeit in Novgorod residiert hatte, nahelag. Schon 1030 hatte Jaroslav einen Feldzug gegen die estnischen Čuden geführt, mit dem die Gründung der Stadt Juŕev (Jurij – Georg war der christliche Taufname Jaroslavs), des späteren Dorpat, in Zusammenhang gebracht wird; später richtete er zwei Unternehmen (1038, 1040) gegen die litauischen Jatvinger, und zweimal (1041, 1047) kam er dem polnischen König Kasimir dem Erneuerer, zuhilfe, um Masowien zu unterwerfen. Wenn Ilarion in diesen Jahren schrieb, dass die Ruś aller Welt bekannt sei, so hatte er Recht: Die Beziehungen Kievs zu anderen Ländern waren unter Jaroslav intensiver und weiter gespannt als jemals vorher oder nachher. Jaroslav war mit einer schwedischen Königstochter verheiratet, hatte sich immer wieder varägischer Hilfe bedient und enge Beziehungen mit Skandinavien unterhalten: Der vertriebene norwegische König Olaf fand in Kiev Aufnahme, und sein Sohn Harald, der als Wikingerführer berühmt wurde und schließlich auf den norwegischen Thron gelangte, war mit Jaroslavs Tochter Elisabeth verheiratet.

Internationale Ehen auf der Fürstenebene sind immer ein Zeichen für außenpolitische Aktivität und das Prestige der Familien. Für die Rus' mochten dabei die benachbarten slavischen Fürstenhäuser der Polen und Tschechen noch ebenso naheliegen wie die der Schweden und Norweger; erstaunlicher ist indes schon, dass drei Söhne Jaroslavs deutsche Frauen heirateten und Jaroslavs Tochter Anna als Gemahlin Heinrichs I. den französischen Thron bestieg. Die griechische Frau von Jaroslavs Sohn Vsevolod war in dieser westlichen Verwandtschaft noch eine Ausnahme, aber die Zeit war nicht mehr fern, da die orthodoxe Kirche den russischen Fürsten Ehen mit ›Lateinern‹ verbieten sollte. Doch nicht die zahlreichen lateinischen Enkel Jaroslavs, sondern die namentlich nicht genannte griechische Schwiegertochter hat die dynastisch-politischen Legenden der späteren russischen Überlieferung begründet. Internationale Fürstenehen führten zu wechselseitigen Gesandtschaften und mancherlei persönlichen Kontakten, die durch regelmäßige und lebhafte Handelsbeziehungen ergänzt wurden: Fremde Kaufleute kamen nach Kiev, aber umgekehrt handelten auch Russen im Ausland, und zwar nicht nur in Byzanz. Bevorzugter Markt im Westen war Regensburg, das man über Krakau und Prag erreichte.

Nicht nur im Handel, sondern auch in seiner geistig-kulturellen Entwicklung hatte das christliche Kiev zu dieser Zeit europäisches Niveau erreicht, wie die Denkmäler der altrussischen Literatur und die materiellen Überreste bezeugen. Sichtbares Symbol des Anspruchs auf Ranggleichheit mit anderen Reichen ist die heute noch bestehende, wenn auch vielfach umgebaute und schließlich barockisierte Kiever Sophienkirche, deren Bau Jaroslav im Jahre 1037 begann. Schon Ilarion rühmte den Bauherrn, der die Kathedrale, eine fünfschiffige Kreuzkuppelkirche, »mit jeglicher Schönheit schmückte, mit Gold und Silber und Edelsteinen und kostbaren Geräten«, so dass sie »ein Wunder [wurde] und berühmt in allen Ländern ringsum«. Noch in einer Zeit, da die Hagia Sophia in Istanbul längst Moschee geworden und die Sophienkirche in Kiev dem völligen Verfall nahe war, haben Reisende die beiden Kathedralen für vergleichbar gehalten. Dabei war es nicht so sehr die Größe des Bauwerks – obwohl auch diese beachtlich war (37 × 55 m gegenüber 70 × 91 m der Hagia Sophia) und im mittelalterlichen Russland kein zweites Mal erreicht wurde –, die den Betrachter zu allen Zeiten überwältigte, sondern die Pracht der Ausstattung mit Mosaiken und Fresken: Der ›Pantokrator‹, der Allherrscher Christus, steht als Mosaik der zentralen Kuppel im Mittelpunkt einer bildlichen Heilswelt, in die am Rande sogar der irdische Alltag des Kiever Fürstenhofes mit Bärenhatz und Gauklerspiel einbezogen ist. Gewiss ist die Kiever Sophienkirche in der Hauptsache ein Werk griechischer Baumeister und Künstler, aber sie ist nicht das isolierte Ergebnis eines fürstlichen Kunstimportes geblieben – wie später der von italienischen Renaissancekünstlern erbaute Moskauer Kreml –, sondern zum Vorbild für eine eigenständige russische Kunstentwicklung geworden.

Weder die künstlerischen noch die materiellen Leistungen in Kiev zur Zeit Jaroslavs des Weisen waren an anderen Orten wiederholbar. Am nächsten kam ihnen Černigov, die ehemalige Residenz von Jaroslavs Bruder Mstislav im östlichen Reichsteil, wo zur gleichen Zeit die Erlöser-Verklärungskathedrale erbaut wurde. Allerdings zeigte sie eine Vereinfachung der Formen und war weniger kostbar ausgestattet. Dasselbe gilt sowohl von den Klöstern, die seit der zweiten Hälfte des 11. Jahrhunderts zuerst in Kiev und dann auch andernorts entstanden und rasch an Zahl zunahmen, als auch von den Hauptkirchen der übrigen russischen Städte: Die Maße wurden kleiner, die Grundrisse einfacher, die Mosaiken mussten billigeren Fresken weichen, der Marmor verschwand. Zugleich stellte sich die Baukunst vom Import auf die eigenen Mittel und Möglichkeiten des Landes um. Das europäische Russland war und ist arm an Stein, aber reich an Holz, und so wurden im Kirchenbau wohl schon früh jene

Holzkirchen üblich, die nur aus dem späteren Russland als kunstvolle und vielgestaltige Gebilde erhalten sind. Lediglich in Residenzen, Städten und reichen Klöstern hat sich auch in Russland der dauerhafte Steinbau durchgesetzt.

Das Leben der Menschen dieser Zeit war von tiefem Glauben durchdrungen, und das Ansehen der Kirche war überwältigend. Neben der Kiever Sophienkathedrale muss es eine Vielzahl schlichter Dorfkirchen aus Holz gegeben haben, statt mit Mosaiken und Fresken waren sie mit jenen kleinen Heiligenbildern aus Holz oder Stein ausgestattet, die man auch auf Reisen mitnehmen konnte. Ähnliches gilt auch für die Literatur, wo ebenfalls der sakrale und repräsentative Charakter überwog. Ausgangspunkt war das Bedürfnis der Kirche nach biblischen und liturgischen Büchern in slavischer Sprache. Die ersten derartigen Bücher übernahm man von Bulgaren und Mährern, übersetzte bald aber auch selbst, und dann auch nicht nur Geistliches. Jaroslav organisierte die Übersetzungstätigkeit in Kiev selbst: »Er versammelte viele Schreiber, und sie übersetzten aus der griechischen in die slavische Sprache und schrieben viele Bücher ab«, heißt es in der altrussischen *Erzählung* zum Jahr 1037, als der Grundstein für die Sophienkathedrale in Kiev gelegt wurde. Diese Entwicklung des russischen Schrifttums umschreibt der Chronist mit dem Bild vom Ackern, Säen und Ernten: Vladimir habe durch die Annahme des Christentums den Boden gelockert, Jaroslav durch das Abschreiben der Bücher in die Herzen der Gläubigen gesät; danach konnten die Nachkommen die Früchte einer immer breiter sich entfaltenden Literatur genießen. Dazu gehörte nicht nur die Heilige Schrift und die Liturgie, in der man die besten Stücke der griechischen geistlichen Poesie übernahm, sondern Erbauliches im weitesten Sinne – Heiligenleben, Predigten, theologische Traktate – wurde übersetzt und in gemischten Sammlungen zusammengefasst. Weltliche und geistliche Themen waren dabei nicht voneinander abgegrenzt: Erbaulich war die Betrachtung der Weltgeschichte als christliche Heilsgeschichte, und so übersetzte man byzantinische Chroniken, ferner die Geschichte des Heiligen Landes von Josephus Flavius; erbaulich war die Betrachtung der Wunder der Schöpfung, und so übernahm man von den Bulgaren den *Šestodnev* (*Hexaëmeron*), die nach den sechs Tagen der Schöpfung gegliederte christliche Naturlehre; auch die Apokryphen und einige Romane wurden übertragen. Unmerklich ging das Übernehmen in eine eigenständige Leistung über: Die altrussischen Chroniken setzten die Welt- und Heilsgeschichte in Russland fort; die ersten russischen Heiligen erhielten ihre Vitae: zunächst Boris und Gleb, die ›Fürsten-Erdulder‹ (*knjazi strastoterpcy*), sowie Feodosij, der Stifter des russischen Mönchtums.

Einzelne Predigten und Gebete sind erhalten und vieles davon wurde etwas später im *Väterbuch* (*paterikon*) des Kiever Höhlenklosters zusammengefasst. Noch fehlte aber dem 11. Jahrhundert, was später charakteristisch werden sollte: die bewusste Hinwendung zu einer streng asketischen Lebenshaltung. Noch konnte man auf Glanz und Einheit des Reiches stolz sein, mochten sie nach Jaroslavs Tod auch sehr schnell gefährdet erscheinen.

Das Triumvirat der Jaroslav-Söhne

Der Aufstieg Kievs, Jaroslavs persönliches Ansehen und seine Herrschaft über die ganze Kiever Ruś fanden Ausdruck im Titel ›Großfürst‹ (*velikij knjaź*), den ihm die Nachwelt beigelegt hat. Aber auch Jaroslav gelang es nicht, eine dauerhafte Ordnung der Herrschaft zu erreichen. Immerhin unternahm er in einer Art politischem Testament aber den Versuch dazu, indem er sein Erbe in einer Weise unter seinen Söhnen verteilte, die eine Rangordnung dem Alter nach vorsah: Izjaslav, der älteste noch lebende Sohn, erhielt Kiev mit Novgorod, und ihm sollten die Brüder gehorchen an des Vaters Statt; Svjatoslav sollte in Černigov, Vsevolod in Perejaslavl', Igor im wolhynischen Vladimir und Vjačeslav in Smolensk Residenz nehmen. Die Brüder sollten untereinander Frieden halten, und der Älteste sollte über diesen Frieden wachen, denn sonst würden sie »das Land ihrer Väter und Großväter zugrunde richten, das diese mit so großer Mühe erworben hätten«.

Jaroslav wollte durch die geregelte Nachfolge des ›Seniorates‹ (*staršinstvo*) für das Großfürstentum Kiev den archaischen Kampf um die Macht vermeiden. Das System musste jedoch allen moralischen und patriotischen Ermahnungen zum Trotz unlösbare Verwicklungen nach sich ziehen, wenn sich die Fürstensippe rasch vermehrte und in immer mehr Teilfamilien aufspaltete. Gewiss war auch bei den Fürsten wie im Volke das Bewusstsein der Zusammengehörigkeit vorhanden – sie waren ja alle miteinander verwandt –, aber stärker war offenbar das Interesse der einzelnen Zweige, jeweils ihr ›Vatererbe‹ zu erhalten. Dem kam die allgemeine wirtschaftliche und soziale Entwicklung entgegen: Je fester die Oberschicht jeweils an ein ›Land‹ gebunden war, desto mehr war sie dort an politischer Kontinuität interessiert. Das Großfürstentum musste dann zu einem Ehrenvorrang werden, das kein Großfürst freiwillig aufgeben, sondern seiner eigenen Familie erhalten wollte. Das System konnte demnach nur funktionieren, wenn der Vorrang dem ohnedies schon Mächtigsten zufiel. Die Ordnung Jaroslavs enthielt aber von Anfang an zwei Grundfehler, indem sie nämlich weder das Fürstentum Polock einschloss, in dem die Nachkommen von Jaroslavs Bruder Izjaslav regierten, noch die Kinder von Jaroslavs ältestem Sohn Vladimir berücksichtigte, der zwei Jahre vor dem Vater verstorben und Fürst in Novgorod gewesen war. Die Söhne Jaroslavs hatten daher mit deren Ansprüchen zu rechnen – dem ihres Onkels in Polock und dem der Neffen und Großneffen aus der Herrschaft über Novgorod. Onkel-Neffenkonflikte wurden in der Folge charakteristisch für das Seniorat; sie prägten die russische Geschichte bis in die Zeit des Moskauer Staates hinein.

Um in der Nachfolge Jaroslavs die drohenden Schwierigkeiten abzuwehren schlossen sich seine drei ältesten überlebenden Söhne nach dem Tod des Vaters 1054 zu einer Art Triumvirat zur gemeinsamen Wahrnehmung der Großfürstenwürde zusammen. Die vereinigte Macht der räumlich nahen Gebiete – Kiev (einschließlich Novgorods), Černigov (mit Tmutorokań, Rjazań und Murom) und Perejaslavl' (mit Rostov, Suzdal' und Beloozero) – konnte tatsächlich für ein Jahrzehnt die Ruhe sichern. Als aber die Macht der Triumviren durch eine schwere Niederlage gegen die Polovcer vorübergehend vermindert schien und sich die Kiever zugunsten des Polocker Fürsten Vseslav gegen Izjaslav erhoben (1068) brach der Konflikt unter den Brüdern aus; Izjaslav musste nach Polen fliehen, von wo er zwar im folgenden Jahr mit polnischer Unterstützung nach Kiev zurückkehrte und noch einmal für drei Jahre das Triumvirat erneuerte, aber die Stadt Kiev nach dem auf die Erhebung folgenden Strafgericht nicht beruhigen konnte. Im Jahre 1073 zwangen Svjatoslav und Vsevolod ihren Bruder Izjaslav zur erneuten Flucht nach dem Westen. Da diesmal die Polen keine Hilfe leisteten, bat Izjaslav Kaiser Heinrich IV. und schließlich durch seinen Sohn Jaropolk sogar Papst Gregor VII. um Unterstützung. Wichtige Voraussetzung dafür war die Ehe Izjaslavs mit Gertrud, der Tochter des polnischen Königs Mieszko II. und der Richeza, einer Nichte Ottos III. Sowohl der Kaiser als auch der Papst gingen auf die Bitte des vertriebenen Kiever Großfürsten ein; der Kaiser entsandte den Erzbischof Burchardt von Trier nach Kiev, um zugunsten Izjaslavs zu intervenieren; der Papst wollte Izjaslav und mit ihm die Kiever Ruś in dieselbe enge und unmittelbare Beziehung zum päpstlichen Stuhl einbinden, in der Polen und Ungarn standen. Mit einem Schlage war damit die Kiever Ruś in die großen Auseinandersetzungen des lateinischen Abendlandes zwischen Papst und Kaiser hineingezogen, was durch westliche Quellen gut belegt ist. Praktische Folgen hatte indes weder das eine noch das andere: Svjatoslav, der nun den Großfürstenthron in Kiev inne hatte, konnte die Diplomatie des Bruders durchkreuzen; außerdem waren Kaiser und Papst im Jahre 1075 im beginnenden ›Investiturstreit‹ zu sehr miteinander beschäftigt, als dass sie sich um Kiev hätten kümmern können. Erst nach Svjatoslavs Tod 1076 kehrte Izjaslav mit polnischer Hilfe nach Kiev zurück, fiel aber 1078 im Kampf gegen eine ganze Koalition von ›Neffen‹ im Bündnis mit den Polovcern. Die Annäherung an Rom blieb eine Episode, denn Vsevolod, der überlebende Triumvir und Großfürst der nächsten anderthalb Jahrzehnte, hatte eine griechische Frau und griechische Beziehungen. Der Chronist ist ihm deshalb wohlgesinnt, kann aber die Schwäche von dessen Regierung nur mit Alter und Krankheit entschuldigen. Das Unglück kam von innen wie von außen: Endlose Fehden innerhalb der Fürstensippe erschöpften die materiellen Kräfte und zogen immer wieder die Polovcer in die Auseinandersetzungen hinein, gleichzeitig verschärften sich die sozialen Gegensätze, die die Geduld der Bevölkerung auf die Dauer überforderten; schon im Jahr 1069 hatten die Kiever gedroht, ihre Stadt anzuzünden und ›in das griechische Land‹ auszuwandern.

Mit Vsevolods Tod (1093) war die Generation der Söhne Jaroslavs am Ende; nun folgten die Enkel auf dem Großfürstenthron, und als erster Svjatopolk (1093–1113), der Sohn Izjaslavs. Da sich Svjatoslavs Söhne Oleg und David im Erbe ihres Vaters (Černigov und Smolensk) behaupteten und Vsevolods Sohn Vladimir in Perejaslavl' residierte, blieb das Triumvirat dabei formal erhalten; in Wirklichkeit gab es jedoch keine gemeinsame Regierung oder auch nur gleichgerichtete Politik mehr, denn der Großfürst vermochte die Einzelinteressen der Fürsten nicht zugunsten der gesamtstaatlichen Interessen einzuschränken. Niederlagen gegen die Polovcer und wiederholte Verheerungen der südlichen Landesteile waren die Folge. Am meisten hatte dabei neben dem Kiever Gebiet das Fürstentum Perejaslavl' zu leiden, dessen Inhaber Vladimir die innere Befriedung als Voraussetzung für eine erfolgreiche Verteidigung am meisten anstreben musste. Unter Anerkennung des Grundsatzes, »dass ein jeder in seinem Vatererbe herrsche«, versuchten die mächtigsten Fürsten daher auf einer Reihe von ›Fürstentagen‹, beginnend in Ljubeč 1097, zu einer Übereinkunft zu gelangen. Zwar konnten die Fürstenfehden auch so nie ganz ausgeschaltet werden, aber unter dem Druck der öffentlichen Meinung (»in Anwesenheit der Bischöfe und Äbte, der Vertrauten unserer Väter und der Bürger der Stadt«)

bekannten sich die Herrscher in der Folge zu ihrer gemeinsamen Aufgabe, »damit wir das russische Land vor den Heiden verteidigen«, wie es in der *Erzählung* heißt. In zwei großen Feldzügen (1103 und 1111) wurden die Polovcer entscheidend geschlagen, wobei das Hauptverdienst bei der politischen Vorbereitung wie bei der militärischen Aktion Vladimir Vsevolodovič zukam, dessen Bild der Chronist der *Erzählung* in freundlichen Farben malt, im Gegensatz zu seinem Bruder Svjatopolk, den er als grausam und habgierig beschreibt. Die beiden Fürsten verkörperten auch in der Außenpolitik verschiedene Tendenzen: Svjatopolk hatte durch Heirat mit einer Polovcerprinzessin den Frieden gesucht und strebte in Kompensation für die bedrohte Handelsverbindung zu Byzanz verstärkte Beziehungen zu den westlichen Nachbarn an (je eine Tochter gab er dem polnischen und dem ungarischen König zur Frau); Vladimir dagegen hatte sich für den Kampf gegen die ›Ljachen‹ (Polen) eingesetzt und den Weg nach Byzanz, der Heimat seiner Mutter, wieder freigekämpft. Es kann kein Zweifel darüber bestehen, welche Politik sich der größeren Sympathien vonseiten der Kirche erfreute.

Der letzte Höhepunkt unter Vladimir Monomach

Unmittelbar nach Svjatopolks Tod (16. April 1113) bewirkte das Ansehen Vladimirs, dass die Bevölkerung der Stadt Kiev ihn entgegen der Regel des Seniorats auf den Großfürstenthron erhob. Nur von ihm war zu erhoffen, dass er einen Aufstand in der Stadt, der sich gegen die Anhänger des verstorbenen Großfürsten gerichtet hatte, eindämmen, den sozialen Frieden wiederherstellen und die Stadt auch gegen äußere Bedrohung würde schützen können. In der Tat sollte Vladimir, der nach der kaiserlichen Familie seiner Mutter den Beinamen ›Monomach‹ trug, das Kiever Großfürstentum mit seinem ausgeprägtem Sinn für das Maß und für das Mögliche, gebunden an die Lehre der Kirche, noch einmal zu Macht und Ansehen erheben. Bei den unteren Schichten der Bevölkerung sprach für ihn, dass er der Willkür der Reichen und Mächtigen durch Gesetze Schranken auferlegte, indem er den Zinsfuß herabsetzte und die Schuldknechtschaft milderte; die Reichen und Mächtigen waren zufrieden, dass er das Eigentum schützte und die Ordnung wiederherstellte; die Fürsten respektierten seine Macht oder bekamen zu fühlen, dass er auch schnell und hart durchgreifen konnte. Selbst das eigenwillige Novgorod musste Vladimirs Statthalter dulden, und die Polovcer stellten sich auf einigermaßen friedliche Nachbarschaft um; allerdings war ihre Herrschaft über die Steppe ungebrochen, und Tmutorokań ging verloren.

Die *Erzählung* überliefert ein literarisches Vermächtnis Vladimirs, der seinen Söhnen eine Art politisches und geistliches Testament hinterließ (*poučenie*), das eines der schönsten Zeugnisse mittelalterlicher Fürstenfrömmigkeit darstellt, denn Gottesfurcht und Barmherzigkeit waren auch für den Fürsten die Voraussetzungen alles Guten:

> Vor allem, vergesst die Armen nicht […] und erlaubt den Mächtigen nicht, einen Menschen zu verderben! […] Wenn ihr einen Eid schwören sollt, euren Brüdern oder wem immer, so prüft euer Herz, ob ihr ihn auch halten könnt, und dann erst schwört; aber wenn ihr einmal geschworen habt, dann haltet den Eid, damit ihr nicht durch Eidbruch eure Seele verderbet. Den Segen der Bischöfe, Priester und Äbte nehmt gerne an […] Vor allem aber habt keinen Stolz im Herzen und im Sinn, sondern lasst uns sprechen: Sterbliche sind wir, heute leben wir und morgen sinken wir ins Grab; alles, was Du uns gegeben hast, ist nicht unser, sondern Dein, Du hast es uns für eine kleine Weile anvertraut.

Durch die väterliche Ermahnung zu christlichen Grundsätzen schimmert dabei immer wieder die politische Weisheit hindurch, sich so wenig wie möglich auf andere zu verlassen:

> Was eigentlich meine Leute hätten tun müssen, habe ich selbst getan – im Krieg und auf der Jagd, bei Nacht und bei Tage, bei Hitze und bei Kälte, und habe mir keine Ruhe gegönnt. Auf die Statthalter habe ich mich nicht verlassen […]

und nicht zugegeben, dass die Mächtigen einen geringen Bauern oder eine arme Witwe kränken.

Das Auseinanderfallen des Kiever Staates hat Vladimir Monomach nur verzögern, nicht jedoch verhindern können. Seine Bedeutung liegt vielmehr in der moralischen Autorität, die er für das russische Geschichtsbewusstsein verkörpert, und in seiner eindeutigen Entscheidung für das Griechentum in Religion und Kultur. Mit seinem Namen verband die Legende später jene pelzverbrämte Krone, mit der die Moskauer Zaren gekrönt wurden (*šapka Monomacha* = die ›Mütze Monomachs‹; in Wahrheit eine orientalische Arbeit des 13./14. Jahrhunderts).

Niedergang und Zerfall des Kiever Reiches

1125–32	Mstislav, Sohn des Vladimir Monomach, Großfürst von Kiev
1132–39	Jaropolk, Sohn des Vladimir Monomach, Großfürst von Kiev
1139–1239	ca. 50 Großfürsten, mit z. T. sehr kurzer Herrschaft, z. T. mehrfach genannt, darunter:
1146–54	Izjaslav II., Sohn des Mstislav, Großfürst von Kiev
1154–57	Jurij Dolgorukij (›Langhand‹), Sohn des Vladimir, Fürst von Suzdal'-Vladimir, Großfürst von Kiev
1169–75	Andrej Bogoljubskij, Sohn des Jurij, Fürst von Suzdal'-Vladimir
1176–1212	Vsevolod *Bol'šoe gnezdo*, Sohn des Jurij, Großfürst von Suzdal'-Vladimir
1212–38	Jurij, Sohn des Vsevolod, Großfürst von Suzdal'-Vladimir
1223	Schlacht an der Kalka
1240	Eroberung Kievs durch die Mongolen
1238–46	Jaroslav, Sohn des Vsevolod, Großfürst von Suzdal'-Vladimir
1246/52–1263	Aleksandr Nevskij, Sohn des Jaroslav, Fürst von Novgorod, Großfürst von Suzdal'-Vladimir

1170–1205	Roman, Sohn des Mstislav, Fürst von Wolhynien
1199	Vereinigung der Fürstentümer Wolhynien und Galizien
1205/21–1264	Daniil, Sohn des Roman, Fürst von Wolhynien und Galizien

Das Schicksal des Kiever Großfürstentums

Als Vladimir Monomach 1125 starb, hatte er keine dauerhafte Ordnung geschaffen, sondern nur eine erfolgreiche Herrschaft ausgeübt, die zunächst ohne Widerstand auf seinen ältesten Sohn Mstislav (1125–32) überging. Ein letztes Mal wurde hier über Novgorod die Beziehung zum germanischen Norden als Stütze der großfürstlichen Machtstellung genutzt: Mstislav, der in skandinavischen Quellen den Namen Harald trägt, war ein Sohn der englischen Prinzessin Gyda, Tochter Haralds II., und mit der schwedischen Königstochter Christina verheiratet. Seinen Fähigkeiten zum Trotz bot die politische Situation des Landes indes keine Voraussetzungen mehr für eine große und dauerhafte Leistung: Das Prinzip von Ljubeč (1097), dass ein jeder in seinem Vatererbe souverän herrsche, hatte sich längst durchgesetzt. Der Streit um die Herrschaft hatte sich aber in die einzelnen Territorien verlagert; überall gab es erbitterte Onkel-Neffenkonflikte, und Mstislavs Bemühungen, als Großfürst Ordnung zu schaffen, scheiterten. Als Folge zersplitterten die Territorien sich in immer mehr fürstliche Teilherrschaften.

Das Bewusstsein der Zusammengehörigkeit ging zwar niemals ganz verloren, denn die Gemeinsamkeit der Sprache, der Abstammung und des Glaubens blieben bei allen Bevölkerungsschichten erhalten – Kiev als Sitz des Metropoliten ›der ganzen Rus'‹ und als Residenz des Großfürsten, des *primus inter pares* der russischen Fürsten, war dafür das Symbol. Realpolitische Bedeutung besaß dieses Symbol jedoch nur, wenn es mit militärischer und wirtschaftlicher Macht verbunden war. Das Kiever Fürstentum im engeren Sinne war nicht be-

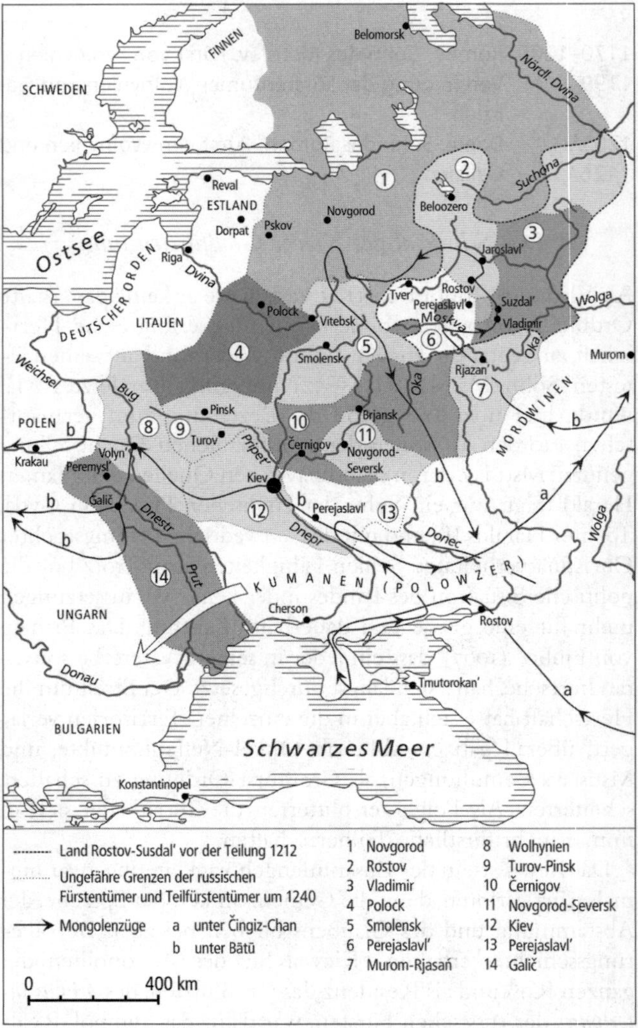

Karte 3: Die Fürstentümer der Ruś zur Zeit des Mongoleneinfalls.

sonders groß: Es umfasste das Territorium westlich des Dnepr bis zum Sluč, bezog im Norden das Gebiet des unteren Pripet', im Süden den Oberlauf des südlichen Bug und den Ros, die alte Befestigungslinie gegen die Steppe, ein und griff nur im Bereich der Stadt Kiev in einem schmalen Streifen auf das linke Dneprufer hinüber. Der Reichtum des Kiever Landes beruhte auf den weitreichenden Handelsbeziehungen der Stadt. Diese waren jedoch im Abnehmen begriffen: 1082 hatten die Venezianer den byzantinischen Seehandel an sich gebracht, Tmutorokań war verloren gegangen, die Steppe kontrollierten die Polovcer. Die Eroberung Konstantinopels durch die Teilnehmer des Vierten Kreuzzuges im Jahre 1204 und der Einbruch der Mongolen in Russland beendeten demnach nur einen schleichenden Verfall.

Zwar gab es Versuche einiger Großfürsten, das Kiever Gebiet zu erweitern, indem sie es mit ihrem jeweiligen Vatererbe verbanden, aber diese waren nur kurzfristig erfolgreich. Selbst die enge Verbindung mit Novgorod als Stützpunkt der großfürstlichen Herrschaft ging schließlich verloren: Als 1136 der Novgoroder Fürst Vsevolod, Mstislavs ältester Sohn und Anwärter auf das Großfürstentum, nach Perejaslavl' übersiedeln wollte (statt auf den Großfürstensitz Kiev zu warten), nahmen ihm die Novgoroder diese Kränkung ihres Prestiges übel, vertrieben ihn und beschlossen ein Gesetz, das Landerwerb auf Novgoroder Gebiet in Zukunft nur noch Bürgern der Stadt erlaubte. Dieses Grundgesetz der Novgoroder Stadtautonomie entzog auch der großfürstlichen Herrschaft den Boden.

Je mehr Macht die einzelnen Territorien an sich brachten und entfalteten, desto machtloser wurde der Großfürst. Die Zukunft lag damit bei den einzelnen Ländern, deren konkrete Machtinteressen der Gesamtherrschaft des Großfürsten zuwider liefen. Daran konnte keine Fürstenpersönlichkeit etwas ändern: Dem Polovcerbesieger Jaropolk (1132–39), Mstislavs nächstälterem Bruder, war Novgorod entglitten (1136), und er konnte nicht verhindern, dass eine Onkel-Neffenfehde nun auch die herrschende Familie der Monomachsöhne und

-enkel entzweite: Herausragende Vertreter der beiden Generationen waren Mstislavs Sohn Izjaslav II. (nach dem Zwischenspiel des Černigover Fürsten Vsevolod (1139–1146) dann mit Unterbrechungen von 1146 bis 1154 Großfürst) und Vladimir Monomachs sechster Sohn Jurij von Suzdal'-Vladimir (genannt *Dolgorukij* = Langhand). Dreimal eroberte Jurij Kiev, aber erst beim dritten Male – nach Izjaslavs Tod – gelang es ihm, sich im Großfürstentum zu behaupten (1154–57). Keiner der beiden Prätendenten hatte nach einem militärischen Sieg den Konkurrenten ganz auszuschalten vermocht; beide waren jeweils auf fremde Unterstützung angewiesen – und so wurde der Streit über die Polovcer hinaus, die fast immer an den innerrussischen Streitigkeiten beteiligt waren, in das gesamteuropäische Kräftespiel dieser Zeit hineingezogen: Jurij Dolgorukij und sein Verbündeter Vladimirko von Galizien standen auf Seiten der ›Zweikaiserliga‹, die der römische Kaiser Konrad III. und der byzantinische Kaiser Manuel Komnenos gegen Roger von Sizilien, König Ludwig VII. von Frankreich und den ungarischen König Géza geschmiedet hatten; Izjaslav II. dagegen führte den Kampf um Kiev mit ungarischer Unterstützung und suchte die Selbstständigkeit der russischen Kirche zu fördern, indem er 1147 von den Bischöfen den Russen Kliment von Smolensk zum Metropoliten wählen ließ. Der Patriarch in Konstantinopel versagte jedoch die Bestätigung, und Jurij Dolgorukij, der ja mit Byzanz im Bunde stand, enthob Kliment nach seinem Sieg 1155 des Amtes und stellte das alte Verhältnis der kirchlichen Unterordnung unter das griechische Patriarchat wieder her.

Unter diesen Umständen verlor die an den Besitz von Kiev gebundene Großfürstenwürde ihr politisches Gewicht und allmählich auch ihre Bedeutung als Streitobjekt. Jurij Dolgorukij hatte noch zäh um den Besitz von Kiev gerungen und nach seinem Sieg in der Stadt residiert; sein Sohn Andrej (Bogoljubskij) dagegen, dessen Truppen 1169 Kiev einnahmen und plünderten, blieb nach seinem Erfolg in seinem Fürstentum Suzdal'-Vladimir und ließ das Kiever Fürstentum durch einen Vasallen verwalten. Das Verhältnis hatte sich umgekehrt: Die Mächtigen zog es nicht mehr nach Kiev, um Großfürst zu werden und – wenigstens dem Anspruch nach – über das Reich zu herrschen, sondern die Großfürstenwürde löste sich vom Kiever Territorium und begab sich auf Wanderschaft, den Mächtigsten zu suchen.

Schon die Gefolgschaft Jurijs hatte sich in Kiev äußerst unbeliebt gemacht und war deshalb nach dem Tod des Großfürsten 1157 mit Gewalt vertrieben worden. Im Jahre 1169 rächten sich die ›Hinterwäldler‹ unter Andrej dafür: »Zwei Tage lang plünderten sie die ganze Stadt, das *podol'e* und die Oberstadt, die Klöster, die Sophienkathedrale, die Zehnten-Muttergotteskirche, und für niemanden gab es Erbarmen«. Kiev sollte sich von diesem Schlag nicht mehr erholen; aber es war nur der erste, dem noch schlimmere folgen sollten: Von der Verheerung des Jahres 1203 durch die Polovcer, die im Bunde mit russischen Fürsten standen, schreibt der Chronist der *Erzählung*, dass in der Zeit nach der Taufe kein größeres Unheil über die Stadt gekommen sei. Ein weiteres Menschenalter später (1240) setzte die Erstürmung durch die Mongolen der langen Agonie ein Ende.

Wer auch immer in den letzten Jahrzehnten über Kiev herrschte, es gab also keine Sicherheit mehr – weder vor den russischen Nachbarn noch vor den Polovcern. Lange vor dem Einbruch der Mongolen begann die Bevölkerung deshalb dorthin abzuwandern, wo es mehr Sicherheit gab, wo sich neue politische Macht konstituierte, wo Handel und Wandel blühten. Politische Aktivität, militärische Kraft und wirtschaftlicher Aufschwung hatten sich in die einzelnen Territorien verlagert, und neue Machtzentren waren im Entstehen.

Zu Beginn des 13. Jahrhunderts gab es folgende ›Länder‹ in der Ruś: Novgorod am Ilmensee im Nordwesten mit der wichtigen ›Beistadt‹ Pskov (Pleskau) und dem ausgedehnten Kolonialgebiet im äußersten Norden bis über den Ural; südlich schloss sich das Fürstentum Polock an der Düna an, das im Westen an die Litauer und Letten grenzte; östlich von Polock reichte das Fürstentum Smolensk am Oberlauf von

Düna und Dnepr im Osten bis an den Oberlauf der Moskva, das als einziges Territorium nur von russischen Ländern umgeben war; noch weiter östlich lag an der Wolga und Kljazma das Fürstentum Suzdal'-Vladimir, das in zwei Keilen weit nach Norden in das Novgoroder Gebiet ausgriff (Šeksna-Beloozero-Gebiet nordwestlich, Suchona-Gebiet nordöstlich) und im Osten den Čeremissen (Mari) und den Wolgabulgaren benachbart war; südlich davon befand sich das Fürstentum Rjazań, an der unteren Oka das Fürstentum Murom, die beide im Südosten an das Gebiet der Mordwinen und an die Polovcersteppe grenzten; an der Desna, am Sejm und an der oberen Oka lag das Fürstentum Černigov mit der Steppengrenze im Südosten; südlich davon am linken Dneprufer, im Osten vielleicht den Oberlauf des Donec erreichend, war das Fürstentum Perejaslavl' mit seiner gesamten Ost- und Südgrenze den Angriffen der Steppenbewohner ausgesetzt; schließlich ist im Westen von Kiev das Fürstentum Galizien-Wolhynien zu nennen. Dem Umfang nach waren die meisten dieser Fürstentümer beträchtlich größer als das Kiever Fürstentum. Nicht alle sollten jedoch in gleicher Weise von dem politischen und wirtschaftlichen Niedergang Kievs profitieren: Kern einer Machtbildung von überregionaler Bedeutung wurden neben dem Sonderfall Novgorod nur das galizisch-wolhynische Fürstentum im Südwesten und das von Suzdal'-Vladimir im Nordosten.

Der Südwesten

Seit Vladimir dem Heiligen, nach einer kurzen Unterbrechung dann seit Jaroslav dem Weisen, hatten die ›Červenischen Burgen‹ (nach dem Hauptort Červeń; durch falsche Ableitung wurde daraus später *červonnaja Ruś* = Rotrussland für Galizien) zur Kiever Ruś gehört; etwa seit derselben Zeit galt dies auch für Wolhynien mit seinem Hauptort Vladimir. In seiner größten Ausdehnung reichte das vereinigte galizisch-wolhynische Fürstentum im Norden unter Einschluss von Brest (Berest'e) bis zum Narev, im Süden griff es weit in das ›Niederland‹ (*poniže*, später in ähnlicher Bedeutung Podolien) am Dnestr aus und bezog zeitweise die Steppe zwischen Dnestr und Donaumündung mit ein. Dieses langgestreckte, in west-östlicher Richtung schmale Territorium, das sich von den Karpaten nach Norden hin über die podolische und die wolhynische Platte allmählich zur wald- und sumpfreichen Niederung an Bug und Narev senkt, vereinigt sehr verschiedene Landschaften: Das waldreiche Wolhynien und die Karpaten im Südwesten konnten Zuflucht gegen eine Bedrohung aus dem Osten bieten; die Schwarzmeersteppe an Dnestr, Prut und Seret gab stets Gelegenheit, ein zwar gefährdetes, aber freies und dem Zugriff der politischen Mächte nur beschränkt zugängliches Leben zu führen – in den *brodniki* finden sich hier schon sehr früh Vorläufer der Kosaken. Das Herzstück war aber immer die Verkehrs- und klimabegünstigte Mitte Galiziens mit den Städten Peremyšl' (poln. Przemyśl), Galič (ukr. Halyč) und später ab der Mitte des 13. Jahrhunderts Lemberg (ukr. L'viv, russ. L'vov, poln. Lwów). Hier gab es fruchtbaren Ackerboden, hier kreuzten sich die west-östliche (von Krakau nach Kiev) und die nord-südliche Straße von der Ostsee zum Schwarzen Meer – selbst die Karpaten sind hier nicht verkehrsfeindlich, sondern öffnen über mehrere Pässe die Verbindung nach Süden, so dass sowohl die ostslavisch-ukrainische Siedlung das Gebirge nach Süden überschreiten (Karpaten-Ukraine), als auch der ungarische Staat seinen politischen Einfluss über das Gebirge hinaus nach Norden erstrecken konnte. Die natürlichen Ressourcen und ein reger Handel machten das Land reich an Menschen und Städten, allerdings auch zu einem begehrten Ziel der Nachbarn.

Die politische Sonderentwicklung setzte schon sehr früh ein, denn hier konnten sich die Nachkommen von Jaroslavs ältestem Sohn Vladimir, der vor Erreichen der Großfürstenwürde gestorben war, am Ende des 11. Jahrhunderts gegen den Widerstand der Kiever Großfürsten behaupten und blieben so im Besitz des Landes. Die Söhne des Rostislav Vladimirovič erhielten in diesem Kampf die Unterstützung der

Polovcer und der Byzantiner; dagegen mussten sie sich wiederholt gegen die Ungarn und die Polen wehren. Diese Kräftegruppierung erwies sich in der Folge als ziemlich konstant, auch als Fürst Vladimirko (1141–53, der Enkel des Rostislav) das gesamte Gebiet als Fürstentum Galič (Halyč) in seiner Hand vereinigt hatte: Er konnte, verbündet mit Jurij Dolgorukij und Byzanz, nicht nur seinen Besitz wahren, sondern ihn sogar auf ostwolhynisches Gebiet ausdehnen.

Wolhynien blieb bedeutend länger in der Hand der Kiever Großfürsten, die hier über ausgedehnten Eigenbesitz verfügten. Erst nach 1154 setzte sich auch hier eine Nebenlinie (die Nachkommen des Kiever Großfürsten Izjaslav II. Mstislavič) fest. Roman Mstislavič aus der zweiten Generation (1170–1205) erreichte dann die Vereinigung des gesamten Territoriums, so dass er die Hand nach dem benachbarten Fürstentum Galizien ausstrecken konnte.

Dieses wiederum hatte unter Jaroslav Osmomysl' (der ›Achtsinnige‹, 1153–87) seine große Zeit. So beschreibt der Sänger des *Igorliedes*, wie sich Jaroslav gegen die Polovcer, einen gefährlichen Gegenspieler, und die byzantinische Opposition durchsetzte und die Anerkennung seiner Herrschaft im *Podunav'e* (Donaugebiet = Schwarzmeersteppe zwischen Dnestr und Donau) erzwang. Für gute Beziehungen zu Polen und Ungarn verheiratete Jaroslav seine beiden Töchter an den polnischen Herzog Odo von Posen und an König Stephan III. von Ungarn, dagegen misslang ihm eine wirksame Festigung seiner Herrschaft gegenüber dem Bojarenadel des Landes.

Die galizischen Bojaren waren zahlreich und mächtig; sie erwiesen sich zunehmend als die eigentlichen Herren im Lande, die auch stets politische Bundesgenossen fanden, wenn sie die Herrschaft des eigenen Fürsten schmälern wollten. Zunächst scharte sich die Opposition um Jaroslavs eigenen Sohn Vladimir, und erst nach Jaroslavs Tod mischten sich dann auch die Nachbarn in die innergalizischen Auseinandersetzungen ein: 1188 besetzte Roman von Wolhynien zum ersten Mal für kurze Zeit Galizien, musste dann aber dem

Druck der Ungarn weichen, die daraufhin für ein Jahr in Galizien herrschten und Vladimir gefangennahmen. Vladimir konnte sich nach seiner Befreiung mit Unterstützung des Fürsten Vsevolod von Vladimir-Suzdal' die Herrschaft sichern und sie bis zu seinem Tod halten. Erst das Eingreifen von außen änderte die Verhältnisse grundlegend, als nämlich Roman nach Vladimirs Tod (1199) das Fürstentum Galizien erneut eroberte und so zum ersten Mal Galizien und Wolhynien vereinigte. Damit war im Südwesten Russlands ein neues, ansehnliches Machtgebilde entstanden, das einem starken Fürsten weitere ehrgeizige Pläne erlaubte. Und Romans Politik war erfolgreich: Schon in Wolhynien hatte er sich, gestützt auf seine Dienstleute und auf die Städte, gegen den Bojarenadel durchgesetzt, in Galizien versuchte er nun mit harter Hand dasselbe, vermochte aber den zahlreichen galizischen Bojarenadel nicht vollständig auszuschalten, sondern konnte ihn nur zum Teil enteignen und vertreiben. Der Fürst stärkte auf diese Weise zwar seine Macht und schwächte im Lande selbst die Opposition, aber dieser Zustand hätte lange anhalten müssen, um die Fürstenmacht auch über Niederlagen und Thronwechsel hinweg ungefährdet erhalten zu können, denn die vertriebenen Bojaren warteten nur auf eine Möglichkeit zur Wiederherstellung ihrer alten Macht. Die Gelegenheit kam unerwartet rasch, als Roman, der inzwischen in Kiev den Großfürstentitel angenommen hatte, 1205 in Polen fiel und nur zwei minderjährige Söhne – Daniil und Vasil'ko – hinterließ: Die neue Macht in Südwestrussland hatte jedoch ausschließlich auf der Persönlichkeit des Fürsten beruht und so entstand mit dessen Tod ein Vakuum, das fremde Mächte einlud.

Ein Menschenalter lang wurde nun um das Erbe Romans gerungen. Die Beteiligten waren von russischer Seite: der von Roman vertriebene Kiever Fürst Rjurik sowie eine Reihe weiterer Fürsten, zu denen sich in einem späteren Stadium Mstislav der Kühne (*Udaloj*) von Novgorod gesellte; dazu kamen die zurückgekehrten galizischen Bojaren, die 1213 mit Volodislav sogar einen der Ihren zum Fürsten erhoben, sowie schließlich die Bevölkerung der größeren Städte, die – vor allem in Wolhynien – Romans Erben noch am ehesten die Treue hielt. Viel wirkungsvoller war aber über lange Zeit das Eingreifen der Ungarn und in zweiter Linie der Polen: Zu beiden hatten verschiedene Bojarengruppen Verbindungen geknüpft, an beide hatte sich die Fürstin Anna im Namen der minderjährigen Söhne Romans um Hilfe gewandt, beide waren aber nicht bereit, ihre Hilfe uneigennützig zu gewähren; dabei war Ungarn gegenüber dem damals in zahlreiche Teilfürstentümer zerfallenen Polen im Vorteil. 1214 konnte König Andreas von Ungarn schließlich seinen Sohn Koloman als Fürst von Galizien einsetzen, und ein Jahr später wurde der dann 6-jährige im Auftrag von Papst Innozenz III. tatsächlich gekrönt. Sowohl Polen als auch der Papst stellten aber Bedingungen, die Ungarn entweder nicht halten wollte (die Abtretung von Peremyšl' an Polen) oder nicht halten konnte (die Union der orthodoxen Kirche in Galizien mit Rom). Lange hat die ungarische Herrschaft in Galizien darum nicht gedauert, aber der ungarische Druck war auch nach der Vertreibung Kolomans noch so groß, dass sich der siegreiche Mstislav der Kühne zu einem Einvernehmen mit König Andreas bequemen musste.

Unter diesen Umständen war es eine erstaunliche Leistung, dass Romans ältester Sohn Daniil das väterliche Erbe gegen überlegene Konkurrenten und Gegner schließlich in vollem Umfang wiederherstellen konnte: 1221 hatte ihm Mstislav das westliche Wolhynien (mit der Stadt Vladimir), soweit es nicht inzwischen in polnischer Hand war, überlassen; der Rückeroberung dieser Gebiete folgte 1227 der Erwerb Ostwolhyniens mit der Stadt Luck und schließlich nach einem weiteren Jahrzehnt schwerer Kämpfe auch der Rückgewinn des Fürstentums Galizien. Das geschah in den Jahren 1237/38, als die Mongolen bereits das nordöstliche Russland erobert hatten. Ebenso wie sein Vater Roman griff Daniil nun, nachdem er seinen Besitz gesichtert hatte, nach Kiev. Es gelang ihm gerade noch, eine Garnison in die Stadt zu legen, der dann die unlösbare Aufgabe zufiel, Kiev gegen den Ansturm der Mongolen zu verteidigen (1240). Die historische Rolle des vereinigten Fürstentums Galizien-Wolhynien war damit jedoch noch nicht zu Ende; sie sollte vielmehr unter Daniil ihren Höhepunkt erreichen.

Der Nordosten

Die neue Machtbildung im Nordosten des Kiever Reiches stand lange im Schatten der Entwicklung in Kiev und erfolgte unter anderen Voraussetzungen als jene im Südwesten. Für die Kiever Chronisten lag das Land an der oberen Wolga und deren Nebenflüssen am Rande ihres Gesichtsfelds; sie erwähnen es nur dann, wenn der Großfürst dort eingriff. So tritt das Land ›hinter dem großen Walde‹ als politische Größe in den Kiever Quellen erst um die Mitte des 12. Jahrhunderts hervor. Die frühere Entwicklung und deren Besonderheiten bleiben dadurch im Dunklen, auch wenn man annehmen muss, dass das Fürstentum Suzdal'-Vladimir eine lange Vorgeschichte hat: Rostov am Nerosee erscheint schon unter den ›Städten‹, die Rjurik an seine Gefolgsleute vergab, Suzdal' ist sicher nicht viel jünger; beide Städte galten im 12. Jahrhundert als ›alte‹ Städte im Unterschied zu den ›jungen‹ mit Vladimir an der Kljaźma (1108 von Vladimir Monomach mit einer Befestigung versehen) an der Spitze. Diese Unterscheidung besaß im 12. und im beginnenden 13. Jahrhundert große politische Bedeutung.

Reiche Funde orientalischer Münzen aus dem 8.–11. und westeuropäischer Münzen aus dem 10. und 11. Jahrhundert weisen darauf hin, dass das Land zwischen der oberen Wolga und der Kljaźma an einer wichtigen Handelsstraße lag. Drei ostslavische Stämme waren an der Besiedlung des ursprünglich von Finnen bewohnten Landes beteiligt: Die Slovenen kamen aus dem Nordwesten, die Krivičen aus dem Westen und die Vjatičen aus dem Südwesten. Früh besiedelten die drei Gruppen die sogenannte *opol'ščina*, einen waldfreien Streifen fruchtbaren Landes, der sich von Vladimir in nordwestlicher Richtung über Jur'ev Pol'skij (J. ›im Felde‹) bis nach Perejaslavl' Zalesskij (P. ›hinter dem Walde‹) erstreckte. Große Teile des nordöstlichen Waldlandes blieben dagegen noch lange unerschlossen und lockten später Kolonisten an. Dieses ferne Gebiet hat sich der Kiever Herrschaft und dem Christentum am längsten widersetzt; noch um die Mitte des 12. Jahrhunderts fand dort ein Kiever Mönch den Märtyrertod.

Sehr wenig berichten die schriftlichen Quellen über das Verhältnis der Ostslaven zu der finnischen Vorbevölkerung, obwohl die Archäologie nachgewiesen hat, dass viele russische Städte des Wolga-Oka-Gebietes aus ursprünglich finnischen Siedlungsmittelpunkten entstanden sind. Mit den Mordvinen, die sich bis heute erhalten haben, trugen die Russen vor dem Mongoleneinfall vereinzelt auch kriegerische Konflikte aus. Im Allgemeinen setzten sich die Russen aber offenbar auch ohne Kriege als Herren des Landes durch – und als selbstbewusste Herren betreten die Bojaren von Rostov und Suzdal' im 12. Jahrhundert die historische Bühne.

Beide Fürstentümer bildeten mit dem südrussischen Perejaslavl' das ›Vatererbe‹ des Vladimir Monomach; mit dessen sechstem Sohn Jurij Dolgorukij, der Großfürst in Kiev wurde, begann die Entwicklung des Nordostens zu eigener Machtkonzentration. Jurij gilt der Überlieferung nach als großer Städtegründer, mit dessen Namen auch die Entstehung von Moskau verbunden wird, das 1147 zum ersten Mal erwähnt wird und 1156 eine erste Befestigung des ›Kreml‹ erhielt. Zahlreiche ansehnliche Kirchen sind aus dieser Zeit erhalten und bezeugen einen Höhepunkt der altrussischen Architektur. Der weiße Stein, aus dem diese Kirchen errichtet sind, kam von einem Nebenfluss der Moskva; sein Transport und der Bau selbst setzten Reichtum und Macht voraus. Die Kirchen waren den Ausmaßen nach bescheiden; denn sie dienten wohl den Bedürfnissen des Hofes: Die einzige in der ursprünglichen Form erhaltene – die Boris und Gleb-Kirche an der Nerl' – gehörte zu einem Fürstenhof außerhalb der Stadt Suzdal'. In den alten Hauptorten des Landes – Suzdal' und besonders Rostov – lag die Macht bei den alteingesessenen Bojarengeschlechtern; Jurij scheint deshalb Suzdal' vorgezogen zu haben, um sich in einem festen und mit einer Kirche ausgestatteten Platz außerhalb der Stadt niederzulassen.

Unter seinem Sohn Andrej Bogoljubskij (gest. 1175) nahm dann alles größere Ausmaße an: Andrej war an den Machtkämpfen um Kiev nur mäßig interessiert; sein Hauptinteresse galt dem Ausbau seiner Macht in der eigenen *votčina*, und zu deren Festigung verlegte er seine Residenz in die ›junge‹ Stadt Vladimir. Deren Ausbau folgte dem Vorbild von Konstantinopel und Kiev, denn die neue Befestigung erhielt ein aus Stein gebautes und von einer Kirche gekröntes ›Goldenes Tor‹. Auch war die Maria-Himmelfahrts-Kathedrale, die Andrej 1158–61 dort erbauen ließ, nicht mehr eine schlichte fürstliche Hauskirche, sondern ein Bau, der mit den Kiever Hauptkirchen wetteifern sollte. Mit reichen Gütern ausgestattet und mit dem Zehnten von Bodenertrag und Handel versehen, sollte diese Kirche nicht nur die Kirche eines Bischofs, sondern die eines Metropoliten werden. Andrej bemühte sich aber vergeblich darum, sein Landesbistum zur Metropolie erheben zu lassen, um von Kiev unabhängig zu werden; dazu bedurfte es eines größeren geistlichen Ansehens. Seine Bemühungen, die ersten Bischöfe von Rostov als lokale Heilige kanonisieren zu lassen, waren zwar nicht von Erfolg gekrönt, aber das berühmte Muttergottesbild byzantinischen Ursprungs, das er 1155 aus Vyšgorod bei Kiev nach Vladimir entführte, ist zum russischen Nationalheiligtum geworden: Erst von Vladimir, später von Moskau aus hat die Muttergottes von Vladimir nach Meinung frommer Russen immer wieder hilfreich in die russische Geschichte eingegriffen; die große Zahl von Marienkirchen in Vladimir verlieh der Muttergottes geradezu den Rang einer Landespatronin.

Nichts bringt den engen Zusammenhang von politischer und geistlicher Repräsentation klarer zum Ausdruck als der Bau jenes Schlosses, das sich Andrej in Bogoljubovo unweit von Vladimir errichten ließ (daher sein Beiname ›Bogoljubskij‹): Mittelpunkt des geschlossenen Gebäudevierecks, gegenüber dem fürstlichen Wohnhaus gelegen, war die Kirche zur Geburt der Gottesmutter, die durch ihre überaus prächtige Ausstattung einen überwältigenden Eindruck auf die Zeitgenossen machte. Wer hier residierte, war und fühlte sich nicht mehr nur noch als *primus inter pares*. Der Chronist formuliert das entsprechende Selbstverständnis:

> Seiner irdischen Natur nach ist der Zar jedem Menschen gleich, der Macht seines Amtes nach aber ist er wie Gott […] nicht von ungefähr trägt der Fürst das Schwert, denn er ist ein Diener Gottes.

Diese Theorie des Herrscheramtes war von Byzanz übernommen und wurde nach Moskau weitergereicht.

Andrej Bogoljubskij wurde 1175 von bojarischen Verschwörern getötet, denen seine Machtansprüche zu weit gingen; er hatte den Bogen überspannt. Sein Bruder Vsevolod, seiner zahlreichen Nachkommenschaft wegen ›das große Nest‹ (*Bol'šoe gnezdo*) genannt (1176–1212), verfolgte dasselbe Ziel unbeschränkter Fürstenmacht, aber mit weniger gewalttätigen Methoden und daher mit größerem Erfolg: Der Thronwechsel war von schweren politischen und sozialen Wirren begleitet. Gestützt auf seine eigenen Dienstleute und die Städte, vor allem auf Vladimir, konnte sich Vsevolod jedoch gegen die Bojaren und gegen aufrührerische Bauern durchsetzen. Das politische Kräftespiel zeigte also im Nordosten sehr ähnliche Züge wie im Südwesten, aber der Kampf nahm den entgegengesetzten Ausgang. Grund hierfür können die unterschiedlichen Charaktere der Fürsten gewesen sein; es kann aber auch daran gelegen haben, dass die Aufschließung des Landes durch Neusiedler im Nordosten unter der Leitung des Fürsten vor sich ging. Ausschlaggebend erscheint jedoch etwas anderes: Die Bojaren von Rostov und Suzdal' hatten keine Möglichkeit, wirklich mächtige Nachbarn in den Kampf hineinzuziehen, und so blieben die Bojaren der ›alten‹ Städte im Wesentlichen auf sich allein gestellt und unterlagen dem Fürsten, der seine Macht absichern konnte. Im Jahr 1212 schließlich

> rief der Großfürst Vsevolod alle seine Bojaren aus den Städten und aus den Bezirken zusammen und den Bischof Ioann und die Äbte, Priester, Kaufleute, Dienstmannen und alle Männer, und übergab seinem Sohn Jurij als Nachfolger Vladimir und ließ alle schwören, und alle Männer legten den Eid auf Jurij ab; und er vertraute ihm die Brüder an.

Das Ergebnis des Machtkampfes war deutlich: Vsevolod war Großfürst, nicht mehr von Kiev, sondern von Vladimir; wie im Kiever Reich war diese Würde an den Besitz einer bestimmten Stadt gebunden und fiel dem Ältesten zu. Wer aber als ›Ältester‹ zu gelten hatte, bestimmte der Fürst (Jurij war der Zweitälteste); eine Versammlung aller Stände musste bei Lebzeiten des Großfürsten den Eid auf dessen Nachfolger leisten. Neben die Kiever Tradition trat damit als neues Element eine gesteigerte Fürstenmacht.

Der inneren Stabilisierung entsprach die umsichtige Machtentfaltung nach außen: Die schwächeren Nachbarn Smolensk und Murom-Rjazań gerieten sehr bald in Abhängigkeit von Vladimir und mussten den Vorrang des neuen Großfürsten anerkennen – der mächtigste Fürst wurde zum ›ältesten‹ ohne jede Rücksicht auf die Genealogie, und dem entsprach die Anrede ›Herr‹ (*gospodin*), die unter den Teilfürsten der Kiever Zeit undenkbar gewesen wäre.

Im Südwesten und in Kiev mischten sich die Fürsten von Suzdal'-Vladimir ab Andrej Bogoljubskij nur mehr unter dem Gesichtspunkt ein, keine neue Machtbildung aufkommen zu lassen, die der eigenen hätte gefährlich werden können. Das unmittelbare Interesse des neuen Großfürstentums galt aber der Sicherung des Handels auf der Wolga. Ihn beherrschten im Nordwesten die Stadt Novgorod, im Südosten die Wolgabulgaren. Gegen beide ging schon Jurij Dolgorukij vor: Weil »Jurij aus Rostov die Novgoroder kränke, ihnen die Abgaben (in ihren nördlichen Gebieten) wegnehme und auf den Straßen Schaden zufüge«, zog der Kiever Großfürst Izjaslav II. gegen seinen Onkel zu Felde. 1169 schickte Andrej Bogoljubskij dann seine Truppen gegen Kiev, weil der Großfürst Mstislav, Sohn von Izjaslav II., versucht hatte, seinen Einfluss in Novgorod wieder geltend zu machen. Ein direkter Angriff gegen Novgorod im folgenden Jahr scheiterte zwar, aber die Sperrung der Verbindungen nach dem Südosten genügte, um die Stadt gefügig zu machen – Novgorod war von der Getreidezufuhr aus dem Wolgagebiet abhängig. Vsevolod und seine Söhne hielten Novgorod dann so fest unter ihrem Einfluss, dass die lokalen Chronisten vom »Großfürstentum Vladimir und Groß-Novgorod« zu schreiben begannen. Aber auch abgesehen von der wirtschaftlichen Abhängigkeit befand sich Novgorod in einer schwierigen Lage: Die Stadt benötigte einen Fürsten zum militärischen Schutz ihres großen Territoriums und ihrer Handelsverbindungen; nur ein Fürst mit realer Macht konnte diese Aufgabe erfüllen, aber solche Macht hatten nur die Kandidaten des Großfürsten von Vladimir, und diese stellten nicht nur eine Gefahr für die Selbstständigkeit der Stadt dar, sondern verletzten durch eigenmächtige Aktionen nicht selten auch deren Interessen. So erfuhren die Bewohner von Pskov, der Beistadt Novgorods, 1228 mit Schrecken, dass Jaroslav von Novgorod, der Bruder des Großfürsten Jurij Vsevolodovič von Vladimir (1218–38), einen Zug gegen Riga vorbereitete, obgleich sie mit dieser Stadt gerade eben ein Abkommen geschlossen hatten. Der Gewinn lag in solchen Fällen allein beim Fürsten, während die Grenzstädte und ihre Kaufleute die Rache der Deutschen traf. In anderen Fällen allerdings, wenn kein Krieg mit den Deutschen herrschte, ließ man sich deren Unterstützung gerne gefallen.

Den Wolgabulgaren gegenüber verfolgte Suzdal'-Vladimir nicht ganz so weitgesteckte Ziele, und die Erfolge waren bescheidener. Auch hier war die Zeit friedlicher Nachbarschaftsbeziehungen vorbei, seit Jurij Dolgorukij 1120 zum ersten Mal gegen die Wolgabulgaren gezogen war; seine Nachfolger folgten mehrfach diesem Beispiel. Mit der Gründung von Nižnij Novgorod an der Mündung der Oka in die Wolga im Jahre 1221 rückte die Ausgangsbasis dieser Unternehmungen wolgaabwärts, doch beendeten erst die Mongolen-Tataren die Existenz des wolgabulgarischen Staates.

Die wachsende Macht des Großfürstentums Vladimir blieb auch über den engeren Bereich der russischen Fürstentümer hinaus nicht unbemerkt. Politische Ehen und Emigrationen schufen entsprechende Kontakte: Jurij Dolgorukij war in erster Ehe mit einer Polovcerin, in zweiter mit einer byzantinischen Prinzessin verheiratet; unmittelbare Beziehungen zu Byzanz entsprangen den kirchenpolitischen Ambitionen des Andrej Bogoljubskij. Aber auch die Verbindung zu den Staufern scheint nach Jurij nicht abgerissen zu sein: Es hat sich eine dunkle Überlieferung erhalten, dass die Meister, die Andrej Bogoljubskij bei seinen Bauten verwendete, ›von den Deutschen‹ (*ot nemcev*), von Friedrich I. Barbarossa geschickt worden seien.

Beziehungen ganz anderer Art bahnten sich in der zweiten Hälfte des 12. und im beginnenden 13. Jahrhundert im Nordwesten an und führten hier – in Novgorod – zu einer Sonderentwicklung, die ein reales Gegengewicht gegen den Einfluss des Großfürsten von Vladimir bildete. 1158 war Lübeck neugegründet worden; um 1160 entstand in Visby auf Gotland eine deutsche Kaufmannssiedlung für den Russlandhandel. Schon aus dem Jahr 1189 ist der erste Entwurf eines Handelsvertrages zwischen der hier auftretenden Hanse und der Stadt Novgorod erhalten; zu Beginn des 13. Jahrhunderts folgten Vereinbarungen mit Polock, 1229 kam es zu dem ersten Handelsvertrag mit Smolensk. Den deutschen Kaufleuten folgten Missionare, und daraus erwuchs sehr rasch das deutsche Kolonisationswerk in Livland. 1201 wurde die Stadt Riga, 1202/03 der Orden der Ritterschaft Christi, der livländische Schwertbrüderorden, gegründet. Die unmittelbare Folge war eine Zurückdrängung des russischen Einflusses im Gebiet der unteren Düna, zunächst in friedlichen Formen durch Eheverbindungen, vom zweiten Jahrzehnt des 13. Jahrhunderts an aber zunehmend in kriegerischer Auseinandersetzung (1224 Eroberung von Juŕev/Dorpat durch den Orden). Handelsverkehr, Missionsauftrag und weltliche Machtbildung waren indes in ihren Interessen schwer miteinander in Einklang zu bringen; sie liefen nebeneinander her und erzielten entsprechend zwiespältige Wirkung: Dasselbe Novgorod, das sich durch den Orden bedroht fühlte und dessen Angriffe mit Erfolg abwehrte, nahm die gotländischen und deutschen Kaufleute in seine Mauern auf und schmückte seine Hauptkirche, die Sophienkathedrale, mit einem in Magdeburg gearbeiteten Bronzetor (das ›Korsuńsche Tor‹).

Folgenreicher noch als die unmittelbaren Kontakte mit den livländischen Deutschen (und ebenso auch mit Dänen und Schweden) sollte jedoch die mittelbare Wirkung sein, die das Auftreten der Ritterorden in Livland und im Preußenland auf die russischen Westgebiete ausübte: Unter dem Druck der Ordensritter fanden die litauischen Stämme zu politischer Einheit und suchten für die im Westen erlittenen Verluste im Osten Kompensationen. Der Beginn dieser Entwicklung fällt in dieselben Jahre, in denen sich auch das Schicksal des russischen Ostens durch eine historische Katastrophe für Jahrhunderte entschied.

Der Mongolensturm

Der Niedergang des Kiever Reiches im 12. und beginnenden 13. Jahrhundert hatte durchaus nicht alle Teile des Landes erfasst, und es gab auch Ansätze zu neuer politischer Machtbildung, aber zur Abwehr eines militärisch überlegenen Gegners war das Land und waren seine Fürsten nicht mehr bereit. Schon die Zeitgenossen fühlten, was verloren gegangen war und nun fehlte. So trauert auch der unbekannte Verfasser der *Rede über den Untergang des russischen Landes* den herrlichen Zeiten des Vladimir Monomach nach, als die Ruś noch angesehen und gar gefürchtet war. Aber eine ›Krankheit‹ sei damals über die Christen gekommen, und der Sänger des *Liedes von Igors Heerfahrt* benennt diese Krankheit: Es war die Uneinigkeit der russischen Fürsten, ihr Egoismus, der nur den eigenen Ruhm suchte und das Heil des ganzen Landes vergaß. Igor z. B., der Černigover Teilfürst von Novgorod Seversk, hatte 1185 leichtfertig einen Feldzug gegen die Polovcer unternommen und seine Niederlage geradezu provoziert – und das ganze Land musste es büßen.

Die Ermahnung zur Eintracht der Fürsten war die politische Folgerung aus der unglücklichen Situation: Vom Abt Avraamij von Smolensk ist aus dieser Zeit eine apokalyptische Prophezeiung und eine unerbittliche Bußpredigt überliefert; während die Fürsten zwar prächtige Kirchen bauten, aber einander gegenseitig nach dem Leben trachteten, da Fürsten und Bojaren in erbitterte Kämpfe verstrickt waren, wandten sich die Frommen mehr als bisher von der Welt ab. Es schien, als greife ein Vorgefühl kommenden Unheils um sich.

Das Vorspiel an der Kalka

Zu Beginn des 13. Jahrhunderts kam es in den Steppen Innerasiens zu einem jener Aufbrüche der Reiternomaden, die das Abendland immer wieder mit Schrecken erfüllt haben. Unbemerkt von den westlichen und den östlichen Nachbarn wurden auf einer Versammlung im Jahre 1206 die mongolischen Stämme geeint und ein Reich begründet, das sehr bald zu einem Weltreich aufstieg. Dies gelang einem der Stammesführer namens Temučin, der sich unter dem neuen Namen Čingiz zum Alleinherrscher (Chan) erhob und eine Expansion nach allen Seiten begann. Ihr erstes Opfer war das Nordchinesische Reich (1215 Eroberung von Peking), das zweite das Herrschaftsgebiet des Schahs Muhammad II. von Chorezm (1219–21), das Westturkestan und Persien umfasste. Bei der Verfolgung des fliehenden Herrschers erreichten zwei mongolische Unterführer dessen westlichste Provinz und erhielten den Auftrag zu einer Erkundung der Länder nördlich des Kaukasus. Hier stießen sie in den südrussischen Steppen auf die Polovcer (Kumanen) und drangen auf die Krim vor. Die Polovcer wandten sich um Unterstützung an die russischen Fürsten, mit denen sie zu dieser Zeit in friedlichen Beziehungen standen, und diese kamen ihnen zu Hilfe. Gemeinsam rückten sie dem unbekannten und unterschätzten

Gegner in die Steppe bis in die Gegend nördlich des Azov'schen Meeres entgegen und erlitten im Frühsommer 1223 an der Kalka (heute Kalec, ein Nebenfluss des Kalmius) eine vernichtende Niederlage. Mstislav der Kühne von Galizien und Daniil von Wolhynien konnten sich mit knapper Not retten, eine Reihe anderer Fürsten, darunter die von Černigov und Kiev, fanden den Tod. Die Mongolen waren aber nur auf einem Erkundungszug und brachen die Verfolgung vor Erreichen der ersten größeren russischen Stadt, Perejaslavl', ab, um nach einem erfolglosen Vorstoß gegen die Wolgabulgaren nach dem Osten zurückzukehren.

In Kenntnis der späteren Katastrophe des großen Mongolensturms musste die Niederlage an der Kalka als der Beginn des Unheils erscheinen, aber die Erzählungen der russischen Chronisten lassen deutlich erkennen, dass man das Ausmaß der Gefahr damals nicht ahnte:

> Und es kam die unbekannte Kriegsschar der gottlosen Moabiter, die man Tataren nennt und von denen niemand ganz genau weiß, wer sie sind und woher sie kamen und welche Sprache sie sprechen und welchen Stammes und Glaubens sie sind.

Zwar gab es nach der Niederlage »Jammern und Weinen und Trauer in allen Städten und Dörfern«, aber die Schuld daran sah man vor allem in der Uneinigkeit der Fürsten:

> Um unserer Sünden willen hat Gott diesen Unverstand auf uns gelegt [...] Wir wissen nicht, woher sie [die Tataren] gekommen und wohin sie wieder verschwunden sind; Gott weiß, woher er sie gegen uns herangeführt hat unserer Sünden wegen.

Und damit beruhigte man sich. An die Gefahr aus der Steppe war man gewöhnt, und als die Feinde verschwunden waren, sah man keinen Grund, das eigene politische Leben zu ändern und sich auf eine kommende größere Gefahr einzustellen. Auf die innerrussischen Machtkämpfe hatte die Schlacht an der Kalka keinen Einfluss.

Die Katastrophe

Im Jahr 1227 starb der Groß-Chan Čingiz während eines Feldzuges gegen die Tanguten im nordöstlichen China. Schon vorher hatte er die Verwaltung des Reiches auf seine vier ältesten Söhne aufgeteilt: Den Nordwesten erhielt der älteste, Ǧoči, als seinen Bezirk (*ulus*); er starb aber schon vor dem Vater und ihm folgte der zweite Sohn Bātū (russ. Batyj), der spätere Eroberer Russlands. Čingiz-Chan ist in die Geschichte als Urtyp des barbarischen Welteroberers eingegangen. Er wusste aber auch das Eroberte festzuhalten und zu beherrschen, sonst wäre das gewaltige Reich, das er hinterließ und das den gesamten Norden des asiatischen Kontinents vom Gelben bis zum Kaspischen Meer umfasste, nach seinem Tod wohl rasch in mehrere Teile zerfallen. Als Bindemittel reichten aber weder der Glaube an die Auserwähltheit des Herrschergeschlechts noch die mongolische Heeresorganisation aus; dazu bedurfte es einer festen Reichsordnung und eines Reichsrechtes. Das Geheimnis des mongolischen Erfolges ist nun de facto nicht allein die brutale militärische Gewalt, sondern die von Anfang an entwickelte Fähigkeit, fremde Errungenschaften zu übernehmen und in den Dienst der eigenen politischen Ziele zu stellen. Dies erklärt vieles: Chinesische Belagerungstechnik ermöglichte den mongolischen Reitern die Eroberung von festen Städten, chinesische Erfahrung der Verwaltung wurde auf die eroberten Gebiete angewandt. Die Eroberer zerstörten nur dort, wo man ihnen Widerstand leistete; wer sich widerstandslos ihrer Herrschaft fügte, die auf die politische Macht und auf ökonomischen Gewinn zielte, nicht jedoch auf eine religiöse Mission, der kam in den Genuss der *pax mongolica*. Sie ließ den Handel aufblühen und durch einen hervorragend organisierten Postdienst verdichten.

Die mongolische Reichsversammlung des Jahres 1229 wählte Ögädäi, einen weiteren Sohn des Großchans, zu dessen Nachfolger und sicherte damit die Kontinuität in der inneren wie in der äußeren Politik. Nach Konsolidierung der

Herrschaft in China und Persien waren die Krieger zu weiteren Eroberungstaten bereit; 1235 legte eine neue Reichsversammlung die entsprechenden Ziele fest: Korea und Südchina im Osten, Vorder- und Kleinasien sowie die europäischen Länder im Westen. Den Angriff gegen Europa sollte Bātū ausführen, der den nordwestlichen *ulus* verwaltete. Seine kleine mongolische Kerntruppe wurde für diese Aufgabe durch Truppen aus seinem *ulus* verstärkt, in dem vor allem islamische Turkvölker wohnten. Deren Sprache und Religion sollten sich später unter Bātūs Nachfolger Berke durchsetzen, was letztlich zu der Bezeichnung als ›Tataren‹ führte; so hatten die Russen die Eroberer nach dem Namen eines westmongolischen Stammes genannt (im Westen wurde dies mit dem antiken ›Tartarus‹, der Hölle, in Verbindung gebracht und zu ›Tartaren‹ umgedeutet).

Nach sorgfältiger Vorbereitung begann 1237 ein mongolisch-tatarisches Heer unter dem Oberbefehl von Bātū und der militärischen Führung des erfahrenen Sübödäi den Angriff. Er richtete sich zunächst – nach Norden ausholend – mit voller Kraft gegen die Wolgabulgaren und dann im Waldgebiet gegen die nordostrussischen Fürstentümer. Mann und Pferd im mongolischen Heer waren lange und harte Winter gewöhnt, und so vollzog sich Russlands Katastrophe im Winter 1237/38. Da Stadt für Stadt zunächst verzweifelten Widerstand leisteten, kannten die Eroberer kein Erbarmen. Am 27. Dezember 1237 fiel Rjazań; der tapfere Verteidiger, Fürst Jurij Igorevič, bezahlte mit seiner Familie und seiner Mannschaft den Widerstand mit dem Leben. Dann zogen die Mongolen die Moskva aufwärts, eroberten Moskau und wandten sich gegen die großfürstliche Residenz Vladimir. Nach deren Eroberung (7. Februar 1238) folgten die übrigen Städte des Vladimir-Suzdaler Landes, und am 4. März verlor der Großfürst Jurij, der im Norden erneut Truppen um sich versammelt hatte, am Flusse Sit' Schlacht und Leben. Der Weg nach Novgorod schien offen, aber die Stadt Toržok leistete zwei Wochen lang Widerstand, und als sie am 23. März fiel, wagte Bātū angesichts des bevorstehenden Tauwetters keinen weiteren Vorstoß mehr, sondern kehrte an die untere Wolga zurück.

Nach dieser Sicherung der rechten Flanke für einen weiteren Vorstoß nach dem Westen verhielt sich Bātū allerdings für einige Zeit ruhig. Das Eroberte musste erst gesichert werden, die Truppen bedurften der Erholung und Ergänzung. Darüber verging das Jahr 1238, und auch im Jahre 1239 verfolgten die Mongolen nur beschränkte Ziele und überschritten noch nicht den Dnepr nach Westen. Das geschah erst gegen Ende des folgenden Jahres, als sie am 6. Dezember 1240 Kiev eroberten und vernichteten. Dies war freilich nur der Beginn jenes großen und kühnen Zuges, der die Mongolen in mehreren Heeresgruppen gleichzeitig nach Polen und Ungarn führte. Als die schlesische Ritterschaft bei Liegnitz am 9. April 1241 vernichtet wurde und zwei Tage später das ungarische Heer auf der Ebene Mohi unterlag, als die Eroberung von Krakau und von Buda gemeldet wurde und die nach Ungarn ziehenden Mongolen das Land Mähren brandschatzten, wurde auch dem Abendland der Ernst der Lage bewusst, jedoch konnten sich Kaiser und Papst nicht auf eine gemeinsame Abwehr einigen; zu sehr waren die Herrscher in ihre eigenen Machtkämpfe verstrickt, zu schwerfällig war die Heeresorganisation, um vereint den blitzschnellen Aktionen der mongolischen Reiterheere antworten zu können.

Als Bātū im Frühjahr 1242 seine in Ungarn versammelten Truppen nach Asien zurückführte, war die Begründung dafür demnach weder eine inzwischen aufgebaute abendländische Verteidigungsfront noch eine Dezimierung seiner Armee durch den hartnäckigen Widerstand der betroffenen Völker, sondern der Tod des Groß-Chans Ögädäi in Qara Qorum am 11. Dezember 1241 und der Wunsch von Bātū, an den bevorstehenden politischen Entscheidungen beteiligt zu sein. Ungarn wurde auf diese Weise gerettet, darüber hinaus wohl auch das westliche Europa. Die Herrschaft über die russischen Fürstentümer jedoch sollte Bātū nicht mehr aufgeben, sondern sie vielmehr in eine geordnete Verwaltung umwandeln. Die Übergangszeit gab den Russen Gelegenheit, den Schock der Katastrophe zu überwinden und sich auf die neue Lage einzustellen. Dabei gingen der Nordosten und der Südwesten wiederum verschiedene Wege, symbolisiert in den beiden überragenden Fürstengestalten der Zeit – Aleksandr Nevskij und Daniil von Galizien-Wolhynien.

Aleksandr Nevskij

Im Nordosten folgte dem gefallenen Großfürsten Jurij sein Bruder Jaroslav Vsevolodovič (1238–46), der bis dahin Fürst in Novgorod gewesen war. An einen bewaffneten Widerstand gegen die mongolische Herrschaft war aber nicht zu denken. Allmählicher Wiederaufbau des Zerstörten war das einzige, was geschehen konnte, und auch darin musste man sich auf das Notwendigste beschränken. Die Plünderung und Zerstörung so vieler Städte hatte die Entwicklung von Handel und Handwerk um Jahrzehnte zurückgeworfen. Vor dem Mongolensturm nachweisbare Handwerke tauchen vielfach erst wieder im 14. Jahrhundert auf; die meisten Städte waren verarmt, viele in ihrer Bevölkerung dezimiert; politisch blieb nichts anderes übrig als die Unterwerfung unter die neuen Herren des Landes. Russland gehörte zum *ulus* des Ǧoči, dem nordwestlichen Teil des Mongolenreichs, das aber bald auf europäischem Territorium eine gewisse Selbstständigkeit und als ›Goldene Horde‹ auch einen eigenen Namen bekommen sollte. Sein Zentrum waren die Steppen an der unteren Wolga, die den Nomaden die gewohnten Lebensverhältnisse boten; hier lag unweit der Wolgamündung auch die Residenz Sarāi, in der der Chan der Goldenen Horde die Huldigung der russischen Fürsten empfing. Solange die Einheit des mongolischen Gesamtreichs gewahrt blieb, mussten einzelne Fürsten allerdings manchmal auch die weite Reise nach Qara Qorum, dem Sitz des Groß-Chans, unternehmen; der Großfürst Jaroslav etwa, dem der Chan offenbar misstraute, wurde dort 1246 vergiftet, damit man – wie ein Zufallszeuge, der Franziskaner Johann de Piano Carpini, vermutet – »um so unbehinderter und endgültiger über sein Land herrschen könne«. Das geschah auch später, wobei zwischen Sarāi und Qara Qorum nicht immer Einigkeit herrschte. So musste der von Bātū als Großfürst eingesetzte Bruder Jaroslavs, Svjatoslav, seinem Neffen Andrej weichen, der in Qara Qorum mit der Großfürstenwürde betraut worden war, wobei gleichzeitig der zweite Sohn Jaroslavs, Aleksandr, ›Kiev und das ganze russische Land‹ (d. h. die Fürstentümer Kiev, Černigov und Perejaslavl') als eigenes Fürstentum erhielt. Das änderte sich erneut, als Bātū 1251 wiederum entscheidenden Einfluss auf die Regierung des Gesamtreichs gewann und im folgenden Jahr Aleksandr zum Senior der russischen Fürsten erklärte.

Damit aber war endlich jener Fürst Großfürst von Vladimir geworden, der auch schon vorher durch seine militärischen Leistungen das größte Ansehen besaß: Aleksandr hatte seinen Ruhm als Fürst von Novgorod erworben, und zwar durch die siegreiche Abwehr der Angriffe von Norden und Westen her gegen die Stadt. Im Sommer 1240 waren die Schweden von Finnland aus gegen Novgorod vorgedrungen, Aleksandr hatte sie an der Neva entscheidend geschlagen, und daher stammt sein Beiname ›Nevskij‹. Bedrohlicher waren die Aktionen des Deutschen Ordens gewesen, der sich 1237 mit den livländischen Schwertbrüdern vereinigt hatte; er hatte 1240 die Grenzfeste Izborsk erobert und sich in Pleskau/Pskov festgesetzt; 1241 hatten seine Streifzüge schon bis in die weitere Umgebung von Novgorod geführt und Befürchtungen geweckt, dass der Orden bei günstiger Gelegenheit auch diese wichtigste Stadt des russischen Nordwestens einnehmen würde, wobei in der Stadt selbst durchaus eine Partei existierte, die dies befürwortet hätte. Novgorod war bis dahin außerhalb der mongolischen Herrschaft geblieben und wäre durch die Verbindung mit dem Großfürsten von Vladimir unter indirekte mongolische Herrschaft geraten, was man durch eine politische Anlehnung an den Westen zu vermeiden hoffte. Angesichts der drohenden Eroberung durch den Orden hatte die östliche Orientierung in der Stadt aber die Oberhand gewonnen. Man holte also den siegreichen Aleksandr, von dem man sich bereits getrennt hatte, wieder zurück, dem es dann in kurzer Zeit gelang, das Vordringen des Ordens zu stoppen, Pleskau/Pskov zu befreien und schließlich am 5. April 1242 auf dem Eis des Peipussees den entscheidenden Sieg zu erringen. Im Friedensschluss von 1243 hat der Orden künftigen Expansionen auf Novgoroder Gebiet abgeschworen.

In den Litauern erwuchs den Russen jedoch bald ein weit gefährlicherer Gegner im Westen. Der litauische Fürst Mindaugas (russ. Mendovg) hatte um diese Zeit zum ersten Mal die litauischen Stämme unter seiner Herrschaft vereint. Während er im Westen zur Defensive gegen den Deutschen Orden gezwungen war, bot die russische Schwäche nach dem Mongolensturm eine günstige Gelegenheit zu territorialer Machtausweitung im Osten. Noch war ungewiss, wie sich das weitere Schicksal Russlands unter tatarischer Herrschaft gestalten würde; eine Anlehnung an den Westen konnte vor allem dort ratsam erscheinen, wo das Land von der tatarischen Eroberung verschont geblieben war. Allerdings war der litauische Nachbar noch nicht christianisiert und von der Machtstellung, die er ein Jahrhundert später erreichen sollte, weit entfernt. Nach der Einnahme von Polock, Vitebsk und Smolensk kamen litauische Angriffe den Grenzen des Fürstentums Suzdal'-Vladimir schon bedenklich nahe. Aber auch diesmal konnte der aus Qara Qorum heimgekehrte Aleksandr die Gefahr abwenden. Polock allerdings behielt einen Sohn des Mindaugas als Fürsten, und damit zeichnete sich bereits die kommende Entwicklung der westlichen (weißruthenischen) Territorien ab.

Aleksandr Nevskij ist im russischen Geschichtsbewusstsein zum Symbol einer erfolgreichen Verteidigung Russlands gegen Angriffe aus dem Westen geworden; er wurde gar zu einem Nationalheiligen verklärt, dem Gott seine Tage verlängerte, »weil er die Priester liebte und die Armen und die Mönche, und Metropoliten und Bischöfe ehrte wie den Schöpfer selbst«. In seiner Vita ist auch von einer geistlich-kirchlichen Verteidigung die Rede, denn er soll Bekehrungsversuche des Papstes abgewiesen haben. Päpstliche Unionsbemühungen hat es mehrfach gegeben, aber im russischen Geschichtsbild wurden die Zusammenhänge hier in verhängnisvoller Weise vereinfacht: Der schwedische und der deutsch-livländische Angriff erscheinen darin als Teile eines großangelegten päpstlichen Plans, der sich gegen die kirchliche und politische Unabhängigkeit der Russen richtete und die Katastrophe des Mongolensturms gewissenlos ausnützte. Nach dieser Vorstellung sei das christliche Abendland den schwerbedrängten Russen in den Rücken gefallen. Zwar kann man die Fakten und den zeitlichen Ablauf in dieser Weise deuten, aber ein derartiger Plan lässt sich aus den Quellen nicht nachweisen. Unabhängig davon gilt Aleksandr Nevskij als Verteidiger gegen Rom und gegen den Westen; so weit hatten sich der östliche und der westliche Teil der Christenheit schon auseinandergelebt.

Dass Aleksandr Nevskij ein heiligmäßiges Leben geführt habe, wird nicht berichtet, aber er hat notwendige politische Entscheidungen getroffen, wobei der Erfolg gegen den lateinischen Westen nur durch eine bedingungslose Erfüllungspolitik gegenüber den mongolisch-tatarischen Herren im Osten zu erreichen war. Diese Unterwerfung unter das ›Joch der Ungläubigen‹ wurde ihm durch eine Situation aufgezwungen, an deren Entstehen der Westen schuldhaft mitbeteiligt war. Aber nachdem einmal die grundsätzliche Entscheidung gefallen war, verstand der Großfürst Aleksandr von Vladimir das Beste für die eigene Machtposition herauszuholen und schuf damit das Modell für die spätere Moskauer Politik.

Gegen die Erhebung Aleksandrs zum Großfürsten haben seine Brüder, der bisherige Großfürst Andrej und Fürst Jaroslavič von Tveŕ und Perejaslavl', gekämpft, sie wurden aber von ihm und den tatarischen Hilfstruppen besiegt. Andrej ging vorübergehend außer Landes und gab dann den Kampf auf; Jaroslav aber fand Unterstützung gerade in jenen Städten, die Aleksandr vor den Ordensrittern bewahrt hatte: 1253 wurde er Fürst von Pskov, und zwei Jahre später riefen ihn auch die Novgoroder, nachdem sie Aleksandrs Sohn Vasilij vertrieben hatten; ein Teil der Novgoroder wollte die alten Novgoroder ›Freiheiten‹ (*vol'nosti*) und ihre ›gerechte Sache‹ (*pravda*) auch gegen ihren einstigen Retter verteidigen, hinter dem nun die Tataren standen. Die führenden Bojarengeschlechter spielten die Stadt jedoch dem an der Spitze eines Heeres anrückenden Aleksandr in die Hände. Für beide Seiten stand dabei nicht die ›Einheit Russlands‹ im Mittelpunkt, sondern jeweils ihr Territorium und die souveräne Verfügung darüber. Die Folgen ihrer neuen Verbindung mit dem Großfürsten bekamen die Novgoroder jedoch bald zu spüren: Bātū verlangte nun auch die Unterwerfung der uneroberten russischen Gebiete unter seine Herrschaft. Als sich die Novgoroder 1257 gegen die Erfassung der steuerfähigen Bevölkerung zur Wehr setzten, musste sie Aleksandr zum Nachgeben zwingen.

Am 14. November 1263 starb Aleksandr Nevskij auf der Rückkehr von Sarāi in Gorodec. Wie es scheint, hatte er durch diese letzte Reise vermeiden können, dass die Russen in die innermongolischen Machtkämpfe hineingezogen wurden; nach seinem Tod ist den russischen Fürsten auch diese Demütigung – die Gefolgschaft im Heere der Ungläubigen – nicht erspart geblieben.

Daniil von Galizien-Wolhynien

Vor den Mongolen Bātūs war der südwestrussische ›Großfürst‹ Daniil von Galizien und Wolhynien nach Polen geflohen; nach dem Abzug der Mongolen musste er den galizischen Teil seines Landes ein weiteres Mal von den alten Gegnern – die galizischen Bojaren, Polen und Ungarn – zurückerobern, was ihm 1245 gelang. Der darauf folgende rasche Wiederaufstieg des Landes ist erstaunlich und mit der Erfahrung des Fürsten, der mit eiserner Hand durchgriff, nur zum Teil zu erklären; eher hing dies wohl mit dem Zustrom von Flüchtlingen aus dem Osten und der Berufung westlicher, vor allem auch deutscher Kolonisten zusammen. Die

Reise nach Sarāi zu Bātū ist Daniil allerdings ebenfalls nicht erspart geblieben (1245), auch konnte er das ›Unterland‹ auf die Dauer nicht halten, aber im Ganzen war die Herrschaft der Tataren im Südwesten weniger spürbar als im Nordosten. So ermöglichte sie Daniil nicht nur im Innern seines aufblühenden Landes, sondern auch nach außen hin eine aktive Politik, was bei den Nachbarn Anerkennung fand. Weder Ungarn noch Polen waren nach dem Mongolensturm noch wirklich gefährliche Gegner, und Daniil suchte nicht Vergeltung, sondern Unterstützung gegen die Tataren. Einer gemeinsamen Abwehrfront stand im Denken der Zeit allerdings der konfessionelle Gegensatz entgegen. Dennoch kam es wegen dynastischer Interessen zu Unionsverhandlungen mit dem Papst, die sich über Jahre hinzogen und um das Jahr 1254 (das genaue Datum ist nicht bekannt) in Dorohyčyn zur Königskrönung Daniils durch einen päpstlichen Legaten führten. Dabei weist der Krönungsort im Lande der baltischen Jatvinger darauf hin, dass Daniil auch im Norden dem litauischen Nachbarn gegenüber eine aktive Politik verfolgte.

Wenn Daniil gehofft hatte, als vom Papst gekrönter galizischer König eine wirksame militärische Hilfe zu einem Tatarenkreuzzug zu finden, so wurde er freilich enttäuscht. Der Krönungsakt hatte unmittelbar weder politische noch kirchliche Folgen, aber er besitzt Symbolkraft im Geschichtsbewusstsein der Ukrainer, zumal der kirchlich mit Rom unierten, bis heute. Daniil wird den Königstitel wohl auch innenpolitisch im Sinne einer Stärkung seiner fürstlichen Position gewünscht haben; sicher gilt dies für seinen nördlichen Nachbarn, den Litauer Mindaugas, der um dieselbe Zeit eine päpstliche Krone erhielt und damit überhaupt erst für das Christentum gewonnen wurde. Päpstliche Machtpolitik Innozenz' IV. und fürstliche Machtinteressen kamen einander also entgegen, um Symbole zu schaffen, die seitdem ein schattenhaftes Dasein im Bewusstsein der beteiligten Völker führen.

Weder hat Daniil jedoch die orthodoxe Kirche seines Landes Rom zugeführt noch ist Litauen durch seinen König christlich geworden. Vielleicht hat aber die päpstliche Aktion eine Annäherung der beiden kurzlebigen Königreiche erleichtert, die unter dem Druck der Tatarengefahr zustande kam. Das Bündnis der bisherigen erbitterten Gegner wurde durch eine Ehe zwischen Daniils Sohn Švarn und einer Tochter des Mindaugas bekräftigt; es zeigt den galizisch-wolhynischen Fürsten, dessen Machtbereich nun weit nach Norden reichte, in der überlegenen Position.

Auf solche Weise gesichert, konnte Daniil es auch wagen, 1254 einen tatarischen Angriff abzuwehren, ja sogar selbst gegen die Tataren offensiv zu werden. Allerdings beantwortete die Goldene Horde diese Demonstration der Unabhängigkeit in den Jahren 1258 und 1259 mit zwei verheerenden Zügen nach dem Westen, deren erster bis in das litauische Kerngebiet, deren zweiter bis weit nach Polen hinein vorstieß. Beide Male zog das mongolisch-tatarische Heer durch Wolhynien und zwang Daniil zur Heeresfolge. Damit waren auch dessen Bündnisbeziehungen zu den beiden Nachbarn ernsthaft gefährdet; mit den Polen wurde das Einvernehmen letztlich wiederhergestellt, nicht jedoch mit Litauen.

Fast gleichzeitig starben schließlich alle drei Fürsten, die in den Jahrzehnten nach dem Mongoleneinfall die politischen Geschicke Osteuropas am stärksten bestimmt hatten: Mindaugas in demselben Jahr (1263) wie Aleksandr Nevskij, Daniil ein Jahr später. In allen drei Herrschaftsgebieten zerbrach darauf die mühsam aufgebaute politische Ordnung, und so gehört die zweite Hälfte des 13. Jahrhunderts zu den dunkelsten Zeiten in der Geschichte der ostslavischen Völker. Dabei spricht es für die Dauerhaftigkeit der in der Geschichte wirksamen Kräfte, dass sich jene Entwicklungstendenzen der territorialen und geistigen Zuordnung, die sich um die Mitte des 13. Jahrhunderts unter dem Einfluss der tatarischen Macht abzuzeichnen begannen, über die Zeit der Unordnung erhielten, um im 14. Jahrhundert eine allmählich wieder wachsende neue Ordnung entscheidend mitzubestimmen. Dies waren: 1. Die völlige Trennung des nordöstlichen vom südwestlichen Russland; 2. ein eigener, dem lateinischen Westen sich annähernder Weg des Südwestens und Westens in Verbindung mit Litauen; 3. ein mühsames, aber hartnäckiges Behaupten der eigenen autonomen Position gegenüber West und Ost in den nordwestrussischen Stadtrepubliken.

DER MOSKAUER STAAT

Die Zeit der unmittelbaren Tatarenherrschaft

1205/21–1264	Daniil, Sohn des Roman, Fürst von Galizien-Wolhynien
1264–1301	Lev, Sohn des Daniil, Fürst von Galizien-Wolhynien

Politische Auflösung

Im Kiever Reich hatte allein die Person des jeweiligen Großfürsten den Zusammenhalt der Teilfürstentümer gesichert, denn es gab außer den Familienbeziehungen der Rurikidensippe keine gemeinsamen Institutionen. Die Macht und Einheit eines Staates hin einzig von einer starken Persönlichkeit, wie dies Aleksandr Nevskij in Suzdal'-Vladimir und Daniil in Galizien-Wolhynien gewesen waren, ab und verfiel unter den schwachen Nachfolgern rasch wieder. Zwar besaßen die russischen Teilstaaten die wirtschaftlichen und sozialen Voraussetzungen für eine selbstständige staatliche Existenz, aber die politische Macht lag bei den Tataren, die eine Politik des *divide et impera* betrieben. Für die Fürsten in den russischen Subzentren lag darin eine Chance, ihre Herrschaft in ihrem jeweiligen ›Vatererbe‹ im Streit untereinander zu behaupten und mit Berufung auf Anweisungen der Tataren nach Möglichkeit noch zu stärken. So mussten nicht nur der Großfürst, dessen Macht geschwunden war, sondern auch die anderen Fürsten bald um ihre Bestätigung in Sarāi nachsuchen. Der *jarlyk* gewährte dem Großfürsten nur noch einen Ehrenvorrang über die anderen Fürsten bzw. er konnte als Rechtfertigung für die eigene Machtvermehrung dienen. Die Kiever ›Ordnung‹ des Seniorats in der Theorie und des Vatererbes in der Praxis dauerte also im Nordosten ungebrochen fort, nur in einem wesentlich kleineren Raum, der von Suzdal'-Vladimir repräsentiert wurde.

Die Großfürsten von Vladimir residierten aber nicht in dieser Stadt, sondern in ihrem jeweiligen ›Vatererbe‹, d. h. in einem der Teilfürstentümer; der Kampf um den Großfürstentitel wurde am Hofe des Tatarenchans in Sarāi ausgetragen und entschieden; er ›wanderte‹ zwischen den einzelnen Fürsten und bedeutete keinen realen Machtzuwachs mehr. Dabei wurde es geradezu zum Privileg der Fürsten und zum Beweis ihrer Souveränität, mit dem Chan unmittelbar verhandeln zu dürfen; es sollte die Moskauer Großfürsten später einige Mühe kosten, diesen Rechtsanspruch aufzuheben. Fortgesetzte Erbteilungen ließen zudem die Fürstentümer immer kleiner und ihre Existenzbasis immer bescheidener werden. Nicht wenige Fürsten haben es deswegen vorgezogen, sich an den wirklichen Herrn des Landes zu halten und am Hofe des Chans ihr Glück zu versuchen.

Das Verhältnis der russischen Fürsten zu den tatarischen Herren wurde noch komplizierter, wenn sie in die inneren Machtkämpfe der Horde verwickelt wurden: Als sich in den 1380er Jahren unter dem Unterführer Nogai in der Schwarzmeersteppe eine von der Goldenen Horde faktisch unabhängige tatarische Herrschaft bildete, spiegelte sich der tatarische Machtkampf im Streit der russischen Territorialherren wider: Die Fürsten von Moskau, Tveŕ und Perejaslavl' setzten auf Nogai, die Fürsten von Rostov, Jaroslavl' und Gorodec auf den rechtmäßigen Chan der Goldenen Horde; die großfürstlichen Exponenten der beiden Gruppen, Dmitrij von Perejaslavl' und Andrej von Gorodec, waren Söhne von Aleksandr Nevskij; sie lösten einander mehrfach im Titel des Großfürsten von Vladimir ab (Dmitrij 1277–81, 1283–93; Andrej 1281–83, 1293–1304). Die Unterstützung durch tatarische Verbände musste in der Folge jeweils mit Plünderung und Brandschatzung bezahlt werden, unter denen das Land schwer zu leiden hatte, so dass die Bevölkerung besonders oft heimgesuchte Gebiete verließ; von dieser inneren Flüchtlingsbewegung profitierten vor allem die Teilfürstentümer Tveŕ und Moskau.

Etwas anders gestaltete sich die Lage in den Randgebieten. Nach Auffassung der jeweiligen Großfürsten gehörte auch

Novgorod im Nordwesten zu ihrem ›Großfürstentum‹, vor allem auch in dem Sinne, dass sie Stücke daraus für ihre eigene Herrschaft zu gewinnen suchten oder, wie der Tveŕsche Großfürst Jaroslav, danach trachteten, die ausländischen Kaufleute von Novgorod in ihre jeweilige Residenzstadt umzuleiten. Die Stadt Novgorod konnte solche Anschläge nur mit Mühe abwehren; im Übrigen betrieben ihre Vertreter eine eigenständige Außenpolitik, die rein defensiv gegen den schwedischen Druck von Norden und gegen die Ausbreitung des litauischen Einflusses von Westen her gerichtet war. Doch weder konnten die jeweiligen Großfürsten die Festsetzung der Schweden im westlichen Karelien (1293 Gründung von Vyborg) verhindern, das die Novgoroder als ihre Einflusssphäre betrachteten, noch konnten sie das Abgleiten der Novgoroder Beistadt Pleskau/Pskov in das litauische Machtgebiet aufhalten. Der erste Pskover Fürst litauischer Herkunft, Dovmont (1266–99), verhielt sich zwar Novgorod und dem Großfürsten von Vladimir gegenüber loyal, aber schon zu Beginn des 14. Jahrhunderts verband sich Novgorod mit dem Orden gegen Litauen. Während aber Pskov am Ende doch nicht litauisch wurde, setzte sich die litauische Macht auf weißrussischem Territorium durch: Polock, Vitebsk und Minsk gelangten zu Beginn des 14. Jahrhunderts endgültig in den Verband des litauischen Großfürstentums, das nach einer Periode innerer Uneinigkeit seine Kräfte sammelte und eine erfolgreiche Politik der Expansion nach Osten begann. Weder die Großfürsten von Vladimir noch deren tatarische Souveräne unternahmen in der Folge ernsthafte Versuche, diesem litauischen Vordringen entgegenzuwirken. Die geschichtlichen Auswirkungen dieser Expansion waren dabei um so bedeutsamer, als die außenpolitische Zurückhaltung des russischen Nordostens letztlich zu seiner Isolierung führte, die alle Lebensgebiete erfasste.

Ganz anders verlief die Entwicklung im russischen Südwesten. Nach Daniils Tod (1264) wurde Galizien-Wolhynien zunächst zwischen seinem Bruder und seinen drei Söhnen geteilt; nach dem frühen Tod der meisten Beteiligten fasste der letzte Sohn Daniils, Lev mit seinem Sohn Jurij, um die Wende zum 14. Jahrhundert noch einmal für kurze Zeit das gesamte Herrschaftsgebiet seines Vaters zusammen. Ausgehend von seiner ursprünglichen *votčina*, dem westlichen Teil des Fürstentums Galizien (mit Lemberg und Peremyšl'), trieb Lev eine aktive Westpolitik, schaltete sich in die Machtkämpfe des benachbarten Polen ein und als Verbündeter der Ungarn sogar in den Kampf des Königs Rudolf I. von Habsburg gegen den Böhmenkönig Přemysl Otakar II; unter den *universae barbarae nationes* im Heere des Kaisers befanden sich auch Truppen des ›Rex Ruthenorum‹. Dauernde Erfolge brachte diese außenpolitische Aktivität Levs nicht, aber sie beweist, dass das galizisch-wolhynische Fürstentum in ein westliches Beziehungsgeflecht gestellt war. Noch lag die Aktivität hier beim ›Rex Ruthenorum‹, doch im 14. Jahrhundert kehrte sich das Verhältnis um: Levs Sohn Jurij war mit der Schwester des Władysław Łokietek verheiratet, des Vaters von Kasimir dem Großen, der zum Erneuerer des polnischen Staates wurde und ein halbes Jahrhundert später (1349) ›Rotrussland‹, das Vatererbe des Lev, an die polnische Krone brachte.

Diese Aktivitäten waren aber nur möglich, weil die tatarische Herrschaft im Südwesten lockerer war als im Nordosten. Zwar hatten die galizisch-wolhynischen Fürsten ihren Tribut zu entrichten, und ihr Land war Durchzugsgebiet für die Tataren auf ihren Streifzügen nach Westen, aber die Heeresfolge ließ sich in solchen Fällen oft gut mit den Interessen Galizien-Wolhyniens verbinden, besonders in der Auseinandersetzung mit Litauen. In die inneren Probleme und die Administration des Landes haben die Tataren nicht eingegriffen. Auf diese Weise blieb dem Südwesten jene Isolierung vom Westen erspart, die für den Nordosten so charakteristisch und folgenreich wurde. Stattdessen isolierte sich das Land gegenüber dem Osten: Das Kiever Land verschwindet in der zweiten Hälfte des 13. Jahrhunderts für lange Zeit aus den Quellen, so dass nicht einmal bekannt ist, wer es beherrschte oder welche Städte zu seinem Herrschaftsbereich gehörten. Hier war ein Grenzgebiet zu den Tataren und ein politisches Niemandsland entstanden, das die südwestrussischen Fürstentümer von den nordöstlichen Gebieten trennte.

Vom Standpunkt einer gesamtrussischen Geschichte aus hat diese Isolierung dem Nordosten den Weg zur nationalen Einheit geebnet und die russische Kultur in Reinheit bewahrt, während der Südwesten unter politische und kulturelle Fremdherrschaft geriet. Ukrainische und weißrussische (belorussische) Geschichtsbetrachtung verteilt die Akzente genau umgekehrt: In der Zeit der Tatarenherrschaft seien die geschichtlichen Wege auseinandergelaufen, an deren Ende sich die drei ostslavischen Völker der Großrussen, Ukrainer und Weißrussen ihrer unverwechselbaren Individualität bewusst wurden.

Wirtschaftliche und soziale Entwicklung

Besonders im ersten Jahrhundert litt Russland wirtschaftlich schwer unter der Herrschaft der Mongolen. Der Schaden war am größten und nachhaltigsten im Nordosten, am wenigsten spürbar im Nordwesten. Bereits in Kiever Zeit hatte der politische und wirtschaftliche Niedergang ein Auseinanderdriften der einzelnen Landesteile eingeleitet, was durch die Tatarenherrschaft noch verstärkt worden war. Im Unterschied zum Südwesten mit seiner Verbindung zu den westlichen Nachbarn und dem Nordwesten mit seinen lokalen Besonderheiten (Novgorod) blieb der Nordosten am längsten und am stärksten der Fremdherrschaft ausgesetzt. In dem schon von Natur aus ärmsten Landesteil erlaubten Tatareneinfälle und Tatarentribut nur eine sehr langsame wirtschaftliche Erholung. Der Tribut, der in Silber zu entrichten war, zog regelmäßig das Bargeld aus dem Land und drängte die innerrussische Wirtschaft auf eine Naturalwirtschaft zurück; der Außen- und Fernhandel kam zwar niemals völlig zum Erliegen, und die Einbeziehung in das Reich der Mongolen konnte sogar neue Möglichkeiten eröffnen, aber er lag zum geringsten Teil in der Hand lokaler Kaufleute. Im Nordwesten bewahrten Novgorod und andere grenznahe Städte ihre Vorzugsstellung, und im Süden und Südosten hing die Entwicklung eines russischen Außenhandels ganz vom Belieben der tatarischen Herren ab, so dass der russische Handel mit den genuesischen Städten auf der Krim selbst noch im 14. und 15. Jahrhundert keine Rechtssicherheit besaß.

Wirtschaftliche Tätigkeit in den russischen Fürstentümern konnte also nur von dem einzigen verbliebenen Reichtum ausgehen – dem Grund und Boden –, um aus ihm zu gewinnen, was die tatarischen Steuereinnehmer oder Steuerpächter aufgrund der allgemeinen Volkszählungen (1257, 1278) forderten, und was man zum eigenen Leben benötigte. Diese erzwungene Beschränkung auf die Landwirtschaft war wegen der geringen Fruchtbarkeit des Landes im Waldgebiet mühselig; erleichtert wurde sie nur dadurch, dass die große Zahl von Flüchtlingen einen Nachschub an Arbeitskraft lieferte. Die Grundherrschaft des Fürsten wie des Bojaren, des Bischofs wie des Klosters bestimmte die politische, wirtschaftliche und soziale Entwicklung; die politische Zersplitterung wurde durch die Erbteilungen der Fürstentümer noch vergrößert, was zu ökonomischer Selbstgenügsamkeit auf kleinstem Raum führte, denn ein Fürstentum, das neben dem ›fürstlichen‹ Wohnsitz nur mehr ein einziges Dorf umfasste, unterschied sich nicht mehr von der *votčina* eines Bojaren. Um Dienste zu bezahlen und Gnade zu erweisen, besaßen Großfürsten und Fürsten demnach nur noch das Land, und dieses hatte nur Wert, wenn es von Menschen bearbeitet wurde – neben dem Ackerbau spielte die Nutzung der Gewässer zum Fischfang die größte Rolle. Im Vergleich zur Kiever Zeit war die Gesellschaft des nordöstlichen russischen Gebietes folgerichtig in allen Schichten sesshaft geworden: Der Fürst, der nicht mehr auf Kriegszügen oder durch Fernhandel Reichtum gewinnen konnte, musste sich der landwirtschaftlichen Erschließung des eigenen Territoriums zuwenden, in dem er mehr als bisher sein privates und frei verfügbares Eigentum sah; der Bojare, dem der Fürstendienst nichts anderes mehr einbrachte als Land, war in derselben Situation; und auch die Kirche – Metropolit, Bischöfe und vor allem die immer zahlreicheren Klöster – hatte keine andere Möglichkeit der Existenzsicherung als ihren durch Schenkungen ständig zunehmenden Grundbesitz, der am Ende des 15. Jahrhunderts auf ein Drittel des gesamten Ackerlandes geschätzt wird, durch die Landwirtschaft zu nutzen.

Alle brauchten dazu Bauern, die entweder als Opfer der häufigen Tatarenzüge von sich aus neues Land und eine neue Existenz suchten oder als Kolonisten durch Privilegien angelockt wurden. Ihr soziales Schicksal hing dabei wesentlich davon ab, auf wessen Boden sie sich niederließen. Wenn der Bauer in abgelegene Gebiete zog, um dort in Pionierarbeit den Boden zu erschließen – Möglichkeiten dazu hat es in der Weite des russischen Raumes immer gegeben, zunächst im klimatisch ungünstigen, aber sicheren Norden, ab dem 16. und 17. Jahrhundert auch im Süden und Osten – so blieb er frei und nur dem Landesherrn zur Steuerleistung verpflichtet. Er zählte dann zu den ›schwarzen‹ (*černye krest'jane*) Bauern auf Staatsland, deren Zahl sich in den späteren Jahrhunderten ständig dadurch verminderte, dass der Landesherr auch über dieses Land nach Belieben verfügte und es mitsamt den Bauern verschenkte. Mit dem Land ging dann auch der ursprünglich freie Bauer in Privatbesitz über. Siedelte der Bauer dagegen auf fürstlichem Eigenbesitz (*dvorcovye* = ›Hofbauern‹), so hatte er vor allem für die fürstliche Eigenwirtschaft zu arbeiten. Weniger günstig war die Lage für den Bauern, der auf privatem Grundbesitz siedelte und dabei eine wirtschaftliche Starthilfe in Anspruch nehmen musste. Er wurde damit zum Pächter, der dem Grundherrn bestimmte Leistungen erbringen musste, die noch für lange Zeit in Naturalien bestanden (etwa in einem bestimmten Anteil der Ernte, daher Bezeichnungen wie *polovniki* von *polovina* = die Hälfte, oder *tretniki* von *tret'* = das Drittel), später dann in Geldzahlungen (*obrok*) oder Fronarbeit (*barščina*) umgewandelt wurden. Auf kirchlichem Grund und Boden zu siedeln war für den Bauern im Allgemeinen zunächst günstiger, weil ihm die Kirche, die vom Tatarentribut befreit und in ihrem Grundbesitz am meisten privilegiert war, mehr entgegenkommen konnte. Die vom Großfürsten oder Fürsten vor allem der Kirche, aber auch weltlichen Grundherren gewährten Immunitäten bestanden nicht nur in einem größeren bzw. geringeren Maß von Abgaben- und Leistungsfreiheit, sondern erstreckten sich auch auf die Rechtsprechung. Der Fürst als oberster Gerichtsherr verzichtete in diesem Falle auf einen Teil seiner Hoheitsrechte; nur bei Kapitalverbrechen behielt er sich das Urteil vor. Doch unabhängig davon, wo sie siedelten – alle diese Bauern blieben persönlich frei und konnten, wenn sie allen Verpflichtungen nachgekommen waren, ihren Hof verlassen, um sich an anderem Ort oder bei einem anderen Grundherren unter besseren Bedingungen von Neuem anzusiedeln. Es lag daher im Interesse der Grundherren, diese Freizügigkeit der Bauern nach Möglichkeit einzuschränken.

Neben den freien Bauern gab es in nicht geringer Zahl auch unfreie (*cholopy*), die in der Regel ebenfalls in der Landwirtschaft tätig waren. Unfrei konnte man aus sehr verschiedenen Gründen sein – durch Herkunft aus einer Familie von Unfreien – oder werden: durch Heirat mit einem Unfreien, durch Übernahme bestimmter Funktionen in der fürstlichen Eigenwirtschaft, durch freiwilliges Eingehen eines Schuldverhältnisses (*kabal'nye cholopy* von *kabala* = tatarisch ›Schuldverschreibung‹) – Einzelheiten über all diese ökonomischen und sozialen Bindungen sind im Allgemeinen erst aus späterer Zeit bekannt, als sie vom Staat registriert oder reformiert wurden; sie entwickelten sich aber seit dem Mongoleneinfall in diese Richtung. Je mehr die Bauern wirtschaftlich vom Grundherrn abhängig wurden, desto mehr näherten sie sich in der Praxis den *cholopy* an; am Ende sind beide Gruppen der Gutsherrenbauern zu einer einzigen breiten Masse bäuerlicher Menschen in Unfreiheit – und vielfach in bitterer Not verschmolzen.

Den Bauern gegenüber standen die Grundherren, weltliche und geistliche, deren Zahl stetig wuchs und deren wirtschaftliche Macht je nach der Größe des Besitzes sehr unterschiedlich beschaffen war. Mit dem Gefolgsmann der Kiever Zeit, der seinem Herrn in der Suche nach Abenteuer und

Reichtum verbunden gewesen war, hatte der sesshafte Erbgutsbesitzer in einem der nordostrussischen Fürstentümer nach dem Mongoleneinfall dabei nicht mehr viel gemein; aber wenn sich auch die Lebensweise geändert hatte, so hielt sich doch das Recht der Freizügigkeit. Der Bojare im Großfürstentum Vladimir oder in einem der anderen Fürstentümer bestand darauf, sich den Fürsten frei wählen zu können, in dessen Dienst er trat, und zwar unabhängig davon, in welchem Fürstentum sein Vatererbe lag. Sein Dienst galt als freiwillig und war nicht als Verpflichtung an den Grundbesitz gebunden. Das widersprach zwar der allgemeinen Tendenz zu einer auf festem und dauerhaftem Grundbesitz beruhenden Ordnung und behinderte jede Stärkung fürstlicher Macht, aber die Fürsten mussten diese alten Rechte noch lange Zeit respektieren; ihre Versuche, den Landbesitz mit einer Dienstpflicht zu verbinden und ihn zeitlich auf die Dauer des Dienstes zu begrenzen, blieben vorerst vereinzelt. Das nicht erbliche Dienstgut (*pomest'e*) konnte sich erst durchsetzen, als es in Russland wieder einen starken, einheitlichen Fürstenstaat mit neuen Aufgaben und mit neuen Zielen gab – am Ende des 15. Jahrhunderts und dann vor allem im 16. Jahrhundert.

Angesichts der geringen Macht der Großfürsten, der Zersplitterung der Fürstentümer, der Angleichung von Landbesitzern fürstlicher oder bojarischer Herkunft ist häufig die Frage diskutiert worden, ob dieses Herrschaftsgebilde überhaupt als ›Staat‹ bezeichnet werden kann, abgesehen von dem übergeordneten Staatswesen der Mongolen-Tataren. Von sowjetischen Historikern wurde wegen der ideologischen Vorgaben zudem gefragt, ob diese Herrschaft als ›Feudalsystem‹ gelten könne, das dem westlichen mindestens vergleichbar sei. Festzuhalten ist, dass die Staatlichkeit nur schwach entwickelt war, denn es herrschte eine privatrechtliche Auffassung von der Fürstenherrschaft und es fehlte ein Gefühl für die Notwendigkeit und Verbindlichkeit einer politischen Ordnung. Auch was den Feudalismus betrifft, ist eine vorsichtige Aussage angebracht: In Russland gab es eine mehrstufige Hierarchie der Vasallen, und die Form der Gütervergabe und

Ämterverleihung entsprach in manchem jener im Westen, war jedoch nicht so ausgefeilt und nicht ethisch überhöht. Aufgrund der Ähnlichkeiten lässt sich für das nachmongolische mittelalterliche Russland vielleicht von einem Feudalismus russischer Art sprechen, der sich aber vom abendländischen Modell in vielem unterschied: Beispielsweise hat sich nie ein Geist von Freiheit und Unabhängigkeit bis zum politischen Widerstandsrecht entwickeln können, der ein Gegengewicht zur staatlichen Herrschaft gebildet hätte. Zwar gab es auch dazu Ansätze, so konnte beispielsweise der Metropolit, als der wohl größte nichtfürstliche Vertreter, sogar eigene Truppen aufstellen, aber ein souveräner Territorialherr ist er niemals geworden. Und dem Novgoroder Erzbischof, der vielleicht am ehesten auf dem Wege dazu war, hat der Moskauer Großfürst diese Möglichkeit verbaut.

Im Vergleich zum Westen Europas fällt zudem die relative Bedeutungslosigkeit der Städte im nordöstlichen Russland auf. Zwar hatte es vor dem Tatareneinfall Städte und eine städtische Bevölkerung von Handwerkern und Kaufleuten gegeben, die – persönlich frei – nur dem Fürsten Abgaben zu zahlen hatten, aber die Städte hatten bei der Eroberung am meisten gelitten und konnten sich in der nachfolgenden Zeit nicht erholen. Nur in äußersten Notfällen wird noch von einer Stadtversammlung berichtet, sonst überlebte das städtische *veče* im Nordosten den Mongolensturm nicht.

Welche andere Möglichkeit in der russischen Geschichte angelegt gewesen wäre, wenn die Entwicklung nicht durch die Tataren unterbrochen worden wäre, wenn Wohlstand und Handel ungestört geblieben wären, wenn die fürstliche Macht auf ein Mindestmaß hätte beschränkt werden können, zeigt die Geschichte des ›ganzen Herrn Groß-Novgorod‹, der reichen und mächtigen Stadtrepublik, und ihrer im 14. Jahrhundert selbstständig gewordenen ehemaligen Beistadt Pleskau/Pskov im russischen Nordwesten. Hier wurde das *veče* zu einer politischen Institution, von der die Quellen aber nur in Ausnahmesituationen berichten; insofern sind Aussagen über den rechtlichen Anspruch und die politische Wirksamkeit im

Alltag problematisch. Wenn jedoch mit dem Segen des gewählten Erzbischofs die gewählten Stadtoberhäupter, *posadnik* und *tysjackij*, »und die Bojaren, die reichsten Bürger, die Kaufleute und der ganze Herr Groß-Novgorod, auf der Volksversammlung im Hofe des Jaroslav« urkundeten, so ist formal kein Zweifel möglich, dass die Stadt selbst als Gemeinschaft ihrer freien Bürger als ›Herr‹ auftrat und keinen Fürsten benötigte. Das heißt indes nicht, dass hier eine unmittelbare städtische Demokratie verwirklicht war und die Souveränität der Stadt gegenüber Großfürsten und Fürsten stets durchgesetzt werden konnte. In der Praxis wurde der ›Herr‹ Groß-Novgorod mit seinen Beistädten und seinem ausgedehnten Territorium von Bojaren, einer kleinen Zahl sehr reicher grundbesitzender Familien, regiert, und die Stadt musste immer wieder ihre militärische und wirtschaftliche Abhängigkeit vom Fürsten erfahren; doch hielten sich die gegensätzlichen Kräfte hier so weit die Waage, dass die Bojarenaristokratie stets mit einer innerstädtischen Opposition der unteren Schichten rechnen und die demokratische Form der Stadtverfassung wahren musste, andererseits die siegreichen Fürsten niemals dauernden Einfluss gewinnen und die ›Freiheiten‹ der Stadt außer Kraft setzen konnten. Das Ergebnis dieses Kräftegleichgewichts war eine städtische ›Republik‹, deren Truppen in der Regel ein Fürst kommandierte, der auch für die diplomatische Vertretung und die Rechtsprechung zuständig blieb.

Schon seit den Warägerzeiten hatte Novgorod eine besondere Stellung eingenommen: Die Großfürsten hatten dort ihre Verwalter – oftmals einen ihrer Söhne – eingesetzt, gegen die die Stadt nach und nach ihre Autonomie hatte durchsetzen können. Schon im 12. Jahrhundert wählte das Novgoroder *veče* den höchsten weltlichen (*posadnik*) und den höchsten geistlichen Amtsträger (*vladyka*, Bischof, später Erzbischof). Ab derselben Zeit (1135) besaß die Stadt die Handelsgerichtsbarkeit, ab dem Beginn des 13. Jahrhunderts offenbar auch die politische Gerichtsbarkeit in eigener Verwaltung. Die Aufgaben und die Rechte des Fürsten waren schließlich so eingeschränkt, dass sie jeweils (erstmals 1265) in einem besonderen Vertrag (*rjad*) festgelegt wurden. Der Fürst durfte danach in der Stadt kein Land und keine Leute besitzen; er musste außerhalb der Stadt wohnen und galt als ein Fremder, dessen Dienste man auf gewisse Zeit in Anspruch nahm. Dafür bezog er Einnahmen, die genau bestimmt und abgegrenzt waren: Nur in bestimmten Teilen des Novgoroder Gebietes durfte der Fürst das *poljud'e* (Gastung bzw. die entsprechende Abgabe) in Anspruch nehmen; die Zahl seiner Begleiter und die Wege, die er zu benutzen hatte, waren vorgeschrieben. In ähnlicher Weise wurden seine Tätigkeit und seine Einnahmen als Gerichtsherr reduziert.

Größer aber inhaltlich unbestimmt waren die Befugnisse der Stadtversammlung (*veče*), die bei der Wahl der Würdenträger und der Entscheidung über Krieg und Frieden zumindest mitwirkte, aber auch in der Gesetzgebung, in der Steuerfestsetzung und der Münzprägung, und in besonderen Fällen auch in der Gerichtsbarkeit maßgeblichen Einfluss besaß. Die laufenden Geschäfte erledigte ein Stadtrat, dem der Erzbischof, die aktuellen und auch die ehemaligen Amtsträger der Stadt angehörten. Trotz seiner weitgehenden Kompetenzen entwickelte das *veče* allerdings kein geregeltes Verfahren zur Feststellung der Versammlungsmeinung; die Beschlüsse wurden durch Akklamation gefasst, und wenn sich keine klare Mehrheit ergab, was bei den starken sozialen Spannungen in der Stadt sehr häufig der Fall war, so fiel die Entscheidung in gewaltsamer, mitunter an Bürgerkrieg grenzender Auseinandersetzung. Ganz ähnlich waren die Verhältnisse in Pleskau/Pskov.

Entsprechend der Verwaltung der Stadt gab es lokale Verwaltungen im großen Novgoroder Territorium, die im alten Kerngebiet und in den später erworbenen Kolonien jeweils unterschiedlich waren. Im Nordwesten Russlands machte sich auf diese Weise mit der Zeit ein deutliches Interesse an einer verbindlichen Rechtsordnung in Verfassung und Verwaltung geltend; Züge einer archaischen Demokratie sind unverkennbar. Im Rahmen der Novgoroder Stadtverfassung gab es zudem auch Raum für Gäste mit eigener, fremder Rechtsordnung, wie sie etwa das Leben der deutschen Kaufleute im St. Peterhof bestimmte. Kennzeichnend wurde darüberhinaus so etwas wie ein Staatsbewusstsein der Bürger, und es spricht für den Stolz dieser eigenstaatlichen Tradition, dass sich der ›Herr Groß-Novgorod‹ schließlich denselben Titel – ›Herrscher‹ (*gosudar'*) – zulegte, den der Moskauer Großfürst trug, als er der Novgoroder Autonomie ein Ende machen sollte (1478). In diesem Konflikt unterlag nicht die schlechtere Ordnung, sondern die geringere Macht. Politisch und ökonomisch haben sich die Novgoroder niemals ganz vom nordöstlichen Großfürstentum lösen können; die Selbstständigkeit ihrer Politik hing von der großfürstlichen Macht ab: Nur wenn Vladimir-Suzdal' oder später Moskau anderweitig gebunden war, konnten die Novgoroder sich ihrer ›Freiheiten‹ einigermaßen sicher sein. Andernfalls gaben ihre inneren Konflikte stets Anlass zur Einmischung, erwies sich ihre militärische Kraft meist als unterlegen und ihre Wirtschaft als verletzlich. Den entscheidenden Schritt auf die litauische Seite wagten sie erst, als es bereits zu spät war, und auch dann wurde er nur mit halbem Herzen unternommen.

Die geistige und kulturelle Entwicklung in der ersten Phase des ›Tatarenjochs‹

Die Katastrophe des Mongoleneinfalls und die Folgen der Tatarenherrschaft hinterließen auch in der geistigen Kultur tiefe Spuren. Die Baukunst kam schon aus materiellen Gründen zum Erliegen; für ein ritterliches Epos wie das *Igorlied* waren die Ereignisse zu demütigend gewesen. Unendlich fern schienen die Zeiten des Kiever Glanzes; man zehrte vom Überkommenen. Für lange Zeit stagnierte die geistige Produktion vor allem im nordöstlichen Russland wegen der politischen Notlage. Das galt aber nicht für die ganze Zeit der Tatarenherrschaft, denn im 14. Jahrhundert lockerte sich der Druck, und mit dem Aufkommen neuer politischer Mittelpunkte gewann auch das geistig-kulturelle Leben wieder an Tiefe und Vielfalt. Die bedeutendste Leistung stellte dabei nach wie vor die Chronistik dar, deren Werke an Zahl wuchsen, sich der politischen Situation entsprechend nun in selbstständige Zweige aufspalteten und vorrangig das lokale Geschehen behandelten. Obgleich in der alten kirchenslavischen Sprache verfasst, wurden Stil und Darstellung trockener und annalistischer als früher. Allein durch die Vermittlung des Überlieferten, und in Vladimir wohl auch bewusst in einer unmittelbaren Anknüpfung an das versunkene Kiever Reich, trug die Chronistik damit dazu bei, ein gesamtrussisches Geschichtsbewusstsein am Leben zu erhalten. Fürstengestalten wie Daniil von Halyč, dessen Leben und Taten der galizisch-wolhynische Chronist (*Hypatius-Chronik*) schildert, oder Aleksandr Nevskij, dessen Vita an der Grenze zwischen hagiografischer und weltlicher Literatur steht, konnten noch Anlass zu patriotischem Gefühl geben. Danach gab es keine Geschichte mehr, die den Geschichtsschreiber, wenn er über den lokalen Rahmen hinauszublicken versuchte, zu begeistern vermochte. Nur ein einziges weltliches literarisches Werk, die *Erzählung über die Zerstörung Rjazańs durch Bātū*, die in späten Abschriften des 16. und 17. Jahrhunderts erhalten ist, hat eine Episode aus der Katastrophe des Jahres 1237 zum Gegenstand. Über den Fall der Stadt und die Verheerung des Landes kann der Dichter freilich auch nur wie der Chronist berichten, dass »das Christenblut floss wie ein starker Strom, um unserer Sünden willen«, aber in der Gestalt des Helden Eupatij Kolovrat, der beim Anblick des zerstörten Landes »in seinem Herzen entflammt wird« und mit 1700 Getreuen dem Mongolenheer nachjagt, um seine geschändete Heimat zu rächen, gelingt ihm eine künstlerische Rehabilitierung des russischen Kriegers und des russischen Selbstbewusstseins.

»Um unserer Sünden willen«, diese Formulierung des christlichen Verständnisses des erlittenen Unheils, sollte für lange Zeit das Leitmotiv aller literarischen Äußerungen bleiben, aber Serapion, der Abt des Kiever Höhlenklosters und späterer Bischof von Vladimir (gest. 1275), war der letzte, der die Klage und die Ergebung in Gottes Willen mit den Stilmitteln der kunstvollen, vom Geist der griechischen Rhetorik geprägten Predigt darstellte:

> Furchtbar ist es, meine Kinder, ein Opfer von Gottes Zorn zu werden! Was haben wir nicht über uns kommen sehn, wir, die wir noch am Leben sind? [...] Wir sind zur Schmach und zum Spott bei unsern Nachbarn geworden, und unsere Feinde höhnen uns.

Auch in Kunst und Literatur musste also ein tiefes Tal durchschritten werden, ehe aus dem mühsam Bewahrten ein neuer Aufstieg einsetzen konnte.

Der Aufstieg Moskaus

1263–1303	Daniil, Sohn von Aleksandr Nevskij, Fürst von Moskau
1303–25	Jurij, Sohn des Daniil, Fürst von Moskau, Großfürst von Vladimir 1318–1322 (gest. 1325)
1325–41	Ivan I. Kalita, Sohn des Daniil, Fürst von Moskau, Großfürst von Vladimir seit 1328
1326	Verlegung des Sitzes des Metropoliten nach Moskau
1341–59	Ivan II., Sohn von Ivan I., Fürst von Moskau, Großfürst von Vladimir seit 1353
1359–89	Dmitrij Donskoj, Sohn von Ivan II., Fürst von Moskau, Großfürst von Vladimir seit 1362
1380	Schlacht auf dem ›Schnepfenfeld‹ (*Kulikovo pole*)
1316–41	Gedimin, Großfürst von Litauen
1345–77	Olgerd, Großfürst von Litauen

Die Stadt und das Teilfürstentum Moskau

Nichts in der Vorgeschichte der Stadt Moskau deutete auf den späteren Erfolg hin. Als der jüngste Sohn des Aleksandr Nevskij, Daniil, Moskau 1263 als seinen Anteil am väterlichen

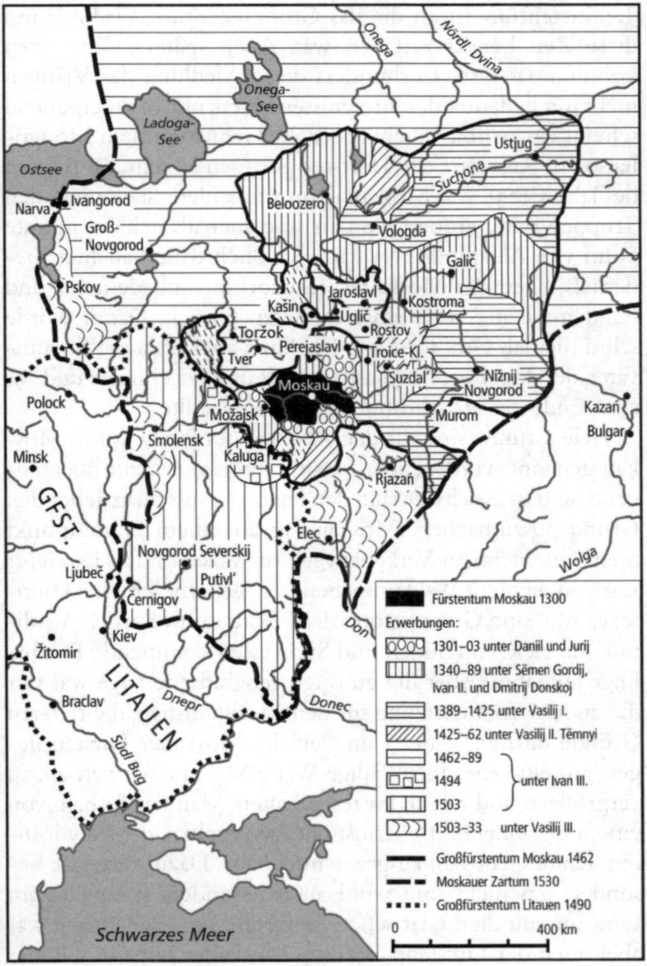

Karte 4: Der Aufstieg des Fürstentums Moskau.

Erbe erhielt, bestand die befestigte Stadt Moskau immerhin schon mehr als 100 Jahre; sie war der Kern eines von vielen Teilfürstentümern, in die das Großfürstentum Vladimir um diese Zeit bereits zerfallen war. Auch spätere Chronisten konnten das erste Jahrhundert dieser Siedlung der Vjatičen nicht mit bedeutenden Ereignissen füllen; nur vorübergehend scheint das ziemlich dichtbesiedelte Gebiet vor dem Mongolensturm Residenz eines Fürsten gewesen zu sein. Zu Beginn des Jahres 1238 war Moskau dann wie andere Städte von den Truppen Bātūs erobert worden, und auch als sich der jüngste Sohn von Aleksandr Nevskij schließlich dauerhaft hier niederließ, blieb das Moskauer Territorium unbedeutend und stand im Rang weit hinter anderen zurück. Daniil wurde selbst niemals Großfürst von Vladimir, aber er ist der Stammvater der Moskauer Dynastie, die Russland einigen und bis zum Ende des 16. Jahrhunderts regieren sollte.

Viele Gründe sind für den Aufstieg des Fürstentums Moskau genannt worden, aber sie sind insgesamt nicht überzeugend, so dass es schwer fällt, den letztlich Ausschlag gebenden Grund auszumachen. Moskau lag an einem Schnittpunkt mehrerer wichtiger Verkehrswege zu Wasser und zu Lande; es war von dichtem Wald umgeben, der Sicherheit bieten konnte; es war eine Grenzfestung des Fürstentums Suzdal'-Vladimir, die viele von Süden und Südwesten kommende Flüchtlinge aufnahm. Aber die günstige geografische Lage war nur die äußere Voraussetzung für den Machtaufstieg; die tieferen Gründe dürften in der Fähigkeit der Moskauer Fürsten liegen, auf eine eher unauffällige Weise Macht zu erwerben, zu vergrößern und zäh an ihr festzuhalten. Man hat deshalb von einem besonderen ›Besitzinstinkt‹ gesprochen, der sie vor ihren Standesgenossen ausgezeichnet habe. Dazu waren sie besonders geschickt und wohl auch besonders skrupellos im Umgang mit dem tatarischen Souverän. Von Bedeutung war aber auch der Umstand, dass die Moskauer Fürsten seltener als andere wegen einer geringen Nachkommenschaft zu Erbteilungen gezwungen waren. Schließlich hat die russische Kirche schon sehr früh auf die Moskauer Karte gesetzt und damit maßgeblich zum Aufstieg und zur Reichsbildung beigetragen; streng genommen war die Übersiedlung des russischen Metropoliten in diese Stadt indes nicht Ursache, sondern schon Folge des Gewinns an Bedeutung. Alle diese Gründe zusammengenommen können den Aufstieg Moskaus begreiflich machen, der sich im Übrigen weder sehr schnell noch ohne schwere Rückschläge vollziehen sollte.

Landbesitz war die Voraussetzung für Reichtum und Macht; der Fürst konnte Land erobern, kaufen oder erben. Alle drei Möglichkeiten sind von den Moskauer Fürsten von Anfang an verwirklicht worden. Schon Daniil nahm den benachbarten Fürstentümern kleinere Gebiete ab, so dass er zum Zeitpunkt seines Todes 1303 das gesamte Flussgebiet der Moskva beherrschte und bereits nach Norden in Richtung der oberen Wolga ausgegriffen hatte. Das Wachstum war langsam und schuf einen geschlossenen Kleinstaat mit günstigen Verkehrsverbindungen. Die große Gelegenheit zu weiterer Ausdehnung brachte schon das Jahr 1304, als der Großfürst von Vladimir, Daniils Bruder Andrej, kinderlos starb. Das Kerngebiet des Großfürstentums, das Fürstentum Vladimir, grenzte im Osten unmittelbar an das Moskauer Territorium; den Besitz von Vladimir anzustreben, bedeutete aber den Kampf um den *jarlyk* des Großfürsten, und nach der Senioratsordnung waren die Ansprüche des Moskauers hier sehr bestreitbar. Der Gegner mit besserem Recht war das Fürstentum Tveŕ.

Der Kampf um das Großfürstentum zwischen Moskau und Tveŕ

Nach Lage und Entstehung war das Fürstentum Tveŕ dem Fürstentum Moskau in vielem ähnlich. In Tveŕ regierte Michail Jaroslavič, ein Neffe des Aleksandr Nevskij, dessen Vater Jaroslav Großfürst von Vladimir gewesen war. Sein Anspruch auf die Großfürstenwürde war nach dem Senioratsprinzip besser begründet als jenes der Söhne von Daniil, der schon vor seinem Bruder Andrej gestorben und nicht mehr Großfürst geworden war. Aber das Prinzip des Seniorats regelte nur die Nachfolge innerhalb einer Familie; die Dinge wurden also kompliziert, wenn sich die Familienlinien auseinanderentwickelt hatten: In diesem Fall entschied die Macht des stärksten Fürsten und im entscheidenden Maße der Chan der Tataren. Bestechung und Intrige in Sarāi wurden damit zum Mittel, den *jarlyk* zu erhalten.

Nicht nur das bessere genealogische Recht, sondern auch die öffentliche Meinung sprachen anfänglich für Michail Jaroslavič; die Bojaren des verstorbenen Großfürsten Andrej und auch der im Jahre 1300 aus dem zerstörten Kiev nach Vladimir übergesiedelte Metropolit Maksim bevorzugten offenbar die Tveŕsche Kandidatur, dabei können die Bemühungen des Metropoliten Maksim, in Vladimir eine neue Kompilation der russischen Chroniken mit gesamtrussischem Horizont entstehen zu lassen, die Absicht der Bojaren unterstützt haben, das Großfürstentum Vladimir durch Gebietserweiterungen auf Kosten der Nachbarn zu stärken. Es zeugt von dem Tiefstand des politischen Bewusstseins, dass zwar die historiografischen, nicht aber die politischen Bemühungen erfolgreich waren, weil die übrigen Fürsten an einem starken Großfürstentum wohl nicht sehr interessiert waren. Der Machtkampf der beiden Kandidaten wurde zunächst in Sarāi entschieden, und Michail von Tveŕ kehrte mit dem Großfürstenjarlyk zurück, worauf sich die Daniloviči – Jurij von Moskau und seine Brüder – fürs Erste fügten und Michail anerkannten.

In den folgenden Jahren versuchte der Großfürst von seiner Residenz Tveŕ aus seine Macht zu festigen. Am schwierigsten war das in Groß-Novgorod, das Michail zwar 1307 als seinen Fürsten anerkannt hatte, aber schon vier Jahre später zum ersten Mal gegen die von Tveŕ eingesetzte Verwaltung revoltierte. Novgorod konnte in einem solchen Fall auf den Moskauer Fürsten als Bundesgenossen setzen, der nur auf eine günstige Gelegenheit wartete. 1312 begann also der zweite Akt in der Auseinandersetzung der beiden Rivalen: In diesem Jahr starb der Chan der Goldenen Horde, und die Großfürstenwürde musste von seinem Nachfolger bestätigt werden, was eine Reise nach Sarāi nötig machte. Dies erweiterte die Rivalität zum offenen Kampf, und obwohl Tveŕ das militärische Übergewicht besaß, gewann Moskau einen entscheidenden Vorteil, als Jurij 1317 mit dem Großfürstenjarlyk und der Schwester des neuen Tatarenchans als Frau aus Sarāi zurückkehrte. Zwar konnte Jurij seinen Rivalen auch mit tatarischer Unterstützung nicht besiegen, aber zum Unglück Michails verstarb die tatarische Frau des Moskauers in Tveŕscher Gefangenschaft: 1318 wurde Michail von Tveŕ nach einem Prozess in Sarāi hingerichtet – in Anwesenheit des Großfürsten Jurij Danilovič.

Die ›öffentliche Meinung‹ in Russland, die von der Kirche verkörpert wurde, stand aufseiten Michails, der zum Märtyrer erhoben wurde. Das hätte eine moralische Niederlage der Moskauer bedeuten können, für die Ivan I. Kalita (1325–41) 1328 die Großfürstenwürde gewann; aber die Kirche stützte Moskau auch darin, dass der Metropolit, der 1300 von Kiev nach Vladimir übergesiedelt war, im Jahre 1326 seinen Sitz nach Moskau verlegte. Unabhängig davon spielte die Moral im Kampf um die Macht keine Rolle mehr: Allein in der Auseinandersetzung zwischen Moskau und Tveŕ starben in der ersten Hälfte des 14. Jahrhunderts fünf russische Fürsten in Sarāi eines gewaltsamen Todes; jeder Großfürst, der mit dem *jarlyk* aus der Residenz der Goldenen Horde zurückkehrte, wurde von einem tatarischen Bevollmächtigten und von tatarischen Truppen begleitet, die er gegen seine russischen Gegner einsetzte.

Die betroffene Bevölkerung hatte unter den direkten Angriffen der russischen ›Freunde‹ meist nicht weniger zu leiden als unter dem der russische ›Feinde‹. 1327 erhob sich schließlich die Bevölkerung der Stadt Tveŕ gegen die tatarische Garnison, was eine blutige Vergeltungsaktion unter Leitung des Moskauer Fürsten Ivan Kalita auslöste. Aleksandr, Michails Sohn und Nachfolger in Tveŕ musste sein Land verlassen und fand, nachdem Novgorod ihm die Aufnahme verweigert hatte, in dem damals unter litauischem Einfluss stehenden Pleskau/Pskov Zuflucht. Schon sein Bruder Dmitrij, der 1325 den Tod des Vaters an Jurij von Moskau gerächt hatte, aber dann selbst in Sarāi hingerichtet worden war, war mit der Tochter des litauischen Großfürsten Gedimin verheiratet gewesen. Dies sollte für die folgenden anderthalb Jahrhunderte zum charakteristischen Muster werden: Moskau erreichte seine Ziele in Gefolgschaft und mit Unterstützung der Tataren, Tveŕ suchte dagegen Anlehnung an Litauen. Die Auseinandersetzung Moskau–Tveŕ hing damit von dem Kräfteverhältnis Goldene Horde–Litauen ab; für die erste Hälfte des 14. Jahrhunderts war zunächst die Goldene Horde im Vorteil, bis das Großfürstentum Litauen unter Gedimin das Verhältnis umkehren konnte.

Der Misserfolg von Tveŕ hatte aber noch eine weitere, auf die Dauer sehr wichtige Ursache: Der Großfürst Michail Jaroslavič hatte nach dem Tod des Metropoliten Maksim (1304) die Unterstützung der Kirche verloren, wobei die Quellen die Gründe dafür im Dunklen lassen; sicher ist nur, dass dem neuen Metropoliten Petr (ab 1307) vonseiten der Geistlichkeit in Tveŕ Schwierigkeiten bereitet wurden, die mehrfach zu Anklagen gegen Petr in Konstantinopel führten. Diese konnte er zwar erfolgreich abwehren, aber zusätzlich suchte er eine politische Stütze in Moskau. So begann jene enge Zusammenarbeit zwischen dem Oberhaupt der russischen Kirche und den Moskauer Fürsten, der die Moskauer Politik die Billigung und Unterstützung der einzigen gesamtrussischen Institution verdankte. Das hatte sofort ganz konkrete Folgen: 1326 wurden die sterblichen Überreste des Metropoliten Petr (heiliggesprochen 1339) in der von ihm errichteten Moskauer Mariä-Himmelfahrtskathedrale beigesetzt, drei Jahre später verhängte sein Nachfolger, der Grieche Theognost, der von Anfang an in Moskau residierte, den Bann über Aleksandr von Tveŕ und gegen die Stadt Pskov, die diesem Asyl gewährt hatte.

Die Festigung der Moskauer Machtstellung

Obwohl die Großfürstenwürde den Moskauer Fürsten ab 1328, mit einer kurzen Unterbrechung nach dem Tode Ivans II. (1359), erhalten blieb, waren diese im 14. Jahrhundert noch weit von einem auch nur nordostrussischen Gesamtstaat entfernt. Die Macht der Moskauer war vom Tatarenchan geborgt, so wie ihre Großfürstenwürde von ihm verliehen war. Die Tataren unterstützten zwar alle Bemühungen, die Bedrohung durch Litauen von Westen her abzuwehren, und diese Maßnahmen kamen Moskau zugute; aber an einer Einigung Russlands unter einem wirklich mächtigen Großfürsten konnte ihnen nicht gelegen sein. Wohl aus diesem Grund entzog der Chan dem neuen Großfürsten Ivan I. Kalita einen Teil der mit dem Großfürstentum verbundenen Territorien, die dann um die Mitte des 14. Jahrhunderts zu einem eigenen Großfürstentum Nižnij Novgorod wurden. Da auch Rjazań und Tveŕ um diese Zeit ebenfalls Anspruch auf den Rang eines Großfürstentums erhoben, bedeutete eine solche Inflation an ›Großfürstentümern‹ eine Wertminderung des Titels: Nicht einmal dem Anspruch nach handelte es sich mehr um Großfürsten ›von ganz Russland‹. In einer ständig weiter zerfallenden Welt von Teilfürstentümern bildeten sich also neue politische Zusammenschlüsse, die den Tataren die Herrschaft erleichterten und die Ivan Kalita und seine Söhne, Simeon ›der Stolze‹ (1341–53) und Ivan II. ›der Schöne‹ (1353–59), nicht zu verhindern vermochten. Dazu trat der wachsende Druck des litauischen Großfürstentums unter Gedimin, der es Novgorod ermöglichte, sich den finanziellen Forderungen Moskaus beharrlich zu widersetzen, ebenso wie Pskov, wo Aleksandr Michajlovič von Tveŕ ein volles Jahrzehnt ungestört und in engem Einvernehmen mit Litauen regierte. Und auch die vorzüglichen Beziehungen zum Chan bewahrten den Moskauer Großfürsten nicht vor Überraschungen, denn auch andere ›Großfürsten‹ spielten in den tatarischen Hofintrigen erfolgreich mit. So konnte Aleksandr von Tveŕ 1336 in direkten Verhandlungen mit der Goldenen Horde wiederum den *jarlyk* für sein angestammtes Fürstentum erhalten, und es bedurfte aller Anstrengungen des Moskauers, in Sarāi ein weiteres Mal siegreich zu bleiben: Aleksandr erlitt am 28. Oktober 1338 dasselbe Schicksal wie sein Vater Michail. Die Mittel, die zu diesem Ziele führten, waren immer dieselben – Denunziation und Bestechung.

Nur langsam entwickelte sich ein gesamtstaatlicher Führungsanspruch des Großfürstentums Vladimir-Moskau; dabei ist fraglich, ob Ivan I. Kalita überhaupt eine solche Konzeption verfolgt hat. Die Moskauer Machtstellung wurde unauffällig ausgebaut; der unbedingte Gehorsam gegenüber dem Tatarenchan kam nicht nur dem Moskauer Fürsten, sondern auch seinem Land zugute: Das Moskauer Territorium blieb von tatarischer Plünderung verschont und erlebte einen spürbaren wirtschaftlichen Aufschwung. Als Tributeinnehmer der Tataren nutzte der Moskauer die Möglichkeiten, die eigene Ökonomie zu schonen und die der anderen – vor allem die Groß-Novgorods – um so mehr zu belasten; seinen Beinamen ›Kalitá‹ (Geldbeutel) erhielt er nicht ohne Grund: Die Geldabgaben an die Tataren flossen nicht nur durch seine Hand, sondern brachten ihm wohl auch zusätzliche Einnahmen. Der zunehmende Reichtum des Moskauers blieb nicht lange verborgen und nicht nur die Novgoroder waren in dieser Hinsicht misstrauisch, denn dieser Reichtum ermöglichte eine Vergrößerung der Moskauer *votčina* auf eine ungewöhnliche Weise, nämlich durch Kauf; und zwar kaufte Ivan nicht nur einzelne Dörfer, sondern gleich ganze Fürstentümer, in denen sich auch nach seiner Regierungszeit noch eigene Fürsten nachweisen lassen, die als Regenten in diesen Ländern verblieben.

Eine andere Methode der Gebietserwerbung bestand in der Knüpfung von Heiratsbeziehungen, die Rechte und Einflüsse durch verwandtschaftliche Bande brachten. Dieses Vorgehen entsprach dem Verhalten eines umsichtigen Gutsbesitzers, der seinen Nachfahren ein vergrößertes Einkommen sichern will: Der Besitz jener Territorien, die mit dem Großfürstenrang von Vladimir verbunden waren, blieb von der Gnade des tatarischen Souveräns abhängig; nur was zum ›Vatererbe‹ gehörte, hatte Aussicht auf Bestand. Gerade aus dem geschickt vermehrten ›Vatererbe‹ der Moskauer Großfürsten aber erwuchs schließlich der neue gesamtrussische Staat.

Bewährung in veränderter Lage

Im Jahr 1341 starben der Moskauer Großfürst Ivan I. Kalita, der litauische Großfürst Gedimin und der Chan der Goldenen Horde Özbeg jeweils nach einer langen und erfolgreichen Regierung in ihrem Herrschaftsbereich; in jedem der drei Länder begann nun eine Zeit beschleunigter Entwicklung. In der Goldenen Horde brachte der Tod von Özbegs Nachfolger Ğambek (1357) sehr rasch einen Machtverfall infolge innerer Kämpfe, in denen sich die Prätendenten familienweise ausrotteten und die Chane einander so schnell ablösten, dass sie mitunter nicht die Gelegenheit fanden, den russischen Fürsten jeweils einen neuen *jarlyk* auszustellen. Da in denselben Jahren auch Südchina die Mongolenherrschaft abschüttelte und das mongolische Gesamtreich sich faktisch auflöste, blieb die Goldene Horde sich selbst überlassen. Zwar galten überall die Nachkommen des Čingiz-Chan als allein zur Herrschaft berufen, aber die Macht ging an ehrgeizige Außenseiter über, deren erfolgreichster, Tīmūr, noch einmal das mongolische Weltreich erneuern sollte. Innerhalb der Goldenen Horde war in den 1360er und 70er Jahren der Heerführer Mamāi der mächtigste Mann. Allerdings musste er sich mit der faktischen Herrschaft über das Gebiet westlich der Wolga begnügen und Verluste gegen Litauen hinnehmen.

Das Großfürstentum Litauen hatte unter Gedimin (Gediminas, 1316–41) einen beständigen Aufstieg zu verzeichnen: In Fortsetzung der schon von Mindaugas im 13. Jahrhundert eingeleiteten Politik beschränkte sich Litauen im Westen in Zusammenarbeit mit Polen auf die Defensive gegen den Deutschen Orden und setzte im Osten die territoriale Expansion fort, die den betroffenen west- und südwestrussischen Teilfürsten die Loslösung von der Tatarenherrschaft und vor allem vom Tatarentribut versprach. Hierfür bediente sich Gedimin unterschiedlicher Formen: Einige einheimische Fürsten wurden in ein Vasallenverhältnis aufgenommen, anderswo setzte der Großfürst litauische Fürsten ein, gelegentlich begnügte er sich mit einer indirekten Einflussnahme; in keinem Fall wurde das Leben der ostslavisch-orthodoxen Bevölkerung durch einschneidende oder gar gewaltsame Maßnahmen verändert. Vielmehr nahmen litauische Teilfürsten oftmals die christlich-orthodoxe Religion ihrer Untertanen an, und so geriet umgekehrt Litauen unter den Einfluss des zahlenmäßig überwiegenden und kulturell überlegenen Ostslaventums und wandelte sein Gesicht. Zwar blieben die führenden litauischen Familien der alten Stammesreligion verbunden, aber die Amtssprache wurde ein weißrussisch gefärbtes Kirchenslavisch. Damit trat im Laufe der Zeit das ›reußische‹ Element in den Vordergrund, indem die litauischen Großfürsten die Einigung der ›ganzen Ruś‹ zu ihrem politischen Programm erhoben, was später die Moskauer Großfürsten und Zaren verwirklichten.

Nach einer Übergangsregierung setzte Olgerd (Algirdas, 1345–77) das Werk des Vaters in größeren Dimensionen fort: Während sein Bruder Kejstut (Kestutis) die Verteidigung im Westen führte, widmete sich Olgerd ganz der Ostpolitik. Nachdem bereits sein Vater Polock, Vitebsk und Minsk gewonnen hatte, erwarb er Teile des Fürstentums Smolensk; die Stadt selbst konnte ebenso wie Pskov und Novgorod die formale Unabhängigkeit wahren, musste sich aber wie die anderen Städte politisch am mächtigen Nachbarn orientieren, was Tveŕ seit Langem schon von sich aus praktizierte. Nur die erfolgreiche Verteidigung von Moskau gebot dem litauischen Vordringen nach Osten vorläufig Halt. Größer fielen die litauischen Territorialgewinne im Süden aus, wo im 14. Jahrhundert das Fürstentum Galizien-Wolhynien kein ebenbürtiger Partner und kein Expansionshindernis mehr war: Schon Gedimin hatte Podlachien erworben (das Land um Brest) und Olgerd gewann nach einem langwierigen Kampf mit Polen

1370 Wolhynien und Ostpodolien. Voraussetzung dafür war der Sieg Olgerds 1362 in der ›Schlacht an den blauen Wassern‹ (vermutlich der Sinjucha, ein linker Nebenfluss des Bug) über die Tataren. Damit konnte Litauen das Kerngebiet des alten Kiever Reiches an sich ziehen – die sogenannten severischen Fürstentümer an der Desna und am Oberlauf der Oka seit 1357 und in den Jahren nach der Schlacht ›an den blauen Wassern‹ Kiev – das seit den neuen Machtbildungen im Südwesten und Nordosten nur noch einen Nebenschauplatz der russischen Geschichte bildete. Einen Vorstoß noch weiter nach Süden und die Errichtung litauischer Stützpunkte an der Schwarzmeerküste unternahm dann erst Olgerds Neffe Witold, der 1395 zum ersten Mal und 1404 endgültig auch Smolensk an Litauen brachte. Der gewaltige Gebietszuwachs, der die ethnischen Litauer in ihrem eigenen Staat zu einer Minderheit von einem Zehntel der Bevölkerung machte, stützte das Bestreben Olgerds, Herrscher über ›alle Russen‹ zu werden. Mit Kiev hatte er zwar bereits das historische Symbol der gesamtrussischen Einheit in seinem Besitz, aber Kiev war seit zwei Jahrhunderten nicht mehr Residenz des Großfürsten und seit mehr als einem halben Jahrhundert auch nicht mehr Sitz des Metropoliten ›von ganz Russland‹. Versuche, die Kiever Metropolie im Gegensatz zur Moskauer wiederzubeleben, hatten nur vorübergehend Erfolg, und an den Großfürsten von Moskau scheiterte die litauische Ostpolitik schließlich, denn den heidnischen und später katholischen Litauern fehlte die Orthodoxie als entscheidende Qualifikation zur Herrschaft über die orthodoxen Russen.

Der Aufstieg Moskaus schien beendet, als der ›stille und sanfte‹ Ivan II. schon 1359 starb und nur zwei minderjährige Söhne hinterließ. Unter diesen Umständen konnte der Anspruch Moskaus auf das Großfürstentum Vladimir gegen zahlreiche Feinde und Konkurrenten kaum gewahrt werden, zumal mit einer wirksamen tatarischen Unterstützung angesichts der Machtkämpfe in der Goldenen Horde nicht mehr zu rechnen war. In dieser Situation kam dem Fürsten von Moskau ein Mann zuhilfe, der in seiner Person alle Kräfte verkörperte, die Moskau an die Spitze der großrussischen Fürstentümer bringen sollten – der Metropolit Aleksej. Er war der Sohn eines Bojaren, der sein angestammtes Fürstentum verlassen hatte und in die Dienste des Fürsten von Moskau getreten war. Damit war er einer von vielen russischen Bojaren gewesen, die angesichts des wachsenden Reichtums des Moskauer Fürsten und der Ruhe in dessen Land diesen Schritt getan hatten, weil das Ansehen des Fürsten bessere Zukunftschancen versprach: Gerade neu ins Land gekommene Bojarenfamilien waren dem Fürsten oft enger verbunden als die seit jeher im Lande ansässigen, und umgekehrt stützte sich der Fürst gerne auf jene Familien, die ihr Schicksal bewusst und freiwillig mit dem seinen verbunden hatten. So war der Vater Aleksejs in die einflussreiche Stellung eines Moskauer Stadthauptmanns aufgestiegen, und sein Sohn, dessen Pate Ivan I. Kalita persönlich gewesen war, wurde am Moskauer Hofe erzogen und frühzeitig für die geistliche Laufbahn bestimmt. Ebenso frühzeitig wurde er zum Nachfolger des Metropoliten Theognost ausersehen und von diesem für sein Amt ausgebildet. Nach sorgsamer Vorbereitung und Fürsprache des Griechen Theognost konnte Aleksej schließlich auch beim Patriarchen in Konstantinopel durchgesetzt werden; so bestätigt kehrte er im Jahre 1354 als Metropolit ›von Kiev und ganz Russland‹ nach Moskau zurück.

Hauptvoraussetzung einer gesamtrussischen Politik Moskaus war, dass die mit der Tradition und dem Führungsanspruch über ›ganz Russland‹ verbundene Großfürstenwürde von Vladimir bei Moskau blieb. Der *jarlyk* des Tatarenchans hatte angesichts der dortigen Machtkämpfe viel von seiner früheren Bedeutung verloren; vielmehr wurde jeder Prätendent zur Parteinahme für einen der tatarischen Machthaber gezwungen, was dann zwangsläufig die Ungnade des anderen nach sich zog; der innerrussische Machtkampf konnte daher nicht mehr mit tatarischer Hilfe ausgefochten werden. Aus diesem Grund scheiterten die Versuche des Fürsten Dmitrij Konstantinovič von Suzdal', zu Beginn der 1360er Jahre das Großfürstentum Vladimir zu behaupten, ausschließlich an der militärischen Macht des jungen Dmitrij Ivanovič in Moskau, für den der Metropolit Aleksej die Regentschaft führte. 1366 wurde der Konflikt durch eine Ehe zwischen Dmitrij und der Tochter des Suzdal'er Dmitrij dann endgültig beigelegt; das ›Großfürstentum‹ Suzdal'–Nižnij Novgorod stand fortan unter dem Einfluss der Moskauer Politik. Gleichzeitig setzte sich Moskau auch in Rostov, Galič und Starodub durch; die lokalen Fürsten wurden dazu gebracht, sich der großfürstlichen Herrschaft zu unterwerfen oder wurden vertrieben.

Viel schwieriger war die Auseinandersetzung mit den beiden anderen ›Großfürstentümern‹ Rjazań und Tveŕ. In beiden Fällen boten Streitigkeiten innerhalb der großfürstlichen Familien oder zwischen den ›Großfürsten‹ und ihren ›Teilfürsten‹ der Moskauer Politik Gelegenheit zur Einmischung, aber in beiden Fällen blieben Moskaus Erfolge begrenzt: In der Auseinandersetzung mit Rjazań ging es um strittige Grenzgebiete an der Oka. Auch wenn Rjazań kein ernsthafter Konkurrent um die Großfürstenwürde von Vladimir war, so blieb es doch dem Moskauer Einfluss entzogen. Rjazań war Grenzland gegen die Steppe und gegen die Tataren, die sich hier leicht in die Politik einmischen konnten; zugleich besaß es, seit die litauische Macht in das Gebiet der Kleinfürstentümer im Einzugsgebiet der oberen Oka eingedrungen war, eine gemeinsame Grenze mit Litauen. Aus dieser Lage ergaben sich Möglichkeiten, eine selbstständige Politik gegenüber Moskauer Ansprüchen zu behaupten. So führte die Neutralitätspolitik des rjazańischen Großfürsten Oleg Ivanovič dazu, dass er sich nicht an dem Feldzug von 1380 beteiligte, als die Russen unter der Führung Moskaus den ersten großen Sieg über die Tataren erfochten.

Moskaus innerrussischer Hauptgegner war und blieb aber sein nordwestlicher Nachbar, das Großfürstentum Tveŕ. Sieben Jahre lang, von 1368 bis 1375, zog sich der offene Kampf mit wechselndem Erfolg hin: Der Großfürst Michail Aleksandrovič von Tveŕ stand ebenso wie sein Vater und Großvater im Bunde mit Litauen; ein Angriff auf Tveŕ bedeutete daher eine Herausforderung des mächtigen litauischen Nachbarn.

Es spricht für die Umsicht, mit der man in Moskau zu Werke ging, dass man vor Beginn des Kampfes die Stadt Moskau mit einer steinernen Befestigung versah:

> In demselben Jahr (1367) begannen sie in Moskau eine steinerne Stadt zu errichten, und indem sie auf ihre große Macht vertrauten, begannen sie, die russischen Fürsten ihrem Willen unterzuordnen; aber wer es unternahm, ihrem Willen nicht gehorsam zu sein, gegen den fingen sie an, in Bosheit Anschläge zu ersinnen.

So sahen es Moskaus Gegner. In der Tat war das Risiko beträchtlich, denn drei Mal (1368, 1370 und 1372) belagerten die Litauer unter Olgerd die Stadt, die nur ihre neue Mauer vor der Einnahme bewahrte. 1371 erhielt Michail von Tveŕ dann auch noch den Großfürstenjarlyk für Vladimir, und es bedurfte wieder aller Anstrengungen vonseiten Moskaus, um sich bei den Tataren am Ende doch noch durchzusetzen.

Die Länder beider Gegner hatten unter den andauernden Kämpfen schwer zu leiden. Schließlich brachte Moskau eine Koalition russischer Fürsten zusammen, der Michail Aleksandrovič von Tveŕ ohne unmittelbare militärische Unterstützung Olgerds nicht gewachsen war; 1375 konnte Dmitrij von Moskau den Frieden diktieren: Der Großfürst von Tveŕ hatte als ›jüngerer Bruder‹ den Großfürsten von Vladimir und Moskau als ›älteren Bruder‹ anzuerkennen, die Verbindung mit Litauen hatte er zu lösen, seine Tatarenpolitik mit der Moskauer zu koordinieren und dem Moskauer Großfürsten Heeresfolge zu leisten. Auch alle übrigen Streitfragen wurden zugunsten Moskaus entschieden. Damit war ein Modell geschaffen, nach dem Moskau in Zukunft die anderen Großfürstentümer behandeln sollte, doch die selbstständige Existenz des Tveŕschen Großfürstentums musste Moskau auch als Sieger noch hinnehmen, ehe es mehr als ein Jahrhundert später dessen Selbstständigkeit beendete.

Neben dem ökonomischen Rückhalt, der Moskau auf die Dauer das militärische und politische Übergewicht sicherte, trat ein ideelles Moment immer mehr in den Vordergrund:

Tveŕ (und auch Rjazań) wurden in den Augen der Russen zunehmend durch ihre unchristlichen Verbündeten kompromittiert, Moskau übernahm dagegen die Rolle des religiösen Vorkämpfers. Der Metropolit Aleksej tat alles, um den orthodoxen Russen diese Rolle Moskaus ins Bewusstsein zu rücken: Für ihn waren Tveŕ und Litauen auch kirchenpolitische Gegner; wegen der Identifizierung der Kirchenpolitik Aleksejs mit den Moskauer Machtinteressen zerbrach sogar die Einheit der ostslavischen orthodoxen Kirche. Vergeblich ermahnte der Patriarch Philotheos den Moskauer Metropoliten, nicht mit verschiedenem Maß zu messen und von den Fürsten »die einen zu lieben wie seine eigenen Söhne«, die andern aber nicht; vergebens erinnerte er ihn daran, dass er zum Metropoliten von ›ganz Russland‹ und ›nicht eines Teiles‹ geweiht sei – Aleksej war nicht bereit, in das litauisch beherrschte Kiev überzusiedeln und von dort aus ›ganz Russland‹ kirchlich zu verwalten; eher nahm er die Verkleinerung seiner Kirchenprovinz durch Errichtung neuer Metropolien in Kauf, die der Patriarch unter dem Druck des litauischen Großfürsten und des polnischen Königs (für Galizien) zugestehen musste. So begann der russische Westen auch kirchlich seine eigenen Wege zu gehen, und es wurde jene Gleichsetzung zwischen orthodoxer Kirche und dem Großrussentum unter Moskauer Führung eingeleitet, von der die Geschichte Russlands seither entscheidend mitbestimmt ist.

Aleksejs Kirchenpolitik war freilich nicht nur durch einen ehrgeizigen Anspruch begründet, sondern zeigte auch eine eindrucksvolle innerkirchliche Leistung: Im 14. Jahrhundert begann das ›asketische Zeitalter‹ Russlands, jene mächtige Bewegung zahlloser Klostergründungen, die der Zeitgenosse Aleksejs, der heilige Sergij von Radonež (um 1314–92), auslöste. In einem Menschenalter wurde dessen Einsiedelei in den Wäldern nördlich von Moskau zum Vorbild von Gemeinschaftsklöstern, die neben die älteren stadtnahen Stifterklöster traten. Immer neue Einsiedeleien (*pustyni*) schoben sich von den bestehenden Klöstern in den menschenleeren nordrussischen Wald vor, wuchsen selbst wieder zu Klöstern an und entsandten ihrerseits Asketen in die Einsamkeit. Diese weiträumige Klosterkolonisation hat den russischen Norden siedlungsmäßig und wirtschaftlich erschlossen und den gewaltigen Grundbesitz der russischen Kirche geschaffen, dessen Wachsen die Moskauer großfürstliche Innenpolitik begünstigt hat. Die Bewegung entsprang dem asketisch-geistlichen Aufbruch russischer Menschen in der dunkelsten Zeit ihrer Geschichte, dem Mongolensturm, und war auf das Engste mit dem Dreifaltigkeitskloster des hl. Sergij bei Radonež (Troice-Sergiev-Monastyŕ), dem Nationalheiligtum des neuen Moskauer Russland, verbunden. So berichtet die Überlieferung, dass der hl. Sergij den Moskauer Großfürsten Dmitrij vor dem großen Kampf mit den Tataren Mamāi gesegnet und ihm zwei seiner Mönche als Mitstreiter zur Seite gegeben habe: Der Metropolit Aleksej (gest. 12. Februar 1378) sollte diesen ersten Sieg über die Tataren nicht mehr erleben, aber in seinem Sinne hatten sich die Fürsten Russlands unter der Führung des Moskauer Großfürsten zum Kampf gegen die Herrschaft der Ungläubigen zusammengetan. Der Sieg auf dem ›Schnepfenfeld‹ (*Kulikovo pole*) am oberen Don wurde damit ebenso zum Symbol der Einheit und des Wiederaufstiegs wie das Dreifaltigkeitskloster des hl. Sergij: Moskaus großrussischer Führungsanspruch hatte den Segen der Kirche, die dafür den Schutz und die Landgeschenke des Moskauer Großfürsten erhielt.

Die Abkehr von einer gehorsamen Erfüllungspolitik gegenüber den Tataren und den militärischen Befreiungskampf hatte Moskau ursprünglich nicht gesucht; beides wurde ihm durch die innere Entwicklung in der Goldenen Horde gleichsam aufgezwungen: Erfolglose tatarische Prätendenten zogen sich oft in die russisch-tatarischen Grenzgebiete zurück und fristeten ihre Existenz durch räumlich begrenzte Raubzüge in das russische Gebiet; die Verteidigungsmaßnahmen der Russen forderten entsprechende Vergeltung heraus, und aus solchem Kleinkrieg an der Grenze, wie er noch bis weit ins 16. Jahrhundert hinein für die russisch-tatarischen Beziehungen charakteristisch sein sollte, erwuchsen gegen Ende der 1370er Jahre größere militärische Auseinandersetzungen: Einen russischen Sieg im Jahr 1378 wollte Mamāi im Bunde mit dem litauischen Großfürsten Jagiełło (Jogaila) mit einer Strafexpedition beantworten, wie sie seit langem nicht mehr stattgefunden hatte. Eine koordinierte tatarisch-litauische Aktion konnte aber für Moskau tödlich werden. Deswegen rückte der Moskauer Großfürst Dmitrij den Tataren mit den gesammelten Streitkräften des russischen Nordostens (einschließlich der Novgoroder) in die Steppe entgegen, noch ehe die Vereinigung mit den Litauern vollzogen war. Der Plan war erfolgreich: Am 8. September 1380 wurde Mamāi jenseits des oberen Don in einer schweren, auch für die Russen sehr verlustreichen Schlacht vernichtend geschlagen; das von Schluchten und Wasserläufen durchzogene Gelände hatte den Einsatz der gefürchteten Reiterei der Tataren behindert. Auch wenn damit die Auseinandersetzung nicht beendet war, besaß dieser Sieg eine große politische Fernwirkung: Die Tataren hatten den Ruf der Unbesiegbarkeit verloren, Moskau dagegen hatte ein Verdienst erworben, dem kein anderes ›Großfürstentum‹ Ähnliches an die Seite stellen konnte. Der militärisch begabte und entschlussfreudige Dmitrij (eine Ausnahme unter den Moskauer Großfürsten) erhielt zu Recht den Beinamen ›Donskoj‹ (vom Sieg am Don), und sein Ruhm wurde – in deutlicher Anlehnung an das Vorbild des *Igorliedes* – in einem Heldenlied verherrlicht (*Zadonščina = die Erzählung von der Schlacht ›jenseits des Don‹*).

Mit dem Sieg war aber die Befreiung vom Tatarenjoch noch nicht erreicht. Mamāi war nur einer der tatarischen Machthaber, dessen Stern zudem am Sinken war; mit der gesammelten tatarisch-mongolischen Macht musste man weiterhin rechnen. Doch war mit dem Sieg der Tiefpunkt der Erniedrigung Russlands überwunden, so dass an die Stelle der Ergebung in ein unabänderliches Schicksal nun so etwas wie eine Kreuzzugsstimmung trat. Es ist wohl kein Zufall, dass mit dem Jahre 1379 die Reihe tatarischer Privilegierungsurkunden für die russische Kirche abreißt.

Rückschläge. Übergewicht Litauens und Machtkampf innerhalb der Moskauer *votčina*

1389–1425	Vasilij I., Sohn des Dmitrij Donskoj, Großfürst von Vladimir und Moskau
1425–62	Vasilij II. *Tëmnyj* (1446), Sohn des Vasilij I., Großfürst von Moskau und Vladimir
1462–1505	Ivan III., Sohn des Vasilij II., Großfürst von Moskau
1386–1434	Władysław II. Jagiełło, Sohn des Olgerd (Algirdas), König von Polen, Großfürst von Litauen 1377–1401
1392/1401–1430	Witold (Vytautas), Sohn des Kęstutis (Bruder des Olgerd), Großfürst von Litauen, Großvater und Vormund von Vasilij II.
1430/32–1440	Swidrigiełło, Sohn des Olgerd, Großfürst von Litauen
1434–44	Władysław III., Sohn des Jagiełło, König von Polen und Ungarn
1444–92	Kasimir IV., Sohn des Władysław, König von Polen, Großfürst von Litauen (1440)

Tataren und Litauer

Der militärische Erfolg des Jahres 1380 auf dem ›Schnepfenfeld‹ hatte zwar eine große moralische, aber unmittelbar nur eine geringe politische Bedeutung. Als die Goldene Horde wieder unter einheitlicher Führung stand und aus den zentralasiatischen Nachbargebieten Unterstützung erhielt, war an einen offenen Widerstand der Russen nicht mehr zu denken; der russische Sieg hatte die Stabilisierung der Goldenen Horde sogar noch beschleunigt, indem er Tochtamyš zur Macht verhalf, hinter dem zunächst als Protektor der Großchan Tīmūr stand. Zum Nachteil der russischen Fürsten plante Tochtamyš, das tatarische Herrschaftsgebiet im europäischen Russland zu seiner festen Machtbasis auszubauen. Er begnügte sich deshalb nicht mit der sofortigen Huldigung, sondern wollte durch eine Demonstration seiner militärischen Macht mögliche politische Folgen der Schlacht von vornherein ausschalten. Im Sommer 1382 eroberte er überraschend Moskau; Großfürst Dmitrij, der Sieger von 1380, der nach Norden ausgewichen war, musste nun einen höheren Tribut leisten und seinen Sohn als Geisel stellen. Damit war nach außen hin das alte Vasallenverhältnis wiederhergestellt. Noch gefährlicher als dieser Rückschlag konnte für Moskau die Zusammenarbeit der Tataren mit Litauen werden, durch die Tochtamyš seine Stellung gegenüber Tīmūr zu stärken hoffte. Zwar konnte Letzterer Tochtamyš 1395 entscheidend schlagen und aus seiner Herrschaft vertreiben, aber die tatarisch-litauische Verbindung war damit für Moskau keineswegs endgültig aus der Welt geschafft.

Das Großfürstentum Litauen hatte inzwischen das Christentum in seiner lateinischen Form angenommen; dies war die Voraussetzung für die dynastische Verbindung mit Polen durch die Ehe des litauischen Großfürsten Jagiełło mit der polnischen Königin Hedwig. Auf lange Sicht sollte sich die polnisch-litauische Union von 1386 für Moskau günstig auswirken, denn ein litauischer Großfürst und zugleich König der katholischen Polen war in den Augen orthodoxer Ostslaven sehr viel weniger zum gesamtrussischen Herrscher geeignet als sein heidnischer Vorfahre, dem ja jederzeit der Übertritt zum griechisch-orthodoxen Christentum offengestanden hatte. Olgerds Plan, alle russischen Länder unter seiner Herrschaft zu sammeln, war nun nicht mehr zu verwirklichen; der konfessionelle Gegensatz zwischen katholischer litauischer Führungsschicht und orthodoxer ostslavischer Bevölkerungsmehrheit im Großfürstentum Litauen lieferte aber vielmehr umgekehrt Moskau, nachdem es eine entsprechende Machtposition erreicht hatte, den Ansatzpunkt für eine aktive und aggressive Westpolitik.

Für die folgenden Jahrzehnte war davon allerdings noch keine Rede, denn unter den beiden Nachfolgern des jung verstorbenen Dmitrij Donskoj, seinem Sohn Vasilij I. (1389–1425) und seinem Enkel Vasilij II. (1425–62), konnte weder

Moskau noch ein anderes der nordöstlichen Großfürstentümer das ›Sammeln der russischen Länder‹ betreiben und in den litauischen Machtbereich hineindrängen. Die litauisch-polnische Verbindung war zudem noch recht locker: König Jagiełłos Vetter Witold (lit. Vitautas) besaß als litauischer Großfürst (1392–1430) eine nahezu vollständige Unabhängigkeit, wenn er auch der Form nach Jagiełłos Vasall blieb. Nach dem Sieg über den Deutschen Orden bei Tannenberg/Grunwald 1410, den er gemeinsam mit Jagiełło errungen hatte, konnte er mit polnischer Unterstützung seine Herrschaft über die eigenen Teilfürsten stärken und eine aktive Ostpolitik einleiten. Der erste Anlauf dazu scheiterte zwar in der schweren Niederlage, die Witold zusammen mit dem nach Litauen geflüchtete Tochtamyš 1399 an der Vorskla, einem linken Nebenfluss des unteren Dnepr, gegen den Emir Edigü (russ. Edigej), den neuen Herrscher der Goldenen Horde erlitt, aber nach 1410 konnte Witold innerhalb der Goldenen Horde Einfluss gewinnen: Vier Söhne des Tochtamyš gelangten mit seiner Unterstützung nacheinander an die Macht, die sie allerdings mit Edigü (gest. 1419) teilen mussten. Witolds Politik hat sicher zum endgültigen Zerfall des einheitlichen Tatarenstaates im europäischen Russland beigetragen. Zwar unternahmen die Tataren noch im 15. Jahrhundert und darüber hinaus verheerende Züge in das großrussische oder ukrainische Gebiet, aber sie waren nicht mehr das beherrschende Element im politischen Kräftespiel, sondern Objekt einer wechselnden Bündnispolitik der Steppenrandmächte.

Dem russischen Osten gegenüber war Witold nicht minder aktiv. Vorübergehend schien es sogar, als könne er Moskau, dessen Großfürst Vasilij I. mit seiner Tochter Sophie verheiratet war, in seinen Machtbereich einbeziehen, aber dagegen leistete der Moskauer Schwiegersohn in einem Krieg der Jahre 1406–08 erfolgreich Widerstand. Auch Pskov und Novgorod konnte Witold nicht dauerhaft gewinnen. Allerdings behauptete er seine Herrschaft über das wichtige Smolensk (1404), erreichte im Friedensschluss von 1408 die Festlegung der litauisch-moskauischen Grenze und erhielt schließlich

1425 die Vormundschaft für Vasilijs I. minderjährigen Sohn Vasilij II. Damit war der Höhepunkt des litauischen Ausgreifens nach dem Osten erreicht. Dieser jahrzehntelangen politischen Aktivität des litauischen Großfürsten hatte Vasilij I. nichts Gleichwertiges entgegenzusetzen.

In welchem Maße die überragende Persönlichkeit Witolds, der zuletzt sogar die Königskrone und die volle Unabhängigkeit Litauens von Polen anstrebte, die politische Lage im östlichen Europa bestimmt hat, ergibt sich aus der Tatsache, dass sein Tod (1430) sowohl im Großfürstentum Litauen als auch im Großfürstentum Moskau eine Periode des Machtverfalls auslöste. Die territoriale Ordnung, die er geschaffen hatte, blieb indes im Wesentlichen bis gegen Ende des 15. Jahrhunderts unverändert erhalten, was allerdings weniger an der Beständigkeit der litauischen Macht im Osten als an dem langsamen Tempo des Moskauer Aufstiegs lag. Diese Stabilität verdeckt zudem die Tatsache, dass mit dem Tod Witolds für Litauen bereits der Übergang zur Defensive vollzogen und das litauische Großfürstentum vom Zerfall bedroht war: Es folgte zunächst ein Jahrzehnt des Machtkampfs zwischen Swidrigiełło, einem Sohne Olgerds, der sich auf die ›reußischen‹, orthodoxen Territorien stützte (1430–39), und Sigismund, einem Sohn von Kęstutis, der Litauer und Polen hinter sich hatte (1432–40). Als unter Jagiełłos jüngstem, bei seiner Wahl erst 13-jährigen Sohn Kasimir (1440–92) dann eine neue Konsolidierung der litauischen Macht möglich schien, führte der Tod des polnischen Königs Władysław III. in der Schlacht bei Varna (1444) und die darauf folgende Wahl Kasimirs zum Nachfolger seines Bruders (1447) zur polnisch-litauischen Personalunion. Sie sollte nur noch einmal für ein knappes Jahrzehnt (1492–1501) unterbrochen werden, wobei das polnische Übergewicht immer stärker hervortrat. Polens Interessen aber lagen im 15. Jahrhundert nicht im Osten, sondern im Westen, wo der Deutsche Orden im Dreizehnjährigen Krieg (1454–66) endgültig besiegt wurde und sich mit den jagiellonischen Erbansprüchen in Ungarn und Böhmen ganz neue Perspektiven eröffneten. Witolds aktive Ostpolitik fand unter diesen Umständen keine Fortsetzung. Wie sehr dies die Aufgabe Moskaus erleichtert hat, zeigt ein Blick auf die Situation, die sich dort nach dem Tod Vasilijs I. im Jahr 1425 ergab, als der Moskauer Staat relativ geschwächt war.

Der Konflikt innerhalb der Moskauer Dynastie

Auch das Moskauer Großfürstentum, genauer das ›Vatererbe‹ der Moskauer Großfürsten, unterlag dem überkommenen Prinzip der Erbteilung; die sich daraus ergebende Zersplitterung und die Entstehung neuer Familienzweige hielt sich aber zunächst in Grenzen: Lange Zeit gab es im Moskauer Gebiet nur ein einziges kleines Teilfürstentum, die *votčina* der Nachkommen von Ivans I. jüngstem Sohn Andrej, der nicht mehr Großfürst geworden war; eine ernsthafte Gefahr für die Moskauer Großfürsten stellte diese Nebenlinie nicht dar. Sehr viel weiter ging schon die Erbteilung nach dem Tode des Dmitrij Donskoj, der sechs Söhne, davon vier voll regierungsfähige – Vasilij, Jurij, Andrej und Petr – hinterließ. Um die Gefahr für den Bestand des Moskauer Staates zu verringern, die diese zahlreiche Nachkommenschaft bedeuten konnte, vergrößerte Dmitrij in seinem Testament den Anteil seines ältesten Sohnes Vasilij in der Weise, dass er ihm die großfürstlichen Territorien als einen Teil der Moskauer *votčina* vererbte. Immerhin erhielten auch die übrigen erwachsenen Söhne zu ihrem Anteil an Stadt und Land Moskau noch ausgedehnte Gebiete hinzu, und zwar je eines der Fürstentümer, die Ivan I. Kalita seinerzeit gekauft hatte; in allen Fällen handelte es sich um einen aus verschiedensten Teilen zusammengesetzten, territorial nicht geschlossenen Erbbesitz. Wie sich zeigen sollte, bot jedoch das Erbe des Jurij, nämlich Galič an der oberen Kostroma, die günstigsten Voraussetzungen für eine neue, selbstständige Machtbildung: Es lag fern vom Moskauer Zentrum und besaß, vor allem der Salzvorkommen wegen, eine ausreichende wirtschaftliche Basis.

Wie stets funktionierte auch die von Dmitrij Donskoj verfügte Ordnung des Seniorats, zumal mit einem besonders starken ›Senior‹, ohne Konflikte, so lange der älteste Sohn Vasilij als Großfürst regierte. Zwar hatte Dmitrij dafür gesorgt, dass der jeweilige Großfürst den Teilfürsten gegenüber eine überlegene Stellung einnahm, aber die Thronfolgeordnung selbst hatte er unverändert gelassen:

> Sollte, der Sünde wegen, Gott meinen Sohn, den Fürsten Vasilij, abberufen, dann soll, wer nach ihm von meinen Söhnen da sein wird, dieses meines Sohnes Vasilij Anteil erhalten. Und dessen (des neuen Großfürsten ehemaligen) Anteil wird meine Fürstin unter sie (die Söhne) verteilen.

Danach sollte nach einem vorzeitigen Tode Vasilijs also sein nächstälterer Bruder, Jurij von Zvenigorod und Galič, falls er noch am Leben war, im Großfürstentum folgen. Dieser Weisung seines Vaters suchte Vasilij I. durch seine eigenen Testamente, von denen drei aus den Jahren 1406/07, 1417 und 1423 erhalten sind, entgegenzuwirken, indem er seinem eigenen Sohn Großfürstentum und großfürstlichen Anteil vererbte. Da dieser bei der Abfassung der Testamente noch minderjährig war, vertraute er ihn einem Vormund und der Fürsorge der jüngeren männlichen Verwandten an, niemals aber seinem Bruder Jurij. Als Vormund erscheint in den beiden späteren Testamenten der litauische Großfürst Witold, »mein (Vasilijs) Bruder und Schwiegervater«. Recht stand also gegen Recht, Seniorat gegen Primogenitur.

Den litauischen Einfluss in Moskau wollte Vasilij I. also wenigstens dazu nutzen, um seiner Linie das Moskauer Großfürstentum zu erhalten. Diese Rechnung ging zunächst auch auf: Zwar verweigerte Jurij nach Vasilijs I. Tod (1425) den Eid auf den 10-jährigen neuen Großfürsten Vasilij II., aber einen offenen Kampf gegen diesen Enkel Witolds konnte er nicht wagen, da Witold bis zu seinem Tod (1430) praktisch Herr über das nordöstliche Russland war: Die Großfürstentümer Tveŕ (1427) und Rjazań (1430) brachte er durch Verträge in Abhängigkeit, von Novgorod und Pskov erpresste er durch direkte Angriffe hohe Kontributionen. Die Situation änderte sich allerdings zugunsten Jurijs, als der junge Vasilij II. mit dem Tode Witolds den Machtrückhalt und mit dem Tode des Metropoliten Fotij (1431) auch die moralische Autorität des kirchlichen Oberhauptes verlor. Nun nahm Jurij den Kampf um das Großfürstentum auf, und dieser Kampf dauerte, von den Söhnen Jurijs nach dessen Tod 1434 fortgesetzt, volle zwei Jahrzehnte und wurde mit äußerster Erbitterung geführt. Was den Ablauf und die verwendeten Mittel betrifft, so fühlt man sich hier in die schlimmsten Zeiten teilfürstlicher Anarchie, in das 12. und 13. Jahrhundert zurückversetzt; wieder beherrschten Würdelosigkeit und eine von abstoßender Brutalität begleitete politische Selbstzerfleischung die Szene: Vasilij II. war in sehr jungen Jahren vor Aufgaben gestellt, denen er nicht gewachsen war. Dreimal wurde er von seinen Gegnern aus Moskau vertrieben und musste auf das Großfürstentum verzichten, jedes Mal kehrte er wieder auf den Thron zurück, mehr von innenpolitischen Parteien als von eigenen Erfolgen getragen. Aber auch seine Feinde waren nicht imstande, ihrer Herrschaft in Moskau Dauer zu verleihen: weder Jurij noch sein älterer Sohn Vasilij Kosoj (der Schielende), den Vasilij II. 1436 in Gefangenschaft blenden ließ, noch der jüngere Dmitrij Šemjaka, der dem Großfürsten zehn Jahre später dasselbe Schicksal bereitete (daher Vasilijs II. Beiname *Tëmnyj* – ›der Dunkle‹, d. h. der Blinde). Feierliche Eide und deren Bruch lösten einander in schneller Folge ab; dem Beispiel der Fürsten folgten Bojaren und Dienstleute, indem sie je nach der Lage die Partei wechselten; Moskaus russische Gegner suchten im Trüben zu fischen, und die Tataren sahen sich nach langer Zeit wieder in der Rolle des umworbenen Schiedsrichters.

Dieses dunkle Bild verdeckt jedoch einen politischen Vorgang von entscheidender Bedeutung: In diesem Kampf standen einander nicht nur zwei verschiedene Auffassungen über die großfürstliche Thronfolge seit Kiever Zeit gegenüber – Seniorat und Erbrecht –, sondern es ging nun auch um gegensätzliche politische Prinzipien, hinter denen alte und neue politisch-gesellschaftliche Kräfte standen. Bisher hatte die Macht des Staates wesentlich auf der Persönlichkeit des Großfürsten, seiner Leistung, seinen Erfolgen und seinem Ansehen beruht. Nun ging die Tendenz – nicht nur des Besitzers der großfürstlichen *votčina*, sondern auch immer weiterer Bevölkerungskreise – dahin, aus dem Großfürstentum eine feste, die Kontinuität der Staatsmacht verkörpernde und sichernde Institution zu machen. So lange die militärische Macht eines Fürsten überwiegend davon abhing, wie viele Bojaren freiwillig in seinen Dienst traten, den sie jederzeit ohne Verlust ihres Grundbesitzes wieder verlassen konnten, fehlte dafür die entscheidende Voraussetzung; erst wenn es den Fürsten gelang, den Grundbesitz mit einer Dienstpflicht zu verbinden, konnten sie ihre Macht auf eine von ihnen abhängende ›staatstragende‹ Schicht gründen. Dieser sich über einen großen Zeitraum erstreckende Vorgang ist nur schwer zu verfolgen, aber es ist wohl kein Zufall, dass der alte Terminus *družina* (Gefolgschaft) im 15. Jahrhundert aus den Quellen verschwindet. Stattdessen tauchen neue Bezeichnungen für jene kleinen und mittleren Dienstleute des Fürsten auf, die den Aufstieg des Moskauer Staates in der folgenden Zeit ermöglichten. So ist seit der Zeit Vasilijs II. neben den Bojaren immer häufiger von ›Bojarenkindern‹ (*deti bojarskie*) und ›Hofleuten‹ (*dvorjane*) die Rede, d. h. im Sinne der späteren, voll ausgebildeten Moskauer Gesellschaftsordnung von kleinen und mittleren Adeligen, deren Grundbesitz an die Verpflichtung zum Dienst geknüpft war.

Daneben benutzte Vasilij II. wohl als Erster auch eine andere Möglichkeit, sich von der einheimischen Bojarenaristokratie unabhängig zu machen, nämlich die Indienstnahme und Belehnung von Fremden, und zwar von Ausländern, Litauern und Tataren. ›Litauer‹, d. h. litauische Reußen, waren schon mit Vasilijs Mutter nach Moskau gekommen; man sah sie nicht gerne, aber da sie gleichen Glaubens und gleicher Sprache waren, bereitete ihre Assimilierung keine großen Schwierigkeiten. Größeres Aufsehen erregte derselbe Vorgang bei Tataren. In Einzelfällen waren tatarische Emigranten auch schon unter Vasilij I. in Moskauer Dienste getreten, aber ein eigenes Element im inneren Machtkampf wurden sie offenbar erst unter Vasilij II. Voraussetzung dafür war der Zerfall der Goldenen Horde, der dazu führte, dass sich 1438 unter Ulug Mehmed (russ. Ulu Machmet) in Kazań ein neues und dem russischen Gebiet benachbartes tatarisches Machtzentrum gebildet hatte. In den etwas mehr als 100 Jahren seiner Existenz blieb es zwar ein unruhiger und aggressiver Nachbar, war aber seiner inneren Instabilität wegen mehr ein Objekt moskauischer Einmischung als eine ernste Bedrohung. Vasilij II. war 1445 nach einer verlorenen Schlacht gegen Ulug Mehmed, mit dem er bis dahin eher in guten Beziehungen gestanden hatte, in Gefangenschaft des Chans geraten. Gegen ein hohes Lösegeld war er wohl bald wieder frei gekommen, aber seine zahlreiche tatarische Begleitung bei seiner Rückkehr gab seinem Gegner Dmitrij Šemjaka Anlass zu einer geschickten und erfolgreichen Propaganda:

> Warum hast du die Tataren in das russische Land gebracht und ihnen Städte gegeben und ihnen Landbezirke zum Unterhalt ausgegeben? Die Tataren und ihre Rede liebst du über die Maßen, die Christen aber peinigst du über die Maßen ohne Gnade, und Gold und Silber und Güter gibst du den Tataren.

Šemjaka hat hier maßlos übertrieben, um in der Rolle eines Retters der Christenheit seine eigenen Ziele zu verfolgen; aber unbegründet waren die Vorwürfe nicht: Die aus Kazań vertriebenen Söhne des Ulug Mehmed zählten vielleicht schon vor 1445, sicher aber danach zu den treuesten Anhängern Vasilijs; Qāsim wurde sogar nach erfolgreichen Kämpfen gegen Šemjaka von Vasilij mit einem Gebiet an der unteren Oka belehnt und begründete hier ein tatarisches Vasallenfürstentum (Kazimov), das Moskau wertvolle Dienste in der Grenzverteidigung leisten sollte. Unter Ivan III. und Vasilij III. wurden ähnliche Fälle dann so häufig, dass man nichts Ungewöhnliches mehr darin sah. Der politische Zweck, den die Moskauer Großfürsten mit der Belehnung vornehmer tatarischer Emigranten verbanden, war dabei deutlich: Diese

Tataren, die gewöhnlich bald Christen wurden und nicht selten zu hohen Würden aufstiegen – zahlreiche russische Adelsgeschlechter haben einen solchen Stammvater –, bildeten in der ihnen fremden Umwelt ein ausschließlich auf die Gnade des Großfürsten angewiesenes und ihm daher treu ergebenes Element. Mit einer ›Tatarisierung‹ der Moskauer Gesellschaft oder gar des Moskauer Staates hat dies jedoch nichts zu tun, denn dazu war weder ihre Zahl noch ihr politischer Einfluss groß genug, aber dieser bewusste Einsatz tatarischer Emigranten ist eines von vielen Symptomen dafür, wie das ›Großfürstentum‹ Moskau seinen Charakter änderte, wie es jedes politisch brauchbare Mittel einsetzte, um seine soziale Machtbasis zu verbreitern und schließlich jener ›zentralisierte Einheitsstaat‹ zu werden, der dann die russische Geschichte so maßgeblich bestimmen sollte.

Die Einheit im engeren Moskauer Bereich hat noch Vasilij II. selbst durchgesetzt. Als er 1462 starb, gab es nur noch ein einziges, politisch harmloses Moskauer Teilfürstentum, das Fürstentum Vereja-Beloozero; alle anderen waren aufgelöst, ihre Inhaber und deren Anhänger physisch vernichtet oder zur Emigration nach Litauen gezwungen worden. Zwar gab es auch später noch Teilfürsten, aber trotz gelegentlicher Konflikte mit den Großfürsten stellten sie keine ernste Gefahr für den Bestand des Staates mehr dar. In der langen Zeit inneren Zwistes hatte Moskaus Ansehen bei seinen russischen Nachbarn allerdings sehr gelitten: Als Vasilij II. um das Jahr 1456 mit dem Großfürsten von Tveŕ einen neuen Vertrag schloss, war nicht mehr von Verpflichtungen des ›jüngeren Bruders‹ (Tveŕ) dem ›älteren Bruder‹ (Moskau) gegenüber die Rede, sondern es regelten zwei ›Brüder‹ gleichen Ranges ihre Beziehungen. Auch der Tveŕsche Großfürst konnte nun also wieder selbstständige Beziehungen zu den Tataren unterhalten.

Mit dem polnischen König und litauischen Großfürsten Kasimir waren beide Großfürsten seit 1449 durch Verträge verbunden. Das ergab ein Bündnissystem, in dem Moskau zwar noch keine Vorherrschaft besaß, das aber eine weitere

Konsolidierung der Moskauer Macht ermöglichte. Das Großfürstentum Rjazań hingegen war an Bedeutung zurückgefallen; als dort 1456 der ›jüngere Bruder‹ Großfürst Ivan Fëdorovič starb, hatte er Vasilij II. zum Vormund seines minderjährigen Sohnes bestimmt und Vasilij setzte in Rjazań einen Statthalter ein. Zwar war Rjazań damit dem litauischen Einfluss entzogen, aber im Übrigen gelang es noch nicht, die litauischen Grenzen nach Westen zu verschieben.

Groß-Novgorod pflegte seit Langem Beziehungen zu Litauen, war aber niemals völlig einbezogen worden. Wegen ihrer Verbindung zu Litauen und dadurch, dass sie eher Galizien als Moskau unterstützt hatten, bekamen die Novgoroder den zunehmenden Moskauer Druck am stärksten zu spüren: 1456 richtete Vasilij II. einen erfolgreichen Angriff gegen die Stadt, die bisher in solchen Fällen immer mit einer Kontribution davongekommen war; diesmal trat etwas Neues hinzu: Die Stadtversammlung sollte das Recht verlieren, eigene Urkunden auszustellen, und das großfürstliche Siegel sollte an die Stelle des Stadtsiegels treten. Das war ein unmissverständlicher Anschlag auf Autonomie und Souveränität des ›Herren Groß-Novgorod‹, der diesmal noch missglückte, weil die Stadt nach dem Abzug der Moskauer sofort wieder einen litauischen Fürsten berief und noch für anderthalb Jahrzehnte ihre Selbstständigkeit wahren konnte, indem sie wie bisher die beiden Nachbarmächte gegeneinander ausspielte. Aber auch hier ist unverkennbar, dass in den letzten Regierungsjahren Vasilijs II. ein neuer Zug in die Moskauer Politik kam; Ivan III. brauchte nur fortzusetzen, was sein Vater begonnen hatte. Und noch auf einem anderen Gebiet traf Vasilij II. eine folgenschwere Entscheidung.

Der eigene Weg der russischen Kirche. Geistesleben und Kultur

Nachdem der Metropolit Fotij 1431 gestorben war, wählte man in Moskau 1432 einen Russen, den Bischof Iona von Murom und Rjazań, zum Nachfolger, dessen nun notwendige Reise nach Konstantinopel zur Bestätigung und Weihe durch den Patriarchen sich aber infolge der ungeklärten politischen Lage in Moskau verzögerte. Inzwischen entschied sich der Patriarch für Gerasim von Smolensk, den Kandidaten des litauisch-reußischen Großfürsten Swidrigiełło, und als Gerasim schon 1435 starb, wahrscheinlich ohne den nordöstlichen, großrussischen Teil seiner Metropolie je besucht zu haben, für den Griechen Isidor, Abt des Demetriosklosters in Konstantinopel. Ein Grieche vermochte wohl am ehesten in der kirchlichen Rivalität zwischen Moskau und Litauen zu vermitteln. Es gab aber noch einen anderen Grund dafür, dass der Patriarch Joseph II. gerade zu diesem Zeitpunkt einen Mann auf dem Moskauer Metropolitenstuhl haben wollte, auf dessen kirchenpolitische Haltung er sich verlassen konnte: Byzanz war durch das Vordringen der osmanischen Türken auf die Umgebung der Stadt Konstantinopel und die Peloponnes reduziert und befand sich in einer verzweifelten Lage. Nur der lateinische Westen konnte noch Hilfe bringen, aber die war an die Zustimmung zur kirchlichen Wiedervereinigung gebunden. Darüber sollte in Kürze auf einem ›Konzil in Ferrara‹ verhandelt werden. Grundsätzlich konnte man in Byzanz darauf rechnen, dass Litauen einer Union der Kirchen zugeneigt sein würde; dem litauischen Großfürsten hätte sie ja die Aussicht eröffnet, den konfessionellen Zwiespalt in seinem eigenen Land zu überbrücken; schon zur Zeit des ›Konzils von Konstanz‹ (1414–18) hatte Witold entsprechende Neigungen zu erkennen gegeben. Von Swidrigiełło allerdings, der sich auf die reußisch-orthodoxen Landesteile stützte, war Ähnliches kaum zu erhoffen, und noch weniger von Moskau. So hing sehr viel davon ab, wer in diesem

Augenblick Metropolit in Moskau wurde. Isidor war nun ein verlässlicher Freund der Union; er hatte als byzantinischer Unterhändler auf dem Konzil von Basel (1431–49) die Vereinigung der östlichen und der westlichen Kirche befürwortet.

So wurden also die Hoffnungen des Iona, als er endlich (1436) nach Konstantinopel gekommen war, enttäuscht: Er musste sich damit abfinden, nicht als Metropolit, sondern im Gefolge des griechischen Metropoliten Isidor nach Moskau zurückzukehren. Ein Freund der Griechen wird er so schwerlich geworden sein. In Moskau wusste man nur wenig von diesen kirchenpolitischen Hintergründen und bereitete dem neuen Metropoliten Isidor, der im Übrigen ein sehr befähigter und gebildeter Mann war, zunächst keine Schwierigkeiten. Noch im Jahr seiner Ankunft in Moskau (1437) trat Isidor mit einem großen russischen Gefolge die Reise zum ›Konzil in Ferrara‹ an. Einer seiner russischen Begleiter hat einen Bericht über diese Reise verfasst, die über Novgorod und Pskov nach Riga, von dort zur See nach Lübeck und quer durch Deutschland nach Italien führte. Es waren die Wunderwerke der Baukunst und Technik (z. B. Wasserleitungen), die den Russen in der Welt der Lateiner am meisten beeindruckten. Vom Abschluss der Union berichtet er dagegen ganz naiv, dass die Lateiner anfingen »zu frohlocken, denn sie hatten Verzeihung erlangt von den Griechen«. In Wahrheit hatten die Griechen unter dem Zwang ihrer Notlage in allen wesentlichen Punkten nachgegeben, und das blieb nicht allen russischen Begleitern des Metropoliten Isidor, der die Union mit unterzeichnete, verborgen: Da sich seine Rückkehr nach Moskau bis zum Frühjahr 1441 hinauszögerte, hatten einige der Begleiter Gelegenheit, vorauszueilen und daheim von dem ungeheuerlichen Geschehen zu berichten. Isidor selbst, den Papst Eugen IV. zum Legaten für Litauen, Livland – das Land des deutschen Ordens – und Russland ernannt und zum Kardinal erhoben hatte, versuchte indessen, die Union im westlichen, litauischen Teil seiner Metropolie zu verwirklichen. Aber selbst dort hatte er nur geringen Erfolg – nicht so sehr weil die orthodoxe Geistlichkeit die Union ablehnte, sondern weil die katholische Geistlichkeit auf der Seite des ›Basler Konzils‹ und somit gegen Eugen IV. stand.

Als Isidor schließlich am 19. März 1441 mit einem vorangetragenen lateinischen Kreuz feierlich in Moskau einzog, da »ließ es Gott der Herr nicht zu« – wie die Moskauer Chronisten berichten –, »dass ein einziger Wolf die unzählbare Menge der Herde des rechtgläubigen Christentums verderbe«. Nach der Überlieferung gab die Nennung des römischen Papstes in der Liturgie dem Großfürsten, der alle in Moskau versammelten russischen Bischöfe hinter sich wusste, die Gelegenheit zum Eingreifen: Isidor wurde in einem Moskauer Kloster gefangen gesetzt. Angesichts der geschlossenen Front gegen die Union blieb ihm dann nichts anderes übrig, als noch im Herbst desselben Jahres die Gelegenheit zur Flucht zu ergreifen. Weder in Tveŕ noch in Litauen fand er indes genügend Rückhalt, um den Kampf aufnehmen zu können, und so kehrte er schließlich nach Italien zurück; damit war die Kirchenunion bei den Ostslaven gescheitert.

Für Moskau hatte die Flucht des Metropoliten aber noch eine andere wichtige Folge: Kirchliche Autonomie unter oder sogar neben Byzanz, aber jedenfalls im Rahmen der östlichen Kirche, anzustreben, war etwas ganz anderes als eine Trennung von Byzanz, von dem man sich im Stich gelassen sah; und die Trennung bedeutete de facto die Vertreibung des Metropoliten. Angesichts der kirchlichen Vergangenheit Russlands lag darin ein unerhörtes Wagnis. Zudem schienen die Dinge bei den Griechen selbst noch nicht geklärt, weil die Union auch in Konstantinopel auf heftigen Widerstand stieß. Erst als auch der neue Patriarch Gregorios Mammas an der Union festhielt, entschloss man sich nach sieben Jahren zu einem Vorgehen, das den endgültigen Bruch mit Byzanz bedeuten musste: Im Dezember des Jahres 1448 wählte eine Synode der russischen Bischöfe Bischof Iona von Rjazań zum Metropoliten ›von Kiev und ganz Russland‹, wie der Titel unverändert lautete. Es ist dabei kaum zu bezweifeln, dass die treibende Kraft, die den Großfürsten zu diesem Schritt brachte, der Bischof selbst war; andererseits konnte Vasilij II., der eben erst seinen Gegner Dmitrij Šemjaka aus Moskau vertrieben, aber noch keineswegs endgültig besiegt hatte, die Unterstützung durch die kirchliche Autorität des Metropoliten sehr gut gebrauchen. So stand am Beginn der faktischen Selbstständigkeit der russischen Kirche schon jene Interessengemeinschaft von Kirche und Staat, die den weiteren Weg Russlands kennzeichnen sollte. Zwar suchte man den offenen Bruch mit Byzanz zu vermeiden und bemühte sich um die Bestätigung des neuen Metropoliten in Konstantinopel, aber nachdem die Stadt 1453 von den Türken erobert worden war, verloren diese Bemühungen ihren Sinn. Als schließlich 1458 ein neuer litauischer Metropolit von Kiev mit Unterstützung Kasimirs Ansprüche auf die gesamte Metropolie erhob, erklärte eine neue Moskauer Bischofssynode 1459 Iona und dessen Nachfolger, sofern sie dem Moskauer Großfürsten genehm seien, zu rechtmäßigen Metropoliten von Kiev und ganz Russland. Als Iona 1461 starb, wurde demnach Erzbischof Feodosij von Rostov durch Wahl der russischen Bischöfe und mit Zustimmung des Moskauer Großfürsten – ohne jede Beteiligung des griechischen Patriarchen – sein Nachfolger. Die russische Kirche hatte sich von Byzanz gelöst und war autokephal geworden.

Bei alledem fällt auf, dass sich keiner von Moskaus Gegnern auf die Seite Isidors gestellt hatte, als dieser aus der Stadt geflohen war. Offenbar konnten sie sich von einem solchen Schritt keinen politischen Erfolg versprechen – zu lange und zu erfolgreich waren die Russen von den Griechen in der Feindschaft gegen den lateinischen Westen erzogen worden. Inzwischen war etwas Eigenes entstanden, in dem man lebte und auf das man stolz sein konnte. Die griechische Tradition in Kirche und Kultur hatte tiefe Wurzeln geschlagen und begann auf russischem Boden neue Blüten hervorzubringen.

Gegen Ende des 14. Jahrhunderts begann sich auch das kulturelle Leben wieder zu intensivieren, was wohl mit den psychologischen Folgen des Sieges über die Tataren auf dem *Kulikovo pole* in Verbindung zu bringen ist. Zwar nahmen die

Reisen russischer Geistlicher nach Konstantinopel und nach dem Berge Athos in der Folge nun zu, aber der Weg durch die Steppe blieb beschwerlich. Den umgekehrten Weg nahmen zahlreiche gebildete südslavische Flüchtlinge, die nach der Eroberung Serbiens (1389) und Bulgariens (1393) durch die Türken nach Russland kamen. Sie vermittelten einen neuen, künstlerisch viel anspruchsvolleren Stil der Heiligenviten, einen aufgelockerten Stil in der Malerei und die byzantinische Mystik. Damit gelangte in einer neuen Welle die byzantinische Kultur der letzten Blüte, die sogenannte paläologische Renaissance nach Russland. Zwei Metropoliten bulgarischer Herkunft seien stellvertretend dafür genannt: Kiprian, Moskauer Metropolit von 1390 bis 1406, und Gregor Dzamblak, litauischer Metropolit von Kiev von 1415 bis ca. 1420; beide haben sich als Hagiografen betätigt. Epifanij *Premudryj* (der ›Hochweise‹), der um 1420 als Mönch des Dreifaltigkeitsklosters bei Moskau starb, war der erste Russe, der die Anregungen des neuen Stils aufnahm; von ihm stammen die Viten des hl. Sergij von Radonež und des hl. Stefan von Perḿ, des Apostels der Syrjänen; den Höhepunkt erreichte die neue Art der Hagiografie bei Pachomij Logofet (Logothetes), seiner Herkunft nach ein Serbe, der von ca. 1440 bis 1480 in Moskau und Novgorod wirkte; er war ein Literat in geistlichem Gewande, der die älteren russischen Heiligenviten dem neuen Geschmack entsprechend umschrieb. Sein gewandter Umgang mit jedem beliebigen Stoff ebnete den Weg für die Entfaltung der russischen Literatur im 16. Jahrhundert, die dann freilich nicht mehr der Verehrung einzelner Heiliger als vielmehr der Verherrlichung Moskaus und seiner rechtgläubigen Herrscher dienen sollte.

In der Malerei wurde ein noch bedeutenderer Höhepunkt schon früher erreicht. Er war mit zwei Namen verknüpft: mit dem Griechen Feofan Grek (›der Grieche‹) und dem seines noch berühmteren russischen Schülers Andrej Rublëv. Feofan wirkte ab 1370 vor allem in Novgorod, wo in einer ganzen Reihe von Kirchen seine monumentalen Fresken erhalten sind. Von dem Mönch Andrej stammt unter anderem die berühmteste russische Ikone, das dem Andenken des hl. Sergij gewidmete Dreifaltigkeitsbild. 1405 schufen beide Künstler gemeinsam den Ikonostas der Mariä Verkündigungskathedrale in Moskau, ein erstaunlicher Beweis für die materiellen und künstlerischen Kräfte, die trotz fortgesetzter Kriege gegen die Tataren in der aufstrebenden Stadt am Werke waren.

Die religiöse Verinnerlichung in der Tradition des hl. Sergij und der byzantinischen Mystik wirkte in der Stille weiter; sie sollte ihre großen asketischen Verkörperungen erst noch finden. Es gab aber auch noch andere Quellen der Kritik an der offiziellen Kirche, die durch in Machtkämpfe verstrickte Hierarchen und die immer reicher werdenden Klöster repräsentiert wurde: Im Jahr 1375 wurden laut Bericht der *Novgoroder Chronik* drei Häretiker von der Brücke in den Volchov gestürzt. Das war der Beginn einer Häresie in den Städten Novgorod und Pskov, mit der sich die russische Kirche ein halbes Jahrhundert auseinandersetzen musste. Auch nach dem Versiegen der Quellen (letztes Sendschreiben des Metropoliten Fotij nach Pskov vom 23. September 1427) wirkte sie noch fort und bereitete späteren ähnlichen Erscheinungen (die ›Judaisierenden‹ im letzten Viertel des 15. Jahrhunderts) den Boden. Vor allem in Pskov nahmen zudem die Strigol'niki (von *strič'* = scheren) Anstoß an der weitverbreiteten Simonie und waren radikal antikirchlich gesinnt. Ihr Ursprung ist dunkel; gewisse Ähnlichkeiten verweisen auf die bulgarischen Bogomilen wie auf mittelalterliche Sektierer im lateinischen Westen; ihr Auftreten in den nordwestrussischen Handelsstädten legt diese Vermutung nahe. Ihre Bedeutung ist indes in erster Linie die eines Symptoms: Um die Wende des 14. zum 15. Jahrhundert hatte sich der auf dem nordöstlichen Russland lastende Druck so weit gelockert, dass geistiges, kulturelles und politisches Leben nach neuen Formen zu suchen begann.

Die ›Sammlung des russischen Landes‹ durch Moskau

1444–92	Kasimir IV., König von Polen, Großfürst von Litauen
1462–1505	Ivan III., Sohn von Vasilij II., Großfürst von Moskau
1492–1501	Johann Albrecht, König von Polen
1497	Gesetzbuch (*sudebnik*)
1501–06	Alexander, König von Polen und Großfürst von Litauen
1506–48	Sigismund ›der Alte‹, König von Polen, Großfürst von Litauen
1505–33	Vasilij III., Sohn von Ivan III., Großfürst von Moskau
1533/47–1584	Ivan IV. der ›Schreckliche‹, Sohn des Vasilij III., Großfürst von Moskau und Zar

Die politische Vereinigung des russischen Nordostens und der Beginn des Kampfes mit Polen-Litauen

Entgegen allen Erwartungen trat Ivan III. (1462–1505) ein gesichertes Erbe an, das er in seiner ungewöhnlich langen Regierungszeit innerlich festigen und territorial um ein Vielfaches vermehren konnte. Zwar war er keine überragende Persönlichkeit, aber er besaß die Fähigkeit abzuwarten und im günstigsten Augenblick zu handeln. Den persönlichen Einsatz im Krieg vermied er dabei so offensichtlich, dass er mitunter den Tadel seiner auf das großfürstliche Ansehen bedachten Berater hervorrief. So zählt Ivan III. nicht zu den Heroen der Weltgeschichte, und der Beiname ›der Große‹ hat sich nicht durchgesetzt, aber ein weitblickender Staatsmann von Format war er ohne Zweifel.

Unterstellt man eine planmäßige Politik der Vereinigung des gesamten großrussischen Territoriums unter der Herrschaft Moskaus, so musste sie sich gegen folgende Herrschaftsgebilde richten: die Großfürstentümer Tveŕ und Rjazań, die Udelfürstentümer (Teilfürstentümer) Jaroslavl’ und Rostov, die ›Stadtrepubliken‹ Groß-Novgorod und Pskov und schließlich die unter litauischer Herrschaft stehenden großrussischen Territorien, wie das ehemalige Fürstentum Smolensk und die Kleinfürstentümer an der oberen Oka und an der oberen Desna. Dies waren Objekte sehr verschiedenen Ranges und unterschiedlicher Widerstandskraft, deren Aneignung unterschiedliche Methoden erforderte: Die Einbeziehung von Jaroslavl' und des noch verbliebenen Restes von Rostov geschah als ein teils administrativer, teils ökonomischer Vorgang im Stile des Ivan Kalita. So heißt es von den Jaroslavler Fürsten, dass sie dem Großfürsten Ivan Vasil'evič ihre *Votčinen* »übergaben, und der Großfürst gab ihnen dafür Landbezirke und Dörfer«; im Falle Rostovs kaufte die Mutter des Großfürsten das Gebiet mit Moskauer Geld. Dies war ein wenig spektakulärer Vorgang; ebensowenig Aufsehen erregte es, als auch die letzten selbstständigen Udelfürsten des Wolga-Oka-Gebietes sich der überlegenen Macht beugten, auf ihre alten Rechte aus ihrem Vatererbe verzichteten und als gewöhnliche Grundbesitzer, nur durch den Fürstentitel von anderen unterschieden, in den Dienst des Moskauer Großfürsten traten. Dass sie das nicht freiwillig und nicht ohne Bitterkeit taten, liegt nahe; die Erinnerung an vergangene Fürstenherrlichkeit lebte in den Familien fort.

Von anderer Art war die entscheidende Auseinandersetzung mit der Stadt Novgorod. Bei deren Bewohnern konnten kein Zweifel darüber bestehen, dass der Großfürst die Politik seines Vaters fortsetzen würde. Die Moskauer Großfürsten hatten Novgorod stets als einen Teil ihrer *votčina* betrachtet; es war für sie nur eine Frage der Gelegenheit, diesen Anspruch auf ein ›altes Recht‹ (*starina*) auch zu verwirklichen. Gegen Ende der 1460er Jahre fühlte sich Ivan III. schließlich stark genug dazu, und die Vorbereitungen blieben den Novgorodern nicht verborgen. Die Stadt reagierte mit einer eindeutigen Hinwendung nach Litauen, dessen Großfürst und polnischer König Kasimir zunächst den Kiever Fürsten Michail Olel'kovič damit beauftragte, die litauische Schutzmacht in Novgorod zu vertreten, was dieser im Winter 1470/71 nur kurz und ohne erkennbare Wirkung tat. Der Vertrag Novgorods mit Kasimir hatte diesen in dieselben beschränkten Rechte eingesetzt, die Novgorod seinen Fürsten auch sonst zugestand; für den katholischen Partner war aber festgelegt worden, dass er den griechisch-orthodoxen Glauben der Stadtbewohner nicht antasten und keine ›römischen Kirchen‹ errichten durfte. Es wurde ferner ausdrücklich bestimmt, dass der Hof der Deutschen nicht geschlossen werden durfte und dass die litauischen Kaufleute nur unter Vermittlung der Novgoroder Kaufmannschaft Handel mit den Deutschen treiben konnten. Dafür übernahm Kasimir die Verpflichtung, Novgorod gegen einen Angriff des Moskauer Großfürsten zu verteidigen. Eben hierin wurde die ›litauische Partei‹ in Novgorod, die keineswegs, wie es die Moskauer Chroniken darstellen, nur aus einer verräterischen kleinen Bojarenclique bestand, sondern ihre Mitglieder als Verteidiger der Novgoroder ›Freiheiten‹ in allen Schichten der Bevölkerung hatte, schwer enttäuscht: Kasimir kam nicht zuhilfe, als das Moskauer Heer nach einem sorgfältig ausgearbeiteten Feldzugsplan, der auch eine Aktion gegen das Novgoroder Kolonialgebiet einbezog, im Sommer des Jahres 1471 heranrückte. Auf sich allein gestellt, erlitten die Novgoroder eine vernichtende Niederlage, und Ivan III. konnte seine Bedingungen durchsetzen. Abgesehen von einer hohen Kontribution und der individuellen Bestrafung der führenden litauischen Parteigänger begnügte sich der Großfürst jedoch damit, die alte Ordnung in seinem Sinne wiederherzustellen. Das bedeutete vor allem einen Verzicht der Stadt auf eine selbstständige Außenpolitik und die Übertragung der Entscheidung aller strittigen Fragen auf den Moskauer Großfürsten. Aber noch war es ein zweiseitiger Vertrag, und die städtische Autonomie blieb erhalten, wenn auch in beschränktem Umfang. Nur einige Veränderungen in den Formeln deuteten einen grundsätzlichen Wandel an. So schloss von nun an nicht mehr der ›Herr‹ Groß-Novgorod auf gleicher Ebene einen Vertrag mit dem Fürsten, sondern die Vertreter Novgorods »schlugen die Stirne ihrem Herrn, dem Großfürsten«, d. h. sie hatten untertänig zu bitten, und der Großfürst gewährte gnädig. Der Rest an

Autonomie, der den Novgorodern blieb, war also nur noch ein Gnadenakt, der leicht entzogen werden konnte. Das geschah im Jahre 1478, als Ivan III. die Stadt zwang, ihn nicht nur als ›Herrn‹, sondern auch als ›Herrscher‹ anzuerkennen. Novgorod durfte hinfort keine *posadniki* mehr einsetzen, und das Symbol der städtischen Selbstständigkeit, die Večeglocke, ließ der Großfürst nach Moskau bringen. Er versprach nur, keinen *vyvod* (›Herausführen‹, Zwangsumsiedlung) der Novgoroder durchzuführen und den Grundbesitz ihrer Bojaren nicht anzutasten. Keines dieser Versprechen hat er gehalten, und damit der Sonderexistenz Novgorods ein Ende bereitet.

Die ehemalige Beistadt Pleskau/Pskov entging vorläufig demselben Schicksal, weil sie seit ihrer Selbstständigkeit im Allgemeinen gute Beziehungen zu Moskau unterhalten und 1471 und 1478 sogar Heeresfolge gegen Novgorod geleistet hatte. Bis auf Weiteres wurde dieses Wohlverhalten von Moskau auch honoriert. Aber auch hier hing es nur mehr von der großfürstlichen Gunst ab, in welchem Umfang und wie lange die eigene Verfassung der Stadt noch bestehen würde. Es war der Nachfolger Ivans III., Vasilij III., der Pskov im Jahr 1510 diese Gunst entzog und damit die jahrhundertalte Schicksalsgemeinschaft der beiden nordwestrussischen ›Stadtrepubliken‹ wiederhergestellte.

Mit Novgorod und Pskov verschwand das Element eines organisch gewachsenen, eigenständigen städtischen Lebens aus der russischen Geschichte. In den verbleibenden Großfürstentümern, die formal noch gleichberechtigt neben Moskau existierten, war die gesellschaftliche Struktur und politische Organisation dieselbe wie in Moskau. Angesichts der Freizügigkeit der russischen Bojaren musste sich das politische Gewicht auf die Dauer aber dorthin verlagern, wo die Bojaren die meisten Vorteile erhofften. Obwohl die Großfürsten von Moskau und Tveŕ in den 1470er Jahren in freundschaftlichen Beziehungen standen und der Tveŕsche ›Bruder‹ dem Moskauer Heeresfolge leistete, orientierten sich immer mehr Bojaren von Tveŕ weg und auf Moskau hin. Da sie dabei ihre *votčina* behielten, bedeutete der Dienstwechsel so etwas wie eine Eroberung auf kaltem Wege, die Moskau offenbar durch alle Arten von Rechtsbeugung und Rechtsbruch förderte. Wollte der Tveŕsche Großfürst dieser Entwicklung Widerstand leisten, so benötigte er dazu wie bisher litauische Hilfe. 1483 bat Michail Borisovič von Tveŕ zum letzten Mal darum; aber der Großfürst war nicht erfolgreicher als die Novgoroder, denn er erhielt von Kasimir zwar ebenfalls einen Vertrag – aber keine Hilfe. Für Ivan III. war dies der gewünschte Anlass für ein Einschreiten wie im Falle Novgorods: In einer ersten Militäraktion erzwang er die Wiederherstellung der *starina*, d. h. eine Vertragsverschlechterung für den Tveŕschen Großfürsten, der wieder zu einem ›jüngeren Bruder‹ des Moskauer Großfürsten absank. Er hatte die Verbindung nach Litauen zu lösen, und alle schwebenden Grenzstreitigkeiten wurden zugunsten Moskaus entschieden. Für keinen der beiden Partner konnte das jedoch eine Dauerlösung sein. Als sich Michail bald danach durch die Flucht nach Litauen einem zweiten Angriff Moskaus entzog, erklärte Ivan III. Tveŕ zu seiner *votčina* (1485) und setzte dort seinen Sohn Ivan zum Fürsten ein. Wer vom Tveŕschen Adel nicht schon vorher in Moskauer Dienste getreten war, wurde einer gewaltsamen ›Herausführung‹ unterworfen, was sich – wie schon im Falle Novgorods – als ebenso brutales wie wirksames Instrument der Moskauer Einigungspolitik bewähren sollte.

Das Großfürstentum Rjazań entging diesem Schicksal nur deshalb, weil es für Moskau gar keine Notwendigkeit zu einer militärischen Aktion gab: In Rjazań regierten zwei Neffen Ivans III. (Söhne seiner Schwester Anna Vasil'evna): Großfürst war der ältere Ivan, der 1500 starb und einen 5-jährigen Sohn gleichen Namens hinterließ, und Teilfürst war der jüngere Fëdor, der seine Herrschaft 1503 dem Moskauer Großfürsten übertrug. Als Onkel, Erbe bzw. Vormund übte Ivan III. die Macht im Großfürstentum Rjazań demnach faktisch schon seit den letzten Jahrzehnten des 15. Jahrhunderts aus. Ob der allerletzte Rjazańsche Großfürst Ivan Ivanovič nach Erreichen der Volljährigkeit wirklich politische Ambitionen und litauische Neigungen zeigte, bleibt unklar; seine Ausschaltung und die Einziehung von Rjazań (1521) war nur noch ein formaler Akt.

Dass Moskau in diesem ›Sammeln‹ nicht durch Gegenaktionen des einst gefürchteten polnisch-litauischen Nachbarn gestört wurde, musste Ivan III. geradezu herausfordern, was aber auch den Übergang zu einer aggressiven Außenpolitik über den engeren nordostrussischen Bereich hinaus bedeutete. Voraussetzung dazu war nicht nur ein gewisser Abschluss der ersten Phase des ›Sammelns‹, sondern auch die ›Abschüttelung des Tatarenjochs‹. Letzteres vollzog sich im Jahr 1480 in undramatischer Form, weil die Oberhoheit der Tataren schon vorher geschwunden war: Nach dem Chanat Kazań hatte sich auch die Krim als ein selbstständiges Chanat von der Goldenen Horde abgespalten (1438/45) und war 1475 zu einem Vasallenstaat der Osmanen geworden. Der Rest der Goldenen Horde war für das erstarkende Moskauer Großfürstentum kein ernsthafter Gegner mehr. Immerhin unternahm dessen Chan Ahmed 1480 noch einen letzten Versuch, seine Macht über den russischen *ulus* wiederherzustellen. Wie allen Gegnern Moskaus hatte Litauen auch ihm dazu Hilfe versprochen, und wie alle anderen wartete auch er vergebens auf eine konkrete militärische Unterstützung. Dieses Warten fand am Ufer der Ugra statt, einem Grenzfluss zwischen Moskau und Litauen. Wochenlang standen die Heere einander gegenüber, getrennt nur durch den Fluss, denn auch Ivan III. zeigte keine Neigung zum Angriff. Als der Frost den Fluss begehbar machte, zogen sich schließlich beide Heere ohne Schlacht vom Ufer zurück; für Ahmeds Tataren bedeutete dies den Rückzug aus der Geschichte.

Ivan III. hat niemals den Kampf gesucht, wenn er auch auf andere Weise zum Ziel kommen konnte. Im Krimchan Mengli Girāi besaß er von den 1480er Jahren bis 1515 den verlässlichsten Verbündeten gegen Ahmed. Menglis Truppen bereiteten schließlich 1502 dem Nachfolger Ahmeds und seiner ›großen Horde‹ eine vernichtende Niederlage. Gegen Kazań schützte Ivan III. zunächst der tatarische Vasall in Kasimov, aber schon gegen Ende des 15. Jahrhunderts gewann er auf die dortigen inneren Parteienkämpfe einen so weitgehenden Einfluss, dass eher ein direktes Eingreifen des Moskauer Großfürsten in Kazań als eine ernsthafte Bedrohung der Moskauer Grenzen durch Kazań wahrscheinlich war. Die Lage blieb für Moskau also über lange Zeit äußerst günstig: So lange das Bündnis mit Mengli Girāi bestand, verfügte es über den stärksten Verbündeten in der Steppe und konnte einen Konflikt mit den osmanischen Türken vermeiden. Polen-Litauen scheiterte dagegen mit allen Versuchen, die starke Rückendeckung, die sich Ivan III. mit Glück und Geschick im Osten und Süden aufgebaut hatte, zu erschüttern.

Für ein Vorgehen Moskaus gegen Polen-Litauen ergab sich 1492 mit dem Tod Kasimirs – nach langem Abwarten – die günstigste Gelegenheit: In Polen folgte ihm sein Sohn Johann Albrecht als König, die Litauer aber wählten den jüngeren Alexander zum Großfürsten; damit war die Personalunion zwischen Polen und Litauen wieder aufgehoben und die Einheit des polnisch-litauischen Staates infrage gestellt. Der Konflikt zwischen Litauen und Moskau wurde schließlich dadurch ausgelöst, dass immer mehr orthodoxe reußische Teilfürsten in die Dienste Moskaus traten; die Motive konnten dabei recht unterschiedlich sein: Auch in Litauen verstärkte sich im 15. Jahrhundert die Tendenz zur Zentralisierung; das Beispiel des polnischen Adels ließ eine Privilegierung des Kleinadels (*szlachta*) auf Kosten der Magnatenschicht erwarten, in die kleinere Teilfürsten abzusinken drohten; hohe und einträgliche Würden im litauischen Staat blieben außerdem Katholiken vorbehalten. Ausschlaggebend für den Übertritt scheinen jedoch nicht diese allgemeinen Gründe gewesen zu sein, sondern die lokalen Verhältnisse in den Grenzgebieten, wo die ›feudale Zersplitterung‹ zunahm: Je kleiner der Landbesitz des einzelnen Teilfürsten wurde, desto größer wurde sein Bestreben, ihn auf Kosten der Nachbarn zu erweitern, und dies war am leichtesten zu erreichen, wenn man in den Dienst des Moskauers trat und dafür dessen Unterstützung erhielt. Schaltete sich Moskau aber erst einmal in Familienfehden ein, so konnte ein Kampf gegen den Moskauer Parteigänger in der eigenen Sippe sehr gefährlich werden; da mochte es ratsam erscheinen, sich seinerseits durch rechtzeitigen Übertritt auf die Moskauer Seite allen Komplikationen zu entziehen. Voraussetzung für diese Entwicklung waren eine überlegene Machtentfaltung Moskaus in den zunächst betroffenen Grenzgebieten und die Unfähigkeit der litauischen Großfürsten, dem Druck Moskaus durch eine stärkere Bindung ihrer reußischen Vasallen an den litauischen Staat erfolgreich entgegenzuwirken.

Nach dem Tode Kasimirs griff Ivan III. offen in die zahlreichen kleinen Grenzkriege der Moskauer gegen die litauischen Parteigänger ein. Damit hatte ein Krieg begonnen, der nun für mehr als anderthalb Jahrhunderte das Verhältnis Moskaus zu Polen-Litauen bestimmen sollte. Da aufseiten Ivans III. die Krimtataren standen, deren Überfälle das Land beunruhigten, zeigte sich Alexander sofort friedenswillig und bot dem Moskauer eine verwandtschaftliche Verbindung an, um dessen Expansionsdrang einzuschränken: Litauische Gesandte ließen durchblicken, dass man in Wilna eine Ehe Alexanders mit Ivans Tochter Elena begrüßen würde. Ivan III. nutzte das Nachgeben der Litauer aus und forderte einen Frieden auf der Grundlage des erreichten Besitzstands, wobei er durch eine Verzögerung der Verhandlungen zwischenzeitlich sogar noch weitere ›Übertritte‹ und damit eine Vergrößerung seines Territoriums erreichte. Als der Vertrag schließlich 1494 zustande kam, musste Litauen an zwei Stellen erhebliche Einbrüche in sein Gebiet hinnehmen: Die östlichen Beistädte von Smolensk und die Fürstentümer an der oberen Oka wurden moskauisch. Ferner bot die Prinzessin Elena von Moskau keine Sicherheit vor Moskaus Ambitionen in Litauen, sondern erwies sich im Gegenteil als dauernder Anlass für Moskauer Beschwerden und Einmischungen. Ivans III. Ziele wurden außerdem durch die Tatsache verdeutlicht, dass er 1494 zum ersten Mal den Titel ›Herrscher von ganz Russland‹ (*Gosudaŕ vseja Rusi*) durchsetzte, obwohl sein litauischer Partner ja seinerseits Herrscher über einen beträchtlichen Teil der Ruś war. Anspruch stand von nun also gegen Anspruch, aber nur der orthodoxe Moskauer Großfürst konnte zu seinem Nutzen die Einheit aller Orthodoxen fordern, und so brachte Moskau im Krieg mit dem westlichen Nachbarn immer wieder das Motiv der Verteidigung des rechtgläubigen Christentums gegen die böswilligen Anschläge der Lateiner ins Spiel. Dagegen konnte der litauische Großfürst nur schwer jeden Anlass vermeiden, der in diesem Streit als Vorwand hätte dienen können. Da einerseits die Garantien für die freie Ausübung des orthodoxen Glaubens der Großfürstin Elena wohl nicht korrekt eingehalten wurden, andererseits Moskau in steigendem Maße ›Übertritte‹ provozierte, kam es im Jahre 1500 zu einem neuen Krieg, den 1503 ein auf sechs Jahre befristeter Waffenstillstand beendete. Diesmal erlitt der Gegner Litauen noch weit schmerzlichere territoriale Einbußen, denn das Gebiet am obersten Dnepr, ferner ganz Severien an der Desna mit dem anschließenden Steppengrenzgebiet fielen an Moskau. Nur Smolensk mit dem anliegenden Territorium nördlich und südlich des Dnepr blieb vorläufig noch litauisch.

Moskau hatte sich erneut als der Stärkere erwiesen, und das steigende Ansehen des Moskauer Großfürsten wirkte sich auch auf seine internationalen Beziehungen aus, wobei es als Paradoxon betrachtet werden kann, dass der Konflikt mit dem westlichen Polen-Litauen von Anfang an ausgerechnet die Wirkung hatte, die Beziehungen Moskaus zu anderen westlichen Mächten auf den verschiedensten Gebieten zu intensivieren und damit die ›Europäisierung‹ des Moskauer Russland zu befördern. Die Freunde Polens und Litauens waren Moskaus Feinde und umgekehrt: Im Süden gewann Ivan III. durch die Ehe seines Sohnes Ivan mit Elena, der Tochter des Fürsten Stephan des Großen von der Moldau, einen Verbündeten gegen Litauen; allerdings kühlte diese Beziehung ab, als Ivan III. seine Schwiegertochter und deren Sohn, den schon zum Großfürsten gekrönten Dmitrij, 1502 verstieß. Im Norden übernahm Ivan III. die traditionellen Konflikte Novgorods und vor allem Pskovs mit dem livländischen Teil des

Deutschen Ordens, gegen den er 1492 gegenüber von Narva die Festung Ivangorod gründete. Indes trug die Schließung des Novgoroder Hansekontors 1494 dazu bei, den Konflikt zwischen den Städten und dem Orden in Livland abzumildern, da sich nun beide von demselben Gegner bedroht fühlten: Der neue Ordensmeister Wolter von Plettenberg schloss 1501 mit Litauen ein gegen Moskau gerichtetes Bündnis, und der danach begonnene Präventivkrieg brachte dem Orden in der Schlacht am See Smolina am 13. September 1502 sogar einen militärischen Erfolg; aber das Kräfteverhältnis war zu ungleich, so dass der Orden im Friedensschluss (1503) nur die Erhaltung des bisherigen und für den Orden demütigenden Zustands erreichen konnte. Immerhin war der Moskauer Großfürst aber nun ein halbes Jahrhundert lang so gnädig, dem ›Stirnschlagen‹ der Ordensvertreter zu entsprechen und den Frieden immer wieder zu verlängern. Auch die militärischen Auseinandersetzungen mit den Schweden in den Jahren 1496/97 brachten keinen territorialen Gewinn: Einer vergeblichen Belagerung Vyborgs durch die Russen folgte eine vorübergehende Einnahme von Ivangorod durch die Schweden; da Moskau zuvor in Fortsetzung der Alt-Novgoroder Rivalität mit den Schweden diplomatische Beziehungen zu Dänemark aufgenommen hatte, suchte Litauen nun in Schweden einen Verbündeten.

Ein Beweis für das steigende Ansehen Moskaus ist die Tatsache, dass auch die westlichen Gegner Polens in ihm einen Verbündeten entdeckten. Das nordöstliche Russland war dem Gesichtskreis der abendländischen Mächte so sehr entschwunden, dass diese meist erst durch inoffizielle Kontakte die Lage sondieren mussten. Matthias Corvinus von Ungarn, der mit den Jagiellonen in Polen und Böhmen im Streit lag, machte hier den Anfang: Für die Jahre 1482–90 war er, vermittelt wohl durch Stephan von der Moldau, mit Ivan III. gegen Kasimir verbündet. Ihm folgten die Habsburger: 1489 empfing Kaiser Maximilian in Frankfurt den ersten Moskauer Gesandten, den Griechen Georg Trachaniot. Zu Beginn des 16. Jahrhunderts bezog auch der Deutsche Orden in Preußen

Moskau in seine gegen Polen gerichteten Pläne mit ein: 1510 reiste Christof von Schleinitz im Auftrag des Hochmeisters nach Moskau, um dort mit dem einflussreichen litauischen Emigranten Michail Glinskij gegen Polen zu konspirieren. Allen voran aber hatten die Venezianer über Moskau neue Verbindungen nach dem Orient zu knüpfen versucht, nachdem der Fall Konstantinopels die alten zerstört hatte.

Das ursprünglich angestrebte Ziel wurde in keinem dieser Fälle erreicht, aber der Moskauer Großfürst gewann durch diese Verbindungen an Prestige, und er fand durch sie Gelegenheit, die eigenen Interessen voranzutreiben. Diese bestanden unter anderem darin, im Westen Fachleute aller Art anzuwerben, um den Erfordernissen der Kriegsführung und der Hofhaltung entsprechen zu können. Im Interesse des ›Sammlers der russischen Länder‹ lag auch seine Heirat mit der Nichte des letzten byzantinischen Kaisers, der Palaiologin Zoë; 1472 nahm sein Gesandter die Erbin des griechischen Reichs aus den Händen von Papst Sixtus IV. entgegen: Nicht die Hoffnung des Papstes, das Moskauer Russland in eine Union mit Rom zu führen, erfüllte sich dadurch, sondern die Absicht des Großfürsten, Moskau in das Erbe von Byzanz eintreten zu lassen.

Die Staatswerdung im Innern

Der Prestigegewinn des Moskauer Großfürsten in den Beziehungen zu den Nachbarn war nur möglich, da zuvor ein innerer Wandel im Charakter des Moskauer Staatswesens stattgefunden hatte. Noch 1449 hatte Vasilij II. den Großfürsten von Tveŕ als gleichgestellten ›Bruder‹ anerkannt, gegen Ende des 15. Jahrhunderts konnte Ivan III. im Verkehr mit schwachen außenpolitischen Partnern bereits den Titel eines ›Zaren‹ durchsetzen. Darin spiegelte sich aus Moskauer Sicht die veränderte Weltlage: Die Eroberung Konstantinopels 1453 durch die osmanischen Türken hatte auf die Moskauer Russen einen tiefen Eindruck gemacht, wie die ausführlichen Berichte der russischen Chroniken über den Kampf und Untergang des letzten byzantinischen Kaisers bezeugen. Zwar hatte die Rus' niemals eine politische Abhängigkeit von Konstantinopel anerkannt, und nach dem ›Unionskonzil von Florenz‹ hatte sich Moskau von den griechischen ›Verrätern‹ am Glauben distanziert, aber das änderte nichts an der Tatsache, dass mit dem byzantinischen Reich die Welt untergegangen war, zu der das orthodoxe Russland nicht nur kirchlich, sondern auch geistig und kulturell gehört hatte, denn obwohl der Kaiser in Konstantinopel zuletzt völlig machtlos gewesen war, hatte in der Vorstellung der Moskauer Russen doch die Welt, d. h. die griechisch-orthodoxe Ökumene, nun ihr legitimes Oberhaupt verloren. Der Patriarch, der inzwischen die Union von Ferrara aufgekündigt hatte, konnte den Kaiser nicht ersetzen und befand sich zudem unter der Herrschaft der ›Ungläubigen‹; allein Moskau hatte den Versuchungen der Lateiner widerstanden – und wenn Gott die abtrünnigen Griechen mit dem Verlust ihrer Freiheit bestraft hatte, so schien er die treuen Russen mit dem Wiedergewinn der Freiheit belohnen zu wollen. So rückte das Moskauer Großfürstentum als einzige unabhängige Macht im orthodoxen Bereich in die Rolle des Erben von Byzanz.

Ivan III. war sich wohl dieser Lage bewusst, als er die Palaiologin Zoë zu seiner zweiten Frau und zur Moskauer Großfürstin machte; seine Herrschaft gewann von da an einen imperialen Stil. Dies zeigte sich schon im Wechsel der Anrede von *gospodin* (Herr) zu *gosudar'* (Herrscher). Der ›Herrscher‹ stand den Untertanen gegenüber, die vor ihm ›die Stirne zu schlagen‹ hatten, während es im Lande weiterhin eine Unzahl von ›Herren‹ – Fürsten und Großfürsten – gab. Aber die Sprache der Titulatur wurde noch deutlicher; denn Ivan beanspruchte nicht nur, der ›Herrscher von ganz Russland‹ zu sein, sondern auch selbst und allein darin zu herrschen: Die Bezeichnung ›Selbstherrscher von ganz Russland‹ (*samoderžec vseja Rusi*) war die Übersetzung des griechisch-byzantinischen Kaiserepithetons *autokrator*. Um dieselbe Zeit taucht auch der kaiserliche Doppeladler, der in Byzanz allerdings niemals ein offizielles Herrschaftssymbol gewesen war, im

Wappen des Moskauer Großfürsten auf. Nach byzantinischem Vorbild, wenn auch mit gewissen Abwandlungen, wurde Ivans Enkel Dmitrij 1498 in einem neuen Zeremoniell zum Großfürsten und Mitregenten gekrönt, und der Moskauer Kreml bekam mit einem großzügigen Umbau durch italienische Renaissancearchitekten (Aristotele Fioravanti, Marco Ruffo, Pietro Antonio Solari) ein imperiales Aussehen. Nun war es nur noch ein kleiner Schritt zur Annahme des Kaisertitels: Im Russischen wurde der Kaiser in Konstantinopel ebenso wie der Chan in Sarāi *car'* (von ›Caesar‹) genannt. Es scheint, dass zuerst Vertreter der russischen Kirche, die bei der Entwicklung der Moskauer Kaiser- und Reichsidee eine herausragende Rolle gespielt haben, den Zarentitel auf den Moskauer Großfürsten anwendeten; allerdings heißt es noch im Bericht vom ›Florentiner Konzil‹ aus den 1440er Jahren: »Die östlichen Zaren [die Tatarenchane] hören auf ihn, und die [russischen] Großfürsten dienen ihm, aber Zar nennt er sich nicht, aus christlicher Demut.« Ivan III. hat diese demutsvolle Haltung bald aufgegeben: 1473 zwang er die Livländer, mit ihm als dem ›russischen Großfürsten und Zaren‹ Frieden zu schließen; an dieser Sprachregelung hielt er im Verkehr mit dem Orden und auch mit der Hansestadt Lübeck fortan fest. Das Bestreben, einen Präzedenzfall zu schaffen, ist offenkundig. Aber noch fand der Zarentitel im innerrussischen Verkehr zu dieser Zeit keine Verwendung, und auch seine Anerkennung durch Polen-Litauen oder gar durch den römischen Kaiser wurde noch nicht gesucht.

Voraussetzung für das gesteigerte Prestigebedürfniss und den verstärkte Herrschaftsanspruch des Moskauer Großfürsten war die Konzentration von Macht in seinen Händen. Die Heirat mit der mittellosen griechischen Prinzessin war hier nur ein Beiwerk der neuen Macht und darf nicht überschätzt werden. Was den Moskauer Großfürsten maßgeblich über seine Gegner erhob, war der Zulauf der Bojaren: Die tragende Schicht im Moskauer Staat war der grundbesitzende Adel, dessen Entscheidung für den Moskauer Großfürsten beim ›Sammeln‹ des russischen Landes den Ausschlag gab. Allerdings kam es im Moskauer Staat nicht wie in anderen Fällen zu einer Teilung der Macht zwischen dem Herrscher und dem Adel, der sich so zu einem ›Stand‹ aus eigenem Recht hätte entwickeln können, wobei die Erklärung für das Übergewicht der Großfürsten sowohl in deren politischer Leistung – vor allem Ivans III. und seines Sohnes Vasilij III. – als auch im politischen Versagen des Adels liegt.

Die eigentliche Leistung der großfürstlichen Politik bestand in einem zielbewussten Abbau der politischen Macht des Adels. Das Festhalten an der Freizügigkeit der Bojaren bis gegen Ende des 15. Jahrhunderts scheint dem zunächst zu widersprechen, aber diese Freizügigkeit galt nur, so lange der Bojarenzug die Macht des Moskauer Großfürsten vermehrte. Gegen eine eventuelle Absage des Dienstes gab es außerrechtliche Mittel, und in dem Augenblick, da ganz Nordostrussland zu Moskau gehörte, wurde die Freizügigkeit der Bojaren vom Moskauer Großfürsten erbittert bekämpft. Nur Litauen gegenüber machte er sich noch zu ihrem Fürsprecher, so lange dies für Moskau günstig war. In der zweiten Hälfte des 16. Jahrhunderts setzte Ivan IV. dann auch hier das Prinzip der unauflösbaren Bindung des Adligen an den Herrscher und der ewigen Dienstpflicht durch, wie es für die *votčina* der Herrscher schon immer gegolten hatte. Außerdem konnte nur derjenige Adelige auf eine gewisse Unabhängigkeit hoffen, der seinen Besitz in den Moskauer Dienst mitbrachte; dann blieb er nicht nur in seiner Existenz selbstständig, sondern hatte unter Umständen auch einen gewissen Rückhalt in der Bevölkerung seines ehemaligen Herrschaftsgebietes: Ein Teilfürst, der in den Dienst des Moskauer Großfürsten trat, verzichtete in der Regel nur auf einen Teil seiner Souveränität, nämlich auf eine selbstständige Außenpolitik; im Übrigen führte er im großfürstlichen Heer sein eigenes Aufgebot und blieb im Innern seiner *votčina* ebenso ›Herr‹ wie zuvor. Darin lag unter Umständen immer noch die Gefahr, dass politische Ansprüche zur Beteiligung an der Macht erhoben wurden; daher suchten die Moskauer Großfürsten, solche Adelige, die ihren Erbbesitz nicht der Gnade des Moskauer Großfürsten verdankten und ihm demnach nicht zum Dienst verpflichtet waren, von ihrem angestammten Besitz und von den lokalen Verbindungen zu lösen. Dazu war jedes Mittel recht, aber das wirksamste war die Zwangsumsiedlung, der *vyvod*. Die erste große, auch über Russland hinaus Aufsehen erregende Zwangsumsiedlung traf Groß-Novgorod:

> Einige Jahre nach dem Ende der Novgoroder Selbstständigkeit, im Winter 1488/1489, übersiedelte der Großfürst Ivan Vasil'evič aus Groß-Novgorod viele Bojaren, wohlhabende Bürger und Kaufleute, insgesamt mehr als tausend, und verlieh ihnen Güter an der Moskva, in Vladimir, Murom, Nižnij Novgorod, Perejaslavl', Jur'ev, Rostov und Kostroma und anderen Städten. Nach Groß-Novgorod auf deren Güter aber schickte er viele Moskauer gute Leute, Kaufleute und Bojarenkinder, und ebenso aus anderen Städten der Moskauer Votčina viele Bojarenkinder und Kaufleute und gab ihnen Besitz in Groß-Novgorod.

Mit dieser Maßnahme wurde nicht nur eine aktuelle politische Opposition ausgeschaltet, sondern eine allgemeine Nivellierung der führenden Schicht erreicht, die so ebenfalls in die Abhängigkeit des Moskauer Selbstherrscher geriet. Es gab also kein regionales politisches Eigenleben mehr in Russland, es entwickelten sich keine ständischen Korporationen, ja selbst der Rat (die Duma) des Großfürsten verlor unter Vasilij III., dem ein Gegner vorwarf, dass er »selbdritt am Bette« regiere, seine frühere Bedeutung.

Auch Fremden blieb dieser Wandel nicht verborgen. So schrieb der habsburgische Gesandte Sigmund von Herberstein in seinen 1549 erschienenen *Rerum Moscoviticarum Commentarii* über Novgorod: »Es soll ein ehrliches und gar menschliches Volk daselbst gewesen sein, jetzt aber mit der Moskowiterpest vermischt, ist es sicher ganz verdorben.« Herberstein hatte Gewährsleute, die dem Großfürsten nicht wohlgesinnt waren. Es gab demnach noch oppositionelle Kräfte im werdenden Moskauer Staat. Tatsächlich sollte das Wissen darum, dass die Autokratie des Moskauer Großfürsten und späteren Zaren nicht die einzig mögliche politische Daseinsform darstellte, niemals völlig verloren gehen, aber im Ganzen versagte der russische Adel im Kampf um die Macht im Staate. Mehrere Gründe lassen sich dafür anführen: Der russische Adel aller Schichten verstrickte sich, einmal in Moskauer Dienste genommen und in seiner Karriere ausschließlich von der Gnade des Herrschers abhängig, in einen alle Kräfte verzehrenden Kampf um den Rang der Person und der Familie. Das *mestničestvo* war ein überaus kompliziertes System, das den Rang einer Familie nach Herkunft, Würdigkeit und Verdiensten bestimmte und jede ständische Solidarität unmöglich machte. Deshalb ließen die Großfürsten und Zaren dieses System lange Zeit unangetastet, obwohl es auch für die Regierung eine schwere Last darstellte. Ferner gab es vor dem Jahr 1598 keinen Dynastiewechsel in Moskau oder eine andere Gelegenheit, den der russische Adel zum Gewinn ständischer Privilegien hätte ausnützen können, wie das z. B. im benachbarten Polen häufig der Fall war. Schließlich fehlte das formale Rechtsdenken des Römischen Rechtes, um erworbene Ansprüche und Rechte verbindlich und dauerhaft zu machen.

Die Nivellierung der russischen Gesellschaft betraf jedoch nicht nur die oberen Schichten: Je mehr die Zahl der Dienstleistenden wuchs und je kleiner das durchschnittliche Dienstgut wurde, desto mehr hing die Existenz des Grundbesitzers von der Arbeitsleistung des einzelnen Bauern ab. Bisher hatte auch der russische Bauer noch die Freizügigkeit besessen, wenn er auch vielfach schon in wirtschaftliche Abhängigkeit vom Grundherrn geraten war. Aber am Ende des 15. Jahrhunderts wurde das Bestreben deutlich, dem Bauern das freie Abzugsrecht zu beschneiden: Das Gesetzbuch (*sudebnik*) Ivans III. aus dem Jahr 1497 beschränkte bereits die Zeit, in der der Bauer – nach Erfüllung seiner Verpflichtungen – den Grundherrn wechseln oder überhaupt seinen Hof aufgeben durfte, auf zwei Wochen um den St. Georgstag (26. November). Die Tatsache, dass am Ende des 15. Jahrhunderts zum ersten Mal seit der *Russkaja Pravda* des Kiever Reiches wieder eine Kodifizierung des geltenden Rechts erfolgen konnte, zeigt dabei sehr deutlich den Wandel im Land: Moskauer Recht galt nun für alle Territorien des russischen Landes. Noch war die Verwaltung des wachsenden Moskauer Staates allerdings sehr einfach: Vertreter des Großfürsten in den Stadt- und Landbezirken erfüllten die administrativen und richterlichen Funktionen; ihr Lohn bestand in der ›Ernährung‹ (*kormlenie*) durch den Verwaltungsbezirk, auf die sie für die Dauer ihres meist kurz, d. h. auf ein oder zwei Jahre, befristeten Auftrags Anspruch hatten; aber die Schaffung eines einheitlichen Rechts zeigt schon, dass der Moskauer Großfürst seine *votčina* nicht mehr nach Art eines großen Landgutes verwalten konnte.

Selbstherrschertum und Machtkirche

Die äußeren Ereignisse bis zum Regierungsantritt Ivans IV.

Vasilij III. (1505–33) verfolgte die politischen Ziele seines Vaters weiter, musste aber die Erfolge gegen zunehmenden Widerstand von außen und Opposition im Innern härter erkämpfen. Das ›Sammeln des russischen Landes‹ konnte er indes ohne besonderen politischen und militärischen Aufwand abschließen; die Eingliederung von Pskov (1510) erregte nicht mehr ein vergleichbares Aufsehen, wie jene von Groß-Novgorod; die Übernahme von Pskov, Rjazań und einigen noch verbliebenen kleinen Teilfürstentümern war eher ein Verwaltungsakt als eine politische Aktion. In der Neuzeit diente der russische Terminus für Teilfürstentum – *udel* – dann nur noch als Bezeichnung der Apanagen von Mitgliedern der Zarenfamilie.

Der Waffenstillstand mit Polen-Litauen war nicht von Dauer, aber das Patt bezüglich der einander entgegengesetzten Ansprüche überdauerte zunächst die Zeit der Thronwechsel in Moskau (1505) und in Litauen (1506). Die Situation war dabei an sich eher für Sigismund I., den neuen polnischen König und litauischen Großfürsten, günstig, denn Moskau hatte Schwierigkeiten mit Kazań. Der Übertritt des Fürsten Michail Glinskij auf die Moskauer Seite veränderte jedoch die Lage völlig: Die Glinskijs waren tatarischer Herkunft (ihr Stammvater war Mamāi, der Unterlegene auf dem *Kulikovo pole*); sie hatten großen Landbesitz in Severien und waren schon unter Witold in litauische Dienste getreten. Unter König Alexander war Fürst Michail der erste Mann in Litauen; dessen Nachfolger Sigismund aber misstraute dem weitgereisten, gebildeten und seinen Standesgenossen sichtlich überlegenen Hofmarschall. Als seine Machtstellung deswegen eingeschränkt werden sollte, schritt Glinskij zur offenen Rebellion, um die ›reußischen‹ Teile des Großfürstentums Litauen zu einer eigenen Herrschaft zu verselbstständigen. Ohne die Unterstützung Moskaus konnte Glinskij dies aber nicht erreichen – und mit ihr, wie er bald erfahren sollte, erst recht nicht, denn Vasilij III. hätte sich niemals mit einem neuen Teilfürstentum abgefunden. Da seine Feldzüge der Jahre 1507 und 1508 gegen den polnischen König keinen Erfolg brachten, blieb Glinskij folglich nur der Moskauer ›Dienst‹ und die Rolle eines renommierten Emigranten. Als solcher trug er allerdings entscheidend dazu bei, dass der Konflikt Moskaus mit Polen-Litauen auch nach dem ›ewigen Frieden‹ vom Herbst 1508, in dem Sigismund endgültig auf alle bisher verlorenen Gebiete verzichtete, nicht zu Ende war. Den Vorwand zur Eröffnung von neuen Feindseligkeiten bot immer noch eine angeblich schlechte Behandlung von Alexanders Witwe Elena. Im dritten Anlauf gelang Moskau 1514 endlich die Eroberung von Smolensk, aber eine schwere Niederlage wenige Wochen später an der Orša zeigte, dass auch Moskaus Kräfte erschöpft waren. Das grundsätzliche Problem aber blieb ungelöst: Weder konnte Litauen auf die verlorene Stadt Smolensk verzichten, noch wollte Moskau das Gewonnene wieder herausgeben. So ließ man die Lage ungeklärt und begnügte sich mit befristeten Waffenstillstandsabkommen, deren erstes 1522 abgeschlossen wurde.

1514 hatte Glinskij vergeblich versucht, erneut die Partei zu wechseln, dieses Mal auf die litauische Seite; er musste diesen Versuch mit langjähriger Haft in Moskau büßen. Aber als der in erster Ehe kinderlose Vasilij III. 1526 in zweiter Ehe Glinskijs Nichte Elena heiratete, erhielt dieser noch einmal eine Chance, denn Vasilij III. hatte ihm im Falle seines Todes eine hervorragende, der eines Vormundes nahekommende Stellung zugedacht. Glinskij war ja ein Großonkel des kleinen Ivan und so war von ihm am ehesten zu erhoffen, dass er sich für den minderjährigen Thronfolger einsetzen würde. Doch gegen diese Absicht regte sich starker Widerstand, und als Glinskij versuchte, nach dem Tod Vasilijs III. mithilfe einer Verschwörung selbst die Macht zu erlangen, da scheiterte er ein letztes Mal und landete 1534 erneut im Kerker, wo er ein Jahr später starb.

Das sich langsam einstellende Kräftegleichgewicht zwischen Moskau und Polen-Litauen resultierte daraus, dass sich bei den Krimtataren die Ära Mengli Girāis dem Ende zuneigte und nach der Vernichtung der ›Großen Horde‹ unter Ahmed das Interesse des Krimchans an seinem Moskauer Verbündeten merklich nachließ. Schon 1512 belästigten die Söhne Mengli Girāis nicht mehr die litauische, sondern die moskauische ›Ukraine‹ (= Grenzgebiet); mit dem Tod von Mengli Girāi (1515) zerbrach das Bündnis mit Moskau dann völlig, und das bedeutete für Moskau nicht nur den Verlust des Bundesgenossen gegen Polen-Litauen, sondern auch einen Rückgang seines Einflusses in Kazań. Die dortige moskaufeindliche Partei konnte nun auf die Unterstützung durch die tatarischen Stammesgenossen auf der Krim gegen das allzu mächtig gewordene Moskau rechnen. Dadurch verlor Vasilij III. weitgehend die Möglichkeit, mithilfe innertatarischer Intrigen seine Position zu halten und auszubauen, ohne sie durch militärische Erfolge zu unterstützen. Feldzüge gegen die Krim waren für Moskau noch undenkbar, aber selbst die Eroberung des näher gelegenen Kazań erwies sich als technisch schwierig. Unmittelbare Angriffe blieben erfolglos, so lange sie sich nicht auf eine nahe Ausgangsbasis stützen konnten. Eine solche versuchte Vasilij III. mit der Gründung von Vasilgorod an der Mündung der Sura in die Wolga (Vasilsursk) zu schaffen, aber erst ein Menschenalter später konnte sein Sohn Ivan IV. nach Gründung von Svjažsk an der Svjaga-Mündung (1551) Kazań einnehmen. Der polnisch-litauische und der tatarische Gegner veranlassten also den Moskauer Staat zum Ausbau seiner militärischen Macht, und der Feldzug des Krimchans Mehmed Girāi, der 1521 unvermutet vor Moskau erschien und neuerliche Tributzahlung erzwang, zeigte deutlich, dass in dieser Hinsicht organisatorisch und technisch noch viel zu tun blieb.

Vasilij III. hinterließ den Personen um seinen 3-jährigen Sohn Ivan 1533 schwierige Probleme; das schwierigste bestand zunächst darin, dessen Herrschaft zu sichern: Als ›Selbstherrscher‹ hatte Vasilij seinen Vater noch übertroffen, dadurch aber auch die Zahl seiner Feinde vermehrt. Der Erfolg nach außen – 1514 hatten die Moskauer Diplomaten den kaiserlichen Gesandten Jörg Schnitzenpaumer überlistet und in den gegen Polen gerichteten Bündnisvertrag mit Kaiser Maximilian I. den Zarentitel für den Moskauer Großfürsten eingeschmuggelt – bedeutete hier wenig. Wie aber sollte die Autokratie nach innen bestehen, wenn es keinen volljährigen Herrscher gab? Diese Situation war für Moskau neu, wenn man von der bedeutend kürzeren Phase, in der Dmitrij Donskoj nach 1359 als Minderjähriger geherrscht hatte, absieht. Zwar sprach das Recht der Primogenitur für den jungen Ivan IV., aber nach dem alten Recht des Seniorats hätten seine Oheime dem Staat einen volljährigen Herrscher sichern können. Dass es dazu nicht kam, kann man positiv als institutionelles Beharrungsvermögen des Moskauer Staates deuten oder negativ als Unvermögen aller Beteiligten, das Machtvakuum einer anderthalb Jahrzehnte währenden Minderjährigkeit auszufüllen; jedenfalls haben Moskau und die Autokratie diese Schwächeperiode ohne ernsthafte Machteinbußen überstanden: Weder einem der Brüder Vasilijs III., Jurij und Andrej, noch dem Favoriten Elenas, Fürst Ivan Ovčina-Obolenskij, noch den Cliquen der Glinskijs, Bel'skijs und

Šujskijs gelang es, die Macht zu erringen und dauerhaft auszuüben. Der heranwachsende Ivan IV. erlebte vielmehr einen ständigen Kampf unfähiger Prätendenten um die Macht: So lange die Großfürstin-Regentin Elena noch lebte, gab es immerhin noch eine Regierung, die bemüht war, die Politik Vasilijs III. weiterzuführen; als Elena aber am 3. April 1538 – wie man weithin vermutete, durch Gift – starb, fiel auch die letzte Hemmung und jede Rücksicht auf das Staatsinteresse. Die Hocharistokratie der Fürsten (*knjažata* – ›Fürstlein‹ wurden sie von Ivan IV. später verächtlich genannt) und Bojaren hätte nun die Macht teilen und dem Moskauer Herrschaftssystem eine andere, durch Stände geordnete Form geben können. Aber diese Hocharistokratie war eben kein Stand, kannte keine ständische Solidarität, und ihre führenden Vertreter waren trotz einer zahlreichen Klientel nicht imstande, die innere Ordnung aufrechtzuerhalten. Durch den gegenseitigen Vernichtungskampf führten sie statt dessen in wenigen Jahren einen Zustand herbei, der sich durch völlige Anarchie an der Spitze des Staates und Hilflosigkeit nach außen auszeichnete. Was noch schlimmer war: Sie zerstörten in dem jungen Ivan IV. für immer das Vertrauen zu jenen Männern, die nach Rang und Überlieferung zu seinen nächsten Mitarbeitern berufen waren.

Dass der Staat nicht an der *nepravda*, an dem ›ungerechten‹ Regiment der Bojaren, zugrunde ging, war einzig jenen Kräften zu verdanken, auf die sich das Selbstherrschertum der Moskauer Großfürsten seit jeher gestützt hatte – dem Dienstadel, der Moskauer Bürokratie und der Kirche. Als Ivan IV. mit 17 Jahren für volljährig erklärt und Anfang 1547 zum Moskauer Zaren gekrönt worden war, als ein Aufstand der Moskauer im Juni desselben Jahres die zuletzt noch an der Macht befindliche Clique der Glinskijs hinweggefegt hatte, war die Bahn frei für eine neue Ordnung anstelle der Unordnung der bojarischen »Machthaber, die alle Welt bedrückten und nicht nach Gerechtigkeit, sondern nach Lohn Gericht hielten«. Der Dienstadel, der vom Herrscher allein abhängig und auf dessen Gunst angewiesen war, hatte der Willkürherrschaft der Bojaren feindlich gegenübergestanden, schon um der eigenen Sicherheit und des eigenen sozialen Aufstiegs willen. Ähnlich verhielt es sich mit den nichtadligen Beamten der Moskauer Regierungsämter, den *d'jaken* (von ›Diakon‹, ursprünglich Schreiber, Sekretär). Sie bildeten wie jede Bürokratie ein wichtiges Element der Kontinuität im Staat; ohne gesellschaftlichen Rang und ganz auf den Herrscher angewiesen, waren sie das geeignete Instrument, den Staat ohne Rat und Mitarbeit der Fürsten und Bojaren zu regieren. Ohne sich politisch festzulegen, waren sie – wiederum wie jede Bürokratie – schon von Berufs wegen gegen die alles komplizierende Unordnung der Bojaren und für die alles vereinfachende Ordnung der Autokratie. Die wichtigste Rolle aber fiel der Kirche zu, deren jeweiliges Oberhaupt nach Überlieferung und Erfahrung in Zeiten des staatlichen Notstands als geistlicher Vormund, als Schiedsrichter und als Interrex stets ein entscheidendes Wort mitzureden hatte, wie dies der Metropolit Aleksej im 14. Jahrhundert gezeigt hatte. Nun war es zwar selbstverständlich, dass die Kirche Fürsprecherin der Ordnung sein musste, aber es war nicht immer klar, welcher Ordnung die Kirche ihren Segen erteilen sollte.

Der Sieg der machtkirchlichen Richtung

So lange sich die russische Kirche in Abhängigkeit von der griechischen befunden hatte, war das Verhältnis zwischen Staat und Kirche im Prinzip gemäß dem Vorbild von Konstantinopel geregelt gewesen; auch hier hatte die oberste weltliche Macht das eindeutige Übergewicht über die oberste geistliche Gewalt besessen; ein wichtiger Unterschied hatte aber darin bestanden, dass der Moskauer Metropolit kirchlich auch vom Patriarchen abhängig, während der Großfürst politisch vom byzantinischen Kaiser unabhängig gewesen war. Mit der Loslösung der russischen Kirche von der griechischen hatte sich die Lage entscheidend verändert: Seit 1453 gab es keinen Kaiser mehr, und auch die Autorität des Patriarchen im nun türkischen Konstantinopel war nicht mehr bedingungslos anerkannt. Unter diesen Umständen suchten und fanden die russischen Metropoliten in ihrer kirchenrechtlich ungeklärten Lage Rückhalt beim Großfürsten; der Staat hatte ja die Autokephalie der russischen Kirche gefördert und gebilligt, was der griechische Patriarch niemals anerkannt hatte. Diese Anerkennung konnte er indes kaum auf Dauer verweigern, wenn das christlich-orthodoxe Kaisertum in Moskau erneuert wurde, wenn also der Moskauer Metropolit einen Kaiser zur Seite hatte, den es in Konstantinopel nicht mehr gab. Die weitere Entwicklung musste dann dazu führen, dass neben den russischen Kaiser schließlich ein eigener russischer Patriarch treten würde. Erst dadurch wäre die zerstörte Ordnung wiederhergestellt und das byzantinische Verhältnis von Staat und Kirche genau wiederholt worden. Dieser welthistorische Aspekt drängte die russische Kirche auf die Seite des Moskauer Großfürsten, machte sie zur Fürsprecherin der byzantinischen Erbschaft – nicht nur kirchlich, sondern auch politisch – und ließ sie am Entstehen der neuen, imperialen Moskauer Staatsideologie maßgeblich mitwirken.

Die Vorstellung, Byzanz in Moskau in vollem Umfang wieder aufleben zu lassen, forderte die Rücksichtnahme auf die konkrete Situation in Russland. Hier wurde wichtig, dass der asketische Aufbruch des russischen Mönchtums im 14. Jahrhundert auch im 15. Jahrhundert noch fortwirkte und dass die russische Kirche zum entscheidenden Zeitpunkt geistliche Persönlichkeiten von Rang hervorbrachte, die ihre eigenen Gedanken über die kirchliche und politische Zukunft des christlichen Russland äußerten. Die Blütezeit der nordrussischen Klostergründungen hatte ziemlich rasch wieder zu einer Verweltlichung der groß und reich gewordenen Klöster geführt, was eine neuerliche Absonderung von Asketen und damit die Entstehung von neuen Klöstern zur Folge hatte. Nun betraf das Einsiedlertum aber immer nur Einzelne und ließ die Frage der Verweltlichung und des sittlichen Niedergangs in den großen Klöstern unberührt; dennoch musste es die Erkenntnis über die Reformbedürftigkeit des russischen Klosterwesens überhaupt befördern. Für eine Reform boten sich dabei zwei Wege an, die beide in der Tradition des ostkirchlichen Mönchtums angelegt waren: einmal die Verinnerlichung in einem neuen asketischen Ansatz und zum anderen eine Neuordnung durch eine verbesserte Klosterverfassung. Beide Wege wurden beschritten und sind im Leben und in der Lehre je eines geistlichen Führers verkörpert.

Nil (Majkov) Sorskij (1433–1509) wählte den Weg nach innen: Er war in seiner Jugend auf dem Berge Athos gewesen und hatte sich dort der byzantinischen Mystik (Hesychasmus) zugewandt. Nach seiner Heimkehr gründete er unweit des Kirillovklosters am Beloozero einen *skit*, eine Einsiedelei, an dem Flüsschen Sora (daher sein Beiname ›Sorskij‹). Das war nichts Ungewöhnliches, und unzählige Male war nach einiger Zeit aus solchem asketischen Anfang ein neues Kloster mit Grundbesitz und Bauerndörfern entstanden. Nils Einsiedelei wurde jedoch das Vorbild für eine dauerhafte neue Art mönchischer Existenz: Im Gegensatz zu den großen Klöstern mit ihrem organisierten und betriebsamen Gemeinschaftsleben (*obščežitie* κοινοβίου) herrschte im *skit* das ganz der Kontemplation gewidmete mönchische Einzelleben (*osobožitie* ἰδιορρύθμον); der *skit* (σκήτη) beschränkte die Kontakte innerhalb einer kleinen Gemeinschaft von Einsiedlern auf den gemeinsamen Gottesdienst und bot dadurch eine Art Mittelweg zwischen Kloster und Eremitentum. Dass Nil Sorskij damit nicht nur kirchengeschichtliche, sondern auch allgemeine Bedeutung erlangte, lag zum einen an seiner Persönlichkeit, die Schüler und Nachfolger anzog und die ganze Richtung der ›Starzen von jenseits der oberen Wolga‹ (*zavolžskie starcy*) prägte; es lag zum andern aber auch daran, dass er sein asketisches Ideal der Verinnerlichung und der geistlichen Vervollkommnung des Einzelnen in der Auseinandersetzung mit einer anderen Richtung vertreten musste, indem er auch zu aktuellen Fragen Stellung nahm.

Iosif (Sanin; um 1440–1515), der Abt des Klosters in Volokolamsk , wählte den Weg nach außen: Er stammte aus einer adeligen Familie und war früh Mönch geworden, hatte aber in keinem der großen Klöster eine Erfüllung seines asketischen Strebens gefunden. Aber anders als Nil suchte er das Heil in einer durchgreifenden Reform des klösterlichen Gemeinschaftslebens, das er in dem 1479 von ihm bei Volokolamsk gegründeten eigenen Kloster verwirklichen wollte. Seine Regel begründete eine überaus strenge, jede Einzelheit des Klosterlebens berücksichtigende Ordnung, die den Mönch zu persönlicher Besitzlosigkeit und zu unbedingtem Gehorsam gegenüber dem Abt mit seiner geradezu monarchischen Verfügungsgewalt verpflichtete.

Beide Reformer wollten nichts grundsätzlich Neues, sondern alte Formen in ihrer ursprünglichen Reinheit wiederherstellen. Ihr Ziel war also dasselbe, und beide wollten sie es als treue Söhne der russischen orthodoxen Kirche erreichen. Nur ihre Wege und ihre Methoden waren verschieden: Iosif von Volokolamsk hielt die peinlich genaue, äußerliche Befolgung seiner strengen Regel für hinreichend, Nil Sorskij kam es vor allem auf die geistliche Erziehung des Menschen an; doch weder leugnete Nil Sorskij bei aller Betonung der individuellen geistlichen Freiheit die Bedeutung des geistlichen Gehorsams, noch verlor Iosif von Volokolamsk in seinem formalen Rigorismus das eigentliche Ziel des asketischen Strebens aus dem Auge. Man hat der einen Richtung gewisse ›protestantische‹, der anderen mehr ›katholische‹ Züge zugesprochen, aber beide fanden zunächst im Raum der orthodoxen Kirche Russlands ihren Platz.

Der Konflikt zwischen beiden Richtungen entstand schließlich aus der Stellungnahme zu zwei aktuellen Problemen: Das eine war die neue Novgoroder Häresie der ›Judaisierenden‹, das andere der Grundbesitz der Kirche; beide standen in einem gewissen Zusammenhang, und an beiden war der Großfürst Ivan III. interessiert. Sein Interesse an der Frage des kirchlichen Grundbesitzes ist leicht zu erklären: Die militärische Macht Moskaus beruhte auf dem Dienstadel, der durch Verleihung eines Dienstguts für den Militärdienst entlohnt wurde. Mit der Erweiterung der militärischen Aufgaben des Moskauer Staates wuchs der Bedarf an Soldaten und an Land, und zwar an von Bauern bearbeitetem Land. Das gab es nun keineswegs im Überfluss, obgleich der Novgoroder Erzbischof bei der Liquidierung der städtischen Selbstständigkeit die Hälfte seines Besitzes verloren hatte. Es war aber leichter, den Novgoroder Erzbischof zu enteignen, den man einer Verbindung mit dem litauischen Metropoliten in Kiev verdächtigte und der daher kaum vom Moskauer Metropoliten gestützt wurde, als auch nur Teile des Grundbesitzes der russischen Kirche zu säkularisieren. Eine solche Maßnahme musste deren erbitterten Widerstand hervorrufen, dem man nur mit einer ernsthaften religiösen Begründung begegnen konnte, um ihr den Anschein der Willkür zu nehmen. Da der Besitz des Novgoroder Bischofs aber bei Weitem nicht ausreichte, musste dem Großfürsten daher jede Lehre willkommen sein, die dem kirchlichen Grundbesitz seine Berechtigung absprach. Dazu boten sich sowohl die Novgoroder ›Judaisierenden‹ als auch die *zavolžskie starcy* an.

Der Ursprung der Novgoroder Häresie ist sehr umstritten: Die Bezeichnung ›Judaisierende‹ (*židovstvujuščie*) stammt von ihrem erbittertsten Gegner Iosif von Volokolamsk, der in einem Juden, S'charija, aus der Begleitung des Kiever Fürsten Michail Olel'kovič, den Begründer der Häresie sah. Gedankliche Anklänge an die rationale Geistigkeit des mittelalterlichen Judentums sind nicht zu leugnen; es könnte sich indes auch um eine späte Fernwirkung der hussitischen Bewegung handeln; die Moskauer Gruppe der Häretiker trug sogar unverkennbar humanistische Züge. Offenbar flossen also verschiedene Elemente zu einer Bewegung zusammen, die man nicht zu Unrecht als einen ersten Einbruch des westlichen Rationalismus in die russische Geisteswelt bezeichnet hat. So waren die ›Judaisierenden‹ den Vertretern der Kirche an Bildung vielfach überlegen; sie zitierten biblische Schriften, die es bis dahin in russisch-kirchenslavischer Übersetzung nicht gab, und provozierten dadurch die erste vollständige Übersetzung der *Bibel* ins Russisch-Kirchenslavische; sie bezweifelten die Prophezeiung des Weltendes für das Jahr 7000 (1492) und behielten damit natürlich recht. Ferner war der soziale Hintergrund der Häretiker nicht einheitlich: Während sich in

Novgorod die untersten Schichten der Stadtbevölkerung einschließlich der niederen Geistlichkeit dazu bekannten und ein antifeudaler Affekt gegen den besonders reichen Novgoroder Erzbischof mitspielte, umfasste die Moskauer Gruppe führende Persönlichkeiten der Hofgesellschaft, wie den *d'jak* des *Posol'skij Prikaz* (den leitenden Beamten des Außenamtes) Fëdor Kuricyn und die Großfürstin Elena aus der Moldau, die Schwiegertochter Ivans III. Dass die Häretiker dem überreichen kirchlichen Grundbesitz, der zugleich die Hauptursache der Verweltlichung der Kirche und die Hauptstütze ihrer materiellen Macht war, jede Berechtigung absprachen, scheint sie dem Großfürsten zunächst sympathisch gemacht zu haben. Er selbst holte wohl zwei häretische Priester von Novgorod nach Moskau und hielt lange Zeit seine schützende Hand über sie, auch nachdem die Kirche längst zum Gegenangriff übergegangen war.

In der Frage des kirchlichen Grundbesitzes stimmte Nil Sorskij den ›Judaisierenden‹ zu; ob jedoch darüber hinaus zwischen seiner innerkirchlichen Reformbewegung und der außerkirchlichen Opposition der Häretiker Verbindungen bestanden, erscheint fraglich: Beide Richtungen nahmen zwar die sittlichen Gebote des Christentums ernst, aber Nil Sorskij stellte niemals die dogmatische Substanz infrage, was die Häretiker sehr wohl taten; und wenn er dafür eintrat, die Häretiker ausschließlich auf rein geistiger Ebene und auf die innere Bekehrung abzielend zu bekämpfen, so folgte er damit nur alter ostkirchlicher Überlieferung. Diametral entgegengesetzt war indes die Haltung des Abtes von Volokolamsk: Er sah in der Häresie eine ernste Bedrohung der Kirche, der mit allen Mitteln, auch mit physischer Gewalt, zu begegnen sei; dazu bedurfte die Kirche der Mitwirkung des Staates bei der Ketzerverfolgung. So schrieb Iosifs Mitstreiter, der Erzbischof Gennadij von Novgorod, 1489 gegen die Häretiker:

> Bitte Gott […] dass er dem Herrscher ins Herz lege, in der Kirche Gottes nach dem Rechten zu sehen, auf dass die orthodoxe Christenheit von dem häretischen Angriff […] nicht erschüttert werde.

Anderthalb Jahre später hatte Gennadij immer noch Grund, sich bitter über die mangelnde Aktivität von Metropolit und Großfürst zu beschweren:

> Unser Herrscher […] untersucht das nicht und bestraft jene nicht: Wie will er da sein Land von dieser Schande reinigen? Welche Festigkeit zeigen doch die Lateiner in ihrem Glauben! Der kaiserliche Gesandte hat mir vom spanischen König erzählt, in welcher Weise der sein Land gereinigt hat!

Der Hinweis auf die Inquisition, von der Maximilians I. Gesandter Jörg von Thurn offenbar in Novgorod berichtet hatte, ist sehr bezeichnend: Das Verhalten der lateinischen Christenheit als vorbildlich hinzustellen, war für einen russischen Kirchenführer mehr als ungewöhnlich. Es bedurfte also wohl schärfster Argumente, um die Leitung von Staat und Kirche in Moskau aufzurütteln, denn in der Frage des kirchlichen Grundbesitzes standen Iosif und seine Gesinnungsgenossen gegen die großfürstlichen Wünsche: Iosif verteidigte den Grundbesitz der Kirche ebenso radikal, wie er die Häretiker bekämpfte, und zwar sowohl gegen die moralisch begründete Kritik der ›Judaisierenden‹ und der Anhänger des Nil Sorskij als auch gegen die hinter dieser Kritik verborgenen Säkularisationswünsche des Großfürsten. Zwar war auch nach seiner Regel der einzelne Mönch zur Besitzlosigkeit verpflichtet, aber Klöster und Kirche mussten seiner Meinung nach reich und angesehen sein, weil sich sonst kein Adeliger mehr entschließen würde, Mönch und Bischof zu werden. Das aber hätte die Kirche einer im Vergleich zur weltlichen Macht angemessenen Führung beraubt und sie gerade dazu unfähig gemacht, was Iosif von Volokolamsk eigentlich erreichen wollte, nämlich Kirche und Staat, weltliche und geistliche Sphäre in einer einzigen *Civitas Dei* zu verschmelzen. Obwohl dies der byzantinischen Überlieferung entsprach, wollte Iosif also keine Unterordnung der Kirche unter den Staat, sondern eher das Gegenteil. Als Oberhaupt der Christenheit mochte der Kaiser oder der Zar als Stellvertreter Gottes auf Erden gelten, ja der Kaiser seiner Natur nach zwar ein

Mensch, seinem Amte nach aber Gott ähnlich sein, doch das alles war nur denkbar, wenn der Kaiser ein rechtgläubiger und frommer Fürst war; dies festzustellen kam aber allein der Kirche zu. Nach dieser Überzeugung handelte der Abt von Volokolamsk auch praktisch: Zur Zeit dieses Streites schien der Großfürst in Gefahr, einer Häresie zu verfallen und die Macht der Kirche in ihrem Besitz anzutasten. Iosif glaubte nicht, in einem solchen Verhalten des ›Selbstherrschers‹ den Willen Gottes zu vernehmen, und er benutzte Ivan III. gegenüber eine sehr deutliche Sprache. Der Ausgang des Streites hing indes weniger von der Kraft seiner Worte als vom Ausgang eines Machtkampfs am großfürstlichen Hof selbst ab: Dort waren die verschiedenen Parteien eng mit der Frage der Ketzerbekämpfung bzw. der kirchlichen Güter verbunden, so dass sich ein kompliziertes und undurchsichtiges Kräftespiel ergab.

Der Machtkampf begann mit dem Tod des schon zum Mitregenten erhobenen Thronfolgers Ivan Ivanovič: Als neuer Thronfolger kam sowohl dessen Sohn Dmitrij als auch Vasilij der nächstälteste Sohn Ivans III. und seiner zweiten Frau, der Palaiologin Zoë, infrage. Für Dmitrij trat natürlich dessen Mutter ein, die Moldauerin Elena, und deren einflussreicher Anhänger Fëdor Kuricyn, beide der Häresie verbunden. Den jungen Dmitrij unterstützten aber auch die Fürsten Patrikeev und Rjapolovskij, die als führende Vertreter der Hocharistokratie jedoch die Griechin und alle mit ihr ins Land gekommenen Neuerungen ablehnten; von hier gab es Verbindungen zu Nil Sorskij und seinen Anhängern. Auf der anderen Seite stand die Großfürstin Sofija, im Bunde mit Iosif von Volokolamsk und den Hierarchen der josifljanischen Richtung. Zunächst hatte die erste Gruppe mit ihrer Verbindung von ständischem Konservatismus, kirchlichem Reformgeist und häretischen Neigungen das Übergewicht, und die Krönung Dmitrijs 1498 zum Mitzaren schien ihren endgültigen Sieg zu bedeuten. Doch unmittelbar danach wendete sich das Blatt: Die Patrikeevs und Rjapolovskij fielen in Ungnade, im Jahr 1500 verschwindet der Name Fëdor Kuricyns aus den Akten und 1502 kamen Elena und ihr Sohn Dmitrij ins Gefängnis;

dagegen wurde Sofija einflussreich und Vasilij zum Thronfolger bestimmt. Was Ivan III. zu dem radikalen Richtungswechsel veranlasste, kann nur die Erkenntnis gewesen sein, dass sich eine Autokratie byzantinischen Stils nicht auf ständische Ansprüche und einen moralischen Rigorismus, sondern nur auf die Unterstützung einer machtvollen Kirche gründen ließ. Auf einer Synode des Jahres 1503 siegte in der Frage des Kirchenbesitzes entsprechend die Auffassung des Iosif von Volokolamsk, und 1504 übernahm schließlich die weltliche Macht die blutige Verfolgung der Häretiker. In beiden Aspekten schien dabei weniger die griechische als vielmehr die lateinische Kirche das Vorbild.

Da Ivan III. seine Rechtgläubigkeit bewiesen hatte, erhob die Kirche ihn und seine Nachfolger in den erstrebten kaiserlichen Rang; der Mönch Philotheos (Filofej) im Kloster des hl. Eleazar zu Pskov hat in seinen Briefen an Großfürsten und andere hochgestellte Personen etwa vom Jahr 1510 an die entsprechende ›Theorie‹ formuliert: Unser

> Herrscher […] ist auf der ganzen Erde der einzige Zar über die Christen, der Lenker der heiligen, göttlichen Throne der Heiligen, Ökumenischen, Apostolischen Kirche, die, anstelle der Römischen und der Konstantinopeler Kirche, in der von Gott geretteten Stadt Moskau […] ist. Sie allein leuchtet auf dem ganzen Erdkreis heller als die Sonne. Denn wisse […]: Alle christlichen Reiche sind vergangen und sind zusammen übergegangen in das Eine Reich unseres Herrschers, gemäß den prophetischen Büchern: Das ist das Russische Reich. Denn zwei Rome sind gefallen, aber das dritte steht, und ein viertes wird es nicht geben.

Das also ist die Theorie vom ›Dritten Rom‹, das Kernstück einer Staats- und Reichsideologie, die von der siegreichen josifljanischen Richtung der russischen Kirche nun in voller Breite entfaltet wurde: Politische Legenden verknüpften das neue Moskauer Reich nicht nur mit Byzanz, dessen Kaiser Konstantin IX. Monomachos angeblich dem Kiever Großfürsten Vladimir II. Monomach die Kron- und Reichsinsignien übersandt hatte, sondern auch mit dem ersten Rom, denn Rjurik, der Stammvater der Dynastie, galt nun als ein Fürst »aus dem Geschlechte des römischen Kaisers Augustus«.

Die Häretiker wurden offenbar erfolgreich ausgerottet: Als in den 1550er Jahren in Moskau erneut Ketzern der Prozess gemacht wurde, betraf dies wohl schon Fernwirkungen der Reformation; eine unmittelbare Verbindung zu den Novgoroder ›Judaisierenden‹ ist jedenfalls nicht nachzuweisen. Hartnäckiger war indes der Widerstand, der von den Anhängern des Nil Sorskij ausging, die unter Vasilij III. wohl wieder an Einfluss gewonnen hatten, so dass sie mit Varlaam sogar den Metropoliten stellten. Vassian Patrikeev, Nachkomme Gedimins und zwangsweise zum Mönch geschoren, wurde der wortgewaltige Führer dieser ›Uneigennützigen‹, der mit den Waffen des Kirchenrechts die Josifljanen bekämpfte; neben ihn trat der gelehrte Grieche Maksim, der im Florenz zur Zeit Savonarolas studiert hatte. Die Vertreter der aus der Macht verdrängten Hocharistokratie beriefen sich gegen den Autokraten auf die *starina*, die gute alte Ordnung, der man nachtrauerte; mit der Griechin sei das Unheil ins Land gekommen – meinte der in Ungnade gefallene Bojare Berseń-Beklemišev zu Maksim Grek:

> Ein Land, das seine alten Sitten aufgibt, wird nicht lange bestehen; hier bei uns aber hat der Großfürst alle alten Sitten umgewandelt; was ist da Gutes zu erwarten?

Zugleich klang bei Vassian Patrikeev die tiefe Sorge um die Zukunft der Kirche an, wenn alle nur nach Gütern trachteten und sich keiner mehr um die »Kirchen Gottes und die Klöster kümmert«. Durch ihre Kritik am Kirchenbesitz gab es für Vasilij III. lange Zeit keinen Grund gegen die ›Uneigennützigen‹ vorzugehen; als sie aber gegen seine geplante zweite Ehe Stellung nahmen und der Metropolit Varlaam die Zustimmung zur Scheidung verweigerte, errangen die Josifljanen endgültig den Sieg: 1522 wurde Daniil, der Nachfolger des Iosif als Abt des Volokolamsker Klosters, Metropolit – er stimmte der Scheidung und der neuen Ehe zu. Vassian Patrikeev und Maksim Grek aber wurden aufgrund der absurden Beschuldigung, sie hätten mit dem osmanischen Herrscher gegen den Großfürsten intrigiert, der Prozess gemacht. Der Hass verfolgte noch die Toten: Keine Vita des Nil Sorskij hat sich erhalten, und erst die geistliche Erneuerung im russischen Starzentum des 18. Jahrhunderts sollte sein Andenken wieder zu Ehren verhelfen.

Der weltliche Machtanspruch der Kirche hatte sich also durchgesetzt, und unter dem Metropoliten Makarij (1542–63) schien er sich zunächst in einer umfassenden Neuordnung von Staat und Kirche zu verwirklichen, denn auch das Josifljanentum, das Makarij vertrat, war ja im Ansatz eine Reformbewegung. In der Folge bedingten und stützten Autokratie und machtbewusste Kirche einander, bis das byzantinische Beispiel auch in Russland voll zur Auswirkung kam – jedoch nicht in einer Harmonie von mächtigem Staat und mächtiger Kirche, sondern in der Herrschaft des übermächtigen Staates über die ohnmächtige Kirche. Dennoch verdankt die russische Kirche als Institution den Josifljanen vieles, musste dafür aber einen hohen Preis zahlen: Es ist kein Zufall, dass mit ihrem Sieg die Reihe der russischen Heiligen für lange Zeit abriss: Das ›heilige Moskau‹ der Zaren war die erstarrte Form einer religiösen Staatsidee, die dem Staat alles und der Kirche nichts gab.

Das Moskauer Zartum unter Ivan IV.

Die Reformperiode

Die russischen Historiker unterteilten die Regierungszeit Ivans IV. (1533 bzw. 1547–84) lange in eine ›gute‹ erste und eine ›böse‹ zweite Periode; als Grenze zwischen beiden galt mal der Tod von Ivans IV. erster Frau Anastasija Romanovna Juŕeva (1560), mal der Tod des Metropoliten Makarij (1563) oder schließlich die Schaffung der berüchtigten *opričnina*

(1565). Diese chronologische Unterscheidung zwischen ›Gut‹ und ›Böse‹ geht auf Ivans IV. erbittertsten Gegner, Fürst Kurbskij, zurück, muss aber deswegen nicht falsch sein; sie wurde später benutzt, um den ›schrecklichen‹ Zaren wenigstens teilweise zu rehabilitieren.

Als Ivan IV. zu Beginn des Jahres 1547 auf eigenen Wunsch mit der Bojarentochter Anastasija Romanovna vermählt und zum Zaren gekrönt wurde, war er noch keine 17 Jahre alt. Seit dem Tod der Mutter (1538) hatte er unter den denkbar ungünstigsten Eindrücken und Einwirkungen gelitten, denn seine Umgebung führte ihm ständig Beispiele von zügellosem Verhalten vor Augen, worüber er sich später bitter beklagte. Einerseits vernachlässigte man ihn und seinen drei Jahre jüngeren Bruder Jurij völlig, so dass gegen eine offenbar sehr früh auftretende Neigung zu sadistischer Grausamkeit kaum irgendwelche Hemmungen aufgebaut wurden, andererseits wuchs Ivan unter der Anleitung des Metropoliten Makarij ganz in die josifljanische Gedankenwelt einer Moskauer Theokratie hinein.

Der Metropolit Makarij unterstützte mit seinen Mitarbeitern durch außerordentliche literarische Unternehmungen systematisch die Ideologie des neuen Moskauer Imperiums: 1547 und 1549 sollten unter starker Beteiligung von Laien Synoden der Moskauer russischen Kirche die nationalen russischen Heiligen kanonisieren. Das umfangreiche Material, das man für diesen Zweck sammelte, redigierte und zu den ›Großen Lesemenäen‹ (*Velikie čet'i Minei*) ordnete (etwa 27 000 Seiten in 12 Folianten), ist bis heute nur zum Teil veröffentlicht. An der ›Heiligkeit‹ des Moskauer Russland konnte angesichts dieses überdimensionalen Heiligenkalenders kein Zweifel aufkommen. Die bisher im Dienste Moskaus geschriebenen Chroniken wurden im Kreis um Makarij zu Moskauer Reichs-Chroniken umgestaltet (die besonders ausführliche *Nikon-Chronik* und das *Stufenbuch*), in denen Moskau als das Dritte Rom und als neues Imperium zum Ziel der Welt- und Heilsgeschichte umgedeutet wurde. 1551 fand dann die ›Hundertkapitelsynode‹ statt, die nach dem erhaltenen *Hundertkapitelbuch* (*Stoglav*) auf 100 Fragen des Zaren die entsprechenden Antworten der Synode zusammenfasste, mittels derer sich die Moskauer Reichskirche im Sinne der Josifljanen ihre inneren und äußeren Normen gab.

Wie weit sich diese kirchliche Aktivität des Metropoliten Makarij auch in die Politik hinein erstreckte, ist nicht klar auszumachen; denkbar wäre ihre Einflussnahme auf die Zarenkrönung wie die Befriedung des Adels, außerdem auf die Bildung einer Regierung in der *izbrannaja rada* (›auserwählter Rat‹).

In der Überlieferung treten als Hauptakteure der Reformzeit zwei andere Persönlichkeiten hervor: der Priester Sylvester als Beichtvater des Zaren und der aus dem Provinzadel stammende junge Aleksej Fëdorovič Adašev, und was Fürst Andrej Kurbskij in seinen Schriften als *izbrannaja rada* bezeichnete, war eine Gruppe untereinander und eine Zeit lang auch mit dem jungen Zaren eng verbundener Berater in der traditionellen Moskauer Regierungsinstitution, der Bojarenduma. 1547 und in den folgenden Jahren haben sie den Machtkampf untereinander wenigstens so weit zurückstellen können, dass die Anarchie überwunden und eine Konsolidierung im Innern und nach außen möglich wurde. An dieser Aktion waren sowohl die Kirche als einzelne Vertreter des aufstrebenden Dienstadels, sowohl die D'jaken als auch Bojaren aus der Familie der Zarin beteiligt, ebenso wie Teile der Hocharistokratie. Nur die zeitweise Einigung über die starken Gegensätze zwischen diesen Gruppen hinweg macht den Erfolg der Reformen erklärbar.

Die Reformen selbst betrafen besonders die Zentralisierung der Verwaltung und die Vereinheitlichung der Verwalteten: Für die Kirche und für die verschiedenen Schichten der Gesellschaft waren Ordnung im Innern und Sicherheit gegen äußere Bedrohung erstrebenswerte Ziele; dies galt aber nicht für die Zentralisierung der Staatsmacht: Gegen sie opponierte die reich begüterte und oft regional mächtige Hocharistokratie, für sie trat jedoch – im scharfen politischen Gegensatz gegen Fürsten und Bojaren – der wachsende, nach Besitz und

Geltung strebende Dienstadel ein. In Ivan Semenovič Peresvetov fand Letzterer einen literarisch begabten und weitgereisten Wortführer; dessen Schriften erzielten zwar keine Breitenwirkung, können aber als Symptom dafür gelten, dass die aufstrebenden Dienstadeligen ihre eigenen politischen Gedanken zu formulieren begannen: Peresvetov hielt dem jungen Ivan IV. in der literarischen Verfremdung des türkischen Sultans das Vorbild eines absoluten Herrschers vor Augen, der nicht den Mächtigen vertraut, die nur ihren Vorteil suchen, sondern »seinen Kriegern das Herz mit seiner kaiserlichen Gnade froh macht«, der die ungerechten Richter absetzt und selbst Recht spricht »im ganzen Reich«. Andere äußerten ähnliche Kritik an den herrschenden Verhältnissen, wenn sie auch zu weniger radikalen Folgerungen kamen. Diese bemerkenswerte ›publizistische‹ Tätigkeit war nicht deckungsgleich mit der offiziellen Staatsideologie des Makarij-Kreises von der ›Selbstherrschaft‹, aber die Interessen des Autokraten und des Dienstadels waren zunächst vereinbar, so dass die tatsächlichen Reformen dem Programm Peresvetovs weitgehend entsprachen.

Das ›ungerechte Gericht‹ – und dies schloss eine willkürliche und korrupte Verwaltung mit ein – sollte zum einen durch eine neue Kodifizierung des geltenden Rechts im *sudebnik* des Jahres 1550, zum andern durch Maßnahmen zur Verbesserung von Rechtsprechung und Administration schrittweise beseitigt werden. Schon im Februar des Jahres 1549 wurden in einer sogenannten ›Befriedungsversammlung‹, in der die Bojaren Reue zeigten, Besserung versprachen und die Verzeihung des Zaren erlangten, die ›Bojarenkinder‹ als die unterste Schicht der adeligen Dienstleistenden dem Gericht der bojarischen Statthalter (*namestniki*) entzogen. Dieses Gericht in der Hand der Bojaren war seit Langem ein Ärgernis für Bauern und Stadtbewohner gewesen; denn gewählte Beisitzer der örtlichen Bevölkerung konnten dessen Missbrauch kaum einschränken. Besser vermochten das die Organe einer Lokalverwaltung, die seit dem Ende der 1530er Jahre im Entstehen begriffen war: die ›städtischen Verwalter‹

und die Starosten der Landbezirke (*guba*). Anfangs waren diese gewählten Notablen nur für die lokale Polizeigerichtsbarkeit verantwortlich, aber je mehr das Vertrauen zu der Verwaltung der Statthalter schwand, desto mehr Aufgaben wurden ihnen übertragen oder konnten sie an sich ziehen. Im Jahre 1555 wurde dann als entscheidender Schritt das bisherige System der ›Ernährung‹ (*kormlenie*) für die Statthalter aufgegeben und in eine staatliche Abgabe umgewandelt; die örtliche Verwaltung übernahmen Amtsträger aus dem Dienstadel. Bei der städtischen Bevölkerung (*posadskie ljudi*) und den Staatsbauern des Nordens ging man noch weiter: Sie konnten ihre lokalen Angelegenheiten durch gewählte Starosten und Landrichter ordnen. In der Praxis bedeutete diese Verdrängung der Hocharistokratie aus der lokalen Verwaltung eine Zentralisierung, denn alle diese neuen Verwaltungsorgane verkehrten unmittelbar mit den Moskauer Zentralämtern, den ›Prikazen‹ (die Bezeichnung *prikaz* wurde in der zweiten Hälfte des 16. Jahrhunderts allgemein üblich). Obwohl dieses allmählich entstehende System schwerfällig und unlogisch war, weil es die Aufgaben teils nach Sachgebieten (z. B. *posol'skij prikaz* = Gesandtenamt, *pomestnyj prikaz* = Dienstgüteramt), teils nach dem Territorialprinzip (z. B. *kazanskij prikaz* = Amt für das neueroberte Gebiet von Kazań) gliederte, verhinderte es einen politisch wirkungsvollen administrativen Regionalismus. Einzig der hochadelige *namestnik* stellte in dieser Hinsicht noch eine potenzielle Gefahr dar, denn er besaß die exekutive und richterliche Gewalt und hätte versuchen können, über Eigenbesitz in seinem Verwaltungsgebiet oder Rückhalt in der Bevölkerung Besitz und Amt dauerhaft miteinander zu verbinden.

Die Reformen richteten sich unter anderem direkt gegen den Besitz der Bojaren, den diese in der Zeit der Unruhe ohne regierungsfähigen Zaren (1533–47) gewaltig vermehrt hatten. Eine entsprechende Erhebung im ganzen Land verfolgte das Ziel, solche unrechtmäßig erworbenen Güter aufzulisten, zugunsten des Zaren einzuziehen und zur Bildung von Dienstgütern zu verwenden. Die ›Verordnung über den

Dienst‹ (*uloženie o službe*) von 1555 setzte schließlich für Dienstgüter eine Einheitsgröße fest: »Von hundert *četvert'* guten Ackerlandes ist ein Mann, beritten und in voller Rüstung, bei weiten Feldzügen mit zwei Pferden, zu stellen.« In den 1560er Jahren ergriff Ivan IV. noch weit radikalere Maßnahmen zur Umwandlung von großen Erbgütern in neue kleine Dienstgüter, aber das Prinzip war auch schon im Jahre 1555 klar zu erkennen: Vermehrung und Stärkung des Dienstadels auf Kosten des Fürsten- und Bojarenadels.

Die ›Verordnung über den Dienst‹ war zugleich Teil einer tiefgreifenden Heeresreform: Der Kern des Moskauer Heeres, das Aufgebot des Adels, blieb zwar im Prinzip unverändert, aber der Streit über das *mestničestvo* mussten ab 1550 während eines Feldzuges ruhen, ohne dass dies indes für die zivile Rangbestimmung Folgen haben sollte; andererseits entstanden neue Truppengattungen: Um die Mitte des 16. Jahrhunderts wurden die ersten Strelitzenverbände (*strel'cy* = Schützen) gebildet, eine mit Feuerwaffen ausgerüstete Fußtruppe, die für festen Sold angeworben wurde, in Garnisonen untergebracht war und die Keimzelle des stehenden Heeres wurde. Ebenfalls aus Berufssoldaten bestand die Artillerie (*narjad*), die von ausländischen Spezialisten auf zeitgemäßes Niveau gebracht wurde, für ihren Einsatz und den Nachschub allerdings auf ein gewaltiges Aufgebot von Hilfskräften angewiesen war.

Einen besonderen Bestandteil des neuen Moskauer Heeres bildeten die freien Verbände der Tataren und Kosaken: Das Kosakentum war ab der Mitte des 15. Jahrhunderts in der Steppe entstanden (*kazak* turkotatarisch = ›der freie Krieger‹) und als gesamtostslavische Massenerscheinung schließlich eine Folge der sich ständig verschlechternden Lage der russischen und ukrainischen Bauern: Um der Ausbeutung durch den Grundherrn zu entgehen, flohen Bauern in die Steppe, um dort ein freies Leben zu führen, indem sie sich weitgehend der Kampfweise und den Lebensgewohnheiten der tatarischen Kosaken anpassten. Dieses ständig wachsende Kosakentum hatte seine Siedlungszentren, so weit in den Anfangszeiten überhaupt von einer festen Siedlung gesprochen werden kann, am Unterlauf des Dnepr und des Don; es war militärisch nach dem Dezimalsystem und politisch in einer sehr elementaren Demokratie organisiert: Der *hetman* (bei den ukrainischen Dneprkosaken) und der *ataman* (bei den großrussischen Donkosaken) war von der Versammlung (*kolo* bzw. *krug*) der Kosakenschaft gewählt und von ihr auch jederzeit absetzbar. Das Kosakentum bewahrte lange nicht nur seine soziale, sondern auch seine politische Freiheit; es ließ sich jedoch gelegentlich auch für die Teilnahme an Feldzügen gewinnen. Neben den ›freien‹ Kosaken gab es in dem allmählich nach Süden vorrückenden Steppengrenzgebiet aber auch sogenannte ›Stadtkosaken‹ (*gorodovye kazaki*); sie waren dauerhaft in die Moskauer Heeresorganisation eingebunden, besaßen eine den Strelitzen ähnliche Stellung und wurden vorzugsweise in der Grenzverteidigung eingesetzt. Die militärische Bedeutung der Kosaken lag insgesamt in ihrer besonderen Eignung zu raschen und kühnen Vorstößen in die weiten Räume des Ostens und Südostens; noch im 16. Jahrhundert drangen sie nach Westsibirien vor und setzten sich am Jaik und am Terek fest. Im Kosakentum lag für Moskau aber auch eine Gefahr: Ihrer Herkunft nach waren die meisten Kosaken ja entlaufene Bauern und konnten sich leicht mit aufständischen Bauern solidarisieren; das sollte die großen Bauernaufstände der südlichen Gebiete nach Beginn des 17. Jahrhunderts besonders gefährlich machen.

Mit der Reform des Heeres wie der Verwaltung hing schließlich eine weitere Maßnahme des Jahres 1550 zusammen, nämlich die Verleihung von enteigneten Dienstgütern in der Umgebung Moskaus an mehr als 1000 Angehörige des mittleren und unteren Dienstadels. Damit wurde eine Eliteeinheit geschaffen, die kurzfristig für die verschiedensten Aufgaben einsetzbar war. Gerade in diesem Fall wird deutlich, was für die Reformen Ivans IV. ganz allgemein gilt: Das Bestreben des Staates, seine Administration effektiver zu gestalten, eröffnete dem Dienstadel neue Aufstiegsmöglichkeiten.

Imperiale Außenpolitik

All diese Reformen machten den Moskauer Staat auch außenpolitisch wieder aktionsfähig. Als erstes Objekt imperialer Machtentfaltung bot sich das Chanat Kazań an, dessen Eroberung schon mehrfach gescheitert war. Da Kazań von den Krimtataren unterstützt wurde, konnte es nicht als ein Vasallenfürstentum an Moskau gebunden, sondern musste erobert und dauerhaft besetzt werden. Das geschah im Jahr 1552, nachdem die Russen im Jahr zuvor mit der Gründung von Svjažsk einen Stützpunkt noch näher an Kazań herangeschoben hatten: Gegen den erbitterten Widerstand der Tataren und nach einer längeren Belagerung wurde schließlich am 2. Oktober 1552 die Stadt besetzt. Dieser Sieg war objektiv und subjektiv von großer Bedeutung: Objektiv beseitigte er jede Bedrohung des Moskauer Staates von Osten her; die militärische Kraft der Wolgatataren war gebrochen, ihre selbstständige politische Existenz für immer vernichtet. Die Stadt Kazań erhielt eine russische Garnison, das flache Land wurde durch die Anlage von Festungen gesichert, die Bevölkerung innerhalb einiger Jahre botmäßig gemacht und die russische Besiedlung eingeleitet. Das weitere Vordringen wolgaabwärts stieß kaum mehr auf ernsthaften Widerstand; 1556 fiel mit Astrachań, der Hauptstadt der nogaischen Horde, auch die Mündung der Wolga in russische Hand. Damit war der direkte Zugang zu den zentralasiatischen Märkten geöffnet und zugleich jeder ernsthafte Widerstand gegen ein weiteres Vordringen nach Osten in den Ural hinein und über ihn hinweg ausgeschaltet: 1555 erkannte der Chan des westsibirischen Tatarenstaates die Moskauer Oberhoheit an und zahlte fortan Tribut an Moskau, das seine Macht aber noch nicht in das Gebiet jenseits des mittleren und südlichen Ural ausdehnte. Das Vordringen der russischen Siedlung nach Süden war nun von beiden Seiten gesichert und der Aktionsbereich der Krimtataren eingeengt worden.

Subjektiv steigerte die Eroberung von Kazań das russische Selbstgefühl in weit höherem Maße als die kampflose ›Abschüttelung des Tatarenjochs‹ im Jahre 1480: Zum ersten Mal war nicht nur eine Bedrohung abgewendet oder ein Herrschaftsanspruch beseitigt (beides hatte bei Kazań längst nicht mehr zugetroffen), sondern ein Staat des muslimischen Erbfeindes dauerhaft der eigenen Herrschaft einverleibt worden. Die Russen hatten zudem eine große Zahl christlicher Sklaven befreit (und nicht freigekauft – dafür gab es im Moskauer Großfürstentum eine besondere Abgabe); der neue christliche Kaiser hatte also seine vornehmste Aufgabe erfüllt, das Reich der Christen zu mehren und das Reich der ›Ungläubigen‹ zu besiegen. Die in den Jahren 1564–66 entstandene *Kazańsche Geschichte* (*Kazanskaja istorija*) hält diese Ruhmestat fest. Man hat den Text als einen historischen Roman bezeichnet, weil er die Ereignisse aus der Sicht eines russischen Gefangenen in Kazań schildert, aber die Grenzen zwischen Literatur und Geschichtsschreibung waren ausdrücklich noch fließend: Die *Geschichte von Kazań* enthält nicht nur eine Fülle von historischen Fakten, sondern sie ist auch eine Programmschrift des neuen Imperiums und eine Vergöttlichung des Moskauer Autokraten: Was keiner seiner Vorfahren gewagt hätte, »weil sie den Neid und Angriffe der heidnischen, ungläubigen Zaren fürchteten«, das sei Ivan IV. gelungen; er habe sich »zum Zaren über sein großes Zartum erhoben [...] zur Verwunderung der heidnischen Zaren und der gottlosen Könige«. Als der Zar als Triumphator in die Stadt Moskau eingezogen sei, da

> gerieten alle Menschen in Verzückung, als sie ihn im Glanze seines herrlichen Ruhmes erblickten, denn er war angetan mit dem ganzen zarischen Ornat, wie am hellstrahlenden Tag der Auferstehung Christi, unseres Gottes.

Mit der Eroberung von Kazań hatte Moskau den russischen Rahmen gesprengt, denn das Gebiet von Kazań hatte niemals zum Kiever Reich gehört; weder historisch noch ethnisch ließ sich also der Herrschaftsanspruch begründen. Wenn die *Geschichte von Kazań* trotzdem davon spricht, dass es darum gegangen sei, »das Drachennest« auszuheben, die Ungläubigen »aus seinem Erbtum, der russischen Herrschaft, zu vertreiben« und »die Zartümer [Kazań und Astrachań] in die eigene Herrschaft zu nehmen«, so äußert sich darin schon ein imperialer Herrschaftsanspruch, dem im Prinzip alle »heidnischen Zaren [im Osten] und alle gottlosen Könige [im Westen]« unterworfen sein sollten. Diese Berauschung am Zarenruhm fand auch ihren offiziellen Ausdruck im Titel, den Ivan IV. von nun an führte: Dem ›Zaren und Selbstherrscher von ganz Russland‹ folgten die Titel eines Zaren von Kazań und eines Zaren von Astrachań, dann erst die traditionellen Großfürstentitel von Vladimir, Moskau usw. Solche imperiale Übersteigerung beruhte freilich weithin auf Fiktionen: Kazań und Astrachań waren im Augenblick der Eroberung alles andere als ›Imperien‹ gewesen. Aber der Herrschaftsanspruch konnte sich auch gegen andere richten.

Dies hätte der Chan der Krimtataren sein können, und der Überlieferung nach sprach sich die *izbrannaja rada* auch für dieses Ziel aus. Man wäre damit im Kampf gegen die ›Ungläubigen‹ nicht nur ideologisch konsequent gewesen, sondern hätte auch im Süden sichere Grenzen und fruchtbares Siedlungsland gewonnen. Ivan IV. entschied anders und richtete die ganze Offensivkraft des Moskauer Staates für mehr als zwei Jahrzehnte gegen die ›gottlosen Könige‹, d. h. gegen den Westen: Für das ›Dritte Rom‹ waren die Lateiner im Westen nicht geringere Feinde als die Muslime im Osten und Süden. Hinter dieser propagandistischen Fassade standen aber reale politische Entscheidungen, denn ein Vorstoß gegen die Krim hätte die Moskauer weit von ihrer Machtbasis entfernt, in einen Konflikt mit dem osmanischen Sultan, dem Oberherren der Krim, gebracht und sehr wahrscheinlich ein türkisch-polnisches Bündnis provoziert. Zwar war auch der Vorstoß in nordwestlicher Richtung gegen Livland mit dem Risiko der Einmischung fremder Mächte verbunden, aber man blieb damit der Basis näher, die Chancen des Erfolges schienen größer und als Ziel winkte der Durchbruch zu den eisfreien baltischen Häfen der Ostsee. Auch dem Dienstadel musste diese Expansionsrichtung sympathischer sein, weil dort geringere militärische Anstrengung rascheren Gewinn kultivierten Landes versprach. Dagegen stand der Hochadel mit seinen zahlreichen Verbindungen zu Verwandten und Standesgenossen im Großfürstentum Litauen – der innere Machtkampf verband sich hier also mit dem Gegensatz der außenpolitischen Konzeptionen, und die Entscheidung musste auch hier für den Dienstadel und gegen die Aristokratie mit altem, eigenem Recht fallen.

Gründe für einen Konflikt gab es genug: Die livländischen Städte beherrschten nach wie vor den russisch-westeuropäischen Handelsverkehr und suchten dieses Monopol zu einem gegen Moskau gerichteten Embargo zu verdichten. Ivan IV. konnte zwar Fachleute im Westen anwerben lassen, aber die Hanse versperrte ihnen den Seeweg, Livland und Polen-Litauen blockierte die Durchreise zu Land, der unter Ivan III. bewährte Umweg über die Moldau und die Krim war längst verschlossen. Wo Gründe vorlagen, fand sich schließlich auch ein Anlass: 1557 grub man in Moskau alte Tributforderungen an den livländischen Orden aus (›Dorpater Zins‹), verlangte deren Nachzahlung, und als der Orden dies in kurzer Frist nicht leisten konnte, eröffnete Moskau die Feindseligkeiten. Der ›Livländische Krieg‹ war demnach ein unprovozierter Angriffskrieg mit rein imperialistischen Zielen, der zunächst Erfolge brachte: Zu Beginn des Krieges (1558) fielen Narva und Dorpat in russische Hand, und nach zwei Jahren grausamer Verheerung des Landes wurde im August 1560 in der Schlacht bei Ermes die militärische Widerstandskraft des Ordens für immer gebrochen: Ivan IV. hatte den Konflikt zwischen dem Orden, dem Erzbischof von Riga und den Städten in Livland nutzen können. Sein Vormarsch beschleunigte den Verfall des Landes, aber keiner seiner Teile unterwarf sich der russischen Herrschaft: Estland unterstellte sich dem schwedischen, Livland dem polnischen König, Kurland wurde unter dem letzten Ordensmeister Gotthard Kettler ein weltliches Herzogtum in Abhängigkeit von Polen, und auf der Insel Ösel herrschte der Bruder des Dänenkönigs, Herzog Magnus von Holstein. Als kriegsentscheidend sollte sich dabei letztlich die Tatsache erweisen, dass die großen Hafen- und Handelsstädte Reval und Riga frei blieben. Ab 1561 wandelte sich der Krieg deshalb von einem überraschenden Überfall auf einen kaum zur Verteidigung fähigen Gegner zu einer erschöpfenden Auseinandersetzung mit den Nachbarn Polen-Litauen und Schweden.

Unter diesen Umständen musste Ivan IV. seine Ziele erweitern; die Eroberung des litauischen Polock im Jahr 1563 brachte zunächst auch wirklich einen weiteren Erfolg; ein polnisches Angebot, unter Abtretung von Polock Frieden zu schließen, lehnte der Zar 1566 mit Zustimmung der ersten Moskauer Landesversammlung (*Zemskij sobor*) ab. Aber die Zeit arbeitete gegen ihn, obwohl sich Ivan IV. in dem immer komplizierter werdenden politischen Kräftespiel mit erstaunlichem Geschick zurechtfand: Er zog die englischen Handelsfahrer, die 1553 zum ersten Mal im Weißen Meer an der Dvinamündung erschienen waren, nach Narva, wo sie den Schweden Konkurrenz machen sollten, und er führte eine anmaßende Korrespondenz mit Königin Elisabeth. In der Folge gewann er Herzog Magnus von Holstein für sich, erhob ihn 1570 als seinen Vasallen zum König von Livland, um auf diese Weise die russische Herrschaft zu festigen. Magnus erhielt eine Nichte des Zaren zur Frau, deren Vater der Zar allerdings wenige Jahre zuvor hatte umbringen lassen. Als 1572 der polnische König Sigismund II. August starb, nahm Ivan IV. sogar auf die polnische Königswahl Einfluss, um im Bunde mit dem römischen Kaiser das jagiellonische Erbe zu teilen; für seine Unterstützung des Habsburger Kandidaten in Kronpolen wollte er das Großfürstentum Litauen annektieren. Aber alle diese Pläne scheiterten: Die Engländer wichen den Konflikten aus und bevorzugten bald wieder die nördliche Route zur Dvinamündung, wo 1584, nachdem sich alle Hoffnungen auf einen russischen Hafen an der Ostsee zerschlagen hatten, Archangel'sk begründet wurde; die Livländer, die den Krieg von der härtesten Seite erfahren hatten und in Massen (1565 die gesamte Bürgerschaft Dorpats) nach Russland verschleppt worden waren, hassten alles Russische so tief, dass ›König‹ Magnus keinen zuverlässigen Anhang gewinnen konnte; und in Polen wurde nach dem Zwischenspiel des Heinrich von Valois 1576 jener Kandidat König, den der Zar am meisten fürchtete und als einen türkischen Vasallen zu verleumden gesucht hatte: der kriegserfahrene siebenbürgische Fürst Stephan Báthory. Zudem hatte der russische Druck auf Litauen schon 1569 zu einem noch engeren Zusammenschluss von Polen und Litauen in der ›Union von Lublin‹ geführt, die zwar die litauische Autonomie einschränkte und auch einen Verlust an litauischem Territorium bedeutete, aber eben dadurch Polen in die Ostpolitik des Gesamtstaates hineinzog.

Die Konzentration aller russischen Kräfte gegen die westlichen Gegner rief gegen Ende der 1560er Jahre schließlich noch eine neue Bedrohung aus dem Süden hervor: 1569 führte ein gemeinsamer Feldzug Krimtataren und Türken bis vor Astrachań, um die Wolgachanate zurückzugewinnen. Vergeblich versuchte Ivan IV. den Sultan durch Gesandtschaften von weiteren Aktionen abzuhalten – er konnte nicht verhindern, dass die Krimtataren im Frühjahr 1571 unter Devlet Girāi ein letztes Mal bis vor Moskau durchstießen: Am 24. Mai 1571 brannte Moskau nieder; nur der Kreml hielt dem Feuer und den Tataren stand; die Menschenbeute, die der Angreifer wegführte, soll sehr groß gewesen sein. Der Autokrat, der sich nach Norden zurückgezogen hatte, musste nun demütigende Verhandlungen führen, in denen er sogar die Herausgabe von Astrachań anbot. Die Situation rettete der tüchtigste Feldherr Ivans IV., Fürst Michail Ivanovič Vorotynskij, der eigentliche Eroberer von Kazań und Organisator der wirksamen Grenzverteidigung, als er im folgenden Jahr einen neuen Angriff des Krimchans zurückschlug.

Neue Kämpfe in Livland während der 1570er Jahre brachten den Russen zwar noch Teilerfolge, aber als 1579 Báthorys wohlorganisierter Gegenangriff einsetzte, zeigte es sich sehr bald, dass die Kräfte Moskaus erschöpft waren: Im August 1579 eroberte der polnische König Polock, im September 1580 Velikie Luki, und im Jahr darauf belagerte er bereits

Pskov. Da gleichzeitig die Schweden Estland zurückeroberten und Ingermanland besetzten, musste Ivan IV. in Verhandlungen sein Heil suchen. Dass er dafür die Vermittlung des Papstes gewann, hat man ihm als einen genialen Schachzug angerechnet; Papst Gregor XIII. dachte an die Kirchenunion und eine gemeinsame Türkenbekämpfung, als er der Bitte des Zaren nachkam und den Jesuiten Antonio Possevino mit der Vermittlung beauftragte. Das Ergebnis war freilich mager und brachte nicht mehr als interessante Berichte des Possevino und einen Waffenstillstand zwischen Polen-Litauen und Moskau, der in Jam Zapol'skij am 15. Januar 1582 auf zehn Jahre abgeschlossen wurde: Ivan IV. musste alle Eroberungen in Livland und Litauen herausgeben. 1583 kam es dann auch mit Schweden zum Abschluss, der über Estland hinaus auch russische Städte in schwedischem Besitz beließ und Moskau vom Finnischen Meerbusen ausschloss.

Der neue Moskauer ›Kaiser‹ war im Westen mit seiner Eroberungspolitik vollkommen gescheitert. Dass zu gleicher Zeit im Osten die Initiative der Stroganovs und die Unternehmungslust freier Kosaken unter dem *ataman* Ermak Timofeev zur ersten Eroberung des westsibirischen Tatarenchanats führte (1582), war vorerst nur ein Versprechen für die Zukunft; man musste hier in den folgenden beiden Jahrzehnten erst systematisch Stützpunkte anlegen, ehe der Chan 1598 die entscheidende Niederlage erlitt, die russische Herrschaft in Westsibirien fest begründet und mit der Anlage von Verchotuŕe und Tomsk (1604) der weitere Weg in den sibirischen Raum geöffnet werden konnte. Dies sollte indes Ivan IV. nicht mehr erleben, und es war auch nicht sein Verdienst.

Die außenpolitische Niederlage war aber nicht allein auf die Aktionen der Gegner zurückzuführen; die Überforderung der militärischen Leistungskraft des Moskauer Staates war nicht zuletzt das Ergebnis einer autokratischen Innenpolitik mit pathologischen Zügen.

Der ›Schreckliche‹

Ivan IV. trägt im Russischen den Beinamen *groznyj*, was gewöhnlich mit ›schrecklich‹ übersetzt wird, aber den Sinn nicht ganz trifft: Das Adjektiv ist von *groza* (›Androhung von Strafe‹) abgeleitet und sollte daher besser mit ›furchterregend‹, ›gestreng‹ wiedergegeben werden; schon der erste Moskauer ›Selbstherrscher‹ Ivan III. erhielt gelegentlich diesen Beinamen. Was *groznyj* eigentlich meint, brachte am klarsten Peresvetov (s. Seite 199) zum Ausdruck, wenn er den türkischen Sultan sagen ließ: »Ein Zar kann sein Zartum nicht ohne Strenge (*groza*) regieren«, und wenn er als nachahmenswertes Beispiel schilderte, wie der Sultan »ehrliche Richter in seine Städte sandte, ihnen drohte mit seiner zarischen Strenge und ihnen Gesetzbücher gab, danach anzuklagen und zu richten«. Peresvetov schrieb diese Sätze, noch ehe Ivan IV. selbst 1550 ein neues Gesetzbuch verfassen ließ; er teilte die Auffassung, dass die absolute Fürstengewalt wesentlich im absoluten Richteramt bestehe. Im Jahre 1564 schrieb er an den Fürsten Kurbskij:

> Und immerdar geziemt es den Herrschern, umsichtig zu sein: hier sehr milde, dort grimmig; für die Guten Gnade und Milde, für die Bösen Grimm und Pein. Wenn er aber das nicht hat, so ist er gar kein Zar; denn der Zar ist nicht den guten Werken, sondern den bösen zu fürchten. Willst du dich aber nicht fürchten vor der Obrigkeit, so tue Gutes; tust du aber Böses, so fürchte dich! Denn er trägt das Schwert nicht umsonst, zur Rache den Übeltätern, zum Lobe den Rechttuenden.

Die absolute Macht des Fürsten war für Ivan IV. zudem immer ein Ausfluss der göttlichen Weltordnung: Fürstenwille sei Gottes Wille, wer dem Fürsten widerstrebe, widersetze sich Gott; es gebe kein Recht und kein Gesetz, das nicht im herrscherlichen Willen seinen Ursprung habe und ihm nicht unterworfen sei.

Diese Vorstellung stammte aus Byzanz, und die Josifljanen hatten sie auf russischem Boden entfaltet, allerdings immer unter der Voraussetzung, dass der Herrscher ›fromm‹ sei, nicht nur im religiösen, sondern auch im politisch Sinne. Der ›gestrenge‹ Zar war also die Theorie; der ›schreckliche‹ Zar, und zwar nicht nur für die ›Bösen‹ unter seinen Untertanen, war die Wirklichkeit und stand am Ende seiner Herrschaft für alle – für den Tyrannen selbst ebenso wie für die Tyrannisierten und für den Staat, der beide vereinte. Der Schlüssel zum Verständnis der ›bösen‹ Periode in Ivans IV. Regierungszeit liegt dabei zum einen in den politischen Ereignissen und in den sozialökonomischen Voraussetzungen, zum anderen in der psychischen Veranlagung des Zaren und den unglücklichen Umständen seiner Kindheit: Ivan IV. verband eine überdurchschnittliche intellektuelle Begabung mit großer Sensibilität; er war erstaunlich belesen in der russischen ›Literatur‹ seiner Zeit, theologisch gebildet, von einem nicht mehr steigerungsfähigen Selbstbewusstsein erfüllt; ihm fehlte jedoch das Maß für sein Handeln und jede Mäßigung in seinem Tun. Die Erlebnisse seiner Kindheit hatten Ivan IV. außerdem mit einem abgrundtiefen Hass gegen die ›Fürsten und Bojaren‹ erfüllt: Je mehr ihn das Bewusstsein von der Erhabenheit seines herrscherlichen Amtes und von der unbeschränkten Macht durchdrang, die ihm nach der Lehre der Josifljanen als Selbstherrscher zustand, desto mehr mussten ihn die frühen Demütigungen verwunden, denen er in seiner Jugend ausgesetzt war. Ein tiefes Misstrauen war demnach früh in ihm gewachsen; es sollte sich zum Verfolgungswahn entwickeln und schließlich alle Beziehungen zu Menschen zerstören; jeder Untertan, einschließlich der nächsten Verwandten, wurde zum potenziellen Gegner; sein Leben lang suchte Ivan IV. zur Umsetzung seiner Macht vergeblich nach Menschen, denen er wirklich hätte vertrauen können. Dem übersteigerten Selbstbewusstsein entsprach folglich nicht Selbstsicherheit, sondern innere Unsicherheit und Angst; daraus ergab sich ein ständiges Schwanken zwischen den Extremen sinnlos grausamer Machtexzesse und tiefer Depressionen in reuevoller Zerknirschung. Wie kompliziert dieser Zar war, ergibt sich schon daraus, dass alle seine Emotionen zu einer theatralischen

Schaustellung tendierten, die mitunter die Grenze zwischen innerem Zwang und politischer Absicht verwischte; insofern erscheint die etwas unglückliche Übersetzung des Beinames mit ›der Schreckliche‹ durchaus berechtigt.

In gewisser Weise war das Misstrauen berechtigt, jedenfalls aus der subjektiven Sicht des Zaren: Zwar gab es keinen Bruch im herrscherlichen Handeln, etwa als Reaktion auf eine akute Bedrohung; von außen betrachtet ging die ›gute‹ ganz allmählich in die ›böse‹ Periode über. Aber de facto scheint schon wenige Jahre nach der Krönung ein Ereignis das vorübergehend beschwichtigte Misstrauen des Zaren wieder geweckt zu haben: 1553 erkrankte Ivan IV. so schwer, dass er Vorkehrungen für seine Nachfolge traf: Bojaren und Würdenträger sollten den Eid auf seinen kleinen Sohn Dmitrij leisten. Das taten sie auch, aber nur widerwillig und unter Zwang; auch seine vertrautesten Ratgeber und Mitarbeiter zögerten. Das war auch ganz verständlich; denn erst sechs Jahre zuvor hatte man den Notstand einer langen Regentschaft für einen minderjährigen Herrscher überwunden, als die Misswirtschaft durch den Volkszorn hinweggefegt worden war. Nun drohte genau die gleiche Situation. Um die bisherigen Reformen und die äußeren Erfolge nicht zu gefährden, konnte es demnach ratsam erscheinen, an den Vetter Ivans IV., den Udelfürsten Vladimir Andreevič von Starica, als Nachfolger zu denken. Nur wenn man den Willen des Autokraten so absolut setzt, wie Ivan IV. das tat, und anderen Gruppen bei ihrem Handeln grundsätzlich nur Eigeninteresse unterstellt, kann man hierin eine ›Meuterei‹ sehen und den zögernden Bojaren ein Staatsinteresse absprechen. Der Zar zog nach seiner Genesung auch tatsächlich keine unmittelbaren Konsequenzen – aber das Vertrauensverhältnis war zerstört. Als schließlich jene Menschen starben, die einen mäßigenden Einfluss auf Ivan IV. ausgeübt hatten, seine Frau Anastasija und der Metropolit Makarij, nahm die Entwicklung zum ›Schrecklichen‹ einen raschen Verlauf: Der Beichtvater Sylvester und der Ratgeber Adašev wurden 1560 verbannt; zwar hatte es schon früher einzelne Maßnahmen gegen Vertreter der Hocharistokratie gegeben, die einer Verbindung mit Polen-Litauen beschuldigt worden waren, aber nun traf die Ungnade des Zaren Angehörige des engsten Kreises des Hochadels, ohne dass konkrete Vorwürfe erhoben wurden. Der wachsende Druck erzeugte dann im Hochadel eine entsprechende Reaktion, und als nach dem Sturz Sylvesters und Adaševs ein weiteres Mitglied der *izbrannaja rada*, der Fürst Andrej Kurbskij, 1564 als Befehlshaber russischer Truppen im livländischen Krieg nach Litauen floh und diesen Schritt in einem Aufsagebrief mit den schwersten Anklagen begründete, da kannte die Wut des Autokraten keine Grenzen mehr.

Der Briefwechsel zwischen Ivan IV. und Kurbskij gehört zu den berühmtesten Zeugnissen politischer Polemik: Mit dem geistigen Rüstzeug des ›Dritten Rom‹, in einem schwerfälligen, mit Bibelzitaten überladenen Stil, wurde hier ein Streit ausgetragen, der keineswegs westliche Adelsfreiheit der östlichen Tyrannis entgegensetzte, sondern eher ein Konflikt zwischen zwei Varianten desselben Moskauer politischen Ideenkreises war. So griff Kurbskij weder die Autokratie des Zaren noch das Zartum überhaupt an, sondern nur deren Pervertierung – wie er meinte – durch Ivan IV. Er sah dabei nicht, dass das politische Übel nur vordergründig in der Persönlichkeit des Zaren, prinzipiell aber in der josifljanischen Staatslehre lag, dass eine Beteiligung der Hocharistokratie an der Macht, wie sie Kurbskij natürlich wollte, nur durch verfassungsmäßig festgelegte Rechte und nicht durch moralische Appelle an den Zaren, sich guter also hochgeborener Ratgeber zu bedienen, durchzusetzen war. Wenn er dabei allerdings an dem traditionellen Recht der Bojaren festhielt, den fürstlichen Dienstherren nach Belieben zu wechseln, so stellte er indes de facto nicht nur die Konzeption Ivans IV., sondern die Geschichte des Moskauer Staates überhaupt in Frage. Ivan IV. konnte darin kein durch die Tradition geheiligtes Recht sehen, sondern nur Verrat.

Der Begriff des Verrats spielte im Denken des Zaren von nun an die zentrale Rolle. Er fühlte sich von Verrätern umgeben und suchte nach Mitarbeitern, von denen er keinen Verrat befürchten musste. Daraus entwickelte sich letztlich eine Institution, die vielfach missverstanden wurde: die *opričnina*. Das Wort bezeichnete ursprünglich den für die Versorgung der Witwe ›abgesonderten Teil‹ des Erbes. Eine solche Absonderung vollzog Ivan IV. nach den Ereignissen von 1564 für sich selbst, und zwar personell, territorial und verwaltungsmäßig: Am Ende des Jahres 1564 zog er sich ohne Ankündigung mit einem ausgewählten Gefolge aus Moskau in die Aleksandrovskaja Sloboda unweit des Klosters Troice-Sergieva Lavra zurück und ließ verkünden, dass er nur dann in sein ›Zartum‹ zurückkehren wolle, wenn man ihm volle Freiheit lasse, mit den ›Verrätern‹ abzurechnen und sich eine *opričnina*, also einen Staat im Staate zu schaffen. Der Gedanke, sich auf diese Weise die ›Selbstherrschaft‹ ausdrücklich bestätigen zu lassen, war seltsam – Ivan IV. sollte übrigens noch ein zweites Mal einen solchen theatralischen Exodus vollziehen, als er im Jahre 1575 den tatarischen Vasallenfürsten von Kasimov, den ›Zaren‹ Simeon Bekbulatovič, in Moskau zum ›Großfürsten von ganz Russland‹ einsetzte. In beiden Fällen handelte es sich natürlich nicht um einen realen Rücktritt von der Macht; die politische Absicht war jeweils ein Schlag gegen das Bojarentum, die psychologische bestand darin, durch die künstliche Schaffung eines zarenlosen Zustands Unsicherheit und Panik zu erzeugen. Im Übrigen wird man sich vergeblich bemühen, in allen Handlungen Ivans IV. während der letzten beiden Jahrzehnte seiner Regierung einen politischen Sinn zu suchen. Der Zar war in dieser Phase wohl nicht geistig, aber seelisch krank.

Die *opričnina* als Institution wurde 1565 als ein Machtinstrument zur Vernichtung der ›Verräter‹ geschaffen: nicht nur einzelner Personen – dazu wäre ein solcher Aufwand unnötig gewesen – sondern der gesamten Hocharistokratie einschließlich ihrer Familien und ihres Anhangs. Personell bestand die *opričnina* aus Emporkömmlingen, mit denen sich der Zar umgab; nicht Herkunft und Rang gaben dabei den Ausschlag, sondern das Versprechen blinden Gehorsams. Je mehr der *opričnik* alles, was er war und hatte, der Gunst des Zaren verdankte, desto glaubwürdiger musste seine Treue sein. Die Masse dieses sektenartigen Männerbundes kam aus dem niedrigen Dienstadel, aber auch ausländische Abenteurer fanden Aufnahme. Einer von diesen, der Deutsche Heinrich von Staden, hat einen ausführlichen Bericht über die Institution hinterlassen: Zunächst war die *opričnina* eine dem Zaren persönlich dienende Spezialtruppe von ca. 1500 Männern, die eine Uniform aus schwarzem Leinen trugen und deren Aufgabe in der physischen Liquidierung der Verräter und in der Terrorisierung der gesamten Hocharistokratie bestand. Da alle in der Erfüllung dieser Aufgabe verübten Verbrechen straffrei blieben, wurde der Begriff sehr bald mit hemmungslosem und blutigem Terror gleichgesetzt.

Zum Unterhalt der *opričnina* zog Ivan IV. bestimmte Territorien ein, darunter finanziell ertragreiche Städte und vor allem Gebiete mit zahlreichen bojarischen Erbgütern. Dieses Territorium wurde – wie manches andere zuvor – wie Feindesland behandelt, d. h. einem *vyvod* unterworfen: Sofern Fürsten und Bojaren die Einziehung ihres Landes überhaupt lebend überstanden – 178 betroffene Familien sind namentlich bekannt –, erhielten sie in entfernten Gegenden Dienstgüter zugewiesen; ihren ursprünglichen Besitz verlieh der Zar an *opričniki* als *pomest'e*. Das veränderte im Laufe der Zeit in weiten Landesteilen die Besitzverhältnisse, wobei die Leidtragenden nicht nur die Enteigneten, sondern auch die Bauern waren.

Zur Verwaltung dieses immer größer werdenden Gebietes wurde eine eigene Verwaltung aufgebaut, die parallel zu der des übrigen Landes amtierte, das man schlicht mit diesem Begriff bezeichnete (*zemščina*, von *zemlja* = Land) und das weiterhin von der Bojarenduma bzw. vorübergehend vom Pseudozaren Simeon verwaltet wurde. Auf diese Weise entstand mit der *opričnina* also ein Staat im Staat, in dem eine territorial beschränkte, tiefgreifende Reform sozialökonomischen Charakters durchgeführt wurde. Es ist verständlich, dass ein solches Unternehmen keine moralische Elite anzog: Beim Tatareneinfall im Jahre 1571 stellte sich heraus, dass die *opričniki* militärisch nichts taugten und nur zu Terroraufträgen einsetzbar waren. Auch dauerte es nicht lange, bis sich das krankhafte Misstrauen des Herrschers auch auf diese Anhänger ausweitete; die bewährtesten Liquidatoren wurden schließlich selbst liquidiert. Der Höhepunkt des Terrors war 1571/72 überschritten, dann verschwand sogar die Bezeichnung und wurde durch die harmlose Bezeichnung *dvor* (Hof) ersetzt, wobei sich in der Sache im Grunde nichts änderte.

Obwohl manche Besitzveränderung danach wieder rückgängig gemacht wurde und genügend alte Geschlechter den Terror überlebten, um zu Beginn des 17. Jahrhunderts wieder eine politische Rolle zu spielen, waren die Folgen der zwei Jahrzehnte Gewaltpolitik verheerend: Während die *opričnina* den Sieg des Dienstadels bedeutete, führte sie eben dadurch zu einer katastrophalen Verschlechterung in der Lage der Bauern: Der kleine *pomeščik* war darauf angewiesen, seine Bauern wirtschaftlich auszubeuten, da sie seine einzige Einnahmequelle darstellten und er nicht wusste, wie lange sie ihm zur Verfügung stehen würde. Schon deshalb neigte er dazu, wirtschaftlich kurzfristig zu denken und Raubbau an seinen bäuerlichen Arbeitskräften zu treiben. Diese wiederum entzogen sich der Belastung zunehmend durch Flucht. Gegen Ende der 1570er Jahre waren die zentralen Gebiete um Moskau deshalb weitgehend verödet; manche hatten zwei Drittel ihrer Bevölkerung eingebüßt. Mit den Bauern verlor aber auch der *pomeščik* seine Existenzgrundlage und der Staat seine Steuerzahler. Dies hatte die militärische Katastrophe im livländischen Krieg zur Folge und ebenso eine sozialökonomische Katastrophe, die sich allerdings erst nach dem Tod Ivans IV. voll auswirken sollte. Vergeblich suchte der Zar diesen selbst verschuldeten Zusammenbruch aufzuhalten, indem er die Bauern durch die Notstandsmaßnahme der ›Verbotsjahre‹ (*zapovednye leta*) gesetzlich an die Scholle band. Erstmals wurde nämlich im Jahre 1582 verfügt, dass das traditionelle und noch im Gesetzbuch von 1550 verankerte Recht des Bauern, um den St. Georgstag im November seinen Grundherren zu wechseln, in diesem Jahr keine Geltung haben sollte; in der Folgezeit wurde dieses Verbot nach Bedarf erneuert. Trotzdem wuchs das Kosakentum an den Grenzen von Jahr zu Jahr, denn wenn dem Bauern der legale Wechsel im Land verwehrt wurde, suchte er sein Glück eben außerhalb in der Illegalität.

Für den Handel in den Städten schuf Ivan IV. dagegen manche günstige Voraussetzung, denn die Beherrschung des Wolgaweges und die neue Beziehung zu den Engländern eröffneten vorher unbekannte Möglichkeiten. Die bedeutendsten Städte jedoch, Groß-Novgorod und Moskau, hatten schwere Schicksalsschläge zu erleiden: Novgorod, das trotz Schließung des Hansekontors 1494 immer noch eine wirtschaftlich blühende Stadt geblieben war, wurde 1570 wochenlang das Opfer eines feldzugmäßig organisierten *opričnina*-Unternehmens unter persönlicher Leitung des Zaren, und Moskau zerstörten im folgenden Jahr die Tataren unter Devlet Girāi. Während sich das Land in einem kräftezehrenden Krieg befand, gingen die Opfer des inneren Terrors demnach in die Tausende. Die Kirche konnte dagegen nur wenig bewirken: Als Vasilij III. 1522 den willfährigen Josifljanen Daniil zu seinem Metropoliten gemacht hatte, war ein Präzedenzfall für das Übergewicht des Staates über die Kirche geschaffen worden. Die Schwäche des Staates in der Zeit der Minderjährigkeit Ivans IV. und die Persönlichkeit des Metropoliten Makarij hatten dennoch wieder zu einer angesehenen Stellung der Kirche geführt. Damit bestand immerhin die Möglichkeit, einem hemmungslos wütenden Selbstherrscher gegenüber die Pflicht der moralischen Kritik und der Fürsprache für Verfolgte wahrzunehmen. Zur Ehre der russischen Kirche muss gesagt werden, dass ihre Führer immerhin den Versuch wagten: Nach dem Tod Makarijs fand der Zar zunächst keinen Metropoliten, der sein Terrorregime durch Schweigen gutgeheißen hätte: Afanasij (1565/66) resignierte, German (1566) wurde sofort wieder verjagt, als er die Abschaffung der *opričnina* forderte, und auch der als Asket hochangesehene Abt des Soloveckij-Klosters Filipp scheute sich nicht, dem Zaren seines Lebenswandels wegen vor allem Volk in der Kirche den

Segen zu verweigern. Aber nicht alle russischen Hierarchen waren so fromm und so mutig. So fand sich schließlich eine gehorsame Bischofssynode, die den Metropoliten im Auftrag des Herrschers aufgrund falscher Zeugenaussagen absetzte: Filipp wurde in ein Kloster bei Tveŕ verbannt und dort am 23. Dezember 1569 von dem *opričnik* Maljuta Skuratov erdrosselt. Zwar sollte Filipp von der russischen Kirche 1636 als Märtyrer heiliggesprochen werden, aber weder diese Rehabilitierung noch die Errichtung des russischen Patriarchats im Jahr 1589 noch das moralische Ansehen, das einzelne Vertreter der russischen Kirche auch in der Folgezeit genossen, konnte das verlorene Gleichgewicht wiederherstellen.

Der Metropolit war nicht das einzige geistliche Opfer der *opričnina*: Zwei Novgoroder Erzbischöfe, Pimen und Leonid, bezahlten mit Amt und Leben dafür, dass sie das Misstrauen des Zaren erregt hatten, ebenso Kornilij, der hervorragende Abt des Pskover Höhlenklosters, und eine Anzahl seiner Mönche. Damit scheint schwer vereinbar, dass der Zar eine sehr persönliche Beziehung zur religiösen Sphäre besaß: Er brillierte gern als Theologe, wie es sowohl der Brüdersenior Jan Rokita, der als polnischer Gesandtschaftsprediger nach Moskau kam und mit Ivan IV. ein Religionsgespräch zu führen hatte (1570), als auch der päpstliche Gesandte Possevino erfahren konnte. Er veranstaltete mit seiner *opričniki*-Gefolgschaft auch gerne einen religiösen Mummenschanz, indem er sich selbst und seine skrupellosen Werkzeuge des Terrors in Mönchsgewänder kleidete und Bußübungen abhielt, die ebenso abstoßend waren wie die vorhergehenden und nachfolgenden Orgien und Folterungen. Die Grenzen zwischen Blasphemie und aufrichtigem Sühnebegehren verschwammen also in der gespaltenen Persönlichkeit dieses Zaren ebenso wie die Grenzen zwischen ungehemmter Hybris der Macht und religiösem Sendungsbewusstsein. Am Ende stand, nachdem der Zar auch seinen ältesten Sohn und Thronfolger Ivan mit eigener Hand getötet hatte (1582), sein Zusammenbruch, psychisch und physisch: Am 18. März 1584 starb Ivan IV. noch vor Vollendung des 54. Lebensjahres – er war in seiner Außenpolitik gescheitert, hinterließ im Innern ein unheilvolles Erbe sozialer Konflikte und wurde doch von der Nachwelt immer wieder als eindrucksvolle, wenn auch ›schreckliche‹ Verkörperung der russischen Staatsmacht gefeiert.

Die ›Zeit der Wirren‹ (*smuta*)

1584–98	Zar Fëdor, Sohn von Ivan IV., Regent Boris Fëdorovič Godunov
1587–1632	Sigismund III. Wasa, König von Schweden und Polen
1594	Karl von Södermanland als Regent in Schweden für seinen Neffen Sigismund, dann als
1604–11	Karl IX. König von Schweden
1598–1605	Boris Godunov, gewählter Zar
1605–06	erster Pseudodemetrius (*Lžedmitrij*)
1606–10	Zar Vasilij Ivanovič Šujskij
1607–10	zweiter Pseudodemetrius, ›*vor* von Tušino‹
1610–13	Interregnum

Der Machtkampf an der Spitze des Staates

Der Tod des Tyrannen Ivan beendete einen unerträglichen Druck: Das Land war in jeder Beziehung erschöpft, das Leben jedes Einzelnen ein Menschenalter lang durch immer neue Forderungen des Staates, durch Unruhe und Unsicherheit der Existenz bestimmt gewesen. Das Bedürfnis nach Ruhe und Restaurierung bot einer neuen Regierung eine Chance, wenn es ihr gelang, die politischen und sozialen Gegensätze auszugleichen. Ivan IV. hinterließ zwei Söhne – den erwachsenen, aber zu selbstständiger Regierung unfähigen Fëdor aus der ersten Ehe mit Anastasija und den einjährigen Dmitrij aus der letzten, siebten Ehe mit Maria Nagaja. Zwar wurde Fëdor zum Zaren gekrönt, aber wer hinter der Fassade die reale Macht ausüben sollte, musste ein Machtkampf entscheiden.

Aus diesem ging Boris Fëdorovič Godunov, der Schwager von Fëdor, siegreich hervor, der ab dem Jahr 1587 offiziell als Regent des Landes galt und in elf Jahren seine Stellung derart festigte, dass er 1598 nach dem Tod Fëdors ohne ernsthaften Widerstand von einer Landesversammlung (*zemskij sobor*) zum Zaren gewählt wurde.

Das Urteil der Nachwelt über Boris Godunov war durch seine Gegner lange negativ geprägt; besonders die Romanovs, die dann die neue Dynastie stellen sollten, beeinflussten das russische Geschichtsbild ab 1613 entscheidend; erst die moderne Geschichtswissenschaft (Platonov) hat Boris Godunov rehabilitiert. Der Regent hatte ein schweres Erbe übernommen; es war schon eine Leistung, den zerrütteten Staat vor dem sofortigen Zerfall zu bewahren und unbeeinträchtigt über zwei Jahrzehnte zu bringen. Im Jahr 1595 gelang ihm dann sogar ein außenpolitischer Erfolg, als er Schweden die 1583 abgetretenen Küstenlandschaften am Finnischen Meerbusen wieder abnehmen konnte; um die Jahrhundertwende griff Russland auch nach Westsibirien über. Trotz dieser Erfolge blieb die Herrschaft des Boris Godunov anfechtbar, denn der Regent und später gewählte Zar entstammte nicht der Hocharistokratie, sondern einer Adelsfamilie angeblich tatarischer Herkunft, die sich weder durch Besitz noch durch Leistung besonders hervorgetan hatte. Für die Bojarengeschlechter im Fürstenrang war und blieb er daher ein Emporkömmling und ein Günstling Ivans IV., der zudem der verhassten *opričnina* angehört hatte. Besonders wurde ihm angelastet, die Tochter des Metropolitenmörders Maljuta Skuratov geheiratet zu haben, auch wenn er, der beim Tod Ivans IV. erst 34 Jahre alt und nur 4 Jahre zuvor in den Bojarenstand erhoben worden war, sich persönlich nicht kompromittiert hatte. Die Stärke von Boris' Stellung beruhte auf der nahen Verwandtschaft zum neuen Zaren; dies traf allerdings auch auf Nikita Romanovič Juŕev zu, den Bruder von Ivans IV. erster Frau Anastasija und Onkel Fëdors, der zunächst über mehr Einfluss verfügte. Auch dessen Familie besaß indes keinen Fürstenrang, und so ergab sich – nachdem die Nagojs, die

Verwandten von Ivans IV. letzter Frau und des kleinen Dmitrij, in den *udel* der Witwe nach Uglič abgeschoben worden waren und der Putschversuch des letzten *opričnik* Bogdan Jakovlevič Bel'skij gescheitert war – ein Zusammenspiel der Aufsteiger gegen die Machtprätendenten mit Fürstenrang, nämlich die Mstislavskijs und Šujskijs aus der Nachfolge der Rjurikiden. Ivan hatte nämlich nicht alle teilfürstlichen Geschlechter liquidiert oder aus dem Lande vertrieben; einige hatten sich durch rechtzeitige Unterwerfung Besitz und Würden erhalten, und so konnten auch Fürst Ivan Fëdorovič Mstislavskij und Fürst Ivan Petrovič Šujskij als Oberhäupter immer noch mächtiger und hocharistokratischer Familien Hoffnung auf Beteiligung an der Macht hegen.

Der Kampf an die Spitze vollzog sich unauffällig und unblutig: 1585 schied Fürst Mstislavskij aus dem Kreis der Prätendenten aus, als er in ein Kloster verbannt und zum Mönch geschoren wurde. Da Nikita Romanovič Jur'ev in demselben Jahr starb und seine fünf Söhne der Obhut Boris Godunovs anvertraute, stand dieser nun den Šujskijs allein gegenüber. 1587 inszenierten Letztere eine Intrige gegen den Regenten: Das Moskauer ›Volk‹ trug dem Zaren die untertänigste Bitte vor, er möge angesichts der Unfruchtbarkeit seiner Gemahlin Irina eine neue Ehe schließen; dies zielte gegen deren allmächtigen Bruder. Aber Boris Godunov konnte sich erfolgreich wehren, die Šujskijs aus Moskau verbannen und damit die letzte politische Konkurrenz ausschalten. Der Metropolit Dionisij, der das Vorgehen der Šujskijs unterstützt hatte, wurde seines Amtes enthoben und durch Iov ersetzt, der dann der erste Moskauer Patriarch werden sollte. ›Des großen Herrschers Schwager und Regent‹ oder – wie ihn die Ausländer nannten – der ›Gubernator der reußischen Monarchie‹ konnte sich ein solches Vorgehen gegen die Kirche ebenso leisten wie Vasilij III. oder Ivan IV. Boris Godunov repräsentierte von nun an als Regent neben dem Zaren Fëdor Ivanovič auch in der Außenpolitik den Moskauer Staat, wurde durch das offizielle Zeremoniell weit über die anderen Bojaren hinausgehoben und unterhielt einen eigenen Hof. Die Todfeindschaft der ›Knjažaten‹ brauchte er dabei kaum zu fürchten, so lange ihn die Romanovs unterstützten und die Dienstadeligen ihre Interessen gefördert sahen.

Die Wahl und Krönung Boris Godunovs zum Zaren 1589 änderte jedoch das Verhältnis zu den Romanovs; vor allem der älteste Sohn, der ehrgeizige Fëdor Nikitič Romanov, konnte die Rangerhöhung des Regenten nicht verwinden. Da diese indes völlig legal erfolgt war, konnte man sie nur durch eine höhere Legalität infrage stellen. Diesem Umstand verdankt der erste ›falsche Demetrius‹ (*lžedmitrij*) seinen Erfolg: Am 15. Mai 1591 kam Ivans IV. jüngerer Sohn, der Carevič Dmitrij, in Uglič auf ungeklärte Weise ums Leben. Der offizielle Untersuchungsbericht stellte fest, dass sich der Knabe in einem epileptischen Anfall selbst eine tödliche Wunde zugefügt habe. Godunovs Feinde aber bezeichneten stets den Zar als den Mörder. Nicht der tote Dmitrij wurde Boris Godunov aber schließlich zum Verhängnis, sondern der angeblich wieder zum Leben erstandene. Die Bereitschaft der Russen, solchen Erzählungen über angeblich gerettete Zarensöhne immer wieder Glauben zu schenken, lässt sich nur aus der Überhöhung des gottähnlichen Selbstherrschers über sein Volk und aus der übergroßen Distanz erklären, die den Zaren seinen Untertanen entrückte und auch das Unwahrscheinlichste möglich erscheinen ließ. Die Prätendenten wurden damit zum Symbol der ›alten Gerechtigkeit‹ (*staraja pravda*), die der gute und fromme Herrscher verkörperte, und zur Parole im Kampf gegen die herrschende Ungerechtigkeit, die das Volk den bojarischen Ratgebern anlastete. Sie konnten aber auch zu einem gefährlichen Instrument in der Hand einer politischen Opposition werden, wie dies für den ersten ›falschen Demetrius‹ galt: Dieser war wahrscheinlich ein entlaufener Mönch namens Griša Otrep'ev aus der Klientel der Romanovs, mit dem in einer großangelegten Intrige der gewählte Zar Godunov durch die höhere Legitimität des angeblich geretteten Zarensohnes gestürzt werden sollte.

Boris Godunov war seinen ehemaligen Bundesgenossen aber bereits zuvorgekommen: Um die Jahreswende 1600/01 wurde den Romanovs wegen ›Zauberei‹ der Prozess gemacht; Fëdor und seine Frau, die Eltern des späteren ersten Romanovzaren, wurden ins Kloster verbannt und dadurch unfähig zu weltlicher Herrschaft. Allerdings verlor der siegreiche Zar damit den letzten Rückhalt unter den Mächtigen des Landes. So lange ihn und seine Familie der Dienstadel weiter unterstützte, lag darin noch keine große Gefahr. Dessen Loyalität aber beruhte auf der Stabilität der wirtschaftlichen Lage und des sozialen Gefüges.

Boris Godunov starb am 14. April 1605, als die entscheidende Machtprobe mit dem von polnischen Abenteurern, Dneprkosaken und nicht zuletzt von der katholischen Kirche unterstützten *samozvanec* (der ›Selbsternannte‹, Usurpator) ersten Pseudodmitrij unmittelbar bevorstand. Der Tod des Zaren bewirkte einen Dammbruch, denn Godunovs Sohn Fëdor Borisovič war wie sein Vater isoliert und besaß obendrein nicht dessen politische Fähigkeiten: Da die Romanovs nicht handeln konnten, sahen die ›Knjažaten‹ unter der Führung der Šujskijs als den ältesten Rjurikiden und der Golicyns als den ältesten Gediminoviči ihre Stunde gekommen: Am 7. Mai 1605 ging das von ihnen befehligte Moskauer Heer bei Kromy zum ersten ›Pseudodmitrij‹ über. Da kein Treueverhältnis des Dienstadels zur Familie der Godunovs bestand genügte in Moskau die von den Šujskijs beförderte Revolte der Stadtbevölkerung, um deren Regime hinwegzufegen.

Die Begleiterscheinungen dieses Umsturzes rechtfertigen den Ausdruck ›Zeit der Wirren‹ (*smuta*): Der Staat besaß nach dem Tode des Boris Godunov keine Autorität mehr. In einem Zustand zunehmender Anarchie bestimmten nun opportunistische Parteibildungen den Ablauf der Ereignisse in Moskau. Stilbildend war dabei der Führer der ›Knjažaten‹, Fürst Vasilij Ivanovič Šujskij, der als ehemaliger Leiter der amtlichen Untersuchung der Ereignisse in Uglič mit feierlichen Eiden jeweils abwechselnd den Tod und das Weiterleben des Carevič beschworen hatte. Die Rechnung seiner Partei ging jedoch zunächst nicht auf: Der im Juni 1605 als angeblich rechtmäßiger Zar in Moskau einziehende ›Pseudodmitrij‹ dachte nicht daran, ihren Übertritt zu honorieren. Er förderte statt dessen den Anhang der Romanovs – Fëdor Nikitič wurde unter seinem Mönchsnamen Filaret im Frühjahr 1606 Metropolit von Rostov – und zog Männer niedriger Herkunft in seine Umgebung. Fürst Vasilij Šujskij ließ er dagegen seines falschen Eides wegen vor Gericht stellen. Das war jedoch ein schwerer politischer Fehler, denn dadurch machte der Pseudozar, der selbst im Verdacht der Nähe zu Polen und katholisierender Neigungen stand, den – weder durch Fähigkeiten noch durch Charakter ausgezeichneten – Rjurikiden zum Märtyrer – knapp ein Jahr dauerte die Herrschaft des Usurpators, dann bereitete eine neue Revolte der Moskauer am 17. Mai 1606 dem Spuk ein Ende. Zwei Tage später wurde Vasilij Šujskij von den Bojaren zum Zaren erhoben. Sein Zartum konnte nun zwar im Sinne der genealogischen Würdigkeit als legitim gelten (die Familie der Fürsten von Šuja leitete sich von einem älteren Sohn des Aleksandr Nevskij her), war aber nicht durch eine Wahl durch den *zemskij sobor* legalisiert. Der ›Bojarenzar‹ war außerdem unfähig, mit der inzwischen zunehmenden ›Verwirrung‹ fertig zu werden. Ihm fehlte von vornherein das, was den Moskauer Staat bisher stark gemacht hatte – die Unterstützung der *pomeščiki*, der Dienstgutbesitzer, die gegen die Fürsten Šujskij und Golicyn Front machten. Der soziale Aufruhr im Innern des Landes und der polnisch-litauische Landesfeind von außen bereiteten der Herrschaft des Bojarenzaren nach vier Jahren schließlich ein ruhmloses Ende und stürzten damit den Moskauer Staat endgültig in ein Interregnum.

Die Erschütterung des sozialen Gefüges

Der große soziale Konflikt in der ›Zeit der Wirren‹ wurde durch die politische Entwicklung in den letzten Jahrzehnten verursacht: Die expansive Außenpolitik Ivans IV. hatte über Jahrzehnte einen militärischen Aufwand erfordert, der die ökonomische Grundlage des Landes überstieg. Das Staatsinteresse hatte die Einzelinteressen aller Bevölkerungsgruppen, mitunter selbst jene der Mittelschicht des Dienstadels und der wohlhabenden städtischen Kaufleute überlagert, auf die sich die Autokratie stützte. So warteten etwa ›Dienstgutbesitzer‹ oft lange und manchmal auch vergeblich auf die Verleihung eines Dienstgutes, und die Privilegierung ausländischer Kaufleute, zuerst der Engländer, dann vor allem der Niederländer, traf die Moskauer *gosti* (Großkaufleute) hart. Die Hocharistokratie war seit der *opričnina* zum großen Teil enteignet; die Betroffenen trachteten folglich danach, das staatliche Regime und die Gesellschaftsordnung, die sich unter Ivan IV. herausgebildet hatten, nach Möglichkeit rückgängig zu machen. Regimefeindlich waren schließlich die Bauern, auf denen die ganze Last der neuen imperialen Politik lag. Einerseits musste die Regierung aus militärischen Gründen also den Dienstadel fördern und seine wirtschaftliche Existenz sichern – die Aufhebung der bäuerlichen Freizügigkeit in den ›Verbotsjahren‹ diente diesem Ziel; andererseits erhöhte diese Politik die Gefahr sozialrevolutionärer Explosionen und erschwerte die Kolonisation neuer Gebiete. Das ergab einen unlösbaren Widerspruch in der Politik Godunovs: Die ›Verbotsjahre‹ waren nur dann sinnvoll, wenn der Grundherr das Recht hatte, seine trotzdem entlaufenen Bauern mit Unterstützung des Staates zurückzuholen. Dieses Recht wurde aber eingeschränkt, als die Regierung 1597 verfügte, dass nur Bauern, die nach dem Jahr 1592 entflohen waren, zurückzuführen seien. Alle vor dieser Frist Entflohenen konnten bleiben, wo sie waren – bei anderen Grundherren oder als freie Bauern in den Grenzgebieten. Dies kam einer gewissen Rehabilitierung der Bauernflucht gleich: Die Besiedlung der Steppengrenze im Süden war staatswichtig, wie 1591 ein letzter Vorstoß der Krimtataren bis in die Gegend von Moskau gezeigt hatte, und der staatlichen Administration war daran gelegen, einen Schlusspunkt zu setzen und die Zahl der Rückführungsprozesse zu begrenzen. Im Übrigen wirkten sich die ›Verbotsjahre‹ durchaus nicht zugunsten der *pomeščiki* aus, denn nur reiche Großgrundbesitzer oder Klöster verfügten über die Mittel, um entlaufene Bauern zurückzuholen.

Daher ging Godunov 1601 und 1602 wieder von den ›Verbotsjahren‹ ab, und zwar einseitig zugunsten der *pomeščiki*, denen es fortan allein vorbehalten war, wandernde Bauern auf ihrem Land anzusiedeln. Die Lage der Bauern wurde durch diese vorübergehend wiederhergestellte Freizügigkeit kaum erleichtert. Im Ganzen lief die Entwicklung unaufhaltsam auf die Bindung des Bauern an das von ihm bearbeitete, dem Grundherrn gehörende Land (*krepostnoe pravo*) zu, was den Bauern dem Grundherrn auslieferte und in der Praxis zur Leibeigenschaft führen musste. Zweifellos entsprach dies dem Interesse des grundbesitzenden Adels; aber es entsprach auch dem Interesse des zentralistisch verwalteten Staates, der die gesamte Bevölkerung in eine kontrollierbare und feste Rechtsordnung zu bringen suchte. Doch gerade durch die Verhinderung von autonomen Rechten löste der Staat letztlich starke Gegenkräfte aus. Godunovs ausgesprochen kosakenfeindliche Politik ist dafür ein gutes Beispiel.

Die freien Kosaken lebten in usurpierter Autonomie und fügten sich nicht in die angestrebte Ordnung. Dabei verstärkte die Flucht der Bauern in die Steppe, in das ›wilde Feld‹ (*dikoe pole*), das anarchische Element des Kosakentums noch, das wiederum die staatliche Organisation in die immer weiter nach Süden vorrückenden Grenzräume zog: Der geflohene Bauer sollte eingeholt, der freie Kosak in seinem Bewegungsraum eingeengt werden. Dadurch sollte die Sicherheit des Staates und seine Ordnung erhöht werden, wie es die Moskauer Zentralämter für wünschenswert hielten. Das Ergebnis war zunächst eine Verstärkung des sozialen Ressentiments durch eine ausgesprochene Staatsfeindschaft – bei den alten Kosaken aus Tradition und bei den neuen, die keine ausreichende Existenzmöglichkeit mehr fanden, aus Not. So bildete sich an der Steppengrenze, in der *ukraina*, ein Kosakenproletariat heraus, die *golyt'ba*, das ständig wuchs und ein unruhiges und zu allem bereites Bevölkerungselement wurde, das unter geeigneten Führern und Parolen zu einer ernsten Gefahr für den Moskauer Staat zu werden drohte. Die durch Missernten und Seuchen verursachten Hungerjahre 1601–03 vermehrten den sozialen Zündstoff zusätzlich. Am 16. August 1603 musste die Regierung schließlich feststellen, dass die Grundbesitzer ihre Knechte vom Hof jagten, um sie nicht ernähren zu müssen, ohne ihnen indes urkundlich die Freiheit zu geben:

> Diese Knechte [*cholopy*] sterben den Hungertod, und viele andere werden durch die Mildtätigkeit des Zaren und Großfürsten Boris Fëdorovič von ganz Russland gespeist, aber danach nimmt sie keiner bei sich auf, weil sie ja keine Entlassungspapiere haben;

und so sah sich die Regierung veranlasst, solchen unfreien Bauern von Staats wegen Freilassungsurkunden auszustellen – wenn sie nach Moskau kamen und diese beantragten. Die Wirklichkeit sah anders aus: Scharen hungernder Bauern durchstreiften das Land und suchten ihr Leben, da die bisherige Ordnung versagt hatte, in ›ungeordneter Freiheit‹ (*volja*) zu fristen. Dem Ordnungsbemühen der schwerfälligen Administration trat damit eine breite Masse Entwurzelter gegenüber, die – einmal in Bewegung geraten – einen unerschöpflichen Nährboden für das Emporkommen falscher Zarensöhne und anderer Leitfiguren bildete.

Die Donkosaken hatten schon den ersten ›Pseudodmitrij‹ unterstützt und im Herbst 1604 das Grenzterritorium am Sejm, am oberen Donec und an der oberen Oka besetzt; ihre erfolgreiche Verteidigung der in diesem Gebiet gelegenen Stadt Kromy leitete nach dem Tod des Boris Godunov den militärischen Umschwung zuungunsten der Moskauer Regierung ein: Die Steppe und das südliche Grenzgebiet war auch nach dem Sturz des Pseudodemetrius nicht zur Ruhe gekommen. Gerüchte, dass der ›Zar‹ Dmitrij am Leben geblieben und nach Litauen geflohen sei, erneuerten den Kampf für den angeblich rechtmäßigen Zaren, der zu einem Krieg gegen Moskau und für das ›alte Recht‹ wurde, das für jede Gruppe jeweils für ihre eigenen Interessen stand. Ein volles Jahr lang hielt der ›Aufstand des Bolotnikov‹ den neuen Zaren Vasilij Šujskij in Atem, der einen Feldzug aufständischer Bauern und Kosaken gegen Moskau und dessen Belagerung abwehren und das Heer der Aufständischen niederwerfen musste. Der ›große Heerführer‹ der Donkosaken Ivan Isaevič Bolotnikov war ein entlaufener Bauer mit abenteuerlicher Kosakenvergangenheit, dessen Aufrufe die sozialrevolutionären Ziele klar erkennen ließen:

> [sie] befehlen den Bojarenknechten, ihre Bojaren zu erschlagen, und versprechen ihnen deren Frauen, Erbgüter und Dienstgüter; Schwätzern und zuchtlosen Habenichtsen befehlen sie, Kaufleute und alle Handeltreibenden zu töten und deren Gut zu rauben; sie rufen die Räuber zu sich und bieten ihnen an, Bojaren, Voevoden, Okol'ničie und D'jaken zu werden.

Neben die Aufstandsbewegung des Bolotnikov traten noch andere Kräfte, die gegen Moskau Krieg führten. So unterstützten auch die Rjazańer *pomeščiki* unter Führung der Brüder Ljapunov und die Dienstkosaken aus der Gegend von Epifan Bolotnikov, wobei die einen aus politischer Feindschaft gegen das hocharistokratische Regime Vasilij Šujskijs, die anderen aus dem sozialen Motiv einer wirtschaftlich ungesicherten Lage heraus handelten. Beide Gruppen sollten Bolotnikov indes vor Moskau verraten und damit sein Schicksal besiegeln, als am 10. Oktober 1607 mit Tula der letzte Stützpunkt der Aufständischen erobert wurde.

Aber die Hinrichtung der militärischen Anführer, die Niedermetzelung von Tausenden gefangener Kosaken und die Verschärfung der Gesetze gegen entlaufene Bauern konnten die tiefgreifende Unruhe nicht beseitigen, die weite Teile des Landes erfasst hatte. Davon betroffen waren auch westlich von Moskau gelegene Gebiete, deren relative Nähe zur litauischen Grenze die Gefahr für Moskau erhöhte: Unabhängig von Bolotnikov erhoben sich die Kosaken und Strelitzen der Mittelwolga-Garnisonen, rissen die finno-ugrischen Mordvinen mit und belagerten, allerdings vergeblich, Nižnij Novgorod. Im äußersten Südosten begehrten zudem einerseits die unzufriedenen Terekkosaken auf, um unter einem eigenen *samo-*

zvanec (Usurpator) Peter, angeblich einem verheimlichten Sohn des Zaren Fëdor, wolgaaufwärts zu Bolotnikov zu stoßen, und andererseits errichtete der vom Pseudodmitrij eingesetzte Voevode Fürst Chvorostynin in Astrachań ein revolutionäres Regime der städtischen Unterschichten, das bis 1614 Bestand hatte. Nur der Norden und Nordosten blieben einigermaßen ruhig; überall sonst waren Staatsfeinde am Werk, *vory* (Aufrührer, Räuber), wie man sie in Moskau nannte, die den unterschiedlichsten Schichten entstammten und jeweils eigene Interessen verfolgten; insgesamt hat man für diese Zeit 12 *samozvancy* gezählt.

Diesen Zustand allgemeiner Gärung nutzte der zweite ›falsche Dmitrij‹, dessen Herkunft unbekannt ist: Der angeblich wiedererstandene Zar, an dessen Echtheit kaum noch jemand glaubte, wurde zum Symbol und zum politischen Bindemittel aller regierungs- und staatsfeindlichen Kräfte. Er war in dem nahe der Grenze zu Litauen gelegenen Städtchen Starodub aufgetaucht und hatte nach dem Untergang Bolotnikovs im Winter 1607/08 die zahlreichen Versprengten des Bauern- und Kosakenheeres um sich gesammelt. Seine Aktionen hatten durch die Beteiligung zahlreicher polnischer und litauischer Adeliger rasch an Schlagkraft gewonnen; die im Sommer 1607 zerschlagene Adelsmeuterei gegen König Sigismund III., den ›Rokosz des Żebrzydowski‹, hatte deren Mitglieder in der Moskauer *smuta* ihr Glück suchen lassen – und diesen fähigen Truppenführern konnte Vasilij Šujskij nichts Gleichwertiges entgegenstellen, zumal ihnen kriegserfahrene Kosaken-*Atamane* halfen. Mit Ausnahme des Rjazańer Dienstadels, den Prokopij Ljapunov nun an der Seite Vasilij Šujskijs hielt, waren damit wieder alle Kräfte vereint, die den ersten Pseudodmitrij und Bolotnikov unterstützt hatten. Als der *vor* (Dieb), wie man den zweiten falschen Zaren Dmitrij nannte, im Sommer 1608 in Tušino vor den Toren Moskaus stand, war die Lage der Regierung verzweifelt: Dmitrijs polnische Hilfstruppen schnitten Moskau von fast allen Verbindungen ab und brachten nun auch die nördlich und östlich der Stadt gelegenen Territorien zum Abfall. Nur

Kolomna im Süden hielt noch den Weg nach Rjazań offen, und das Dreifaltigkeitskloster des hl. Sergij im Norden trotzte einer 16 Monate währenden Belagerung. Nach dem Fall von Rostov erschien dessen Metropolit Filaret dann selbst im Lager von Tušino, um bald der Patriarch des falschen Zaren zu werden; bei dieser Gelegenheit führte er Dmitrij auch den ganzen Anhang der Romanovs zu. Damit hatten die Anhänger des ›*vor* von Tušino‹ fast im ganzen Land die Macht erlangt. Selbst die Moskauer Zentralämter wurden von der Abfallbewegung ergriffen, was dem *vor* die Möglichkeit verschaffte, nicht nur eine Gegenregierung zu bilden, sondern auch eine Gegenverwaltung aufzubauen. Auf die eigene Kraft konnte der allgemein unbeliebte und fast von allen im Stich gelassene Zar Vasilij Šujskij in Moskau demnach nicht mehr bauen; es blieb ihm als letzter Ausweg, fremde Mächte um Unterstützung zu bitten. Dadurch aber begann eine neue und letzte Phase der ›Wirren‹.

Die ausländische Intervention

Die Intervention war an sich keine staatliche Aktion, sondern wurde von unterschiedlichen ausländischen Kreisen getragen, die schon vor dem Jahr 1609 unter dem ersten Pseudodmitrij ihre Interessen verfochten hatten. Dazu gehörte zum einen die katholische Kirche, die in dem Auftreten des Prätendenten Dmitrij eine Chance für ihre Unionsbestrebungen erblickte, die mit der Union von Brest 1595 nur zum Teil erfüllt worden waren. Zum andern lockte den Adel des polnisch-litauischen Steppengebiets der *ukraina* die Aussicht auf leicht zu gewinnenden Reichtum: Ein durch polnische und römische Unterstützung auf den Thron gehobener Zar wäre verpflichtet gewesen, beider Hoffnungen zu erfüllen, besonders wegen der fehlenden Legitimität seiner Ansprüche. Die Jesuiten hatten den künftigen Zaren Dmitrij für den Katholizismus gewinnen können; den militärischen Teil des Unternehmens hatte der Magnat Georg Mniszech vorbereitet, der seinem Range nach zu den ersten Männern des polnisch-litauischen Reiches zählte. Dagegen erscheint seine Persönlichkeit in weniger günstigem Licht: Er befand sich ständig in finanziellen Schwierigkeiten, die er beheben wollte, indem seine Tochter Maryna dem ersten Pseudodmitrij verlobte. Der polnische König hielt sich aus der Sache heraus und wartete ab, um sich diplomatische Konflikte mit Moskau zu ersparen und dennoch vielleicht später daraus Gewinn zu ziehen. Auch in Moskau wusste man zwar zwischen dem polnischen König und polnischen Abenteurern zu unterscheiden; im Allgemeinen aber wurde dort der falsche Demetrius als ein Werkzeug des lateinischen Polentums angesehen. Dabei verschärfte der konfessionelle Gegensatz den nationalen noch erheblich: Die Vermählung des ›Zaren‹ mit Maryna im Mai 1606, bei der man sich über alle orthodoxen Traditionen Moskaus hinwegsetzte, löste dort jene heftige Reaktion aus, die der Episode des ersten Pseudodmitrij ein jähes Ende bereitete.

Die anschließende Verfolgung der bis zum Ende des ersten falschen Demetrius, des *vor*, in großer Zahl in Moskau weilenden Polen vertiefte die Animosität auf polnischer Seite, ohne dass indes der polnische Staat daraus Konsequenzen gezogen hätte. Dasselbe wiederholte sich zunächst beim zweiten Pseudodmitrij: Gegen die Aktionen der polnisch-litauischen ›Freiwilligenverbände‹ erhob sich ein allgemeiner Widerstand, so dass der *vor* wie sein Vorgänger an der polnischen Unterstützung scheiterte, und wiederum verhielt sich der polnische König abwartend. Vasilij Šujskij versuchte sogar, mit Sigismund III. eine Übereinkunft zu erzielen: Der Zar wollte die seit 1606 zurückgehaltenen polnischen Gefangenen freigeben, wenn der König dafür die polnischen Parteigänger des *vor* abberufen würde (25. Juli 1608). Einen praktischen Erfolg hatte dies allerdings nicht, denn als Mniszech und Maryna im Lager von Tušino erschienen, wurden sie als Zeugen der Echtheit des zweiten Pseudodmitrij freudig begrüßt. Nicht dessen militärische Rückschläge veranlassten schließlich das direkte Eingreifen des polnischen Staates, sondern die Tatsache, dass Schweden auf dem Moskauer Schauplatz auftrat.

Der schwedische König Karl IX., der mit seinem Neffen Sigismund III. von Polen zutiefst verfeindet war, hatte dem Zaren Vasilij Šujskij schon während des Aufstandes des Bolotnikov (1606/07) seine Unterstützung angeboten. Während Vasilij Šujskij damals das Angebot abgelehnt hatte, kam er nun darauf zurück und schickte seinen jungen Neffen, den Fürsten Michail Skopin-Šujskij, zu Verhandlungen nach Novgorod. Als deren Ergebnis verpflichtete sich Karl IX. zu Beginn des Jahres 1609 gegen die Abtretung von Korela zur Stellung eines Hilfskorps. Bereits im April trafen die ersten Abteilungen der 15 000 Söldner in Novgorod ein. Damit stand eine Kerntruppe für den Entsatz Moskaus zur Verfügung, und Skopin-Šujskij konnte nun im Nordosten des Landes den zunehmenden Widerstand gegen die Truppen des *vor* militärisch unterstützen. Der Widerstand der ländlichen und städtischen steuerpflichtigen Bevölkerung richtete sich gegen die russischen Parteigänger des *vor*, die sozialen Unruhestifter und gegen dessen polnische Hilfskräfte: In dem abgelegenen Waldland jenseits der oberen Wolga gab es vergleichsweise wenig Dienst- und Erbgüter; Staats- und Kirchenland waren vorherrschend, daher war die Lage der Bauern günstiger und das soziale Gefüge stabiler. Die Städte waren Handelsniederlassungen, in denen die relativ wohlhabende Bevölkerung vom Rohstoffreichtum des Nordens lebte. Je mehr sie unter den Raubzügen der *vor*-Truppen zu leiden hatte, desto eher war die Bevölkerung des Nordostens also bereit, selbst in dem unpopulären Zaren Vasilij Šujskij einen Garanten der Ordnung und des Widerstandes zu sehen. Nur war es schwierig, in diesem Landesteil, in dem nur wenige Bauern lebten, ein militärisch verwendbares ›Aufgebot‹ (*opolčenie*) zustandezubringen. Nach dem Scheitern eines ersten Vorstoßes nach Süden im Jahre 1608 hatte man im Frühjahr 1609 indes mehr Erfolg: Skopin-Šujskij säuberte während des Sommers planmäßig das Gebiet nördlich von Moskau und traf im Oktober mit den unter dem Militärführer Šeremetev aus dem Südosten heranrückenden Entsatzkräften zusammen.

In Jahresfrist hatte sich die Situation auf den ersten Blick demnach entscheidend zugunsten des Zaren Vasilij Šujskij verändert. Der *vor* gab Tušino auf und zog sich in den Süden zurück. Aber als Skopin-Šujskij am 12. März 1610 im Triumph in Moskau einzog und die ›Zeit der Wirren‹ beendet schien, war im Westen bereits ein neuer Gegner aufmarschiert, der das Land weitere drei Jahre lang nicht zur Ruhe kommen lassen sollte: Schon im Herbst zuvor hatte Sigismund III. Smolensk belagert, und am 4./14. Februar 1610 war es zu einem Vertrag zwischen der Romanov-Gruppe von Tušino und dem polnischen König gekommen: Danach sollte Sigismunds Sohn Władysław zum Zaren gewählt werden und der Moskauer Staat ein enges Militärbündnis mit Polen-Litauen eingehen. Dafür versprach Sigismund, die Moskauer Selbstständigkeit und die Orthodoxie zu achten; Władysław sollte im Einvernehmen mit einem Rat (*duma*) regieren, die Bindung der Bauern an die Scholle bestätigen und den Moskauern einen freien Verkehr nach dem Westen ermöglichen. Ehe man an die Verwirklichung dieses Planes gehen konnte, musste aber das gerade gefestigte Regime Vasilij Šujskijs gestürzt werden. Den ungeliebten Zaren hätte zwar kaum jemand verteidigt, denn selbst die hocharistokratischen Standesgenossen, die ihn auf den Thron gebracht hatten, hatten sich von ihm abgewandt und befürworteten eine ausländische Thronkandidatur. Solchen Plänen stand aber der erfolgreiche und allgemein beliebte Skopin-Šujskij im Wege, der das Lager des russischen Widerstands zusammenhielt und den viele am liebsten selbst als Zaren gesehen hätten. Diese Beliebtheit wurde ihm und dem Moskauer Staat indes letztlich zum Verhängnis, denn Fürst Skopin-Šujskij starb im April 1610 völlig unerwartet; wenn der Zar selbst dabei die Hand im Spiele hatte – was naheliegend, aber nicht zu beweisen ist –, so hatte er sich damit seiner letzten Chance beraubt und praktisch politischen Selbstmord begangen.

Vielleicht wäre der junge Skopin-Šujskij dem erfahrenen polnischen *hetman* Żółkiewski nicht gewachsen gewesen, aber ohne ihn war das Moskauer Heer den Polen weit unterlegen:

Am 24. Juni 1610 wurde es bei Klušino westlich von Možajsk vernichtend geschlagen: Die Reste des schwedischen Hilfskorps setzten sich in Novgorod fest und dienten hinfort allein den schwedischen Interessen; das Landesaufgebot lief auseinander, der Weg nach Moskau war für die Polen offen. Noch vor ihrer Ankunft dort war Zar Vasilij Šujskij am 17. Juli 1610 gestürzt und im Moskauer Čudovkloster zum Mönch geschoren worden. Damit trat zur allgemeinen Anarchie als Höhepunkt der *smuta* das Interregnum.

Die Russen hatten bisher wenig Gelegenheit gehabt, Methoden zur Überwindung eines Interregnums zu entwickeln, aber es gab mit der Wahl Godunovs und der Thronerhebung Šujskijs Präzedenzfälle. So bildete sich auch jetzt ein Bojarenrat, der in aller Eile eine Art Landesversammlung zusammenzubringen versuchte. Dem Vormarsch des polnischen Heeres zum Trotz kam es, wenn auch auf formal anfechtbare Weise, zu einer eindeutigen politischen Willensbildung: Sigismunds III. Sohn Władysław wurde zum Zaren gewählt, und zwar unter den Bedingungen, die mit dem Hetman Żółkiewski ausgehandelt und am 27. August 1610 in einem Abkommen festgehalten worden waren. Dieses legte die Rechte der ›Stände‹ fest und trug den Charakter einer ›Wahlkapitulation‹, also der ausgehandelten Bedingungen für die Wahl, die den Polen aus ihrer eigenen politischen Tradition und Praxis her vertraut war. Danach erhielten die Bojaren-*duma* und der *zemskij sobor* einen ähnlichen Charakter wie der Senat und der *sejm* in Polen: Die *duma* sollte die höchste gerichtliche Instanz werden und als höchste Ständevertretung das Recht der Steuerbewilligung erhalten; dem *zemskij sobor* war das ausschließliche Recht der Gesetzgebung vorbehalten. Unabdingbare Voraussetzung blieb bei alledem natürlich die Wahrung der Orthodoxie. Hinter der Wahl und dieser Wahlkapitulation standen sowohl die Hochadeligen, die sich rechtzeitig von Vasilij Šujskij gelöst hatten, als auch die Partei der Romanovs unter Filaret. Von ›nationalem Verrat‹ zu sprechen, wie dies in der russischen Geschichtsschreibung meistens geschieht, ist dabei ein anachronistisches Fehlurteil: Die Wahl eines landfremden Fürsten zum Herrscher war im damaligen Europa eine häufige Erscheinung. So war auch der polnische Prinz ein Wasa, der Sohn eines schwedischen Prinzen, den die Polen zu ihrem König gewählt hatten. Ein Konfessionswechsel Władysławs war möglich, ebenso eine Eindämmung des polnischen Einflusses durch eine konsequente Machtbeteiligung des russischen Adels. Dies bot die Chance, den Moskauer Staat im Bunde mit Polen zu einer ›ständisch-repräsentativen Monarchie‹ zu entwickeln, was den führenden Persönlichkeiten in Moskau durchaus akzeptabel erscheinen musste. Zur Verwirklichung fehlte nur noch der Herrscher, aber Władysław sollte den Thron der Zaren niemals besteigen.

Es bleibt offen, ob ein Zar mit polnischer Tradition die Moskauer Überlieferung wirklich hätte ändern können, denn die Autokratie war fest im Denken der orthodoxen Russen verwurzelt und die russischen ›Stände‹ waren mit den polnischen als politisch aktive und machtbewusste Korporation nicht zu vergleichen. Aber das Experiment kam wegen der Haltung Sigismunds erst gar nicht zustande: Als sich nach der Wahl eine ›große Gesandtschaft‹ unter der Führung Filarets und des Fürsten V. V. Golicyn in das Lager des polnischen Königs vor Smolensk begab, musste sie zu ihrer peinlichen Überraschung feststellen, dass Sigismund seine Meinung geändert hatte und angesichts seiner im Augenblick überlegenen militärischen Position nun selbst Zar werden, d. h. den Moskauer Staat mit dem polnisch-litauischen in Personalunion vereinigen wollte. Das aber war etwas ganz anderes als der Vertrag mit Żółkiewski vorgesehen hatte: Wenn der polnische König selbst Moskauer Zar würde, dann war von Autonomiegarantien wenig zu halten; vor allem konnte der polnische König nicht zur Orthodoxie übertreten, und ein nicht rechtgläubiger Zar überstieg auch das Vorstellungsvermögen jener Russen, die einer Anpassung der politischen Struktur an das Vorbild des westlichen Nachbarn nicht abgeneigt waren. Die Gesandten erklärten sich daher als nicht bevollmächtigt zu Verhandlungen in dem von Sigismund gewünschten Sinne. Vergeblich eilte Żółkiewski aus Moskau herbei, um die

Situation zu retten; er fühlte sich durch das Verhalten seines Königs zu Recht bloßgestellt und zog sich anschließend verbittert zurück. Sigismund aber versuchte seinen Willen mit Gewalt durchzusetzen: Die politisch maßgebenden Mitglieder der ›großen Gesandtschaft‹ nahm er in Haft; der neue Befehlshaber der polnischen Truppen in Moskau erhielt die Anweisung, für die Bildung eines dem König gefügigen Regierungsapparates zu sorgen. Das Ergebnis war eine rücksichtslose Militärdiktatur, die nur charakterlose Elemente für sich gewann, im Übrigen aber den Widerstand der Russen provozierte. Auch ein Auftreten Sigismunds in Moskau hätte die Sachlage nicht verändert, aber dazu kam es gar nicht; bis zum Beginn des Jahres 1611 dauerte die Belagerung von Smolensk, und als diese Stadt schließlich gefallen war, hatten sich die Verhältnisse in Moskau erneut geändert – dort war die polnische Garnison bereits in die Defensive geraten.

Die ›nationale‹ Befreiung und das Zartum der Romanovs

1612	25. Okt.: Kapitulation der Polen im Moskauer Kreml
1613–45	Zar Michail Fëdorovič Romanov
1619–33	Regentschaft des Patriarchen Filaret, Vater des Zaren
1611–32	Gustav II. Adolf, König von Schweden

Symbole und Organisation des russischen Widerstandes

Mit der Zunahme der Polen unter den Anhängern des *vor* war das Gefühl des Notstands und das Bedürfnis, die inneren Gegensätze zu überbrücken, gewachsen, so dass es nach dem gewaltsamen Tod des zweiten Pseudodemetrius am 11. Dezember 1610 zu einer Annäherung zwischen den Dienstgutbesitzern und den Bauern-Kosaken kam. Wie schwierig dies war, zeigt der Ablauf der Ereignisse; vor allem aber benötigte man wirksame Symbole, um die einander bekämpfenden Gruppen zusammenzubringen. Zu einem solchen Symbol wurde die Stadt Smolensk, die fast anderthalb Jahre lang den polnischen Angriffen standhielt und Hilferufe in das ganze Land sandte; weitere Symbole waren der Moskauer Patriarch Hermogen, der den Eid auf Sigismund verweigerte und deshalb im Kreml interniert wurde, und schließlich die von Sigismund festgehaltenen Führer der ›großen Gesandtschaft‹ mit dem Tušino-Patriarchen Filaret an der Spitze. Dabei zeigt gerade der letztgenannte Fall, dass die Symbolkraft nicht von Verdiensten für das Land abhing: Der Ehrgeiz des Fëdor Nikitič Romanov hatte bisher seinen Teil zur Verstärkung der ›Wirren‹ beigetragen, aber nach seiner Gefangennahme durch den Landesfeind litt auch der ›falsche‹ Patriarch als Repräsentant der Orthodoxie unter dem Joch der Lateiner. Das legitime Oberhaupt der russischen Kirche, der Patriarch Hermogen, war bisher wenig hervorgetreten; nun ließ ihn die Situation über sich hinauswachsen: Seine Sendschreiben, die zum Widerstand aufforderten, gingen in das ganze Land hinaus, fanden Widerhall und wurden durch die Korrespondenzen zwischen den einzelnen Widerstandszentren ergänzt.

Die militärische Führung des Aufgebots lag bei Prokopij Ljapunov, dem Voevoden von Rjazań; ihm folgte der Dienstadel aus der Provinz. Daneben gab es die militärisch organisierten Kosaken unter Zaruckij und andere kleinere Gruppen, die nicht zu Władysław oder Sigismund übergegangen waren, unter dem Fürsten Trubeckoj. Sie alle konnten, wenn sie einzeln oder gar gegeneinander kämpften, einen Entsatz Moskaus unmöglich machen. Aber unter der Führung von Ljapunov gelang das Unwahrscheinliche: Ende März des Jahres 1611 vereinigten sich die sozialen Gegner vor Moskau, um die Polen aus der Hauptstadt und aus dem Land zu vertreiben: Bis zum Sommer wurde die polnische Garnison auf den innersten Befestigungskern von Moskau, den Kreml und den Kitajgorod, zurückgeworfen; mehr war ohne ausreichende Artillerie nicht zu erreichen. Viel schwieriger als die militärische war jedoch die politische Aufgabe, dem Land eine provisorische neue Regierung und Verwaltung zu geben, die schon allein für die Versorgung des Heeres erforderlich war. Dazu entstanden allmählich Einrichtungen, die den Moskauer Zentralämtern nachgebildet waren und deren Funktionen erfüllen sollten; zunächst erstreckte sich ihre Kompetenz nur auf das ›Aufgebot‹ des Ljapunov, aber auf die Dauer mussten auch die verbündeten Kosaken in die neu entstehende Ordnung eingebunden werden. Und so lange es keinen Zaren gab, war zumindest in vorläufiger Weise zu klären, wer die Macht ausüben sollte. Dies konnte im Rahmen eines Belagerungsheeres praktisch nur der große Kriegsrat dieses Heeres sein, der das ›ganze Land‹ repräsentierte, dessen Beschluss allein Gesetzeskraft hatte und der die Traditionen der Landesversammlung wie der kosakischen Heeresversammlung in sich vereinte. Die Exekutivgewalt hatten demnach die Führer der drei Heeresteile – das Triumvirat Ljapunov, Trubeckoj und Zaruckij – die Verwaltung, die nun für alle zuständig war, wurde den im Moskauer Staat üblichen Ämtern anvertraut.

All dies legte der erste gemeinsame ›Landesbeschluss‹ vom 30. Juni 1611 fest. Aber der Aufbau einer Verwaltung erforderte auch die Festlegung der Richtlinien, in welcher Weise verwaltet werden sollte, und an der sozialen Wirklichkeit schieden sich die Geister. Ljapunov verfolgte die traditionelle Politik des russischen Staates, nämlich Kosaken und Bauern voneinander zu trennen, die führende Schicht des Kosakentums durch Aufnahme in den Dienstadel oder durch Einbeziehung in ein staatliches Berufssoldatentum (›Stadtkosaken‹, in Polen-Litauen ›Registerkosaken‹) sozial anzuheben, die Masse der entlaufenen Bauern aber in ihren ursprünglichen Status als ›Bojarenknechte‹ zurückzuführen. Die Kosakenaristokratie unterstützte in der Regel diese Politik, aber der grundsätzliche soziale Konflikt wurde damit nur etwas verschoben, nicht jedoch gelöst. So konnte man sich bezüglich der Beschränkung des Großgrundbesitzes relativ leicht auf ein verbindliches Höchstmaß einigen, ferner bestand Einigkeit über die Konfiskation unrechtmäßig verliehener Güter und über eine Heranziehung des Kirchenbesitzes zum Unterhalt des Befreiungsheeres; dies war im ›Landesbeschluss‹, dem ja auch die Kosakenführer zugestimmt hatten, festgelegt worden. Auch sollten die Bauern jener Bojaren, die zu den Polen übergegangen waren, ihre Freiheit behalten. Bei alledem konnte aber nicht verborgen bleiben, dass die einander bekämpfenden *pomeščiki* wie die Bojaren Vasilij Šujskijs an der Aufrechterhaltung der bäuerlichen Unfreiheit interessiert waren bzw. dass die neue Ordnung die Aufhebung jener Freiheit bedeutete, an die sich die kosakierenden Bauern inzwischen gewöhnt hatten. Zudem war Ljapunov in den Augen des Kosakenheeres durch seinen Verrat an Bolotnikov belastet. Der ›Landesbeschluss‹ führte daher zunächst nur zu einer Meuterei der Kosaken, die die Ermordung Ljapunovs am 22. Juli 1611 und die Auflösung des ›Aufgebots‹ zur Folge hatte.

Ein Neuanfang war nötig, und zwar in einer gefährlichen Lage, die nur geringe Aussichten auf einen Erfolg versprach: Es gab weder einen Zaren noch einen zur Führung befähigten Kandidaten für den Thron, die nach wie vor staatstragende Schicht des Dienstadels hatte in Ljapunov ihren stärksten politischen Trumpf verloren. Es gab demnach keine Regierung, wohl aber zwei Regierungsapparate: Den Kreml beherrschten die Polen und deren Mitläufer, der andere Apparat im Kosakenlager vertrat die soziale Revolution. Und König Sigismund war nun nicht mehr durch die Belagerung von Smolensk gefesselt.

Die russische Geschichtsschreibung hat über die Ereignisse, die zur Befreiung des Landes und zur Wiedergeburt des Moskauer Staates führten, einen Schleier romantischer Verklärung gelegt. Doch auch wenn man dynastische und nationale Legendenbildung aus dem Spiel lässt, bleibt es erstaunlich, dass die Initiative zu dem neuen und nun endlich erfolgreichen Versuch dem bis dahin unbekannten Starost der Stadtbürger von Nižnij Novgorod zufiel: Kuźma Minin stand unter dem Eindruck eines Sendschreibens, das der Patriarch Hermogen an die Bewohner seiner Stadt gerichtet hatte; außerdem war die Stadt wiederholt von den Sozialrevolutionären bedroht worden. Die Ansprüche der Kosaken waren folglich so wenig nach Minins Sinn wie die Anwesenheit der Lateiner im Moskauer Kreml. Dem Starost kam es dabei sehr gelegen, dass Zaruckij den kleinen Sohn des *vor* und der Maryna zum Zaren machen wollte und der Kosake damit vollends seine Sympathien im Land verspielte. Minin konnte freilich nur Verbindung zu den benachbarten Städten des ›Unterlandes‹ aufnehmen und materielle Mittel für das neue ›Aufgebot‹ des Landes sammeln. Für den militärischen und politischen Teil der Aufgabe gewann er den Fürsten Dmitrij Michajlovič Požarskij, dessen Familie trotz ihrer Zugehörigkeit zur Hocharistokratie und dem Besitz von ansehnlichen Gütern im Gebiet von Suzdal', politisch nicht kompromittiert war.

Die Zusammenarbeit zwischen Minin und Požarskij, die im russischen Geschichtsbewusstsein nebeneinander stehen, bewährte sich, wenn auch nach außen der ›Fürst‹ in den Vordergrund trat, während der Organisator Minin, dem die Versorgung des Befreiungsheeres anvertraut wurde, mehr im Stillen wirkte. Das politische Programm der beiden war nicht reaktionär, aber ausgesprochen konservativ: Zuerst sollte die innere Ordnung im Land wiederhergestellt, eine Regierung gebildet und das Kosakenproblem gelöst werden, dann erst wollte man sich gegen den eingedrungenen Feind wenden. Dabei achtete man darauf, dass die entscheidenden militärischen Aktionen jeweils erst durch den Gegner ausgelöst wurden: Als die Kosaken die Stadt Jaroslavl' erobern wollten, um die dort vorgesehene Vereinigung der südlichen und nördlichen Aufgebote zu verhindern, kam Požarskij dem Kosakenführer mit seinem noch kleinen und mangelhaft ausgerüsteten Heer zuvor (1. April 1612); und erst als im Sommer des Jahres 1612 die Annäherung eines polnischen Entsatzheeres gemeldet wurde, entschloss sich Požarskij zum Vorrücken auf Moskau; angesichts der russischen Heeresmacht wagten die Polen keinen Angriff, sondern zogen nach wenigen Tagen wieder ab (25. August 1612). Das militärische Nahziel war damit erreicht, denn die erschöpfte polnische Besatzung der

Moskauer Innenstadt konnte nun auf keine Besserung ihrer Lage mehr hoffen. Und wieder gab Požarskij der Lösung des ›inneren‹ Problems den Vorrang: Zwar hatte sich Zaruckij angesichts des Aufmarsches des ›Aufgebots‹ mit den radikalen Elementen in den Süden zurückgezogen, um 1614 in Astrachań seine abenteuerliche Laufbahn zu beenden. Maryna und ihr kleiner Sohn teilten sein Schicksal. Trubeckoj harrte aber mit seinen Kosaken weiter vor Moskau aus. Erst nachdem ein Abkommen mit ihm erzielt war, trat das ›Aufgebot‹ zum Sturm auf die Zarenresidenz an: Am 22. Oktober fiel der Kitajgorod, am 25. Oktober 1612 kapitulierte der Rest der Polen im Kreml. Damit war angesichts der großen symbolischen Bedeutung Moskaus eine wichtige Voraussetzung für den Neuaufbau des Moskauer Staates geschaffen. Dieser Neuaufbau hatte aber schon im Frühjahr 1612 planmäßig begonnen.

Die Wahl des Zaren und die Konsolidierung des Staates

Seit sich im April des Jahres 1612 in Jaroslavl' das neue *opolčenie* vereinigt hatte, war dort allmählich auch eine neue Regierungs- und Verwaltungsorganisation entstanden, die – im Unterschied zu den gerade missglückten Bestrebungen – die Kosaken nicht mehr einbezog und sich eng an die überlieferten Formen des Moskauer Staates hielt. Auch hier gab es einen großen Kriegsrat, der zusammen mit den Vertretern der einzelnen am ›Aufgebot‹ beteiligten Städte das ›ganze Land‹ repräsentierte, in seiner Zusammensetzung ziemlich genau einem *zemskij sobor* (Landesversammlung) entsprach und bis zur Wahl eines neuen Zaren die Macht besaß. Die exekutive Gewalt lag beim engeren Kriegsrat, in dem Požarskij praktisch den Ton angab, der sich aber formal am Vorbild der Bojarenduma orientierte. Schließlich versuchte man auch, eine provisorische Kirchenregierung zu bilden: Der Patriarch Hermogen war in polnischer Haft verstorben; das russische Volk verehrte ihn hinfort als Märtyrer, aber die Kirche war nun ebenso ohne ein Oberhaupt wie der Staat. Da die rangnächsten Hierarchen nicht verfügbar waren – der Erzbischof von Novgorod befand sich praktisch in der Gewalt der Schweden, der Metropolit von Kazań war in seiner den Kosaken zuneigenden Stadt unentbehrlich und der Metropolit von Rostov und falsche Tušnov-Patriarch, Filaret, weilte in polnischer Gefangenschaft –, blieb nichts anderes übrig, als den ehemaligen Metropoliten Kyrill von Rostov mit der Kirchenführung zu betrauen, den Filaret zuvor verdrängt hatte. Trotzdem gelang es, die volle moralische und materielle Unterstützung der Kirche für das Landesaufgebot und die provisorische Landesregierung zu gewinnen, obwohl das geistlich einflussreiche und ökonomisch mächtige Dreifaltigkeitskloster des hl. Sergij die Kosaken unterstützte, die mit der Belagerung Moskaus als Vorkämpfer für die Freiheit von Glauben und Vaterland gelten konnten.

Ljapunovs Schicksal hatte gezeigt, wie schwierig eine politische Lösung des Kosakenproblems war. Zwar gelang es ziemlich rasch, den Machtbereich der Kosaken auf die unmittelbare Umgebung Moskaus zu beschränken, aber ein direkter Angriff musste der ›nationalen‹ Sache schaden. Wenn es jedoch gelang, die Kosakenaristokratie in das Landesaufgebot zu ziehen, dann konnte man zugleich die politische Gefahr der Kosaken neutralisieren und ihre militärische Kraft in den Widerstand einbinden. Dazu brauchte man großzügige Angebote und entsprechende Zeit. In beidem war Požarskij erfolgreich: Als sich das Heer des ›Aufgebots‹ im Sommer 1612 Moskau näherte, zog sich Zaruckij zurück; der vor Moskau mit seinen Kosaken ausharrende Fürst Trubeckoj erklärte sich für neutral, schloss aber dann Ende September mit Požarskij einen Vertrag, der seine Kosaken in den Dienst der neuen Regierung stellte, und teilte so mit Požarskij den Ruhm, Moskau befreit zu haben. Vertreter seiner rehabilitierten Kosaken nahmen dann auch an der Landesversammlung teil, die den neuen Zaren zu wählen hatte.

Požarskij hätte die Wahl des Zaren am liebsten noch in Jaroslavl' durchgeführt, um mit dem gewählten Herrscher an der Spitze des siegreichen Heeres in Moskau einziehen zu können. Dazu hatte die Zeit aber nicht gereicht, denn auch für das nun im Wesentlichen wieder geeinte ›ganze Land‹ erwies sich die Wahl eines neuen Zaren als überaus schwierig. Dies lag zum einen daran, dass es keinen die Mehrheit überzeugenden Kandidaten gab, zum andern daran, dass die politisch Verantwortlichen auch außenpolitische Probleme berücksichtigen mussten: Zwar kam eine polnische Kandidatur nach der Invasion nicht mehr infrage, aber in Novgorod standen nach wie vor die Schweden, die Šujskij 1609 zuhilfe gerufen hatte. Sie beherrschten die Stadt und deren ausgedehntes Territorium und hatten die Novgoroder gezwungen, den schwedischen Prinzen Karl Philipp nach traditioneller Weise zum Fürsten der Stadt zu wählen. Einer Rückkehr Novgorods in den Moskauer Staatsverband wollten die Schweden nur zustimmen, wenn man Karl Philipp zum Zaren wählte. Dies war für Požarskij, der einer ausländischen Kandidatur im Grunde offen gegenüber stand, bedenkenswert, dass mit der Wahl des schwedischen Kandidaten das territoriale Problem im Nordwesten gelöst worden wäre und man die Schweden zu Bundesgenossen gegen den polnischen Hauptgegner gewonnen hätte; andernfalls hatte man aller Voraussicht nach neben dem Krieg mit Polen auch noch einen Krieg mit Schweden zu führen, um Novgorod und das Novgoroder Gebiet wiederzugewinnen. Eine habsburgische Kandidatur, die vorübergehend diskutiert wurde, hätte dagegen nur die vage Aussicht auf ein antipolnisches Bündnis eingebracht. Aber in der Hochstimmung nach der Wiedereroberung Moskaus hatte kein ausländischer Kandidat auch nur die geringste Chance. Ebenfalls keine Chance hatte jeder Kandidat aus dem Kreise der Fürsten, obwohl sowohl Požarskij als auch Trubeckoj selbst diesem Kreise angehörten. Sie waren aber die Ausnahme und so gab es im Übrigen auf dem Wahl-Sobor kaum noch einen Vertreter der alten Hocharistokratie.

Die näheren Umstände der Wahl bleiben leider im Dunkeln. Der Anfang Januar 1613 zu den ersten Beratungen zusammentretende *zemskij sobor* – wie er erst später so genannt wurde – scheint aber tatsächlich das ›ganze Land‹ (*vsja zemlja*), mit Ausnahme der besetzten Westgebiete, fast vollständig repräsentiert zu haben: Aus 50 Städten waren die Vertreter nach Moskau gekommen, dazu traten die Mitglieder der Regierung (Bojarenduma), die hohe Geistlichkeit, Beamte der Zentralämter und zum ersten Mal auch Abgeordnete der Kosaken. Überhaupt nicht vertreten waren dagegen auch diesmal die abhängigen Bauern. Die Wahlversammlung umfasste also die mittleren Schichten der dienstleistenden (*služilye*) und steuerzahlenden (*tjaglye*) Landesbewohner, wobei zahlenmäßig der Dienstadel sicher bei Weitem überwog. Angesichts der mangelnden politischen Erfahrung war es für sie nicht leicht, »als ganzes Land der Moskauer Herrschaft einen Herrscher zu erwählen, welchen uns Gott geben wird«, wie es die Nižnij-Novgoroder 1612 in einem Schreiben formuliert hatten. Dass die Wahl schließlich am 7. Februar 1613 auf den jungen Michail Fëdorovič Romanov, den Sohn Filarets, fiel, war kaum das Ergebnis einer systematischen Propaganda der Romanovs, deren Haupt ja in polnischer Gefangenschaft saß, sondern eher das spontane politische Fazit der *smuta*: Den entscheidenden Antrag sollen ein Dienstadeliger aus Galič und ein *ataman* der Donkosaken gemeinsam eingebracht haben, und darin erscheinen die ausschlaggebenden Momente zutreffend versinnbildlicht: Weder Gesichtspunkte der genealogischen Würdigkeit (Rjurikiden!) noch außenpolitische Rücksichten sprachen für den Provinz-*pomeščik*; wohl aber konnte die Anknüpfung an die Zeit Ivans IV., der seine Familie den Aufstieg verdankte, für den Romanov sprechen. Den Kosaken aber mochte eben jene Phase in der Vergangenheit Filarets, die den konservativen Elementen als ein dunkler Fleck erscheinen musste – die Phase von Tušino –, einen Romanov akzeptierbar machen. Hinzu kam noch, dass sich schon der Märtyrer Hermogen 1610 für den Sohn des Filaret eingesetzt hatte. Filaret selbst, dem man den Patriarchenstuhl freihielt, drohte ein ähnliches Martyrium in polnischer Haft. Völlig außer Betracht blieben bei alledem offenbar die persönlichen Qualitäten des Kandidaten.

Michail war bei seiner Wahl zum Zaren gerade 16 Jahre alt und obwohl er Russland 32 Jahre lang ›regierte‹, ist er als Persönlichkeit nicht recht fassbar. Er scheint keine herrscherlichen Qualitäten und keinen persönlichen Machtwillen besessen zu haben. Da er aber durch das ›ganze Land‹ gewählt worden war, kam auch keine Opposition mehr gegen ihn auf. Je weniger jedoch vom neuen Zaren eine tatkräftige Regierung zu erwarten war, desto mehr kam es auf die Institutionen des Staates oder die Personen in seiner Umgebung an. Möglich war dabei einerseits eine vollständige Restauration oder andererseits eine fortdauernde Beteiligung der Landesversammlung an der Politik, sollte sich das politische Bewusstsein der tragenden Mittelschichten während der *smuta* entsprechend gefestigt haben. Die politische Rolle der *knjažaty* war dagegen eindeutig beendet: Die verbliebenen Träger des Fürstentitels bildeten keine geschlossene Gruppe mit gemeinsamen politischen Interessen mehr; sie waren von der Zarenwahl ferngehalten und erst zur feierlichen Bestätigung der Wahl Michails wieder zugelassen worden. Selbst nachdem die Führer des Befreiungskampfes in den Hintergrund getreten waren und einer neugebildeten Bojarenduma mit dem Fürsten F. I. Mstislavskij an der Spitze Platz gemacht hatten, nutzte die Hocharistokratie diese Gelegenheit nicht, um die Autokratie des Zaren ähnlich zu beschränken, wie dies die Wahlkapitulation von 1610 für Władysław vorgesehen hatte.

Etwas anders war der *zemskij sobor* einzuschätzen, dessen Ursprünge im Dunkeln liegen: Die wenigen Moskauer Landesversammlungen des 16. Jahrhunderts waren nur aus besonderem Anlass einberufen worden und konnten kaum als repräsentative Einrichtungen angesehen werden; sie besaßen nur beratende Funktion und dienten der Regierung teils zur Unterrichtung der Öffentlichkeit, teils als ein Propagandainstrument. Obwohl sich der *zemskij sobor* nach der Wahl des Zaren nicht auflöste, sondern – mit wechselnder Zusammensetzung – bis 1621 tagte, konnte von seiner Beteiligung an der Regierung keine Rede sein; vielmehr diente er zur Information über die Provinzen, weil die Archive der Zentrale vernichtet worden waren, sowie der Beratung der Teilnehmer untereinander. Diese Beratungen hatten vor allem die Beschaffung von Geldern zum Gegenstand, die zur Erneuerung des Heeres und zur Belohnung des ruinierten Dienstadels, benötigt wurden. Für die Beschaffung der Gelder wurden Sondersteuern erhoben und Anleihen bei reichen Kaufleuten (Stroganov) getätigt. Die Landesversammlung wurde an diesen Maßnahmen nur gelegentlich beteiligt. Die eigentliche Regierungsmacht lag indessen bei den Bojaren, von denen 23 Familien überlebt hatten; nach dem Aussterben weiterer (beispielsweise den Šujskijs) ergänzte sich dieser Kreis um Aufsteiger, um im alten Stil die Politik zu bestimmen. Nach der Rückkehr Filarets aus der polnischen Gefangenschaft im Jahr 1619 betrat dann auch wieder eine Herrscherpersönlichkeit die politische Bühne. Der *zemskij sobor* als Beratungsorgan war das Äußerste, was das alte Moskau an ›Konstitution‹ hervorgebracht hat. Zu stark war die Tradition des Selbstherrschertums, zu eindeutig stand hinter diesem die geistliche Macht der Kirche, die in der Folge der ›verhinderte Zar‹ Filaret führte, zu gering waren das Bedürfnis und die Erfahrung, um der politischen Macht eine verbindliche Rechtsform zu geben.

Zar Michail war dabei nur dem Namen nach ein ›Selbstherrscher‹, denn die Macht übten andere für ihn und in seinem Namen aus: Von 1619 bis 1633 war dies vor allem sein Vater Filaret, der sich als Patriarch mit *gosudaŕ* (›Herrscher‹) anreden ließ, um nicht hinter seinem Sohn zurückzustehen, und der das Steuer des Staates wie der Kirche in seinen Händen hielt. Dies bedeutete aber keinen Machtanspruch der Kirche über den Staat, sondern entsprach der Zusammenarbeit eines energischen kirchlichen Politikers mit seinem nachgiebigen Sohn als Zaren. Vor Filarets Rückkehr aus der Gefangenschaft und nach seinem Tod gab es keine ähnlich dominierende Persönlichkeit und so lag die Macht während dieser Jahre einerseits bei einer Hofclique von Verwandten und Günstlingen des Zaren, die sie vornehmlich zum eigenen Vorteil missbrauchten, und andererseits bei der unentbehrlichen Bürokratie. Auch hierin setzte sich also die Moskauer Tradition fort, ebenso in den Klagen über Willkür und Korruption der Moskauer Würdenträger. Filaret schaltete zwar einige der schlimmsten Übeltäter aus und schuf sogar eine eigene Behörde zur Untersuchung der Fälle von Amtsmissbrauch, aber das System an sich blieb unverändert. Neu war indes, dass sich Gruppen der Gesellschaft in kollektiven Bittschriften an die Regierung wandten, deren Gesuchen auch in den meisten Fällen stattgegeben wurde. Der Dienstadel als Retter des Staates hatte bei alledem keinen dauerhaften Gewinn erzielt und sah sich sehr bald wieder am Rande des wirtschaftlichen Zusammenbruchs, wobei sich aber der Prozess der Angleichung der Dienstgüter an die Erbgüter verstärkte. Der offensichtliche Wohlstand der D'jaken musste ihn jedoch erbittern, auch wenn die Bürokratie notwendig war und ihren Beruf verstand.

Die anstehenden Aufgaben waren indes so gewaltig, dass auch ein geordnetes Staatswesen auf eine schwere Probe gestellt worden wäre: Die patriotische Begeisterung hatte zwar die sozialen Gegensätze und auch die allgemeine politische und wirtschaftliche Erschöpfung zurücktreten lassen, aber grundsätzlich war das soziale Problem ungelöst. Schon die Kosaken Trubeckojs waren eine schwere finanzielle Belastung für den Staat und im Umfeld Moskaus ein unberechenbares Element. Die neuen Steuern, die die Regierung beschlossen hatte, konnte man nicht eintreiben, so lange im Lande keine Ordnung herrschte. Die geringste Sorge bereitete hier der Süden, wo das politisch gescheiterte Kosakentum seine frühere Lebensweise wieder aufgenommen hatte: Es richtete seine kriegerische Aktivität erneut gegen Tataren und Türken und suchte zum Moskauer Zaren ein Verhältnis, das den Kosaken viel materielle Unterstützung für wenig Gegenleistung einbrachte. Das ›wilde Feld‹ im Süden blieb auch weiterhin zwar bevorzugtes Fluchtziel der entlaufenen Bauern, aber die Spaltungspolitik der Moskauer Regierung, die einen Keil zwischen die einfachen Kosaken und ihre Führer trieb, trug auf die Dauer Früchte, indem die Kosakenaristokratie allmählich zu einem konservativen Element wurde, das sich nicht nur zur Grenzverteidigung, sondern auch zur Bändigung von inneren Unruhen gebrauchen ließ. So lieferten die Astrachańer Strelitzen, die sieben Jahre lang ein selbstständiges revolutionäres Dasein geführt hatten, 1614 Zaruckij und Maryna mit ihrem Sohn freiwillig an die Regierung aus; Zaruckij und der 6-jährige Sohn des *vor* wurden hingerichtet, die Tochter des Wojewoden von Sandomierz starb im Gefängnis.

Weit unangenehmer waren dagegen die Kosakenbanden, die nach wie vor den Norden des Landes unsicher machten: Sie waren Räuber geworden, die die neue Regierung und das Ende der *smuta* nicht zur Kenntnis nahmen. Ihre Bekämpfung war ein Problem, da sich das *opolčenie* längst aufgelöst hatte und die verfügbaren Truppen an der Front gegen die Polen gebunden waren. Aus diesem Grund begann der Zar sogar Verhandlungen mit einem der Bandenführer, was dieser aber als Zeichen der Schwäche auslegte, so dass er 1614 sogar gegen Moskau marschierte, ehe er in der Gegend des Dreifaltigkeitsklosters aufgehalten werden konnte. Es dauerte Jahre, bis das Land ruhig und die Wege sicher wurden, und noch viel länger dauerte es, bis sich das Land und die Menschen von den verheerenden wirtschaftlichen Folgen der *smuta* erholt hatten. Die innere Befriedung und Konsolidierung war aber nur ein Teil der anstehenden Aufgabe; nicht weniger schwierig war der andere Teil: die Vertreibung der Polen und Schweden aus den von ihnen besetzten Gebieten.

Die außenpolitische Entwicklung bis zur Mitte des 17. Jahrhunderts

Polen war der gefährlichere der beiden Gegner, denen sich Moskau am Ende der *smuta* gegenübersah: Der Vater des Zaren war Gefangener des polnischen Königs, was einerseits Moskau bei allen Verhandlungen die Hände band, andererseits dessen Befreiung zum vorrangigen Ziel machte. Polen dagegen wollte seinen Trumpf nicht so leicht aus der Hand geben und konnte sich außerdem darauf berufen, dass die

Karte 5: Das Zartum Moskau vor Peter dem Großen.

Moskauer ja selbst Władysław zum Zaren gewählt hatten. Militärisch waren die Polen im Vorteil, weil sie die westlichen Territorien des Moskauer Staates besetzt hielten und sich auf deren Verteidigung beschränken konnten, während Moskau zur Offensive gezwungen war, wenn es den ursprünglichen Besitzstand wieder herstellen wollte. Aber zu weiträumigen Operationen war keiner der Gegner mehr imstande: ›Moskowien‹ war ein ausgeblutetes und erschöpftes Land, in Polen hatte Sigismund durch seine eigensinnige Ostpolitik die Sympathien des polnischen *sejm* verspielt, der keine weiteren Mittel bewilligte. Zudem war Polen-Litauen selbst an beiden Flanken bedroht, denn sowohl zu Schweden im Norden als auch zur Türkei im Süden waren die Beziehungen äußerst gespannt. Dennoch wollte keine der beiden Seiten auf ihre Kriegsziele verzichten und zu einem Kompromiss kommen. Ein Vermittlungsversuch des kaiserlichen Gesandten Haidelius von Rassenstein scheiterte deshalb nach langwierigen Verhandlungen im Januar 1616. Als der Kronprinz Władysław, um dessen Anspruch auf den Moskauer Zarenthron es ja eigentlich ging, 1617 vom *sejm* neue Gelder bewilligt erhielt, konnte er zwar mit einem kleinen Heer und kosakischer Hilfe einige Erfolge erringen, Moskau war nicht in der Lage, dem Angreifer in offener Feldschlacht entgegenzutreten; weil jedoch im folgenden Jahr ein größerer Erfolg ausblieb, ging der Stoß ins Leere. Allerdings litt das offene Land unter den Plünderungen der Kosaken, und das förderte die Friedensbereitschaft Moskaus entscheidend.

Da durch den ausbleibenden Erfolg auch Władysławs Mittel ausgeschöpft waren, setzten nun Verhandlungen ein, die in dem unweit der Troice-Sergieva Lavra (›Dreifaltigkeitskloster‹ bei Zagorsk) gelegenen Dorf Deulino im Dezember 1618 zum Abschluss eines Waffenstillstands für vierzehneinhalb Jahre führten. Die Polen waren dabei im Vorteil und diktierten die Bedingungen: Das Gebiet von Smolensk und die severischen Städte an der Desna, d. h. den größten Teil des seit Ivan III. im Westen ›gesammelten russischen Landes‹, musste Moskau wieder abtreten, ohne dass Władysław *de iure* auf den

Moskauer Thron verzichtete; aber um diesen hohen Preis erreichte Moskau immerhin die Beendigung des Kriegszustands, die *de facto*-Anerkennung der Regierung Michails und den Austausch der Gefangenen – am 1. Juli 1619 wurden diese den Moskauern an der Grenze übergeben.

Doch auch der Schwedenkönig Gustav Adolf verstand die Wahl des Romanov als eine Verletzung der schwedischen Ansprüche und beantwortete sie 1614 mit einem Angriff. Auch ihm hatte Moskau wenig entgegenzusetzen, aber man urteilte in Moskau wohl richtig, dass Schweden keinen Eroberungskrieg beabsichtigte. So kam es unter englischer und niederländischer Vermittlung bald zu Verhandlungen, die in Stolbovo südlich des Ladogasees im Februar 1617 einen für Moskau relativ günstigen Abschluss fanden: Schweden verzichtete auf seine Thronansprüche und gab den größten Teil des besetzten Gebietes einschließlich Novgorods gegen eine Entschädigung von 20 000 Rubel heraus; allerdings ging der Küstenstreifen südlich des Finnischen Meerbusens wieder in schwedischen Besitz über. Damit verlor der Moskauer Staat zwar den Zugang zur Ostsee, und Gustav Adolf konnte diese Isolierung als einen bedeutenden Erfolg verbuchen, aber diese Einbuße wird man in Moskau in Anbetracht der momentanen Situation nicht allzu schmerzlich empfunden haben.

Nach der historischen Katastrophe der *smuta* zog sich das Moskauer Russland auf sich selbst zurück und war mit der Sicherheit nach außen und der Beruhigung im Innern zufrieden. Die europäischen Nachbarn waren von einer ganzen Generation der Russen als tödliche Gefahr erlebt worden, und die Herrschaft der rechtgläubigen Zaren hatte diese Gefahr nur mit knapper Not überstanden. Das offizielle Moskau gab sich danach für lange Zeit betont konservativ; die Kirche wachte argwöhnisch, dass ihren Gläubigen Versuchungen erspart blieben und im Volk herrschte eine tief verwurzelte Fremdenfeindlichkeit. Aber die teils von innen teils von außen betriebene Isolation konnte das Rad der Geschichte nicht aufhalten. Mochte sich Moskau auch entschieden vom Westen abwenden, so war es doch von den europäischen

Staaten als Macht erkannt worden, wurde in außenpolitischen Spekulationen berücksichtigt und in die große europäische Auseinandersetzung des Dreißigjährigen Krieges hineingezogen: Schon die Verträge von Stolbovo und Deulino hatten im Schatten dieser herannahenden Auseinandersetzung gestanden; ein Jahrzehnt später wollte der schwedische König Gustav II. Adolf Polen-Litauen durch Moskau in Schach halten und dadurch die gegenreformatorischen Kräfte schwächen.

Der Kontakt zum Westen hatte für Russland stets einen ideologischen Aspekt und zugleich eine sehr reale ökonomische Seite: Protestanten und Orthodoxe, so argumentierte der Schwedenkönig, hätten denselben Feind, nämlich Kaiser und Papst, die nicht nur nach der Vernichtung der Protestanten trachteten, sondern auch »den Untergang der russischen Menschen und die Austilgung des alten griechischen Glaubens« erstrebten«. Solche ökumenische Gemeinsamkeit fand in Moskau zwar nur geringe Resonanz, brachte Moskau aber recht umfangreiche und sehr einträgliche Getreidelieferungen nach Schweden ein. Als 1632 nach dem Tod von Sigismund die Aussicht bestand, am polnischen Erbfeind Vergeltung zu üben, ließ Filaret deshalb die bisherige Vorsicht fahren: Von Gustav Adolf ermuntert, begann Moskau einen Angriff, in dem das Adelsaufgebot zum ersten Mal durch im Ausland angeworbene Truppen unter meist deutschen oder schottischen Offizieren verstärkt wurde. Die Erwartungen erfüllten sich allerdings nicht, denn im Westen schuf der Tod Gustav Adolfs eine völlig neue Lage, und der russisch-polnische Konflikt blieb eine isolierte Auseinandersetzung, in der die Russen am Ende den Kürzeren zogen; ein ›ewiger Friede‹ auf der Grundlage des *status quo* war schließlich das Ergebnis (1634); dass der polnische König nun endlich auf seine Thronansprüche verzichtete, war den gewaltigen materiellen Aufwand kaum wert.

Nach dem Tod Filarets (1633) fiel die Moskauer Regierung wieder in Passivität und selbstgewählte Isolierung zurück: Moskau verweigerte die Übernahme der von den Donkosaken 1637 eroberten und 1641 erfolgreich verteidigten türkischen Festung Azov und ließ schließlich das zuerst eifrig betriebene Projekt einer Heirat zwischen Michails Tochter Irina und dem dänischen Prinzen Waldemar wegen der unterschiedlichen Konfession scheitern. Despotische Willkür, Verantwortungsscheu und konfessionelle Engstirnigkeit konnten dabei mit der Moskauer Staatsideologie begründet werden: Der orthodoxe Herrscher verfügte über das Leben seiner Untertanen, er brauchte die Eigenmächtigkeit von Kosaken nicht zu sanktionieren und er konnte eine Ehe seiner Tochter mit einem Andersgläubigen nicht zulassen.

Dass der *Magnus dux Moscoviae* im ›Frieden von Osnabrück‹ als schwedischer Verbündeter genannt wurde, bedeutete indes noch nicht, dass Moskau den ›Weg nach Europa‹ bereits gefunden hatte; es wurde allerdings auch gegen seinen Willen allmählich auf diesen Weg gedrängt. Die ersten eigenen Kontakte hatten keinen Erfolg gebracht: Von ca. 20 jungen Adeligen, die Zar Godunov um 1600 in den Westen geschickt hatte, war niemand nach Russland zurückgekehrt; wichtiger wurde die Anwerbung von Fachleuten (Ärzte, Handwerker) aus dem Ausland, die sich in Moskau niederließen oder als Kriegsgefangene in Sold genommen wurden, was einem sehr allgemeinen Zwiespalt entspricht, der das Russland des 17. Jahrhunderts kennzeichnete: Trotz der vorrangigen Auseinandersetzung mit den westlichen Nachbarn betrieb der Moskauer Staat auch in andere Richtungen Außenpolitik. So erhielt eine Gesandtschaft 1632 den Auftrag, Gustav Adolf in Deutschland aufzusuchen und ihm die polnische Krone anzubieten, wenn er unter anderem einer ›unbeschränkten Ausdehnung Russlands nach Osten‹ zustimmte. Diese war auf Asien ausgerichtet und hatte einen ganz anderen Charakter als das ›Sammeln des russischen Landes‹ und der Kampf um die Ostseehäfen: Hier gaben wirtschaftliche Motive den Ausschlag, und die Anbahnung diplomatischer Beziehungen wurde fast ausschließlich vom Handelsinteresse bestimmt.

Die Ausgangsbasis für das weitere Vordringen in den sibirischen Raum war schon unter Boris Godunov geschaffen worden, als im Jahr 1607 am unteren Jenisej die Stützpunkte Turuchansk und Inbaškoe gegründet worden waren. Dann allerdings wirkte sich die *smuta* auch im sibirischen Osten aus, und erst als mit den Verträgen von Stolbovo und Deulino im Westen Sicherheit erreicht war, setzte dort der Vormarsch wieder ein: 1619 entstand Jenisejsk, in den 1620er Jahren zogen Kosakenabteilungen an den rechten Nebenflüssen des Jenisej weiter nach Osten, gewannen Anfang der 1630er Jahre den Übergang in das Stromgebiet der Lena (Jakutsk 1632) und erreichten von hier aus bis zur Jahrhundertmitte an mehreren Stellen den Pazifischen Ozean: Unter Moskvitin gelangten sie 1639 in direktem Vorstoß bis zum Ochotskischen Meer, unter Pojarkov zogen sie 1643–45 den Amur abwärts bis zu dessen Mündung, unter Popov und Dežnev segelten sie 1648 von der Kolymamündung die Eismeerküste entlang und um das Ostkap Sibiriens herum in die Anadyrbucht. Es ist staunenswert, wie es diesen kleinen Kosakenabteilungen in so kurzer Zeit unter schwierigsten klimatischen Bedingungen gelang, das gesamte nördliche Asien aufzuschließen; dabei verbanden sie Wagemut und Abenteuerlust, nicht zuletzt auch ein handfestes Gewinnstreben, mit der Aufgabe der Erkundung und der Eroberung: Immer neue Völkerschaften ›unter die hohe und starke Hand des Herrschers zu bringen‹ und zur Leistung des *jasak* (Abgaben in Fellen) zu verpflichten, war das Ziel. Private Initiative und staatliche Organisation verbanden sich also, denn der Staat hatte die auf Tausende von Kilometern offene Südflanke zu sichern. Daraus folgten die ab dem Beginn des 17. Jahrhunderts an Häufigkeit zunehmenden diplomatischen Beziehungen zu den Machthabern der Kalmyken und Mongolen: Diese Beziehungen waren durchwegs freundschaftlicher Art, denn man wollte russischerseits nicht nur in der Erschließung des Landes ungestört bleiben, sondern benötigte auch für die sibirischen Siedlungen das Vieh und die Pferde, die von den Nomaden angeboten wurden; nicht zuletzt war Moskau auf den guten Willen der Mongolen angewiesen, wenn es mit China in Verbindung treten wollte: 1616 brachte die erste Gesandtschaft zum mongolischen Altyn-Chan genauere Nachrichten über China und den Weg dahin mit, und 1618 erreichte Ivan Petlin als erster russischer Gesandter Peking.

Seit der Eroberung der Wolgachanate Kazań und Astrachań stand den Russen zudem der direkte Zugang nach Persien und Zentralasien offen, und bald erschienen in Astrachań auch Handelsleute aus Indien. Einen stärker politischen Charakter besaßen schon ab der zweiten Hälfte des 16. Jahrhunderts die russischen Versuche, diesseits und jenseits des Kaukasus Einfluss zu gewinnen: Die zahlreichen Völkerschaften dieses Spannungsfeldes zwischen der persischen und der türkischen Macht suchten immer wieder in Anlehnung an Moskau ihre Unabhängigkeit zu erhalten, aber ein russisches Eingehen auf diese Wünsche durch Errichtung eines Stützpunktes am Terek (*terskij gorodok* erstmals 1567 – ›Terekkosaken‹) brachte stets auch die Gefahr eines Konfliktes mit den Türken und deren Vasallen, den Krimtataren, mit sich. Mehrfach musste die Position am Terek daher wieder aufgegeben werden, ehe sie nach der *smuta* während des 17. Jahrhunderts endgültig konsolidiert wurde, was die schrittweise Ausdehnung eines russischen Protektorates über einzelne kaukasische Teilgebiete, vor allem des christlichen Georgien, ermöglichte.

Im Süden schließlich blieben die Krimtataren unter den Chanen der Girāi-Dynastie weiter ein unruhiges Element, so dass die Moskauer Politik sehr geschickt lavieren musste, um die häufig im Bunde mit Polen-Litauen oder den Dneprkosaken stehenden Krimtataren in Schranken zu halten, ohne deren osmanische Oberherren herauszufordern. Die Moskauer Außenpolitik versuchte dabei stets eine offene Auseinandersetzung mit den Türken zu vermeiden und förderte einen lebhaften russisch-türkischen Handelsverkehr über die Hafenstädte.

Innere Krisen und neuer Aufstieg

1645–76	Zar Aleksej, Sohn des Michail
1649	Gesetzbuch (*uloženie*)
1654	›Vertrag‹ von Perejaslav
1667	Kirchenspaltung (*raskol*)
1670/71	Aufstand des Donkosaken Sten'ka Razin
1676–82	Zar Fëdor, Sohn des Aleksej
1682–89	Zaren Ivan (gest. 1696) und Peter, Regentin (*Carevna*) Sof'ja, Kinder des Aleksej

Staat und Gesellschaft

Als der erste Romanov-Zar 1645 starb, war sein Sohn Aleksej erst 16 Jahre alt und zu einer selbstständigen Regierung noch nicht in der Lage. Die Regierung übernahm deshalb sein Erzieher, der Bojare B. I. Morozov, zusammen mit den Miloslavskijs, aus deren Familie die Gemahlin des jungen Zaren stammte. Die schon zuvor herrschende Korruption verschlimmerte sich nun drastisch und führte in kurzer Zeit zu einer schweren Krise. Diesmal waren es jedoch nicht die Bauern, die sich gegen Morozov und seine Helfershelfer erhoben, sondern die Städter zusammen mit den unteren Schichten des Dienstadels: Angesichts der schamlosen Bereicherung einzelner Würdenträger trieben Sparmaßnahmen gegenüber den ›Dienstleuten‹ und neue Steuern, vor allem eine besonders unpopuläre Salzsteuer, die Erbitterung auf den Höhepunkt. Das Ausmaß des am 1. Juni 1648 einsetzenden offenen Aufstands enthüllte, dass hinter den aktuellen Ursachen tiefe soziale Gegensätze lagen: Im Kampf um die bäuerliche Arbeitskraft waren die *pomeščiki* den weltlichen wie geistlichen Großgrundbesitzern weit unterlegen. Auch die Stadtbewohner (*posadskie ljudi*), die die Hauptlast der Steuern trugen, waren erbittert; dazu wurden sie durch Sonderverpflichtungen – wie z. B. der Beteiligung am Befestigungsbau – belastet. Alle diese Leistungen waren dabei nicht dem einzelnen Stadtbewohner, sondern der Stadt insgesamt als bürgendem Kollektiv auferlegt, und daher war es für die Städte ein großes Ärgernis, dass die reichen Grundherren außerhalb der Stadtgrenzen ständig wachsende Siedlungen von Gewerbetreibenden aller Art unterhielten. Diese ›Freistädte‹ (*slobody*) waren von den städtischen Pflichten ausgenommen, was sie für Zuwanderer anziehend machte und daher die Zahl der städtischen Steuerträger ständig zurückgehen ließ. Alle Beschwerden liefen schließlich darin zusammen, dass die herrschende Ordnung als schlecht und ungerecht empfunden wurde und die Regierung Morozovs wegen der skrupellosen Rechtsbrüche verhasst war.

Der Aufstand der Moskauer war rasch erfolgreich, zumal ihn die Strelitzen der Garnison, die neuen Truppen ›nach ausländischer Art‹ und die zur Abwehr eines drohenden Tatarenangriffs gerade in der Stadt versammelten Adelsaufgebote unterstützen. So musste die Regierung nachgeben: Die am meisten verhassten Leiter der *prikazy*, L. S. Pleščeev und P. T. Trachaniotov, wurden der Volkswut physisch geopfert; Morozov selbst konnte vom Zaren mit Mühe in die Verbannung gerettet werden. Der Zar setzte nun eine neue Regierung ein mit dem Fürsten J. K. Čerkasskij, dem Fürsten M. P. Pronskij und M. P. Volynskij an der Spitze der wichtigsten Zentralbehörden und mit einem Romanov als Vorsitzendem der Bojarenduma. Aber da sich die allgemeine Unzufriedenheit auch andernorts in Gewaltaktionen gegen missliebige Beamte entlud und Vertreter des Dienstadels aus allen Richtungen nach Moskau eilten, um dort ihre Wünsche und Beschwerden vorzubringen, reichten Personalveränderungen nicht aus. Mitte Juli beschloss man deshalb, für den 1. September 1648 einen *zemskij sobor* einzuberufen, um über ein *uloženie*, ein neues Gesetzbuch, zu beraten.

Eine Rechtskodifizierung war seit Langem fällig; Korruption und Amtsmissbrauch konnte man nicht durch disziplinäre Maßnahmen bekämpfen, so lange es keine eindeutige und allgemein bekannte Rechtsgrundlage gab. Die letzte Kodifizierung der Gesetze, der *sudebnik* Ivans IV., lag fast ein Jahrhundert zurück; seither waren unzählige *ukazy* mit Gesetzeskraft ergangen. Diese wurden zwar jeweils von dem zuständigen *prikaz* gesammelt, um der Verwaltung und Rechtsprechung als Grundlage zu dienen, wurden aber nicht veröffentlicht, so dass sie zumeist nicht einmal den anderen Moskauer Ämtern, geschweige denn dem einzelnen Rechtsuchenden bekannt waren. Dieser Zustand forderte Rechtsbruch und Amtsmissbrauch geradezu heraus. Zwar war der vom 1. September 1648 bis zum 29. Januar 1649 tagende *zemskij sobor* keine gesetzgebende Nationalversammlung im modernen Sinne, aber in der Praxis konnte diese Repräsentativversammlung des Landes doch bedeutenden Einfluss auf die Formulierung der wichtigsten gesetzlichen Bestimmungen ausüben.

Die Kodifizierungsarbeit war einer Kommission der Bojarenduma anvertraut, die aus fünf Männern bestand – den Fürsten Odoevskij, Prozorovskij und Volkonskij, sowie den *d'jaken* Leont'ev und Griboedov – und in nur fünf Monaten eine für ihre Zeit und ihr Land hervorragende Leistung vollbrachten: Gegenüber dem *sudebnik* von 1550 schwoll der Text des geltenden Rechtes auf etwa den zehnfachen Umfang an; die Gesetze wurden in ein übersichtliches System gebracht und sogar unter Heranziehung ausländischer Rechte (des byzantinischen und des litauischen) ergänzt. Dabei wurden auch zahlreiche Vorschläge, die der *zemskij sobor* oder einzelne Gruppen seiner Mitglieder in Form von ›Bittschriften‹ gemacht hatten, weitgehend berücksichtigt; bei etwa einem Zehntel der 967 Paragrafen hat man einen solchen Einfluss nachweisen können. So spiegelt das *uloženie* des Zaren Aleksej Michajlovič, das sogar in 2000 Exemplaren gedruckt wurde und prinzipiell bis zu den modernen Kodifikationen des 19. Jahrhunderts Geltung behielt, die innenpolitische Situation zum Zeitpunkt seiner Entstehung wider: Auf dem *zemskij sobor* hatte der Dienstadel der Provinzstädte eindeutig das Übergewicht, und auch die Vertreter der *posadskie ljudi* konnten ihre Forderungen mit Nachdruck vertreten. Das Standesinteresse dieser beiden Gruppen fand in folgenden wichtigen Gesetzen seinen Niederschlag:

Zum Ersten legte Kapitel XI in 34 Paragrafen das ›Gericht über die Bauern‹ (*sud o krest'janech*) fest; in § 9 heißt es: Entlaufene Bauern

> sind mit ihren Brüdern, Kindern, Neffen und Enkeln sowie deren Frauen und Kindern, mit allem Vieh und mit dem Getreide, das noch auf dem Felde steht, und mit dem schon ausgedroschenen Getreide, von ihrem Fluchtort den Leuten zurückzugeben, denen sie entlaufen sind, nach den Grundbüchern und ohne Verjährungsfrist; in Zukunft aber darf niemand auf irgendeine Weise fremde Bauern aufnehmen und bei sich halten.

Damit war auch der letzte Rest bäuerlicher Freizügigkeit – die ›Fristjahre‹, nach deren Ablauf ein Bauer von seinem früheren Grundherren nicht mehr zurückgeholt werden durfte – gefallen: das *krepostnoe pravo* als unauflösbare Bindung des Bauern an den von ihm bestellten Boden war Gesetz geworden. Bis ins Detail gehende Vorschriften sollten die Aufnahme entlaufener Bauern verhindern und deren Rückführung regeln. Der Bauer erscheint dabei nicht mehr als eine Person mit eigenen Rechten, sondern als ein Besitz, über den wie über eine Sache verfügt wird.

Zum Zweiten verfügte Kapitel XIX ›über die *posad*-Leute‹ in § 1 die Aufhebung aller *slobody* (Freistädte):

> […] alle diese Sloboden mit allen Leuten, die in ihnen leben, sind in die Steuerpflicht des Herrschers zu nehmen […] und in Zukunft darf es außer Sloboden des Herrschers in Moskau und in den andern Städten keine Sloboden mehr geben

und regelte in den Folgeparagrafen die sich daraus ergebenden Fragen. Damit war eine Hauptforderung der Städter erfüllt. Diese Verstaatlichung der Freistädte traf vor allem die Kirche, der die größten und einträglichsten *slobody* gehörten.

Gegen den umfangreichen kirchlichen Grundbesitz richtete sich auch die dritte Neuerung: Ein Gesetz verbot kirchlichen Institutionen weiteren Grunderwerb (Kap. XVII, § 42), was bisher durch *ukazy* nie hatte durchgesetzt werden können, und zwar wurden alle Arten des Erwerbes einschließlich testamentarischer Stiftungen untersagt. Noch tiefer in die Autonomie der kirchlichen Sphäre griff die Schaffung einer eigenen staatlichen Zentralbehörde, des ›Klosteramtes‹ (*monastyrskij prikaz*), ein, dem nun Geistliche und kirchliche Institutionen in allen weltlichen Belangen wie andere Grundbesitzer unterstanden und vor dem sie weltlichen Prozessgegnern gegenüber keine Rechtsvorteile mehr besaßen (Kap. XIII). Damit war die Verwaltung kirchlicher Angelegenheiten dem Staat unterstellt, was den Anfang der Säkularisierung des kirchlichen Grundbesitzes bedeutete. Doch obwohl die Dienstadeligen und die Stadtbewohner aus der neuen Rechtslage Vorteile gewannen – insbesondere durch die erstmalige Veröffentlichung des Rechtes, wodurch die Rechtsprechung und Verwaltung kontrollierbar wurden –, war der Staat der eigentliche Gewinner: Das *krepostnoe pravo* im weiteren Sinne, d. h. die unaufhebbare Bindung eines jeden an seinen Stand und Beruf, war nunmehr festgeschrieben, was die Lenkung der Gesellschaft durch den Staat erleichtern sollte. Den Staat aber beherrschte weiterhin eine allgewaltige, kaum von rechtsstaatlichen Vorstellungen durchdrungene Bürokratie. Ihr war weder der Bauer gewachsen, der seine Freiheit endgültig an den Grundherren verloren hatte, noch der *pomeščik*, so lange er zu lebenslangem Dienst verpflichtet blieb, noch der Städter, der seine Steuergemeinde nicht verlassen durfte. Die vollständige Reglementierung der Gesellschaft durch den Staat war ein altes Moskauer Ideal, das nun schon eine ziemlich moderne Form erhielt. An beides sollte Peter der Große anknüpfen – an die Modernität der formalen Prinzipien wie an den traditionellen Inhalt staatlicher Machtfülle.

Die soziale Wirklichkeit entsprach aber kaum der postulierten neuen Ordnung, denn ein neues Gesetzbuch allein konnte die Moskauer Verwaltung nicht verändern. Anfang 1650 brach in Pskov ein Aufstand aus, der vorübergehend auch auf Novgorod übergriff und erst durch militärische Maßnahmen niedergeschlagen werden konnte. In den russischen Städten herrschte in diesen Jahren eine innere Unruhe, die vornehmlich durch wirtschaftliche Motive hervorgerufen wurde, jedoch in Manchem an die innerstädtischen Machtkämpfe im westlichen Europa erinnert; und sowohl in Moskau als auch in Pskov spielten Fremdenfeindlichkeit und Spionagefurcht eine gewisse Rolle. Die Moskauer Bevölkerung erreichte vorübergehend sogar die Ausweisung der ausländischen Kaufleute, freilich ohne daraus wirtschaftliche Vorteile zu ziehen und sich vom Einfluss der Fremden lösen zu können: Der Staat, der für verschiedenste Aufgaben Ausländer benötigte, siedelte diese in einer eigenen Vorstadt an, in der ›deutschen Vorstadt‹ (*nemeckaja sloboda*), und diese geschlossene Ausländersiedlung sollte für die russische Geschichte von größerer Bedeutung werden, als es die in der Stadt verstreut wohnenden Fremden hätten sein können. Eine durch den Krieg und die Währungspolitik der Regierung (Einführung von Kupfermünzen) bedingte Teuerung brachte die Moskauer 1662 dann erneut zum Aufruhr.

In allen Fällen wurde die Regierung zu Kompromissen gezwungen, konnte die Gesellschaft also keineswegs nach Belieben manipulieren. Am wenigsten konnte aber das *uloženie* bei den Bauern die angestrebte Ordnung durchsetzen, denn nachdem man den Bauern alle Rechte genommen hatte, holten sie sich diese in der Not mit Gewalt zurück. Der zweite große Bauernaufstand der russischen Geschichte kann in diesem Sinne als eine Antwort auf die im *uloženie* festgeschriebene Leibeigenschaft verstanden werden: Rückführungsaktionen in den 1650er und 60er Jahren vergrößerten die Erbitterung der Bauern, deren Lage sich durch die Lasten des seit 1654 andauernden Krieges mit Polen weiter verschlechterte. Die Bauernflucht nahm zu, das Steppenproletariat der *golyt'ba* wuchs, die Situation der Donkosaken, deren Heer man zwischen 10 000 und über 20 000 Mann ansetzt, wurde schwierig: Da ihnen nach der Rückgabe Azovs an die Türken der Zugang zu den Schwarzmeerküsten und damit die Möglichkeit zu einträglichen Raubzügen verschlossen war, suchten sie einen Ersatz an der unteren Wolga und am Kaspischen Meer.

1667–69 betätigte sich hier eine große Kosakenabteilung unter der Führung von Stepan (Steńka) Timofeevič Razin. Gegenmaßnahmen der Regierungstruppen von Astrachań blieben zwar erfolglos, aber noch handelte es sich um ein ›normales‹ kosakisches Unternehmen. Erst als Razin im Frühjahr 1670 die Wolga aufwärts zog, die wichtigen Städte in seine Gewalt brachte und schließlich vom 4. September an Simbirsk belagerte, bekam sein Vorstoß ein anderes Gesicht: »Wenn ihr Gott und dem Herrscher, dem großen Heer und Stepan Timofeevič dienen wollt, […] dann vertreibt wie ein Mann die Verräter«, so hieß es in den Aufrufen Razins. Mit »Verrätern« waren dabei Bojaren, Voevoden, adelige Grundherren und Prikazbeamte, also alle Vertreter und Träger der herrschenden Ordnung gemeint. Sie wurden allerdings nicht vertrieben, sondern erschlagen, wie sich überhaupt der gewaltige Bauern- und Fremdvölkeraufstand, zu dem sich Razins Privatkrieg gegen Moskau nun auswuchs, durch ungewöhnliche Wildheit und Grausamkeit auszeichnete. Das gesamte Gebiet der mittleren und unteren Wolga und das Steppengrenzgebiet wurde vom Aufstand erfasst. Die Regierung musste den Dienstadel mobilisieren, um schließlich mithilfe von Nižnij Novgorod und Kazań die Stadt Simbirsk entsetzen und Razin nach Süden vertreiben zu können. Dort war sein Anhang unter den Donkosaken nicht mehr groß genug; die konservativen Elemente nahmen Razin im April 1671 in Haft und lieferten ihn an Moskau aus, wo er am 6. Juni 1671 hingerichtet wurde. Aber die Straf- und Befriedungsaktionen dauerten an, bis Ende November auch Astrachań wieder in der Hand der Regierung war. Der Aufstand aber hatte gezeigt, dass der Geist der sozialen *smuta* noch lebendig war: Razin hatte auf dem Höhepunkt seines Erfolges auch einen ›falschen‹ Thronfolger als künftigen guten und gerechten Zaren mit sich geführt, und er hatte sogar das Gerücht verbreitet, dass der verbannte Patriarch Nikon mit im Kosakenheer sei. Das war ein neues Element der *smuta*: Sowohl den Konflikt zwischen Staat und Kirche als auch die Spaltung der Kirche, den *raskol*, hatten sich die Aufständischen nutzbar gemacht.

Staat und Kirche

1605–81 Nikon, Patriarch von 1652–1666
1620–82 Avvakum, Protopope und Märtyrer der ›Altgläubigen‹

Nach dem Scheitern der Josifljanen unter Ivan IV. hatte die russische Kirche eine Zeit der geistigen und geistlichen Dürre durchgemacht. Zwar hatte sie sich in der *smuta* in der Abwehr fremder Einflüsse Verdienste erworben und der Patriarch Filaret hatte politisch eine beherrschende Rolle gespielt, aber beides konnte eine Reform der Kirche nicht ersetzen: Je mehr sich die russische Kirche nach außen abschloss und auf sich selbst beschränkte, desto schwerer wurde es, theologische Maßstäbe und philologische Mittel für die erforderlichen Reformen zu gewinnen. Ein Problem bestand darin, dass für die russische Kirche die eigene Tradition alle Fehler heiligte, die sich durch das Abschreiben der liturgischen Bücher und durch manche Lässigkeit der Kultausübung eingeschlichen hatten. Sehr zögernd nur setzte sich darum der Buchdruck im Moskauer Russland durch, weil der Druck jeweils eine Entscheidung für eine der handschriftlichen Varianten der Texte erforderte. Aber nach der *smuta* konnte im Moskauer ›Druckereihof‹ (*pečatnyj dvor*) endlich kirchliches Gebrauchsschrifttum gedruckt werden. Das Ergebnis der ersten Versuche einer Korrektur der Bücher war indes niederschmetternd: Die Korrektoren wurden der Häresie verdächtigt und durch ein kirchliches Gericht verurteilt. Zwar hob Filaret nach seiner Rückkehr dieses Urteil auf, indem er sich auf ein Gutachten des griechischen Patriarchen stützte, aber zu tief war das Misstrauen gegen alle Fremden, als dass man deren Hilfe annehmen wollte. Auch ein Vorschlag des orthodoxen Metropoliten von Kiev, Peter Mohyla, in Moskau eine theologisch-philologische Bildungsstätte nach Art der jesuitischen geistlichen Akademien einzurichten, wurde 1640 abgelehnt; ebenso scheiterte fünf Jahre später ein ähnlicher Plan des griechischen Patriarchen Parthenios. Ukrainer wie Griechen waren den Moskauern wegen des Umgangs mit den Lateinern verdächtig.

Doch selbst dort, wo der Reformeifer aus rein religiösen Motiven offensichtliche Missstände abstellen wollte, stieß er auf hartnäckigen Widerstand: Der junge Zar Aleksej war der Religion und der Kirche persönlich sehr zugetan, und so bildete sich um ihn und seinen Beichtvater Stepan Vonifat'ev ein Kreis von Männern, die die Not der Kirche beseitigen wollten. Zu diesem Kreis gehörten der Bücherkorrektor Ivan Nasedka, die Protopopen (Kathedralpriester) Ivan Neronov und Avvakum sowie Nikon, der Archimandrit des Moskauer Novospasskij-Klosters. Die Reformziele dieses Kreises waren bescheiden. So trat er z. B. für die Abschaffung des ›Vieltönens‹ (*mnogoglasie*) ein, eines schon 1551 von der Hundertkapitelsynode verurteilten Missbrauchs; danach wurden der Zeitersparnis wegen bis zu sechs Teile der sehr langen griechisch-orthodoxen Liturgie gleichzeitig vorgetragen. Eine Synode des Jahres 1649 unter Leitung des russischen Patriarchen lehnte jedoch die Reform ab; nur der Einspruch des Zaren, der seine geistlichen Berater unterstützte und das Urteil des griechischen Patriarchen in Konstantinopel einholte, setzte schließlich auf einer neuen Synode des Jahres 1651 das ›Eintönen‹ (*edinoglasie*) gegen das ›Vieltönen‹ durch. Aber gerade die immer wieder benötigte Hilfe der Griechen machte die Reformbemühungen in weiten Kreisen der Moskauer Kirche unpopulär. Dennoch wurden 1649 gelehrte Theologen aus Kiev berufen, die die liturgischen Texte verbessern und vereinheitlichen sollten. Als dann auch noch Nikon, der inzwischen Erzbischof von Novgorod geworden war(1649), nach dem Tod des Patriarchen Iosif 1652 auf Wunsch des Zaren den Patriarchenstuhl bestieg, bedeutete das den endgültigen Sieg der Reformrichtung.

Damit begann aber ein schwerer Konflikt innerhalb der Reformkräfte, an dessen Ende eine ernste Krise der Beziehung von Staat und Kirche stehen sollte. Vordergründig ging es um Meinungsverschiedenheiten über unwesentliche Äußerlichkeiten der Kultausübung. Dem Reformstreben lagen dabei zwei verschiedene Prinzipien zugrunde: Dem Vonifat'ev-Kreis ging es ausschließlich um das religiöse Anliegen der Verinnerlichung; zur Erreichung dieses Zieles wollte man das traditionelle ›Vieltönen‹ bekämpfen, literarische Anleihen bei den Ukrainern machen und Epifanij Slavineckij als Bücherkorrektor von Kiev nach Moskau holen. Nikon dagegen war unter den Einfluss griechischer Geistlicher geraten, die damals in großer Zahl als Bittsteller nach Moskau gekommen waren und nahm eine andere Position als seine früheren Mitstreiter ein: Er bekannte sich zu dem Grundsatz *ad fontes*, d. h. zurück zu den griechischen Quellen, und scheute sich nicht vor der Aussage, dass er zwar seiner Herkunft nach ein Russe, seinem Glauben nach aber ein Grieche sei: Ob man das Kreuzzeichen mit zwei oder drei Fingern ausführte, ob man an bestimmten Stellen der Liturgie ein zweifaches oder ein dreifaches Halleluja sang, ob sich die Prozession um die Kirche in der Richtung des Sonnenlaufs oder entgegengesetzt bewegte, das waren keine Fragen des Glaubens, sondern Fragen der historischen Echtheit, von denen die Andacht der Gläubigen nicht abhing, so lange sie nicht in einem Kirchenkampf Symbolcharakter erhielten. Eben deshalb aber sahen Neronov und Avvakum nicht ein, warum man die eigene Überlieferung der Gräkophilie Nikons opfern sollte. Die Opposition gegen Nikon trug dabei von Anfang an Züge eines russischen Widerstandes gegen eine vermeintliche Überfremdung: Zu lange hatte man das ›Dritte Rom‹ hoch über das ›Zweite‹ gestellt, als dass nun das ›Zweite Rom‹ als Vorbild genommen werden konnte.

Die Charaktere der beteiligten Persönlichkeiten verschärften den Konflikt: Sowohl Nikon als auch sein Widersacher Avvakum waren religiöse Menschen von hohem Rang; sie kamen beide aus dem Bauernstand und aus dem Nižnij-Novgoroder Gebiet. Und keiner von ihnen wollte auch nur ein wenig nachgeben und damit einem Kompromiss zustimmen: Weder wollte Avvakum verstehen, dass die Nikon'schen Reformen nicht nur eine Angleichung an das griechische Vorbild, sondern zugleich eine Rückkehr zum ursprünglichen russischen Brauch darstellten, noch war Nikon bereit, die Opposition durch Überzeugungsarbeit zu gewinnen. Vergeblich protestierten die ›Altgläubigen‹ beim Zaren gegen den ›Verräter‹ Nikon: Aleksej, der damals noch ganz unter dem Einfluss der Persönlichkeit Nikons stand, unterstützte seinen Patriarchen mit seiner Autorität; Synoden der Jahre 1653, 1654 und 1656 fassten die entsprechenden Beschlüsse und verurteilten die Führer der Opposition zu schweren kirchlichen Strafen, die von der Verschickung in entfernte Landesteile bis zum *anathema* (Bannfluch) reichten. Die Reaktion der Betroffenen war unterschiedlich: Neronov kapitulierte, als es wirklich ernst wurde, Avvakum, den sein Schicksal bis an den Amur führte, trug das ihm Auferlegte mit der Kraft seiner religiösen Überzeugung: »Christus, der Herr hat mich getragen« – so schrieb er in seiner Autobiografie – »und die Allerreinste Gottesmutter hat mich geführt. Ich fürchte niemand, nur Christum fürchte ich«. Der kirchliche Bannfluch des Jahres 1656 schloss die Oppositionsführer zwar aus der Kirche aus und stieß sie an den äußersten Rand der russischen Gesellschaft, aber eine Massenbewegung schuf er noch nicht. Eine solche entstand erst als Folge des Konflikts zwischen dem Zaren und seinem Reformpatriarchen.

Die Ursache dieser zunehmenden Spannung lag weniger in einem Gegensatz zwischen Kirche und Staat als in der Persönlichkeit des Patriarchen und in seinem Verhältnis zum Zaren: Nikon war 25 Jahre älter; einmal an den Hof gezogen, hatte er sehr bald die Rolle eines väterlichen Freunds und Mentors übernommen. Damit schien das josifljanische Ideal erfüllt: Der Staat, verkörpert im frommen Zaren, fügte sich der Lenkung durch die Kirche. Aleksej hätte sich gewiss in diese Rolle gefügt, nachdem Nikon Patriarch geworden war; aber dieser erwies sich als unfähig, die Beziehung dem Älter- und Reiferwerden des Zaren anzupassen: In einem Geltungsdrang, bei dem persönliches und kirchliches Machtinteresse kaum zu trennen waren, ließ er sich, wenn auch mit Zustimmung des Zaren, wie einst Filaret mit ›großer Herrscher‹ (*veli-*

kij gosudař) anreden; nicht minder taktlos war es, wenn der Patriarch entgegen der ostkirchlichen Tradition dem Zaren den Ehrenvorsitz in der Synode streitig machte. Als der Krieg mit Polen-Litauen den Zaren aus der Residenz entfernte und dem unmittelbaren Einfluss Nikons entzog, kam es 1658 wegen einer nichtigen Etikettefrage schließlich zum Bruch: Aleksej verweigerte die von Nikon geforderte Genugtuung, und dieser zog sich grollend in das von ihm selbst begründete Auferstehungskloster zurück. Doch niemand holte ihn, wie er sicher erwartet hatte, unter demütigem Schuldbekenntnis und neuem Gehorsamsversprechen zurück, und damit entstand eine für den Staat wie für die Kirche gleichermaßen schwierige Situation.

Aleksej war kein Ivan IV., der seine Metropoliten nach Gutdünken berief und absetzte, und so zögerte er die Entscheidung hinaus. Das aber gab Nikon die Gelegenheit, den Konflikt zu unerhörter prinzipieller Schärfe zu steigern: Nun gab er sich nicht mehr mit der Ranggleichheit von höchster geistlicher und höchster weltlicher Gewalt zufrieden, sondern forderte eindeutig den Primat der geistlichen Herrschaft. Während er dem Zaren das Recht zur Mitsprache in kirchlichen Angelegenheiten bestritt, nahm er für das Oberhaupt der Kirche das Recht in Anspruch, auch in weltlich-politische Fragen einzugreifen. Man hat daher Nikon immer wieder mit Papst Gregor VII. verglichen; doch war die russische Wirklichkeit von der des abendländischen Mittelalters völlig verschieden, denn hinter dem Patriarchen stand keine reale Macht. 1660 wurde Nikon deshalb durch eine Bischofssynode seines Amtes enthoben, aber da gewisse Zweifel an der Rechtmäßigkeit dieses Vorgehens auftauchten, zog sich der ›Fall Nikon‹ noch jahrelang hin, ehe eine neue Synode, diesmal unter Beteiligung zweier orientalischer Patriarchen, am 12. Dezember 1666 das Absetzungsurteil bestätigte. Jetzt erst fügte sich Nikon. Ohne noch einmal hervorzutreten, starb er 1681 – während der Reise von seinem nördlichen Verbannungsort nach Moskau, wohin ihn Aleksejs Nachfolger Fëdor zurückgerufen hatte.

Der 8-jährige Konflikt endete also mit dem vollständigen Sieg des Staates über die Kirche: Die griechischen Kirchenfürsten, deren Autorität nun niemand mehr öffentlich anzutasten wagte, sprachen sich unmissverständlich für den Primat der weltlichen Herrschaft aus. Der Preis, den Aleksej dafür zu entrichten hatte, war ein Rückzug des Staates in der Frage des kirchlichen Grundbesitzes: Das ›Klosteramt‹ wurde zwar nicht formal aufgehoben, aber es übte in den folgenden Jahrzehnten nicht jene Funktion aus, die ihm 1649 zugedacht worden war. In der Frage der Reformen blieb der abgesetzte Nikon dagegen siegreich, doch hatte die Ungewissheit während des Konflikts zu einer abwartenden Haltung sowohl des Zaren als auch der provisorischen Kirchenleitung geführt und der altgläubigen Opposition beträchtlichen Auftrieb gegeben. Avvakum durfte sogar nach Moskau zurückkehren, musste sich allerdings jeder Polemik enthalten. Die Synode von 1666/67 brachte schließlich auch in diesem Punkt Klarheit, denn jetzt wurden die Nikon'schen Reformen mit staatlichen Zwangsmitteln durchgesetzt. Die Spaltung war jedoch nicht mehr zu verhindern und der staatliche Zwang verschaffte den Altgläubigen nur Märtyrer in großer Zahl: Avvakum, ›der Priester und Märtyrer‹, der am 14. April 1682 in Pustozersk den Scheiterhaufen besteigen musste, wurde zum Heiligen und Kirchenvater des *raskol*: der Kirchenspaltung. Zu dieser Zeit hatte sich das Altgläubigentum aber bereits tief im russischen Volk verwurzelt und viele Symbole der Standhaftigkeit im Glauben gewonnen: Neun Jahre lang (1667–76) leisteten die Mönche des abgelegenen Soloveckij-Klosters im Weißen Meer den Belagerungstruppen Widerstand, die entkommenen Mönche verbreiteten ihre Lehre über das Land, und erschütternd häufig waren die Fälle, da Altgläubige sich lieber selbst verbrannten als sich dem ›Reich des Antichristen‹, der Nikon'schen Staatskirche, zu unterwerfen. Der Sieg von Staat und Kirche war dadurch nicht zu verhindern, war aber teuer erkauft, denn die Kirche büßte mit dem *raskol* jenes Vertrauen und jene religiöse Substanz im Volk ein, auf die sie bisher selbstverständlich hatte bauen können; und der Staat schuf eine neue Gruppe von Ausgestoßenen, die die Staatsfeindschaft zur Glaubenssache machen konnte.

Die Fortsetzung des ›Sammelns russischen Landes‹ und der volle Eintritt Russlands in die europäische Politik

1648	Aufstand des Bohdan Chmel'nyćkyj (1595–1657)
1655–60	›Kriege der Sintflut‹
1654	›Vertrag von Perejaslav‹
1667	Waffenstillstand von Andrusovo
1683	Niederlage der Türken vor Wien
1648–68	Johann Kasimir, König von Polen
1669–73	Michael Korybut, König von Polen
1673–96	Johann III. Sobieski, König von Polen
1654–60	Karl X. Gustav, König von Schweden

Nachdem der russische Staat in den Auseinandersetzungen mit Gesellschaft und Kirche siegreich geblieben war, wandte er in der zweiten Hälfte des 17. Jahrhunderts auch der Außenpolitik wieder mehr Aufmerksamkeit zu. Den äußeren Anstoß dazu gaben die Dneprkosaken.

Das Kosakenproblem spielt in der Geschichte des polnisch-litauischen Staates eine ähnliche Rolle wie in der des Moskauer Staates: Hier wie dort rekrutierten sich die Kosaken aus geflohenen Bauern; sie waren militärisch gut organisiert und besaßen einen sicheren Stützpunkt auf einer Insel im Dnepr ›jenseits der Stromschnellen‹ (*za porogami*, daher ›Zaporoger‹-Kosaken); der Übergang zwischen Kosaken und bäuerlichen Neusiedlern im Steppengrenzgebiet war fließend; die Anführer der Kosaken suchten den Anschluss an den Kleinadel (*szlachta*). Aber für Polen-Litauen war das Kosakenproblem bedrohlicher, denn die ukrainischen Dneprkosaken waren nicht nur ein schwer assimilierbares gesellschaftliches Element, sondern auch ethnisch und konfessionell ein Fremdkörper, der außerhalb in der gesamten ostslavischen und orthodoxen Bevölkerung Sympathien finden konnte. Die Ethnogenese des ukrainischen Volkes ist von der Geschichte der Dneprkosaken nicht zu trennen. Aber auch außenpolitisch bereiteten die Kosaken Polen-Litauen schwierigere Probleme; die freien Kosaken waren ja zu einem beträchtlichen Teil ›christliche Räuber‹, die vornehmlich im tatarischen und türkischen Machtbereich agierten. Entsprechende Vergeltungsmaßnahmen gegen die Verteidiger in den polnischen Siedlungsgebieten trafen Polen-Litauen stets schwerer als den Moskauer Staat, der viel weiter entfernt war. Auf diese Weise konnten die Dneprkosaken Polen leicht an den Rand eines Türkenkrieges bringen, denn der polnische König erhielt vom *sejm* zu wenig Mittel bewilligt, um die Kosaken in seinen Dienst und damit unter seine Kontrolle zu nehmen. Seit Stephan Báthory wiederholte sich immer wieder derselbe Vorgang: In Kriegszeiten nutzte der polnisch-litauische Staat die billige und kriegserfahrene Hilfstruppe der Kosaken und erhöhte daher die Zahl der ›Registerkosaken‹ in polnischem Sold; nach dem Krieg reduzierte er diese Zahl wieder. Dies aber bedeutete, dass alle nichtregistrierten Kosaken ihre Privilegien verloren und von den Gutsbesitzern zurückgeholt werden konnten. Dadurch kam es immer häufiger zu Aufständen, die zwar jedes Mal von den polnischen Truppen niedergeschlagen wurden, zuletzt 1638, aber wegen der Kraft, die die Kosaken aus den nationalen und konfessionellen Gegensätzen zogen, nicht endgültig zu besiegen waren. Aus diesem Grund fiel gerade in die Zeit der grausamsten Kosakenkriege eine neue Blüte des Geisteslebens, deren Träger vor allem die orthodoxen Bruderschaften in Lemberg und Kiev waren. Ab 1620 gab es zudem auch wieder einen orthodoxen Metropoliten von Kiev, der zwar dem griechischen Patriarchen in Konstantinopel unterstand, aber doch die orthodoxe, ostslavische Gemeinsamkeit zu beiden Seiten der Grenze verkörperte.

Dies war der Hintergrund, als 1648 unter der Führung des *hetmans* Bohdan Chmel'nyćkyj ein neuer großer Kosakenaufstand ausbrach und der polnischen Hauptarmee eine vernichtende Niederlage zufügte. Den Sieg hatte dabei keine pro-moskowitische Unabhängigkeitsbewegung errungen, sondern die zu Kosaken gewordenen ukrainischen Bauern über die polnischen Großgrundbesitzer. Als Władysław noch im selben Jahr starb, verlor Chmel'nyćkyj einerseits die Möglichkeit, durch Vermittlung des relativ kosakenfreundlichen Königs die Forderungen der Kosaken durchzusetzen, erhielt andererseits aber die Chance, über seine ursprünglichen Ziele hinauszugehen und eine Autonomie der Ukraine anzustreben. Der Verlauf des Krieges in den folgenden Jahren, in dem polnische Städte und blühende jüdische Gemeinden zerstört sowie Hunderttausende von Juden grausam ermordet wurden, sollte jedoch zeigen, dass der ›Hetmanstaat‹ aus eigener Kraft nicht bestehen konnte. Selbst der für die Kosaken so günstige Vertrag von Zboriv (1649), in dem König Johann Kasimir den Kosaken die südlichen Wojewodschaften abgetreten und die Aufnahme von 40.000 Mann in das polnische Heer versprochen hatte, genügte den Erwartungen der ukrainischen Bauern nicht. Chmel'nyćkyj konnte ihn daher nicht erfüllen, wenn er seine Popularität nicht aufs Spiel setzen wollte, und die Polen erfüllten ihn auch nicht, weil der *sejm* widersprach. Ohne fremde Hilfe konnte eine befreite Ukraine als Staat jedoch nicht bestehen und auch mit fremder Hilfe sollte es ihr nicht gelingen. Das ist die tiefe Tragik, die über der kurzen Episode ukrainischer ›staatlicher‹ Selbstständigkeit unter Chmel'nyćkyj liegt.

Die Krimtataren hatten dem *hetman* geholfen, aber sie waren selbst nicht unabhängig und wenig zuverlässig. Der türkische Sultan als Oberherr der Krim und der Moldau konnte schon eher ein Interesse daran haben, seine Territorien durch den Gewinn der Ukraine abzurunden; die christlichen Kosaken knüpften deshalb immer wieder Beziehungen nach Istanbul. Sehr viel näher lag jedoch der Appell an den rechtgläubigen Zaren in Moskau: Verbindungen verschiedener Art bestanden dorthin; Äußerungen eines unverbindlichen Wohlwollens waren von Moskau leicht zu erlangen, aber ein ernsthaftes Engagement vermied Zar Aleksej, denn ein Eingehen auf die Wünsche des *hetmans* hätte Krieg mit Polen und gleichzeitig die Unterstützung einer Revolution gegen einen legitimen Herrscher bedeutet. Erst als 1653 ein *zemskij sobor* – der letzte seiner Art in der Moskauer Geschichte – darauf gedrängt und so die moralische Mitverantwortung übernommen hatte, wagte die Moskauer Regierung den entscheidenden Schritt: Am 8. Januar 1654 nahm der zarische Gesandte V. V. Buturlin in Perejaslav den Eid der Kosakenführer auf den Zaren entgegen, und am 7. Februar 1654 konnte dieser den Fürsten der Moldau und der Walachei bereits mitteilen,

> dass […] der Verfolgung des christlichen Glaubens und der angetanen Gewalt wegen – sich unter unserer zarischen Majestät hohe Hand begeben haben in ewige Untertanschaft: Bohdan Chmel'nyćkyj, Hetman des Zaporoger Heeres, und das ganze Zaporoger Heer mit Städten und Ländern, die in der Kleinen Rosia zum Kiever und Černigover Fürstentum gehören, und die ganze Kleine Ruś.

Das war die Moskauer Auffassung von der ›Wiedervereinigung‹ der Länder der alten Ruś und der Entstehung von ›Russland‹ (*Rossija*) – aber beide Seiten hatten über diesen Vorgang unterschiedliche Ansichten, die nicht miteinander vereinbar waren: Im sogenannten ›Vertrag von Perejaslav‹ – der kein Vertrag zwischen gleichen Partnern war – hatten die Kosaken keine »ewige Untertanschaft«, sondern eine Garantie ihrer ›Freiheiten‹ erreichen wollen. Sie waren daher höchst befremdet, als Buturlin die Bitte, auch der Zar möge durch seinen Gesandten das Abkommen eidlich bekräftigen, als unzumutbar zurückwies: Der polnische König, dem Verständnis nach der Erste unter den Adeligen des Landes, hatte den Eid stets geleistet; Chmel'nyćkyj dachte in dieser Frage in den Kategorien der polnischen Adelsrepublik und nicht in denen der Moskauer Autokratie. Eine Enttäuschung konnte da auf die Dauer nicht ausbleiben, obwohl sich die Verbindung mit Moskau zunächst glänzend bewährte.

Die russischen Truppen, die schon weitgehend ›europäisiert‹ waren, erzielten gegen den geschwächten polnischen

Gegner rasch bedeutende Erfolge; Smolensk wurde noch 1654 erobert, im folgenden Jahr zum ersten Mal Wilna. Dabei blieb dieser Moskauer Angriff keine isolierte und am Ende erfolglose Vergeltungsaktion wie 1632, sondern löste den ersten nordischen Krieg aus: König Karl X. Gustav von Schweden nutzte die Gelegenheit, auch seinerseits über Polen herzufallen. Als der polnische König Johann Kasimir in diesen Kriegen der ›blutigen Sintflut‹ nach einer Reihe von Niederlagen im Herbst 1655 außer Landes nach Schlesien fliehen musste, schien das Ende der Adelsrepublik gekommen. Während sich Chmel'nyćkyj damit als Herrn der gesamten Ukraine betrachtete, entwickelte in Moskau der Leiter des *posol'skij prikaz*, A. L. Ordin-Naščokin, weit ausgreifende Konzeptionen: Danach wollte sich Moskau aus dem Erbe Polens im Sinne des ›Sammelns‹ der russischen Länder zunächst das Großfürstentum Litauen einverleiben; im Norden zielte Moskau auf eine Beherrschung der Ostsee, indem Kurland ›geschützt‹ und der Große Kurfürst von Brandenburg in ein Vasallitätsverhältnis genommen werden sollte; im Süden bot der Zar den Donaufürstentümern seine Schutzherrschaft an, um mit deutlich panorthodoxer und vielleicht panslavischer Tendenz das Osmanische Reich zurückzudrängen. So bekannte sich der Zar in seiner berühmten Osteransprache von 1655 zu der Aufgabe, die Glaubensbrüder von der Herrschaft der »Ungläubigen« zu befreien; dies kam der wachsenden orthodoxen Klientel Moskaus unter den Kirchenführern aus dem Balkan und dem Orient entgegen, die an die Außenpolitik Moskaus die Hoffnungen auf eine Erlösermission des Moskauer Autokraten banden. Ein besonderes Beispiel dafür ist der kroatische katholische Priester Juraj Križanić (1618–1683), der als ›Vater des Panslavismus‹ seinen Traum von der politischen Größe der unter der Führung Moskaus vereinten Slaven allerdings mit dem Ziel der Kirchenunion verband.

Die politische Wirklichkeit war jedoch anders: Aus der Erniedrigung durch Niederlagen, Besetzungen und Verheerungen fand die Polen zu unerwarteter Widerstandskraft. In einem geschickten Schachzug bot die habsburgische Diplomatie in Zusammenarbeit mit polnischen Adeligen dem russischen Zaren nach dem Tode von Johann Kasimir die polnische Krone an und erreichte damit einen Waffenstillstand und die Ablenkung der Moskauer Offensive auf Schweden. Wiederum verwüsteten russische Truppen daraufhin Livland, aber auch diesmal blieb ihnen die entscheidende Eroberung Rigas versagt. Der Frieden von Kardis (1661) brachte ebenfalls nicht den erhofften russischen Durchbruch zur Ostsee, sondern bestätigte den *status quo.* Inzwischen war auch für Polen der Krieg mit Schweden zu Ende gegangen (Friede von Oliva, 1660), ohne dass es von der Landkarte verschwunden war.

Das ukrainische Problem war nach dem Tod von Bohdan Chmel'nyćkyj im Sommer 1657 noch komplizierter geworden, nachdem sich herausgestellt hatte, dass die politische Konstellation einer gesamtukrainischen Autonomie keinen Raum ließ. Chmel'nyćkyjs einander rasch ablösende Nachfolger setzten abwechselnd auf alle im Spiel befindlichen Karten, aber als der ›rechtsufrige‹ *hetman* Petro Dorošenko seine Herrschaft über die ganze Ukraine auf ein türkisches Protektorat und krimtatarische Kriegshilfe stützen wollte, bewirkte er ungewollt eine polnisch-russische Annäherung, die im Waffenstillstand von Andrusovo (1667) zu einer Teilung der Ukraine entlang des Dnepr führte. In keinem der beiden Teile kehrte aber damit Friede und Ordnung ein: Der Territorialgewinn Moskaus war beträchtlich, denn außer der linksufrigen Ukraine behielt es auch Smolensk und Kiev, die Polen zunächst zwar nur für zwei Jahre abtrat, *de facto* wurde dies jedoch zu einem Dauerzustand. Dagegen scheiterte die Moskauer Kandidatur für den polnischen Thron ebenso wie alle früheren am konfessionellen Gegensatz.

Die zunehmende Bedrohung durch die Türken zwang die betroffenen Nachbarn jedoch schließlich in eine gemeinsame Abwehrfront: Als die Türken 1672 die Festungsstadt Kamieniec-Podolski eroberten, versuchten die Russen in drei großen Gesandtschaften vergeblich, den westeuropäischen Mächten die Gefahr zu verdeutlichen. 1677–81 hatte Moskau dann seinen ersten Türkenkrieg um die Ukraine zu führen, der im Vertrag von Bachčisaraj (13. Januar 1681) zu einer Bestätigung der bisherigen Grenzen und zu einem 20-jährigen Waffenstillstand führte. Als die osmanische Offensive 1683 schließlich vor Wien zusammenbrach, stand Moskau noch abseits, wenn auch die Kosaken im Kontingent des Polenkönigs Johann Sobieski und die Krimtataren im türkischen Heer die künftigen Auseinandersetzungen auf dem ukrainisch-südrussischen Abschnitt der Front gegen den ›Feind des Heiligen Kreuzes und aller Christen‹ im Grunde vorwegnahmen: 1686 wurde diese Front mit Beteiligung Moskaus offiziell gebildet, als die Regierung der Zarewna Sof'ja (seit 1682 Regentin in Moskau) der antitürkischen Liga beitrat, zu der sich 1684 der Kaiser, Polen und Venedig zusammengeschlossen hatten. Dafür hatte Polen endgültig auf Kiev verzichtet. Inzwischen hatte hatte sich in und für Moskau einiges verändert, so dass in denselben Jahren, da die kaiserlichen Truppen donauabwärts zogen und Polen um die Rückeroberung Podoliens kämpfte, Moskauer Armeen zum ersten Mal direkte Offensiven gegen die Krim unternahmen (1687, 1689), nun im Rahmen eines europäischen Bündnisses, das der römische Papst leitete. Zwar blieb den Feldzügen des Fürsten V. V. Golicyn jeder Erfolg versagt, aber die russische Außenpolitik hatte eine neue Expansionsrichtung gefunden.

Im gleichen Jahr 1689, als der junge Zar Peter Alekseevič seine Halbschwester Sof'ja von der Macht verdrängte, fand auch im Fernen Osten ein bemerkenswertes Ereignis statt: Am Amur war das russische Vordringen schließlich auf den Widerstand der Chinesen gestoßen, und im Vertrag von Nerčinsk (27. August 1689) wurden die russisch-chinesischen Beziehungen erstmals in verbindlicher Form festgelegt. Moskau sah sich dabei genötigt, die nördlich des Amur gelegene Wasserscheide als Grenze hinzunehmen, sich also aus dem Amurgebiet wieder zurückzuziehen; dafür gewann es aber eine dauerhafte Vertragsgrundlage für seinen einträglichen Chinahandel.

Äußere und innere ›Europäisierung‹

Die Entwicklung Russlands während des 17. Jahrhunderts war von allmählichen Veränderungen geprägt, die man als ›Europäisierung Russlands‹, besser als ›Verwestlichung‹, bezeichnen kann. Der Begriff wird zwar meist mit der historischen Leistung Peters des Großen verbunden, in Wirklichkeit hatte der Prozess aber früher begonnen; durch Peter sollte er nur einen anderen Charakter und einen anderen Stil bekommen.

Dass der Moskauer Staat in der zweiten Hälfte des 17. Jahrhunderts sehr viel stärker als zuvor in das Kräftespiel der westeuropäischen Mächte hineingezogen wurde, war die Folge einer überall im Zarenreich zu spürenden Annäherung an diesen Teil Europas. Kennzeichnend dafür war die Einrichtung einer regelmäßigen Postverbindung zwischen Moskau und Riga (1665): Motor dieser Entwicklung war das Interesse des Staates, der einerseits zäh an den überkommenen Formen und an einer archaischen Fassade festhielt, andererseits unmerklich in den modernen Absolutismus hinüberglitt. Das Staatsinteresse begann beim wichtigsten Instrument der Staatsmacht, der Armee: Die »neuersonnenen Schlauheiten der herrscherlichen Gegner« erzwangen die Überprüfung und Verbesserung der eigenen Heeresverfassung. Schon im Smolensker Krieg (1632–34) hatten die Truppen ›neuer Art‹ eine wichtige Rolle gespielt; von der Anwerbung ganzer Truppenverbände im Ausland sah man danach aus Kostengründen ab, aber die meisten Offiziere blieben als Ausbilder, und in den Kriegen nach der Jahrhundertmitte stellten die nach westlichem Vorbild organisierten russischen Regimenter bereits den Hauptteil des Moskauer Heeres. Die Terminologie für die *soldaty* und die Offiziersdienstgrade wie ›Major‹ oder *rotmistr* zeigt diesen Einfluss. 1681 wurden die traditionellen Heeresteile, die Strelitzen und das Adelsaufgebot, in einer Heeresreform folgerichtig in ›Kompanien‹ der ›neuen Ordnung‹ umbenannt. Bei den Strelitzen als einer stehenden und besoldeten Truppe war die Angleichung einfach; ihr

Widerstand gegen die Reform richtete sich nur gegen deren Geist, d. h. gegen alles von den Lateinern Übernommene, denn unter den Strelitzen gab es zahlreiche Altgläubige. Viel schwieriger war es, das Adelsaufgebot zu modernisieren, denn dazu musste erst 1682 durch einen *ukaz* des Zaren das Altmoskauer *mestničestvo* abgeschafft werden. Damit wurden die persönlichen Rangprivilegien des Moskauer Adels beseitigt, die bis dahin nicht nur in Fragen der Heeresorganisation, sondern auch bei der Besetzung der Stellen eine wichtige Rolle gespielt hatten.

Mit der Modernisierung des Heerwesens hingen auch Veränderungen der Verwaltungseinheiten zusammen: Das Aufgebot des Adels war bisher nach ›Städten‹ erfolgt, die für relativ kleine ›Kreise‹ (*uezdy*) standen; die Rekrutierung der neuen Truppen war jedoch auf größere Territorien angewiesen. So wurden zunächst in Grenznähe ›Militärbezirke‹ (*razrjady*) geschaffen, deren Prinzip dann unter dem Zaren Fëdor (1676–82) auch auf die zentralen Gebiete übertragen wurde. Ihre Verwaltung übernahmen Voevoden als Inhaber der höchsten militärischen und zivilen Macht, die verschiedene der im 16. Jahrhundert entstandene Formen lokaler Selbstverwaltung ablösten, damit aber auch den Missbrauch der lokalen Machtfülle ermöglichten. Reformiert wurde außerdem das unübersichtliche System der Moskauer Zentralbehörden, indem *prikazy* zusammengelegt und einander überschneidende Kompetenzen abgegrenzt wurden. All diese Veränderungen in Richtung eines modernen Staates geschahen indes zögernd und in kleinen Schritten, die der junge Zar Fëdor lenkte.

Die Entwicklung der Wirtschaft machte ebenfalls eine ›Modernisierung‹ des Staates erforderlich und förderte sie zugleich: Der Merkantilismus als staatliche Initiative setzte sich in der zweiten Hälfte des Jahrhunderts allmählich auch in Russland durch. Dies musste sich in einem Agrarland zunächst in der Produktionssteigerung der Landwirtschaft auswirken. Die Ausweitung des Getreideexportes förderte die Entwicklung des Großbetriebs, der – wie anderswo im östlichen Europa – auch in Russland die Grundherrschaft mit selbstständig arbeitenden Bauern ablöste – nur wenn der Gutsherr einen Teil seines Landes mit bäuerlicher Fronarbeit selbst bewirtschaftete und die Überschüsse verkaufte, konnte er den Ansprüchen adeliger Lebensführung und staatlicher Dienstleistung genügen. Auf diese Weise entstanden gewaltige Latifundien, die enorme Gewinne abwarfen und darüber hinaus Kapital und Arbeitskräfte für industrielle Unternehmungen bereitstellten. Am bekanntesten ist das Beispiel jenes Bojaren Morozov, der 1648 in Moskau die Volkswut auf sich gezogen hatte (s. Seite 256): Er besaß etwa 300 Dörfer in 17 Kreisen; dort betrieb er als Großunternehmer Schmieden, Gerbereien, Leinenwebereien, Schnapsbrennereien, Ziegeleien, Mühlen und vor allem die sehr einträgliche Erzeugung von Pottasche. Doch auch der Zar selbst war als Unternehmer tätig: Aleksej Michajlovič setzte den *tajnyj prikaz* (geheimes Amt, Privatkanzlei) als Wirtschaftsverwaltung für den herrscherlichen Besitz ein, so dass sich auch in wirtschaftlicher Hinsicht eine Trennung von Staat und Herrscher und damit eine Verselbstständigung des ›Staates‹ abzeichnete. So trat der Staat im Bereich der militärischen Infrastruktur selbst als Unternehmer auf, machte Staatsbeamte zu Fabrikleitern oder umgekehrt und kommandierte Staatsbauern zur industriellen Arbeit. Das gilt vor allem für die Förderung und Verarbeitung von Metallen im Gebiet von Tula und im Ural; wobei Ausländer maßgeblich beteiligt waren, und zwar sowohl als Kapitalgeber, als Leiter wie auch als Facharbeiter. Mit Spezialisten aus verschiedenen Ländern – Wallonen, Schweden, Niederländern und Deutschen – errichteten und betrieben Andreas Winius und andere deutsche Kaufleute sowie der dänische Untertan Peter Marselis Hütten- und Hammerwerke; Waffen aller Art hatte man in Russland zwar seit Langem selbst produziert; die Ausländer führten aber die im Westen entwickelten modernen Methoden der Metallurgie (Hochöfen) ein. Da die Ausländer indes vor allem an den eigenen Gewinn dachten, entstanden immer wieder Konflikte mit dem Staat, die manche Unternehmerlaufbahn jäh beendeten. Im Ergebnis aber gewann Russland, trotz aller Enttäuschungen, Rückschläge und Verluste, den Anschluss an den technischen Fortschritt Westeuropas und die Unabhängigkeit in der Versorgung der Armee mit Waffen.

Allerdings konnte sich der aufblühende russische Handel im Westen noch nicht vom Monopol der Ausländer befreien. Zwar erreichten weder die Engländer im 16. noch die Niederländer im 17. Jahrhundert formal eine Monopolstellung, aber der russische Kaufmann besaß für eine ernsthafte Konkurrenz zu wenig Kapital und persönliche Freiheit, selbst wenn er – wie 1648/49 – staatliche Hilfe erhielt; auch fehlte Russland eine eigene Handelsflotte. So blieb dem russischen Kaufmann allein der Orienthandel, der einerseits der langen und gefährlichen Verbindungen wegen risikoreich war, andererseits aber auch großen Gewinn aus dem Transitverkehr brachte; ferner blieb ihm der Binnenhandel, der ab der Mitte des Jahrhunderts von hemmenden Zöllen befreit wurde, in dem sich aber auch die Großgrundbesitzer in eigener Regie betätigten.

Militärische, technische und kommerzielle Experten in wachsender Zahl vermittelten also die Kontakte mit dem Westen Europas; in der Residenz Moskau wirkten Ärzte und Apotheker, ferner Handwerker für die Luxusbedürfnisse des Hofes. Die Ausländer waren in Moskau so zahlreich, dass sie mehrere protestantische Gemeinden mit eigenen Pfarrern und Lehrern, Kirchen und Schulen bildeten. Allerdings ging von dieser Ausländerkolonie nur eine geringe Wirkung im Sinne einer ›inneren‹ Europäisierung aus, was auch daran lag, dass sich darunter zahlreiche Abenteurer aus dem Erbe des Dreißigjährigen Krieges befanden. Entscheidend war aber, dass sowohl der Staat als auch die orthodoxe Kirche die Fremden nur duldeten, sie absonderten und nicht in einen Dialog mit ihnen eintraten. Erst eine Auflockerung des Altmoskauer Lebens- und Denkstils, die ab der Jahrhundertmitte spürbar wurde, schuf die Voraussetzung für ein wirkliches Miteinander.

Als Reaktion auf das gewaltsame Eindringen einer fremden Welt war das ›Dritte Rom‹ aus der *smuta* mit gestärktem

Selbstbewusstsein hervorgegangen und so münden die literarischen Verarbeitungen der ›wirren Zeit‹, ob sie von einem ›Staatsbeamten‹ wie dem D'jaken Ivan Timofeev (gest. 1629) oder von einem Mann der Kirche wie dem Kellermeister Avraamij Palicyn des Dreifaltigkeitsklosters (gest. um 1629) stammen, alle in einen pathetischen Lobgesang auf die alte Ordnung. Wer an ihr zweifelte, wie der Memoiren schreibende Fürst Ivan Andreevič Chvorostinin (gest. 1625), galt als ›unzuverlässiger Mensch‹ und war der Häresie verdächtig. Dieses Ideal war um die Mitte des 17. Jahrhunderts jedoch bereits verblasst und durch Kritik infrage gestellt – durch die politischen und sozialen Proteste, die Kritik der Nikon'schen Reformen und schließlich durch politische Publizisten wie Kotošichin und Križanić: Grigorij Kotošichin war ein Beamter des Moskauer Außenamtes, der 1664 nach Polen emigrierte, danach in schwedische Dienste übertrat und 1667 wegen eines Totschlags in Stockholm hingerichtet wurde. In seinen Aufzeichnungen über Russland unter der Regierung des Zaren Aleksej Michajlovič] (geschrieben 1666/67) entwirft er ein sehr düsteres Bild von den Verhältnissen in seinem Heimatland. Auch wenn man das Ressentiment eines Emigranten in Rechnung stellt, bleibt das harte Urteil, das er im Vergleich mit der Lebensweise und den Institutionen anderer Länder abgibt: Russland erscheint rückständig und unwissend, einschließlich der russischen Kirche. Zu einem ähnlichen Urteil aber von einem ganz anderen Standpunkt aus kam Juraj Križanić: Auch er hatte Grund, den Moskauer Staat nicht in einem günstigen Licht zu sehen, denn nach kurzem Aufenthalt in Moskau war er Anfang 1661 nach Tobol'sk verbannt worden, wo seine Schriften entstanden. Der Kroate glaubte an die Mission des russischen Zaren, die Slaven in eine glänzende Zukunft zu führen. Dass er damit aber zugleich auf eine Wiedervereinigung der christlichen Kirchen unter der Führung des Papsttums hoffte, war wohl der Grund für seine Verbannung. Dazu schlug er Verbesserungen auf allen möglichen Gebieten vor: im Bergbau, im Handel, in den Finanzen, in der Armee, vor allem aber im

Unterricht und in den Wissenschaften. So müssten die Slaven von den anderen Völkern alle Errungenschaften lernen, um ihnen gewachsen zu sein und von ihnen frei zu werden.

Die Schriften von Kotošichin und Križanić wurden erst im 19. Jahrhundert wiederentdeckt und hatten im ersten Fall in Russland überhaupt keine, im zweiten höchstens eine sehr beschränkte Wirkung. Dennoch dürften sie auch für andere sprechen, die sich weniger klar und weniger radikal äußerten. Man war in Russland empfindlicher für Kritik geworden, das Interesse am Westen nahm zu, die geistige Isolierung wurde geringer. An einzelnen führenden Persönlichkeiten lässt sich dieser Wandel deutlich erkennen. So waren alle drei Leiter des Moskauer Außenamtes vor dem Regierungsantritt Peters gebildet und allem Neuen aus dem Westen gegenüber aufgeschlossen: Afanasij Lavrent'evič Ordin-Naščokin, den man zu Recht als den ersten modernen Staatsmann Russlands bezeichnet hat, war modern in seiner Staatsauffassung und in seinen außenpolitischen Konzeptionen, jedoch nicht in seiner Lebensführung. Von seinem Nachfolger (ab 1671) Artamon Sergeevič Matveev galt, was das Privatleben angeht, das Gegenteil: Er war mit einer Schottin (Hamilton) verheiratet und führte als Pflegevater der zweiten Frau des Zaren Aleksej ein großes Haus, in dem auch der Zar moderne westliche Musik- und Theateraufführungen kennenlernte (die erste Theateraufführung fand 1672 statt). Eine ähnliche Aufgeschlossenheit galt auch für den Fürsten V. V. Golicyn (um 1614–1714), den Favoriten der Zarewna Sof'ja, der Bücher in polnischer und lateinischer Sprache sammelte, eine Gemäldesammlung anlegte und selbst Jesuiten in sein Haus einlud. Schon vor Peter dem Großen hatte die ›Europäisierung‹ also einige Bojarenhäuser erreicht, in denen man Kontakte mit Ausländern suchte und Verbindung zu den Experten der Ausländervorstadt hielt. Die Grenze setzte dabei allerdings die Haltung der russischen Kirche; aber auch in dieser Hinsicht hatte sich schon vieles verändert.

Durch den ›Fall Nikon‹ hatte das ›Dritte Rom‹ seine innere Glaubwürdigkeit verloren: Unreformiert war es nun illegal, und reformiert wurde es sich selbst untreu. Paisios Ligarides, der den zweiten Nikonprozess geleitet hatte, hatte den Staat über die Kirche gestellt und dieser damit das geistige Kontrollrecht abgesprochen, das sie bis dahin ausgeübt hatte. Das kirchliche Veto verlor seither den Versuchungen der westlichen Zivilisation gegenüber an Kraft. Zudem verschärften sich die Gegensätze zwischen Ukrainern und Griechen, die bei den Reform- und Bildungsaufgaben halfen, was weitere Unsicherheit schuf. Einige Mitarbeiter Nikons nahmen eine scharf antilateinische Stellung ein, aber für die ukrainischen Mönche, die im Moskauer Andreevskij-Kloster ein geistiges Zentrum bildeten, galt das nicht mehr in demselben Maße, und vollends zum Wegbereiter westlicher Bildung wurde Aleksejs Hofprediger Simeon von Polock (1629–80). Simeon hatte die Kiever Akademie, wahrscheinlich auch das Jesuitenkollegium in Wilna besucht und war 1656 Lehrer an der Bruderschaftsschule in Polock geworden. 1664 ging er nach Moskau und war dort zunächst als Lateinlehrer in der Privatkanzlei des Zaren tätig. Aber schon 1667 betraute ihn Aleksej mit der Erziehung und Ausbildung seiner Kinder Aleksej, Fëdor und Sof'ja. Simeon trat für eine kulturelle Vermittlung auf breiter Basis ein, hielt als barocker Hofliterat im Mönchsgewand nicht nur Predigten und polemisierte gegen die Altgläubigen, sondern schrieb auch Lehr- und Gelegenheitsgedichte, ja sogar Theaterstücke. Die Zarenkinder konnten bei ihm außer der lateinischen Sprache auch manches andere von der ›lateinischen‹ Bildung ihrer Zeit lernen und so ist es nicht verwunderlich, dass der Thronfolger Fëdor mit einer Polin verheiratet war und westliche Kleidung bevorzugte. Simeon wollte in Moskau eine geistliche Hochschule nach dem Muster der Kiever Akademie errichten, aber erst sein Schüler Silvester Medvedev (1641–91) konnte dieses Ziel erreichen. Dessen tragisches Schicksal ist indes ein erschütternder Beweis dafür, wie zäh der Widerstand war, gegen den sich die ›neumoskowitische

Kultur‹ durchsetzen musste: Medvedev hatte zwar die Unterstützung der Regentin Sof'ja, aber deren Stellung war nicht stark genug, um ihren geistlichen und kulturellen Berater gegen die Angriffe des wenig gebildeten Patriarchen Joakim (1674–90) schützen zu können und so übertrug die Opposition gegen die ›Lateiner‹ das Akademieprojekt den Brüdern Lichudes, zwei griechischen Hochstaplern, die 1685 in Moskau aufgetaucht waren und für die Leitung der Slavisch-griechisch-lateinischen Akademie (1687) denkbar ungeeignet waren. Medvedev aber wurde in den Sturz der Regentin hineingezogen, wegen Häresie und Beleidigung des Patriarchen angeklagt und 1691 hingerichtet.

Dieser Vorwurf der Häresie bezog sich auf den Abendmahlstreit, der die russische Kirche seit Beginn des 17. Jahrhunderts in Unruhe versetzt hatte. Dabei ging es um ein liturgisches Detail: Strittig war, ob die Transsubstantiation (Wandlung) während der Einsetzungsworte (»Nehmet, esset [...]«) erfolge – das war die traditionelle russische Auffassung, die Medvedev mit den Argumenten der lateinischen Kirche vertrat – oder erst während des nachfolgenden Gebetes um den Heiligen Geist – so lehrten mit der griechischen Kirche die Brüder Lichudes. Dieser Streit erregte in den Jahren 1685–90 die Gemüter, und dies wohl weniger der theologischen Bedeutung als der gottesdienstlichen Praxis wegen: Im Augenblick der Wandlung wurden nämlich die Glocken geläutet und die Gläubigen hatten sich zu verneigen. Aus dem Streit um ähnliche ›Äußerlichkeiten‹ war schon der *raskol* entstanden, und Medvedevs Auffassung konnte als dessen Unterstützung durch die lateinische Theologie verstanden werden.

Trotz solcher Äußerungen einer unbarmherzigen Orthodoxie war das Neue nicht aufzuhalten: In den 1690er Jahren übernahmen die Ukrainer die Moskauer Akademie und verwirklichten die Pläne des Simeon Polockij und des Silvester Medvedev. Diese sahen für ca. 20 bis 30 Schüler den Unterricht in griechischer, lateinischer, polnischer und kirchenslavischer Sprache vor und bezogen neben der Theologie auch die Grammatik, Philosophie, Ethik, Dialektik, Physik und Jurisprudenz mit ein. Der politische Ausgleich mit Polen fand damit sein geistesgeschichtliches Pendant. Zur selben Zeit bereitete Zar Peter seine erste große Reise in das westliche Ausland vor. Das 17. Jahrhundert hatte demnach wohl das erste, aber bei Weitem nicht das letzte Wort zur ›Europäisierung‹ Russlands gesprochen; der ›Durchbruch zur Neuzeit‹ stand noch bevor.

DAS PETERSBURGER IMPERIUM

1696–1725 Zar Peter ›der Große‹ (geb. 1672), Sohn des Aleksej
1697–1733 August II. ›der Starke‹, König von Polen, Kurfürst von Sachsen

Der Übergang vom Alten zum Neuen

Russland war Ende des 17. Jahrhunderts bereits auf dem Weg nach Westeuropa; viel Neues war schon eingedrungen und hatte Altes zu ersetzen begonnen. Trotzdem bedeutet Peter der Große sowohl in der Geschichte Russlands als auch insbesondere im russischen Geschichtsbewusstsein eine Umwälzung. An der Gestalt des großen Zaren schieden sich die Geister aller nachfolgenden Generationen: »Menschlichen Gedanken sind Grenzen gesetzt!« – sagte der Aufklärer M. V. Lomonosov in seiner *Ruhmesrede auf Peter den Großen* aus dem Jahr 1755 – »Die Gottheit können sie nicht erreichen! Gewöhnlich stellen sie sich diese in menschlicher Gestalt vor. Doch wenn man einen nach unserem Verständnis gottähnlichen Menschen finden müsste, ich fände keinen außer Peter dem Großen«. Und der Literaturkritiker V. G. Belinskij schrieb fast ein Jahrhundert später: »Wer hat mehr Recht auf den Titel des Großen und des Göttlichen als unser Peter, wer von den Helden unserer Geschichte kann unserem Herzen und unserem Geist näherstehen?« Auf der anderen Seite beklagte der russische Cato der Zeit Katharinas II., Fürst M. M. Ščerbatov, die »Verderbnis der Sitten in Russland« durch die Tätigkeit Peters, und der jüngere Kireevskij schämte sich gar seines Vornamens Peter, weil er wie alle Slavophilen den von Peter eingeschlagenen Weg für einen Irrweg und für die Russen unheilvoll hielt. Noch dem Marxisten G. V. Plechanov fiel es bei der Behandlung der petrinischen Epoche schwer, die

»Rolle der Persönlichkeit in der Geschichte« der Ideologie entsprechend herabzusetzen, er lobte den Zaren sogar dafür, dass er »den ungeheuren Umschwung« vollendet habe, »der Russland vor der Verknöcherung rettete« – die Zeugnisse ließen sich beliebig vermehren: Wie immer man Peter den Großen beurteilen mag – er hat in der russischen Geschichte Epoche gemacht.

Die Kindheit Peters

Am 30. Mai 1672 hatte seine junge zweite Frau Natal'ja Naryškina dem Zaren Aleksej einen Sohn geboren, der in der Taufe den Namen Peter erhielt. Es war nicht der erste Sohn Aleksejs; von den 13 Kindern aus erster Ehe waren 5 Knaben gewesen und 2 davon, Fëdor und Ivan, waren bei Peters Geburt noch am Leben. Trotzdem mag es der Wunsch nach einem vollwertigen Erben gewesen sein, der den frommen Zaren Aleksej zu einer nach streng orthodoxer Auffassung fragwürdigen zweiten Ehe geführt hatte, denn Fëdor litt an Skorbut und konnte nicht gehen, Ivan war debil und regierungsunfähig. Noch schien die Nachfolgefrage indes nicht aktuell, denn Aleksej war bei Peters Geburt erst 43 Jahre alt. Er starb jedoch nach kurzer Krankheit schon Anfang 1676, und Fëdor, den man bei der Beisetzung seines Vaters tragen musste, folgte ihm auf dem Thron. Die Krankheit des jungen Zaren ließ die Macht sehr bald zu einem Spielball einander bekämpfender Hofcliquen werden, die sich um die Familien der beiden Frauen Aleksejs bildeten: In den letzten Jahren unter Aleksej hatten die Naryškins, eine Familie mäßig vornehmer Herkunft, die Oberhand gewonnen, und Natal'jas Pflegevater A. S. Matveev hatte als Leiter des *posol'skij prikaz* Außenamt) die führende Rolle gespielt. Mit dem Regierungsantritt Fëdors hatte diese aber der Fürst Miloslavskij übernommen; Matveev wurde vom Hof entfernt und schließlich nach Pustozersk verbannt. Immerhin konnte Fëdor den offenen Konflikt vermeiden: Natal'ja blieb mit ihrem Sohn im Kreml unbehelligt, und als Peter sieben Jahre alt war, wurde seine Erziehung traditionsgemäß den Frauen entzogen und einem Bojaren, R. M. Strešnev, anvertraut. Peters Lehrer in dieser Zeit sind unbekannt; sein Unterricht war jedenfalls nicht entfernt mit jenem zu vergleichen, den seine älteren Halbgeschwister bei Simeon von Polock erhalten hatten. Aber auch der beste Unterricht hätte die Erlebnisse nicht tilgen können, die das Leben des 10-jährigen nach dem Tod seines regierenden Halbbruders Fëdor am 27. April 1682 überschatteten.

Kurz vorher war es zu einer Annäherung des Zaren an die Naryškins gekommen, so dass deren Partei zuerst zum Zuge kam: Ein improvisierter *zemskij sobor* der Trauergesellschaft wählte nach der Beisetzung den 10-jährigen Peter durch Akklamation zum Zaren; seine Mutter Natal'ja wurde damit automatisch zur Regentin. Dieses Vorgehen war anfechtbar, denn der damals 15-jährige Ivan war ja der ältere der beiden Brüder des verstorbenen Zaren; auch für ihn wäre eine Regentschaft durch einen Vormund notwendig gewesen, und diese wäre den Miloslavskijs zugefallen, deren Kandidatin für diese Aufgabe Sof'ja war, die Schwester Ivans und Halbschwester Peters. Sof'ja sollte – nach Olga im 10. Jahrhundert – die erste Frau in der russischen Geschichte werden, die eine aktive politische Rolle spielte. Als einzige der zahlreichen Töchter des Zaren Aleksej war sie hierfür gut geeignet: Sie war begabt und durch die Erziehung des Simeon von Polock mit einer besseren Bildung ausgestattet als andere russische Fürstentöchter ihrer Zeit, so dass sie sich nicht mit der traditionellen Einschließung in die Frauengemächer abfinden wollte. Schon ihr Verhältnis mit dem Fürsten V. V. Golicyn widersprach aller Moskauer Tradition, und nun wurde sie zur Seele der Aktion gegen die Naryškins.

Diese wussten den errungenen Erfolg nicht zu sichern und auszubauen, zumal Matveev als der einzige fähige Kopf auf ihrer Seite erst kurz vor dem Staatsstreich wieder in Moskau eingetroffen war. Der Verlauf des Umsturzes war ähnlich dem der Šujskijs in der *smuta*, nur dass bei den Miloslavskijs das unzufriedene Element der Gesellschaft, dessen sie sich bedienten, die Strelitzen waren. Die Lage der Strelitzen hatte sich gründlich geändert, denn sie bildeten nicht mehr den Kern des Moskauer stehenden Heeres, sondern waren schlecht bezahlt und durch kleinbürgerliche Nebenberufe dem Militärdienst entfremdet; sie waren zu einer Garnisonssoldateska abgesunken, die von ihren adeligen Offizieren ebenso ausgebeutet wurde wie die leibeigenen Bauern durch die Gutsbesitzer. Zu dem sozialen trat bei vielen Strelitzen das konfessionelle Ressentiment der Altgläubigen hinzu, so dass jedes Gerücht auf fruchtbaren Boden fallen musste. Bei zielbewusster Manipulation stellten die 20 Moskauer Strelitzenregimenter dabei eine Macht dar, gegen die auch die Regierung so gut wie nichts unternehmen konnte. Diese Situation erklärt die folgenden Ereignisse.

Eine skrupellose Agitation verbreitete unter den Strelitzen die Meinung, dass alle Gegner der Miloslavskijs ›Verräter‹ seien, und das Gerücht, die Naryškins hätten den Zarewitsch Ivan ermordet, ließ am 15. Mai 1682 den offenen Tumult ausbrechen. Es half wenig, dass sich Natal'ja daraufhin mit Ivan und Peter der aufgebrachten Menge zeigte – vor den Augen des 10-jährigen Peter wurden sein Onkel Afanasij Kirillovič Naryškin, Matveev und andere von der Freitreppe im Kreml auf die Lanzenspitzen der unten stehenden Strelitzen gestürzt; Peters Mutter selbst schien aufs Äußerste bedroht. Niemals sollte Peter diese grauenhafte Szene vergessen: Seit diesem Tag hasste er den Moskauer Kreml. Die Miloslavskijs aber hatten ihr Ziel erreicht: Ihre Gegner wurden physisch oder, soweit sie die ersten Tage des Strelitzenaufstandes überstehen konnten, politisch vernichtet. Doch die politischen Sieger konnten die gerufenen Geister nicht leicht wieder loswerden. Es sollte sich rächen, dass die gewünschten Veränderungen durch ›Bitten‹ der Strelitzen herbeigeführt worden waren. So verlangten diese am 23. Mai 1682 die gemeinsame Regierung beider Söhne Aleksejs, am 26. Mai die Erklärung Ivans zum rangersten Zaren und am 29. Juni die Betrauung Sof'jas mit der Regentschaft für Ivan. Alle diesen Bitten wurde sofort erfüllt, und so fanden die Strelitzen Geschmack an dieser Art zu regieren. Der neue Leiter des Strelitzenamtes (*streleckij prikaz*), Fürst Ivan Andreevič Chovanskij, spielte dabei die Hauptrolle und hielt im Sommer 1682 die Macht faktisch in seinen Händen. Ob er selbst nach der Zarenkrone strebte, ist ungewiss, aber er setzte sich für die Altgläubigen ein: Drei Monate nach dem Verbrennen des geistlichen Führers des *raskol*, Avvakum, auf dem Scheiterhaufen erzwangen die Strelitzen am 5. Juli 1682 ein öffentliches Religionsgespräch zwischen Altgläubigen und Orthodoxen im Kreml. Die Lage in Moskau wurde allmählich auch für Sof'ja bedenklich und so verließ sie Ende August mit der Regierung die Stadt, um vom Dreifaltigkeitskloster aus ein Adelsaufgebot zu mobilisieren. Da man Chovanskij zudem durch eine List gefangennehmen konnte, wurde die Lage der Strelitzen in Moskau bald aussichtslos: Der Patriarch vermittelte ihre Unterwerfung, und als sie am 8. Oktober der Regentin den Treueid leisteten, war die Stellung Sof'jas bis auf Weiteres gesichert. Der Machtkampf am Hof war also entschieden, aber der Strelitzenaufstand hatte gezeigt, wie weit Moskau noch vom aufgeklärten Teil Europas entfernt war.

Die Regentschaft der Zarewna Sof'ja

Die Regierung der Zarewna Sof'ja und ihrer Mitarbeiter, vor allem des Fürsten V. V. Golicyn, wird meist aus der Sicht der nachfolgenden petrinischen Epoche beurteilt und deshalb in ihrer Leistung unterschätzt: Sowohl die Regentin als auch ihr leitender Staatsmann waren für Moskauer Verhältnisse gebildet und neuen Gedanken aufgeschlossen; erst das Scheitern der beiden Feldzüge gegen die Krim erschütterte Sof'jas Position nachhaltig und zeigte, dass sie diese in sieben Jahren im Innern nicht hatte sichern können. Dabei waren die Voraussetzungen dafür gut gewesen, denn die Miloslavskij-Partei hatte gesiegt, und Sof'ja hatte den Sprung von der Regentin zur Herrscherin durchaus erwogen; sie hatte es aber versäumt, durch rasches und energisches Handeln die Opposition und die Zaren-Brüder auszuschalten. Als F. L. Šaklovityj, der nach dem Sturz Chovanskijs das Strelitzen-Prikaz leitete, 1687 einen Versuch in dieser Richtung machte, war es bereits zu spät, denn die Strelitzen versagten ihm die Gefolgschaft. Im Übrigen ließ man die Zügel schleifen; die Zeit arbeitete dabei gegen Sof'ja, denn mit Peter wuchs ein regierungsfähiger Zar heran.

Um die Jugend Peters haben sich im Laufe der Zeit zahlreiche Legenden gebildet, die besagen, Peter sei mit seiner Mutter vom Hofe verbannt gewesen und habe in einer der Sommerresidenzen in der Umgebung Moskaus ein ärmliches Dasein geführt; er habe keinen Unterricht und keine Ausbildung erhalten und allein bei den Ausländern der *nemeckaja sloboda* Verständnis und Anregung gefunden. Die Wirklichkeit sah etwas anders aus: Zwar besaß Natal'ja nach den Ereignissen des Jahres 1682 keinen politischen Einfluss mehr, aber sie wohnte mit ihrem Sohn nach wie vor im Kreml. Nur den Sommer verbrachten beide jeweils außerhalb Moskaus, in den späteren Jahren meistens in Preobraženskoe, und Peter liebte diese Sommeraufenthalte der größeren Freiheit wegen mehr als Moskau und den Kreml. Die Teilnahme an offiziellen Staatsakten, zu denen man ihn häufig nach Moskau holte, empfand er offenbar als unliebsame Störung.

Peter blieb in diesen Jahren auch nicht ohne Unterricht; dieser hielt sich jedoch in dem für Moskau üblichen Rahmen und ging über Elementarkenntnisse nicht hinaus: Lesen und recht mangelhaft schreiben, einiges aus der Geschichte und aus der Geografie – mehr hat Peter im Rahmen dieser Ausbildung nicht gelernt. Sein Interesse und seine große Leidenschaft galt von früh an den Soldatenspielen: Schon ab 1683 findet sich in den Akten der Ausdruck *potešnye polki* (Spielregimenter, entsprechend den *potešnye sela, den* ›Vergnügungsdörfern‹ der Sommerresidenzen), weil Peters Soldatenspielen Geld kostete. Die jährlich steigenden Mittel bewilligte die Regentin – ohne zu ahnen, welche politische Bedeutung Peters Spielregimenter einmal erhalten würden. Das kindliche Vergnügen im Kreise der hochadeligen Spielkameraden und des Hofgesindes erhielt sehr bald wirklichkeitsnahe Züge: Die wachsenden Spielregimenter wurden nach allen Regeln der Kriegskunst ausgebildet, der ›Dienst‹ entsprach dem in den regulären Truppen und das Ergebnis waren am Ende der Regentschaftsperiode von Sof'ja dann auch zwei Regimenter, in denen der junge Zar jeden Mann kannte und in denen jeder Mann sich als Regimentskamerad des Zaren fühlen konnte. Unter ihren Bezeichnungen nach den Dörfern ihrer Stationierung – das ›Preobraženskij‹- und das ›Semenovskij‹-Regiment, später noch das ›Izmajlovskij‹-Regiment – sollten die ›Spielregimenter‹ als Garderegimenter in die Geschichte eingehen.

Unter dem Gesichtspunkt des Militärischen erweiterten sich Peters Interessen nach und nach. Ihn faszinierte das technisch Neue, das er sofort selbst erproben wollte. So erregte etwa ein Instrument, mit dem man Entfernungen messen konnte, sein Interesse, und Fürst Jakov F. Dolgorukij musste 1687 ein solches Instrument aus Paris mitbringen. Die zur Bedienung des ›Astrolabium‹ notwendigen geometrischen Kenntnisse erlernte Peter bei dem Holländer Franz Timmermann. Auch das Kreuzen von Schiffen gegen den Wind erschien dem 16-jährigen als ein Wunder technischer Leistung, und so begründete das zufällig entdeckte Wrack eines seetüchtigen Bootes aus den Tagen Aleksejs eine neue Leidenschaft für die Seefahrt. Der holländische Erbauer dieses Bootes, den Aleksej nach Russland geholt hatte, um Schiffe für das Kaspische Meer zu bauen, musste Peter das Segeln lehren und ihn in die Anfangsgründe des Schiffbaus einführen. Da der Teich in Izmajlovo den Ansprüchen bald nicht mehr genügte, übersiedelte Peter zu diesem Zweck noch im Sommer 1688 mit seinen Lehrmeistern an den See von Perejaslavl' (etwa 120 km nördlich von Moskau). Schon der junge Peter steckte also voller Energie, die letztlich die Trägheit des alten Moskau überwinden und das russische Volk in eine Jagd des Nachholens, Einholens und Überholens stürzen sollte.

Noch war dies alles indes unpolitisch, denn Peter widmete sich völlig seinen militärisch-technischen Hobbys und überließ seiner Mutter und deren Freunden die politischen Intrigen gegen die Regentin Sof'ja. Dazu genügten Proteste, wenn Sof'ja Tendenzen zu einer wirklichen Herrschaftsübernahme zeigte; es reichte aus, den allmählich zu fast zwei Metern Größe heranwachsenden Peter bei jeder sich bietenden Gelegenheit in den Vordergrund zu stellen, und man konnte abwarten, bis sich das unpopuläre Regime durch Fehler und Misserfolge selbst unmöglich gemacht hatte. Auch als man Peter am 27. Januar 1689 mit Evdokija Fëdorovna Lopuchina verheiratete, um seine Volljährigkeit zu demonstrieren, änderte das seine Lebensweise nicht, denn aus den Knabenspielen war längst eine Berufung geworden, die seinen Weg in die Politik und in seine herrscherliche Aufgabe bestimmte.

Der Sturz Sof'jas erfolgte im Sommer 1689 erdrutschartig, als der zweite Angriff auf die Krim gescheitert und das Ansehen der Regentin weiter gesunken war: Auf das Gerücht hin, dass die Strelitzen dem jungen Peter nach dem Leben trachteten, war dieser am 7. August überstürzt in das Dreifaltigkeitskloster geflohen; die in seinem Namen ergehenden Befehle wurden befolgt, Sof'jas Gegenbefehle hatten keine Wirkung mehr. Als die Strelitzen daraufhin regimenterweise zu Peter übergingen und der von Sof'ja mit einer Vermittlung beauftragte Patriarch Joakim bei Peter im Troice-Sergiev-Kloster blieb, war der Kampf entschieden: Šaklovityj und einige andere wurden hingerichtet, Fürst V. V. Golicyn degradiert und verbannt, Sof'ja gezwungen, sich in das Moskauer Novodevičij-Kloster zurückzuziehen.

Die Ablösung der leitenden Personen brachte indes keine Änderung der Politik, denn die Vetternwirtschaft Natal'jas, durch die nun wieder die Naryškins zum Zuge kamen, brachte keine Verbesserung gegenüber der Zeit zuvor; die Ablösung des gebildeten Fürsten V. V. Golicyn als Leiter des Außenamtes durch den völlig unfähigen Lev Naryškin bedeutete sogar eine Verschlechterung; außerdem hätte der Patriarch Joakim am liebsten nicht nur die unter Sof'ja zugelassenen Jesuiten, sondern alle Ausländer aus Moskau und aus Russland verjagt. Nur vor dem Hintergrund dieser ebenso beschränkten wie anmaßenden Rückständigkeit ist Peters spätere Reaktion auf das alte Moskau begreiflich, das für ihn durch den Strelitzenaufstand von 1682 geprägt blieb. So konnte Peter, als der Patriarch Joakim 1690 starb, den weltkundigen Metropoliten Marcelij von Pskov als dessen Nachfolger nicht durchsetzen, weil dieser, wie es der Zar später formulierte, ›barbarische‹ also westliche Sprachen beherrschte, einen zu kurzen Bart trug und seinen Kutscher auf dem Bock anstatt, wie im rechtgläubigen Moskau üblich, auf dem Pferd sitzen ließ.

Aber noch versuchte Peter nur selten Einfluss auf solche Entscheidungen zu gewinnen; seine unbeschränkte Macht – der debile Halbbruder und Mitzar Ivan (gest. 1696) zählte nicht –, schien ihn wenig zu interessieren. Er gebrauchte sie in der Anfangszeit im Grunde nur, um seine ›Spiele‹ zu Lande und zu Wasser in immer größerem Maßstab zu inszenieren: Nun konnte er mit seinen Freunden nach Archangel'sk ziehen, um die Seefahrt auf der wirklichen See zu versuchen. Sein Leben lang sollte er im Herzen »the great shipper« bleiben, wie ihn Gordon in seinem Tagebuch nennt. Noch von den wochenlangen Manövern bei Kožuchovo im Herbst 1694 sagte der Zar selbst ein Jahr später, dass sie »nichts als die Belustigung im Sinne« gehabt hätten und doch zu »ein[em] Vorläufer des jetzigen Krieges geworden« seien. Entscheidend in dieser Zeit wurden vor allem die persönlichen Kontakte in diesen spielerischen Unternehmungen, in denen sich das Weltbild des Zaren endgültig formte: Jetzt erst öffnete sich ihm der freie Zugang zur Ausländervorstadt, den die Legende schon in viel frühere Jahre verlegt; dort gewann er jene Freunde und Mitarbeiter, die ihm die so ganz andere Welt des ›Westens‹ erschließen konnten. Ihre Zahl wuchs von Jahr zu Jahr, denn Peter suchte überall Unterrichtung und Belehrung, aber zwei Ausländer gewannen ab dem Jahre 1690 besonderen Einfluss auf ihn: Das war zum einen General Patrick Gordon (geb. 1635), ein katholischer Schotte, der den Zaren in allen militärischen Dingen beriet; er war ein Mann von solidem Wissen und großer Erfahrung, der eine europaweite Korrespondenz führte und in einem abenteuerreichen Leben seinen festen Charakter bewahrt hatte. Gordons Haus war das erste in der Ausländervorstadt, in dem Peter einkehrte. Wesentlich jünger als Gordon, eben darum aber Peter noch näherstehend, war zum anderen der Genfer Franz Lefort (geb. 1653), den die puritanische Strenge aus seiner Heimatstadt vertrieben hatte und der in russischen Diensten schon von V. V. Golicyn zum Obersten befördert worden war. Lefort muss eine ungewöhnliche Gabe besessen haben, auf die Interessen des jungen Zaren einzugehen und eine Atmosphäre des unbeschwerten Lebensgenusses zu schaffen, in der Peter frei atmen konnte. Er zog Peter in das gesellschaftliche Leben der Ausländervorstadt hinein und führte ihn aus der Enge der Altmoskauer Vorurteile in eine aufgeklärte und tolerante Welt. Während das offizielle Moskau zu dieser Zeit den Ausländern alle möglichen Schwierigkeiten bereitete, besuchte Peter in der *nemeckaja sloboda* die katholische Kirche, deren Bau er Gordon gestattet hatte, und wurde bei lutherisch getauften Offizierssöhnen Pate. Für Mädchen wählte man dagegen gern die ›Jungfrau Anna Margaretha Monson‹ als Patin, die schöne Goldschmiedtochter, mit der Peter jahrelang ein enges Verhältnis hatte.

Aus Spiel wird Ernst

Peter drängte es nicht zu den Regierungsgeschäften; erst nachdem seine Mutter im Januar 1694 gestorben war, musste er sich ihnen mehr widmen und konnte sie dann aber auch in seinem Sinne lenken. Den Sommer hatte er noch mit Schiffsübungen in Archangel'sk verbracht, im Herbst seine Armee bei Kožuchovo geprüft, im Winter fiel die Entscheidung für einen Feldzug gegen die Türken: Der Krieg mit der Türkei hatte zwar schon im Jahr 1687 begonnen, aber seit Golicyns zweitem Misserfolg (1689) war es nicht mehr zu größeren militärischen Aktionen gekommen. Die Verbündeten im Westen drängten Moskau schließlich zu mehr Einsatz; andererseits konnten Friedensverhandlungen keinen Erfolg für Russland bringen, so lange es nicht wenigstens einen Teilsieg errungen hatte. Bei alledem war es für die Moskauer Regierung peinlich, dass sie zuvor exorbitante Friedensbedingungen gefordert hatte, nun aber in Gefahr war, bei einem Separatfrieden des Kaisers mit den Türken für den Aufwand zweier Feldzüge nichts zu erhalten, von dem Prestigeverlust gar nicht zu reden. Für Peter war dies eine Herausforderung; ob er darüber hinaus auch andere Beweggründe hatte, etwa die ›Spielregimenter‹ an einem ernsthaften Gegner zu erproben, zur Küste eines wärmeren Meeres durchzustoßen oder mit einem militärischen Erfolg gegen die ›Ungläubigen‹ im Gepäck die vielleicht schon geplante Reise nach dem Westen anzutreten, muss dahingestellt bleiben.

Die Wahl Azovs als Angriffsziel ergab sich aus den Misserfolgen Golicyns: An der Donmündung konnte man auf die Unterstützung der Donkosaken zählen, und donabwärts ließen sich Anmarsch und Nachschub leichter organisieren. Zur Ablenkung der Osmanen schickte Peter die Adelsreiterei unter B. P. Šeremetev in Richtung der Dneprmündung und der Landenge von Perekop, auf das eigentliche Ziel setzte er die *potešnye polki* und die Truppen ›neuer Ordnung‹ an. Was den Donkosaken 1637 gelungen war, blieb der modernisierten Armee Moskaus indes versagt: Die Türken trotzten allen Angriffen, weil sie Nachschub über das Azov'sche Meer erhielten. Peter kam dabei zu der Erkenntnis, dass auch die Russen seetüchtige Schiffe zur Unterstützung benötigten. Als Reaktion auf den Misserfolg begann er den russischen Staat nun wirklich zu regieren. Obwohl die Stimmung in Moskau gegen die Ausländer gerichtet war, die ein weiteres Mal versagt hatten, ließ Peter sich dadurch nicht beeindrucken; er fasste nun mit harter Hand alle verfügbaren Kräfte zusammen, um sich auf den nächsten Feldzug besser vorzubereiten: Während des Winters ließ er in Voronež am Oberlauf des Don eine Flotte von 30 Galeeren nach holländischem Muster bauen. Peter beteiligte sich persönlich an der Arbeit und zwang seinen Leuten durch sein Beispiel das Äußerste an Leistung ab. Das widersprach allen Moskauer Traditionen – ebenso wie der Name des Schiffes, an dem der Zar mitarbeitete: *Prin-*

cipium. Aber der Erfolg gab Peter Recht: Unter Lefort als dem ersten russischen Admiral errang die neue Flotte die Herrschaft im Azov'schen Meer, und am 18. Juli 1696 kapitulierte Azov, noch ehe die russische Armee zum Hauptsturm angesetzt hatte.

Dies war vor allem ein politischer Erfolg, denn nun verfügte Russland über ein Faustpfand für kommende Verhandlungen mit den Türken; Separatabschlüssen der Verbündeten (in Polen war der Türkenbezwinger König Johann Sobieski einen Monat vor der Einnahme Azovs gestorben) konnte man mit mehr Ruhe entgegensehen und den Zaren hatte der Sieg mit einem Schlag in Europa berühmt gemacht. Den Erfolgen der kaiserlichen Truppen an der Donau konnte Russland also nun Gleichwertiges entgegensetzen. Bei alledem war Azov freilich nur ein abgelegenes und schwer zu verteidigendes Grenzfort des Osmanischen Reiches, und noch war man weit von einer Eroberung der Halbinsel Krim entfernt, was Sof'ja als wichtigstes Kriegsziel proklamiert hatte. Würde der Zar den Angriff fortsetzen?

Peters Maßnahmen nach dem Sieg beweisen eindeutig, dass er dies beabsichtigte: Die zuvor zerstörte Festung Azov ließ er wieder aufbauen und mit einer starken Garnison belegen; der Flottenbau wurde mit höchster Energie weiter vorangetrieben, denn ein Angriff gegen die Krim würde die Flotte im Schwarzen Meer vor viel größere Aufgaben stellen. Diesem Flottenbau musste sich vorübergehend alles unterordnen: Von je 10 000 Bauernhöfen weltlichen und je 8000 geistlichen Grundbesitzes war jeweils ein Schiff auszurüsten; die Städte hatten insgesamt für 12 Schiffe aufzukommen. Dazu mussten die Betroffenen Schiffsbaukompanien bilden, die ihre Anweisungen unmittelbar von der Regierung erhielten. Ein solcher Aufwand bliebe unverständlich, wenn Peter keine weiteren Ziele im Süden verfolgt hätte. Zuvor aber wollte er in einer großen Gesandtschaft, die im März 1697 aus Moskau aufbrach und der sich unter dem Inkognito eines *desjatnik* (Zehnerschaftsführers) der Zar persönlich anschloss, die europäische Politik erkunden.

Die erste Auslandsreise eines russischen Zaren wurde zur europäischen Sensation. Man hat Peter alle möglichen Motive unterstellt, aber der außenpolitische Zweck stand zweifellos im Vordergrund. So mag der Zar unterhaltungs- und neugkeitssüchtig gewesen sein, wie ein Beobachter unterstellte, aber er verließ sein Land nicht ohne Besorgnis auf so lange Zeit: Seine kurze Regierung hatte bisher zwar den Erfolg von Azov, aber im Übrigen nur Lasten gebracht und damit die oppositionelle Stimmung im Volk gestärkt. Viel beunruhigender war jedoch die Tatsache, dass kurz vor der Abreise eine Verschwörung gegen das Leben des Zaren aufgedeckt wurde. Der beteiligte Strelitzenoberst belastete Sof'ja, und diese Verbindung von Strelitzen mit den Miloslavskijs weckte Peters Hass aus Kindheitstagen und rief eine Reaktion von grauenhafter Symbolik hervor: Der Zar ließ die sterblichen Überreste des 1685 verstorbenen Ivan Miloslavskij exhumieren und so auf der Richtstätte lagern, dass sie vom Blut der gevierteilten Verschwörer überströmt wurden. Auch das war Peter der Große, von dem zur gleichen Zeit Leibniz glaubte, dass er »daran denke, in Moskau die kultivierten Sitten Europas einzuführen«.

Wenn Peter dennoch an dem Plan der Auslandsreise festhielt, so müssen ihn starke Gründe dazu bewogen haben. Die offizielle Ankündigung vom 6. Dezember 1696 bezeichnete als Zweck der Gesandtschaft

> Angelegenheiten, die der ganzen Christenheit gemeinsam sind, Schwächung der Feinde des Kreuzes – des türkischen Sultans, des Krim-Chans und aller muselmanischen Horden – und dauernde Mehrung der christlichen Herrscher.

Zu Beginn der Reise lagen seine nächsten Angriffsziele noch im Süden; auch der offenkundige Nebenzweck der Reise, die Seefahrt und den Schiffbau in Holland, England und Venedig zu studieren, war dem Ziel der Schwächung der Feinde des Kreuzes untergeordnet, denn die Flotte, die alle diese nautischen Experten – schon im November 1696 hatte Peter 61 junge Adelige zu entsprechendem Studium ins Ausland geschickt, neun Monate verbrachte er selbst zu diesem Zweck in Holland und England, und an die 1000 Fachleute konnten von der Gesandtschaft angeworben werden – erbauen und befehligen sollten, war als Schwarzmeerflotte geplant.

Politisch wichtiger aber war die Erkundung, ob es überhaupt noch »der ganzen Christenheit gemeinsame Angelegenheiten« gab; das polnische Interregnum mit der Möglichkeit einer französischen Kandidatur und der drohende spanische Erbfolgekrieg mahnten hier zur Vorsicht. Peter wollte sich in dieser unklaren Lage persönlich orientieren und seine eigenen Interessen vertreten sowie gegebenenfalls unter veränderten Verhältnissen auf der Reise neue Entschlüsse fassen. Das Inkognito war dabei nicht sehr ernst gemeint, da Peter alle Mitglieder der Delegation überragte; es war von vornherein klar, dass die offiziellen Gesandten – Lefort, F. A. Golovin und P. B. Voznicyn – in Anwesenheit des Zaren nur eine untergeordnete Rolle spielen würden. So nahm es Peter sogar sehr übel, als sich die schwedischen Behörden in Riga streng an das Inkognito hielten und die durchreisende russische Gesandtschaft zwar korrekt, aber wenig zuvorkommend behandelten. Das hieraus entstehende antischwedische Ressentiment des Zaren sollte dessen politische Entscheidungen sehr bald beeinflussen.

Im Übrigen entwickelten sich die Dinge besser als erwartet: Noch vor Peters Abreise aus Moskau hatten die russischen Diplomaten in Wien mit dem Kaiser und Venedig ein neues Defensiv- und Offensivbündnis abgeschlossen (8. Februar 1697); in Polen kam es im Juni zwar zu einer Doppelwahl zwischen dem Herzog de Conti und Friedrich August von Sachsen, aber der Sachse setzte sich rasch durch. August II., der Starke, hatte sich jedoch schon vor seiner Wahl verpflichten müssen, Podolien mit eigenen Mitteln für die Krone Polens zurückzugewinnen, blieb also in der antitürkischen Koalition. Zar Peter, der die Friedensverhandlungen in Rijswijk während seines Aufenthaltes in Holland aus nächster Nähe beobachten konnte, hielt die Gefahren im Westen daraufhin zwar noch nicht für gebannt, verlängerte aber dennoch seinen

Studienaufenthalt in England bis zum Mai 1698. So kam er erst im Juni dieses Jahres nach Wien, um jene antitürkischen Koordinierungsverhandlungen zu führen, die er ursprünglich als erstes geplant hatte. Inzwischen hatte er aber den Wettlauf mit der Zeit verloren: Nach den Erfolgen des Prinzen Eugen (Sieg bei Zenta am 11. September 1697) war man in Wien nur noch an einem raschen Friedensschluss mit den Türken interessiert, um im Westen freie Hand zu haben. Peter musste also einsehen, dass der Kaiser nicht warten wollte und konnte, bis die maritimen Vorbereitungen des russischen Verbündeten abgeschlossen waren, und sich auch nur widerstrebend dazu bereiterklärte, den russischen Anspruch auf Kerč bei den Friedensverhandlungen in Karlowitz zu unterstützen. Als die Türken unter diesen Umständen die russische Forderung rundweg ablehnten, ließen die Verbündeten diese fallen und schlossen ohne Russland Frieden; Voznicyn als der russische Vertreter in Karlowitz musste sich mit einem zweijährigen Waffenstillstand begnügen. Was Peter bei alledem am meisten erbitterte, war die Tatsache, dass August II. von Polen Podolien ohne die geringste militärische Leistung zurückerhielt.

Peter musste demnach schon während seines Aufenthaltes in Wien die Hoffnung aufgeben, im Rahmen der antitürkischen Liga eine bedeutende Rolle zu spielen. Als ihn am 28. Juli die Nachricht von einem neuen Aufstand der Strelitzen erreichte, gab er daher den geplanten Besuch Venedigs auf und trat die Heimreise an. Weitere Nachrichten, die ihn unterwegs erreichten, klangen indes beruhigend – Gordon war mit den Strelitzen bereits fertig geworden –, und so ließ sich Peter zu jener Begegnung mit August II. in Rawa Ruska bei Lemberg Zeit, bei der sich die beiden fast gleichaltrigen Monarchen in massiven Trinkgelagen näherkamen und den Plan fassten, »gemeinsam gegen die Krone Schweden Krieg zu führen, um ihrer vielen Übergriffe willen«, wobei unklar ist, von wem der Gedanke ausgegangen war: August stand seit dem 29. März 1698 mit Dänemark in einem Bündnis, das zwar nicht dem Wortlaut, aber dem Sinne nach gegen Schweden gerichtet war; die schwedischen Besitzungen diesseits der

Ostsee lockten den Polenkönig als eine scheinbar leichte Beute; Peter suchte nach der Wiener Enttäuschung eine neue außenpolitische Konzeption: Nachdem man ihm schon in Königsberg ein Defensivbündnis gegen Schweden angeboten hatte, sah er nun die Möglichkeit einer antischwedischen Liga auftauchen. Zwar konnte man gegen Schweden keinen heiligen Krieg im Namen der Christenheit führen, aber offene Rechnungen begleichen – die erwähnte Brüskierung in Riga und die Friedensschlüsse von Stolbovo (1617) und Kardis (1661). Und die künftige russische Flotte konnte ebenso gut in der Ostsee wie im Schwarzen Meer eingesetzt werden. Vielleicht haben die Dänen dem polnischen König August II. in Rawa Ruska das Stichwort gegeben, die Seele des Planes und des Krieges aber wurde Peter.

Krieg und Außenpolitik unter Peter dem Großen

1697–1733	August II. ›der Starke‹, König von Sachsen und Polen, aber in den Jahren
1704–09	Stanisław Leszczyński Gegenkönig (gest. 1735)
1697–1718	Karl XII., König von Schweden
1700	Beginn des ›Nordischen Kriegs‹
1721	Frieden von Nystad

Von Narva bis Poltava

Peter hatte sich vielleicht etwas rasch für eine neue Ausrichtung seiner Politik entschieden und ganz sicher hatte er seinen neuen Gegner unterschätzt: den 1697 zur Regierung gekommenen, eben erst 16-jährigen Karl XII. von Schweden. Bisher war Peter allerdings nur mündliche Vereinbarungen eingegangen. Nachdem mit den Türken in Karlowitz ein Waffenstillstand abgeschlossen worden war, wurden diese Absprachen aber konkret, und der Zar bekräftigte im November 1699 ein Offensivbündnis mit dem polnischen König.

Karte 6: Das Zarenreich Russland seit Peter dem Großen (Westteil).

Gleichzeitig ließ er in Istanbul einen Friedensvertrag aushandeln, der dann am 3./14. Juli 1700 zustande kam: Russland behielt Azov und brauchte dem Krimchan keine Zahlungen mehr zu leisten. Nun, da er den Rücken im Südwesten frei hatte, erklärte Peter Karl XII. den Krieg. Inzwischen hatte er jedoch nach seiner Heimkehr von der großen Auslandsreise einen Krieg ganz anderer Art geführt, nämlich die blutige Abrechnung mit den Strelitzen.

Peter soll sich an den Folterungen und Massenhinrichtungen persönlich beteiligt haben; sicherlich war er in vielen Fällen anwesend. Beobachter bezeugten, dass der Zar während der Prozesse tief aufgewühlt und zuinnerst erregt gewesen sei, was die für ihn traumatische Situation belegt. Dabei stand das Gemetzel in keinem rechten Verhältnis zum Anlass: Die Meuterei einiger Strelitzenregimenter, die von Azov an die Nordwestgrenze verlegt werden sollten, war eher die verzweifelte Aktion einer seit Jahren gedemütigten, in ihrer Existenz bedrohten und in ihrem Weltbild erschütterten Truppe. Zweifellos waren die Strelitzen militärisch nur wenig brauchbar, aber politisch konnten sie unter Umständen gefährlich werden; deswegen war es ratsam, sie aus der Hauptstadt zu entfernen, zu reformieren oder vielleicht ganz aufzulösen. Nach den Erlebnissen der Jahre 1682 und 1689 konnte Peter dieses Problem aber offenbar nicht nüchtern sehen und sachlich lösen, weil er die Strelitzen als ehemalige Verbündete der Miloslavskijs hasste, und so hat er sie in ihrer Ehre gekränkt, wo er nur konnte, indem er ihnen die von Ausländern geführten Truppen neuer Ordnung sichtbar vorzog. Vor Azov hatten die Strelitzen, die an vorderster Front eingesetzt worden waren, zudem die weitaus schwersten Verluste erlitten; nun sollten sie auf Grenzgarnisonen verteilt, d. h. von ihren Familien getrennt und ihres notwendigen Nebenerwerbs beraubt werden. Dagegen meuterten sie, wobei sie den verhassten Ausländern und den Bojaren, die mit diesen gemeinsame Sache machten, die Schuld an ihrer verzweifelten Lage gaben. Peter dagegen sah und suchte hinter dem Strelitzenaufstand nichts anderes als eine politische Intrige Sof'jas. Dass die Folterungen von Tausenden einfacher Menschen die gewünschten Geständnisse ergaben, war dabei kein Beweis für die Absicht zum Sturz des Zaren. Die angebliche Hauptschuldige, Sof'ja, kam denn auch auffallend glimpflich davon: Sie musste in dem Kloster, in dem sie seit 1689 interniert war, Nonne werden (gest. 1704). Furchtbar aber war Peters Rache an den Strelitzen: Im September 1698 wurden etwa 1000, im Februar 1699 noch einmal mehrere 100 hingerichtet, im Juni 1699 wurden alle noch bestehenden Strelitzenregimenter aufgelöst. Die Verfolgung traf auch die Familien: »Es wurde Befehl gegeben, weder eine der Frauen noch eins der Kinder der mit dem Tode bestraften Strelitzen aufzunehmen«, schrieb Gordon. Westeuropa, das gerade den aufgeklärten Zaren zu bewundern begann, wurde durch das *Diarium itineris in Moscoviam* des kaiserlichen Gesandtschaftssekretärs Korb über alle Einzelheiten informiert und reagierte entsetzt. Leibniz etwa fürchtete zudem, »dass so viele Hinrichtungen anstatt den widerspenstigen Geist zu bändigen ihn gleichsam durch Ansteckung noch verbittern werden«; der Amsterdamer Bürgermeister Nicolaus Witsen als Russlandkenner beruhigte ihn: Da sei nichts zu befürchten, »denn es herrscht dort die Sitte, die Frauen, die Kinder und selbst alle Verwandten der Hingerichteten nach Sibirien und in die entferntesten Gegenden zu schicken«. Auf weite Sicht erwiesen sich die Bedenken von Leibniz indes als sehr begründet: Dem einfachen Volk war mit dem *raskol* die Kirche fremd geworden, und es verstand nach der Verfolgung der Strelitzen auch seinen Staat nicht mehr. Die Schuld daran gab es den Fremden, während ihm der Zar als deren schlecht beratenes Opfer erschien. Peter glaubte dagegen, sein Land mit der notwendigen Härte aus der dumpfen Trägheit überlebter Traditionen in die europäische Aufklärung zu führen; er war aber zu jung und zu ungeduldig, um zwischen menschlicher Not und bösem Willen zu unterscheiden. Außerdem kamen die Soldaten in Peters neuer Armee ebenso wie jene Verfemten aus dem russischen Dorf, dem die Heldentaten eines Steńka Razin (s. Seite 262) vertrauter waren als die westliche Zivilisation.

Trotz langer Vorbereitung begann der Krieg gegen Schweden nicht sehr erfolgversprechend: Der Livländer Johann Reinhold Patkul, der im Oktober 1698 in den Dienst Augusts II. getreten war und gegen Schweden intrigierte, förderte zwar die Kontakte zwischen den drei interessierten Mächten Russland, Sachsen-Polen und Dänemark, so dass im Herbst 1699 die entsprechenden zweiseitigen Defensiv- und Offensivverträge zustande kamen, aber die Koordinierung der Angriffsoperationen missglückte. Als Peter nach dem Frieden mit der Türkei Ende August 1700 endlich Schweden den Krieg erklären konnte, war Dänemark durch einen erfolgreichen Angriff Karls XII. auf Kopenhagen am 19. August zudem schon zum Frieden gezwungen worden und aus der Koalition ausgeschieden. Der junge König der Schweden erwies sich außerdem als blendender Stratege und seinen älteren Kollegen mindestens gleichwertig: In einer blitzschnellen Aktion wandte er sich nach Nordosten, zwang die Sachsen zur kampflosen Aufgabe der Belagerung von Riga und schlug die Russen vor Narva-Ivangorod am 19./30. November 1700 vernichtend. Der Zar hatte die Armee einen Tag vor der Schlacht verlassen und sich nach Novgorod zurückgezogen. Hatte er den Mut verloren, wie seine Feinde sofort behaupteten, oder wollte er Maßnahmen treffen, um im Falle einer Niederlage einen weiteren Vorstoß der Schweden auffangen zu können, wie seine russischen Biografen meinen? Die beiden Versionen schließen einander nicht aus. Bei alledem hatte Peter die Fehler von Azov wiederholt: Der Nachschub hatte versagt, unklare Befehlsverhältnisse verhinderten energische Aktionen; die zum Teil eben erst angeworbenen ausländischen Offiziere hatten das in sie gesetzte Vertrauen enttäuscht, und nur die ›Spielregimenter‹ hatten gekämpft, wie es der künftigen Garde zukam. Die Lage schien also verzweifelt, aber Peter zog auch hier wieder die Lehre aus dem Misserfolg und konzentrierte sich in der Folge auf die Reorganisation seiner Armee: In wenigen Jahren wurde die verlorene Artillerie mehr als ersetzt und ein Werbemanifest vom April 1702, das der inzwischen in russische Dienste getretene Patkul verfasste, sorgte für die unentbehrliche ausländische Ergänzung des Offizierskorps. Schon ein Jahr nach der Niederlage von Narva brachte zudem ein vorsichtigeres Vorgehen erste Erfolge gegen die Schweden.

Karl XII. hatte sich nach dem Sieg über die Russen dem anderen Gegner zugewandt: August dem Starken als König von Polen. Während er mit dessen sächsischen Truppen in den polnischen Nebenländern, für die sich der *sejm* nicht zuständig fühlte, durch Siege bei Riga und Kliszów rasch fertig wurde, stellten ihn die Polen in der Adelsrepublik, die sich erst jetzt für ihren geschlagenen König einzusetzen begannen, vor eine politische Aufgabe, der er sich weniger gewachsen zeigte. Allerdings lag das nicht nur daran, dass sich der Schwedenkönig in der komplizierten Welt polnischer Adelsfraktionen nur schlecht zurechtfand: Er konnte sich zwar einen Anhang schaffen, die Wahl des Wojwoden von Posen Stanisław Leszczyński zum neuen polnischen König durchsetzen (12. Juli 1704) und schließlich durch weitere Siege August II. im Frieden von Altranstädt am 24. September 1706 zum Verzicht auf die polnische Krone und das russische Bündnis zwingen, aber er konnte nicht verhindern, dass in Polen in Anlehnung an Russland stets eine schwedenfeindliche Partei aktiv blieb.

In der Zwischenzeit hatte Peter seine Position im Norden erheblich verbessert: Im Oktober 1702 hatten die Russen die schwedische Festung Nöteborg am Austritt der Neva aus dem Ladogasee erobert; in Novgoroder Zeit hatte sie den Namen Orešek getragen, nun erhielt sie den neuen, beziehungsreichen Namen Schlüsselburg. Aber der wirkliche Schlüssel zur Ostsee und zum Westen sollte die schwedische Festung am anderen Ende der Neva werden, Nyenschanz, das die Russen unter Šeremetev Anfang Mai 1703 erstürmten und an dessen Stelle am 16./27. Mai 1703 der Grundstein zur russischen Peter-Paul-Festung und zur Stadt St. Petersburg gelegt wurde. Das sumpfige Gelände des Nevadeltas mit seinen zahlreichen Inseln machte den Bau allerdings enorm schwierig, und die Grenznähe sollte die ›neue russische

Hauptresidenz und Seestadt‹ zu einer leicht verwundbaren Stelle des Reiches machen. Aber das Gebiet war für einen Hafen vorzüglich geeignet, die Verbindung zum binnenrussischen Flusssystem gewährleistet, und als selbsterrungener ›Schlüssel‹ symbolisierte die neue Stadt ein verändertes Russland, wie es der Zar erstrebte. Weitere militärische Erfolge sicherten das Erreichte: Anfang 1704 überschritten die Russen das Eis des finnischen Meerbusens und befestigten die der Nevamündung vorgelagerte Insel Kotlin (Festung Kronstadt), im Juli desselben Jahres ergab sich Narva und im August auch Dorpat.

Nach diesen Erfolgen war Peter zu Friedensverhandlungen bereit, zumal 1705/06 ein erster Versuch, nach Litauen vorzustoßen und in Polen einzugreifen, gescheitert war und August II. kapituliert hatte. Der physisch so robuste, aber im Grunde sensible und von dem Fiasko seiner Armee vor Narva enttäuschte Zar hatte also den entscheidenden Waffengang mit seinem Gegner nicht gesucht, aber er konnte auch nicht darauf hoffen, dass Karl XII. auf dem Höhepunkt seiner Macht ohne Kampf alte schwedische Positionen räumen würde.

Die Beurteilung des Feldzugs, den der Schwedenkönig Ende Dezember 1707 mit der Überschreitung der Weichsel nach Osten begann, ist durch das nationale Prestige der Beteiligten und die Erfahrungen späterer Russlandinvasionen stark beeinflusst. Der Zar selbst nahm die Bedrohung sehr ernst und räumte also dem Gegner offenbar eine reelle Chance ein. Die zahlenmäßige Überlegenheit der Russen besagte dabei zunächst nicht viel, da sie eine lange Grenze zu verteidigen hatten und Peter einen großen Teil seiner Armee zur Sicherung Petersburgs abzweigte. *De facto* war das russische Übergewicht in der Stoßrichtung Karls XII. nicht so groß, dass es die Kriegserfahrung der schwedischen Armee hätte ausgleichen können, aber doch groß genug, um die Aussicht auf einen Vernichtungssieg der Schweden gering erscheinen zu lassen. Daher suchte Karl XII. die russischen Hauptkräfte im Süden zu umgehen – ein Versuch der letztlich nicht an der

Taktik der ›verbrannten Erde‹, sondern an der Wachsamkeit der Russen scheiterte. In der Folge wurden die Schweden immer weiter nach Süden abgedrängt, und als ihr Nachschub, der sich parallel zur russischen Front bewegen musste, am 28. September 1708 bei Lesnaja südöstlich von Mogilëv den Russen unter Peters persönlicher Führung in die Hände fiel, wurde ihre Lage verzweifelt. Sie wurde auch dadurch nicht verbessert, dass der greise Kosakenhetman Mazepa nun offen auf die Seite des Schwedenkönigs trat (29. Oktober 1708).

Schwedisch-ukrainische Beziehungen hatten damals bereits ihre Tradition, denn Schweden war der einzige Verbündete im Kampf für die ukrainische Selbstständigkeit gegen Polen-Litauen und Moskau gewesen; aber so wenig die schwedische Unterstützung den ukrainischen Interessen geholfen hatte, so wenig wurde nun der ›Verrat‹ Mazepas bedeutungsvoll: Der *hetman* war keine geeignete Persönlichkeit, um die Bewohner der Ukraine um seine Fahne zu sammeln. Dies lag nicht daran, dass der westlich gebildete Mann als ›Jesuitenzögling‹ und ›Lateinerfreund‹ die orthodoxe Kirche unterdrückt hätte, wie es ihm seine Gegner vorwarfen – vielmehr förderte er sie großzügig –, sondern daran, dass er seit jeher eine skrupellos egoistische Machtpolitik betrieben hatte, die allen überlieferten kosakischen Freiheiten widersprach. So übte zwar der *hetman* Verrat, zog aber die linksufrige Ukraine nicht mit sich, und etwa vorhandene Neigungen dazu erstickten die schnellen Gegenaktionen Menšikovs, der Freund und Berater Peters. Für Karl XII. bedeuteten die Kosaken demnach weder eine wesentliche militärische Verstärkung noch eine Lösung des Versorgungsproblems. Die Kosaken aber mussten den Frontwechsel ihres *hetmans* teuer bezahlen: Die Tendenz des Absolutismus, alle Sondergruppen und Sonderrechte zu nivellieren, wurde von nun an durch das Ressentiment des Herrschers gegenüber den Kosaken verstärkt.

Im Sommer 1709 entschied sich endgültig das Schicksal der schwedischen Armee, die der harte Winter auf etwa 22 000 Mann (ohne die Kosaken) dezimiert hatte, denn Peter suchte nun die Entscheidung, die er lange vermieden hatte: Am 27. Juni alten Stils (8. Juli) verlor Karl XII. bei dem ukrainischen Städtchen Poltava in wenigen Stunden das europäische Ansehen als überragender Feldherr und die schwedische Vormachtstellung an der Ostsee. Mit Mühe konnte der König selbst, den eine schon vor der Schlacht erlittene Verwundung behinderte, mit Mazepa und den ortskundigen Kosaken über die türkische Grenze entkommen; der Rest seiner Armee wurde eingeholt und am 1. (12.) Juli 1709 gefangengenommen. Selten erfolgte ein Übergang von Macht und Ansehen so plötzlich, wie der von Karl XII. auf Peter den Großen.

Ende August war August der Starke wieder König von Polen, doch nun gänzlich von der Gunst des Zaren und von der Stimmung des *sejm* abhängig. Im Oktober konnte Peter die alten Offensivbündnisse gegen Schweden mit Dänemark und Polen erneuern, aber er war jetzt nicht mehr auf Unterstützung angewiesen. Noch von Poltava aus hatte er zudem die Eroberung von Estland und Livland befohlen; im Sommer 1710 fielen mit Riga (4. Juli), Pernau (12. August) und Reval (29. September) die letzten Plätze, in denen sich die Schweden noch gehalten hatten. Die baltischen Städte und Ritterschaften schlossen in der Folge Unterwerfungsverträge ab und leisteten den Huldigungseid auf den Zaren. Die Verträge waren großzügig, denn sie gaben den Ständen Autonomie und Besitz zurück, die ihnen der schwedische Absolutismus genommen hatte, und sie garantierten die Beibehaltung der lutherische Kirche, des eigenen Gerichts und der deutschen Amtssprache. Die Deutschbalten sollten dieses Entgegenkommen bis zum Einsetzen der Russifizierung im letzten Drittel des 19. Jahrhunderts mit ihrer Loyalität zum Zaren honorieren.

Von polnischen Ansprüchen auf Livland war indes keine Rede mehr, und auch Kurland geriet durch die Heirat des Herzogs Friedrich Wilhelm (gest. 1711) – des letzten aus der Familie Kettler – mit Peters Nichte Anna Ivanovna in die russische Machtsphäre, wenn auch sein rechtlicher Status noch fast ein Jahrhundert lang (bis 1795) ungeklärt blieb. Die Befürchtungen Patkuls, der nach seinem Übertritt vom schwedischen in polnischen Dienst die Polen vor einem Vordringen der Russen zur Ostsee gewarnt hatte und dessen Auslieferung Karl XII. in Altranstädt von den Polen erzwungen hatte, um ihn als Hochverräter in Kazimierz rädern zu lassen, waren also in vollem Umfang eingetreten: Peter hatte sich nicht auf den Wiedergewinn der alten russischen Gebiete am finnischen Meerbusen beschränkt, sondern darüber hinaus mit imperialer Zielsetzung von den ehemaligen Ordensländern Besitz ergriffen, die seit Ivan IV. russisches Eroberungsziel gewesen waren. Dabei ging es Peter weniger um die Territorien als vielmehr um Häfen und um qualifizierte Untertanen. Noch aber waren diese Veränderungen nicht durch Verträge gesichert; Karl XII., mit dem der Friede zu schließen war, saß als ungebetener und unbequemer Gast der Türken in Bender am westlichen Dnestrufer und verzehrte sich in Ungeduld.

Der Prutfeldzug

Seit Beginn des nordischen Krieges hatte stets ein schwedisch-türkisches Zusammengehen gedroht, aber es war dem klugen wie skrupellosen russischen Vertreter in Istanbul, P. A. Tolstoj, stets gelungen, eine solche Entwicklung zu verhindern. Da sich die Türken schon nicht dem siegreichen Schwedenkönig angeschlossen hatten, so war ihre Unterstützung für den nun vernichtend Geschlagenen demnach erst recht nicht zu erwarten. Obwohl Karl XII. selbst in dieser Hinsicht also nichts tun konnte, so befanden sich in seiner Umgebung doch erbitterte Feinde Russlands, die das Terrain sehr viel besser kannten. Vor allem gilt das für die Zaporoger Kosaken, die unter dem Protektorat des Krim-Chans Devlet Girãi, des Führers der türkischen Kriegspartei, an der Dneprmündung ein Emigrationszentrum bildeten: Nach dem Tod Mazepas im September 1709 wurde Filip Orlyk *hetman* der Kosaken im Exil – ein ukrainischer Nationalist mit demokratischen Zügen, der noch ein Menschenalter lang vergeblich dafür kämpfen sollte, die europäischen Mächte für die ukrainische Sache zu interessieren. Im schwedischen Lager befanden sich ferner der Pole Poniatowski, ein Parteigänger des Stanisław Leszczyński, und der deutsche Abenteurer Neugebauer, die in Istanbul über einflussreiche Beziehungen verfügten. Und tatsächlich erklärte die ›Hohe Pforte‹ dem Zaren nach einer Machtverschiebung innerhalb der türkischen Regierung im November 1710 den Krieg. Obwohl Peter noch bis in das Frühjahr 1711 den Kampf zu vermeiden suchte, der ihn von seinen nordischen Zielen und von dem Werk der Verwestlichung ablenkte, konnte er ihm doch nicht ausweichen.

In wenigen Wochen führte der ungenügend vorbereitete und unvorsichtig weit vorangetragene russische Angriff zu einer Katastrophe: Am Prut wurde Peter mit seiner gesamten Armee von überlegenen türkischen Kräften eingeschlossen, so dass nur die Kapitulation möglich schien. Peters Vizekanzler Šafirov brachte jedoch aus den Verhandlungen am 12./23. Juli 1711 statt der Kapitulationsbedingungen einen zwar harten, aber angesichts der verzweifelten Situation mehr als glimpflichen Vorfrieden mit, den der endgültige Friedensvertrag von Adrianopel 1713 bestätigte. In der Tat hätte Peter auf alle Eroberungen von den Schweden und zusätzlich sogar auf Pskov verzichtet, wenn man ihm nur den Küstenstreifen um Petersburg gelassen hätte – er kam mit viel geringeren Opfern davon: Azov und die inzwischen am Azov'schen Meer errichteten russischen Anlagen (Taganrog) fielen an die Türken, ferner musste er die mit so viel Aufwand erbaute russische Flotte im Azov'schen Meer an die Türkei verkaufen, Polen räumen und Karl XII. die Rückkehr nach Schweden gestatten.

Das Verhalten der siegreichen Türken gibt Rätsel auf und führte zu der Legende, dass der Großvezir Mehmed Baltaci mit dem Schmuck Katharinas, die sich im russischen Lager an Peters Seite befand, bestochen worden sei. Politisch wichtiger war wohl, dass Österreich im April 1711 den Aufstand Franz Rákóczis II. in Ungarn niedergeschlagen hatte und nun die Hände wieder frei hatte. Aber die entscheidenden Beweggründe sind wohl in heute nicht mehr zu durchschauenden innertürkischen Gegensätzen zu suchen.

Im Gesamtzusammenhang der petrinischen Außenpolitik wirkt der Prutfeldzug dabei wie ein Fremdkörper: Er war nicht beabsichtigt und führte zum Verlust der schon gewonnenen Ausgangsposition für eine spätere offensive Politik gegen das Osmanische Reich. Trotzdem weisen die Begleiterscheinungen in die Zukunft russischer Balkanpolitik: Was unter Aleksej als ein pathetisches panorthodoxes und panslavisches Befreiungsprogramm zum ersten Mal in Ansätzen aufgetaucht war, versuchte Peter mit einer Aufwiegelung der christlichen Balkanvölker politisch zu realisieren. Dabei stellte er im Falle der Donaufürstentümer freilich fest, dass deren Hospodare (Herrscher) ein doppeltes Spiel trieben, und bei den Balkanslaven machte er die Erfahrung, dass sie zwar eine Proklamation zur Befreiung mit Begeisterung aufnahmen, aber über keine realen Möglichkeiten zur militärischen Umsetzung verfügten. Noch war also die Zeit der nationalen Befreiungskämpfe im Südosten nicht gekommen.

Fortsetzung und Ende des Krieges mit Schweden

Die zweite Phase des nordischen Krieges brachte eine Ausweitung des Konflikts auf ganz Europa, indem nun die diplomatischen Aktionen überwogen und Russland vom Rand des Geschehens bald ins Zentrum der Interessen rückte. Die politische Situation hatte sich grundsätzlich gewandelt, als der Friede von Utrecht (1713) den spanischen Erbfolgekrieg beendet hatte: Der Macht- und Prestigeverlust Schwedens steigerte die Begehrlichkeit seiner Nachbarn, die dynastische Verbindung mit Hannover (seit 1714) band die englische Politik mehr als bisher an kontinentale Interessen und das militärische und diplomatische Engagement der Russen machte sich auch in Deutschland bemerkbar: So lange Peter in den Jahren 1713 und 1714 in Finnland in begrenzten Unternehmungen gegen die Schweden erfolgreich war, entsprach dies dem ursprünglichen dänisch-russischen Vertrag, demzufolge jeder Partner den schwedischen Gegner an der ihm nächstliegenden Stelle angreifen sollte, und blieb der Krieg im Rahmen einer begrenzten nordischen Auseinandersetzung. Anders war aber die Wirkung, als Menšikov 1711 sein Hauptquartier in Greifswald aufschlug, der Zar selbst sich 1712 bei der Belagerungsarmee vor Stralsund aufhielt und die russisch-mecklenburgische Allianz (Vermählung des Herzogs Karl Leopold mit Peters Nichte Ekaterina Ivanovna) 1716 russische Truppen auf Reichsgebiet führte, was den Argwohn der Verbündeten weckte.

Als nach der Einnahme von Stralsund im Dezember 1715 und von Wismar im April 1716 kein schwedisches Territorium außerhalb Skandinaviens mehr zu erobern war, bestimmte zunächst die Diplomatie das Feld: Schon bei diesen letzten militärischen Aktionen hatten Dänemark und Hannover auf die Beteiligung russischer Truppen verzichtet, hatten sich dann aber über der Verteilung der Beute zerstritten. Zu einem Zeitpunkt, als einerseits der zurückgekehrte Karl XII. die Kapitulation von Stralsund nicht hatte verhindern können und andererseits nach dem Tod Ludwig XIV. (1715) keine hegemonialen Gefahren mehr von Frankreich ausgingen, musste die außenpolitische Aktivität des Zaren um so mehr Aufmerksamkeit bei den übrigen Mächten Europas erregen. Und Peter tat einiges, um Misstrauen zu wecken: Der Aufenthalt russischer Truppen auf fremdem Territorium war mit dem Krieg gegen Schweden nicht mehr zu begründen; Peters Abmachungen mit Brandenburg-Preußen und sein Verhalten Polen gegenüber berechtigten zu weiterem Argwohn: Immerhin hatte Polen Ansprüche auf Livland; und wenn sich Peter im preußisch-russischen Geheimvertrag vom Juni 1714 preußische Unterstützung beim Erwerb Livlands sicherte, also die Hilfe des einen Koalitionspartners zur Schädigung des anderen in Anspruch nahm, weckte dies Zweifel an seinen Zielen. Dass der Zar August den Starken gegen die polnische Opposition unterstützte, war bei alledem verständlich, aber dass dies nicht aus Nächstenliebe geschah, machten die russischen Truppen in Polen durch die Verhinderung jeder Stärkung der Königsmacht – ausgerechnet durch den russischen Autokraten – allzu deutlich. In den schwedisch-russischen Friedensverhandlungen vom Mai 1718 auf den Ålandsinseln tauchte bereits der Gedanke einer Teilung Polens zwischen Russland und Preußen auf; Peter versprach Schweden sogar den Einsatz russischer Truppen zur Gewinnung von Kompensationen in Deutschland und Dänemark, wenn es den russischen Plänen entgegenkomme.

Hier reagierte Peter allerdings bereits auf die vollständige Isolierung, in die er sich selbst gebracht hatte. Das verdankte er zum einen seiner ambitionierten Heiratspolitik: Außer der früheren kurländischen (1710) und der mecklenburgischen (1716) Heirat hatte die Vermählung des Thronfolgers Aleksej mit Charlotte von Braunschweig-Wolfenbüttel, die am 14. Oktober 1711 in Torgau stattfand, dynastische Verbindungen geknüpft, und schließlich gab es das Projekt einer Ehe zwischen Peters Tochter Anna und dem Herzog Karl Friedrich von Holstein, die allerdings erst 1725 nach dem Tod Peters zustande kam; zum anderen verstand Peter offensichtlich die Spielregeln und die Psychologie des absolutistischen Westeuropa nicht, dem die russischen Ambitionen unheimlich wurden. So hatten sich weder der Kontakt mit den schottischen Anhängern der Stuarts (1716) noch Peters Reise nach Paris (1717) als geeignete Mittel erwiesen, um diese Isolierung zu durchbrechen; der unerwartete Tod Karls XII., der am 11. Dezember 1718 vor der norwegischen Festung Fredrikshald fiel, ließ auch den Plan einer russisch-schwedisch-preußisch-spanischen Allianz gegen England zerrinnen. Am 5. Januar 1719 kam zudem eine gegen Russland und Preußen gerichtete Wiener Defensivallianz zwischen dem Kaiser, August dem Starken und Georg I. als Kurfürsten von Hannover und König von England zustande: Die neue schwedische Regierung nahm ihre Chance wahr, brach die Verhandlungen mit Russland ab (September 1719) und schloss vom Sommer 1719 bis zum Sommer 1720 mit allen übrigen Gegnern unter entsprechenden territorialen Zugeständnissen Frieden. Ab dem

Sommer 1719 operierte außerdem eine englische Flotte in der Ostsee.

Dennoch erreichte die russische Diplomatie, der das glatte Parkett der Kabinettspolitik noch nicht vertraut war, in der Situation der Jahre 1719 und 1720 einen vollen Erfolg. Freilich kam es Russland dabei entgegen, dass keiner der verbündeten Gegner einen Invasionskrieg gegen Russland führen wollte und konnte, was auch der erfolgreichen neuen schwedischen Außenpolitik die Grenzen aufzeigte. So richteten russische Streifkorps ab 1719 in jedem Sommer Verheerungen an der schwedischen Küste an und förderten so den schwedischen Friedenswillen erheblich. Französische Vermittlung führte im Juni 1721 schließlich zu Friedensverhandlungen im finnischen Nystad. Dabei war es für das siegreiche petrinische Russland kennzeichnend, dass auch diesmal – wie schon auf den Ålandinseln – keiner der beiden russischen Unterhändler ein Russe war: Der Generalfeldzeugmeister Jakob Bruce war der in Russland geborene Sohn eines vornehmen Schotten, der Kanzleirat Heinrich Johann Friedrich Ostermann ein Pastorensohn aus Bochum. Am 30. August (10. September) 1721 wurde der Friede unterzeichnet, der Ingermanland, Estland und Livland, einen Teil Kareliens mit Vyborg sowie die Inseln Ösel und Dagö »für ewige Zeiten« zu Russland brachte, das damit zur Großmacht an der Ostsee aufgestiegen war. Finnland kam an Schweden zurück, das eine Entschädigung von zwei Millionen Reichstalern erhielt und das Recht, jährlich für 50 000 Rubel in Russland Getreide einzukaufen. Der Friede von Nystad war ein Wendepunkt für Russland in seiner Stellung in Europa und eine Epochengrenze für Europa, wo fortan die ›Pentarchie‹ (England, Frankreich, die Habsburger Länder, Russland und Preußen) die Politik bestimmen sollte.

Dieser äußere Erfolg und nicht der innere Umbau des Staates machte aus dem Moskauer Zartum ein ›allrussländisches Imperium‹ (*vserossijskaja imperija*): In einer Festsitzung des Senats am 22. Oktober 1721 feierte der Kanzler Golovkin den Zaren als Peter ›den Großen‹, in Anlehnung an das ›Erste

Rom‹ als ›Vater des Vaterlandes‹ und bat ihn im Namen aller Untertanen, den Titel ›allrussländischer Imperator‹ anzunehmen; dabei entsprach die antike Terminologie der Europäisierung in ihrer barocken wie in der aufgeklärten Form. Das geistige Europa begrüßte den in der Titeländerung symbolisierten Wandel als Fortschritt der Menschheit; das politische Europa zeigte sich indes wesentlich zurückhaltender: Nur von Preußen, Holland und Schweden konnte Peter die Anerkennung seines neuen Titels als Kaiser noch selbst entgegennehmen, die großen Mächte zögerten und ließen sich zwei Jahrzehnte Zeit (England und Österreich 1742, Frankreich 1745), ehe sie die neue imperiale Macht auch formal zur Kenntnis nahmen.

Persischer Krieg und asiatische Perspektiven

Obwohl sich die Außenpolitik des Zaren für zwei Jahrzehnte so gut wie ausschließlich auf den Westen konzentrierte und auch die Konflikte mit der Türkei sich auf das Schwarze Meer und den Balkan beschränkten, spielten auch China und Indien eine Rolle bei den Überlegungen des Zaren. Hier standen die wirtschaftlichen Interessen im Vordergrund und sobald der Sieg im Westen näher rückte, setzten Erkundungsaktionen in östlicher Richtung ein. So wurde im Mai 1715 Oberstleutnant Volynskij mit einer Gesandtschaft nach Persien beauftragt, die zwar keine Kenntnis von einem direkten Handelsweg nach Indien brachte, aber die militärische Schwäche des südöstlichen Nachbarn offenbarte. Volynskij wurde folglich Gouverneur von Astrachań und bereitete ab März 1720 einen Feldzug vor: Die militärischen Operationen vom Juli 1722 bis zum Juli 1723 waren durchweg erfolgreich, und der in Petersburg am 12. September 1723 geschlossene Friede brachte das persische West- und Südufer des Kaspischen Meeres (die Provinzen Ghilan, Mazanderan und Asterabad) an Russland. Was mit dem Handelsvertrag mit Persien 1717 begonnen hatte, endete schlicht mit einer Eroberung, nachdem der Krieg mit der stereotypen Begründung so vieler imperialistischer Kriege gerechtfertigt worden war, dass andernfalls eine andere Macht (die Türkei) die Schwäche des Angriffsobjektes (Persiens) ausnutzen würde.

Diese neuen Kolonien, die Peter sogleich durch Siedlungen auszubauen und wirtschaftlich auszubeuten befahl, mussten von seinen Nachfolgern zwar bald wieder aufgegeben werden (Verträge von 1732 und 1735), die Politik in der alten Kolonie Sibirien verlief indes weiter in den Bahnen, die schon seine Vorgänger eingeschlagen hatten: Hier herrschte eine staatliche Kolonialpolitik, die 1697 den Pelzhandel monopolisierte und vorschrieb, dass jeder Handelsverkehr die Zollstation Verchoture zu passieren habe. Auch die Siedlungs- und Personalpolitik folgte dem kolonialen Muster: Peter förderte die bäuerliche Siedlung, um Sibirien vom Getreidenachschub unabhängig zu machen, wobei die Kolonisten geflüchtete oder verbannte Bauern und auch die meisten der sibirischen ›Dienstleute‹ strafversetzt waren. Nach der Schlacht von Poltava wurden außerdem so viele schwedische Kriegsgefangene nach Sibirien verbracht, dass in Tobol'sk über längere Zeit eine evangelisch-lutherische Gemeinde bestand. Die Härte des sibirischen Kolonistendaseins forderte viele Opfer, wobei das Kriterium für das Überleben die körperliche Widerstandskraft und nicht die höhere moralische Qualität des Einzelnen war. Letztere war auch bei den höchsten Vertretern der staatlichen Verwaltung nicht überzeugend: Den ersten Gouverneur von Sibirien (ab 1708), Fürst M. P. Gagarin, einen ebenso tüchtigen wie korrupten Mann, ließ der Zar am Ende hinrichten, so sehr hatte sich dieser sibirische ›Vizekönig‹ bereichert. Koloniale Züge trug schließlich auch die Mission der orthodoxen Kirche: Ab 1668 bestand in Tobol'sk eine eigene Metropolie für Sibirien, die langsam aber stetig eine kirchliche Organisation ausbaute und eine erfolgreiche Mission unter der dünnen einheimischen Bevölkerung betrieb. Vieles davon blieb jedoch an der Oberfläche, weil es nur auf materiellen Anreizen beruhte; eine planmäßige Besiedlung mit russischen Siedlern konnte zu dieser Zeit noch nicht betrieben werden.

Der neue Staat

Drei Jahrzehnte außenpolitischer und militärischer Anstrengungen hatten einen Gewinn an Territorien und Ansehen gebracht und zugleich einen umfassenden inneren Wandel bewirkt, der schon bei den Zeitgenossen den Eindruck eines veränderten Russland entstehen ließ. Indes: Auch wenn Peter Staat und Gesellschaft tatsächlich tiefgreifend geprägt hat, so täuschen die Ergebnisse eine Planmäßigkeit der Reformen vor, die es in Wirklichkeit nur in den letzten Regierungsjahren gegeben haben dürfte. Bis dahin gab es weder einen Plan noch eine theoretische Konzeption, sondern der Krieg erzwang die meisten Neuerungen. So hatte die erste Auslandsreise des Zaren zwar Hoffnungen der aufgeklärten Geister Europas geweckt, die bei ihm Reformprojekte einreichten, in denen manche später auch wirklich realisierte Veränderung anklang, aber der Reformwille des jungen Autokrators blieb an die russische Wirklichkeit gebunden, die den Projektentwerfern unbekannt war. Wenn Peter nach seiner Rückkehr den Bojaren ihre Bärte abnahm (bzw. das Tragen von Bärten hoch besteuerte), westliche Kleidung in seiner Umgebung zur Pflicht machte und den Beginn des Jahres vom 1. September (nach der byzantinischen Zeitrechnung) auf den 1. Januar verlegte, so schuf er damit in Wirklichkeit zunächst nur Symbole von geringem Nutzen. In der Tat aber erzeugten erst die Niederlage vor Narva, 1700, und die jahrelange Bedrohung durch einen militärisch überlegenen Gegner jenes Regieren zum Zwecke des Krieges, für das das petrinische Russland bekannt ist. Reformen für das Heer und die Flotte machten hier den Anfang; die wirksamere Handhabung der Macht wurde dann zum Ziel, dem sich alles unterzuordnen hatte.

Militärische Reformen

Die Modernisierung der russischen Armee war schon vor Peters Amtsantritt nahezu abgeschlossen, denn V. V. Golicyn hatte seine erfolglosen Krimfeldzüge zu zwei Dritteln mit

Truppen ›neuer Ordnung‹ geführt. So lange es aber die Strelitzen und das Adelsaufgebot gab, war die Armee, mit der Peter den nordischen Krieg begann, nicht voll einsatzfähig bzw. modern im Sinne der Zeit. Erst der Krieg ließ eine reguläre Armee von lebenslang dienenden Berufssoldaten entstehen, die sich aus allen Bevölkerungsschichten – mit Ausnahme der Geistlichen und der wirtschaftlich unentbehrlichen Kaufleute – rekrutierte; Zwangsaushebungen ergaben 30 000 bis 40 000 Rekruten im Jahr, die ab 1705 kaserniert und ausgebildet wurden. Denkt man dabei daran, dass sich am Ende von Peters Regierung die Armee gegenüber den Zeiten Golicyns kaum mehr als verdoppelt hatte (auf 210 000 Mann), so ergibt sich ein ungeheurer Menschenverschleiß, der zum geringsten Teil auf Gefechtsverluste zurückging: Mangelhafte Versorgung und Unterbringung sowie die enormen Marschleistungen, die man der Truppe abverlangte, waren die Hauptursachen der Verluste, und so lag eine grausame Ironie in der Bezeichnung ›unsterbliche‹ Rekruten, die jeweils vom Gestellungsbezirk zu ersetzen waren. Massendesertionen waren häufig, und nur unbarmherzige Härte schuf aus den zum Dienst gezwungenen russischen Bauern in einem knappen Jahrzehnt eine anerkannt vollwertige Armee. Ihr Reglement (*ustav voinskij*) erhielt diese erst 1716, als die Kampfhandlungen im Wesentlichen abgeschlossen waren.

»Nur der Potentat hat beide Hände, der sowohl ein Landheer als auch eine Flotte besitzt.« Als Peter diesen Satz in das Marinereglement (*ustav morskoj*) von 1720 aufnehmen ließ, verfügte er tatsächlich schon über die zweite, maritime ›Hand‹: An der Flotte hing das Herz des Zaren, und er baute sie nach der Entdeckung des Bootswracks von Izmajlovo buchstäblich aus dem Nichts auf. Die russische Flotte, die Seesiege über die Schweden errang, zählte schließlich 32 Linienschiffe, 16 Fregatten und etwa 100 kleinere Fahrzeuge und war 1724 die stärkste in der Ostsee. Aber auch hier war der Aufwand enorm und der Erfolg an das persönliche Interesse und die Energie des Zaren gebunden: Die Azov-Flotte hatte er den Türken verkaufen müssen, die Flotte im Kaspischen Meer verlor nach dem Persienkrieg ihre Bedeutung, und auch die Ostseeflotte haben Peters Nachfolger schließlich verrotten lassen.

Neben dem Heer verursachte zudem auch die Flotte einen hohen Verschleiß an Menschen und hohe Kosten. Die beiden ›Hände‹ des Potentaten mussten auf Dauer die Kräfte des Landes überfordern, wenn es nicht gelang, die Menschen für ihren Dienst im Staate zu erziehen und die materielle Basis der Machtentfaltung zu verbreitern. Beides ließ sich nur durch eine ganze Reihe weiterer Reformen erreichen.

Auswirkungen auf die Gesellschaft

Es ist umstritten, ob Peter die russische Gesellschaft wirklich grundlegend verändert hat, denn auch nach seinen Reformen blieb der Adel privilegiert, das Bauerntum rechtlos und die Stadtbevölkerung unbedeutend. Das Neue lag demnach weniger in den zahllosen Verfügungen und Gesetzen als vielmehr in dem Geist, in dem sie erlassen und ihre Durchführung erzwungen wurde: Auch im alten Moskauer Staat war der Adelige vom 15. Lebensjahr an zum Dienst verpflichtet gewesen. Daran hielt Peter fest, und er wachte darüber, dass die Dienstpflicht auch wirklich erfüllt wurde. Was sich aber änderte, war die Art des Dienstes, denn der Adel rückte nun nicht mehr in der traditionellen Reiterei ins Feld, sondern hatte das Offizierskorps der regulären Armee zu stellen. Die Garderegimenter, in denen der Adelige seinen Dienst als Gemeiner beginnen musste, wurden auf diesem Wege zu Offiziersschulen. Ein Mindestmaß an Bildung – Lesen, Schreiben und Elementarkenntnisse der Mathematik – waren dabei nicht nur die Voraussetzung für den Offiziersstand, sondern auch für die Eheschließung. All dies galt ohne Unterschied des genealogischen Rangs und des Besitzes. Nach der Abschaffung des *mestničestvo* kam nun außerdem die Angleichung zwischen Erbgütern und Dienstgütern zum Abschluss: Auch das Erbgut verpflichtete zum Dienst, und auch das Dienstgut war erblich; neue Dienstgüter wurden nicht mehr verliehen, der adelige Offizier erhielt wie jeder andere eine seinem Dienstgrad entsprechende Besoldung.

Zwei gesetzliche Neuerungen für den Adel gewannen besondere Bedeutung – das Einerbengesetz von 1714 und die Rangtabelle von 1722: Die Bestimmung, dass jeweils nur ein einziger, vom Erblasser zu bestimmender Erbe den unteilbaren und unverkäuflichen Grundbesitz übernehmen durfte, sollte die Besitzzersplitterung verhindern und dem Adel als staatstragender Schicht eine gesunde wirtschaftliche Basis erhalten. Als positiver Nebeneffekt sollten die nichterbenden Söhne, die nun nicht mehr versorgt waren, in den Staatsdienst treten, um ihren Lebensunterhalt zu sichern. Der Zar ermöglichte es ihnen sogar, ohne Beeinträchtigung der Standesehre einen wirtschaftlich produktiven bürgerlichen Beruf zu ergreifen. Das Einerbengesetz scheiterte aber schließlich am zähen Widerstand der Betroffenen: Es wurde umgangen, von Peter selbst durch Ausnahmen modifiziert und schließlich unter der Kaiserin Anna wieder aufgehoben. Das freie Verfügungsrecht des Grundbesitzers siegte also letztlich über die wohlmeinenden pädagogischen und ökonomischen Absichten des Autokrators.

Als sehr viel folgenreicher erwies sich die ›Tabelle von den Rängen aller militärischen, staatlichen und höfischen Dienstgrade‹ (*tabel' o rangach*). Ihr lag ein rationales Leistungsprinzip zugrunde: Wenn der Adel aufgrund seines Privilegs die Offiziersstellen besetzte, so musste der Nichtadelige, der es zum Offizier brachte oder in den zivilen Laufbahnen einen gleichen Rang erreichte, kraft seiner Leistung adelswürdig sein: Die Tabellen enthielten jeweils 14 Ränge, deren 8 oberste mit dem Erwerb des erblichen Adels verbunden waren. Damit war von Staats wegen jede Privilegierung innerhalb des Adels aufgehoben, denn wer im Dienst einen bestimmten, nicht einmal besonders hohen Rang erreichte, wurde automatisch für seine Person nobilitiert – so auch der Schulinspektor Il'ja Ul'janov, Lenins Vater, als er 1874 ›Wirklicher Staatsrat‹ wurde; ein höherer Rang brachte den Erbadel. Was als rationaler Formalismus westlicher Art erscheint, widersprach dabei nicht den russischen Traditionen: Auch das *pomest'e*-System war dem Grundsatz der Leistung gefolgt, und das *mestničestvo* hatte auf der Vererbbarkeit eines durch Leistung erworbenen Rangs beruht. Jetzt allerdings erfolgte die Nobilitierung ohne Verleihung von Grundbesitz, und die Leistung brachte nicht eine bestimmte Position innerhalb des Adels, sondern den Adel an sich ein.

Aber Peter erreichte dadurch nicht die Bindung eines durch Zustrom von unten kräftig vermehrten Adels an den Staat: In der Realität konnte der grundbesitzlose Beamtenadel weder die gesellschaftlichen Schranken zum grundbesitzenden Geburtsadel überwinden noch diesem sein Staatsethos mitteilen. Daher wurde letztlich nicht der formal nivellierte Dienstadel an den Staat, sondern umgekehrt das Schicksal des Staates an die Standesinteressen des Adels gebunden. Eine positive Staatsgesinnung gab es im nachpetrinischen Russland demnach nicht wegen, sondern trotz der Rangtabellen, die in ihrer fast 200-jährigen Geltungszeit ein für Russland charakteristisches, wenig an der Persönlichkeit orientiertes Denken in Rängen produziert haben.

Dem privilegierten Adel stand die Masse der Bauern gegenüber, und Peter wusste, dass sich der Staat auch für ihre Lage einsetzen musste; aber in der Praxis drängten sich stets andere Staatsinteressen in den Vordergrund, und so blieb das Verhältnis zwischen Grundherren und Bauern im Prinzip unverändert, ja es verschlechterte sich noch für die Bauern, indem die gewohnheitsrechtliche Patrimonialgerichtsbarkeit (1713) und die Steuerhaftung der Grundherren für ihre Bauern bestätigt wurden. Dabei wurde auch das russische Dorf in die nivellierende Tendenz der petrinischen Verwaltung einbezogen: Wenn der Grundherr unfreie Knechte (*cholopy*) als Bauern einsetzte, so zog der Staat auch von diesen das *tjaglo* ein, und umgekehrt duldete der Staat, dass der Grundherr gegen seine Bauern ebenso die Prügelstrafe anwendete wie gegen seine Knechte. Der Unterschied zwischen *cholopy* und Bauern, der auch bisher schon nicht mehr groß gewesen war, verwischte also völlig, denn die Bauern verloren sogar ihre

Rechtsfähigkeit vor normalen Gerichten, und beide gerieten durch die Einführung der Kopfsteuer nach der großen Revision der Jahre 1718–22 als ›Steuerseelen‹ in die unbeschränkte Gewalt der Grundherren. Auch auf die Einhaltung der Bestimmung des Zaren von 1721, die den Verkauf einzelner Bauern unter Zerreißung der Familie untersagte, wurde nicht sonderlich streng geachtet, wie die mehrfache Wiederholung dieses Verbotes beweist.

Der Bauer konnte nur unter zwei Bedingungen den Stand wechseln: Er konnte als Rekrut ausgehoben oder (ab 1721) mit seinem ganzen Dorf an einen Manufakturbesitzer verkauft und Arbeiter werden. In beiden Fällen besserte sich sein Los jedoch kaum im Vergleich zum Leben als Bauer auf Gutsherrenland. Die Nivellierung der Privilegierten und der Rechtlosen vertiefte die im Gefüge der russischen Gesellschaft bestehende Kluft zwischen oben und unten noch weiter: Es fehlte eine Mittelschicht des wirtschaftlich tätigen Stadtbürgertums, was das Interesse des merkantilistisch orientierten Staates empfindlicher berührte als das soziale Elend auf dem Lande.

Der Zeitpunkt der ersten Städtereform ist aufschlussreich: Nach der Rückkehr von seiner großen Auslandsreise handelte Peter 1699 unter dem unmittelbaren Eindruck des im Westen Europas Gesehenen: Er musste den Zusammenhang zwischen der wirtschaftlichen Blüte der westeuropäischen Stadt und deren Selbstverwaltung ahnen, aber es fehlte ihm der Blick für die historische Tiefe der Erscheinung, so dass er auf den Gedanken kam, eine städtische Selbstverwaltung von oben einzuführen, um wirtschaftlichen Wohlstand und Steuerertrag gewissermaßen automatisch zu produzieren. Die Verwirklichung des Gedankens erfolgte in einer für Peter typischen Weise: Der Zar bot zunächst den Moskauern und dann auch den übrigen Städten an, *burmistry* als Vertreter zu wählen und diesen die Einziehung der Abgaben, die zivile Gerichtsbarkeit und die Verwaltung aller Handelsangelegenheiten zu übertragen. Dafür befreite er die Städte von der Administration durch Voevoden; deren Korruption schätzte Peter so hoch ein, dass er die städtischen Abgaben als Preis dafür verdoppelte: Der Fiskus sollte nicht erst durch die Auswirkungen der Reform, sondern bereits durch deren Einführung profitieren. Die Begeisterung der Städte war indes gering: Nur 11 von 70 gingen freiwillig auf das Angebot ein, die übrigen mussten dazu gezwungen werden. Dadurch entstand aber letztlich eben keine Selbstverwaltung der Städte, sondern eine eigene, nur die Städte erfassende Steuerbehörde: Die *burmistry* der Provinzstädte unterstanden der entsprechenden Moskauer Institution, der *ratuša*, die mit ›Rathaus‹ und Selbstverwaltung wenig, um so mehr aber mit der Steuererhebung zu tun hatte. Dieses Reichsfinanzamt für die Städte sollte unter dem rücksichtslosen Emporkömmling Kurbatov jahrelang wesentlich zur Finanzierung des Krieges beitragen – weil der harte Zugriff des Staates vorübergehend die Verluste durch Korruption senkte.

Kaum günstiger war das Ergebnis eines neuen Ansatzes zur Städtereform in den Jahren 1718–21: Inzwischen hatte das Russische Reich Städte mit voll entfalteter Selbstverwaltung erworben, und nach dem Vorbild von Riga und Reval sollten nun der Hauptmagistrat in Petersburg und die Magistrate der übrigen Städte gebildet werden. Ein Reglement vom 16. Januar 1721 teilte die Stadtbevölkerung entsprechend in drei Gruppen ein: die wohlhabenden Gildenbürger, die normalen Steuerbürger und die anderen Stadtbewohner (Adelige, Geistliche und Bauern), wobei die anderen Stadtbewohner ganz außerhalb der Selbstverwaltung standen, die Steuerbürger nicht daran beteiligt wurden und ihr nur als Objekt unterworfen waren; das Unternehmer-Element der Gildenbürger stand dagegen in der vollen Verantwortung. Nur Letztere wählten aus ihren Reihen die nach einer Wahl unabsetzbaren Mitglieder des Magistrats, und nur die Gildenbürger waren, obgleich dem gesellschaftlichen Rang nach *tjaglye ljudi*, von Kopfsteuer und Rekrutierung befreit. Damit wurden zwar im Sinne des Merkantilismus die in Handel und Handwerk Tätigen gefördert; im Grunde wurde aber nur die führende Stellung der wohlhabenden Großkaufleute in Altmoskauer Zeit gefördert. Der Magistrat, der mit weiteren Verwaltungsaufgaben belastet wurde, entwickelte sich rasch zu einer Staatsbehörde in der Stadt, wobei der Petersburger Hauptmagistrat zur entsprechenden Zentralbehörde aufstieg. Eine wirkliche Selbstverwaltung, die Polizeigewalt und Strafgerichtsbarkeit in die Hände einer selbstständigen Stadtregierung gelegt hätte, war für den autokratischen Staat undenkbar; in das System passte aber, dass die gewählten Vertreter ihren ›Rang‹ nach der Tabelle erhielten – wie alle anderen Staatsbeamten auch.

Verwaltungsreformen

Aufgeklärtes Denken und ein vernünftiges Reglement waren an der russischen Gesellschaft weitgehend gescheitert. Die größten Chancen hatten sie dagegen wohl im Bereich der staatlichen Administration. Aber auch hier gab es keinen Plan, sondern Peter war durch den Krieg zu Experimenten gezwungen, ehe er eine sorgfältig vorbereitete Kollegienreform erreichte: Zunächst einmal führten die oft rasch hingeworfenen schriftlichen Anweisungen des jungen Zaren zu einer Desorganisation der Altmoskauer Verwaltung. So wurde ihre Umsetzung von Fall zu Fall bereits bestehenden oder neuen Institutionen anvertraut, ohne dass ein System erkennbar ist: Der Zar selbst war die Regierung und dauernd unterwegs; die Bojarenduma und die neu geschaffene ›engere Kanzlei‹ (*bližnjaja kancelarija*) hatten seine Aufträge auszuführen, aber selbst für ein streng zentralisiertes Staatswesen reichten diese beiden Organe auf die Dauer nicht aus. Peter versuchte es daher zunächst mit einer weitgehenden Dezentralisierung im Anschluss an die Entwicklung der Moskauer Verwaltung. Das Ergebnis war die Gouvernementsreform von 1708, in der acht große Gebiete – Moskau, Ingermanland (später Petersburg), Kiev, Smolensk, Archangel'sk, Kazań, Azov und Sibirien – zu Gouvernements zusammengefasst wurden; bis zum Ende der Regierung Peters erhöhte sich ihre Zahl auf elf. Dies vereinfachte und beschleunigte die Organisation aller

Kräfte der jeweils nächstliegenden Reichsteile für militärische Aufgaben und es entsprach auch dem persönlichen Regiment des Zaren, wenn er es nur mit wenigen Gouverneuren zu tun hatte. Für eine geordnete Verwaltung in Friedenszeiten erwiesen sich die übergroßen Gouvernements aber als ungeeignet, zumal sie eine Tendenz zu einer Eigenherrschaft entwickelten. Die Folge war ein ständiges Experimentieren mit den untergeordneten Verwaltungseinheiten innerhalb der Gouvernements: Zunächst wurden mehrere Kreise (*uezdy*) zu Provinzen zusammengelegt (ab 1711), dann 1715 ohne Rücksicht auf geografische und historische Voraussetzungen eine mechanische Rechnungseinheit eingeführt (*dolja* = 5536 Höfe), und schließlich kehrte man 1719 zu einem dreistufigen Aufbau zurück: Die 11 Gouvernements wurden nun in 50 Provinzen und diese wieder in Distrikte (*okrugi*) gegliedert. Zahl und Größe der Provinzen entsprachen dabei ziemlich genau den kleineren Gouvernements, die Katharina II. ein halbes Jahrhundert später bildete und die zur Hauptverwaltungseinheit wurden.

Die Zentralbehörden der *prikazy* wurden 1711 mit der Einrichtung des ›regierenden Senats‹ (*pravitel'stvujuščij Senat*) reformiert: Als Peter sich anlässlich des Prut-Feldzuges zur Armee begab, ordnete er an, »dass im Falle unserer Abwesenheit der regierende Senat für die Verwaltung dazusein habe«. Was als Provisorium begann, wurde sehr bald zur obersten Verwaltungs- und Justizbehörde und nach Einführung der Kollegienverwaltung zu einer Art erweitertem Ministerrat (1722). Zwar war der Senat in einigen Fällen auch an der Ausarbeitung von Gesetzen beteiligt, er verfügte aber niemals über Gesetzgebungsbefugnisse. Der entscheidende Schritt zur Vereinheitlichung und Modernisierung der Verwaltung war dann die Kollegienreform der Jahre 1718–22, d. h. die Bildung von Fachministerien. Hier nahm Peter Schweden zum Vorbild und beteiligte zahlreiche ausländische Verwaltungsfachleute an der Vorbereitung und der Durchführung der Reformen: Zunächst neun, später zwölf (mit Einschluss des Synods 13) Kollegien ersetzten nun die alten Moskauer *prika-*

zy; 3 von den im Normalfall 13 leitenden Beamten des Kollegiums – der Vizepräsident, ein Beirat und einer der beiden Sekretäre – durften Ausländer sein, doch war die ausländische Beteiligung, vor allem in den ökonomisch-technischen Kollegien (Bergbau- und Manufakturkollegium), vielfach stärker. Das System an sich war modern und zweckmäßig, sein Funktionieren hing jedoch von der Qualität der Beamten ab – und hier lag das Kernproblem der russischen Verwaltung.

Sachkundige, gebildete und unbestechliche Beamte in genügender Zahl zu gewinnen, war in einem Land, in dem eben erst die Ansätze zu einem organisierten Bildungswesen entstanden, aussichtslos. So blieb nur die Kontrolle der Verwaltung, und zwar – nachdem eine Kontrolle von unten durch Vertreter des lokalen Adels gescheitert war (Landräte – *landratory* 1713) – eine Kontrolle von oben: 1711 wählte der Senat zur Durchführung seiner Kontrollaufgabe einen Oberfiskal, dem ein Netz von Fiskalen im ganzen Land unterstellt wurde. Auch diese Institution stammte aus Schweden, aber während die Fiskale dort Finanzkontrollbeamte waren, wurden sie in Russland zu staatlich besoldeten Denunzianten mit großer Machtfülle: Gegen untreue Beamte erhoben sie Anklage vor dem Senat, erhielten bei Verurteilung des Angeklagten die Hälfte der Geldstrafe, zu der dieser verurteilt wurde, und konnten wegen einer ungerechtfertigten Anklage nicht belangt werden. Dies war selbst in Russland ein Rückschritt, denn das alte Moskauer Recht sah nicht nur die Folterung des Angeklagten, sondern im Zweifelsfall auch die des Klägers vor und bot also einen gewissen Schutz gegen Denunziantentum. Jetzt befahl der Zar, jedes staatsschädigende Verhalten zu melden, was sich aber als so wenig wirksam erwies, dass nach wenigen Jahren ein noch umfassenderer Kontrollapparat eingerichtet werden musste: 1722 schuf Peter die Prokuratur mit einem Generalprokuror an der Spitze, der die Tätigkeit des Senats zu beaufsichtigen hatte.

Der Zar scheint den Kardinalfehler all dieser Bemühungen nicht gesehen zu haben: Die Wurzel der Korruption lag zum guten Teil im zentralistischen Verwaltungssystem, das die schlecht besoldeten Beamten durch zu große Machtbefugnisse ständig in Versuchung führte. Das war nicht dadurch zu ändern, dass man neue Beamte mit noch größerer Macht einsetzte, wenn diese auch vorübergehend Erfolge erzielen mochten: »Ehrliche und rechtlich denkende Menschen«, an die Peter ständig appellierte, gab es gewiss auch in Russland, aber es gab sie nicht lange, wenn man sie zu Denunzianten erzog und den Versuchungen allzu großer Machtfülle aussetzte. Den Oberfiskal Nesterov musste der Zar 1722 wegen Bestechlichkeit hinrichten lassen, und auch der noch mehr gefürchtete Generalprokuror Jagužinskij, der seinen Lebensweg als Sohn eines litauischen Küsters an einer der lutherischen Kirchen Moskaus begonnen hatte, galt als bestechlich.

Vielleicht hat Peter der Große nach allen Enttäuschungen am Ende seines Lebens erkannt, dass er zu vieles und zu schnell gefordert hatte, dass er mehr als ein Menschenalter benötigt hätte, um die Russen an den modernen Staat zu gewöhnen. Er scheint jedoch nicht gesehen zu haben, dass er selbst die moralische Substanz schädigte, die er so sehr vermisste. Denn auch auf die Kirche legte der aufgeklärte Autokrat seine Hand.

Die Kirchenreform

Auch die Reformen, die Peter der orthodoxen Kirche verordnete, begannen mit Einzelmaßnahmen; ihre Richtung wies aber nicht auf eine Trennung von Kirche und Staat, sondern auf eine noch engere Verquickung beider: Als im Jahre 1700 der Patriarch Adrian starb, ließ der Zar keinen neuen Patriarchen wählen, sondern begnügte sich mit der Einsetzung eines Patriarchatsverwesers. Der Grund dafür lag wohl in dem Wunsch, der gebildeteren ukrainischen Richtung in der orthodoxen Kirche freie Bahn zu schaffen. So konnte Peter den in Polen ausgebildeten Bischof Stefan Javorskij ohne Weiteres mit der provisorischen Kirchenleitung betrauen, seine Wahl zum Patriarchen hätte er jedoch gegen den Widerstand der großrussischen Hierarchie durchsetzen müssen. Die zweite Maßnahme, die Wiedererrichtung des Klosterprikazes im Jahre 1701, war durch den Geldbedarf infolge des Krieges bedingt und lief auf eine verschleierte Säkularisierung des kirchlichen Grundbesitzes hinaus.

Grundsätzlich hatte sich Peter im jahrelangen Umgang mit andersgläubigen Ausländern eine für Moskauer Begriffe ungewöhnliche Toleranz angeeignet: Das Anwerbungsmanifest von 1702 verkündete ausdrücklich das Prinzip, »dass ein jeder Christ (der in russische Dienste trete) auf seine eigene Verantwortung sich die Sorge seiner Seeligkeit lasse angelegen seyn«, und sogar die Altgläubigen wurden nun geduldet, wenn sie doppelte Steuern zahlten und sich unauffällig verhielten. Das war indes weniger Toleranz aus Überzeugung, sondern des Staatsnutzens wegen, die der Zar zudem mit einem Festhalten am ererbten Glauben und mit geringer Achtung vor den bestehenden kirchlichen Institutionen verband. Peter konnte, wenn er wollte, der Kirche im konkreten Fall seinen Willen aufzwingen; es fehlte aber die Institutionalisierung des tatsächlichen Machtverhältnisses und die organisierte Kontrolle der kirchlichen Verwaltung. Dies wurde erst in einer Reform verwirklicht, die zeitlich und sachlich parallel zur Kollegienreform erfolgte.

Hilfe für deren Vorbereitung und Durchführung fand Peter bei dem Ukrainer Feofan Prokopovič, der einen noch stärker ausgeprägten westlichen Bildungsgang hinter sich hatte als Stefan Javorskij: Als Mönch des griechisch-unierten Basilianerordens hatte Prokopovič in Rom studiert, hatte dann aber zur Orthodoxie zurückgefunden und Kontakte mit protestantischen Theologen gesucht. Durch eine Predigt nach der Schlacht von Poltava war er dem Zaren aufgefallen, amtierte von 1711 bis 1716 als Rektor der geistlichen Akademie in Kiev und ab 1718 als Bischof von Pskov. Peter beauftragte ihn dann mit der Ausarbeitung einer ›Beschreibung und Beurteilung eines Geistlichen Kollegiums‹, eines Reformprojekts nach Art der Kollegienreform. Prokopovič hatte in seiner Schrift über *Das Recht des monarchischen Willens* (*Pravda voli monaršej*) eine theologische Begründung des Absolutismus aus der byzantinischen Tradition heraus geliefert: Danach galt der fromme Zar als Schutzherr der Kirche, der in deren Lehrgebäude und personale Organisation nicht eingreifen sollte, wobei der Kirche die Feststellung der Rechtgläubigkeit des Herrschers überlassen war. Aus dieser Zuständigkeit des Zaren für das irdisch-materielle Leben der Kirche begründete Prokopovič nun eine unmittelbare Einbeziehung der kirchlichen Verwaltung in die Gesamtverwaltung des Staates.

Am 25. Januar 1721 wurde der Entwurf, den der Zar persönlich korrigiert hatte, als *Reglement oder Statut des geistlichen Kollegiums* (*Reglament ili ustav duchovnoj kollegii*) veröffentlicht, um – wie es in dem einleitenden Manifest heißt – nach der erfolgreichen Verbesserung des militärischen und zivilen Standes »die Verbesserung des geistlichen Standes nicht zu vernachlässigen«. Das beste Mittel dazu sei eine »synodale Regierung« (*sobornoe pravitel'stvo*); in der ersten Sitzung am 14. Februar 1721 erhielt das geistliche Kollegium vom Zaren den Namen ›Heiligster dirigierender Synod‹. Der institutionelle Charakter dieser neuen Kirchenleitung war zwiespältig: Einerseits war der Synod eine in Glaubensdingen endgültig entscheidende Bischofsversammlung, die sich leicht in die ostkirchliche Überlieferung eingliedern ließ, andererseits entsprach er nach Aufbau und Gliederung den übrigen Kollegien. Einerseits war also der geistliche Präsident maßgebend (zunächst Javorskij, nach dessen Tod 1722 Prokopovič) und der Synod dem Senat gleichgeordnet, andererseits hatte der Oberprokuror das letzte Wort, damals ein Kavallerieoffizier, dem die Synodalkanzlei unterstand. Wenn über die konkreten Aufgaben des Synod auch noch verschiedene Auslegungen möglich waren, so war die verfassungsrechtliche Stellung eindeutig: Die Mitglieder des Synod mussten wie alle Beamten den Untertaneneid leisten, der sie im Staatsinteresse unter Umständen zum Bruch des Beichtgeheimnisses verpflichtete; ›Inquisitoren‹ sollten kirchliche Missstände melden und unterstanden einem Protoinquisitor beim Synod.

Der schwerste Eingriff in das Eigenleben der Kirche aber war die Klosterreform, die weit über die staatliche Nutzbarmachung des Klosterbesitzes hinausging und in der Peter den Josefinismus bis ins Detail vorwegnahm; kontemplatives Asketentum, wie es im ostkirchlichen Mönchtum vorherrschte, hielt er für nutzlos: »Es gibt aber eine andere Lebensweise für diese Untätigen, nämlich nicht untätig, sondern gottesfürchtig und makellos zu leben, indem sie wirklich Armen, Hochbetagten und Kindern dienen.« Die Konsequenzen waren ein Verbot neuer Klostergründungen, eine Beschränkung des Personenkreises derer, die ins Kloster eintreten durften, die Zusammenlegung oder Aufhebung kleiner Klöster, die Festlegung eines *numerus clausus* für alle Klöster, und ganz allgemein die Übertragung pädagogischer, karitativer, ja sogar ökonomischer Aufgaben zum Nutzen des Staates an die Klöster. Da den Klöstern gleichzeitig die materiellen Mittel und die Menschen entzogen wurden, blieben die Erfolge allerdings gering.

Auch für die Ausbildung der Geistlichen erstellte der Zar Regeln: Gewöhnlich sollten Popensöhne von ihrem Vater für den Beruf erzogen und mit den notwendigen Kenntnissen ausgestattet werden. Fehlten jedoch diese Voraussetzungen, dann rutschten die Söhne in den Stand der steuerpflichtigen Untertanen. Diese Regelung machte die Geistlichen der orthodoxen Kirche zu einer Art Erbstand; das religiöse Leben aber zog sich aus den Klöstern und aus der petrinischen Staatskirche zurück, um im Starzentum des 18. und 19. Jahrhunderts am Rande der Kirche in Abgeschiedenheit zu überdauern oder im Sektentum außerhalb der Kirche eigene Wege zu gehen.

Die Wirtschaftspolitik

Maßnahmen zur Förderung der Wirtschaft mussten sich unmittelbar auf die Steuererträge auswirken, an deren Steigerung der Staat in erster Linie interessiert war; vorher geplant waren die zahllosen Einzelmaßnahmen indes nicht, wenn auch alle den Kriegserfordernissen und dem Staatsnutzen untergeordnet waren. So sollte die industrielle Produktion in erster Linie Heer und Flotte von der Einfuhr unabhängig machen, was eine Vergrößerung der Betriebe für die Waffenproduktion und eine Erweiterung der Rohstoffbasis erforderlich machte: Ausländische Geologen untersuchten im Auftrag des Zaren die russischen Gebirge auf Bodenschätze, und das Bergkollegium sollte deren Erschließung übernehmen. Völlig neu für Russland war der Bau der Schiffswerften und beträchtlich der Aufschwung der Textilindustrie; Uniform- und Segeltuch wurden nun im Land hergestellt, wenn auch keine völlige Unabhängigkeit erreicht werden konnte. Nur in der Papierherstellung scheint dies mindestens so weit gelungen zu sein, dass ein *ukas* von 1723 die staatlichen Behörden zur ausschließlichen Verwendung russischen Papiers verpflichten konnte. Etwa 200 Großbetriebe als zeitentsprechende Manufakturen zählte man am Ende von Peters Regierung. Häufig waren diese im Besitz des Staates, aber der Zar, auf dessen Initiative die meisten Gründungen erfolgten, suchte auch auf dem Gebiet der Wirtschaft die Aktivität der Staatsbürger zu wecken. So wurden private Betriebe großzügig unterstützt und privilegiert, Staatsbetriebe oft privaten Unternehmern übergeben. Die Hauptschwierigkeit bestand dabei in der Beschaffung von qualifizierten Arbeitskräften. Leitende Fachleute, die im Bergbau- und Hüttenwesen des immer mehr an Bedeutung gewinnenden Ural unentbehrlich waren, konnte man zwar im Ausland gewinnen, aber da es in der russischen Gesellschaft keine freien Lohnarbeiter gab, verfügten nur der Staat und reiche Grundbesitzer über abhängige Bauern, die sie zur Arbeit in Fabriken abkommandieren konnten. Zwangsarbeit unter unvorstellbar harten Bedingungen war deshalb der Normalfall und hatte manchmal, besonders bei den Nichtrussen im südlichen Ural, verzweifelte Aufstände zur Folge.

Die erhofften großen Gewinne konnte dieser bedeutende, aber doch stark kriegsbedingte Aufschwung der industriellen Entwicklung in Russland allerdings nicht bringen, ebenso wenig wie die Förderung des Handels. Doch immerhin verbesserte der Zar auch hier die Voraussetzungen: Als der neue

Hafen von Petersburg aufnahmefähig war, wurde der Schiffsverkehr von Archangel'sk dorthin umdirigiert; der Gewinn der baltischen Provinzen brachte zahlreiche Ostseehäfen in russischen Besitz, und der Bau einer eigenen Handelsflotte war nun kein Problem mehr; Kanalbauten sollten das Binnensystem der Wasserwege verbessern und an die Häfen anschließen. Von zahlreichen Projekten wurde zu Peters Lebzeiten allerdings nur der Vyšnevolockij-Kanal zwischen der Ostsee und dem Wolgasystem verwirklicht (1709); der Ladogakanal zur Umgehung des gefährlichen Sees von der Mündung des Volchov bis zu der der Neva wurde erst 1732 unter der Leitung des Deutschen Münnich fertiggestellt. Mehrere Wolga-Don-Kanalprojekte scheiterten dagegen an den technischen Schwierigkeiten und wurden nach dem Verlust von Azov gegenstandslos. Aber weder diese Verbesserungen der technischen Voraussetzungen noch die diplomatischen Bemühungen um eine Intensivierung des Orienthandels noch die Bildung von Handelskompanien nach ausländischem Vorbild konnten einen kapitalkräftigen und risikofreudigen russischen Kaufmannsstand schaffen, der den Ausländern gewachsen gewesen wäre. Diese beherrschten den Import- und Exporthandel, so wurde beispielsweise der Orienthandel von den Armeniern dominiert, während dem russischen Kaufmann traditionellerweise der wachsende Binnenhandel des immer größer werdenden Reiches blieb.

Peter der Große hat also vieles begonnen, was auf weite Sicht eine Belebung und Modernisierung der russischen Wirtschaft versprach; manches war sprunghaft und aus der augenblicklichen Notsituation entstanden, ehe es sich zu einem Konzept formte; so sollte der Staat auch erst später von den entsprechenden Steuereinnahmen profitieren. Zu seiner Zeit konnte das Kriegsbudget unter den gegebenen Voraussetzungen nur durch eine Erhöhung der Steuern ausgeglichen werden. Die Erfindung neuer Besteuerungsmöglichkeiten wurde die Aufgabe der *pribyl'ščiki*, der ›Gewinnmacher‹, die Peter einstellte und zu einer Art von Beamten erhob. Die Bartsteuer und zahlreiche ähnliche Abgaben, die zudem nur wenig einbrachten, wurden dabei als reine Schikane empfunden. Auch viele Staatsmonopole erwiesen sich nur kurzfristig als erfolgreich, beeinträchtigten jedoch den Handel schwer. Erst mit der Einführung der Kopfsteuer stiegen die Staatseinnahmen so beträchtlich, dass das Defizit des Staatshaushaltes überwunden wurde. Im Ganzen wird man sagen können, dass es dem Zaren zwar gelang, alle Reserven zugunsten des Staates zu mobilisieren, dass aber die Masse der Staatsbürger davon keinen Vorteil hatte, sondern nur schwerste Lasten übertragen bekam.

Dies gehört zur dunklen Seite von Peters Erbe: Er verfolgte seine Ziele rücksichtslos, sei es in persönlichen Auseinandersetzungen, sei es gegen Gruppen und Institutionen; Beispiel dafür ist auch der Streit mit dem Thronfolger Aleksej (1690–1718). Peter war großherzig, indem er Menschen aus niederem Stand hob (z. B. seine Frau Katharina und sein Vertrauter Menšikov), unmäßig in seinen Gelagen und grausam gegen seine Feinde, aber auch in seiner Planung der neuen Hauptstadt. Es war ein zwiespältiges Erbe, das der große Zar der russischen Zukunft hinterließ.

Dies zeigt sich auch in dem bleibenden Symbol seiner Herrschaft, in der Stadt Sankt Petersburg, die das russische ›Fenster zum Westen‹ genannt wird. In einer unwirtlichen Sumpflandschaft wollte Peter einen Seehafen anlegen und ließ zu dessen Schutz am 16./27. Mai 1703 die ›Peter-und-Paul-Festung‹ gründen, der dann auf dem gegenüberliegenden Ufer der Neva die Paläste für den Zarenhof und den Adel folgten. Die Adelsfamilien hatte auf eigene Kosten jene Gebäude zu erstellen, für die der Zar ihnen den Platz und die Pläne zuwies, und aus der Anstrengung von unzähligen Bauern, von denen viele dabei ihr Leben ließen, erwuchs auf Pfählen im Sumpf eine glanzvolle Residenz- und Bürgerstadt internationaler Prägung, die nicht nur wegen der vielen Kanäle an Venedig erinnert. Über viele Jahre hinweg war nur in ›Piter‹, wie die Stadt in der Umgangssprache genannt wird, Steinbau erlaubt und vorgeschrieben; der Granit für die Uferbefestigungen und den Hausbau musste mühsam herangeschafft werden. Schon 1710 erklärte Peter die Stadt zur Hauptstadt seines Reiches, was sie – mit Ausnahme der Jahre 1728–1732 – bis ins 20. Jahrhundert bleiben sollte.

Epigonen und Fortsetzer

1725–27	Zarin Katharina I., Gemahlin Peters
1727–30	Zar Peter II., Sohn von Aleksej, Enkel von Peter
1730–40	Zarin Anna (von Kurland), Tochter Ivans V., Nichte Peters
1740–41	Zar Ivan VI., Sohn von Anna von Mecklenburg, Urenkel von Ivan V.
1741–62	Zarin Elisabeth, Tochter Peters
1762	Zar Peter III., Sohn von Anna von Holstein, Enkel Peters
1762–96	Zarin Katharina II.
1773–75	Aufstand des Pugačëv
1786–1801	Zar Paul I.

1733–63	August III., König von Sachsen und Polen
1764–95	Stanisław August Poniatowski, König von Polen
1740–86	Friedrich II. ›der Große‹, Kurfürst von Brandenburg, König in Preußen
1740–80	Maria Theresia, Königin von Ungarn und Böhmen, Erzherzogin von Österreich

Das Erbe Peters des Großen

Ein Jahr nach dem Tod Peters des Großen (28. Januar/8. Februar 1725) beurteilten die einflussreichsten Persönlichkeiten im Staat, die Mitglieder des ›Obersten Geheimen Rates‹ (*verchovnyj tajnyj sovet*) die innere Situation Russlands in einem Gutachten als ernst, ja als katastrophal; ihre Vorschläge zur Besserung zielten alle darauf ab, viele Reformen Peters wieder rückgängig zu machen. Dies war keine reaktionäre Entscheidung, sondern folgte der Erkenntnis, dass der Zar die

Kräfte Russlands überfordert hatte. Schon die erste Frage, die die Kaiserin Katharina zur Diskussion gestellt hatte, zielte auf den Kern der Probleme: wie man die Lage der Bauern durch Herabsetzung der Kopfsteuer erleichtern könne. Peter hatte tatsächlich ein ›verändertes Russland‹ nach Außen wie nach Innen hinterlassen, wie in einem 1721 in Frankfurt anonym erschienenen Bericht stand; aber dies war in unmenschlicher Härte nur auf Kosten des Volkes möglich gewesen. Der Autor des Berichts, der hannoversche Resident Fr. Chr. Weber, hatte schon 1718 prophezeit, dass »in diesem Reich alles mal ein Ende mit Schrecken nehmen« werde, »weiln die Seufzer so vieler Millionen Seelen wider den Zar zum Himmel steigen [...]«.

Die Opposition gegen Peter entsprang einerseits der verzweifelten Lage der unteren Bevölkerungsschichten, die alle Lasten tragen mussten, andererseits wurde sie durch den Bruch mit der Tradition provoziert, den der Zar persönlich verkörperte und den er im Wesentlichen auch seinen Untertanen zur Pflicht machte: Der Krieg mochte als ein unvermeidbares Schicksal erscheinen, das es zu allen Zeiten gegeben hatte; dagegen war der Bau von Flotten und Kanälen sowie die Errichtung einer neuen Residenz auf Sumpfboden mit althergebrachten Moskauer Vorstellungen unvereinbar. Dazu widersprach der Herrscher, der diese unverständlichen Neuerungen befahl, auch sonst in allem dem traditionellen Herrscherbild, indem er mit Ausländern enge Kontakte hatte und selbst ins Ausland reiste, immer mehr Fremde in seinen Dienst zog und sich selbst nach westlicher Art kleidete, Emporkömmlinge niederster Herkunft wie Menšikov, Kurbatov und Jagužinskij zu den höchsten Würden beförderte und sich mit einer Frau verband, die nicht nur niedrigster, sondern auch fremder Herkunft war. Es verwundert daher nicht, dass im Volk Gerüchte umgingen, Peter sei gar nicht der richtige Zar, sondern ein untergeschobener Deutscher.

Die Opposition gegen Peter und seine Art des Regierens äußerte sich in verschiedener Weise: In einer Reihe von elementaren Ausbrüchen während der entscheidenden Phase des Krieges mit Schweden machte die Garnison von Astrachań 1705 den Anfang, als sie gegen das Tragen ›deutscher Kleidung‹ aufbegehrte, den verhassten Voevoden mit seinen Beamten umbrachte und erst durch neue Truppen aus Livland überwunden werden konnte. Gefährlicher war der Kosakenaufstand unter Führung des Kondratij Afanasevič Bulavin 1707/08, der erst durch einen regelrechten Feldzug beendet werden konnte, weil er von einem Aufstand der Baschkiren begleitet wurde und eine Erhebung der Bauern des mittleren Wolgagebietes auf ihn folgte (1709/10). Vieles erinnerte dabei an die ›Wirren‹ des 17. Jahrhunderts, aber zu den alten traten hier neue Motive, denn an die Stelle der »schlechten Ratgeber des Zaren« rückten nun die »Gewinnler und Deutschen, deren Übeltaten nicht mehr verschwiegen und zugelassen werden sollen«.

Die Bevorzugung von Emporkömmlingen und Fremden musste auch das Ressentiment des alten Adels und den Widerstand der Kirche hervorrufen; wenn man auch im Allgemeinen keine offene Kritik wagte, so erhoffte man sich vom Nachfolger doch eine Normalisierung der Verhältnisse. Der Thronfolger Aleksej, der aus der ersten Ehe des Zaren mit Evdokija Lopuchina stammte, war jedoch ein mäßig begabter und willensschwacher Mensch, der jene Aktivität und jenes staatsmännische Interesse nicht aufbrachte, das der Vater von ihm erwartete, und der eben deshalb auch nicht zum Führer der vielschichtigen Opposition werden konnte, die im Geheimen auf ihn setzte. Das Ergebnis war eine erschütternde Thronfolgertragödie: Als Peter dem Sohn den freiwilligen Verzicht auf die Nachfolge und den Rückzug in ein Kloster verwehrte, floh Aleksej 1716 zu seinem Schwager Kaiser Karl VI., ließ sich aber dann doch wieder zur Rückkehr aus seinem italienischen Asyl bei Neapel nach Russland bewegen. Ein Sondergericht von hohen Würdenträgern verurteilte ihn am 24. Juni 1718 zum Tode, überließ aber die Entscheidung zur Begnadigung dem Zaren. Noch ehe sich Peter dazu durchgerungen hatte, starb Aleksej am 26. Juni, wahrscheinlich an den Folgen der Folter. Dabei hatte Peter schon vor dem Sohn den Nachfolger verloren, als er in einem Manifest vom 3. Februar 1718 verkündet hatte:

> Kraft väterlicher Gewalt, die auch jedem unserer Untertanen nach den Gesetzen unseres Staates das Recht gibt, seinen Sohn zu enterben [...] und als autokratischer Herrscher nehmen wir um des Staatsnutzens willen unserem Sohn Aleksej das Recht der Nachfolge auf unserem allrussischen Thron, selbst dann, wenn keine andere Person in unserer Familie mehr übrigbleiben sollte.

Die anschließende Untersuchung der Flucht und des Todes von Aleksej konnte keine organisierte Verschwörung zu einem Staatsstreich aufdecken und wenn seine Geliebte aussagte, der Thronfolger habe die Absicht gehabt, die Residenz nach Moskau zurückzuverlegen, die Flotte aufzulösen, keine Eroberungskriege mehr zu führen und das Heer zu reduzieren, so war das wohl kein politisches Programm, sondern Ausdruck eines offenbar weitverbreiteten Ruhebedürfnisses. Für Peter freilich musste dies den Versuch zur Vernichtung seines Lebenswerks bedeuten, der Zerstörung des mächtigen und ruhmvollen Staates, den er mit so viel Opfern errichtet hatte. Aber in der Bindung an das siegreiche ›allrussländische Imperium‹ stand der Zar nicht allein: Nicht nur der petrinische Neuadel von Emporkömmlingen und Ausländern hatte ein persönliches Interesse am Erhalt dieses Staates und fürchtete eine Rückkehr zu Altmoskauer Verhältnissen, sondern auch an den Angehörigen alter Adelsgeschlechter ging der Dienst unter Peter nicht spurlos vorüber; und auch im Volk gab es neben dem dumpfen Widerstand gegen die Neuerungen auch eine positive Einstellung. Eindrucksvollstes Zeugnis der erwachenden petrinischen Staatsgesinnung und einer erstaunlichen Selbstständigkeit kritischen politischen und ökonomischen Denkens sind die Schriften des Ivan Tichonovič Pososkov, der es vom leibeigenen dörflichen Handwerker zum Unternehmer und zum Besitzer von Land und Häusern gebracht hatte: Pososkov machte sich nicht nur Gedanken über den Bauern- und den Kaufmannsstand, denen er beiden angehörte, und über ökonomische Reformen, sondern er entwickelte auch Vorschläge zur Verbesserung des Gerichtswesens sowie zur Schaffung eines neuen *uloženie* auf einer Ratsversammlung des ganzen Volkes (*mnogonarodnyj sovet*) unter Beteiligung der Bauern. Dabei dachte er keineswegs an eine Beschränkung der absoluten Macht des Herrschers: »Wie Gott über die ganze Welt herrscht, so hat auch der Zar in seinem Herrschaftsgebiet die Macht«; das entsprach ebenso den Altmoskauer Vorstellungen wie dem ›Recht des monarchischen Willens‹, das Feofan Prokopovič im Auftrag des Zaren theologisch zu begründen hatte: Der neue petrinische Staat war ebenso eindeutig wie der alte Moskauer in der Person des Monarchen verkörpert, aber in anderer Weise. In derselben Abhandlung *Über die Armut und über den Reichtum* (*Kniga o skudosti i bogatstve*), die Posoškov 1724 verfasste, steht auch der berühmte Satz, der die Fruchtlosigkeit der Bemühungen Peters, dem es an geeigneten Mitarbeitern fehlte, in einem einprägsamen Bild festhält: »Er zieht vielleicht selbzehnt den Berg hinan, aber den Berg hinunter ziehen Millionen; wie soll da seine Sache gedeihen?«

Und wer sollte nach seinem Tode die Sache weiterführen? Der Herrscher konnte, wie der *ukaz* über die Thronfolge vom 5. Februar 1722 ausdrücklich feststellt, den Nachfolger nach freiem Ermessen bestimmen; das war nur eine Konsequenz des Absolutismus. Aber was sollte geschehen, wenn sich der Monarch nicht rechtzeitig entscheiden konnte, weil ihm nur die Wahl zwischen Frauen und Minderjährigen blieb? Eben diese Situation trat ein, als Peter ohne eine Verfügung über seine Nachfolge 1725 starb: Von den elf Kindern, die ihm Katharina geboren hatte, waren nur die Töchter Anna und Elisabeth herangewachsen; die ältere, Anna, hatte der Zar bereits mit dem Herzog Karl Friedrich von Holstein verlobt, die jüngere, Elisabeth, war beim Tod des Vaters knapp 16 Jahre alt; Aleksejs Sohn Peter zählte erst 10 Jahre. Neben diesen unmittelbaren Nachkommen Peters des Großen kamen in zweiter Linie die Töchter seines Bruders Ivan (V.), Katharina von Mecklenburg und Anna von Kurland, infrage.

Da indes keine dieser Personen Qualitäten entwickelt hatte, die sie für die Nachfolge empfahlen, konnte der Zar sein Erbe nur seiner Gemahlin Katharina anvertrauen.

Die litauische Magd des Marienburger Probstes Glück hatte einen märchenhaften Aufstieg genommen, seit sie als ›Kriegsbeute‹ aus Menšikovs Händen in die des Zaren übergegangen war: Erst 1708, nachdem sie Peter schon mehrere Kinder geboren hatte, war sie zur orthodoxen Kirche übergetreten, Anfang 1712 zur rechtmäßigen Gemahlin erhoben und 1724 feierlich zur Kaiserin gekrönt worden. Diese Krönung ließ sich als Willensäußerung des Imperators über die Nachfolge interpretieren, aber schriftlich niedergelegt hatte Peter diesen Willen nicht, und so verdankte Katharina I. (1725–27) den Thron vor allem dem entschlossenen Eingreifen Menšikovs, der die Garderegimenter zu ihren Gunsten mobilisierte und damit einen Präzedenzfall für das ganze 18. Jahrhundert schuf.

Die innere Entwicklung Russlands im 18. Jahrhundert

Obgleich die Reformen Peters des Großen aus den Bedingungen des Krieges erwuchsen und zeitbedingt waren – so sehr auch ihre Verwirklichung hinter den Plänen des ›allrussländischen Imperators‹ zurückblieb und so klein der Kreis ihrer Befürworter zunächst auch sein mochte –, wurden doch Staat und Gesellschaft Russlands durch die Leistung Peters unauslöschbar geprägt. Der eingeschlagene Weg konnte demnach nur fortgesetzt, nicht umgekehrt werden, auch wenn dieses Fortschreiten während des 18. Jahrhunderts mehr den Eindruck eines Dahintreibens als einer Gestaltung klar erkannter Ziele machte: Wer auf den Thron des Imperators kam, entschieden die Garde und Günstlinge, in keinem Fall der *ukaz* Peters zur Thronfolge. Und wenn schon Peter die Menschen nicht zu einem patriotischen Dienst hatte bewegen können, so waren die Frauen, die sein Erbe zu verwalten und zu mehren hatten, dazu noch viel weniger imstande. Die Kluft zwischen den glanzvollen außenpolitischen Erfolgen und dem ›Oben‹ eines privilegierten Adels einerseits und dem düsteren ›Unten‹ sozialer Unruhen und der Leibeigenschaft andererseits wurde unüberbrückbar.

Favoriten und Fremde

Die rasch aufeinanderfolgenden Thronwechsel bis zum Regierungsantritt von Peters Tochter Elisabeth waren von Machtkämpfen der jeweiligen Günstlinge begleitet: Unter Katharina I. (1725–27) regierte praktisch Menšikov; Peter II. (1727–30), der auf den Rat Menšikovs von der Kaiserin testamentarisch eingesetzte minderjährige Sohn Aleksejs, geriet nach wenigen Monaten unter den Einfluss der fürstlichen Familie der Dolgorukijs und verbannte des großen Zaren »Herzenskind« und »lieben Bruder« (Menšikov) nach Sibirien. Als Peter II. dann im Januar 1730 knapp 15-jährig überraschend starb, zerrannen auch die Hoffnungen der Dolgorukijs, ihren Einfluss durch die Ehe einer Dolgorukaja mit dem Zaren im Zentrum der Macht zu verstärken. Anna Ivanovna, die Nichte Peters des Großen (1730–40), brachte ihren Favoriten Biron als Machthaber schon aus Kurland mit; das Zwischenspiel unter der nominellen Regierung des Säuglings, Ivan VI. Antonovič (1740/41), und der Regentschaft seiner Mutter Anna Leopoldovna, der anderen Nichte Peters des Großen beherrschte zunächst Münnich und später Ostermann; eine gewisse Stabilisierung trat erst ein, als ein Staatsstreich Ende November 1741 Peters jüngste Tochter, Elisabeth, auf den Thron brachte.

Das Regieren war bei alledem vor allem ein Nichtregieren der Herrschenden, die es der Bürokratie überließen, den Apparat in Gang zu halten. Daraus ergab sich die Unentbehrlichkeit Ostermanns, des Pastorensohns aus Bochum, der sich schon unter Peter dem Großen im auswärtigen Dienst emporgearbeitet hatte und nun als graue Eminenz die Fäden in der Hand hielt: Ebenso kenntnisreich wie anpassungsfähig, ebenso fleißig wie intrigant, war Ostermann bei Weitem nicht der schlechteste jener zahlreichen Ausländer, die zum

Teil schon unter Peter, zum Teil in der *bironovščina* (Zeit der Herrschaft Birons) ins Land gekommen waren: Peter selbst hatte hohe Ansprüche an die Sachkenntnis und weniger an den Charakter der Ausländer gestellt, die er aber unter Kontrolle gehalten hatte; nach seinem Tod folgte die Zunahme der Ausländer anderen Prinzipien. Unter den schwachen Regierungen erlagen nun auch die ›Experten‹ den Versuchungen des Amtsmissbrauchs oder hielten sich günstigstenfalls aus der allgemeinen Korruption heraus. Das gilt auch von Burchard Christoph Münnich, der unter Peter als Generalleutnant den Bau des Ladogakanals übernommen hatte und unter Anna Ivanovna bis zum Feldmarschall und Präsidenten des Kriegskollegiums aufstieg.

Grundsätzlich wirkten das Trägheitsprinzip in der Bürokratie und die Sachbezogenheit der ausländischen Experten jedoch im Sinne der Kontinuität, und so führte die Erhaltung des Selbstherrschertums zunächst zu einer Konsolidierung des Staates. Diese Konsolidierung wurde aber infrage gestellt, als Fürst Dmitrij Michajlovič Golicyn, Mitglied des Obersten Geheimen Rates, am 19. Januar 1730 die in Moskau versammelten Würdenträger dazu brachte, »Punkte aufzuschreiben und sie ihrer Hoheit [der zur Zarin erwählten Anna von Kurland] zu schicken«. Golicyn war eine ungewöhnliche Erscheinung: Der Hocharistokrat aus ältester Familie gehörte zu den ersten Russen, in deren Denken die Gewinnung und Sicherung politischer Freiheit eine zentrale Bedeutung gewann, und zwar nicht nur im Sinne des traditionellen Kampfes von ›Fürsten und Bojaren‹ gegen die Autokratie, sondern bereits unter dem Einfluss westlicher staatsrechtlicher Theorien; in Golicyns umfangreicher Bibliothek standen die Werke von Pufendorf und Grotius. Konkretes Vorbild war ihm dabei weniger die polnisch-litauische ›Adelsrepublik‹ als die schwedische Adelsoligarchie, wie sie sich nach dem Tod Karls XII. etabliert hatte. Die ›Punkte‹, die man nach Mitau sandte und die Anna zunächst auch unterschrieb, waren folgerichtig nichts anderes als eine sehr weitgehende Wahlkapitulation, deren Verwirklichung aus Russland ein repräsentatives Wahlzarentum gemacht und alle Regierungsgewalt in die Hände eines ›Obersten Geheimen Rates‹ der Hocharistokratie gelegt hätte. Dagegen erhob sich aber der gesamte petrinische Dienstadel: »Davor bewahre uns Gott« – so schrieb Volynskij, der Persienexperte, den noch Peter eingesetzt hatte –,

> dass wir an Stelle eines autokratischen Herrschers neun selbstherrliche und übermächtige Familien bekommen; da würden wir, der Adel [*šljachectvo*], gänzlich in Verfall geraten.

Die Bemühungen Golicyns und seiner Verbündeten konnten das tiefe Misstrauen des Dienstadels gegen die Vertreter der Hocharistokratie also nicht überwinden, um das Verlangen des Gesamtadels nach Privilegien in eine verfassungsmäßig gesicherte politische Adelsfreiheit umzumünzen. Anna, die schon vor ihrer Ankunft in Moskau über die Stimmung des Adels unterrichtet war, gewann in Folge die Garde als die militärische Repräsentation des Dienstadels für sich, und unter deren Druck wurde die absolute Monarchie als Erfüllung des adeligen Willens wiederhergestellt: Vor aller Augen zerriss die Kaiserin das Dokument mit den ›Punkten‹; der Oberste Geheime Rat wurde sofort aufgelöst und Russland weiter autokratisch regiert. Allerdings geschah dies weder im Stile Peters des Großen noch in der Weise, wie es sich die Vertreter des Dienstadels vorgestellt hatten: Der allmächtige Favorit Ernst Johann von Biron (ein 1690 geborener kleiner kurländischer Gutsbesitzer aus der westfälischen Familie Bühren) praktizierte im Namen der Kaiserin keinen aufgeklärten Absolutismus. So verstärkte die Erinnerung an die *bironovščina* im russischen Geschichtsbewusstsein das nationale Ressentiment der Russen gegen alles Deutsche, obwohl das törichte Terrorregime des unfähigen Biron im 18. Jahrhundert nicht an den nationalen Maßstäben des 19. Jahrhunderts gemessen werden sollte. Zwar wurde der Regierungsapparat eindeutig von Fremden beherrscht und das Misstrauen des Despoten galt in erster Linie allem Russischen, aber alles geschah im Namen einer Herrscherin rein russischer Herkunft. Die fremden Nutznießer des Systems, denen die skrupellose persönliche

Bereicherung wichtiger als jedes patriotische Empfinden war, waren dabei zwar nicht nur Deutsche: Wenn aber die russischen Kadetten nicht russische, sondern deutsche Geschichte lernen mussten, so war dies eine überhebliche Dummheit, die begreiflicherweise Hass hervorrief.

Die Innenpolitik Birons war ohne eigenes Konzept. So wurde die Reduzierung der petrinischen Verwaltung, die Katharina I. und Peter II. mit der Beseitigung der Kontrollinstanzen von Fiskalen und Prokuroren sowie mit Ansätzen zur Gewaltenteilung auf unterster Ebene begonnen hatten, weder fortgesetzt noch rückgängig gemacht; an die Stelle des Obersten Geheimen Rates trat als eigentliches Regierungsorgan ein Kabinett – der Senat erhielt seine frühere Bedeutung also nicht zurück. Man ließ die Dinge treiben, und davon profitierte vor allem der Adel: Offiziersschulen befreiten den Adeligen von dem lästigen Zwang, seinen Dienst als Gemeiner beginnen zu müssen; 1736 erfolgten die ersten Schritte zur Aufhebung der Dienstpflicht des Adels (von mehreren Söhnen blieb nun einer von der Dienstpflicht befreit, die auf 25 Jahre begrenzt wurde); schon 1730 wurde das niemals wirklich durchgeführte Einerbengesetz auch formal aufgehoben. Der Privilegierung des Adels entsprach dabei ein zunehmender Druck auf die Bauern, denen nun auch jene bescheidenen Möglichkeiten zur Veränderung ihres Standes verschlossen wurden, die Peter der Große im Interesse des Staatsnutzens geöffnet hatte: Weder durch wirtschaftlichen Aufstieg als Gewerbetreibender noch durch freiwillige Meldung zur Armee konnte sich von nun an ein Bauer der Macht seines Grundherren entziehen.

Biron war von Anna vor ihrem Tode im Oktober 1740 zum Vormund des gerade geborenen Sohnes der Anna von Mecklenburg, Ivan VI., ernannt worden und war damit zum Reichsregenten aufgestiegen; aber schon einen Monat später ließ ihn Münnich auf Betreiben von dessen Mutter verhaften und in einem Prozess wegen Hochverrat verurteilen; er verlor all seinen Besitz und wurde nach Sibirien verbannt.

Zurück zu Peter!?

Elisabeth (25. November/6. Dezember 1741 – 25. Dezember 1761/5. Januar 1762) kam mithilfe der Garde durch einen Staatsstreich gegen Ivan VI. und dessen Familie aus Braunschweig an die Macht. Dabei bietet die Garde als Symbol der Adelsherrschaft und nicht die Parole »zurück zu Peter«, die laut verkündet wurde, den Schlüssel zum Verständnis der Regierung der damals 32-jährigen Tochter Peters: Zwar wurde nun der petrinische Regierungs- und Verwaltungsapparat in allen Einzelheiten wiederhergestellt, allerdings im Wesentlichen nur in der Petersburger Zentrale und nur in den äußeren Formen, ohne den ursprünglichen Inhalt. Die Prokuratur bietet dafür ein treffendes Beispiel: Was Peter als ein System von Aufpassern gedacht hatte, die der militärischen Befehlsgewalt unterstanden oder schon ihrer Herkunft wegen nicht in die adelige Standessolidarität eingebunden waren, verlor die Funktion, wenn Kontrolleure und Kontrollierte ein gemeinsames materielles Standesinteresse besaßen und kein herrscherlicher Wille die Instruktionen durchsetzte. Der Senat wandelte sich im Zuge dessen von einer streng disziplinierten obersten Exekutivbehörde in ein Günstlingskollegium, das die volle Regierungsgewalt ausübte.

Elisabeth regierte nicht, sondern herrschte nur, und unter dem Einfluss der adeligen Garde füllten sich die äußeren Formen der Autokratie Peters zusehends mit dem Inhalt einer Adelsherrschaft: Man war petrinisch, wenn dies nationalen Ruhm und Verdrängung der Ausländer bedeutete, man war aber keineswegs petrinisch, wenn damit persönliche Opfer zugunsten des Staatsnutzens verbunden waren. Unter Elisabeth nahm die soziale und ökonomische Privilegierung des Adels folglich kontinuierlich zu: 1746 untersagte ein *ukas* allen Nichtadeligen den Kauf von Bauern mit oder ohne Land; in den 1750er Jahren wurden nichtadelige Besitzer von Land und Leuten zu deren Verkauf genötigt, da deren Besitz nur noch Personen erblichen Adels zustand; 1760 erlaubte es ein *ukas*, unbotmäßige Bauern nach Sibirien zu verschicken, wobei deren Zahl dann auf die dem Staat zu stellenden Rekruten angerechnet wurde. Auch ohne gesetzliche Begründung galt von dieser Zeit an der Besitz von Bauern auch für Adelige ohne Land nicht mehr als rechtswidrig, d. h. der Bauer war persönliches Eigentum, ›leibeigen‹ im vollen Sinne des Wortes geworden. Damit wurde einerseits der Kreis der Privilegierten im Rahmen der petrinischen Adelsordnung eingeschränkt; andererseits wurden die adeligen Gutsbesitzer durch die Errichtung einer Adelsbank, die ihnen relativ billige Kredite gewährte, wirtschaftlich gefördert. Nur an der 25-jährigen Dienstpflicht hielt Elisabeth mit einiger Strenge fest, wie sie überhaupt prinzipielle Lösungen vermied.

Trotz alledem lag offenbar intuitive Weisheit in dem administrativen Schlendrian ihrer Regierung, die im Urteil der Geschichte zwischen der heroischen Anstrengung des petrinischen Zeitalters und dem äußeren Glanz der Epoche Katharinas II. durchaus bestehen kann. So entließ Elisabeth nicht nur viele verhasste Fremde, milderte manches Urteil ihrer Vorgänger, sondern hielt auch ihren Schwur, niemals ein Todesurteil zu unterzeichnen, obwohl die Strafe der Auspeitschung durchaus zum Tode der Delinquenten führen konnte; in ihrer Zeit verschaffte sie Russland die nötige Atempause, um den Schock der gewaltsamen Verwestlichung zu überwinden. Es reichte dabei aus, die Fremden von der Macht und deren Missbrauch zu verdrängen, und dem blinden Terror die Achtung des Menschenlebens entgegenzusetzen, denn weder konnte Russland schon auf die Mitarbeit von Ausländern verzichten noch war es reif für eine durchgreifende Humanisierung seiner Justiz. De facto wuchs die politische Erfahrung der Russen im Improvisieren unter Elisabeth wahrscheinlich mehr als unter dem Druck der petrinischen Kontrollsysteme, und ohne am Prinzip der Staatskirche zu rütteln, verstand es die Tochter Peters des Großen, durch kirchenfreundliches Verhalten den latenten Widerstand der russischen Orthodoxie gegen den modernisierten Staat abzubauen. Dies alles hat die Zarin zu einer populären Verkörperung echten Russentums werden lassen, der man auch ihren verschwenderischen und durch moralische Hemmungen kaum getrübten Lebenswandel nicht vorwarf.

Peter III.

Als die Kaiserin Elisabeth am 25. Dezember 1761 (5. Januar 1762) starb, war die Frage ihrer Nachfolge nur formal geregelt: Sofort nach ihrem Regierungsantritt hatte sie den damals 14-jährigen Peter, den Sohn ihrer 1728 im Wochenbett verstorbenen Schwester Anna, aus Holstein nach Petersburg kommen lassen. Er konnte als legitimer Thronerbe gelten, da mit Elisabeths Thronbesteigung die vor der offiziellen Eheschließung mit Katharina geborenen Töchter Peters des Großen und damit auch dessen holsteinischer Enkel ohne den Makel einer illegitimen Geburt waren. Die direkten Nachkommen Peters des Großen standen damit genealogisch höher als Ivan VI., Urenkel von Peters Bruder, den Elisabeth selbst gestürzt hatte. Es war nicht vorauszusehen, dass der Holsteiner Peter III., der mit 34 Jahren ohne Probleme den Thron bestieg, innerhalb eines halben Jahres scheitern und dass die Herrschaft über Russland noch ein viertes Mal einer Frau zufallen würde. Der Grund dafür lag im Charakter der beteiligten Persönlichkeiten: in den verhängnisvollen Unzulänglichkeiten Peters III. (1762) und in den politischen Qualitäten der Prinzessin Sophie Friederike von Anhalt-Zerbst, mit der Peter seit 1745 verheiratet war und die als Katharina II. (1762–96) in die Weltgeschichte eingehen sollte.

Elisabeth hatte ihren Nachfolger zwei Jahrzehnte lang auf sein Amt vorbereiten können, aber selbst mit mehr Geschick und Interesse wäre es ihr nicht gelungen, aus dem holsteinischen Neffen einen erträglichen russischen Zaren zu machen: Peter III. war weder geisteskrank noch unintelligent, aber er ist niemals zum verantwortungsvollen, eigenständig denkenden Menschen gereift. In Holstein hatte man den Urenkel Karls XII. abwechselnd für den russischen und für den schwedischen Thron erzogen, dabei das entstehende Weltbild des Knaben aber stets nach den Maßstäben preußischen Militärdenkens geformt. Dies allein musste noch keine schlimmen Folgen haben, wenn Peter nicht zeitlebens durch Infantilität und durch den völligen Mangel an Anpassungsvermögen geprägt gewesen wäre. So aber verharrte er als russischer Thronfolger vom ersten Tag an in einer Haltung des Protestes gegenüber seiner russischen Umwelt und in überheblicher Verachtung alles Russischen. Damit verbaute er sich nicht nur jeden Zugang zu den Russen, über die und mit deren Hilfe er herrschen sollte, sondern spielte auch seiner Gemahlin, die ihm geistig in jeder Beziehung überlegen und die in 17-jähriger Ehe seine Todfeindin geworden war, alle Karten in die Hand. Deren Intrigen und der Unmut der öffentlichen Meinung kulminierten im Staatsstreich vom 28. Juni/9. Juli 1762, als die Garderegimenter Katharina als Selbstherrscherin proklamierten; acht Tage später kam Peter III. auf seinem Landsitz unter niemals ganz geklärten Umständen ums Leben.

Bei alledem ist es erstaunlich, dass Peter III. in seiner nur 6-monatigen Regierungszeit eine Reihe von wichtigen gesetzgeberischen Maßnahmen veranlasste, die ihm durchaus Sympathien eintragen konnten. Am folgenreichsten war die Aufhebung der Dienstpflicht des Adels im Gesetz vom 18. Februar 1762. Gewiss brachte Peter III. damit nur eine bereits sehr weit gediehene Entwicklung zum Abschluss, aber dieser Akt erfüllte ein Hauptanliegen des Adels, der seine Privilegierung nun ohne jede Gegenleistung genießen konnte und dem in Friedenszeiten sogar der Dienst in anderen Ländern gestattet wurde. Allerdings sollte nach dem Willen des Gesetzgebers an die Stelle der gesetzlichen nun eine moralische Dienstpflicht treten; für den Fall, dass »Treue und Eifer« dazu nicht ausreichen sollten, verordnete der Schlussabsatz des Gesetzes eine gesellschaftliche Ächtung jener, die sich dem allgemeinen Wohl entzögen. Man hat gerade in dieser Formulierung des Gesetzes die Handschrift des Zaren gesehen, aber praktische Bedeutung kam einem solchen moralischen Druck kaum zu, wenn der einzelne Adelige nicht von sich aus nach Dienstrang und gesellschaftlichem Ansehen drängte.

Einen Schlussstrich setzte Peter III. auch unter die Säkularisierung der Kirchengüter; dabei ging es nicht mehr um das Abschöpfen von Überschüssen, die über den Eigenbedarf der Kirche hinaus gingen, zugunsten des Staates, sondern um dessen volle Verfügungsgewalt über den kirchlichen Grundbesitz. Dazu sollte das Ökonomiekollegium als Nachfolgeorgan des Klosterprikazes, das bisher dem Synod untergeordnet war, nun direkt dem Senat unterstellt werden. Der *ukaz* vom 21. März 1762 schaltete den Synod dann endgültig aus und machte aus den ›Ökonomiebauern‹ eine Untergruppe der Staatsbauern. Diese Maßnahme beendete einen längeren Streit mit der Kirchenführung, für die die Klostergüter infolge der vom Staat geforderten Leistungen längst eine schwere wirtschaftliche Belastung darstellten. Auch dieses Gesetz hätte Zustimmung gefunden, wenn Peter III. sowohl den russischen Adel als auch die russische Kirche nicht stetig durch beleidigendes und taktloses Verhalten herausgefordert hätte.

Aus demselben Grund blieb auch die dritte Neuerung ohne positives Echo: In einem Manifest vom 21. Februar 1762 hob Peter III. die berüchtigte ›Geheime Kanzlei‹ auf und schränkte dadurch die auf Denunziation und Folter beruhenden Prozesse wegen Majestätsbeleidigung und allgemein staatsschädigenden Verhaltens ein. Es ist begreiflich, dass Katharina all dies mit Misstrauen verfolgte; sie hatte ihre eigenen Pläne und musste fürchten, dass Peter allzu viel von dem vorwegnahm, was zu den Segnungen ihrer eigenen Regierung gehören sollte.

Aufgeklärte Adelsherrschaft unter Katharina II.

Die Epoche Katharinas II. (1762–96) gilt als repräsentativ für den ›aufgeklärten Absolutismus‹, wobei sie gelegentlich scharf gegen die vorhergehende ›Periode der Palastrevolutionen‹ abgegrenzt wurde; in Wirklichkeit ist im russischen 18. Jahrhundert eine kontinuierliche Entwicklung festzustellen. Was sich in der Verbindung von absoluter Herrschaft und aufgeklärtem Denken zwischen Peter dem Großen und Katharina vor allem änderte, war der philosophische Hintergrund und der Stil: Bei der Machtergreifung und in den darauffolgenden Jahren ging es der Kaiserin in erster Linie um die Sicherung und Legalisierung ihrer Stellung. Ein Vergleich mit Elisabeth in der gleichen Lage macht dies deutlich: Beide Zarinnen waren durch einen Staatsstreich, der mithilfe der Garde ausgeführt und von der nationalen Empörung über ein als fremd empfundenes und unrussisches Regime getragen wurde, zur Macht gekommen; aber Elisabeths Staatsstreich hatte nur einen Säugling von stets angezweifelter Legitimität verdrängt, Katharinas Staatsstreich dagegen hatte dem regierenden Enkel Peters des Großen das Leben gekostet; Elisabeth war selbst eine Tochter des großen Zaren und galt als Verkörperung des Russentums, Katharina hatte keine Verbindung zum Russentum; Elisabeth musste den Nachfolger aus Holstein kommen lassen, Katharina hatte seit 1754 einen Sohn Paul, so dass der Gedanke nahe lag, ihre Herrschaft nur als eine Regentschaft während dessen Minderjährigkeit aufzufassen. Daher rührte die große Empfindlichkeit Katharinas gegen alles, was ihrer Herrschaft durch den Schein größerer Legitimität gefährlich werden konnte, und auch das Misstrauen der Mutter gegen den heranwachsenden Sohn. Ihre Befürchtungen waren nicht unbegründet: 1764 führte eine Verschwörung von Armeeoffizieren zugunsten Ivans VI. zu dessen für diesen Fall vorgesehener Ermordung in der Festung Schlüsselburg; ferner ging das Gerücht im Land um, dass der Zar Peter III. nicht nur den Adel, sondern auch die Bauern hatte befreien wollen und deshalb ermordet worden war; der Aufrührer Pugačëv gab sich als der auf wunderbare Weise errettete Peter III. aus. Katharina konnte sich also aufgrund ihrer anzweifelbaren Legitimität kein Abwarten leisten; sie musste regieren – und sie verfolgte vom ersten Tag an bestimmte politische Prinzipien und Ziele. Dabei machte sie sehr rasch die Erfahrung, dass die vorhandenen Instrumente des Regierens wenig tauglich waren.

Es ist umstritten, inwieweit Katharina in ihrem politischen Handeln wirklich durch die politischen Theorien der Aufklärung oder durch die pietistische Erziehung in ihrem Elternhaus geleitet war; häufig wird zudem der ›liberale‹ Beginn ihres Regierens vom ›reaktionären‹ Ende unterschieden, wobei hier zum Teil rationales Handeln und liberal-humanitäres Denken verwechselt werden: Der Ratio im Dienste des Staates, der Macht und des Prestiges ist Katharina immer gefolgt, aber ein Überwuchern der politischen Wirklichkeit durch die politische Theorie hat sie stets vermieden. Ihre Lektüre als Gemahlin des Thronfolgers ist bekannt; Katharina hatte ja 17 Jahre lang Zeit, und sie galt zu Recht als eine ungewöhnlich belesene und gebildete Frau: Pierre Bayles *Dictionnaire historique et critique* (Erstausgabe 1697) und Voltaires *Essai sur les mœurs et l'esprit des nations* (1756) übten wohl den größten Einfluss auf ihr Weltbild aus; Montesquieus *Esprit des lois* (1748) hat sie gelegentlich selbst als das ›Gebetbuch‹ bezeichnet, dem sie die Ordnung ihrer politischen Gedanken schulde. Doch die Wirklichkeit in ihrem Reich lernte Katharina erst in ausgedehnten Reisen nach der Regierungsübernahme kennen. Dass sie dabei physische Strapazen nicht scheute, war modern und eher ›petrinisch‹ als die formale Restauration von Behörden unter Elisabeth.

Der ursprüngliche Grund für diese Reisen lag darin, dass von den Petersburger Zentralstellen keine zureichende Information zu erlangen war. Hier setzte denn auch Katharinas Reformtätigkeit ein: Ein Manifest vom 15. Dezember 1763 teilte den Senat in sechs Departements ein. Diese zunächst unscheinbare Maßnahme erleichterte die Abgrenzung der Kompetenzen in der zentralen Verwaltung, wobei ein deutlicher Schwerpunkt beim ersten Departement lag, in dem die Aufgaben der allgemeinen Verwaltung konzentriert wurden. Die Leiter der Departements waren der Zarin jeweils persönlich verantwortlich, die damit das Kollegialprinzip einer Gesamtverantwortung der Regierung aufgab. Wenn man darin einen gewissen Trend zur Gewaltenteilung sah, indem die Kaiserin sich die Gesetzgebung vorbehielt, die Exekutive aber den Zentralbehörden (den Departements des Senats und den Kollegien) und die Justiz dem Senat übertrug, so war dies indes eher eine Tendenz als verwirklichte Ordnung. De facto ist schwer zu entscheiden, ob dabei theoretische Überlegungen oder der politische Instinkt eine Rolle spielte, eine Adelsoligarchie zu verhindern.

Erst zwölf Jahre später folgte der Reorganisation der Zentralbehörden dann auch eine Neuordnung der lokalen Verwaltung in der sogenannten Gouvernementsreform: Die übergroßen petrinischen Gouvernements hatten versagt, und in der Lokalverwaltung war der Rückfall in bürokratische Improvisationen Altmoskauer Stils am stärksten. Nun erfolgte eine Neugliederung sehr moderner Art, die eine weitgehende Dezentralisierung der Verwaltung brachte, eine größere Zahl von kleineren Gouvernements (am Ende 51) schuf und gewählte Vertreter aller ›Stände‹ zu untergeordneten Verwaltungsaufgaben in den Gouvernements und Kreisen heranzog. In der Praxis begünstigte dies erneut vor allem den Adel, denn Adelige, Städter und nichtleibeigene Bauern erhielten auf beiden Stufen eigene Standesgerichte und sogar Ämter für soziale Aufgaben auf lokaler Ebene. Eine Sonderrolle spielte dabei der baltische Adel, der darüber hinaus hervorragend ausgebildete Personen für besondere Aufgaben stellte (z. B. Johann Jacob Sievers als Gouverneur von Novgorod (1764) und Berater der Zarin). Das alles ergab indes ein außerordentlich kompliziertes System, das erst für die Zukunft bessere Ergebnisse versprach.

Dass Russlands Probleme jedoch nicht allein durch Reformen der Verwaltungsorganisation zu lösen waren, so lange nicht die Menschen in der Verwaltung selbst reformiert, d. h. gebildet waren, und so lange keine übersichtliche Rechtsgrundlage bestand, war Katharina vollständig bewusst: Bei der Verbesserung der Schulbildung sollte sich die Kaiserin große Verdienste erwerben; dagegen scheiterte ihr Ansatz zu einer neuen Rechtskodifizierung kläglich, obwohl sich hier ihre Lektüreerfahrung am unmittelbarsten auswirkte. So war sie der Meinung, dass eine Sammlung und Systematisierung des geltenden Rechtes, wie sie seit dem *uloženie* von 1649 schon mehrfach vergeblich versucht worden war, nicht genüge;

vielmehr wollte sie mit der Aufstellung »allgemeiner Prinzipien, nach denen richtige und nützliche Gesetze zu erlassen sind« beginnen. Für ihre *Instruktion der Kommission zur Aufstellung eines Projektes für ein neues Gesetzbuch* (1767) (gewöhnlich als *Große Instruktion, bol'šoj nakaz*, bezeichnet) hatte sie die Schriften von Montesquieu, Beccaria – des Verfechters eines humanen Strafrechts – und der preußischen Staatsrechtler v. Bielfeld und v. Justi intensiv genutzt; in mehrsprachigen Ausgaben erschien allerdings nur eine bearbeitete Fassung des ursprünglich viel umfangreicheren und viel liberaleren Entwurfes, der dennoch in Europa eine Sensation wurde – was Katharina sicher beabsichtigt hatte – und in Frankreich verboten wurde. Katharinas adelige Mitarbeiter, vor allem Graf Nikita Ivanovič Panin, hatten dabei alles gestrichen, was die Frage der bäuerlichen Leibeigenschaft auch nur von ferne berührte; umgekehrt hatte Katharina von Anfang an dafür gesorgt, dass die ›Selbstherrschaft‹ nicht diskutiert wurde, wenn sich auch die Begründung dafür gewandelt hatte: Von einer theologischen Begründung wie noch zur Zeit Peters des Großen war nicht mehr die Rede; stattdessen folgte sie Montesquieu mit der Feststellung, dass Russland ein räumlich sehr ausgedehnter Staat sei:

> Ein weiträumiger Staat setzt eine autokratische Herrschaft in jener Person voraus, die ihn regiert. Denn die Schnelligkeit der Entscheidung von Angelegenheiten, die aus entfernten Landesteilen geschickt werden, muss die Verzögerung ausgleichen, die durch die Entfernungen entsteht. Jede andere Regierung wäre für Russland nicht nur schädlich, sondern am Ende sein Untergang.

Was noch vor Kurzem als Ausfluss göttlicher Weltordnung gegolten hatte, wurde nun also als ein Erfordernis rationaler Zweckmäßigkeit ausgegeben. Zweckmäßig war aber auch die Modernisierung nach westlichem Vorbild, die Peter der Große eingeleitet hatte: Russland habe europäisches Klima, daher entsprächen ihm auch die europäischen ›Sitten und Gebräuche‹.

Die *Große Instruktion* war eine grundsätzliche Anleitung zur Schaffung eines neuen Gesetzbuchs; sie formulierte ›europäische Träume‹, die von einer 1766 einberufenen Kommission auf die russische Wirklichkeit übertragen werden sollten. Die Kommission war im Wesentlichen ein *zemskij sobor*, für den in einem komplizierten Wahlverfahren Vertreter des Adels (165), der Städter (207), der nichtleibeigenen Bauern (ca. 100), der zentralen Regierungsbehörden (28) und sogar der nichtrussischen Völker ausgewählt worden waren, der aber im Folgejahr in Moskau nie vollständig zur Beratung zusammentrat. Für die Schaffung eines Gesetzbuches war dies ein viel zu großes und dazu überwiegend gar nicht qualifiziertes Kollegium. Vielleicht war dies auch gar nicht wirklich beabsichtigt, denn der Kommission war vor allem die politische Aufgabe einer Legitimierung der Herrschaft Katharinas zugedacht: In einer Audienz am 12. August 1767 baten die Kommissionsmitglieder die Zarin, sie möge den Titel ›Katharina die Große, weiseste Mutter des Vaterlandes‹ annehmen; dies blieb der einzige Beschluss der Kommission; im Übrigen verzettelte sie sich in zahlreichen Ausschüssen und wurde Ende 1768 mit Hinweis auf den Türkenkrieg ohne großes Aufsehen nach Hause geschickt. Die angebotenen Titel lehnte Katharina ab, aber die Tatsache des Angebotes wurde urkundlich festgehalten und entsprechend verbreitet. Dennoch wird man in diesen liberalen Gesten wohl nicht nur ein Mittel zur Legitimierung ihrer Herrschaft nach innen und zur Erhöhung ihres Prestiges nach außen sehen dürfen, denn die Kodifizierung war eine dringende Aufgabe; schließlich lieferten sowohl die Beratungen der Kommission als auch die Aufträge, die den Kommissionsmitgliedern von ihren Wählern mitgegeben worden waren, der Regierung umfangreiches Informationsmaterial; aber die ursprünglichen ›liberalen‹ Reformideen einer Verwaltung der ›guten Policey‹ gerieten bald völlig in Vergessenheit. Gemessen an der Wirklichkeit ihres Regierens hat die Schülerin Montesquieus und Voltaires ihren europäischen Ruhm demnach kaum verdient. Sie war und blieb eine Gefangene der Adelsinteressen und ihrer eigenen Leidenschaften.

Seit Katharinas Regierungsantritt gab es Bauernunruhen, die durch Gerüchte über Peters III. angebliche Befreiungsabsichten verstärkt wurden; im Westen hielt die Abwanderung auf polnisch-litauisches Gebiet an. Zwangsmaßnahmen des Staates verschärften nur die Spannungen. So wurden von 1764 bis 1769 30 Gutsbesitzer durch aufrührerische Bauern getötet. Noch weniger als das Moskauer Zartum wollte der rationale Absolutismus regionale Unterschiede dulden, wie dies am Beispiel der Ukraine sichtbar wurde: Die Sozialordnung der russischen linksufrigen Ukraine (das ›Hetmanland‹) wurde an die großrussische angeglichen; die Beseitigung der Hetmanwürde (1764) bedeutete den Anfang vom Ende der Kosakenautonomie, die Anfang der 1780er Jahre mit der Einführung der Gouvernementsverwaltung und der Leibeigenschaft in der Ukraine endgültig erlosch. Für das Neusiedlungsgebiet in der Steppe (*slobodskaja ukraina*), in dem schon zur Zeit Elisabeths Militärkolonien serbischer Flüchtlinge angelegt worden waren, hatte die Einrichtung des Gouvernements Char'kov 1765 dieselbe Folge, und die letzten Zaporoger Kosaken verloren 1775 ihre Freiheit. In der rechtsufrigen polnischen Ukraine unterstützte Russland dagegen die Aufstände der Hajdamaken, der Kosaken und Bauern, gegen die polnischen Gutsbesitzer, so lange damit der polnischen Regierung Schwierigkeiten bereitet werden konnten; sobald jedoch russische Truppen in dieses Gebiet einrückten, stellten sie – entgegen den Hoffnungen der Hajdamaken auf Unterstützung durch die orthodoxen Glaubensbrüder – sofort die ›Ordnung‹ wieder her. Dies bedeutete auch hier die Einführung des *krepostnoe pravo*, der Leibeigenschaft: 1767 verloren die Bauern das Recht, ihren Gutsherrn vor Gericht zu verklagen, während der Gutsherr seine Bauern aus eigener Machtvollkommenheit nicht nur nach Sibirien verschicken, sondern sogar zu Zuchthaus verurteilen konnte. Es bedeutete demgegenüber wenig, wenn die Regierung wenigstens die menschenverachtenden und peinlichsten Praktiken – wie etwa die öffentliche Versteigerung von Bauern – verbot, wenn eine große Werbeaktion 1762/63 vor allem deutsche

Kolonisten ins Land holte, um den Nutzen eines gesunden Bauernstandes zu demonstrieren (bis 1766 kamen 23 000 meist pfälzische Bauern, die den Kern des Wolgadeutschtums bildeten), und 1765 die Gründung einer ›Freien ökonomischen Gesellschaft‹ zugelassen wurde, die sich theoretisch mit der Förderung der Landwirtschaft befasste, und schließlich eine Untersuchung ausgezeichnet wurde, die sich für die Bauernbefreiung einsetzte.

Das territoriale Wachstum des Imperiums und die gleichmachende Verwaltung des modernen Staates vollzogen sich folglich auf einem schwelenden Vulkan sozialer, wie die Unruhen in Moskau angesichts der Pestwelle von 1770 zeigten, und zum Teil auch nationaler Ressentiments, wie dies die gewaltigen Massenerhebungen bezeugen, die mit dem Namen des Donkosaken Pugačëv verbunden sind. Emeljan Pugačëv war ein typischer Vertreter der *golyt'ba*, des Steppenproletariats, der mehr von der allgemeinen Unzufriedenheit getragen wurde, als dass er sie wirklich entfachte; als angeblich geretteter ›Peter III‹ war er nur einer von 16 falschen Prätendenten, die in der Regierungszeit von Katharina auftauchten. Den Beginn der Unruhen bildete eine Erhebung der Kosaken am Fluss Jaik, die sich der Einbeziehung in die reguläre Grenzverteidigung widersetzten und im Herbst 1773 bis in das mittlere Wolgagebiet um Samara vordrangen; erst am Ende des Jahres konnte Samara, schließlich im Frühjahr 1774 auch Orenburg und Ufa, durch Regierungstruppen befreit werden. Doch dies genügte nicht mehr zur Befriedung: Im Sommer 1774 folgte eine Erhebung der Baschkiren, die Kazań verheerten – und als auch diese militärisch zerschlagen war, überzog ein wilder Bauernaufstand das ganze Wolgagebiet bis Penza und Tambov. Erst ein regelrechter Feldzug unter Heranziehung der aus dem Türkenkrieg heimgekehrten Truppen konnte die Ruhe wiederherstellen und schließlich konnte auch Pugačëv gefasst werden; der legendäre Bauernzar wurde am 10. Januar 1775 in Moskau hingerichtet. Die entsetzlichen Grausamkeiten, mit denen die Bauern an den Gutsbesitzern und deren Familien Rache genommen hatten – mehr als

22 000 Personen sollen getötet worden sein –, ließen mit einem Schlag die glänzende Fassade des aufgeklärten russischen Imperiums zusammenbrechen, das sich mit westlichen Kultur- und Luxusgütern geschmückt hatte: Die Angst, dass sich die *pugačëvščina* wiederholen könne, durchzog alle späteren Diskussionen über die Bauernfrage und konnte auch durch die Umbenennung des Jaik in ›Ural‹ nicht gemindert werden. Ließ man die Dinge unverändert oder verstärkte gar den Druck des Staates, so wuchs mit Sicherheit die Gefahr einer neuen Eruption, aber auch die Befreiung der Bauern konnte diese Folge haben.

Jede Lösung der Bauernfrage musste auf Kosten des Adels gehen, und den durfte Katharina nicht verärgern. Sie hatte vielmehr den Adel zu hofieren, und da Peter III. die ersehnte Dienstbefreiung schon vorweggenommen hatte, blieb ihr nur die Zusammenfassung und Systematisierung der Adelsprivilegien in der ›Gnadenurkunde‹ (*žalovannaja gramota*) von 1785. Diese brachte dem einzelnen Adeligen im Prinzip nichts Neues, gewährte dem Adelsstand aber praktisch vollkommene Freiheit der Selbstverwaltung und schuf damit die Voraussetzung für die Bildung geschlossener Adelsgesellschaften, die ihrerseits erst die Verwirklichung der neuen Verwaltungsinstitutionen in den Gouvernements und Kreisen ermöglichten. Es gelang aber nicht, auch die städtische Bevölkerung als Stand zu konstituieren, denn dazu fehlten die sozialen Voraussetzungen. Eine Autonomie der russischen Stadtverwaltungen blieb demnach auch unter Katharina Theorie; zwar entwickelte das wirtschaftliche Leben in der russischen Stadt eigene Organisationsformen, es fehlte aber der politische Selbstbehauptungswille der Stadt gegen die übermächtige Staatsverwaltung.

Paul I.

Katharina hinterließ ihrem Sohn Paul I. (1796–1801) bei ihrem Tod am 6. November 1796 in Bezug auf die innere Entwicklung ein ziemlich fragwürdiges Erbe: Entscheidenden

Problemen wie der Bauernfrage war die Kaiserin stets ausgewichen; es hatte ihr genügt, die Macht des Staates unangetastet zu wissen. Von ihrem ungeliebten und von den Staatsgeschäften konsequent ferngehaltenen Sohn, dem sie zuletzt als Nachfolger am liebsten ihren ältesten Enkel Alexander vorgezogen hätte und der mit 42 Jahren als ein innerlich erschöpfter, seiner Aufgabe nicht mehr gewachsener Mann die Regierung antrat, war es indes noch weniger zu erwarten, dass er diese Probleme nun anpackte. Die vier Jahre von Pauls Regierung gelten in der Tat als eine Übergangsperiode, die oft als eine sinnlose Reaktion auf die Epoche Katharinas II. angesehen wird, obwohl durchaus nicht alle Maßnahmen Pauls unvernünftig waren. Das gilt besonders für die Thronfolgeordnung, die der Zar schon am 5. April 1797, seinem Krönungstag, erließ: Die Krone des russischen Imperiums war von nun an im Mannesstamm der Romanovs erblich, und zwar sollten in erster Linie jeweils die Söhne, in zweiter Linie die Brüder dem Alter nach erben. Das Motiv lag bei Paul ebenso wie bei Peter dem Großen in der – allerdings entgegengesetzten – persönlichen Erfahrung: Hatte Peter dem Herrscher die Freiheit gesichert, einen unfähigen Nachfolger zu übergehen, so wollte Paul den rechtmäßigen Erben vor Willkür schützen. Wo Peter auf die autokratische Willensentscheidung vertraut hatte, setzte sein Urenkel also auf ordnende Gesetze. Zwar hatte auch Katharina II. geglaubt, dass die Quintessenz des Regierens vernünftige Gesetze seien; der Unterschied lag jedoch in der Methode, wie diesen Gesetzen Geltung verschafft wurde: Hatte Katharina hier eine gewisse Großzügigkeit gezeigt, so setzte mit Paul jenes beklemmend enge Denken in den militärischen Kategorien von Befehl und Gehorsam ein, das alle folgenden russischen Kaiser auszeichnen sollte, wobei man sich am preußischen Vorbild orientierte und sich keineswegs nur in der Freude am Exerzieren auslebte. Dies alles erinnerte peinlich an Peter III., wie auch das Verhalten Pauls I. als Kaiser häufig geradezu als Beweis für die oft angezweifelte Vaterschaft des Holsteiners gilt.

Katharina II. hatte den Adel privilegiert, aber auch zur Mitarbeit herangezogen; beides war nicht im Sinne ihres Sohnes, der im Allgemeinen das Gegenteil von dem tat, was seine Mutter für richtig gehalten hatte. Das Kollegialprinzip und die Beteiligung der Stände an der Lokalverwaltung widersprachen seinem militärischen Ordnungsmodell; das Ergebnis war eine Politik ständiger Provokationen seitens des Adels: Die Reduzierung der Lokalbehörden mochte er noch hinnehmen, ebenso die Ernennung – statt Wahl – der Adelsvertreter in den weiter bestehenden lokalen Institutionen, ferner das Verbot von Korporationen des Adels auf Gouvernementsebene; aber die Besteuerung des Adels zugunsten der Lokalverwaltung verletzte die in der ›Gnadenurkunde‹ von 1785 verbriefte Steuerfreiheit; das Verbot der bäuerlichen Sonntagsarbeit und der Hinweis auf das Normalmaß einer wöchentlich dreitägigen Fronarbeit der Bauern gewannen keine praktische Bedeutung.

Diese Maßnahmen bedeuteten zwar eine Kränkung des Provinzadels, hätten aber kaum unmittelbare Folgen gehabt; was Paul I. schließlich Thron und Leben kostete, war der despotische Umgang mit den Spitzen der Adelsgesellschaft in Armee und Hochbürokratie: In der Nacht vom 11. (23.) auf den 12. (24.) März 1801 erfolgte zugunsten und mit Wissen des Thronfolgers Alexander der Staatsstreich, bei dem der Kaiser ums Leben kam – nach offizieller Lesart vor Aufregung vom Schlag getroffen, als ihn die Verschwörer zur Abdankung zwingen wollten, in Wahrheit wohl durch Mord. Russland atmete auf, und die erste Regierungserklärung des neuen Zaren versprach die Rückkehr zu den Grundsätzen Katharinas II. Aber auch das ›Zwischenspiel‹ der Regierung Pauls I. hatte der Zukunft Russlands eine weitere Hypothek aufgeladen – das Misstrauen des Adels gegen Staat und Regierung. Dies belastete eine Entwicklung, in der sich Russland stärker als bisher an Westeuropa orientieren und sich mit dessen Ideen konfrontieren sollte.

Die Außenpolitik vom Tod Peters des Großen bis zum Regierungsantritt Alexanders I.

Im Bunde mit Österreich

Der Tod Peters des Großen verminderte zunächst die außenpolitische Aktivität Russlands, wie sich am Rückzug aus Persien zeigte; andererseits folgte die russische Außenpolitik den bisherigen Bahnen der Expansion gegen den Westen und den Süden: gegen Polen und das Osmanische Reich. In beiden Fällen war Österreich der gegebene Bündnispartner, an dem die russische Außenpolitik vom Vertrag von 1726 bis zum Tod der Zarin Elisabeth festhielt. Damit wurden Österreichs Gegner in der Regel auch Russlands Gegner – in erster Linie Frankreich, das seinerseits ständig versuchte, Russland aus dieser Verbindung zu drängen oder doch wenigstens durch das Zusammenspiel von Türken, Polen und Schweden zu beschäftigen. Das alles vollzog sich im Stil europäischer Kabinettspolitik, in die Russland nun voll einbezogen wurde. Gemessen am diplomatischen und militärischen Aufwand blieben die Ergebnisse für Russland und Österreich allerdings mager: Im polnischen Thronfolgekrieg konnten sie zwar August III. – am 17. Januar 1734 gekrönt – gegen den französischen Kandidaten Stanisław Leszczyński durchsetzen – der Marsch eines russischen Hilfskorps bis zum Rhein hatte dabei nur eine psychologische Wirkung –, aber der Kampf gegen die Türken wurde nicht koordiniert, so dass die Niederlage der Österreicher mit dem Frieden von Belgrad (1739) auch Russland um die Früchte der Siege brachte, die Münnich errungen hatte. So wurden Azov und Gebiete am Nordabhang des Kaukasus, die die Russen bereits in Besitz genommen hatten, zu neutralen Zonen erklärt. Dagegen war aber das Prestige Russlands wieder gewachsen: Die Krimtataren konnten sich nicht mehr sicher fühlen, seit die russischen Truppen zum ersten Mal die Landenge von Perekop überwunden hatten; die christlichen Balkanvölker wandten ihr Vertrauen zum Teil Russland zu und selbst England rechnete wieder mit der russischen Macht als einem Faktor der europäischen Politik (Handelsvertrag 1734, Defensivallianz 1742).

Als Kaiser Karl VI. und die russische Zarin Anna Ivanovna 1740 starben, wurde das Bündnis ihrer Staaten indes unmittelbar infrage gestellt. Hofintrigen spielten dabei auf zwei Ebenen: Zum einen schloss Münnich nach dem Sturz Birons gegen die österreichische Orientierung Ende 1740 einen Defensivvertrag mit Preußen, als Münnich aber wenig später ausgeschaltet wurde führte Ostermann die Außenpolitik Russlands wieder auf die alten Gleise zurück, so dass Russland nun im österreichischen Erbfolgekrieg formal mit beiden Seiten verbündet war. Zum anderen wollte Frankreich auf der diplomatischen Ebene eine Unterstützung Österreichs durch Russland unmöglich machen, indem Russland anderweitig militärisch gebunden wurde, und veranlasste deshalb die Schweden zu einem Angriff, um früher verlorene Gebiete wieder zurückzugewinnen; dies verband sich mit einer Intrige des französischen Gesandten in Petersburg, der zusammen mit dem schwedischen Gesandten auf einen Umsturz zugunsten der Tochter Peters des Großen, Elisabeth, hinarbeitete. Als allerdings schwedische militärische Erfolge ausblieben, musste Elisabeth auf eigenes Risiko hin handeln und gelangte aus eigener Kraft an die Macht. Sie setzte den Krieg gegen Schweden fort, ließ den französischen Gesandten, der an die vorherigen, aber nur mündlich getroffenen Abmachungen erinnerte, zur *persona non grata* erklären, und konnte schließlich nach Erfolgen der russischen Truppen im Frieden von Åbo am 19. August 1743 von Schweden die Abtretung eines kleinen Gebietsstreifens an der Nordküste des finnischen Meerbusens erreichen.

Damit war die Verquickung von Außenpolitik und Hofinteressen aber noch nicht beendet: Der glimpfliche Ausgang des militärischen Abenteuers der Schweden hing mit den holsteinischen Verbindungen der Romanovs zusammen. So setzte sich Elisabeth im Frieden von Åbo für die Ansprüche eines Onkels des späteren Peter III., des Holsteiners Adolph Friedrich, auf den schwedischen Thron ein; sie hatte allerdings den zweifelhaften Erfolg, dass dieser 1744 Ulrike, die Schwester Friedrichs II. von Preußen, heiratete und 1751 als ein überzeugter preußisch-französischer Parteigänger den schwedischen Thron bestieg. Nun war 1743 freilich noch nicht entschieden, welcher der beiden Parteien in der großen europäischen Auseinandersetzung sich Russland auf die Dauer anschließen würde; zwar sprach die Tradition für Österreich und England, aber der französische und preußisch-holsteinische Einfluss in Petersburg war nach wie vor stark; ihm verdankte es auch die Prinzessin Sophie Friederike von Anhalt-Zerbst, die Tochter eines preußischen Feldmarschalls, dass sie 1745 den russischen Thronfolger heiratete.

Wenn Frankreich und Preußen am Ende also doch nicht Russland auf ihre Seite ziehen konnten, so lag das weniger an besonderen Sympathien Elisabeths für Maria Theresia in Wien oder an Antipathien gegen den Preußenkönig, als vielmehr an der Standfestigkeit des Mannes, der von 1742–57 die russische Außenpolitik leitete: des Vizekanzlers (ab 1744 Kanzler) Aleksej Petrovič Bestužev-Rjumin. Dieser wollte im Sinne Peters des Großen zu den Seemächten England und Holland ein gutes Verhältnis pflegen und mit Polen und Österreich im Bunde stehen, »wegen der Lage dieser Länder, die eine natürliche Verbindung zu Russland haben«. Gegen die so verstandene außenpolitische Konzeption Peters des Großen halfen auch weitere Intrigen in Petersburg nicht – nach und nach wurden die französischen und preußischen Parteigänger aus Petersburg entfernt; einer neuen Defensivallianz mit Österreich vom 22. Mai 1746 folgten im Juni und Dezember 1747 Subsidienverträge mit England, und wieder marschierte eine russische Armee nach Westen, um Österreich gegen die Franzosen beizustehen. Obwohl die Russen bis Elberfeld kamen, konnten sie allerdings nicht mehr in den Konflikt eingreifen, und so wurde der Friede von Aachen (18. Oktober 1748) ohne Beteiligung Russlands geschlossen.

Nachdem Petersburg dann 1748 die Beziehungen zu Frankreich und 1750 auch die zu Preußen abgebrochen hatte, war die Entscheidung endgültig für die österreichische Partei gefallen: An der Seite Österreichs wurde Russland in den Wechsel der Allianzen hineingezogen, der den Siebenjährigen Krieg einleitete.

Dieser Wechsel kam für Petersburg vollkommen überraschend, denn noch am 1. Februar 1756, 14 Tage nach der sogenannten Westminsterkonvention mit Preußen, hatte England einen Subsidienvertrag mit Russland abgeschlossen. Angesichts des Allianzenwechsels war das System Peters des Großen aber nicht mehr aufrechtzuerhalten; in Petersburg entschied man sich erneut für Österreich, dessen Bündnis mit Frankreich die Russen Ende 1756 beitraten. Damit stürzte auch Bestužev, den die frankophile Partei endlich doch verdrängt hatte, ohne ihn indes ersetzen zu können. Von einer neuen außenpolitischen Konzeption konnte aber keine Rede sein; Russland führte vielmehr jahrelang einen kostspieligen und verlustreichen Krieg, ohne am Ende einen politischen Gewinn zu erzielen. In erster Linie lag das an dem neuerlichen Allianzenwechsel, den Peter III. sofort nach seinem Regierungsantritt herbeiführte, indem er am 24. April (5. Mai) 1762 mit Preußen Frieden und bald darauf ein Militärbündnis gegen Österreich schloss – eine Entscheidung, an der auch Katharina II. im Prinzip festhielt. Unter diesen Umständen hatten die russischen Truppen ihre Siege bei Großjägerndorf und Kunersdorf gegen den falschen Gegner errungen; an territoriale Gewinne auf Kosten Preußens (Ostpreußen) war nicht mehr zu denken.

Das eindeutig negative Urteil russischer Historiker beschränkt sich jedoch nicht auf diese letzte Phase des Siebenjährigen Krieges; es gilt vielmehr der Außenpolitik in der gesamten Zeit zwischen Peter dem Großen und Katharina II. und orientiert sich dabei am politischen Ziel einer territorialen Expansion, die als ›historische Aufgabe‹ verstanden wurde. Unter diesem Gesichtspunkt muss Bestuževs Bündnistreue freilich als ein Verrat am petrinischen Erbe und seine defensive Gleichgewichtspolitik als Mangel an nationalem Egoismus erscheinen. Demgegenüber ist aber zumindest die Frage zu stellen, ob das europäische Gleichgewicht Russland auf die

Dauer nicht größere Chancen geboten hätte als jener glorreiche Imperialismus, der die Kräfte ständig überforderte und dem äußeren Prestige des Staates rücksichtslos die Interessen der Gesellschaft opferte.

Die Teilung Polens

Unter Katharina II. lag die Durchführung der Außenpolitik zunächst in den Händen Panins, den im Jahre 1780 Bezborodko ablöste. Im Stil der Zeit entwickelten die jeweiligen Berater der Zarin theoretische Konzeptionen der russischen Außenpolitik, Systeme und Projekte, die im Wesentlichen eine skrupellose Machtpolitik verbrämten und die dem Instinkt der Zarin für Gelegenheiten und Möglichkeiten folgten. Die Bemühungen Panins, des Schülers von Bestužev, das europäische Gleichgewicht durch ein Bündnissystem der nördlichen Mächte (Russland, Preußen, Schweden, England, Dänemark, Sachsen und Polen) gegen die südlichen, katholischen Mächte (Österreich, Frankreich und Spanien) zu sichern, waren dabei nur Fassade, hinter der sich die territoriale Expansion auf Kosten Polens als eigentliches Ziel verbarg. Polens Schwäche bot dazu die Gelegenheit, das 1764 erneuerte Bündnis mit Preußen war das geeignete Instrument. Die Prinzipien, auf die man sich bei dieser Gelegenheit einigte, waren einfach, erfolgversprechend und nicht von moralischen Bedenken getrübt: Es war dafür zu sorgen, dass die Verfassung der Adelsrepublik nicht reformiert wurde und damit jener Zustand einer »durch Bürgerkrieg gemilderten Anarchie« erhalten blieb, der die letzten Jahrzehnte des selbstständigen Polen charakterisiert hatte. Seit der hemmungslose Missbrauch des *liberum veto* jede Tätigkeit des polnischen *sejm* blockierte, wurde Politik hier praktisch nur noch durch das verfassungswidrige Mittel bewaffneter Adelskonföderationen gemacht; Möglichkeiten der Einflussnahme von Russland und Preußen bot dann der angeblich nötige Schutz der Dissidenten: der jeweiligen orthodoxen und protestantischen Glaubensgenossen. Zu diesem Zweck einigten sich die aufgeklärtesten Monarchen Europas darauf, den gemeinsamen polnischen Nachbarn mit Gewalt im Zustand politischer Unaufgeklärtheit zu belassen und diese ›Ordnung‹ in Polen so lange zu schützen, bis Polen von der Landkarte Europas verschwunden war. Die ein Menschenalter hindurch in wechselnden Konstellationen konsequent dazu angewandten Methoden überstiegen das, was die Kabinettspolitik des 18. Jahrhunderts im Allgemeinen für vertretbar hielt, ganz beträchtlich.

Unter dem Druck von russischen Truppen im Land wurde am 7. September 1764 Stanisław August Poniatowski, ein früherer Liebhaber Katharinas, zum polnischen König gewählt, dem man, als er unerwünschte Reformen in seinem Land unterstützte, Anfang 1768 einen Vertrag aufzwang, der die bisherige polnische Verfassung ausdrücklich unter russische Garantie stellte. Gegen diese kaum verhüllte russische Fremdherrschaft bildete sich im März 1768 die Konföderation von Bar, die einen von Österreich und Frankreich unzulänglich unterstützten militärischen Widerstand versuchte und im Zusammenhang mit ukrainischen Unruhen einen russisch-türkischen Krieg auslöste. Dies behinderte Russland aber nicht grundsätzlich, sondern beschleunigte vielmehrdie Realisierung längst erwogener Teilungspläne: Preußen drängte für seine Subsidienzahlungen auf eine Kompensation, und Österreich lieferte 1769 durch die Besetzung der seit Jahrhunderten an Polen verpfändeten Zips den erwünschten Präzedenzfall; 1772 war man sich dann einig (Teilungsverträge vom 5. August): Russland erhielt die weißrussischen Gebiete von Polock, Vitebsk und Mogilëv sowie den bisher noch polnischen Rest von Livland, Österreich erwarb Galizien und Preußen das Ermland, das ›königliche Preußen‹ am Unterlauf der Weichsel (nun ›Westpreußen‹ genannt, ohne Danzig und Thorn) und den Netzedistrikt (mit Bromberg). Über polnische Proteste ging man hinweg; im September 1773 sah sich der polnische Reichstag zur Anerkennung der vollzogenen Tatsachen gezwungen.

Sehr viel komplizierter verlief die zweite Phase der Liquidierung Polens: So schmerzlich die territorialen Einbußen von 1772 für den historischen polnischen Staat auch waren, so besaß er doch noch genügend Kraft zur inneren Erneuerung; denn nun fand sich der polnische Adel unter dem Eindruck der äußeren Gefahr zusammen und unterstützte jene aufklärerischen Ideen, die das übrige Europa längst beherrschten. Die breite Selbstkritik über die ›polnische Unordnung‹ (*Polonia confusione regitur*) führte schließlich zur Einrichtung einer ›Nationalen Erziehungskommission‹ (*komisja edukacji narodowej* 1773), die mit den reichen Mitteln des gerade aufgelösten Jesuitenordens in wenigen Jahren ein nationales Bildungswesen von der Elementarschule bis zur Universität schuf. Das war eine Voraussetzung für die folgenden politischen Reformen: Diese zielten auf die Beseitigung des Wahlkönigtums, des *liberum veto* und der Konföderationen – alles Institutionen, deren Bestand Russland garantierte – und insgesamt auf eine Stärkung der Königsmacht im Rahmen einer Verfassung. Katharina als gefeierte ›Semiramis des Nordens‹ lehnte aber selbst bescheidene Reformen strikt ab. In den folgenden Jahren schien sich Polen jedoch die Chance zu bieten, Reformen auch gegen Russland durchzusetzen.

1787/88 wurde Katharina in einen Zweifrontenkrieg gegen die Türkei und gegen Schweden hineingezogen; hinter beiden standen Preußen und England, die bisherigen Freunde im Rahmen des ›nordischen Systems‹. Katharina hatte sich durch ihre außenpolitischen Ambitionen isoliert: England verübelte ihr die bewaffnete Neutralität, die sie im amerikanischen Unabhängigkeitskrieg verkündet hatte (1780), und Preußen missgönnte ihr die Rolle des *arbiter Germaniae*, die sie sich aufgrund von Interventionen an deutschen Fürstenhöfen anmaßte; nur gegen die Türkei verfügte Russland in Österreich über einen, wenn auch zögernden, Verbündeten (Geheimallianz von 1781). Diese Gunst der Lage nutzten die Polen: Als Konföderation aller Parteien trat hier im Oktober 1788 der Reichstag zusammen, um nach dem Prinzip der Stimmenmehrheit das politische Reformwerk zu schaffen. Gestützt auf das Wohlwollen der preußischen Garantiemacht erreichte Polen den Abzug der russischen Truppen; das polnisch-preußische Militärbündnis vom 29. März 1790, das im Falle einer russischen oder österreichischen Einmischung eine sofortige preußische Unterstützung vorsah, schien die neue polnische Verfassung, die der ›vierjährige Reichstag‹ am 3. Mai 1791 verabschiedete, gegen alle Eventualitäten abzusichern. Aber das Glück war nicht mit Polen, sondern mit Katharina, die sich rascher als erwartet aus der Bedrängnis des Zweifrontenkriegs löste: Am 14. August 1790 gelang ihr der Abschluss eines Friedens mit Schweden auf der Basis des *status quo,* und der Friede von Jassy mit den Türken gab ihr Anfang 1792 endgültig freie Hand. Für Polen noch verhängnisvoller war aber die Französische Revolution, gegen die sich Preußen und Österreich zu einem Krieg verbündeten; die gemäßigte liberale polnische Verfassung vom 3. Mai geriet dadurch in den unverdienten Ruf eines Umsturzes, wie er sich in Frankreich vollzogen hatte. So wie die deutschen Mächte in Frankreich die Ordnung wiederherstellen wollten, so wollte dies Katharina in Polen gegen ›die Jakobiner an der Weichsel‹ übernehmen – obwohl die Franzosen die Monarchie abgeschafft, die Polen sie aber gestärkt hatten.

In altbewährter Weise erklärte eine Konföderation russischer Parteigänger (Konföderation von Targowica vom 14. Mai 1792) also die Maiverfassung in Polen für ungültig und bat Katharina um Entsendung von Truppen. Preußen entzog sich angesichts der Entwicklung im Westen seiner Bündnisverpflichtung, was die Polen nur als Verrat auffassen konnten. Diese Auffassung sollte sich bestätigen, da der preußische Verbündete, obwohl er die Maiverfassung ausdrücklich anerkannt hatte, schon am 23. Januar 1793 mit Russland einen Geheimvertrag über eine neue Teilung Polens schloss, »um den Geist der Rebellion und der gefährlichen Neuerung zu bekämpfen«. Dazu beanspruchte Russland Wilna, Minsk, Ostwolhynien und Ostpodolien, während Preußen jetzt Danzig und Thorn, dazu aber auch noch Großpolen mit Posen und Kalisz erhielt. Dem konnte kein polnischer *sejm* zustimmen, und so interpretierte man einfach die Anwesenheit der Abgeordneten in Grodno als stumme Ratifizierung der

Abtretungsverträge. Restpolen wurde durch einen weiteren oktroyierten Vertrag vom 1. Oktober 1793 praktisch ein russisches Protektorat. Der Aufstand, der im März 1794 unter der Führung Kościuszkos ausbrach, konnte nur noch demonstrieren, dass die Polen den Untergang ihres Staates nicht widerstandslos hinnahmen: Zwar konnten die Aufständischen vorübergehend Wilna und Warschau befreien, Warschau im Sommer 1794 sogar gegen eine Belagerung durch preußische Truppen halten, aber im Herbst brachte der massierte Einsatz russischer Armeen sehr rasch die Niederlage. Danach war Polen nur mehr Objekt der endgültigen Teilungsverhandlungen, die nach Überwindung erheblicher, durch preußische Forderungen verursachter Spannungen schließlich zum Ergebnis führten (am 24. Oktober 1795: Beitritt Preußens zu dem österreichisch-russischen Teilungsabkommen vom 3. Januar 1795 und somit die dritte Teilung Polens): Russland wurde im Besitz von Kurland, das es nach der Abdankung von Birons Sohn Peter annektiert hatte, bestätigt und erhielt außerdem ganz Litauen sowie den Rest von Wolhynien und Podolien; Österreichs Anteil wurde durch Kleinpolen mit Krakau erweitert; der Rest mit Warschau fiel an Preußen.

Damit hatte Katharina ein Jahr vor ihrem Tod die ›historischen Ziele‹ Russlands im Westen erreicht: Das russische Land war im Wesentlichen ›gesammelt‹, nur in Galizien standen noch orthodoxe Ostslaven (Ukrainer, von der österreichischen Verwaltung als ›Ruthenen‹ bezeichnet) unter nichtrussischer Herrschaft. Doch die Teilung Polens mit der Serie flagranter Rechts- und Treuebrüche konnte weder als ›altes historisches Ziel‹ noch als Beseitigung von ›unordentlichen polnischen Zuständen‹ gerechtfertigt werden. Dabei war keine der Teilungsmächte ohne Schuld, aber unzweifelhaft war der Expansionswille des russischen Imperiums die treibende Kraft.

Durch die Teilungen Polens hatte Russland eine Bevölkerungsgruppe erhalten, die im Moskauer Russland praktisch unbekannt gewesen war: die Juden. Nur in den westlichen Gebieten, die an Litauen grenzten, hatte es vorher schon Berührungspunkte gegeben, die in der orthodoxen Bevölkerung zu Ablehnung und abergläubischen Vorstellungen geführt hatten. Durch die erste Teilung Polens 1772 gewann das Zarenreich mehr als 500 000 Menschen jüdischer Konfession, die eine eigene Sprache hatten und nach alten Traditionen lebten. Die Juden in den neuen russischen Gebieten teilten sich dabei in zwei große Gruppen, von denen die einen (in Litauen mit dem Zentrum Wilna) vorwiegend nach der Tradition der rabbinischen Gelehrsamkeit lebten (Mitnagdim), während im Süden, in der Ukraine, der Chassidismus als Ergebnis von Verfolgungen und den ›Kriegen der Sintflut‹ das Leben bestimmte. Diese Richtung war antiintellektuell, gegenwartsbezogen und mit mystischen Elementen angereichert, die dem alten Ideal der Buchgelehrsamkeit die ›Frömmigkeit‹ und Extase in der Religionsausübung entgegenstellte. Noch schwach, aber in intellektuellen Kreise im Wachsen begriffen, war eine dritte Richtung, die die Ideen der Aufklärung (*haskala*) aus dem Westen übernahm, von beiden anderen Gruppen angefeindet wurde, aber in die Zukunft wies.

In der polnischen Adelsrepublik waren die Juden Vermittler zwischen Adel und Bauern gewesen, indem sie als Verwalter adeliger Güter, als Pächter von Schänken, Herbergen, Mühlen und anderen Einrichtungen tätig gewesen waren, darunter auch im Verkauf jener Güter, die die Bauern nicht selbst herstellen konnten. Diese wirtschaftliche Tätigkeit, die ihnen Vorwürfe und Anschuldigungen von beiden Seiten eingetragen hatte, passte nicht in das Raster der russischen Gesellschaftsordnung, deshalb wurden die Juden in der Städteverfassung von 1775 und 1781 durch Katharina mehrheitlich der städtischen Bevölkerung (als *meščane*) zugeordnet, obwohl in den ehemals polnischen Gebieten mindestens ein Drittel von ihnen auf dem Land und in Dörfern angesiedelt war. Diese Einstufung sollte eigentlich ihre Integration in die russische Gesellschaft ermöglichen und war keine bewusste Diskriminierung; sie wirkte sich aber bald negativ aus, weil die Juden in einigen Gebieten aus ihren ländlichen Wohnungen vertrieben wurden oder aber mit der Drohung leben mussten, dass sie von dort jederzeit vertrieben werden könnten. Auch die Entscheidung von 1781, die den Juden nur die Ansiedlung in den neuen weißrussischen und ukrainischen Gebieten erlaubte, entsprach russischem Rechtsdenken, das keine Freizügigkeit der Staatsbürger kannte; die Pflicht zur doppelten Steuerlast, die die Juden ab 1794 erbringen mussten, teilten sie mit den Altgläubigen. Wie andere Stadtbürger konnten sie sich aber von der Rekrutenstellung freikaufen.

Insgesamt war die Zeit Katharinas in Bezug auf die jüdische Bevölkerung dadurch gekennzeichnet, dass die neue Gruppe durch administrative Maßnahmen in die bestehende Gesellschaft eingepasst werden sollte. Noch aber waren die Juden ein Randproblem der Innenpolitik, mit dem sich nur Bürokraten beschäftigen mussten. Vordringlich erschien die Auseinandersetzung mit den ›ungläubigen‹ Türken, die die Außenpolitik beherrschte.

Türkenkriege

Die bisherigen Kriege Russlands gegen das Osmanische Reich waren nicht erfolgreich gewesen, und so vermied Katharina II. zunächst einen Konflikt. Als er jedoch 1768 unvermeidlich wurde, steckte sie auch hier die Ziele weiter als ihre Vorgänger: Die Absicht, die Türken ganz aus Europa zu vertreiben, wurde offen ausgesprochen und damit jenes später formulierte ›griechische Projekt‹ vorweggenommen, mit dem Russland an die Wiedererrichtung des oströmischen Kaiserreiches anknüpfen wollte. Dem kühnen Ziel entsprach im ersten Anlauf die Kühnheit der Mittel: Eine Flottenexpedition von der Ostsee ins Ägäische Meer sollte den Befreiungskampf der christlichen Balkanvölker auslösen und unterstützen. Zwar misslang dem Führer des Unternehmens, Aleksej Orlov, die Aufwiegelung der Balkanvölker, aber seine englischen Admiräle vernichteten am 24. und 26. Juni 1770 in der Bucht von Çeşme die türkische Flotte. Für Europa war das eine Sensation, für den Fortgang des Krieges blieb der Seesieg jedoch ohne große Bedeutung. Die entscheidenden

Erfolge mussten zu Lande errungen werden, und das erwies sich als weit schwieriger.

Bis 1771 gelang in Sommerfeldzügen die Besetzung der Donaufürstentümer, die Einnahme der türkischen Stützpunkte Izmail, Kilia (beide im Donaudelta), Bender (am Unterlauf des Dnestr) und Akkerman (am Dnestrliman) sowie die Eroberung des Küstengebietes um das Azov'sche Meer und der Krim. Dann aber erzwang die Zuspitzung der polnischen Frage eine Pause und führte zu Verhandlungen mit den Türken. Erst nach der ersten Teilung Polens, und nachdem das Misstrauen Österreichs durch ausdrücklichen Verzicht auf eine Erwerbung der Donaufürstentümer ausgeräumt war, ließ Katharina die Friedensverhandlungen scheitern und setzte den Krieg erfolgreich fort. Der Vertrag, der schließlich am 10. (21.) Juli 1774 in Küçük-Kainarci unterzeichnet wurde, brachte Russland aber nicht nur bedeutende Gewinne im Westen des Schwarzen Meeres und im Nordkaukasus, sondern barg auch die Keime künftiger Konflikte: Es war vorauszusehen, dass die erzwungene Unabhängigkeit der Krim keine Angelegenheit von Dauer sein würde, zumal die Halbinsel eine ausgesprochen russenfeindliche tatarische Bevölkerung hatte und ohne Steppenhinterland wirtschaftlich nicht lebensfähig war; die wirtschaftlichen Schwierigkeiten wurden dadurch weiter vermehrt, dass die Russen die Umsiedlung der auf der Krim lebenden Griechen und Armenier auf ihr Territorium forderten und auch durchsetzten; die Halbinsel verlor in den Kriegen ca. zwei Drittel ihrer Bevölkerung. Als sich schließlich gegen den russlandhörigen Chan Šagin Girāi ein Aufstand erhob, ließ Katharina II. ihre Truppen eingreifen und annektierte am 8. April 1783 den Staat der Krimtataren, was die Türken zunächst anerkannten, wenige Jahre später aber doch zum Anlass für einen neuen Krieg nahmen.

Noch zwei weitere Bestimmungen des Friedensvertrages von 1774 berührten Gegenstände, die in der künftigen Entwicklung der ›orientalischen Frage‹ eine große Rolle spielen sollten: Einmal erhielt Russland von der Türkei freie Schifffahrt im Schwarzen Meer und freie Durchfahrt durch die

Meerengen für seine Handelsschiffe zugestanden, zum andern verpflichtete sich die Hohe Pforte in Artikel 7, »die christliche Religion und ihre Kirchen in zuverlässigen Schutz zu nehmen«, und gewährte dem russischen Gesandten das Recht,

> unter allen Umständen zugunsten sowohl der in Konstantinopel errichteten [...] Kirche [gemeint ist eine öffentliche Kirche des griechisch-russischen Glaubens im Fremdenviertel Galata, deren Bau gleichzeitig gestattet wurde] wie auch der Geistlichen an ihr verschiedene Vorstellungen zu erheben [...].

Daraus leitete man später in Petersburg ein allgemeines Protektoratsrecht Russlands über die griechisch-orthodoxen Untertanen des Sultans ab.

Der Friede von Küçük-Kainarci bot also die Voraussetzung für das Entstehen jenes südlichen ›Neurussland‹, für das die Zaporoger und die Tataren aus der Steppe verschwinden mussten und das die alte Durchzugsstraße der Völker zum ersten Mal durch dauerhafte bäuerliche Siedlung sperrte. Das Kolonisationswerk war dabei nicht in wenigen Jahren zu bewältigen, und Katharinas Favorit Potëmkin, der erste Regent Neurusslands, zeigte der Zarin auf ihrer berühmten Reise in die Krim 1787 zum Teil noch wirklich ›Potemkin'sche Dörfer‹; auch der Handelsverkehr über die russischen Schwarzmeerhäfen ließ noch auf sich warten, denn die Meerengen blieben für Handelsschiffe anderer Nationen verschlossen und Versuche der Österreicher, über die Donau Handelskontakte mit den Russen aufzunehmen, erwiesen sich als verfrüht. Aber man hatte bereits mit dem Bau einer Schwarzmeer-Kriegsflotte begonnen, und Potëmkin, dessen Stärke mehr das Entwerfen kühner Pläne als die sorgfältige Administration war, traf sich mit Katharina in der Begeisterung für das ›griechische Projekt‹.

Die Krimreise der Zarin, die durch das Zusammentreffen mit Kaiser Josef II. europäische Publizität erwarb, war eine Demonstration, und als solche wurde sie von den Türken auch aufgefasst und im August 1787 mit einer zweiten Kriegserklärung beantwortet. Die internationale Lage war für Russland diesmal weniger günstig als 1768, und auch die militärischen Erfolge blieben zunächst bescheiden; aber Katharina, die sich allen Vermittlungsversuchen Preußens und Englands verschloss und sich auch durch den Separatfrieden der verbündeten Österreicher (Sistova, 4. August 1791) nicht beeindrucken ließ, behielt abermals recht: die Siege ihres Feldherrn Suvorov stärkten die russische Position so weit, dass die Türken im Frieden von Jassy (29. Dezember 1791/9. Januar 1792) nicht nur den Vertrag von 1774 bestätigen und erneut die Annexion der Krim anerkennen, sondern auch noch den Küstenstreifen zwischen Bug und Dnjestr abtreten mussten. Weitergehende Pläne, die ein neuer Vertrag mit Österreich (3. Januar 1795) vorbereitete, verhinderte der Tod der Zarin. Statt die ›ungläubigen‹ Türken aus Europa zu vertreiben, verschwand also das katholische Polen von der europäischen Landkarte.

Daran änderte sich auch unter Paul I. nichts, der auch in seiner Außenpolitik das Gegenteil von dem für richtig hielt, was seine Mutter getan hatte: Zwar erklärte er bei der Freilassung Kościuszkos, er würde Polen wiederherstellen, wenn nicht andere Mächte beteiligt wären; hier deutete Paul I. wenigstens selbst an, dass seine eigene Konzeption an den Realitäten scheiterte. Im Allgemeinen war er aber offenbar gar nicht in der Lage, zwischen seinen Gedanken und der Wirklichkeit eine Beziehung herzustellen. Da er jedoch die russische Außenpolitik selbst leitete, war das Ergebnis eine aufreizende Planlosigkeit, die mit zu seinem Sturz beitrug. So war es bezeichnend, dass Russland der zweiten Koalition gegen Napoleon nicht wegen der prinzipiellen Gegnerschaft des absoluten Monarchen gegen den Erben der Revolution beitrat, sondern weil Napoleon im Juni 1798 Malta erobert hatte: Ein halbes Jahr vorher hatte Paul I. das Protektorat über den dort ansässigen Johanniterorden übernommen. War ein orthodoxer Kaiser als Großmeister der Johanniter schon merkwürdig genug, so mutet es geradezu fantastisch an, dass der Mystizismus des geistlichen Rittertums in der Folge die Außenpolitik des russischen Imperiums maßgebend bestimmte. Die Beteiligung der Russen am zweiten Koalitionskrieg gegen Napoleon war an sich bedeutend: Ihre Ostseeflotte vereinigte sich vor der holländischen Küste mit den Engländern, die Schwarzmeerflotte unter dem Admiral Ušakov operierte gemeinsam mit den Türken im Mittelmeer und eroberte im Februar 1799 Korfu, die Landstreitkräfte unter Suvorov vertrieben im Sommer 1799 die Franzosen aus Oberitalien und zogen über den Gotthard-Pass, ohne jedoch die Lage in der Schweiz noch retten zu können (Niederlage bei Zürich, 14./25. September). Das Verhältnis zwischen den Verbündeten war danach indes nicht mehr gut; die Russen fühlten sich von den Österreichern im Stich gelassen, während diese sich über das Verhalten der russischen Truppen beschwerten. Den Ausschlag für das Ausscheiden Russlands aus der Koalition gab wiederum Malta, das die Engländer nicht dem Großmeister der Johanniter überließen, sondern selbst besetzten. Dies wusste wiederum Napoleon geschickt auszunutzen und so konnte er Paul I. für einen gemeinsamen Kampf gegen England gewinnen. Auch an anderer Stelle verfolgte Paul fantastische Pläne: Am 12. Januar 1801 befahl der Zar die Eroberung Indiens durch ein Kosakenkorps, und nur sein Sturz hat die Katastrophe dieser Truppe verhindert, die völlig unvorbereitet den asiatischen Kontinent durchqueren sollte. Im Zusammenhang mit dieser Aktion annektierte Russland am 18. Januar 1801 Georgien – der einzige, von Europa jedoch kaum beachtete, dauerhafte Gewinn, den die verworrene russische Außenpolitik unter Paul I. erzielt hat.

Die wirtschaftliche und kulturelle Entwicklung

Handel, Industrie und Finanzen

Gemessen an den Erfolgen der Außenpolitik, an der ›Mehrung des Reiches‹ um wirtschaftlich wertvolle oder doch zumindest vielversprechende Territorien, hielt sich die ökonomische Entwicklung Russlands unter den Nachfolgern Peters des Großen bis zum Beginn des 19. Jahrhunderts in Grenzen. Ohne Veränderung der Wirtschaftsart war ein der Bevölkerungszunahme entsprechendes Wachstum zu verzeichnen; die Bevölkerung war von 22,4 Millionen unter Peter auf 36,5 Millionen angewachsen, wobei 4 Millionen in den ehemals polnischen Gebieten lebten. Hinter vielen wirtschaftspolitischen Maßnahmen der Regierung stand indes mehr Faszination durch westeuropäische Vorbilder als Erfahrung und Sachkenntnis. Staatliche Initiative trat im Verlauf des Jahrhunderts immer mehr zurück, wobei sich die Lässigkeit des Regierens unter Elisabeth zur Betonung liberaler Gesichtspunkte unter Katharina wandelte. Die Beseitigung aller Binnenzölle 1753 und die Einrichtung einer Kommerzbank im folgenden Jahr nutzten zwar dem Handel, aber die Initiative des russischen Kaufmanns bewegte sich nach wie vor in traditionellen Bahnen: Der Außenhandel mit dem westlichen Europa lag noch überwiegend in den Händen englischer, in zweiter Linie holländischer Kaufleute; an dieser Lage änderten auch Perioden politischer Konflikte nichts Wesentliches. Bei einer Konzentration von 90 % des russischen Außenhandels in den Ostseehäfen (zwei Drittel allein in Petersburg) leuchtet es ein, dass die westlichen Zivilisationsgüter vornehmlich aus England oder über England nach Russland kamen, das seinerseits Hauptabnehmer der russischen Rohstoffe und weiter verarbeiteter Produkte der Eisenindustrie war. Die Französische Revolution hatte den geringeren russischen Handel mit Frankreich ganz zum Erliegen gebracht; ein Außenhandel über die neu entstehenden Schwarzmeerhäfen (Odessa 1794) war noch Zukunftsmusik: Noch gab es keine eigene russische Handelsflotte und entsprechende wirtschaftliche Anreize, die den Export von südrussischem Getreide im 19. Jahrhundert hätte fördern können.

Die industrielle Entwicklung im 18. Jahrhundert ist angesichts schlechter statistischer Unterlagen nur schwer abzuschätzen; die angebliche Verdreifachung der Zahl von Fabriken und Fabrikarbeitern in der Regierungszeit Katharinas II.

ist nicht unbestritten. Jedenfalls konnte der Staat aus ihr keinen erheblichen Nutzen ziehen; vielmehr versuchte er die wachsenden finanziellen Bedürfnisse im Wesentlichen durch Steuererhöhungen zu decken. Dazu traten die modernen Methoden der Notenpresse und der Auslandsanleihen: 1768 begann Russland mit der Ausgabe von Banknoten, um die finanziellen Aufwendungen für den Türkenkrieg zu begleichen, ein Jahr später nahm die Regierung die erste Auslandsanleihe auf. Immer neue Kriege und die wachsenden Kosten der inneren Verwaltung ließen die Belastungen weiter steigen; die negativen Folgen zeigten sich bald: Am Ende von Katharinas Regierung hatte der Papierrubel bereits 32 % von seinem Nominalwert eingebüßt, und die Außenschulden des Staates (vor allem an holländische Geldgeber) überstiegen bereits 50 Millionen Rubel, lagen damit allerdings noch im Durchschnitt anderer Staaten des damaligen Europa. Sparsamkeit und die Sorge für eine geordnete Finanzverwaltung lagen Katharina so wenig wie Elisabeth, die bei Beginn des Siebenjährigen Krieges dem Vaterland zwar ihre Juwelen opfern wollte, aber keinen Augenblick den kostspieligen Bau des Winterpalais in St. Petersburg unterbrechen ließ. Beide nahmen das Defizit des Staatshaushaltes wie eine Naturerscheinung hin, nur dass Katharina über die Ausmaße und Ursachen vermutlich besser informiert war.

Angesichts einer durch die gesellschaftliche Struktur Russlands verzögerten wirtschaftlichen Entwicklung und eines Finanzgebarens am Rande des Bankrotts mögen die Erfolge Russlands und sein Aufstieg zu einer Großmacht Europas geradezu unerklärlich erscheinen, wenn man westeuropäische Maßstäbe anlegt. Diesen Fehler machten nicht wenige Besucher Russlands schon im 18. Jahrhundert und verbreiteten ein aus Verachtung und Furcht entstandenes irrationales Urteil. Dabei blieb unberücksichtigt, dass mangelhafte Organisation in der Regel die Fähigkeit des Improvisierens hervorruft und dass die gewaltige räumliche Ausdehnung des russischen Imperiums die Administration vor nahezu unlösbare Aufgaben stellte: Allein die ab 1747 alle 15 Jahre vorgesehene Revision der ›Steuerseelen‹ war angesichts der Entfernungen jedes Mal ein teures Riesenunternehmen, und die 1765 begonnene, dringend nötige Landvermessung zog sich bis in die Mitte des 19. Jahrhunderts hin, nachdem bis zum Ende des 18. erst 20 Gouvernements erfasst worden waren. Andererseits verfügte das Land über materielle und menschliche Ressourcen, die ein verschwenderisches Regieren eher und länger erlaubten als in kleineren und ärmeren Ländern. Aber auch diese reichten nicht ewig, und je besser die Russen durch häufigere Kontakte die westeuropäische Denkart kennenlernten, desto mehr entdeckten sie, dass der Glanz des Goldenen Zeitalters unter Katharina teuer erkauft war, dass das prunkvolle Gebäude des Imperiums auf schwankendem Boden stand.

Das Bildungswesen

Westlichen Beobachtern mochte der kulturelle Fortschritt Russlands im 18. Jahrhundert gering erscheinen, im Vergleich zur Zeit Peters des Großen war er jedoch tatsächlich beachtlich. Allerdings stand alle höhere Bildung im Zeichen des Staatsnutzens und war noch für lange Zeit ein – nur von wenigen Hochbegabten unter besonders günstigen Umständen durchbrochenes – Privileg des Adels. Diesem allein standen die Kadettenanstalten offen, während die 1725 begründete Akademie der Wissenschaften vor allem aus ausländischen Professoren bestand, die in lateinischer Sprache vortrugen und denen auch Staatsstipendien nur wenige Hörer verschafften. Den Adeligen ermöglichte Bildung einen schnelleren Aufstieg im Dienst, denn im Staatsdienst und nicht in der Wissenschaft erwarb man gesellschaftliches Ansehen und materielle Güter. Dennoch waren die ersten russischen Akademiker zwei nichtadelige Außenseiter: Vasilij Kirillovič Tred'jakovskij (1703–69), ein Popensohn aus Astrachań, den sein unbändiger Wissensdrang bis nach Paris an die Sorbonne geführt hatte und der 1745 Professor für ›lateinische und russische Eloquenz‹ wurde, und Michail Vasil'evič Lomonosov (1711–65) – Sohn eines Staatsbauern und Fischers an der

Weißmeerküste –, der nach naturwissenschaftlichen Studien in Deutschland ebenfalls 1745 als Akademie-Professor für Chemie zum russischen Universalgenie aufstieg. Beide hatten unter dem überheblichen Kastengeist der deutschen Akademiker zu leiden und machten sich als Konkurrenten auf dem Gebiet der Poesie gegenseitig das Leben schwer.

In der Breitenwirkung erfolgreicher war die 1755 gegründete Moskauer Universität. Bei der Gründung, für die sich Lomonosov lebhaft eingesetzt hatte, war Moskau als Sitz gewählt worden, weil in diesem zentral gelegenen ›Adelsnest‹ die Konkurrenz militärischer Bildungsanstalten fehlte und daher eher Studenten zu gewinnen waren. Auch hier galten Vorteile für den Dienst als Anreiz: Wer an einem der beiden Gymnasien der Universität (eines für den Adel, das andere für Nichtadelige) das Abitur bestand, erhielt den persönlichen Adel, wer sein Universitätsexamen erfolgreich ablegte, wurde Oberoffizier. Allerdings hielt die Moskauer Universität des 18. Jahrhunderts noch keinem Vergleich mit den Hohen Schulen des Abendlandes stand; ihre große Zeit sollte erst im 19. Jahrhundert beginnen, als der höhere Staatsbeamte auch in Russland ein abgeschlossenes Hochschulstudium nachweisen musste. Zunächst waren in manchen Jahren an einzelnen Fakultäten nur wenige Studenten eingeschrieben, fehlten die Mittel zur Besetzung der Lehrstühle und verordnete der vom Staat bestellte Direktor alles andere als akademische Freiheit. Obwohl die Petersburger Akademie der Wissenschaften und die Moskauer Universität also auf staatliches Prestigebedürfnis zurückgingen, waren sie bei alledem doch Symbole höherer Bildung, die auch durch den Ausbau der Elementarschulen und Gymnasien unterstützt wurde.

Der Aufbau des Schulwesens war dabei weit schwieriger als die Gründung einer Universität: Für Gymnasien fehlten alle Voraussetzungen der abendländischen Bildungstradition, und Elementarschulen auf dem Land wurden auch in westlichen Ländern eben erst eingerichtet. Nach dem Scheitern der ›Ziffernschulen‹ Peters des Großen übernahm man erst in der zweiten Hälfte des Jahrhunderts modernere pädagogische

Ideen: Katharinas langjähriger Berater in Schulfragen, Ivan Beckoj (1704–95), sah die Lösung in Internaten, die dem Schüler nicht nur Wissen vermitteln, sondern ihn auch – fern vom Einfluss der Familie – erziehen sollten. Einige solche ›Erziehungshäuser‹ wurden in Petersburg und Moskau eingerichtet, jeweils getrennt für Adelige und Nichtadelige, Leibeigene stets ausgenommen. Auch an die Frauenbildung dachte man schon, und das erste, 1764 in Peterburg begründete Internat für die Töchter des Adels sollte unter der späteren Bezeichnung Smol'nyj-Institut Generationen von Adelsdamen in einer allerdings eher formalen Bildung prägen. Größere Bedeutung hatte aber der Versuch, eine mehrstufige Volksschule einzuführen. Man orientierte sich dabei an dem Vorbild der österreichischen Schulordnung von 1774 mit ihren ›Normalschulen‹ in den größeren Städten und ›Trivialschulen‹ auf dem Land, die auf die russischen Verhältnisse übertragen wurde: Mit der Volksschulverordnung (*ustav narodnych učilišč*) von 1786 wurde das Fundament für das moderne russische Elementarschulwesen gelegt. Es fehlte freilich an allem – an Geld und Lehrbüchern, an Lehrern und noch lange Zeit häufig auch an Schülern. In das russische Dorf drang die Volksschule erst im späten 19. Jahrhundert vor.

Der einigermaßen begüterte Adel konnte sich Privatlehrer leisten, und seit unter Elisabeth die französische Kultur Mode geworden war, wurden Hauslehrer und Gouvernanten aus Frankreich oder der französischen Schweiz zu einer Alltagserscheinung des Adelslebens. Manche von ihnen eröffneten – vor allem in den beiden Hauptstädten – Privatschulen, in denen man die französische Sprache und vielleicht auch die Kunst des Tanzes, aber sonst nicht allzu viel lernen konnte. Die Oberflächlichkeit dieser ›Bildung‹ und die vielfach recht fragwürdige Qualität ihrer Vermittler boten der unter Katharina aufblühenden satirischen Literatur eine dankbare Zielscheibe des Spottes. Nicht alle Hauslehrer waren indes ungebildete Abenteurer; es gab unter ihnen auch solche, die den Schülern weit mehr bieten konnten als die brüchige Fassade einer Gesellschaftskultur. In diesem Zusammenhang sind auch die Schulen der deutsch-protestantischen Gemeinden zu erwähnen, die von nicht wenigen Russen besucht wurden und einen der Zeit entsprechenden westlichen Bildungsgang boten. Was auf diesem Weg an westeuropäischem Gedankengut nach Russland kam, entsprach allerdings nicht immer den politisch-pädagogischen Grundsätzen der Autokratie. Zur selben Zeit, da Katharina II. in vielen ihrer Maßnahmen eine heftige Reaktion auf die revolutionären Ereignisse in Frankreich zeigte, war der Unterricht ihrer eigenen Enkel dem Schweizer César La Harpe anvertraut, der den Ideen der Aufklärungsphilosophie anhing. Und La Harpe war – als Lehrer Alexanders I. – nur der historisch bemerkenswerteste, aber nicht der einzige Hauslehrer dieser Art.

Das heroische Zeitalter Peters des Großen hatte zwar die ›nützlichen‹ Wissenschaften, nicht aber die schönen Künste gefördert. Das Ziel war der Erwerb technischer Fertigkeiten gewesen und nicht die Ausbildung des Geistes, die dazu dienen konnte, die bestehende Welt zu erklären oder sogar eine bessere zu ersinnen. Im Laufe des 18. Jahrhunderts wurde daher die Übernahme technischer Errungenschaften aus dem ›Westen‹ selbstverständlich, parallel wurde aber auch die Auseinandersetzung mit modernen Ideen immer wichtiger, da sich schließlich auch das Vorbild Westeuropa selbst änderte: Hatten am Beginn Projekte von Leibniz, Gutachten von Christian Wolff und die theologische Ausstrahlung des Halle'schen Pietismus gestanden, so dominierten in der zweiten Hälfte des Jahrhunderts Voltaire und die Enzyklopädisten. Der Übergang von der deutschen zur französischen Mode entsprach dabei ebenso den negativen Erfahrungen der Russen in der *bironovščina* wie dem Gang der europäischen Geistesgeschichte; in den Augen gebildeter Russen blieb Europa aber trotz allen nationalen Nuancen eine Einheit, in die man einbezogen sein wollte. Konnte Leibniz noch mit einigem Recht von der Vorstellung einer *tabula rasa* ausgehen, auf der man das große Experiment der aufgeklärten Vernunft wagen sollte, so führte der weitere Weg über die Aneignung klassizistischer Kunstformen zur Entstehung eines geistigen Milieus in der Oberschicht, das kritische Differenzierung und selbstständige Verarbeitung ermöglichte: Peter der Große hatte Schiffe gebaut, Katharina die Große schrieb Komödien. Der intellektuelle Glanz der Epoche Katharinas war – trotz aller Abhängigkeit von fremden Vorbildern und Gedanken – durch die Befreiung des Adels von der Dienstpflicht gefördert worden. Wer als Adeliger wohlhabend genug war und auf das Prestige eines hohen Dienstranges verzichtete, konnte nun leichter als vorher auch geistige Interessen pflegen, ins Ausland reisen, lesen und schreiben. Eine nicht geringe Bedeutung bei der Entstehung einer neuen geistigen Atmosphäre kam dabei den Freimaurerlogen zu, die in den 1770er und 80er Jahren beim russischen Adel (nicht jedoch bei der Zarin) sehr beliebt waren und sich ihrerseits vom Rationalismus der Aufklärung mystischen Lehren zuwandten.

Die Literatur

Die ersten literarischen Versuche im Stil der westeuropäischen Literatur waren noch ein Ringen mit der fremden Form. Die Übersetzungen von Tred'jakovskij und Lomonosov brachten wenig Poetisches hervor; der Dramatiker Aleksandr Petrovič Sumarokov (1718–77) übte sich in naiver Nachahmung Racines (1692–1763) ohne originale künstlerische Leistung. Aber es war ein Anfang und verdienstvoll in dem Bemühen, der russischen Sprache neue Aufgaben zu stellen – ja, sie überhaupt erst als vereinheitlichte Hochsprache zu einem geeigneten Instrument zur Lösung solcher Aufgaben zu entwickeln. Dazu leisteten die beiden Erstgenannten auf den Gebieten der Grammatik und Poetik auch theoretische Vorarbeit. Im Verlauf des Jahrhunderts wurde der Umgang mit der Form dann freier und wuchs die Fähigkeit zum Ausdruck eigener Gedanken und künstlerischer Absichten. So entstand in der zweiten Hälfte des 18. Jahrhunderts eine zeitgemäße Literatur mit allen ihren Gattungen. Freilich wird heute das meiste davon nur noch in ausführlichen Literaturgeschichten erwähnt, aber die didaktischen Abenteuer- und Liebesromane eines Fëdor Aleksandrovič Ėmin (ca. 1735–70) entsprachen dem Geschmack der Zeit und kamen dem zunehmenden Lesebedürfnis der Gesellschaft entgegen. Dazu traten zahlreiche Übersetzungen, die nun nach und nach die Weltliteratur von der Antike bis zur Gegenwart des 18. Jahrhunderts in russischer Sprache zugänglich machten. Der Buchdruck erreichte in dieser Zeit einen sprunghaften Aufschwung.

Bevorzugte Gattung der Literatur war die Ode, in der sich der Wandel besonders deutlich abzeichnete: Lomonosov hatte noch in feierlichen Gesängen und mit überzeugender Wortkunst, aber in konventionellen Bildern, die russischen Zaren von Peter dem Großen bis zu Katharina II. geehrt, Gavriil Romanovič Deržavin, der ›Sänger Katharinas‹ (1743–1816) erfüllte die hohe Form mit natürlicher Empfindung und schlichter Menschlichkeit. Auch die Themen änderten sich: Während sich Lomonosov auf die menschliche Vernunft gestützt und an die Herrscher appelliert hatte, der Wissenschaft freie Bahn zu schaffen, so pries Deržavin das ›adelige Landleben‹ mit allen seinen Privilegien. Es gab in derselben Dichtungsform aber auch Kritik am Staat und der privilegierten Adelsherrschaft, wenn etwa der Ukrainer Vasilij Vasil'evič Kapnist (1757–1824) in einer »Ode auf die Knechtschaft« gegen die Vergewaltigung seiner Heimat durch die Unifizierungspolitik Katharinas protestierte (Mitte der 1780er Jahre verfasst, konnte sie erst 1806 erscheinen) und Radiščev (1740–1802) unter dem Eindruck des amerikanischen Befreiungskampfes seine Ode »Freiheit« (1783) schrieb.

In anderen literarischen Formen konnte die Kritik angemessener präsentiert werden: in der Komödie, in der Satire und im satirisch-kritischen Journal, das in zahllosen einflussreichen Zeitschriften des 19. Jahrhunderts seine Blüte erreichte. Sumarokovs Komödien ahmten die französischen Vorlagen noch mechanisch nach, die mit ihrer konventionellen Geißelung menschlicher Schwächen ebenso wie die übersetzten französischen Lustspiele das russische Theater eroberten, insgesamt aber wirkungslos blieben. Der Durchbruch der russischen Wirklichkeit und damit der Beginn einer Sozialkritik fand sich dann bei Denis Ivanovič Fonvizin (1744–92) und dem schon genannten Kapnist: Hier wurde die Welt des russischen Landsadels und des von ihm gestellten korrupten Provinzbeamtentums schonungslos bloßgestellt: in Fonvizins Prosalustspielen *Der Brigadier* (*Brigadir*, 1764) und *Der Landjunker* (*Nedorosl'*, 1782) sowie in Kapnists Verskomödie *Prozessschikane* (*Jabeda*, 1798). Laut diesen Stücken hatte die Masse des Adels von der Öffnung nach Westeuropa nicht mehr begriffen als modische Äußerlichkeiten und lockere Sitten, und Katharinas Verwaltungsreformen hatten für Beamte und Richter nur die Möglichkeiten zur persönlichen Bereicherung vermehrt. Unwürdige Gallomanie, eine lächerliche Bildungsfassade und die beschränkte Uniformgläubigkeit ausgedienter Offiziere müssen sehr typische Erscheinungen gewesen sein; aber damit spiegelten sie in einem Zerrbild nur die neue Ordnung wider, in der man ohne ein Mindestmaß an Bildung im Dienst nicht mehr auskam und der freiwillige Dienst den Menschen ebenso prägte wie vordem der erzwungene. Die Aufnahme dieser Themen, die bei den betroffenen Standesgenossen und der Zensur Ärgernis erregten, beweist indes die Existenz einer intellektuellen Elite, der die Angleichung an Westeuropa ein ernsthaftes Bedürfnis war.

Wirksamer als die erwähnten Komödien, die zum Teil erst nach Katharinas Tod gedruckt und aufgeführt wurden, konnten die satirischen Zeitschriften Kritik üben: Nachdem die Akademie der Wissenschaften 1755 mit ihren *Monatlichen Schriften* (*Ežemesjačnyja sočinenija*) den Anfang gemacht hatte und auf private Initiative Sumarokovs 1759 die *Fleißige Biene* (*Trudoljubivaja pčela*) gefolgt war, erschienen weitere meist noch sehr kurzlebige Journale; einigen erwies sogar die Zarin die Ehre ihrer Mitarbeit. Auch sie folgten ausländischen Vorbildern, aber auch in ihnen schob sich die russische Wirklichkeit rasch in den Vordergrund. Die bekanntesten und erfolgreichsten Zeitschriften dieser Art, wie *Die Drohne* (*Truteń*,

1769/70), *Der Maler* (*Živopisec*, 1772) und *Der Geldbeutel* (*Košelek*, 1774), waren mit dem Namen von Nikolaj Ivanovič Novikov (1744–1818) verbunden: Seine Produktivität und Betriebsamkeit setzten in gewissem Sinne den Eifer Lomonosovs fort, aber in der neuen Form der gesellschaftskritischen Publizistik. Novikov entstammte einer wohlhabenden Adelsfamilie; er war kein Wissenschaftler – ein Studium am Moskauer Universitätsgymnasium hatte er zwar begonnen, aber niemals abgeschlossen –, sondern ein kultureller Unternehmer, ein begabter Popularisator. Seine Erfahrungen und den tiefen Einblick in die Nöte der russischen Gegenwart hatte er als Sekretär und Protokollführer der ›Gesetzgebenden Kommission‹ erworben.

Auch die Satire verschärfte sich innerhalb kurzer Zeit, indem sie sich von den Texten des Fürsten Antioch Kantemir (1709–44), die sich eng an klassische (Juvenal und Horaz, die Kantemir beide ins Russische übersetzte) und französische (Boileau) Vorbilder anlehnen, aber noch kaum unmittelbare Bezüge zur russischen Wirklichkeit aufweisen, bis zu den fingierten Briefen Novikovs weiterentwickelte, in denen sich der ungebildete und verschlagene Landadel in seiner eigenen Sprache bloßstellt. Die Empörung der Standesgenossen und das Eingreifen Katharinas bezeugen die Wirksamkeit der Angriffe. Aber Novikov ging es in erster Linie gar nicht um Bloßstellung, sondern um Besserung; als Freimaurer wollte er dafür auch positiv wirken – durch Verbreitung von Bildungsgut in eigener Verlegertätigkeit (1779 übernahm er die Moskauer Universitätsdruckerei, ab 1783, als ein Gesetz Katharinas dies endlich erlaubte, betrieb er mehrere Druckanstalten), durch Stärkung des russischen Geschichtsbewusstseins (die 20 Bände seiner *Altrussischen Bibliothek – Drevnjaja rossijskaja vivliofika* – 1773–75, 1788–91, waren die erste umfangreiche Sammlung russischer Geschichtsquellen), aber auch durch Gründung philanthropischer Gesellschaften zur Förderung des Schulwesens und zur Linderung der Hungersnot.

Die Kritik der Aufklärer erfasste auch das größte Übel der russischen Gesellschaft: die Leibeigenschaft. Novikovs Leserbriefe und Fonvizins *Landjunker* enthielten eindeutige Anspielungen in dieser Hinsicht, und schon 1772 brachte *Der Maler* in dem vermutlich von Novikov selbst verfassten *Fragment einer Reise nach ...* (*Otryvok putešestvija v ...*) eine Darstellung des Bauernelends von solcher Realistik, dass man Radiščev für den Verfasser gehalten hat. Hatte Katharina diesen Protest gegen die Leibeigenschaft zu Beginn ihrer Regierungszeit im Jahr 1772 (vor dem Pugačëv-Aufstand) noch mit Nachsicht hingenommen, so wurde diese Kritik 1790 (nach der Französischen Revolution) Aleksandr Nikolaevič Radiščev als Verfasser von *Die Reise von Petersburg nach Moskau* (*Putešestvie iz Peterburga v Moskvu*) und Novikov zum Verhängnis: Novikov, der trotz seiner Gesellschaftskritik niemals ein politisch radikaler Revolutionär gewesen war und der seit den 1780er Jahren unter dem Einfluss der Rosenkreuzer eher eine mystische, konservativ-patriotische Richtung eingeschlagen hatte, erhielt 1791 Publikationsverbot und wurde im folgenden Jahr, obwohl sich sogar der Metropolit von Moskau für ihn einsetzte, durch einen autokratischen Willkürakt zu 15 Jahren Festungshaft verurteilt. Die gegen ihn erhobenen Beschuldigungen waren völlig haltlos und hätten selbst im damaligen Russland ein ordentliches Gerichtsverfahren kaum passiert; aber wer so viel für die Aufklärung getan hatte und so unermüdlich gesellschaftliche Initiative entfaltete, erschien der alternden Kaiserin auch ohne konkrete Beweise gefährlich genug. Katharinas Tod sollte Novikov wieder aus der Festung Schlüsselburg befreien, aber als ein gebrochener Mann war er nicht mehr imstande, das Werk von Neuem aufzunehmen, das ihm die einstmals aufgeklärte Despotin aus der Hand geschlagen hatte.

In Aleksandr Nikolaevič Radiščev (1749–1802) kann man eher einen ›Revolutionär‹ sehen, wenn er sich auch selbst nicht dafür hielt, sondern auf die aufgeklärte Denkweise seiner Kaiserin vertraute: Das Familiengut lag im Gouvernement Penza, und sein Vater entsprach wohl durchaus nicht dem negativen Bild der satirischen Literatur. Er ermöglichte dem Sohn jedenfalls eine vorzügliche Ausbildung: Der junge

Radiščev war einer der ersten, dem die jungen russischen Professoren der Moskauer Universität mit Erfolg die neuesten Errungenschaften des westeuropäischen Geistes vermittelten. Von den Juristen Semën Efimovič Desnickij (gest. 1789) und I. A. Tret'jakov (gest. 1776) etwa, zwei begabten Popensöhnen, die auf Staatskosten in Glasgow studiert hatten, hatte er eine Einführung in naturrechtliches Denken und in die ökonomischen Lehren des Adam Smith erhalten. Die in Moskau erworbenen Kenntnisse vertiefte Radiščev durch ein Studium in Leipzig (gleichzeitig mit Goethe!); kaum einer seiner russischen Zeitgenossen eignete sich die Philosophie der Aufklärung so vollständig und gründlich an wie er. Darüber hinaus verschaffte der nur wenig ältere Herder Radiščevs Gedanken historische Tiefe. Um sein vernichtendes Urteil über die soziale und politische Wirklichkeit Russlands literarisch für breitere Kreise wirksam auszudrücken, wählte er die Form des sentimentalen Reisetagebuchs: In einer Mischung aus radikalem Rationalismus, pessimistischer Geschichtsauffassung und sentimentalem Leiden an der Wirklichkeit führte er den bis dahin schärfsten Angriff gegen Leibeigenschaft und Absolutismus. Dies trug ihm die Todesstrafe ein, die dann in eine 10-jährige Verbannung nach Sibirien umgewandelt wurde. Paul I. sollte auch Radiščev wieder die Freiheit schenken, und unter Alexander I. schien sich ihm sogar die Möglichkeit einer amtlichen Reformtätigkeit in einer neugebildeten Kodifizierungskommission zu eröffnen; aber Radiščevs Ideale stießen sich auch an der etwas freundlicheren Wirklichkeit unter Katharinas Enkel – am 11. September 1802 machte der empfindsame Revolutionär seinem Leben selbst ein Ende.

Die Begegnung mit westeuropäischer Bildung und die Fähigkeit zur Kritik an der Gegenwart führten jedoch keineswegs zwangsläufig zu innerer Auflehnung und zu einem Zerbrechen an der Wirklichkeit. Es gab auch andere Verwendungsmöglichkeiten für die neuen geistigen Waffen. Fürst Michail Michajlovič Ščerbatov (1733–90) teilte den Rationalismus mit Novikov oder Radiščev und übte eine scharfe Zeitkritik – mit gutem Grund ließ er seine Schrift *Über die*

Verderbnis der Sitten in Russland (*O povreždenii nravov v Rossii*) nicht im Druck erscheinen (erstmals 1858 von A. Herzen in London veröffentlicht) –, aber sein politisches Ideal war die Herrschaft einer aufgeklärten Hocharistokratie. Die Ratio konnte also nicht nur demokratische, sondern auch konservative Ideale begründen, und vor allem hob sie das nationale Selbstbewusstsein: Die Russen wurden empfindlicher für das negative Urteil von Fremden und begannen ihrerseits den Westen zu kritisieren. Wie im übrigen Europa setzte in den beiden letzten Jahrzehnten des 18. Jahrhunderts auch in Russland eine Reaktion gegen den Rationalismus der Aufklärung ein bzw. nahm die Neigung zu, die bestehenden Zustände in einem religiösen Mystizismus zu rechtfertigen. Auch hier fand eine Entwicklung statt: von Lomonosovs polterndem Patriotismus bis zu den Reiseberichten Fonvizins, der weder an Franzosen noch an Deutschen viel Nachahmenswertes fand (der Umgang mit Leipziger Professoren bewies ihm »unbestreitbar, dass Gelehrsamkeit nicht Vernunft hervorbringt«) und in der verspäteten Modernisierung Russlands die Hoffnung begründet sah, Fehler des Westens zu vermeiden. Der hier nur angedeutete Gedanke, dass in der Rückständigkeit auch positive Werte und eine Chance Russlands für die Zukunft verborgen liegen könnten, sollte im 19. Jahrhundert noch eine große Rolle spielen.

Die während des 18. Jahrhunderts fortschreitende geistige und künstlerische (auch auf dem Gebiet der bildenden Künste) Verwestlichung der intellektuellen Elite Russlands schärfte also das Bewusstsein für die eigene Lage und stärkte das Vertrauen in die eigenen Fähigkeiten. Noch war das ›Volk‹ von all dem unberührt, und wie weit die Regierung sich davon würde berühren lassen, musste das 19. Jahrhundert zeigen.

Retter Europas

1801–25	Zar Alexander I.
1804–1814/15	Kaiser Napoleon I.
1812	Brand in Moskau
1814/15	Wiener Kongress
1797–1840	Friedrich Wilhelm III., König von Preußen
1792–1806	Franz II., römischer Kaiser, ab
1804–35	Franz I., Kaiser von Österreich

Bei seiner Thronbesteigung verkündete Alexander I. (1801–25) feierlich die Rückkehr zu den Grundsätzen der Politik Katharinas II.; diese Aussage war jedoch nicht eindeutig und rief bei denen, die dem 24-jährigen Imperator zujubelten, unterschiedliche Erwartungen hervor: Gegen Paul hatten sich im Stil früherer Palastrevolutionen des 18. Jahrhunderts Gardeoffiziere verschworen, die keine Idealisten waren, sondern für ihre Adelsprivilegien eintraten. Dagegen mochten reformorientierte Männer wie Radiščev hoffen, dass die begonnenen Reformen nun wieder aufgegriffen und von der Staatsverwaltung auf die Gesellschaft ausgedehnt würden. Ein Ende der Autokratie war von dem neuen Zaren nicht zu erwarten und entsprach auch nicht dem Erbe Katharinas. Aber gerade darauf hatten sich die schwärmerischen Gedanken des Thronfolgers in Briefen an seinen ehemaligen Lehrer La Harpe bezogen, und diese hatte er auch in Gesprächen mit dem Freund Czartoryski diskutiert. Vom Verlauf seiner Regierung und deren Ende her lassen sich die Hoffnungen auf ein Ende der Autokratie demnach leicht als naiv abtun, aber Alexander selbst hat diese Illusionen immer wieder genährt. Er erschien schon den Zeitgenossen rätselhaft, und dies gilt für seine Bewertung bis heute.

Die Persönlichkeit Alexanders I.

Alexander war sowohl in der Obhut seiner kaiserlichen Großmutter aufgewachsen, die sich persönlich um die Erziehung der Enkel kümmerte, als auch am Hof der Eltern in Gatčina. Angesichts der bitteren Feindschaft zwischen Katharina und ihrem Sohn Paul musste er daher früh lernen sich zu verstellen. Selbst Menschen, die Alexander sehr nahestanden, wurden niemals das Gefühl los, dass er auch dann sein Innerstes verberge, wenn er rückhaltlos offen zu sein schien. Zugleich aber konnte er sich durchaus für hohe Ideale begeistern: Als Thronfolger träumte er davon, zugunsten von Repräsentanten der Nation auf sein Selbstherrschertum zu verzichten, das »Land frei zu machen und so zu verhindern, dass es künftig als Spielball für Unsinnige diene«; später machte er sich die Befreiung Europas von der Tyrannei Napoleons zur Aufgabe und wollte schließlich die europäische Politik nach den christlichen Geboten der Liebe, der Gerechtigkeit und des Friedens ordnen. Solch hohe Ziele waren in einer Zeit der kühl berechnenden Ratio bereits umstritten, und wenn sich der Zar für sie einsetzte und damit außerdem Erfolg hatte, konnte er leicht als ›Gesegneter‹ und ›Engel‹ bezeichnet werden und sogar angeblich als heiligmäßiger Eremit Fëdor Kuźmič in den Weiten Sibiriens weiterleben. Doch kritische Zeitgenossen bemerkten bereits, dass sich Alexanders europäisches Sendungsbewusstsein und sein Pathos gut mit den expansiven Machtinteressen des russischen Imperiums verbinden ließen und dass alle Reformen letztlich nur eine Straffung der absoluten Herrschermacht bewirkten. So fiel ihr Urteil sehr unterschiedlich aus: Während der Freiherr vom Stein Alexanders Charakter rühmte und sich von dessen Begeisterung für die höchsten Ziele der Menschheit beeindrucken ließ, traute Napoleon dem ›byzantinischen Griechen‹ nicht über den Weg, und Speranskij, der ihn wohl am besten kannte, prägte die resignierte Formel, dass Alexander zu schwach sei, um selbst zu führen, und zu stark, um sich führen zu lassen. Jeder dieser Beurteiler war jedoch auf seine Weise voreingenommen.

Man hat das Zwielichtige und Schwankende in Alexanders Persönlichkeit häufig psychologisch zu erklären versucht: Sein Anteil am Tod des Vaters habe ihn belastet und ein übersteigertes Bedürfnis nach Geltung und Anerkennung in ihm hervorgerufen, das ihn unfähig gemacht habe, unpopuläre Entscheidungen durchzuhalten und sachliche Belange über die eigene Person zu stellen. Alexander war ohne Zweifel ein extrem ichbezogener, oberflächlicher und eitler Mensch; er war in schwierigen Lagen scheinbar nahe am Zusammenbrechen, wenn er ihnen nicht von vornherein ausweichen konnte; er war kein ›erster Diener seines Staates‹, zwar nicht ohne Begabung, aber ohne Selbstdisziplin, verantwortungsscheu und von seinem Selbstherrschertum fasziniert. Man hielt ihn deshalb für einen »Heuchler, für einen Menschen ohne moralisches Fundament, obwohl er über Religion sprach wie ein Heiliger und seine religiösen Pflichten sorgfältig wahrnahm« – so ein Bericht der österreichischen Geheimpolizei aus der Zeit des Wiener Kongresses. Das Fehlen des ›Fundaments‹ einer gefestigten Persönlichkeit war in der Tat ein sehr ernster Mangel bei einem Mann, in dessen Händen das Schicksal Russlands und zum guten Teil auch das Europas in einer äußerlich und innerlich zutiefst erregten Epoche lag.

Die Außenpolitik

Alexander erbte von seinem Vater die Beteiligung am zweiten Koalitionskrieg gegen Frankreich, der nach Anfangserfolgen zuletzt zu einem Misserfolg geführt hatte, und nach der Kehrtwende wegen der englischen Besetzung Maltas einen Geheimvertrag mit Napoleon. Diese auf dem Trotz gegen das englische Vorgehen gründende frankophile Politik Pauls I. wollte der junge Kaiser in seiner Abkehr von der Politik seines Vaters nicht fortsetzen, zumal er und seine Freunde England zuneigten. Die Beendigung der Kriegshandlungen und die Friedensschlüsse von Lunéville (1801 Frankreich und Österreich) und Amiens (1802 Frankreich und England) erlaubten es Russland zunächst, eine entschiedene Stellungnahme zu vermeiden: Eine Neutralitätspolitik, die sich aus den westeuropäischen Verwicklungen nach Möglichkeit heraushielt, eine Wiederherstellung der guten Beziehungen zu England anstrebte, ohne Frankreich zu provozieren, und im Süden durch eine Zusammenarbeit mit der Türkei die russischen Positionen sicherte, musste Russland die meisten Vorteile bringen, da so alle Kraft für das Reformwerk im Innern eingesetzt werden konnte. Alexanders außenpolitischer Tatendrang verhinderte jedoch eine ruhige Entwicklung: Da er in der maltesischen Frage nicht auf alle Rechte verzichten wollte, lieferte er den Engländern damit einen Vorwand zur weiteren Besetzung der Insel. Zudem engagierte er sich in einer Unzahl deutscher Mediatisierungs- und Entschädigungsprobleme, die der territorialen Neugliederung des Reiches im Reichsdeputationshauptschluss vorangingen, und er legte als Einziger in Paris scharfen Protest gegen die gesetzwidrige Entführung und Hinrichtung des bourbonischen Duc d'Enghien (20. März 1804) ein. Diese Aktion beantwortete Napoleon, indem er sich unter sehr deutlicher Anspielung auf den russischen Staatsstreich von 1801 jede Einmischung in die inneren Angelegenheiten Frankreichs verbat. War der Zar hierin einer ehrenwerten, aber ungeschickten Prinzipienpolitik gefolgt, so galten in den Angelegenheiten deutscher Kleinstaaten für ihn eher verwandtschaftliche Beziehungen zu zahlreichen deutschen Fürstenhäusern als maßgebend; schließlich war er durch seine Herkunft mit einer Vielzahl deutscher Fürsten verwandt und auch in zweiter Ehe mit einer süddeutschen Prinzessin verheiratet; im Laufe der Zeit sollten sich zudem sieben seiner neun Geschwister mit deutschen Partnern verbinden, von denen viele seit 1806 im ›Rheinbund‹ Alliierte Napoleons waren. Dieses Beziehungsgeflecht bot ihm ein standesgemäßes Publikum für die Verkündigung seiner ›hohen Ideale‹ und verschaffte ihm die Rolle eines *arbiter Germaniae*, nach der schon Katharina gestrebt hatte. Russische Nationalisten haben ihm deshalb vorgeworfen, dass er sich als deutscher Fürst *(nemec russkij)* gefühlt und russische Interessen vernachlässigt habe.

Diese persönlichen Interessen sowie die Bedrohung der russischen Position auf den Jonischen Inseln durch die Aktivität Napoleons in Italien und im östlichen Mittelmeer führten schließlich zur englisch-russischen Allianz (11. April 1805), aus der sich durch den Beitritt Österreichs (9. August 1805) dann die dritte Koalition und der dritte Koalitionskrieg gegen Napoleon entwickelte. In der Folge sollte sich aber die russische Politik in wenig mehr als zwei Jahren von einem Programm zur europäischen Neuordnung nach einem erhofften Sturz Napoleons zur Teilung der Interessensphären zwischen dem französischen und dem russischen Kaiser wandeln, wie sie der Friede von Tilsit dann (7. Juli 1807) einleitete und die Erfurter Kaiserbegegnung (Herbst 1808) proklamierte. Inzwischen wurde die dritte Koalition durch die Katastrophe von Austerlitz (2. Dezember 1805) beendet, die der ungeduldige Alexander mitverschuldet hatte, da seiner ererbten ›Paradomanie‹, der Begeisterung für das Militär, keinerlei strategische Begabung entsprach. In die Zwischenzeit fiel auch das harte Ringen in Ostpreußen, als sich das geschlagene Preußen im Bund mit Russland (vierte Koalition) zu einem letzten Widerstand aufgerafft hatte. Der russische Einsatz blieb hier zwar auf die Entsendung einer Armee beschränkt, weil die übrigen russischen Kräfte gegen die Türkei gebunden waren, die auf Napoleons Drängen im Dezember 1806 Russland den Krieg erklärt hatte; doch leisteten die preußisch-russischen Truppen Napoleon unter den ihnen vertrauten winterlichen Bedingungen zunächst erfolgreich Widerstand (Schlacht von Preußisch Eylau: 7./8. Februar 1807), ehe sie dann im Sommer die entscheidende Niederlage bei Friedland (14. Juni) erlitten. Zu Beginn dieser zwei Jahre gab es sogar, wenn auch nur als Episode, Ansätze zu einer russischen Politik mit gesamtslavischem Vorzeichen: Als Preußen im Sommer 1805 trotz russischem Druck nicht der Koalition beitreten wollte, schlug Czartoryski, Alexanders polnischer Freund und Außenminister, eine Wiederherstellung des polnischen Staates in Personalunion mit Russland vor. Er wollte Preußen zur Abtretung seiner polnischen Provinzen zwingen und Österreich für die Herausgabe Galiziens in Deutschland entsprechend entschädigen. Seiner Vorstellung nach hätte nur die Erneuerung des polnischen Staates – wenn auch in der russischen Machtsphäre – die geplante Neuordnung Europas zu einer gerechten Sache machen und den Kriegseinsatz Russlands rechtfertigen können. Seit das Schicksal Czartoryski an den russischen Hof und in den Freundeskreis Alexanders geführt hatte, hatte er dieses Fernziel vor Augen, und es schien erreichbar, als sich der Kaiser in Puławy, dem Familiensitz des Freundes, als künftiger polnischer König feiern ließ. Als Preußen schließlich doch der Koalition beitrat, war von diesem Plan nicht mehr die Rede; auch als Napoleon den Zaren durch das Angebot eines polnischen Königtums gewinnen wollte, lehnte Alexander ab. So wurde zunächst nicht ein polnisches Königtum unter russischem, sondern aus dem ehemals preußischen Anteil ein Herzogtum Warschau unter französischem Protektorat verwirklicht.

Eine weitere Episode in dieser Zeit war mit einer neuerlichen russischen Flottenexpedition von der Ostsee ins Mittelmeer verbunden: Admiral Senjavin erhielt im September 1805 den Auftrag, mit einigen Schiffen zu den russischen Truppen auf den Jonischen Inseln zu stoßen und dort allen französischen Aktionen entgegenzuwirken. Senjavin traf im Januar 1806 in Korfu ein und erfüllte seinen Auftrag mit großem Geschick: Obwohl zu diesem Zeitpunkt die Österreicher bereits aus der Koalition ausgeschieden waren und die Lage der russischen Flotte durch den Kriegseintritt der Türkei schwierig wurde, konnte sich Senjavin mithilfe der Montenegriner in Cattaro festsetzen, in der Adria einen erfolgreichen Kaperkrieg führen und die türkische Flotte vor dem Berg Athos besiegen. Im Tilsiter Frieden (Juli 1807) musste Russland dann allerdings seine Mittelmeerstellung aufgeben und seine Flotte wieder in die Ostsee zurückführen; für das Ansehen der russischen Macht bei Südslaven und Griechen waren die russischen Flottenunternehmungen jedoch von nachhaltiger Bedeutung.

In Tilsit wurde die französisch-russische Verbindung erneuert, wie sie unter Paul I. bestanden hatte. Dieser Allianzwechsel war Russland zwar aufgezwungen worden, aber die neue Partnerschaft brachte durchaus auch Vorteile, was indes zugleich bedeutete, dass Alexander nicht nur die Allianz wechselte, sondern auch seine bisherigen ›Prinzipien‹ aufgab, und dies unter dem unmittelbaren Einfluss von Napoleon schneller und impulsiver, als es dem Ernst der Lage entsprach: Der korsische Usurpator hatte erkannt, dass man auf das Geltungsbedürfnis des ›orientalischen Kaisers‹ sicherer bauen konnte als auf dessen Prinzipientreue. Immerhin wurde dem Zar die Herrschaft über halb Europa überlassen, und das Gewissen ließ sich durch die Erhaltung der Existenz Restpreußens beruhigen. Die Zeche hatten Schweden und die Türkei zu bezahlen.

Auf Rat von Napoleon, der Russland ablenken wollte, ließ Alexander im Februar 1808 seine Truppen in Finnland einmarschieren. Als ein Jahr später russische Truppen die Ålandinseln besetzten und Schweden selbst bedrohten, war das Schicksal Finnlands entschieden, denn im Frieden von Frederikshamn (17. September 1809) trat Schweden das geforderte Gebiet ab. Schon ein halbes Jahr vorher hatte der finnländische Adel mit Erfolg versucht, aus seiner Lage noch das politisch Beste zu machen, indem er auf dem Landtag zu Borgö den russischen Kaiser zum Großfürsten von Finnland gewählt hatte; eine russlandfreundliche Gruppierung hatte zudem in vorhergehenden Verhandlungen eine weitgehende Autonomie zugesichert bekommen. Der Zar herrschte also in Personalunion und bestimmte die Außenpolitik, aber im Innern bewahrte das Land bedeutend mehr Rechte als die bisherigen Erwerbungen Russlands: Finnland behielt seine eigene Verwaltung, eigenes Recht und seine überkommene Gesellschaftsordnung; der finnische Landtag verlor zwar das Recht der Gesetzgebung, blieb aber ein Forum politischer Meinungsbildung und erschien daher den russischen Zeitgenossen als eine erstrebenswerte Einrichtung konstitutioneller Freiheit. In Wirklichkeit beruhte die finnische ›Konstitution‹ auf dem guten Willen des Autokrators, der sie aus seiner Gnade verliehen hatte. Diese Geste versöhnte Europa mit der Annexion. So fügte der Zar sogar die 1721 und 1743 gewonnenen finnischen Gebiete (Karelien und Vyborg) dem Großfürstentum Finnland wieder ein, was nach 1815 ähnliche Hoffnungen bei den Polen erwecken musste.

Dem Osmanischen Reich gegenüber war der Erfolg bescheidener: Sechs Jahre schleppte sich der Krieg hin, und der Erwerb der Donaufürstentümer Moldau und Walachei, die Napoleon in Erfurt (1808) Russland zugestanden hatte, war trotz der Siege Kutuzovs (1811) in der veränderten Situation des Jahres 1812 nicht mehr durchzusetzen; um den dringend benötigten Frieden zu erhalten und den potenziellen österreichischen Verbündeten nicht zu vergrämen, musste sich Russland im Frieden von Bukarest (28. Mai 1812) mit dem Erwerb von Bessarabien zufriedengeben. Vom russischen Engagement im Westen profitierte auch Persien, das sich im Anschluss an die Annexion Georgiens 1804 in einen Krieg mit Russland eingelassen hatte und nach der Niederlage nun ohne Gebietsverluste mit einer Anerkennung des Kaspischen Meeres und des Kaukasus als russischer Einflusszone davonkam (Vertrag von Gulistan, 12. Oktober 1813).

Inzwischen war deutlich geworden, dass das französisch-russische Bündnis über Augenblicksvorteile und kühne Zukunftsperspektiven hinaus keinen der beiden Partner auf die Dauer zufriedenstellen konnte: Schon in Erfurt hatte sich die anfängliche Begeisterung Alexanders abgekühlt. Beide Herrscher versprachen einander zwar Unterstützung, leisteten sie aber nur zögernd oder überhaupt nicht: Napoleon vermied ein militärisches Engagement gegen Schweden und die Türkei, ebenso vermied Alexander 1809 ein solches gegen Österreich. Zudem mussten Napoleons rücksichtslose Annexionen in Norddeutschland und noch mehr sein Bestreben, das polnische Eisen im Feuer zu halten, indem er 1809 das Großherzogtum Warschau um den österreichischen Teilungsbesitz vergrößerte, das russische Misstrauen nähren. Umgekehrt blieb Napoleon natürlich nicht verborgen, dass Russland, das mehr als alle anderen vom englischen Handel abhängig war, die Kontinentalsperre (1805–13) unterlief. Unter Aufrechterhaltung der Bündnisfassade leiteten zunehmende Spannungen schließlich in beiderseitige Kriegsvorbereitungen über:

In Russland war das Zusammengehen des Zaren mit Napoleon trotz der territorialen Gewinne unpopulär; für Konservative blieb Napoleon auch als Kaiser der Vollstrecker der Revolution, von dem sie im Falle eines Angriffs sogar eine Ermunterung der Leibeigenen zur Revolution befürchteten; liberal Gesinnte sahen in ihm den eroberungswütigen Tyrannen und Verräter der freiheitlichen Ideale wie dies auch Liberale im übrigen Europa taten. Russland verabscheute also im Grunde den ›realpolitischen‹ Handel, auf den sich Alexander eingelassen hatte.

Angriff und Scheitern der *Grande Armée* im Sommer und Herbst des Jahres 1812 sind als ›Vaterländischer Krieg‹ für jeden Russen Höhepunkt des patriotischen Geschichtsbewusstseins, übertroffen nur durch den ›Großen Vaterländischen Krieg‹ der Jahre 1941–45. Für eine große Zahl von Soldaten aus Mittel- und Westeuropa brachte der Feldzug, mit dem Napoleon ohne genaue Planung und ohne militärische oder politische Konzeption die Entscheidung erzwingen wollte, den Tod oder ein erschütterndes ›Russlanderlebnis‹. Die *Grande Armée*, die am 24. Juni 1812 den Neman überschritt und schon vier Tage später Wilna erreichte, war den russischen Truppen an Zahl weit überlegen (575 000 gegen 220 000 Mann), und Napoleon bestimmte zunächst das militärische Handeln. Die russischen Verteidigungspläne wurden viel diskutiert: Die geniale Idee eines hinhaltenden Rückzuges in die Weiten Russlands wurde nachträglich von vielen als geistiges Eigentum beansprucht. In der Tat sind schon aus dem Jahr 1811 Äußerungen von Alexander selbst und anderen überliefert, die erkennen lassen, dass man im Falle eines Angriffs auf die Weitläufigkeit des Landes und die Unwirtlichkeit des Klimas vertraute. Aber es war ein gewaltiger Unterschied zwischen solchen theoretischen, aus der geschichtlichen Erfahrung abgeleiteten Überlegungen und der Wirklichkeit eines vom Gegner erzwungenen andauernden Rückzugs, der Truppe und Bevölkerung schweren ökonomischen und seelischen Belastungen aussetzte: Gerade weil der Angriff Napoleons eine das ganze Land erfassende Welle der

Opferbereitschaft auslöste, war das ständige Zurückweichen unter dem Druck des Gegners schwer zu ertragen. So musste Barclay de Tolly, der als Oberbefehlshaber die auf weite Sicht aussichtsreiche Rückzugsstrategie konsequent verfolgte, vom Zaren abgelöst und durch den populären Kutuzov (1745–1813) ersetzt werden, der freilich die Strategie seines Vorgängers fortsetzte, nachdem die Russen die Schlacht bei Borodino (16. August/7. September) unter großen Verlusten verloren hatten. Aus psychologischen Gründen wäre es aber unmöglich gewesen, das bereits evakuierte Moskau ohne eine Schlacht aufzugeben, und auch danach war der Fall Moskaus für weite und einflussreiche Kreise ein Schock, wie aus zahlreichen Dokumenten, die Erinnerungen aus dieser Zeit enthalten, deutlich wird. Die Standfestigkeit Alexanders, der alle Kontaktversuche Napoleons zu einem Friedensschluss zurückwies, war in dieser Phase entscheidend. Dazu trat der Brand Moskaus einen Tag nach Einmarsch der Franzosen; der Oberkommandierende von Moskau, Fëdor Rostopčin, sollte sich später zeitweise dieser Tat rühmen. Probleme beim Nachschub und Partisanen verschlechterten die Versorgungslage der Armee Napoleons schließlich bis zur Untragbarkeit und erzwangen am 10. Oktober den Rückzug. Die Wachsamkeit Kutuzovs verhinderte in der Folge unter großen Verlusten ein Ausbiegen Napoleons nach Süden und drängte die zurückweichende Armee des Gegners in ihren eigenen Anmarschweg, wo es keinerlei Versorgungsgüter mehr gab. Dem schonungslosen Partisanen- und Kosakenkrieg, den die Bevölkerung überall unterstützte, stand die feindliche Truppe bei rasch sinkender Disziplin hilflos gegenüber. Schließlich half den Russen der frühe Frost des Spätherbstes, gegen den sich die Soldaten Napoleons nicht schützen konnten und der den Russen daher eine überlegene Beweglichkeit verschaffte.

Der russische Sieg wäre militärisch und politisch vollständig gewesen, wenn die Einschließung Napoleons vor dem Übergang über die Beresina nicht an der Eifersucht der russischen Generäle und der allzu vorsichtigen Führung Kutuzovs gescheitert wäre. Doch auch so war die Katastrophe erschütternd: Kaum mehr als 30 000 Mann brachte Napoleon im Dezember über den Neman zurück.

Am 23. Dezember traf Alexander wieder in Wilna ein, das er ein halbes Jahr zuvor in aller Eile hatte verlassen müssen: Russland war vom Feind befreit, der ›vaterländische Krieg‹ gewonnen. Nun begann der Befreiungskrieg im Sinne der ursprünglichen ›Prinzipien‹ des Zaren, indem Alexander Russlands Machtmittel für die Befreiung der europäischen Völker von der Herrschaft Napoleons einsetzte. Manche Russen verstanden diesen Entschluss ihres Kaisers nicht und hätten es lieber gesehen, wenn ihrem leidgeprüften Land eine Ruhepause zuteil geworden wäre. Dem widersprach aber das starke religiös-mystische Sendungsbewusstsein, von dem Alexander in dieser Zeit erfüllt war: Gott hatte ihn durch den unverhofft glänzenden Sieg über Napoleon sichtbar gesegnet, daher musste es wohl Gottes Wille sein, dass Alexander das begonnene Werk zum Heil Europas zu Ende führe. Die zahlreichen prominenten Ausländer in der Umgebung des Kaisers – Diplomaten wie Emigranten – wollten natürlich das wachsende Sendungsbewusstsein Alexanders keineswegs schon in dieser Phase dämpfen, da Napoleons Macht zwar erschüttert, aber noch keineswegs beseitigt war. Für Russland gab es im Übrigen einen sehr konkreten Aspekt der europäischen Neuordnung, der ein Haltmachen an den eigenen Grenzen und eine außenpolitische Selbstbeschränkung als unzweckmäßig erscheinen ließ – das war Polen. Und die ›polnische Frage‹ hätte auf dem Wiener Kongress, nach der Niederlage Napoleons und Alexanders triumphalem Einzug in Paris an der Spitze russischer Truppen, die ›große Koalition‹ fast wieder zerbrochen: Schon vor dem Angriff Napoleons hatte Alexander Czartoryskis Idee wieder aufgegriffen, um Bundesgenossen im ›Vaterländischen Krieg‹ zu erhalten. Damals hatten die Polen aber noch die Wahl gehabt und über ein Herzogtum Warschau verfügt, so dass Czartoryski hatte abwinken müssen. Nun sollte der Sieger und Befreier Alexander aus Gnade gewähren, was sich die Polen nicht hatten verdienen wollen. Dem standen aber die Ansprüche der anderen

Teilungsmächte – Preußens und Österreichs – auf Wiederherstellung ihres Besitzes entgegen. Im Widerspruch zu allen vorher getroffenen Abkommen (Kalisz 28. Februar, Reichenbach 27. Juni, Teplitz 9. September 1813) forderte Alexander also in Wien das ganze Herzogtum Warschau und wollte Preußen mit der Übertragung von Sachsen entschädigen. Erst als er damit ein gegen Russland und Preußen gerichtetes Militärbündnis Englands, Frankreichs und Österreichs (3. Januar 1815) und die Gefahr eines Krieges provozierte, willigte Alexander in einen Kompromiss ein: Preußen erhielt einen Teil seines Besitzes aus der dritten Teilung Polens als ›Großherzogtum Posen‹ zurück, und hinsichtlich des von Österreich beanspruchten kleinpolnischen Gebietes einigte man sich darauf, Krakau (und Umgebung) als ›Freie Stadt‹ dem Protektorat aller drei Teilungsmächte zu unterstellen. In reduzierter Form wurde aber auch Czartoryskis Idee verwirklicht: Der an Russland fallende Hauptteil des Herzogtums Warschau wurde als ›Königreich Polen‹ in Personalunion mit dem Zarenreich vereinigt und erhielt am 27. November 1815 eine Verfassung, die als die liberalste in Europa galt. Formal traf das auch zu: Der König, vertreten durch einen Statthalter und unterstützt durch einen Staats- und Verwaltungsrat, bildete die Exekutive, die Ständevertretung in den beiden traditionellen Kammern des Senats und des *sejm* die Legislative; Polnisch als Amtssprache, Glaubens- und Pressefreiheit sowie die Unantastbarkeit der Person waren in der Konstitution garantiert; kein Ausländer sollte ein öffentliches Amt bekleiden, und das Kongress-Königtum erhielt ein eigenes Heer; Alexanders Nachfolger wurden verpflichtet, vor der Krönung in Warschau den Eid auf die polnische Verfassung abzulegen – Nikolaus I. hat diese Verpflichtung auch wirklich erfüllt.

Für die inhaltliche Ausgestaltung der Autonomie im Königreich Polen war es jedoch kein gutes Omen, dass der Zar seinen jüngeren Bruder Konstantin (1779–1831) zum Vertreter bestellte, der herrisch und sprunghaft war und ein rigoroses Besatzungsregime einführte; und es war auch kein Zufall, dass der polnische Königstitel nicht mit *korol'* ins Russische übersetzt wurde, sondern mit *car* (Zar); einen ›polnischen Zaren‹ hatten sich die Polen aber nicht gewünscht, da durch diese Bezeichnung das Königreich Polen der Vergangenheit angehörte. Ferner wurde auch nicht der polnische Freiheitsheld Kościuszko (1746–1813) als Oberbefehlshaber der polnischen Armee eingesetzt, sondern der ungeliebte Großfürst Konstantin und das Amt des Statthalters, das dem des Oberbefehlshabers untergeordnet war, besetzte der Zar statt mit dem verdienten Czartoryski mit General Józef Zajączek, einem schwachen Veteranen aus dem Heer Napoleons, der ein willfähriges Werkzeug in den Händen von Konstantin und Novosil'cev wurde; des letzteren Rolle als allmächtiger russischer Kommissar bei der polnischen Regierung war in der Verfassung gar nicht vorgesehen. Als Alexander im März 1818 den ersten polnischen Reichstag mit einer Ansprache schloss, in der er die polnische Verfassung in den höchsten Tönen rühmte und die Andeutung machte, dass er dieses System auch auf andere Gebiete seines Reiches ausdehnen wolle, rief er bei den Polen trotzdem ein letztes Mal Hoffnungen und bei vielen Russen Befürchtungen hervor. Danach waren die konstitutionellen Flitterwochen auch verbal zu Ende: Die Autokratie russischer Tradition erwies sich auch im Fall Polens als unfähig zu einer wirklichen Teilung der Macht; Freiheiten gab es in ihr nur unter sorgfältiger Polizeikontrolle, und die Verfassung wurde zu einem Instrument der absoluten Machtausübung. Alles übrige war unverbindliche Ideologie.

Das gilt auch für die russische Außenpolitik nach dem Wiener Kongress: Bei der Ausgestaltung des erneuerten Königreichs Frankreich 1814 gab sich Alexander noch reichlich liberal; das entsprach seiner Rolle als Befreier, und die eigene Selbstherrschaft war ja nicht davon berührt. Nach dem Zwischenspiel der ›Hundert Tage‹ und der neuerlichen Niederlage Napoleons bei Waterloo (18. Juni 1815) fand er dann in der ›Heiligen Allianz‹ (feierlich verkündet am 26. September 1815) jedoch den angemessenen Ausdruck für die ›heilige Mission‹, die ihm – nach eigenem Zeugnis – eine ›innere Stimme‹ als Willen Gottes ständig bezeuge. Natürlich erhob niemand grundsätzliche Einwände gegen den Vorschlag, das Zusammenleben der Völker und Staaten nach den christlichen Prinzipien von Frieden, Eintracht und Liebe zu führen (nur der Papst, der Sultan, England und die Vereinigten Staaten hielten sich fern), aber Alexanders politischer Mystizismus und sein Pathos blieben den Fürsten und Staatsmännern fremd. Gewiss wurde aus der Heiligen Allianz in den Händen Metternichs bald ein Instrument der europäischen Reaktion, aber die Interpretation legitimer und absoluter Fürstenherrschaft als christliches Prinzip wäre nicht so leicht durchzusetzen gewesen, wenn sie nicht im Grunde auch Alexanders Vorstellungen entsprochen hätte: Europa war nach Überzeugung des Zaren durch die Heilige Allianz ›im Zeichen des Kreuzes‹ vereinigt und endgültig geordnet. Jeder Versuch, auch nur in einem Teil Europas die bestehenden politischen Verhältnisse zu verändern, erschien ihm von nun an als ein Angriff auf diese heilige Ordnung. Daher unterstützte Russland auch eine kollektive Interventionspolitik gegen jede Veränderung, angefangen von der Kongressperiode (Aachen 1818, Troppau 1820, Laibach 1821, Verona 1822) bis zum Eingreifen von Nikolaus I. in Ungarn 1849. Hinter den hehren Worten steckte jedoch in Wirklichkeit ein Zweckbündnis der europäischen konservativen Großmächte, Österreich, Preußen und Russland.

Wie wenig die christlichen Prinzipien tatsächlich galten, wenn die russischen Machtinteressen ins Spiel kamen, zeigte sich, als sich die Griechen im März 1821 gegen den Sultan als ihre legitime Obrigkeit erhoben und Russland damit die Gelegenheit boten, das ›griechische Projekt‹ wieder aufzunehmen: Sollte man aber aus Christenpflicht die legitime Herrschaft der Osmanen unterstützen oder zumindest die griechische Rebellion nicht fördern, oder sollte man die christlichen und noch dazu orthodoxen Glaubensbrüder befreien – und damit gleichzeitig der russischen Machtausweitung dienen? Man begann mit der ersten Variante und endete bei der zweiten, und zwar sowohl das Russland Alexanders, der sich als Haupt der Heiligen Allianz fühlte, als auch England, das der

Heiligen Allianz niemals beigetreten war. Rebellionen stellten schließlich auch die Unabhängigkeitserklärungen der spanischen Kolonien in Amerika dar: Hier ging Alexander so weit, den Spaniern Schiffe zu verkaufen, um ihnen die Wiederherstellung der legitimen Ordnung zu erleichtern, erreichte aber nur, dass die Wachsamkeit der Vereinigten Staaten geschärft wurde. Ein Versuch, Schifffahrt und Fischfang der Vereinigten Staaten in den Gewässern der russischen Besitzungen an der Westküste Nordamerikas durch kaiserliche Verordnung einzuschränken (1821), löste heftige Proteste Washingtons aus und musste zurückgenommen werden (1824). Der Eintritt neuer Kräfte in die Weltgeschichte konnte auf die Dauer weder durch Polizeiaktionen verhindert, noch durch die Verkündigung moralischer Prinzipien, an die man sich selbst nicht hielt, unter Kontrolle gebracht werden.

Die innere Entwicklung

Mit der besten Absicht, Neues und Gutes zu schaffen, aber unter der Last des Staatsstreichs, trat Alexander I. seine Regierung an. In einem kleinen Kreis gleichgesinnter Freunde, der dann 1801–03 in der zwanglosen Form einer Tischgesellschaft als sogenanntes ›Geheimes Komitee‹ (*neglasnyj komitet*) beträchtlichen Einfluss auf den Gang der Dinge ausübte, hatte er sich darauf vorbereitet; dazu gehörten: Fürst Adam Czartoryski, hochgebildet und aus vornehmster polnischer Magnatenfamilie, der in Frankreich und England studiert hatte; zum Freiheitskampf Kościuszkos war er zu spät gekommen und dann 1795 nach Petersburg geschickt worden, um die väterlichen Güter vor der Konfiskation zu bewahren; Katharina hatte ihn halb als Geisel am Hof festgehalten, wo er sofort Zugang zur Gesellschaft erlangt hatte; der glühende Patriot hatte seine Hoffnung auf die liberalen Neigungen des jungen Alexander gesetzt. Nikolaj Novosil'cev, durch illegitime Herkunft mit dem reich begüterten Haus der Stroganovs verbunden, hatte sich bereits im Dienst bewährt, war anglophil und modern im Sinne der Aufklärung, besaß aber einen Charakter, der den Versuchungen der Macht nicht immer widerstand; Novosil'cev hatte sich als mäßigender Mentor um den jungen Grafen Paul Aleksandrovič Stroganov verdient gemacht, den Jüngsten der Freunde, der nach aktiver Teilnahme an der Französischen Revolution zum Kammerherrn Pauls I. avanciert war, ohne seine freiheitlichen Ideale aufzugeben. Schließlich war da noch der Ukrainer Viktor Kočubej, der durch seinen Onkel Bezborodko im diplomatischen Dienst Karriere gemacht hatte, von Paul I. in den Grafenstand erhoben und dem Thronfolger Alexander beigegeben worden war.

Diese Männer verband der Wille zu zeitgemäßen Reformen, die jedoch keine Beschränkung des Selbstherrschertums bedeuteten: ›Konstitution‹ verstanden sie zunächst als die Gestaltung eines modernen Rechts- und Ordnungsstaates durch den Zaren zur Vervollkommnung seiner Macht, um dann – in ferner Zukunft – weitere Reformen zur parlamentarischen Mitbeteiligung der Stände einzuführen. Dieser bürokratische Liberalismus hatte zwar doktrinäre, aber keine politisch radikalen Züge und stand in scharfem Gegensatz zu den politischen Vorstellungen der sogenannten ›Senatspartei‹: Deren hochadelige Würdenträger wollten den unbeschränkten Absolutismus durch Mitsprache der Aristokratie zügeln, indem der Senat – durch Wahlen zu einer Adelsrepräsentation gemacht – die unter Katharina weitgehend verlorengegangene Exekutivgewalt zurückerhalten hätte und außerdem an der Gesetzgebung beteiligt worden wäre. Dem widersprach das ›Geheime Komitee‹ der Jungen energisch, indem sie betonten, der Kaiser dürfe sich um der hohen Reformziele willen nicht die Hände binden lassen. Das entsprach Alexanders Sendungsbewusstsein, und so reduzierte er den Senat durch die Ministerialform vom September 1802 praktisch auf die Funktion eines obersten Gerichtshofs. Die Schaffung von acht Ministerien (Äußeres, Krieg, Marine, Inneres, Finanzen, Volksaufklärung, Justiz, Handel) als höchste Exekutivbehörden übertrug dabei einerseits den Ministern die persönliche Verantwortung – im Unterschied zum petrinischen Kollegiensystem –, andererseits folgte sie in sehr unvollkommener Weise dem englischen Vorbild. So wiesen schon zeitgenössische russische Kritiker darauf hin, dass die englischen Ministerien vom Parlament abhängig seien; der allein dem Herrscher verantwortliche Minister war dagegen nur eine ›physische Ausdehnung‹ des Autokraten, weil er keine Macht auf Dauer erhielt, sondern im Grunde nur Einzelaufträge auszuführen hatte. Außerdem fehlte dem Ministerkomitee, das Alexander wenig schätzte, ein Vorsitzender, der eine einheitliche Meinung seiner Kollegen herbeigeführt und dem Herrscher gegenüber vertreten hätte.

M. M. Speranskij

Die Mitglieder des ›Geheimen Komitees‹ glaubten, dass bereits die Übernahme administrativer Einrichtungen von außen das politische System verändern könne. Dies war indes eine Illusion, zumal die neuen Ministerien ungewöhnlich schlecht funktionierten. Eine Änderung trat erst ein, als mit Michail Michajlovič Speranskij ein Mann von überragenden Fähigkeiten und enormer Arbeitskraft entscheidenden Einfluss auf die Reformtätigkeit erhielt: Speranskij (1772–1839) stammte aus der Gegend von Vladimir und war einer der vielen Popensöhne, die in der Geschichte des modernen Russland Bedeutung gewannen. Die zunächst theologische Ausbildung war für den Unbemittelten hart und entbehrungsreich: Wer sich darin durchsetzte und wie Speranskij an das 1790 in Petersburg neugegründete (1797 zur theologischen Akademie erhobene) Seminar geschickt wurde, hatte einen Ausleseprozess durchlaufen, der an zähem Bildungswillen und überdurchschnittlicher Begabung keinen Zweifel ließ. Ab 1792 war Speranskij dort selbst Lehrer – für Mathematik, Physik und Rhetorik, später vor allem für Philosophie; auch das höhere kirchliche Bildungswesen in Russland befand sich seit Feofan Prokopovič auf dem Weg zu einer ernsthaften Modernisierung. Speranskij nahm mit großem sittlichem Ernst auf, was ihm geboten wurde, und erwarb selbst hinzu, was er für seinen Unterricht benötigte; seiner Bildung fehlte jener snobistisch-dilettantische Zug, der so viele Angehörige der russischen Adelsjugend auszeichnete. 1797 trat der junge Seminarlehrer in den Staatsdienst über, heiratete ein Jahr später eine Engländerin und machte als Beamter, ab 1802 in dem von Kočubej geleiteten Innenministerium, rasch Karriere. Das 1803 von ihm entworfene Statut des Innenministeriums galt als vorbildlich. Als Vertreter des erkrankten Innenministers kam Speranskij 1807 in persönlichen Kontakt mit dem Kaiser, der seine Fähigkeiten erkannte, ihn zu seinem persönlichen Sekretär machte und in den folgenden Jahren in entscheidender Funktion mit allen wichtigen Aufgaben der inneren Neuordnung betraute.

Von den umfassenden Projekten, die Speranskij für eine Reform des zentralen Regierungsapparates entwarf, vor allem dem Reformprojekt von 1809, wurden zwar nur Teile verwirklicht, diese stellten aber trotzdem einen bedeutenden und bleibenden Fortschritt dar: Die Ministerien erhielten durch das Statut vom 25. Juni 1811 eine einheitliche Organisation und Geschäftsordnung; an der Spitze eines streng hierarchisch gegliederten Ministeriums stand nun, beraten von seinen Sektionsleitern, der dem Zaren allein verantwortliche Minister. Über den Bereich der einzelnen Ministerien hinaus durfte die Reform allerdings nicht gehen, was letztlich dazu führte, dass das Ministerkomitee so unzulänglich blieb, wie bisher; der Selbstherrscher war auch weiterhin nicht an den Rat und die Meinung seiner Minister gebunden. Eine weitere, wenn auch gleichfalls nur technisch-organisatorische Verbesserung erfuhr die Legislative durch die Umbildung des ab 1801 bestehenden ›ständigen Rats‹ in den am 1. Januar 1810 konstituierten ›Staatsrat‹ (*gosudarstvennyj sovet*): Die Gesetzgebung lag zwar weiterhin allein beim Autokraten, aber dieser verfügte nun über ein von den Ministerien getrenntes, eigenes Organ für die praktische Durchführung, das in fünf Departements gegliedert war und von einem ›Staatssekretär‹ (Speranskij selbst) koordiniert wurde. Speranskijs Pläne waren auch hier weitergegangen: Er hatte neben dem Staatsrat für die

Ausarbeitung der Gesetzentwürfe eine Staatsduma für deren Beratung vorgesehen, aber dieser erste – sehr vorsichtige – Schritt in Richtung einer konstitutionellen Beschränkung der Selbstherrschaft blieb nur eine Idee. Speranskijs administrative Reformen veränderten also nicht den autokratischen Charakter der Regierung, aber sie verbesserten deren Organe. Der ›Virtuose der Bürokratie‹ schuf damit wichtige Voraussetzungen eines modernen Staates, um die man sich während des 18. Jahrhunderts weitgehend vergebens bemüht hatte.

Die Rechtskodifizierung

Ohne ein einheitliches und allen zugängliches Rechtssystem konnte jede Reform nur Symptome kurieren. Ab 1801 gab es zwar wieder eine Kodifizierungskommission; aber so lange sie zunächst nach den allgemeinen *principia iuris* suchte, die im Geiste der Aufklärung dem neuen Recht als Grundlage dienen sollten, kam sie keinen Schritt weiter. 1808 wurde Speranskij auch mit der Aufgabe der Kodifizierung des Rechts betraut, und in der Erkenntnis, dass alles Materialsammeln und alle philosophischen Erwägungen in absehbarer Zeit keine brauchbaren Ergebnisse erzielen würden, orientierte er sich am fortschrittlichsten ausländischen Recht dieser Zeit. So lag dem Entwurf eines neuen russischen Zivilrechts von 1812 im Wesentlichen der *Code Napoléon* zugrunde; aber so rasch Speranskij auch gearbeitet hatte, die Weltgeschichte hatte ihn überholt: Was in der Situation des Jahres 1808, als er den Kaiser nach Erfurt begleitet hatte, ganz unbedenklich erscheinen mochte, kam 1812 einem politischen Selbstmord gleich und so wurde Speranskijs Entwurf niemals umgesetzt und sollte zudem wesentlich zum Sturz seines Schöpfers (1812) beitragen. Trotzdem sollte Russland diesem seine moderne Rechtskodifikation verdanken, denn die *Vollständige Sammlung der Gesetze* (*polnoe sobranie zakonov*), deren erste 45 Bände 1830 vorlagen, und die *Sammlung der [noch geltenden] Gesetze (svod zakonov)*, die als 15-bändiges Gesetzeswerk am 1. Januar 1833 in Kraft trat, entstanden unter der Leitung Speranskijs, den Nikolaus I. wieder für diese Aufgaben herangezogen hatte. Dieser vermied nun seinen früheren Fehler; denn in den neuen Gesetzen war weder von *principia iuris* noch von einer Übernahme fremden Rechts die Rede; vielmehr legte Speranskij eine historische und systematische Sammlung des russischen Rechts vor, die trotz aller zeitbedingten Unzulänglichkeiten praktischen Zwecken genügte und zur Ausgangsbasis der modernen russischen Rechtswissenschaft wurde.

Das Bildungswesen

Die moderne Verwaltungsorganisation benötigte ausgebildete Menschen, die ihr als Beamte zu dienen verstanden. Gemäß dem Bildungsoptimismus des 18. Jahrhunderts war in Russland in dieser Hinsicht bereits manches versucht und mit der Schulreform von 1786 auch einiges erreicht worden. Hier setzte das ›Geheime Komitee‹ in seinen Diskussionen und ab 1802 das ›Ministerium für Volksaufklärung‹ als zuständige Zentralbehörde in der Praxis an, um die Reform weiterzuführen. So wollte man das Bildungssystem mit den Universitäten an der Spitze und Elementarschulen an der Basis ausbauen sowie die Verwaltung des Schulwesens vereinheitlichen: Sechs pädagogische Verwaltungsbezirke – Moskau, Petersburg, Wilna, Dorpat, Chaŕkov und Kazań – sollten je eine Universität erhalten, in jedem Gouvernement sollte ein Gymnasium und in jeder Kreisstadt eine Kreisschule eingerichtet werden; Pfarrschulen sollten die Basis für den weltlichen wie für den geistlichen Bildungsweg werden. Da nur in Moskau bereits eine Universität bestand, mussten nach diesem Programm fünf neue Universitäten eingerichtet werden. In Wilna konnte man das bestehende Kollegium zur Universität erheben; auch in Dorpat ließ sich an eine ältere Tradition anknüpfen; Petersburg bekam zunächst ein pädagogisches ›Hauptinstitut‹, das 1819 zur Universität ausgebaut wurde; Kazań und Chaŕkov waren Neugründungen. Anders als im Fall von Moskau wurde hier die Autonomie der deutschen Universität zum Vorbild genommen; auch eine große Zahl der Professoren berief man anfangs aus Deutschland. Angesichts der großen Schwierigkeiten blieben die praktischen Erfolge zwar noch lange bescheiden, aber ein wesentlicher Schritt vorwärts war getan.

Alle Reformen des höheren Schulwesens setzten jedoch ein funktionierendes System der Elementarschulen voraus. Die Kirche mit ihren Pfarrschulen brauchte aber auch die nötigen Mittel zu deren Ausbau; sie erhielt dazu ihr traditionelles Monopol des Kerzenverkaufs zurück, das ihr Peter genommen hatte, dessen Ertrag die bisherigen Zuwendungen des Staates um ein Vielfaches übertraf und nun den Ausbau der Pfarrschulen ermöglichte. Speranskij regte außerdem die Errichtung eines Mustergymnasiums nach französischen Vorbildern an. Auch dies wurde ihm von Reaktionären zum Vorwurf gemacht; dennoch wurde das Lyzeum von Carskoe Selo bei St. Petersburg zur Eliteschule des zarischen Russland, das viele höhere Beamte der nächsten Generation hervorbrachte. Grund für den Groll gegen Speranskij waren dabei wohl weniger die modernen Lehrplänen als vielmehr die von ihm durchgesetzte Verfügung (1809), dass alle höheren Beamten nun Staatsexamen ablegen und unter anderem die Kenntnis des Lateinischen und moderner Sprachen nachweisen mussten.

Dieser Ausbau des russischen Bildungswesens sollte indes durch die Entwicklung des Zeitgeistes gestört werden: Waren die Aufklärer der Überzeugung gefolgt, dass Bildung den Menschen ›gut‹ mache, so war das offizielle Europa des Vormärz eher der Meinung, dass Bildung eine gefährliche Sache sei. Russland ging in dieser Frage voran, und da sein Bildungswesen noch schmal und traditionsarm war, hatte die beispiellos reaktionäre Bildungspolitik, wie sie schon in der mystischen Periode Alexanders I. nach 1815 zum Zuge kam, katastrophale Folgen: Der Niedergang begann mit der Ernennung des Fürsten Golicyn zum Minister für Volksaufklärung (1816) und traf vor allem die Universitäten, wenn auch nicht alle Kuratoren (leitende Beamte der Bildungsbezirke) pathologisch-kriminelle Erscheinungen waren wie der berüchtigte

Magnickij, der schließlich die Universität Kazań zugrunde richtete.

Die Finanzreform

Zu allen Reformen brauchte man selbstverständlich die entsprechenden finanziellen Mittel. Nun hatten auch andere europäische Länder zu dieser Zeit Probleme mit der Finanzpolitik, weil man eben erst die Voraussetzungen für eine stabile Währung zu verstehen begann. Es spricht demnach für die ungewöhnlichen Fähigkeiten Speranskijs und für die Ernsthaftigkeit seines Vorgehens, dass er die besten Experten heranzog und sich selbst die modernsten Erkenntnisse aneignete, ehe er Vorschläge zur Sanierung der Staatsfinanzen machte: Der Assignatenrubel war 1810 nur mehr ein Viertel des Silberrubels wert, und die Staatsausgaben überstiegen 1809 trotz englischer Subsidien die Einnahmen um mehr als das Doppelte. Speranskijs Lösungsvorschlag entsprach dem neuen, sachkundigen Wirtschaftsdenken, das von der Notenpresse keine Wunder mehr erwartete oder glaubte, das Wort des Selbstherrschers allein könne 800 Millionen ungedeckter Papierrubel Wert verleihen, sondern das die Finanzpolitik im Zusammenhang des gesamten Wirtschaftsgeschehens sah. Speranskij schlug daher folgende Änderung vor: Anerkennung der Assignaten als Staatsschuld, um das Vertrauen in die Währung wiederherzustellen; in Zukunft nur mehr Ausgabe von Banknoten mit entsprechender Silberdeckung; Erhöhung der Staatseinnahmen und damit des Nationaleinkommens durch Förderung der wirtschaftlichen Produktivität; Verkauf von Staatsland an die Staatsbauern; Ersetzung der Kopfsteuer durch eine Grundsteuer; Aufstellung eines verbindlichen Haushaltsplans; Aufhebung der noch bestehenden Staatsmonopole (Salz) und Abbau des staatlichen Wirtschaftsdirigismus.

Zu verwirklichen war dieser ›Perspektivplan‹ nur schrittweise, in Friedenszeiten und über eine längere Zeit. Die Kriegsjahre 1812–15 machten daher alle guten Vorsätze zunichte: Man musste neue Assignaten drucken, so dass der Papierrubel 1814 auf ein Fünftel des ursprünglichen Werts gefallen war. Aber schon die ersten Maßnahmen, die Speranskij 1810 und 1811 einleiten konnte, hatten gezeigt, dass der Adel in der neuen Finanzpolitik einen Angriff auf seine Privilegien sah und zu keinen Opfern ohne Gegenleistung bereit war. Der Widerstand des Adels war wohl auch der Hauptgrund dafür, dass die ›liberale Reformperiode‹ unter Alexander, für die am Anfang die jungen Männer des ›Geheimen Komitees‹ und später Speranskij repräsentativ waren, mit dem Jahr 1812 zu Ende ging und nach der Zäsur der Befreiungskriege durch eine ›reaktionäre Periode‹ abgelöst wurde.

Die Reaktion

Der überraschende Sturz des allmächtigen Staatssekretärs, der im März 1812 von einem Tag auf den anderen entlassen, verhaftet und zuerst nach Nižnij Novgorod, später nach Perḿ verbannt wurde, war das Ergebnis einer vielschichtigen Intrige. Darin spielte die berühmte *Denkschrift über das alte und neue Russland* des Schriftstellers und Historikers Nikolaj Michajlovič Karamzin (1766–1826) aus dem Beginn des Jahres 1811 sicher nicht die entscheidende Rolle, wie manchmal behauptet wird, aber mit seiner scharfen Kritik der Speranskij'schen Reformen gab Karamzin einer offenbar weitverbreiteten Unzufriedenheit des Adels prägnanten Ausdruck. Noch fehlte dieser ersten Programmschrift des politischen Konservatismus in Russland allerdings der philosophische Hintergrund, die historische Tiefe und das klar formulierte positive Ziel: Karamzin und der Adel waren dagegen – sie waren gegen die neuen Ministerien und gegen die neuen Universitäten, gegen den Einfluss fremden Rechts und gegen die Auswirkungen des modernen Wirtschaftsdenkens. Ihr Ideal war die ›goldene Zeit‹ Katharinas, da Bildung noch ein adeliges Privatvergnügen und Administration die großzügig geübte, standesgemäße Tätigkeit des Edelmannes gewesen war; erst später wurden dieser Zeit höhere ethische und politische Werte zugesprochen, die angeblich das alte Moskau verkörpert hatten. Trotzdem verband sich das Ressentiment des adeligen Moskau gegen das bürokratische Petersburg schon jetzt mit patriotischem Selbstbewusstsein, indem das mangelnde Verständnis des Adels für die Erfordernisse des modernen Staats und der wirtschaftlich-sozialen Weiterentwicklung ins Positive gewendet wurde, was schließlich zu einer nationalistischen Selbstglorifizierung führte: Karamzins *Geschichte des russischen Staats* enthielt keine historische Selbstkritik; sie wollte patriotischer Erbauung dienen und tat dies mit großem Erfolg.

Alexander opferte also Speranskij, der sicherlich kein schlechter Patriot war, dem adeligen Ressentiment: Der Emporkömmling ohne gesellschaftliche Einbindung war ein vorzügliches Werkzeug des Autokraten gewesen, und so fand er nach 4-jähriger Ungnade als Gouverneur von Penza und später als Generalgouverneur von Sibirien auch wieder Verwendung; aber es gab andere, bequemere und den Standesvorurteilen angemessenere Personen. Zu diesen gehörte Alexanders Jugendfreund Fürst Aleksandr Nikolaevič Golicyn (1773–1844): Nach einer standes- und zeitgemäß verbrachten Jugend war dieser 1803 sehr gegen seinen Willen Oberprokuror des Synods geworden, hatte in dieser Position aber zu einem intensiv religiösen Lebenswandel gefunden, für den er in der kritischen Situation des Sommers 1812 auch den Kaiser gewann, dessen uneingeschränktes Vertrauen er genoss. Dabei war hier zunächst die Religion im Allgemeinen gemeint, nicht das russische orthodoxe Christentum im Besonderen. In diesem Zusammenhang kam der 1812 von dem Briten Paterson begründeten Bibelgesellschaft in Petersburg besondere Bedeutung zu, die 1814 unter dem Vorsitz Golicyns zur Russischen Bibelgesellschaft erweitert wurde. Angesichts der hohen Protektion wurde Religion in Russland in der Folgezeit Mode: Ein Jahrzehnt hindurch war es für den Hofadel, für die Spitzen der Hierarchie, ja für jeden Beamten, der Karriere machen wollte, Standespflicht, sich aktiv in der Bibelgesellschaft zu betätigen. Das ursprüngliche Unternehmen bewirkte manches Gute und brachte 1818 die erste

Übersetzung der Bibel in das zeitgemäße Russisch hervor; unter der Leitung des ebenso wohlmeinenden wie törichten Fürsten Golicyn verschmolz jedoch westeuropäische mystische Religiosität, die durch die livländische Baronin Juliane von Krüdener (1764–1824) propagiert wurde, mit russischem Sektierertum und mit orthodoxer Bigotterie.

Zweierlei charakterisierte die Entwicklung dieser gesellschaftlichen Mode: Einmal produzierte sie die stickige Atmosphäre eines heuchlerischen und reaktionären Obskurantismus und lieferte dem Gottesgnadentum Alexanders die erwünschte Rechtfertigung, zum andern rief sie allmählich den Widerstand der orthodoxen Hierarchie hervor, die schließlich den Sturz Golicyns (1824) und unter Nikolaus I. auch die Auflösung der Bibelgesellschaft (1826) erreichte. Aber auch hier war nicht die Auflösung der neuen Verbindung von Autokratie und Religion das Ziel, sondern man strebte vielmehr deren Stärkung und Verengung im Sinne der russischen Überlieferung an. Vorbei waren die Zeiten, da die aufgeklärte Katharina ihr Selbstherrschertum mit der Geografie ihres Reiches begründet hatte; des Zaren Macht und Russlands Größe waren nun für lange Zeit wiederum ausschließlich Gottes Wille, und wer daran zweifelte, stand mit dem Satan im Bunde.

Zum verhassten Symbol der Reaktion wurde aber nicht Golicyn, der durchaus auch positive Züge aufwies, sondern Graf Aleksej Andreevič Arakčeev (1769–1834), der allmächtige Günstling des letzten Jahrzehnts, dessen in jeder Weise abstoßende Persönlichkeit keinen Rehabilitierungsversuch zulässt: Arakčeev entstammte einer wenig begüterten Adelsfamilie, absolvierte die übliche militärische Laufbahn, die ihn als jungen Offizier nach Gatčina in die Umgebung des Thronfolgers Paul führte, avancierte schon unter Paul I. zum General und brachte es unter Alexander 1803 zum Generalinspekteur der Artillerie, 1808 gar zum Kriegsminister – und dies in einer durchaus kriegerischen Zeit, ohne jemals aktiv an einem Gefecht teilgenommen zu haben; die Fähigkeiten des ›Korporals von Gatčina‹ lagen auf anderem Gebiet: Er war genau jener Typ des Befehlsempfängers, der Paul I. als Ideal des gehorsamen Offiziers und fleißigen Beamten vorschwebte, geradezu die Personifizierung der ›Paradomanie‹, die seit Peter III. die Zaren auszeichnete. Das Reglementdenken, das im militärischen Bereich seine Berechtigung hat, aber bei einer Übertragung aufs zivile Leben grundsätzlich problematisch ist, verband sich bei Arakčeev zudem mit perverser Brutalität und Intriganz, mithilfe derer er nacheinander alle Konkurrenten ausschaltete und die Prinzipien, die er bei der Verwaltung seines Gutes Gruzino entwickelt hatte, auf das russische Imperium ausdehnte: Ordnung herrschte in Gruzino, aber eine zu unvorstellbaren Dimensionen gesteigerte Kasernenordnung, die dem Leibeigenen die letzten Reste an Menschenwürde und Existenzmöglichkeit nahm und ihn zu einem Produkt von Züchtung und Dressur erniedrigte. Alexander erfuhr noch von der grauenvollen Quittung, die der Gutsherr von Gruzino erhielt: Im September 1825 erschlugen die Bauern Arakčeevs Geliebte, die diesem an Charakter ebenbürtig war, und bezahlten ihre Verzweiflungstat mit einem Blutbad.

Die enge Beziehung zwischen Alexander I. und Arakčeev wäre unerklärlich, wenn der Kaiser wirklich nur jener edle und verträumte Idealist gewesen wäre, als den ihn die Nachwelt so häufig dargestellt hat. Aber Alexander war nicht nur ein Schüler La Harpes, sondern auch ein Sohn seines Vaters, und als ein Erbstück seines Vaters begleitete Arakčeev den Lebensweg des Kaisers in äußerster Ergebenheit. Dabei hatte Arakčeev weder großen Besitz noch aristokratische Ambitionen, und er hatte auch keinerlei politische Ideen, aber er war ein Instrument, dem Alexander blind vertrauen konnte – und zugleich ein Sündenbock, dem das ganze Odium des autokratischen Regimes aufgeladen werden konnte. Der Kaiser konnte sich eher in seine mystische Scheinwelt einspinnen, liberale Gedanken pflegen, indem er Novosil'cev ein neues ›Konstitutions‹-Projekt ausarbeiten ließ (1818/19), und gleichzeitig allen wichtigen Entscheidungen ausweichen, wenn er die im Grunde auch von ihm angestrebte Kasernenordnung des Reiches bei Arakčeev in guten Händen wusste.

Auch dies war aber eine Scheinwelt, ebenso wie das mystifizierte Selbstherrschertum und die bigotte Hofgesellschaft. Hinter der Fassade des siegreichen, unverändert machtvollen und gottgewollten Imperiums, das innenpolitisch der Heiligen Allianz entsprach, bahnten sich jedoch Veränderungen an, die bald nicht nur einen Umbau der Fassade erzwingen, sondern am Ende das ganze Gebäude in akute Einsturzgefahr bringen sollten.

Die Bauernfrage

Veränderungen im ökonomischen und sozialen Fundament ließen indessen noch auf sich warten: Industrie und Handel erlitten während der napoleonischen Kriege durch die Folgen der Kontinentalsperre Einbußen und Einschränkungen, die zwar nach 1815 ziemlich rasch wieder ausgeglichen werden konnten, das Wachstum der Produktion blieb jedoch bescheiden, und die Güter waren im Wesentlichen dieselben wie vorher. Begünstigt durch die Schutzzollpolitik der Zeit nach Napoleon verzeichnete lediglich die Textilindustrie einen bemerkenswerten Aufschwung: Ihr Zentrum lag in Ivanovo bei Vladimir, und viele Unternehmer dort waren ehemalige Leibeigene oder noch nicht aus der Leibeigenschaft entlassen. Diese in Russland häufig anzutreffende Erscheinung widersprach eigentlich der Rechtsordnung, da die Unternehmer auch in eigenem Namen und nicht nur in dem ihrer ›Herren‹ Rechtsgeschäfte tätigen mussten; da auch die Lohnarbeit in den Fabriken gegenüber der Arbeit von Leibeigenen im Vorrücken war, weil sie sich vom Ertrag her als günstiger darstellte, wurde demnach eine Lösung der Leibeigenenfrage auch unter wirtschaftlichen Gesichtspunkten immer dringender. Seit zudem Radiščev mit seinem Buch das soziale Gewissen geweckt hatte, blieb die ›Bauernfrage‹ in ständiger privater oder offizieller Erörterung. Dennoch konnten zahlreiche, zum Teil auf allerhöchsten Befehl ausgearbeitete Projekte die Lage der Bauern nicht im Geringsten verbessern: Der *ukas* vom 20. Februar 1803, der es den Gutsbesitzern freistellte, ihre Leibeigenen durch Einzelverträge in den Stand ›freier Ackerbauern‹ (*svobodnye chlebopašcy*) zu überführen, hatte so wenig praktische Bedeutung wie die zahlreichen Verfügungen gegen Auswüchse des Leibeigenschaftswesens (Verbot des öffentlichen Handels mit Bauern auf Märkten, Verbot von Anzeigen zum Verkauf von Bauern in Zeitungen, Verbot von Zerreißung von Familien u. Ä.) – von der Möglichkeit der Freilassung wurde kaum Gebrauch gemacht, und einschränkende Bestimmungen über die Verfügungsgewalt ließen sich umgehen. Das Denken in militärischen Kategorien brachte es außerdem mit sich, dass die Problematik der Bauernfrage noch um ein weiteres Problem vermehrt wurde: um die Militärkolonien.

Der Gedanke, die Verteidigung der Landesgrenzen der dort ansässigen Bevölkerung anzuvertrauen oder Soldaten als Wehrbauern in Grenznähe anzusiedeln, ist alt und fand schon im Zusammenhang mit der österreichischen Militärgrenze und in Russland mit dem Kosakentum seine Verwirklichung. Als man ihn unter Alexander aufgriff, stand die Kostenfrage im Vordergrund – Wehrbauern an der Grenze verbilligten die Ausgaben für den Unterhalt des Heeres; darüber hinaus konnte man aber auch humane Gesichtspunkte geltend machen: Die Härten der Rekrutierung und die dauernde Trennung der Soldaten von ihren Familien konnten so vermieden werden. Was der Idee nach sparsam und human erscheinen mochte, wurde jedoch unter der Leitung Arakčeevs zu einem einzigen Skandal der Inhumanität: Beginnend in der Gegend zwischen Novgorod und dem Ladogasee setzte der Staat nach und nach große Teile des ursprünglichen Plans um, in dem gesamten Grenzgebiet zwischen Ostsee und Schwarzem Meer Militärkolonien anzulegen. Dabei handelte es sich aber nicht etwa, wie die Bezeichnung nahelegt, um Neugründungen, sondern um die dorfweise Zwangsüberführung der männlichen Bevölkerung in den Soldatenstand. Das Ergebnis waren nicht bäuerliche Grenzmilizen, sondern nach dem Muster von Gruzino Dorfkasernen, in denen der Militärdienst härter als jede Fronarbeit war, die Bauernsoldaten ihrem vor allem im Norden existenznotwendigen Nebenerwerb nicht mehr nachgehen konnten und auch die intimsten Dinge des menschlichen (Ehe-)Lebens militärisch geordnet waren (bei zum Teil altgläubiger Bevölkerung!). Das Ergebnis waren immer neue blutige Meutereien (die größte 1831), die ebenso blutig niedergeschlagen wurden.

Dagegen gelang in den baltischen Provinzen, wo sich die Ritterschaften schon 1802–04 zu einer Art Bauernschutzgesetzgebung durchgerungen hatten, der erste Schritt zu einer Lösung der Leibeigenschaftsfrage: 1816 erhielten die Bauern in Estland die Freiheit, 1817 in Kurland und 1819 in Livland; jedoch war dies eine Freiheit ›ohne Land‹, das Eigentum des Gutsbesitzers blieb erhalten. Damit wurde der estnische und lettische Bauer zwar frei und voll rechtsfähig, verlor aber gleichzeitig den bisherigen Schutz des Gutsherrn, so dass er zu freien Pachtverträgen gezwungen war, die seine wirtschaftliche Lage kaum verbesserten. Erst weitere Reformen um die Jahrhundertmitte milderten diese Mängel und ermöglichten die Entstehung eines Standes freier Bauern. Immerhin war in diesem besonderen Teil des Reichs ein Präzedenzfall der ›Bauernbefreiung‹ geschaffen worden, und die Erfahrungen der baltischen Provinzen sollten in der weiteren Diskussion um die Bauernfrage ihre Rolle spielen.

Die Dekabristen

Die innere Entwicklung Russlands im letzten Jahrzehnt der Regierung Alexanders I. war jedoch nicht nur durch Stagnation, durch einen Rückfall in Mystizismus, durch Entscheidungsscheu und Machtmissbrauch gekennzeichnet. Auch wenn die ›Aufklärung‹ in Misskredit geriet, so lebten die aufgeklärten Gedanken doch fort und fanden neue Träger: Eine ganze Generation junger russischer Offiziere aus den besten Familien des russischen Adels hatte die Kriege gegen Napoleon als erregendes ›Europaerlebnis‹ erfahren; sie hatten vielen Ländern zur Freiheit verholfen, und sie hatten erfahren, welchen Gebrauch die europäischen Völker von ihrer neuen

Freiheit machen wollten. Sie selbst waren mit unklaren Vorstellungen von politischer Freiheit, aber mit der Hoffnung auf Verbesserungen in ihre Heimat zurückgekehrt. Diese Hoffnung wurde indes bitter enttäuscht: Der ›Befreier Europas‹, der den geschlagenen Finnen und Polen die Konstitutionen gebracht hatte, gab allen Versprechen zum Trotz den siegreichen Russen nichts Ähnliches. Diese erlebten stattdessen einen Krieg gegen die Lehrfreiheit der Universitäten; Zensur und Polizei verstärkten ihre Bemühungen gegen alles, was freiheitlicher Ideen verdächtig schien, und in Arakčeevs Militärkolonien verdichtete sich ein Albtraum der Unfreiheit.

In dieser Situation blieb allen liberal Gesinnten nur die Wahl zwischen vorsichtiger Anpassung oder illegaler Betätigung: Auch in Russland waren seit den Zeiten der Freimaurer, die unter Alexander I. wieder geduldet wurden, Geheimgesellschaften bekannt. Nach solchem Vorbild, aber bald mit ganz anderer Zielsetzung bildeten einige Gardeoffiziere in Petersburg 1816 den ›Bund der Rettung‹ (*sojuz spasenija*) oder ›der wahrhaften und treuen Söhne des Vaterlandes‹, der 1818 in den ›Wohlfahrtsbund‹ (*sojuz blagodenstvija*) umbenannt wurde. Die Zahl der Mitglieder war gering – mehr als 200 scheinen es in den besten Zeiten nicht gewesen zu sein – und für das offizielle Ziel der kulturellen und sozialen ›Wohlfahrt‹ konnte außer der Vermeidung von Kartenspiel und Gelagen nicht viel getan werden; aber ein engerer Kreis sah die eigentliche Aufgabe offenbar mehr und mehr darin, die Erweiterung der politischen Freiheit zu diskutieren und dafür den Konflikt mit dem herrschenden Regime zu riskieren. Im Januar 1821 löste sich der ›Wohlfahrtsbund‹ aus nicht eindeutig geklärten Motiven selbst auf, sei es, weil sich die Mitglieder von unsicheren Mitläufern oder zu radikalen Denkern befreien wollten, sei es, weil man sich über das politische Programm – konstitutionelle Monarchie oder Republik – nicht einigen konnte. Dazu kamen Einwirkungen von außen, die den Freundeskreis sprengten: Das Semenovskij-Garderegiment meuterte gegen den verhassten Regimentskommandeur und wurde deshalb aufgelöst; einige der Garderegimenter wurden nach Wilna (1821/22) verlegt, um sie aus der Hauptstadt zu entfernen und eventuell gegen die Revolution in Piemont einzusetzen, und schließlich die routinemäßige Versetzung der Garde- und Generalstabsoffiziere zu Linienregimentern in der Provinz. Die Nachfolge des ›Wohlfahrtsbundes‹ traten deshalb zwei Geheimgesellschaften an, und zwar eine ›südliche‹ in der Ukraine unter der Führung des Obersten P. I. Pestel', der S. I. Muravëv-Apostol und M. P. Bestužev-Rjumin als aktivste Mitglieder angehörten, und eine ›nördliche‹ in Petersburg, in der Fürst S. P. Trubeckoj, N. M. Muravëv und der Dichter K. F. Ryleev die führende Rolle spielten. Beide Gruppen setzten ihre Tätigkeit fort, obwohl 1822 sämtliche Geheimgesellschaften verboten wurden; beide erhielten Verstärkung durch gleichgesinnte Geheimzirkel, die sich unabhängig von ihnen gebildet hatten – die südliche Gruppe durch die ›Gesellschaft der vereinigten Slaven‹ in Kiev, die nördliche durch Marineoffiziere; beide Gruppen hatten ihren Theoretiker.

Von Nikita M. Muravëv aus der nördlichen Gesellschaft hat sich das ›Projekt einer Konstitution‹ erhalten: Er stellte sich die künftige Ordnung Russlands als eine Föderation nach Art der Vereinigten Staaten vor, wobei dem konstitutionellen Monarchen allerdings weit geringere Machtbefugnisse zustehen sollten als dem amerikanischen Präsidenten. Wie gemäßigt Muravëvs Verfassungsprogramm war, geht unter anderem daraus hervor, dass er das aktive und passive Wahlrecht an einen ziemlich hohen Zensus binden wollte. Trotzdem ging es einigen Mitgliedern der nördlichen Gesellschaft schon zu weit, während andere eine republikanische Staatsordnung bevorzugt hätten. Zu einer solchen Lösung bekannte sich auch P. I. Pestel'(1793–1826), der in jeder Hinsicht viel radikalere Führer der südlichen Gesellschaft, der sogar die Ermordung des Zaren in seine Überlegungen mit einbezog. In seiner *Russkaja pravda*, die weniger ein Verfassungsprojekt als eine theoretisch begründete Instruktion für die künftige provisorische Regierung ist, entwarf er das Bild eines allmächtigen republikanisch-demokratischen Staates, der die Gleichheit aller Bürger verwirklicht und in seinen Gesetzen das Freiheitsverlangen aller erfüllt hätte. Im Gegensatz zu den Vorstellungen Muravëvs forderte Pestel' dabei einen zentralistisch organisierten Staat; nur ein solcher verfügte seiner Vorstellung nach über das Maximum an Macht, um die Utopie zu verwirklichen. Als russischer Patriot lehnte er jeden Gedanken an einen föderativen Staatsaufbau ab:

> Was im besonderen Russland betrifft […] so muss man (um die Verderblichkeit einer föderativen Staatsbildung zu erkennen) nur daran erinnern, aus welchen verschiedenartigen Teilen dieser gewaltige Staat besteht. Seine Provinzen werden nicht nur durch verschiedene Institutionen verwaltet und nach verschiedenen bürgerlichen Gesetzen gerichtet, sondern sprechen vollkommen verschiedene Sprachen und bekennen sich zu vollkommen verschiedenen Religionen; ihre Bewohner sind verschiedener Herkunft und gehörten einstmals zu verschiedenen Staaten; wenn man diese Verschiedenartigkeit durch eine föderative Organisation des Staates noch mehr verstärkt, so ist daher leicht vorauszusehen, dass sich die verschiedenartigen Teile dann rasch vom russischen Kern lösen werden und Russland nicht nur seine Macht, Größe und Kraft, sondern vielleicht sogar seine Existenz unter den großen und wichtigen Staaten verlieren wird.

Pestel' hielt es daher für ein »unbestreitbares Recht [des] starken Staates, […] Volksstämme [*plemena*], die es nicht zu einer wirklichen Nationalität [*narodnost'*] bringen können«, d. h. die keine Aussicht auf einen eigenen Staat haben, zu assimilieren. Allein den Polen sprach er solch eine »wirkliche Nationalität« zu, was bei den nördlichen Föderalisten Befremden hervorrief und wohl mit der Tatsache zusammenhängt, dass die Südgesellschaft Beziehungen zu polnischen Revolutionären unterhielt. Alle anderen nichtrussischen Völkerschaften sollten also zu ihrem eigenen Heil russifiziert werden, denn nur die Gleichheit der Sprache und des Rechts würde zu jener gleichen hohen Sittlichkeit führen, die Pestel' als Ziel vorschwebte. Dem Zentralstaat mit unverkennbar totalitären Zügen war demnach die persönliche Freiheit unterzuordnen. So sollten auch alle Privatgesellschaften, öffentliche und geheime, grundsätzlich verboten werden – die öffentlichen wegen ihrer Nutzlosigkeit in einem Staat, in dem alles Gute durch die Regierung ›und alle ihre Zweige‹ getan würde, die geheimen wegen ihrer möglichen Schädigung solcher Absichten des Staates. Für das Mitglied einer Geheimgesellschaft war das eine bemerkenswerte, in ihrer Art aber konsequente Auffassung.

In den Zielen der politischen Freiheit (Sturz der Selbstherrschaft) und der sozialen Gerechtigkeit (Bauernbefreiung), auch in einem kräftigen und undifferenzierten großrussischen Nationalismus waren die beiden Gemeinschaften sich also einig; über die Mittel und Wege dahin, die Russland eine glorreiche Zukunft eröffnen sollten, war aber keine Einigkeit zu erreichen. Doch darauf kam es zunächst auch nicht an, denn alle Gedanken blieben nur auf dem Papier und wurden erst nach den folgenden Ereignissen einem kleinen Kreis von Personen bekannt, wobei die Vorstellungen Pestel's erst 1906 veröffentlicht werden konnten: Die Gelegenheit, vom Gedanken zur Tat zu schreiten und in einer revolutionären Aktion den unerträglichen Zwiespalt zwischen Utopie und Wirklichkeit zu überwinden, bot sich unerwartet, als Alexander I. am 19. November (1. Dezember) 1825 fern von Petersburg in Taganrog am Azov'schen Meer starb und die Frage der Nachfolge eine zeitlang ungeklärt blieb: Da Alexander keinen Sohn hatte, musste der Thronfolgeordnung von 1797 zufolge die Herrschaft an seinen nächstälteren Bruder fallen. Großfürst Konstantin in Warschau hatte jedoch schon 1822 wegen einer unstandesgemäßen Ehe zugunsten des nächsten Bruders Nikolaus verzichtet, den Alexander in einem Manifest vom 16. (28.) August 1823 auch zum Nachfolger bestimmt hatte. Das Manifest war verschlossen und versiegelt an vier verschiedenen Stellen hinterlegt worden, sein Inhalt war nur den unmittelbar beteiligten Personen, nicht aber der Öffentlichkeit bekannt. Ein plausibler Grund für diese Geheimniskrämerei ist nicht ersichtlich; sie führte aber dazu, dass

Nikolaus beim Eintreffen der Todesnachricht mit Rücksicht auf die völlig unvorbereitete Öffentlichkeit und besonders auf die in dieser Situation entscheidende Garde nicht wagte, von seinem Recht Gebrauch zu machen, sondern selbst den Eid auf Konstantin ablegte und ablegen ließ. Dieser hingegen leistete in Warschau gemäß den Abmachungen den Eid auf Nikolaus, und ehe ein neuer ausdrücklicher Verzicht Konstantins die Lage klärte, vergingen etwa 14 Tage in Unsicherheit. Dies war eine Gelegenheit für den seit Längerem von den Mitgliedern der nördlichen Gesellschaft geplanten Militärputsch.

Am 14. (26.) Dezember 1825, als die Petersburger Garnison auf Nikolaus vereidigt werden sollte, scheiterte dieser Versuch indes kläglich: Nur etwa 3000 Mann konnten von den verschworenen Offizieren zur Eidesverweigerung veranlasst und auf den Senatsplatz geführt werden. Sie ließen Konstantin hochleben und die ›Konstitucija‹, die sie der Legende nach für dessen Ehefrau hielten. Da niemand wusste, was dann geschehen sollte und die Führer der Verschwörung nach Hause eilten, machte der Einsatz loyaler Truppen mit Artillerieunterstützung dem revolutionären Spuk gegen Abend rasch ein Ende. Vom Verlauf her glich diese Meuterei also einer Farce, denn selbst die Herbeischaffung der Kanonen und der Aufmarsch der Kavallerie gestalteten sich bei dem herrschenden Glatteis zu einem Problem; dagegen zeigten die Ermordung des Petersburger Generalgouverneurs Miloradovič durch den Verschwörer Kachovskij und der Tod zahlreicher Soldaten durch gezielte Salven der loyalen Truppen oder durch Einbruch in die gefrorene Neva die tragische Seite der Aktion verantwortungsloser Offiziere.

Nicht besser endete ein Aufstandsversuch des Černigover Regiments, den S. I. Murav́ëv-Apostol Mitte Januar im Süden zustande brachte: Die meuternden Truppen zogen einige Tage ziellos umher, ehe sie von regimetreuen Regimentern aufgerieben wurden; die Folge war eine Untersuchung durch eine Sonderkommission unter Leitung des Zaren Nikolaus, deren Protokolle die umfangreichste, freilich nicht ungetrübte Quelle zur Geschichte der Dekabristenbewegung (von russ. *dekabŕ* = Dezember) bilden: An die 600 Personen wurden zur Verantwortung gezogen, 121 durch einen Sondergerichtshof verurteilt – 5 (Pestel', Ryleev, Muravʹëv-Apostol, Bestužev-Rjumin und Kachovskij) zum Tode durch Erhängen, der größte Teil der übrigen zu langjähriger Zwangsarbeit in Sibirien. Der Zar selbst war durch die Beteiligung von Angehörigen des Hochadels an der ›Verschwörung‹ zutiefst betroffen.

Die Dekabristen hatten ihre Chance eines Staatsstreichs und der Machtergreifung nicht wahrnehmen können, weil sie zwar Idealisten für Freiheitsideen, aber keine Techniker des revolutionären Umsturzes waren. Ob überhaupt eine objektive Chance dazu existierte, lässt sich schon eher diskutieren: Die Gegenseite war ihrer Sache durchaus nicht sehr sicher; Nikolaus hatte bis dahin eine eher unglückliche Rolle gespielt und in der russischen Geschichte hatten Gardeoffiziere schon so manchen Staatsstreich erfolgreich durchgeführt. So hätte die Konstitution ebenso das Ergebnis einer Gardemeuterei sein können wie seinerzeit die liberalen Regimes Katharinas II. und Alexanders I. Dagegen lässt sich anführen, dass die Militärputsche des 18. Jahrhunderts stets Teil einer politischen Hofintrige gewesen waren, jener der Dekabristen dagegen politische Ideen durchsetzen wollte, was mit den Mitteln einer Palastrevolution nicht zu leisten war. Die Dekabristen hatten zudem nur die Sympathien einer verschwindend kleinen liberalen Elite hinter sich; weder den Soldaten, die sie kommandierten, noch dem Volk waren ihre Ziele bekannt. *Eine* Chance aber war ihnen gegeben, und die haben sie auch wahrgenommen: Nicht durch die missglückte Tat des 14. Dezember, sondern durch das mannhafte Erdulden eines unmenschlich harten Schicksals von Todesstrafe und Verbannung gingen als ›Schicksals- und Verfolgungsgemeinschaft‹ revolutionärer Idealisten sie in die Geschichte ein, die alles aufs Spiel gesetzt und alles verloren hatten. Ihr Putschversuch stand am Beginn der Regierung von Nikolaus I., dessen Verlauf sie überschattete.

Gendarm Europas

1825–55	Zar Nikolaus I.
1830	Julirevolution in Frankreich
	Novemberaufstand in Warschau
1848	Revolution in Europa
1854–56	Krimkrieg

Das berüchtigte ›Polizeiregime‹ Nikolaus I. (1825–55) gilt vielfach als eine Reaktion auf den revolutionären Ausbruch, der die Regierung dieses Kaisers einleitete. Das ist zum Teil sicher richtig, denn Nikolaus nahm die Dekabristen und ihre Kritik an den russischen Verhältnissen sehr ernst, beteiligte sich persönlich an Untersuchung und Prozess, wobei er aber die von den Dekabristen drohende Gefahr weit überschätzte. Im Grunde setzte er den Kurs der Regierung seines Bruders fort, der 19 Jahre älter gewesen war. Obgleich beide für die Autokratie eintraten, waren sie indes sehr verschieden in ihrem Charakter: Nikolaus besaß nicht das einnehmende Wesen, aber auch nicht die tiefe Unsicherheit seines älteren Bruders; in seiner Ausbildung hatte niemand an die Möglichkeit einer späteren Thronbesteigung gedacht, und so war er angesichts mäßiger Lernbegabung und geringen Interesses unter der Leitung militärischer Erzieher ein Durchschnittsoffizier geworden. Nikolaus regierte sein Reich wie ein General, dem der Dienst an sich und für das Vaterland über alles ging, dessen Weltordnung sich in Befehl und Gehorsam erschöpfte, den die Ansichten seiner Offiziere und Soldaten wenig interessierten. Aber Nikolaus I. war bei aller ›Paradomanie‹ kein Psychopath wie Arakčeev, und er wusste, dass jede Meuterei ihre Gründe haben musste, die festzustellen und zu beseitigen waren. Daher setzte er sich, vor allem in den beiden ersten Jahrzehnten seiner Regierung, durchaus für Reformen ein, wo er diese aus praktischem Staatsinteresse für nötig hielt:

> Nicht von frechen Träumen her, die immer zerstörende Wirkung haben, sondern von oben werden die vaterländischen Einrichtungen allmählich vervollkommnet, werden Mängel beseitigt und Missbräuche abgeschafft.

Dieser Satz des Krönungsmanifestes vom 13. (25.) Juli 1826 war ernst gemeint, und Nikolaus I. hat viele Verbesserungen ›von oben‹ erwogen und manche auch durchgeführt. Nikolaus regierte fleißig – und in manchem gar nicht so schlecht –, aber er kommandierte die Bürokratie. Den Adel mochte er dagegen so wenig wie sein Vater Paul I.; und er hatte Grund dazu, denn die Dekabristen waren ja überwiegend Angehörige der besten Adelsfamilien gewesen. Ihre Taten, die im Wesentlichen nur aus Gedanken bestanden hatten, und ihr Schicksal nach der Verurteilung hatten zwischen Herrscher und Adel ein tiefes Ressentiment erzeugt. So lehnte Nikolaus in seinem Revolutionskomplex jede Heranziehung der Stände zu politischer Mitarbeit ab; umgekehrt versagte der Adel mit seinen besten Vertretern dem bürokratischen Regime des Kaisers seine Unterstützung.

Dazu kam, dass die Revolutionsfurcht des Zaren während seiner Regierung zweimal wiederbelebt wurde: 1830 förderten die erfolgreichen Revolutionen in Westeuropa das Freiheitsverlangen der Polen; am 29. November brach in Warschau ein Aufstand aus und zwang den Großfürsten Konstantin mit seinen russischen Truppen zum überstürzten Verlassen des Königreichs. Die gemäßigte Adelspartei unter der Führung des Fürsten Adam Czartoryski hoffte dabei zunächst, ihre Ziele durch Verhandlungen zu erreichen, wobei sie für die Wiederherstellung der Grenzen von 1772 eintrat, d. h. für die Wiederangliederung der russischen Westprovinzen an das Königreich, dem Russland niemals zugestimmt hätte. Da der Zar demnach gar nicht verhandeln wollte, beschlossen die radikalen Kräfte im *sejm* die feierliche Absetzung der Dynastie Romanov (25. Januar 1831) und einen Krieg, in dem sich nach Teilerfolgen der polnischen Armee am Ende das russische Übergewicht durchsetzte: Anfang September eroberten die russischen Truppen unter Paskevič Warschau, wenig später wurden die Reste der polnischen Armee zum Übertritt auf österreichisches und preußisches Gebiet gezwungen. Politisch verloren die Polen nun auch noch ihre zwar eingeschränkte, aber doch reale Autonomie gemäß der Konstitution. Ein ›organisches Statut‹ von 1832 trat an ihre Stelle, und dieses war nur noch eine administrative Regelung: Der polnische Reichstag, die polnische Armee und die polnische Finanzverwaltung wurden beseitigt, die Universität Warschau geschlossen, das Königreich dem Russischen Reich eingegliedert und (1837) in Gouvernements eingeteilt. Der militärische Sieger Paskevič wurde Statthalter und erhielt den persönlichen Ehrentitel ›Fürst von Warschau‹.

Es ist begreiflich, dass der polnische Aufstand auf die Reformtätigkeit im Innern des Russischen Reiches einen negativen Einfluss ausübte; er brachte sie aber auch nicht zum Erliegen und in den russischen Westprovinzen schärfte er die nationale Wachsamkeit der Russen: Als Kurator der Universität Wilna hatte Fürst Czartoryski eine erfolgreiche Schulpolitik im polnischen Sinne betrieben, und die polnischen Gutsbesitzer in den Westprovinzen hatten die Aufständischen unterstützt. Eine systematische Politik der Schwächung des polnischen und der Stärkung des russischen, d. h. ukrainischen und weißruthenischen Elements sollte eine Wiederholung ausschließen: Die Universität Wilna wurde aufgehoben und an ihrer Stelle in Kiev die ›russische‹ St. Vladimir-Universität begründet (1834); entgegen den Erwartungen ihrer Stifter wurde sie jedoch wenig später zur Heimstatt des aufkeimenden ukrainischen Nationalismus. Den polnischen Gutsbesitzern schadete die Regierung, indem sie deren Beziehungen zu den ukrainischen oder weißruthenischen Bauern regulierte; das konfiszierte Eigentum der am Aufstand beteiligten Polen fiel an neue russischer Besitzer. Auch die Kirchenfrage ordnete Nikolaus I. in seinem Sinne: 1839 gewährte der Kaiser den griechisch-unierten Bischöfen gnädigst die Bitte, sich wieder mit der griechisch-orthodoxen Kirche vereinigen zu dürfen. Dass dieser ›Bitte‹ ein massiver Druck vonseiten des Staates und der russischen orthodoxen Kirche vorausgegangen war, versteht sich von selbst.

Im Jahre 1830 wurde Nikolaus die Ordnung im eigenen Hause dadurch sehr erleichtert, dass die Revolutionswelle die in der Heiligen Allianz verbündeten konservativen Nachbarmächte Preußen und Österreich nicht erfasst hatte. 1848 war dann aber gerade dies der Fall, und obwohl das Vorgehen des Zaren gegen die Revolution von den Prinzipien der Heiligen Allianz bestimmt war, erfolgte das Eingreifen russischer Truppen unter Paskevič gegen die aufständischen Ungarn zugunsten der österreichischen Regierung nicht nur aus Solidarität gegenüber der legitimen Herrschaft: Unter den Truppenführern der ungarischen Republik spielten die polnischen Generäle Bem und Dembiński eine bedeutende Rolle; ein Übergreifen der Revolution von Ungarn auf Polen war angesichts der Nachbarschaft und der historischen Verbindung des Adels beider Länder durchaus möglich. Als sich am 13. August 1849 bei Világos der Rest der ungarischen Armee den Russen ergab, hatte daher nicht nur Wien, sondern auch Petersburg eine schwere Sorge verloren. Im Übrigen löste erst das Revolutionsjahr 1848 in Russland jene kurzsichtige Politik einer vollkommenen Stagnation aus, die häufig der ganzen Epoche Nikolaus I. zugeschrieben wird. Zwar blieben dessen politische Grundsätze die gleichen, aber in den Methoden ihrer Anwendung erzeugten die Revolutionen beträchtliche Veränderungen.

Die Gesellschaft und die Regierung

Die Gesellschaft Russlands befand sich zur Zeit des Zaren Nikolaus in einem Übergangszustand, in dem die vorherrschenden traditionellen Züge um Anzeichen einer modernen Entwicklung erweitert wurden; am Ende seiner Regierungszeit im Jahr 1855 zählte Russland etwa 59 Millionen Einwohner, von denen 930 000 Personen zum Adel als dem bevorrechtigten Stand gehörten. Die adeligen Familien verfügten über 22 Millionen leibeigene Bauern; jedoch war der Besitz ungleich verteilt, denn 1 % des Adels besaß 30 % der leibeigenen Bauern, weitere 2 % über 15 %; am anderen Ende der Besitzskala teilten sich 40 % des Adels ca. 3 % der Leibeigenen, die ihnen nur das Nötigste zu einem arbeitsfreien Leben lieferten. Neben jenen Gutsbesitzern, die Staatsdienst als Ehrenamt leisteten, gab es zudem eine breite Schicht von Amtsadeligen, die nicht erbberechtigt oder aus niedrigem Stand über Leistung aufgestiegen waren, im Militär-, Hof- oder Staatsdienst arbeiteten, wie andere Beamte von ihrem schmalen Einkommen lebten und daher für Korruption sehr anfällig waren.

Russland war ein Agrarland und ein Land der Dörfer, in dem 1833 weniger als 2 Millionen Menschen in Städten lebten, von denen nur Petersburg mit 445 000 und Moskau mit 333 000 Einwohnern als Großstädte zu bezeichnen waren und nur neun weitere Städte über 30 000 Einwohner zählten. Die Landstädte waren Zentren für Handel, Gewerbe, Verwaltung und Militär, besaßen aber – wie auch die Hauptstädte – keine Selbstverwaltung. Die allgemeine Bevölkerungszunahme nach den Kriegen gegen Napoleon beförderte dann eine langsame Urbanisierung, indem viele Menschen, die dem Stand nach als Bauern galten, als Wanderarbeiter oder dauerhaft in die Städte zogen. Während so die Stadtbevölkerung wuchs, blieb aber ihr Anteil an der Gesamtbevölkerung prozentual in etwa gleich, bis die Bauernbefreiung zu einem Dammbruch führte. Die Gliederung der Stadtbevölkerung in Schichten, deren Mitglieder ihrer Steuerleistung entsprechend besondere Rechte besaßen und Pflichten trugen, hemmte zudem infolge mangelnder Durchlässigkeit das Entstehen und Entfalten eines freien Unternehmertums. Neben wenigen Beispielen russischer Industrieller, von denen einige aus dem religiösen Umfeld der Altgläubigen ausbrachen und einigen Leibeigenen, die unter dem Schutz ihrer Gutsherren tätig werden konnten, waren in der Anfangsphase der Industrialisierung besonders Ausländer in der Industrie, im entstehenden Versicherungs- und Bankwesen erfolgreich.

In den Städten und in einigen Dörfern, die wirtschaftlich interessierten Gutsherren gehörten, war die aufstrebende Industrie konzentriert, wobei die Textilindustrie hier eine Vorreiterrolle einnahm, der mit einigem Abstand die Metallindustrie folgte. In der Zeit von Nikolaus I. verdoppelte sich in etwa die Zahl der Industriearbeiter, die im Vergleich zu den Bauern aber immer noch eine verschwindende Minderheit darstellten. Belastend für Handel und Industrie war vor allem die schlechte Infrastruktur, denn die Straßen waren oft nur Knüppeldämme, während die Flüsse im Sommer zu Wasser und im Winter auf dem Eis die besten Verbindungswege darstellten. Die erste Eisenbahnlinie von Petersburg zur Sommerresidenz in Carskoe Selo, die 1837 in Betrieb genommen wurde, diente eher Prestigezwecken; als 1841 die Linie Petersburg – Moskau beschlossen wurde, zeigte sich, dass Russland die erforderlichen Schienen wie andere Ausrüstungsgegenstände aus England einführen musste. Hinderlich für die Entwicklung der Stadt waren insbesondere die mangelnde Rechtssicherheit für das Eigentum, fehlende Kredite für die beginnende Industrialisierung und eine Verwaltung, deren Ineffizienz nur durch die Korruption gemildert wurde.

Die Regierung Nikolaus' I. wird allgemein als ›Polizeiregime‹ bezeichnet, und dies nicht nur ihres fortschrittsfeindlichen Charakters wegen: Nikolaus hat die Polizei für Russland zwar nicht erst erfunden – es gab in dieser Hinsicht eine ansehnliche Tradition –, aber er organisierte sie unter dem Eindruck des Dekabristenaufstandes neu und erteilte ihr neue Aufträge. Das geschah durch die Einrichtung der berüchtigten ›Dritten Abteilung Seiner Majestät höchsteigener Kanzlei‹ und die Schaffung des Gendarmeriekorps als einer besonderen Polizeitruppe (*ukaz* vom 25. Juni 1826). Der Ausbau der kaiserlichen Privatkanzlei zu einer umfangreichen Behörde mit Aufgaben weit über das bisherige Maß hinaus entsprach der sehr persönlichen und direkten Regierungsweise des Kaisers; Angelegenheiten, die er für besonders wichtig hielt, zog Nikolaus an sich und übertrug ihre Erledigung Männern, die ihm unmittelbar unterstanden und Rechenschaft leisteten. Das eigentlich zuständige Ministerium wurde dabei ausgeschaltet. Diesem Verfahren lag das Misstrauen eines Offiziers gegenüber den normalen Verwaltungsmethoden der Ministerialbürokratie zugrunde, denen gegenüber der eigene Apparat als Abteilung der kaiserlichen Kanzlei Effektivität und Schnelligkeit garantieren sollte. In diesem Sinne befasste sich die 1826 gebildete Zweite Abteilung unter der Leitung von Speranskij mit der Rechtskodifizierung, ohne vom Justizministerium abhängig zu sein, und dementsprechend wurden die Aufgaben der geheimen Staatspolizei dem Innenministerium entzogen und der Dritten Abteilung anvertraut. Ihr Leiter und zugleich Chef des neuen Gendarmeriekorps wurde General, später Graf, Benckendorff: Er hatte sich das kaiserliche Vertrauen verdient, weil er rechtzeitig vor den Umtrieben der Geheimgesellschaften gewarnt hatte; deren polizeiliche Überwachung hatte er jedoch nicht erreichen können. Dies lag daran, dass es zwar die Aufgabe der Polizei war, die Sicherheit des Staates zu gewährleisten, ihr Einschreiten aber war nur dann legitim, sofern Organisationen und Aktionen diese Sicherheit bedrohten. Die Hauptgefahr der Dekabristen hatte jedoch in deren Gedanken und Ideen gelegen, und so wurde die ›Dritte Abteilung‹ in der Öffentlichkeit als eine Gedanken- und Gesinnungspolizei tätig. Der Gendarmerieoffizier in seiner hellblauen Uniform wurde so zum Teil der gesellschaftlichen Öffentlichkeit, zum stets gegenwärtigen Symbol des Polizeiregimes und gemeinsam mit dem Popen als dem geistlichen Überwacher zum verhassten Sinnbild der Reaktion. Ganz unwirksam war dieses System seinem schmalen Personalbestand in der Zentrale zum Trotz zwar nicht, aber anders, als seine Schöpfer erhofft hatten: Die Literatur, der Geist, das selbstständige Denken, denen der Staat den Kampf angesagt hatte, nahmen die Herausforderung an, und den Sieg errang am Ende nicht die politische Polizei, sondern die in einem tiefen und existenziellen Sinne politisierte Literatur.

Die Staatspädagogik unter Kaiser Nikolaus beruhte aber nicht nur auf Misstrauen und Reglementierung, sondern wirkte auch positiv im Ausbau des Bildungswesens und in der Begründung einer Staatsideologie: Die Bildungspolitik dieser Zeit ging zwar nicht von der optimistischen Vorstellung der Aufklärung aus, dass intellektuelle Ausbildung den Menschen zugleich ›gut‹ und für die Zwecke des Staates nützlich mache, aber ebensowenig folgte sie dem Obskurantismus der letzten Phase der Regierungszeit Alexanders I.; sie war jedoch auf andere Weise reaktionär: Den Vorstellungen des Kaisers folgend, entwickelte der Minister für Volksaufklärung S. S. Uvarov (1833–49) die neuen Prinzipien, nach denen der Staat die Bildung fördern, aber auch lenken und kontrollieren müsse. Uvarov galt als einer der gebildetsten Männer Russlands seiner Zeit; er hatte als Kurator des Petersburger Schulkreises den Kurs Golicyns bekämpft, ehe ihn 1821 der finstere Runič abgelöst hatte. Aber er war auch ein Karrierist, der als Minister gewiss nicht mehr daran dachte, dass er als Petersburger Kurator öffentlich die Freiheit als die beste Gabe Gottes bezeichnet hatte, der zuliebe »man die Verwicklungen nicht fürchten dürfe, die mit einer konstitutionellen Verfassung verbunden sind.« Im neuen Amt war für ihn Bildungsfreiheit verpönt. So war Bildung zwar notwendig, wenn Russland in der Konkurrenz moderner Staaten bestehen wollte, aber jeder Untertan sollte nur so viel Bildung erhalten, wie für diesen Zweck unentbehrlich war. Entsprechend wurden einerseits die höheren Bildungsanstalten ausgebaut: Die Zahl der Gymnasien stieg von 48 auf 74, die der Gymnasiasten von 7000 auf 18 000, das Niveau der Universitäten verbesserte sich, vor allem durch das Auslandsstudium des akademischen Nachwuchses; andererseits beschränkte schon ein Ukaz von 1828 den Besuch der Gymnasien und damit des Studiums auf Söhne von Adeligen und Beamten, während alle Übrigen auf die Kreis- und Stadtschulen verwiesen wurden, deren Abschluss keinen Universitätsbesuch ermöglichte. Ein neues Universitätsstatut entzog den Universitäten 1835 zudem die Aufsicht über das niedere Schulwesen und ließ von der Autonomie der Universitäten fast nur die leere Form bestehen. In den 1840er Jahren wurde dann ein Lehrfach nach dem andern als für den Staat nutzlos abgeschafft, beginnend ausgerechnet mit der Statistik, nach damaligem Sprachgebrauch der ›allgemeinen Staatslehre‹. Uvarov wusste jedoch, dass die Verführungskraft der modernen westlichen Ideen nicht ausgeschaltet werden konnte, ohne dass ihnen positive Ideale entgegengesetzt wurden. Aus diesem Grund formulierte er seine Theorie von den drei Säulen, auf denen das russische Imperium ruhe:

Orthodoxie (*pravoslavie*), Autokratie (*samoderžavie*) und ein volksverbundener Patriotismus (*narodnost'*).

Trotz gewissen Erfolgen in der Verbreitung der Uvarov'schen ›unheiligen Dreifaltigkeit‹ in der öffentlichen Meinung konnte die geistige Elite Russlands dadurch indes nicht unter Kontrolle gebracht werden: Weder wurden auf die Dauer Bildungswillige aus den unteren Schichten von den Universitäten ferngehalten noch konnten die Lehrangebote von angeblich verderblichen Einflüssen gesäubert werden. Eine Zuspitzung erreichte diese Entwicklung in der Angstpsychose der Regierungskreise im Revolutionsjahr 1848, als ein Sonderkomitee unter dem Vorsitz des Grafen D. P. Buturlin den Universitäten einen *numerus clausus* von je 300 Hörern vorschrieb und weitere Fächer (Philosophie, Metaphysik) aus den Hörsälen verbannte. Nach einem vergeblichen Versuch, den wissenschaftlichen Charakter der russischen Hochschulen zu verteidigen, musste Uvarov daraufhin seinen Abschied nehmen und wurde durch den Fürsten Širinskij-Šichmatov ersetzt, der verlangte, dass »künftig alle Ansichten und Wissenschaften nicht auf geistige Überlegungen, sondern in Verbindung mit der Theologie auf die religiösen Wahrheiten« zu gründen seien. Durch diese törichte Reaktion war man nach einem Menschenalter wieder beim Obskurantismus angelangt, was einen einmütigen Protest des geistigen Russland auslöste und zu einem vernichtenden Urteil über die gesamte Bildungspolitik des Zaren Nikolaus I. führte, das in seiner Härte der Ära Uvarovs sicherlich nicht gerecht wurde.

Angesichts der herrschenden Scheu vor Veränderungen konnten auch die wenigen sachlich qualifizierten Mitarbeiter des Zaren nur in konkreten Einzelfällen Positives leisten. Das gilt neben Uvarov auch vom Finanzminister (Graf) E. F. Kankrin, der schon unter Alexander I. 1823 sein Amt angetreten und es bis 1844 inne hatte: Kankrin war in Russland geboren, aber deutscher Abstammung und in Deutschland erzogen worden. Nachdem er während der Befreiungskriege im Versorgungsdienst der Armee sein Organisationstalent bewiesen hatte, sollte er nun die russischen Staatsfinanzen sanieren, die von seinen korrupten Vorgängern in einen jämmerlichen Zustand gebracht worden waren. Das war eigentlich eine unerfüllbare Aufgabe, so lange die Staatseinnahmen aus der Kopfsteuer, der Branntweinpacht und den Zöllen bestanden und im Aufkommen stagnierten, ferner so lange die Leibeigenschaft die Struktur der russischen Wirtschaft bestimmte. Immerhin konnte Kankrin aber den Prinzipien der Sparsamkeit und Korrektheit in der russischen Wirtschafts- und Finanzverwaltung erheblich mehr Geltung verschaffen als bisher, und am Ende seiner Tätigkeit gelang ihm endlich auch die Stabilisierung der Währung (1839–42). Dafür setzte Kankrin schrittweise frühere Pläne Speranskijs um, indem er zunächst die schwankende und zu Spekulationen reizende Relation zwischen Assignatenrubel und Silberrubel von Staats wegen festschrieb, danach gegen die Ablieferung von Hartgeld und Edelmetall Depositenscheine ausgeben ließ und schließlich aufgrund der so gebildeten Edelmetallreserve normal gedeckte Banknoten herausgab. Auf diese Weise gelang die Stabilisierung des Rubels und die Rückgewinnung des internationalen Vertrauens.

Viel bescheidener waren die Erfolge des Nikolaus-Regimes in der Bauernfrage, obwohl auch mit diesem wichtigsten Problem Russlands ein überdurchschnittlich befähigter Mann befasst war: General P. D. Kiselëv musste seiner angeblichen Beziehungen zu Dekabristen wegen zunächst den Kaiser von seiner Loyalität überzeugen, konnte dann aber als Administrator der ab 1829 besetzten Donaufürstentümer die Problematik einer Agrarreform in einem Randgebiet des Russischen Reiches in der Praxis kennenlernen. Ab 1835 war ihm das Studium und, so weit möglich, die Lösung der Bauernfrage in leitender Position anvertraut worden, zuerst als Vorsitzendem eines der zahlreichen Geheimkomitees, danach als Chef einer *ad hoc* eingerichteten Fünften Abteilung der höchsteigenen kaiserlichen Kanzlei und ab 1837 als Domänenminister (*ministerstvo gosudarstvennych imuščestv*). Die Bauernfrage hatte bis zur Mitte der 1830er Jahre an Dringlichkeit zugenommen, was auch der Zar selbst einsah, wobei hier weniger Gesichtspunkte der Humanität als solche des wirtschaftlichen Fortschritts und der Staatssicherheit maßgebend waren: Die Entwicklung der Maschinenindustrie in Europa stellte auch Russland vor neue Probleme, wenn es nicht technisch und militärisch hinter den anderen Mächten zurückbleiben wollte. Nun war aber die Umstellung von der Manufaktur auf den maschinellen Fabrikbetrieb unter den Bedingungen der Leibeigenschaft nur in Einzelfällen möglich, denn der Gutsherr als Besitzer der Leibeigenen besaß in der Regel nicht das nötige Kapital zum Ankauf der Maschinen, der kapitalstarke nichtadelige Unternehmer jedoch lehnte die Beschäftigung von Leibeigenen schon aus Gründen der Rentabilität ab. Das Leibeigenensystem lähmte also den notwendigen wirtschaftlichen Fortschritt. Dazu kam, dass in der vergleichsweise friedlichen Zeit von 1815 bis 1835 eine besonders starke Bevölkerungsvermehrung stattgefunden hatte und dieses Überangebot an Arbeitskräften nicht in die Fabriken abfließen konnte. So stellten die etwa anderthalb Millionen zusätzlichen leibeigenen Gutsbauern im Jahre 1835 nur eine unerträgliche Belastung des adeligen Grundbesitzes dar. Da die Gutsbesitzer einerseits gesetzlich zur Versorgung ihrer leibeigenen Bauern verpflichtet waren, sie andererseits aber in der Landwirtschaft nicht produktiv einsetzen konnten, war das Ergebnis eine zunehmende Verschuldung des Grundbesitzes, von der zu Anfang der 1840er Jahre mehr als die Hälfte aller Güter betroffen war; jeder Leibeigene, dessen Wert im Durchschnitt bei etwa 100 Rubel lag, war bei den Kreditinstituten mit 69 Rubel belastet. Trockenjahre und Missernten, wie sie in dem besonders dicht bevölkerten Schwarzerdegebiet häufig waren, stellten den Gutsbesitzer demnach vor die Alternative, entweder der Versorgungspflicht nachzukommen und damit den eigenen Ruin herbeizuführen, oder in Übertretung des Gesetzes die hungernden Bauern sich selbst zu überlassen und dadurch Unruhen zu provozieren. Dazu kam, dass ein großer Teil des Adels an übermäßige Privilegierung gewöhnt war und eine kostspielige Lebensweise pflegte, den ökonomischen Aufgaben jedoch nicht gewachsen war und in den Tag hinein lebte. Ein Verkauf von Leibeigenen konnte in dieser Situation rasch Geld bringen, was in der letzten Phase der Leibeigenschaft allen Verboten zum Trotz zu einem schwungvollen Menschenhandel führte. Einsichtige Adelskreise drängten nun aber die Regierung zu entscheidenden Schritten: Wenn die Bauern ohnedies mehr den Gläubigern als dem Gutsherren gehörten, verlor der vollständige Verzicht auf die Leibeigenen an Schrecken, und wenn man die Bauern sowieso verkaufen musste, so konnte man sie ja auch an den Staat veräußern. Die Dringlichkeit der Bauernbefreiung stand folglich außer Zweifel, offen blieb, in welcher Weise dies geschehen sollte.

Die Pläne zahlreicher Geheimkomitees orientierten sich im Allgemeinen am Vorbild der baltischen Provinzen: Man wollte schrittweise vorgehen: zunächst die Rechtslage klären, danach Verbesserungen innerhalb des Leibeigenschaftssystems einführen und schließlich die Bauern ohne Land freisetzen. Die Erfahrungen in den baltischen Provinzen waren allerdings kaum ermutigend und niemand konnte voraussagen, welche Folgen die ›Befreiung‹ der bäuerlichen Massen in Russland selbst haben würde; außerdem scheute die Regierung davor zurück, dem Adel Opfer zuzumuten. Die ›Verordnung über die verpflichteten Bauern‹ (*položenie ob objazannych krest'janach*) von 1842 war entsprechend nur eine Neuauflage des *ukaz* von 1803 über die ›freien Ackerbauern‹: Die Gutsbesitzer weigerten sich bis auf wenige Ausnahmen weiterhin, ihre Bauern freizulassen und durch Einzelverträge zur Zins- oder Arbeitsleistung zu verpflichten; Kiselëvs Versuch, die Lage der Staatsbauern zu verbessern, die um 1835 etwa 34 % der Bauern in Russland ausmachten, und damit ein Beispiel zu setzen, scheiterte an der Bürokratie und fand keine Nachahmer; Maßnahmen des Staates zur Verbesserung der Hygiene während der Choleraepidemien von 1831 und 1848 scheiterten ebenso wie forcierte Projekte zur Verbesserung der Landwirtschaft – Einführung des Kartoffelanbaus – am Misstrauen der Bauern gegenüber allen Neuerungen von oben und führten zu Unruhen in verschiedenen Gouvernements

(1842/43); gewisse Erleichterungen, wie etwa die Möglichkeit, dass sich Bauern bei der Versteigerung eines Gutes dorfweise mit dem Land freikaufen konnten, wurden nach 1848 wieder zurückgenommen. Der gute Wille einzelner Staatsbeamter und die allgemeine Stimmungsänderung genügten also nicht – erst eine Katastrophe konnte eine Änderung herbeiführen.

Auch die neue Bevölkerungsgruppe der Juden hatte unter der Stagnation und der Willkür der Verwaltung zu leiden: Unter Kaiser Alexander I. hatte sich die Einstellung zu den Juden den Diskussionen in Österreich und Preußen folgend gewandelt und einen stärker moralischen Grundton erhalten. So lag dem Statut von 1804 (*položenie dlja evreev*) die Vorstellung zugrunde, dass die Lage der Juden durch staatliche Maßnahmen zu korrigieren sei, um sie der übrigen Bevölkerung zu assimilieren. Die Absicht bestand dabei nicht in der Diskriminierung der Juden; dem Statut, das dem Staat die Aufgabe der ›Erziehung‹ übertrug lagen vielmehr ›Nützlichkeitserwägungen‹ zugrunde: Die ›Eigentümlichkeit‹ der Juden in der Sprache (Jiddisch) und in der Kleidung sollte abgeschafft, ihre Schulen modernisiert werden. Einer Mischung von Anreizen und Verboten sollte sie zu Handel- und Handwerktreibenden machen, während sie das Schankgewerbe und andere Tätigkeiten auf den Dörfern aufgeben sollten. Das Ziel war die allmähliche Assimilation, das Mittel dazu aber staatliche Repression, die sich in der Festlegung des Ansiedlungsgebietes (*čerta osedlosti*) zeigte. Eine Konsequenz war die Zwangsaussiedlung von Juden aus den Dörfern in die Landstädte, was mehr als 200 000 Personen in tiefes Elend stürzte und bald gestoppt werden musste, aber als Drohung die folgende Jahrzehnte bestehen blieb.

Nikolaus setzte also den Versuch seines Bruders fort, die Juden in die Gesellschaft zu integrieren, wobei sich seine Politik durch effektivere Maßnahmen aber bald im Sinne einer zunehmenden Diskriminierung auswirkte: Die formale Gleichberechtigung der Juden sollte auch in der Stellung von Rekruten zum Ausdruck kommen; die Einberufung von Halbwüchsigen als ›Kantonisten‹ unterbrach aber die traditionelle religiöse Erziehung und musste die Soldaten von ihrer Tradition entfremden, was heftige Proteste, Flucht, Selbstverstümmelungen und sogar Massenselbstmorde zur Folge hatte. 1844 schränkte Nikolaus dann auch die traditionelle jüdische Gemeindeselbstverwaltung (*kahal*) ein, die bisher als Mittel der Steuerhaftung und der internen Konfliktregelung gedient hatte (1863 mit der Aufhebung der Kopfsteuer endgültig abgeschafft). Die Einweisung der Juden in die bestehende Gemeindeverwaltung war aber zugleich mit restriktiven Vorschriften verbunden, die den Juden nicht mehr als ein Drittel der Sitze in den entsprechenden Gremien zusprachen, selbst wenn sie in den Gemeinden die Mehrzahl der Bewohner stellten. Als ambivalent erwies sich auch die Bemühung um eine Verbesserung der Bildung durch die Einführung von Kronschulen; der aus Deutschland berufene Pädagoge Max Lilienthal versuchte eine Zeit lang das Misstrauen der traditionell ausgerichteten jüdischen Gemeinden zu überwinden und für eine säkulare Bildung zu werben, ehe er resignierte, von einer Reise nach Deutschland nicht zurückkehrte und seine weitere Tätigkeit in die USA verlegte. Insgesamt war die zaristische Politik nicht religiös-antijüdisch gemeint, erst recht nicht antisemitisch wie in späterer Zeit, wirkte sich aber vorwiegend negativ aus, weil sie das Wesen der jüdischen Gemeinschaft nicht berücksichtigte, deren materielle Existenzgrundlagen bedrohte (trotz der Ermutigung zu landwirtschaftlicher Betätigung) und faktisch in den städtischen Ghettos (*štedlech*) für die folgenden Generationen eine Verelendung bewirkte, denn die Bevölkerungszunahme (1818 etwa 700 000, 1845 etwa 1,5 Millionen Menschen) konnte auf diese Weise nicht aufgefangen werden.

Die Opposition

Das Leiden an der Stagnation der russischen Gesellschaft bewegte zunächst nur einen sehr kleinen Kreis von Menschen, die einen Weg in die Zukunft suchten: Seit einem Jahrhundert hatte Russland Ideen aus dem Westen aufgenommen; wer über die entsprechende Bildung und die notwendigen Mittel verfügte, hatte sich nach dort orientiert und dort Antworten auf seine Fragen gesucht. Die Wahrnehmung hatte sich damit verfeinert, und so war auch die russische Sprache inzwischen zur Darstellung und Mitteilung auch subtilster Gedanken und Gefühle fähig: Der Fabeldichter I. A. Krylov (1768–1844), der Dramatiker A. S. Griboedov (1795–1829), die ›Plejade‹ hochbegabter Lyriker um den jungen Puškin (1799–1837) und andere, die wie der wenig jüngere Lermontov (1814–41) dem Vorbild von Lord Byron folgten, standen nach einem erstaunlich raschen Aufbruch poetischen Schaffens auf gleicher Höhe mit der westeuropäischen Literatur. Unabhängig von der Stilrichtung des Klassizismus oder der Romantik und ohne Unterschied der literarischen Gattungen verband sie alle die Kritik an der russischen Wirklichkeit. Es ist kein Zufall, dass sich im Kreis und Umkreis der Dekabristen so viele dichterische Begabungen fanden.

Die Poesie konnte nur Leid und Protest zum Ausdruck verhelfen, vermochte jedoch keine schlüssigen Antworten auf die Veränderungen der Welt zu geben. Über die Ideen von Verfassungsstaat und Liberalität hinaus, denen die Dekabristen gefolgt waren, hatte der Westen Europas der gebildeten Jugend Russlands inzwischen Neues zu bieten: Mit einem leidenschaftlichen Willen, der »begreifen oder sterben« wollte, wie es ein Zeitgenosse ausdrückte, wandte man sich während der nikolaitischen Reaktion der Philosophie des Deutschen Idealismus zu. Es waren zwar nur wenige junge Männer, die sich in Moskau zur Lektüre und Diskussion der Werke von Schelling, Fichte und Hegel zu kleinen Zirkeln zusammenfanden, aber die meisten von ihnen sollten zu »Sternen erster Größe in der nachfolgenden Geschichte der russischen Intelligenz« werden. Den Anfang machte hier die aristokratische und poetisch gestimmte ›Gesellschaft für Philosophie‹ (*obščestvo ljubomudrija*) um den Fürsten V. F. Odoevskij (1803–69) die sich noch in den 1820er Jahren mit den

Gedanken Schellings beschäftigte. Viel bedeutender aber war, was sich in den 30er Jahren um N. V. Stankevič (1813–40) sammelte und um das Jahr 1840 der Faszination des philosophischen Systems Hegels verfiel: Belinskij (1811–48), der radikale Literaturkritiker, Bakunin (1814–76), der Erzvater des Anarchismus, Granovskij (1813–55), der liberale Geschichtsprofessor, Konstantin Aksakov und Jurij Samarin, die späteren Slavophilen, und M. N. Katkov (1818–87), der zum vehementen Wortführer des modernen russischen Nationalismus werden sollte – sie alle studierten unter Anleitung und Anregung des glänzend begabten Stankevič die deutschen Philosophen, um in deren anspruchsvollen Denkgebäuden eine Antwort auf die russische Frage zu finden. Vieles daran war intellektuelle Mode und blieb bei den meisten ziemlich oberflächlich; aber das Erlebnis eines gemeinsamen geistigen Beginns sollte sie prägen. Eine eigene Gruppe bildete sich schließlich um Alexander Herzen (1812–70) und dessen Freund Ogarëv (1813–77) die allerdings bald von der Obrigkeit verfolgt wurde; als Herzen 1839 aus der Verbannung nach Moskau zurückkehrte, schloss er sich ebenfalls Stankevič an.

Näher an der russischen Wirklichkeit als die deutschen Philosophen war indes das französische Denken dieser Zeit, das der sozialen Neigung der Generation der 1830er Jahre besser entsprach: Die Mitglieder des Stankevič-Kreises mit Ausnahme Belinskijs, dessen Vater Arzt in der Provinzstadt Penza war, entstammten alle begüterten, zum Teil ausgesprochen reichen Adelsfamilien. So reichte das Vermögen Herzens aus, um ein langes Leben in der Emigration sowie die Sache der Revolution zu finanzieren. Nur Belinskij musste seinen Lebensunterhalt durch journalistische Tätigkeit in dem neuen Medium der ›dicken Journale‹ verdienen. Aber gerade die bevorzugte Lebensform wurde den anderen nun zum Ausgangspunkt der Selbstkritik, die den Typus des ›reumütigen Adeligen‹ entstehen ließ, dem es unerträglich war, aufgrund der Arbeit seiner Leibeigenen ein bequemes Leben zu führen. Auch dies blieb freilich Theorie, denn diese reichen Jünglinge kannten ihre Leibeigenen kaum; Herzen lebte sein

Leben lang vom Ertrag aus deren Verkauf. Versuchte aber einer den Sprung in die Praxis und verwendete, wie Ogarëv, sein Vermögen zu einem kommunistischen Experiment mit seinen Bauern, so scheiterte er völlig. Vom spekulativen Charakter des Deutschen Idealismus führte kein Weg in die russische Wirklichkeit, so dass sich die kleine Gruppe der russischen Hegelianer um das Jahr 1840 entzweite.

Die Radikaleren orientierten sich nun an den französischen utopischen Sozialisten Proudhon und Fourier und deren sozialer Utopie von Freiheit, Gleichheit und Brüderlichkeit. Zu dieser Gruppe gehörten auch die Emigranten Bakunin, Herzen und Ogarëv sowie die nächste Generation jugendlicher Oppositioneller, die sich in den 1840er Jahren in Petersburg um Butaševič-Petraševskij (1821–66) scharten und als die *petraševcy* in die Geschichte der russischen revolutionären Bewegung eingegangen sind. Fouriers Industriedörfer (*phalanstères*) waren freilich nicht ›wirklicher‹ als Hegels Vorstellungen vom Gang der Weltgeschichte, und die überwiegend immer noch adeligen, aber weniger wohlhabenden jungen Männer in Petersburg waren der Wirklichkeit des leibeigenen Russland eher noch ferner als die vermögenden Snobs im Adelsnest Moskau. Die Mitglieder des Stankevič-Kreises hatten sich – von niemandem recht ernst genommen – frei und standesgemäß unter ihresgleichen bewegt, wogegen sich die *Petraševcy* in gesellschaftlicher Isolierung und konspirativen Gedankenspielen gefielen. 1849 wurde der ›Kreis‹ schließlich ausgehoben und vor ein geheimes Gericht gestellt. Die Geschmacklosigkeit, an den zum Tode Verurteilten nach Regieanweisung des Zaren alle Vorbereitungen zur Hinrichtung zu vollziehen, um ihnen erst im letzten Augenblick die Begnadigung zu Freiheitsstrafen und Verbannung mitzuteilen, ist durch die Beschreibung eines der Betroffenen, des jungen Fëdor Michajlovič Dostoevskij (1821–1881), weltbekannt geworden. Dasselbe Schicksal der Verfolgung traf auch die 1846 in Kiev entstandene Kyrill-Method-Gesellschaft, in der sich für kurze Zeit die Elite der ukrainischen Intelligenz vereinigte und die neben der sozialen auch die nationale Freiheit im Rahmen einer allslavischen Föderation erstrebte; die Historiker Maksymovyč (1804–73) und Kostomariv (1817–85), der Schriftsteller Kuliš (1819–97) und der Dichter Taras Ševčenko (1814–61) waren die prominentesten Mitglieder.

Die ›Westler‹ (*zapadniki*), wie man diese linksgerichteten Gruppen der Opposition gegen das herrschende Regime üblicherweise nennt, standen indes nicht allein in der Opposition: Um 1840 war eine ganz andere Idee aufgetreten, die der unerfreulichen russischen Gegenwart den Spiegel einer besseren Ordnung vorhielt. Nach ihr, den ›Slavophilen‹ lag das Ideal nicht in der Zukunft und im Westen, sondern in der Vergangenheit und im Osten. Auslöser für diese Richtung war die fundamentale Kritik am gegenwärtigen und besonders am vergangenen Russland, die den Widerspruch der ›Slavophilen‹ herausforderte. So hatte Pëtr Čaadaev (1794–1856) in dem 1836 erschienenen ersten philosophischen Brief mit unüberbietbarer Schärfe formuliert:

> Wir haben keinerlei Traditionen, keine Geschichte, die unser Volk erzogen hätte. Wir haben etwas Nomadenhaftes, Chaotisches an uns, sind ohne Vergangenheit und Zukunft. Isoliert von der übrigen Menschheit, fehlt uns jede eigene Entwicklung, jeder wirkliche Fortschritt. Von den Ideen der Pflicht, der Gerechtigkeit und der Ordnung, welche die Atmosphäre des Westens darstellen, sind wir ganz unberührt, dazu fehlt uns noch jede intellektuelle Methode und Logik. Konfusion ist ein allgemeiner Zug in unserem Volk, Gleichgültigkeit gegen das Gute und das Böse, gegen Wahrheit wie gegen Lüge. Gibt oder gab es in Russland etwa tiefe Denker? Die Vorsehung scheint uns völlig übergangen zu haben. Wir besitzen ein riesengroßes Land – aber geistig sind wir vollständig unbedeutend, eine Lücke in der moralischen Weltordnung.

Das war keine Kritik an Beamtenkorruption und sozialen Missständen, sondern eine vollständige Selbstverdammung des Russentums in seiner Geschichte und in seinem Wesen. Nikolaus I. erklärte den Verfasser für verrückt und ließ ihn durch einen Arzt überwachen, aber andere nahmen die Anklagen Čaadaevs nicht so leicht. Den Nationalstolz der Russen verletzte nicht minder, dass der französische Reiseschriftsteller Marquis de Custine in seinem 1843 erschienenen vierbändigen Werk *La Russie en 1839* ein vernichtendes Urteil über das Land fällte. Demgegenüber wollte ein kleiner Kreis von Intellektuellen, die sich zuvor in denselben Moskauer Diskussionszirkeln wie die ›Westler‹ mit dem Studium der deutschen Philosophen beschäftigt hatten, Russland aus seiner Vergangenheit und aus den Besonderheiten seines Wesens heraus rechtfertigen, was ihnen eben die Bezeichnung ›Slavophile‹ eintrug. Dazu gehörten A. S. Chomjakov (1804–60), die Brüder Kireevskij (Ivan 1806–56, Pëtr 1808–56), die Brüder Aksakov (Konstantin 1817–60, Ivan 1823–86) und J. F. Samarin (1819–76); auch sie waren wohlhabende Gutsbesitzer und gebildet wie Herzen oder Ogarëv, aber sie wählten den entgegengesetzten Weg. Der Begriff ›Slavophile‹ wird häufig mehr oder weniger mit dem Begriff ›Panslavist‹ gleichgesetzt; sein ursprünglicher Inhalt wird jedoch am besten klar, wenn man ihn gegen spätere Ausweitungen und Veränderungen abgrenzt: 1. Das Ideal, das die Slavophilen beleben wollten, war nicht das Slaventum als ethnische Gemeinschaft, sondern das orthodoxe Russentum in seiner geschichtlichen Existenz; 2. der eindeutige Schwerpunkt ihres Denkens lag bei der bei den Russen aus griechischem Erbe am reinsten erhaltenen Form des östlichen Christentums, also in der Religion; 3. die Slavophilen bejahten zwar die Autokratie als die den Russen angemessene politische Existenzform, aber sie kritisierten scharf und grundsätzlich die gegenwärtige Regierung unter Nikolaus I.: Während Uvarov und sein offizieller Nationalismus die russische Gegenwart zu politischen Zwecken in einer primitiven Weise verherrlichten, lag das slavophile Ideal im romantisch idealisierten vorpetrinischen Russland; Samarin gebrauchte in einer – allerdings erst 1875 erschienenen – Schrift den Terminus ›revolutionärer Konservatismus‹. Das Denken der Slavophilen war also nicht minder gegenwartskritisch und utopisch als das der ›Westler‹, nur eben in die russische Vergangenheit projiziert.

Die slavophile Lehre wirkte in doppelter Weise: Für Russland selbst wurde sie nicht so sehr ihrem ursprünglichen Inhalt nach bedeutsam, sondern in den von Anfang an darin angelegten Verzerrungen: Schon für einige Mitläufer der ersten Phase – wie den Historiker M.P. Pogodin (1800–75), den Literaturforscher und Literaten S. P. Ševyrëv (1806–64) und den Lyriker F. I. Tjutčev (1803–73), dann aber vor allem für die nach der Jahrhundertmitte folgende Generation, in die der jüngere Aksakov und Samarin noch weit hineinreichten – vermischten sich säkularer großrussischer Nationalismus mit konfessioneller Verbrämung und allslavischen Tendenzen. Die slavophile Gesinnung in diesem Sinne näherte sich schließlich der Regierungspolitik und unterstützte sie phasenweise sogar. Für das westeuropäische Russlandbild lag die Bedeutung des Slavophilentums indes in dessen künstlerisch überzeugender Umprägung durch die Romane Dostoevskijs (*Aufzeichnungen aus einem Totenhaus*, 1860, als Bericht über die Verbannung, sowie später nach seiner Hinwendung zum Christentum *Die Brüder Karamasow*, 1880–81 u. a.), die den Zweifel an der westlichen Rationalität nährten und die Illusion stützten, dass die religiöse Idealisierung Russlands durch die Slavophilen der Wirklichkeit entspreche und ein Gegengewicht zur Rationalität bilden könne.

In den 1840er Jahren schieden sich also die Geister, und das Revolutionsjahr 1848 stellte die Konzeptionen der Westler wie die der Slavophilen in Russland auf die Probe. Für die radikalen Westler wurde das Scheitern der Revolution zum Anlass einer bemerkenswerten Neuorientierung: In tiefer Enttäuschung über das Versagen des Westens in der Verwirklichung sozialistischer Ideale und im Ressentiment gegen den besitzgierigen westlichen Bürger entdeckte Herzen nun in Russland die Zukunft des Sozialismus im Gemeinschaftsleben der russischen Dorfgemeinde (*mir, obščina*). Die Dorfgemeinschaft hatte der deutsche Agrarexperte Freiherr von Haxthausen auf einer ausgedehnten Studienreise eben erforscht und in seinen dreibändigen *Studien über die inneren Zustände, das Volksleben und insbesondere die ländlichen Einrichtun-*

gen in Russland (1847/52) wissenschaftlich publik gemacht. In derselben Enttäuschung hoffte Bakunin auf das Slaventum als die große zerstörende Kraft, die aller bestehenden politischen Ordnung ein Ende bereiten und jene *tabula rasa* schaffen würde, auf der dann die neue Welt des Sozialismus errichtet werden könne. Und bei beiden führte der emotionale Abscheu vor Westeuropa dazu, dass sie sich vorübergehend sogar den Autokraten als Erfüller der sozialistischen Mission Russlands vorstellen konnten – Bakunin in der berühmten *Beichte* (1851), die er aus dem Gefängnis an Nikolaus I. richtete, und Herzen in seinen offenen Briefen an Alexander II. (1855–81). Das blieben zwar kuriose Episoden, aber in Herzens Wiederentdeckung Russlands und in Bakunins Anarchismus panslavistischer Prägung lag eine gewisse Annäherung an slavophile Gedankengänge – und damit eine Verwässerung des reinen Westlertums, wie es der Protest Belinskijs in seinem Brief an den loyal gewordenen Gogol (1847) zum Ausdruck gebracht hatte. Belinskij selbst sollte die große Enttäuschung des Jahres 1848 nicht mehr erleben, und den russischen Intellektuellen, die seinen Brief wie einen Katechismus auswendig kannten, fehlte die Distanz und die negative Erfahrung der Emigranten in Westeurpa, um an der russischen Wirklichkeit hoffnungsvolle Züge entdecken zu können.

Für die Slavophilen bedeutete das Jahr 1848 etwas ganz anderes: Der scheinbar direkt bevorstehende Zusammenbruch des Habsburgerreiches ließ die Umsetzung der allorthodox-allslavischen Visionen als möglich erscheinen. So weit diese Vision panslavisch war und die orthodoxen Balkanslaven in das Russische Reich einbeziehen wollte, widersprach sie dem Legitimitätsprinzip, nach dem die einzig legitime Macht auf dem Balkan das Habsburgerreich war. Diesem Prinzip folgte der Zar dann auch mit seinem Eingreifen in Ungarn, und die Slavophilen mussten ihre ›verbrecherischen Gedanken‹ mit einem Publikationsverbot büßen, Samarin und Ivan Aksakov sogar mit vorübergehender Haft. So weit sich die panorthodoxe Konzeption indes gegen die Türkei richtete und auf ein Wiedererstehen des oströmischen Reiches unter russischer

Führung abzielte, fand sie bald offizielle Billigung. So blieben beide Wege unter sich wandelnden Bedingungen jederzeit für den Staat nutzbar: Die dem Westen zugewandte Richtung wurde aktiviert, um den Umbau oder den Umsturz Russlands im Inneren voranzutreiben, die nach Osten gerichtete blieb ein mögliches Instrument der Stimmungsmache in der Außen- und Nationalitätenpolitik.

Die Außenpolitik unter Nikolaus I.

Nikolaus I. erbte in der griechischen Frage den Konflikt zwischen Legitimitätsprinzip und Befreiungsmission. Dabei hätte er wohl am liebsten die bestehende Ordnung aufrecht erhalten, selbst wenn sich die Unterstützung von Aufständen gegen diese Ordnung als Kreuzzug zur Befreiung der Christen von den Ungläubigen rechtfertigen ließen. Der Krieg gegen das Osmanische Reich war im 19. Jahrhundert aber längst ein Machtkampf der interessierten Staaten um dessen Erbe. Dies waren mit Ausnahme Preußens alle europäischen Großmächte: Österreich und Russland als unmittelbare Nachbarn der Türken, Frankreich und England ihrer kommerziellen Orientpolitik wegen; in dieser Auseinandersetzung war den Konkurrenten kein angebliches oder vielleicht auch ehrlich verfochtenes Prinzip mehr glaubwürdig. Dass diese nüchterne Einsicht nicht vorhanden war, hat die Misserfolge der russischen Politik in der ›orientalischen Frage‹ begünstigt. Österreich verurteilte jeden Einmarsch russischer Truppen in die Donaufürstentümer als Verletzung seiner Interessen und die Briten schickten ihre Flotte in Richtung der Meerengen, wenn sich russische Truppen zu Lande in offensiver Absicht oder zur See zur Verteidigung des Sultans Istanbul näherten.

Um den aufständischen Griechen in ihrer verzweifelten Lage zu helfen, nachdem Ibrahim Pascha im Februar 1825 auf der Peloponnes gelandet war, bahnte sich dennoch ein englisch-russisches Zusammengehen an. Allerdings zeigte schon die Konvention von Akkerman (7. Oktober 1826), in der Russland die Türken zur korrekten Durchführung früherer

Zugeständnisse an Serben und Rumänen verpflichtete, darüber hinaus aber den türkischen Rückzug aus den Donaufürstentümern und kleinere Gebietsabtretungen an der kaukasischen Schwarzmeerküste erzwang, dass Russland den Westmächten in der griechischen Frage zwar ein Mitspracherecht einräumte, das Legitimitätsprinzip aber ausschließlich zum eigenen Vorteil nutzte. In Wien und Berlin wertete man dies als einen Todesstoß gegen die Heilige Allianz. England und Frankreich entschlossen sich trotzdem den Griechen zu helfen, vereinigten ihre Flotten mit der russischen und vernichteten am 20. Oktober 1827 in der Bucht von Navarino gemeinsam die türkische Kriegsmarine, noch ehe überhaupt der Krieg erklärt worden war. Da die Engländer durch das Ergebnis des russisch-persischen Krieges (1826–28 war Persien zur Abtretung von Nachičevan und Erevan gezwungen worden) in ihrem Misstrauen gegen ein Vordringen der Russen in ihren Interessenbereich (Indien) bestärkt worden waren, bedauerten sie den ›Zwischenfall‹ von Navarino und hielten sich aus weiteren militärischen Aktionen heraus. Russland kämpfte also allein zu Lande weiter und erreichte nach Siegen an der Kaukasusfront (Eroberung von Kars) wie südlich der Donau im Frieden von Adrianopel (14. September 1829) eine weitere Stärkung seiner Position: Die Vereinbarungen von Akkerman wurden bestätigt, die Eroberungen auf Kosten Persiens durch die Hohe Pforte anerkannt, Anapa und Poti im Osten sowie das Gebiet bis zur südlichen Donaumündung im Westen an Russland abgetreten. Absichtlich unklare Formulierungen, dass nämlich die Donaufürstentümer einer ›unabhängigen nationalen Regierung‹ gleichzeitig türkischer und russischer Oberhoheit unterstehen sollten, ließen den nächsten Schritt allerdings bereits voraussehen, zumal Russland erst nach Bezahlung der Kriegsentschädigung seine Truppen zurückziehen wollte: Russland verlor zwar an Einfluss auf das befreite Griechenland, als dessen erster gewählter Präsident Kapodistrias 1831 einem Attentat zum Opfer gefallen war; er hatte 1809–22 die russische Außenpolitik geleitet und war ein überzeugter russischer Parteigänger gewesen; im

Übrigen behielt der Zar aber auf dem Balkan eine solch starke Stellung, dass er den Sultan und sein Reich in die russische Machtsphäre einbeziehen wollte, um das russische Machtinteresse und das Legitimitätsprinzip miteinander in Einklang zu bringen. Gelegenheit dazu bot der Konflikt zwischen dem Sultan und seinem mächtigen Vasallen Mehmet Ali in Ägypten: Im Sommer 1832 bedrohten Mehmet Alis Truppen mit französischer Unterstützung bereits Istanbul, und in der Lage eines Ertrinkenden, »der sich auch an einen Drachen klammert«, nahm Sultan Mahmud II. Anfang 1833 die angebotene russische Hilfe an; noch im Februar erschienen die ersten russischen Kriegsschiffe im Bosporus und schifften am asiatischem Ufer Truppen aus. Angesichts der Gefahr einer militärischen Festsetzung der Russen an den Meerengen sorgten die Westmächte in dieser Lage allerdings für eine rasche Beilegung des türkisch-ägyptischen Konflikts. Damit war die russische Unterstützung in Kleinasien unnötig, und da eine englisch-französische Flottenkonzentration vor den Dardanellen bei weiterem Verbleib russischer Kräfte dort die Gefahr eines Krieges mit den Westmächten heraufbeschworen hätte, zog Nikolaus I. Truppen wie Schiffe zurück. Zuvor konnte er in Unkiar Skelessi am 8. Juli 1833 indes noch den Abschluss eines Defensivvertrags mit der Türkei erreichen, der Russland zur einzigen Schutzmacht der Türkei erhob und begreiflicherweise das äußerste Misstrauen der übrigen Mächte erregte: Russland mochte mit noch so gutem Gewissen darauf hinweisen, dass der neue Vertrag gegenüber den vorhergehenden gar keine grundsätzliche Änderung enthalte; allein sein Versprechen, auch künftigen Hilfsbegehren der Türkei nachzukommen, ferner die Verpflichtung der Türkei, im Kriegsfall die Meerengen zu schließen, stärkten die Vermutung, dass Russland den Schlüssel zum Schwarzen Meer dann endgültig in seinen Besitz bringen könnte. Indem die russische Diplomatie in dieser Situation versprach, in der Frage der Donaufürstentümer in Zukunft jeden Schritt zu einer eventuellen Aufteilung türkischen Territoriums nur im Einvernehmen mit Österreich durchzuführen, erreichte sie zwar eine Erneuerung der Heiligen Allianz (Konventionen von Münchengrätz am 18. September und von Berlin am 15. Oktober 1833) und damit im Augenblick eine Lösung der Krise in ihrem Sinne, aber sie schätzte die weitreichenden psychologischen Folgen ihres Vorgehens völlig falsch ein. So löste der Vertrag von Unkiar Skelessi in England nicht nur eine Welle russlandfeindlicher Publizistik aus, sondern begründete auch eine weitverbreitete und tiefe Russophobie, die auf jede russische Aktion, die auch nur entfernt britische Interessen berühren konnte, äußerst empfindlich reagierte: Indien und die Verbindung dahin sah man bedroht; ob die Russen nun die kaukasischen Bergstämme pazifizierten und mit der islamischen Widerstandsbewegung des Müridismus unter der Führung Šamils einen erschöpfenden Kleinkrieg zu führen begannen (1834–64), ob sie die Perser zu Eroberungen in Afghanistan animierten oder ob sie – allerdings erfolglos – 1839 einen ersten Vorstoß nach Chiva wagten – stets wurden die russischen Aktivitäten als Gefahr der britischen Interessen empfunden und lösten entsprechende Gegenmaßnahmen aus. Der Konflikt zwischen dem größten kontinentalen und dem mächtigsten maritimen Imperium hatte begonnen.

Wenn der unmittelbare militärische Zusammenstoß auch zunächst vermieden werden konnte, ja in den 1840er Jahren sogar wieder eine gewisse russisch-englische Annäherung stattfand, so hatte das auf russischer Seite seinen Grund in der prinzipiell konservativen Einstellung Nikolaus' I., der im ›revolutionären‹ Frankreich den Hauptgegner sah und am liebsten eine Viererallianz wie zu Napoleons Zeiten verwirklicht hätte. In der Tat bestand zwischen England und Frankreich zeitweise ein scharfer Gegensatz in der orientalischen Frage. Er wurde akut, als eine erfolglose türkische Offensive gegen Ägypten 1839 eine neue Krise hervorrief: Gegen den siegreichen Mehmet Ali und das hinter ihm stehende Frankreich schlossen die übrigen Großmächte die ›Londoner Konvention‹ vom 15. Juli 1840 ab, nach der Ägypten durch eine englisch-österreichisch-türkische Flottenexpedition in die Schranken gewiesen wurde; die ›Meerengenkonvention‹ vom

13. Juli 1841 stellte unter Beteiligung Frankreichs das orientalische Gleichgewicht wieder her. Aber es war eine Illusion, wenn die russische Regierung glaubte, dass sie nun eine internationale Garantie ihres Sicherheitsbedürfnisses im Schwarzen Meer gegen das einseitige Protektoratsverhältnis von Unkiar Skelessi eingetauscht habe: Die ›Meerengenkonvention‹, die in Friedenszeiten allen Kriegsschiffen die Durchfahrt versagte, war nur eine Spielregel, die so lange Bedeutung hatte, wie sie von den Spielern beachtet wurde. Es war ebenso eine Illusion, wenn man in Petersburg meinte, der Besuch Nikolaus' I. in England im Jahre 1844 habe einen grundsätzlichen Wandel in der englischen Russlandpolitik eingeleitet. Man deutete dabei den persönlichen Stil des britischen Premiers als einen Beweis für Veränderungen in den Tiefenschichten der öffentlichen Meinung und missverstand wohl überhaupt die Bedeutung der öffentlichen Meinung in einem demokratischen Staatswesen. Ferner meinten die russischen Politiker, mit dem Schutz der Legitimität in Ungarn und in den Donaufürstentümern, wo sie gemeinsam mit dem Sultan die nationalliberalen Revolutionen unterdrückten und reaktionäre Verfassungen oktroyierten, einen Beweis für die Ehrlichkeit der russischen Absicht in Bezug auf die Erhaltung der Türkei geleistet zu haben – in Österreich und in England sah man das ganz anders, weil sich nämlich Russland im Fall einer künftigen Revolution eine militärische Besetzung vorbehalten hatte. Für Österreich waren damit nur Machtinteressen betroffen; für England gab es darüber hinaus aber auch liberale Prinzipien, die es 1849 schließlich an die Seite Frankreichs rückten, um die Türkei in ihrem Widerstand gegen die von Österreich und Russland geforderte Auslieferung der ungarischen (bzw. polnischen) Flüchtlinge zu stützen.

Man kann Nikolaus I. und seine Berater demnach nicht von Naivität freisprechen, wenn sie zu Anfang der 1850er Jahre meinten, Österreich und die Türkei durch Hilfe bei der Revolutionsbekämpfung in Dankbarkeit an Russland gebunden und durch die Mitwirkung an der Lösung der deutschen

Frage für Russland Sympathien erworben zu haben. Zudem glaubten sie mit den Engländern in Gesprächen über eine Erweiterung der russischen Machtsphäre auf dem Balkan (Donaufürstentümer, Serbien) zuungunsten Österreichs zu stehen, die letztlich auch zu einer Erweiterung des englischen Einflusses im Orient (Ägypten, Kreta) auf Kosten Frankreichs führen würden, und das erneut revolutionäre Frankreich als Mitspieler vernachlässigen zu dürfen. Alles an dieser Lagebeurteilung war falsch, und daraus ergab sich die für Russland verhängnisvolle Politik, die schließlich zu dem so lange vermiedenen militärischen Konflikt im Krimkrieg führte.

Der Krimkrieg

Die ›orientalische Frage‹ hatte im zweiten Viertel des 19. Jahrhunderts schon mehrfach an den Rand eines Krieges zwischen Russland und den übrigen interessierten Mächten, in erster Linie England, geführt. Jeder weitere russische Vorstoß gegen die Türkei, ja jede russische Aktion, die sich als eine Beeinträchtigung der türkischen Souveränität auslegen ließ, musste von England demnach als ein Angriff auf eigene vitale Interessen aufgefasst werden. Es ging dabei konkret um die Sicherheit der Verbindungswege zu den Besitzungen und Märkten im Fernen Osten und um die Erhaltung des Osmanischen Reiches, das sich zu einem Hauptabnehmer der englischen Industrieprodukte entwickelt hatte: Während die europäischen Länder einschließlich Russlands den Handel mit England durch hohe Schutzzölle begrenzten, hatte sich der englische Export in die Türkei seit 1825 mehr als verachtfacht. Umgekehrt hatte der Fall der englischen Getreidezölle 1846 zu einem rasch wachsenden Interesse an türkischem, d. h. im Grunde rumänischem Getreide geführt; die Zahl der englischen Schiffe, die die Meerengen in Richtung der Donaufürstentümer passierten, stieg von 250 im Jahre 1842 auf 1741 im Jahre 1852. Angesichts dieser Handelsinteressen und der britischen Russophobie musste jede aggressive russische Orientpolitik mit scharfen englischen Reaktionen rechnen.

Da Nikolaus I. die russische Macht überschätzte und im Allgemeinen zu militärischen Lösungen neigte, fehlte zum Konflikt nur ein auslösender Anlass. Den lieferte Napoleon III. an unerwarteter Stelle.

Der Streit mit dem Sultan um die heiligen Stätten in Palästina und die Privilegien der verschiedenen Konfessionen um Schlüsselrechte und Baumaßnahmen vor Ort war im 19. Jahrhundert an sich ein Anachronismus: Weder der Papst in Rom noch der ökumenische Patriarch in Istanbul waren interessiert, als Napoleon III. den Konflikt 1850 hochspielte und Nikolaus I. die Herausforderung annahm. Zwar war dieser Streit schon längst im Sinne des *status quo* beigelegt, ehe die militärischen Aktionen überhaupt begannen, doch als Auslöser der Ereignisse, die letztlich zum Krieg führten, reichte er aus. Was dann der genaue Anlass des Kriegs gewesen war, wurde bei den Friedensverhandlungen später kaum noch am Rande erwähnt: Napoleon III. selbst mochte innen- und außenpolitische Gründe gehabt haben, eine neue orientalische Krise vom Zaun zu brechen; aber erst die russische Reaktion verschaffte ihm die Gelegenheit, seine Position im Innern durch einen außenpolitischen Erfolg zu festigen: Das provozierende Auftreten des Fürsten Menšikov, der als Sonderbotschafter des Zaren in Istanbul alle Register einer martialischen Regie zog, ließ die übrigen Mächte zusammenrücken. So begnügte sich Petersburg nicht mit einem Nachgeben in der Frage der heiligen Stätten, sondern wollte die Türkei zu einem Defensivbündnis mit Russland und zur Garantie einer privilegierten Stellung aller christlichen Untertanen des Sultans zwingen. Dieses Vorgehen erregte die öffentliche Meinung in Westeuropa und lieferte das politische Argument für die Regierungen, die darin ein ›Über-Unkiar Skelessi‹ sahen, das die Souveränität der Türkei infrage stellte. Aber auch in Russland gingen die Wellen der nationalistischen Erregung hoch: Der seit zwei Jahrzehnten systematisch geförderte Patriotismus mit allen slavophilen und panslavistischen Schattierungen trug jetzt Früchte. Auf diese Weise wurde der Krimkrieg zum ersten Krieg, der als ein Kampf von Ideologien auch mit den

Mitteln moderner Publizität ausgefochten wurde, was alle Vermittlungsversuche scheitern ließ.

Der Ausbruch des Krimkrieges war also das Ergebnis des vollständigen Versagens der russischen Außenpolitik, nicht nur weil sich Russland ohne einen einzigen Verbündeten den Kampf aufdrängen ließ: Selbstüberschätzung, Arroganz im Auftreten und Illusionen über die Solidarität der Heiligen Allianz wurden durch die militärischen Realitäten sehr rasch *ad absurdum* geführt. Dass der Krieg zwischen den größten und mächtigsten Staaten der Zeit auf engstem Raum – im Kampf um die Seefestung Sevastopol auf dem Südzipfel der Halbinsel Krim – geführt und entschieden werden sollte, war dabei weder geplant noch vorauszusehen: Weiträumige Aktionen der britischen Kriegsmarine von den Ålandinseln bis Kamčatka im Frühjahr und Sommer 1854 waren Randerscheinungen, die nur einige Kräfte der Russen banden; ein Angriff über Finnland auf Petersburg war unmöglich, weil sich Schweden für neutral erklärte; der Balkan schied als Kriegsschauplatz aus, nachdem die russische Offensive im März 1854 südlich der Donau schon vor Silistria gescheitert war; im Gegenzug erzwang die türkische Armee nach einer alliierten Landung in Varna und angesichts der drohenden Haltung Österreichs in der siebenbürgischen Flanke von den Russen schon im September die Räumung der Donaufürstentümer – sie wurden durch Truppen des neutralen Österreich besetzt.

Am 17. Oktober 1854 begann die Belagerung von Sevastopol durch die Engländer und Franzosen, dessen Kapitulation nach elf Monaten am 9. September 1855 den Krieg entschied. Im russischen Geschichtsbewusstsein steht die heldenhafte Verteidigung im Vordergrund, bei der drei kommandierende Admiräle der Schwarzmeerflotte – Kornilov, Istomin und Nachimov – fielen und der Erbauer der provisorischen Landbefestigungen, der Pionier-Oberstleutnant v. Totleben, schwer verwundet wurde. Aber tatsächlich war weniger die Dauer der Verteidigung gegen die nicht sehr zahlreichen Belagerer erstaunlich als vielmehr die Tatsache, dass die zahlenmäßig weit überlegenen russischen Landstreitkräfte die Stadt im Verlauf fast eines ganzen Jahres nicht entsetzen konnten. Die Gründe dafür waren vielfältig: die Unentschlossenheit der verschiedenen Oberkommandierenden; die Rückständigkeit der russischen Industrie, die weder die Armee mit modernen Waffen noch die Schwarzmeerflotte mit Kohle versorgen konnte; das Fehlen von Eisenbahnen südlich von Moskau; Unruhen unter den rekrutierten Bauern und eine geringe Kriegsbegeisterung der adeligen Gutsbesitzer, die durch den Ausfall der Getreideexporte über die Schwarzmeerhäfen wirtschaftlich schwer getroffen wurden; eine unglaubliche Korruption im gesamten Versorgungswesen – entscheidend aber war ein katastrophales Versagen der militärischen Führung in allen höheren Kommandostellen: Ein Menschenalter lang hatte die Armee nur das Gehorchen geübt, dabei waren selbstständiges Denken und Entschlussfähigkeit verkümmert. Gerade im Militärischen, wo sich Russland am stärksten wähnte, wurde es folglich vernichtend geschlagen, und zwar nicht deshalb, weil der Kaiser und oberster Befehlshaber Anfang 1855 starb.

Die militärische Niederlage wurde als Krise des Regimes empfunden und die nationale Schmach, die nach Kompensation verlangte, sollte in Russland innenpolitisch eine neue Epoche einleiten; außenpolitisch dagegen erwies sich die Rechnung, die zu bezahlen war, als erstaunlich gering: Noch während der Kampfhandlungen hatte sich die antirussische Koalition vergrößert: Am 26. Januar 1855 war ihr Sardinien beigetreten, um für seine nationalitalienischen Ziele die französische Unterstützung zu erhalten; schon seit dem 2. Dezember 1854 war Österreich mit den Westmächten verbündet, ohne sich allerdings zu militärischen Operationen zu verpflichten, wobei die Drohung kaum weniger wirksam war als die Ausführung. Nur Preußen konnte als Russland einigermaßen gewogen gelten, obwohl es sich dem alliierten Ultimatum vom Februar 1854 angeschlossen hatte und damit für die Integrität der Türkei und die Räumung der Donaufürstentümer durch Russland eingetreten war. Die politischen Ziele der Verbündeten waren entsprechend vielfältig, und die ersten Friedenskontakte gingen von Napoleon III. aus, der inzwischen seine Zwecke erreicht hatte. Den Ausschlag gab schließlich im Dezember 1855 ein österreichisches Ultimatum, das die auf der Wiener Konferenz am 8. August 1854 festgelegten alliierten Friedensbedingungen verschärfte: Die ursprünglich geforderte Freiheit der Donauschifffahrt sollte nun durch die Übertragung des Donaudeltas und Südbessarabiens an das Fürstentum Moldau gesichert werden; das Schwarze Meer sollte neutralisiert, d. h. entmilitarisiert werden; das russische Protektorat über die Donaufürstentümer, Serbien und die christlichen Untertanen des Sultans überhaupt war durch gemeinsame Garantien der europäischen Mächte zu ersetzen. Mit diesen Bedingungen wurde am 18. März 1856 in Paris der Friedensvertrag unterzeichnet. Er bedeutete indes keine Lösung der ›orientalischen Frage‹, sofern man darunter nicht allein das Protektoratsproblem versteht, das durch innertürkische Reformen entschärft wurde. Die tiefere Ursache des Konflikts lag ja nicht in den Nöten der balkanischen und orientalischen Christen, sondern in der Schwäche des Osmanischen Reiches, und daran änderte sich durch den Vertrag grundsätzlich nichts, auch wenn die Türkei nun in die Gemeinschaft der europäischen Mächte und in das in Europa geltende internationale Recht aufgenommen wurde.

Russland als dem Hauptinteressenten am territorialen Erbe der Türken wurde also keine wesentliche Einbuße an Macht zugemutet, aber durch die Entmilitarisierung aller Schwarzmeerhäfen eine unnötige Demütigung bereitet: In den eigenen Häfen keine Kriegsschiffe und keine Einrichtungen der Kriegsmarine unterhalten zu dürfen, war mit dem Prestige einer Großmacht unvereinbar, auch wenn den Türken dieselbe Beschränkung auferlegt wurde. So heilsam die Niederlage für Russland als Anstoß für längst fällige Reformen wurde, so löste der Prestigeverlust im Zarenreich nach Überwindung des ersten Schocks deshalb doch eine hochgehende Welle eben jener religiösen und nationalen Ideologien aus, die das übrige Europa in Paris beigelegt zu haben glaubte.

Imperialistisches Imperium

1855–81	Zar Alexander II., Sohn von Nikolaus I.
1863	Januaraufstand der Polen
1871	18. Jan.: Gründung des Deutschen Reiches
1878	Berliner Kongress
1881–94	Zar Alexander III., Sohn von Alexander II.
1891	Beginn des Baus der Transsibirischen Bahn
1894–1917	Zar Nikolaus II., Sohn von Alexander III.
1904/05	russisch-japanischer Krieg

Panslavismus und Nationalitäten

Russland war im Krimkrieg den Westmächten unterlegen, aber die Niederlage selbst änderte nichts an der Struktur des Staates und an seiner imperialen Orientierung, jedoch wurden die Mittel dieser Politik nun verbessert und die Ziele anders definiert. Zur Begründung des russischen Imperialismus können dabei nicht, wie im Falle Großbritanniens, ökonomische Faktoren angeführt werden, sondern Prestigedenken und eine historisch begründete Ideologie. Dies gilt in erster Linie für den Panslavismus, der oft falsch verstanden wird: Vorstellungen von der relativ nahen sprachlichen Verwandtschaft der slavischen Völker hatte es stets gegeben, aber erst als unter dem Einfluss Herders und der deutschen Romantik die kleinen slavischen Völker im 19. Jahrhundert zu nationalem Selbstbewusstsein erwachten und die vergleichende Sprachwissenschaft den Nachweis einer ursprünglichen slavischen Gemeinsamkeit erbrachte, gewannen diese Vorstellungen zunehmend an politischem Gewicht. Der Traum von einer politisch machtvollen Gemeinschaft aller Slaven stärkte vor allem das Selbstbewusstsein jener slavischen Völker, die keinen eigenen Staat besaßen. Einzig die Russen hatten einen mächtigen Staat und bereits auch ein starkes nationales Selbstbewusstsein, und so interessierten sich die russischen Slavophilen zunächst weniger für eine panslavische als für eine panorthodoxe Gemeinschaft. Erst das aufrüttelnde Erlebnis von

Krieg und Niederlage verschmolz die Gedanken eines Gegensatzes zum übrigen Europa und die patriotischen Spekulationen von einzelnen Gelehrten zu einer handfesten politischen Ideologie, so dass panslavistisches Denken auch in Russland an Boden gewann. Aber dieses Denken erhielt zugleich auch eine neue Qualität, denn Panslavismus war für die Russen stets ein ›Panrussismus‹, der die anderen Slaven in einen großrussischen Nationalismus mit einbezog. Von einer föderativen Struktur der slavischen Völker war in Russland nie die Rede, sondern von einem Münden aller slavischen Ströme im russischen Meer (Puškin). Daraus erwuchs schließlich die Mission, alle Slaven zu vereinen, sowie ein militantes Programm außenpolitischer Intervention.

Dabei war der ideologische Wandel mit einem Generationswechsel verbunden: An die Stelle der älteren Gruppe russischer Slavophiler traten nun jüngere Männer, die einen anderen Lebens- und Denkstil vertraten. Am bekanntesten wurden in diesem Zusammenhang der Biologe N. Ja. Danilevskij (1822–85) und der Generalmajor R. A. Fadeev (1824–83): 1871 erschien Danilevskijs Buch *Russland und Europa* (*Rossija i Evropa*), in dem er in Übertragung naturwissenschaftlicher Kategorien auf die Geschichte eine Lehre von Kulturtypen bot, mittels derer er zu beweisen suchte, dass an die Stelle des überlebten germanisch-romanischen Kulturtyps nun der slavische treten und Russland die Weiterführung der Weltgeschichte übernehmen werde. Voraussetzung dafür sei aber die politische Vereinigung aller Slaven durch Russland, und diese wiederum sei nur möglich, wenn die Türkei und Österreich von der Landkarte Europas verschwänden. Fadeev, dessen *Meinung über die orientalische Frage* (*Mnenie o vostočnom voprose*) 1870 erschien und außerhalb Russlands beträchtliches Aufsehen erregte, stimmte ihm darin zu. Die Vereinigung der Slaven unter der Herrschaft des russischen Zaren wurde damit zum Sinn der Weltgeschichte, der sich kein Staat oder Volk entgegensetzen dürfe.

Solche Äußerungen erregten auch im Ausland Aufsehen und ließen den Panslavismus als Grundkonzeption der russischen Außenpolitik erscheinen. Diese Auffassung wurde auch noch dadurch gestützt, dass die 1858 in Moskau und bald danach auch anderswo gegründeten slavischen Wohltätigkeitskomitees die südslavischen Völker nicht nur kulturell betreuen wollten, sondern auch panslavistische Ideen verbreiteten. 1867 brachte dann der zweite Slavenkongress in Moskau (nach dem ersten 1848 in Prag) einen Höhepunkt panslavischer Emotionen und führte dazu, dass die öffentliche Meinung in Russland diese Ideen übernahm; dazu passte, dass der fanatische Panslavist N. P. Ignat'ev zum russischen Botschafter in Istanbul bestellt wurde (1864–77). Aber diese panslavistische Welle reichte weder tief noch war sie von Dauer, da diese Ideologie den konservativ-legitimistischen Grundsätzen der russischen Autokratie widersprach; durch falsche Prämissen und Übertreibungen forderte sie die Kritik nüchterner Geister auch in Russland selbst heraus, und sie wurde niemals durch die Praxis russischer Außen- und Nationalitätenpolitik gestützt.

Im Umgang mit den slavischen Völkern des eigenen Machtbereichs, vor allem den Polen sowie den Ukrainern, musste sich die Tragfähigkeit der panslavistischen Ideale erweisen. Aber gerade hier war die allslavische Mission Russlands zutiefst unglaubwürdig, denn wie sollte man die Tatsache rechtfertigen, dass der russische Staat einerseits die Polen und Ukrainer unterdrückte, aber gleichzeitig den Südslaven und Tschechen die Befreiung versprach? Der Aufstand der Polen im Jahr 1863 und seine Niederschlagung brachten diese Frage mit aller Schärfe zur Sprache: Ein Menschenalter lang hatte unter Nikolaus I. die rücksichtslose, auf Polizei und Militär gestützte Verwaltung unter Paskevič in Polen für Ruhe gesorgt, aber als Alexander II. in Russland ein liberaleres Regime einführte, zeigte es sich sehr bald, dass sich die Polen keineswegs an ihr Schicksal gewöhnt hatten: Einige Erleichterungen, wie die Legalisierung der eben gegründeten ›Landwirtschaftlichen Gesellschaft‹ in Warschau (1857) und die Errichtung einer medizinischen Akademie als Kern einer künftigen Universität, weckten nur weitere Hoffnungen, die

Russland nicht erfüllen wollte. Die Folge war eine Radikalisierung der polnischen Forderungen, so dass – nicht zuletzt unter dem Eindruck der Einigung Italiens – zu Beginn der 1860er Jahre eine ›revolutionäre Situation‹ entstand. Jetzt erst fand sich die russische Regierung zu einer Unterstützung des Marquis Aleksander Wielopolski (1803–77, seit 1861 Minister für Unterricht und Kultus in Warschau) bereit, der durch eine Rückkehr zu den Verhältnissen vor 1830 die Spannung lösen wollte: Wielopolski erhielt alle nötigen Vollmachten, und als eine Art Diktator von des Zaren Gnaden erreichte er tatsächlich in kurzer Zeit eine Repolonisierung der Verwaltung und des Bildungswesens, aber der Zeitpunkt für eine Regelung der ›polnischen Frage‹ von oben war verpasst. Im Nachhinein wurde den Polen Mangel an politischer Klugheit vorgeworfen, weil sie sich nicht mit den begrenzten nationalen Zielen Wielopolskis begnügt hatten, aber der Gegensatz zwischen konservativen Aristokraten und revolutionären Demokraten, der die politisch aktive Schicht des polnischen Volkes in den Teilungsgebieten wie in der Emigration spaltete, war in der Tat ein europäisches Phänomen, ebenso wie das Ziel des Nationalstaates: Warum sollte für die Polen unerreichbar sein, was den Italienern gelang? Gewiss musste das Beharren auf den Grenzen der historischen polnisch-litauischen Union von 1772 den russischen Widerstand verstärken; es war auch leichtsinnig, die ›Nation in Waffen‹, die es nur in der Vorstellung der ›Roten‹ um den Revolutionär und General Mierosławski (1814–78) gab, ohne ausreichende Vorbereitung in einen Kampf mit der russischen Großmacht zu hetzen – aber noch war das polnische Volk vom Bewusstsein seiner geschichtlichen Leistung und von der Tradition eines spezifisch polnischen Messianismus durchdrungen, der im Martyrium der Nation die Grundlage für eine glorreiche Zukunft sah.

Nach allgemeinen Unruhen im Land begann der Aufstand am 22. Januar 1863 und griff rasch auch auf Litauen über, nicht jedoch auf die ukrainischen Gebiete. Da die Polen keine reguläre Armee besaßen, mussten sie den Kampf nach Partisanenart in kleinen Gruppen führen und konnten dabei auch einige militärische Erfolge erzielen. In dieser Form zog sich der Aufstand bis in das Jahr 1864 hin, ohne aber die russische Armee wirklich entscheidend zu treffen. Die Sympathien des demokratischen Europa von Mazzini bis Alexander Herzen waren indessen bei den Polen, die Hoffnung auf diplomatische Intervention der europäischen Mächte wurde jedoch nicht erfüllt. Im Gegenteil erlaubte die preußische Unterstützung (Alvensleben'sche Konvention vom 8. Februar 1863) dem russischen Außenminister Gorčakov, Protestaktionen mehrerer westlicher Staaten zu ignorieren. Letzterer wusste, dass hinter diesem Protest kein Wille zum militärischen Eingreifen stand, und so löste Russland die polnische Frage – wie man meinte – endgültig im eigenen Sinne. Für Litauen bedeutete dies eine Unterdrückung der dortigen Polen durch den neuen Generalgouverneur Graf M. N. Muravëv, für ›Kongresspolen‹ die Degradierung zum ›Weichselgebiet‹ (*privisljanskij kraj*) und die Russifizierung des gesamten öffentlichen Lebens. Die administrative Unterdrückung der Polen erreichte ihren Höhepunkt in den 1880er Jahren; sie galt nunmehr nicht nur der anderen Nation, sondern auch der anderen Religion, dem römischen Katholizismus und so wurde 1875 die letzte unierte Diözese in Russisch-Polen (Chełm) gewaltsam der orthodoxen Kirche eingegliedert.

Die Russifizierung der Kultur, in deren Zusammenhang Warschau 1869 eine rein russische Universität erhielt, musste aber misslingen, so lange die Polen in Krakau und Lemberg über polnische Universitäten zur Pflege ihrer nationalen Kultur verfügten. Wirksamer war dagegen die Agrarpolitik der russischen Verwaltung: Ab 1864 versuchte N. A. Miljutin, der Experte der Bauernbefreiung und Bruder des russischen Kriegsministers, die polnischen Bauern davon zu überzeugen, dass sie von den polnischen Gutsbesitzern nichts, von der russischen Verwaltung aber alles zu erwarten hätten: Während sich das zaristische Regime auf den russischen Adel als staatstragende Schicht stützte, bekämpfte es den polnischen Adel auf der wirtschaftlichen und der sozialen Ebene. Damit beschleunigte es jedoch nur einen sozialen und politischen Umschichtungsprozess innerhalb des polnischen Volkes, der aus verarmtem Adel und Bürgern eine national gesinnte Mittelschicht entstehen ließ. Diese neue Mittelschicht war den modernen Lebensbedingungen besser angepasst, als die ›Adelsnation‹, aus der sie hervorgegangen war, ging nun zu einer ›organischen Arbeit‹ über und brachte schließlich auch jene politischen Parteien – Nationaldemokraten und Sozialisten – hervor, die in der letzten Phase der Unfreiheit die Führung der Nation übernehmen sollten.

Der polnische Aufstand hatte in Russland eine Welle des Nationalismus zur Folge, in der alle konservativen, liberalen und revolutionären Prinzipien untergingen: Alexander Herzen verlor durch seine Sympathien für Polen seine russische Leserschaft, und die russischen Panslavisten bestritten den Polen zumindest im kulturellen Sinne ihr Slaventum; Pogodin verstieg sich sogar dazu, nur die polnischen Bauern als Slaven anzuerkennen: Der polnische Adel müsse ›keltischen oder lateinischen Ursprungs‹ sein, anders seien die jüngsten Ereignisse nicht zu erklären. Treffender waren die Aussagen von I. Aksakov und anderen, nach denen Polen sich ganz »in der fortgeschrittenen Gemeinschaft des Westens« sehe, »Polen völlig zu einem Glied der lateinisch-germanischen Völkerfamilie geworden« sei. Der Schluss, dass es damit »die slavische Brüderlichkeit verraten« habe und zu einem »scharfen Keil« geworden sei, »den der Romanismus mitten ins Herz der slavischen Welt getrieben hat, um sie in Stücke zu schlagen« (Samarin), ging freilich von der Fiktion aus, dass es eine solche ›brüderliche slavische Welt‹ jemals gegeben habe und – abgesehen von den Polen – auch gegenwärtig gebe. Ohne Zögern identifizierten die russischen Panslavisten in ihrem antiwestlichen Affekt demnach die allslavischen mit ihren großrussischen Idealen, denen zufolge die Polen nicht als wahre Slaven gelten könnten, so lange sie nicht ihr Polentum aufgäben.

Diese großrussischen Vorstellungen ließen auch keinen Raum für das ukrainische Volk, das zu dieser Zeit ebenfalls von der ›nationalen Bewegung‹ erfasst wurde und zu politischem Selbstbewusstsein erwachte: Ein *ukaz* vom 30. Mai

1876 hatte den Gebrauch des ›kleinrussischen Dialekts‹ auf allen kulturellen Gebieten von einiger Breitenwirkung untersagt. Dies hatte aber nur die Wirkung, dass sich das politische Denken der Ukrainer von den föderativen Vorstellungen der ›Kyrill und Method-Gesellschaft‹ rasch zum Ziel des Nationalstaates radikalisierte. Das österreichische Galizien, in dem sich die hier ›Ruthenen‹ genannte Bevölkerung kulturell und politisch relativ frei bewegen konnte, spielte hier die Rolle eines ukrainischen ›Piemont‹ – das den Freiheitskampf Italiens angeführt hatte –, die 1873 in Lemberg gegründete Ševčenko-Gesellschaft die einer ukrainischen Akademie der Wissenschaften: Die Ukrainer, deren Oberschicht bisher der Assimilierung an das herrschende Polen- oder Russentum ausgesetzt war, besaßen kaum einen eigenen Adel, und sie hatten – vom Dneprkosakentum abgesehen – keinen Geschichtsraum, den ihnen nicht ein anderes Volk streitig gemacht hätte. Ihre Nationwerdung entfaltete sich daher in scharfer Auseinandersetzung mit Großrussen und Polen als eine Mischung von nationaler Geschichtskonstruktion und angeblich demokratischen Kosakentraditionen; dies konnte sich auf keinen Staat beziehen, sondern nur auf das Volk und wurde von einer allmählich entstehenden bürgerlichen Bildungsschicht getragen, die in Mychajlo Hruševśkyj (1866–1934), dem größten Historiker des ukrainischen Volkes, ihren überragenden Sprecher fand. National und volksbezogen war auch die ukrainische Linke unter dem Einfluss des in der Schweizer Emigration lebenden Mychajlo Drahomaniv (1841–95) und des ostgalizischen Dichters Ivan Franko (1856–1916).

Der rücksichtslose großrussische Chauvinismus, wie ihn vor allem Katkov in seinem *Russischen Boten* (*Russkij Vestnik*) mit Eifer und Geschick vertrat, machte in der Praxis keinen Unterschied zwischen Slaven und Nicht-Slaven, denn auch das russische Reich entwickelte – dem Zug der Zeit folgend – den Ehrgeiz, ein Nationalstaat zu werden. Unmittelbar nach dem Polenaufstand bekamen auch die Baltendeutschen den zunehmenden Druck der Russifizierung durch die Publizistik (z. B. Samarin) und die Politik zu spüren, gegen den sich der Dorpater Historiker Karl Schirren mit seiner *Livländische Antwort* (1869) kühn, aber vergeblich zur Wehr setzte. Den Höhepunkt bildete in dieser Hinsicht die Regierungszeit Alexanders III. (1881–94), der die Bestätigung der baltischen Privilegien verweigerte und die Russifizierung des gesamten öffentlichen Lebens in den baltischen Provinzen, vor allem des Schulwesens einschließlich der Dorpater Universität, anordnete. Aber Alexander III. betrieb nur energischer und ehrlicher, was Alexander II. bereits zugelassen hatte und Nikolaus II. später fortsetzte. Die Methoden waren variabel, das Ziel blieb dasselbe: 1899 wurde die finnische Verfassung durch ein kaiserliches Manifest aufgehoben, obwohl die Finnen keinen Aufstand versucht hatten; die Juden unterwarf man einer diffamierenden Restriktionspolitik und der brutalen Misshandlung durch antisemitische Pogrome; die Armenier warteten vergeblich darauf, dass sich der christliche Zar für ihre in der Türkei verfolgten Glaubensbrüder einsetzte. Schon Pestel' hatte einst gefordert, aus allen Nationalitäten »nur ein einziges Volk zu bilden und die verschiedenen Nuancen zu einer einzigen, allgemeinen Masse zu verschmelzen, auf dass die Bewohner des ganzen Raumes des Russischen Staates alle Russen seien«; bei Katkov hieß es nun (1867): »Russland braucht einen einheitlichen Staat und eine starke russische Nationalität. Schaffen wir eine solche Nationalität auf der Basis einer allen Bewohnern gemeinsamen Sprache, eines gemeinsamen Glaubens und des slavischen *mir.* Alles, was uns entgegenstehen wird, stürzen wir um!« Die Vorstellung von einem zentralistischen Machtstaat der großrussischen Nation bestimmte also das Denken von Revolutionären und Reaktionären.

Die orientalische Frage

Panslavistische Vorstellungen, die über die Presse die Politik des Zarenreiches beeinflussten, hatten auch in der ›orientalischen Frage‹ die Oberhand über die panorthodoxen gewonnen, wurden aber in der Balkanpolitik durch die Machtansprüche Russlands gegenüber dem Osmanischen Reich überdeckt. Damit gerieten die russischen Interessen in einen Gegensatz zu denen des Habsburger Reiches zu Lande, wie zu denen Großbritanniens in der Meerengenfrage und zum Schutz seiner Handelsinteressen in der Türkei; zu Frankreich, dessen Anteilnahme an den Problemen dieser Region nicht so genau zu beschreiben ist, trat nach 1871 das Deutsche Reich als neue Großmacht. Damit ist das Kräftefeld umschrieben, in dem bis zum Beginn des Ersten Weltkriegs der Balkan die europäische Politik beeinflusste: Im Schatten des Krieges zwischen Deutschland und Frankreich von 1870 hatte Russland die Neutralitätsklausel des Pariser Friedens von 1856 gekündigt, und als im Januar 1871 eine internationale Konferenz in London der damit verbundenen Remilitarisierung des Schwarzen Meeres zugestimmt hatte, war der Prestigeverlust Russlands wieder wettgemacht und zugleich eine aktive Politik gegen das Osmanische Reich angekündigt worden. Eine solche Politik Russlands war durch ideologische, kaum jedoch durch ökonomische Motive begründet.

Die Lage der verschiedenen Völker und Territorialherrschaften auf dem Balkan war unübersichtlich, von Rivalitäten untereinander und verschiedenartiger Bindung an das schwache Osmanische Reich gekennzeichnet, so dass sie zur Intervention von außen geradezu einlud. So wurde ein Aufstand in der Herzegowina im Jahr 1875 ein Jahr später zum Auslöser eines letztlich erfolglosen Krieges von Serbien und Montenegro gegen Istanbul, an dem sich auf serbischer Seite zwar russische Freiwillige, aber nicht Russland selbst, beteiligten. Ein Umsturz in Istanbul ermöglichte diesen Krieg und brachte nach längeren Unruhen im September 1876 den Sultan Hamid an die Macht, der eine innere Erneuerung einleitete. Auch die Bulgaren beteiligten sich ab dem Frühjahr 1876 am Aufstand gegen die Hohe Pforte und fanden nun zunehmend Unterstützung durch Russland, das Serbien indes nur zu einer Bestätigung des *status quo* verhalf. Nachdem Russland im Juni 1876 im Abkommen von Reichsstadt (Böhmen) eine Abgrenzung der Interessensphären mit Österreich erreicht hatte, wurde der Zar dann zu einem Krieg gegen das Osmanische Reich gedrängt, obwohl die dafür verantwortlichen Männer der russischen Führung wussten, dass Russland darauf kaum vorbereitet war. Der Krieg, den Petersburg am 12./24. April 1877 der Pforte erklärte, führte die russischen Truppen nach anfänglichen Schwierigkeiten schließlich Ende Januar 1878 bis vor die Stadt Istanbul, deren Einnahme wegen der Anwesenheit der englischen Flotte im Marmarameer und wegen der russischen Versorgungsprobleme aber unmöglich war. Dennoch konnte die Türkei zu einem Waffenstillstand gezwungen werden.

Dies war ein großer Prestigeerfolg Russlands, der sich in dem hastig geschlossenen Vorfrieden von St. Stefano (19. Februar/3. März 1878) niederschlug. Die direkten Territorialgewinne Russlands waren aber bescheiden, denn außer einigen Gebieten im Kaukasus sicherte sich Russland nur einen Teil Bessarabiens, für das Rumänien in der Dobrudscha und im Donaudelta entschädigt wurde. Serbien, Montenegro und Rumänien sollten auf Kosten der Türkei vergrößert werden; als Hauptgewinner sollte Bulgarien bis an die Ägäis erweitert und innerhalb des osmanischen Reiches autonom werden, was eine russische Besetzung für zwei Jahre garantieren sollte.

Diese Neuordnung befriedigte mit Ausnahme der Bulgaren und Montenegriner keines der betroffenen Völker; sie widersprach der orthodoxen Solidarität, indem sie Rumänen und Griechen vor den Kopf stieß; sie setzte sich über die slavische Brüderlichkeit hinweg, indem sie Bulgarien einseitig bevorzugte; sie verletzte die österreichischen Interessen in der Herzegowina und im Zentralbalkan, und sie forderte durch Ausweitung Bulgariens in die Nähe der Meerengen die Engländer heraus. Während die russische Öffentlichkeit dieses Ergebnis als ›gemäßigt‹ betrachtete und der Scharfmacher Ignat'ev glaubte, diese russische Machterweiterung international durchsetzen zu können, drohten Großbritannien und Österreich dagegen mit einem Krieg gegen Russland.

Die Kriegsgefahr konnte schließlich durch das Übereinkommen der europäischen Mächte auf dem Berliner Kongress (13. Juni – 13. Juli 1878) gebannt werden, indem Bismarck als ›ehrlicher Makler‹ und mit dem Gewicht des neuen Reiches einen Ausgleich der Interessen erreichte. Russland fügte sich diesem Übereinkommen, da die Armeeführung, wenn auch zur Empörung der russischen Ideologen, dem Zaren erklärt hatte, dass die russische Armee zur Führung eines längeren Krieges nicht in der Lage sei und selbst nach einer Besetzung Istanbuls eine Landung der Engländer nicht verhindern könne. Das Ergebnis der Berliner Regelung war dabei keine Niederlage für Russland, sondern berücksichtigte lediglich neben den russischen auch die englischen und österreichischen Großmachtinteressen: Österreich erhielt das Recht, Bosnien und die Herzegowina zu besetzen und unter seine Verwaltung zu nehmen sowie in weiteren Gebieten unter türkischer Verwaltung Garnisonen zu unterhalten und Straßen anzulegen. Das bedeutete eine Reduzierung der serbischen und montenegrinischen Territorialgewinne, wobei Serbien auf Kosten Bulgariens eine Kompensation im Südosten erhielt. Großbulgarien allerdings wurde auf weniger als die Hälfte verkleinert: Thrazien und Makedonien fielen an die Türkei zurück, deren europäische Position im englischen Interesse gestärkt wurde. Das südlich des Balkangebirges liegende bulgarische Gebiet sollte als türkische Provinz Ostrumelien unter einem christlichen Statthalter weitgehende Autonomie erhalten, im Norden aber sollte unter nomineller türkischer Oberhoheit ein selbstständiges Fürstentum Bulgarien in derselben Weise gebildet werden, die in St. Stefano für Großbulgarien vorgesehen worden war. Dass der Aufbau des bulgarischen Staates mit einem gewählten Fürsten und einem gewählten Parlament nun nicht Russland allein überlassen, sondern einem komplizierten System von Beratern und Kommissionen mit der Botschafterkonferenz in Istanbul an der Spitze anvertraut wurde, minderte den russischen Einfluss in der Praxis kaum. Der komplizierte Status Ostrumeliens und die Spannungen zwischen Österreich und Serbien ließen indes voraussehen, dass die Verhältnisse instabil bleiben würden.

Der Berliner Kongress wurde in Russland als zweite große außenpolitische Enttäuschung nach der Niederlage im Krimkrieg gewertet, weniger weil er eine Machteinbuße brachte, als weil Russland sein Prestige verletzt sah; dadurch verlor die panslavistische Ideologie in der russischen Außenpolitik erheblich an Einfluss und wich einer realistischen Lagebeurteilung. Alexander II. setzte auf eine loyale Ausführung der Berliner Beschlüsse; am 8. Februar 1879 wurde ein neuer, entsprechend veränderter Friedensvertrag mit der Türkei abgeschlossen. Nachdem sich die erste Erbitterung gelegt hatte, näherte sich der Zar auch wieder Österreich und Deutschland, was 1881 zur Erneuerung des Dreikaiserbündnisses (von 1872) führte. Das bedeutete eine Rückkehr zu den konservativen Prinzipien der Legitimität und des *status quo* und konnte die Interessengegensätze überdecken, obwohl damit die Dynamik der sozialen und der nationalen Bewegung nicht eingedämmt wurde. Für Russland bot das Bündnis, das 1884 noch einmal um drei Jahre verlängert wurde, vor allem Sicherheit vor einem Angriff der englischen Flotte im Schwarzen Meer, da Deutschland und Österreich dafür eintraten, dass die Meerengen für Kriegsschiffe geschlossen wurden. Petersburg hatte demnach fürs Erste »die panslavistischen Träume […] auf dem Altar der russischen Sicherheit geopfert« (Florinsky).

In Bulgarien entwickelten sich die Dinge zunächst ganz im russischen Sinne: Alexander II. stimmte einer relativ liberalen Verfassung zu, und der neue Fürst Alexander von Battenberg, der sowohl mit dem russischen als auch mit dem englischen Hof verwandt war, regierte gemäß der Verfassung und mithilfe russischer Experten. Auch die Stimmung im Land war zunächst ausgesprochen prorussisch, da man in den Russen die Befreier sah und deren Wünsche zu erfüllen bereit war. Das änderte sich jedoch, als der Fürst 1881 mit russischem Einverständnis die Verfassung aufhob und die fremden Mitarbeiter sich in kurzer Zeit durch anmaßendes Verhalten alle Sympathien verscherzt hatten. Der Widerstand der Bulgaren zwang Alexander von Battenberg schließlich 1883, die Verfassung wieder in Kraft zu setzen und sich von seinen russischen Beratern zu trennen.

Die Russen reagierten äußerst verärgert und betrieben nun ohne Rücksicht auf Legitimitätsprinzip und Befreierruhm den Sturz des Fürsten, sogar durch eine Zusammenarbeit mit emigrierten bulgarischen Revolutionären und durch eine Verständigung mit den Türken: Als die Bulgaren 1885 Ostrumelien erwerben konnten, reagierte Russland, das sieben Jahre zuvor Großbulgarien hatte schaffen wollen, wenig erfreut, und als Alexander von Battenberg im folgenden Jahr durch einen raschen Sieg der bulgarischen Armee über die Serben seine Position weiter verstärkte, wendete Petersburg Gewalt an: Am 20. August wurde Fürst Alexander verhaftet, zur Abdankung gezwungen und auf russisches Territorium verschleppt. Dieser Erfolg wurde jedoch in wenigen Tagen zur russischen Niederlage, als sich die Bulgaren zugunsten ihres Fürsten erhoben und seine Rückberufung durchsetzten. Der Battenberger verzichtete zwar auf die Herrschaft, aber die Bulgaren widersetzten sich auch in der Folge den Einmischungsversuchen der Russen. Da Petersburg das Land nicht besetzen und keinen neuen Krieg beginnen wollte, war das Ergebnis ein eklatanter Misserfolg der russischen Außenpolitik, für den Kaiser Alexander III. persönlich verantwortlich war. In der Folge brach Russland die Beziehungen vollständig ab, und als die Bulgaren am 7. Juli 1887 Ferdinand von Sachsen-Coburg-Gotha zu ihrem neuen Fürsten wählten, galt dieser nicht mehr als ›erblicher russischer Statthalter‹, wie Bismarck den bulgarischen Fürsten auf dem Berliner Kongress bezeichnet hatte. Auch unter den günstigsten Voraussetzungen, wie sie in Bulgarien gegeben waren, reichte die auf beiden Seiten beschworene Ideologie des Panslavismus also nicht aus, um den Konflikt zwischen einer imperialistischen Großmacht und den nationalen Interessen der Befreiten zu überbrücken.

Im Falle Rumäniens waren die Voraussetzungen für Russland noch ungünstiger: Die Rumänen waren keine Slaven; sie hatten ihre Erfahrungen mit russischen Besetzungen und waren durch den Verlust Bessarabiens gegen panorthodoxe Verlockungen immunisiert. Nur Serbien bewahrte sich in dem gegen das österreichische Imperium gerichteten Nationalismus seine prorussischen Neigungen, nachdem 1903 an die Stelle der austrophilen, aber wenig populären Dynastie Obrenović die Dynastie Karadjordjević getreten war. Die jahrzehntelange russisch-österreichische Rivalität auf dem Balkan führte schließlich dazu, dass in den Einflusssphären der beiden Großmächte die nationalen Befreiungskämpfer jeweils von den Rivalen der Herrschenden Unterstützung erhielten. Das ergab eine Interessenverschränkung, die aus der instabilen, sozial und wirtschaftlich rückständigen Welt balkanischer Kleinstaaten einen Konfliktherd erster Ordnung machte, wobei auf russischer Seite noch immer der Panslavismus als Instrument der imperialistischen Außenpolitik benutzt werden konnte. Dagegen suchten die Vertreter der politischen Bewegung der beteiligten Völker, die nicht nur slavisch-national, sondern auch liberal, demokratisch und am Ende sogar sozialistisch waren, ihre Vorbilder im Westen.

In diesem Zusammenhang wirkte sich die weitere Entwicklung des europäischen Bündnissystems auch auf den Balkan aus: Unter dem Eindruck der Niederlage seiner Außenpolitik in Bulgarien verweigerte Alexander III. 1887 die weitere Verlängerung des Dreikaiserbündnisses. Nicht eigene Fehler, sondern nur die Intrigen seiner Gegner konnten an den Misserfolgen schuld sein, und deshalb schien ihm ein weiteres Zusammengehen mit Österreich nicht mehr tragbar. Zunächst fand jedoch sein Außenminister Giers gemeinsam mit Bismarck eine Lösung im deutsch-russischen Rückversicherungsvertrag (1887), der dem Sicherheitsbegehren Russlands unter Ausschluss Österreichs in komplizierter Weise Rechnung trug. Als Wilhelm II. jedoch 1890 dessen Verlängerung ablehnte, wurde damit eine Neuorientierung der russischen Außenpolitik erzwungen, die – bemerkenswert zögerlich – 1894 zu jenem französisch-russischen Bündnis führte, das die europäsche Politik bis zum Ersten Weltkrieg maßgebend bestimmen sollte.

Russland und Asien

Für die Aktivitäten Russlands im Fernen Osten und in Zentralasien, die zur gleichen Zeit, aber mit anderen Methoden durchgeführt wurden, lassen sich keine ideologische Begründung und angesichts der riesigen Entfernungen auch zunächst keine ökonomischen Interessen anführen. Dafür war lediglich entscheidend, dass Russland den lokalen Kräften in beiden Bereichen militärisch weit überlegen war und daher auf keine ernsthafte Gegenwehr stieß.

Schon um die Jahrhundertmitte hatten England und Frankreich in das machtlose Chinesische Reich eingegriffen; Russland hatte dann nachgezogen, um den seit den Verträgen von Nerčinsk (1689) und Kjachta (1727) bestehenden Zustand zu seinen Gunsten zu verändern. Die ungeheuren Entfernungen und langen Kommunikationszeiten erlaubten indes keine zentrale Lenkung durch Petersburg, was dazu führte, dass die Gouverneure der Grenzgouvernements über eine fast unbeschränkte Macht verfügten, im Rahmen der Möglichkeiten selbstständig handeln mussten und sich bei entsprechenden Fähigkeiten zu Konquistadoren eines besonderen russischen Typs entwickelten. So unternahm dann auch Nikolaj Muravʹëv als Generalgouverneur von Ostsibirien (1847–61) den Vorstoß zum Amur ohne Anweisung aus St. Petersburg. Der Vorstoß erfolgte diesmal aus östlicher Richtung von Petropavlovsk auf Kamčatka, das als Versorgungshafen für die russische Kolonie in Nordamerika diente: 1850 wurde an der Mündung des Amur Nikolaevsk gegründet, 1853 der Nordteil der Insel Sachalin in Besitz genommen, und 1854, als eine englische Flotte im Rahmen des Krimkrieges den Stützpunkt Petropavlovsk angriff, gründete Muravʹëv etwas unterhalb der Mündung des Ussuri in den Amur Chabarovsk. Im Vertrag von Aigun (1858), den Muravʹëv den chinesischen Provinzbeamten abrang und den die chinesische Regierung nach vergeblichem Widerstand in erweiterter Form durch den Vertrag von Peking (1860) offiziell bestätigen musste, gewann Russland das gesamte Gebiet nördlich des Amur und

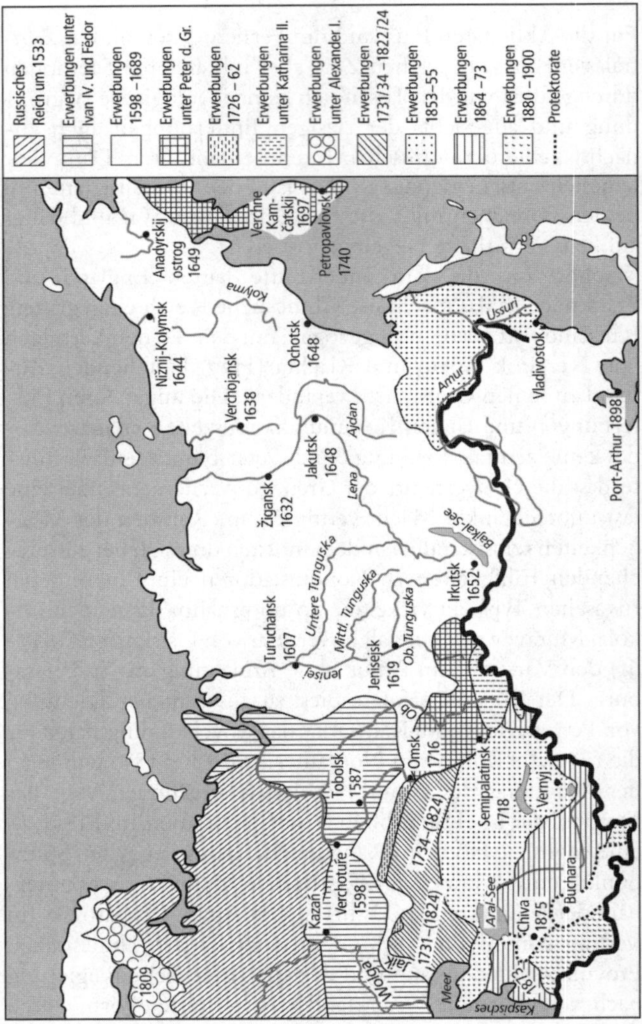

Karte 7: Das Zarenreich Russland seit Peter dem Großen (Ostteil).

der Küste; 1860 entstand dort im äußersten Süden der neue russische Fernosthafen Vladivostok (›Beherrscher des Ostens‹) als Ausgangsposition für die künftige russische Fernostpolitik.

Muravév, dem zunächst wegen Eigenmächtigkeit ein Verfahren vor dem Kriegsgericht gedroht hatte, wurde nach dem Vertrag von Aigun zum Grafen ›vom Amur‹ (Amurskij) erhoben. Den Erfolg hatte er mit ganz geringen Kräften erreicht, und der Handel versprach glänzende Aussichten, nachdem Russland ab 1858 dieselben Rechte wie die anderen europäischen Mächte von China erhalten hatte. Zur Konzentration seiner Kräfte verkaufte Russland dann 1867 seine wirtschaftlich unergiebigen und militärisch gegen die englische Flotte nicht zu verteidigenden Besitzungen an der Westküste Nordamerikas (Alaska und die südlich anschließende Inselgruppe) für 7,2 Millionen Dollar an die Vereinigten Staaten. Den zunehmenden russischen Druck bekamen schließlich auch die Japaner zu spüren, mit denen sich die Russen 1855 auf eine gemeinsame Verwaltung der Insel Sachalin geeinigt hatten; 1875 musste Japan diese Rechte zugunsten Russlands aufgeben und erhielt dafür die Kurilen, die seit dem Verkauf von 1867 für Russland keinen Wert mehr besaßen. Ein Vorstoß in Richtung Chinesisch-Turkestans, der 1871 mit der Besetzung des Gebietes von Kul'dža eingeleitet wurde, führte dagegen nur zu geringfügigen Grenzverbesserungen (russisch-chinesischer Vertrag von St. Petersburg 1881).

In Zentralasien verlief noch im ersten Viertel des 19. Jahrhunderts die Südgrenze des russischen Imperiums östlich des Kaspischen Meeres in einem schwach nach Norden gewölbten Bogen von der Mündung des Flusses Ural bis in den Altai und zur chinesischen Grenze. Südlich dieser von verschiedenen Kosakengruppen geschützten Linie lebten die nomadisierenden Kazachen in der Steppe zwischen dem Nordostufer des Kaspi bis zum Oberlauf des Irtyš in einer losen Abhängigkeit von Russland. Die Chanate Chiva, Buchara und Kokand in den Flusstälern des Amu Darja und des Syr Darja sowie die Kirgisen im äußersten Südosten im Gebiet des Balchašsees waren noch unabhängig. Schon in den 1820er Jahren war die Kosakenlinie weiter nach Süden in die Steppe verschoben worden, aber nach einer erfolglosen Expedition in Richtung Chiva im Jahre 1839 wurden hier gerade in den Jahren des Krimkriegs die ersten bleibenden Erfolge erzielt: 1853 drang Perovskij, der Generalgouverneur von Orenburg, den Fluss Syr Darja aufwärts vor und legte den Stützpunkt Perovsk an; im folgenden Jahr 1854 wurde im Iligebiet südlich des Balchašsees das russische Fort Vernyj errichtet, das heutige Almaty. Wie im Fernen Osten eroberten auch hier selbstherrliche Gouverneure und Generäle Zentralasien für Russland und schlossen selbstständig Verträge mit den örtlichen Herrschern. Wegen der Stoßrichtung auf Afghanistan und damit auf Indien waren die politischen Folgen dieser unkontrollierten Aktivität, im Hinblick auf die Annäherung an die englische Interessensphäre, allerdings viel bedenklicher.

Der entscheidende Vorstoß begann 1864, als die ›Befriedung‹ des Kaukasus abgeschlossen war: General Černjaev hatte den Auftrag erhalten, Perovsk und Vernyj durch die Anlage weiterer Stützpunkte miteinander zu verbinden. Er eroberte die Städte Turkestan und Čimkent, ferner über den Auftrag hinausgehend im folgenden Jahr 1865 Taškent; Buchara war 1868, Chiva 1873 an der Reihe. Die Unterlegenen hatten jeweils einen Teil ihres Territoriums an Russland abzutreten und wurden mit dem verbleibenden Rest unter russisches Protektorat gestellt. Nachdem der Chan von Kokand allerdings 1876 einen Aufstand unterstützt hatte, wurde sein Restchanat zur russischen Region Fergana. Das gesamte Gebiet, abgesehen von den Protektoraten Chiva und Buchara im Tal des Amu Darja, bildete das russische Generalgouvernement Turkestan. Das noch verbleibende Territorium zwischen Kaspi und Amu Darja nahm Russland nach der Anlage des Hafens Krasnovodsk am Ostufer des Kaspischen Meeres ab 1869 in Besitz; 1881 wurden Gök Tepe und Aščhabad erobert und 1884 die Oase Merv durch ›freiwilligen‹ Anschluss gewonnen. Die Eroberung von Kuška nördlich des afghanischen Herat führte bereits an den Rand eines Krieges mit England.

Diese russischen Gebietserwerbungen in Zentralasien hatten in Großbritannien wegen einer möglichen Bedrohung Indiens beträchtliche Nervosität ausgelöst, zumal die feierlichen Beteuerungen der russischen Regierung, nun keine weiteren Eroberungen mehr zu beabsichtigen, regelmäßig von den Ereignissen überholt wurden und dadurch den Eindruck hervorriefen, dass Russland entweder ein doppeltes Spiel treibe oder keine Kontrolle über die eigenen Konquistadoren besitze. Trotzdem wurde ein bewaffneter Konflikt der beiden imperialistischen Großmächte am Ende vermieden (Grenzziehungsabkommen vom 15. September 1885), nicht zuletzt deshalb, weil die ›Bedrohung Indiens‹ im Grunde doch eher ein politisches Argument als eine militärische Realität war. Angesichts der gewaltigen Entfernungen und der enormen zentralasiatischen Gebirge mussten bei nüchterner Betrachtung größere militärische Aktionen von Russisch-Turkestan nach Indien und umgekehrt als völlig undurchführbar erscheinen.

Turkestan war eine russische Kolonie, die sich von britischen Kolonien nur dadurch unterschied, dass sie vom Mutterland nicht durch einen Ozean, sondern durch eine unwegsame Steppe und Wüste getrennt war, und es war ebenso Objekt einer Kolonialpolitik. Ein wirtschaftlicher Gewinn, der als Motiv neben dem außenpolitischen Prestige eine ganz untergeordnete Rolle für die Eroberung spielte, stellte sich erst ein, als Russisch-Zentralasien durch den Bau von Eisenbahnlinien erschlossen wurde: Die transkaspische Linie wurde 1880 begonnen, erreichte 1886 Merv, 1888 Samarkand und 1898 Taškent; die Verbindung Orenburg–Taškent wurde in den Jahren 1900–06 fertiggestellt. In beiden Fällen waren für den Bau in erster Linie militärische Gesichtspunkte maßgebend.

Erst der Bau der transsibirischen Eisenbahnlinie sicherte den Erfolg der russischen Fernostpolitik: Das Ansehen Russlands in Ostasien war seit 1860 beträchtlich gewachsen, aber es erwies sich auch im Fernen Osten als sehr viel leichter, Territorien von militärisch unterlegenen Gegnern zu erobern als sie wirtschaftlich zu nutzen: So lange sich Russland auf dem Balkan bis zum Rand eines Krieges engagierte und in Zentralasien beschäftigt war, war an eine Entfaltung ernsthafter Aktivität im Fernen Osten nicht zu denken. Die Lösung der Bulgarienkrise – wenn auch nicht im Sinne Russlands – und die Regelung der Grenzstreitigkeiten mit England in Zentralasien (endgültig 1887) ermöglichten dann aber eine aggressive russische Politik in Fernost, in der das Wirtschaftsdenken des neuen Finanzministers Witte (1892–1903) zu jener Kombination von wirtschaftlichen und politischen Zielen führte, die den westeuropäischen Imperialismus ausmachte: Witte, der in der Verwaltung von Eisenbahnlinien Karriere gemacht hatte, erwartete von der sibirischen Eisenbahn nicht nur eine Belebung des innerrussischen Wirtschaftslebens durch Intensivierung des Güteraustausches im Reich, sondern auch eine verstärkte Besiedlung der sibirischen und fernöstlichen Territorien und nicht zuletzt auch einen Aufschwung des Chinahandels. Gerüchte über englische Eisenbahnprojekte in der Mandschurei beschleunigten die Entscheidung, und 1891 wurde der Bau gleichzeitig von Čeljabinsk und von Vladivostok aus begonnen.

Die politische Entwicklung im Fernen Osten zeigte sehr bald, dass der Zeitpunkt richtig gewählt worden war: Der chinesisch-japanische Krieg von 1894/95 stellte Russland vor die Entscheidung, entweder Japan zu unterstützen, um dafür einen von der Marine seit Langem geforderten eisfreien Hafen in Korea zu erhalten, oder sich für die Chinesen einzusetzen, um die Mandschurei dem wirtschaftlichen und politischen Einfluss Russlands zu öffnen. Die russische Regierung entschied sich mit Witte für die zweite Möglichkeit: Als Japan China nach seinem raschen Sieg im Frieden von Schimonoseki (17. April 1895) zur Abtretung der Halbinsel Liaotung (mit Port Arthur), der Insel Formosa/Taiwan und der Inselgruppe der Pescadoren sowie zur Anerkennung der Unabhängigkeit Koreas gezwungen hatte, erfolgte schon sechs Tage später eine diplomatische Demarche Russlands, Deutschlands und Frankreichs in Tokyo, die Japan zur Aufgabe der Halbinsel Liaotung nötigte. Die russische Regierung stellte den Chinesen überdies eine Anleihe von 400 Millionen Francs zur Bezahlung der Kriegsentschädigung an Japan zur Verfügung, zu deren Durchführung im Dezember 1895 die russisch-chinesische Bank gegründet wurde. Ein Defensivbündnis mit China folgte am 22. Mai 1896, für das China dem Bau der ›Chinesischen Ostbahn‹ quer durch die Mandschurei von Čita nach Vladivostok zustimmte und 1898 die Halbinsel Liaotung für 25 Jahre an Russland verpachtete sowie eine weitere Konzession zum Bau der südmandschurischen Eisenbahn von Charbin nach Dairen (russ. Dal'nij) erteilte. Da beide Eisenbahnen nicht nur von Russen gebaut und verwaltet, sondern auch beiderseits der Linien von einer russischen Polizeitruppe bewacht wurden, drohte der Mandschurei damit ein Abgleiten in den Status einer Kolonie, zumal das Land während des chinesischen Boxeraufstandes im Jahre 1900 militärisch besetzt wurde. Russland hatte also in wenigen Jahren fast alle Ziele im Fernen Osten erreicht: Die Frontlinie gegenüber China war erheblich verkürzt worden, mit Port Arthur besaß Russland nun einen eisfreien Hafen, die wirtschaftlichen Vorteile konnten als gesichert gelten und der Druck chinesischer und koreanischer Siedler auf die menschenleeren russischen Territorien war unter Kontrolle gebracht. Offen blieb allein noch die koreanische Frage.

Während Russland in der Balkanpolitik in diesen Jahren vorsichtig geworden war, mit anderen Mächten zusammenarbeitete und 1897, und noch einmal 1903, sogar ein Abkommen mit Österreich abschloss, so dass es z. B. in Bulgarien mehr erreichte als durch die Aggressivität der vorhergehenden Periode, ließ es die Petersburger Regierung im Fernen Osten auf eine gefährliche Zuspitzung ankommen: Schon die Besetzung der Halbinsel Liaotung war ein Affront gegen Japan, den Witte durch eine unauffällige wirtschaftliche Durchdringung ohne unnötige Provokation anderer Mächte an sich hatte vermeiden wollen. Petersburg verpasste auch in der Folge mehrfach die Möglichkeit einer Abgrenzung der Interessensphären mit Japan, weil es Korea nicht den Japanern überlassen wollte. Als Witte 1903 zurücktreten musste, gewannen die Vertreter eines Gewaltimperialismus die Oberhand; chauvinistische Schwätzer, die zwar von fernöstlichen Dingen nichts verstanden, aber einen ›kleinen und siegreichen Krieg‹ für ein geeignetes Mittel der Revolutionsbekämpfung hielten, gaben nun den Ton an. Die Prestigepolitik, ohne auf einen Krieg vorbereitet zu sein, sollte sich bitter rächen.

Die Japaner hingegen hatten sich inzwischen auf einen Krieg vorbereitet und wussten sich seit 1902 durch ein Bündnis mit England abgesichert. Nach Abbruch der diplomatischen Beziehungen griffen sie in der Nacht vom 8./9. Februar 1904 die russischen Kriegsschiffe in Port Arthur an und leiteten damit eine ununterbrochene Reihe russischer Niederlagen zu Lande und zur See ein. Die russischen Landstreitkräfte in der Mandschurei konnten Port Arthur nicht entsetzen und mussten nach dessen Kapitulation im Januar 1905 in der Schlacht bei Mukden eine schwere Niederlage hinnehmen. Als schließlich die aus der Ostsee herangeführte russische Flotte am 27. Mai 1905 in der Tsuschimastraße von der viel moderneren japanischen Flotte vollständig aufgerieben worden war, musste Russland, dem der ›kleine Krieg‹ inzwischen seine erste Revolution gebracht hatte, die Friedensvermittlung des amerikanischen Präsidenten Theodore Roosevelt annehmen.

Witte, den der Zar nun wieder berufen hatte, erhandelte in Portsmouth (New Hampshire, 5. September 1905) sehr milde Bedingungen: Die Halbinsel Liaotung und die Konzession für die südmandschurische Eisenbahn fielen an Japan, ferner musste Russland den Südteil der Insel Sachalin abtreten und das Vorherrschen der ›politischen, militärischen und wirtschaftlichen Interessen‹ Japans in Korea anerkennen, d. h. praktisch einem japanischen Protektorat über Korea zustimmen, aber Russland behielt seine Positionen in der nördlichen Mandschurei einschließlich der chinesischen Ostbahn, und es brauchte keine Kriegsentschädigung zu zahlen. Objektiv brachte der Friede von Portsmouth demnach keine schwerwiegende Beeinträchtigung der russischen Machtstellung im Fernen Osten, sondern nur eine Wiederherstellung des Gleichgewichts. Subjektiv war jedoch jenes Prestige verloren, um dessentwillen Russland den Krieg auf sich genommen hatte, und es war zu erwarten, dass es sich nach Kompensationen umsehen würde. Zuvor hatte die russische Regierung jedoch eine schwere innere Krise zu meistern.

Verfall des Reiches

Zwischen der russischen Niederlage im Krimkrieg und jener gegen Japan lag nur ein halbes Jahrhundert, und ein Jahrzehnt danach versank Russland in der Agonie der Revolutionen. In dieser Zeit wurden zahlreiche Reformen der inneren Verhältnisse versucht, die zwar keiner Gesamtplanung folgten, aber von guten Ansätzen ausgingen, im Ergebnis jedoch unzureichend waren und den Verfall des Reiches beschleunigten. Alexander II. (1855–81) war bei seiner Thronbesteigung mit 37 Jahren ein reifer Mann, der wie kaum einer seiner Vorgänger auf sein Amt vorbereitet war und Erfahrungen in den Regierungsgeschäften besaß. Er verehrte seinen Vater und war bestrebt, dessen Politik fortzusetzen, wenn er auch im Herrschaftstil von ihm abwich: Er zog fähige Leute in die führenden Stellen des Staates, lieferte sich aber niemandem ganz aus und lavierte zwischen rivalisierenden Gruppierungen, so dass er die Fassade der Autokratie wahren konnte. Neben einer Modernisierung der Mittel seiner Herrschaft und zahlreichen Reformen ist dabei eine zunehmende Bürokratisierung festzustellen, die zwar mehr Sachkenntnis in Einzelentscheidungen mit sich brachte, aber oft den Einflüssen der herrschenden Schicht des Staates nachgab und jedes Anzeichen selbstständiger Entscheidung bekämpfte. Doch schon leichte Lockerungen des Drucks, die etwa eine Rückkehr zu dem Zustand von vor 1848 versprachen, weckten in der Bevölkerung weitergehende Hoffnungen. Dies betraf insbesondere die Lage der Bauern.

Die Bauernbefreiung

Schon Nikolaus I. hatte erkannt, dass das System der Leibeigenschaft die internationale Konkurrenzfähigkeit Russlands beeinträchtigte, und der Ausgang des Krimkrieges hatte die technische und militärische Unterlegenheit Russlands offenbart. Um mit der entsprechenden Entwicklung Westeuropas besonders im Bereich der Wirtschaft Schritt halten zu können, musste also die Leibeigenschaft beseitigt werden. Aber weder die Bauernbefreiung an sich noch ihr Zeitpunkt waren das Ergebnis eines Drucks führender Wirtschaftskreise auf die Regierung, und diese Maßnahme löste auch keinen wirtschaftlich-industriellen Aufschwung aus. Das Hauptmotiv der Regierung formulierte Alexander II. schon in seiner Ansprache vom 30. März 1856 vor dem Moskauer Adel: Es sei besser, die Leibeigenschaft von oben her aufzuheben als darauf zu warten, dass sie sich selbst von unten her abschaffe. Dieses Motiv verstanden die Angesprochenen nur zu gut, die zu ihrer Überraschung aufgefordert wurden, sich über die Grundzüge einer Aufhebung der Leibeigenschaft Gedanken zu machen, denn zum einen hatte der Staat bei den Rekrutierungen im Krieg Schwierigkeiten mit den Bauern gehabt, zum anderen fühlte sich jeder einzelne Gutsbesitzer persönlich bedroht, wenn der soziale Druck zu Explosionen führte. Ein anderes Motiv herrschte bei den Vertretern der ›öffentlichen Meinung‹ vor, von den Slavophilen auf dem rechten bis zu Herzen und Černyševskij auf dem linken Flügel, nämlich eine tiefe Scham, dem aufgeklärten Westeuropa als barbarisch und rückständig zu erscheinen. Dabei war dieser fortgeschrittene Teil Europas in Gestalt der baltischen Provinzen, Bessarabiens, Finnlands und Polens bereits innerhalb der eigenen Reichsgrenzen vertreten: In den baltischen Provinzen und in Bessarabien war die Leibeigenschaft unter russischer Herrschaft beseitigt worden, deshalb erschien es unerträglich, dass ausgerechnet das großrussische Staatsvolk dahinter zurückbleiben sollte. Das nationale Ehrgefühl der Reformkräfte war somit mindestens so hoch einzuschätzen wie das soziale Mitgefühl.

Bis zur legislativen und administrativen Verwirklichung der Reformwünsche war es jedoch ein weiter Weg: Zunächst wurde im traditionellen Stil ein Geheimkomitee eingesetzt, das aber nicht mehr als alle seine Vorgänger leistete. Erst als die adeligen Gutsbesitzer der drei litauischen Gouvernements Wilna, Grodno und Kovno im Oktober 1857 in einer Petition die Bitte aussprachen, ihre Bauern ohne Land freilassen zu dürfen, tat der Zar mit dem Reskript vom 20. November 1857 den entscheidenden Schritt: Er forderte den Adel der litauischen und aller anderen Gouvernements auf, unter dem Vorsitz des Adelsmarschalls des jeweiligen Gouvernements Komitees zu bilden, über die Bauernbefreiung zu beraten und über das Ergebnis zu berichten. Folgende Gesichtspunkte waren dabei zu beachten: Unter Aufrechterhaltung des adeligen Grundeigentums sollte den befreiten Bauern der Besitz ihres Anwesens samt dem dazugehörenden Gartenstück gewährt und so viel Land zur Nutzung überlassen werden, dass sie ihren eigenen Lebensunterhalt sowie die Steuern für den Staat und die Leistungen für den Grundherrn erwirtschaften könnten. Diese Regelung sollte für eine unbefristete Übergangszeit gelten, während der die Polizeigewalt des Gutsbesitzers aufrecht erhalten blieb und die Bauern aus steuerlichen Gründen in Gemeinden (*obščina*) und Gemeindebezirken (*volost'*) zusammenzufassen waren. Außerdem wurde der ›Loskauf‹ (*vykup*) ermöglicht, wodurch der Bauer das Nutzungsland mit Unterstützung des Staates käuflich erwerben konnte. Dies waren dann auch im Wesentlichen die Richtlinien, nach denen die Befreiung tatsächlich durchgeführt wurde. Sie waren vom liberalen Innenminister S. S. Lanskoj ausgearbeitet worden, der 1855 den reaktionären Bibikov abgelöst hatte. Lanskoj hatte die besten verfügbaren Kräfte zur Mitarbeit herangezogen: den Slavophilen Samarin und Fürst V. A. Čerkasskij, den liberalen Juristen K. D. Kavelin und vor allem N. A. Miljutin (ein Bruder des späteren Kriegsministers D. A. Miljutin), der die treibende Kraft der Redaktionskommission wurde.

Die Entscheidung zur Befreiung der Bauern war mit dem Novemberreskript öffentlich bekannt gemacht worden; über

Einzelheiten wurde in zahlreichen Gouvernementkomitees, in der gesamten Presse, in Sitzungen verschiedener Redaktionskommissionen und schließlich des Staatsrates beraten. Dabei ging es um das Problem, wie groß die Landanteile sein konnten und mussten, die der Gutsbesitzer den Bauern zur Nutzung und später als Eigentum zu überlassen hatte. Hierbei waren unterschiedliche Voraussetzungen zu berücksichtigen, wie sie einerseits im fruchtbaren Schwarzerdegebiet des Südens und andererseits im landwirtschaftlich wenig ertragreichen nördlichen Waldland vorlagen: Im Schwarzerdegebiet war das Wertvolle der Boden; hier lohnte sich die Gutswirtschaft zum Export des Getreides, hier waren die Grundherren bereit, die Bauern sogar entschädigungslos freizugeben, um ihr Land ohne empfindliche Einbußen zu behalten. Im Norden war das Wertvolle dagegen der Bauer, der seine Abgaben an die Grundherren zum Teil gar nicht in der Landwirtschaft, sondern in Gewerbe und Industrie erarbeitete, vielfach ohne überhaupt eine eigene Wirtschaft zu betreiben; hier war der Adel zwar bereit, reichlich Land zur Verfügung zu stellen, bestand aber auf einer Kapitalisierung der Bauern in Form des Loskaufs, d. h. praktisch auf einer hohen Entschädigung durch den Staat. Die regionalen Interessen waren einander also entgegengesetzt und in einer einheitlichen Gesetzgebung kaum vereinbar.

Die politischen Schwierigkeiten erwuchsen aus der hartnäckigen Obstruktion des Adels, der die erzwungene Bauernbefreiung für sich selbst so günstig wie möglich gestalten wollte. Gegen Miljutin und seine Mitarbeiter erreichten die Anhänger der Leibeigenschaft (*krepostniki*) in den entscheidenden Gremien eine schrittweise Verschlechterung der ursprünglichen Ansätze für die Bauern, d. h. eine Verkleinerung von deren Landanteilen und eine Erhöhung der Zinsleistungen. Noch im allerletzten Stadium der Beratungen wurde im Staatsrat überdies die Bestimmung eingeführt, dass der Gutsbesitzer seine Bauern, wenn diese sich darauf einließen, mit einem Viertel des gesetzlich festgelegten Landanteils ohne jede Gegenleistung abfinden konnte (›Bettleranteile‹). Im

Übrigen musste der Kaiser im Staatsrat wiederholt gegen die Mehrheit entscheiden, um den schon stark geschmälerten Entwurf des Hauptkomitees durchzubringen.

Am 19. Februar 1861 machte ein kaiserliches Manifest in wirklichkeitsfremdem Pathos die Befreiung der Bauern bekannt. Darin war aber hauptsächlich von der Opferbereitschaft des Adels die Rede, vom Vertrauen auf den ›gesunden Sinn‹ des dankbaren Volkes und davon, dass Ruhe die erste Bürgerpflicht sei; es fand sich indes immerhin auch der Satz, dass »kraft der neuen Verfügungen die Leibeigenen zu gegebener Zeit die vollen Rechte freier Landbewohner erhalten« würden. Die gleichzeitig erlassenen Verfügungen bildeten einen wahren »Heuschober« von Gesetzen (Robinson), in dem sich die Masse der betroffenen Bauern unmöglich selbst zurechtfinden konnte. Umfang und Kompliziertheit der Materie werden dadurch deutlich, dass der Text der allgemeinen, besonderen und ergänzenden, d. h. nur für einzelne Landesteile oder einzelne Sondergruppen von Leibeigenen (wie z. B. die Fabrikbauern) gültigen Bestimmungen in der neuesten Ausgabe 500 Druckseiten umfasst und dass eine 1862 hergestellte Karte, aus der die nach Vegetationszonen und Bodenqualität verschiedenen Normen der Landzuteilung ersichtlich sind, 32 verschiedene Farbtöne verwendet. Die von den Redaktionskommissionen geleistete Arbeit war demnach schon quantitativ bewundernswert, aber das Ziel des Gesetzes, das als ›Bauernbefreiung‹ in die Geschichte eingegangen ist, wurde nur teilweise erreicht.

Zwar erhielten die Bauern nun gesetzlich die persönliche Freiheit im Sinne voller Rechtsfähigkeit garantiert; der persönlichen Freiheit entsprach jedoch keine bürgerliche Freiheit gleichen Rangs. Das hatte seine Ursache sowohl im Gesetz als auch in der Praxis: Das Gesetz band die Bauern an die Dorfgemeinde (*obščina* oder *mir*), die den einzelnen Bauern den gemeinsamen Besitz an Land der Größe der jeweiligen Familie entsprechend zuteilte, ihn regelmäßig oder fallweise auch umverteilte (*peredel*). Ausschlaggebend für diese Lösung war weniger die ideologische Vorstellung führender Slavophiler von einem utopischen Gesellschaftsmodell, sondern vielmehr das Interesse der Finanzverwaltung: Da der Staat keine bis in das letzte Dorf reichende Steuerverwaltung aufbauen konnte, musste der Gutsbesitzer der verantwortliche Steuereinzieher bleiben und sich dabei auf die Gesamthaftung (*krugovaja poruka*) der Gemeinde stützen, die ihrerseits ihren einzelnen Mitgliedern gegenüber die entsprechende Machtbefugnis erhalten musste. Die Gemeinde hatte daher ein lebhaftes Interesse daran, dass sich die Zahl der Steuerzahler nicht durch Abzug verringerte. Ebenso suchte der Familienvater, dessen Landanteil von der Zahl der Steuerseelen, d. h. der männlichen Mitglieder in seiner Familie abhing, seine Söhne im Hause zu behalten. Dies waren nur die wichtigsten Gründe dafür, dass von einer wirklichen Freizügigkeit der Bauern auch nach der ›Bauernbefreiung‹ keine Rede sein konnte.

In der Praxis hing sehr viel davon ab, in welchem Geiste und durch wen die Befreiung durchgeführt wurde: Das Gesetz sah vom lokalen Adel gewählte ›Friedensvermittler‹ (*mirovye posredniki*) und als übergeordnete Instanz deren Kreiskonferenzen vor; sie sollten alle Streitigkeiten schlichten, die Verträge zwischen Gutsbesitzern und Bauern bestätigen und sogar über eine gewisse Polizeigewalt verfügen. Ihre Tätigkeit beruhte auf den Vorgaben von oben, und da Lanskoj und Miljutin für eine liberale Einstellung eintraten, waren auch die ersten ›Friedensvermittler‹ meist liberal gesinnte Provinzadelige. Als es jedoch nach Verkündung des Befreiungsmanifestes zu einigen Unruhen unter den Bauern und zu blutigen Zusammenstößen mit den bereitgestellten Truppen kam, ließ Alexander II. den liberalen Innenminister fallen. Dessen Nachfolger Graf P. A. Valuev war ein standesbewusster *›krepostnik‹*, der sich wohl an den Buchstaben, nicht aber an den Geist des Gesetzes hielt.

Wenn G. T. Robinson schließlich feststellte, dass »während der auf die Befreiung folgenden Jahrzehnte das russische Bauerntum einen verzweifelten Kampf mit einer verzweifelten Situation« ausfocht, so lag dies vor allem daran, dass das Gesetz und die Regelung des Loskaufs – Rückzahlung der vom Staat vorgestreckten Kaufsumme in 49 Jahren – den Bauern zu wenig Land gab und ihnen zu schwere Lasten aufbürdete. Ursprünglich sollten die Bauern jenes Land bekommen, das sie als Leibeigene bearbeiteten; bei einer wöchentlich dreitägigen Fronarbeit entsprach schon dies nur der halben Arbeitskraft der bäuerlichen Familie. Dieser äußerst knapp bemessene Ansatz war dann noch mehrfach reduziert worden. Da nur wenige Bauern zusätzliches Land kaufen konnten, vergrößerte sich die den Bauern gehörende Fläche bis 1905 *de facto* nur um etwa ein Zehntel, während die Zahl der bäuerlichen Bevölkerung auf mehr als das Doppelte anstieg; die durchschnittliche Größe der bäuerlichen Betriebe sank von 13,2 Desjatinen (je 1,09 ha) im Jahr 1877 auf 10,5 Desjatinen im Jahr 1905. In einem Land, aus dessen Schwarzerdegebiet Getreide in großem Umfang über die Schwarzmeerhäfen exportiert wurde, hatte der Bauer gerade in den fruchtbarsten Landschaften nicht genug Land, um selbst in Normaljahren sein Auskommen zu finden; bei Missernten stand er jedes Mal vor der Katastrophe, und aus seinen Schulden kam er in keinem Fall heraus. Die ungleiche Verteilung der Lasten ergibt sich etwa daraus, dass in den Jahren 1871–75 im Jahresdurchschnitt auf einer Desjatine Bauernland 1 Rubel und 44 Kopeken, auf einer Desjatine Gutsbesitzerland aber nur 14,5 Kopeken Schulden lagen. Gelegentliche Steuersenkungen des Staates änderten die Situation nicht; je länger man an der 1861 geschaffenen Ordnung festhielt, desto größer wurde der soziale Druck, bis er sich schließlich in Bauernunruhen und 1905 in einer Revolution Luft verschaffte.

Liberale Ansätze

Allen Mängeln der ›Bauernbefreiung‹ zum Trotz griff in der russischen Gesellschaft die Diskussion über das Thema ›Freiheit‹ in den nächsten Jahren auch auf das Gebiet der politischen Freiheiten über. Dies betraf zunächst den Adel, der dank seiner privilegierten Stellung den Kampf um eine politische Mitbestimmung im Staat nicht nur in der Theorie, sondern auch in der Praxis mit einiger Aussicht auf Erfolg führen konnte. Die Vorstellung des 18. Jahrhunderts, den Adel durch eine gesellschaftliche und wirtschaftliche Privilegierung für die Autokratie zu gewinnen und von politischen Bestrebungen abzuhalten, reichte im 19. Jahrhundert nicht mehr aus. In der Bauernfrage hatten die Delegationen der Gouvernementkomitees ihr Ressentiment gegen den autokratisch-bürokratischen Staat gezeigt, das allerdings auf teils miteinander unvereinbaren Einstellungen beruhte: Einem ziemlich radikalen Liberalismus, der den Staat durch ›westlich‹ orientierte Reformen vorantreiben, d. h. auf die Politik selbst Einfluss nehmen wollte, stand eine konservative Richtung gegenüber, die zwar das Gegenteil anstrebte, aber zu diesem Zweck ebenfalls nach politischer Mitsprache verlangte.

Der Adel des Gouvernements Tveŕ, wo die Gutswirtschaft ökonomisch keine Zukunftschance hatte, wurde unter dem jungen Adelsmarschall A. M. Unkovskij zum Wortführer der radikalen, liberalen Richtung. Dort hatte man von vornherein die Bauern sofort ganz befreien und mit genügend Land ausstatten wollen, zugleich aber vom Staat die volle Entschädigung der Gutsbesitzer verlangt, damit diese genügend Kapital für eine wirtschaftliche Umorientierung besäßen. Tatsächlich sollte sich der Adel in den nördlichen Gouvernements während der folgenden Jahrzehnte wirtschaftlich nur halten können, wenn ihm diese Umstellung gelang – andernfalls musste er sich verschulden und verarmte. Zunächst verlangte das ökonomische Interesse des Adels nach einem Abbau der bürokratischen Bevormundung durch den Staat, aber sehr bald wurden auch konkrete politische Forderungen gestellt: Anfang 1862 richtete der Adel von Tveŕ ein Schreiben an den Kaiser, in dem er eine Fortsetzung der Reformen befürwortete: Nur Öffentlichkeit, d. h. Kontrollierbarkeit der Staatsverwaltung auf allen Gebieten, könne das Vertrauen zum Staat wiederherstellen, und dazu müssten die bestehenden Gegensätze zwischen den Ständen beseitigt werden. So heißt es da:

> Die Verwirklichung dieser Reformen ist nicht möglich durch Regierungsmaßnahmen […] Selbst bei der Annahme voller Bereitwilligkeit der Regierung, Reformen durchzuführen, ist der Adel tief von der Überzeugung durchdrungen, dass die Regierung nicht imstande ist, sie zu vollenden. Die freiheitlichen Einrichtungen […] können nur aus dem Volk selbst hervorgehen […] Deshalb wendet sich der Adel nicht mit der Bitte an die Regierung, diese Reformen zu verwirklichen, sondern in der Erkenntnis der Unzuständigkeit der Regierung in dieser Angelegenheit beschränkt er sich darauf, den Weg zu zeigen, auf dem sie voranschreiten muss, um sich selbst und die Gesellschaft zu retten. Dieser Weg ist die Einberufung gewählter Vertreter aus dem ganzen Volk ohne Unterschied der Stände.

Die Friedensvermittler des Gouvernements Tveŕ gingen noch einen Schritt weiter, indem sie den Beschluss fassten, sich in ihrer Tätigkeit nicht mehr nach den Anweisungen der Regierung, sondern nur noch nach den Beschlüssen des Tveŕschen Adels zu richten. Das war aber offener Ungehorsam und konnte nicht hingenommen werden: Der Innenminister Valuev ließ 13 der Tveŕschen Friedensvermittler verhaften, einem Prozess wegen Dienstpflichtverletzung unterwerfen und verurteilen; allerdings waren die Strafen vergleichsweise milde, und sie wurden bald auf dem Gnadenweg aufgehoben. Noch wagte die Regierung nicht, gegen die liberale Unruhe mit drakonischen Maßnahmen vorzugehen.

Die Unruhe kam jedoch auch vom rechten Flügel des Adels, dessen Vertreter die Bauernbefreiung erbittert bekämpften und die Einberufung einer Art *zemskij sobor* verlangten, um die Regierung kontrollieren zu können, die sie auf dem Höhepunkt der Diskussion republikanischer, sozialistischer, ja kommunistischer Tendenzen beschuldigten. Die Entlassung Lanskojs und Miljutins sollte wohl in diese Richtung beruhigend wirken; aber auch danach war man in Regierungskreisen der Auffassung, dass man den berechtigten Reformwünschen entgegenkommen und die politische Aktivität des Adels auffangen müsse. Forderungen aus liberaler

Überzeugung oder aus ständischem Trotz setzte man also weitere Reformen aus Staatsräson entgegen, bei denen der Staat die Kontrolle behielt. Dies betraf die lokale Selbstverwaltung, in der die politischen Absichten des Adels auf eine nützliche und harmlose Tätigkeit abgeleitet werden konnten; hier kam man zudem einem Bedürfnis des Staates entgegen, dessen Beamtenapparat durch die ständig wachsenden Verwaltungsaufgaben überfordert war. Das Projekt für die Einrichtung von ›*zemstva*‹ stammte von Miljutin (1859); einigen Versuchen einer Verwässerung zum Trotz wurde es am 1. Januar 1864 in der ursprünglichen Form verwirklicht. Die Bezeichnung ›*zemstvo*‹ knüpfte dabei an eine alte Tradition der Begriffsbildung an, die stets das ›Land‹ (*zemlja*) in Gestalt der Stände und der Gesellschaft in irgendeiner Form dem Staat und der Herrschaft (*gosudarstvo*) gegenübergestellt hatte.

Jeweils auf drei Jahre gewählte Vertreter des Adels, der Städter und der Bauern sollten in Kreis und Gouvernement unter dem Vorsitz des Adelsmarschalls zu einer Versammlung zusammentreten und eine Verwaltung bilden, die unabhängig von der staatlichen Administration für folgende öffentliche Aufgaben des lokalen Bereichs zuständig sein sollte: Instandhaltung von Straßen und Brücken, Unterhaltung von Fuhr- und Postdiensten, von Einrichtungen der Fürsorge und des Gesundheitswesens, Förderung von Industrie, Handel und Landwirtschaft, Ausbau des Elementarschulwesens. Ein abgestuftes Wahlrecht sicherte dem Adel die führende Position, doch durften die Vertreter keines Standes zahlreicher sein als die der beiden anderen zusammen. Die Einrichtung der *zemstva* war indes zunächst nur in 33 Gouvernements vorgesehen, was erst 1875 erreicht wurde, und sie hat niemals das gesamte Reichsgebiet erfasst. Die Erwartungen an die Tätigkeit dieser Lokalverwaltung wurden dabei fürs Erste nicht erfüllt. Dies lag daran, dass die Regierung unter dem Eindruck eines Attentats auf Alexander II. (1866) ihr Vertrauen in die Gesellschaft bald wieder bereute und durch administrative Maßnahmen die Initiative der *zemstva* drosselte: Durch Beschränkung des Rechtes, eigene Abgaben zu erheben, verloren die *zemstva* die Mittel für eine produktive Tätigkeit, und die Einschränkung der Diskussionsfreiheit in den Versammlungen sowie das Verbot einer Zusammenarbeit mit angrenzenden Bezirken machte diese gerade für die aktivsten Mitglieder uninteressant. Die Institution selbst blieb jedoch erhalten, und sie erwies sich als reaktivierbar. Schon in den 1880er Jahren, also unter dem reaktionären Regime Alexanders III., nahm die Tätigkeit der *zemstva* unter dem Zwang der fortschreitenden wirtschaftlichen und sozialen Entwicklung wieder zu, und im 20. Jahrhundert fand diese Institution im russischen Liberalismus eine eigene organisatorische Basis.

Vor allem im Bereich der Volksschulen hatte die *zemstvo*-Verwaltung große Erfolge zu verzeichnen, aber wichtiger als die materiellen Fortschritte war, dass am Ende des Jahrhunderts nicht mehr galt, was Unkovskij seinerzeit anklagend festgestellt hatte, dass nämlich in Russland ohne Bewilligung der Regierung niemand es wage, auch nur eine verfallene Brücke zu reparieren oder einen Volksschullehrer anzustellen. Ähnliche Erfolge waren auch für die in Anlage und Auswirkung sehr ähnliche Stadtreform des Jahres 1870 zu verzeichnen, nur dass sich in den großen Städten die Wirkung früher einstellte und wohl auch intensiver war. Obwohl diese Einrichtungen der Selbstverwaltung nach Meinung der Slavophilen künstliche Gebilde waren, erfüllten sie im Laufe der Zeit ihre Aufgabe und förderten die Entstehung einer Zivilgesellschaft, wie sie die russischen Liberalen erhofften. Zwar konnten sie keinen politisch lebendigen Regionalismus hervorbringen, bildeten jedoch einen Kristallisationskern der radikalen Intelligenz in der russischen Provinz. So wagte es das *zemstvo* von Tveŕ im Jahre 1878, den ›Zar-Befreier‹ zu bitten, seinem russischen Volk dieselbe Wohltat einer Konstitution zu gewähren wie den Bulgaren.

Der einzige Versuch, dem Wunsch nach echter politischer Mitwirkung und Mitverantwortung wenigstens teilweise entgegenzukommen, sah die Heranziehung von sachkundigen Männern vor, die von *zemstva* und Stadtdumen in eine die Regierung beratende Körperschaft gewählt werden sollten. Das Reformprojekt des Innenministers Loris-Melikov hatte Zar Alexander II. gerade gebilligt, als ihn die Bombe der Attentäter des ›Volkswillens‹ am 1. (13.) März 1881 tötete. Danach half keine Beteuerung mehr, dass diese Reform keine Einrichtung eines Parlamentes sein sollte, was in der Sache zutraf; Alexander III. lehnte das Projekt ab und entließ die Minister, die sich dafür eingesetzt hatten. Stattdessen fiel die Autokratie unter dem unheilvollen Einfluss Pobedonoscevs (s. Seite 495) in eine Erstarrung, aus der sie weder die Staatsräson im Sinne Loris-Melikovs noch die slavophilen Ideale Ignat'evs lösen konnten, der als dessen Nachfolger einen dreitausendköpfigen *zemskij sobor* im Altmoskauer Stil vorschlug und darüber sofort stürzte.

Weitere Reformen

Wenn auch die Ansätze eines Konstitutionalismus scheiterten, so hatten doch einige Reformen aus der Zeit Alexanders II. über die Abbauversuche späterer Reaktion hinaus Bestand. Das gilt besonders für die grundlegende Reform der russischen Justiz, die nach langer Vorbereitung am 20. November 1864 Gesetzeskraft erlangte. Sie folgte konsequent dem westlichen Vorbild des modernen Rechtsstaats: Das bisherige, nach Ständen gegliederte, von der Verwaltung abhängige und der Korruption im Sinne einer ›Klassenjustiz‹ des Adels ausgesetzte Verfahren wurde durch eine Ordnung abgelöst, in der Gleichheit aller vor dem Gesetz und die Öffentlichkeit des Prozesses galten. Der Angeklagte wurde nun von unabhängigen und unabsetzbaren Richtern angehört und erhielt einen Verteidiger; die Voruntersuchung wurde der Polizei entzogen und besonderen Untersuchungsrichtern anvertraut; für Strafprozesse wurde ein Geschworenengericht eingeführt; über Bagatellsachen konnten die gewählten Friedensrichter und die Volostgerichte der bäuerlichen Selbstverwaltung entscheiden. Der Senat wurde auf die Funktion eines Obersten Gerichtshofs beschränkt.

Die Durchführung dieser Reform erforderte einen gebildeten, angemessen bezahlten und selbstbewussten Richterstand, der erst gegen den zähen Widerstand der Bürokratie geschaffen werden musste. Zwar sollte die Verwaltung auch später noch in die Justiz eingreifen, den normalen Gerichten gewisse Delikte entziehen, politisch Verdächtige einer Sonderjustiz unterwerfen und Richter, die sich unbeliebt gemacht hatten, in ihrer Karriere benachteiligen; aber dies waren sämtlich Verstöße gegen Prinzipien, hinter denen die Autorität der russischen Rechtswissenschaft stand und die bis 1917 nicht außer Kraft gesetzt wurden. Das beste Beispiel dafür, wie die Öffentlichkeit den Widerstand der Justiz gegen eine Beeinflussung durch die Exekutive unterstützte, war der Prozess gegen Vera Zasulič im März 1878 (s. Seite 511).

In den Jahren 1862–66 wurde auch die Finanzverwaltung erheblich verbessert, und zwar ebenfalls nach gründlichem Studium westlicher Vorbilder. Das Ergebnis war eine Zentralisierung der staatlichen Haushaltsführung im Finanzministerium – bisher hatten immer noch Sondermittel einzelner Ministerien Überblick und Kontrolle erschwert – und der Aufbau eines von der Verwaltung unabhängigen Kontrollsystems. Dazu gehörte auch eine Änderung des Branntweinmonopols, indem die Ausschenkenden von nun an eine Gewerbe- und eine Spirituosensteuer auf alles Ausgeschenkte zu zahlen hatten; dies beendete das korruptionsanfällige System der staatlichen Ausschankstellen und deren Verpachtung, ohne das Interesse des Fiskus zu verletzen. Konnte man auf diese Weise Ordnung in den Finanzen herstellen, um die gewaltigen Kosten nach dem verlorenen Krieg und der Reformen zu bewältigen, so war es aber noch keine gerechte Ordnung: Von einer gleichmäßigen Verteilung der Lasten auf die Steuerzahler war bei der Finanzreform überhaupt nicht die Rede.

Verlauf und Ausgang des Krimkriegs hatten die Notwendigkeit einer Heeresreform verdeutlicht; trotzdem dauerte es fünf Jahre, ehe mit General D. A. Miljutin ein Mann an die Spitze des Kriegsministeriums gestellt wurde (1861–81), der sachkundig, modern und liberal genug war, eine umfassende Reform des gesamten russischen Heerwesens zu verwirklichen. Dies betraf neben einer Fülle von Einzelreformen in Organisation, Bewaffnung und Ausbildung insbesondere die Einführung der allgemeinen Wehrpflicht im Jahr 1874. Bis dahin hatte man an Zwangsrekrutierung und langjähriger (25, ab 1859 15 Jahre) Dienstpflicht festgehalten; sie hatte nur für die steuerpflichtige Bevölkerung (*tjaglye ljudi*) in Stadt und Land gegolten, während die Gildenbürger eine entsprechende Abgabe geleistet und Adelige nur freiwillig als Offiziere gedient hatten. Nun wurden alle zum Dienst mit der Waffe herangezogen, was auch in Russland die Voraussetzung für das Entstehen des modernen Massenheeres war. Nicht mehr Stand und historische Privilegien – die seit ihrer Einwanderung vom Kriegsdienst befreiten mennonitischen Siedler in Südrussland mussten jahrelang um die Genehmigung zum Dienst ohne Waffe kämpfen –, sondern nur noch Bildung verkürzte die 6-jährige Dienstzeit: Nach Besuch der Volksschule reduzierte sich der Dienst auf vier Jahre, und der Träger eines akademischen Grades brauchte nur für drei Monate zu dienen. Dieser Anreiz zum Erwerb von Bildung ist nicht zu unterschätzen. Miljutin, der sich als einziger von den ›liberalen‹ Ministern der Reformzeit bis zur Regierung Alexanders III. im Amt hielt, bemühte sich auch sonst um die Verbreitung einer Bildung, die nicht nur dem militärischen Zweck diente: Das Ausbildungsprogramm von 1875 sollte den ungebildeten Rekruten, von denen es noch sehr viele gab, Grundkenntnisse des Lesens und Schreibens beibringen; die dem Kriegsministerium unterstehenden Progymnasien, die den Nachwuchs für die Junkerschulen heranzubilden hatten, erwarben sich den Ruf der modernsten und liberalsten höheren Schulen Russlands. Das war allerdings nur möglich, weil das zivile Schulwesen zur gleichen Zeit unter einer verhängnisvollen reaktionären Bildungspolitik zu leiden hatte.

Bildung und Kultur

Die Reformen, die Alexander II. begonnen hatte, erstreckten sich auch auf den Bereich der geistigen Freiheiten, wo die dort erfolgten Lockerungen nun auch gesetzlich abgesichert wurden. Mit der Aufhebung der Maßnahmen des Buturlin-Komitees zur Reglementierung der Universitäten (1848) trat aber nur die Ordnung Uvarovs wieder in Kraft, und die Anweisung an die Zensoren, ihre Tätigkeit großzügig auszuüben, bedeutete bei Weitem noch keine Abschaffung der Zensur, zu der es auch nie kam. Auch die gesetzliche Regelung des Presse- und Publikationswesens von 1865 brachte nur eine Legalisierung des bestehenden Zustands, d. h. die Regierung konnte weiter von der Zensur Gebrauch machen: Zwar wurden umfangreichere Bücher und fallweise auch Provinzzeitungen von der Vorzensur befreit, aber die Regierung musste gegen missliebige Publikationen nicht den Rechtsweg beschreiten, sondern konnte durch die Verwaltung Verwarnungen aussprechen oder eine völlige Einstellung verfügen. Dies war ebenso wirksam wie der vorherige Zustand, weil ein Prozess eine riskante Sache war. Die Zensur konnte bei alledem zwar die Verbreitung von Druckwerken behindern, nicht aber die von Gedanken verhindern, und diese richteten sich immer stärker gegen die Autokratie und deren Methoden, die Untertanen im Zustand der Unmündigkeit zu halten.

Unmittelbar wirkte sich der Konflikt zwischen Geist und Obrigkeit auf die Universitäten aus: Schon die ersten Liberalisierungsmaßnahmen an Universitäten und Hochschulen regten die an Zahl rasch zunehmenden Studenten zu politischen Aktionen an. Als die Studenten der Universität Kazań eine Trauerfeier für die Opfer von Bezdna veranstalteten – die gewaltsame Unterdrückung dieser umfangreichsten Bewegung bäuerlicher Selbstbefreiung im April 1861 hatte etwa 100 Bauern das Leben gekostet –, griff die Regierung mit harten Maßnahmen ein; sogar die Mönche, die die Liturgie gesungen hatten, wurden zur Strafe in das Soloveckij-Kloster im Weißen Meer verbannt. Verstärkte Unruhen an nahezu allen Universitäten waren die Folge. Erst im Dezember 1861 gab der Kaiser nach, ernannte den liberalen A. V. Golovnin zum Minister für Volksaufklärung und machte damit den Weg für ein neues Universitätsstatut frei (18. Juni 1863). Dadurch erhielten die Universitäten praktisch ihre Autonomie einschließlich der Disziplinargerichtsbarkeit zurück, obwohl die Überwachungsorgane (Kuratoren und Inspektoren) nicht abgeschafft, sondern nur in ihrer Tätigkeit beschränkt wurden. Das beantragte Frauenstudium wurde jedoch nicht genehmigt und alle studentischen Organisationen blieben verboten, was jede studentische Aktivität illegal machte.

Die Reformen der Regierung betrafen auch das Schulwesen, das an die westeuropäischen Verhältnisse angepasst werden sollte: Mit einem modernisierten Lehrplan sollten humanistische Gymnasien auf den Besuch der Universität, Realschulen auf den der technischen Hochschulen vorbereiten (1865). Da im orthodoxen Russland jedoch nur ein Viertel der bestehenden Gymnasien mit Griechischlehrern ausgestattet werden konnte – ein Beleg für die Fiktion einer griechischen Kulturtradition –, überwog in der Praxis ein Übergangstyp, in dem nur Latein gelehrt wurde und der etwa dem Realgymnasium entsprach. Viel schwieriger war die Reform des Volksschulwesens (1864): Ein Versuch von liberalen Intellektuellen, unmittelbar vor der Bauernbefreiung durch Sonntagsschulen das Analphabetentum und die Unbildung zu bekämpfen, wurde bereits 1862 als politisch suspekt angesehen und versandete rasch. Der Gegensatz zwischen Anhängern der kirchlichen Elementarschule, auf die man nicht verzichten konnte, und Anhängern der weltlichen Volksschule, die man nicht verwirklichen konnte, wurde schließlich durch den Kompromiss der Kreis- und Gouvernementschulräte gelöst, in denen Staat, Kirche und Gesellschaft (*zemstva*) vertreten waren. Danach sollten sich Staat und Kirche die Aufsicht teilen, die Gesellschaft aber die Schulen bauen und die Lehrer bezahlen. Da dies in absehbarer Zeit nicht zu leisten war, musste man indes auf die Einführung der allgemeinen Schulpflicht verzichten. Noch in den 1880er Jahren besuchten nicht mehr als 10 % der Kinder Russlands eine Schule; allerdings wird diese Zahl für den Reichsdurchschnitt dadurch verzerrt, dass es in den Kolonialgebieten fast keine Schulen gab, während in den zentralen großrussischen Gebieten die Lage etwas günstiger war.

All diese Schulreformen waren sorgfältig vorbereitet; die Regierung hatte Experten auf ausgedehnte Studienreisen in westliche Länder geschickt, Gutachten im Inland und im Ausland anfertigen und diese veröffentlichen lassen. Selbst überzeugte Slavophile konnten sich der Verwestlichung auf diesem Gebiet nicht widersetzen, denn eine eigene Schultradition gab es ja nicht. Durch diese Reformen erhielt Russland also nach und nach eine dem westeuropäischen Niveau entsprechende und aus allen Ständen stammende Intelligenzschicht; es lag aber nicht an diesen Reformen, dass sie allmählich in eine radikal staatsfeindliche Haltung hineingetrieben wurde. Der Wendepunkt war wiederum das Attentat auf den Zaren im Jahre 1866: Noch im gleichen Jahr wurde Golovnin durch den erzreaktionären Grafen D. A. Tolstoj abgelöst; dieser war seit 1864 Oberprokuror des Synod und behielt dieses Amt auch nach seiner Ernennung zum Minister für Volksaufklärung bei. 14 Jahre lang führte er einen hartnäckigen Kampf gegen die Aufklärung des Volkes, vor allem gegen die Universitäten, kräftig unterstützt durch Katkov im *Russkij Vestnik* und andere reaktionäre Publizisten. Zwar waren unter den Studenten kritische und radikale Gedanken verbreitet, so dass soziale Konflikte und Katastrophen – wie die Hungersnot im Smolensker Gebiet, der die Regierung hilflos gegenüberstand – ein rasches und lebhaftes Echo an den Universitäten fanden, aber Polizeimaßnahmen dagegen lösten nur eine Kettenreaktion von Radikalisierung und Unterdrückung aus. Einzig die akademischen Behörden hätten mäßigend wirken können, aber gerade deren Autonomie hielt Tolstoj für die Ursache allen Übels: »Die vielen Mängel des Statuts von 1863« – so heißt es in einem zusammenfassenden Tätigkeitsbericht des Staatsrats für die Jahre 1881–94 – »bestanden hauptsächlich darin, dass alle Teile der Universitätsverwaltung, Lehrangelegenheiten, Auswahl der Dozenten und Aufsicht über die Studenten, den Professorenkollegien anvertraut waren.« In der Praxis schuf die Polizei ohne rechtliche Grundlage in den Hochschulen Ordnung in ihrem Sinne, verwies bei größeren Unruhen (1869, 1874 und 1878) viele Studenten von den Universitäten und förderte dadurch die Verbreitung revolutionärer Ideen im Land. Die Öffentlichkeit stand weitgehend aufseiten der Studenten, und die verantwortlichen akademischen Funktionäre bewiesen eine achtenswert mutige Haltung: Als Tolstoj 1872 eine Aufforderung an sie richtete, Vorschläge für eine Verbesserung des Universitätsstatuts durch eine Aufhebung der Autonomie einzureichen, erhielt er keine Antwort. Der Rektor der Moskauer Universität, der Historiker S. M. Solov'ëv, wurde daraufhin zur Amtsniederlegung gezwungen. Ein wesentlicher Punkt eines neuen Universitätsstatuts wurde 1878 durch die Aufhebung der akademischen Disziplinargerichtsbarkeit und durch die Wiedereinführung des Inspektorats vorweggenommen. Alexander III. setzte das neue Statut 1884 in Kraft, obwohl sich die Mehrheit des Staatsrats dagegen ausgesprochen hatte: Die Universitätsautonomie wurde beseitigt, Rektoren und Dekane wurden von nun an nicht mehr gewählt, sondern ernannt, für die Aufrechterhaltung der Ordnung war nur mehr der Kurator mit den ihm unterstellten Inspektoren verantwortlich, akademische Prüfungen fanden unter unmittelbarer Aufsicht des Ministeriums statt; die Studenten galten nicht mehr als ein korporationsfähiger Stand, sondern nur noch als ›individuelle Besucher‹ von Vorlesungen, eine empfindliche Erhöhung der Studiengebühren sollte den Zustrom unerwünschter Elemente nach Möglichkeit verhindern. Damit war man nach einem halben Jahrhundert wieder bei Uvarov angelangt, und auch das Ergebnis sollte, nur verstärkt und in größerem Umfang, dasselbe sein: eine politische Radikalisierung der geistigen Elite und – aller Bevormundung zum Trotz – ein erstaunlicher Aufschwung der Wissenschaft auf allen Gebieten.

Um die Hochschulen noch besser kontrollieren zu können, war es nur konsequent, dass sich die Reaktion zur Einschränkung der Lehr- und Lernfreiheit der humanistischen Gymnasien bediente. Formal knüpfte man dabei an die Reform von 1865 an, die ja die Kenntnis von Latein und Griechisch als Voraussetzung des Studiums vorgesehen hatte. Nun wurde der Unterricht auf eine intensive Formalausbildung in den klassischen Sprachen und in Mathematik konzentriert, während alle anderen Gegenstände mit Ausnahme des Religionsunterrichts auf ein Mindestmaß reduziert oder überhaupt aus dem Lehrplan gestrichen wurden. Die entsprechenden Verfügungen musste Alexander II. 1871 allerdings gegen ein eindrucksvolles Mehrheitsvotum des Staatsrats bestätigen. Diese Förderung der humanistischen Bildung zum Zweck der Staatssicherheit ließ man sich einiges kosten: 1872–78 bestand an der Universität Leipzig ein eigenes Seminar für russische Studenten der klassischen Philologie, und da auch dieses den Bedarf an Griechischlehrern nicht decken konnte, berief man zahlreiche tschechische Philologen aus Österreich. Der pädagogische Erfolg dieser Maßnahmen war gering, aber die humanistische Bildung wurde durch diesen Missbrauch ihrer Werte diskreditiert: Selbst politisch Konservativen galten die russischen Gymnasien als ›moralische und intellektuelle Gefängnisse‹, man sprach von der ›griechisch-römischen Knechtschaft‹, und gerade dies bewirkte das Gegenteil des Angestrebten: Die Naturwissenschaften und die damals oft damit verbundene materialistische Weltanschauung gewannen durch den Reiz des Verbotenen eine unerwartete moralische Autorität.

Angesichts dieses Zwangssystems für eine zwar immer noch kleine, aber doch ständig wachsende Bildungsschicht, die zur gleichen Zeit jedoch ihren großen Beitrag zur europäischen Kultur leistete, werden sowohl die tiefe Skepsis und Hoffnungslosigkeit als auch der leidenschaftliche Protest verständlich, die die russischen Intellektuellen dieser Zeit auszeichneten: In der zweiten Hälfte des 19. Jahrhunderts erlangte die russische Literatur, die russische Musik und in manchen

Bereichen auch die russische Wissenschaft Weltgeltung; deren große Vertreter – I. S. Turgenev (1818–83), F. M. Dostoevskij (1821–81), L. N. Tolstoj (1828–1910) und von der nächsten Generation A. P. Čechov (1860–1904) auf dem Gebiet der Literatur, A. G. Rubinštejn (1829–94), A. P. Borodin (1833–87), P. I. Čajkovskij (1840–93) und N. A. Rimskij-Korsakov (1844–1908) auf dem Gebiet der Musik, der Chemiker D. I. Mendeleev (1834–1907) und der Physiologe K. A. Timirjazev (1843–1920) – waren nur die bekanntesten Repräsentanten des russischen Geisteslebens, neben und hinter ihnen standen zahllose andere von kaum geringerem Rang. Die russische Literatur dieser Zeit zeichnete dabei eine weitgehend einheitliche Grundhaltung aus: Bei allen Unterschieden der Person und der Weltanschauung, des künstlerischen Wollens und Schaffens, der formalen Kategorien und des Themas dominierten die leidenschaftliche Hinwendung zur Wirklichkeit, die Kritik und das Leiden an der Wirklichkeit in einem breiten Spektrum zwischen Resignation und revolutionärem Veränderungswillen. Die Bezeichnung ›kritischer Realismus‹ ist sachlich zutreffend, aber erfasst nicht das moralische Engagement einer Literatur, die gegen die soziale und meist auch gegen die politische Gegenwart protestierte. Dagegen idealisierten die russischen Dichter die nationale Vergangenheit und die Tradition fern von deren offizieller Repräsentation, und ihnen folgten Musiker und Maler. Ihr Verhältnis zu Westeuropa schwankte zwischen einem exaltierten Selbstbewusstsein und einem übertriebenen Schamgefühl. Demgegenüber konnten sich die Wissenschaftler in ihrer Sprache rationaler Abstraktion leichter mit dem Westen verständigen.

Politische Stagnation und industrielle Revolution

Die drei letzten Herrscher des russischen Imperiums verkörperten eine problemlose dynastische Kontinuität: Alexander II. (geb. 1818) und Alexander III. (geb. 1845) kamen als reife Männer zur Herrschaft, Nikolaus II. (geb. 1868) war beim frühen Tod seines Vaters (1894) immerhin auch schon 26 Jahre alt. Bei keinem der Thronwechsel – auch nicht nach der Ermordung Alexanders II. – war die Sicherheit des Staates bedroht oder war ein Gegensatz zu den politischen Prinzipien des jeweiligen Vorgängers festzustellen: Die liberale Reformperiode war kein persönlicher Protest Alexanders II. gegen das Regime seines Vaters Nikolaus' I., und die Reaktion unter Alexander III. war keine Korrektur liberaler Verfehlungen des Vaters durch den Sohn, denn die Autokratie, die alle Romanovs für ein heiliges Erbe Russlands hielten, ging jeweils ungeschmälert auf den Nachfolger über.

Bei den Thronwechseln änderten sich nur die Personen und die Methoden, unter den jeweiligen Bedingungen das Erbe zu bewahren: Alexander II. verteidigte auch bei seinen Reformen die Autokratie, indem er liberale und reaktionäre Tendenzen in seiner Regierung nebeneinander bestehen ließ, bereitete aber mit der Wahl eines liberalen Kriegsministers und eines reaktionären Bildungsministers den Boden für die Reaktion der folgenden Periode. Alexander III., der mehr Mut besaß, ging in dieser Lage zum Gegenangriff über: Der Rückgriff auf die Uvarov'sche Trinität wurde von seinem ideologischen und politischen Ratgeber K. P. Pobedonoscev (1827–07) unterstützt, der als bedeutender Jurist an der Ausarbeitung der Justizreform von 1864 beteiligt gewesen war. Im Bund mit dem Publizisten Katkov, der in der Reformzeit als anglophiler Liberaler begonnen hatte, betrieb Pobedonoscev eine wirklichkeitsfremde, reaktionär-nationalistische Politik. Er war der Meinung, dass eine durch den Druck der Obrigkeit ausgelöste Erhebung besser sei als jedes Nachgeben in Richtung einer Konstitution – eine Revolution könne man niederschlagen, eine Konstitution dagegen vergifte Staat und Gesellschaft. Gegen den westlichen Rationalismus sah er das Heil in den überkommenen Institutionen – bei der Autokratie, bei der Religion und im angeblichen Bündnis zwischen Selbstherrscher und Volk, auf dem der russische Staat beruhe. Alexander III. räumte Pobedonoscev, obwohl dieser offiziell nur Oberprokuror des Synod war, maßgebenden Einfluss auf seine Entscheidungen ein. In Verbindung mit einer rücksichtslos zentralistischen und großrussisch-nationalistischen Politik ergab das ein erschreckendes, jedoch in sich konsequentes Regime. Nikolaus II. übernahm die Lehre mitsamt dem Propheten Pobedonoscev, besaß aber weder die Härte noch die Willenskraft seines Vaters. Als Schwächling mit infantilen Zügen und angenehmen Manieren war der letzte Selbstherrscher weder zum Herrschen noch gar zum Regieren geeignet. Seine Frau, die am englischen Hof erzogene Prinzessin Alice von Hessen-Darmstadt, übertraf ihn an Willenskraft, aber auch an Torheit, die die Autokratie *ad absurdum* führte. Der Verfall des Reiches an seiner Spitze war offensichtlich.

Dabei besaß Russland unter den letzten Romanovs durchaus Männer mit staatsmännischen Begabungen, die energische und sachkundige Minister hätten sein können, aber das Misstrauen der Selbstherrscher ließ sie selten an die richtige Stelle und niemals zu ihrer Entfaltung kommen. Die Ideologie der russischen Selbstherrschaft in ihrer letzten Phase leugnete die Notwendigkeit einer Anpassung des Staates an den immer rascheren Fortschritt der wirtschaftlichen und sozialen Entwicklung. Das hat freilich die Veränderung der Wirklichkeit nicht aufgehalten, die in den letzten beiden Jahrzehnten des 19. Jahrhunderts hinter einer erstarrten Fassade nicht nur die Fundamente der alten Ordnung erschütterte, sondern auch die Bedingungen für eine neue Ordnung schuf.

Die Geschichtsschreibung der Sowjetzeit hat die Periode des ›Kapitalismus‹ in Russland mit dem Jahr 1861 beginnen lassen; sie konnte dafür nur einen einzigen, ideologisch-formalen Grund anführen – die Änderung in der rechtlichen Lage der Bauern: Durch die Bauernbefreiung sei die ›feudale‹ Abhängigkeit des Bauern vom adeligen Grundeigentümer beseitigt, die Periode des ›Feudalismus‹ beendet und die Entwicklung des ›Kapitalismus‹ eingeleitet worden. Aber weder endeten die ›feudalen Abhängigkeiten‹ mit dem Manifest Alexanders vom 19. Februar 1861 noch begann an diesem Tag die ›kapitalistische‹ Wirtschafts- und Gesellschaftsordnung in Russland. Das Zeitalter der Maschinenindustrie hatte längst begonnen und sollte sich in einer dem Westen ähnlichen, intensiven Form erst ein Menschenalter später entfalten: Die industrielle Revolution zog sich auch in Russland über das ganze 19. Jahrhundert hin und bewirkte tiefgreifende Veränderungen in der wirtschaftlichen und sozialen Struktur. Darin glich sie dem westeuropäischen Vorbild, brachte aber auch viele eigene Erscheinungen hervor und lief im Ganzen mit einer beträchtlichen Verspätung ab. Die Abweichungen sind aus der Natur des Landes, aus den gesellschaftlichen Voraussetzungen und aus einer übermäßigen Einflussnahme des Staates zu erklären.

Die Bauernbefreiung hatte zunächst eher eine Verzögerung der Entwicklung gebracht, denn sie hatte ja nicht nur Arbeitskräfte freigesetzt, die von der Industrie – etwa um Moskau herum – aufgenommen werden konnten, sondern sie entzog vor allem der Montanindustrie des Ural die leibeigenen Arbeiter. Die Produktion der dortigen Betriebe ging in der Folge erheblich zurück und hatte 1867 noch nicht wieder den Stand von 1860 erreicht. Motor und Symbol des technischen Fortschritts war dabei nicht die Dampfmaschine in der Fabrik, sondern die Dampfmaschine auf Rädern; Černyševskij erwartete von der Eisenbahn in ähnlicher Weise die Lösung der russischen Probleme wie Lenin später von der Elektrifizierung: In einem Wirtschaftsraum von so gewaltigen Entfernungen musste das moderne und zum Transport von Massengütern geeignete Verkehrsmittel eine besonders große Bedeutung gewinnen; der Krimkrieg hatte die strategische Bedeutung eines Eisenbahnnetzes überdeutlich bewiesen. Dessen Ausbau erfolgte intensiv in den 1870er und 90er Jahren: 1855 betrug die Gesamtlänge des russischen Eisenbahnnetzes keine 1000 Werst (1 Werst = 1,06 km) und bestand nur aus der repräsentativen, in staatlicher Regie unter enormen Kosten gebauten Verbindung zwischen Petersburg und Moskau, Ende der 1880er Jahre waren es 21 000, 1895 33 000, 1902 53 000 Werst. Bau und Betrieb lagen zunächst meist in der Hand von Privatgesellschaften, aber schon 1902 waren zwei Drittel der russischen Eisenbahnen verstaatlicht.

Um vom Import von Ausrüstungsmaterial unabhängig zu werden, erfuhr die russische Schwerindustrie mächtigen Auftrieb durch staatliche Hilfe. Da die in der Regel total veralteten Bergbau- und Hüttenbetriebe den enorm gestiegenen Bedarf nicht decken konnten, begann (1869) die Erschließung der Donezkohle und der hochwertigen Eisenerze von Krivoj Rog in der Ukraine. Städte wie Ekaterinoslav und Rostov am Don verdoppelten während eines Jahrzehnts ihre Bevölkerungszahl, die Steinkohlenförderung stieg dort von 15,6 Millionen Pud (1 Pud = 16,3 kg) im Jahre 1870 (36,8 % der russischen Gesamtförderung) auf 691,5 Millionen im Jahre 1900 (69,5 %), die Gewinnung von Eisenerz im selben Zeitraum von 1,3 (2,8 %) auf 210,1 (57,2 %) Millionen Pud; die russische Gesamtproduktion an Eisen und Stahl konnte von 1860 bis 1900 mehr als verzehnfacht werden, wobei im letzten Jahrfünft eine Verdopplung von 62,3 auf 134,4 Millionen Pud erzielt wurde und der Anteil des Südens am Ende 44 % betrug. Ähnlich lagen die Verhältnisse beim Erdöl, das fast ausschließlich im Gebiet von Baku gewonnen wurde: 1870 wurden 1,8, 1900 dagegen 632 Millionen Pud gefördert, und auch hier brachten die Jahre 1895–1900 nahezu eine Verdoppelung.

Eine zunächst allmählich ansteigende Entwicklungskurve wurde also im letzten Jahrzehnt des 19. Jahrhunderts plötzlich ganz steil, die jährliche Zuwachsrate betrug in den 1890er Jahren 8 % und übertraf die der westlichen Industrieländer bei Weitem. Die moderne Industrialisierung hatte Russland demnach schon erfasst; es herrschte eine ›Gründerzeit‹ mit allen charakteristischen Zügen einer unheimlich schnellen Entwicklung. Auf der einen Seite gab es nun auch in Russland jene Gründertypen, deren Reichtümer oft so schnell zerrannen, wie sie gewonnen waren, die aber auch den Kern einer initiativreichen und freigebigen Großbourgeoisie bildeten: Das Vermögen, mit dem Nadežda von Meck dem Komponisten Čajkovskij aus der Ferne das Leben erleichterte, stammte aus den Einnahmen der Eisenbahnlinie von Moskau in das Gouvernement Tambov, die ihr verstorbener Mann gebaut hatte; der aus ärmster ostjüdischer Familie stammende Eisenbahnmagnat Poljakov gründete Schulen und plante Stadtrandsiedlungen für die Petersburger Arbeiter, und Savva Mamontov, dessen ererbter Reichtum aus der Branntweinpacht und dessen erworbener Reichtum von der Eisenbahn nach Archangel'sk stammte, wurde ein großzügiger Mäzen in der russischen Kunst- und Musikgeschichte.

Auf der anderen Seite litten die in der rasch wachsenden russischen Industrie arbeitenden Menschen unter allen Übeln, die das Frühstadium industrieller Entwicklung überall begleiteten: Eine übermäßig lange Arbeitszeit von zwölf Stunden und mehr, Frauen- und Kinderarbeit auch nachts, erbärmliche Wohnverhältnisse und Unregelmäßigkeiten in der Lohnzahlung waren so verbreitet, dass die Regierung schon in den 1880er Jahren mit einer allerdings sehr zögerlichen und durch den Widerstand der Unternehmer immer wieder gehemmten Arbeiterschutzgesetzgebung einschritt: 1897 wurde die tägliche Arbeitszeit auf maximal elfeinhalb Stunden begrenzt. Die Regierung war an der ›Aufrechterhaltung von Ruhe und Ordnung‹ interessiert, die leicht gefährdet werden konnte, wenn die an Zahl rasch zunehmenden – die Berechnungen schwanken für das Ende des 19. Jahrhunderts (1897) zwischen 2 und 3 Millionen von 116 Millionen Einwohnern (ohne Finnland und Polen) – und an wenigen Stellen konzentrierten Industriearbeiter gegen unerträgliche Lebensverhältnisse zur Selbsthilfe schritten: Ab den 1880er Jahren gab es immer mehr und immer größere Streiks; zwar hatte ein Gesetz 1874 die Bildung von Gewerkschaften verboten, aber es bildeten sich illegale Arbeiterorganisationen. Es ist dabei bezeichnend für das wirklichkeitsfremde und gesellschaftsfeindliche Denken der Bürokratie, dass man in dieser Situation nicht etwa Gewerkschaften zuließ, um auf legale Weise einen freien Ausgleich der Interessengegensätze zu ermöglichen, sondern auch noch den Klassenkampf durch den Staat organisieren und dirigieren wollte: Auf Initiative des Moskauer Polizeioffiziers Zubatov entstand 1901 in Moskau die ›Gesellschaft für gegenseitige Unterstützung der Arbeiter in der mechanischen

Produktion‹. Das Ziel dieses ›Polizeisozialismus‹, die entstehende Arbeiterbewegung durch Polizeiinspektoren an ihrer Spitze zu kanalisieren, erwies sich indes als unerreichbar: Zum einen widersetzten sich die Unternehmer auch polizeilich gebilligten sozialen Forderungen der Arbeiter, zum anderen war die Arbeiterbewegung zu diesem Zeitpunkt bereits politisiert.

Um die Jahrhundertwende gab es in Russland also bereits einen ›Industriekapitalismus‹, was aber keineswegs bedeutet, dass man Russland schon zu den Industrieländern hätte rechnen können: Angesichts der Größe des Landes und des Reichtums seiner Naturschätze war der industrielle Ausbau immer noch bescheiden; die Industriearbeiter verschwanden in dem Meer der bäuerlichen Bevölkerung, die mehr als 100 Millionen zählte, wobei die Bauern neben der agrarischen Tätigkeit oft auch handwerklich tätig waren, um das Einkommen hauptsächlich während der Wintermonate durch Heimarbeit (Textilherstellung, Kleingewerbe des *kustarničestvo*) zu erhöhen. Russlands wirtschaftliche Stärke lag auf dem Land und in der Getreideproduktion, deren Anteil am Export sich von 1861 bis 1900 mehr als verdreifachte. Über die Schwarzmeerhäfen Odessa, Nikolaevsk, Taganrog, Rostov am Don und Novorossijsk ging das südrussische Getreide in alle Welt, vornehmlich nach Deutschland und England; die Wirtschaftspolitik des Finanzministers S. J. Witte (1849–1915) verstärkte in den 1890er Jahren diese Tendenz. Hinzu kommt der steigende Anteil an Hackfrüchten (Kartoffeln) sowie der Gartenbau und die Viehzucht in Stadtnähe, die nicht unerheblich zur Sicherung des Lebensunterhalts der bäuerlichen Bevölkerung beitrugen.

Witte war kein liberaler Denker, aber er hatte erkannt, dass die moderne industrielle Entwicklung weit über die Heeresversorgung hinausreichte. Dieser Entwicklung diente sein wirtschaftspolitisches System, das die eigene Industrie durch hohe Importzölle schützte, durch Steigerung der Getreideexporte zu einer aktiven Handelsbilanz führte, auf diese Weise den Übergang zur goldgedeckten Rubelwährung ermöglichte (1897) und durch die neu gewonnene Vertrauenswürdigkeit ausländisches Investitionskapital ins Land zog: Von 269 ausländischen Aktiengesellschaften, die im Jahre 1900 in Russland arbeiteten, waren nur 16 vor 1888 gegründet worden; französisches und belgisches Kapital war am stärksten vertreten, an dritter Stelle folgten deutsche und in einigem Abstand englische Geldgeber. Im Bergbau betrug der ausländische Anteil am Gesamtkapital um die Jahrhundertwende bereits 70 %, in der Metallindustrie 42 %. Da die südrussischen Getreideexporteure ihre Konkurrenzfähigkeit kaum fortschrittlichen Arbeitsmethoden, sondern der billigen Arbeitskraft landloser oder landarmer Bauern verdankten, wurde der industrielle Aufschwung jedoch mit der Notlage der dortigen Bauern bezahlt. Wittes ökonomischer Staatsliberalismus war demnach um nichts sozialer als der berüchtigte Manchesterliberalismus.

Unter wirtschaftlichen Gesichtspunkten war das russische Imperium zu Beginn des 20. Jahrhunderts also ein riesiges Entwicklungsland im Aufbruch, mit einer zwar rasch wachsenden, aber noch ungleichmäßig entwickelten Schwerpunktindustrie und mit einer sich allmählich verändernden sozialen Struktur. Russland erlebte ein Zeitalter der Modernisierung mit widersprüchlichen Tendenzen: einen raschen Zuwachs an Bevölkerung, steigende regionale und soziale Mobilität durch Wanderarbeiter, einen Wandel der Mentalität im bäuerlichen Denken mit seinen magisch-religiösen Vorstellungen gegenüber den Forderungen der durch die Uhr beherrschten industriellen Welt. Die Diskussion über diesen Wandel hat dabei oft die Beharrung in der Tradition unterschätzt, die der Modernisierung in den breiten Massen Grenzen setzte. Große politische Bedeutung sollte schließlich die Tatsache erlangen, dass zu den Industriegebieten die beiden menschenreichen Hauptstädte zählten (1897: Petersburg 1 264 800, Moskau 1 038 591 Einwohner). Trotz wiederholter Krisen und Depressionen, deren schwerste und folgenreichste die Jahre 1899–1903 umfasste, konnte in wirtschaftlicher Hinsicht von einem Verfall des Reiches folglich nicht die Rede sein, aber die Diskrepanz zwischen den sozialökonomischen Aufgaben und den politischen Prinzipien der Staatsführung sollte sich als gefährlich erweisen, indem sie in der Gesellschaft Kräfte und Gedanken hervorrief, die diesen Zwiespalt zu überbrücken versprachen.

Die revolutionäre Bewegung

Die Reformperiode im ersten Jahrzehnt unter Alexander II. hatte die Hoffnung nach Freiheit geweckt, aber bald war diese Hoffnung einer Enttäuschung über halbherzige Maßnahmen und Rückschritte gewichen. Eine neue Generation wuchs heran und schwankte zwischen ihren Erwartungen und der Wirklichkeit des raschen sozialen und politischen Wandels. Die alten Leitbilder – vom Literaten Belinskij bis zu den Emigranten Herzen (gest. 1870) und Bakunin (gest. 1876) – verblassten, und Letztere konnten trotz ihrer Autorität aus der Ferne kaum neue Impulse geben. An die Stelle von dichterischen Appellen und moralisch begründetem Schamgefühl trat nun radikales Denken, das neue Wege suchte, bis hin zur revolutionären Tat.

›Nihilisten‹

Der Nihilist als Typus des russischen Revolutionärs ging auf die Person des Bazarov in Turgenevs 1862 erschienenem Roman *Väter und Söhne* (*Otcy i deti*, 1862) zurück und gewann eine solche Wirkung, dass die Begriffe ›russischer Revolutionär‹ und ›Nihilist‹ schließlich weithin identisch wurden. Der Realist Turgenev hatte aber bereits Vorbilder in der Wirklichkeit: Als ›Urnihilisten‹ gelten die Schriftsteller N. G. Černyševskij (1828–89), N. A. Dobroljubov (1836–61) und D. I. Pisarëv (1840–68), die jedoch nur wenige Jahre an den linksstehenden Zeitschriften *Sovremennik* (*Der Zeitgenosse*, 1836 von Puškin begründet) und *Russkoe slovo* (*Russisches Wort*) mitwirkten und über Russland hinaus kaum bekannt wurden.

Die drei Genannten verband ein radikaler weltanschaulicher Materialismus, den sie von deutschen Vorbildern (Feuerbach und dem naturwissenschaftlichen Materialisten Haeckel) bezogen hatten. Alle waren aus den überkommenen geistigen und gesellschaftlichen Bindungen ausgebrochen – Černyševskij und Dobroljubov waren Popensöhne, Pisarëv entstammte einer Adelsfamilie –, und sie suchten eine Antwort auf die Frage ›Was tun?‹ (Titel von Černyševskijs 1863 im Gefängnis geschriebenem sozialutopischen Roman; *Čo delat'?*) in den modernsten Anregungen des Westens. Dobroljubov war bereits gestorben, als die Unruhen nach der Bauernbefreiung und rätselhafte Brände in Petersburg 1862 die Regierung zu energischen Maßnahmen gegen die radikale Jugend in den Universitäten und in den Redaktionen veranlassten; Černyševskij und Pisarëv wurden verhaftet und verurteilt. Es ist dabei sehr wahrscheinlich, dass von der Redaktion des *Sovremennik* 1862 die ersten Versuche ausgingen, eine revolutionäre Organisation zu schaffen: Flugblätter, die zum Kampf gegen die Regierung aufriefen, und einige Nummern einer illegalen radikal-liberalen Zeitschrift *Velikoross* (*Der Großrusse*) beweisen zumindest die Existenz einer Geheimdruckerei; Černyševskij wurde wegen eines Aufrufes *An die Fronbauern* (*Barskim krest'janam*) verurteilt, den er verfasst haben sollte. Aber die Bedeutung der Nihilisten lag nicht in einer solch naiven Verschwörertätigkeit, sondern in ihrer geistigen Haltung, die zum Vorbild wurde: Überlieferte Werte und bestehende Institutionen galten ihnen nichts, wenn sie den Grundsätzen der Vernunft widersprachen. Wegen der Zensur erfolgte der Kampf gegen die herrschende soziale und politische, geistige und religiöse Ordnung in Form einer alle Maße sprengenden Literaturkritik – Dobroljubovs ›Rezensionen‹ eines einzigen Werkes umfassten mitunter 100 und mehr Seiten – und in »figürlicher Sprache« (Dobroljubov); man musste über Literatur und Kunst schreiben, wenn man die Politik und die Gesellschaft kritisieren wollte. Schon Černyševskij beurteilte Dichtungen allein nach ihrem Informationswert: Ungeschminkte Darstellung der Wirklichkeit war bereits Kritik der Wirklichkeit und nur als solche wertvoll; Pisarëv steigerte diesen literaturkritischen Utilitarismus ins Extrem: Jede künstlerische Produktion sei vom Standpunkt des Materialismus aus sinn- und zwecklos; selbst die Information der erzählenden und dramatischen Dichtung werde bedeutungslos, sobald es direktere Mittel der Information und der Provozierung revolutionären Denkens gebe.

In der äußeren Form folgte die Opposition dagegen jener der 1840er Jahre: Auch die Nihilisten waren ein kleiner Zirkel von Intellektuellen, aber ihr Charakter hatte sich geändert. Ihnen fehlte der Bildungshintergrund, den die adeligen Revolutionäre der 1830er und 40er Jahre noch gehabt hatten. Ohne kritische Schulung stürzten sich die jungen ›*raznočincy*‹ (Leute verschiedenen, d. h. nichtadeligen Standes) auf jene westliche Literatur, die alle ›Welträtsel‹ (so der Titel eines zentralen Werkes ihres Vorbilds Haeckel, 1899) gelöst zu haben vorgab. Pisarëv, der jüngste und radikalste, ging so weit, im Namen der Naturwissenschaft das Werk Puškins zu verdammen und Pasteur zu verurteilen, weil dieser die Theorie von der spontanen Entstehung des Lebens aus dem Urschlamm experimentell widerlegt hatte. Gegen solch intolerante Halbbildung hatte Herzen schon 1842/43 einen Artikel *Über den Dilettantismus in der Wissenschaft* verfasst; nun hörte die junge Generation aber erst recht nicht mehr auf seine Zeitschrift *Die Glocke (Kolokol)* (1857–67).

In den 1850er Jahren galt dies noch nicht für Černyševskij, als er sich in der Diskussion über die Bauernbefreiung gemeinsam mit Herzen für den *mir* als Keimzelle der künftigen Gesellschaftsordnung einsetzte; er wurde damit zu einem der geistigen Väter eines ›Bauernsozialismus‹, den Lenin so erbittert bekämpfen sollte und der Russland in Anlehnung an die französischen utopischen Sozialisten zu einer lockeren Föderation genossenschaftlich organisierter Gemeinden auf dem Land und in der Stadt machen wollte.

Die einzige konkrete Antwort auf die Frage ›Was tun?‹ gab der gleichlautende utopische Roman. Černyševskij und seine zahlreichen Nachfolger waren nicht Nihilisten in dem Sinne, dass sie alles Bestehende negierten, sondern nur darin, dass sie die aktuelle politische Ordnung grundsätzlich ablehnten, ohne von einer neuen mehr als nur vage Vorstellungen zu besitzen. Wenn man sie später als ›revolutionäre Demokraten‹ bezeichnete, um die negative Bedeutung des Terminus ›Nihilisten‹ zu vermeiden, so ist das völlig nichtssagend, denn alle Oppositionellen wollten die Autokratie beseitigen und das Volk an der Macht beteiligen. Charakteristisch war vor allem ihr aggressiver weltanschaulicher Materialismus, den man als »naturwissenschaftlichen Obskurantismus« (W. Weidlé) oder als »radikalen Szientismus« (P. Scheibert) bezeichnet hat. Politisch blieben die ›Urnihilisten‹ dabei unbedeutend, aber folgenreich sollte ihr Stil werden, denn der moralische Nihilismus ließ sich auf die politische Aktion in Theorie und Praxis übertragen. Dafür stehen zwei Personen, deren Bedeutung in den Prinzipien ihres radikalen Denkens und Handelns lag.

P. N. Tkačëv (1844–85) und S. G. Nečaev (1847–82) waren Einzelgänger, grundverschieden nach Herkunft und politischem Lebensweg und allein verbunden durch den Gedanken, dass die Revolution Selbstzweck sei und dass dieser Zweck alle Mittel rechtfertige: Tkačëv entstammte einer verarmten Adelsfamilie, geriet schon als junger Student in Petersburg Anfang der 1860er Jahre in revolutionär-konspirative Kreise, verbrachte ein volles Jahrzehnt teils im Gefängnis, teils in Konspiration, und emigrierte Ende 1873 in die Schweiz, wo er sich in Zürich einer Kolonie russischer Emigranten anschloss. Hier gab er eine eigene Zeitschrift *Nabat* (*Die Sturmglocke*, 1875–81) heraus, in der er seine Revolutionstheorie weiterentwickelte: In polemischer Auseinandersetzung mit anderen Gruppen vertrat Tkačëv die Auffassung, dass es aussichtslos sei, das Volk durch Propaganda für das Ziel der Revolution zu gewinnen; die Revolution sei ein politisch-technisches Problem, das nur durch die gewaltsame Machtergreifung einer streng disziplinierten Elite zu lösen sei, die sich dabei aller zweckmäßig erscheinenden Mittel bedienen dürfe. Tkačëv lieferte damit nachträglich die Theorie zu den praktischen Aktionen Nečaevs, an denen er beteiligt gewesen war.

Nečaev war ein Arbeitersohn aus dem Textilzentrum Ivanovo-Voznesensk, und dies allein verschaffte ihm Ansehen und Autorität, als er mit 17 Jahren nach Moskau kam und hier ohne eigenes Studium Kontakt zu Studentenzirkeln suchte.

> Ein Revolutionär ist ein todgeweihter Mensch. Er hat weder persönliche Interessen noch Geschäfte, weder persönliche Gefühle noch Bindungen, nichts, was ihm zu eigen wäre, nicht einmal einen Namen. Alles in ihm ist beherrscht von einem einzigen Interesse, von einer einzigen Leidenschaft: der Revolution.

So beginnt der *Katechismus des Revolutionärs (katechizis revoljucionera*, um 1870), den Nečaev in der Schweiz gemeinsam mit Bakunin verfasste. Der Revolutionär hat – so heißt es weiter –

> nicht bloß in Worten, sondern auch in seinem Tun [...] mit allen Gesetzen [...] sowie mit jeder Moral gebrochen [...] Er kennt nur eine Wissenschaft, die der Zerstörung [und nur ein Ziel] die unerbittlichste Zerstörung [dafür soll er] bereit sein, selbst zugrunde zu gehen und mit eigener Hand alles zugrunde gehen zu lassen, was der Erreichung dieses Zieles im Wege steht.

In der Theorie hatte Bakunin Ähnliches seit Langem verkündet, aber die praktische Anwendung durch Nečaev erschreckte selbst ihn, denn in seiner fanatischen Hingabe an die Sache der Revolution täusche dieser täglich das Vertrauen und begehe »Verrat, vor dem man sich um so weniger schützen kann, als kaum die Möglichkeit dazu vorauszusehen ist«. Sofern Nečaev überhaupt ein politisches Ziel verfolgte, war es die radikale Zerstörung im Sinne des Anarchismus; es fehlte ihm das positive Fernziel einer neuen und besseren Welt: Die Verschwörung wurde ihm zum Instrument der Revolution um ihrer selbst willen, und ihre Mittel in der Hand eines revolutionären Führers waren Lüge, Betrug und Mord. Die eigenhändige Beseitigung eines Mitverschworenen, der sich seinem Willen widersetzt hatte, brachte ihn schließlich – nach der Auslieferung durch die Schweiz – vor Gericht und bis an sein Lebensende (1882) in die Peter-und-Pauls-Festung. Dostoevskij hat ihn in seinem Roman *Die Dämonen* (*Besy* 1872) verewigt. Die Bedeutung Nečaevs lag in der totalen Amoralität seines Handelns und in seinem hemmungslosen Willen zur Macht – zunächst über die Gesinnungsgenossen. Beides erhob Tkačëv in seiner Revolutionstheorie dann zum Prinzip. Die geistigen Ahnen der Parteilehre und Parteipraxis Lenins wurden später sorgsam aus dem Bewusstsein verdrängt, aber das mindert nicht ihre historische Bedeutung, auch wenn die Mehrheit ihrer revolutionären Zeitgenossen den Grundsätzen Nečaevs und Tkačëvs nicht folgten.

›Die Freunde des Volkes‹

Geht zum Volk, geht in das Volk (*v narod*) hinein,

> dort ist euer Platz, ihr Vertriebenen der Wissenschaft, zeigt […] dass ihr Kämpfer seid, aber nicht heimatlose Söldlinge, sondern Kämpfer des russischen Volkes!

Diesen Aufruf hatte Herzen in seiner Zeitschrift *Die Glocke* (*Kolokol*) 1861 an jene Studenten gerichtet, die der reaktionäre Minister für Volksaufklärung Putjatin durch die Polizei von den Universitäten hatte vertreiben lassen. Bakunin wiederholte ihn 1869 radikaler und destruktiver:

> Geht ins Volk! Die Wissenschaft soll zugrunde gehen zusammen mit der Welt, deren Ausdruck sie ist. Eine neue und belebende Wissenschaft wird unzweifelhaft später entstehen, nach dem Sieg des Volkes, aus dem befreiten Leben des Volkes selbst.

Die ideologischen Wurzeln des *narodničestvo* (›Ins Volk Gehen‹) lagen dort, wo sich Slavophile und Westler, Nationalisten und Sozialisten im Glauben an das russische Volk trafen – in der Idealisierung der Dorfgemeinde, wobei die Sozialisten an die revolutionäre Kraft der Bauern glaubten, die sich immer wieder in Aufständen geäußert hatte.

Unter dem Losungswort ›Land und Freiheit‹ (*zemlja i volja*) waren in den 1860er Jahren immer nur Einzelne dem Aufruf der Emigranten gefolgt; für den Massenaufbruch der ›Narodniki‹ während des ›verrückten Sommers‹ 1873 gab es keinen konkreten Anlass. Zwar hatte die Regierung das Auslandsstudium verboten und dadurch gerade die aktivsten revolutionären Studenten aus der Schweiz zurückgeholt, aber nicht nur junge Menschen machten sich nun auf den Weg, dem Volk ›die ganze Wahrheit zu erzählen‹, sondern auch Liberale der älteren Generation, die zu diesem Zweck Besitz und Beruf aufgaben. Darunter waren Adelige, wie der Fürst P. Kropotkin, ebenso vertreten wie *raznočincy* und sogar einige Arbeiter und Bauern. Von einer ›Masse‹ im modernen Sinne kann bei alledem kaum die Rede sein, aber wenn schließlich 770 *narodniki* vor Gericht gestellt wurden, so lässt das doch auf eine Beteiligung von einigen tausend Personen schließen, und das war eine beträchtliche Anzahl, gemessen an den bis dahin üblichen konspirativen Zirkeln. Die Initiative ging von kleinen revolutionären Gruppen aus, wie jener um N. V. Čajkovskij (1850–1926) an der medizinisch-chirurgischen Akademie in Petersburg (*Čajkovcy*) oder dem Kreis von Bakuninanhängern um A. V. Dolgušin (1848–85) (*Dolgušincy*); es gab aber keine einheitliche Gesamtorganisation, ebenso wenig einheitliche Ziele oder Methoden außer den Grundgedanken, dass die Revolution nur durch das Volk durchgeführt werden könne und dem Volk diese Aufgabe bewusst zu machen sei.

Die *narodniki* folgten überwiegend den Thesen Bakunins, dessen Schrift *Staatlichkeit und Anarchie* (*Gosudarstvennost' i anarchija*) 1873 erschien, der aber selbst wegen seiner Krankheit in den letzten Lebensjahren keinen starken Einfluss mehr nehmen konnte. Die leidenschaftliche und prinzipielle Staatsfeindschaft des Anarchisten entsprach der Stimmung in der russischen Jugend: Sie sahen alles Übel im Staat verkörpert; sie glaubten, dass Freiheit nur ohne den Staat und gegen den Staat zu verwirklichen sei. Zum Ausdruck seines Freiheitsbegehrens benutzte Bakunin, der selbst in einer vorübergehenden Diktatur des Proletariats eine Bedrohung der Freiheit witterte und deshalb den marxistischen Kommunismus ablehnte, den spezifisch russischen Freiheitsbegriff ›*volja*‹ (zugleich sowohl ›Wille‹ als auch ›Willkür‹), der völlige Ungebundenheit und die Abwesenheit von Herrschaft (*an-archia*) bezeichnet und sich von der begrenzten, sinn- und zweckgebundenen Freiheit (*svoboda*) unterscheidet. Bakunin beabsichtigte die Zerstörung des Staates durch das Volk, aber er konnte keinen praktischen Weg zur Erhebung des Volkes aufzeigen, und ebenso wenig wusste er eine Antwort auf die Frage, wie man nach der Beseitigung des Staates eine »von unten nach oben erfolgende Organisation eines freien, brüderlichen Verbandes freier Produktionsgesellschaften, Gemeinden und Bezirksföderationen« davor bewahren könne, doch wieder ein Staat zu werden.

Den Gegenpol zu Bakunin unter den Theoretikern des *narodničestvo* bildete P. L. Lavrov (1823–1900), ein mathematisch-naturwissenschaftlich und philosophisch gebildeter Generalstabsoffizier, den sein Freidenkertum in Konflikt mit der Obrigkeit gebracht hatte, der aber ins Ausland fliehen konnte, das Paris der *commune* miterlebte und dann 1873–76 in Zürich in einer eigenen Zeitschrift *Vperëd* (›Vorwärts‹) seine Thesen entwickelte. Seine Bildung bewahrte Lavrov vor dem Vulgärmaterialismus der Nihilisten; er wollte stattdessen die wissenschaftliche Erkenntnis und die soziale Revolution mit einer Bewahrung des menschlichen Individuums vereinen. Seine ›subjektive Methode‹ interpretierte die Geschichte als einen von der Natur prinzipiell unterschiedenen eigenen Bereich und definierte den historischen Fortschritt als eine Entfaltung des individuellen menschlichen Bewusstseins zu immer sinnvollerem Handeln in Solidarität untereinander. Nicht ökonomische Gesetzmäßigkeit oder die Massen bestimmten nach Lavrov den Lauf der Geschichte, sondern die zum kritischen Denken fähigen menschlichen Individuen, d. h. die intellektuelle Elite, als die sich die *narodniki* ja gerade selbst bezeichneten. Allerdings widersprachen die praktischen Folgerungen Lavrovs der revolutionären Ungeduld, denn wenn es vor allem auf die Entfaltung des menschlichen Bewusstseins und auf Bildung ankam, dann konnte nur geduldige Arbeit auf lange Sicht erfolgreich sein. Der russische revolutionäre Akteur, so forderte Lavrov,

> muss die veraltete Auffassung hinter sich lassen, dass dem Volk die revolutionären Ideen aufgezwungen werden könnten, die eine kleine Gruppe der weiterentwickelten Minderheit ausgearbeitet hat

er muss sich auch von der Vorstellung lösen,

> dass die Sozialisten-Revolutionäre, nachdem sie in einem geglückten Ausbruch die zentrale Regierung hinweggefegt haben, sich an deren Stelle setzen, auf legislativem Wege eine neue Ordnung einführen und die unvorbereitete Masse damit beglücken können. Wir wollen keine neue Gewaltherrschaft [...] Wer das Wohl des Volkes will, der hat nicht danach zu streben, selbst Macht zu werden [...], sondern danach, im Volke eine bewusste Aufstellung der Ziele hervorzurufen, ein bewusstes Streben nach diesen Zielen, und er hat aus sich selbst nicht mehr zu machen als den Vollstrecker dieser sozialen Bestrebungen, wenn der Augenblick des Umsturzes kommt.

In Russland selbst vertrat diese ›subjektive Methode‹ bis an die Grenze des legal Möglichen und mit noch stärkerer Betonung des ethischen Momentes der Publizist N. K. Michajlovskij (1842–1904).

Den Streit zwischen den Anhängern Bakunins und Lavrovs, zwischen ›Aufrührern‹ (*buntari*) und ›Vorbereitern‹ (*podgotoviteli*), der vornehmlich in den Zeitschriften der Emigration ausgetragen wurde, entschied die Reaktion des Volkes zunächst zugunsten Lavrovs. Die spontane Aktion der intellektuellen Elite, die mit großem Idealismus ›ins Volk ging‹, erwies sich dagegen als ein totaler Misserfolg: Die Bauern verstanden die Sprache der ›Städter‹ oft nicht, ließen sich weder für ihre Dorfgemeinde begeistern noch für den Kampf gegen den Zaren gewinnen, denn sie sahen ihren Feind im Gutsbesitzer, dessen Land sie als Eigenbesitz und nicht als Kollektiveigentum der Gemeinde übernehmen wollten. Das ›Ins Volk gehen‹ endete daher so plötzlich, wie es begonnen hatte, und es endete nicht nur mit einer Enttäuschung wegen der wirklichkeitsfremden Propaganda, sondern auch durch die Gegenmaßnahmen der Polizei, denen viele Bauern die Dorffremden auslieferten. Im Ergebnis wurde das *narodničestvo* in den politisch organisierten Kampf gegen die Regierung gedrängt; 1876 entstand die Organisation ›Land und Freiheit‹ (*zemlja i volja*) unter zentraler Führung eines ›Hauptkreises‹; als Nahziel blieb die Bildungsarbeit im Vordergrund, aber um diese überhaupt beginnen zu können, musste man sich gegen Staat und Polizei zur Wehr setzen. Noch war der geplante Mord dabei nur ein Mittel der Abwehr von Polizeispitzeln und der Rache an besonders grausamen Polizeibeamten, aber die Regierung schuf 1877/78 in Massenprozessen vor Sondergerichtshöfen nicht nur zahlreiche Märtyrer, sondern gab den Angeklagten auch noch Gelegenheit zu Schlussreden, in denen sie das Regime anklagten und an das Gewissen der Gesellschaft appellierten. Das eindrucksvollste Beispiel war der Prozess gegen Vera Zasulič: Diese hatte bei einem Attentatsversuch den Petersburger Stadtkommandanten General Trepov verletzt; ihr Motiv war die von Trepov aus nichtigem Anlass befohlene Auspeitschung eines politischen Gefangenen gewesen, sie hatte die Öffentlichkeit auf die unmenschlichen und rechtswidrigen – seit 1863 war die Prügelstrafe in Russland verboten – Methoden bei der Behandlung politischer Gefangener aufmerksam machen wollen. Dieses Ziel erreichte Vera Zasulič schließlich tatsächlich, weil der Justizminister Graf Pahlen ein Exempel statuieren wollte und das Attentat als kriminelles Verbrechen von einem normalen Geschworenengericht in öffentlicher Verhandlung behandeln ließ. Das Gericht sprach Vera Zasulič jedoch allen Beeinflussungsversuchen zum Trotz frei, nachdem die Verhandlung grauenhafte Einzelheiten an den Tag gebracht hatte, und die Creme der Petersburger Gesellschaft – anderes Publikum war nicht zugelassen – war begeistert: Während sich das russische Imperium zwischen St. Stefano und Berlin in der Rolle eines Befreiers unterdrückter Völker gefiel, klatschten höchste Würdenträger des Reiches einem Urteil Beifall, das einer schonungslosen Verurteilung des autokratischen Regimes gleichkam. Die Revolutionäre mussten dadurch in dem Gefühl bestärkt werden, dass die Gesellschaft hinter ihnen stehe und dass die Beseitigung des Autokraten die Revolution hervorbringen könne. Auf neue Repressalien antworteten sie demnach mit einer Welle von Attentaten und bewaffneten Zusammenstößen; im Herbst 1879 entschieden sich die meisten Führer von ›*zemlja i volja*‹ für den planmäßigen Terror, als Partei des ›Volkswillens‹ (*narodnaja volja*) bereiteten sie nun einen Anschlag auf das Leben Alexanders II. vor. Nur eine Minderheit hielt an den friedlichen Methoden von Bildung und Aufklärung fest und gab sich den Namen ›Schwarze Umteilung‹ (*čërnyj peredel*). In wenigen Jahren hatte das *narodničestvo* also den Weg von einem spontanen Aufbruch sozialistischer Philanthropen zur politisch-terroristischen Kampforganisation zurückgelegt.

Die Regierung hielt zwar auch nach dem Zasulič-Prozess zunächst an ihrem harten Kurs fest, erkannte jedoch, dass sie den Kampf gegen die Terroristen nur mit der Gesellschaft, nicht gegen sie erfolgreich führen konnte. Nachdem im Februar 1880 ein Sprengstoffanschlag auf die kaiserliche Familie im Winterpalais nur durch einen Zufall gescheitert war und die Polizei kläglich versagt hatte, gewannen die Einsichtigen die Oberhand. Der Zar berief General Loris-Melikov, der als Generalgouverneur des Gouvernements Char'kov bereits mit einer neuen Politik Erfolge zu verzeichnen hatte, zum Vorsitzenden einer ›Obersten disponierenden Kommission‹ und dann zum Innenminister. Dessen Vorgehen folgte zwei einfachen und vernünftigen Grundsätzen: 1. energische Bekämpfung der Terroristen und eine Reform der Polizei; 2. Rückgewinnung des Vertrauens durch Vermeidung jeder administrativen Willkür und durch Wiederbelebung jener Institutionen, die seit der Reformperiode beseitigt oder in ihrer Tätigkeit beeinträchtigt worden waren. Loris-Melikov wollte demnach die gemäßigt-liberalen Kreise gewinnen und die radikalen Aktivisten isolieren; aber den ›Wettlauf mit dem Tod‹ gewann doch der ›Volkswille‹, obwohl seine leitenden Kreise bereits dezimiert waren und der Mann, der das neue Attentat auf den Kaiser vorbereitete, verhaftet wurde: Am 1./13. März 1881 fiel Alexander II. der zweiten gegen ihn geschleuderten Bombe zum Opfer. Die Leitung des Attentats hatte die Generalstochter Sofija Perovskaja übernommen; die beiden Bombenwerfer, von denen der erfolgreiche bei der Aktion selbst ums Leben kam, waren Studenten. Alle am Attentat Beteiligten – vier Männer und zwei Frauen – wurden zum Tode verurteilt und mit einer Ausnahme hingerichtet; die schwangere Jüdin Jessie Helfman starb bei der Geburt ihres Kindes im Gefängnis: Ihre Beteiligung lieferte einer Pogromwelle und der antisemitischen Politik Alexanders III. ein zusätzliches Motiv.

Die Ermordung Alexanders II. bedeutete indes praktisch das Ende des terroristischen *narodničestvo.* Reste der Organisation vegetierten noch eine Zeit lang dahin, und 1887 versuchte ein kleiner Kreis vergeblich ein Attentat auf Alexander III. – der daran beteiligte Bruder Lenins, Alexander Ul'janov, wurde hingerichtet –, aber der revolutionäre Schwung der *narodniki* war gebrochen. Erst nach einer Periode der ›kleinen Werke‹ in der Legalität lebte im Widerstand gegen den Marxismus um die Jahrhundertwende die Tradition des eigenständigen russischen Sozialismus in der 1901 gebildeten ›Partei der Sozialrevolutionäre‹ wieder auf. Programmatiker und Führer der neuen Partei wurde V. M. Černov (1873–1952), der manches aus dem theoretischen Werk Černyševskijs, Lavrovs und Michajlovskijs – insbesondere die ›subjektive Methode‹ einer intellektuellen Elite, die Vorliebe für den individuellen Terror als ein Mittel des politischen Kampfes und das Vertrauen auf die revolutionäre Kraft des russischen Bauerntums – übernahm und es den veränderten Zeiten, nicht zuletzt dem Marxismus, anpasste. Die Sozialrevolutionäre gewannen besonders in den Schwarzerdegebieten mit ihrer Landnot der Bauern die stärkste Position und wurden eine sozialistische Bauernpartei. Aber auch wenn E. K. Breško-Breškovskaja, als Veteranin des ›verrückten Sommers‹ von 1873 und ›Großmutter der Revolution‹, im Jahr 1901 im Land ehemalige ›Narodovol'cen‹ für die neue Partei gewann, war die Zeit der »jungfräulichen und asketischen Menschen [, der] Heiligen mit blutigem Schwert und düsterem Heiligenschein« (Berdjaev) vorüber.

Der Marxismus

Die Lehre von Karl Marx gewann unter den russischen Sozialisten erst verhältnismäßig spät Anhänger, obwohl der erste Band des *Kapitals*, der 1867 erschien, schon 1872 in russischer Übersetzung herauskam – die erste Übersetzung in eine andere Sprache: Obgleich die *narodniki* Marx als bedeutenden Sozialisten anerkannten und seine ökonomischen Theorien auf Interesse stießen, blieben die Lehre und die dahinterliegende Denkweise den russischen Revolutionären fremd. Seine Theorie entsprach nicht dem ethischen Idealismus und der Ungeduld der russischen Jugend, und sie schien auf die reale Situation in Russland überhaupt nicht anwendbar: Lavrov, der mit Marx in einem Briefwechsel stand, hatte zwar Sympathien für den ›wissenschaftlichen Sozialismus‹, aber er wehrte sich gegen dessen Determinismus; Michajlovskij räumte die Gültigkeit der Marx'schen Thesen für Westeuropa ein, aber er fügte hinzu:

> Unser Platz ist in Russland. Wir haben für dieses Russland nicht nur Verachtung, sondern wir sehen in seiner Vergangenheit und auch noch in seiner Gegenwart vieles, worauf man sich stützen kann;

und für alle enthielt das System von Marx zu wenig Freiheit.

In diesem Zusammenhang besaß der Glaube an die russische Dorfgemeinde besondere Bedeutung: War er berechtigt, so konnte Russland die kapitalistische Entwicklung überspringen; 1875 erwog Marx selbst die Möglichkeit eines besonderen russischen Wegs zum Sozialismus, ohne dass zuvor die Entstehung eines industriellen Massenproletariats notwendig wäre. Zunächst konnte weder der Misserfolg des ›Ins Volk Gehen‹ noch die Enttäuschung des Jahres 1881 den Glauben an den *mir* erschüttern; aber dann wandten sich zuerst jene dem Marxismus zu, die schon die Methode des Terrors für verfehlt gehalten hatten; dies waren im *čërnyj peredel* G. V. Plechanov (1856–1918, Pseudonym: Bel'tov) und P. B. Aksel'rod (1850–1928) mit einigen anderen: So verschieden der adelige Gutsbesitzerssohn aus dem Schwarzerdegouvernement Tambov und der Sohn eines jüdischen Schankwirts aus einem weißrussischen Dorf nach Herkunft und Bildungsweg auch waren, sie waren sich darin einig, dass jede Propagierung revolutionärer Ideen mit der historischen Entwicklung und mit der tatsächlichen sozialen Lage in Einklang stehen müsse, und dass zuerst in den Massen das revolutionäre Bewusstsein zu wecken sei; jeder der beiden akzeptierte die nüchternen Deduktionen des ›wissenschaftlichen Sozialismus‹: Den reumütigen Adeligen Plechanov zog als Theoretiker gerade die scheinbare Schlüssigkeit der marxistischen Geschichtsauffassung in ihren Bann, den Volksfreund Aksel'rod aus armer Familie hatte bei einem Besuch in Deutschland die Praxis der deutschen Arbeiterbewegung aufs Tiefste beeindruckt.

Trotzdem fiel es ihnen auch noch in der Emigration schwer, sich vom traditionellen Glauben an den *mir* zu trennen, der als eine ›Frage auf Leben und Tod‹ galt, wie Vera Zasulič im Februar 1881 an Marx schrieb, um sich stattdessen dem Gesetz eines ökonomisch determinierten Geschichtsablaufs zu unterwerfen. Die Entscheidung traf dann nicht etwa Marx, der die Schicksalsfrage der russische Revolutionäre nur ausweichend beantwortete, sondern sie war gefallen, als der russischen Nationalökonomen V. I. Orlov (1848–85) in einer wissenschaftlichen Untersuchung nachwies, dass die Dorfgemeinde im Bezirk Moskau bereits im Untergang begriffen war. Jetzt erst war der Weg zum Marxismus frei, denn auf etwas, das sich bereits zersetzte, konnte man keine Zukunft gründen: Plechanov schloss sich 1883 in Genf mit seinen Freunden zur ersten marxistischen Gruppe mit dem Namen ›Befreiung der Arbeit‹ (*osvoboždenie truda*) zusammen und begann den theoretischen Kampf mit dem *narodničestvo*, der bis 1917 dauern sollte.

Was sollte aber der russische Revolutionär tun, wenn er erst die Entfaltung des Kapitalismus abwarten musste, diese aber – wie Vera Zasulič befürchtete – vielleicht noch Jahrzehnte in Anspruch nehmen würde? Plechanov gab in seinen ersten marxistischen Schriften folgende Antwort: Zwar könne der Revolutionär den Geschichtsablauf nicht verändern, aber er könne im Rahmen der historischen Entwicklung sinnvoll handeln. Russland sei in die Phase des Kapitalismus eingetreten und der Kampf des Proletariats gegen die kapitalistische Bourgeoisie sei damit unvermeidlich; noch befinde sich die schwache kapitalistische Gesellschaftsordnung in ihren Anfängen und stelle einen Gegner dar, der leicht geschlagen werden könne. Daher sei ein Bündnis mit den Liberalen zum Sturz der Autokratie abzulehnen, weil dies nur den Kapitalismus stärken würde. Statt dessen sei die Bildung einer sozialdemokratischen Arbeiterpartei aus dem Industrieproletariat, das sich seiner historischen Chance bewusst geworden sei, das Gebot der Stunde.

So erfolgreich diese Gedanken Plechanovs werden sollten, so bewegten sie zunächst nur einen kleinen Zirkel von Theoretikern im Ausland. Erst in den 1890er Jahren erfolgte ein Schub, der den Kapitalismus in jene Rolle brachte, die die Marxisten von ihm erwarteten: Die Hungersnot des Jahres 1891, der die Regierung trotz moderner Verkehrsmittel hilflos gegenüberstand, löste eine Krisenstimmung aus, die in manchem der in den 1870er Jahren ähnlich war. Als neues Element traten nun an Zahl und Größe ständig zunehmende Streiks der Fabrikarbeiter auf. In dieser Situation glaubten Petersburger Studenten, dass es auch in Russland ein Industrieproletariat und einen spontanen Klassenkampf gegen die Unternehmer gebe, und so bildeten sie Ende der 1880er und Anfang der 90er Jahre die ersten marxistischen Zirkel, die mit der Propaganda unter den Arbeitern begannen. So kurzlebig die meisten dieser Ansätze auch waren, sie bereiteten den Boden, auf dem der Student Ju. O. Cederbaum und der junge Rechtsanwalt Vladimir Il'ič Ul'janov ihre Tätigkeit als marxistische Revolutionäre beginnen konnten.

Diese beiden Männer, die ein Jahrzehnt später die Führer des menschewistischen bzw. des bolschewistischen Flügels der russischen Sozialdemokratie werden sollten, gehörten einer neuen Generation an, die sich an Plechanov anschloss: Cederbaum (1873–1923, ab 1894 schrieb er unter dem Pseudonym Julius Martov) entstammte einer jüdischen Familie; sein Lebensweg erklärt beispielhaft, warum seit den 1880er Jahren so unverhältnismäßig viele jüdische Intellektuelle in der revolutionären Bewegung tätig waren: Die Cederbaums waren ihrer Herkunft nach Juden, hatten aber als Intellektuelle die Bindung an das in geschlossenen Gemeinden lebende Ostjudentum bereits verloren und befanden sich auf dem Weg fortschreitender Assimilierung. Der in Istanbul geborene und in Odessa herangewachsene Julij Osipovič hätte sich also nach entsprechendem Studium wohl einem intellektuellen bürgerlichen Beruf zugewandt, aber in demselben Jahr 1889, in dem die Familie Cederbaum nach Petersburg übersiedelte, wurden die Juden vom Juristenberuf ausgeschlossen; 1890 verbot man ihnen die Tätigkeit bei den *zemstva*, 1892 die in Stadtverwaltungen, 1892/93 wurden jüdische Kaufleute und Handwerker sowie ehemalige Soldaten aus Moskau ausgewiesen; ab 1893 durften sie keine christlichen Vornamen mehr führen. Dies geschah, obwohl eine Studienkommission der Regierung schon 1888 erklärt hatte, dass es keine andere Lösung der Judenfrage gebe »als die Emanzipation der Juden und ihre Assimilierung an die übrige Bevölkerung unter dem Schutz derselben Gesetze«; die nationale Ideologie Pobedonoscevs war offensichtlich keinen Vernunftgründen zugänglich. Zwar konnte eine Minderheit wohlhabender Juden bei einer Gesamtbevölkerung von 5,2 Millionen im Reich mithilfe korrupter Verwaltungsbeamter diese Verbote umgehen, aber dies bot niemals Rechtssicherheit, und im Hintergrund stand stets die Bedrohung durch Pogrome. Der junge Cederbaum hatte als 8-jähriger 1881 den Pogrom in Odessa miterlebt und das Gefühl, als ein Außenseiter im russischen Staat recht- und schutzlos zu sein, hatte sich ihm tief eingeprägt. Allein das Milieu der revolutionären *intelligencija* hob diese Isolierung auf: Unter dem Druck der antisemitischen Restriktions- und Verfolgungspolitik musste die Verbindung von radikal oppositioneller Haltung und Intellektualismus, wie sie die revolutionäre *intelligencija* verkörperte, auf begabte junge Juden anziehend wirken. Als V. I. Ul'janov 1893 nach Petersburg kam, hatte sich um den knapp 20-jährigen Cederbaum schon ein marxistischer Zirkel unter dem Namen ›Petersburger Gruppe der Befreiung der Arbeit‹ (*Peterburgskaja gruppa osvoboždenija truda*) gebildet; Cederbaum selbst war bereits mit der Obrigkeit in Konflikt geraten und verbrachte nach mehrmonatiger Haft und Ausschluss von der Universität zwei Jahre in der Verbannung in Wilna (1894/95), später in Sibirien (1896–1900).

Der nur drei Jahre ältere V. I. Ul'janov (1870–1924) – erst in der sibirischen Verbannung nahm er den Decknamen ›Lenin‹ an, dessen Ursprung ungeklärt ist – war aus ganz anderem Holz geschnitzt als der sensible künftige Menschewistenführer: Lenins Vater, Sohn eines Schneiders in Astrachań und einer getauften Kalmückin, war in die bürgerliche Intelligenz und am Ende in den Dienstadel aufgestiegen; als Gymnasiallehrer war er 1869 zum Inspektor der Volksschulen in Simbirsk (später Uljanovsk), 1874 zum ›Wirklichen Staatsrat‹ und zum Direktor der Elementarschulen im Gouvernement Simbirsk ernannt worden. Lenins Mutter, eine geborene Blank und Tochter eines Landarztes im Gouvernement Smolensk, brachte der Familie deutsche und schwedische Ahnen sowie ein kleines Gut im Gouvernement Kazań, das sie 1889 gegen ein Gut im Gouvernement Samara eintauschte. Lenin entstammte also einer gebildeten, gut situierten und gemäßigt liberalen Familie.

Das entscheidende Erlebnis seiner Jugendjahre war die Hinrichtung seines vier Jahre älteren Bruders Alexander im Jahre 1887: Es beraubte ihn, da der Vater schon ein Jahr vorher gestorben war, im labilsten Stadium seiner Entwicklung seines Ersatzvaters in Gestalt seines verehrten Bruders und musste entsprechend den Hass gegen das Regime der Autokratie schüren. Die gesellschaftliche Diffamierung, der die Familie als Folge ausgesetzt war und die Vladimir auf der Schule und Hochschule zu spüren bekam, nährte die Erbitterung gegen die gesamte soziale Ordnung. Vladimir scheint sich entsprechend früh für ein Leben für die Revolution entschieden zu haben, aber erst die Lektüre von Marx, der für ihn in den Jahren 1888/89 an die Stelle von Černyševskij trat, ebnete den weiteren Weg: Der 19-jährige sog die Marx'sche Lehre in sich auf, und so sehr er sie selbst später weiterentwickeln sollte, sollte er nie an ihrer Richtigkeit zweifeln. Nach Marx lag aber die revolutionäre Hoffnung nicht bei den Bauern, deren Notlage gerade im mittleren Wolgagebiet den Ul'janovs wohlvertraut war, sondern bei den Arbeitern der großen Städte und Industriegebiete. Die Verzweiflung sollte also die hungernden Bauern in die Städte treiben, das würde das Proletariat stärken und die Revolution näherbringen; diesen Gedanken äußerte Vladimir Ul'janov 1891 mit 21 Jahren, als er die juristischen Staatsprüfungen mit höchster Auszeichnung ablegte. Nach Zulassung als Rechtsanwalt in Samara hat er seinen Beruf jedoch kaum ausgeübt. Nicht das formale Recht zu wahren, sondern die reale Macht zu gewinnen, fühlte er sich berufen. Alles, was Lenin später auszeichnen sollte, war deshalb bereits deutlich zu erkennen: die durch nichts zu erschütternde Sicherheit, mithilfe von Marx die Gesetze der Weltgeschichte durchschaut zu haben, eine eiserne Selbstdisziplin, die jede spekulative Abweichung und jedes romantische Sichtreibenlassen ausschloss, eine scharfe Intelligenz und über allem ein Wille, der bei voller persönlicher Integrität vor keinem Mittel zurückschreckte, wenn es durch den Zweck der Revolution gerechtfertigt schien.

In Petersburg bekam Ul'janov zuerst Kontakt mit der marxistischen Gruppe um S. I. Radčenko, der auch seine spätere Frau N. K. Krupskaja angehörte; noch wollten die Marxisten, die sich in Petersburg und allmählich auch in anderen Städten zusammenfanden, das Bewusstsein der Arbeiter wecken und ihnen Bildung vermitteln. Die Mitglieder des Radčenko-Kreises lehrten demnach alle an Sonntagsschulen, um die Arbeiterbewegung zu fördern; eine politische Organisation sozialdemokratischer Arbeiter gründeten aber erst Martov und Lenin 1895 mit dem ›Bund zur Befreiung der Arbeit‹ (*sojuz bor'by za osvoboždenie truda*), in dem alle marxistischen Gruppen der Hauptstadt zusammengefasst wurden. Was Lenin instinktiv selbstverständlich war, nämlich die Konzentration auf das politische Ziel und die Bedeutung des Organisatorischen, hatte Martov bei den jüdischen Textilarbeitern in Wilna gelernt: Beide waren sich einig, dass Bildungsarbeit eher dazu diente, den sozialen Aufstieg begabter Arbeiter zu fördern, als klassenbewusste Vorkämpfer der Arbeiterbewegung hervorzubringen. Unter Arbeitern müsse man nicht Ideen propagieren, so erkannte Martov, sondern in knapper Form für aktuelle Nahziele agitieren. Lenin stimmte dieser grundsätzlichen Unterscheidung zwischen Propaganda und Agitation zu, wollte Letztere aber nicht auf gewerkschaftliche Ziele beschränken, denn dadurch werde das politische Hauptziel zu sehr in die Ferne gerückt. Außerdem erkannte Lenin, dass eine zu starke Bindung der Organisation an den einzelnen Betrieb der Polizei den Zugriff erleichterte. Nur eine umfassende und zentral geführte Organisation würde in der Lage sein, lokale Einbußen auszugleichen. Die Erfahrung sollte Lenin recht geben: Im Dezember 1895 und Januar 1896 wurde der ›Bund‹ ausgehoben, noch ehe die erste Nummer seiner illegalen Zeitung *Die Sache des Arbeiters* (*Delo rabočego*) erschienen war. Die Führer, darunter Lenin und Martov, wurden zu mehrjähriger Verbannung in Sibirien verurteilt; Lenin konnte im Dorf Šušenskoe im Quellgebiet des Enisej vier Jahre darüber nachdenken, wie man die bisherigen Fehler vermeiden könne und wie die Organisation in Zukunft beschaffen sein müsse.

Lenin fand seinen Weg in erbitterter Auseinandersetzung mit allen Marxisten, die seiner Meinung nach falsche Ansichten über Strategie und Taktik der revolutionären Arbeiterbewegung vertraten. Er begann mit Beiträgen gegen die Ideologie des *narodničestvo*, den Plechanov und seine Freunde seit einem Jahrzehnt mit Erfolg führten; im ersten Jahr in Sibirien verfasste er sein Buch *Die Entwicklung des Kapitalismus in Russland* (*Razvitie kapitalizma v Rossii*), das unter dem Pseudonym V. Il'in 1899 legal erscheinen konnte. Dann aber stellte er das Problem der Organisation der Partei ganz in den Vordergrund: Gegen die ›legalen Marxisten‹ – P. B. Struve,

M. I. Tugan-Baranovskij, S. N. Bulgakov, N. A. Berdjaev und andere –, die zwar die ökonomischen Thesen von Marx akzeptierten, aber jedes Verschwörertum ablehnten und soziale Reformen anstrebten, und gegen die ›Ökonomisten‹, die die Arbeiterbewegung auf gewerkschaftliche Ziele beschränken und den politischen Kampf den Liberalen überlassen wollten, entwickelte Lenin seine Lehre von der Partei als einer zentral geführten, disziplinierten, politischen Kampforganisation von Berufsrevolutionären.

Als im März 1898 Delegierte verschiedener Gruppen in Minsk die ›Russische Sozialdemokratische Arbeiterpartei‹ (RSDRP) gründeten, weilte Lenin noch in Sibirien. Zur Ausarbeitung von Parteistatuten kam es zwar gar nicht, weil die meisten Delegierten rasch der Polizei in die Hände fielen; aber zumindest theoretisch gab es fortan eine große, das gesamte Reichsgebiet umfassende ›Partei‹. Lenin trat ihr 1899 bei, und sein ganzes Streben war in der Folge darauf gerichtet, diese Partei nach seinen Vorstellungen, wie er sie in der 1902 erschienenen Schrift *Was tun?* (*Čto delat'*) ausführlich darlegte, zu organisieren. Die Entscheidung fiel auf dem zweiten Parteikongress, der am 30. Juli 1903 in Brüssel eröffnet wurde, aber mit Rücksicht auf die belgische Polizei nach London verlegt werden musste: Die Auseinandersetzungen über den Paragrafen 1 des Parteistatuts, d. h. über die Frage, ob man eine Massenpartei nach Vorbild der deutschen Sozialdemokratie oder – wie Lenin es wollte – eine Elitepartei von Berufsrevolutionären schaffen sollte, waren lang und hart. Zunächst konnte Lenin keine Mehrheit für seinen Parteityp gewinnen, aber als die Delegierten des 1897 gegründeten ›Allgemeinen Jüdischen Arbeiterbundes in Litauen, Polen und Russland‹ in der Frage des zentralistischen Organisationsprinzips überstimmt worden waren und den Kongress verließen, bildeten Lenins Anhänger die Kongressmehrheit (Mehrheit = *bol'šinstvo*, davon abgeleitet ›Bolschewisten‹) und setzten sich nun auch in der Frage des Parteityps durch. Die Folge war allerdings eine Spaltung der Partei in Bolschewisten und Menschewisten (von *men'še* ›weniger‹), die nur vorübergehend notdürftig überbrückt, aber niemals mehr wirklich aufgehoben wurde. In der geistigen Nachfolge Tkačëvs und Nečaevs stieß Lenin schließlich die damals führenden Persönlichkeiten unter den russischen Marxisten ab: Martov, Aksel'rod und bald auch Plechanov trennten sich von ihm. Die schärfsten Angriffe kamen aber von dem jungen Trockij (1879–1940), der Lenin einen Despoten und Terroristen nannte und prophezeite, dass unter ihm die Diktatur des Proletariats eine Diktatur des Parteiführers, d. h. Lenins persönlich, werden würde. Die russische sozialdemokratische Partei ging also gespalten in die bevorstehenden Krisen; der Kampf für die Revolution wurde zunächst zu einem Kampf um die Macht in der Partei, den Lenin ohne Rücksicht führte.

Von Revolution zu Revolution

Parlamentarische Autokratie

Unmittelbar nach seinem Regierungsantritt hatte Nikolaus II. alle Hoffnungen der Liberalen enttäuscht, als er unter dem Einfluss von Pobedonoscev die *zemstvo*-Vertreter vor ›unsinnigen Fantasien‹ gewarnt und damit jede Beteiligung der Stände an der Regierung gemeint hatte. Als er jedoch zehn Jahre später, am 6. (19.) Juni 1905, wiederum eine Deputation von *zemstvo*- und Städtevertretern unter deren Sprecher, dem Philosophieprofessor Fürst S. N. Trubeckoj (1862–1905), empfing, musste er, gezwungen durch die Entwicklung der letzten Jahre, die Einberufung gewählter Volksvertreter als seinen ›unerschütterlichen Willen‹ bezeichnen. Inzwischen war Russland nämlich durch die wirtschaftliche und soziale Entwicklung, durch die Depression des Jahrhundertbeginns und schließlich durch den unglücklichen Verlauf des Krieges gegen Japan in eine revolutionäre Situation geraten: Im Juli 1904 war das Regime durch die Ermordung des besonders verhassten Innenministers Pleve, der durch einen ›kleinen und siegreichen Krieg‹ die inneren Schwierigkeiten hatte überwinden wollen, erschüttert worden; am Ende war Pleve selbst ein Opfer der Schwierigkeiten geworden, und der Krieg war weder klein noch siegreich. Sein Nachfolger, Fürst Svjatopolk-Mirskij, ermutigte dann auch noch die russischen Liberalen durch entgegenkommende Gesten zur Aktion. Diese hatten schon vor einigen Jahren die liberalen Kräfte zu sammeln und politisch zu organisieren begonnen; seit 1902 gab P. B. Struve die Zeitschrift *Osvoboždenie* (›Befreiung‹) heraus, zunächst in Stuttgart, nach Einschreiten der deutschen Polizei in Paris.

Träger der liberalen Bewegung und deren organisatorische Basis waren die *zemstva*; neben den mehr oder weniger liberalen Adel mit großen regionalen Unterschieden traten die bürgerliche Intelligenz und eine kleine Gruppe von Intellektuellen der ›legalen Marxisten‹. Diese heterogene Gruppe vereinten im Grunde nur negative Ziele: zum einen der Kampf gegen das herrschende System bürokratischer Bevormundung und zum anderen die Ablehnung gewalttätig-revolutionärer Methoden. Zwar wollten alle die ›Befreiung‹, waren aber darüber uneins, wie die Freiheit konkret verwirklicht werden sollte. Auf dem rechten Flügel der Zemstvoliberalen erhob man maßvolle Forderungen im Geiste der Slavophilen: Das Bündnis von Monarchie und Volk sollte individuelle Freiheit verwirklichen, die unter der Führung des Adels in der lokalen Selbstverwaltung zu konkretisieren sei, und eine Landesversammlung (*zemskij sobor*) in beratender Funktion sollte die Gesellschaft am Staat beteiligen. Das war ›Freiheit‹ im adelig-ständischen Sinne, und von Gleichheit war dabei keine Rede. Demgegenüber vertrat der linke *zemstvo*-Flügel einen radikalen Konstitutionalismus nach westlichem Muster, aber auch hier dominierten die Gutsbesitzer und waren nicht ohne Weiteres bereit, den Bauern über die Forderung persönlicher und politischer Freiheit hinaus auch eine gerechte Verteilung des Landes zu gewähren. Die *intelligencija* als ›drittes Element‹ im Dienste der *zemstvo*- und Stadtverwaltungen oder in freien Berufen war sozial und ökonomisch keine einheitliche Schicht; sie stand im Allgemeinen noch links vom radikalen *zemstvo*-Adel und unterstützte eindeutig demokratische, wenn nicht sogar sozialistische Ideale. Ihr anerkannter Wortführer war der Historiker P. N. Miljukov (1859–1943). Die ›Freiheitsbewegung‹ gewann zwischen 1902 und 1904 sichtbar an Breite und Kraft. Ihr Ziel war die politische Freiheit in einer konstitutionellen Monarchie, ihr Organ Struves *Osvoboždenie*, ihr Aktionskern der ›Bund der Befreiung‹ (*sojuz osvoboždenija*), und für ihre Verbindung in immer weitere Kreise der Gesellschaft sorgten die im ›Verband der Verbände‹ (*sojuz sojuzov*) zusammengefassten Berufsorganisationen. Ein von der Regierung geduldeter Kongress der *zemstvo*-Vertreter im November 1904 zeigte, dass auch in den *zemstva* die Konstitutionalisten bereits das Übergewicht gewonnen hatten, und die Berufsverbände verfassten in einer gleichzeitigen ›Bankettkampagne‹ einmütig Resolutionen, in denen die Einberufung einer konstituierenden Versammlung gewählter Volksvertreter, die Gesetzgebung und die Budgetkontrolle durch ein Parlament sowie die Bildung einer dem Parlament verantwortlichen Regierung gefordert wurden. Mitten im Krieg zeigte sich also eine geschlossene Front der ›Gesellschaft‹ gegen das Regime der Autokratie, die weder durch Unterdrückungsmaßnahmen noch durch verklausulierte Reformversprechen durchbrochen werden konnte. Dazu unterhielt der ›Bund der Befreiung‹ von Anfang an auch Kontakte zu sozialistischen Gruppen, propagierte zwar nicht die Methoden gewalttätiger Revolutionierung, tolerierte sie aber mit zunehmender Sympathie.

Die Führung des russischen Liberalismus ging schließlich an die radikale Intelligenz über, die zwar freiheitliche Ideale vertrat, aber von doktrinärer Einstellung erfüllt war und durch die revolutionären Aktionen der Arbeiter und Bauern unterstützt wurde: Streiks der Arbeiter und Unruhen unter den Bauern hatten schon seit einiger Zeit zugenommen; zwar überwogen darin zunächst wirtschaftliche Motive und soziale Forderungen, aber unter dem Einfluss der revolutionären sozialistischen Parteien politisierten sich die Aktionen. In den ersten Tagen des Jahres 1905 führte ein Streik der Belegschaft der russischen Waffenschmiede ›Putilov‹ dann zu einem ganz Petersburg erfassenden Ausstand und schließlich zu dem Plan, am Sonntag, dem 9./22. Januar, eine friedliche Massendemonstration vor das Winterpalais zu führen und dem Zaren durch eine Delegation die Wünsche der Arbeiter vorzutragen. Organisiert wurde die Aktion von der ›Vereinigung der russischen Fabrikarbeiter Petersburgs‹, die unter der Führung des Priesters Gapon und unter Kontrolle der Polizei stand. Gapon war eine überaus fragwürdige Erscheinung und verfügte über einen gewissen Einfluss auf die Arbeiter. Der Gedanke, eine Petition an den Zaren persönlich zu richten, fand den Beifall des traditionsgebundenen Teils der Arbeiterschaft, aber ihr Inhalt wies über die unmittelbaren sozialen Forderungen der Arbeiter hinaus und zeigte, dass bereits sozialistische Agitatoren das politische Programm mitgestaltet hatten. Obwohl das erste Massenaufgebot des hauptstädtischen Proletariats von Anfang an unter Polizeikontrolle stand, zeigte sich dabei die ganze Hilflosigkeit der verantwortlichen Persönlichkeiten: Die zum Schutz des Winterpalais' aufgebotenen Elitetruppen konnten mit den demonstrierenden Arbeitern, die Zarenbilder und Ikonen vor sich her trugen, nicht anders fertig werden als durch brutalen Waffengebrauch. Das Ergebnis war der ›Blutige Sonntag‹, der sicherlich mehrere 100 Todesopfer forderte; kläglich wirkte der anschließende Versuch, durch eine Audienz von kommandierten ›Arbeitervertretern‹ beim Zaren eine Lösung der Arbeiterfrage einzuleiten.

In Wirklichkeit hatte die Regierung mit dem 9. Januar 1905 die Kontrolle über eine sich nun spontan ausbreitende revolutionäre Bewegung verloren. Diese besaß zwar keine einheitliche Führung, doch sie war elementarer Ausdruck einer nahezu alle Gruppen der Bevölkerung ergreifenden Empörung, wobei der Regierung die Quittung für die Versäumnisse von Jahrzehnten präsentiert werden sollte. Die Streikbewegung der Arbeiter erreichte ihren Höhepunkt im Oktober 1905, als ein Eisenbahnerstreik über Wochen das Verkehrssystem lahmlegte und sich stellenweise zu einem

Generalstreik ausweitete. Nach einigen Vorläufern in der Provinz schlossen sich im Oktober auch in Petersburg Streikkomitees mehrerer Betriebe zu einem ›Rat‹ (*sovet*) von Arbeiterdeputierten zusammen. Das Beispiel fand auch anderswo Nachahmung, und sehr rasch entwickelten sich die ›Sowjets‹ aus Organen der ›proletarischen Selbstverwaltung‹ zu Zentralen des politischen Kampfes; gewerkschaftliche Ziele verbanden sich dabei mit der Propaganda des bewaffneten Aufstands. Nur in Moskau kam es jedoch tatsächlich zu dem Versuch, die Massen zu einem revolutionären Kampf zu bewegen (8./21. Dezember 1905 – 20. Dezember 1905/2. Januar 1906); er scheiterte allerdings an der schlechten Organisation und an dem Einsatz von Elitetruppen zu einem Zeitpunkt, da der Petersburger Sowjet bereits aufgelöst war und dessen führende Mitglieder – unter anderem der Vizepräsident Trockij – in Haft saßen. Dagegen konnten die Gewerkschaften, die sich in verschiedenen Städten gebildet hatten, im Februar 1906 ihren ersten allrussischen Kongress abhalten und in den folgenden Jahren eine halblegale Existenz retten. Im Nebeneinander gewerkschaftlicher und politischer Zielsetzungen spiegelte sich dabei in gewissem Maße der Unterschied zwischen menschewistischer und bolschewistischer Taktik wider, denn im Gegensatz zu den Gewerkschaften, setzten die Sozialrevolutionäre die Methode des politischen Einzelterrors fort und neigten in der revolutionären Situation der Jahre 1905/06 mehr der bolschewistischen Auffassung einer unmittelbaren Machtergreifung zu. Ihre Agitation hatte aber unter den Bauern weit mehr Erfolg als unter dem Industrieproletariat.

In einzelnen Teilen des Reichs brachen Bauernaufstände schon im Frühjahr 1905 aus und erreichten nach Abschluss der Erntearbeiten ihren Höhepunkt. Zentren der bäuerlichen Unruhen waren wie stets das mittlere Wolgagebiet (Gouvernements Saratov und Samara) und die nordwestlichen Schwarzerdegouvernements Černigov, Kursk und Orël; in den baltischen Provinzen, besonders in Lettland, wo sie von den Sozialdemokraten gesteuert und durch den nationalen

Gegensatz verschärft wurden, waren die Auseinandersetzungen zwischen Bauern und Gutsbesitzern besonders erbittert. Auch die Bauern schufen sich eine Interessenvertretung: im ›Bauernbund‹ (*krest'janskij sojuz*), der am 31. Juli/13. August 1905 seinen ersten, im November seinen zweiten allrussischen Kongress abhielt. Die Ziele der Bauern waren die Übergabe des gesamten Bodens an diejenigen, die ihn selbst bearbeiteten, sowie eine konstituierende Nationalversammlung und die Zusammenarbeit mit den Gewerkschaften der Arbeiter. Der gemeinsamen Proklamation entsprach allerdings keine koordinierte Gemeinsamkeit der Aktionen, und so konnten die Bauern den durch Vertreibung der Gutsbesitzer gewaltsam angeeigneten Landbesitz gegen militärische Strafexpeditionen schließlich nirgends behaupten.

Auch das Heer und die Flotte wurden von den Unruhen erfasst. Die Flotte mit ihrem relativ hohen Anteil an des Lesens und Schreibens Kundigen erwies sich dabei als besonders anfällig, und der Panzerkreuzer ›Potëmkin‹, dessen Besatzung im Zusammenhang mit einem Generalstreik in Odessa im Juni 1905 meuterte, wurde zu einem revolutionären Symbol; noch im Juli 1906 erreichten Aufstände von Matrosen der Ostseeflotte in Sveaborg und Kronstadt ein beträchtliches Ausmaß. In der Armee gab es zwar Schwierigkeiten mit den aus dem Fernen Osten heimkehrenden Verbänden, aber im Ganzen konnte man doch die Disziplin aufrechterhalten.

In jenen Teilen des Reichs, die nicht von Großrussen bewohnt waren – und diese stellten etwa die Hälfte der Bevölkerung –, hatten sich Unruhen ebenfalls zugunsten der Befreiungsbewegung ausgebreitet, wobei sie sich hier mit einem Kampf um nationale Freiheiten verbanden und auf eine politische Autonomie im Rahmen des Russischen Reiches zielten; davon waren auch bisher ›geschichtslose‹ Völker wie die Burjaten und Jakuten erfasst worden. Dass die Regierung mit einer so weitgehenden Desintegration überhaupt fertig wurde, lag an vielen Umständen, die sich auf die Dauer für die Revolution negativ und positiv für das herrschende Regime auswirkten. Der revolutionären Bewegung im Ganzen fehlte noch jede einheitliche Planung und Lenkung; sie erinnerte in Vielem an die elementaren Ausbrüche früherer Jahrhunderte. So konnte das Regime nach einer Phase des Nachgebens verlorene Positionen zurückgewinnen, nachdem die Flut der Unruhen abgeebbt war.

Der Zar hatte nur zögernd nachgegeben, und zwar weniger aus Einsicht, sondern aus Angst. So löste erst die Ermordung des Großfürsten Sergej Aleksandrovič – ein Onkel des Kaisers und Generalgouverneur in Moskau – die Ankündigung aus (18. Februar/3. März 1905), dass der Herrscher eine Versammlung von gewählten Vertrauensleuten des Volkes in beratender Funktion zur Gesetzgebung heranziehen wolle. Ein halbes Jahr verging jedoch, ehe ein entsprechender Entwurf des Innenministers A. G. Bulygin am 6./19. August durch kaiserlichen Erlass bekannt gemacht wurde. Die Mitglieder dieser ›Bulygin'schen Duma‹ sollten nach Ständen (Adelige, Bürger und Bauern) indirekt gewählt werden und lediglich das Recht erhalten, dem Staatsrat Gesetzesvorschläge zu unterbreiten. Dabei war für die Stadtbevölkerung der Zensus so hoch angesetzt, dass nicht nur die Arbeiter, sondern auch der größte Teil der Intelligenz von der Wahl ausgeschlossen blieb; auch den Juden blieb das Wahlrecht versagt. Dieses Angebot kam mindestens ein Menschenalter zu spät und konnte fast niemanden zufrieden stellen, doch erst unter dem Eindruck der Oktoberereignisse entschloss sich Nikolaus II. auf Rat des eben aus Amerika heimgekehrten Witte, »um der Befriedung des staatlichen Lebens willen« wesentliche Forderungen der Konstitutionalisten zu erfüllen: Das Manifest vom 17./30. Oktober 1905 gewährte den Untertanen des russischen Autokrators ohne Unterschied des Standes die Grundrechte freier Bürger: Unverletzbarkeit der Person, Freiheit des Gewissens, der Rede, der Versammlung und der Korporation. Es führte außerdem im Prinzip das allgemeine Wahlrecht ein und versprach, die Staatsduma mit dem ausschließlichen Recht der Gesetzgebung und mit dem Recht, die Legalität der Verwaltung zu überwachen, auszustatten. Mit der Durchführung wurde Witte betraut, den der Kaiser eine Woche später zum Ministerpräsidenten ernannte.

Das Oktobermanifest konnte das aufgewühlte Land indes nicht sofort befrieden, denn jetzt schloss sich auch die extreme Rechte zusammen; die berüchtigten ›Schwarzen Hundertschaften‹ inszenierten einen von der Regierung geduldeten Gegenterror, der in blutigen Judenpogromen gipfelte – im Oktober 1905 wurden in Odessa unter den Augen der Behörden und der Polizei vom organisierten Mob an die 300 Juden getötet. Aber gerade die Radikalisierung der beiden Extreme bewegte die gemäßigte Mitte letztlich doch dazu, das Angebot der Regierung wenigstens als Ausgangsbasis für eine weitere Entwicklung ernst zu nehmen. Dabei war bekannt, dass weder Witte noch Nikolaus II. die Konstitution gewollt hatten, zu der der Minister aus politischer Berechnung geraten hatte. Die Mängel waren auch offensichtlich: Es war nur eine gesetzgebende, keine verfassunggebende Versammlung vorgesehen, andererseits bildete das Wahlgesetz vom 11./24. Dezember 1905 aber, wenn auch in indirekter Form, den ersten Schritt zur Verwirklichung des allgemeinen Wahlrechts. Die im Oktober 1905 unter der Führung Miljukovs gegründete liberale Partei der ›Konstitutionellen Demokraten‹ (K.D. = ›Kadetten‹), die im Mai 1906 mit 178 Abgeordneten als weitaus stärkste Gruppe in die Duma einzog, konnte hoffen, die Entwicklung weiterzuführen. Das sollte sich allerdings als eine Illusion erweisen, wie Max Weber mit seiner Formel vom russischen ›Scheinkonstitutionalismus‹ (1906) vorausgesagt hatte.

Die neue Verfassung des russischen Imperiums war eben nicht durch einen Beschluss von Volksvertretern zustande gekommen und war nicht vom Herrscher durch einen Eid bekräftigt, sondern war in Form der ›Grundgesetze‹ vor dem Zusammentritt der Duma (27. April/10. Mai 1906) veröffentlicht, d. h. oktroyiert worden. So versicherte Nikolaus II. zwar, dass er für die ›unerschütterliche Dauer‹ der neuen Institutionen sorgen werde, es war aber ein schlechtes Omen, dass der Zar Witte schon vorher entlassen hatte und der liberale Parteiführer Miljukov von der Wahl ausgeschlossen worden war. Die Grundgesetze sorgten zudem dafür, dass die Regierung nicht von der Duma abhängig war: Die von ihr beschlossenen Gesetze mussten vom Staatsrat gebilligt werden, der zur Hälfte aus ernannten und daher konservativen Personen bestand, und benötigten die Unterschrift des Kaisers, was ein doppeltes Veto sicherte. Umgekehrt gab der Paragraf 87 der Regierung das Recht, während der Dumavakanzen selbstständig Gesetze zu erlassen, die dann nachträglich vor der Duma zu billigen waren. Ferner waren die Minister nur dem Kaiser verantwortlich, so dass keine Regierung durch ein Misstrauensvotum gestürzt werden konnte; außerdem blieben Heer, Marine und kaiserlicher Hof der parlamentarischen Budgetkontrolle entzogen. Schwerer als diese Defekte wog jedoch, dass es kein Vertrauen zwischen Volksvertretung und Regierung gab, dass keine Seite Erfahrung mit den parlamentarischen Spielregeln besaß und die Regierung diese auch nicht beachten wollte. Das galt für die Minister, unter denen es auch untadelige und sachkundige Persönlichkeiten gab – wie den langjährigen Finanzminister (von Oktober 1911 bis Anfang 1914 auch Ministerpräsident) V. N. Kokovcov –, aber besonders für den Kaiser persönlich, der hartnäckig an der Selbstherrschaft festhielt, die auszuüben er gar nicht imstande war und stattdessen von einer unverantwortlichen Kamarilla die Geschicke des Landes bestimmen ließ. Unter diesen Umständen war der Gegensatz unüberbrückbar.

Am 9./22. Juli 1906 löste der Kaiser die Duma auf und ordnete Neuwahlen an; gleichzeitig musste der Ministerpräsident Goremykin sein Amt an den bisherigen Innenminister P. A. Stolypin (1862–1911) abtreten. Wie Loris-Melikov hatte auch letzterer seine Karriere als Gouverneur in der Provinz begonnen, wo er sich in Saratov, dem Zentrum der Bauernunruhen, verdient gemacht hatte. Als ›starker Mann‹ und erfolgreicher Revolutionsbekämpfer war er ein Innenminister, der ein rücksichtloses Vorgehen gegen Revolutionäre und Terroristen mit maßvollen Reformen verband. Stolypins Aufgabe war freilich schwieriger als die, der sich Loris-Melikov seinerzeit gegenüber gesehen hatte: Inzwischen hatte der Terror ein größeres Ausmaß angenommen – die Zahl der Attentate ging 1906/07 in die Hunderte, die der Opfer in die Tausende –, es gab nun mehrere Parteien, die den bewaffneten Aufstand gegen die Staatsmacht befürworteten, und nach der Dumaauflösung entschloss sich sogar ein Teil der ›Kadetten‹, einen Aufruf zum passiven Widerstand an die Bevölkerung zu richten. Stolypin bekam die Konsequenzen sofort zu spüren, denn am 12./25. August 1906 entging er nur knapp einem Attentat, bei dem in seinem Haus 32 Personen getötet und 22, darunter sein Sohn und seine Tochter, verwundet wurden. Nun setzte er die Machtmittel des Staates ein: Am 19. August/1. September wurden Militärtribunale eingerichtet, die im ganzen Land eine rigorose Standgerichtsbarkeit auszuüben begannen; die gegenrevolutionären Aktionen der Rechtsextremisten wurden jetzt nicht nur geduldet, sondern direkt gefördert. Durch diese Maßnahmen gewann die staatliche Macht langsam das Übergewicht, so dass im Jahr 1907 die Revolution erlosch. Als dann die nach dem gleichen Wahlgesetz gewählte zweite Duma im Februar 1907 zusammentrat, aber eine noch radikalere und zum Umsturz neigende Zusammensetzung aufwies als die erste, wurde sie am 3./16. Juni 1907 aufgelöst. Ein neues Wahlgesetz wurde verkündet, das die Wahlmännerstimmen willkürlich auf die verschiedenen Bevölkerungsgruppen verteilte und nunmehr eine konservative Dumamehrheit sicherstellte: In der dritten und vierten Duma (November 1907 – Juni 1912 bzw. November 1912 – Februar 1917) stellte die liberale und sozialistische Opposition zusammen nur etwa ein Viertel der Abgeordneten; auch die Zahl der Vertreter der Nationalitäten war durch das neue Wahlgesetz drastisch reduziert worden.

Mit einer solchen gehorsamen Duma konnte Stolypin ohne Schwierigkeiten zusammenarbeiten. Bei allem, was man gegen seine Methoden vorbringen kann, veränderte er die Grundgesetze von 1906 indes nicht grundsätzlich, ließ die Institution der Duma im Prinzip unangetastet und gewährte damit auch einer parlamentarischen Opposition einen begrenzten Spielraum. Die Sozialdemokraten – Menschewiken wie Bolschewiken (von 1906–12 waren die beiden Fraktionen wieder formal in einer Gesamtpartei vereinigt) – erkannten die Bedeutung der Duma als ein Forum politischer Meinungsäußerung durchaus; nachdem sie die erste Duma boykottiert hatten, entsandten sie in die folgenden Dumen ihre Vertreter, deren Zahl allerdings von 65 in der zweiten Duma auf 14 in der vierten Duma sank. Die Sozialrevolutionäre waren dagegen nur in der zweiten Duma vertreten und kehrten danach in die Illegalität und zum Terror zurück. Die Rechtsradikalen (›Bund des russischen Volkes‹, ›Erzengel-Michael-Bund‹ u. a.), die sich ebenso wenig an Recht und Moral hielten, saßen indessen in der Duma und genossen allerhöchste Gunst und Förderung. Verhängnisvoll war dabei vor allem, dass Stolypins Politik einem verblendeten großrussischen Chauvinismus diente: Die Nationalitäten verloren fast alle Errungenschaften, die Russifizierung betrieb man nicht minder eifrig als in den Zeiten Alexanders III., und der Antisemitismus, dem Nikolaus II. persönlich – ›einer inneren Stimme‹ folgend – anhing, erreichte in dem Ritualmordprozess gegen Mendel Bejlis (1911–13) einen traurigen Höhepunkt. Sein großrussischer Nationalismus verschaffte Stolypin demnach zwar eine breite Gefolgschaft bis in die Kreise der Liberalen, zersetzte aber den Verband des Reiches, statt ihn zu festigen. Dagegen kümmerte sich Stolypin nicht um die Erhaltung der Standesprivilegien – was einen Beleg für die in einzelnen Bereichen moderne Ausrichtung seiner Politik darstellt – und opferte sie im Konfliktfall durchaus dem großrussischen Nationalinteresse. So richtete sich die Einführung russifizierter *zemstva* in den Westprovinzen 1911 ganz bewusst gegen die polnischen Gutsbesitzer.

Auch die Agrarpolitik, die mit dem *ukaz* vom 9./22. November 1906 an bestehende Projekte anknüpfte und von der dritten Duma in den Agrargesetzen von 1910 und 1911 legalisiert wurde, trug an sich moderne Züge: Sie sollte der russischen Gesellschaft einen Stand erfolgreicher Einzelbauern schaffen. Neben einer Streichung aller Freikaufschulden zu

Lasten des Staates (November 1905) war dazu die Befreiung des Bauern von der lähmenden Bindung an die Dorfgemeinde sowie eine Behebung der Landnot notwendig. Die Entmachtung des *mir* konnte man einfach anordnen, was die soziale Differenzierung auf dem Dorf beschleunigte und die eine Schicht von Mittelbauern mit ausreichendem Ertrag entstehen ließ, die aber im Allgemeinen keineswegs ›reich‹ waren und später als ›Kulaken‹ verunglimpft wurden. Den Bauern half weiterhin, dass auf ihren Antrag hin unwirtschaftlicher Streubesitz in einer Flurbereinigung beseitigt werden konnte. Das erforderte natürlich Zeit, aber 1913 waren schon zehn Prozent des bäuerlichen Landbesitzes in dieser Weise konsolidiert.

Viel entscheidender war jedoch das Problem zusätzlicher Landbeschaffung, das nur durch eine weitgehende Enteignung der Gutsbesitzer gegen entsprechende Entschädigung durch den Staat gelöst werden konnte. Dafür setzte sich im Prinzip die liberale Opposition ein, während die sozialistischen Programme eine totale und entschädigungslose Enteignung vorsahen. Witte erwog eine solche Lösung als Ministerpräsident nur unter dem Druck der revolutionären Ereignisse; nach dem Sieg der Reaktion suchte er andere Wege, z. B. durch die Gewährung billiger Kredite zum Ankauf von Land, die die staatliche Bauernbank den Bauern zum Erwerb von reichlich angebotenen Ländereien zur Verfügung stellte. In den Jahren vor dem Ersten Weltkrieg wechselte ein beträchtliches Areal auf diese Weise die Besitzer, das Bauernland nahm von 160,9 Millionen Desjatinen auf 170,5 Millionen zu, das Adelsland entsprechend von 49,8 Millionen auf 39,6 Millionen Desjatinen ab. Diese Zahlen beweisen bei aller Unsicherheit der Werte, dass dem Landhunger der Bauern aufseiten der Gutsbesitzer die Tendenz entgegenkam, aus ökonomischen Gründen Land abzustoßen. Aber dieser ›kapitalistische‹ Besitzwechsel erfolgte nur langsam und belastete die Bauern mit zwar relativ günstigen Krediten, die sie aber wegen der sehr hohen Preise für das Land vielfach nicht zu tragen vermochten. Darin lag allerdings auch ein Anreiz, die Produktivität der eigenen Arbeit zu steigern, denn der aus dem *mir* entlassene Einzelbauer trug zwar das finanzielle Risiko, wenn er seinen Landbesitz vergrößerte, aber er konnte es durch eine Verbesserung der Bewirtschaftungsmethoden nun auch verkleinern: Im Jahre 1912 waren bereits 82,9 % der bäuerlichen Kreditnehmer Einzelbauern gegenüber nur 18,7 % im Jahre 1906; in etwa dem gleichen Zeitraum (1905–14) stieg aber auch die Zahl der landwirtschaftlichen Genossenschaften auf mehr als das Sechsfache (5000 zu 32 000), die der Genossenschaftsmitglieder auf das Zehnfache (1 Million zu 10 Millionen) und der durchschnittliche Jahresertrag an Getreide pro Desjatine Bauernlandes von 39 Pud (1891–1900) auf 43 Pud (1901–10), ein Pud zu 16,3 kg.

Eine andere Möglichkeit der Landbeschaffung lag in der Neulandgewinnung innerhalb des Russischen Reichs, wobei die Ansiedlung russischer Bauern in den Weiten der asiatischen Reichsteile gleichzeitig auch nationalen Interessen diente: Schon die russischen Nationalisten der 1880er Jahre gingen von der Vorstellung aus, dass die Grenze zu China gegen den chinesischen Bevölkerungsdruck auf Dauer nur durch bäuerliche Besiedlung zu halten sei, und auch in Zentralasien mussten russische Bauern schneller zur Machtsicherung führen als die Russifizierung der einheimischen Völker. Der Bau der Eisenbahn hatte die erste Voraussetzung für eine erfolgreiche staatliche Siedlungspolitik geschaffen, die Stolypin'schen Agrarreformen brachten die zweite: 1908 erhöhte sich die Zahl der russischen Kolonisten, die über den Ural nach Osten zogen, auf 759 000; sie sank dann zwar wieder, weil ein Teil der Siedler (10–25 %) wegen der harten klimatischen Bedingungen entmutigt zurückkehrte, aber immerhin dreieinhalb Millionen Siedler fanden zwischen 1896 und 1914 im dünnbesiedelten Sibirien und in Zentralasien eine neue Heimat.

Die Agrarpolitik Stolypins war demnach auf dem richtigen Weg, obwohl die innere Kolonisation nur einen Teil der Landnot linderte, die durch den natürlichen Zuwachs der bäuerlichen Bevölkerung entstanden war; aber auch die Industrie und die Städte konnten Menschen aufnehmen. Wenn also die Industrie mehr überschüssige Arbeitskräfte beschäftigen konnte, wenn die Landwirtschaft durch Bildung und technischen Fortschritt intensiviert und der Abbau des Großgrundbesitzes beschleunigt werden konnten, dann war eine evolutionäre Lösung des russischen Agrarproblems möglich. Aber das erforderte eine lange und ungestörte Entwicklung; diese zu sichern, war eine politische Aufgabe, zu der die Führung des Staates – Herrscher und Regierung – sich als unfähig erwiesen.

Unter Stolypin war die Entwicklung trotz fragwürdiger Züge seiner Politik auf einem guten Weg und er hegte weitere Pläne der inneren Reform, als am 1. September 1911 in der Kiever Oper ein Attentat auf ihn verübt wurde, an dessen Folgen er fünf Tage später starb. Der Attentäter war einer jener Doppelagenten, die zugleich der Revolution und der Staatspolizei dienten und beide betrogen. Die gerichtliche Untersuchung gegen die beteiligten Polizeibeamten verhinderte der Kaiser persönlich; dass solche Methoden der Staatspolizei kurz vor dem Ersten Weltkrieg abgeschafft wurden, nahm schließlich kaum jemand wahr und es half dem Ruf der Staatsmacht nicht mehr. Diese Mischung von Chaos und Inkompetenz verantwortete an der Spitze Zar Nikolaus II. selbst, der völlig willenlos dem Rat seiner Frau folgte, die unter dem Einfluss Rasputins stand.

Der Fall Rasputin (1869–1916) war mehr als ein Produkt des Hofklatsches und eines von vielen Symptomen der Degeneration an der Staatsspitze. Rasputin war ein moralisch verkommener und in die Rolle eines Wanderpropheten geschlüpfter Bauer aus der Gegend von Tobol'sk, der Geschichte machen sollte. Man kann viele Gründe anführen, warum dieser Analphabet, der nur mit Intelligenz und der suggestiven Kraft eines begabten Schwindlers ausgestattet war, einen so ungeheuren Einfluss auf das Kaiserpaar gewinnen konnte. Zwar gab es in Russland immer eine abergläubische Verehrung pathologischer Randerscheinungen des religiösen Lebens; in diesem Fall lag es aber vor allem an den mystischen

Neigungen der kaiserlichen Konvertitin, die mit ihrer ganzen Energie alles mit Hass verfolgte, was ihre eingebildete Welt infrage stellen konnte. Entscheidend war aber die Tatsache, dass Rasputin offenbar die unheilbare Krankheit (Hämophilie) des 1904 nach vier Töchtern endlich geborenen Thronfolgers Aleksej günstig beeinflussen konnte oder doch zumindest bei den Eltern einen solchen Eindruck erweckte: Die Zarin glaubte, dass an Rasputin das Leben ihres Sohnes und damit das Schicksal des Russischen Reiches hing; dagegen kam kein Minister und kein Bischof an. Etwa im Jahre 1911 konnten schließlich alle Versuche, Rasputin vom Hof zu entfernen, als gescheitert gelten. Von da an beeinflusste Rasputin alle Entscheidungen des Zaren und benutzte dessen tiefes Misstrauen gegen die Umwelt dazu, seinem Hass gegen die Petersburger ›Gesellschaft‹ freien Lauf zu lassen: Gemeinsam mit Alexandra, die dieselbe Gesellschaft aus moralischem Rigorismus verabscheute, suggerierte er dem Zaren, dass nur von Ministern und Politikern Gefahr drohe, das ›Volk‹ dagegen den Selbstherrscher verehre, und dass Russland nur durch ein Bündnis der Autokratie mit dem ›Volk‹ gerettet werden könne; nur wer reaktionär und unfähig genug schien, die Autokratie nicht zu bedrohen, konnte mit Rasputins Protektion einen hohen Posten erlangen oder behalten. Die grotesken Zustände, die sich daraus ergaben und in den ersten Kriegsjahren ihren Höhepunkt erreichten, führten schließlich auch die konservativ-liberalen Oktobristen und die nationalistische Rechte in die Opposition; der ›Heilige Teufel‹ wurde im Dezember 1916 von Männern ermordet, die die Monarchie retten wollten. Verhängnisvoll war aber, dass in der Folge keine aktionsfähige Regierung mehr gebildet werden konnte: Als Kokovcov Anfang 1914 durch den nun 75-jährigen Goremykin ersetzt wurde, stand Russland unter einem senilen Ministerpräsidenten, der nur Befehle empfangen und an das übrige Dienstpersonal weitergeben konnte. So ging Russland in den ersten Weltkrieg.

Das letzte Stadium des Imperialismus

Im Jahre 1917 charakterisierte Lenin im Schweizer Exil in seinem Buch *Der Imperialismus als höchstes Stadium des Kapitalismus (Imperializm, kak vysšaja stadija kapitalizma)* die Außenpolitik der Großmächte in den letzten drei Jahrzehnten vor Kriegsausbruch als ein Wettrennen der Monopolkapitalisten um Rohstoffgebiete und Absatzmärkte; nach einer Aufteilung der Welt müsse der weitere Drang nach territorialer Expansion zum Krieg zwischen den imperialistischen Mächten, damit zum Zusammenbruch der kapitalistischen Wirtschafts- und Gesellschaftsordnung und schließlich zum Sieg der sozialistischen Revolution führen. Die Ereignisse des Jahres 1917 in Russland schienen diese Theorie zu bestätigen und verschafften ihr eine Popularität, die weit über den Bereich der kommunistischen Gläubigen hinausreichte.

Eine genauere Betrachtung der Außenpolitik der letzten Dekade vor dem Ersten Weltkrieg bestätigt diese Theorie indes nicht: Zwar gab es wirtschaftliche Interessengegensätze, die sich auch politisch auswirkten, aber neben den ökonomischen Interessen waren in den zunehmenden Konflikten andere Motive (z. B. auf dem Balkan) wirksam. Das gilt im Besonderen für Russland, das wie die anderen Mächte eine imperialistische Politik betrieb. Lenin hatte allerdings damit recht, dass die Zeit der leichten Annexionen vorüber war: Dies hatte die Niederlage Russlands gegen Japan gezeigt, und die Unruhen im Innern legten eine Vermeidung von weiteren Konflikten in der Außenpolitik nahe. Eine Absicherung nach außen über das Bündnis mit Frankreich hinaus war deshalb dringend erwünscht. Angesichts der Bündniskonstellation während des russisch-japanischen Krieges lag an sich eher eine Anlehnung an Deutschland als an England nahe, doch erwies sich das deutsch-russische Bündnis, das Wilhelm II. bei einem Zusammentreffen mit dem Zaren in Björkö am 24. Juli 1905 zustande brachte, als unpraktikabel: Einerseits verweigerte Frankreich den Beitritt zu einem Dreierbündnis, andererseits scheiterte ein zweiseitiges Defensivbündnis daran, dass

Russland nicht auf seine Bindung an Frankreich verzichten wollte, denn die russische Regierung war zu dieser Zeit an einer großen internationalen Anleihe interessiert, die allein Frankreich bieten konnte: Im April 1906 unterzeichnete der russische Finanzminister Kokovcov in Paris das Abkommen über eine Anleihe in der ungewöhnlichen Höhe von zweieinviertel Milliarden Francs, wobei in geringem Umfang zum ersten Mal auch britisches Kapital beteiligt war. Hierin zeigte sich also bereits, dass sich das englisch-russische Verhältnis änderte, weil für Russland die Meerengenfrage an Bedeutung verloren hatte.

Die englisch-russische Verständigung vom 31. August 1907 beunruhigte Berlin und wurde dort als Beginn einer ›Einkreisung‹ Deutschlands interpretiert; russischen Beteuerungen, dass sich das Abkommen nicht gegen Deutschland richte, schenkte man wenig Glauben. Sie waren jedoch zweifellos aufrichtig gemeint, denn die Beilegung der Streitigkeiten in Asien lag im russischen Interesse, ohne dass man deswegen im Westen neue Aktivitäten plante. Außerdem war der Interessenausgleich mit England nicht zu hoch einzuschätzen, denn die Absprachen über Persien, Afghanistan und Tibet konnten die Gegensätze beider Länder nur auf Zeit mildern und wurden außerdem von den Scharfmachern in beiden Ländern hart kritisiert. Die Einteilung Persiens in eine nördliche russische und eine östliche britische Interessensphäre mit einer neutralen Zone dazwischen vermehrte dabei im Grunde nur die Reibungspunkte; an Afghanistan erklärte sich die russische Regierung uninteressiert, und für Tibet einigte man sich auf die Anerkennung der chinesischen Oberhoheit. Nach wenigen Jahren hatte sich der russische Einfluss im nördlichen Persien (einschließlich der Hauptstadt Teheran) erheblich gefestigt; Tibet dagegen glitt, nachdem es sich während der chinesischen Revolution von 1911 für unabhängig erklärt hatte, 1914 eindeutig in die britische Machtsphäre. Dafür verschaffte sich Russland eine Kompensation im Osten: Die äußere Mongolei schüttelte im gleichen Jahr 1911 mit russischer Unterstützung die chinesische Herrschaft ab; ein russisch-mongolischer Vertrag vom November 1912 machte das Land faktisch zu einem russischen Protektorat, wenn auch formal die chinesische Oberhoheit 1913 noch einmal bestätigt wurde; das Einverständnis Japans (Geheimabkommen vom 8. Juli 1912) war die Gegenleistung für die russische Tolerierung der 1910 erfolgten Einbeziehung Koreas in das Japanische Reich (russisch-japanisches Geheimabkommen vom 4. Juli 1910): In einem Vertrag vom 30. Juli 1907 war unter französischer Vermittlung bereits eine allgemeine Abgrenzung der russischen und japanischen Interessengebiete zustande gekommen (Japan: Korea, südliche Mandschurei und Innere Mongolei; Russland: nördliche Mandschurei und Äußere Mongolei), wobei die Bereitschaft Japans zu einem Arrangement mit Russland durch das zunehmende amerikanische Interesse an chinesischen Angelegenheiten begründet war. Gemeinsam hatten Japan und Russland dann ein amerikanisches Eisenbahnprojekt in der Mandschurei (1909) verhindert, und gemeinsam hatten sie 1910 eine Anleihe zur wirtschaftlichen Erschließung der Mandschurei blockiert, die ein internationales (amerikanisch-britisch-deutsch-französisches) Bankkonsortium der chinesischen Regierung angeboten hatte. Russland seinerseits hatte sich nach der Niederlage gegen Japan in Asien keineswegs passiv und defensiv verhalten, aber trotz aller wirtschaftlichen Gegensätze der imperialistischen Mächte war es nicht zu größeren politischen Konflikten gekommen. Anders war dies auf dem Balkan, wo eine überwiegend ideologisch bestimmte Machtpolitik wirksam wurde.

Die russische Position auf der Balkanhalbinsel hatte unter dem Prestigeverlust im Fernen Osten nicht gelitten: Prorussische Sympathien waren am stärksten in Serbien, wo sie der Gegensatz zu Österreich ständig nährte; in Bulgarien wechselten sie je nach den Konstellationen in der Innenpolitik; sie fehlten fast vollständig in Rumänien und Griechenland; seit Peter dem Großen unterhielt Russland besondere Beziehungen zu Montenegro; die Dynastien waren miteinander durch Verwandtschaft verbunden, und das Land galt als eine Art dynastisch-orthodoxes Protektorat, das von Russland regelmäßig Subsidien erhielt. Gerade die slavischen Balkanvölker suchten den russischen Beistand am meisten, und sie fanden in Petersburg das größte Interesse: Die panslavistischen Ideen erwiesen sich im 20. Jahrhundert erneut als sehr lebendig, aber an die Stelle der religiösen und romantischen Elemente waren politische Vorstellungen getreten. Die Existenz der Habsburger Monarchie verhinderte jedoch jede Verwirklichung einer politischen Gemeinsamkeit der Slaven oder auch nur der Südslaven. Ebenso stand die Art der russischen Herrschaft über andere slavische Völker diesem Ziel im Weg. Weder konnte der deutsch und magyarisch geführte Vielvölkerstaat an der Donau also eine eindeutig slavisch bestimmte Macht werden, noch unter russischer Herrschaft eine für die Balkanslaven akzeptable große allslavische Föderation entstehen. Die Neoslavisten als Vertreter einer modernen Form des Panslavismus, die sich 1908 bis 1910 auf Kongressen in Prag, Petersburg und Sofia trafen, wurden in der Folge zu Begründern der Nationalstaaten ihrer Völker; auch auf diese konnte die russische Außenpolitik bauen – aufgrund eines Missverständnisses zwischen Panslavismus und Panrussismus.

Der russische Außenminister Izvol'ski (1906–10) nutzte diese Stimmung und konnte sich auf den Nationalismus der dritten Duma stützen, die an ›historische Ziele‹ Russlands anknüpfte: Die Krise auf dem Balkan spitzte sich mit der Annexion Bosniens und der Herzegowina durch Österreich am 6. Oktober 1908 zu, die ebenso wie die am Tag zuvor erfolgte Unabhängigkeitserklärung Bulgariens durch die jungtürkische Revolution (25. Juli 1908) ausgelöst worden war und eigentlich nur eine Legalisierung des seit Langem bestehenden Zustands bedeutete. Doch die Serben mussten darin eine direkte Verletzung ihres Anspruchs auf einen Nationalstaat aller Serben (und Kroaten) sehen, den wiederum Österreich als Gefährdung seiner Existenz auslegte; der historisch begründete Anspruch Österreichs stand gegen die nationalstaatlichen Ambitionen der Serben und der anderen slavischen Völker. Russland, das ja selbst ein Vielvölkerstaat war, unterstützte Serbien aufgrund der eigenen modernen nationalen und übernational-allslavischen Ideen und verhüllte damit seine eigene Machtpolitik. Aber es war nicht zu einem Krieg bereit, und da Deutschland keinen Zweifel daran ließ, dass es seine Bündnispflicht Österreich gegenüber erfüllen werde, endete die Krise mit der internationalen Anerkennung der Annexion und mit einer Demütigung Serbiens. Der Misserfolg der russischen Diplomatie war offensichtlich. Dasselbe wiederholte sich, als im November 1912 die im ersten Balkankrieg siegreichen Verbündeten (Bulgarien, Serbien, Montenegro, Griechenland) ihre Forderungen anmeldeten: Serbien und Montenegro verlangten mit Russlands Unterstützung Häfen an der Adria; als sich Österreich widersetzte, wuchsen die Spannungen bis zur beiderseitigen Mobilisierung. Wieder setzte sich letztlich der österreichische Standpunkt durch, neben Deutschland diesmal auch von Italien unterstützt. Als Folge wurde die russische Außenpolitik, die seit November 1910 der sehr viel maßvollere Sazonov verantwortete, auch von Frankreich dringend zur Zurückhaltung aufgefordert.

Auch nach Beilegung der Krisen blieb die Lage angespannt: Österreichs Erfolge steigerten die Erbitterung der Serben und minderten Russlands Prestige; es stand zu befürchten, dass Russland sich dies nicht weiter bieten lassen würde, zumal es nach einer Heeresreform das Risiko eines Kriegs weniger scheute. Die Zeit arbeitete also gegen die Donaumonarchie. Die nationale Frage belastete dabei nicht nur Österreich-Ungarn, sondern auch dessen Bundesgenossen Italien und Rumänien, die ihre Bündnistreue nur unzureichend honoriert glaubten. Die russische Außenpolitik versuchte sich diesen Aspekt zunutze zu machen, wie die Besuche von Nikolaus II. bei König Viktor Emmanuel in Racconigi (Oktober 1906) und bei König Carol in Konstanza (Juni 1914) unmissverständlich bewiesen.

Die unmittelbaren deutsch-russischen Konfliktpunkte waren demgegenüber gering: Über die Remilitarisierung der Ålandinseln einigte man sich 1908, und 1910 zeigte Russland Entgegenkommen in der Frage der Eisenbahnlinie nach Bagdad. Trotzdem war nach dem bisherigen Verhalten Deutschlands in den Balkankrisen klar, dass sich ein bewaffneter Konflikt mit Österreich nicht würde isolieren lassen. Die Gesamtlage war demnach explosiv, als das österreichische Thronfolgerpaar am 28. Juni 1914 in Sarajewo ermordet wurde: Obwohl im Grunde keine der beteiligten Mächte den Krieg leichtfertig vom Zaun brach, setzte sich auch keine nachdrücklich für die Erhaltung des Friedens ein. Dabei war es verhängnisvoll, dass die Automatik der Bündnisverpflichtungen und die ›technischen Erfordernisse‹ der Militärs in der neuen Krisensituation an die Stelle der Politik traten: Nikolaus II. musste die Generalmobilmachung früher anordnen, weil sie in Russland länger dauerte, und er konnte sich nicht auf eine Teilmobilmachung beschränken, weil sein Generalstab darauf angeblich nicht vorbereitet war. Auf einen Weltkrieg, der die politische Gestalt Europas von Grund auf verändern und alle drei europäischen Kaiserreiche zerstören sollte, war aber niemand vorbereitet.

Die russische Gesellschaft und das silberne Zeitalter der russischen Kultur

Die Entwicklung Russlands in den zwei Jahrzehnten vor dem Ersten Weltkrieg wurde zur Zeit der Sowjetherrschaft meist unter zwei Aspekten betrachtet: Einerseits stand die Autokratie mit ihren Defekten – also deren führende Vertreter, die Bürokratie, die Eingriffe in eine »staatsbedingte Gesellschaft« (Geyer) – im Zentrum, andererseits die Industrialisierung mit der Hervorbringung der Arbeiterschaft und damit der revolutionsbereiten Gruppen. Diese Sicht engte den Blick auf die Gesellschaft ein und stützte die Vorstellung von einer geradezu zwangsläufigen Entwicklung des Landes in Richtung Revolution und Herrschaft einer Partei. Dahinter traten aber zwei weitere Aspekte zurück, die das Bild an sich erst vervollständigen: Zum einen machte es die Größe des Landes schwierig, generelle Aussagen zu treffen; während etwa der Staat mit seinem Repressionspotenzial in den Hauptstädten und den größeren Industriestädten stets präsent war, fehlte er in weiten Teilen des Landes, in den Dörfern und erst recht in Sibirien, fast vollständig. Wenn also von einer Herrschaft der Bürokratie die Rede ist, wobei vor dem Weltkrieg diese trotz starker Steigerung der Zahl der Beamten in Russland nicht einmal die Hälfte der Zahl pro 1000 Einwohnern wie in Deutschland erreichte, so traf dies für die Provinz kaum zu. Daneben störte die Korruption der unterbezahlten Beamten zwar das Rechtsempfinden der Bürger, aber erleichterte das praktische Leben. Auch dies gehört zur russischen Tradition, die aus alter Erfahrung mit dem Staat auch gut gemeinte Aktionen ›von oben‹ – wie die Einführung der Sense, Desinfektionsmaßnahmen gegen Epidemien oder Impfaktionen – ins Leere laufen ließ. Zum anderen entwickelte die Gesellschaft eine eigene Dynamik und folgte Sachzwängen, die sich staatlicher Einflussnahme entzogen. In dieser Hinsicht kann man von einer ›eingeschränkten Autokratie‹ sprechen.

Die Einwerbung von Auslandskapital erzwang nicht nur die Stabilisierung der Währung, die Witte auf die internationale Goldbasis stellte, sondern auch Rechtssicherheit im Rahmen der örtlichen Verhältnisse. Dies veränderte die traditionale Gesellschaft von innen heraus: Die Bauern gewannen mehr Wohlstand durch bessere Produktivität der Arbeit und Verbesserungen im Absatz ihrer Produkte; der Adel musste sich nach neuen Erwerbsmöglichkeiten umsehen, um nicht in den alten Strukturen hoffnungslos zu verarmen; die neue städtische Mittelschicht erwarb Bildung und Kompetenz und pochte auf mehr Mitbestimmung. Dies war ein allmählicher Prozess, der die Stagnation störte und Perspektiven barg, die letztlich auf die Ausweitung der Zivilgesellschaft hinausliefen. Deren Kernelemente, wie die Bedeutung der Marktwirtschaft, Eigentumsrechte, Rechtssicherheit und Öffentlichkeit, waren mehr als nur in Ansätzen vorhanden: Die Presse wurde trotz aller Repressionen und dem Druck einer Zensur zu einem eigenen Faktor der Gesellschaft, indem sie einerseits durch Kritik, andererseits durch das Anheizen von Stimmungen in die offizielle Politik eingriff. Auch dies war indes ambivalent, denn während Informationen über Staatseingriffe die Heftigkeit dieser Eingriffe mindern konnten, so stärkten manche Presseorgane den russischen Nationalismus und den latenten Antisemitismus. Gerade Letzterer wurde in dieser Zeit sowohl von staatlicher Seite als auch von Bevölkerungsteilen in prekärer wirtschaftlicher Lage gefördert: durch den Staat mit gesetzlichen Einschränkungen der Karrierechancen und Ansiedlungsrechte der Juden – Aussiedlung aus Moskau und Petersburg um 1892/93 – sowie durch geduldete Terrorakte der ›Schwarzen Hundertschaften‹ und aus der Gesellschaft mit spontanen Pogromen etwa der Eisenbahnarbeiter in der Provinz, die von der Polizei nur nachlässig geahndet wurden. Diese Erfahrung unterbrach den Prozess einer Assimilierung der Juden und trieb bis zum Weltkrieg Hunderttausende in die Emigration, vornehmlich in die USA. In diesen Zusammenhang gehört auch der verhängnisvolle Text der *Protokolle der Weisen von Zion*, der um 1895 in Paris unter Mitwirkung von zaristischen Beamten entstand, 1903 in Petersburg veröffentlicht wurde und den gesellschaftlichen Wandel als eine Verschwörung der Juden erklären wollte.

Es ist bemerkenswert, dass in der russischen Tradition die orthodoxe Kirche kein eigenes Gewicht gewinnen konnte und unter der Leitung des Staates in einem trostlosen Zustand von Unbildung der weltlichen Geistlichkeit und Machtlosigkeit der Hierarchie verharrte.

In Entstehung begriffen war auch ein System der Parteien, die die gesellschaftlichen Interessen bündeln und im Staat zur Geltung bringen sollten. Gemeinsam war ihnen allen die Tatsache, dass sie entweder erst im Jahr 1905 entstanden oder in diesem Jahr aus der Illegalität und dem Exil auftauchten (Sozialdemokraten), sowie eine relativ lockere Organisation, die sich zum größten Teil erst nach den Wahlen und in der Arbeit der Dumen ausbildete. Grob lassen sich hier vier Richtungen aufzeigen, die bis auf die extreme Rechte alle für eine Verfassung in Russland eintraten, deren Vertreter sich aber immer wieder zerstritten, neue Gruppierungen bildeten, und allesamt in den vier Dumen keine wirkliche Mitsprache erlangten. Die Mitte bildeten die drei liberalen Parteien der Konstitutionellen Demokraten (›Kadetten‹), der ›Oktobristen‹ und der ›Trudoviki‹, die nach dem Oktobermanifest an die Öffentlichkeit traten. Die beiden ersten – wobei die ›Kadetten‹ bis zu 100 000 Mitgliedern gehabt haben sollen – stützten sich auf die Stadtbewohner, organisierten die Vertreter von Handel, Gewerbe, Dienstadel und Gutsadel, insbesondere aus der Tradition der *zemstva*; die Trudoviki, deren Name sich von der ›Gruppe der Arbeit‹ (*trudovaja gruppa*) herleitete, suchten die Verbindung zu den Bauern und wurden in der ersten Duma zur zweitstärksten Fraktion. Zwischen diesen Hauptgruppen der ›Bürgerlichen‹ siedelten sich weitere lockere Gruppierungen an, die aber kaum Einfluss erlangten. Die am besten organisierte Kraft vertrat die Arbeiterschaft, nämlich die 1898 formal gegründete ›Sozialdemokratische Arbeiterpartei Russlands‹. Auch sie war gespalten in die größte Gruppe des gut organisierten ›Jüdischen Bundes‹ im Westen des Reiches auf der einen, die Menschewiki und die Bolschewiki als gesamtstaatliche Partei auf der anderen Seite. Der Streit um die Parteiorganisation, um die Frage der Revolution statt Reformpolitik und schließlich der stetige erbitterte Kampf der führenden Personen untereinander bestimmten deren Politik bis in den Krieg hinein, so dass man von einer einheitlichen Partei eigentlich gar nicht sprechen darf. Die Bauern schließlich besaßen ihre Hauptvertretung in den Sozialrevolutionären, die die Tradition der *narodniki* fortsetzten, aber auch bei den Arbeitern Unterstützung fanden. Die Partei suchte einen ›dritten Weg‹ zwischen bürgerlichem Kapitalismus und proletarischem Sozialismus; da sie den Terror als Mittel zur Beförderung eines gewaltsamen Umsturzes bejahte, stand sie eigentlich schon mit einem Bein außerhalb des parlamentarischen Systems. Dies gilt auch für die extreme Rechte, wo sich verschiedene nationalrussische Kampfbünde gebildet hatten, die in der Verteidigung der Autokratie, der Ablehnung einer Verfassung und in einem Antisemitismus einig waren, der so weit ging, dass die ›Schwarzen Hundertschaften‹ zwischen 1905 und 1914 maßgeblich an antijüdischen Pogromen beteiligt waren. Mit Ausnahme der liberalen Parteien der Mitte waren alle diese Gruppierungen nur bedingt auf eine Mitarbeit am Staat vorbereitet, und allesamt erhielten sie dazu keine Gelegenheit.

Die Autokratie des allrussländischen Imperators befand sich unter Nikolaus II. zwar in einem Zustand der Erstarrung und des Verfalls, und der Kaiser spielte bis zuletzt immer wieder mit dem Gedanken, die Duma als einzigen Zeugen politischen Fortschritts abzuschaffen; doch so autoritär sich das Regime auch gebärdete, es war in seiner Schwäche doch weit von einem modernen totalitären Staat entfernt: So wie die wirtschaftliche Entwicklung auch gegen staatliche Bevormundung fortschritt und umwälzende soziale Veränderungen hervorrief, entzog sich auch das kulturelle Leben der Kontrolle. Zwar waren die neuen Freiheiten der Hochschulen und der Presse nur in ›provisorischen Regeln‹ aus dem Jahre 1905 begründet und blieben auch nicht ungefährdet, aber die legalen Möglichkeiten geistiger Kommunikation waren nun doch sehr viel günstiger. Dafür spricht schon die Tatsache, dass von 1906 bis 1914 über 3000 marxistische Publikationen in Russland legal erscheinen konnten, darunter die vom April 1912 bis zum Juli 1914 in Petersburg erscheinende bolschewistische *Pravda*.

Folgenreicher war die reaktionäre Behandlung der Hochschulen. Hier verletzte der Unterrichtsminister L. A. Kasso (1910–14) ständig die akademische Selbstverwaltung, und gegen daraus folgende Studentenunruhen von Anfang 1911 griff er zu dem traditionellen und politisch bedenklichen Mittel von Massenverweisen und Verschickungen. Aus Protest trat eine Reihe sehr bekannter Moskauer Universitätsprofessoren, darunter der Historiker Ključevskij, zurück. Zwar erhielt Russland mitten im Krieg (Januar 1915) einen liberalen ›Minister für Volksaufklärung‹, der den sinnlosen Kampf mit den Hochschulen beenden wollte, aber die Reformen des Grafen P. N. Ignat'ev kamen niemals über das Stadium von Gesetzentwürfen hinaus. Unabhängig davon hatte sich die Zahl der Studenten seit der Jahrhundertwende etwa verdreifacht: 1914 besuchten 90 000 junge Russen und (zu 23 %) Russinnen die Hochschulen und wuchsen in einer Atmosphäre radikaler Staatsfeindschaft heran; in etwa derselben Größenordnung nahm der Besuch der höheren Schulen und Grundschulen zu, deren Unterhaltskosten zwischen Staat und *zemstva* geteilt wurden. Ein Gesetz von 1908 sah die schrittweise Annäherung an die allgemeine Schulpflicht vom 8. bis zum 11. Lebensjahr vor, was immer noch hinter westeuropäischen Verhältnissen zurücklag; erst für das Jahr 1922 hoffte man, die dafür erforderliche Verdreifachung der Grundschulen erreichen zu können. Dabei räumten selbst offizielle Schätzungen ein, dass 1914 auf dem Land kaum mehr als die Hälfte aller 8- bis 11-jährigen die Schule besuchte. Dennoch war der Fortschritt für Russland, und hier besonders für die Städte, beachtlich, zumal sich auch die Qualität der Schulen verbesserte (die ›griechisch-römische Knechtschaft‹ war schon um die Jahrhundertwende zu Ende gegangen), deren Entwicklung das lebhafte Interesse der Öffentlichkeit und einer ambitionierten pädagogischen Wissenschaft fand. Schulbildung war kein Privileg von Adel und Bürokratie mehr – die ›*raznočincy*‹ als Schicht der ›Aufsteiger‹ waren an den Hochschulen längst in der Mehrheit. Auch das übrige Kulturleben nahm einen beträchtlichen Aufschwung.

Gerade in den beiden letzten Jahrzehnten vor der Revolution stand neben der politischen und sozialen ›Befreiungsbewegung‹ auch eine geistig-kulturelle; aber beide Bewegungen gerieten in einen tiefen Gegensatz zueinander; als jedoch das Streben nach politischer Freiheit scheiterte, ging auch das befreite künstlerische Schaffen zugrunde. Der Zwang, von dem sich die Kunst und in erster Linie die Literatur befreien musste, lag dabei weniger in der äußeren Kraft staatlicher Zensur als in jenen inneren Maßstäben begründet, die Belinskij und die Nihilisten entwickelt hatten und die für die radikale *intelligencija* verbindlich geworden waren: Der Realismus, die schonungslose, alles enthüllende, das Gewissen aufrüttelnde Darstellung der Wirklichkeit war das Losungswort der Kritiker geworden. Das literarische Kunstwerk musste demnach in erster Linie sozial nützlich sein; auf die literarische Qualität und den Ausdruck der Persönlichkeit des Dichters kam es nicht so sehr an. Die große Prosadichtung hat sich zwar niemals streng an dieses Rezept Pisarëvs gehalten, aber sie kam im Ganzen doch den Erwartungen der Weltverbesserer entgegen, sofern sie nicht – wie etwa bei Dostoevskij – allzu sehr im seelisch-religiösen Bereich wurzelte: Sowohl L. N. Tolstoj, der erst am Vorabend des ersten Weltkriegs starb (1828–1910), als auch Maksim Gor'kij (Pseudonym für Aleksej Peškov, 1869–1936), der noch die Simplifizierung des ›sozialistischen Realismus‹ erlebte, verknüpften die Darstellung der Wirklichkeit untrennbar mit der sozialen Ideologie; bei Gor'kij war dies bereits der Marxismus. Den adeligen Gutsbesitzer Tolstoj wie den Proletarier Gor'kij verband am Ende das Verstummen, obwohl bei letzterem das ganze gebildete Russland die letzten Schritte des greisen Ausbrechers in seinem Alterssitz Jasnaja Poljana in leidenschaftlicher Anteilnahme miterlebte und der Freund Lenins ein Staatsbegräbnis erhielt. Ivan Bunin (1870–1953) aber, der in jungen Jahren ebenfalls Marxist gewesen war, entzog sich der Verkündung einer irdischen Erlösung; er emigrierte 1918 und zog sich in die Sphäre edler Sprachvollkommenheit zurück. Das brachte ihm 1933 als erstem Russen den Literatur-Nobelpreis ein, aber es kostete ihn die Breitenwirkung des Neorealisten. Ein veredelter Realismus allein konnte die Kunst also nicht befreien, wie eine ganze Generation hochbegabter Künstler nicht nur in Russland plötzlich erkannte; an äußeren Daten lässt sich aufzeigen, wie der Aufstand des künstlerischen Individuums gegen die herrschende ästhetische Doktrin erfolgte: an der Begründung der Zeitschrift *Mir iskusstva* (›Welt der Kunst‹) durch S. Djagilev (1872–1929) und andere im Jahr 1899, des Verlags Skorpion im folgenden Jahr, der Zeitschrift *Novyj put'* (›Der neue Weg‹) durch D. S. Merežkovskij (1865–1941) im Jahr 1903. Aber die Welle eines entfesselten Individualismus, der nur in einer autonomen *Welt der Kunst* leben konnte und wollte, lässt sich durch Daten, Namen und -ismen nur unzulänglich erfassen. Gewiss folgte sie dabei zunächst der westeuropäischen Mode des *l'art pour l'art* in Frankreich, doch war der Aufbruch in Russland spontan und umfassend.

Über Nacht kam im Symbolismus die Poesie wieder zu Ehren: V. J. Brjusov (1873–1924), Zinaida N. Gippius (1867–1945, die Frau von Merežkovskij), K. D. Bal'mont (1867–1943), A. A. Blok (1880–1921), N. S. Gumilev (1886–1921) schöpften die Möglichkeiten der russischen Sprache in neuen Formen und Themen aus; Anna A. Achmatova (Pseudonym für Gorenko, 1889–1966, 1910–18 die Frau von Gumilev), die ›Futuristen‹ V. V. Majakovskij (1893–1930), B. L. Pasternak (1890–1960) und der Bauerndichter S. Eesenin (1895–1925) retteten das Erbe einer vielfältigen und bis an alle Grenzen vorstoßenden lyrischen Tradition in die sowjetische Epoche hinüber; Sologub (Pseudonym für F. K. Teteŕnikov, 1863–1927), A. M. Remizov (1877–1957), Merežkovskij und A. Belyj (Pseudonym für B. N. Bugaev, 1880–1934) wagten in Prosa nicht minder kühne Experimente. Diese literarischen Experimente, die häufig über die Grenzen der Verständlichkeit hinausgingen und einen künstlerischen Individualismus ohne Rücksicht auf Konvention und Geschmack offenbarten, wurden inhaltlich von einem religiösen Ringen fern aller konfessionellen Bindung begleitet: vom Teufelsglauben Sologubs und vom ›religiösen Anarchismus‹ Merežkovskijs bis zum Neuhumanismus von V. I. Ivanov (1866–1949) und I. F. Annenskij (1856–1909). Darin ergaben sich dann Berührungspunkte zu Männern, die nicht durch die Kunst, sondern durch philosophische Überlegungen in die Nähe des Religiösen geführt wurden: N. A. Berdjaev (1874–1948) und S. N. Bulgakov (1871–1944) übernahmen von Merežkovskij die Redaktion des *Neuen Weges*, und umgekehrt ließ Struve den belletristischen Teil seiner Zeitschrift *Russkaja mysl'* (›Der russische Gedanke‹) zuerst von Brjusov, danach von Merežkovskij und Zinaida Gippius redigieren. In den 1902/03 Jahren entstanden zudem ›religiös-philosophische Versammlungen‹, aus denen später die ›Petersburger religiös-philosophische Gesellschaft‹ hervorging. In ihr vereinigten sich die ›Gottsucher‹ (*bogoiskateli*) unter den symbolistischen Dichtern

– Merežkovskij, Gippius, Sologub, Ivanov, Blok und andere – mit den ehemaligen ›legalen Marxisten‹ – neben den schon genannten Berdjaev, Bulgakov und Struve vor allem auch der bedeutende Denker S. L. Frank (1877–1950) – sowie mit religiösen Schriftstellern wie V. V. Rozanov (1856–1919) und aufgeschlossenen Vertretern der orthodoxen Kirche. Das ›Gottsuchen‹ war zum Teil eine psychologische Folge der gescheiterten Revolution und reichte damals bis in die Reihen der Marxisten hinein, wo Lunačarskij, Gorḱij und andere vorübergehend eine atheistische Religion begründen wollten (›Gotterbauer‹ – *bogostroiteli*) und sich damit die heftige Kritik Plechanovs zuzogen.

Unruhe und schöpferischer Aufbruch fanden sich auch in der Musik, in der bildenden und in der darstellenden Kunst: Mussorgskij (1839–1881) wurde wiederentdeckt, und A. N. Skrjabin (1871–1915) ging entschlossen neue Wege, auf denen ihm I. Stravinskij (1882–1971) und der junge S. Prokof'ev (1891–1953) folgten; der unermüdliche Djagilev brachte die Werke der jungen russischen Maler und im Sommer 1909 mit sensationellem Erfolg das Petersburger kaiserliche Ballett vor das Pariser Publikum; nachdem das Monopol der Staatstheater in den beiden Hauptstädten gefallen war, ging von dem 1897/98 eröffneten ›Moskauer Kunst-Theater‹ unter K. S. Stanislavskij (1863–1938) und V. I. Nemirovič-Dančenko (1859–1943) eine Erneuerung der dramatischen Kunst aus, die in die Welt ausstrahlte. Diese Entwicklung band die russische Kunst mit Selbstverständlichkeit in die europäische ein, auch wenn sie an ältere russische Traditionen anknüpfte; sie war dabei aus Überzeugung apolitisch, selbst wenn sie den revolutionären Geist in der ›Welt der Kunst‹ in naiver Selbstverkennung mit dem Streben der revolutionären Parteien identifizierte.

Die ›Philosophen‹ sahen die Zeichen der Zeit schärfer und klarer: Im Jahr 1909 legte eine Gruppe ehemaliger Marxisten einen schmalen Band mit dem Titel *Věchi* (›Absteckpfähle, Wegmarken‹) vor. Diese *Sammlung von Aufsätzen über die russische Intelligencija*, wie der Untertitel lautet, hatte der Moskauer

Literaturkritiker M. O. Geršenzon angeregt und herausgegeben; geprägt wurde sie durch jene ehemaligen Marxisten, die schon kurz nach der Jahrhundertwende den Weg zum philosophischen Idealismus (1903: Sammelband *Problemy idealizma* – ›Probleme des Idealismus‹) und zum politischen Liberalismus gefunden hatten und die der verschwommenen Slavophilie Geršenzons im Grunde fern standen: Die scharfe Kritik, die Struve hier am revolutionären Maximalismus, Kistjakovskij an den fragwürdigen Rechtsvorstellungen, Berdjaev am relativierten Wahrheitsbegriff und Frank am ethischen Nihilismus der *intelligencija* übten, ging von ›westlichen‹ Positionen aus. In einer »Revision der geistigen Grundlagen der herrschenden Weltanschauung« (Frank) protestierte die *Věchi*-Gruppe zudem gegen ›die Revolution‹ als Wert an sich und gegen die Relativierung von Wahrheit, Recht und Moral im deren Dienst. Sie forderte den »Primat des geistigen Lebens über die äußeren Formen des Zusammenlebens« (Geršenzon), die »Anerkennung des Eigenwertes der philosophischen Wahrheit« unabhängig von der sozialen Gerechtigkeit (Berdjaev), die »Umerziehung der Persönlichkeit« durch geistige Selbstdisziplin (Bulgakov), eine Erneuerung des verschütteten Rechtsbewusstseins als Voraussetzung für eine »feste und unerschütterliche Rechtsordnung« (Kistjakovskij), einen »schöpferischen, Kultur schaffenden religiösen Humanismus« anstelle des herrschenden »unproduktiven, kulturwidrigen nihilistischen Moralismus« (Frank) und schließlich ein positives, verantwortungsbewusstes Verhältnis zum Staat und zur staatlichen Ordnungsaufgabe (nicht zur Autokratie!) anstelle der traditionellen grundsätzlichen Staatsfeindschaft (Struve).

Die *Věchi*, die in kurzer Zeit fünf Auflagen erlebten, waren eine literarische Sensation, die von der *intelligencija* von Miljukov bis Lenin allerdings als Skandal betrachtet wurde, auf den sie mit umfangreichen Gegenschriften reagierten: Den radikal-liberalen Standpunkt vertrat I. Petrunkevič (1844–1928), den sozialrevolutionären J. Gardenin (V. M. Cernov, 1873–1952); Miljukov, Außenminister der provisorischen Regierung 1917, veranstaltete eine Vortragsreise, um den Liberalismus nach seinem Verständnis gegen die Kritiker in seiner eigenen Partei zu verteidigen; Lenin freute sich über den ideologischen Konflikt unter seinen bourgeoisen Gegnern, erklärte die ›reaktionären‹ Thesen der *Věchi* für das wahre Gesicht des Liberalismus und Miljukovs Protest für pure Heuchelei. Keiner der Kritiker verstand die Intention der Verfasser der *Věchi*-Aufsätze; sie verharrten bei ihren Idealen und Methoden und weigerten sich hartnäckig, den Sprung vom 19. ins 20. Jahrhundert zu vollziehen.

So schritt die Geschichte über das »silberne Zeitalter der russischen Kultur« (W. Weidlé) hinweg, zerstreute dessen Träger in alle Welt oder zerbrach sie im Land innerlich und äußerlich; die Warnsignale der *Wegmarken* blieben unbeachtet. Angesichts der Katastrophe von Krieg und Revolutionen erhob die Gruppe im Jahr 1918 indes noch einmal ihre Stimme: *Aus der Tiefe* (*Iz glubiny – De Profundis*) lautete der Titel eines neuen Sammelbandes, der angesichts des Sieges der Bolschewiki noch einmal die Grundthesen der *Věchi* wiederholte; er konnte durch einen Zufall 1921 in Moskau gedruckt, aber nur noch geheim verbreitet werden. Über den Aufruf zu Redlichkeit und Realitätssinn aus einer der glanzvollsten Epochen der russischen Kultur verbreitete sich feindseliges Schweigen. Auch außerhalb Russlands ist nur wenig von dem bekannt geworden, was man dort dachte und schuf, als man Westeuropa am nächsten war; dies betraf freilich nur eine kleine Elite, die den Gang der Geschichte nicht beeinflussen konnte.

DIE KOMMUNISTISCHE SOWJETMACHT

Krieg und Revolution

1914 26.–30. Aug.: Schlacht bei Tannenberg
1916 Juni–Aug.: Brusilov-Offensive
1917 6. Apr.: Kriegseintritt der USA
1918 7. Mai: Frieden von Brest-Litovsk

Die Kriegsereignisse

Russland war weder militärisch noch wirtschaftlich oder politisch auf einen Krieg vorbereitet, auch wenn der Kriegsminister Suchomlinov dies leichtfertig behauptet hatte; der Totalverlust der auf das südliche Ostpreußen vorstoßenden Narev-Armee unter Samsonov in der Schlacht bei Tannenberg schon im August 1914 war der Beweis dafür. Dagegen erreichten die russischen Truppen gegen die Österreicher im Süden zunächst Erfolge, und als am 22. März 1915 nach sechsmonatiger Belagerung die Festung Przemyśl kapituliert hatte, verkündete man in Petrograd (so war bei Kriegsbeginn ›St. Petersburg‹ russifiziert worden) die Rückkehr Galiziens als ein altes russisches Land. Die großen Worte von einem unteilbaren Russland bis zu den Karpaten waren kaum verhallt, als Anfang Mai 1915 deutsch-österreichische Truppen bei Gorlice die russische Front ins Wanken brachten; in wenigen Wochen waren die Landgewinne in Galizien wieder verloren. Die anschließenden deutschen Offensiven drängten die russischen Truppen auf der ganzen Front zurück, bis sie in einer Linie zum Stehen kamen, die von der rumänischen Grenze bis über den Naroč-See hinaus ziemlich gerade nach Norden führte und dann nach Westen abbiegend knapp vor Riga die Ostsee erreichte. Dieser Frontverlauf blieb bis zum Ende der Kampfhandlungen im Wesentlichen unverändert, obwohl die russische Armee unter Brusilov im Sommer 1916 eine anfangs auch erfolgreiche Offensive versucht hatte und Rumänien aufseiten der Alliierten in den Krieg eingetreten war, dessen Niederlage im Herbst und Winter 1916 die Front an Seret und Donau entlang bis zum Schwarzen Meer verlängerte.

Obwohl Russland über nahezu unerschöpfliche Reserven an Menschen und Rohstoffen verfügte und seine Hauptkräfte an der Westfront konzentrierte, konnte es in der Folge keine Entscheidung erzwingen. Dafür gab es viele Gründe: Die militärische Führung war auf ihre Aufgaben kaum vorbereitet, und selbst im Krieg gelangte nur in Ausnahmefällen der richtige Mann an die richtige Stelle. Aber auch begabtere Offiziere im Generalstab wären an den gegebenen Bedingungen – den wirtschaftlichen, sozialen und politischen Verhältnissen – gescheitert.

Die russische Industrie konnte die Bedürfnisse eines Millionenheeres nicht decken; die Kriegsdauer und die schweren Materialverluste verschlimmerten die Situation. Die Alliierten konnten nur über Archangel'sk, das wegen seiner nördlichen Lage nur während des Sommers angelaufen werden konnte oder Vladivostok im fernen Osten Hilfe leisten; dazu kam, dass die wenigen Eisenbahnen aus Sparsamkeitsgründen technisch vernachlässigt worden und nun den erhöhten Kriegsanforderungen nicht gewachsen waren. Als Folge davon brach das gesamte Verteilungssystem zusammen, was nicht nur die Versorgung der Armee beeinträchtigte, sondern auch die Belieferung der Kriegsindustrie mit Rohstoffen und der städtischen Bevölkerung mit Nahrungsmitteln behinderte. Der Regierungsapparat erwies sich als unfähig, die Organisationsaufgaben zu bewältigen, behinderte aber aus Misstrauen jede Initiative der Gesellschaft, diese Aufgaben selbst zu übernehmen. So konnte 1916 die latente Krise in der Versorgung der Truppe nur deswegen vorübergehend überwunden werden, weil improvisierte Kriegsindustriekomitees, die von Industriellen, den *zemstva*, und Städten getragen wurden, einsprangen und sogar Arbeitervertreter heranzogen. Aber die Tätigkeit dieser Komitees wurde von der Regierung nur geduldet und oft als politisch suspekt sogar direkt behindert. Es erwies sich demnach bald, dass der Agrarstaat Russland unter den wirtschaftlichen Folgen eines langen Krieges mehr zu leiden hatte als die Industrieländer.

Dauer und Art des Krieges mussten sich dabei besonders stark auf die soziale Struktur auswirken. Außerdem erhöhte sich die Zahl der Industriearbeiter durch den Ausbau der Kriegsindustrie um schätzungsweise 400 000, weil die zum Kriegsdienst einberufenen Arbeiter ersetzt werden mussten; beides hatte eine Umschichtung der Arbeiterschaft zur Folge: Der prozentuale Anteil der aus dem Dorf in die Stadt gerufenen Arbeiter stieg beträchtlich, und diese waren in bäuerlich-traditionellen Vorstellungen befangen, ungebildet und politisch ungeschult, was die Chancen einer Agitation im Sinne eines Aufstands erhöhte, entsprechend aber auch eine sozialistische Bewusstseinsbildung erschwerte. Nach einer Pause zu Beginn des Krieges kam es wieder zu Streiks, wie schon in den beiden letzten Vorkriegsjahren. Diese Streiks waren aber nicht mehr politischen Charakters, da die Führer der sozialistischen Parteien im Ausland oder in Sibirien weilten; sie entsprangen vielmehr einer verzweifelten Unrast der Arbeiterschaft, die auf Entladung drängte. Nicht minder entwurzelt als die städtischen Neuarbeiter waren etwa 15 Millionen russische Bauern, die zur Armee einberufen worden waren: Die nationale Kriegsbegeisterung der ersten Wochen, die es auch in Russland gegeben hatte, war ihnen fremd; sie erlebten Not und Tod in einem mit unzulänglichen Mitteln geführten Krieg, dessen Sinn sie nicht verstanden. Sie erlitten Niederlagen und die Neuauflage des sozialen Konflikts zwischen ›Herrn‹ und ›Bauern‹ in Uniform; so erwarb der erste Oberkommandierende, Großfürst Nikolaj Nikolaevič (ein Onkel des Zaren), seine ›Popularität‹ durch drastische Methoden im Umgang mit höheren Offizieren und den Mannschaften. Hoffnungslosigkeit und Kriegsmüdigkeit griffen unter diesen Umständen rasch um sich und begünstigten eine revolutionäre Agitation. Hinzu kam noch, dass die russische Taktik eines

Masseneinsatzes an Menschen schon im Anfangsstadium des Krieges zu hohen Verlusten an Offizieren geführt hatte, die Russland nur schwer ersetzen konnte; die Reserveoffiziere kamen meist nicht aus einem nationalbewussten loyalen Bürgertum, sondern aus der radikalen *intelligencija*. Aber selbst liberale und konservative Patrioten wandelten sich während des Krieges in verbitterte Oppositionelle, nachdem die Euphorie nach dem Kriegsausbruch abgeflaut war.

Der Krieg verschärfte also die bestehenden Gegensätze: Die Unfähigkeit der Regierenden erzeugte nun sofort sichtbare Misserfolge, und die liberale Opposition protestierte mehr aus Patriotismus als aufgrund von liberalen Vorstellungen. Deshalb geriet die mehrheitlich konservative vierte Duma in einen immer schärferen Gegensatz zur Regierung. Der politische Zusammenschluss der gesamten Mitte zum sogenannten ›Progressiven Block‹ umfasste schließlich das gesamte Spektrum von der gemäßigten Rechten bis zu den Kadetten; nur die reaktionären Splitterparteien auf dem äußersten rechten und die Sozialisten auf dem äußersten linken Flügel blieben außerhalb. Das Programm des ›Progressiven Blocks‹ vom August 1915, das die Mehrheit der Minister als Verhandlungsgrundlage akzeptierte, forderte eine Regierung, der das Volk vertrauen könne. Umgekehrt solle die Regierung ihr Misstrauen gegen jede Initiative der Öffentlichkeit zur Erhöhung der Kriegsanstrengungen aufgeben, die militärische Führung sich nicht in die zivile Verwaltung einmischen, die Diskriminierung der nationalen und religiösen Minderheiten sowie die Umgehung der ordentlichen Gerichte durch eine administrative Strafpraxis beseitigt werden. Obwohl jede dieser Forderungen berechtigt war, geschah genau das Gegenteil: Goremykin schloss sich der Ansicht der Mehrheit seiner Kollegen nicht an, sondern erwirkte beim Kaiser die sofortige Vertagung der Duma. Es war dabei besonderes verhängnisvoll, dass sich Nikolaus II. zu dieser Zeit fern von Petrograd im Hauptquartier der Armee in Mogilëv am Dnepr befand; im August 1915 hatte er auf Drängen der Kaiserin und offensichtlich aus Eifersucht auf den populären Großfürsten Nikolaj Nikolaevič persönlich den Oberbefehl übernommen. Militärisch war dies zwar bedeutungslos, aber es isolierte ihn vollkommen von seinen zivilen Mitarbeitern und führte dazu, dass Alexandra mit Billigung des Gemahls die Regentschaft in der Residenz ausübte. Deren Konzept, wie es sich aus ihren Briefen an Nikolaus ergibt, sah vor, dass der Kaiser endlich als ein Autokrat handeln, Duma und Kriegsindustriekomitees auflösen, den Dumapräsidenten Rodzjanko beseitigen lassen und die übrigen Oppositionsführer nach Sibirien schicken sollte. Dazu kam es zwar nicht, aber allein der entscheidende Einfluss der Kaiserin auf die Besetzung der Ministerposten führte zu einer Agonie der Staatsführung: Mit der Ernennung des Ministerpräsidenten B. V. Stürmer (Januar – November 1916) und des Innenministers A. D. Protopopov (September 1916 – Februar 1917) war der Tiefpunkt erreicht. Weder die Ermordung Rasputins noch die warnenden Briefe einiger Großfürsten am Ende des Jahres 1916 konnten den Niedergang der Autokratie aufhalten.

Die Regierung und die Duma waren mitten im Krieg vollkommen isoliert: Ab November 1914 waren die fünf bolschewistischen Dumaabgeordneten nach Sibirien verbannt und zu Beginn des Jahres 1917 dann auch noch die sozialistischen Mitglieder des zentralen Kriegsindustriekomitees verhaftet worden; dadurch wurde die Mehrheit der Arbeiter und Bauern legal nur noch von wenigen vertreten, darunter der Menschewik N. S. Čcheidze (1864–1926), ein Schullehrer aus dem Kaukasus, und der Trudovik A. F. Kerenskij (1881–1970), ein junger Rechtsanwalt. Die Duma repräsentierte also die Bevölkerung nicht mehr, was alle Einsichtigen als Gefahr erkannten. Aus Mangel an Führungspersönlichkeiten drohte in dieser Situation ein Ausbruch der sozialen Urkräfte, von dem Miljukov prophezeite, dass er keine Revolution sein werde, »sondern ein fürchterliches russisches Wüten, ohne Sinn und Erbarmen … eine Orgie des Mobs«.

Unrealistisch war auch die Außenpolitik während des Kriegs, sofern sie historische Ziele des ›russischen Volkes‹ zu verfolgen vorgab. Sazonovs Panslavismus scheiterte auf dem

Balkan an den einander entgegengesetzten Ansprüchen der Verbündeten: Italien war nur auf Kosten der Südslaven in Dalmatien zu einem Kriegseintritt aufseiten der Alliierten zu bewegen, und Bulgarien konnte nicht gewonnen werden, weil Serbien und Griechenland sich nicht zu entsprechenden Konzessionen in Makedonien zwingen ließen; Rumänien zögerte die Entscheidung wegen Bessarabien so lange wie möglich hinaus. In dieser Lage erwies es sich als vorteilhaft, dass die Türkei Ende Oktober 1914 an der Seite Deutschlands und Österreichs in den Krieg eintrat: Da dadurch die Meerengen für Russland geschlossen waren, konnte deren Gewinnung wieder als historisches Ziel benannt werden, und dafür erwarb die Regierung nicht nur die Zustimmung der Alliierten (in Geheimverträgen vom Frühjahr 1915), sondern auch jene der konservativen und liberalen Dumaintelligenz. Einig wurden sich die Alliierten auch über die künftige Aufteilung der asiatischen Türkei (Sykes-Picot-Abkommen vom April 1916 mit beträchtlichen russischen Territorialgewinnen im Nordosten Kleinasiens), wohingegen die Kriegsziele im Westen unklar blieben, weil man die polnische Frage nicht realistisch betrachtete und daher offen ließ, in welcher Form Ostpreußen, Posen, Schlesien und Galizien dem russischen Machtbereich eingegliedert werden sollten.

Ebenso uneinsichtig war die Politik der russischen Regierung in der ›nationalen Frage‹, die gerade im Westen, wo die vorrückenden Mittelmächte den Separatismus der nichtrussischen Völker des Zarenreichs unterstützten, gefährlich wurde. Obwohl Deutschland wie Österreich ihre Chance nur sehr zaghaft wahrnahmen, hatte die fehlende Bereitschaft Petrograds, den ›Nationalitäten‹ im Russischen Reich Zugeständnisse im Hinblick auf ihre Selbstverwaltung zu machen, die Folge, dass sich die ›Nationalitäten‹, die bei Kriegsbeginn noch Loyalitätserklärungen abgegeben hatten, innerhalb von zwei Jahren zu Autonomisten entwickelten, die nur noch ein Schritt und die günstige Gelegenheit von der Separation trennte. Nur den Polen versprach Petrograd 1914 die ›Selbstverwaltung‹, 1915 die ›Autonomie‹, blieb damit aber so weit hinter dem nationalen Minimalprogramm der Polen zurück, dass es keine Wirkung erzielte. Als Sazonov dann unter französischem Druck im April 1916 dieses russische Entgegenkommen konkretisieren wollte, stürzte er darüber.

Eine ›ukrainische Frage‹ und die Existenz eines ukrainischen Volkes leugneten die großrussischen Chauvinisten indes hartnäckig und bekämpften entsprechende Erscheinungen; die brutale Russifizierung Galiziens im Winter 1914/15, die in einer Verschleppung der nationalbewussten ukrainischen Intelligenz gipfelte, trieb die Ukrainer auf die Seite der Mittelmächte. Der Historiker Hruševśkyj (1866–1934), der damals nach Simbirsk verbannt, und der griechisch-unierte Metropolit Graf Šeptyćkyj (1865–1944, Erzbischof von Lemberg seit 1900), der in einem orthodoxen Kloster interniert wurde, entwickelten sich zu ukrainischen Führungsgestalten. Nicht überall spitzte sich die ›nationale Frage‹ so dramatisch zu, aber überall drängte sie auf eine Aushöhlung und schließlich Auflösung des russischen Reichsverbandes. Daher ist eher die Dauer der Agonie erstaunlich als der spätere Zusammenbruch.

Die Februarrevolution

1917

27. Febr./ 12. März	›Februarrevolution‹
2./15. März	Abdankung des Zaren Nikolaus II. und Bildung der Provisorischen Regierung
4./17. Apr.	›Aprilthesen‹ Lenins
8./21. Jul.	Ministerpräsident Kerenskij

Im Februar 1917 war die Versorgung der Bevölkerung im Lande und besonders in Petrograd sehr schlecht; die Menschen hungerten und froren, Unruhen und Streiks waren an der Tagesordnung. Die Polizei schien jedoch auf alle Eventualitäten vorbereitet; in einer großen Garnison waren Truppen von ca. 160 000 Mann konzentriert, die revolutionären

Ereignissen vorbeugen sollten. Eine Demonstration von Frauen am 23. Februar (8. März) aus Anlass des sozialistischen Frauentages, denen sich ausgesperrte Arbeiter des Putilov-Werks anschlossen, verlief friedlich. Die Demonstrationen setzten sich an den beiden folgenden Tagen fort, wobei es zu bewaffneten Zusammenstößen mit der Polizei und den eher zögerlichen Soldaten kam. Von einer einheitlichen Führung der Demonstrationen konnte dabei keine Rede sein, und wegen der Einstellung der Zeitungen erfuhr die Öffentlichkeit nicht, dass Kerenskij in der Duma zur gleichen Zeit revolutionäre Reden hielt. Am Abend des 25. Februar (10. März) gab Nikolaus II. schließlich den Befehl, die Unruhen mit allen verfügbaren Mitteln zu unterdrücken: Noch in der Nacht wurden einige mutmaßliche Anführer verhaftet, und als die Soldaten am nächsten Tag, einem Sonntag, mit wenigen Ausnahmen dem Schießbefehl gehorchten und den Demonstranten schwere Verluste zufügten, glaubte sich die Regierung so stark, dass der Zar die Duma auflöste; diesem Befehl widersetzten sich die Abgeordneten jedoch. Den beschwörenden Appell des Dumapräsidenten Rodzjanko, durch Einsetzung eines der Duma verantwortlichen Kabinetts eine Katastrophe zu verhüten, ignorierte der Zar. Rodzjanko hatte jedoch die Situation richtig beurteilt. In der Nacht zum 27. Februar (12. März) vollzog sich dann der Umschwung, als die Petrograder Garnison meuterte und sich die Soldaten den demonstrierenden Arbeitern anschlossen – das war der Sieg der ›Februarrevolution‹. Die beiden Hauptgruppen der Unzufriedenen hatten sich spontan zusammengetan: die Arbeiter, die Brot verlangten, und die Soldaten, die keinen Krieg mehr wollten; zugleich bestand die Mehrheit beider Gruppen aus Bauern, die den alten Ruf nach Land erhoben. Unklar war, wer diese Forderungen erfüllen konnte, nachdem die bisher Herrschenden ihre Macht offensichtlich verloren hatten. Die neue Macht der Revolution musste sich erst konstituieren, und das geschah in doppelter Weise.

Die Duma hatte die Revolution nicht ausgelöst und war auf eine Führungsrolle nicht vorbereitet. Ihre Opposition, die zuletzt schon in sehr scharfer Weise geäußert worden war, hatte sich gegen das Regime von Nikolaus II. gerichtet, nicht gegen die Monarchie als solche. Die Mehrheit der Abgeordneten verlangte eine aus ihren Reihen gebildete und der Duma allein verantwortliche Regierung im Rahmen einer konstitutionellen Monarchie, um die Macht legal zu übernehmen. Daraus erklärt sich das zögerliche Verhalten der Duma, die weder offiziell gegen ihre Vertagung protestierte noch auseinanderging. In dieser Situation erkannte der konservative Abgeordnete V. V. Šul'gin, dass die Situation mit legalen Mitteln nicht mehr zu bewältigen war, und drängte darauf, die Macht zu übernehmen, – sonst »tun es andere, jene, die in den Fabriken bereits einige Schurken gewählt haben«. So bildeten am Nachmittag des 27. Februar (12. März) Vertreter aller Parteien des Progressiven Blocks, der Menschewiki und der Trudoviki ein Provisorisches Dumakomitee, das am Abend »die Wiederherstellung der staatlichen und öffentlichen Ordnung und die Schaffung einer Regierung« als seine Aufgabe bezeichnete.

Gleichzeitig hatten aber außerhalb der Duma Vertreter der Arbeiter und Soldaten auf ihre Weise nach der Macht gegriffen: Die von der Revolution aus dem Gefängnis befreiten Mitglieder der Arbeitergruppe des zentralen Kriegsindustriekomitees schlossen sich am gleichen Tag mit den sozialistischen, mehrheitlich menschewistischen Dumaabgeordneten unter der Führung von Čcheidze und Kerenskij zusammen und bildeten ein ›Provisorisches Exekutivkomitee des Arbeiterdeputiertenrates‹. Zwar gab es diesen Rat noch gar nicht, aber in Erinnerung an den Petersburger Sowjet von 1905 als einer Institution revolutionärer Selbstverwaltung und Selbstregierung wollte man vor dessen Zusammentreten bereits den Anspruch auf die Macht rechtfertigen. Die sofort einberufenen Deputierten der Arbeiter und nun auch der Soldaten fanden sich erst nach und nach ein, so dass es einige Tage dauerte, bis der neue ›Sowjet der Arbeiter- und Soldatendeputierten‹ (*sovet rabočich i soldatskich deputatov*) versammelt war. Dieser bestand aus etwa 3000 Mitgliedern, unter denen die rund 2000 Soldatendeputierten das Übergewicht hatten. Der Wahlmodus sah je einen Vertreter für 1000 Arbeiter und einen für jede Kompanie der Petrograder Garnison vor; darin zeigte sich die entscheidende Rolle der Soldaten bei der Revolution; die Benachteiligung der Arbeiter sollte indes sehr bald verhängnisvolle Folgen haben. Der Sowjet selbst war jedoch viel zu groß, um in den manchmal turbulenten Sitzungen produktive Arbeit leisten zu können; seine revolutionäre Macht lag bei dem aus sozialistischen Politikern bestehenden Exekutivkomitee.

Auf diese Weise war aus der Revolution eine Doppelherrschaft entstanden: Das Dumakomitee und das Exekutivkomitee standen einander als Vertretungen von Klassen gegenüber, die jeweils die Neuordnung in die Hand nehmen wollten. Entscheidend war bei alledem der Einfluss auf die Garnison, um den sich sowohl eine Militärkommission des Dumakomitees als auch ein Militärstab des Sowjets bemühte; und hier lag der Vorteil beim Sowjet, da im Sowjet selbst viele Vertreter der Garnison saßen. Das Dumakomitee konnte daher ohne Einvernehmen mit dem Sowjet keine Regierung bilden, die auch nur die geringsten Aussichten gehabt hätte, sich durchzusetzen. Das Exekutivkomitee hätte sich andererseits wohl auch ohne Beteiligung der Dumaabgeordneten behaupten können, zögerte aber aus einem rein ideologischen Grund: Nach marxistischer Lehre musste sich die Revolution in zwei Etappen vollziehen, einer bürgerlichen und einer sozialistischen. Die russischen Sozialisten – mit Ausnahme der Bolschewisten und des linken Flügels der Sozialrevolutionäre – glaubten also, dass einer sozialistischen erst eine bürgerliche Revolution vorauszugehen habe, zumindest aber eine bürgerliche Regierung. Die sozialistischen Parteien weigerten sich daher, in die Regierung einzutreten und Verantwortung zu übernehmen, verlangten aber gleichzeitig Garantien für die Erhaltung ihrer Macht. Die schließlich gebildete Provisorische Regierung unter dem Ministerpräsidenten Fürst G. E. L'vov (1861–1926) war demzufolge mit Ausnahme des Justizministers Kerenskij eine bürgerliche Regierung, aber die

Sowjetvertreter erklärten von vornherein, dass sie die Provisorische Regierung nur ›in dem Maße‹ unterstützen würden, in dem diese sich an die Vereinbarungen halten werde. Und diese sahen nicht nur die Gewährung aller demokratischen Rechte und Freiheiten vor sowie die Einberufung einer konstituierenden Versammlung von Volksvertretern aufgrund allgemeiner, direkter, gleicher und geheimer Wahlen, sondern auch das Verbot, die an der Revolution beteiligten Truppen zu entwaffnen oder aus Petrograd zu entfernen. Was das in der Praxis bedeutete, machte der schon am 1. (14.) März vom Sowjet erlassene Befehl Nr. 1 klar, der unter anderem die Bildung von Soldatenkomitees in allen Truppenteilen und deren Verfügungsgewalt über die Waffen anordnete und für alle politischen Angelegenheiten der Armee allein den Sowjet für zuständig erklärte. So wurde verhindert, dass die Provisorische Regierung Einfluss auf die Armee gewinnen konnte.

Am gleichen Tag (2./15. März), an dem die Provisorische Regierung ihr Amt antrat, unterzeichnete Nikolaus II. in Pskov, dem Hauptquartier der Nordfront, die Abdankungsurkunde zugunsten seines Bruders Michail, nachdem er vergeblich die Hauptstadt zu erreichen versucht hatte; sämtliche Armeeführer und die konservativen Dumamitglieder A. I. Gučkov (Kriegsminister der Provisorischen Regierung) und Šul'gin, die den Kaiser aufsuchten, hatten dies als einzigen Ausweg bezeichnet. Allerdings konnte auch dieser Schritt die Monarchie nicht mehr retten: Am Morgen des 3. (16.) März verzichtete auch Michail auf den Thron; damit war Russland zur Republik geworden.

Die Zeit der Provisorischen Regierung

Die Februarrevolution schuf jedoch zunächst keine neue Ordnung, sondern leitete einen allgemeinen Niedergang des Staates ein, der sehr bald jeder Kontrolle entglitt: Die Zeitgenossen konnten dies natürlich nicht sogleich erkennen. Die Alliierten Russlands glaubten in einem verständlichen Wunschdenken an den Beginn einer demokratisch-freiheitlichen Ordnung, die den reaktionären Mittelmächten nun eine gemeinsame Front der Demokratien entgegensetzte, weshalb sie die Provisorische Regierung sofort anerkannten. Die Deklamationen des neuen Außenministers Miljukov schienen diese Hoffnung zu bestätigen; allerdings geriet er mit seiner kriegswilligen Vertragstreue und der Bestätigung der Kriegsziele der kaiserlichen Regierung sofort in einen scharfen Gegensatz zum Sowjet. Dieser wandte sich schon am 14. (27.) März in einem eindringlichen Aufruf an die ›Proletarier und Werktätigen aller Länder‹, verurteilte jede Eroberungspolitik und forderte einen Frieden ›ohne Annexionen und Reparationen‹. Unter dem Druck heftiger Demonstrationen für den Frieden musste Miljukov, ebenso wie der Kriegsminister Gučkov, zurücktreten. Eine Verstärkung erhielt die Provisorische Regierung, als ihr am 5. (18.) Mai nach längeren Verhandlungen sechs Sozialisten (Menschewiken und Sozialrevolutionäre) als Minister beitraten (Kerenskij als Kriegs- und Marineminister). Die Regierung wurde auf diese Weise zu einer liberal-sozialistischen Koalitionsregierung, der nur die Bolschewisten fernblieben. Damit war der Gegensatz in der ›Doppelherrschaft‹ aber nur notdürftig überdeckt, denn während sich die Provisorische Regierung nach links öffnete, rückte der Sowjet weiter nach links außen. Dafür war Lenin als Parteiführer der Bolschewisten verantwortlich, der am Abend des 3. (16.) April auf dem Finnländischen Bahnhof in Petrograd eingetroffen war.

Die deutsche Regierung war nach der Februarrevolution im Gegensatz zu den Alliierten nicht an einer neuen Ordnung des Kriegsgegners interessiert, sondern an einer Unordnung in Russland, die den Krieg beenden würde. Der Gedanke einer ›destruktiven Russlandpolitik‹ durch das Einschleusen radikal-revolutionärer und pazifistischer Emigranten lag demnach nahe: Brockdorff-Rantzau, damals Gesandter in Kopenhagen, scheint sich als Erster energisch dafür eingesetzt zu haben; die Oberste Heeresleitung und der Kaiser stimmten zu, und Dr. Alexander Helphand (1867–1924, Pseudonym: Parvus) – ein russischer Revolutionär, deutscher Sozialdemokrat, Großschieber und Berater der deutschen Regierung in einer Person – stellte die entsprechenden Verbindungen her. Im Ergebnis wurde zunächst Lenin mit seinen Begleitern und danach noch mehrere 100 weitere russische Revolutionäre in ›plombierten Eisenbahnwagen‹ aus der Schweiz über Deutschland nach Schweden transportiert, von wo sie über Finnland nach Russland gelangten. Sicher hätte Lenin eine andere Form der Heimkehr vorgezogen, denn die Unterstützung der Deutschen konnte ihn kompromittieren; er sah aber keine andere Möglichkeit zur Heimkehr, zumal er angesichts der Entwicklung in Russland keinen Augenblick länger als unbedingt nötig warten wollte. Noch im Januar war Lenin sehr pessimistisch gewesen; der erbitterte innerparteiliche Kampf in der Emigration hatte ihn als einen fanatischen Außenseiter isoliert und der Krieg hatte ihn der russischen Wirklichkeit entfremdet. Nun aber fühlte er seine Stunde gekommen: Schon in seinen *Briefen aus der Ferne* hatte er ein äußerst offensives Kampfprogramm entwickelt, das die Petrograder Parteiführung jedoch zunächst nicht für durchführbar hielt. Insbesondere als Kamenev (1883–1936) und Stalin (1879–1953) aus der sibirischen Verbannung zurückgekehrt und an die Spitze des Petrograder Zentralkomitees der Bolschewiki getreten waren, unterschied sich dessen Politik nur durch eine größere Zurückhaltung, nicht aber im Prinzip von jener der übrigen Parteien des Sowjets. Mit der Ankunft Lenins änderte sich das grundlegend.

Am 4. (17.) April verkündete Lenin seine Thesen ›über die Aufgaben des Proletariats in der gegenwärtigen Revolution‹. Darin ging er von der Behauptung aus, dass man sich nach der Machtergreifung der Bourgeoisie, zu der Lenin auch die Menschewiken und die Sozialrevolutionäre als ›kleinbürgerliche Parteien‹ rechnete, im Übergang von der bourgeoisen zur sozialistischen Phase der Revolution befinde. Er lehnte jeden Krieg als imperialistisch ab, so lange nicht das Proletariat (also die bolschewistische Partei) allein die Macht übernommen habe. Deshalb forderte er die konsequente Bekämpfung der Provisorischen Regierung auch in ihrer veränderten Zusammensetzung, den Übergang der Macht auf eine Regierung der Sowjets (der ›Räte‹) und die Bildung einer ›Sowjetrepublik als höherer Form der Demokratie‹ gegenüber der parlamentarischen Republik. In dieser Sowjetrepublik sollte es keine Polizei, keine Armee und keine Bürokratie mehr geben, die Banken und der gesamte Grundbesitz sollten unverzüglich nationalisiert werden, wobei Lenin die »Verfügungsgewalt über den Boden [...] den örtlichen Sowjets der Landarbeiter- und Bauerndeputierten« zugestand, gleichzeitig aber auch »die Einrichtung von Musterwirtschaften [...] unter Kontrolle der Landarbeiterdeputierten« vorsah. Damit wollte Lenin den Klassenkampf im Dorf auslösen und die Kollektivierung der Landwirtschaft erreichen, ohne dass daraus hervorging, dass die Nationalisierung des ›gesamten Bodens‹ auch die Bauern um ihr Privateigentum bringen musste. Die Sozialisierung der Industrie sollte dagegen nach Lenin nur in einem allmählichen ›Übergang zum Sozialismus‹ erfolgen und die Kontrolle von Produktion und Verteilung durch den (zentralen!) Sowjet zum Ziel haben. Lenin wollte schließlich das Parteiprogramm der neuen Lage anpassen, den diskreditierten Namen der Sozialdemokraten durch die Bezeichnung ›Kommunisten‹ ersetzen und zum Zwecke der Weltrevolution eine neue – dritte – Internationale der Kommunisten gründen.

Die ›Aprilthesen‹ waren ein konsequentes Programm der Machtergreifung durch die bolschewistische Partei. So sah keine einzige der Thesen vor, dass sich in der Sowjetrepublik auch noch andere Parteien an der Macht beteiligen könnten. Angesichts der Tatsache, dass sich zu diesem Zeitpunkt eine bürgerliche Regierung um die Konsolidierung der Macht bemühte und die Bolschewisten im Lager der Sozialisten nur eine kleine Minderheit bildeten, stellten die Aprilthesen demnach eine kühne Herausforderung dar, die selbst Lenins Parteigenossen schockierte. Dabei enthielten sie nur wenig Marxismus, etwas mehr von der Tradition der russischen revolutionären Bewegung, am meisten sprach aus ihnen aber ein konsequenter und selbstbewusster Wille zur Macht. Lenins Absicht konnte nun niemandem mehr zweifelhaft sein, aber die Zeitgenossen nahmen seine Kampfansage sehr zu Unrecht nicht ernst, weil sie ihn für einen maximalistischen Sektierer hielten. Seine Beurteilung der Lage sollte sich indes mehr und mehr als richtig herausstellen.

Trotz der Unterstützung durch einen Teil des Sowjets fehlten der Provisorischen Regierung alle Mittel, um die fortschreitende Revolution unter Kontrolle zu bringen und eine funktionierende neue Ordnung aufzubauen. Eine Polizei gab es nicht mehr; sie war durch eine unzuverlässige Miliz ersetzt worden, die staatliche Ordnungsaufgaben weder erfüllen konnte noch wollte. Die Armee befand sich in Auflösung, und die Bürokratie der unteren Ränge wartete ab, wie sich die Dinge entwickeln würden. Die Regierungskommissare, die an die Stelle der Gouverneure im Land traten, galten als ebenso provisorisch wie die Regierung und waren ebenso machtlos. Den *zemstva* und den Stadtdumen, die das Notwendige tun und den Aufbau einer liberalen Demokratie beginnen wollten, traten nun überall Sowjets gegenüber, wodurch die Konfusion in der Zentrale überall ihr lokales Gegenstück fand. Ohne unpopuläre Maßnahmen konnte die Provisorische Regierung den Staat also nicht konsolidieren, und indem sie es versuchte, musste sie die Gunst der Massen verlieren; im Ergebnis konnten sowohl die Provisorische Regierung als aber auch der Sowjet, obwohl beide seit Juli 1917 von denselben sozialistischen Parteien getragen wurden, weder die Macht festigen noch die Zustimmung der Massen erhalten: Die Sozialisten hatte Angst, ›die Revolution zu verraten‹, und der Ministerpräsident Kerenskij (seit 8./21. Juli) war ein redseliger Romantiker der Revolution, der zwar eine beträchtliche Popularität genoss, aber seine eigenen Vorstellungen für die Wirklichkeit hielt: Er glaubte, dass das russische Volk aus revolutionärem und nationalem Ehrgefühl den Krieg bis zum Sieg fortsetzen wolle und dass ein militärischer Erfolg die Disziplin der Truppe wiederherstellen würde. Diese Fehleinschätzung führte schließlich zur Kerenskij-Offensive (Beginn 18./30. Juni), die nach einigen Anfangserfolgen in Galizien und in der Bukowina mit einem totalen Fiasko endete. Seine Befürchtung, dass ein dilettantischer Putschversuch des Oberkommandierenden der russischen Truppen, General Kornilov (25.–30. August), eine Bedrohung der Revolution darstelle, trieb Kerenskij dann zur Rehabilitierung der Bolschewisten, die gerade im sogenannten Juliaufstand eine ernsthafte Schlappe erlitten hatten.

Was die bewaffneten Demonstrationen in Petrograd am 3. (16.) Juli auslöste, ist unbekannt: Der Ruf ›alle Macht den Räten‹, mit dem Soldaten und Arbeiter vor das Taurische Palais, den Sitz des Sowjets zogen, war zwar eine Parole der Bolschewisten, aber sie hatten das Stichwort offenbar nicht ausgegeben und die Leitung der Demonstrationen für den folgenden Tag nur zögerlich übernommen, weil sie eine gewaltsame Machtübernahme als verfrüht ansahen. Durch diese Situation geriet das Exekutivkomitee des Sowjets vorübergehend in eine recht prekäre Situation, und man nahm den Bolschewisten ihre Zurückhaltung nicht ab. Als dann noch gefälschte Dokumente veröffentlicht wurden, die eine finanzielle Unterstützung Lenins durch die Deutschen belegen sollten, wandte sich die Stimmung deutlich gegen die Bolschewisten und brachte bisher neutrale Regimenter spontan auf die Seite der Provisorischen Regierung, die nun handeln konnte: Eine Reihe bolschewistischer Führer wurde verhaftet, ihre Roten Garden entwaffnet, Lenin selbst, der sich zuerst einem Gericht stellen wollte, lebte auf Parteibeschluss fortan im Untergrund. Zu einem Verbot der Partei konnte sich der Sowjet allerdings nicht entschließen, und der beträchtliche Zuwachs an Stimmen für die Bolschewisten bei den Wahlen zum Petrograder Sowjet im August (33 % gegenüber nur mehr 37 % für die Sozialrevolutionäre) zeigte überraschenderweise, dass diese nur vorübergehend an Zustimmung verloren hatten. Zwar ist durch deutsche Akten belegt, dass der bolschewistischen Parteikasse durch dunkle Kanäle tatsächlich deutsche Gelder zuflossen, aber diese haben Lenins Politik gegenüber Deutschland nicht beeinflusst und erst recht nicht Lenins Ziel der Machtgewinnung im Namen des

Sozialismus. Das wachsende Ansehen der Bolschewisten beruhte vielmehr darauf, dass sie als einzige konsequent ›Frieden‹, ›Land‹ und ›Brot‹ als Ziele der Revolution propagierten.

Im Sommer 1917 ging die Geduld der revolutionierten Massen allmählich zu Ende: Die Soldaten verweigerten den Gehorsam und machten auf ihre Weise selbstständig Frieden; die Bauern hatten längst damit begonnen, sich das Land anzueignen. Die allgemeine Versorgungslage verschlechterte sich immer mehr, Fabriken mussten stillgelegt werden, weil keine Rohstoffe mehr nachkamen und weil die Forderungen der Gewerkschaften und Fabrikkomitees keinen rentablen Betrieb mehr erlaubten; die Preissteigerungen erhöhten die Unterhaltskosten, die Produktion näherte sich dem Nullpunkt, der wirtschaftliche Zusammenbruch stand vor der Tür. Unterdessen entwickelte Kerenskij eine fieberhafte Aktivität, um der Regierung durch Parlamentssurrogate Ansehen und Legalität zu verschaffen. Den Anfang bildete im August die ›Staatskonferenz‹, die 2500 Vertreter aus allen Parteien (außer den Bolschewisten), staatlichen Institutionen und gesellschaftlichen Korporationen zusammenrief und in einem letzten Versuch das kaiserliche und das revolutionäre Russland vereinen sollte, dann aber keine nationale Einmütigkeit, sondern die unüberbrückbaren Gegensätze offenbarte. Es folgte im September die ›Demokratische Konferenz‹ (*demokratičeskoe soveščanie*), an der nur die linken Parteien (einschließlich der bürgerlichen Linken) teilnahmen und die aus ihren Reihen den gewöhnlich als ›Vorparlament‹ bezeichneten ›Provisorischen Rat der Republik‹ (*vremennyj sovet respubliki*) bestimmte. Alle diese Veranstaltungen, bei denen in endlosen Reden immer wieder die Forderung nach einer starken Regierung und nach Wiederherstellung von Ruhe und Ordnung erhoben wurde, konnten über die Agonie der Regierungs- und Staatsmacht indes nicht hinwegtäuschen. Die ständige Verschiebung der Wahlen zur Konstituierenden Versammlung (zuletzt auf den November) lieferte gleichzeitig der bolschewistischen Propaganda ein weiteres Argument.

Die Oktoberrevolution

1917	
12./25 Okt.	Militärrevolutionäres Komitee
25. Okt./7. Nov.	›Oktoberrevolution‹

Kornilovs Putschversuch löste bei den Wählern einen Linksruck aus, der den Bolschewisten im September die absolute Mehrheit im Petrograder und im Moskauer Sowjet einbrachte. Das war für Lenin das Zeichen zum Angriff, denn nun erhielt die Parole ›alle Macht den Räten!‹, die seit dem Juli fragwürdig geworden war, wieder ihren Sinn für die Bolschewisten. Brief auf Brief schrieb Lenin aus seinem Versteck in Finnland an die Führungsgremien der Partei über das einzige Thema: ›Die Bolschewisten müssen die Macht ergreifen‹, und zwar durch den sofortigen bewaffneten Aufstand. Er fühlte, dass der Provisorischen Regierung die geringe Macht, über die sie im Juli noch verfügt hatte, unaufhaltsam entglitt, und er hatte Angst, seine Partei könnte den richtigen Zeitpunkt versäumen und durch zu langes Zögern das Vertrauen der Massen verlieren: Eine solch günstige Gelegenheit zum Handeln käme nie wieder, denn die Revolution würde sich bald jeder Kontrolle entziehen, in Anarchie münden und am Ende eine Diktatur der Gegenrevolution hervorrufen. Aber das Petrograder Zentralkomitee sträubte sich: Die negative Erfahrung des Juliaufstands mahnte zur Vorsicht; Lenins Parteifreunde Zinov́ev (1883–1936) und Kamenev wollten nicht alles auf eine Karte setzen, solange die begründete Aussicht bestand, in die kommende Konstituierende Versammlung als starke Gruppe einzuziehen und vielleicht auf parlamentarisch-legalem Wege an die Regierung zu kommen.

Auf einer Geheimsitzung des Zentralkomitees konnte Lenin am 10. (23.) Oktober gegen die Stimmen Zinov́evs und Kamenevs die Entscheidung für den bewaffneten Aufstand zur Machtergreifung erreichen. Lenin hatte seinen Willen durchgesetzt, indem er seinen Austritt aus dem Zentralkomitee angedroht hatte, um frei agitieren zu können. Angesichts der sonst realistischen Einschätzung der Lage ist es dabei bezeichnend, dass selbst in der nach einem Referat Lenins gefassten Resolution, also in einer internen Beurteilung des höchsten Parteigremiums, die demagogischen Argumente bei Weitem überwogen: Der Aufstand der Kieler Matrosen, die einen letzten Kriegseinsatz der Flotte verhindern wollten und einen Soldatenrat gebildet hatten (Anfang November 1918), wurde darin als ein »Heranreifen der sozialistischen Weltrevolution in ganz Europa« gedeutet; die »Gefahr eines Friedens der Imperialisten mit dem Ziel, die Revolution in Russland zu erdrosseln«, als Gespenst an die Wand gemalt; der Provisorischen Regierung die Absicht unterstellt, Petrograd den Deutschen auszuliefern; die Mehrheit im Moskauer Sowjet als Beweis dafür angesehen, dass sich »das Vertrauen des Volkes der bolschewistischen Partei zugewendet« habe, und die zaghaften Versuche der Provisorischen Regierung, der bolschewistischen Machtergreifung entgegenzuwirken, als »Vorbereitung eines zweiten Kornilovputsches« ausgelegt. Lenin wird das alles nicht selbst geglaubt haben, aber zur Machtergreifung war ihm jedes Mittel recht, auch die »Taktik Bakunins und in vielen Fällen Stück für Stück die Taktik Nečaevs«, wie es der todkranke Plechanov Anfang 1918 in tiefer Verbitterung formulierte. An der ganzen Lagebeurteilung stimmte nur, dass die Bolschewisten in diesem Augenblick in Petrograd und Moskau die Mehrheit der Arbeiter und Soldaten hinter sich hatten; dies allein genügte jedoch der Kampftaktik Lenins, an der entscheidenden Stelle und im entscheidenden Augenblick die Überlegenheit zu besitzen. Dies begriffen aber weder die Theoretiker der menschewistischen *Arbeiterzeitung* (*Rabočaja gazeta*), wenn sie von einer verhängnisvollen »Isolierung des Petrograder Proletariats und der Garnison von den anderen Klassen« schrieben, noch die Führer der Regierungsparteien, wenn sie im Hinblick auf die Stimmung im ganzen Land den Versuch einer Machtergreifung der Bolschewisten für aussichtslos und ungefährlich hielten.

Sie ergriffen die Macht eben nicht im ganzen Land auf einmal, sondern zunächst nur in Petrograd, und hier gab es nichts, was der organisierten Masse von Soldaten und Arbeitern Widerstand leisten konnte. Diese Organisation war die Hauptleistung der Akteure der Oktoberrevolution: Sie wurde nicht vom Zentralkomitee der bolschewistischen Partei und auch nicht von dessen eigens für die Leitung des Aufstands begründeten Politischen Komitee (aus dem das Politbüro hervorgehen sollte) durchgeführt, sondern vom Militärrevolutionären Komitee des Sowjets, das am 12. (25.) Oktober auf menschewistischen Antrag zur Abwehr einer möglichen Gegenrevolution und einer Bedrohung Petrograds durch die Deutschen gebildet worden war und nun zur legalen Kommandostelle der Bolschewisten wurde. Darin war ein Mann entscheidend, den die sowjetische Geschichtsschreibung zur ›Unperson‹ gemacht hat – Trockij (Bronštejn, 1879–1940). Als Termin zum Handeln wurde der 25. Oktober (7. November) vorgesehen, an dem der zweite Allrussische Sowjetkongress zusammentreten sollte: Schon am 22. Oktober (4. November) konnte das Militärrevolutionäre Komitee, das mithilfe der Garnisonskonferenz und eigener Kommissare in allen Truppenteilen bereits praktisch über die Garnison verfügte, die Provisorische Regierung und den Stab des Petrograder Militärbezirks als ›Instrumente der Gegenrevolution‹ bezeichnen und offen die militärische Befehlsgewalt übernehmen: »Kein Befehl an die Garnison, der nicht vom Militärrevolutionären Komitee unterzeichnet ist, besitzt Gültigkeit«. Als Kerenskij dann am Morgen des 24. Oktober (6. November) mit völlig unzulänglichen Kräften – es standen ihm nur die Junker einiger Offiziersschulen und ein Frauenbataillon zur Verfügung – einen letzten Versuch machte, das Gesetz des Handelns an sich zu reißen, und die Druckerei des bolschewistischen *Rabočij put'*, (›Weg des Arbeiters‹, vorübergehender Tarnname der *Pravda*) sowie die Nevabrücken besetzen ließ, schlug Trockij los: Während des Tages und in der darauffolgenden Nacht besetzten bolschewistische Truppen und Rote Garden (bewaffnete Arbeitermilizen) alle wichtigen Punkte der Stadt, ohne auf Widerstand zu stoßen. Nur das Winterpalais, in dem sich die Regierung aufhielt und das man stark verteidigt glaubte, wagte man noch nicht anzugreifen; es wurde erst in der nächsten Nacht eingenommen und die anwesenden Minister verhaftet; sechs Tote aufseiten der Aufständischen waren die einzigen Opfer der Oktoberrevolution in Petrograd. Kerenskij hatte am Morgen des 25. Oktober (7. November) im Auto eines amerikanischen Botschaftsangehörigen die Stadt verlassen, um von der Front regierungstreue Truppen heranzuholen; zur gleichen Zeit verkündete ein Aufruf Trockijs den ›Bürgern Russlands‹:

> Die Provisorische Regierung ist abgesetzt. Als Organ des Petrograder Sowjets der Arbeiter- und Soldatendeputierten hat das Militärrevolutionäre Komitee, das an der Spitze des Proletariats und der Garnison von Petrograd steht, die Staatsgewalt übernommen.

Wie unauffällig dieses welthistorische Ereignis über die Bühne ging, hat Akteure und Zuschauer gleichermaßen beeindruckt: Während des Sturms auf das Winterpalais spielten die Theater und fuhren die Straßenbahnen. Trockij schrieb später von einer

> Stille, schrecklicher als alle Donner der Welt. Lautlos verschob sich der soziale Boden, einer Drehbühne gleich, die die Volksmassen in den Vordergrund hob und die gestrigen Herren in die Unterwelt hinabtrug.

In Wahrheit waren indes nicht die ›Volksmassen‹ aufgestiegen, sondern die Partei der russischen Kommunisten unter der Führung Lenins, und hinabgetragen – »auf den Kehrrichthaufen der Geschichte«, wie Trockij ihnen nachrief – wurden zunächst die russischen Sozialisten – die rechten Sozialrevolutionäre, die Menschewisten und Bundisten –, die am Abend des 25. Oktober (7. November) den Sowjetkongress aus Protest gegen den Putsch verließen. Damit waren die Bolschewisten unter sich – den linken Sozialrevolutionären, die sich ihnen angeschlossen hatten, kam keine selbstständige Bedeutung zu – und Lenin begann zu regieren.

Revolution und Krieg

Die ersten Schritte der Sowjetmacht

Mit der Machtergreifung wurde die Gestaltung des Staates für die bolschewistischen Revolutionäre zu einem praktischen Problem, das sich nicht mehr auf die Theorie beschränkte. Lenin war darauf vorbereitet: Im finnischen Exil hatte er die grundlegende Schrift *Staat und Revolution* (*Gosudarstvo i revoljucija*, 1917) verfasst und darin die traditionelle marxistische Vorstellung vom baldigen Absterben des Staates nach der sozialistischen Revolution aufgegeben: Die Diktatur des Proletariats werde ein Staat einer Klasse sein wie jeder andere Staat, nur eben der Staat der siegreichen Mehrheit. In der Praxis bedeutete dies vom ersten Augenblick an, dass Lenin darin nichts anderes sah als eine Diktatur der bolschewistischen Partei hinter der Fassade der ›Sowjetmacht‹, die sich seinem Willen und notfalls der Gewalt zu fügen hatte, wie bald auch seine engsten Parteigenossen erkennen mussten.

Formal ging die Macht, die das Militärrevolutionäre Komitee ergriffen hatte, zunächst auf den Sowjetkongress über, der neben einer Reihe von Aufrufen und Verfügungen, die den Übergang der Macht an die lokalen Sowjets im ganzen Land einleiten und sichern sollten, in der Nacht vom 26. auf den 27. Oktober (8./9. November) drei große Dekrete beschloss: das Dekret über den Frieden, das Dekret über das Land und das Dekret über die Bildung einer provisorischen Arbeiter- und Bauernregierung. Sie waren von Lenin verfasst worden und geben Aufschluss über seine politische Konzeption im Augenblick des Sieges. So forderte das Dekret über den Frieden einen sofortigen Frieden ohne Annexionen und ohne Kontributionen; es wiederholte damit die Formel, auf die sich der Sowjet schon im Frühjahr festgelegt hatte. Lenin definierte darin den Begriff ›Annexion‹ genau: Annexion liege vor,

> wenn eine beliebige Nation mit Gewalt in den Grenzen eines Staates festgehalten wird, wenn ihr entgegen dem von ihrer Seite ausgesprochenen Wunsch … nicht das Recht zu-

> gestanden wird, in freier Wahl bei völligem Abzug des Heeres der annektierenden oder überhaupt der stärkeren Nation ohne die geringste Nötigung die Frage der Formen ihrer staatlichen Existenz zu entscheiden [und zwar] unabhängig davon, wann dieser gewaltsame Anschluss vollzogen wurde [...] wie entwickelt oder rückständig [die betroffene Nation sei und ob sie] in Europa oder in fernen Ländern jenseits des Ozeans lebt.

Diese Formulierung war zwar gegen den Kolonialimperialismus gerichtet, aber Lenin hätte das Selbstbestimmungsrecht wohl kaum in dieser Klarheit verteidigt, wenn er nicht davon überzeugt gewesen wäre, dass sich keine Nation für etwas anderes als den Kommunismus und das kommunistische Russland entscheiden würde.

Das Dekret über das Land verfügte die entschädigungslose Enteignung des Privatlandes und übertrug die Verfügung darüber ›bis zur Konstituierenden Versammlung‹ den Kreis-Landkomitees und den Bezirkssowjets der Bauerndeputierten. Darin folgte Lenin einer alten Forderung der Sozialrevolutionäre, was der Punkt 4 des Dekrets ausdrücklich bestätigt, indem er sich »bis zur endgültigen Entscheidung durch die Konstituierende Versammlung« auf jene »Bauern-Instruktion« bezieht, »die aufgrund von 242 örtlichen Bauerninstruktionen« durch die Redaktion der *Nachrichten des Allrussischen Sowjets der Bauerndeputierten* zusammengestellt und bereits im August veröffentlicht worden war. Unter den 1115 Bauerndeputierten dieses Sowjets hatten sich 537 Sozialrevolutionäre, aber nur 14 (!) Bolschewisten befunden. Lenin übernahm also ohne Bedenken das Agrarprogramm der ›gegenrevolutionären Kleinbürger‹.

Das dritte Dekret schließlich setzte »zur Verwaltung des Landes bis zur Einberufung der Konstituierenden Versammlung eine Provisorische Arbeiter- und Bauernregierung« ein, die die Bezeichnung ›Rat der Volkskommissare‹ führen sollte und von Lenin selbst geleitet wurde. Aber auch alle anderen Kommissariate wurden fast ausschließlich mit Bolschewisten besetzt (Äußeres – Trockij, Inneres – Rykov, Landwirtschaft –

Miljutin, Arbeit – Šljapnikov, Nationalitätenangelegenheiten – Stalin usw.), was die Vertreter der anderen sozialistischen Parteien im Sowjet benachteiligte. Lenin wollte die Macht mit niemandem teilen, und wenn er auf Druck der Eisenbahner wenig später vorübergehend auch einige linke Sozialrevolutionäre in die Regierung aufnahm, so geschah dies weniger auf Fürsprache prominenter Bolschewisten (Zinov'ev, Kamenev und fünf der Volkskommissare) und schon gar nicht aus sozialistischer Solidarität, sondern aus der Erkenntnis heraus, dass er im November und Dezember 1917 die Bauern für sich gewinnen musste. Die sozialrevolutionären Volkskommissare traten dann aus Protest gegen die Bedingungen des Friedens von Brest-Litovsk mit den Mittelmächten im März 1918 selbst zurück, und von da ab gab es keine Abweichung in Richtung eines ›parlamentarischen Kretinismus‹ mehr. Als der junge Sowjetstaat im Sommer 1918 seiner schwersten Krise entgegenging, wurden am 14. Juni schließlich alle Vertreter der gemäßigten Sozialrevolutionäre und der Menschewisten aus den Sowjets ausgeschlossen; die linken Sozialrevolutionäre endeten im Abseits, als sie wenig später, am 6. Juli, den deutschen Botschafter Graf Mirbach ermordeten und einen Putsch versuchten.

Das vorübergehende Zusammengehen mit den linken Sozialrevolutionären nutzte Lenin nicht nur im Hinblick auf die Bauern; es lieferte ihm auch den formalen Vorwand für sein Vorgehen gegen die konstituierende Versammlung, denn in den Wahlen galt die Sozialrevolutionäre Partei noch als eine einzige Partei, die ihn angeblich stützte, obwohl in ihr die gemäßigten Elemente ein deutliches Übergewicht besaßen. Zwar wollte Lenin einem verfassunggebenden Parlament niemals eine politische Bedeutung einräumen, außer dass es seine eigene Herrschaft bestätigt hätte; aber die Bolschewisten hatten sich in ihrer Propaganda gegen die Provisorische Regierung so sehr auf die konstituierende Versammlung festgelegt, dass sie diese nun nicht einfach ignorieren konnten, obwohl sie dort niemals eine Mehrheit gewinnen konnten. Unter diesen Umständen hätte Lenin die Wahlen am liebsten ebenso verschoben wie vor ihm die Provisorische Regierung, aber als Vorsitzender des Rats der Volkskommissare, der sich ausdrücklich auf die Konstituierende Versammlung berief und sich ebenfalls nur als ›provisorisch‹ betrachtete, konnte er das nicht gut tun; zudem war der Wahltermin (25. November/8. Dezember) bereits festgelegt. Die Wahlen ergaben dann auch für die Bolschewisten 25 %, für alle anderen sozialistischen Parteien 62 %, für die bürgerlichen Parteien 13 % der Stimmen; von 715 Abgeordneten waren nur 183 Bolschewisten. Dieses Stimmenverhältnis machte eine Bestätigung der bolschewistischen Regierung unwahrscheinlich. Es tauchten daher auch sofort Gerüchte auf, dass die gewählte Versammlung niemals zusammentreten werde; Lenin widersprach diesen Gerüchten am 5. (18.) Dezember 1917 in einer offiziellen Erklärung, schrieb jedoch am 13. (26.) Dezember in der *Pravda* von einem »Missverhältnis zwischen den Wahlen zur Konstituierenden Versammlung und dem Volkswillen«, der sich inzwischen weiterentwickelt habe und dem die gewählten Abgeordneten nicht mehr entsprächen. So konnten sich diese zwar am 5. (18.) Januar 1918 im schwerbewachten Taurischen Palais versammeln, erfuhren dann jedoch von Lenins Mitstreiter Sverdlov (1885–1919), dass die Bolschewisten auf der »vorbehaltlosen Anerkennung der Sowjetmacht«, d. h. des herrschenden politischen Zustands bestünden. Nach vielen Reden bis in die späte Nacht hinein, in denen es darum ging, wie eine parlamentarische Demokratie in Russland zu begründen sei, standen sie am folgenden Morgen dann vor verschlossenen Türen. Diese Verzögerungstaktik betrieb Lenin, der durch sein vordergründiges Befürworten der Konstituierenden Versammlung unangreifbar war, zweieinhalb Monate lang, wodurch er die antibolschewistischen Kräfte lähmte, die mithilfe der Versammlung die provisorischen bolschewistischen Institutionen durch demokratisch legitimierte hatten ersetzen wollen.

Dieser Zeitgewinn war wichtig, um die gewonnene Macht zu festigen: Erst nach schweren Kämpfen geriet auch Moskau am 2. (15.) November in die Hand der Bolschewisten, und am selben Tag gelang es, die von Kerenskij herbeigeholten Kosaken des Generals Krasnov wieder aus Carskoe Selo zu vertreiben: Kerenskij selbst konnte als Matrose verkleidet entkommen. Zwar stellte die Armee keine Bedrohung der Revolution mehr dar, aber Lenin konnte sie erst für sich gewinnen, als am 20. November (3. Dezember) der Fähnrich Krylenko das Hauptquartier in Mogilëv mit bolschewistischen Matrosen besetzte und nachdem General Duchonin, der als Oberbefehlshaber Kontakte zu den Deutschen zum Abschluss eines Waffenstillstands verweigert hatte, vom Mob gelyncht worden war. Die ›Demokratisierung‹ der Armee, die Krylenko als Vorsitzender des nun den Oberbefehl führenden ›Zentralkomitees der operativen Armee und Flotte‹ durchführte, lief dabei letztlich auf eine wilde Demobilisierung hinaus: Die russischen Bauernsoldaten wollten in ihre Dörfer zurück, nachdem die sofortige Verteilung des Landes verkündet worden war, und die heimkehrenden Soldaten trugen wesentlich zur Festigung des bolschewistischen Regimes im ganzen Land bei. Solange die Sowjetregierung unter Führung der Bolschewisten für die überwältigende Mehrheit des russischen Volkes ›Frieden‹ und ›Land‹ bedeutete, hatten ihre Gegner keine Chancen, denn es kümmerte die Bauern wenig, wenn man in Petrograd die Pressefreiheit einschränkte, die Rangbezeichnungen abschaffte oder schließlich auch die ›Trennung der Kirche vom Staat und der Schule von der Kirche‹ (20. Januar/ 2. Februar 1918) durchsetzte. Die Bauern und Arbeiter interessierten sich auch nicht für die Zahl und den Wortlaut neuer Gesetze, sondern nur für die sozialen und ökonomischen Folgen dieser Maßnahmen. Änderungen der Bezeichnungen von Behörden waren für sie ebenso bedeutungslos wie die ›Expropriation der Expropriateure‹, also die ›Enteignung der Enteigner‹.

Jeden Einzelnen bedrohte jedoch die wirtschaftliche Katastrophe, der das Land entgegentrieb: Die Sowjetregierung hatte eine verzweifelte wirtschaftliche Lage geerbt; aber weil die Improvisation interessierter Privatunternehmer nun unerwünscht war, musste die staatliche und besonders die wilde

Sozialisierung die Probleme erst recht unlösbar machen. Die Umstellung der Kriegsproduktion auf den Frieden und der Verlust der wirtschaftlich bedeutenden Ukraine im Frieden von Brest-Litovsk hatten schließlich einen totalen Zusammenbruch von Produktion und Versorgung zur Folge. Das Ergebnis waren Massenarbeitslosigkeit und Hunger in den Städten, Unruhen auf dem Land, die einerseits durch rücksichtslose Zwangsrequisitionen und bewussten Klassenkampf geschürt wurden, andererseits aus der Not der aus den Städten zurückflutenden und von der Front heimkehrenden desertierten Soldaten resultierten, die nicht mehr ernährt werden konnten. Im Mai war klar, dass die Frist bis zur neuen Ernte nicht zu überbrücken war. Für den Aufbau einer sozialistischen Wirtschaft und Gesellschaft waren dies die schlechtest möglichen Voraussetzungen. Dies mochte die Doktrinäre in der Hauptstadt zunächst wenig kümmern, aber das Chaos konnte ihre Macht infrage stellen, und vor diesem Hintergrund müssen die erbitterten Auseinandersetzungen um das drängendste aller Probleme gesehen werden: das Problem des Friedens.

›Frieden‹

1918

9. Febr.	**›Brotfrieden‹ mit der Ukraine**
3. März	**Frieden von Brest Litovsk mit den ›Mittelmächten‹**

Das allgemeine Friedensangebot der Sowjetregierung hatte weder bei den Alliierten noch bei den Mittelmächten ein Echo hervorgerufen. Erst im Auftrag Krylenkos brachten die russischen Parlamentäre den erwünschten Kontakt zustande, der zur Aufnahme von Verhandlungen im Hauptquartier der deutschen Ostfront in Brest-Litovsk und am 2. (15.) Dezember zum Abschluss eines Waffenstillstands führte; dieser galt zunächst für zehn Tage und wurde mehrfach verlängert; für die Russen bedeutete er allerdings nur die Legalisierung des bestehenden Zustands. Sehr viel schwieriger gestalteten sich die Friedensverhandlungen, die am 9. (22.) Dezember begannen: Hier trat die junge bolschewistische Sowjetmacht das erste Mal mit der Außenwelt in einen unmittelbaren Kontakt, und wegen der von den Bolschewisten geforderten Öffentlichkeit der Verhandlungen wurde vom ersten Tag an sichtbar, dass die beiden Delegationen zwei verschiedene Welten vertraten: Der deutsche Staatssekretär des Äußeren von Kühlmann, Generalmajor von Hoffmann, der Chef des Stabs im deutschen Oberkommando-Ost, Graf Czernin, der österreichisch-ungarische Außenminister sowie die Delegationsführer der Türkei und Bulgariens sahen nur die konkrete Aufgabe vor sich, aus der Lage kriegsentscheidende Vorteile zu ziehen; sie trieben kriegsbedingt eine Realpolitik. Für den Bolschewisten A. Joffe und dann ab dem 27. Dezember (9. Januar 1918) für den Volkskommissar für Äußeres Trockij war der Frieden dagegen ein Schritt auf dem Weg zur Weltrevolution; beide verfolgten eine Politik auf weite Sicht. Wochenlang zogen sich die Deklamationen über das Selbstbestimmungsrecht aller Völker hin, was für die Deutschen nach dem Verlust der Kolonien ein ziemlich uninteressantes, für die Österreicher jedoch ein recht kritisches Thema war, bis schließlich Mitte Januar General von Hoffmann die Abtretung des gesamten besetzten Gebietes forderte und über den Grenzverlauf im Süden Verhandlungen mit der ukrainischen *rada* in Aussicht stellte. Damit zwang er die Sowjetmacht zur Entscheidung, ob sie den sofortigen Frieden durch große territoriale Verluste erkaufen oder den Zeitgewinn mit der Wiederaufnahme der Kampfhandlungen bezahlen wollte. Über diese Frage entbrannte innerhalb der bolschewistischen Führung ein erbitterter Meinungsstreit: Lenin wollte die Bedingungen annehmen und bezeichnete es als eine Abenteuerpolitik, das Schicksal der Sowjetmacht einer vagen Hoffnung auf die Weltrevolution zuliebe aufs Spiel zu setzen (Thesen vom 7./20. Januar 1918). Er fand diesmal jedoch nur geringe Unterstützung im Zentralkomitee der Partei und hatte Mühe, eine Entscheidung für einen ›revolutionären Krieg‹ gegen die Imperialisten, wofür sich besonders Bucharin (1888–1938) einsetzte, zu verhindern. Die Mehrheit schloss sich schließlich Trockijs unrealistischer These ›weder Krieg noch Frieden‹ an: In der festen Hoffnung auf die bevorstehende Weltrevolution erklärte Trockij in einer Rede am 10. Februar 1918 »ziehen wir unsere Armee und unser Volk aus dem Krieg zurück [...], sehen uns aber gezwungen, unsere Unterschrift [...] zu verweigern«; danach reiste er aus Brest-Litovsk ab. Aber das erhoffte weltrevolutionäre Echo blieb aus, und die Mittelmächte reagierten unter machtpolitischen Aspekten: Am 1. Februar erkannten sie die Volksrepublik Ukraine an und schlossen mit ihr am 9. Februar 1918 den sogenannten Brotfrieden. Mit der Begründung, dass das Verhalten der russischen Delegation den Waffenstillstand beendet habe, begann am 18. Februar die Offensive an der gesamten Ostfront, ohne auf den geringsten Widerstand zu stoßen. Jetzt erst setzte sich Lenin durch, und Trockijs Stimme verschaffte ihm am Abend des 18. Februar endlich die Mehrheit im Zentralkomitee; Trockij zog die Konsequenz und trat als Außenkommissar zurück. Die Spekulation auf eine bevorstehende Weltrevolution hatte indes schon großen Schaden angerichtet, denn die Mittelmächte setzten ihren Vormarsch fort und stellten bei Aufnahme der Verhandlungen am 23. Februar 1918 schließlich noch wesentlich härtere Bedingungen, deren Annahme Lenin mit knapper Mehrheit (sieben Ja, vier Nein, vier Enthaltungen) erreichte. Am 3. März 1918 wurde der Frieden von Brest-Litovsk unterzeichnet und innerhalb der geforderten 14-tägigen Frist vom 4. Sowjetkongress am 15. März ratifiziert. Die Sowjetregierung musste Estland, Lettland, Litauen und Polen abtreten, Finnland und die Ukraine als selbstständige Staaten anerkennen, ihre Truppen und Roten Garden zurückziehen und in Zukunft auf jede Agitation gegen die nationalen Regierungen dieser Staaten verzichten. Die Türkei erhielt die Gebiete von Erdehan, Kars und Batum; das schon im Dezember 1917 von den Rumänen besetzte Bessarabien erkannten die Mittelmächte am 9. März als rumänischen Besitz an. Unter dem Eindruck der Bedrohung und nicht wegen Überlegungen ideologischer Art hatte die Sowjetregierung zudem ihren Sitz noch im März 1918 von Petrograd in das weniger gefährdete Moskau verlegt.

Die Geschichte hat Lenin recht gegeben, wenn ihn auch nicht die erhoffte Weltrevolution, sondern der militärische Zusammenbruch der Mittelmächte von den drückenden Bedingungen des Vertrags von Brest-Litovsk befreien sollte. Den Mittelmächten brachte der Diktatfrieden nicht die erwarteten Vorteile, weil die Besetzung so großer Teile eines aufgewühlten Landes starke Heeresverbände band und weil sie in die Nationalitätenprobleme des östlichen Europa noch tiefer hineingezogen wurden, zu deren Lösung ihnen nicht nur Zeit sondern auch alle Voraussetzungen fehlten.

Der Abfall der Nationalitäten

Die Februarrevolution leitete letztlich auch den Zerfall des Imperiums in seine nationalen Bestandteile ein, denn die Revolution besaß neben dem sozialen Aspekt auch einen nationalen, und im Laufe der Zeit vermischten sich beide: Zwar waren die Verhältnisse in den verschiedenen nichtrussischen Völkern ganz unterschiedlich – die Spannweite der 188 Ethnien reichte von wenigen Hundert Personen in Sibirien bis zu großen Kulturvölkern – doch ging der Kampf um die nationale Freiheit im Allgemeinen von einer kleinen bürgerlich-liberalen oder gemäßigt sozialistischen Intelligenzschicht aus. Dieser Aspekt verband diese im Kern mit der Provisorischen Regierung, und in der Tat gingen vor dem Oktober 1917 die nationalen Ambitionen (von den Polen abgesehen) nirgends über eine Autonomie im Rahmen eines föderativen russischen Gesamtstaates hinaus. So lange jedoch die ›Kadetten‹ den Kurs der Provisorischen Regierung bestimmten, fanden solche Wünsche kein Gehör; mit dem Eintritt sozialrevolutionärer Minister in die Regierung wuchs zwar das Verständnis – das Parteiprogramm der Sozialrevolutionäre vom Mai 1917 sah »eine föderative demokratische Republik mit territorial-nationaler Autonomie in den Grenzen des ethnografischen Siedlungsgebiets der Völkerschaften« vor –, aber in der kurzen Zeit ihrer Existenz konnte die Provisorische Regierung kein eigenes Konzept entwickeln.

Die Oktoberrevolution schuf in doppelter Hinsicht ganz neue Voraussetzungen: Zum einen erließ die Sowjetregierung schon am 2. (15.) November 1917 eine ›Deklaration der Rechte der Völker Russlands‹, in der sie ihre Absicht erklärte, nach den Bauern, Soldaten und Arbeitern auch die bisher unterdrückten Völker Russlands zu befreien, und zwar »unverzüglich, entschieden und in nicht wieder rückgängig zu machender Weise«. Der »Politik eines freiwilligen und ehrenhaften Bunds der Völker Russlands« sollten dabei folgende vier Prinzipien zugrundeliegen:

> 1. Die Gleichheit und Souveränität der Völker Russlands; 2. Das Recht der Völker Russlands auf freie Selbstbestimmung bis zur Abtrennung und Bildung eines selbstständigen Staates; 3. Die Beseitigung aller und jeglicher nationalen und nationalreligiösen Privilegien und Beschränkungen; 4. Die freie Entwicklung der nationalen Minderheiten und ethnografischen Gruppen, die das Territorium Russlands bewohnen.

Das zweite Prinzip legte es den Nationalitäten demnach geradezu nahe, über die Autonomie hinaus die volle Unabhängigkeit zu erstreben. Zum anderen brachte die Oktoberrevolution eine Partei an die Macht, die zu den nationalen Führungskräften der nichtrussischen Nationalitäten in schärfstem politischen Gegensatz stand; für diese wurde die Unabhängigkeit daher zu einer Existenzfrage. Soweit es bei den einzelnen Nationalitäten Bolschewisten gab, setzten sich diese für einen föderativen Anschluss an die russische Sowjetrepublik ein und fanden darin die Unterstützung Moskaus; erst jahrelange Erfahrung mit der bolschewistischen Nationalitätenpolitik hat auch aus nichtrussischen Bolschewisten vereinzelt verbitterte Nationalisten werden lassen. Im Ergebnis führte das nationale Freiheitsstreben insgesamt nur dort in die staatliche Unabhängigkeit, wo es erfolgreich gegen die Rote Armee verteidigt werden konnte; in allen anderen Fällen wurde der Wiederanschluss an das neue, sowjetische Imperium russischer Prägung gewaltsam erzwungen.

Polen und Finnland nahmen bei alledem eine Ausnahmestellung ein, weil sich dort eine lebendige Überlieferung einer eigenen Staatlichkeit erhalten hatte. Eine ethnische oder politische Assimilierung erschien hier aussichtslos. So erkannten schon der Sowjet und die Provisorische Regierung im März 1917 die Unabhängigkeit Polens an, was angesichts der deutschen Besetzung dieses Landes wenig bedeutete und überdies an die Bedingung eines russisch-polnischen Militärbündnisses geknüpft wurde. Die staatliche Wiedergeburt Polens vollzog sich im November 1918 dann aber ohne Beteiligung der Russen. Erst als Polen Anfang 1920 Friedensangebote der Sowjetregierung zurückwies, eine Offensive gegen die Ukraine begann und Anfang Mai 1920 vorübergehend Kiev besetzte, löste es eine heftige sowjetrussische Reaktion aus, die die Rote Armee im August bis vor die Tore Warschaus führte. Polen konnte den national und revolutionär begründeten Vorstoß jedoch abwehren (›Wunder an der Weichsel‹), zwang die Rote Armee unter Tuchačevskij zum Rückzug und erreichte im Vorfrieden von Riga (12. Oktober 1920, bestätigt im Frieden von Riga am 18. März 1921) einen für Polen günstigen Kompromiss: Zwar blieb die historische Grenze von 1772 unerreicht, aber ein erheblicher Teil der russischen ›Westgebiete‹ mit überwiegend weißrussischer und ukrainischer Bevölkerung fiel an Polen. Moskau musste den Traum einer kommunistischen Sowjetrepublik Polen, dessen Verwirklichung schon greifbar nahe erschienen war, bis auf Weiteres aufgeben.

In Finnland wurde zunächst bereits im März 1917 die Verfassung von 1809 wieder in Kraft gesetzt, die durch die Verfügungen von 1899 und 1910 praktisch beseitigt worden war. Dann aber zeigte sich, dass das russische Entgegenkommen in diesem von russischen Truppen besetzten Land enge Grenzen hatte: Im Juli löste die Provisorische Regierung den finnischen Landtag auf, als dessen sozialistische Mehrheit alle Hoheitsrechte im Land für sich in Anspruch nahm und nur auf eine eigene Armee und eine selbstständige Außenpolitik verzichten wollte. Trotzdem glaubten sich die Finnen bereits am Ziel ihres Weges zur Selbstständigkeit und nahmen am Kongress der Völker Russlands, der im Herbst in Kiev tagte, nicht mehr teil. Am 6. Dezember 1917 erklärte Finnland, das inzwischen eine bürgerliche Regierung unter Per Svinhufvud besaß, schließlich offiziell seine Unabhängigkeit, die die Sowjetregierung sofort anerkannte. Allerdings bedauerte sie ausdrücklich, dass sie die Freiheit nicht dem finnischen »Volk, d. h. den Vertretern des finnischen Proletariats« gewähren konnte, sondern sie einer bürgerlichen finnischen Regierung geben musste (so Stalin in seinem Bericht vor dem Allrussischen Zentralexekutivkomitee der Sowjets). Dies führte dazu, dass die Sowjetregierung unmittelbar nach Anerkennung der finnischen Unabhängigkeit durch die noch in Finnland stehenden russischen Truppen einen Bürgerkrieg im Land entfesselte. Am 1. März 1918 schloss sie dann noch einen Freundschaftsvertrag mit der ›finnischen sozialistischen Arbeiterrepublik‹, ehe die militärischen Erfolge der finnischen ›Weißen‹, die von einem deutschen Hilfskorps unterstützt wurden, im Mai endgültig die Erfüllung der eingegangenen Verpflichtung erzwangen.

Auch die Verselbstständigung der baltischen Länder vollzog sich zunächst unter dem Einfluss der deutschen Besatzung, wurde dann aber nach dem Rückzug der deutschen Truppen im Herbst 1918 im nationalen Widerstand gegen die Rote Armee erfolgreich verteidigt; in Estland waren daran finnische und deutschbaltische, in dem schwerer bedrohten Lettland deutschbaltische und deutsche Freiwilligenformationen maßgeblich beteiligt, politisch setzte die Führung der Esten wie der Letten auf die Westmächte. In den Friedensverträgen des Jahres 1920 erkannte die russische Sowjetrepublik die Unabhängigkeit Estlands (2. Februar, Dorpat/Tartu), Lettlands (11. August, Riga) und Litauens (12. Juli, Moskau) an, dessen vielhundertjährige Schicksalsgemeinschaft mit Polen in einen erbitterten nationalen Gegensatz gemündet war. Da aber in allen Ländern vorübergehend Sowjetregierungen tätig gewesen waren, konnten die historischen Ansprüche des Russischen Reichs auf diese Gebiete in eine bolschewistische Revolutionslegende umgewandelt werden, die zwei Jahrzehnte später wiederbelebt wurde. Sowjetrussland respektierte die nationale Selbstbestimmung, die seine Vertreter ständig im Munde führten, also nur dort, wo es durch die Machtverhältnisse dazu gezwungen wurde oder wo einheimische kommunistische Regimes herrschten.

Existenziell für den bolschewistischen Staat war das ukrainische Problem; ohne die Ukraine mit ihrem Reichtum an Menschen und Naturprodukten erschien keine russische Großmacht möglich, gleichgültig ob ein Zar oder ein Zentralkomitee herrschte. Die ukrainischen Nationalisten scheiterten damals vor allem daran, dass ihre Träume von einem Nationalstaat mit der ukrainischen Wirklichkeit nicht in Einklang zu bringen waren: Die Gesellschaft bestand aus einer kleinen und politisch uneinigen Intelligenz, deren radikaler Nationalismus sich aus der Feindschaft gegen Großrussland und Polen nährte, sowie aus einer breiten bäuerlichen Masse, der es viel mehr um den eigenen Acker als um die Souveränität der Heimat ging; dabei gab es zu viel politische Leidenschaft und zu wenig administrative Erfahrung. All dies wurde indes überlagert von den Unruhen der Kriegs- und Nachkriegszeit sowie durch die unheilvolle Einmischung von Freunden und Feinden gleichermaßen.

Schon mit der beschränkten Autonomie, die sie im Juli 1917 der Provisorischen Regierung abtrotzte, war die ukrainische *rada*, der im März 1917 gebildete ›Volksrat‹, überfordert: Statt eine eigene Verwaltung aufzubauen und die Bauern zu gewinnen, stritt die Landesregierung in Kiev mit Petrograd um Territorien und Ministerposten und förderte in steigender Erbitterung am Ende ziemlich unverhüllt die bolschewistische Machtergreifung. Aber auch eine bolschewistische Regierung kam den ukrainischen Wünschen nicht entgegen: Als die *rada* in ihrem dritten ›Universal‹ (Gesetz) vom 6. (19.) November 1917 die Ukrainische Volksrepublik als Teil eines künftigen föderativen russischen Staates proklamierte, war die Antwort der Bolschewisten ein Ultimatum und ein Angriff von Charkov aus, dem man in Kiev nur ein Bündnis mit den Deutschen entgegensetzen konnte. Der deutsche Vormarsch im Frühjahr 1918 befreite die Ukraine zwar wieder von den Bolschewisten, brachte aber die prodeutschen national-ukrainischen Parteien durch das neue Regime des *hetmans* Skoropadśkyj, das mit seiner reaktionären Agrarpolitik die wirtschaftlichen Interessen der Mittelmächte sichern sollte, bei den ukrainischen Bauern um jeden Kredit. Den abziehenden Deutschen folgte Ende 1918 die Rote Armee, die im Sommer 1919 noch einmal den Truppen Denikins weichen und im Mai 1920 Kiev vorübergehend den Polen überlassen musste. Im Chaos eines unübersichtlichen Krieges, in dem alle gegen die Bolschewisten, aber keiner für die Ukrainer kämpfte, blieb das Direktorium der Ukrainischen Nationalrepublik als Nachfolgerin Skoropadśkyjs schließlich ohne wirkliche Macht und Anhang: Während dessen Vorsitzender Symon Petljura im Osten die Verbände Denikins und danach wieder die Rote Armee nach Partisanenart bekämpfte, versuchten ukrainische Truppen im Westen vergeblich, die Westukrainische Volksrepublik in Galizien gegen die Polen zu verteidigen: Ein Staat, den es eigentlich noch gar nicht gab und den niemand unterstützte, konnte keinen Zweifrontenkrieg mit überlegenen Gegnern bestehen. Die große Masse der Bauern verteidigte unterdessen in der Selbsthilfe eines ›grünen‹ Anarchismus ihren Anspruch auf Boden und Freiheit zuerst gegen die weißen Gutsbesitzer im Gefolge der Deutschen und Denikins und danach noch lange gegen den roten Kommissar; ihr Anführer, der legendäre Machno (1888–1934), entkam erst im August 1921 über die Grenze nach Rumänien. Die Angst der Bauern vor dem Verlust des gerade gewonnenen Bodens ließ sie dabei eher mit den Bolschewisten sympathisieren, die in den weitgehend russisch besiedelten Industriegebieten der Ostukraine stets eine feste Ausgangs- und Rückzugsbasis hatten und die ein radikales Agrarprogramm vertraten, in dem noch nichts auf eine Zwangskollektivierung hindeutete, womit sie dem ukrainischen Nationalprestige äußerlich entgegen kamen. So riefen sie die ›Ukrainische sozialistische Sowjetrepublik‹ (USSR) aus, die zwar so machtlos wie ihr nationales Gegenstück war, aber mit der Unterstützung Moskaus am Ende siegte.

Von der geografischen Lage her schien das Unabhängigkeitsstreben der transkaukasischen Völker bessere Voraussetzungen zu besitzen, aber im Mikrokosmos der kaukasischen Völker war das Nationalitätsprinzip kaum in vernünftiger Weise zu verwirklichen: Die unüberbrückbaren Gegensätze zwischen Georgiern, Armeniern und Azerbajdžanern ließen die nach der Oktoberrevolution gebildeten gemeinsamen Institutionen und die unter türkischem Druck im April 1918 entstandene, von Russland unabhängige transkaukasische föderative Republik schon nach einem Monat scheitern; Georgien, dessen wirtschaftlicher und sozialer Entwicklungsstand eine nationale Sonderexistenz am ehesten rechtfertigen konnte, unterstellte sich am 26. Mai 1918 deutschem Protektorat und entwickelte sich zunächst unter deutscher, danach unter britischer Besetzung relativ ungestört zu einem menschewistisch geführten Nationalstaat, dessen Unabhängigkeit die russische Sowjetrepublik am 7. Mai 1920 ausdrücklich anerkannte.

Ungleich schwieriger war die Situation der verfeindeten christlichen Armenier und muslimischen Azerbajdžaner; in keinem dieser beiden Länder bestanden Voraussetzungen für eine funktionierende Selbstverwaltung, und in beiden Ländern herrschten nationalistische Exzesse: In Azerbajdžan hatten die einheimischen Politiker auf die türkischen Glaubensgenossen gesetzt und strebten einen kaukasischen Muslimstaat an; die Verwertung des dortigen Erdöls machte aber einen größeren Wirtschaftsraum notwendig. So erlebte Baku im Frühjahr 1918 unter dem armenischen Bolschewisten Šaumjan (1878–1918) zunächst einen Pogrom armenischer Nationalisten (Dašnaken) und bolschewistischer Revolutionäre unter der muslimischen Bevölkerung, dann im Herbst 1918 nach dem Einmarsch der Türken die ebenso grausame Vergeltung an den Christen; die Zahl der Opfer ging in beiden Fällen in die Tausende. Erst unter britischer Besetzung normalisierten sich die Verhältnisse etwas, ohne dass jedoch die grundsätzlichen politischen, wirtschaftlichen und sozialen Probleme gelöst werden konnten. Als unlösbar erwiesen sich ebenso die Probleme Armeniens: Armeniens Bevölkerung hatte sich während des Krieges durch die Flüchtlinge aus Türkisch-Armenien verdoppelt; ohne fremde Hilfe war das Land wirtschaftlich nicht lebensfähig. In dieser Situation setzte man abwechselnd auf Denikin und ein Protektorat der Vereinigten Staaten, verschleuderte die finanzielle Hilfe von armenischen Emigranten in Grenzkriegen mit Georgien und Azerbajdžan und scheiterte schließlich im Mai 1919 mit einem Versuch, Türkisch-Armenien zu erobern, kläglich.

Die Bolschewisten in Petrograd konnten sich nach Konsolidierung ihrer Macht am Ende – mit Ausnahme Georgiens – überall durchsetzen. Dies galt auch für das Nordkaukasusgebiet, wo sich die alteingesessenen Terekkosaken, die mehrheitlich russische Bevölkerung der Städte und die überwiegend muslimischen kaukasischen Bergstämme gegenseitig bekämpften und schon im August 1919 eine bolschewistische Machtergreifung ermöglichten, die nur der ›weißen‹ Erfolge im Bürgerkrieg wegen 1920 noch einmal wiederholt werden musste. Weil in Georgien Anarchie und Chaos als Wegbereiter bolschewistischer Herrschaft fehlten, setzte der sowjetrussische Imperialismus hier offen auf Gewalt und verletzte damit die bestehenden Verträge: Im Februar 1921 beseitigte der Einmarsch der Roten Armee die Konkurrenz einer erfolgreichen menschewistischen Entwicklung, wobei das brutale Vorgehen von Ordžonikidze als Beauftragter Stalins in Georgien zum einmütigen Protest selbst der georgischen Bolschewisten führte und sogar den Zorn Lenins erregte. Trotzdem wurden die Georgier letztlich in die verhasste neue Transkaukasische Sowjetrepublik gezwungen.

Die ›nationale Bewegung‹ hatte schon vor dem Krieg auch die übrigen muslimischen Völkerschaften erfasst, die nicht wie die Azerbajdžaner auf türkische Unterstützung hoffen konnten und ihre Interessen aus eigener Kraft und unter sehr verschiedenen Lebensbedingungen vertreten mussten: Zwischen den beiden Revolutionen des Jahres 1917 fanden zwar allrussländische Muslimkongresse statt, die die Kraft der religiös-kulturellen Gemeinsamkeit offenbarten; doch zeigte sich bei den Muslimen nicht nur ein erwachendes Nationalbewusstsein, sondern auch eine Bereitschaft zu demokratischen und sozialen Reformen. So wurde die ältere, sozial konservative und stark religiöse Generation der Führungsschicht hier überall durch Vertreter der jungen, mehr oder minder europäisch gebildeten liberalen oder sozialistischen Intelligenz abgelöst. Während die Provisorische Regierung die entstehenden gesamtmuslimischen Institutionen ignorierte, nahm Lenin die Autonomiewünsche von Anfang an ernst, um so die Kolonialvölker Zentralasiens für die neue bolschewistische Ordnung zu gewinnen. Aber im Chaos des Bürgerkriegs entglitt die Entwicklung selbst dort, wo sich bolschewistische Lokalregierungen etabliert hatten, für Jahre einer wirksamen Kontrolle. Das führte letztlich dazu, dass eine eigene Nationalitätenpolitik, die das theoretische Konzept der Bolschewisten dialektisch mit den praktischen Erfordernissen der muslimischen Staaten verbunden hätte, keine Chance hatte, sondern die negativen Seiten des zaristischen Kolonialregimes, wenn auch unter kommunistischem Vorzeichen, mit aller Brutalität eines ungehemmten Rassenhasses fortdauerten. Erst nach 1920 konnte Lenin seine Prinzipien auch gegen den Nationalitätenkommissar Stalin durchsetzen und eine erträgliche Ordnung herstellen.

Auf der Krim waren die Krimtataren, die nur ein Drittel der dortigen Bevölkerung ausmachten, wie die Ukrainer abwechselnd rotem Terror, deutschem Unverstand und weißer Reaktion ausgesetzt. Erst nach der Vernichtung ihrer sehr fortschrittlichen und sogar zur Zusammenarbeit mit den Bolschewisten bereiten nationalen Partei (*milli firka*) wurden sie im November 1921 formal an einer sozialistischen Sowjetrepublik der Krim beteiligt. Auch hier musste sich die zentrale Führung aber erst gegen den hartnäckigen Widerstand der lokalen, meist russischen Parteifunktionäre durchsetzten, wie dies auch in den autonomen, d. h. der Russischen Sozialistischen Föderativen Sowjetrepublik (RSFSR) eingegliederten Sowjetrepubliken der Wolgatataren, Baschkiren und Kirgisen (= Kazachen) der Fall war. Nachdem die Bemühungen zur Schaffung einer selbstständigen kommunistischen Bewegung der Muslime im Bürgerkrieg untergegangen waren, sorgte Lenins Muslim-Experte Sultan Galiev (1892–1940) bei den Wolgatataren, die seit Jahrhunderten an ein Zusammenleben mit den Russen gewöhnt waren, schließlich für eine relativ maßvolle Durchsetzung der bolschewistischen Macht. Die baschkirischen und kazachischen Nomaden dagegen bekamen auch in kommunistischer Form die ganze Härte der russischen Kolonialherrschaft zu spüren; ihre Autonomie war nur eine Fassade russischer Provinzialverwaltung. In Turkestan hielt der unmittelbar nach der Oktoberrevolution von Bolschewisten und linken Sozialrevolutionären gebildete turkestanische Rat der Volkskommissare nicht einmal eine solche Scheinlösung für notwendig und löste erst dadurch eine separatistische Bewegung unter der ansässigen Bevölkerung aus: Das einheimische Räubertum der Basmači entwickelte sich unter dem Eindruck brutaler Gewaltaktionen, wie der Zerstörung Kokands im Februar 1918, zu einer nationalen Widerstandsbewegung und verhinderte bis weit in die 1920er Jahre hinein eine Befriedung Zentralasiens im bolschewistischen Sinne. Daran änderte auch die Einrichtung einer Turkestankommission (Januar 1919) in Moskau wenig, die in der Herstellung korrekter Beziehungen zu den Völkern von Turkestan eine ›gigantische welthistorische‹ Aufgabe sah, denn M. V. Frunze und V. V. Kujbyšev, die als Kommandeur bzw. als politischer Kommissar der 4. Armee mit der Durchführung beauftragt wurden, eroberten zunächst einmal die bisherigen Protektorate Chiva und Buchara, was die ablehnende Haltung der Bevölkerung noch verstärkte: Als Turkestan am 11. April 1921 als autonome Sowjetrepublik der RSFSR eingegliedert wurde, nahmen das Emirat Buchara und das Chanat Chiva als sowjetische Volksrepubliken unter neuen Namen weiterhin eine Sonderstellung ein, weil sie durch Verträge direkt mit der RSFSR verbunden waren. Erst nach Gründung der Sowjetunion begann jenes administrative Experimentieren, das unter äußerer Anwendung des Nationalitätsprinzips über zahlreiche Zwischenstufen schließlich zur Entstehung der fünf zentralasiatischen Unionsrepubliken Uzbekistan (1924), Turkmenistan (1925), Tadžikistan (1929), Kazachstan und Kirgisistan (beide 1936) führte. Hinter der nationalen Scheinsouveränität blieb dabei verborgen, dass die gewachsene Gemeinsamkeit der zentralasiatischen Turkvölker in Religion, Kultur und Sprache zerstört worden war; dafür erlebten sie jedoch mit der Zeit einen materiellen Fortschritt, der aber an das Prestige des Sowjetimperiums und die Russifizierung durch Administration und Wirtschaft gebunden war.

Aus der Sicht des ›allrussländischen‹ Zarenreichs war der Abfall der Nationalitäten nichts anderes als Bürgerkrieg. Nur aus der Rückschau lässt er sich von jenem anderen Bürgerkrieg trennen, den zur gleicher Zeit die gegenrevolutionären ›Weißen‹ entfacht hatten und der auf die Wiederherstellung des alten Reichs zielte. Die Anstrengungen der Gegner der Bolschewisten waren aber nicht koordiniert, sondern schlossen einander in ihren Zielen aus und verhinderten so jeden Erfolg.

Bürgerkrieg und Intervention

Die Wahl zur Konstituierenden Versammlung hatte gezeigt, dass die Bolschewisten zum Zeitpunkt ihrer Machtergreifung keineswegs von einer Mehrheit im Land unterstützt wurden; wegen der allgemeinen Kriegsmüdigkeit kam es aber zunächst auch nirgends zu einem organisierten bewaffneten Widerstand. Die große Mehrheit der Bevölkerung wartete ab und rechnete nicht mit einer langen Dauer des bolschewistischen Regimes. Nur eine kleine Gruppe war zum Widerstand entschlossen, wurde aber auch noch von den konservativen Kosaken enttäuscht, die ihre selbstständige Donkosakenrepublik nicht halten konnten und sechs Wochen nach deren Proklamation am 10. (23.) Januar 1918 durch *ataman* Kaledin den Bolschewisten unterlagen. Nur ein Teil der Donkosaken setzte in der winterlichen Steppe unter der Führung einiger zaristischer Generäle und antirevolutionärer Offiziere einen Partisanenkrieg fort, musste sich aber schließlich zum Kuban zurückziehen. Der 80-tägige ›Eismarsch‹ bis vor Ekaterinodar (Krasnodar) und wieder zurück an den Don war ein Akt heroischer Verzweiflung ohne politischen Sinn; er schuf allerdings eine Tradition militärischen Heldentums, von der die Kerntruppe der Gegenrevolution lebte.

Im Frühsommer 1918 war indes die Lage für die Bolschewisten kritisch geworden: Zum einen nahm ihnen der deutsche Vormarsch bis Rostov am Don die Kontrolle über den Süden, zum andern hatten bereits wenige Monate bolschewistischer Herrschaft die Stimmung im Land weitgehend in Erbitterung verwandelt und die Kosaken zu überzeugten Antibolschewisten gemacht und drittens löste die Konfrontation mit der tschechoslowakischen Legion im Land eine Kette von Ereignissen aus, die zur ersten schweren Krise des Sowjetstaats führten: Zu Kriegsbeginn hatte sich aus tschechischen Siedlern in Russland eine Truppe gebildet, die nach der Februarrevolution durch Überläufer und Kriegsgefangene bis auf ca. 70 000 Mann anwuchs. Dieser tschechische Verband, zu dem auch zahlreiche Slowaken gestoßen waren, sollte auf Wunsch Masaryks – dem Hauptvertreter der tschechoslowakischen Exilbewegung – und der französischen Regierung aus der Ukraine über Sibirien und Vladivostok an die Westfront gebracht werden. Angesichts der unruhigen Lage im Land verhielt sich die Truppe zunächst neutral, wurde dann aber durch den Versuch ihrer Entwaffnung, durch Verzögerung des Abtransports, durch politische Agitation und schließlich nach einem ersten unbedeutenden Zwischenfall in Čeljabinsk durch offen feindseliges Verhalten provoziert. Die Sowjetregierung verfügte aber gar nicht über die Mittel, ihren Auflösungsbefehl durchzusetzen. In einer Situation fortgeschrittener Auflösung erwies sich die gut ausgebildete und disziplinierte Truppe der tschechoslowakischen Legionäre deshalb sofort als ein Machtfaktor ersten Ranges, dem die bolschewistischen Stadtsowjets an der mittleren Wolga, im Ural und in Sibirien nichts entgegenzusetzen hatten: Anfang Juni 1918 befand sich die ganze Strecke der transsibirischen Eisenbahn von Penza bis Vladivostok in der Hand der Tschechoslowaken, und mit Samara (Einnahme am 8. Juni) verfügten diese auch im mittleren Wolgagebiet über eine wichtige Position; die Verteilung der Kräfte über einen weiten Raum wurde durch den Besitz der einzigen Verkehrs- und Nachrichtenverbindung mehr als aufgewogen. Zwar wollten die Legionäre zunächst nur ihren Transport nach Osten erzwingen, aber ihr überraschender militärischer Erfolg setzte innerhalb und außerhalb Russlands politische Kräfte in Bewegung, die letztlich auf den gewaltsamen Sturz des bolschewistischen Regimes drängten.

Dabei verstanden die Alliierten ihre Intervention in Russland als Teil des immer noch andauernden Krieges. Frankreich trug dabei die Hauptlast und führte das Wort, wenn es auch eine frühere Anregung der Briten aufgriff; zudem stand die tschechoslowakische Legion ab Januar 1918 offiziell unter französischem Kommando. Die Sowjetregierung war zum Kriegsgegner geworden, hatte sie doch mit den Mittelmächten Frieden geschlossen und durch Annullierung der russischen Staatsschulden sowie durch Enteignung von Industriebetrieben materielle Interessen der Alliierten verletzt; außerdem betrieb sie eine weltweite Agitation, die alle Kriegsanstrengungen infrage stellen konnte. Schließlich lagerten große Mengen von Kriegsmaterial in Murmansk, Archangel'sk und Vladivostok, die dem Feind nicht in die Hände fallen durften. So erhielten die Legionäre am 20. Juni 1918 den Befehl, ihre Transporte anzuhalten, und wenige Tage später wurde offen ausgesprochen, dass sie den Kern einer antibolschewistischen Gegenrevolution bilden und den Aufbau einer neuen Ostfront einleiten sollten.

Die militärische Bedeutung der alliierten Interventionstruppen ist von der sowjetischen Geschichtsschreibung maßlos übertrieben worden; praktisch erfüllten sie nur Sicherungsaufgaben, und es kam nirgends zu ernsthaften Kämpfen mit der Roten Armee. Außer im Fernen Osten wurden zudem kaum Versuche zur Besetzung größerer Territorien und zur aktiven Beteiligung am militärischen Geschehen gemacht, und wo sie unternommen wurden (britische Besetzung von Baku und Ašchabad im Sommer 1918, französisch-griechische Aktion von Odessa aus im Februar 1919), blieben sie erfolglos. Lediglich die Japaner zeigten durch den Umfang ihres Interventionsaufgebots (am Ende 70 000 Mann) ihr Interesse an russischen Territorien im Fernen Osten. Dies erst brachte die lange zögernden Vereinigten Staaten dazu, mit einer symbolischen Streitmacht von 5000 Mann die tschechoslowakische Legion in Sibirien und – wie Wilson am 17. Juli 1918 bekanntgab – »die Anstrengungen der Russen zur Selbstregierung und Selbstverteidigung« zu unterstützen, »falls diese selbst es wünschen«. Das Auftreten der Japaner und Amerikaner in Ostsibirien erleichterte den Tschechoslowaken die vollständige Übernahme der transsibirischen Eisenbahn; wirkungsvoller als die militärischen Anstrengungen war aber die moralische Wirkung des Entschlusses zur Intervention durch ausländische Kräfte und auf die Dauer deren materielle Versorgung der gegenrevolutionären Kräfte. Aber den Bürgerkrieg mussten die Russen selbst führen, und sie waren es auch, nicht alliierte Politiker und Strategen, die ihn verspielten: Die Offensiven der weißrussischen Generäle Kolčak, Denikin und Vrangel' waren keine ›Feldzüge der Entente‹, obwohl an der antibolschewistischen Politik der alliierten Mächte nicht zu zweifeln ist.

Kein Bürgerkrieg ist ein ›normaler Krieg‹, aber der russische Bürgerkrieg besaß nicht nur im Vergleich mit dem ersten Weltkrieg einen völlig anderen Charakter: Es gab keinen Stellungskrieg und keinen Masseneinsatz bewaffneter Völker; das ›Volk‹ blieb leidendes Objekt der Auseinandersetzungen, denen es sich, wo immer es ging, entzog. Zwangsrekrutierungen und Massendesertionen waren auf beiden Seiten eine Normalerscheinung. Selbst offizielle sowjetische Quellen geben für die Jahre 1919 und 1920 die Zahl von 2 846 000 Desertionen aus der Roten Armee an, deren Bestand Ende 1918 etwa 800 000 Mann betrug und am Ende des Bürgerkriegs die von Lenin zum Ziel der Weltrevolution vorgesehene Zahl von 3 000 000 überstieg. Da sich die russischen Bauern am neuen Krieg nur gezwungenermaßen beteiligten, kam es dabei entscheidend auf den Kern jener an, die aus Überzeugung nicht nur zu jedem persönlichen Opfer bereit, sondern auch zu selbstständigem Handeln fähig waren. Solche Personen gab es zwar auf beiden Seiten, aber der Ausgang des Bürgerkriegs beweist, dass die Rote Armee durch den fanatischen Einsatz der kommunistischen Parteimitglieder die moralische Überlegenheit besaß: Obwohl die Sowjetregierung schon Ende Januar 1918 die Entscheidung zur Aufstellung einer bewaffneten Macht getroffen hatte, stand der Aufbau der Roten Armee noch in den Anfängen, als sich im Sommer 1918 die Lage an der Wolga zuspitzte. Da die alte Armee nicht mehr bestand und es buchstäblich an allem fehlte, war die Aufgabe schwierig genug; sie wurde dadurch noch weiter erschwert, dass man ideologischen Grundsätzen folgte, wo militärische Notwendigkeiten zu berücksichtigen waren. Erfolge erzielte erst Trockij, der im April das Kriegskommissariat übernahm und ohne Rücksicht auf Propagandaphrasen mit Unterstützung Lenins die allgemeine Dienstpflicht für Arbeiter und Bauern, die Abschaffung der Offizierswahl und die Einführung eines Fahneneids durchsetzte. Trockij zog im Laufe der Zeit sogar an die 50 000 Offiziere der zaristischen Armee als militärische Spezialisten zum Dienst in der Roten Armee heran, was durch deren eher gegenrevolutionäre Gesinnung natürlich zweischneidig war. Die Einsetzung politischer Kommissare ermöglichte aber eine gewisse Kontrolle, und sofern der Bürgerkrieg auch als Verteidigung des Vaterlandes gegen den äußeren Landesfeind aufgefasst werden konnte, erfolgte die Dienstleistung nicht selten freiwillig und loyal; als 1920 der polnische Angriff abgewehrt werden musste, stellte sich sogar der Heerführer des Zaren, Brusilov, als Vorsitzender eines *ad hoc* gebildeten Militärrats zur Verfügung. Trockij persönlich brachte im August 1918, als die ›Volksarmee‹ der kurzlebigen sozialistischen Regierung in Samara die Städte Simbirsk und Kazań eingenommen hatte, den Rückzug bei Svjažsk zum Stehen und schuf damit die Voraussetzung für den erfolgreichen Gegenangriff im September. Gleichzeitig gelang es Vorošilov und Stalin, Caricyn (heute Wolgograd) gegen die Donkosaken des Ataman Krasnov zu halten und dadurch eine Vereinigung der südlichen und der östlichen gegenrevolutionären Kräfte zu verhindern.

Es lag an der Motivation, dass die Rote Armee im Gegensatz zu den Verbänden der ›Weißen‹ schwere Rückschläge überstehen konnte: Nach Beginn der bolschewistischen Offensive an der Wolga im September 1918 löste sich die ›Volksarmee‹ sehr bald auf, und am Ende des Jahres waren das ganze Wolgagebiet und große Teile des Urals wieder in der Hand der Sowjetregierung; einen zunächst erfolgreichen Vorstoß der sibirischen Armee Kolčaks verwandelte die Rote Armee Anfang Juni 1919 in einen Rückzug bis in den Fernen Osten. Als Denikin dann im Oktober 1919 ganz Südrussland von der Wolga bis zum Dnestr erobert hatte und Moskau selbst zu bedrohen schien, als gleichzeitig Judenič, ein weiterer General der ›Weißen‹, mit einer kleinen Truppe aus Estland her Petrograd angriff, da genügten einige unglückliche Gefechte, den greifbar nahen militärischen Sieg in eine totale Niederlage zu wenden; Vrangel's Ausbruch aus der Krim im Juni 1920 verfolgte schließlich nur noch begrenzte Ziele. Die Gegner der Sowjetregierung konnten ihre Aktionen einfach nicht koordinieren: Denikin erreichte die Wolga erst, als sich Kolčaks Armee bereits in vollem Rückzug befand; Piłsudski begann seine Offensive erst, als sich die Reste von Denikins Truppen bereits in Novorossijsk eingeschifft hatten, und Vrangel' griff erst an, als die polnische Offensive bereits gescheitert war. Aber weniger die militärischen Fehler als vielmehr das politische Versagen der ›Weißen‹ verursachte die militärischen Katastrophen.

Generell kam es nicht so sehr darauf an, wer militärisch erfolgreicher war, sondern wer das Volk für sich gewinnen konnte; das ›Volk‹ aber waren die russischen Bauern und an den Rändern des Reiches die dort lebenden Nationalitäten.

Den antibolschewistischen Kräften wurde hier zum Verhängnis, dass sie sich weder zu einer radikalen Agrarreform noch zu einem föderativen Staatsaufbau bekannten, dass sie also nicht bereit waren, den bereits bestehenden Zustand als Grundlage ihres politischen Programms anzuerkennen. Wer sich aber nicht für die Errungenschaften der Revolution einsetzte, wurde als Verteidiger der alten Ordnung angesehen. Da half es auch nichts, dass weder der Admiral Kolčak, der in Sibirien zum ›Obersten Regenten‹ einer auch von den Alliierten anerkannten Provisorischen Regierung gemacht wurde, noch der General Denikin, der als Führer einer Freiwilligenarmee das Erbe des vor Ekaterinodar gefallenen Kornilov antrat, adeliger Abkunft waren. An ihnen hing der Verdacht einer Restauration der Monarchie, obwohl die kaiserliche Familie am 16. Juli 1918 beim Herannahen der Tschechen in Ekaterinburg (Sverdlovsk) auf Befehl Lenins brutal ermordet worden war. Mochten die Bauern auch üble Erfahrungen mit den Bolschewisten machen, den verjagten Gutsbesitzer brachten sie jedenfalls nicht wieder zurück; und wenn die Bolschewisten keine vernünftige Ordnung schufen, so erreichten die ›Weißen‹ genauso wenig: Die Führer der ›Weißen‹ waren Offiziere, die in erster Linie das militärische Ziel verfolgten, die Sowjetregierung zu vernichten; keiner von ihnen konnte eine funktionierende Zivilverwaltung aufbauen, keiner besaß genug Autorität, um die Reaktionäre des eigenen Anhangs zu zügeln und die hemmungslose Korruption zu beenden. Der ›weiße‹ Terror entsprach in allem dem ›roten‹. Schließlich waren alle Weißen großrussische Chauvinisten, die für das ›eine und ungeteilte‹ Russische Reich kämpften und sich als unfähig erwiesen, die anderen Völker für ein gemeinsames Ziel zu gewinnen.

Im Bürgerkrieg gelten nur die Extreme – herrschte in Moskau die radikale Linke, so endete die Gegenrevolution, die im Juni 1918 noch mit sozialistischen Regierungen an der Wolga und in Sibirien begonnen hatte, schon im November 1918 mit der Militärdiktatur Kolčaks bei der radikalen Rechten. Die demokratische Mitte, die von den gemäßigten Sozialisten bis zu den Liberalen reichte, wurde zwischen diesen Extremen zerrieben; ihre Vertreter mussten emigrieren, noch ehe die Würfel gefallen waren. Ihnen folgten die ›Weißen‹ – über die mandschurische Grenze und über Vladivostok, über Novorossijsk und Sevastopol und über andere Grenzen und Häfen; mit den Niederlagen Kolčaks und Denikins war aber auch diese Intervention am Ende. Es ist dabei bezeichnend, dass der französische General Janin als höchster alliierter Offizier in Sibirien den ›Obersten Regenten‹ Kolčak, der sich am 4. Januar 1920 in Irkutsk dem Schutz seiner Verbündeten unterstellt hatte, einem dortigen ›Politischen Zentrum‹ aller Diktaturgegner auslieferte. Und es ist ebenso bezeichnend, dass diese Gegner der Bolschewisten den Admiral beim Herannahen der Reste seiner Armee am 7. Februar 1920 in Irkutsk ohne Gerichtsverhandlung erschießen ließen.

Die Herrschaft Lenins

1921	28. Febr.–18. März: Unruhen in Kronstadt
	8.–16. Apr.: 10. Parteikongress, Beginn der NĖP
1922	26. März: erster Schlaganfall
1924	21. Jan.: Tod Lenins
	31. Jan.: Verfassung der UdSSR

Kriegskommunismus

Der Friede von Brest-Litovsk hatte der Sowjetmacht nur eine kurze Atempause verschafft: Lenins Vorstellung vom April 1918, den ›Übergang vom Kapitalismus zum Sozialismus‹ nach einem Plan und kontrolliert vornehmen zu können, war schon im Sommer 1918 widerlegt; die Verwirklichung der kommunistischen Ziele musste unter den Bedingungen von Krieg und Bürgerkrieg erfolgen – so lautet die offizielle Definition des ›Kriegskommunismus‹. Dies bedeutete nun zwar einerseits, dass der Bürgerkrieg in jeder Beziehung eine Belastung darstellte, denn zu den Verwüstungen im Innern trat die Wirtschaftsblockade durch die intervenierenden Mächte, aber andererseits verstärkte und rechtfertigte er die spezifische Tendenz Lenins zum Zentralismus und zur totalen Konzentration der Macht, die er als Voraussetzung dafür ansah, in einem produktiven modernen Industriestaat eine klassenlose Gesellschaft zu schaffen. Damit folgte er außerdem der russischen Tradition, das Land durch eine allmächtige Zentralbürokratie und ein Netz von Kontrollsystemen zu regieren. Weniger der Zentralismus als vielmehr der katastrophale Misserfolg dieser Politik führte schließlich zum Protest; aber während des Bürgerkriegs erwarteten die Massen nichts Unmögliches und waren zu Opfern bereit, ja selbst zu außerordentlichen Opfern, auch nach den Maßstäben eines traditionell sehr niedrigen Lebensstandards.

Die Praxis des Kriegskommunismus lief darauf hinaus, dass der Staat die Produktion der Waren und deren Verteilung kontrollierte und damit allein über die Arbeitskraft verfügte. Zu diesem Zweck wurden zwei übergroße zentralistisch-bürokratische Wirtschaftsorganisationen geschaffen: Der ›Oberste Volkswirtschaftsrat‹ (*vysšij sovet narodnogo chozjajstva*), der mit 40 Hauptabteilungen die Verstaatlichung der Industrie und die Leitung der Produktion organisieren sollte, und das ›Volkskommissariat für Versorgung‹ (*narodnyj komissariat prodovol'stvija = narkomprod*), das im Mai 1918 alle Vollmachten zu einer ›Versorgungsdiktatur‹ erhielt, d. h. dann praktisch eine Ernährungsdiktatur ausübte. Die Versorgung der Roten Armee im Krieg konnten diese Mammutinstitutionen nur mit brutalen Methoden erreichen, die sehr wenig den Erwartungen der Arbeiter und Bauern entsprachen: Die Arbeiterkontrolle durch Fabrikkomitees, die vielfach die Betriebsführung übernommen hatten, wurde stillschweigend beseitigt; die Fabriken erhielten wieder verantwortliche Direktoren, die als bürgerliche Spezialisten als einzige die Produktion wieder in Gang bringen konnten. Die notwendigen Lebensmittel wurden durch Zwangsrequisitionen bei den Bauern eingetrieben, was wegen der maßlosen Willkür im Vorgehen die landwirtschaftliche Produktion auf ein Mindestmaß reduzierte.

Mit dem Ende des Bürgerkriegs entfiel eigentlich die Notwendigkeit solcher Zwangsmaßnahmen, und man hoffte auf eine rasche Besserung der Ernährungslage. Diese trat aber nicht ein, denn die Sowjetführung hielt in ihrer doktrinären Einstellung am radikalen Zentralismus fest, und das in einer Situation, in der man jede Initiative zur Wiederbelebung der total zerschlagenen Wirtschaft benötigt hätte. Vor allem Trockij wollte die Führungsprinzipien, die sich in der siegreichen Roten Armee bewährt hatten, nicht nur auf das Transportwesen übertragen, wo das ›Zentrale Transportkomitee‹ (*cektran*) immerhin einige Erfolge erzielte, sondern auf die Wirtschaft insgesamt. Diese Vorstellung Trockijs unterstützten im Winter 1920/21 auch noch Lenin und das gesamte Zentralkomitee. Im Dezember 1920 fasste der 8. Sowjetkongress dann den Beschluss, die Bauern dadurch zu höherer Produktion zu ermuntern, dass lokale ›Saatkomitees‹ die Aussaat jedes einzelnen Bauern überwachen sollten. Dabei zeichnete sich bereits eine Wirtschaftskatastrophe allergrößten Ausmaßes ab: In lebenswichtigen Industriezweigen war die Produktion fast vollständig zum Erliegen gekommen, selbst in den günstigsten Fällen betrug sie nur mehr ein Viertel der Vorkriegszeit; am 22. Januar 1921 musste die Brotzuteilung in den Großstädten um ein Drittel gekürzt werden, am 12. Februar erzwang eine akute Brennstoffkrise die Schließung der 64 größten Petrograder Industrieunternehmen, darunter auch der Putilov-Werke. Das Petrograder Proletariat hungerte und fror und hatte keine Arbeit; gleichzeitig verhinderte die Polizei rücksichtslos jeden Versuch, sich auf dem Land selbst Nahrungsmittel zu beschaffen.

Damit war das Maß voll. Die Petrograder Arbeiter antworteten mit einer Streikwelle, forderten freien Handel mit dem Dorf und anderes, was seit dem Oktober 1917 in Vergessenheit geraten war. Aber nun zeigte sich, dass ein Streik gegen die bolschewistische Sowjetmacht etwas anderes bedeutete, als in der Zeit vor der Revolution: Der völlig skrupellose Petrograder Parteidiktator Zinov'ev verhängte am 24. Februar 1921 das Standrecht über die Stadt, ließ Sonderabteilungen von Offiziersschülern gegen die Streikenden vorgehen und alle Menschewisten und Sozialrevolutionäre verhaften. Danach wurde der Weg ins Dorf freigegeben, und die zuständigen Behörden schafften Lebensmittel in die Stadt. Gleichzeitig wuchs bei den Bauern der ›grüne‹ Anarchismus; in der Ukraine führte Machno, der gegen Vrangel' noch die Rote Armee unterstützt hatte, seinen Privatkrieg gegen die requirierende Sowjetmacht, und im Schwarzerdegouvernement Tambov, das für bäuerlichen Empörergeist bekannt war, brachte der Partisanenführer Antonov den Agenten der Regierung erhebliche Verluste bei. Auch diese massenhaften Erscheinungen der Unzufriedenheit wurden durch Elitetruppen und drakonische Vergeltungsmaßnahmen unterdrückt; aber immerhin scheint Lenin am Verhalten der Tambover Bauern erkannt zu haben, dass er nicht nur die Symptome, sondern auch die Ursachen der Unzufriedenheit bekämpfen musste.

Weder die Protestaktionen der Arbeiter noch die der Bauern waren politisch motiviert; sie störten zwar die Optik des Arbeiter- und Bauernparadieses, stellten die Macht der kommunistischen Partei aber nicht infrage. Genau dies tat jedoch die Erhebung der Kronstädter Matrosen: Am 28. Februar 1921 beschloss die Besatzung des Schlachtschiffs *Petropavlovsk* aus Sympathie mit den Petrograder Arbeitern eine Resolution, der am folgenden Tag eine Versammlung von 16 000 Matrosen zustimmte, ohne dass der anwesende Kalinin, damals Vorsitzender des Zentralexekutivkomitees der Sowjets, dies verhindern konnte. Die Resolution forderte zunächst Neuwahlen für den Sowjet mit geheimer Stimmabgabe und freiem Agitationsrecht für alle Arbeiter und Bauern vor der Wahl, dann in einer Reihe weiterer Punkte die Wiederherstellung der Grundfreiheiten »für Arbeiter und Bauern, Anarchisten und linkssozialistische Parteien«, die Befreiung aller politischen Gefangenen, die Überprüfung der Prozessakten in Gefängnissen und ›Konzentrationslagern‹, die Beseitigung der bevorzugten kommunistischen Zellen und Sonderabteilungen in allen Truppenteilen und Betrieben, die gleiche

Verteilung der Lebensmittelrationen an alle Werktätigen, volle Verfügungsfreiheit der Bauern über ihr Land und ähnliches mehr. Dies war mehr als eine spontane Äußerung sozialer Unzufriedenheit, sondern ein eindeutiger Protest enttäuschter Revolutionäre gegen die Alleinherrschaft der kommunistischen Partei: Die Errungenschaften der Revolution sollten wiederhergestellt werden, und diese waren für die Kronstädter nicht Machtbefugnisse, sondern Freiheiten. Dabei glaubten sie fest daran, dass Lenin sie verstehen würde, dass er – wie sie in ihrer eigenen *Izvestija*, die vom 3. bis 16. März erschien, schrieben – »im großen Augenblick des Kampfes der Werktätigen um ihre in den Staub getretenen Rechte nicht heucheln, sondern die Wahrheit sagen würde«. Lenin verstand sehr wohl, um was es hier ging, aber er reagierte anders, als es sich die Kronstädter – einst die Elitetruppe der bolschewistischen Revolution – erhofft hatten; ihm ging es um die Macht und die Einheit der Partei und nicht um Ideale der Revolution: Am 7. März 1921 begann über das brüchige Eis des finnischen Meerbusens hinweg der Angriff auf Kronstadt; die Kronstädter wehrten sich verzweifelt, und die eingesetzten Truppen mussten mit der Waffe vorwärtsgetrieben werden. 200 Delegierte des eben zusammengetretenen 10. Parteikongresses eilten aus Moskau herbei, um die politische Moral der Angreifer zu stärken. Erst am 18. März wurde Kronstadt erobert, und die Härte der Vergeltung entsprach der Härte des Kampfes: Die Zahl der Liquidierten wurde niemals bekanntgegeben, nur 13 ganz untypischen ›Kronstädtern‹ (fünf adeligen Offizieren, einem Geistlichen und sieben Bauern) wurde vor der Hinrichtung ein Schauprozess gemacht, einige wenige konnten über das Meer nach Finnland entkommen. Der physischen Vernichtung folgte die moralische Diskreditierung, die aus dem Freiheitswillen von Proletariern und Soldaten eine weißgardistische Verschwörung machte; die Sowjethistoriker haben stets behauptet, die Kronstädter hätten die Diktatur der Bourgeoisie errichten und die kapitalistische Ordnung wiederherstellen wollen.

Die Reaktion der Parteiführung wäre vielleicht nicht so heftig ausgefallen, wenn nicht die Partei selbst im Winter 1920/21 in einer schweren inneren Krise gesteckt hätte: Wie die Kronstädter gegen die Alleinherrschaft der kommunistischen Partei aufbegehrten, so gab es innerhalb der Partei eine Opposition gegen die Alleinherrschaft des Zentralkomitees. Der Ausgangspunkt war der von Trockij und der Parteiführung geförderte Wirtschaftszentralismus, in dem der Gewerkschaftsflügel der Partei eine Bedrohung seiner eigenen Position erblickte. Aber die Kritik am Zentralismus betraf über den Bereich der Wirtschaft hinaus auch die Entwicklung der Parteiorganisation: Sverdlov hatte bis zu seinem Tod (gest. 1919) die noch relativ einfache Organisation praktisch allein geführt, quasi aus dem ›Notizbuch‹. Erst der 8. Parteikongress im März 1919 schuf mit dem Sekretariat der Partei und dem Organisationsbüro (Orgbüro) eigene Institutionen; auf demselben Parteikongress erhielt das bisher bedeutungslose Politische Büro des Zentralkomitees eine neue Aufgabe. Mit Politbüro, Sekretariat und Orgbüro entstanden innerhalb der Parteiführung dabei einerseits Behörden, die sofort Tendenzen zur Erweiterung entwickelten, andererseits Machtpositionen, um deren Beherrschung ein Kampf zwischen den führenden Männern entbrannte. Der ›Apparat‹ bekam damit ein politisches Eigengewicht, das er bis dahin nicht gehabt hatte, und während alle Beteiligten unaufhörlich Lippenbekenntnisse zur Parteidemokratie ablegten, ging es ihnen in Wahrheit um die zentralen Schlüsselstellungen im Apparat. Gegen diese Strukturveränderung an der Spitze regte sich Protest in zwei innerparteilichen Oppositionsgruppen: den Demokratischen Zentralisten und der Arbeiteropposition. Größere Bedeutung besaß indes nur die Letztere, deren Führer Šljapnikov tatsächlich das proletarische Element in der Partei vertrat und mit der Forderung nach Säuberung der Partei von korrupten Elementen, nach Erhaltung des Wahlprinzips und nach einer Loslösung der obersten Sowjet- und Gewerkschaftsorgane aus der totalen Abhängigkeit vom Zentralkomitee eben jene Entwicklung kritisierte, mit der Lenin sein ursprüngliches

Parteiprinzip auf die herrschende Staatspartei eines Imperiums übertragen wollte. Entgegen späterer Legendenbildung war Lenin dabei keineswegs tolerant gegen abweichende Meinungen; nur bediente er sich anderer Methoden als später Stalin, um die Opposition zu liquidieren – weniger primitiver, aber nicht weniger wirksamer Methoden.

Die Spannung zwischen Trockij und den Gewerkschaften, der Machtkampf zwischen Zinov'ev und Trockij, der Streit mit den oppositionellen Gruppen, die katastrophale wirtschaftliche Lage und die außerhalb wie innerhalb der Partei wachsende Unzufriedenheit bildeten ein unentwirrbares Geflecht in einer monatelangen Parteikrise, bis Lenin auf dem 10. Parteikongress (8. bis 16. März 1921) eine Entscheidung in seinem Sinne erzwang: Unter dem Eindruck der Kronstädter Ereignisse musste den Delegierten zunächst einleuchten, dass Lenin zu Beginn des Kongresses ziemlich allgemein die Zeit für gekommen erklärte, »der Opposition ein Ende zu setzen«; die Betroffenen ahnten noch nichts von den Konsequenzen, denn Šljapnikov und seine Gesinnungsgenossen hatten weder die streikenden Petrograder Arbeiter noch die Kronstädter Matrosen unterstützt. Gegen eine Bedrohung von außen stand auch die Arbeiteropposition zur ›Parteieinheit‹; sie strebte keine Spaltung der Partei an, bildete auch keine organisierte Fraktion innerhalb der Partei, sondern vertrat nur in einigen Punkten eine von der Mehrheit abweichende Meinung, eine eigene ›Plattform‹, wie es im Parteijargon hieß. So kam es auf dem eigentlichen Parteikongress auch gar nicht zu einer offenen Konfrontation und Šljapnikov selbst wurde als Vollmitglied in das neue Zentralkomitee gewählt. Erst auf einer im letzten Augenblick anberaumten zusätzlichen Beratung über die Brennstoffkrise brachte Lenin völlig überraschend zwei Resolutionen ein: Die erste *Über die Parteieinheit* erklärte unter Hinweis auf Kronstadt jede Plattformbildung für unzulässig und gipfelte in dem Antrag, alle Gruppen mit eigener Plattform bei Strafe des sofortigen Ausschlusses aus der Partei aufzulösen; die andere *Über die syndikalistische und anarchistische Abweichung in unserer Partei* erklärte die von der

Arbeiteropposition geforderte Kontrolle der Industrie durch die Gewerkschaften zu einem dem Marxismus widersprechenden Programm, das mit der Mitgliedschaft in der kommunistischen Partei nicht zu vereinbaren sei; das Parteiprogramm von 1919 hatte es noch als Aufgabe der Gewerkschaften bezeichnet, »die Verwaltung der gesamten Volkswirtschaft in ihren Händen zu konzentrieren«. Beide Resolutionen wurden angenommen und in der Folge rücksichtslos verwirklicht. Seither konnte die Parteiführung jede Unterdrückung einer unerwünschten Meinung innerhalb der Partei mit den Beschlüssen des 10. Parteikongresses rechtfertigen; nunmehr waren die Gewerkschaften nur noch ein gefügiges Werkzeug in der Hand der Parteiführung (›Transmissionsriemen‹) und ›Parteieinheit‹ bedeutete die bedingungslose und widerspruchslose Alleinherrschaft des Zentralkomitees. Lenin hatte allerdings einen guten Grund für diesen Anspruch, denn die Wirtschaftspolitik stand vor einer unvermeidbaren Kursänderung, die für die Partei nach ihrer bisherigen Politik eine Zumutung darstellte. Auch diese Kursänderung wurde auf dem 10. Parteikongress eingeleitet.

Die Neue Ökonomische Politik

Lenin konnte sich nur schwer dazu entschließen, das Experiment des Kriegskommunismus als gescheitert anzusehen und zu beenden. Ausschlaggebend war hier das Ernährungsproblem, das mit den bisher angewandten Methoden nicht zu lösen war: Die Bauern benötigten eine gewisse Rechtssicherheit und ökonomische Anreize, um die landwirtschaftliche Produktion zu steigern. Dies wurde erreicht, indem die völlig willkürlichen und gewaltsamen Requisitionen durch eine gesetzlich festgelegte Naturalabgabe ersetzt wurden, die sich prozentual ermäßigte, je mehr der Bauer produzierte, und indem man den Bauern den Verkauf überschüssiger Erträge erlaubte. Nur diese eine Maßnahme beantragte Lenin auf dem 10. Parteikongress. Die ›Neue Ökonomische Politik‹ (NĖP) brachte aber noch zwei weitere tiefgreifende Veränderungen, die als Rückkehr zum Kapitalismus gewertet werden konnten und deshalb ohne große Publizität durchgeführt wurden, nämlich die Wiederzulassung des freien Binnenhandels in beträchtlichem Umfang und die Erteilung von Konzessionen an private, meist ausländische industrielle Unternehmer. Darin lag das Eingeständnis, dass die staatliche Handelsorganisation völlig versagt hatte und die industrielle Produktion anders nicht wieder in Gang zu bringen war. Einer möglichen Kritik von rechts und von links beugte Lenin indes vor: Ehe die Menschewisten ihre Befriedigung über das Scheitern des bolschewistischen Weges äußern konnten, wurden sie nun als Partei und als Einzelpersonen politisch liquidiert; und ehe die Arbeiteropposition gegen diese die Bauern begünstigende neue Wirtschaftspolitik protestieren konnte, wurde sie in die Illegalität gedrängt. Lenin war offenbar davon überzeugt, dass die NĖP keine vorübergehende Notstandsmaßnahme sein würde, sondern mindestens ein Menschenalter dauern müsse.

Die Maßnahmen waren erfolgreich: Die Versorgung mit Nahrungsmitteln besserte sich zusehends, und auch die Konsumgüterindustrie nahm einen sichtbaren Aufschwung; allerdings entstand eine neue Kapitalbildung und der Typ des ›NĖP-Reichen‹. Die verstaatlichte Schwerindustrie blieb dagegen zurück, und so brachte schon das Jahr 1923 eine neue, diesmal ›kapitalistische‹ Krise mit einer sich öffnenden Preisschere zwischen fallenden Preisen für Agrarprodukte und steigenden Preisen für Industriegüter, mit Inflation und Massenarbeitslosigkeit; die Bauern konnten für den Erlös ihrer Produkte nicht die benötigten Industriewaren kaufen und versorgten sich weiterhin über die traditionelle Handwerkstätigkeit. Zwar gelang 1924 eine Stabilisierung der Währung, aber die Arbeitslosigkeit blieb, und die Kritik von links nahm zu. Darauf hatte Lenin jedoch keinen Einfluss mehr.

Im Jahr 1918 hatte Lenin die Folgen eines Attentats gut überstanden, aber die ungeheure Belastung der Revolutions- und Bürgerkriegsjahre hatte seine Kräfte frühzeitig verbraucht. Schon 1920 machten sich Anzeichen einer Gehirnverkalkung bemerkbar, die in der Familie erblich war. Lenin klagte zunehmend über unerträgliche Kopfschmerzen, seine Teilnahme am 11. Parteikongress im März 1922 musste er auf ein einziges Referat beschränken; am 26. März 1922 erlitt er den ersten Schlaganfall, der ihn für längere Zeit lähmte und der Sprache beraubte. Noch einmal konnte er seine Arbeitsfähigkeit zum guten Teil zurückgewinnen, aber im Dezember 1922 trat eine Verschlechterung ein, und am 9. März 1923 schloss ihn ein zweiter Schlaganfall endgültig von der aktiven Teilnahme am politischen Geschehen aus; dem dritten erlag er am 21. Januar 1924. Mehr als anderthalb Jahre lastete sein bevorstehendes Ende über der Sowjetmacht, und das war für Lenin selbst, dessen Geist auch bei schwerstem körperlichen Leiden ungetrübt blieb, eine Zeit der Sorge um sein Werk, für seine Mitarbeiter jedoch eine Zeit des offenen Machtkampfes um die Nachfolge. Dieser vollzog sich weitgehend unter Ausschluss der Öffentlichkeit, selbst der Parteiöffentlichkeit, während der noch lebende Lenin schon zum Gegenstand eines Kults wurde, der sonst nur Toten zuteil wird. Diese Wertschätzung war in der Parteiführung allerdings wohl nur Fassade; als Lenin im Frühjahr 1923 auf die Veröffentlichung seines letzten *Pravda*-Artikels drängte, hatte Stalins Gefolgsmann Kujbyšev im Zentralkomitee den Vorschlag gemacht, ein einziges Exemplar der Zeitung mit dem Artikel anzufertigen und Lenin als Beleg vorzulegen, also Lenin bewusst zu betrügen.

Obwohl die Epigonen alles dafür getan haben, einen undurchdringlichen Schleier über die letzten Monate seines Lebens zu legen, sind doch viele Einzelheiten bekannt: Lenin zweifelte nicht an der Vollkommenheit des kommunistischen Herrschaftssystems, für das er die Grundlage geschaffen hatte, aber er hatte sicherlich Bedenken, ob die Fülle der Macht zweckmäßig verteilt war und in den richtigen Händen lag. Dies betraf vor allem Stalin in allen Positionen, die er bekleidete, und führte am Ende zum vollständigen Bruch beider: Stalin war ab 1917 Volkskommissar für die Nationalitäten, und dies war der erste Gegenstand von Lenins Sorge. Stalin hatte die Eingliederung Georgiens als autonome Republik in die RSFSR offen betrieben und Ordžonikidzes brutales Vorgehen gedeckt, das mit dem geschlossenen Rücktritt des dortigen bolschewistischen Zentralkomitees einen Parteiskandal heraufbeschworen hatte. Um ein solches Vorgehen in Zukunft zu verhindern, verlangte Lenin im Oktober 1922 eine Debatte des Zentralkomitees über die nationale Frage, in der er dem »großrussischen Chauvinismus einen Kampf auf Leben und Tod« ansagen wollte. Zu dieser Debatte ist es niemals gekommen, und auch sonst blieb Lenin wegen seiner Krankheit erfolglos. Er fand aber Ende des Jahres 1922 noch die Kraft, seine grundsätzlichen Ansichten über die nationale Frage zu diktieren; sie wurden zwar im Ausland bekannt, sind in der sowjetischen Presse aber erst im Juni 1956 veröffentlicht worden.

Lenin stellte darin fest, dass die Partei die Interessen der nichtrussischen Völker grob vernachlässigt habe. Schuld daran seien »die Hast und der administrative Übereifer« Stalins, die »Leichtfertigkeit« Dzeržinskijs und die »Unbeherrschtheit« Ordžonikidzes. Alle drei genannten waren keine Großrussen, aber – so fügte Lenin hinzu – »bekanntlich übertreiben russifizierte Fremde stets, was die echt russische Haltung betrifft«. Man müsse zwischen dem Nationalismus einer großen, unterdrückenden Nation und dem Nationalismus einer kleinen, unterdrückten Nation unterscheiden.

> Im Verhältnis zum zweiten Nationalismus haben wir […] uns in der historischen Praxis fast immer schuldig gemacht durch eine unendliche Zahl von Vergewaltigungen, und mehr als das – ohne es selbst zu merken, vollbringen wir weiter eine unendliche Zahl von Vergewaltigungen und Beleidigungen.

Lenin verlangte die strenge Bestrafung Ordžonikidzes, und er gab zu bedenken, ob man die bevorstehende Bildung der Sowjetunion nicht auf die Armee und die Außenpolitik beschränken und im Übrigen die Selbstständigkeit der einzelnen Sowjetrepubliken wiederherstellen solle. Der mögliche Verlust an Effektivität des Staatsapparats werde dabei sehr viel geringer sein als jener, der bei einer Fortsetzung der gegenwärtigen Nationalitätenpolitik eintreten müsse. Dies gelte

> nicht nur für uns, sondern für die ganze Internationale, für Hunderte von Millionen der Völker Asiens, das sich anschickt, nach uns in nächster Zukunft die historische Bühne zu betreten. Es wäre unverzeihlicher Opportunismus, wenn wir am Vorabend dieses Auftretens des Ostens […] unsere Autorität im Osten untergrüben, und sei es auch nur durch die geringste Taktlosigkeit und Ungerechtigkeit unseren eigenen Nationalitäten gegenüber.

Das blieb freilich Theorie, und diejenigen, denen sie bekannt wurde, sollten sich nicht danach richten. Das eigentliche Problem – die Unvereinbarkeit von unbeschränkter zentralisierter Macht mit Freiheit jeder Art – hat Lenin indes wohl nicht gesehen.

Diese Einschränkung gilt auch für den zweiten Punkt, der Lenin bis zuletzt bewegte, den Kampf gegen die Bürokratisierung: Lange Zeit hatte Lenin den Aufbau eines bürokratisierten Partei- und Staatsapparates gedeckt und noch auf dem 10. Parteikongress die Kritik der ›Plattformen‹ dagegen rücksichtslos unterdrückt. Nun aber forderte er selbst in seinem letzten Gespräch mit Trockij im November 1922 »einen Block gegen die Bürokratie«, und seine letzten *Pravda*-Artikel vom 23. Januar und 4. März 1923 (der zweite war schon am 6. Februar geschrieben, aber von der Stalingruppe des Zentralkomitees fast einen Monat lang zurückgehalten worden, ehe er mit gefälschtem Datum erschien) üben deutliche Kritik an der Bürokratie der ›Arbeiter- und Bauerninspektion‹, der zweiten Machtposition Stalins bis zum Mai 1922. Zwar standen in allen folgenden Machtkämpfen eine Beschränkung der Bürokratie und eine Förderung der Arbeiterdemokratie im Zentrum der Debatten, wer aber die Macht hatte, kümmerte sich nicht mehr darum. Und schließlich besaß Stalin, der im Mai 1922 mit Zustimmung Lenins Generalsekretär der Partei geworden war, bereits zu viel Macht.

Das sogenannte Testament Lenins vom 25. Dezember 1922 bietet nur eine flüchtige Charakteristik einiger führender Persönlichkeiten des Zentralkomitees, bei der Stalin ziemlich schlecht wegkommt, Trockij jedoch trotz seiner Fehler als »der fähigste Mann im gegenwärtigen Zentralkomitee« bezeichnet wird: »Genosse Stalin hat« – so schrieb Lenin – »eine enorme Macht in seiner Hand konzentriert; und ich bin nicht sicher, dass er diese Macht immer mit genügender Vorsicht zu gebrauchen verstehen wird.« Aber Lenins Sorge galt vorrangig der Gefahr einer Spaltung im Zentralkomitee und damit der Gefährdung der Parteieinheit. Aus dieser wachsenden Sorge heraus schlug er in einem Postskriptum vom 4. Januar 1923 vor, »einen Weg ausfindig zu machen, um Stalin von dieser Position (des Generalsekretärs) zu entfernen und einen anderen Mann zu ernennen«. Ein gesunder Lenin hätte sich gegen Stalins Machtposition wohl durchgesetzt, aber sein zweiter Schlaganfall am 9. März hat Stalin gerettet.

In dem danach folgenden Machtkampf zeigte sich Trockij seinen von Stalin geführten Gegnern nicht gewachsen. Das lag vor allem daran, dass er die in der Partei weit verbreitete Opposition nicht organisieren und hinter sich bringen konnte. Er war ja wie Stalin ein Zentralist und Bürokrat, wenn auch als Intellektueller und nicht als Machtmensch. Erst als er in die Enge getrieben wurde, nahm er den Kampf überhaupt auf, und er führte ihn mit den Mitteln des Parteiintellektuellen, obwohl er in der Roten Armee außerordentlich populär war und Unterstützung gefunden hätte. Als Lenin starb, war Trockij politisch bereits ein toter Mann, der sich im Kaukasus erholte. Die große Rede bei den Trauerfeierlichkeiten hielt sein Gegenspieler der ehemalige Seminarist aus Tiflis, der die Magie liturgischer Formeln meisterhaft beherrschte und mit dem immer aufs Neue wiederholten Gelübde: »Wir geloben dir, Genosse Lenin, dass wir dein Vermächtnis in Ehren erfüllen wollen« die Menge in Bann schlug. Dies schloss freilich Lenins Testament nicht ein; mit Unterstützung Zinov́evs und Kamenevs gelang es Stalin, die von Lenins Witwe geforderte Verlesung auf dem 13. Parteikongress (23. bis 31 Mai 1924) zu verhindern. Auf demselben Parteikongress beendete Trockij seine Rede, in der er einer gegen ihn selbst gerichteten Resolution die Zustimmung verweigerte, mit dem bemerkenswerten Satz:

> Die Partei kann keine Entscheidungen treffen, sie seien so unkorrekt und ungerecht wie sie wollen, die auch nur um ein Jota unsere grenzenlose Hingabe an die Sache der Partei, die Bereitschaft eines jeden von uns, die Parteidisziplin unter allen Umständen auf sich zu nehmen, erschüttern könnte; und wenn die Partei eine Entscheidung trifft, die der eine oder andere von uns für eine ungerechte Entscheidung hält, dann wird er sagen: Gerecht oder ungerecht, es ist meine Partei und ich trage alle Konsequenzen ihrer Entscheidungen bis zum Ende.

›Die Partei‹, das waren in diesem Augenblick Zinov́ev, Kamenev und Stalin (nach dem Parteidienstalter, nicht nach der Machtstellung geordnet), das kurzlebige Triumvirat der neuen ›kollektiven Führung‹.

Die Entstehung der Sowjetunion

Zehn Tage nach dem Tod Lenins billigte der 2. Unions-Sowjetkongress am 31. Januar 1924 die erste Verfassung der ›Union der Sozialistischen Sowjetrepubliken‹ (UdSSR); in dieser Union waren nun neben der RSFRS, auch die Sozialistischen Sowjetrepubliken der Ukraine, Weißrusslands und vieler anderer Gebiete vereint. Damit kam ein langwieriger Prozess zum Abschluss, den der 3. Sowjetkongress eingeleitet hatte, als er in einer Erklärung vom 12. (25.) Januar 1918 die Aufgabe der eben aufgelösten Konstituierenden Versammlung übernommen hatte, »die russische Sowjetrepublik […] auf der Grundlage eines freien Bündnisses freier Nationen, als Föderation sowjetischer, nationaler Republiken« zu bilden. Damit war die Gründung eines neuen russischen Staates auf dem Territorium des alten Reichs gemeint. Aber zum einen schuf der Abfall der Nationalitäten eine neue Situation, und zum anderen hatte die angestrebte Weltrevolution noch Vorrang und forderte offene Grenzen. Auf dem 5. Allrussischen Sowjetkongress war am 10. Juli 1918 die Verfassung der RSFSR angenommen worden, die den Kern einer »Föderation zuerst Europas und dann der ganzen Welt bilden wird«, wie ein Redner dort formuliert hatte. In Wirklichkeit war die RSFSR von einer Föderation, d. h. von einem Zusammenschluss selbstständiger und gleichberechtigter politischer Gebilde weit entfernt. Sie war ein zentralistisch regierter großrussischer Einheitsstaat mit einer Anzahl eingegliederter autonomer Republiken, autonomer Gebiete und nationaler Kreise, deren abgestufte, aber jeweils eng begrenzte ›Autonomie‹ nicht auf einem freiwilligen Souveränitätsverzicht beruhte, sondern vom Zentralkomitee einer Partei bestimmt war. Das Erbe des Zarenstaates war also nur in eine andere Form gegossen worden.

Stalin sprach in diesem Zusammenhang von einem besonderen und fortschrittlichen sowjetischen Typ der Föderation, den er als ›zentralisierte Föderation‹ charakterisierte; der Begriff ›fortschrittlich‹ bezeichnete hier die im Sowjetstaat verwirklichte totalitäre Demokratie. Nun waren aber in der Zeit des Bürgerkriegs einige unabhängige Sowjetrepubliken entstanden, und zwar sowohl innerhalb als auch außerhalb der alten Reichsgrenzen (Ungarn); damit stellte sich das Problem, ob sich die RSFSR diese bereits bestehenden und alle künftigen Sowjetrepubliken eingliedern könnte. Dieses Problem stand nun in engem Zusammenhang mit der ›nationalen Frage‹ und führte zu einer grundsätzlichen Meinungsverschiedenheit zwischen Lenin und Stalin: Beide hielten zwar die Föderation von Staaten für eine Übergangserscheinung auf dem Weg zum kommunistischen Endziel, der ›vollständigen Einheit der Arbeiter der verschiedenen Nationen‹, und keiner von beiden wollte das Föderationsprinzip auch auf die kommunistische Partei ausdehnen; so erklärte der 8. Parteikongress am 22. März 1919, dass die damals selbstständigen Sowjetrepubliken Ukraine, Weißrussland, Litauen und Lettland unter keinen Umständen ein Anlass wären, auch die Partei föderativ zu gestalten. Aber während Lenin den sowjetischen Föderationstyp auf die RSFSR beschränken und diese dann in einer offenen Föderation mit allen anderen Sowjetrepubliken verbinden wollte, vertrat Stalin schon 1920 eine andere Auffassung: Er leugnete in zynischer Weise den Unterschied zwischen Baschkiren und Ukrainern, den Lenin berücksichtigen wollte –

> dieser Unterschied existiert in Wirklichkeit gar nicht oder ist so klein, dass er gleich null ist [und meinte, dass] Nationen, die zum Bestand des alten Russland gehörten […] der sowjetische (zentralisierte) Typ der Föderation ohne viel Reibungen aufgepfropft werden [könne].

Erst jenseits der alten Reichsgrenzen hielt Stalin eine andere Föderationsform für berechtigt, für die er die Bezeichnung ›Konföderation‹ vorschlug und die er als einen Bund unabhängiger Staaten definierte.

Entsprechend dem Schwebezustand, als Lenin nicht mehr die volle Macht ausüben konnte und Stalin noch nicht die ganze Macht besaß, verwirklichte die UdSSR in ihrer äußeren Form die Lenin'sche, in ihrem Inhalt die Stalin'sche Konzeption: Sie entstand durch einen Staatsvertrag, den die RSFSR, die ukrainische, die weißrussische und die transkaukasische Sowjetrepublik am 30. Dezember 1922 miteinander schlossen, und dem Schein nach war die Initiative dazu von den ukrainischen Kommunisten ausgegangen. Oberstes Organ und formal Träger der Macht sollte ein ›Unions-Sowjetkongress‹ sein, der als Legislative einen ›Unionssowjet‹ (414 Mitglieder proportional zur Bevölkerungszahl der einzelnen Republiken) zu wählen und einen Nationalitätensowjet (je fünf Mitglieder aus den Sowjetrepubliken – auch aus der RSFSR – und aus den autonomen Republiken, je ein Mitglied aus den autonomen Gebieten) zu bestätigen hatte. Wichtiger als diese Unions-›Parlamente‹, deren Aufgabe stets nur die Akklamation war, war aber die Abgrenzung der Kompetenzen zwischen Union und Republiken: Fast alle wesentlichen Vorrechte des Staates lagen laut Staatsvertrag bei der Union; in einem langen Katalog wurden deren Kompetenzen aufgelistet, und es wurde ausdrücklich bestimmt (§ 18), dass bei Volkskommissariaten gleichen Sachgebiets die Republikbehörden den Unionsbehörden nachgeordnet waren. Dies legalisierte freilich nur einen längst bestehenden Zustand in einer komplizierten Form: Die Sowjetunion als Ganzes war von Anfang an ein ebenso zentralistisch regierter russischer Einheitsstaat wie die RSFSR. Allerdings war die Staatsform von sekundärer Bedeutung, denn die reale Macht lag im kommunistischen Herrschaftsgebiet stets bei der Partei. Die Verfassung des Staates beschrieb daher nur eine Fassade, und ebenso wenig wert war der letzte (26.) Paragraf des Staatsvertrags: »Jede einzelne Republik der Union behält das Recht des freien Austritts aus der Union«. Ein solcher Schritt bedeutete aber eine Veränderung des Vertrages, und eine solche konnte (§ 25) nur durch den Unions-Sowjetkongress beschlossen werden, in dem die RSFSR, d. h. die Großrussen, die Mehrheit besaß.

Die Gründung der Union wurde am 13. Juli 1923 in einem besonderen Aufruf ›allen Völkern und Regierungen der Welt‹ mitgeteilt. Als Grund für die Vereinigung war neben dem Wunsch, die gegenseitigen Beziehungen zu fördern und den wirtschaftlichen Wiederaufbau zentral leiten zu können, auch ein Hinweis auf die internationale Lage enthalten, die durch eine »Verstärkung der Weltreaktion und der aggressiven Bestrebungen der imperialistischen Regierungen« gekennzeichnet sei. In Bezug auf den Sowjetstaat war dies freilich nur noch eine Fiktion, denn die Intervention war längst beendet, und niemand dachte an eine Wiederholung. Die Gründung der Union war also nicht nur eine formale Konsolidierung des Sowjetstaats, sondern entsprach auch einer Neuorientierung der sowjetisch-bolschewistischen Außenpolitik.

Die Außenpolitik

Die Erwartung der Weltrevolution machte die traditionelle Außenpolitik zwischen den Staaten sinnlos; aus diesem

Grund beschränkte sich Trockij als erster Außenminister Sowjetrusslands auf Proklamationen, die sich eher an die Völker als an die Staatsführer wandten. Dieses Unterlaufen der gewohnten Formen der Diplomatie führte in den Jahren des Bürgerkriegs zu einer Unterbrechung aller Beziehungen zu anderen Staaten und zur totalen Isolierung des jungen Sowjetstaates. Auch als schließlich mit allen neuen Nachbarn – außer Rumänien – Friedensverträge geschlossen worden waren, führte dies nicht zu einer Durchbrechung der Isolation. Die ersten Schritte zur Normalisierung wurden in Richtung der asiatischen Staaten getätigt, aber hier musste im Sinne der weltrevolutionären Konzeption Lenins und der antiimperialistischen Gemeinsamkeiten zuerst eine Distanzierung von der eigenen russischen Vergangenheit erfolgen: Moskau verzichtete in Persien (Vertrag vom 26. Februar 1921) auf russische Rechte aus der Zarenzeit (Eisenbahnen usw.), einigte sich mit Afghanistan (28. Februar 1921) darüber, »die Freiheit der östlichen Nationen« einschließlich der »gegenwärtigen Unabhängigkeit und Freiheit von Buchara und Chiva« gemeinsam zu fördern, und überließ der Türkei (26. März 1921) das lange umstrittene Grenzgebiet von Kars. In Bezug auf die ›Republik der mongolischen Völker‹ (Äußere Mongolei, 5. November 1921) war die Sowjetführung nicht so großzügig, aber hier war China als der einzige Konkurrent nicht nur zu schwach um seine eigenen Interessen wahrzunehmen, sondern mit einem Teil seiner politischen Kräfte sogar aufseiten der Sowjetmacht: Sun Yatsen (gest. 1925), der Begründer der Guomindang (›Volkspartei‹), hatte Lenin sogleich zu seinem Sieg beglückwünscht, und Lenin hatte umgekehrt schon 1918 auf alle imperialistischen Ansprüche Russlands in China im Prinzip verzichtet. Nach dem Ende der japanischen Intervention (1922) wurden dann lebhafte Kontakte geknüpft, bei denen Sowjetrussland der Gebende war und die vor allem in Ausbildungshilfe und Beratung bestanden (chinesische Studenten und Offiziersschüler in Moskau, sowjetische Experten in China); diese Kontakte beruhten auf der persönlichen Wertschätzung, die der chinesische nationale und der russische soziale Revolutionär einander entgegenbrachten.

Viel schwieriger kam die neue sowjetische Diplomatie mit dem Westen unter der Leitung von G. V. Čičerin (1872–1936, von 1918 bis 1930 Volkskommissar des Äußeren), wieder in Gang: Unter geschickter Ausnutzung des Problems der Kriegsgefangenen, des Handelsinteresses westlicher Länder und der manchmal naiven Sowjetophilie intellektueller Kreise konnte M. Litvinov (1876–1951, von 1930 bis 1936 Volkskommissar des Äußeren) sein kleines Büro in Kopenhagen, wo schon 1920 englisch-sowjetische Verhandlungen über die Rückkehr von 35 gefangenen englischen Offizieren begonnen hatten, zu einer ersten inoffiziellen Sowjetvertretung im westlichen Ausland ausbauen. Diese Kontakte mit der britischen Interventionsmacht öffneten den Weg zu einer inoffiziellen *De-facto*-Anerkennung Sowjetrusslands durch eine ganze Reihe von Staaten. London kam den Sowjets für die Entlassung der Gefangenen weit entgegen und stimmte schließlich nach neuen Verhandlungen am 16. März 1921 einem regulären Handelsabkommen zu; in gegenseitigem Übereinkommen überließ man dabei die heikle Frage der russischen Vorkriegs- und Kriegsschulden sowie der Enteignung britischen Eigentums in Russland einem künftigen Friedensvertrag, obwohl man offiziell ja überhaupt keinen Krieg miteinander geführt hatte. Wegen der Ablehnung solcher Schuldenzahlungen durch die Sowjetregierung kam es in der Folge niemals zu einem ›endgültigen Frieden‹, wohl aber erkannte die erste Labourregierung Macdonalds am 2. Februar 1924 die Sowjetunion *de jure* an. Dies war ein Dammbruch, denn diesem Beispiel folgte noch im Jahre 1924 das faschistische Italien (8. Februar), ferner Norwegen (13. Februar), Österreich (25. Februar), Griechenland (8. März), Schweden (15. März), Dänemark (18. Juni) und Frankreich (28. Oktober) sowie von den amerikanischen Staaten Mexiko (4. August).

Die nun beginnenden Handelsbeziehungen waren für Sowjetrussland eine Existenzfrage und ein bedeutender Erfolg seiner Diplomatie, aber auch für die Partner waren sie vorteilhaft. Dies war aber nur die eine Seite der sowjetischen Außenpolitik, die zugleich immer auch eine Außenpolitik der russischen kommunistischen Partei war: Im März 1919 hatte Lenin in der dritten, der Kommunistischen Internationale (Komintern), das geeignete Instrument dafür geschaffen, das russischer Führung unterstellt wurde (erster Vorsitzender: Zinov́ev); auf ihrem zweiten Weltkongress (23. Juli bis 7. August 1920) in Moskau wurden die kommunistischen Parteien anderer Staaten auf das Vorbild der russischen kommunistischen Partei verpflichtet (21 Punkte), was unter dem Aspekt der Weltrevolution sinnvoll war, im Gegenzug aber eine Gefährdung der konventionellen Außenpolitik des Sowjetstaates bedeutete. Da jedoch die Weltrevolution ausblieb und der kommunistische russische Staat sich konsolidierte, wuchsen die Spannungen zwischen der Außenpolitik des Staates und der Partei: Zwar musste auch der Sowjetstaat die Erfolge anderer kommunistischer Parteien begrüßen, wenn sie zur Machtergreifung führen konnten, und deshalb arbeiteten alle sowjetischen Auslandsvertretungen, kommerzielle wie diplomatische, mit den kommunistischen Parteien des betreffenden Landes zusammen; solange jedoch der Erfolg ausblieb, musste eben dies die sowjetische Außenpolitik immer wieder kompromittieren, das Misstrauen der Partner erregen und letztlich sowjetisches Staatsinteresse schädigen.

Am deutlichsten wurde diese Politik der zwei Ebenen sowjetischer Außenpolitik zunächst im Falle Deutschlands. Wenn die Komintern in ihrer Neujahrsbotschaft an das russische Volk 1920 verkündete:

> Wir werden auch in Berlin und Warschau, in Paris und London Arbeiter- und Soldatenräte einsetzen, und die Macht der Sowjets wird sich dereinst über die ganze Welt erstrecken,

so stand Berlin nicht zufällig an erster Stelle: Deutschland hatte den Krieg verloren, es befand sich in einer ausgesprochen ›revolutionären Situation‹, und es war zugleich ein hochentwickeltes Industrieland mit einer seit Jahrzehnten wohlorganisierten Arbeiterbewegung. Dies ließ erwarten, dass Deutschland auf dem Weg zur Weltrevolution vorangehen und damit das marxistische Geschichtsbild erfüllen würde, das durch das Vorpreschen Russlands gestört worden war. Zwar war die deutsche Novemberrevolution im Jahr 1918 im Sinne einer kommunistischen Machtergreifung gescheitert, aber als im Sommer 1920 die Rote Armee in Polen nach Westen vorrückte, nährte die Lage in Deutschland noch immer Moskaus Hoffnung auf ein Sowjetdeutschland. Die Aktivität der deutschen Kommunisten schien vielversprechend, blieb aber erfolglos. Dagegen brachte der bolschewistische Deutschlandexperte Karl Radek (1885–1939) schon 1920 eine weitere Karte ins Spiel: die nationale; zwar misslang damals der Versuch, Deutschland durch die Zusage von Territorialgewinnen auf Kosten Polens in den Krieg hineinzuziehen, aber in der Folge nutzte die sowjetische Außenpolitik erfolgreich die nationalen Interessen der Deutschen: Schon der Abschluss des deutsch-sowjetischen Handelsvertrags am 6. Mai 1921 hatte gezeigt, dass mit dem isolierten Deutschland, das weder die Zahlung von Kriegsschulden beanspruchte noch auf Alliierte Rücksicht nehmen musste, leichter zu verhandeln war. Knapp ein Jahr später konnte auf der Wirtschaftskonferenz in Genua, zu der auch die russische Sowjetrepublik zum ersten Mal eingeladen war, deren Vertreter Čičerin in dem nahe gelegenen Rapallo am 16. April 1922 mit dem deutschen Außenminister Rathenau einen erheblich weitergehenden Vertrag unterzeichnen: Beide Seiten verzichteten auf alle Ansprüche und Entschädigungen, beschlossen die Wiederaufnahme diplomatischer Beziehungen und sicherten einander die Meistbegünstigung im Handelsverkehr zu. Die Folgen waren weitreichend; sie beruhten nicht auf der streng geheimen militärischen Zusammenarbeit, die schon vorher begonnen hatte und im Vertrag nicht erwähnt wurde, sondern auf den psychologischen Auswirkungen der deutschen ›Rapallopolitik‹, und zwar sowohl außerhalb als auch innerhalb Deutschlands. So weckte der Vertragsabschluss bei den Westmächten ein tiefes Misstrauen gegenüber der deutschen Politik, begründete in nationalen Kreisen Deutschlands aber den Mythos, man könne gegenüber der Sowjetunion eine ideologiefreie ›Realpolitik‹ betreiben. Erinnerungen an Tauroggen wurden wiederbelebt, die Nichtverlängerung des Rückversicherungsvertrages als Hauptursache des nationalen Unglücks dargestellt, und man glaubte, nun endlich wieder außenpolitisch freie Hand zu haben, d. h. eine Schaukelpolitik zwischen West und Ost treiben zu können. Dabei übersah man gerne, dass sich der russische Partner inzwischen geändert hatte, weil man hoffte, mit seiner Unterstützung früher oder später eine Revision der deutschen Ostgrenze erreichen zu können. Diese Vorstellung überdauerte auch die Erfahrungen des Jahres 1923, als die französische Besetzung des Ruhrgebiets erneut eine ›revolutionäre Situation‹ hatte entstehen lassen, in der die deutschen Kommunisten einen bewaffneten Aufstand und einen neuen Versuch der Machtergreifung geplant hatten; die deutschen Nationalisten suchten einen Verbündeten gegen die Franzosen und fanden ihn in Moskau: Radek bot wohlwollende Neutralität im Falle eines deutsch-französischen Kriegs an und Zinov'ev gab den deutschen Kommunisten Anweisung, sich am nationalen Widerstand zu beteiligen. Für kurze Zeit wurden in der Folge unter der Bezeichnung ›Nationalbolschewismus‹ die tiefgehenden Gegensätze überdeckt: Einig waren sich deutsche Nationalisten wie Kommunisten in der Abwehr der alliierten Bedrohung, aber während die Nationalisten mit einer kontrollierten Unterstützung des Bolschewismus ihre nationalen Ziele erreichen wollten, versuchte Moskau durch Stärkung des deutschen Widerstands die ›revolutionäre Situation‹ zu verlängern, um mithilfe der im nationalen Widerstand bewaffneten Arbeiter die Macht zu ergreifen. Als die deutsche Regierung unter Stresemann den Widerstand und die revolutionäre Situation schließlich beendete, änderte Moskau seine Strategie und unterstützte nun einen direkten Aufstand, sogar mit der Einschleusung von Offizieren der Roten Armee für die kommunistischen Revolutionstruppe in Sachsen und Thüringen. Im Oktober 1923 scheiterte aber auch dieser Versuch am Eingreifen der Reichswehr. Da zur gleichen Zeit ein ähnlicher Putschversuch in Bulgarien und später (Dezember 1924) einer in Estland zusammenbrach, ging die Zentrale der Weltrevolution in Moskau allmählich zu vorsichtigeren Methoden über.

Die durch die Partei geleitete Politik der Komintern schadete indes dem unmittelbaren sowjetischen Staatsinteresse: In England stürzte die sowjetfreundliche Labourregierung im Herbst 1924 wegen der unvorsichtigen Sprache der englischen Kommunisten und wegen der Affäre eines gefälschten Briefes von Zinov'ev; ein am 8. August 1924 unterzeichneter neuer Vertrag mit der Sowjetunion wurde von der nachfolgenden konservativen Regierung nicht ratifiziert. Zu Frankreich blieben die Beziehungen unverändert kühl, weil die französische Politik in ›Zwischeneuropa‹ (die neuen Nationalstaaten zwischen Deutschland und der Sowjetunion) auf die Schaffung eines *cordon sanitaire* mit Frankreich und untereinander verbündeten Staaten hinwirkte. Obwohl diese Versuche wegen der nationalen Rivalitäten (Polen gegen Litauen und die Tschechoslowakei) und der Abwehr der ungarischen Revisionspolitik durch die ›Kleine Entente‹ (Tschechoslowakei, Jugoslawien und Rumänien) nur Lippenbekenntnisse blieben, empfand Moskau jede Bündnispolitik unter seinen Nachbarn als einen gegen die Sowjetunion gerichteten feindseligen Akt; andererseits weckten die sowjetischen Annäherungsversuche an ostmitteleuropäische Staaten, da sie nur Handelsbeziehungen sowie Abrüstungsabkommen und keine Nichtangriffsverträge betrafen, in Erinnerung an verschiedene Putschversuche, beispielsweise in Estland, kein Vertrauen. Wenn Moskau die Isolierung wirklich durchbrechen wollte, dann musste es also die sowjetischen Staatsinteressen über die Agitation der Komintern stellen. Dieser Abschied von den Idealen der Weltrevolution wurde erst durch die Entwicklung der Sowjetmacht nach dem Tod Lenins und unter der Diktatur Stalins vollzogen.

Gesellschaft und Kultur

Der Weltkrieg, die Revolutionszeit und der Bürgerkrieg hatten tiefe Spuren in der russischen Gesellschaft hinterlassen: Die Verluste an Menschenleben aus den Kriegshandlungen an Soldaten und (noch mehr) an Zivilisten aus Epidemien, Hungersnot und politischer Verfolgung lassen sich nur schätzen, und diese Schätzungen schwanken zwischen 6 Millionen und 10 Millionen Opfern; unschätzbar waren die Verluste an Volksvermögen, an Sachwerten und ideellen Vorstellungen. Zwar konnte sich die Gesamtbevölkerung mit 136 Millionen Menschen bis zum Jahr 1926 der Zahl nach erholen, aber die Gesellschaft war eine andere geworden: Große Teile der alten Elite waren gezielten Maßnahmen von Zwang und Terror zum Opfer gefallen oder waren vor ihnen ins Ausland geflohen, besonders viele nach dem Ende des Bürgerkriegs. Die Binnenwanderung hatte die Gesellschaft umgepflügt, denn die Arbeiter waren in der Not in ihre Dörfer zurückgekehrt, zu denen sie alte Beziehungen besaßen. Während sie dort die Zahl der Landsuchenden vermehrten, verloren die Hauptstädte mehr als die Hälfte ihrer Bevölkerung. Mit Einführung der NĖP kehrte sich der Trend um, die Bauern auf Zeit kamen in die Städte zurück, vermehrten dort die Zahl der Arbeitslosen und sorgten für eine unvorstellbare Wohnungsnot, weil 1923 im Durchschnitt nur 2 m^2 Wohnfläche pro Arbeiter zur Verfügung standen.

An die Stelle der alten Elite, von der nur ein Teil in der NĖP wiedereingegliedert wurde, trat eine neue aus Mitgliedern der kommunistischen Partei. Auch deren Charakter hatte sich grundlegend gewandelt, denn aus den alten Berufsrevolutionären mit Elan und vergleichsweise hoher Bildung (etwa 24 000 im Jahre 1917) war nun eine staatstragende Partei geworden, die in Massen Sympathisanten und Karrieristen anzog, schließlich im Jahre 1921 über 730 000 Mitglieder zählte. Die Parteiführung reagierte mit Maßnahmen zur Bildung und Disziplinierung der Revolutionsgewinnler, die gezielten Säuberungen ausgesetzt wurden. Dabei sollte auch der

Makel beseitigt werden, dass in der ›Arbeiterpartei‹ die Arbeiter an Zahl hinter den Bauern zurückstanden; die Aufstiegsmöglichkeiten der bestätigten Mitglieder stärkten den Apparat der Partei und damit die Stellung Stalins. Während die Industrie durch die NĖP und die Eingliederung alter Spezialisten, die unter der Kontrolle von Parteimitgliedern standen, langsam wuchs, blieb das Hauptproblem die Bauernschaft.

Zwar war der Weg vom Bauern zum Arbeiter – und zurück – in Russland nur kurz, aber das Dorf lebte in ganz anderen Strukturen: Die Bauern waren in ihrer großen Mehrheit arm und bewirtschafteten nur kleine Höfe, die zu 90 % in die Dorforganisation der *obščina* mit ihrem demokratischen Potenzial der Selbstverwaltung eingegliedert waren. Der bäuerliche Alltag war durch religiöse und traditionale Vorstellungen geprägt, und fernab von den Städten drang von dem dortigen revolutionären Umschwung kaum etwas auf das Dorf; selbst die als ›Kulaken‹, also etwas wohlhabendere Bauern, diffamierten Bauern waren nach westlichem Standard nur Mittelbauern mit meist gerade ausreichendem Auskommen. Die Arbeit der Bauern war für die Gesellschaft lebenswichtig, und die Produkte ihrer Arbeit wurden von oben verplant und von Beauftragten des Staates durch Zwangsmaßnahmen eingezogen. Selbst als die NĖP die Eigeninitiative auf Zeit wieder förderte, standen die Bauern in den Büchern der Partei nur als Gebende, die für ihre Produkte nicht die erwünschten Waren erhielten und also ›auf Kredit‹ wirtschafteten; für die ›Arbeiterpartei‹ blieben die Bauern ein Fremdkörper, weil der Klassenkampf nicht auf das Dorf übertragen werden konnte.

Auch die übrige Gesellschaft war total verändert worden: Die freien Berufe waren verschwunden, der Handel diffamiert und in der NĖP nur notgedrungen auf niedrigem Niveau wieder erlaubt worden. Die neue Ordnung nach dem ›Klassengesichtspunkt‹ hatte die Rechtsordnung verändert und die Errungenschaften von 1864 beseitigt: An die Stelle von ausgebildeten Juristen traten Richter, die ›nach dem Volksempfinden‹ urteilten und damit die Rechtssicherheit aufhoben; außerrechtliche Gewalt war mit der Einrichtung der ›Allrussischen Außerordentlichen Kommission‹ (*čeka*) bereits im Dezember 1917 begründet worden, die unter Leitung von Dzeržinskij gegen ›Konterrevolutionäre und Saboteure‹ vorging, Todesurteile aussprach und vollstreckte, Beschuldigte zu Zwangsarbeit oder Haft in Konzentrationslager verbrachte. Auch als sie im Rahmen der NĖP offiziell aufgelöst wurde, blieb die Institution unter dem neuen Namen ›Staatliche Politische Verwaltung‹ (GPU) eine selbstständige und mächtige Organisation des Terrors.

Grundsätzlich wollten die Revolutionäre eine neue Gesellschaft, ja einen ›Sowjetmenschen‹ schaffen, und Ansätze dazu sind auch erreicht worden: Noch Ende Dezember 1917 wurde die Zivilehe eingeführt und die Ehescheidung erleichtert. Die Frauen sollten gleiche Rechte und Chancen erhalten, die Geschlechterrollen neu definiert und die Sexualität aus der Unterwerfung der Frauen in Partnerschaft überführt werden. Hier wie auch anderswo zeigte sich aber bald, dass etwa die theoretischen Darlegungen der bolschewistischen Frauenrechtlerin Alexandra Kollontaj (1872–1952) zwar großes Aufsehen erregten, aber mehr Rauch als Feuer offenbarten, denn die Ungleichbehandlung setzte sich fort, und ›Gleichheit‹ bedeutete oft nur, dass die Frauen noch mehr Lasten im Alltag zu tragen hatten. Mehr ›Erfolg‹ hatte die Partei dort, wo es ihr gelang, echte Begeisterung des Anfangs in Maßnahmen der Kontrolle zu kanalisieren. So begann die Partei mit der Indoktrinierung nicht nur ihrer Mitglieder, sondern der ganzen Gesellschaft, indem sie durch ihr Informationsmonopol missliebige Stimmen auch aus den eigenen Reihen ausschloss und die Presselandschaft einengte; das Organisationsmonopol beseitigte zudem freie Assoziationen der Gesellschaft, versuchte ferner die Gesamtgesellschaft zu erfassen (Gründung des ›Komsomol‹ als Jugendorganisation). Auch die orthodoxe Kirche musste schnell erkennen, dass die neuen Verhältnisse kein Neuanfang waren: Zwar konnte sie auf dem ersten Landeskonzil seit 200 Jahren im Herbst 1917 den Moskauer Metropoliten Tichon zum neuen Patriarchen wählen und einsetzen, aber die Enteignung ihres Besitzes, die Trennung von Kirche und Staat im Familienrecht und das Verbot von pädagogischer Tätigkeit leiteten bereits Anfang 1918 eine Verfolgung ein, die Tausende von Geistlichen um Leben oder Freiheit brachte. Stattdessen wurde der Atheismus als neue ›Staatsreligion‹ auf allen Ebenen gefördert.

Der Widerspruch zwischen den Hoffnungen auf eine bessere Zukunft und der harten Realität von Not und Zwang lässt sich am Problem der Verwahrlosung von vielen Jugendlichen aufweisen: Bis zu einer Million Jugendliche sollen um 1924 auf der Straße gelebt haben, deren Angehörige in den Wirren umgebracht worden oder verloren gegangen waren. Diesen ›Unbeaufsichtigten‹ (*bezprizorniki*) als Problem der Gesellschaft widmete sich dann eine neue Pädagogik (Makarenko). Eine positive Maßnahme war auch die Befreiung der Juden von den Einschränkungen ihres Lebensumfeldes, denn die Aufhebung der Bindung an die Ansiedlungsrayons führte zu einer umfangreichen Migration in die Städte, ermöglichte vielen einen sozialen Aufstieg und erleichterte aber auch die Assimilation an die Mehrheitsgesellschaft. Da die Ideologie eine Bindung von ›Nationalität‹ und ›Territorium‹ vorsah, sollten die Juden sogar ein eigenes autonomes Gebiet erhalten; das Experiment, ihnen am Amur in Birobidžan eine solche ›Heimat‹ zu schaffen (1934), schlug aber fehl. Auch den anderen ›Nationalitäten‹ kam man in der Anfangsphase entgegen, indem eine umfangreiche Alphabetisierungskampagne gestartet wurde; den traditionellen Schriftkulturen in Zentralasien wie den zahlreichen kleinen Ethnien in Sibirien bot die Verschriftlichung ihrer Sprachen in lateinischer Form die Möglichkeit, ihr kulturelles Erbe aufzuzeichnen und zu bewahren, ehe dann später eine Gleichmacherei und Russifizierung (Übernahme der kyrillischen Schrift) einsetzte.

Bei alledem war jede Äußerung von Kultur von der Revolution betroffen, wenn auch in unterschiedlichem Ausmaß: Lenin hatte von der Notwendigkeit einer ›Kulturrevolution‹ gesprochen und damit die Reform der Schulen, die Alphabetisierung, die Einführung einer polytechnischen Erziehung der Jugend gefordert; die damit verbundene Hoffnung auf eine neue Zeit strahlte weit aus und verbreitete eine Aufbruchstimmung: In der Literatur vermochte die Revolution nur wenige der bekannten Schriftsteller zu fesseln; die meisten gingen in die Emigration, aber einige, wie Maksim Gor'ki (1868–1936) kehrten auch daraus nach Russland zurück und stellten sich in den Dienst der Partei. In der Kunstrichtung des ›Futurismus‹ proklamierte besonders Majakovskij (1893–1930) einen Bruch mit der Vergangenheit und suchte neue Ausdrucksmittel, was ihn bald in den Gegensatz zur Partei brachte. Mehr Breitenwirkung besaß der ›Proletkul't‹, der die Arbeitswelt in der Literatur widerspiegeln wollte und als er zu einer Massenbewegung wurde, schließlich von der Partei als Konkurrenzunternehmen liquidiert wurde. In der Malerei hatten Kandinskij (1866–1944) und Malevič (1878–1935) bereits vor dem Weltkrieg neue Ausdrucksformen gefunden, die nun nach der Revolution in einer ausdrucksstarken Plakatkunst ihre Weiterentwicklung fanden. Dieses Mittel diente ebenso wie das Agitationstheater (Meyerhold, 1874–1940) und der neue Stummfilm (Eisenstein, 1898–1948) in eindringlich suggestiver Weise zur Aufrüttelung der Massen.

Die Indienstnahme der Wissenschaft war schwerer zu bewirken; insbesondere die Geisteswissenschaften widersetzten sich einfachen Parolen und der Gleichschaltung. Selbst dem angesehenen marxistischen Historiker Pokrovskij (1868–1932), der als Stellvertretender Kommissar die Eingliederung der Akademie der Wissenschaften und von deren Forschungsinstituten in das Bildungskommissariat vornehmen sollte, gelang nur ein Teilerfolg: Viele berühmte Forscher widersetzten sich den Parteiforderungen, gingen ins Ausland oder zogen sich in die innere Emigration zurück. Da die Partei auf ihre Dienste nicht verzichten konnte und ein eigener parteilicher Nachwuchs noch nicht zur Verfügung stand, musste sie sich wie in der NĖP mit einer Übergangssituation des Nebeneinanders von kontrolliertem Terrain und Inseln freien Geistes abfinden.

Die Herrschaft Stalins

1922	3. Apr.: Stalin Generalsekretär der Kommunistischen Partei, Triumvirat mit Zinov'ev und Kamenev
1927	Alleinherrschaft Stalins
1928	Dezember: Beschluss zur Kollektivierung der Landwirtschaft
1936–38	Schauprozesse
1939	23. Aug.: Hitler-Stalin-Pakt
1941	22. Juni: deutscher Überfall auf die Sowjetunion, Beginn des ›Großen Vaterländischen Kriegs‹
1945	8. Mai: deutsche Kapitulation
1953	5. März: Tod Stalins

Der Weg zur Macht

Nach Lenins Tod wurde der Machtkampf zwischen den bolschewistischen Führern mehrere Jahre lang öffentlich geführt, d. h. innerhalb der kommunistischen Partei der Sowjetunion als der alleinigen Trägerin der Macht. Die staatlichen Funktionen und Verdienste der Beteiligten blieben dabei ohne Belang, selbst wenn es sich wie bei Trockij um den Kriegskommissar und Schöpfer der Roten Armee handelte: Nicht der Sowjetkongress entschied, wer Volkskommissar (= Minister) wurde oder blieb, sondern das Politbüro des Zentralkomitees der Partei, und je mehr sich Stalins Stellung als Generalsekretär der Partei festigte, desto weniger berücksichtigte er nicht einmal mehr der Form nach den Instanzenzug der Bürokratie und die Trennung von Partei und Staatsapparat, sondern gab staatlichen Dienststellen unmittelbar Anweisungen. Voraussetzung dafür war die innere Atmosphäre, die sich in der ›Partei Lenin'schen Typs‹ entwickelt hatte, die ihre eigene Psychologie, ihre eigene Sprache und ihre eigenen Kampfmittel besaß: Die sachlichen Gegensätze waren geringfügig und nicht ausschlaggebend; Stalin vertrat aber grundsätzlich jeweils eine Meinung, die der jener Person genau entgegengesetzt war, die er im Augenblick für einen Gegner hielt, den er auf diese Weise erfolgreich bekämpfen konnte, und seine Gegner verhielten sich kaum anders, wenn sich auch individuelle Abstufungen in der Konsequenz der Inkonsequenz erkennen lassen. Niemand durfte dabei an den Glaubenssätzen der marxistisch-leninistischen Lehre rütteln, jeder musste seine Ansicht mit Leninzitaten belegen; da Lenin jedoch eine nahezu unübersehbare Fülle von Schriften hinterlassen hatte, war das nicht besonders schwierig.

Stalin hatte noch in seinen Anfang 1924 erschienenen *Grundlagen des Leninismus* (*Ob osnovach leninizma*) in Übereinstimmung mit dem Internationalismus Lenins die Frage, ob die russischen Kommunisten »den endgültigen Sieg des Sozialismus in einem Lande sicherstellen« könnten, »ohne die vereinten Anstrengungen des Proletariats mehrerer fortschrittlicher Länder« abwarten zu müssen, mit einem klaren Nein beantwortet: »Für den endgültigen Triumph des Sozialismus [...] sind die Anstrengungen eines Landes allein nicht genug, zumal eines überwiegend agrarischen Landes wie Russland.« Als er am Ende desselben Jahres Trockij, den Erfinder der Lehre von der permanenten Revolution, politisch völlig ausschalten wollte, verkündete Stalin dagegen bereits als ›leninistische Theorie‹, dass »der Sieg des Sozialismus sogar in einem vom kapitalistischen Standpunkt relativ unentwickelten Land möglich« sei. So lange seine Gegner die NĖP kritisierten – Trockij aus Prinzip, Zinov'ev und Kamenev aus Opportunismus –, sich für die Industriearbeiter einsetzten und die industrielle Produktion mit planwirtschaftlichen Methoden steuern wollten, spielte Stalin als angeblicher Testamentsvollstrecker Lenins auch den überzeugten Bauernfreund, als er aber die ›linke‹ Opposition beseitigt hatte, übernahm er deren Programm in vollem Umfang und stempelte dadurch jene, die ihn bisher unterstützt hatten und weiterhin ein maßvolles Anstreben der sozialistischen Ziele im Sinne der NĖP befürworteten – Bucharin, Rykov und Tomskij –, als eine ›rechte‹ Opposition ab. Die Betonung der Prinzipien der Wirtschaftspolitik in diesen Auseinandersetzungen war dabei grundsätzlich durch den ökonomischen Charakter des marxistischen Weltbildes bedingt und weniger durch die Sorge um das Wohlergehen der Bevölkerung. Im Übrigen bestand Stalins erfolgreiche Kampfmethode darin, den Gegner persönlich und politisch zu diffamieren, statt ihn durch sachliche oder ideologische Argumente zu widerlegen. Hierin folgte er Lenin, aber dieser hatte immerhin um den Sieg der Revolution gestritten und nicht um die persönliche Alleinherrschaft.

Neben Stalins elementarem Machtwillen spielten auch persönliche Gegensätze eine Rolle: Stalin hatte unter den führenden Persönlichkeiten wenig Freunde; zwar verband ihn mit keinem andern eine so alte und tiefgehende Feindschaft wie mit Trockij, aber allen gegenüber empfand er das Ressentiment des intellektuell Unterlegenen. 1879 in dem kaukasischen Landstädtchen Gori unter dem Namen Josif Visarionovič Džugašvili als Sohn eines Schusters geboren, hatte er die typische Laufbahn eines Berufsrevolutionärs hinter sich: Er entstammte zwar echt proletarischen Verhältnissen – das war in der ersten bolschewistischen Führergeneration selten –, aber er hatte niemals selbst manuell gearbeitet, sondern seit seinem Ausschluss aus dem theologischen Seminar in Tiflis ausschließlich in der revolutionären Tätigkeit gelebt. Der Georgier mit dem Decknamen ›Koba‹, der keine westliche Sprache sprach und dessen Auslandsaufenthalte Episoden blieben, hatte erst 1912 den Namen ›Stalin‹ angenommen und den Sprung von der provinziellen Praxis in das Zentralkomitee geschafft. Sein schon früh erkennbarer Ehrgeiz, sich als Parteitheoretiker einen Namen zu machen, war unerfüllt geblieben; erst im Besitz der Macht konnte er das Niveau der Theorie bestimmen und sich selbst unter die Klassiker des Marxismus-Leninismus einreihen. Auf der anderen Seite waren seine Gegner durch persönliche und sachliche Gegensätze geschwächt – vor allem durch den zwischen Trockij und Zinov'ev – und nicht zuletzt durch ihren revolutionären Intellektualismus geprägt, so dass sie sich nur teilweise, meist verspätet und auch dann nur widerwillig, und unaufrichtig zu gemeinsamem Widerstand aufrafften. Und auch dieser war von Anfang an vergeblich, denn der Kampf um die Nachfolge Lenins wurde niemals mit gleichwertigen Mitteln und von annähernd gleichstarken Positionen aus geführt.

Stalin war schon seit 1912 Mitglied im Zentralkomitee der Partei und wurde in der Regierung Volkskommissar für Nationalitätenfragen. Nach seiner Ernennung zum Generalsekretär (1922) war er dann allen anderen eindeutig überlegen. Dies war nach außen hin nicht sichtbar, denn auch andere Mitglieder des Politbüros übten vergleichbare repräsentative Funktionen aus – Kamenev war unter anderem stellvertretender Vorsitzender des Rats der Volkskommissare, Vorsitzender des Moskauer Sowjets und Direktor des Lenin-Instituts, Zinov'ev war Vorsitzender der Komintern und des Leningrader Sowjets; für Stalin sprach auch weniger die Einrichtung des Generalsekretariats an sich, sondern das, was er daraus machte: Keiner seiner Vorgänger hatte dieses Instrument in ähnlicher Weise geführt, und keiner war in den Verdacht von Diktaturgelüsten gekommen. Bei Stalin hatte sich dieser Verdacht, wie Lenins Testament zeigt, sehr früh eingestellt:

> Wir sind gegen die Bildung einer Führertheorie, gegen die Einsetzung eines Führers. Wir sind gegen ein Sekretariat, das Polizei und Organisation in sich vereinigt und über dem politischen Organismus steht. Wir sind für eine interne Organisation der höchsten Macht, die die volle Macht dem Politbüro sichert, dem alle politischen Köpfe der Partei angehören, und die das Sekretariat dem Politbüro als technisches Exekutivorgan von dessen Entscheidungen unterordnet.

So formulierte Kamenev seinen und Zinov'evs Standpunkt auf dem 14. Parteikongress im Dezember 1925, als ihnen die politische Entmachtung drohte. Und obwohl alle Gegner Stalins auch jetzt noch im Politbüro verblieben (Trockij und Zinov'ev als Vollmitglieder, Kamenev zum ›Kandidaten‹ degradiert), rechneten sie bereits mit ihrer physischen Vernichtung und brachten ihre Privatarchive in Sicherheit. Diese Verbindung einer Erkenntnis der Gefahr mit der völligen Ohnmacht, ihr zu begegnen, bedarf der Erklärung.

Zum einen entsprang Stalins Ressentiment gegen die Intellektuellen dem Bewusstsein von deren intellektueller Überlegenheit, die sie trotz organisatorischer Fähigkeiten (Trockij) das Detail in der Organisation unterschätzen ließ. Wer sein Leben lang für die Verwirklichung einer Utopie gekämpft hatte und von Jugend an in den abstrakten Begriffen der marxistischen Theorie dachte, verlor leicht das Gefühl für die Bedeutung des Institutionellen. Zum anderen war die durch den Bürgerkrieg verlängerte Revolutionssituation schließlich doch zu Ende gegangen, und der Alltag des sozialistischen Aufbaus hatte aus der disziplinierten Verschwörerelite eine organisierte Staatspartei mit Massencharakter gemacht. Trockij verfügte vielleicht nicht über die korrekten Zahlen, traf aber mit Sicherheit das Wesen der Parteientwicklung, wenn er berichtete, dass 1923 97 % aller Parteimitglieder nach dem Sieg der Oktoberrevolution und 1928 erneut 75 % der Parteimitglieder seit 1923 aufgenommen worden waren. Dadurch war die alte bolschewistische Revolutionselite zu einer winzigen Minderheit geworden, die eine Zeit lang noch als ›linke Opposition‹ das ›Gewissen der Revolution‹ wachhalten und sich auf diese Weise einen ehrenvollen Abgang sichern konnte. Die Partei selbst entwickelte sich aber in dieser Zeit zu einem wohlorganisierten Apparat von Funktionären, die nur ihre Karriere im Sinn hatten und die in allem von der Organisationsspitze, dem Generalsekretariat, abhängig waren. Stalin trieb diese totale Wandlung des Parteicharakters ganz bewusst voran: Die Substanzverluste, die aus einer großen Säuberung im Jahr 1923 resultierten, wurden dadurch ausgeglichen, dass die Partei gegen den ausdrücklichen Willen Lenins die Wartezeiten der Anwärter erheblich verkürzte und allein im Jahr 1924 240 000 neue Mitglieder aufnahm. Ironischerweise ging diese Substanzveränderung im Sinne Stalins unter der Bezeichnung ›Leninaufgebot‹ in die Parteigeschichte ein.

Es war drittens die Persönlichkeit Stalins, die den Ausgang des Machtkampfs erklärt: Er brachte einerseits den Parteiapparat vollständig in seine Hand und konnte so auf die Auswirkungen seiner Personalpolitik bauen, andererseits schlug er brutal zu, wenn er den geeigneten Augenblick für gekommen hielt: Die Beherrschung des Apparats schloss den Einfluss auf die Staatspolizei mit ein, die am 7. (20.) Dezember 1917 als *čeka* gegründet worden war und nach ihrer Umbenennung am Ende des Bürgerkriegs 1922 als ›Staatliche Politische Verwaltung‹ (*gosudarstvennoe političeskoe upravlenie* = GPU) zu einer Normaleinrichtung der Sowjetmacht mit einem umfassenden Aufgabenbereich wurde. Ihr erster Chef war der gebürtige Pole Felix E. Dzeržinskij, der als ein fanatischer Revolutionär zu unmenschlichen Grausamkeiten fähig, aber persönlich integer und ohne Machtambition war. Dzeržinskij spielte Stalin die Verfügung über die Staatspolizei zu, und als er 1926 starb, war Stalin bereits in der Lage, die GPU oder, wie sie ab 1934 nach ihrer Eingliederung in das Innenministerium hieß, die NKVD (*narodnyj komissariat vnutrennych del*, ›Volkskommissariat für innere Angelegenheiten‹, ab 1946 MVD = *ministerstvo vnutrennych del*, ›Ministerium für innere Angelegenheiten‹) durch willfährige Gefolgsleute ganz in seinen Dienst zu stellen. Stalin hat den rücksichtslosen Terror nicht erfunden, aber zur Perfektion geführt und gegen Parteigenossen aller Rangstufen angewendet; er brach den Gegnern seiner Alleinherrschaft das Rückgrat, lange bevor sie politisch und am Ende physisch liquidiert wurden.

Die systematische Liquidierung wirklicher oder möglicher politischer Gegner, wie sie Stalin praktizierte, hat in der Weltgeschichte wenig Vergleichbares. Im Dezember 1925 war die Lage der ›linken Opposition‹, die eigentlich keine gemeinsame Basis besaß, bereits aussichtslos, aber Zinov'ev blieb noch bis zum Juli 1926, Trockij sogar bis zum Herbst 1926 Mitglied des Politbüros; erst im folgenden Jahr wurden beide aus dem Zentralkomitee und erst Anfang 1928 aus der Partei ausgeschlossen. Dies war die Voraussetzung für eine strafrechtliche Verfolgung, die für Trockij, Radek und andere die Verbannung in entfernte Landesteile bedeutete. Zinovév und Kamenev, die rechtzeitig bereut hatten, wurden schonender behandelt, sie behielten sogar die Chance, wieder in die Partei aufgenommen zu werden. Trockij allein wurde im Februar 1929 aus der Sowjetunion ausgewiesen; in demselben Jahr traf auch Bucharin, Rykov und Tomskij, die bisher Stalin unterstützt hatten, aber nun gegen die radikale Kursänderung in der Wirtschaftspolitik protestierten, der Bann als ›rechte Opposition‹. Bucharins Ausschluss aus dem Politbüro im November 1929 war der Anfang vom Ende, unmittelbar gefolgt von seiner Kapitulation, die der Zustimmung zum eigenen politischen Tod gleichkam. Fortan gab es in der Führung der kommunistischen Partei der Sowjetunion niemanden mehr, der es wagte, eine andere Meinung als Stalin zu haben; von einem möglichen Widerstand war schon Jahre vorher keine Rede mehr.

Aber der Diktator wollte nicht nur siegen, er wollte vernichten: Im Zuge der großen *čistka* (Säuberung), die Stalin durch die von ihm selbst angeordnete Ermordung des beliebten Leningrader Parteichefs Kirov am 1. Dezember 1934 ausgelöst hatte, wurden sowohl Zinovév und Kamenev als auch Bucharin und Rykov in Schauprozessen wegen antisowjetisch-trockistischer Tätigkeit verurteilt und daraufhin erschossen (August 1936 bzw. März 1938); und selbst im fernen Mexiko ließ Stalin 1940 seinen Erzfeind Trockij, dessen Name allen anderen Säuberungen als Vorwand gedient hatte, ermorden. Die prominenten Namen standen indes jeweils nur für die Austilgung ihres gesamten wirklichen oder vermeintlichen Anhangs innerhalb und außerhalb der Partei. Das Ausmaß dieses Massenterrors, der phasenweise anschwoll und abebbte, aber für die ganze Zeit der Stalin'schen Herrschaft charakteristisch war, bleibt unbegreiflich: Die Zahl der Opfer wird nach offiziellen Unterlagen auf etwa 2,5 Millionen geschätzt; darunter waren Personen, die in Prozessen verurteilt und erschossen wurden (ca. 700 000), und solche, die einfach ›verschwanden‹; die Zahl derer, die verhaftet und in Lager deportiert wurden und dort starben, wird mit 3,5 Millionen beziffert. Zur Sicherung der unbeschränkten Alleinherrschaft war dieser Terror nicht erforderlich; das Phänomen gehört in das Gebiet der Psychopathologie des Tyrannen und seiner Werkzeuge.

Vielleicht am erschütterndsten aber ist, dass keines der Opfer, sofern es sich um überzeugte Kommunisten handelte, die Wurzel des Verhängnisses begriff, auch Trockij nicht, der in elf Emigrationsjahren die Zeit zum Nachdenken und die Freiheit der Meinungsäußerung hatte: Nicht das System war falsch, so meinten sie alle, sondern der Tyrann Stalin oder das historische Gesetz des Thermidor, demzufolge jede Revolution ihrer Verursacher vernichtet. Keiner wollte wahrhaben, dass schon Lenin die Stufen gebaut hatte, auf denen Stalin emporstieg, dass die totale Herrschaft der Partei in die totale Herrschaft des Parteiführers münden musste, die sich dann jeder Kontrolle entzog. Der Unterschied zwischen den Persönlichkeiten Lenins und Stalins hätte auch politisch bedeutsam werden können; aber die Entwicklung der Sowjetunion unter einem länger lebenden Lenin wäre wohl kaum grundsätzlich anders verlaufen, wenn man das Prinzip des Parteitotalitarismus beibehalten hätte. Stalin jedenfalls beherrschte die Wirklichkeit; während Lenins 50. Geburtstag 1920 kaum beachtet vorübergegangen war, ließ sich Stalin aus demselben Anlass 1929 mit allen Praktiken eines entfesselten ›Persönlichkeitskultes‹ von ungeheurer Verlogenheit feiern. Er beherrschte als *voždʼ* (Führer) nicht nur die kommunistische Partei, sondern auch das russische Riesenreich, nicht nur die totalitäre Utopie, sondern auch das geschichtliche Erbe.

Der Gebrauch der Macht

Die Industrialisierung

Die Ausschaltung der ›rechten Opposition‹ war für Stalin bei alledem nur ein Nebeneffekt des wirtschaftspolitischen Kurswechsels, der ideologisch und staatspolitisch begründet wurde: Sozialismus und industrielle Entwicklung standen nach marxistischer Lehre in einem unlösbaren Zusammenhang, denn die Maschinenindustrie und der sie begründende Kapitalismus brachten ja erst das Proletariat hervor, das die sozialistische Endphase der Weltgeschichte verwirklichen sollte. Wenn es dieses Proletariat in Russland noch nicht in ausreichendem Maße gab, dann musste es also geschaffen werden. Lenin hatte dafür die Formel gefunden, dass der Kommunismus als das Ziel der Entwicklung aus einer Verbindung von Sowjetmacht und Elektrifizierung bestehe. Die Sowjetmacht als totale Parteiherrschaft hatte man erreicht, die Elektrifizierung als Symbol einer umfassenden Industrialisierung musste folgen. Damit wollte man Schritt für Schritt die kommunistische Gesellschaftsordnung erreichen, in der jeder nach seinen Bedürfnissen aus einer überreichen Produktion versorgt werden sollte. Daher drängten die ›Linken‹ von der Arbeiteropposition bis zu Trockij auf eine Beschleunigung der Industrialisierung; als mit dem ersten Fünfjahresplan 1928 ein energischer Anfang gemacht wurde, unterstützten viele sowjetische Arbeiter diese Bemühungen. Von der Ideologie her gesehen sollte dadurch der Normalzustand einer kommunistischen Gesellschaft erreicht werden.

Stalin hatte zu diesen ideologischen Fragen ein durchaus opportunistisches Verhältnis, denn sein Hauptmotiv lag auf einer ganz anderen Ebene: Als Machtmensch hatte er schon bisher alles getan, um im Sowjetstaat eine solide Machtbasis für die Herrschaft der kommunistischen Partei aufzubauen, und nach dem Tod Lenins begründete er diesen aus weltrevolutionärer Perspektive nationalen Egoismus mit der Losung vom Aufbau des Sozialismus in einem Land. Die Machtsteigerung des russisch geführten Sowjetstaates sollte also den Weg zur Weltrevolution ebnen. Um aber in einer Welt feindlicher kapitalistischer Mächte bestehen zu können und sie sogar zu überholen, musste erst ein entsprechendes Industriepotenzial geschaffen werden. Die forcierte Industrialisierung, die der 15. Parteikongress im Dezember 1927 mit den ›Direktiven für die Erstellung eines Fünfjahresplans der Volkswirtschaft‹ einleitete, diente demnach nicht in erster Linie dem sozialen Fortschritt der Bevölkerung, der leichter zu erreichen gewesen wäre, sondern dem beschleunigten Wachstum der Macht: Totalitäre Systeme können ohne Rücksicht auf die Wünsche und Interessen der Bevölkerung jeweils alle verfügbaren Mittel für den angestrebten Zweck einsetzen; dem Aufbau einer leistungsfähigen Schwerindustrie wurde in der Folge alles geopfert, vor allem Menschen.

Obwohl die anfängliche Planung oft geändert werden musste, und obwohl die offiziellen Statistiken in der Ära Stalins kritisch zu bewerten sind, wurden die zu Beginn des ersten Fünfjahresplans feierlich verkündeten Ziele:

> Die Sowjetunion aus einem rückständigen Agrarland mit schwach entwickelter Industrie in ein hochentwickeltes Industrieland zu verwandeln [und] alle unumgänglichen technischen und ökonomischen Voraussetzungen für die Erhöhung der Verteidigungsfähigkeit des Landes zu schaffen [weitgehend erreicht.]

Die natürlichen Voraussetzungen und die reichen Rohstoffvorkommen begünstigten diese Entwicklung; besonders bei der für den Start entscheidenden Kohleförderung gelang es rasch, zwei neue große Abbaugebiete hochwertiger Steinkohle zu erschließen – das Kuzneck-Becken (*Kuzneckij bassejn* – Kuzbass) südlich von Tomsk im westlichen Sibirien und das Revier von Karaganda in Zentralasien. Diese Kohlevorkommen ermöglichten überdies eine strategisch vorteilhafte Verlagerung der Schwerindustrie nach Osten; in einigen Schwerpunktgebieten (Werkzeugmaschinen, Traktoren, Traktorenpflüge) gelang schon während des ersten Fünfjahresplanes eine beachtliche Produktionssteigerung: Unter dem Druck der schwierigen Situation, die als Folge der Kollektivierung der Landwirtschaft entstanden war, produzierte die Sowjetunion im Jahre 1932 231 158 Traktorenpflüge gegenüber nur 1020 in den Jahren 1927/28. Das waren freilich extreme Spitzen, denn im Ganzen waren die Erfolge geringer; so stieg etwa die Stahlerzeugung in demselben Zeitraum nur um etwas mehr als ein Drittel (39 %). »Solche

Resultate« – so schrieb der sowjetische Wirtschaftshistoriker Ljaščenko –

> konnten nur unter den Bedingungen des sozialistischen Wirtschaftssystems erzielt werden. Zur Erzielung dieser Resultate bedurfte es der unaufhörlichen Aufmerksamkeit der kommunistischen Partei [...], der Mobilisierung der Anstrengungen der Arbeiter, Techniker und Ingenieure für die Erfüllung des Planes und der Aufwendung großer staatlicher Mittel.

Diese Formulierung muss erläutert werden, denn »Mobilisierung der Anstrengungen« bedeutete nicht allein einen moralischen Appell an die Arbeiter oder die Verbesserung der Organisation, sondern vor allem die Anwendung des sowjetischen Strafrechts von 1926 für alle in der Industrie Tätigen: In einer total verstaatlichten Industrie konnte jedes produktionsschädigende Verhalten als ein Angriff gegen den Staat aufgefasst und bei Vorsätzlichkeit nach § 58 des Strafgesetzbuchs (gegenrevolutionäre Tätigkeit) geahndet werden; dieser Paragraf sah in schweren Fällen das »oberste Strafmaß der sozialen Verteidigung« vor, d. h. die Hinrichtung durch Erschießen. Die »unaufhörliche Aufmerksamkeit der kommunistischen Partei« führte schon 1930 zu einer großen Säuberung unter dem leitenden Personal in der Industrie, die auch Ausländer betraf, auf die man in der Anfangszeit nicht hatte verzichten können. Aus der Fülle der Anklagepunkte geht hervor, dass die Schuld immer beim Leiter des jeweiligen Betriebs, niemals bei den Planern in Staat und Partei gesucht wurde. Ein Kardinalproblem war dabei die Beschaffung qualifizierter Arbeiter, deren Mangel mit Fortschreiten des industriellen Aufbaus immer größer wurde. Wie sollte ein Fabrikdirektor dieses Problem lösen, wenn ihn sowohl die Abwerbung von Arbeitern aus anderen Betrieben als auch die »Unterlassung von Maßnahmen zur Bereitstellung der nötigen Arbeitskraft« ins Gefängnis bringen konnte? Unter diesen Umständen musste die Industrialisierung durch rücksichtslosen Terror erzwungen werden. Dabei blieb unbeachtet, dass die Schuld an Fehlschlägen keineswegs nur an der Unzulänglichkeit der Ausführenden, sondern mehr noch am Zentralismus der Planenden lag: Auch die kleinsten Betriebe im gesamten Riesenreich wurden schließlich von der Moskauer Zentrale aus verwaltet, denn hinter diesem Prozess verbarg sich die allmähliche Vernichtung der handwerklichen Betriebe, was zugleich die Beseitigung des Kleinbürgertums bedeutete. Der wirtschaftliche Schaden war beträchtlich, und an diesem Punkt setzte die Selbstkritik tatsächlich ziemlich früh ein. Dies geschah aber nicht aus Rücksicht auf die Bedürfnisse der Bevölkerung, sondern weil die industriellen und landwirtschaftlichen Großbetriebe selbst unter dem Fehlen der lokalen Handwerksbetriebe litten: Ein Kolchoz brauchte nicht nur Traktoren, die in einer Fabrik zentral hergestellt und von der Motor-Traktoren-Station (MTS) verwaltet wurden, sondern auch Wagen und Schlitten, die nun niemand mehr herstellte oder reparierte.

Die »Aufwendung großer staatlicher Mittel« umschrieb schließlich in sehr milder Form eine Politik, die die Planziele ständig erhöhte und Investitionen forderte, die der Staat nur durch eine Senkung des Lebensstandards bis weit unter das (russische!) Existenzminimum finanzieren konnte. Dabei hatte Stalin noch vor Kurzem die wirtschaftliche Vernunft gegen das »ökonomische Abenteurertum« Trockijs verteidigt, weil ein beschleunigtes Tempo der Industrialisierung den Import von Maschinen und den Export von Agrarprodukten erfordern und dadurch zu einem Absinken der Reallöhne, »einer Art künstlich organisiertem Hunger«, führen würde. Genau dies geschah nun, und zwar weitaus verheerender als nach dem Vorschlag Trockijs: An die Stelle der wirtschaftlichen Vernunft traten die neuen Parolen des ›bolschewistischen Tempos‹ und der ›bolschewistischen Investitionskurve‹; das Hauptopfer war die Landwirtschaft.

Die Kollektivierung der Landwirtschaft

Auch für die Kollektivierung der Landwirtschaft lassen sich mehrere Motive anführen, die dem tiefen Misstrauen der Kommunisten gegenüber dem Dorf als der Verkörperung des alten Russland entsprangen: Das Dorf lebte in einem traditionellen Wertesystem mit religiös verankerten Ritualen, wobei es auf der Eigenwirtschaft der Familien aufbaute und reiner Rationalität misstraute. Die dörfliche Selbstverwaltung und die nachbarliche Solidarität folgten entsprechend eigenen Regeln und waren von außen kaum zu beeinflussen, was die Kontrolle durch den Staat ins Leere gehen ließ. Schließlich entzog sich die Landwirtschaft wegen ihrer Abhängigkeit von schwankenden Naturvoraussetzungen der zentralen Planung, die anhand verlässlicher Leistungen die Industrialisierung planen wollte: 1927 hatte die landwirtschaftliche Produktion in der Sowjetunion annähernd wieder den Vorkriegsstand erreicht, doch war infolge der Agrarreform von 1917 der Getreideüberschuss von 26 % auf 13 % zurückgegangen. Unter diesen Umständen war es schwer, den Export zu steigern, weil die Industrialisierung die Einfuhr industrieller Ausrüstung verlangte, und gleichzeitig eine Reserve zu bilden, die für die Ernährung der rasch wachsenden Industriestädte notwendig war. Hierin lag das Problem, denn zwar lieferte der landwirtschaftliche Großbetrieb eher als der Kleinbauer Überschüsse für den Markt bzw. für die Zwecke des Staates, wie auch im zaristischen Russland die Großgrundbesitzer fast die Hälfte des Warengetreides produziert hatten; aber mit deren Umwandlung in Staatsgüter (*sovchozy*, *sovetskoe chozjajstvo*, ›Sowjetwirtschaft‹) hatte man aber angesichts fehlender Erfahrung keine guten Resultate erzielt. Mit den Methoden des Kriegskommunismus konnte man bei den Bauern durch Zwangsmaßnahmen wohl akute Versorgungskrisen überwinden, aber niemals eine Intensivierung der Landwirtschaft und eine Steigerung ihrer Produktion erreichen. Wollte man den Zielen der Industrialisierung gerecht werden, so blieb nur der Ausweg, die Landwirtschaft auf produktivere und kontrollierbare Großbetriebe umzustellen.

Als der 15. Parteikongress im Dezember 1927 tagte, zeichnete sich bereits eine Versorgungskrise ab, und die Partei griff auf die Requisitionsmethoden des Kriegskommunismus zurück, was erneut einen Rückgang der Produktion bewirkte. Um die Dorfgemeinschaften zu zerschlagen brachte Stalin nun die ›Kulakengefahr‹ ins Spiel und forderte, dass man »gewisse administrative Maßnahmen gegen die Kulaken« anwenden müsse. Der Klassenkampf auf dem Dorf wurde intensiviert, um im Winter 1927/28 die Requisitionen zu erleichtern und die Bauern zum Eintritt in die Kolchozen zu bewegen. Die Erfolge blieben indes gering, weil es auf dem Dorf im Allgemeinen keinen Klassenkampf gab, sondern dort eine traditionelle Lebensgemeinschaft fortdauerte, die die Bauern nicht freiwillig aufgeben wollten, um stattdessen in den anonymen Kollektivbetrieben in Lohnarbeit für die Zwecke des Staates zu produzieren. So setzte der Parteistaat seine ganze Macht gegen die bäuerliche Bevölkerungsmehrheit ein: In einer Rede vor Agrarexperten sprach Stalin am 27. Dezember 1929 zum ersten Mal von der Liquidierung des Kulakentums als Klasse; damit begann jene ›Revolution von oben‹, die Stalin stets für sein größtes Verdienst um die Sache des Kommunismus gehalten hat und die nach seinem eigenen Urteil mehr Menschenleben kostete als Revolution und Bürgerkrieg zusammen: Nach einer Verfügung vom 1. Februar 1930 waren

> alle notwendigen Maßnahmen im Kampfe gegen das Kulakentum anzuwenden, einschließlich der vollständigen Konfiszierung des Vermögens der Kulaken und deren Aussiedlung aus dem Gebiet der einzelnen Rayons und Provinzen.

Auf dem Papier war der Erfolg dieser Maßnahmen überzeugend: Am 1. Oktober 1929 waren nicht mehr als 4,1 % der bäuerlichen Wirtschaften kollektiviert gewesen, am 20. Januar 1930 waren es schon 21 %, am 10. März 1930 schließlich 58 %. Sicher waren diese Zahlen aus Prestigegründen mehr als üblich ›geschönt‹, aber sie bergen trotzdem eine der größten menschlichen Katastrophen, die jemals einem Volk in Friedenszeiten von seiner eigenen Regierung bereitet wurde: Etwa eine halbe Million Kulaken – also nach westeuropäischen Begriffen mäßig begüterte Mittelbauern, die die wirtschaftlich tüchtigsten, aufgeschlossenen und modernsten Elemente des russischen Bauerntums darstellten – wurden im tiefsten russischen Winter deportiert, ohne dass in den neuen Siedlungsgebieten irgendwelche Vorbereitungen zur Aufnahme getroffen worden waren; viele waren als ›Gegenrevolutionäre‹ sofort liquidiert worden. Die Durchführung der Aktion lag bei der GPU, und da deren Kräfte bei Weitem nicht ausreichten, bei besonderen ›Arbeiterbrigaden‹, d. h. bewaffnetem städtischen Mob, den die Parteidienststellen abkommandiert hatten. Aus den Akten des Gebietskomitees von Smolensk, die während des Zweiten Weltkriegs in deutsche Hand fielen und nach dem Krieg von amerikanischen Forschern ausgewertet wurden, sind Einzelheiten bekannt, die das Maß aller Vorstellungen sprengen: Kulaken, die man zum ›konterrevolutionären Kulakenaktiv‹ rechnete, wurden sofort verhaftet; die anderen verloren ihr Eigentum und wurden deportiert, die wohlhabensten unter ihnen in entlegene Gebiete der Sowjetunion; sie erhielten bis zu ihrem Abtransport monatlich pro Person 4 kg Getreide und 8 kg Kartoffeln. Die übrigen Deportierten kamen in Neulandgebiete des jeweiligen Kreises, d. h. in unfruchtbare Sumpfgegenden, in denen es »weder Häuser noch sonstige Gebäude irgendwelcher Art gab«; die letztgenannte Gruppe musste unter Androhung schwerer Strafen ab sofort vom neuen Land die gesetzmäßigen Ablieferungsquoten leisten und wurde außerdem zu öffentlichen Arbeiten (Straßenbau usw.) herangezogen. Diese unmenschlichen Bedingungen hatten viele Selbstmorde zur Folge. Da die Partei sich das Ziel gesetzt hatte, »das Problem der Liquidierung der Kulaken und der Kollektivierung der Dörfer in der kürzestmöglichen Frist zu lösen« – am 1. März 1930 sollte die Aktion abgeschlossen sein –, wurden theoretisch vorgesehene Ausnahmebestimmungen dabei kaum beachtet: Um die vorgegebenen ›Orientierungszahlen‹ zu erreichen, wurden notfalls auch arme Bauern als ›Kulaken‹ erfasst. Die Erfolgsstatistiken der Parteibürokratie konnten das planmäßig entfesselte Chaos nicht verhüllen noch waren ihm die ausführenden Parteiorgane gewachsen. Ein GPU-Agent berichtete nach Smolensk, dass die Frau eines Deportierungsbeamten und Mitglied des Komsomol, angesichts der Deportierungsmethoden geäußert habe: »Wir sind keine Menschen mehr, wir sind Tiere.«

Die Stimmung auf dem Land und besonders der Widerstand der Bauersfrauen zwangen Stalin zu einem gewissen Rückzug, so dass er sich schon am 2. März zu einem *Pravda*-Artikel mit der Überschrift »Schwindlig vom Erfolg« veranlasst sah und Mitte März das Zentralkomitee noch deutlicher werden musste: Nun war mit einem Mal die Rede davon, dass »das Prinzip der Freiwilligkeit beim Kolchozaufbau verletzt« worden sei, dass »die Entkulakisierung manchmal einen Teil der Mittelbauern und sogar der Dorfarmen« erfasst habe, dass »Fälle von außerordentlich grobem, abscheulichem, verbrecherischem Benehmen gegenüber der Bevölkerung seitens einiger untergeordneter Mitarbeiter beobachtet« worden seien. Ein ›Erfolg‹ war bei alledem lediglich die ›Entkulakisierung‹, d. h. die Beseitigung der produktiven Teile der Bauern, dagegen war die Kollektivierung, die mit allen Mitteln erzwungen werden sollte, zunächst ein totaler Misserfolg: Am 10. März 1930 hatte man noch stolz verkündet, dass bereits 58 % der bäuerlichen Wirtschaften kollektiviert seien; als man kurz danach den Zwang mäßigte und mehr dem ›Prinzip der Freiwilligkeit‹ folgte, brachen viele neue Kolchozen auseinander und im April waren es nur noch 37 %, im September gar 21 %. Auch diese Zahlen waren mit Sicherheit gefälscht und besagen zudem nichts über die durch die Kollektivierungen entstandenen Produktionsverluste und über die Katastrophe, die die sowjetische Viehwirtschaft getroffen hatte: Denn entweder schlachteten die Bauern ihr Vieh, ehe sie in die Kolchoze gezwungen wurden, oder das Vieh ging dort mangels sachkundiger Versorgung zugrunde: Im Jahr 1933 war die

Zahl der Pferde, Rinder und Schweine auf etwa die Hälfte, die der Schafe und Ziegen auf ein Drittel gesunken. Zwar konnten Traktoren das Zugvieh mit der Zeit größtenteils ersetzen, aber der Verlust an Mast- und Milchvieh war auch zu Beginn des Krieges noch nicht wieder wettgemacht.

Die Rückkehr zum ›Prinzip der Freiwilligkeit‹ brachte nur eine Atempause, denn schon am 2. Juli 1930 stellte der 16. Parteikongress fest, dass die Partei »das Getreideproblem im Prinzip gelöst […] und auch schon die Lösung des Viehzuchtproblems in Angriff genommen« habe: Ab dem Frühjahr 1931 wurde eine erhöhte Quote an ›Freiwilligkeit‹ zum Eintritt in die Kolchozen erzwungen; die offizielle Prozentzahl stieg wieder auf 52,7 %, 1932 auf 61,5 %, 1933 auf 65 %. Die Folge war eine schwere Ernährungskrise im Frühjahr und Frühsommer 1932, als es wieder einmal nicht gelang, den Anschluss an die neue Ernte zu finden, und schließlich der Hungerwinter 1932/33. Erst mit dem Jahr 1933 und seiner besonders guten Ernte war der Tiefpunkt durchschritten; erst jetzt konnte die Industrie allmählich den dringendsten Bedarf der kollektivierten Landwirtschaft an Maschinen decken – was vernünftigerweise der Strukturveränderung hätte vorausgehen müssen.

Einige Jahre später (1938) war im Stalin'schen ›Kurzen Kurs‹ der Parteigeschichte zu lesen, dass die Kollektivierung

> ein zutiefst revolutionärer Umschwung [gewesen sei,] in seinen Folgen gleichbedeutend mit dem revolutionären Umschwung des Oktobers 1917. Die Eigenart dieser Revolution bestand darin, dass sie von oben durchgeführt wurde, auf Initiative der staatlichen Macht, unter direkter Unterstützung vonseiten der Millionenmassen von Bauern, die gegen die Verknechtung durch die Kulaken kämpften, für ein freies Kolchozleben.

Wie die Unterstützung durch die Bauern tatsächlich aussah, kann man den Smolensker Akten entnehmen. Da schrieb etwa ein Bauer an die Redaktion der lokalen Bauernzeitung *Naša derevnja* (›Unser Dorf‹):

> Jeden Tag schickt man uns Propagandisten, die uns auffordern, in dieser oder jener Kolchoze für unsere ewige Sklaverei zu unterschreiben; aber wir wollen nicht unser gutes Zuhause verlassen. Mag es auch nur eine arme kleine Hütte sein, es ist meine Hütte, mag es auch nur ein armseliges Pferd sein, es ist mein Pferd […]

Dies schrieb gewiss kein Kulake, sondern eher einer aus den Millionen besitzloser Landarbeiter, denen die Revolution von 1917 einst Land gegeben hatte, und die lange genug bettelarm und unfrei gewesen waren, um den eigenen Boden und die Freiheit zu schätzen.

Manche Beobachter meinen, dass die Strukturveränderung der Landwirtschaft eine ökonomische Notwendigkeit gewesen sei, um die Industrialisierung zu beschleunigen. Die Zwangskollektivierung widersprach in der Art ihrer Durchführung aber jeder wirtschaftlichen Vernunft und ist nur aus politischen Motiven zu erklären, bei denen sich die ideologischen und die machtpolitischen Elemente die Waage halten mögen. Dabei musste die Partei den wirtschaftlichen Misserfolg der Kollektivierung selbst implizit zugeben, weil man den Bauern letztlich einen Rest an freiem Hofland zubilligen musste, dessen Erträge sie auf freien Märkten verkaufen durften. Diese privatwirtschaftliche Arbeit trug zu einem erheblichen Teil zur Versorgung der Bevölkerung bei und wurde darüber hinaus vom Staat mit einer Zwangsabgabe belegt.

Die Opfer der Zwangskollektivierung waren ungeheuer. Obwohl die Zahlen unsicher sind, rechnet man mit 600 000 bis 800 000 Familien, die von ihren Höfen vertrieben oder deportiert wurden; der ›innere Krieg‹ hatte 5–6 Millionen betroffen; die Todesopfer durch direkte Gewalt, Folgen der Umsiedlung, Krankheit und Erschöpfung sind nicht zu ermitteln – für die Jahre 1930 bis 1953 rechnet man heute mit bis zu 600 000, wobei andere Beobachter von erheblich höheren Zahlen (ca. 7 Millionen) ausgehen, weil sie die Toten der Hungersnot der Jahre 1933/34 hinzurechnen. Besonders in der Ukraine hat man in Stalins Aktion einen gezielten Völkermord durch Hunger (Genozid, *holodymor*) erblicken wollen; aber auch hier hat die neuere Forschung vor voreiligen Schlüssen gewarnt, denn auch russisch besiedelte Gebiete an der Wolga und im Nordkaukasus waren in ähnlicher Weise betroffen. Mit dem Widerstand eines bodenverbundenen Bauernstandes musste Stalin jedenfalls nicht mehr rechnen, und der *vožd'* setzte auch auf anderen Gebieten seine Herrschaftsmethoden durch.

Die ›Generallinie‹ des Stalinismus

Ideologie. Wie Stalin, in der Sprache von Marx ausgedrückt, in die ›materielle Basis‹ menschlichen Lebens eingegriffen hatte, so war auch der ›ideologische Überbau‹ von tiefgreifenden Veränderungen betroffen. Die Grundlage war und blieb der ›wissenschaftliche Sozialismus‹ Marxscher Prägung, der den Gang und das Ziel der Weltgeschichte erklärte und an dem nicht gerüttelt werden durfte. Da die erwartete Revolution nach Ansicht der Kommunisten bereits eingetreten war, konnten die folgenden Veränderungen in der Ideologie grundsätzlich nicht als ›Revolution‹, auch nicht als ›Revolution von oben‹, bezeichnet werden, sondern mussten stets als eine dogmengerechte Interpretation oder eine Weiterentwicklung der Lehre dargestellt werden. Lenin hatte sich immer für einen orthodoxen Marxisten gehalten, und Stalin verstand sich als dessen getreuer Nachfolger, der den Marxismus in ›schöpferischer‹ Weise weiterführte. Unter dem Deckmantel des klassischen marxistischen Vokabulars haben aber beide als höchste Lehrautoritäten die Theorie an die russische Wirklichkeit und an ihre jeweiligen politischen Ziele angepasst. Dies betraf bei Lenin mehr die Methode, wie in Russland mit der revolutionären Veränderung der Welt begonnen werden könne, bei Stalin die Art der Veränderung selbst: Lenin hatte zwar das marxistische Geschichtsschema grundsätzlich beibehalten, nach dem die Revolution das Ergebnis eines materiell-ökonomisch bestimmten Automatismus (›Selbstlauf‹ – *samotek*) war, also ein Prozess elementaren Charakters (*stichijnost'* = ›elementar-spontaner Prozess‹), der im Grunde unbeeinflussbar sei; er hatte diese Lehre aber zugunsten der ›Bewusstheit‹ (*soznatel'nost'*) des revolutionär Handelnden erweitert. Nach Lenin durfte der Wille des Revolutionärs, der in der Partei Lenin'schen Typs verkörpert war, in den Gang der Weltgeschichte eingreifen, indem er die historische Gesetzmäßigkeit bewusst durchsetzen sollte. Auf dieser Grundlage konnte dann auch Stalin ohne Schwierigkeiten sein Handeln rechtfertigen; für Russland bedeutete dies, dass er nach der Revolution keine bestehende Macht mehr zerstören, sondern sie im Gegenteil erhalten und vermehren musste. Lenins Staatstheorie hatte diese prinzipielle Änderung des politischen Ziels bereits vorbereitet.

Die Theorie des ›Stalinismus‹ entschärfte einerseits den revolutionären Marxismus-Leninismus, diente aber andererseits dem Ausbau einer imperialen Ideologie mit der Konzentration auf Russland, indem sie die zerstörerischen Elemente der Lehre verminderte und die konstruktiven verstärkte, die anstelle rein rationaler Überlegungen nun auch Emotionen zuließ. Da jedoch kein Lehrsatz ausdrücklich aufgehoben wurde, schuf der Wandel eine Atmosphäre extremer Unaufrichtigkeit und förderte die ideologische Diktatur, die unter Lenin bereits begonnen hatte und von Stalin zur Perfektion gebracht wurde.

Die Entschärfung setzte am Fundamentalprinzip des dialektischen Materialismus an, an der Lehre von den Widersprüchen, die jeder Bewegung in der Welt, also auch jeder geschichtlichen Entwicklung zugrunde liegen. Nun eignete sich der Begriff des ›Widerspruchs‹ wenig zum philosophischen Grundprinzip einer totalitären Diktatur; aber die ›Wahrheit‹, die die kommunistische Partei zu verwalten vorgab, beruhte nun einmal auf dem dialektische Materialismus, der in seiner politischen Anwendung den historischen Materialismus, also den Gang der Weltgeschichte, einschloss. Daran konnte Stalin nichts ändern, und er hatte auch keine Einwände gegen soziale Widersprüche, sofern sie in der nichtkommunistischen Umwelt zu Revolution und kommunistischer Machtergreifung führen konnten. Anders war es aber mit sozialen Widersprüchen innerhalb der Sowjetunion; dort konnten sie nicht mehr einen antagonistischen, d. h. auf eine Revolution drängenden Charakter haben, sondern nur mehr in einer harmlosen und nichtantagonistischen Form auftreten; hier durften sie nicht mehr zu einer Revolution führen, denn das wäre ja eine Revolution gegen die Herrschaft der kommunistischen Partei gewesen. Bestehende Widersprüche sollten deshalb hinfort durch planmäßiges Eingreifen der politischen Führung, äußerstenfalls in Form einer ›Revolution von oben‹ gegen fortbestehende soziale Probleme, gelöst werden.

Stalin verabscheute aber nicht etwa nur Widersprüche gegen seine Herrschaft, sondern Widersprüche überhaupt: Wo immer es noch verschiedene, miteinander konkurrierende Meinungen gab, machte Stalin dem ein Ende. Die Funktionäre von Partei und Staat sollten nicht selbstständig zwischen verschiedenen ›Plattformen‹ unterscheiden müssen, sondern brauchten eine eindeutige ›Generallinie‹, um ohne Nachdenken ihre Entscheidungen treffen zu können. Die Verurteilung der Opposition, die Lenin auf dem 10. Parteikongress im politischen Bereich durchgesetzt hatte, dehnte Stalin daher auf alle Lebensbereiche aus. Veränderungen in der ökonomischen Basis wie im ideologischen Überbau sollte es nur mehr durch einsame Entschlüsse des Parteichefs geben.

Philosophie. Den Modellfall lieferte die Philosophie: Ein Beschluss des Zentralkomitees entschied am 25. Januar 1931 den langjährigen Streit zwischen ›Mechanizisten‹ und ›Deborinisten‹, indem beide Richtungen verurteilt wurden. Es hatte sich um einen Streit innerhalb der Lehre des dialektischen Materialismus gehandelt, wobei die ›Mechanizisten‹ unter der Führung Bucharins einem ziemlich primitiven Vulgärmaterialismus gefolgt waren und der Philosophie zugunsten der Naturwissenschaften überhaupt jede Daseinsberechtigung hatten absprechen wollen. Deborin (A. M. Joffe, geb. 1881) hatte demgegenüber das philosophische Weltbild des dialektischen Materialismus im Anschluss an Hegel und Lenin durch Betonung der dialektischen Methode verteidigt; zwei damals posthum erschienene Werke der ›Klassiker‹ (Engels' *Dialektik der Natur*, 1925 und Lenins *Philosophische Hefte*, 1929) schienen 1930 seine Auffassung zu bestätigten. Aber der jüdische Schlosser Joffe, der als Revolutionär 1903 emigriert war, in der Schweiz Philosophie studiert hatte und nun als führender sowjetischer Philosophieprofessor galt, besaß für die stalinistische Parteiführung einige Grundfehler: Er hielt nicht nur selbstständiges Denken in gewissem Maß für seine Berufspflicht, er war auch nach seiner Emigration einige Jahre Menschewist gewesen und erst 1928 der kommunistischen Partei beigetreten. Dies erklärte die Entscheidung von 1931: Deborin und seine Anhänger wurden als ›menschewisierende Idealisten‹ diffamiert und aus der Führung des philosophischen ›Sektors‹ ausgeschlossen, ihre Lehre aber insgesamt zur philosophischen Generallinie der Partei gemacht, die nun einige ›Philosophen‹ mit besserer Parteivergangenheit (M. Mitin, P. Judin) popularisieren sollten. Die grundsätzliche Interpretation und Weiterentwicklung behielt sich Stalin persönlich vor, die er 1938 im ›Kurzen Kurs‹ der Parteigeschichte im Kapitel (IV, 2) »über dialektischen und historischen Materialismus« darlegte. Danach beschränkte sich die sowjetische ›Philosophie‹ im Wesentlichen darauf, die hier formulierten Dogmen und alles, was Stalin später noch hinzufügte, zu preisen und zu wiederholen. Diskussionen gab es nur noch, wenn die ›Philosophen‹ Kursänderungen der Generallinie nicht rechtzeitig erkannten und berücksichtigten.

Da die kommunistische Partei eine ausgesprochene Weltanschauungspartei war, entschied sie also auch in philosophischen Fragen, obwohl die verurteilten Richtungen nicht etwa antikommunistische Gedankengänge gefördert, sondern nur in ihrem Nebeneinander eine gewisse Unsicherheit in der Interpretation der marxistisch-leninistischen Lehre offenbart hatten. Von dieser ›philosophischen‹ Generallinie in der von Stalin dekretierten Form hing aber jede produktive geistige Tätigkeit ab, wenn auch entsprechend der Eigenart des jeweiligen Teilgebiets in unterschiedlichem Maße. So gab es in den Naturwissenschaften nur dann Konflikte, wenn die

Ergebnisse der Grundlagenforschung nicht den Wünschen nach praktischer Anwendbarkeit entsprachen oder das materialistische Weltbild infrage zu stellen schienen; Einmischungen wie diejenige in die biologische Diskussion über den ›Mičurinismus‹ (1948), die durch eine Stellungnahme des Zentralkomitees der KPdSU gegen die klassische Vererbungslehre entschieden wurde, waren daher selten. Dagegen wurden die ›Gesellschaftswissenschaften‹ durch die Festlegung auf den historischen Materialismus geknebelt und jeder Möglichkeit einer freien Entfaltung beraubt, obgleich Stalins Wendung zum Patriotismus etwa den historischen Wissenschaften eine gewisse staatliche Förderung eintrug. Völlig unangemessen war der ideologische Zwang jedoch im Bereich der Kunst.

Literatur und Kunst. In den 1920er Jahren war die sowjetische Kunst aufgeblüht. Sie musste zwar die Revolution bejahen und durfte keine antikommunistischen Themen behandeln, aber Partei und Staat benötigten die Experten für Wort und Bild und erlaubten zunächst eine beschränkte Freiheit des Experimentierens. Dies zeigte sich besonders in der Entwicklung der Literaturpolitik: Im Juni 1925 stellte das Zentralkomitee der KPdSU in einer Resolution fest, dass die sowjetische Literatur selbstverständlich für die Diktatur des Proletariats eintreten müsse, d. h. Klassencharakter haben müsse, dass aber über die Abwehr bürgerlicher Ideologien hinaus noch keine formalen Prinzipien für die erwünschte proletarisch-kommunistische Literatur festzulegen seien. Die Partei werde eindeutig kommunistische Schriftsteller zwar in jeder Weise fördern, aber auch den nichtkommunistischen Mitläufern in einem »freien Wettbewerb der verschiedenen Gruppierungen und Strömungen« die Tür für einen ›Übergang‹ offenhalten. Dieses bescheidene Maß an Freiheit ermöglichte dem literarischen Leben in der Sowjetunion während der folgenden Jahre eine »reiche und fruchtbare« Entwicklung (Gleb Struve). So konnte von der Experimentierfreudigkeit der letzten Vorkriegsjahre und von der revolutionären Romantik einiges in die sowjetische Periode der russischen Geschichte hinübergerettet und der Kontakt mit der außersowjetischen literarischen Entwicklung in gewissem Maße bewahrt werden. Prominente Rückkehrer aus der Emigration wie Aleksej N. Tolstoj (1883–1945) oder heimische progressive Schriftsteller wie Šolochov (1905–84, *Der stille Don*, 1940) trugen das Ihre dazu bei. Trotzdem war die Unabhängigkeit freischaffender Literaten prekär: Auf die Dauer musste jeder Versuch, eine individuelle dichterische Existenz auszuleben, zu Konflikten und zu einer literarischen Polemik führen, die sich in politischer Diffamierung ausdrückte. Das Ergebnis waren kläglich-tragische Bemühungen der Anpassung, wie bei Boris A. Pil'njak (Pseudonym für B. A. Vogau, 1894–1938), der 1927 in seiner *Geschichte vom nichtverlöschten Mond* auf die politischen Hintergründe von Frunzes Tod anspielte, oder die innere Emigration des Schweigens wie bei dem hochbegabten Isaak Ė. Babel' (1894–1941?), der die Bürgerkriegserlebnisse in *Budënnyjs Reiterarmee* (1926) mit der literarischen Tradition chassidischer Legenden verband. Selten war der Gang ins Exil, den E. I. Zamjatin (1884–1937) 1931 antrat, dessen Darstellung des totalitären Zukunftsstaats in dem Roman *Wir* (geschrieben 1920) niemals in der Sowjetunion erscheinen durfte. Diese Namen stehen für Viele.

Trotzdem war es eine Überraschung, als ein ZK-Beschluss vom 23. April 1932 die Übergangsperiode für abgeschlossen erklärte und die bestehenden zahlreichen Vereinigungen in einem einzigen Sowjetischen Schriftstellerverband zusammenfasste. Dieser sollte alle sowjetischen Schriftsteller aufnehmen, die eine entsprechend positive politische Einstellung nachweisen konnten und die sich in ihren Werken der Methode des ›sozialistischen Realismus‹ bedienten. Die Partei wollte mit dieser Organisation »die Ingenieure der menschlichen Seele« (Stalin) dem Kommando der totalitären Führung unmittelbar unterstellen und konnte dann durch einfachen Parteibefehl definieren, was unter ›sozialistischem Realismus‹ zu verstehen sei und was nicht. Auf dem ersten Kongress des Schriftstellerverbandes im August 1934, den A. A. Ždanov

(1888–1948), der stalinistische ›Totengräber‹ der sowjetischen Kultur, eröffnete und auf dem Bucharin und Radek noch große Referate hielten, wurde klar, dass die Literatur in Zukunft ausschließlich den Zwecken des kommunistischen Parteistaats zu dienen habe. Dies galt auch für alle anderen Gebiete des Kultur- und Geisteslebens und führte etwa im Bereich des Films zu einem künstlerischen Abstieg. 1935 wurde schließlich der erste Sturm gegen den Komponisten Šostakovič (1906–75) entfesselt, und der Tod Gor'kijs, des großen alten Mannes der Sowjetliteratur, im Jahre 1936 scheint die letzten Hemmungen beseitigt zu haben, das angestrebte Ziel auch mit physischem Terror zu erreichen. Niemand kennt die genaue Zahl der Opfer, und selbst von den prominentesten sind bis heute die Todesdaten nicht bekannt.

Sowjetpatriotismus. Zu Beginn der 1930ger Jahre waren alle ›Widersprüche‹ beseitigt, und Stalin konnte das Instrumentarium totalitärer Macht nach Belieben nutzen, um das Sowjetimperium zu stärken. Dies bedeutete indes eine andere ideologische Orientierung, denn die ursprüngliche revolutionäre Ideologie trat in den Hintergrund und wurde durch eine positive Staats- und Reichsgesinnung ersetzt. Stalin benannte vier neue gesellschaftliche Kräfte, die nach dem Ende des Klassenkampfs den Fortgang der Geschichte zur Entstehung der kommunistischen Gesellschaftsordnung bewirken sollten: 1. Die moralisch-politische Einheit der Gesellschaft der Sowjetunion, 2. die Freundschaft der Völker der Sowjetunion, 3. der Sowjetpatriotismus, 4. Kritik und Selbstkritik. Die zuletzt genannte ›Kraft‹ war nur eine pseudodemokratische Methode, um Parteidirektiven durchzusetzen; die übrigen ›Kräfte‹ betonten die ›Volksgemeinschaft‹ sowjetischer Patrioten, die geschlossen hinter ihrem Staat und ihrem ›Führer‹ (*vožd'*) stehen sollte. Das alles hatte weder mit Materialismus noch mit Dialektik etwas zu tun, sondern vermengte die ideologischen Terminologien, um die Gesellschaft der Sowjetunion zu einem emotional aufgeladenen Ganzen im Dienst einer imperialistischen Machtpolitik zu machen. Den nächsten Schritt tat Stalin 1950 in seiner vorletzten Schrift *Der Marxis-*

mus und die Fragen der Sprachwissenschaft (die *Linguistikbriefe*), indem er die Sprache – und damit das Volk – aus der Systematik des historischen Materialismus herauslöste und ihr eine historische Kontinuität zuwies.

In diesem Zusammenhang kam auch der sowjetischen Geschichtswissenschaft, die in den 1920er Jahren stark vernachlässigt worden war, eine neue Bedeutung zu. Zunächst hatte nämlich unter der Führung des Historikers und Revolutionärs M. N. Pokrovskij (1868–1932) eine kleine Gruppe marxistischer Historiker gegenüber der bürgerlichen Geschichtswissenschaft allmählich eine Monopolstellung erlangt. Sie hatten die russische Geschichte im Geist und in den Kategorien des orthodoxen Marxismus abgehandelt und das historische Interesse praktisch auf die Vorgeschichte und Geschichte der Partei, auf die ökonomischen Veränderungen und auf den Klassenkampf reduziert. Geschichtsunterricht im traditionellen Sinne war aus dem Lehrplan der Schulen verschwunden, und im Jahr 1932 fanden an der Universität Moskau keine historischen Vorlesungen mehr statt; als Marxist sah Pokrovskij keinen Grund, sich mit der Geschichte des russischen Staats und seinen leitenden Persönlichkeiten zu beschäftigen, geschweige denn sie positiv zu werten. Deswegen hatte er auch daran mitgewirkt, die in den 1920er Jahren aufgeblühte ukrainische Geschichtswissenschaft zu liquidieren, nicht aus großrussischem Chauvinismus, sondern deshalb, weil er jede nationalistische Interpretation der Geschichte für ein Überbleibsel der bürgerlichen Epoche hielt.

Eine solche ideologische Geschichtskonzeption konnte aber keine patriotische Gesinnung erzeugen; sie brachte im Gegenteil

> der Erziehung der jungen Generationen im Geist des Sowjetpatriotismus unmittelbaren Schaden […], ignorierte die Erforschung der heroischen Traditionen des großen russischen Volkes und unterließ es, die Jugend mit den Gefühlen der Liebe zur Heimat und des Hasses gegen deren Feinde zu wappnen.

Dies stellte die sowjetische Historikerin A. M. Pankratova 1942 fest, als sich im ›Großen Vaterländischen Krieg‹ der Sowjetpatriotismus bewährte, der auf dem großrussischen nationalistischen Geschichtsbild aufbaute. Schrittweise war die Vorstellung Pokrovskijs von der neuen Entwicklung demnach abgelöst worden, zunächst aus der Forderung nach einer »bedeutenden Verstärkung der Elemente des Historismus« heraus, die das Zentralkomitee der Partei schon 1933 erhoben hatte, bis man über einen systematischen Wiederaufbau der Geschichtspflege in Wissenschaft und Unterricht zu einer vollständigen Verdammung der Pokrovskij-Ära und zu einer weitgehenden Rehabilitierung der großrussischen Geschichtsauffassung gelangte. Neben die soziale Frage rückte folglich das nationale Problem und zwar mindestens auf den gleichen Rang: Der gesamte Apparat der Meinungsbildung vom Schullehrbuch bis zum historischen Roman, vom Geschichtsinstitut der Akademie der Wissenschaften bis zum Film wurde in den Dienst des Sowjetpatriotismus gestellt.

Dieser radikale Bruch mit der internationalistischen Ausrichtung der frühen Sowjetzeit wurde vielfach als eine Normalisierung der revolutionären Sowjetmacht gedeutet, die zu konservativen Vorstellungen und Grundsätzen übergegangen sei, zumal weitere Erscheinungen diesen Prozess verstärkten: etwa die Rückkehr zu einer konservativen Familienpolitik (Erschwerung der Ehescheidung und der Schwangerschaftsunterbrechung), die Beendigung aller avantgardistischen Experimente im Schulwesen und sogar eine Mäßigung der Kirchen- und Religionsfeindschaft. Von Normalisierung kann man jedoch nur sprechen, wenn man die psychologisch-emotionale Untermauerung des totalitären Parteistaats als einen ›normalen‹ Vorgang auffasst; denn die scheinbar konservative sowjetpatriotische Generallinie Stalins diente letztlich nur der weiteren Konzentration von Macht in seinen Händen. Lobte man nämlich die Helden der nationalen russischen Geschichte von Aleksandr Nevskij bis Kutuzov, wie es Stalin am 7. November 1941 tat, um an das Beispiel erfolgreicher Verteidiger Russlands in vergangenen Jahrhunderten zu erinnern, so wurde gleichzeitig die geschichtliche Bedeutung der großen Persönlichkeit betont; daran war Stalin offenbar interessiert, weil damit auch die gegenwärtige ›große Persönlichkeit‹ als nationaler Führer in Krieg und Frieden ins rechte Licht gesetzt wurde. Zudem musste die emotionale Aufladung der Begriffe ›Heimat‹ (*rodina*) und ›Vaterland‹ (*otečestvo*), die stets auf die Gesamtheit der Sowjetunion bezogen wurden, dem Nationalismus der nichtrussischen Völker einigen Wind aus den Segeln nehmen: Wissenschaftliche oder sportliche Erfolge von Sowjetbürgern konnten zu einem Rausch kollektiver Selbstbestätigung ausgestaltet werden; die pompöse Feier, die Stalin der gefährdeten und durch Flieger geretteten ›Čeljuskin‹-Polarexpedition am 19. Juni 1934 bereitete, war ein erstes Beispiel sowjetpatriotischer Zurschaustellung.

Schließlich war der zeitliche Zusammenhang zwischen der Machtergreifung der Nationalsozialisten in Deutschland und der sowjetpatriotischen Kursänderung in der Sowjetunion sicher nicht zufällig: In dem Augenblick, da die Popularität sozialistischer Ideale als Folge von Kollektivierung und Hungersnot einen Tiefpunkt erreicht hatte, konnte man im Nationalsozialismus eine ideologische Bedrohung sehen, die in ihrem Antikommunismus weit ernster zu nehmen war als das Gespenst kapitalistischer Einkreisung. So blieb zur Popularisierung der kommunistischen Staatsmacht und zur Festigung einer Abwehrfront nur der Appell an die nationalen Ideale. Dabei ergab sich als Nebenwirkung zweierlei: Die Neuorientierung der Geschichtswissenschaft bot zum einen die Möglichkeit, die Parteigeschichte von persönlichen Zufälligkeiten zu entschlacken und als das Ergebnis perfekter Planung darzustellen, und zum anderen konnte diese Geschichtsbetrachtung an die Geschichte des russischen Volkes anknüpfen, dem als ›großer Bruder‹ der Vorrang vor den übrigen Sowjetvölkern zukam.

Religionspolitik. In gewisser Weise verband sich mit dem zunehmenden Bestreben, den inneren Widersprüchen die Schärfe zu nehmen, auch die sowjetische Religionspolitik: Die Trennung von Kirche und Staat hatte sich gegen das orthodoxe Staatskirchentum gerichtet und war nie als eine wirkliche Neutralität des Staates gegenüber den Erscheinungen des kirchlichen und religiösen Lebens verstanden worden. Auch wenn man versuchte, den Schein dieser Neutralität zu wahren, blieb die ideologische Überzeugung unerschüttert, dass im Zeitalter des Sozialismus jede Art von Religion verschwinden müsse, und der religiöse Hauptgegner des kommunistischen Staates war die russische orthodoxe Kirche; an deren Verfolgung durch die Administration änderten auch die erzwungenen Loyalitätserklärungen des Patriarchen Tichon (gest. am 7. April 1925) und seines provisorischen Nachfolgers, des Metropoliten Sergij von Nižnij Novgorod, nichts: Es waren wohl vor allem außenpolitische Gründe, warum der Staat eine solche Äußerung der Kirche forderte, denn gerade für die sowjetisch-englischen Beziehungen, mit deren Verbesserung man die außenpolitische Isolierung zu durchbrechen hoffte, erschien eine religionsfeindliche Innenpolitik besonders hinderlich. So war die Note Lord Curzons vom 2. Mai 1923 unter anderem auch darauf eingegangen, und obwohl die Sowjetregierung diesen Hinweis als eine unzulässige Einmischung in ihre inneren Angelegenheiten zurückwies, wurde der Patriarch Tichon doch im Juni 1923 aus der Haft entlassen. Dadurch konnte sich die orthodoxe Kirche dem Spaltungsversuch der 1922 entstandenen ›progressiven‹ Lebendigen Kirche entgegenstellen. Auch bei dem *modus vivendi*, auf den der Metropolit Sergij im April 1927 einging, bestand der Gewinn der Kirche lediglich darin, dass sie noch einen Rest ihrer Organisation erhalten konnte. Dies brachte ihr aber eine Vertrauenskrise unter den Gläubigen, und sie musste trotz der Vereinbarungen mit dem Staat in den folgenden Jahren eine organisierte Großoffensive der 1925 gebildeten ›Liga kämpferischer Gottloser‹ überstehen. Diese Initiative zur Schließung von Kirchen und Klöstern war angeblich eine Erscheinung des Volkszorns, von dem sich der Staat notfalls sogar distanzieren konnte.

Stalin bekämpfte also die Religion und verfolgte ihre Anhänger; die Zahlen der bis 1941 Verhafteten schwanken nach neuesten Ermittlungen zwischen 165 000 und 350 000, die Zahl der Erschossenen zwischen 80 000 und 106 000 Personen. Sicher ist, dass die Kirche keinen Nachwuchs an Geistlichen erhielt und vergreiste, von ca. 80 000 Gotteshäusern konnten 1939 nur noch ca. 20 000 ›arbeiten‹; die Lücken versuchten die Gläubigen selbst so gut es ging zu füllen. Während der Staat nach außen hin seine Neutralität bewahrte, griff er auch in die übrigen Religionsgemeinschaften ein, die man bisher etwas schonender behandelt hatte. So hatte die evangelisch-lutherische Kirche in Russland, die überwiegend deutsche, aber auch estnische, lettische und finnische Gemeinden umfasste, bis 1928 unter schwierigsten Verhältnissen ihre Aufgabe erfüllen können; 1929 setzte mit der Verbannung des 70-jährigen Bischofs Malmgren und aller Leningrader evangelischen Pastoren auf die Solovki-Inseln die systematische Verfolgung ein, der diese einst blühende Kirche in wenigen Jahren erlag.

Im Jahr 1932 erreichte die von der Partei gesteuerte ›Gottlosenbewegung‹ mit über fünfeinhalb Millionen Mitgliedern ihren Höchststand, hatte damit aber den Höhepunkt ihrer Aktivität bereits überschritten: Zwar hatte sie allen religiösen Institutionen große Schäden zugefügt, aber ihr eigentliches Ziel, die vollkommene Zersetzung der religiösen Substanz, hatte sie trotz großzügiger Propagandaliteratur bei Weitem verfehlt; angesichts der Stimmungslage der Bevölkerung durch die Kollektivierung und ihre Folgen schien eine Fortsetzung oder gar Steigerung der Aktion nicht ratsam. So verebbte die antireligiöse Bewegung auch ohne neue Direktiven, und die Stalinverfassung von 1936 beendete die Diskriminierung der Geistlichen, die nun das Wahlrecht ausüben durften, gleiche Bildungsmöglichkeiten für ihre Kinder erhielten und steuermäßig den Freiberuflern gleichgestellt wurden. Das war zwar nur eine Geste, minderte aber die ›Widersprüche‹ auch auf diesem Gebiet. Einen Schritt weiter ging Stalin, als 1941 die orthodoxe Kirche die Waffen der Roten Armee segnete; nun wurden auch die antireligiösen Publikationen eingestellt: Im Krieg mussten alle patriotischen Kräfte mobilisiert werden, an denen die russische orthodoxe Kirche einen hohen Anteil besaß, und vielleicht veranlasste auch die Rücksicht auf die angelsächsischen Verbündeten Stalin dazu, am 4. September 1943 den Metropoliten Sergij im Kreml zu empfangen und die Einberufung einer Synode zur Wahl eines Patriarchen zu gestatten. Zwar starb der Patriarch Sergij schon 1944, aber sein Nachfolger Aleksij hat die in ihn gesetzten Erwartungen loyal erfüllt, indem er vor allem nach außen die Interessen des Sowjetimperiums vertrat. Dies sicherte der Kirche gewisse Möglichkeiten der Entfaltung in ihrem eigenen Bereich, die sie dann in mancher Hinsicht ausweiten konnte.

Die Ždanov-Ära. Der ›Große Vaterländische Krieg‹ hat den Sowjetpatriotismus entscheidend gefördert, aber auch nach dem Sieg erfuhr er keine Abkühlung, sondern wurde sehr bald zu einem chauvinistischen Furor gesteigert, der alle Grenzen der Vernunft weit hinter sich ließ: A. A. Ždanov (1896–1948) leitete im Auftrag Stalins die Aktion, die in den Jahren 1946–53 als dunkelste Phase sowjetischer Kulturpolitik unter dem Namen *ždanovščina* bekannt und berüchtigt wurde. Die Parole des Kampfes gegen ›Kosmopolitismus‹ und ›Objektivismus‹ richtete sich dabei nicht nur gegen den ›Weltkapitalismus‹, zu dem die bisherigen westlichen Verbündeten nun wieder zählten, sondern umfasste auch eine kritiklose Selbstglorifizierung primitivster Art und verschärfte die ›Parteilichkeit‹ (*partijnost'*) in jeder geistigen Tätigkeit. Damit sollten wohl die gefährlich zahlreichen kriegs- und nachkriegsbedingten Kontakte von Sowjetbürgern mit der nichtkommunistischen Außenwelt bekämpft werden; doch war dieses Vorgehen nur dem Ausmaß nach neu: Die Herrschaft Stalins beruhte auf den Prinzipien der unbegrenzten Macht und der größtmöglichen Machtkonzentration. Die darin liegende Konsequenz galt nicht nur für die innere Entwicklung, sondern auch für die Außenpolitik.

Die Bewährung der Macht

Im Vergleich mit der frühsowjetischen Außenpolitik, die zwischen dem weltrevolutionären Anspruch der Ideologie und den Interessen des Staates geschwankt hatte, besaß die sowjetische Außenpolitik unter Stalin im Wesentlichen einen defensiven Charakter. Das wurde durch viele Faktoren bewirkt, die auf die innere Konsolidierung zielten: die Erfahrungen der Bürgerkriegsjahre, die wirtschaftliche und daher auch militärische Schwäche, die Benutzung einer angeblichen Bedrohung von außen als innenpolitisches Druckmittel, die Vorstellung von einer zweigeteilten Welt und schließlich die Persönlichkeit Stalins, der die Erweiterung der Macht und nicht das revolutionäre Abenteuer suchte. Nur wenn ein wirkliches Risiko für die Sowjetunion ausgeschlossen schien, handelte Stalin auch nach außen hin, dann allerdings rasch und brutal.

Das Umfeld begünstigte die Strategie der Defensive, denn zwischen dem Ende der Intervention 1920 und dem Beginn des deutschen Angriffs 1941 gab es für Moskau keine ernsthafte Bedrohung. In taktischer Hinsicht waren jedoch zwei Misserfolge zu verzeichnen, durch die um 1927 das außenpolitische Erbe Lenins an zwei wichtigen Punkten verspielt wurde: Zum einen betraf dies die Beziehungen zu Großbritannien, mittels derer die sowjetische Diplomatie ihre ersten großen Erfolge der staatlichen Anerkennung erzielt hatte; zudem wurde mit Großbritannien ein vorteilhafter Handel betrieben. Nach dem Sturz des britischen Premierministers Macdonald verschlechterten sich die Beziehungen, und am 27. Mai 1927 nahm die englische Regierung das Ergebnis einer Hausdurchsuchung bei der englisch-sowjetischen Handelsgesellschaft ›Arcos‹ in London zum Anlass, die diplomatischen Beziehungen zur Sowjetunion abzubrechen und den Handelsvertrag zu kündigen. Man hat bezweifelt, dass das dort aufgefundene Material diesen Schritt tatsächlich rechtfertigte, aber die etwa 1000 Angestellten der sowjetischen Handelsagentur hatten gewiss nicht nur kommerzielle Aufgaben zu erfüllen; es war wenig glaubwürdig, wenn sich die Sowjetregierung ständig von Aktionen der Komintern distanzierte, die etwa streikende Bergarbeiter unterstützt hatte und ab dem Frühjahr 1925 eine ›Bolschewisierung der Parteien der Kommunistischen Internationale‹ anstrebte. Der Bruch war indes weniger tief, als es schien; die englische Industrie wollte ihr Russlandgeschäft nicht an Deutschland und Amerika verlieren, und die zweite Labourregierung unter Macdonald nahm am 1. Oktober 1929 die Beziehungen wieder auf. Die Kriegspsychose, die Stalin im Sommer 1927 in seinem Land entfesselt hatte, war also unbegründet gewesen, sollte aber wohl von dem schwerer wiegenden Misserfolg ablenken, den seine Politik gleichzeitig in China erlitt.

Rückschläge im Fernen Osten

Lenins Strategie, die Völker Asiens in ihrem Kampf gegen die westlichen Kolonialmächte zu unterstützen, hatte zu einer engen Zusammenarbeit zwischen Moskau und der nationalrevolutionären Bewegung der *guomindang* (Volkspartei) in China geführt: Unter der Anleitung von sowjetischen Experten und unter Beteiligung der chinesischen kommunistischen Partei hatte die *guomindang* gute Aussichten, die Herrschaft in China zu übernehmen. Das entsprach zwar den staatlichen Interessen Moskaus, aber für die Ziele der russischen Kommunisten war es eine Katastrophe, dass sich der Führer der *guomindang*, Chiang Kai-schek, nach seinem Erfolg seiner kommunistischen Bundesgenossen entledigte und die sowjetischen ›Berater‹ nach Hause schickte: Der Abbruch der Beziehungen Mitte Dezember 1927 war das Eingeständnis, dass man die Kontrolle verloren hatte. Für Stalin war dies um so peinlicher, als er seine Chinapolitik gegen die heftige Kritik seiner Gegner, vor allem Trockijs, durchgesetzt und auch nicht geändert hatte, als sich die für die chinesischen Kommunisten ungünstige Entwicklung bereits abgezeichnet hatte. Die überlebenden Genossen, die unter Mao Tse-tung die neue KP aufbauten, litten fortan unter dem Trauma, der von

Moskau dirigierten Kominternpolitik geopfert geworden zu sein.

Stalin kehrte nach dem Verlust der politischen Position in China zu den Methoden der Machtpolitik zurück. Als Chiang Kai-schek 1929 durch die Übernahme der ostchinesischen Eisenbahn in der Mandschurei sowjetische Interessen verletzte, löste er eine militärische Intervention der Sowjetunion aus und musste sich, da er militärisch unterlag, im Abkommen von Chabarovsk (22. Dezember 1929) zur Aufrechterhaltung des bisherigen Zustands verpflichten. Erst das Auftreten der Japaner in der Mandschurei (Bildung des japanischen Satelliten Mandžuguo am 9. März 1932) förderte eine erneute Annäherung zwischen der Sowjetunion und China (Abkommen vom 12. Dezember 1932), ohne jedoch die japanische Aggression zu stoppen. Die frühere starke Stellung der Russen in der Mandschurei war nun nicht mehr zu halten, und nach längeren Verhandlungen verkaufte die Sowjetunion am 23. März 1935 die ostchinesische Eisenbahn an Mandžuguo. Stalins antikoloniale Politik war dabei nicht ideologischen Prinzipien gefolgt, sondern hatte auf den Druck des imperialistischen Japan reagiert. Dessen Vorgehen führte im Mai 1939 auch zu Grenzzwischenfällen am Fluss Chalchin Gol und als deren Folge zu umfangreichen militärischen Aktionen, die für die Sowjets erfolgreich verliefen. Vor dem Hintergrund des deutsch-japanischen Antikominternpakts vom Herbst 1936 musste das Vorgehen Japans in Moskau als Beginn einer gegen die Sowjetunion gerichteten Einkreisungspolitik erscheinen und auch die sowjetische Europapolitik mitbestimmen.

Die deutsch-sowjetischen Beziehungen

Auch in Europa verlief die Entwicklung nicht nach den Erwartungen der sowjetischen Regierung: Da jede multilaterale Vertragspolitik der kapitalistischen Staaten im Kreml das traditionelle Misstrauen steigerte, verlor das Verhältnis zu Deutschland in dem Maße an Wert, wie die deutsche Regierung gewisse Lockerungen der Versailler Vertragsbestimmungen erreichte (vom Dawes-Plan bis zum Young-Plan) und sich den Westmächten annäherte. Dies betraf insbesondere den Locarno-Vertrag von 1925 und den Eintritt Deutschlands in den Völkerbund 1926: Jedes Mal musste die deutsche Regierung erhebliche Anstrengungen unternehmen, um den Partner von Rapallo davon zu überzeugen, dass sich diese Schritte nicht gegen ihn richteten und dass Deutschland weiterhin an einer Zusammenarbeit mit der Sowjetunion interessiert war. Das Ergebnis war ein neuer Handelsvertrag am 12. Oktober 1925 und das Berliner Neutralitätsabkommen vom 24. April 1926; außerdem hatte Deutschland seinen Eintritt in den Völkerbund an Bedingungen geknüpft, die die Teilnahme an Sanktionen gegen die Sowjetunion ausschlossen. Beide Seiten zogen daraus politische Vorteile: Deutschland bewahrte zwischen seinen Verbindungen nach dem Westen und nach dem Osten ein Gleichgewicht und damit ein gewisses Maß an außenpolitischer Handlungsfreiheit, die Sowjetunion konnte in der deutschen Regierung einen Fürsprecher gewisser sowjetischer Interessen in internationalen Gremien sehen. In der Tat setzte sich Deutschland 1928 gegen den Widerstand Frankreichs und Englands dafür ein, die Sowjetunion zur Unterzeichnung des Briand-Kellog-Paktes einzuladen, und verhalf dadurch einem neuen Konzept der sowjetischen Außenpolitik zum Durchbruch.

Aber auch die deutsch-sowjetischen Beziehungen wurden stets von den Aktivitäten der Komintern überschattet; wenn sie trotzdem erstaunlich stabil waren und das Berliner Neutralitätsabkommen 1931 durch ein Protokoll unbefristet verlängert wurde, so lag das an den militärischen und ökonomischen Vorteilen der Zusammenarbeit: Die streng geheimen militärischen Kontakte hatten schon im Winter 1920/21 begonnen und sich jahrelang der politischen Kontrolle entzogen. Die Reichswehr erhielt dadurch die Möglichkeit, Einschränkungen des Versailler Friedens zu umgehen, indem sie je eine Schule zur Ausbildung von Fliegern (Lipeck), Panzertruppen (Kazań) und Gaskampftruppen (Saratov) auf sowjetischem Boden unterhalten und auf diese Weise technisch und ausbildungsmäßig den Anschluss an die modernste Entwicklung wahren konnte; die Rote Armee wurde dagegen nicht nur an allen technischen Errungenschaften beteiligt, sondern einzelne Vertreter nahmen auch an der deutschen Offiziersausbildung einschließlich der Generalstabsschulung teil und gewannen so Einblick in alle organisatorischen Details einer modernen Armee.

Die wirtschaftlichen Beziehungen erreichten ihren Höhepunkt etwas später als die militärischen: Die Reichsregierung förderte das ›Russlandgeschäft‹ durch Kredite, die der Ende 1928 begründete ›Russland-Ausschuss der deutschen Wirtschaft‹ betreute. Dadurch bot sich der deutschen Industrie ein Ausweg aus den Absatzschwierigkeiten der Weltwirtschaftskrise (der sowjetische Anteil am deutschen Werkzeugmaschinenexport stieg von 10 % auf 75 %); umgekehrt konnte die sowjetische Wirtschaft ihre Wünsche nach industrieller Ausrüstung für die Industrialisierung befriedigen. Auch zahlreiche deutsche Ingenieure und Techniker fanden in der Sowjetunion Arbeit. Dennoch blieb die Doppelgleisigkeit sowjetisch-kommunistischer Außenbeziehungen bestehen: Während die deutschen Kommunisten von den Folgen der Weltwirtschaftskrise profitierten (die Reichstagswahl im September 1930 brachte ihnen viereinhalb Millionen Stimmen und einen Zuwachs von 23 auf insgesamt 77 Mandate), verhandelte eine Delegation ›der mächtigsten deutschen Industrieführer‹ in Moskau über ein neues Lieferungsabkommen.

Kollektive Sicherheit und Volksfronttaktik

Zu Beginn der 1930er Jahre begünstigte die Lage in der Sowjetunion den Primat der Innenpolitik: Während im Osten die Aktionen Japans beunruhigend wirken mussten, stellten die unmittelbaren westlichen Nachbarn keine Bedrohung der Sowjetunion dar; einzeln waren sie machtlos, und ihren Zusammenschluss etwa unter polnischer Führung verhinderten die zahlreichen zwischen ihnen bestehenden Gegensätze. Allerdings widersetzten sie sich aus historischer Erfahrung allen Anbiederungsversuchen der Sowjetdiplomatie, auch als Stalin ihnen die zunächst verweigerten Nichtangriffsverträge geradezu aufzudrängen versuchte. Einzig in Litauen unterzeichnete eine linksorientierte Regierung 1926 den gewünschten Nichtangriffs- und Freundschaftsvertrag (28. September), der deswegen ohne Bedeutung blieb, weil knapp drei Monate später die dortige Regierung durch das autoritäre Regime Smetonas ersetzt wurde. Mit zweiseitigen Abkommen konnte Moskau den von Frankreich gestützten *cordon sanitaire* Ostmitteleuropas also nicht durchbrechen. Maksim Litvinov, der im Juli 1930 den erkrankten Čičerin als Außenkommissar ablöste, aber bereits seit einiger Zeit zuvor die sowjetische Außenpolitik geleitet hatte, wählte deshalb eine harmloser aussehende Methode, indem sich die Sowjetunion nun selbst internationalen Abkommen anschloss und damit für eine ›kollektive Sicherheit‹ eintrat. So gewann Litvinov eine Reihe osteuropäischer Unterzeichner des Kellogg-Paktes für ein Zusatzprotokoll, das für die Beteiligten nach der eigenen Ratifizierung ein sofortiges Inkrafttreten des Kriegsächtungsabkommens vorsah, während der ursprüngliche Pakt erst nach der Ratifizierung aller Signatarmächte in Kraft treten sollte. Am 9. Februar 1929 wurde dieses ›Litvinovprotokoll‹ von der Sowjetunion, Polen, Rumänien, Lettland und Estland in Moskau feierlich unterzeichnet; inhaltlich war es schon nach wenigen Monaten gegenstandslos, als im August 1929 der Kellogg-Pakt bestimmungsgemäß in Kraft trat, aber die Aktion ließ die Sowjetunion als friedliebenden Musterknaben der internationalen Zusammenarbeit erscheinen. Danach stieß 1931 ein neuerliches Angebot von Nichtangriffsverträgen durch die Sowjetunion auf mehr Entgegenkommen: Im Jahr 1932 unterzeichneten Finnland (21. Januar), Lettland (5. Februar), Estland (4. Mai) und Polen (25. Juli) derartige Verträge; selbst Frankreich als der Protektor ›Zwischeneuropas‹ schwenkte auf die neue Linie der sowjetischen Außenpolitik ein, indem es am 29. November 1932 einen Nichtangriffspakt mit der Sowjetunion abschloss. Da Moskau bei dieser Gelegenheit nur die Grenze zu Finnland garantierte, konnte das Misstrauen der übrigen Anrainer Sowjetrusslands allerdings nicht abgebaut werden, und bei allem Geschick wäre Litvinov wohl nicht so erfolgreich gewesen, wenn nicht der drohende politische Umschwung in Deutschland seinen Schatten vorausgeworfen hätte.

Als Hitler am 30. Januar 1933 in Deutschland an die Macht kam, war das ideologische und politische Verhältnis der Kommunisten zu den Nationalsozialisten keineswegs so eindeutig feindselig, wie es nachträglich oft dargestellt wurde; man wusste in Moskau sehr gut, dass die Etiketten ›rechts‹ und ›links‹ manche gemeinsamen Züge verschleierten: Die Komintern hatte stets die Sozialdemokraten und nicht die Nationalsozialisten als Hauptfeind bezeichnet; im Kampf gegen die Sozialdemokraten erschien die Möglichkeit eines Umschlags vom Rechtsextremismus in den Linksextremismus nicht vollkommen aussichtslos, und mit dem deutschen Nationalismus war Moskau bisher weit besser zurechtgekommen als mit den Nationalismen der osteuropäischen Völker. Allerdings war die antibolschewistische Orientierung der Nationalsozialisten nicht zu übersehen, und die Entwicklung in Deutschland ließ es geraten erscheinen, zunächst abzuwarten und mit allen Möglichkeiten zu rechnen. Das Alarmzeichen für Moskau bildete erst der Nichtangriffspakt mit Polen, den Hitler am 26. Januar 1934 mit Piłsudski schloss. Damit hatte Deutschland offensichtlich die Politik von Rapallo gekündigt, und Litvinov konnte nun seine Annäherung an die Westmächte intensivieren: Da Präsident Roosevelt im November 1933 endlich die *De-jure*-Anerkennung der Sowjetunion vollzogen hatte und die Staaten der Kleinen Entente diesem Beispiel folgten, stand der Aufnahme der Sowjetunion in den Völkerbund am 18. September 1934 nichts mehr im Weg. Militärische Beistandspakte mit Frankreich und der Tschechoslowakei folgten am 2. bzw. 16. Mai 1935; im Sommer desselben Jahres legte der 7. Kominternkongress in Moskau auch den internationalen Kommunismus auf die neue Linie fest: Angesichts der Bedrohung der Sowjetunion durch das nationalsozialistische Deutschland sollten nun alle Kommunisten den ›Faschismus‹ (darunter verstand man auch den Nationalsozialismus) in allen Formen bekämpfen; dazu war auch das Bündnis mit den bisherigen Todfeinden, den Sozialdemokraten, in einer ›Volksfront‹ und sogar die Zusammenarbeit mit bürgerlichen Parteien erlaubt.

Aber diese Politik der kollektiven Sicherheit brachte der Sowjetunion nicht den gewünschten Erfolg, und dies lag nicht nur an den deutschen Erfolgen, sondern auch an der Sowjetunion selbst und ihrer Orientierung am Weltkommunismus: Das Misstrauen gegen die bisherigen Methoden des politischen Kampfes ließ sich nicht so rasch ausräumen, zumal man sie weiter anwendete: Stalin hätte die Einmischung in den Spanischen Bürgerkrieg wohl lieber vermieden; denn die technischen Voraussetzungen waren für die Sowjetunion wenig günstig und die möglichen Komplikationen nicht abzusehen; nachdem er sich einmal zu einem Eingreifen entschlossen hatte, um gegen Italien und Deutschland ein Gegengewicht zu schaffen, bekämpfte er indes rücksichtslos auch alle sozialistischen Andersgläubigen und kommunistischen Häretiker, die sich in Spanien zur Verteidigung der Republik zusammengefunden hatten. Auch die zur gleichen Zeit in Moskau inszenierten Schauprozesse der großen *čistka* (Säuberung) schwächten die außenpolitische Kreditfähigkeit der Sowjetmacht, während die antireligiöse Politik des sowjetischen Regimes die angelsächsischen Länder verschreckte. Viel schwerer als die Terrormaßnahmen fiel jedoch die Dezimierung des militärischen Führungskorps ins Gewicht, zu der sich Stalin entschlossen hatte: Am 12. Juni 1937 wurde Marschall Tuchačevskij, der populäre Führer und Reformator der Roten Armee, nach kurzem Geheimverfahren vor einem Militärtribunal hingerichtet und mit ihm eine Anzahl hoher Generäle. Das war der Beginn einer ›Säuberung‹ der gesamten Streitkräfte der Sowjetunion, der mehr als die Hälfte aller Kommandeure vom Brigadekommandeur aufwärts zum Opfer fiel. Die Hintergründe bleiben bis heute dunkel: Die offiziellen Anklagepunkte, Spionage zugunsten Deutschlands und

Japans, waren so unsinnig wie in allen Schauprozessen; dass Stalins Terrorregiment auch in der Armee abgelehnt wurde, ist anzunehmen, eine Verschwörung zu einem Staatsstreich ist aber niemals nachgewiesen worden; manche Hinweise sprechen für eine Provokation durch den deutschen Geheimdienst, der Stalin gefälschte Belastungsdokumente zugespielt haben soll. Die Dezimierung der geschulten und erfahrenen militärischen Führungsschicht schwächte die Schlagkraft der Roten Armee in entscheidender Weise, und das musste auch dem Diktator klar sein, wenn es auch in der Sowjetunion erst nach seinem Tod zugegeben wurde. Der spektakuläre Frontwechsel im Sommer 1939 wie die militärischen Misserfolge der Roten Armee bis zum Herbst 1942 müssen entsprechend als Ergebnis der von Stalin selbst hervorgerufenen militärischen Schwäche interpretiert werden.

Deutsch-sowjetische imperialistische Partnerschaft

Die deutschen Annexionen im Jahr 1938 (Österreich und Sudetenland) und im Frühjahr 1939 (Memelland sowie Böhmen und Mähren) riefen in Moskau nur relativ maßvolle Reaktionen hervor, obwohl die Tschechoslowakei mit der Sowjetunion verbündet war. Formal war die sowjetische Regierung nur dann zu militärischer Hilfe verpflichtet, wenn auch Frankreich seine Zusagen erfüllte. Die Bereitschaft dazu ließ Stalin Anfang September 1938 in Prag noch einmal ausdrücklich bekräftigen, aber dies war eher platonisch gemeint: Die Sowjetunion besaß keine gemeinsame Grenze mit der Tschechoslowakei, und da von Polen und Rumänien keine Erlaubnis zum Durchmarsch sowjetischer Truppen zu erwarten war, hätte eine Unterstützung nur auf dem Luftweg erfolgen können. Das Nachgeben der Westmächte in München (29./30. September 1938) rief daher in Moskau wohl Erleichterung hervor. Auch die Selbstständigkeitserklärung der Slowakei und die Errichtung des Protektorats Böhmen und Mähren im März 1939 wurden von der Sowjetunion hingenommen; offenbar suchten zu diesem Zeitpunkt weder

Stalin noch Hitler einen unmittelbaren Konflikt. So nahm Deutschland die Abtrennung der Karpatenukraine von der Tschechoslowakei zugunsten von Ungarn im November 1938 nicht zum Anlass, die ukrainische Frage aufzurollen, sondern überließ das Gebiet dem historischen Besitzer Ungarn. Andererseits erklärte Stalin seine Neutralität, als er am 10. März 1939 auf dem 18. Parteikongress ganz allgemein jenen Völkern, »die das Opfer eines Angriffs geworden seien und für die Unabhängigkeit ihres Vaterlandes kämpften«, Hilfe zusicherte, zugleich aber betonte, dass sich die Sowjetunion nicht in einen Konflikt hineinziehen lasse »von jenen Kriegstreibern, die gewöhnt sind, andere für sich die Kastanien aus dem Feuer holen zu lassen«. Voraussetzung dafür war, dass Hitler die sowjetischen Grenzen achten und die sowjetischen Interessen berücksichtigen würde. Berlin verhielt sich zunächst zurückhaltend, aber als Polen den deutschen erpresserischen Forderungen nicht nachgeben wollte und durch die Garantieerklärung der Westmächte in seinem Widerstand gestärkt wurde, als demnach ein Krieg drohte, wenn die angeblich letzten territorialen Wünsche Großdeutschlands unerfüllt bleiben sollten, sah sich Stalin im Sommer 1939 von beiden Seiten heftig umworben. Die Westmächte waren hier zunächst im Vorteil, da sie schon seit Anfang Juni in Moskau verhandelten; aber Hitler war bereit, den höheren Preis zu zahlen; Am 23. August 1939 unterzeichneten V. M. Molotov (1890–1986), der im Mai Litvinov als Außenkommissar abgelöst hatte, und der Reichsaußenminister von Ribbentrop in Moskau einen Nichtangriffspakt auf zehn Jahre, der sofort in Kraft trat. Der Vertrag war eine Sensation, auch wenn das Zusatzprotokoll, in dem die Grenze der Interessensphären festgelegt war, geheim blieb: In Finnland, Estland und Lettland sowie auf polnischem Territorium östlich der Linie Narev–Weichsel–San erhielt die Sowjetunion darin freie Hand; außerdem erklärte sich Deutschland am Schicksal Bessarabiens uninteressiert. Diesen Preis auf Kosten Polens hatten die Westmächte nicht zahlen können und hinsichtlich der baltischen Staaten auch nicht zahlen wollen. Aber nicht nur die leichte territoriale Beute machte Stalin zum Komplizen Hitlers: Bei einem eventuellen deutschen Angriff auf Polen und einem Krieg zwischen Deutschland und den Westmächten sicherte das Neutralitätsabkommen der Sowjetunion den Frieden, während das Militärbündnis mit den Westmächten die sofortige Beteiligung am Krieg bedeutet hätte. Das deutsche Angebot schien demnach so vorteilhaft, dass es zweifelhaft erscheint, ob die Sowjetunion überhaupt ernsthaft mit den Westmächten verhandelt hat.

Mit dem ›Hitler-Stalin-Pakt‹ war das Schicksal Polens besiegelt: Angesichts der raschen deutschen Erfolge des ›Polenfeldzugs‹ nach dem deutschen Einmarsch am 1. September 1939 rückte die Rote Armee am 17. September 1939 unter Verletzung des polnisch-sowjetischen Nichtangriffsvertrags in die sowjetische Interessensphäre ein, ohne auf organisierten Widerstand zu stoßen. Was Stalin dabei unter ›Interessensphäre‹ verstand, zeigten die folgenden Monate; denn die von der Sowjetregierung angewendeten Methoden knüpften an jene an, die in den ersten Jahren nach der Oktoberrevolution gegenüber allen nichtrussischen Nationen des Zarenreichs erprobt worden waren, nämlich die Ausschaltung der nationalen politischen Elemente. Stalin beschränkte dabei die unmittelbare, territoriale Expansion seiner Macht auf jene Gebiete und Völker, die einmal zum russischen Imperium gehört hatten und denen er nun das sowjetische Föderationsmodell überstülpte. Dies entsprach nicht nur der geschichtlichen Kontinuität des russischen Staats, sondern sollte eine spätere Anerkennung der Erwerbungen durch die Westmächte erleichtern, denen er im Übrigen auch durch Wahrung einer Scheinlegalität von gelenkten Volksabstimmungen Rechnung trug. Auf diese Weise wurden historische Ansprüche des russischen Staates mit dem angeblich freien Willen der betroffenen Völker verbunden. Eine Propagandaflut verkündete den Weißrussen und Ukrainern in den polnischen Ostgebieten die nationale, den Arbeitern in den baltischen Ländern und den Bauern in Bessarabien die soziale Befreiung; dahinter verbarg sich jedoch eine brutale imperialistische Vergewaltigung der Betroffenen.

Ein weiteres Abkommen mit Deutschland vom 28. September 1939 sah einen Austausch Litauens (nun zur sowjetischen Sphäre gerechnet) gegen nationalpolnisches Territorium östlich der Weichsel vor; damit war die ›Curzon-Linie‹ erreicht, die die Westmächte schon nach dem Ersten Weltkrieg als polnisch-sowjetische Grenze vorgeschlagen hatten, die aber von Polen abgelehnt worden war. Darauf folgten ›Beistandspakte‹ der Sowjetunion mit Estland (28. September), Lettland (5. Oktober) und Litauen (10. Oktober), die Moskau das Recht einräumten, auf den Territorien aller drei Länder militärische Stützpunkte zu unterhalten; am Beispiel Finnlands, das sich einem am 14. Oktober vorgetragenen ähnlichen ›Wunsch‹ widersetzte, demonstrierte Stalin die Folgen der Ablehnung: Am 30. November griff die Rote Armee das Land an, und schon am 2. Dezember schloss die Sowjetunion mit einer in dem eroberten Grenzstädtchen Terijoki gebildeten ›Volksregierung der Finnischen Demokratischen Republik‹ unter dem Vorsitz des Kommunistenführers O. Kuusinen den gewünschten Beistandsvertrag. Wie 1918 leisteten die Finnen indes erbitterten Widerstand, der die Fassade der sowjetischen Politik zerstörte – am 14. Dezember 1939 wurde die Sowjetunion als Aggressor aus dem Völkerbund ausgeschlossen – und der Reputation der Roten Armee schadete. In dem ungleichen Kampf mussten die Finnen schließlich im März 1940 kapitulieren, aber ihr tapferer Widerstand hatte ihnen so viel Sympathien der Weltöffentlichkeit eingetragen, dass sich Moskau mit kleineren Gebietsabtretungen begnügte und keine Sowjetisierung Finnlands erzwang (Friedensvertrag vom 12. März).

Dagegen verlief die Sowjetisierung der baltischen Staaten planmäßig: Gewissermaßen als Kompensation für die deutschen Erfolge im Westen erreichte die Sowjetunion im Mai 1940 durch Ultimaten die Zustimmung zur Besetzung der Länder und die Bildung ›volksdemokratischer‹ Regierungen, die unter der Anleitung hoher sowjetischer Funktionäre

(Ždanov in Estland, Vyšinskij in Lettland und Dekanosov in Litauen) im Juni ›Wahlen‹ durchführten, im Juli ihre Länder zu sozialistischen Sowjetrepubliken erklärten und anschließend deren Aufnahme in die Sowjetunion beantragten; die Anwesenheit der hochrangigen Vertreter bezeugte die Bedeutung, die man in Moskau der Wiedergewinnung der ›baltischen Provinzen‹ beimaß. Gleichzeitig wurde durch ein Ultimatum vom 26. Juni 1940 die Abtretung Bessarabiens von Rumänien erzwungen; dass Rumänien auch die Nordbukowina abtreten musste – als »eine bescheidene Kompensation für die enormen Verluste, die die Sowjetunion und die Bevölkerung Bessarabiens durch die zweiundzwanzigjährige Herrschaft Rumäniens in Bessarabien erlitten« hätten –, stellte bereits eine Überschreitung der ursprünglichen Interessengrenze dar. Berlin war offensichtlich überrumpelt, stimmte dann aber zu und forderte nur – wie bei allen anderen sowjetischen Annexionen – die Repatriierung der Volksdeutschen.

Das abwechselnde Beutemachen der beiden totalitären Mächte drängte letztlich auf einen Konflikt zwischen ihnen: Zwar war die nichtkriegführende Sowjetunion in der besseren Position, aber ihr Vorgehen verbitterte Berlin; außerdem widerstrebte Hitler die arrogante Sprache der russischen Diplomaten, die sich überlegen fühlten. Die Gespräche, die Molotov am 12. und 13. November 1940 in Berlin führte, scheinen schließlich die Wendung zum Konflikt ausgelöst zu haben: Der sowjetische Außenkommissar weigerte sich, auf die ihm vorgeschlagenen Eroberungen in Asien einzugehen, und beharrte auf einer Konsolidierung der europäischen Erwerbungen: Die finnische Frage müsse endgültig im sowjetischen Sinne gelöst werden, der Besetzung der nördlichen Bukowina müsse die der südlichen folgen; ferner meldete Molotov das sowjetische Interesse an den Meerengen und an den Ostseeausgängen an und fragte, wie Deutschland sich die Zukunft der bisher nicht in Interessensphären aufgeteilten südosteuropäischen Staaten (Bulgarien, Rumänien, Ungarn, Jugoslawien und Griechenland) denke. Auch hier deckte sich der Themenkreis im Wesentlichen mit dem sowjetischen Expansionswünschen am Ende des Zweiten Weltkriegs, denn Stalin strebte den Besitz alles dessen an, was er äußerstenfalls auch als Verbündeter der Westmächte hätte erlangen können – der Krieg war ja noch keineswegs entschieden. Es ist aber zweifelhaft, ob Stalin Hitlers politische Vorstellungen tatsächlich verkannte und durch seine Forderungen die Realisierung jener deutschen Strategie beschleunigte, die er gewiss unter allen Umständen hatte vermeiden wollen. Der Plan Stalins bestand darin, dass er weiter abwarten und gegebenenfalls erst in die Endphase des ›imperialistischen Kriegs‹ eingreifen wollte. Der Gedanke, Hitler könne eine Kriegsentscheidung durch einen Angriff gegen die Sowjetunion zu erzwingen versuchen, schien ihm jedenfalls offenbar unvernünftig, so dass er bis zuletzt nicht daran glaubte. In Wirklichkeit nahm Hitler schon mit seinen Aktionen auf dem Balkan keine Rücksicht mehr auf sowjetische Interessen, die im Falle Jugoslawiens sogar zu einem sowjetisch-jugoslawischer Freundschaftsvertrag vom 5. April 1941 geführt hatten: Weder ein Entgegenkommen Moskaus noch das am 13. April 1941 zwischen der Sowjetunion und Japan abgeschlossene Neutralitätsabkommen konnten die seit Langem feststehenden deutschen Pläne ändern.

Der ›Große Vaterländische Krieg‹

Der ›Große Vaterländische Krieg‹, der mit dem deutschen Angriff am Morgen des 22. Juni 1941 begann, war für Stalin eine vollständige Überraschung, auf die er erst nach mehrtägigem Schweigen öffentlich reagierte. Dann aber mobilisierte er für diesen Krieg die letzten materiellen und menschlichen Reserven. Zwar wurde der Krieg schließlich siegreich beendet, aber in den ersten beiden Jahren war dies keineswegs sicher: Die Rote Armee war zunächst mangelhaft vorbereitet und schlecht geführt, aber in einigen Waffengattungen (Panzer) keineswegs so eindeutig unterlegen, wie die deutschen Anfangserfolge suggerieren; die deutschen Truppen mussten daher ihren Vormarsch und ihre anfänglichen Siege im ›Russlandfeldzug‹ weit teurer erkaufen als in den bisherigen ›Blitzkriegen‹; trotz umfangreicher Geländegewinne der Wehrmacht und enormer sowjetischen Verluste von mehr als 3 Millionen Mann in den ersten Monaten hatte Stalin recht, wenn er am 6. November 1941 vor dem Moskauer Sowjet ausführte, dass der deutsche ›Blitzkrieg‹ in Russland gescheitert sei. Die Verteidigung der Hauptstädte hatte dabei Symbolkraft: Leningrad wurde ab August 1941 belagert und 900 Tage lang von aller Zufuhr an Nahrungsmitteln, Brennstoffen und Versorgungsgütern abgeschnitten; unter entsetzlichen Qualen und Verlusten von mehr als 630 000 Menschenleben harrte die Stadt bis zur Befreiung aus. Die deutsche Winteroffensive 1941/42 litt unter schweren Versorgungsproblemen, verfehlte die Einnahme von Moskau und führte zu den ersten schweren Rückschlägen; der deutsche Vormarsch im Jahr 1942 in Südrussland und zu den Ölfeldern im Kaukasus überspannte die eigenen Kräfte, gewann zwar wiederum viel Raum, ohne jedoch die gesteckten Ziele zu erreichen, und mündete in die Katastrophe von Stalingrad. Auch diese Stadt wurde von der Wehrmacht nicht erobert, jedoch gänzlich zerstört und angesichts der Durchhalteparolen Hitlers und des dadurch bedingten Verlustes einer ganzen Armee zum Wendepunkt des Krieges.

Das Territorium, das die deutschen Truppen zur Zeit ihrer größten Erfolge besetzt hielten, entsprach ungefähr dem deutschen Okkupationsgebiet von 1918. Der durch die Besetzung bewirkte Produktionsausfall war ähnlich hoch, aber diesmal lag hinter der weit zurückgefallenen sowjetischen Front nicht das Chaos, sondern die intakte Organisation eines straff geführten Staates: Weit über 1000 Industriebetriebe konnten mit ihrer Belegschaft rechtzeitig aus den bedrohten Gebieten in den Osten verlegt werden, wo sie von der deutschen Luftwaffe nicht bombardiert werden konnten; gleichzeitig wurden auch (im August 1941) die Sowjetbürger deutscher Muttersprache in einer vorbereiteten Aktion nach Sibirien und Zentralasien deportiert, obwohl ihnen niemand Illoyalität vorwerfen konnte und die Kolchozen in der Wolgadeutschen ASSR noch kurz vor Kriegsbeginn als vorbildlich gepriesen worden waren. Während des Kriegs (1943/44) wurden dann auch andere Minderheiten, wie die Kalmücken, Tschetschenen und Krimtataren, deportiert. Ob das Motiv die Verhinderung von Kollaboration, deren Vergeltung, oder eine andere Zweckmäßigkeit war, – für den NKVD war die Vernichtung ganzer Völker nur ein ›technisches Problem‹.

Mit der erfolgreichen Verteidigung Stalingrads Anfang 1943 ging das Gesetz des Handelns endgültig auf die Rote Armee über, die nun die deutschen Armeen zurückdrängte. Aber trotz allen strategischen Fehlern auf deutscher Seite, für die Hitler zum größten Teil persönlich verantwortlich war, verlor Deutschland den Krieg in erster Linie aus politischen Gründen; auch wenn die Nachwelt den militärischen Ruhm Stalins stark geschmälert hat, so hatte er seine politische Aufgabe doch erfolgreich gelöst: Nach den Misserfolgen des Anfangs trugen schon 1941 amerikanische Lieferungen dazu bei, die sowjetischen Einbußen an Kriegsmaterial auszugleichen; dazu konnten die verlagerten Betriebe im Osten die Produktion von militärischem Nachschub gewaltig steigern, so dass sich die Dauer der Kämpfe zuungunsten Deutschlands auswirkte. Während Stalin unter dem Slogan der Verteidigung des Vaterlands mindestens bei den Russen die Schattenseiten seiner Herrschaft in den Hintergrund drängte, konnte die deutsche Seite in ihrer ideologischen Verblendung die nationalen und sozialen Ressentiments gegen die bolschewistische Sowjetmacht nicht nutzen: Schon vor Beginn des Krieges hatte Berlin die Ukrainer vor den Kopf gestoßen, als es zugelassen hatte, dass die Karpatenukraine den Ungarn übertragen und Galizien dem Generalgouvernement Polen eingegliedert wurde; das sowjetische Wirtschaftssystem wurde nach der Eroberung des Landes nicht durch ein besseres ersetzt, sondern der deutschen Kriegswirtschaft verfügbar gemacht; ferner war die nationalsozialistische Kirchenfeindschaft nur eine Variante der kommunistischen Ideologie. Am schlimmsten war jedoch die Behandlung der einheimischen Bevölkerung als ›Untermenschen‹, denen nur als Arbeitssklaven ein Lebensrecht zugestanden wurde; dazu empörte die Ausrottungspolitik gegenüber den Juden selbst potenzielle Antisemiten.

Der Überfall der deutschen Armeen machte die Russen zu heimattreuen und geschichtsbewussten Landesverteidigern; die Brutalität der militärischen und zivilen deutschen Besatzungspolitik erstickte jede anfängliche Sympathie mit den deutschen Antikommunisten und ließ die Sowjetmacht als das geringere Übel erscheinen. Beides wusste Stalin, dessen Herrschaft auch im Krieg nicht humaner und freiheitlicher wurde, sich zunutze zu machen: Während sich die deutschen Besatzer den Hass aller Nationen zuzogen und ihre Armeen durch eine stetig zunehmende Partisanenbewegung im Rücken bedroht wurden, erweckte Stalin den Eindruck, als ob die Sowjetunion im Krieg ein relativ toleranter und ausschließlich von der Verteidigung und Sicherheit bestimmter Staat geworden sei. Dem diente auch die Auflösung der kommunistischen Internationale im Mai 1943.

Die zielbewusste Verharmlosung der kommunistischen Sowjetmacht war dann auch eine wichtige Voraussetzung für die Umsetzung jener Pläne für die Nachkriegszeit, die nach der Wende von Stalingrad energisch gefördert und auf den Konferenzen von Teheran (28. November – 1. Dezember 1943) und Jalta (4.–13. Februar 1945) von den Alliierten im Prinzip gebilligt wurden: Die Warnungen der polnischen Exilregierung in London, zu der Stalin schon im Frühjahr 1943 die Beziehungen abbrach, um seine Polenpolitik auf den kommunistischen ›Polnischen Nationalrat‹ in Moskau zu gründen, waren vergeblich, obwohl die Pläne über jene Territorien hinausgingen, die der Pakt mit Hitler 1939 Stalin zugestanden hatte; von einer Wiederherstellung der Vorkriegsgrenzen Polens war keine Rede. Diesen Standpunkt lehnten die Westmächte zwar zunächst ab, aber angesichts der enormen Kriegsanstrengungen der Sowjetunion gab Churchill schon im Frühjahr 1942 den ›Standpunkt der reinen Moral‹ auf, und im Sommer 1943 hatten sich England und die Vereinigten Staaten bereits damit abgefunden, dass Moskau in Europa nach dem Krieg eine beherrschende Stellung einnehmen werde. Die Grenzen von 1941 waren also bereits überholt, und als die sowjetischen Armeegruppen im April 1945 nach harten Kämpfen Wien und Berlin einnahmen, trugen sie die russisch-sowjetische Macht bis zur Elbe und bis zur Enns, was Stalin auf der Potsdamer Konferenz (17. Juli – 2. August 1945) nurmehr in politische Formeln umzusetzen brauchte.

Die materiellen und besonders die menschlichen Kosten des Krieges waren ungeheuer. Erst nach dem Ende der Sowjetunion wurden genauere Zahlen ermittelt: Danach betrugen die militärischen Verluste ca. 9 Millionen Mann (Tote und Kriegsgefangene); dazu kamen ca. 18 Millionen Invalide und Kranke. Noch größer waren die Verluste in der Zivilbevölkerung, die aber aus dem Vergleich der Volkszählungen nur schwer festzustellen sind. Danach schätzt man die Zahl der toten Zivilisten auf mindestens 15 Millionen, unter Anrechnung der von den Kriegsereignissen mittelbar Betroffenen werden mehr als 40 Millionen genannt. Einige Opfergruppen waren besonders betroffen: ca. 2,5 Millionen Juden wurden ermordet; ca. 620 000 Menschen verloren in Lagern ihr Leben; nicht zu ermitteln ist die Zahl der Opfer von Hunger, Krankheit, Erschöpfung und Kälte. Obwohl nicht alle Opfer unmittelbar dem Angreifer angelastet werden können und auch auf sowjetischer Seite durch Terror und Deportationen viele Menschen umkamen, tragen doch Hitler und seine Schergen in der Wehrmacht und in den ›Sondergruppen‹ die Hauptschuld.

Der Ausbau des Sowjetimperiums

Aus dem Zweiten Weltkrieg ging die Sowjetunion als siegreiche Macht mit großen direkten und indirekten Gebietserwerbungen hervor; mit einer Fläche von 22,7 Millionen km² war sie die größte Landmacht der Erde und umfasste mehr als das Zweieinhalbfache der USA; die Bevölkerung hatte 1941 ca. 197 Millionen Menschen betragen, 1945 noch ca. 170 Millionen: Zum einen hatte sie alles bewahrt, was ihr

Hitler bereits zugestanden hatte; darüber hinaus hatte sie neben weiteren finnischen Gebieten das nördliche Ostpreußen mit Königsberg (1946 als Oblast'-Gebiet Kaliningrad der RSFSR eingegliedert) gewonnen, das seit dem Siebenjährigen Krieg als ›historisches Ziel‹ galt und die baltischen Länder sowie Polen kontrollierte; dazu kam die Karpatenukraine als ein sowjetukrainisches-nationales Ziel, das Moskau unter Verletzung einer der tschechoslowakischen Exilregierung gegebenen Zusage annektierte (Abtretung durch die ČSR im Juni 1945). Diese relativ maßvollen Erwerbungen mochten vor dem Sicherheitsbedürfnis eines siegreichen Staates noch verständlich erscheinen und als Kompensation für die Verluste im Krieg gelten; die indirekten Gebietserwerbungen gingen indes weit darüber hinaus und bedeuteten eine historisch bedeutsamere Machtexpansion, mit der das Sowjetimperium als Kern einer kommunistischen Zukunftswelt auftrat; sie erfassten jene Teile Europas, die von der Roten Armee besetzt worden waren und zielten in Stalins eigener Terminologie auf einen ›konföderativen‹ Zusammenschluss.

In nur drei Jahren (1945–48) setzte die Sowjetunion in ihrer ›Interessensphäre‹ fast überall die Machtergreifung der nationalen kommunistischen Parteien und die Bildung von Volksdemokratien durch; die dafür notwendigen ›Kader‹ waren während des Krieges in Moskau ausgebildet und im Sinne Stalins eingeschworen, d. h. von jeweils eigenen revolutionären Traditionen gesäubert worden. Im Ergebnis waren sie willfährige Werkzeuge der sowjetischen Parteiführung geworden. Auf der Ebene der Staaten entstand ein Satellitengürtel des Sowjetimperiums, der durch ein ständig dichter werdendes Netz zweiseitiger Verträge zusammengeschlossen wurde, deren Kern Verträge ›über Freundschaft, Zusammenarbeit und gegenseitigen Beistand‹ zwischen der Sowjetunion und den einzelnen Volksdemokratien bildeten. Diese Verträge waren zum Teil noch im Krieg abgeschlossen worden (Tschechoslowakei 12. Dezember 1943, Jugoslawien 11. April 1945, Polen 21. April 1945), zum Teil kamen sie erst 1948 nach Abschluss der Friedensverträge mit den ehemaligen Verbündeten Deutschlands zustande (Rumänien 4. Februar, Ungarn 18. Februar, Bulgarien 18. März); Finnland musste am 6. April 1948 einen ähnlichen Vertrag mit der Sowjetunion schließen, ohne dass dort jedoch die Kommunisten die Macht ergriffen hatten. Das Schicksal der sowjetisch besetzten Teile Deutschlands und Österreichs blieb zunächst in der Schwebe; für die Sowjetische Besatzungszone (SBZ) fiel auf Moskauer Weisung mit der Bildung der Deutschen Demokratischen Republik (DDR) am 7. Oktober 1949 eine Vorentscheidung. Jugoslawien schied 1948 nach dem Zerwürfnis zwischen Tito und Stalin auf der Ebene der Partei im folgenden Jahr aus dem ›Ostblock‹ aus (Kündigung des Bündnisvertrags durch die Sowjetunion am 28. September 1949); Griechenland und die Türkei konnten sich mit Unterstützung der Westmächte erfolgreich gegen die sowjetischen Absichten wehren – dies bedeutete für Griechenland die Entfesselung eines Bürgerkriegs durch die Kommunisten, für die Türkei die Kündigung des Neutralitätsabkommens von 1925 (am 19. März 1945) sowie die Forderung der Sowjetunion, die 1921 an die Türkei abgetretenen Grenzbezirke von Kars und Ardahan zurückzugeben. Damit stabilisierten sich die Grenzen des Sowjetimperiums im Westen, nicht zuletzt wegen der Gegenwehr der ehemaligen westlichen Alliierten.

Im Osten war die Sowjetunion buchstäblich in letzter Stunde am 8. August 1945 in den Krieg gegen Japan eingetreten und erreichte dann auch hier einige ›historische Ziele‹: Mit der Besetzung der Mandschurei und der Halbinsel Liaotung (Port Arthur und Dal'nij) und mit dem Gewinn der Südhälfte von Sachalin und der Kurilen hatte Stalin den ›Schandfleck‹ der russischen Niederlage von 1905 ›getilgt‹; entsprechend den Vereinbarungen auf der Jalta-Konferenz musste die Chinesische Republik am 14. August 1945 einen ›Freundschafts- und Bündnisvertrag‹ schließen, die Unabhängigkeit der Mongolischen Volksrepublik anerkennen und einem sowjetisch-chinesischen Kondominium über die Häfen Port Arthur und Dal'nij sowie über die ostchinesische und südmandschurische Eisenbahn (jetzt ›Chinesische Tschangtschun-Eisenbahn‹ genannt) zustimmen. Auf diese Zugeständnisse verzichtete die Sowjetunion im Prinzip schon mit dem Beistandspakt, den sie am 14. Februar 1950 mit der neu entstandenen kommunistischen Chinesischen Volksrepublik schloss; praktisch ging die Eisenbahn aber erst am 31. Dezember 1952, Port Arthur sogar erst am 31. Mai 1955 in chinesischen Alleinbesitz über. Auch das Verhältnis der Mongolischen Volksrepublik zur Sowjetunion wurde am 27. Februar 1946 in einem Vertrag ›über Freundschaft und gegenseitigen Beistand‹ geregelt; dazu reichte die Umwandlung eines Protokolls von 1936 über die gegenseitigen Beziehungen in einen Vertrag – die Mongolische Volksrepublik war damit der älteste sowjetische Satellit. Auch im Osten gab es schließlich eine sowjetische Besatzungszone (der Nordteil Koreas bis zum 38. Breitengrad), aber auch im Osten musste die Sowjetunion aufgrund wachsenden Widerstandes der Westmächte bereits errungene Positionen wieder aufgeben: Im Mai 1946 räumten die sowjetischen Truppen den von ihnen 1941 im Einvernehmen mit Großbritannien besetzten Nordteil des Iran und ließen das dortige revolutionäre Regime im Stich. Trotz dieser Einschränkungen fühlte sich Stalin als Vollstrecker des weltrevolutionären Auftrags und zugleich als Erneuerer des historischen russischen Imperialismus.

Unter seiner Herrschaft war die Sowjetunion also zu einer Weltmacht aufgestiegen, die bei einer Konsolidierung der Moskauer Führung weiter expandieren konnte. Dies bedeutete die Festigung und Konzentration der Macht im Innern des ›Ostblocks‹, die Stalin durch eine systematische ›Sowjetisierung‹ der Satelliten erreichte, und eine aggressive Aktivität bei jeder sich bietenden Gelegenheit nach außen, die im Fall der Blockade Berlins (1948) und des Konflikts in Korea (1950–53) bis an die Grenze eines erneuten großen Krieges führte. In beiden Fällen verlief die Entwicklung nicht mehr nach den Wünschen Moskaus: In Berlin und Korea endete die Auseinandersetzung im prekären *Status quo*, der durch die harte Abwehr des Westens im ›Kalten Krieg‹ dauerhaft wurde. Im Bereich der Satelliten ließ die Auflehnung Titos eine gefährliche Häresie entstehen, durch die die Sowjetisierung aus einem administrativen Vorgang zu einem politischen Problem ersten Ranges wurde. So musste das neugegründete Kommunistische Informationsbüro (Kominform) nach wenigen Monaten seinen Sitz in Belgrad aufgeben; es war im September 1947 als Nachfolgeinstitution der Komintern entstanden, zum ›Austausch der Erfahrungen unter den (kommunistischen) Parteien‹ und zur ›Koordinierung ihrer Aktivität‹, und stand unter Moskaus Leitung. Wenig später erhob der kommunistische Großstaat in China eigene imperiale Ansprüche, die sich nicht mehr einfach ›koordinieren‹ ließen, denn in den chinesisch-sowjetischen Beziehungen war niemals von Abhängigkeit, sondern immer nur von ranggleicher Partnerschaft die Rede.

Trotzdem war der nach 13-jähriger Pause im Oktober 1952 zusammentretende 19. Parteikongress für den alternden Diktator eine große Schau seiner Triumphe: Stalin hatte die Macht der Sowjetunion in unvorhersehbarer Weise vergrößert; im Innern gab es niemanden, der den Marschall und *vožd'*, den Generalsekretär der Partei und den Regierungschef des Staates, an die brutale Gewalt und an die Unmenge von Opfern erinnert hätte, die ihn auf den Gipfel der Macht geführt hatten. Stalin konnte nun sogar in seiner letzten, unmittelbar vor dem Parteikongress erschienenen Schrift über *die ökonomischen Probleme des Sozialismus in der UdSSR* seine Parteiuntertanen vor allzu kühnen Illusionen warnen: Auch im verwirklichten Sozialismus des Sowjetstaats gebe es unverrückbar gültige ökonomische Gesetze, die niemand ungestraft außer acht lassen könne; auf Hochfluten des revolutionären Handelns, wie sie die Zeit von 1939 bis 1952 gebracht habe, folge stets eine Ebbe, in der das Erreichte gesichert werden müsse. Der rote Zar im Kreml schien müde geworden, dass er nun an diese Weisheit Lenins erinnerte. Was sich dann vom Oktober 1952 bis zum März 1953 in Moskau hinter den Kulissen abspielte, bleibt weitgehend im Dunkeln; als im Januar 1953 neun Kremlärzte angeklagt wurden, sie hätten durch bewusst unsachgemäße Behandlung den Tod führender sowjetischer Persönlichkeiten verschuldet, und als damit eine offensichtlich von höchster Stelle befohlene antisemitische Kampagne begann, schien eine neue ›Säuberung‹ zu drohen. Aber in der Nacht vom 1. auf den 2. März 1953 erlitt Stalin als Folge einer Arteriosklerose der Hirngefäße einen Schlaganfall, dem er am Abend des 5. März erlag. Damit endete ein Leben diabolischer Geschichtsmächtigkeit; angesichts der Vermehrung der russischen Macht war aber der Ruheplatz an Lenins Seite im Mausoleum auf dem Roten Platz folgerichtig.

Die Gesellschaft im Umbruch

Die Gesellschaft der Sowjetunion geriet während der Herrschaft Stalins zweimal in eine tiefe Krise, die sie jeweils mühsam überwinden musste: Obwohl zwischen der Zeit der Säuberungen, der Machtkämpfe an der Spitze der Partei und des Terrors einerseits und dem Weltkrieg mit seinen von außen bestimmten Veränderungen andererseits ein großer Unterschied besteht, waren die Auswirkungen ähnlich. Gemeinsam war beiden Zeiträumen die fortschreitende Industrialisierung mit ihren Nebenwirkungen, also die Landflucht, die Urbanisierung und die Entstehung einer wachsenden Arbeiterschaft mit den sich daraus ergebenden Problemen von Ausbildung und Lohnentwicklung, schließlich die Wohnungsnot und die Versorgungsprobleme mit Konsumgütern. Gemeinsam war aber auch das Terrorsystem des GULag (*glavnoe upravlenie lagerej*, Hauptverwaltung der Lager), in denen bis 1937 ca. 2,65 Millionen Menschen verschwunden waren, so dass die Ergebnisse der Volkszählung aus diesem Jahr verheimlicht wurden. Während des Krieges sank die Zahl der Insassen, entweder wegen Entlassung zum Kriegsdienst oder wegen einer steigenden Todesrate; nach dem Krieg schwoll die Zahl wieder auf die vorige Höhe an, weil nun neben den zivilen Opfern viele der zurückkehrenden Kriegsgefangenen, Zwangsarbeiter und Emigranten wegen ›Feindberührung‹ zu langjähriger Haft (10 bis 25 Jahre) verurteilt wurden.

Beide Krisenzeiträume waren aber auch von der positiven Seite der fortschreitenden Industrialisierung geprägt, die zu einer allmählichen Verbesserung der Lebenssituation führte: Die Ausbildung von qualifizierten Fachkräften führte zu einer Differenzierung der Arbeiterschaft, die auch den Frauen neue Arbeitsfelder eröffnete, indem sie in Männerberufe einrückten, wenn sie auch in den traditionellen Pflichten kaum Entlastung erhielten. Der Appell der Partei an die Arbeitsmoral der Arbeiter hatte indes wenig Wirkung, da die Mobilität zwischen den Fabriken groß war und die mangelnde Disziplin zu hohem Verschleiß und zur Produktion von viel Ausschuss führte. Das Beispiel des Rekordarbeiters Stachanov, der seine ›Norm‹ in der Kohleförderung auf Kosten seiner Kollegen zu 1457 % übererfüllt hatte, wurde zu einem Mythos patriotisch-sozialistischer Gesinnung, der wenig Realitätsbezug besaß.

Der unleugbare Fortschritt in der Entwicklung mündete letztlich in die Katastrophe des Krieges, die sich erneut auf die Gesellschaft auswirkte. So mussten viele Arbeiter und Bauern in die Armee einrücken, was den Einsatz von Alten, Jugendlichen und besonders Frauen für die Produktion notwendig machte. Ferner bewirkte die Ostverlagerung der Produktion die Erschließung neuer Potenziale, die den Gebieten im südlichen Ural und in Westsibirien zugutekamen. Es zählt zu den großen Leistungen der Bevölkerung, dass die Versorgung trotz alledem irgendwie funktionierte; wenn es auch auf allen Gebieten eine wachsende Not gab, konnte doch der ›große Hunger‹ vermieden werden. Nach dem Krieg mussten die großen Zerstörungen der Industrie (›Kriegswalze‹ und ›Politik der verbrannten Erde‹) behoben werden, war die Produktion von Kriegsmaterial auf die zivilen Erfordernisse zurückzufahren und eine Demobilisierung von ca. 8,5 Millionen Soldaten und die Integration von ca. 5 Millionen repatriierten Personen zu leisten. Dies führte erneut zu großen Umwälzungen und zu Belastungen des Lebensniveaus, das erst 1952 wieder den Stand von 1928 erreichte. Auch hier war eine allmähliche Besserung zu verspüren, die etwa durch die

Vergrößerung der durchschnittlichen Wohnfläche pro Arbeiter in der Stadt von 3,77 m^2 (1937) auf 7 m^2 1950 dokumentiert wird sowie durch die Bereitstellung von höherwertigen Lebensmitteln zur Ernährung der Bevölkerung, was vornehmlich der Leistung der Bauern auf dem privaten Hofland zu verdanken war.

Die Jahre des Spätstalinismus waren insgesamt durch eine zunehmende Wendung zum Konservatismus in der Gesellschaft gekennzeichnet, aber auch zu einem Hang zum Monumentalen, der die gewachsene Weltgeltung des Staates widerspiegelte: Bereits vor dem Krieg war die Hauptstadt Moskau durch neue Straßenzüge verkehrstechnisch besser erschlossen worden, hatte man Prestigebauten (›Palast der Arbeit‹) geplant und die ersten Stationen einer modernen Metro eröffnet; der Krieg hatte dies unterbrochen und Moskau zugleich vor den schlimmsten Folgen eines Kahlschlags, dem schon einige alte Viertel und die Kathedrale zum Opfer gefallen waren, bewahrt. Nach dem Krieg setzte man die Umgestaltung auf niedrigerem Niveau fort, was auch die ›Stilsicherheit‹ im Bau neuer Prunkbauten kennzeichnet.

Stalins Herrschaft ist oft als ›personal‹ bezeichnet worden, wobei in der letzten Phase die offiziellen Sitzungen der verschiedenen Gremien in nächtliche Gelage ausarteten und aus solchen wiederum wichtige Entscheidungen hervorgingen; aber ohne einen Apparat von auf ihn eingeschworenen Gefolgsleuten auf den verschiedenen Stufen der Partei und einen Kreis von ergebenen Führungskräften wäre eine solche Herrschaft nicht möglich gewesen; die Undurchschaubarkeit dieser Machtstruktur beförderte ›Hofintrigen‹, so dass selbst langjährige Mitarbeiter und Exekutoren seiner Befehle ihrerseits letztlich der Exekution zum Opfer fielen. Mit der unheimlichen und unberechenbaren Machtfülle korrespondierte ein umfassender Personenkult, der sich in Lobhudeleien austobte, von denen sich ihre Verfasser später distanzierten. Das System schien dabei nur von außen rational und kontrolliert, in Wirklichkeit war es von Chaos, Rivalitäten und Kompetenzüberschneidungen bestimmt. Aus späterer Sicht erscheint es oft unverständlich, dass sich selbst die Opfer der Willkür zu Stalin bekannten und ihn verehrten, ja seinen Tod mit Erschütterung aufnahmen. Jene, die in seinem Schatten überlebten und wichtige Funktionen ausfüllen sollten, standen dann vor der Alternative, die Führung des Landes entweder in seinem Sinne oder in der Wendung gegen ihn zu übernehmen.

Die Ära Chruščëv

1953	17. Juni: Aufstand in der DDR
	7. Sept.: Wahl vom Nikita Sergeevič Chruščëv zum Ersten Sekretär des ZK der KPdSU
1955	14. Mai: Warschauer Pakt unterzeichnet
1956	14.–26. Febr.: 20. Parteikongress der KPdSU
1964	14. Okt.: Sturz von Chruščëv
1971	11. Sept.: Tod Chruščëvs

Machtkampf unter Stalins Erben

Stalin hatte über fast drei Jahrzehnte die Partei verkörpert, aber darüber hinaus seine Macht auch auf die staatlichen Machtinstrumente – Bürokratie, Armee und Geheimpolizei – gestützt, die er durch seine persönliche Kanzlei kontrolliert hatte. Nach seinem überraschenden Tod war niemand in seiner Umgebung in der Lage, dieses System der Machtausübung sofort und in vollem Umfang zu übernehmen, denn alle möglichen Erben hatten nur bescheidene Teilbereiche der Macht in ihrer Hand gehalten, und keiner von ihnen konnte auf die Unterstützung durch alle Machtfaktoren rechnen. Den ersten Anspruch konnte Malenkov – Mitglied des Politbüros – (1902–88) erheben, dem Stalin den Rechenschaftsbericht vor dem 19. Parteikongress übertragen und den er damit inoffiziell hervorgehoben hatte. Der Kampf um die Macht begann damit, dass Stalins allmächtiger Privatsekretär Poskrebyšev und mit ihm die Koordinationszentrale beseitigt wurde; danach versuchte die Führungsgruppe in der Partei das feierlich verkündete Prinzip der ›kollektiven Führung‹ zu verwirklichen; dies bedeutete die Trennung der beiden höchsten Ämter, des Ersten Sekretärs des Zentralkomitees der Partei und des Ministerpräsidenten, die Stalin seit 1941 in Personalunion innegehabt hatte. Am 14. März 1953 gab Malenkov seine Position im Sekretariat des ZK auf und begnügte sich mit dem Amt des Ministerpräsidenten, wobei unklar ist, ob er dazu von seinen Konkurrenten gezwungen wurde oder ob er die Führung des Staates für chancenreicher ansah, um seine Macht zu sichern. Damit wurde die Stelle des ersten ZK-Sekretärs frei für jenen Mann, der die Geschicke der Sowjetunion in den folgenden elfeinhalb Jahren bestimmen sollte – für Nikita Sergeevič Chruščëv.

Chruščëv war 1894 als Sohn eines sehr armen Bauern im russisch-ukrainischen Grenzgebiet geboren worden; die Revolutionen von 1917 hatte er als Schlosser im Donecgebiet erlebt; am Bürgerkrieg hatte er in den Reihen der Roten Armee teilgenommen. Der Besuch eines Technikums hatte ihm dann die Position eines hauptamtlichen Parteifunktionärs eingebracht. Als treuer Gefolgsmann Stalins hatte Chruščëv teils in der ukrainischen, teils in der Moskauer Parteiorganisation eine steile Karriere gemacht, die ihm schon auf dem 18. Parteikongress im März 1939 die Vollmitgliedschaft im Politbüro eingetragen hatte. Trotz weiterer Verdienste im Krieg und in der Nachkriegszeit hatte er sich bei Stalins Tod indes noch nicht in dessen engstem Kreis befunden; vermutlich verdankte er gerade diesem Umstand die Wahl zum Ersten Sekretär.

Den ersten Versuch, die Macht wieder in einer Person zu bündeln, scheint Berija gemacht zu haben; jedenfalls ließen seine Konkurrenten den mächtigen Polizeichef Stalins am 9. Juli 1953 verhaften und im Dezember zusammen mit seinen prominentesten Anhängern hinrichten. Die Anschuldigungen waren dabei zum Teil ebenso fantastisch wie in Stalins Schauprozessen der 1930er Jahre; dass Berija tatsächlich mit dem Gedanken einer Aufgabe der sowjetischen Positionen in Deutschland gespielt haben sollte, wie man ihm nachträglich vorwarf, erscheint unglaubhaft. Allerdings war der Aufstand in der sowjetischen Besatzungszone Deutschlands am 17. Juni 1953 Berijas Sturz unmittelbar vorausgegangen, so dass man ihm die Schuld daran zuschieben konnte. Die Entmachtung des Polizeichefs war in erster Linie für die übrigen Konkurrenten um die Macht wichtig; die folgende teilweise Beschränkung der Macht der gefürchteten Staatspolizei (MVD) betraf dann aber alle Sowjetbürger.

Nach Berijas Sturz entstand ein gewisses Gleichgewicht zwischen der Staats- und Wirtschaftsbürokratie, repräsentiert durch Malenkov, und dem Parteiapparat unter Chruščëv. Diese Doppelspitze konnte jedoch nicht von Dauer sein, denn bald wurde klar, dass der Parteichef den Machtkampf suchte: Am 8. August 1953 verkündete Malenkov seine Politik eines ›neuen Kurses‹, mit dem er den Erwartungen der Bevölkerung nach dem Tod des Diktators entgegenkam, die Politik der Entspannung fortzusetzen und die Versorgung zu verbessern. Dies bedeutete eine Förderung der Konsumgüterindustrie zulasten der Schwerindustrie, was ihm zwar bei der Bevölkerung Sympathien eintrug, aber politische Angriffspunkte schuf. Hier setzte Chruščëv an und verteidigte das Stalin'sche Dogma vom unbedingten Vorrang der Schwerindustrie. Damit brachte er die Militärs auf seine Seite, die eine Minderung der Rüstungsproduktion befürchteten, und dies entschied den Streit: Malenkov wurde der ›rechten Abweichung‹ beschuldigt und musste am 8. Februar 1955 als Ministerpräsident zurücktreten; der Marschall und bisherige Verteidigungsminister Bulganin (1895–1975) trat an seine Stelle, Marschall Žukov (1896–1974), der populäre Heerführer des ›Großen Vaterländischen Krieges‹, wurde Verteidigungsminister.

Der Form nach war auch dies ein Duumvirat, aber Chruščëvs Einfluss übertraf den Bulganins, weil er den Parteiapparat weitgehend mit seinen Anhängern durchsetzt hatte, wenn er auch noch weit von der Machtstellung Stalins entfernt war.

Chruščëv hatte zwar einen Teilsieg errungen, indem er sich auf konservative Prinzipien und das Militär gestützt hatte;

aber die wirtschaftliche und soziale Entwicklung im Innern und die veränderten Konstellationen in der Außenpolitik waren mit den herkömmlichen Methoden nicht zu bewältigen: Was man außerhalb der Sowjetunion als ›Entstalinisierung‹ bezeichnet hat, folgte der Einsicht, dass die Entwicklung auf den verschiedensten Gebieten so weit fortgeschritten war, dass jede gewaltsame Restauration als sinnlos und riskant erscheinen musste. Indem sich Chruščëv an die Spitze der Entwicklung stellte, konnte er diese kontrollieren und sich zugleich von seinen konservativen Verbündeten distanzieren. Ebendies geschah auf dem 20. Parteikongress im Februar 1956: Die Methode, den Verbündeten von gestern nach dem eigenen Sieg mit dem Programm von deren Gegnern entgegenzutreten, hatte schon Stalin erfolgreich benutzt; aber als sich Chruščëv in seiner berühmten Geheimrede vor den Delegierten des 20. Parteikongresses zum Ankläger des toten Diktators machte, ging er ein kaum kalkulierbares Risiko ein: Seine eigene Macht war noch wenig gefestigt, und außerdem hatte er selbst Stalin lange und treu gedient, so dass seine Anklage nicht unbedingt glaubwürdig war und ihn kompromittieren konnte.

Dies zeigte sich dann auch in der folgenden Phase des Machtkampfes die vom 20. Parteikongress bis zum Sieg Chruščëvs über die ›parteifeindliche Gruppe‹ im Juni 1957 dauerte; schon bald nach der Geheimrede dämpfte die *Pravda* den Eifer im ›Kampf gegen den Persönlichkeitskult‹. Auch Chruščëv selbst hielt vorübergehend eine teilweise Rehabilitierung Stalins für zweckmäßig, als im Herbst 1956 Polen und Ungarn die sowjetische Machtposition infrage stellten. In die Defensive gedrängt und im Parteipräsidium bereits überstimmt, konnte er die Krise dennoch zu seinen Gunsten entscheiden: Seine Hauptgegner – Malenkov, Molotov, Kaganovič (1893–1991) und Šepilov (1905–95) – wurden am 28. Juni 1957 zu Feinden der Partei erklärt, allerdings weder aus der Partei ausgestoßen noch liquidiert. Nun waren die Machtverhältnisse geklärt, und Chruščëv konnte seine Rücksicht fallen lassen: Am 27. Oktober 1957 verlor Marschall Žukov seinen

Posten als Verteidigungsminister an Marschall Malinovskij (1898–1967), am 27. März 1958 wählte der Oberste Sowjet Chruščëv anstelle von Bulganin zum Ministerpräsidenten; in beiden Fällen ging es nicht nur um die Ausschaltung von Personen, sondern um den Vorrang der Partei vor der Armee und der Staatsbürokratie; konsequenterweise wurden auch Žukov und Bulganin (dieser im Dezember 1958) zu Parteifeinden erklärt. Als zwei Jahre später der greise Marschall Vorošilov (1881–1969) das Amt des sowjetischen Staatsoberhaupts als Vorsitzender des Obersten Sowjets abgeben musste und 1961 auf dem 22. Parteikongress ebenfalls zur parteifeindlichen Gruppe gerechnet wurde, war von den sieben höchsten Parteiführern, die am 9. März 1953 gemeinsam mit Chruščëv Stalins Sarg in das Lenin-Mausoleum getragen hatten, nur noch der Armenier Mikojan (1895–1978) in Amt und Würden. Während Stalin 17 Jahre gebraucht hatte, um die beiden höchsten Ämter in seiner Person zu vereinen, hatte dies Chruščëv also nach 5 Jahren erreicht, aber dennoch bei Weitem noch nicht dessen Machtposition errungen: Zwar begünstigte das totalitäre Parteiregime erneut die Herrschaft eines Einzelnen, aber zum einen war dies eine ganz andere Persönlichkeit und zum anderen hatte sich die Sowjetgesellschaft erheblich verändert, und mit ihr auch die Partei.

Wiederherstellung der Parteiherrschaft

Der Sieg Chruščëvs im Machtkampf nach Stalins Tod bedeutete auch, dass die Partei erneut die Verwaltung der Macht übernahm, die sie unter Stalin an die Geheimpolizei verloren hatte. Damit stand sie wieder in der Verantwortung für den Gang der Dinge im Staat und für Reformen, die unter Stalin ins Stocken geraten waren. Das galt für fast alle Gebiete, insbesondere für die Wirtschaft und hier ganz besonders für die Landwirtschaft: Die Ernährung der Bevölkerung der Sowjetunion besaß oberste Priorität, und die Produktion der Landwirtschaft, die sich von der Kollektivierung und von den Kriegsverlusten noch kaum erholt hatte, musste nicht nur mit dem eigenen Bevölkerungswachstum Schritt halten, sondern die Anforderungen einer wachsenden Industriegesellschaft befriedigen und den Satellitenstaaten beistehen, deren Wirtschaft durch den Zwang zu überstürzter Kollektivierung und Industrialisierung aus dem Gleichgewicht gebracht worden war. Chruščëv hielt sich selbst für den geeigneten Fachmann zur Lösung dieses Problems, mit dem er sich als Parteifunktionär unter Stalin bereits intensiv befasst hatte. Die dabei entwickelte Vision von ›Agrostädten‹, die die Urbanisierung auf das Land tragen sollte, ließ aber nicht gerade auf eine realistische Einschätzung der Situation schließen, sondern auf ein Überwiegen ideologischer Vorstellungen, was dann für seine Reformen der Landwirtschaft insgesamt charakteristisch war.

Zunächst ging es aber nicht um das Fernziel einer Aufhebung des Unterschieds zwischen Stadt und Land, sondern um eine wirksame Steigerung der landwirtschaftlichen Produktion, und die sollte zunächst nicht durch Zwang oder Begeisterung, sondern durch ›materielle Anreize‹ erreicht werden: In einer ganzen Reihe von Einzelreformen wurden ab 1953 die Preise für Agrarprodukte erhöht, der staatliche Ankauf vereinfacht und der freie Verkauf von Überschüssen erleichtert. In deren Folge besserte sich die Lage der Kolchozbauern und stieg die landwirtschaftliche Produktion. Gleichzeitig begann 1954 unter großem Propagandaaufwand die riskante ›Neulandgewinnung‹ in den semiariden Steppen Kazachstans: Chruščëv setzte sie gegen den Widerstand der konservativen Parteiführer durch und band daran sein persönliches Prestige. Auf kurze Sicht versprach diese Erweiterung der Anbaufläche, die teilweise schon vor 1917 versucht, aber im Bürgerkrieg wieder aufgegeben worden war, eine beträchtliche Erhöhung der Getreideproduktion; aber das Klima, die ungenügende technische Ausstattung und der Raubbau am Boden ließen die Ernteerträge rasch sinken. Die gleichzeitige Einrichtung von Staatsgütern (Sovchozen) von riesigen Ausmaßen war ideologisch bedingt; sie sollten allmählich die kleineren Kolchozen ersetzen (1952 gab es noch 97 000, 1962 nur mehr 41 300 Kolchozen).

Diese Vorstellung der Zusammenfassung in größeren Einheiten erklärt auch die Auflösung der Maschinen-Traktoren-Stationen (MTS) im Jahr 1958, die die Großkolchozen mit nun eigenem Maschinenpark dem Ziel der ›Agrostädte‹ näher rücken sollte; der Übergang zu einem festen Lohn für die Kolchozbauern und die Reduzierung des Hoflandes gingen in dieselbe Richtung. Als Chruščëv 1962 noch eine Schritt weiterging und eine Reform der Agrarverwaltung begann, mag er geglaubt haben, sich durch seine Maßnahmen eine solide Hausmacht auf dem Land geschaffen zu haben. Aber alle Reformen des ›Agrarexperten‹ Chruščëv hatten eine Tendenz ins Fantastische; ob er den Maisanbau oder die Agrarchemie pries, lief er immer Gefahr, den Kontakt zur Realität zu verlieren.

Erfolge brachten diese großsprecherischen Ankündigungen nur im ersten Jahrfünft der Chruščëv-Ära, als man an die bolschewistischen Ideale appellierte; danach ging es schnell bergab. Das galt auch für die Wirtschaft im Allgemeinen, denn immer noch glaubte man, erkannte Schwächen allein durch organisatorische Maßnahmen beseitigen zu können, während man fürchtete, dass jede Befreiung der wirtschaftlichen Kräfte die Thesen der Ideologie bloßstellen und der Macht der Partei schaden würde.

Gegen die bis ins Groteske gesteigerte Zentralisierung Stalins suchten seine Nachfolger eine Dezentralisierung einzuführen, die 1957 in der Bildung von über 100 lokalen Wirtschaftsbezirken unter der Leitung je eines Volkswirtschaftsrats (*sovet narodnogo chozjajstva*) gipfelte. Die größere Beweglichkeit dieser lokalen Wirtschaftskörper erschwerte aber die zentrale Planung, was nicht nur ökonomisch, sondern auch ideologisch unbequem war, und führte zu Erscheinungen eines wirtschaftlichen Partikularismus, was unter Umständen sogar politische Gefahren in sich barg. So begann ab 1960 wieder eine neue Zentralisierung: Die Verwaltungsreform von 1962 teilte die Parteiorganisation in einen industriellen und einen landwirtschaftlichen Zweig, um die Zentralisierung der jeweiligen Sparten zu erleichtern; am 14. März 1963 wurde schließlich die Gründung eines ›Obersten Volkswirtschaftsrats der UdSSR‹ bekanntgegeben, der mit den Mitteln der Automation und der elektronischen Hilfsmittel die Idee des ›Plans‹ auf höherem Niveau verwirklichen sollte als der im Dezember 1917 gegründete ›Oberste Volkswirtschaftsrat‹ der jungen russischen Sowjetrepublik.

Die wirtschaftlichen Probleme waren auch ein wichtiges Motiv für die Reform des sowjetischen Bildungswesens, die Chruščëv ab dem Frühjahr 1958 energisch propagierte. Das entsprechende Gesetz vom 24. Dezember 1958 sah eine »Festigung der Verbindung der Schule mit dem Leben« vor; an anderer Stelle war von einer »engen Verbindung des Unterrichts mit dem Leben, mit der Produktion, mit der Praxis des kommunistischen Aufbaus« die Rede. Im praktischen Sinne war damit die Bereitstellung von Facharbeitern in genügender Zahl und Qualität für die Industrie gemeint; aber wie immer bei Chruščëv spielte auch hier die kommunistische Heilserwartung eine Rolle, in der es keinen Unterschied mehr zwischen geistiger und körperlicher Arbeit geben sollte. Schließlich schwang in diesen Äußerungen zur Bildungssituation ein Ressentiment des Praktikers gegen die »dem Leben entfremdete« und »von der Produktion losgelöste« Intelligenz mit. So sollten nun nicht nur Schüler der mittleren Ausbildungsstufe (8.–11. Schuljahr) als künftige Facharbeiter Erfahrungen in Betrieben sammeln, sondern auch Hochschüler »eine bestimmte Erfahrung in der gesellschaftlich nützlichen Arbeit« erwerben. Wie auf anderen Gebieten sind auch diese Pläne hauptsächlich Papier geblieben; zum Teil fehlten die Voraussetzungen zu ihrer Umsetzung, zum Teil widersetzten sich gerade jene, die einen qualifizierten wissenschaftlichen Nachwuchs ausbilden sollten.

Auch die Entwicklung des geistigen und kulturellen Lebens war von den Veränderungen betroffen: Da unter Stalin jede Abweichung von der jeweiligen Generallinie mit physischem Terror bedroht gewesen war, musste nach seinem Tod und nach der Abschwächung des Terrors ein seit Jahren angestautes Bedürfnis nach Freiheit in den verschiedenen kulturellen Bereichen aufbrechen. Dies vollzog sich zunächst in den unauffälligen Formen einer »stillen Entstalinisierung« (Leonhard), die nach Il'ja Ehrenburgs im Mai 1954 erschienenem Roman die passende Bezeichnung »Tauwetter« erhielt. Die Literatur ging voran, aber bald folgten ihr die verschiedenen wissenschaftlichen Disziplinen; in erster Linie waren es die Naturwissenschaften, die sich aus dem Griff der Ideologie zu befreien vermochten, zumal wenn ihre Erkenntnisse für das Militär nützlich waren: Physiker und Mathematiker, die für Atomwaffen, Weltraumraketen und elektronische Rechenmaschinen die Voraussetzungen schufen, ließen sich nicht mehr vorschreiben, was sie von Einsteins Theorien und von den Möglichkeiten der Kybernetik halten sollten. In anderen Bereichen leisteten die Ideologen aber zähen Widerstand: Wenn auch in der Biologie die klassische Genetik etwas an Boden gewann und der Thron Lysenkos (1898–1976), der die Vererbung erworbener Eigenschaften gelehrt hatte, ins Wanken geriet, wurde er dennoch durch die Zusammenarbeit mit dem Parteichef gestützt. Viel schwerer hatten es die ›Gesellschaftswissenschaften‹, deren Hauptaufgabe nach kommunistischer Auffassung die Bestätigung der politischen Leitsätze sein sollte. Hier blieben die Grenzen für wissenschaftliches Denken eng gesteckt, und verantwortliche Forscher mussten sich darauf beschränken, allzu offenkundige Fehldeutungen zu verschleiern, die Methoden des Handwerks zu verfeinern und die Möglichkeiten nuancierter Interpretation bis zum Äußersten auszunutzen. Echte Durchbrüche fanden nicht statt, und zumindest im Bereich des ›Sowjetpatriotismus‹ gab es viele Berührungspunkte zwischen Gelehrten und Ideologen: Die obligatorischen Anklagen gegen die ›bourgeois-imperialistischen Ostexperten‹ hat wohl nicht jeder widerwillig geleistet, aber dass die Auseinandersetzungen für die sowjetische Seite – sicher ungewollt – den Charakter der Verteidigung angenommen hatte, war bezeichnend; der Kampf gegen den ›Westen‹ verband sich mit dem wissenschaftlichen Ethos und Karrierestreben des einzelnen Forschers.

Die sowjetische Geistesgeschichte – wenn dieser Begriff erlaubt ist – war in der Chruščëv-Ära von zwei Entstalinisierungswellen betroffen, die vom 20. und vom 22. Parteikongress ausgelöst wurden. In beiden Fällen erhoffte sich die schöpferische Intelligenz Erleichterungen, wurde aber von der Parteiführung jeweils nach etwa anderthalb Jahren darin enttäuscht, wobei die Wiederholung des Vorgangs zeigt, dass die Parteiführung den kulturellen Bereich nur mit Mühe unter Kontrolle zu halten vermochte. Dies wurde *de facto* immer schwieriger: Konnte Chruščëv noch im Jahr 1957 mit einigen seiner poltrigen Reden eine Wende rückwärts einleiten, die im Herbst 1958 mit der beschämenden Kampagne gegen den Dichter Pasternak (1890–1960) einen Höhepunkt erreichte, so schien der Führung im Juni 1963 eine Plenarsitzung des Zentralkomitees erforderlich, um die Entwicklung auf dem ›ideologischen Sektor‹ wieder unter Kontrolle zu bringen: Indem die Partei die Autonomie des geistigen Schaffens grundsätzlich bestritt, wollte sie das Prinzip der ›Parteilichkeit‹ wieder allgemein durchsetzen, kam aber beide Male nicht über eine ›Verschwörung des Schweigens‹ hinaus. Daraus entstand eine komplizierte Situation, in der keine lineare Entwicklung festzustellen ist, sondern ein Nebeneinander gegensätzlicher Erscheinungen in den einzelnen Bereichen der Kultur: Während in der Architektur der Stalin'sche ›Zuckerbäckerstil‹ bald verschwand, polemisierte Chruščëv Ende 1962 in sehr rüder Weise gegen die abstrakte Malerei.

Ein Generationenproblem wurde von der Partei auf dem Ideologieplenum im Juni 1963 zwar geleugnet, aber dennoch existierte zwischen den wenigen Überlebenden des Stalinismus und der Jugend ein Bündnis gegen die Nutznießer des Systems. Neben der Bewältigung der Vergangenheit, die im Aufbegehren des Dichters Evtušenko (geb. 1932) gegen jene ihren Ausdruck fand, die »im Namen der Revolution die Revolution erschossen« hatten, oder im schmucklosen Bericht Solženicyns (1918–2008) vom Tagesablauf des Sträflings Ivan Denisovič (1962), war die Hauptveränderung in der Hinwendung zum wirklichen Menschen zu sehen, für die es in den

Anfängen der sowjetrussischen Literatur manches Vorbild gab. Diesem »Aufstand der Person« (H. v. Ssachno) in der Literatur stand die verbindliche Neuauflage der kommunistischen Utopie im Parteiprogramm von 1961 diametral gegenüber, die aber an den Interessen der Sowjetbürger vorbeiging.

Auch auf anderen Gebieten gab es Versuche zur Bewältigung der stalinistischen Vergangenheit, wenn auch ohne großen propagandistischen Aufwand. Hierher gehörte die individuelle und kollektive Rehabilitierung der zahlreichen Opfer des ›Persönlichkeitskults‹. Dieser Begriff war nicht zufällig gewählt worden, sondern er sollte verdeutlichen, dass nicht das System des ›Stalinismus‹ in der Kritik stand, sondern nur dessen Auswüchse, die es nach dem Jahr 1934 angenommen hatte. Schon daher konnten Stalins Gegner im Kampf um die Macht, von Trockij bis zu Bucharin, auf keine Ehrenrettung hoffen, die bei den prominentesten Opfern sowieso ausgeschlossen war. Namenlose Opfer Stalins wurden dagegen in großer Zahl rehabilitiert, wie die Partei verkündet hat. Auch bei Trägern bekannter Namen war man äußerst vorsichtig: Tuchačevskij und die anderen von Stalin liquidierten Generäle der Roten Armee erhielten erst auf dem 22. Parteikongress – acht Jahre nach Stalins Tod – ihre volle und öffentliche Genugtuung; über die Opfer der großen Schauprozesse gab es mit geringfügigen Ausnahmen noch nicht einmal eine Diskussion. Daneben wurden auch Teilrehabilitierungen vorgenommen; so bescheinigte die Partei dem 1934 posthum in Ungnade gefallenen Historiker Pokrovskij nun die Ehrlichkeit seines marxistischen Bemühens, tadelte aber weiterhin dessen ›nationalen Nihilismus‹.

Bei den kollektiven Opfern war die Rehabilitierung nicht weniger willkürlich: Von den Völkern, die Stalin während des Zweiten Weltkriegs wegen angeblicher Kollaboration mit dem Feind hatte deportieren lassen, wurden die Nordkaukasier und Kalmücken schon Anfang 1957 rehabilitiert; sie durften in ihre ursprünglichen Siedlungsgebiete zurückkehren und erhielten auch wieder eine gewisse nationale Autonomie.

Die Wolgadeutschen, die nach einem Erlass des Obersten Sowjets vom 28. August 1941 nach Zentralasien und Sibirien umgesiedelt worden waren, mussten bis 1964 warten, ehe sie ein Erlass des Obersten Sowjets vom 29. August (veröffentlicht am 28. Dezember) vom Vorwurf des Landesverrats freisprach; die Rückkehr an die Wolga wurde ihnen jedoch nicht gestattet. Von den Krimtataren war unter Chruščëv nicht einmal im Sinne einer formalen Rehabilitierung die Rede, ebensowenig von den im Verlaufe der Kollektivierung deportierten Kulaken, die die größte deportierte Gruppe darstellten. Gründe für das unterschiedliche Vorgehen gab es bestimmt, wenn sie auch in jedem Fall ungerecht waren.

Während die ›Entstalinisierung‹ der Chruščëv-Ära im Allgemeinen und allmählich zu Auflockerungen, Erleichterungen und Verbesserungen im Leben der Sowjetbürger führte, nahm die sowjetische Religionspolitik die umgekehrte Richtung; die erneute Ideologisierung widersprach der opportunistischen Haltung Stalins in der Religionsfrage und bedeutete eine Rückwendung zur konsequenten Religionsfeindschaft Lenins: Ab 1954, und verstärkt ab 1960, steigerte sich der Druck auf die Religionsgemeinschaften, die nicht mehr nur mit geistigen Waffen bekämpft wurden, wie es die Partei noch 1954 verkündet hatte; man kehrte vielmehr zu den Methoden einer administrativen Verfolgung zurück, wie sie in den 1920er und 30er Jahren üblich gewesen war. Tausende Kirchen wurden nach 1960 geschlossen; von acht unter Stalin zugelassenen theologischen Seminaren blieben nur noch drei bestehen; auch Prozesse gegen Hierarchen und Priester wurden wieder aufgenommen. Nach der Verfolgung der schwer kontrollierbaren Sekten und der Juden wurden die Maßnahmen des neuerlichen antireligiösen Kurses auch auf die russische orthodoxe Kirche ausgeweitet. Diese wehrte sich auf ihre Weise, indem sie im Februar 1960 zum ersten Mal einige zugunsten des Kommunismus abgefallene Geistliche öffentlich exkommunizierte und im Juli 1962 Ioann Russkij kanonisierte, weil sein Leben als türkischer Sklave in Kleinasien gezeigt habe, dass weder äußere Umstände noch Schwierigkeiten des Lebens einen wahrhaften Christen hindern können, nach den Geboten des Heilands, unseres Herrn Jesus Christus, zu leben.

Bei alledem wahrte man nach außen die Fassade einer ungetrübten Beziehung zwischen Kirche und Staat, die man auch außenpolitisch einsetzte.

Zwar konnte in der Ära Chruščëvs die unbeschränkte Parteiherrschaft in der inneren Entwicklung der Sowjetunion wiederhergestellt werden, aber die Partei hatte auf vielen Gebieten mit ungewöhnlichen Schwierigkeiten zu kämpfen. Dabei hinkte sie der Entwicklung der Gesellschaft eher hinterher, als dass sie diese lenken konnte; darüber konnten auch die manchmal erfrischende Impulsivität des Chruščëv'schen Regierens und sein Glaube an die Ideologie nicht hinwegtäuschen. Von einer Weltmacht, die sich die Weltrevolution zum Ziel gesetzt hatte und den Weg dahin zu kennen vorgab, hätte man mehr erwarten dürfen. Diese Weltmacht hatte jedoch nicht nur innere Probleme zu lösen, sondern auch äußere.

Die kommunistisch regierten Staaten driften auseinander

Das Erbe Stalins in der Außenpolitik war durch eine allgemeine Verhärtung der Fronten gekennzeichnet, die Moskau wenig Bewegungsfreiheit ließ: An dem Krieg in Korea waren die Sowjets zwar nicht unmittelbar beteiligt, aber bei der damaligen Abhängigkeit der asiatischen kommunistischen Länder von Moskau lag die Entscheidung über den Waffenstillstand letztlich doch beim Kreml. Stalin hatte aus seiner Politik der aggressiven Unnachgiebigkeit selbst keinen Ausweg mehr gefunden, den deshalb dann die Nachfolger suchen mussten. Dabei handelte es sich mehr um eine Änderung der Methoden als der Ziele, aber schon dies bewirkte eine Entspannung und schuf Spielraum für den Machtkampf im Innern. Die

Gesamtlage der Sowjetunion erzwang aber tiefergreifende Veränderungen.

Vor dem Zweiten Weltkrieg hatte es Moskau in der Außenpolitik mit Ausnahme der Mongolei nur mit nichtkommunistischen Partnern zu tun; das Gespenst der kapitalistischen Einkreisung ließ sich daher für alle Zwecke beliebig nutzen; auf der Parteiebene hatte die KPdSU in der Komintern die nichtregierenden kommunistischen Parteien dominiert. Seit dem Zweiten Weltkrieg gab es jedoch mehrere regierende kommunistische Parteien und kommunistische Staaten, was für Stalin wohl kein Problem darstellte, für die Politik Chruščëvs aber Konsequenzen nach sich ziehen musste: Zum einen erforderte der Entspannungskurs einen Ausgleich mit dem kommunistischen Jugoslawien Titos, zum anderen hatte sich die Machtkonstellation in der Sowjetunion selbst verändert; eine Entspannung im Innern und die Entmachtung der Polizei machten die alte Befehlsstruktur im politischen und militärischen Bereich unwirksam, das Ausscheiden des sowjetischen Marschalls Rokossovskij aus dem polnischen Zentralkomitee und als Befehlshaber der polnischen Armee im Jahr 1956 war nur ein Teil eines umfassenderen Vorgangs, der sich im Übrigen unter Ausschluss der Öffentlichkeit vollzog. Dies kam den Interessen der Satellitenstaaten entgegen, die Stalins Tod für eine größere Bewegungsfreiheit nutzen wollten. Zwar waren die Autorität und das Machtpotenzial der Sowjetunion groß genug, um auch ohne Androhung physischer Gewalt auf der Ebene der Parteien das Sowjetimperium zusammenzuhalten, aber die Methoden mussten sich den neuen Verhältnissen anpassen, indem an die Stelle des Befehls nun die Überzeugung und die Bemühung um Zustimmung zu treten hatten. Dies entsprach auch dem Charakter der leitenden Personen: Im Unterschied zum misstrauischen Stalin machte der Stilwechsel dem kontakt- und reisefreudigen Chruščëv offenbar geradezu Vergnügen.

Auch die nichtkommunistische Welt hatte sich verändert: Stalin konnte sich noch mit einer simplen Zweiteilung der Welt in Freund und Feind begnügen; damit waren aber die

Chancen der sowjetischen Außenpolitik in den ehemaligen Kolonialländern ungenutzt geblieben. Dieses Desinteresse widersprach nicht nur der Lenin'schen Tradition, sondern war nach dem Tod Stalins auch um so weniger aufrechtzuerhalten, da die Zahl der blockfreien Länder im Zuge der Entkolonialisierung stieg und ihre Bedeutung in der Weltpolitik zunahm, nicht zuletzt wegen der wachsenden Rivalität mit den Chinesen.

Schon mit einigen Gesten, die Moskau wenig kosteten und dessen Machtposition nicht berührten, konnte die neue sowjetische Führung eine Entspannung erreichen: Man gab den Widerstand gegen die Wahl des Schweden Hammarskjöld zum Generalsekretär der UNO auf, normalisierte die diplomatischen Beziehungen zu Israel und Jugoslawien, mäßigte die Sprache der Türkei gegenüber; schließlich fanden auch die Waffenstillstandsverhandlungen am 27. Juli 1953 in Korea ihren Abschluss. Ein Jahr später erzielte die Genfer Fernostkonferenz unter maßgeblicher Beteiligung der Sowjetunion auch für Indochina ein Waffenstillstandsabkommen; am 15. Mai 1955 wurde der Staatsvertrag mit Österreich unterzeichnet, am 26. Januar 1956 der Stützpunkt Porkkala an Finnland zurückgegeben; mehr Überwindung wird die Sowjets der Canossagang nach Belgrad gekostet haben, den Bulganin und Chruščëv Ende Mai 1955 unternahmen. Gewisse Zugewinne blieben auch dem neuen Entspannungskurs der Sowjetregierung nicht versagt, denn in Nordvietnam entstand ein neuer kommunistischer Staat. Trotz geradezu euphorischer Züge zeigte aber die Gipfelkonferenz in Genf vom 18.–23. Juli 1955 – genauso wie die Außenministerkonferenzen in Berlin (Januar/Februar 1954) und Genf (Oktober/November 1955) –, dass das sowjetische Entgegenkommen sehr begrenzt blieb. Insbesondere in der Deutschlandfrage erreichte man keinen Fortschritt; im Gegenteil erstarrten mit der Einbeziehung der Bundesrepublik in das westliche Bündnissystem der NATO und mit dem Abschluss des Warschauer Paktes (14. Mai 1955) die Fronten wieder. Die Aufnahme der diplomatischen Beziehungen zur Bundesrepublik Deutschland und die Entlassung der noch verbliebenen deutschen Kriegsgefangenen als Ergebnis des Adenauer-Besuchs in Moskau (9.–13. September 1955) fügen sich allerdings auch hier in das Bild eines friedlichen Ausgleichs. Im Fernen Osten konnte die Sowjetunion in diesen Jahren die wirtschaftlich völlig von ihr abhängige Volksrepublik China zu einem einigermaßen konzilianten außenpolitischen Verhalten bewegen. Dagegen ergriff Moskau im Nahen und Mittleren Osten selbst die Initiative, um auf die ›Staaten der nationalen Demokratie‹, wie ab 1960 der kommunistische Sprachgebrauch lautete, von Ägypten bis Indien neuen Einfluss zu nehmen: Im Juni 1955 machte der indische Ministerpräsident Nehru seinen Antrittsbesuch in Moskau, den Bulganin und Chruščëv bald darauf erwiderten (November/Dezember 1955); im September desselben Jahres begannen sowjetische Waffenlieferungen nach Ägypten. Die sowjetische Außenpolitik sollte dieses neue Terrain nicht wieder verlassen, obwohl ihr die Nahostkrisen in den Jahren 1956–58 wenig greifbare Resultate brachten.

Gemessen an der sowjetischen Propaganda brachte die tatsächliche Politik der Entspannung in der ersten Hälfte der Chruščëv-Ära wenig Erfolge, aber immerhin hatte der Parteichef auf dem 20. Parteikongress im Februar 1956 die neue These von der Vermeidbarkeit der Kriege und von der friedlichen Koexistenz kommunistischer und nichtkommunistischer Staaten verkündet. Dagegen bezog sich das Zugeständnis eines jeweils eigenen Wegs zum Sozialismus nur auf die nichtkommunistischen Länder und war im Grunde ausschließlich für den Ausnahmefall Jugoslawien gedacht. Wenn in Polen und Ungarn diese Vorstellung im Rahmen der Entstalinierung großzügiger ausgelegt wurde, dann zeigte dies, in welchem Ausmaß der neuen Führung in Moskau die Zügel im europäischen Satellitenbereich bereits entglitten waren. Dies bewies auch der polnische ›Frühling im Oktober‹ 1956, als Chruščëv den zunächst bekämpften populären Kommunisten Gomułka als Chef der PZPR akzeptieren musste; noch weiter drifteten die Ungarn ab, deren Aufstand unter Führung von Imre Nagy nach einer blutigen Abrechnung mit den Stalinisten sogar den Austritt aus dem kommunistischen Bündnissystem möglich erscheinen ließ. Zur Bewältigung der Krise in Ungarn musste Militär eingesetzt werden, und zugleich mussten weitere Konzessionen zugestanden werden, wie sie in den neuen, mit Polen, Ungarn, Rumänien und der DDR abgeschlossenen Truppenverträgen sichtbar wurden (Ende 1956/Anfang 1957). Auch den institutionellen Bereich betraf diese Auflockerung; so wurde das Kominform und somit die Gesamtleitung der kommunistischen Parteien abgeschafft; die internationalen Konferenzen der kommunistischen Parteien, die 1957 und 1960 in Moskau zusammentraten, boten keinen Ersatz und wahrten nur den Anschein der Einigkeit. In diesem Zusammenhang sprach der italienische Kommunistenführer Togliatti schon 1956 zum ersten Mal vom ›Polyzentrismus‹ innerhalb des kommunistischen Teils der Welt.

Wider Erwarten begann nach der Krise des Jahres 1956 im folgenden Jahr indes eine neue Phase sowjetischer Aggressivität; sie trug den Stempel der sprunghaften Persönlichkeit Chruščëvs, der sich im Juni 1957 im internen Machtkampf durchgesetzt hatte: Im Herbst 1957 verfügten die sowjetischen Militärs über wirksame Interkontinentalraketen, und die sowjetischen Techniker schossen die beiden ersten Sputniks in den Weltraum. Die USA erlitten einen Schock, denn Moskau schien einen entscheidenden Vorsprung im Wettlauf der Systeme errungen zu haben. Es waren wohl die Chinesen, die in dieser Situation erwarteten und verlangten, dass dieser Vorteil unmittelbar für die Erzwingung der Weltrevolution eingesetzt werden sollte. Zwar widersetzte sich Moskau diesen Vorstellungen, geriet dadurch aber in die Rolle des Zauderers; gegen die chinesische Propaganda setzte der Kreml nun eigene weltrevolutionäre Aktivitäten in Gang – vom Berlin-Ultimatum am 10. November 1958 über das gesprengte Pariser Gipfeltreffen im Mai 1960 und die Errichtung der Berliner Mauer am 13. August 1961 bis zum kubanischen Abenteuer (1962); wäre die Stationierung sowjetischer

Atomraketen auf Kuba geglückt, so hätte Chruščëv keine chinesischen Vorwürfe wegen einer Vernachlässigung weltrevolutionärer Ziele mehr zu fürchten brauchen und die Zusammenkünfte mit den amerikanischen Präsidenten Eisenhower (Camp David, September 1959) und Kennedy (Wien, Juni 1961) wären nachträglich als Täuschungsmanöver erschienen. Die Dinge liefen aber anders: Als sich Chruščëv am 28. Oktober 1962 entschloss, die sowjetischen Raketen von Kuba ohne Kompensation abzuziehen und gleichzeitig den Indern Waffen gegen die angreifenden Chinesen zu liefern, entschied er sich gegen die kommunistische Aktionseinheit und für das Sicherheitsbedürfnis der sowjetischen Weltmacht.

In beiden Bereichen waren damit die Weichen für längerfristige Entwicklungen gestellt. Auf der Ebene der Partei war der Gegensatz zwischen Moskau und Peking bis auf Weiteres allerdings nicht zu überbrücken, nachdem ein letzter Schlichtungsversuch im Juli 1963 gescheitert war. Diese Spaltung des Weltkommunismus hatte sowohl im europäischen Machtbereich der Sowjetunion als auch in der übrigen Welt Folgen: Während die nichtregierenden kommunistischen Parteien eigene Wege gingen, die sowjetische Außenpolitik in den Entwicklungsländern zunehmend unübersichtlich wurde, und selbst Fidel Castro in Kuba nicht immer ein treuer Gefolgsmann war, ergab sich auch in Europa die Gelegenheit zu einer differenzierten Politik. Zwar rückte der versöhnte Tito wegen der Vorwürfe aus Peking enger an die Seite Moskaus, aber in den übrigen europäischen Volksdemokratien verfolgte man je nach den Umständen eigene Interessen, indem man bei Wahrung einer Art von innerkommunistischer Neutralität den Spielraum der eigenen Politik besonders in Richtung Westen zu vergrößern suchte. Nur das arme Albanien hatte sich schon 1960 auf die Linie Pekings begeben, was Moskau auch mit dem Abbruch der diplomatischen Beziehungen und weiteren Disziplinarmaßnahmen nicht hatte verhindern können.

Auf der Ebene der Weltpolitik kam es schließlich zu einer gewissen Kooperation zwischen der UdSSR und den USA, wie das Abkommen über die Einstellung der Atomtests vom 5. August 1963 bewies. Allerdings blieb dieser Bereich schmal und war eher negativ definiert; der ›heiße Draht‹, der seit dem Juni 1963 die Machtzentralen in Moskau und Washington verband, stand symbolisch für die fragile Verständigung.

Am 16. Oktober 1964 gab die *Pravda* bekannt, dass das Präsidium des Zentralkomitees der KPdSU und der Oberste Sowjet der UdSSR den Genossen Nikita Sergeevič Chruščëv seiner angegriffenen Gesundheit wegen von seinen leitenden Funktionen in Partei und Staat entbunden hätten. Der Sturz von den Kommandohöhen der Macht zur Unperson war unerwartet und vollständig: Fast genau drei Jahre, nachdem er Stalin von der Seite Lenins im Mausoleum an die Kremlmauer verbannt hatte, verschwand Chruščëv selbst in der Versenkung. Er war durchaus populär gewesen, und die Welt hatte in ihm einen typischen Vertreter des rustikalen Russen gesehen. Das war aber nicht der Grund für seinen Sturz, sondern die Ansicht der dafür Verantwortlichen, dass er als Inhaber der Macht auf vielen Gebieten versagt hatte.

Die Ära Brežnev

1964 16. Okt.: Brežnev erster Sekretär des ZK der KPdSU
1982 10. Nov.: Tod von Brežnev

Kollektive Führung der Oligarchen

Chruščëvs Entmachtung löste keine Erschütterung aus; beunruhigt zeigte sich eher das Ausland – das kommunistische wie das nichtkommunistische – als die Bevölkerung der Sowjetunion. Die Kritik an dem gestürzten, gerade 70-jährigen betraf dabei nicht die Grundsätze, sondern den Stil seiner Machtausübung, die als eine selbstherrliche wie dilettantische Experimentierwut empfunden wurde. Nach dem ersten friedlichen Machtwechsel in der Sowjetunion wurde Chruščëv zum Privatmann, dessen Tod am 11. September 1971 kaum mehr Beachtung fand. Sein Nachfolger als Erster Sekretär des Zentralkomitees der KPdSU wurde Leonid Il'ič Brežnev (1906–82).

Zwar war der neue Erste Sekretär nur zwölf Jahre jünger als sein Vorgänger, aber dies bedeutete einen großen Unterschied in der politischen Biografie: Brežnev war der Sohn eines Hüttenarbeiters aus dem ukrainischen Kamenskoe (seit 1936 Dneprodzeržinsk) und konnte die erweiterten Bildungsmöglichkeiten für begabte Arbeitersöhne nutzen. Im Jahr 1927 schloss er das Technikum für verbesserte Bodennutzung und Melioration in Kursk ab, und angesichts des Fachkräftemangels wurde er mit 21 Jahren bereits zum 1. stellvertretenden Leiter der Grund- und Bodenverwaltung des Gebietes Ural ernannt. Dann erfolgte ein radikaler Wechsel in der beruflichen Laufbahn, als er in Kamenskoe das neugegründete Metallurgische Institut besuchte, das er 1935 als Hüttenwerk-Ingenieur verließ. An eine kurze Zeit der Beschäftigung als Ingenieur schloss sich die dritte Laufbahn als Parteifunktionär an, die den 32-jährigen 1939 – im achten Jahr seiner Parteimitgliedschaft – zum Sekretär des Gebietskomitees Dnepropetrovsk der ukrainischen kommunistischen Partei aufsteigen ließ. Brežnev konnte in dieser Position in mehreren Jahren persönliche Bindungen aufbauen, die als ›Dnepropetrovsker Clan‹ bis in seine letzten Tage bei Personalveränderungen in den Spitzengremien der Sowjetunion eine Rolle spielen sollten. Der Krieg hatte ihm schließlich eine vierte Laufbahn eingebracht, indem er zum Leiter der Politischen Abteilung zuerst der 18. Armee, danach der 4. Ukrainischen Front ernannt worden war und ab 1943 den Rang eines Generalmajors bekleidete. In allen diesen zivilen und militärischen Positionen war sein Vorgesetzter Nikita Sergeevič Chruščëv und förderte ihn auch entsprechend seiner Ausbildung weiter: Er wurde zum Ersten Parteisekretär der Unionsrepublik Moldau ernannt (1950) und stieg als Mitglied des Zentralkomitees der KPdSU (1952) in die Parteielite auf; als Polit-Offizier war er in der Politischen Hauptverwaltung von Armee und Kriegsmarine tätig, als Landwirtschaftsexperte bei der Neulandgewinnung in Kazachstan; schließlich wurde er 1957 als Präsidiumsmitglied des ZK zum Parteiverantwortlichen für die Bereiche Schwerindustrie, moderne Kriegstechnik und Raumfahrt befördert. Bei dieser Häufung von Kompetenzen war es fast eine Degradierung, als Brežnev im Mai 1960 den fast 80-jährigen Marschall Vorošilov als Vorsitzenden des Präsidiums des Obersten Sowjets, d. h. in der repräsentativen Funktion des Staatsoberhaupts, abzulösen hatte. Als Vertreter einer neuen Generation, die über solide Fachbildung verfügte, übernahm er dann nach dem Sturz von Chruščëv die Führung der Partei, die Zweifel an der ideologischen Glaubenslehre, wie immer man sie an der Spitze jeweils interpretierte, nicht zulassen wollte.

Brežnev übernahm jedoch nicht die ganze Macht, denn das Amt des Ministerpräsidenten der Sowjetunion trat Aleksej Kosygin an (1904–80); die erneute Trennung der Führungspositionen in Partei und Staat folgte der Art des Machtwechsels, den das ZK als Kollektiv durchgesetzt hatte. Die ›kollektive Führung‹ ergab sich daher von selbst und sollte diesmal von längerer Dauer sein als nach dem Tod Stalins, weil die Personen im Vordergrund ein Gleichgewicht der Macht zu wahren wussten: Neben Brežnev und Kosygin gehörten Nikolaj Podgornyj (1903–83) – ab 1965 Vorsitzender des Präsidiums des Obersten Sowjets – und Michail Suslov (1904–82) – als graue Eminenz und Parteitheoretiker – zur engsten Führungsgruppe der ›Oligarchen‹. In diesem allerengsten Kreis des Parteipräsidiums war die Macht konzentriert, und hier wurden alle wichtigen Entscheidungen getroffen, ohne dass die Öffentlichkeit im Einzelnen darüber informiert wurde. Da die Ideologie die ›führende Rolle der Partei‹ festschrieb, kam dabei weiterhin dem Ersten Parteisekretär der Vorrang zu, aber in der Realität gab es selbst für ihn Grenzen, auch wenn die Trennung von Partei und Staat, von Legislative (Oberster Sowjet) und Exekutive (Ministerrat) nur formal und durch Personalunionen aller Art eigentlich aufgehoben war. So sollte es über ein Jahrzehnt dauern, ehe der Parteichef, der ab 1966 wieder den Titel ›Generalsekretär‹ trug, durch

Ränge und Ämter außerhalb der Partei wieder einen Machtzuwachs erreichte: Am 17. April 1975 wurde Brežnev Armeegeneral, drei Wochen später, am 8. Mai desselben Jahres, Marschall und zugleich Vorsitzender eines neugebildeten Verteidigungsrates, schließlich am 16. Juni 1977 wiederum Vorsitzender des Präsidiums des Obersten Sowjets. Parallel dazu lebte der ›Persönlichkeitskult‹ wieder auf, der anlässlich des 70. Geburtstags von Brežnev Ende 1976 einen ersten Höhepunkt erreichte, wobei der Zeitpunkt bemerkenswert war, denn schon Ende 1974 hatte sich zum ersten Mal das Gerücht von einer ernsthaften Erkrankung Brežnevs verbreitet. Erst nach seinem Tod wurde offiziell bestätigt, dass er damals einen ersten Herzinfarkt erlitten hatte, dem weitere folgen sollten. Ob er damals seine Herrschaft stärken oder rechtzeitig Vorkehrungen für seine Nachfolge treffen wollte, bleibt unklar.

Die Ära Brežnev hatte keinen radikalen Generationswechsel gebracht, denn die seit 1964 an der Spitze stehenden Männer hatten noch in der Spätzeit Stalins ihren Aufstieg in die Führungselite erreicht und verdankten ihre Positionen an der Spitze dem gestürzten Chruščëv (Suslov 1955, Brežnev 1957, Kosygin und Podgornyj 1960). Ähnliches galt von den anderen Mitgliedern der zentralen Spitzengremien: In der zweiten Hälfte der 1970er Jahre lag das Durchschnittsalter der Mitglieder des Politbüros bei 70 Jahren, das der ›Oligarchen‹ deutlich darüber. Man hat mit dieser ›Gerontokratie‹ – Greisenherrschaft – im Moskauer Kreml die Stabilität des Regimes ebenso wie seine geringe Flexibilität zu erklären versucht; jedenfalls hielten sich die Personalveränderungen auf höchster Ebene in engen Grenzen. Erst 1973 erregte es erstmals Aufsehen, als der Verteidigungsminister Marschall A. Grečko, der langjährige (seit 1957) Außenminister A. Gromyko und der KGB-Chef Ju. Andropov gleichzeitig Vollmitglieder des Politbüros wurden; 1976 folgte ihnen D. Ustinov, der nur Wochen später den inzwischen verstorbenen Marschall Grečko als Verteidigungsminister ersetzte, 1978 K. Černenko und 1979 N. Tichonov. Andere Funktionäre schieden aus, weil sie sich durch Eigensinn (Šelest 1973 in der Ukraine) oder durch zu viel Ehrgeiz und selbstständiges Denken unbeliebt gemacht hatten (1975 der Gewerkschaftsvorsitzende A. Šelepin, 1976 der Landwirtschaftsminister D. Poljanskij); nicht immer waren die Gründe für den Wechsel indes erkennbar: Als z. B. am 24. Mai 1977 mit Podgornyj der erste der ›Oligarchen‹ abdankte und in der Versenkung verschwand, war unklar, ob er eine zu selbstständige Außenpolitik versucht hatte oder mit 74 Jahren physisch am Ende war. Im Oktober 1980 trat dann auch der nun 76-jährige Ministerpräsident Kosygin zurück, der drei Monate später (18. Dezember 1980) starb. Sein Nachfolger wurde der fast gleichaltrige N. Tichonov (1905–97); auch hier bleibt undeutlich, ob es sich bei seiner Ernennung um das letzte Aufgebot einer abtretenden Generation oder die planmäßige Ausschaltung eines Machtkonkurrenten handelte. Als gut ein Jahr später auch Suslov mit 78 Jahren starb (25. Januar 1982), war von den Oligarchen des Jahres 1964 nur noch Brežnev selbst am Leben. Er sollte sich aber über diesen späten Triumph nicht lange freuen, denn trotz seiner langen Krankheit kam der Tod des Parteiführers, Oberbefehlshabers und Staatsoberhaupts am 10. November 1982 schließlich überraschend: Noch am 27. Oktober hatte er vor der Generalität eine Rede gehalten, in der er eine Korrektur der auf dem 26. Parteikongress festgelegten Generallinie angekündigt hatte, für deren Vorlage er noch ein Jahr zuvor als unermüdlicher Kämpfer für den Frieden gefeiert worden war. Nun blieb ein großes Fragezeichen.

Mit allen erforderlichen Einschränkungen wird man den 18 Jahren der Brežnev-Ära eine erstaunliche Stabilität bescheinigen müssen, die auch in einem System der Einparteienherrschaft den Ausgleich von Gruppeninteressen, die Vermeidung offener Konflikte und die Minderung von Spannungen voraussetzte. Die Kontinuität der älter werdenden Spitzenpolitiker hat dabei sicher stabilisierend gewirkt, aber wichtiger war wohl ihre Reaktion auf Chruščëv, der am Ende mit seinen überstürzten Reformversuchen alles durcheinandergebracht, die Bürokratien in Partei und Staat verschreckt, die Militärs vor den Kopf gestoßen, die Ideologen verwirrt und das nationale Prestige beschädigt hatte. Der Führungsstil seiner Nachfolger war völlig anders; während jener durch Hektik und Unberechenbarkeit zu Störungen des Gleichgewichts neigte, durch pathetischen Utopismus Enttäuschungen provozierte, sich durch Inkompetenz und vulgäres Betragen mitunter lächerlich machte, gaben sich seine Erben besonnen und nüchtern, bescheiden pragmatisch, sachkundig und seriös. Bei allem Selbstbewusstsein, wie es der Führung einer Weltmacht anstand, deren Bevölkerungszahl in den Brežnev-Jahren von 226 auf 271 Millionen anstieg, gehörten allzu vollmundige Ankündigungen nach Chruščëvs Abgang bald der Vergangenheit an. Weder für das Überholen der USA in der Pro-Kopf-Produktion noch für die Verwirklichung des Kommunismus wurden seither Termine genannt; den erreichten Zustand der ›entwickelten sozialistischen Gesellschaft‹ nannte man den ›real existierenden Sozialismus‹, was immer das bedeuten mochte. Zwar kehrte Chruščëvs Begriff vom ›allgemeinen Volksstaat‹ am Ende als ›Staat des ganzen Volkes‹ zurück, dem die patriotische Zuwendung aller seiner Bürger zuteil werden müsse; aber die Gründe für den erzwungenen Machtwechsel von Chruščëv zu Brežnev hatten sich nicht aus solchen Formulierungen, sondern aus den ersten realen Maßnahmen ergeben.

Schon auf dem ersten ZK-Plenum nach dem Wechsel, am 16. November 1964, war Chruščëvs Parteireform vom November 1962 rückgängig gemacht worden: Die Organisation nach Produktionszweigen (Industrie und Landwirtschaft) war dem traditionellen territorialen Prinzip gewichen; die Dezentralisierung war zurückgenommen worden; an die Stelle der regionalen Volkswirtschaftsräte war die branchenorientierte zentrale Ministerialverwaltung getreten. Auf Antrag von Brežnev wurde auf dem 23. Parteikongress (28.3.–8.4.1966) dann der Artikel 25 des Parteistatuts von 1961 aufgehoben, der auf den unteren Stufen der Parteiorganisation eine turnusmäßige Erneuerung in bestimmtem Ausmaß eingeführt hatte; als Chruščëv mit diesen Reformen die ausufernde Bürokratie hatte eindämmen wollen, hatte er sich die

Funktionäre der Partei zu Feinden gemacht, die um ihre Posten fürchteten. Seine Nachfolger waren in diesem Punkt klüger, zahlten aber auch ihren Preis: In der Hoffnung, die alten Probleme mit den traditionellen Mitteln – nur eben besser – beheben zu können, versteinerte die Partei trotz Änderung des Stils in einer konservativen Grundhaltung: Im regelmäßigen Rhythmus von fünf Jahren, entsprechend dem Ablauf der Wirtschaftspläne, dienten die vier Parteikongresse unter Führung von Brežnev der Selbstdarstellung fast immer derselben Funktionsträger vor mehrheitlich denselben Delegierten, der Programmverkündigung und dem moralischen Appell. Die Ergebnisse waren unspektakulär, aber auch wenig effektiv; es wurden keine Geheimreden gehalten, keine Denkmäler gestürzt und keine toten Helden angeklagt. Der Ausschluss Chruščëvs aus dem ZK auf dem 23. Parteikongress war nur eine Formalität; die Rückkehr zu den alten Bezeichnungen ›Generalsekretär‹ und ›Politbüro‹ war eine Distanzierung von der jüngsten Vergangenheit, aber keine Rückkehr zu Stalin. Nur in der Rücksicht auf außenpolitische Konstellationen und vorsichtige Reaktionen auf ökonomische Herausforderungen und soziale Wandlungen waren minimale Fortschritte erkennbar: Auf den Parteikongressen (1971, 1976) wurde jeweils die ›Brežnevformel‹ bestätigt, die eine kooperative Außenpolitik mit reformscheuer Innenpolitik verband; auch vom 26. Parteikongress (1981) wurde diese Linie trotz des erneuerten ›Kalten Kriegs‹ (sowjetischer Einmarsch in Afghanistan 1979, Boykott der Olympiade in Moskau 1980) und zunehmender wirtschaftlicher Bedrängnis nicht grundsätzlich infrage gestellt. Die Ideologie blieb der Leitfaden für den Machtgebrauch im Innern und nach Außen; der Integration dienten ein verschärfter Anpassungszwang, Jubiläen (60 Jahre Sowjetunion Ende 1982) und ein ausufernder Kult um den Parteiführer.

Bewahren und Ordnen können also als Hauptinteressen des auf stärkere Zentralisierung setzenden Regimes unter Brežnev gesehen werden. In der Partei sollte dazu der inzwischen schon ritualisierte Umtausch der Parteibücher (1973) beitragen, was die parteilose Bevölkerung nicht berührte; anders war dies dagegen mit der Ausstellung neuer Inlandspässe (1974 vom Ministerrat beschlossen), die die gesamte Bevölkerung betraf und wohl durch die zunehmende Mobilität der Bürger motiviert war. Eine Beteiligung der Menschen war auch für die Einführung einer neuen Verfassung für die Sowjetunion vorgesehen. Bereits 1961 hatte Chruščëv dies gefordert und im folgenden Jahr eine fast 100-köpfige Kommission bilden lassen, die sie ausarbeiten sollte. Brežnev hatte dann deren Vorsitz übernommen, aber erst im Juni 1977 einen Entwurf veröffentlicht und zur öffentlichen Diskussion gestellt. Daraus ergaben sich aber keine wesentlichen Änderungen, und die neue Verfassung wurde am 7. Oktober 1977 verabschiedet. In den folgenden Jahren folgte daraus eine ganze Welle von reformierten Gesetzen – von neuen Verfassungen der Unionsrepubliken über Reglements für den Obersten Sowjet, den Ministerrat und die lokalen Sowjets bis hin zu einem Staatsangehörigkeitsgesetz sowie zahlreichen Gesetzen für die Bereiche Justiz und Wirtschaft. Daneben trat 1975 ein neues Religionsgesetz in Kraft, das zwar die entsprechenden Verfügungen des Jahres 1929 verbesserte, aber die bisherige Praxis nicht änderte. Brežnev wollte auch durch die Kodifikation der geltenden Gesetze Ordnung schaffen und dem Bild eines Gesetzesstaates entsprechen, der eine in Jahrzehnten etablierte und auf Sicherung des Erreichten bedachte Herrschaft repräsentierte. Daneben wurde jedoch die ideologische Indoktrination vor allem ab den 1970er Jahren verstärkt. Gesetzestexte sind jedoch nicht mit Rechtswirklichkeit und Propagandatexte nicht mit Glaubenswirklichkeit zu verwechseln; Realitäten ganz anderer Art bestimmten diese Phase der russisch-sowjetischen Geschichte.

Die ökonomische Basis wird knapp

Chruščëv hatte seinen Nachfolgern große ökonomische Probleme hinterlassen, und diese wuchsen in den folgenden Jahren noch weiter an, auch wenn man sie nicht an utopischen Zielen maß: Die besser gebildeten Fachleute an der Spitze glaubten, die technischen Mittel und Möglichkeiten durch Organisation und ihre fachgerechte Anwendung nutzen und so die USA einholen und letztlich überholen zu können, wenn sie sich auch nicht auf einen Termin festlegten und sich diesem Ziel allmählich nähern wollten. Aber auch dieses Ziel war zu hoch gegriffen, denn die schnelle Bevölkerungszunahme und die wachsenden Ansprüche einer sich wandelnden Gesellschaft – 1980 erreichte der Urbanisierungsgrad 63 %, von 1953 bis 1979 stieg die Zahl der Millionenstädte von drei auf 18 – waren eine ökonomische Herausforderung ersten Ranges, wenn die Erwartung einer ausreichenden Ernährung und die Hoffnung auf ein besseres Leben nicht enttäuscht werden sollten. Aber die Supermacht Sowjetunion hatte sich noch andere schwierige und kostspielige Aufgaben gestellt: Der nukleare Rüstungswettlauf mit der anderen Supermacht musste durchgehalten, die Technologie der Weltraumfahrt gemeistert und die Wirtschaft an das wachsende Tempo des technischen Fortschritts angepasst werden.

Grundlegende Voraussetzung war und blieb aber die ausreichende Produktion von Nahrungsmitteln durch die Landwirtschaft und deren gerechte Verteilung bei klimabedingten Schwankungen der Ernteerträge; genau hierin lag ein Dauerproblem der sowjetischen Staatswirtschaft: Chruščëv hatte als Agrarexperte gegolten, aber alle seine die Landwirtschaft betreffenden Reformen und Kampagnen hatten nicht verhindern können, dass die schlechte Ernte des Jahres 1963 nur durch große Weizenimporte aus dem Ausland wettgemacht werden konnte. Die Landwirtschaft litt weiter unter den Folgen einer jahrzehntelangen Vernachlässigung zugunsten der Industrialisierung. Eine durchgreifende Modernisierung mit angemessenen Investitionen musste also sowohl einen historisch bedingten Rückstand aufholen als auch ständig steigende Anforderungen und eine Verminderung der Zahl landwirtschaftlicher Arbeitskräfte ausgleichen. Brežnev hatte die Bedeutung des Problems erkannt und nach dem Machtwechsel die Verantwortung für den Agrarbereich an sich gezogen, für den er als Parteichef eigentlich gar nicht zuständig war. Damit erhielt die Landwirtschaft endlich den erforderlichen hohen Prioritätsrang, der ihr viel zu lange vorenthalten worden war. Der Erfolg blieb zunächst nicht aus, denn die Ziele des 8. Fünfjahresplans (1966–70) konnten dank der Rekordernte des Jahres 1970 voll erfüllt werden. Aber bereits zwei Jahre später mussten nach einer Missernte wiederum große Getreidemengen eingeführt werden; selbst relativ gute Ernten der Jahre 1973 und 1974 konnten ein Zurückbleiben der Agrarproduktion hinter den Planzielen nicht verhindern, und eine neuerliche Missernte führte zu einem sowjetisch-amerikanischen Getreideabkommen (20.10.1975) für fünf Jahre. Die Landwirtschaft blieb ein Sorgenkind, denn von grundlegenden Reformen wurde nur geredet oder sie blieben in den Ansätzen stecken. Eine größere Entscheidungsfreiheit für die Einzelbetriebe missfiel dem Agrartechniker Breżnev ebenso wie die Einführung marktwirtschaftlicher Mechanismen, auch wenn entsprechende Experimente im ebenfalls kommunistisch regierten Ungarn positiv verliefen. Selbst der sowjetische Alltag erwies die Effektivität des landwirtschaftlichen Privatsektors, denn 1976 kamen vom Hofland der Kolchozbauern im Verhältnis zur Gesamtproduktion der UdSSR 64 % der Kartoffeln, 53 % des Gemüses, 41 % der Eier und 22 % der Fleisch- und Milchprodukte. Zwar hatte am Ende der Breżnev-Zeit die landwirtschaftliche Produktion durchaus zugenommen und sich die soziale Situation der Bauern nicht unerheblich verbessert, aber dennoch machte die Einfuhr der Nahrungs- und Genussmittel ein Viertel der Gesamtimporte des Staates aus. Das bedeutete eine hohe Abhängigkeit vom Ausland; gelegentliche Verweise auf eine mögliche Autarkie der Sowjetunion mussten demnach hohl klingen, denn sie hätte nichts anderes als einen Konsumverzicht der Massen mit sich gebracht. Einen Ausweg sollte die Wissenschaft liefern, die in ihrem zentralen Spitzengremium der Akademie mit der Partei zusammenarbeitete: Die Möglichkeiten extensiver Produktionssteigerung waren erschöpft und mussten durch wissenschaftlich fundierte Methoden der Intensivierung ersetzt werden.

Auch in der übrigen Wirtschaft waren Angst vor durchgreifenden Reformen, unzureichende Produktivität und zunehmende Verflechtung in ein kompliziertes Netz von Außenbeziehungen für die Brežnev-Ära charakteristisch: Zunächst hatte der neue Parteichef hier Optimismus geweckt, denn in mehreren vorsichtigen Schritten wurde das Dogma vom unbedingten Vorrang der Produktionsmittelerzeugung (Abteilung A) vor der Konsumgüterproduktion (Abteilung B) aufgegeben. In der Parteisprache hieß dies nach Brežnev:

> Das akkumulierte Produktionspotenzial lässt im neuen Planjahrfünft ein gewisses vorrangiges Wachstumstempo der Abteilung B zu, wodurch die vorgesehene Hebung des Wohlstands der Werktätigen gewährleistet werden kann.

Konkret sollte etwa die Produktion von Autos auf ca. 1,3 Millionen Stück im Jahr 1975 vervierfacht werden. Ähnliche Versprechen einer Hebung des Konsums hatte es zwar auch früher schon gegeben, ohne dass daraus Taten gefolgt waren, neu war aber nun, dass man sich in der Führung bewusst geworden war, dass man dem fortschreitenden Reifeprozess der sowjetischen Gesellschaft Rechnung tragen musste.

Zur notwendigen Steigerung der Produktivität der Wirtschaft schienen zwei Wege möglich: Man konnte dem Einzelbetrieb die Entscheidung überlassen, durch ein rentables Wirtschaften und eine Beteiligung der Beschäftigten am Erfolg die Produktivität zu steigern, oder die zentrale Planung durch die Anwendung mathematischer Methoden und der elektronischen Datenverarbeitung perfektionieren. Die erste Möglichkeit wurde ab 1962 im Anschluss an Publikationen des Charkover Professors E. G. Liberman diskutiert und in der Wirtschaftsreform vom September 1965 versuchsweise in einer kleinen Zahl von Betrieben realisiert. Die Hoffnungen auf eine beginnende wirtschaftliche ›Liberalisierung‹ wurden aber enttäuscht, denn diese lag nicht in der Absicht der politischen Führung. Durchgesetzt hat sich stattdessen die Konzeption einer perfektionierten Planung, und Liberman musste sich 1970 von seinen Thesen und Vorschlägen distanzieren. Damit war zwar die öffentliche Diskussion beendet, aber im wachsenden Interesse der Wissenschaftler an der Erforschung der ›Neuen ökonomischen Politik‹ Lenins zeigte sich das Fortleben dieser Gedanken, die eine Alternative zur Planwirtschaft beinhalteten.

Zu solchen Einsichten war man in den 1960er Jahren noch nicht bereit; es wurde aber schon damals klar, dass eine Modernisierung der Wirtschaft ohne Unterstützung von außen in vertretbarer Frist nicht zu leisten sein würde. Dies erforderte jedoch eine Atmosphäre außenpolitischer Entspannung – die wechselseitige Abhängigkeit von Wirtschafts- und Außenpolitik sollte die Brežnev-Ära bis zu ihrem Ende prägen: Ein Staatsbesuch de Gaulles (20.6.–1.7.1966), den Kosygin umgehend erwiderte (1.–9.12.1966), machte den Anfang zu einer ökonomisch-technisch-wissenschaftlichen Kooperation zunächst zwischen Frankreich und der Sowjetunion, der dann rasch Verträge mit anderen Ländern folgten. Diese Politik blieb zwar nicht ohne Rückschläge, aber selbst die militärische Intervention in der ČSSR 1968 änderte daran nichts Grundsätzliches. Ein Durchbruch im positivem Sinne erfolgte im Jahre 1972, als die USA und die Bundesrepublik Deutschland entsprechende Verträge mit der Sowjetunion abschlossen und zu bevorzugten Außenhandelspartnern wurden, die Bundesrepublik schon im folgenden Jahr an erster Stelle. Dieses Jahr 1973 brachte aber auch die Ölkrise, von der die Sowjetunion kurzfristig durch die Preissteigerung der OPEC-Staaten profitierte. Aber während sich diese Belastung auf die westlichen Partner der Sowjetunion nur vorübergehend auswirkte und Reformen nach sich zog, bedeutete die Anhebung des sowjetischen Erdölpreises am 1. Januar 1975 für die Mitglieder des eigenen Hegemonialbereichs einen tiefen Einschnitt: Die Länder des Rats für gegenseitige Wirtschaftshilfe (RGW) waren in ihrer Energieversorgung vollständig auf sowjetische Erdöllieferungen angewiesen, andererseits in ihrem Modernisierungsstreben von Krediten westlicher Industrieländer abhängig. Die drohende Zahlungsunfähigkeit konnte durch eine dynamische Außenwirtschaftspolitik noch bis zum Ende der 1970er Jahre abgewendet werden, aber die objektiven Grenzen waren sichtbar geworden.

Eine Steigerung der sowjetischen Erdölproduktion konnte nur noch kurzfristig die Versorgungslücken im RGW-Bereich schließen; bald musste die Sowjetunion ihrerseits Erdöl kaufen oder andere Energiequellen erschließen. Im ersten Fall boten sich die relativ nahegelegenen Erdölproduzenten wie der Iran und der Irak an, die ihrerseits an Industrieanlagen oder Waffen interessiert waren, was aber die Sowjetunion in den Krisenbereich des Nahen Ostens hineinzog. Im zweiten Fall versprach, abgesehen von der Atomenergie, die Erschließung der reichen Erdgasvorkommen in Westsibirien am meisten Erfolg, aber der Export war technisch aufwendig und daher kostspielig. Die technisch-ökonomische Kooperation mit dem Westen war hier die Lösung und hatte eine eindrucksvoll gesteigerte sowjetische Erdgasproduktion zur Folge; damit gewannen die Röhren-Erdgasabkommen nicht nur an Popularität, sondern mit zunehmender Eintrübung des Entspannungsklimas auch politisches Gewicht. Von einer Modernisierung der chemischen Industrie profitierte auch die Landwirtschaft; durch die Lieferung von Transportfahrzeugen verbesserte sich die Infrastruktur der Industrie; bei manchen anderen Entwicklungen, von der Pkw-Fabrik bis zur Bierbrauerei, stand das Konsumenteninteresse im Vordergrund. Zur Verbesserung beider Sektoren sollte auch die gegenseitige Wirtschaftshilfe der Satellitenstaaten beitragen.

In deren Bereich waren die politisch-militärische Organisation (Warschauer Pakt) und die wirtschaftliche Kooperation (RGW) von Anfang an getrennt organisiert; im Verlauf der 1970er Jahre folgte jedoch einer Verschlechterung der außenpolitischen sowie der binnenwirtschaftlichen Situation, und in beiden Bereichen wuchs der Anspruch Moskaus auf Führung. Aber die Zentrale konnte die gegenseitige Wirtschaftshilfe nicht zentral planen, da die Einzelstaaten alle ihre eigenen Vorteile suchten und sich nicht einfach in die sowjetische Planung integrieren lassen wollten. In Diskussionen, die sich über Jahre hinzogen, fand man schließlich zu einer gewissen Koordination der nationalen Wirtschaftspläne und begründete sogar Projekte wie den Bau einer Erdgasleitung von Orenburg nach Užgorod an der Grenze zur Tschechoslowakei; es gab gemeinsame Proklamationen zur Sparsamkeit im Umgang mit Rohstoffen, aber über die verbalen Erfolge hinaus war die reale Zusammenarbeit wenig effektiv: Die Kosten des nuklearen Rüstungswettlaufs mit den USA musste die Weltmacht Sowjetunion stets alleine tragen, aber andere Kosten, die sich aus der sowjetischen Politik in der Dritten Welt ergaben, wurden teilweise auf die Partner des RGW abgewälzt, die die Verträge auch zulasten der eigenen Wirtschaft zu erfüllen hatten. Mit steigenden Ansprüchen wurden die Grenzen der Leistungsfähigkeit dabei immer spürbarer. Zwar waren die natürlichen Ressourcen der sowjetischen Macht- und Einflusssphäre durchaus beeindruckend – immerhin war die Sowjetunion unter anderem der weltgrößte Eisen- und Manganproduzent –, das Problem lag aber in den Möglichkeiten diese Ressourcen zu nutzen und in der Produktivität der Menschen. Auch hierin hatte die Sowjetunion zweifellos Fortschritte erreicht, die auch angesichts der geografischen und historischen Bedingungen in einem überdimensional großen Industrieland Respekt verdienen; diese Entwicklung wurde jedoch durch eine in Jahrzehnten erstarrte Methode der Wirtschaftsführung behindert. Die schnelle und umfassende Anpassung an den technologischen Fortschritt, die reibungslose Weitergabe wissenschaftlicher Erkenntnisse an die Produktion und wirksame Effektivitätskontrolle wurden also von einem übermäßig aufgeblähten und extrem zentralisierten Verwaltungs- und Lenkungssystem gebremst. Appelle der Herrschenden an Patriotismus und Arbeitsmoral der Werktätigen, Feldzüge gegen Konsumgesinnung und Korruption (nach Brežnevs Tod) zeugten dabei nicht von Vertrauen in die Gesellschaft des entwickelten Sozialismus.

Die Entwicklung der Gesellschaft

Die Gesellschaft der Sowjetunion hatte sich in den mehr als 70 Jahren ihres Bestehens sehr verändert; aus dem rückständigen Agrarland mit einigen industriellen Spitzen war ein Industriestaat geworden, der als größter Flächenstaat der Welt mit 17 Millionen km^2 eine Bevölkerung von 278 Millionen Menschen (1989) besaß. Kriege, Hungersnöte und Terror hatten die Gesellschaft betroffen; zwar war die Fiktion eines ›Sowjetmenschen‹ gescheitert, aber die Industrialisierung, die Urbanisierung und insgesamt die Modernisierung hatten das ganze Land erfasst. Dennoch waren viele traditionelle Elemente der russischen Gesellschaft erhalten geblieben: Zwar bestimmte die Zentrale die Politik und setzte sie durch ihre Bürokratie durch, die der Apparat der Partei beherrschte, aber das weite Land mit den großen Entfernungen blieb den alten Vorstellungen von Raum und Zeit verbunden; vieles von dem, was die Zentrale anordnete, kam auf dem Land kaum an oder wurde durch die Interessen der lokalen Kräfte umgedeutet. Die weiten Transportwege und die klimatischen Verhältnisse machten den Industriestaat extrem abhängig von den natürlichen Voraussetzungen; einerseits waren die Ressourcen an Rohstoffen die Basis für seine Weltgeltung, andererseits war jeder Wirtschaftsplan zur Nutzung dieser Ressourcen in der Zeit nach Stalin gescheitert; außerdem erzwang die Abhängigkeit von Getreideimporten eine Rücksicht in der Außenpolitik. Wirtschaft und Gesellschaft waren also insgesamt unausgewogen: Spitzenleistungen in einigen Bereichen korrespondierten mit der alten Wissenskultur von ›Tafel und Kreide‹ in anderen, weil der Anschluss an die moderne Welt langsam verlorenging.

Das Leben auf dem Land blieb für die Mehrheit der Menschen bestimmend, wobei neben der Tätigkeit in der Landwirtschaft und Viehzucht auch die Mechanisierung das neue Dorfleben bestimmte. Der alte Bauernstand existierte nicht mehr; die Arbeiter auf den Kolchozen, mehr noch auf den Staatsgütern der riesigen Sovchozen, bildeten das Rückgrat der Landwirtschaft; zusammen mit den Angestellten der Verwaltung und den Technikern für die Maschinen waren sie städtische Elemente auf dem Dorf, denen auch höhere Bildung und der Aufstieg aus der Provinz offenstand. Dennoch war viel Altes geblieben, nicht nur die alten Bauernhäuser und das Hofland zur Selbstversorgung sowie für kleine Gewinne auf dem freien Markt, sondern auch das Denken, die schlechten Verkehrsverhältnisse und insgesamt die Ferne zur modernen Welt. Die Hauptlast der täglichen Arbeit trugen dabei die Frauen, die für die Familien und die traditionellen Werte zuständig blieben, schlecht bezahlt wurden und kaum Aufstiegschancen besaßen. Das Landleben war hart, und die Menschen blieben arm.

Am meisten hatte sich das Leben der Arbeiter in der Industrie verändert: Ihre Zahl war gewaltig angewachsen, und betrug um 1990 ca. 112 Millionen. Allerdings waren aus ideologischen Gründen viele als ›Arbeiter‹ erfasst, die längst in anderen Berufen tätig waren; die Spezialisierung hatte das Arbeitsleben vielfältig gestaltet. Trotz steigender Mobilität (Zuzug in die Städte) und häufigem Wechsel des Arbeitsplatzes war ein Arbeitskräftemangel festzustellen, der einerseits dem nachlassenden Nachschub vom Land geschuldet war, andererseits aber die Rückständigkeit der Industrie belegt, deren Automatisierung lahmte. Das Lohnniveau war langsam aber stetig gestiegen (zwischen 1955 und 1975 etwa verdoppelt), was nicht zuletzt an der Steigerung im Sektor der Dienstleistungen lag; in dieser Hinsicht waren die Jahre der Herrschaft von Brežnev die besten Jahre der Sowjetgesellschaft, obwohl die Versorgung mit Konsumgütern weiterhin im Argen lag.

Die Last der Ideologie erschwerte das Leben vieler Menschen: Handarbeit galt in der Arbeitswelt als höherwertig denn geistige Tätigkeit; dies wirkte sich in der Bezahlung von Ärzten, Lehrern und anderen sozialen Berufen aus, in denen nicht nur aus diesem Grund unverhältnismäßig viele Frauen tätig waren. Hohes Ansehen genossen dagegen die Ingenieure der verschiedenen Berufsfelder, aus denen sich auch die Führungsschicht der Partei rekrutierte. Die Partei zählte 1983 insgesamt mehr als 18 Millionen Mitglieder; ihre Zahl stieg in der Zeit Brežnevs proportional stärker als die der Gesamtbevölkerung, mehreren Säuberungen und Ausschlüssen zum Trotz. Obwohl die Partei dem Anspruch nach die Elite verkörperte und die Berufswelt der Bevölkerung ungefähr widerspiegelte, war sie wie die Führungsschicht überaltert. Ihre wichtigsten Funktionsträger, deren Zahl auf ca. 227 000 geschätzt wird, beherrschten über die Partei und den Staat die Gesellschaft, genossen als *nomenklatura* viele Vergünstigungen, die sich zum einen im Gehalt, zum anderen in einem besonderen System der Versorgung mit Konsumgütern und Dienstleistungen niederschlug. Die Bemühungen, ihre Stellung auch auf die nächste Generation zu vererben, machte die Funktionsträger der Partei zu einer Art Adel im ›realexistierenden Sozialismus‹.

Neben der Partei, aber ebenfalls von ihr durchdrungen, waren die Armee und der Geheimdienst (KGB) die Stützen des Systems: Nach einem gewissen Schwanken erreichte die Zahl der Soldaten im Jahr 1985 wieder 5,3 Millionen; zusammen mit dem ›militärisch-industriellen Komplex‹ der Rüstungsindustrie und deren Verwaltung war dies der größte Kostenfaktor in den Staatsausgaben. Ein eigener Bereich war der Geheimdienst, der die Gesellschaft kontrollierte, aber auch über deren Binnenstruktur, ihre Defekte (z. B. die Korruption) und das Denken am besten orientiert war. Privilegien und Korpsgeist, ferner die unkontrollierbare Ausübung der Macht über die Menschen, die durch ein dichtes Netzwerk undurchsichtiger Verbindungen und durch eigene bewaffnete Verbände gestützt wurden, hatten den KGB zu einem Staat im Staat werden lassen, dessen Einfluss auch über das Ende der Sowjetunion hinausreichte.

Auch der Alltag stand unter dem Diktat der Partei, die den Menschen eine glückliche Zukunft versprach, deren Realisierung aber immer wieder verschieben musste: Der Widerspruch zwischen den Versprechungen Chruščëvs und der erlebten Gegenwart war unüberbrückbar. Die Konsumwünsche konnten nicht erfüllt werden, sei es wegen fehlender Waren, die der staatliche Handel eher verteilte als anbot, sei es wegen mangelnder Qualität. Die Wohnungen waren klein und deren Ausstattung oft schlecht. Zwar waren die Mieten niedrig und die Alltagsgüter erschwinglich, aber höherwertige Verbrauchsgüter oder Lebensmittel waren dafür aus politischen Gründen überteuert. Das kleine Glück im Alltag war nur schwer zu erreichen; die Frauen trugen die Last der Arbeitswelt (zu mehr als 50 % waren sie erwerbstätig) und der Hausarbeit; die klassische Geschlechtertrennung im privaten Bereich einer patriarchalischen Gesellschaft erlaubte den Männern viele Freiheiten, sah aber auch oft deren Abgleiten in den Alkoholismus. Die Scheidungsrate war deshalb im Laufe der Jahre ständig gestiegen. In der Sowjetzeit erwies sich jede Lebensplanung als unsicher; selbst die Ersparnisse waren bedroht, nicht nur wegen des unterentwickelten Bankensystems, sondern auch wegen staatlicher Eingriffe, wie eine plötzliche Aktion des Einzugs von höheren Banknoten – ohne jede Entschädigung – gezeigt hatte. Die Menschen waren oft Opfer von Kampagnen, ständig in Bewegung gehalten, permanent in Anspannung und ohne Hoffnung auf eine baldige Besserung. Mangelnde Rechtssicherheit seitens der Obrigkeit, Hilflosigkeit im Umgang mit den Behörden, Korruption und Unterschleif auf allen Ebenen (z. B. im Gesundheitswesen), Überwachung der gesellschaftlichen Kontakte und Ausschluss von Informationen über das Ausland verdammten die Menschen zu einem Leben im Jetzt und forderten die Leidensfähigkeit immer wieder heraus. Verlässlich waren nur die Familie und ein enger Freundeskreis, deren Belastbarkeit, aber auch spontane Herzlichkeit ausländische Besucher immer wieder überrascht hat.

Die Sowjetunion betonte als Weltmacht ihre globalen Interessen; dem entsprach aber nicht das Leben im eigenen Land, wo die Kenntnis der Welt und der Fremdsprachen nur für wenige erreichbar war. Trotz hoher Aufwendungen für die Wissenschaft, die etwa im Bereich der Akademie der Wissenschaft Weltgeltung und eine fast unangefochtene Autonomie bewahrte, konnte nur in einigen Gebieten Weltniveau erreicht werden, wo die Relevanz für den Militärsektor oder die Raumfahrt evident war; in allen anderen Bereichen blieb das Land hinter der Entwicklung der westlichen Hemisphäre zurück, besonders in der modernen Datenverarbeitung. Dies war durchaus bekannt, denn die neuen Medien brachten ungefilterte Informationen ins Land und entlarvten die Propagandaphrasen der Partei als hohl. Die Partei hatte aber Surrogate gefördert, in denen die Menschen ihren Stolz bewahren konnten; dies war einmal die Weltraumforschung, wo die Gleichrangigkeit mit den USA sichtbar war, ebenso im Sport, wo der olympische Medaillenspiegel die Überlegenheit des Sozialismus beweisen sollte. Aber die Denkverbote und die Tabus waren geblieben, besonders in Bezug auf die eigene Vergangenheit: Chruščëv hatte harte Kritik an Stalin geäußert, aber im Personenkult war nur eine Änderung der Person vorgenommen worden, wie der Kult um Brežnev, seine Titel und seine Ordensbrust ständig bewiesen.

Die Modernisierung des Landes hatte den Ausbau eines ausreichenden Bildungswesens auf allen Stufen vorausgesetzt, das den wachsenden technologischen Anforderungen genügen musste. Auch in dieser Frage wurde in der Sowjetunion vieles erreicht, was die Entstehung einer immer breiteren und differenzierten Intelligenzschicht zur Folge hatte; nach den enormen Verlusten an Intelligenz in zwei Weltkriegen, zwei Emigrationen und der großen Stalin'schen Säuberung hatten sich hier erst in den 1960er Jahren Erfolge gezeigt: 1970 war die 8-jährige Schule, die seit Langem als Ziel der allgemeinen Schulpflicht vorgesehen war, fast überall im Land verwirklicht; danach strebte man für alle Schüler den Besuch der 10-jährigen Schule an, die die Hochschulreife vermitteln sollte. Eine solche quantitative Zunahme der Intelligenz war aber vom Standpunkt der Ideologie aus nicht unproblematisch: Schon in der Schulreformdiskussion unter Chruščëv (1958) hatte sich ein Widerspruch zwischen dem ideologisch gewollten Prinzip der Bildungsgleichheit und einer von Wissenschaft und Technik geforderten effektiven Begabtenauslese ergeben: Es lag im Interesse der etablierten Oberschicht in allen Bereichen, ihren Kindern den unmittelbaren Zugang zur Hochschule offenzuhalten; also wurden alle Bestimmungen der Chruščëv'schen Schulreform, die diesem Ziel entgegenstanden, Mitte der 1960er Jahre wieder beseitigt. Die Zulassungsbestimmungen für das Hochschulstudium wurden in der Folge zu einem Politikum, denn auf der einen Seite wuchs die Zahl der Studierwilligen, auf der anderen sollten staatlich festgesetzte Kontingente und die Auswahl nach dem Leistungsprinzip (Aufnahmeprüfungen) das Problem der Masse lösen, ohne die Chancengleichheit zu beeinträchtigen. Dazu wurden ab 1969 an allen Hochschulen ›Vorbereitungsabteilungen‹ für begabte Jungarbeiter und Jungbauern eingerichtet, die nach erfolgreichem Abschluss von hier angebotenen Kursen ohne Zulassungsexamen in das Studium aufzunehmen waren. Bei den betroffenen Lehrinstitutionen löste die neue Reform trotz – erwartungsgemäßer – verbaler Unterstützung wenig Begeisterung aus, denn sie wollten kein Personal für die Vorbereitungsabteilungen abstellen und befürchteten eine Niveausenkung bei den Studenten; andererseits waren die Betriebsdirektoren wenig daran interessiert, ihre besten und intelligentesten Arbeiter freizugeben. Trotz gewisser Erfolge blieb dies also ein romantischer Anachronismus, der an die ›Arbeiterfakultäten‹ der 1920er Jahre erinnerte und dabei die Tatsache außer Acht ließ, dass die Hochschulen längst eine Domäne der Intelligenz in einer sich verändernden Gesellschaft geworden waren. Die geringe Neigung der Etablierten für radikale Experimente auf dem Gebiet des Bildungswesens war jedoch nur die eine Seite des Problems. Die andere wurde in den 1970er Jahren an zunehmenden Klagen über die Jugend im Allgemeinen erkennbar: Sie nehme alles ihr Gebotene als selbstverständlich hin, lasse es an Engagement fehlen und sei anfällig für westliche Vorbilder; man wies auf die steigende Jugendkriminalität hin, ja sprach geradezu von einer ›leeren Generation‹, die da heranwachse. Die Partei reagierte darauf in der üblichen Weise, mit einer Mischung von kalkuliertem Nachgeben und massiver Indoktrination, verbunden mit dem Appell, dass sich dieser Zustand ändern müsse.

Eine Änderung der Gesellschaft war aber schon im Gange, und anders als die Partei es sich wünschen mochte: Das Selbstbewusstsein einer wachsenden Intelligenzschicht bildete den Hintergrund für das völlig neue Phänomen einer inneren Opposition, die zeitweise weltweite Publizität erlangte. Legale oder illegale Kritik wurde geäußert – in Eingaben an führende Persönlichkeiten, in Protestaktionen, in einer ungedruckten, von Hand zu Hand verbreiteten Untergrundliteratur (*samizdat*), in Manuskripten, die im Ausland publiziert wurden (*tamizdat*). Der Ausgangspunkt war die Enttäuschung über die Halbherzigkeit in der Auseinandersetzung mit der Stalin'schen Vergangenheit. Entsprechenden Ansätzen eines ›Tauwetters‹ unter Chruščëv war zweimal wieder Frost gefolgt, und seine Nachfolger verhielten sich in diesem Punkt zögerlich, wollten sie doch mehr Kontrolle und nicht mehr Freiheit. Der Prozess gegen die im September 1965 verhafteten Schriftsteller Andrej Sinjavskij (1925–97) und Julij Daniel' (1925–88) sollte hier zweifellos ein Exempel statuieren (Februar 1966), löste aber unerwartet heftige Reaktionen aus und leitete eine Eskalation ein, die erst in der Mitte der 1970er Jahre ihren Höhepunkt überschritt: Die Anklagen weckten die Befürchtung, dass auf dem bevorstehenden 23. Parteikongress eine Rehabilitierung Stalins erfolgen könne, die einige Sowjetmarschälle schon im April 1965 mit Blick auf seine Führungsleistung im ›Großen Vaterländischen Krieg‹ gefordert hatten. Unter diesem Aspekt mussten die drastischen Urteile (sieben bzw. fünf Jahre Arbeitslager) gegen die Vertreter einer jungen Generation der Intelligenz als bedrohlich empfunden werden. Den Höhepunkt der Protestaktionen bildete ein an den Generalsekretär der KPdSU gerichteter Brief vom 23. März 1966, in dem 25 prominente Persönlichkeiten aus Kunst und Wissenschaft, darunter sieben Mitglieder der Akademie der Wissenschaften der UdSSR, dringend vor einer Rehabilitierung Stalins warnten. Vielleicht haben die Heftigkeit der Proteste und der Rang der

Protestierenden ihren Eindruck nicht verfehlt; jedenfalls blieb die parteiamtliche Restalinisierung ebenso stecken wie aber auch die Destalinisierung. Name und Person Stalins standen dabei für einen tiefergehenden Prozess: einerseits für ideologisch restaurative Tendenzen der Führung, andererseits für den Widerstand dagegen in einer sich entwickelnden Gesellschaft. Die Ideologie war unglaubwürdig geworden und hatte ein vielfach abgestuftes ›Andersdenken‹ von immer mehr Sowjetbürgern bewirkt. Noch war dieser Widerspruchsgeist ohne Chance, das System zu verändern; die harte und konsequente Reaktion der Herrschenden ab dem Ende der 1960er Jahre erwies sich aber als ein Zeichen ihrer Verunsicherung.

Zu den inneren kamen auch äußere Herausforderungen: Das Beispiel der Tschechoslowakei (1968) lehrte, dass eine wortwörtliche Umsetzung der kommunistischen Ideologie unter neuen gesellschaftlichen Bedingungen eine ebensolche Gefahr für den ›realexistierenden Sozialismus‹ darstellte wie die Leugnung der alten Ideale. Entspannung und Kooperation mit dem kapitalistischen Ausland versprachen einerseits ökonomische Entlastung, bedingten aber andererseits auch vermehrte Kontakte; über europäische Sicherheit und Zusammenarbeit zu konferieren, konnte außenpolitisch vorteilhaft sein, aber auch innenpolitische Folgen haben, die die Berührungsängste der Partei verstärkten: Seit den 1960er Jahren hatte sich das Spektrum kritischer bis oppositioneller Haltungen gegen das Regime inhaltlich und sozial sehr verbreitert, und die Übergänge zwischen legalen und illegalen Meinungsäußerungen waren fließend. Die Literatur lieferte nur das sichtbare Beispiel für den doppelten Generationenkonflikt in einem Bündnis der ganz Alten, die Stalins böse Zeit moralisch überlebt hatten, mit den unbelasteten Jungen gegen die angepassten Jahrgänge dazwischen, was sich in dem Schlagwort der ›Aufrichtigkeit‹ zusammenfassen lässt; die Auseinandersetzung fand nicht nur im Untergrund statt: Aleksandr Solženicyns Werk *Ein Tag im Leben des Ivan Denisovič* konnte 1962 in Tvardovskijs Zeitschrift *Novyj Mir* (›Neue Welt‹) erscheinen, aber ein Jahrzehnt später stand der Autor und verfemte Nobelpreisträger von 1970, dessen große Romane (*Im ersten Kreis der Hölle* 1964, *Krebsstation* 1968, *August 1914* 1971) nur noch im westlichen Ausland erscheinen konnten, am Grab des Chefredakteurs, der immerhin bis 1966 Kandidat des Zentralkomitees der KPdSU gewesen war, dem man aber zuletzt sogar seine Zeitschrift weggenommen hatte. Als dann das Manuskript von Solženicyns großem Werk über die sowjetischen Straflager (*Archipel GULag*) in die Hände des Staatssicherheitsdienstes fiel, wurde er in der Nacht vom 12./13. Februar 1974 gegen seinen Willen unter Aberkennung der sowjetischen Staatsbürgerschaft in die Bundesrepublik Deutschland ausgeflogen; das Werk erschien dann in diesem Jahr in Paris. Das war jedoch nur der dramatische Höhepunkt einer langjährigen Kampagne, die sich gegen alle sogenannten Dissidenten richtete und sich aller Mittel bediente, von Strafprozessen und hohen Lagerstrafen bis zur Einweisung ins Irrenhaus und zu administrativer Verfolgung. Allerdings vermied man es meist, prominente Märtyrer zu schaffen – eine Ausnahme war dabei der Schriftsteller Lev Kopelev (1912–97), der während eines Deutschlandaufenthaltes 1980 ausgebürgert wurde –; reumütige Schuldbekenntnisse als Ergebnisse von Prozessen (P. Jakir und V. Krasin 1973) oder zu Propagandazwecken (der Geistliche D. Dudko im Juni 1980) beschworen den Schatten Stalins herauf. Damit einhergehende Prestigeverluste im Ausland kalkulierte die Partei als vorübergehend ein; das Entstehen einer wortmächtigen Emigration nahm sie in Kauf.

Neben den bekannten Autoren, deren Verfolgung auch im Ausland Aufsehen erregte, fand sich eine Fortsetzung der ›Aufrichtigkeit‹ in der sogenannten Dorfprosa, die das Leben im vernachlässigten russischen Dorf beschrieb und dabei den wirklichen Menschen in der sowjetischen Realität thematisierte (Valentin Rasputin *Der Abschied von Matjora*, 1976, Jurij Trifonov u. a.). Weniger einflussreich waren die systemtreuen Autoren, die meist anspruchslose Massenware produzierten. Schwerer hatten es die Historiker, deren Vertreter wegen der Nähe ihrer Disziplin zur herrschenden Ideologie dann Probleme bekamen, wenn sie über Spezialuntersuchungen hinaus popularisierende Werke verfassten. Dabei waren sie besonders gefordert, sich mit der Vergangenheit, konkret mit Stalins Erbe, auseinanderzusetzen: Aleksandr Nekrič hatte im Vertrauen auf die Freiräume zu Beginn der Brežnev-Ära an der Führung Stalins in der Vorphase des Krieges scharfe Kritik geübt; sein Buch (*22. Juni 1941*) erschien noch 1965, aber zwei Jahre später wurde der Verfasser aus der Partei ausgeschlossen und sein Buch eingestampft. Auch wenn die Historiker auf andere Weise die Grenzen überschritten und etwa die Prinzipien des historischen Materialismus in der Lehre von den ›Gesellschafts-Formationen‹ infrage stellten, wurden sie früher oder später, entweder unauffällig oder durch das Buch eines hohen Parteifunktionärs (P. Fedoseev *Die marxistisch-leninistische Lehre vom Sozialismus und die Gegenwart*, 1975) darüber belehrt, wie sie zu denken hatten; je näher ein umstrittenes historisch-wissenschaftliches Problem an der Gegenwart lag, desto schneller und eindeutiger war die Reaktion der Ideologiewächter.

Der Sowjetpatriotismus wurde weiter gefördert, vor allem durch die Intensivierung der militär-patriotischen Erziehung durch die Streitkräfte (1969), was natürlich sehr im Sinne der Generäle war. Der Partei konnte dies als Integrationsideologie jedoch nicht genügen, so sehr sie auch an einem großrussischen Nationalismus interessiert war. So wurde der ideologische Anspruch der marxistischen Lehre auch von Chruščëv von der friedlichen Koexistenz ausgenommen; Brežnev wurde noch deutlicher: Am 29. März 1968 betonte er in einer Rede, die sich ausdrücklich gegen die liberale Intelligenz richtete, dass der gegenwärtige ideologische Kampf ›die schärfste Form des Klassenkampfes‹ sei. Allein dies verwies schon darauf, dass die Ideologie ihre Anziehungskraft verloren hatte; dazu passte auch, dass nur wenig später (30.4.1968) die erste Nummer der Untergrundzeitschrift *Chronik der laufenden Ereignisse* erschien und der Kernphysiker Andrej Sacharov (1921–89) sein später berühmt gewordenes *Memorandum* (Juli 1968) verfasste. Die *Chronik* berichtete im Jahr des ›Prager Frühlings‹ von den Verfolgungen aller Art, denen die oppositionelle Intelligenz ausgesetzt war, und mit diesen Informationen zeigte sie deutlich den Übergang von einem literarischen zu einem politischen Freiheitsbegehren; Sacharov bekämpfte als prominenter Sprecher der naturwissenschaftlichen Elite den neubelebten Stalinismus als ein verhängnisvolles Hindernis auf dem Weg zum Weltfrieden und zur wissenschaftlich-technischen Konkurrenzfähigkeit der Sowjetunion. Weder auf dieses *Memorandum* noch auf spätere Stellungnahmen hat er jemals eine Antwort erhalten; seine Forderungen nach mehr Freiheit im öffentlichen und wissenschaftlichen Leben, nach einem intensiveren Informationsaustausch mit dem Ausland waren genau das, was die Führung an der ›Entspannung‹ am meisten fürchtete. Dabei boten Sacharovs Mitgliedschaft in der Akademie der Wissenschaften und sein Ansehen als Friedensnobelpreisträger des Jahres 1975 zunächst noch einen gewissen Schutz, bis er am 22. Januar 1980 verhaftet und in die für Ausländer verbotene Provinzstadt Goŕkij (Nižnij Novgorod) verbannt wurde.

Die Ausschaltung der Prominenz hatte die Dissidenten geschwächt und auch die Samizdat-Produktion, also die Publikationstätigkeit von verbotenen Selbstverlagen, eingeschränkt, aber es gab andere, die ihr kritisches Denken schriftlich festhielten und verbreiteten. So hatte Sacharov am 15. November 1971 mit anderen einen sowjetischen Menschenrechtsausschuss gegründet, dessen Mitglieder sich für die Achtung der Menschenrechte in konkreten Fällen einsetzten, auch auf die Gefahr hin, Arbeitsplatz und Freiheit zu verlieren. Die wenigen Mutigen hatten zahlreiche Sympathisanten, die sich nicht auf elitäre Zirkel der russischen Intelligenz beschränkten und sehr verschiedene Vorstellungen von der Zukunft des herrschenden System entwickelten. Diese Vorstellungen betrafen insbesondere die Haltung des Regimes gegenüber der Religion und den Nationalitäten: In der Religionspolitik hatte Chruščëv den Druck verstärkt, was Brežnev nicht änderte, sondern lediglich durch das neue Religionsgesetz von 1975 festschreiben ließ. Dieses Gesetz tolerierte zwar grundsätzlich die Kultausübung, wenn auch im Rahmen der restriktiven Bestimmungen, die von der durch die Ideologie vorgegebenen Erwartung diktiert waren, es zielte aber darauf ab, dass dieses Relikt einer vorsozialistischen Gesellschaft bald verschwinden sollte; gleichzeitig nutzte man das Prestige der russischen orthodoxen Kirche zu außenpolitischen Zwecken. Die Kirche – 1971–90 unter der Führung des Patriarchen Pimen I. – musste diese Politik hinnehmen, konnte aber zugleich in der auffallend verstärkten antireligiösen Propaganda einen Beweis darin sehen, dass die Partei keineswegs von einem automatischen Absterben der Religion überzeugt war. Im Gegenteil fühlten sich nicht nur einige ›abtrünnige‹ Intellektuelle – wie Solženicyn und Sinjavskij (alias Abram Terc, *Eine Stimme im Chor*, 1973) –, sondern zunehmend auch junge Menschen zur russischen Kirche hingezogen. Einige wenige Literaten konnte die Partei in die Emigration verbannen, aber das Suchen einer jungen Generation nach dem Sinn des Lebens war durch eine staatlich verordnete Ideologie nicht mehr zu befriedigen. Dabei verhielt sich die Partei durchaus widersprüchlich: Die antireligiöse Einstellung war einerseits durch die Ideologie bedingt, sollte sich aber zugleich immer mehr mit einem Sowjetpatriotismus verbinden, der konkret an das russischnationale Geschichtsverständnis anknüpfte. Dies musste aber das alte Russland samt seiner Kirchen und Ikonen einschließen, die von der kunsthistorischen Forschung in einer wachsenden Zahl ansehnlicher, auch für Touristen verwertbarer Publikationen vorgestellt wurden. Die Partei zog deshalb eine Grenze, bis zu der die Pflege des altrussischen Kulturgutes gehen durfte; Erscheinungen wie ein Samizdat einer innerkirchlichen Opposition lag aber weit jenseits davon, und wo keine russische Tradition zu finden war, da blieb es bei der Verfolgungspolitik, etwa im Verhältnis zu den Evangeliumschristen/Baptisten, zu der mit Rom vereinigten griechisch-katholischen Kirche und zu den freikirchlichen Sekten.

Während sich die national- und staatskirchliche Tradition bei den Großrussen in die Religionspolitik einbeziehen ließ, war die Religionspolitik gegenüber den nichtrussischen Nationalitäten komplizierter: Selbst bei den russischen Dissidenten lebte die alte Spannung zwischen Slavophilen und ›Westlern‹ fort, wie die Kritik des liberalen Sacharov an den neoslavophilen Thesen Solženicyns zeigt (1973/74). Schwieriger wurde es, wenn sich die Problematik religiöser mit jener der nationalen Minderheiten verband, wie das z. B. bei den katholischen Litauern der Fall war. Hier konnte die antireligiöse Propaganda die Erinnerung an den Imperialismus der orthodoxen Staatskirche vor 1917 wecken und einen nationalen Widerstand begründen: Die Sprengkraft der ›nationalen Frage‹ bestand auch in der Sowjetunion als einem modernen Vielvölkerstaat fort und wurde von den Machthabern gefürchtet. Der ›Sowjetmensch‹ sollte zwar nur ein gemeinsames ›sozialistisches Vaterland‹ besitzen, in Wahrheit aber war er ein Großrusse. Das Zentrum der Macht lag im alten Russland, die Sowjetunion war eigentlich ein russisches Imperium, in dem die anderen Nationalitäten sich anzupassen hatten. Zwar galt formal das Prinzip der Gleichheit der Ethnien, die Selbstständigkeit der nationalen Republiken, der autonomen Gebiete und der nationalen Kreise, aber die politische Realität sah überall – zumindest in der zweiten Reihe – die Großrussen an der Macht, die 55 % der Gesamtbevölkerung stellten und zusammen mit den beiden anderen ostslavischen Völkern (Ukrainern und Weißrussen) fast drei Viertel der Bevölkerung ausmachten. War aber schon deren Verhältnis untereinander nicht spannungsfrei, was auf die lange Unterdrückung der Ukrainer durch die Großrussen zurückzuführen war, so galt dies erst recht für andere Nationalitäten.

Die nichtrussischen Nationalitäten lebten vor allem an den Rändern der Sowjetunion und waren einerseits durch eine eigene Geschichte und Kultur geprägt, andererseits in unterschiedlichem Maße der Modernisierung ausgesetzt: Eine regionale Industrialisierung, vor allem aber der Ausbau des Bildungswesens auf allen Stufen hatten auch bei ihnen jeweils eine relativ breite Intelligenzschicht entstehen lassen oder eine bereits bestehende weiter verstärkt; das erste galt vornehmlich für die zentralasiatischen, das zweite für die baltischen und transkaukasischen Nationalitäten. Zwar war der soziale Aufstieg jeweils an das Erlernen des Russischen gebunden und konnte der erste Schritt zu sprachlicher Assimilierung sein, aber ein durch wirtschaftlichen Erfolg und höhere Bildung gesteigertes Selbstbewusstsein verstärkte die nationalen Tendenzen. Dazu trat der für die Großrussen ungünstige demografische Trend: Nach den Ergebnissen der Volkszählung von 1970 hatte die Bevölkerung in den zentralasiatischen und den transkaukasischen Sowjetrepubliken (mit Ausnahme Georgiens) seit 1959 prozentual etwa dreimal so stark zugenommen wie in der RSFSR und den europäischen Sowjetrepubliken. Auch wenn sich in den Folgejahren dieser Zuwachs abschwächte, so war er laut Volkszählung von 1979 in Zentralasien noch immer doppelt so hoch wie im russischsprachigen Landesteil. Diese stete Verschiebung des Bevölkerungsanteils begründete in der Zentrale eine Defensivhaltung, der die administrative Förderung der sprachlichen Assimilation (Russifizierung) und eine verstärkte Propagierung einer fortschreitenden Annäherung der Völker entsprach. Zwar gab es eine beträchtliche Immigration der Russen in diese Gebiete, diese blieben aber dort oft ein isoliertes Fremdelement. Außerdem produzierte ein solcher Druck zur Russifizierung gerade auf dem besonders empfindlichen Gebiet der Sprachpolitik Gegendruck, der sich aus dem gewachsenen Selbstbewusstsein der Nationalitäten speiste und die Russischsprachigen manchmal ganz unten in der sozialen Hierarchie ansiedelte (Estland): Als 1978 in Armenien und Georgien in den Republikverfassungen die Festlegung der Nationalsprache als Staatssprache vermieden wurde, kam es zu Massendemonstrationen, die die Behörden zum Nachgeben zwangen. Andererseits schritten die amtlichen Stellen ein, als Anfang der 1970er Jahre einige Republiksekretäre zu deutlich mit einem lokalen Nationalismus paktiert hatten. Dies betraf etwa die Frage der Rehabilitierung der Krimtataren, die zwar 1967 endlich erfolgte, diesen jedoch – wie den Deutschen – kein Recht der Rückkehr in ihr ursprüngliches

Siedlungsgebiet zubilligte. Dagegen protestierten nicht nur die Krimtataren selbst, sondern auch der ehemalige Generalmajor P. G. Grigorenko, ein führender Vertreter der Bürgerrechtsbewegung; später setzten sich protestierende Krimtataren umgekehrt für dessen Freilassung ein. Eine solche Verbindung von demokratischer und nationaler Opposition über ethnische Grenzen hinweg war kein Ausnahmefall; innerhalb der ethnischen Gemeinschaften war sie sogar die Regel.

Das innersowjetische Nationalitätenproblem hatte auch Auswirkungen auf den osteuropäischen Hegemonialbereich und nicht zuletzt auf den Nahen Osten: Von 1959 bis 1979 hatte der Anteil der Bevölkerung mit einer islamisch geprägten Kultur an der Gesamtbevölkerung der Sowjetunion von 11,6 % (24,2 Mio.) auf 16,5 % (43 Mio.) zugenommen, mit steigender Tendenz; die Bevölkerungszahl der Uzbeken hatte sich in dieser Zeit mehr als verdoppelt und diese nach Großrussen und Ukrainern zur drittgrößten Nation der Sowjetunion aufsteigen lassen (12,5 Mio.). Dieses Faktum allein implizierte zwar weder politischen Separatismus noch religiösen Antikommunismus; aber angesichts der politischen Aktivitäten des Islam im Iran und bei den Arabern sowie der Tatsache, dass die sowjetischen Behörden den Islam nur als Religion und nicht als Organisationsform verstanden, die auch das weltliche Leben betraf, war das sowjetische Engagement in Afghanistan ab Ende 1979 unter innenpolitischen Aspekten unverständlich, da dadurch gesamtislamische Tendenzen ins eigene Land geholt werden konnten.

Eine Sonderstellung unter den Nationalitäten der Sowjetunion nahmen die Juden (2,2 Mio.) ein; ihnen fehlten ja weitgehend jene Merkmale einer Nation, wie sie Stalin definiert hatte – Gemeinsamkeit der Sprache, des Territoriums, des Wirtschaftslebens und der Kultur. Zwar waren die jüdischen Sowjetbürger in Sprache und Kultur weitgehend assimiliert, aber seit 1967 wuchs die Zahl jener, die nach Israel auswandern wollten. Das durch den Sieg im Sechstage-Krieg gestiegene Prestige des Staates Israel mag dabei ebenso eine Rolle gespielt haben wie das Beispiel anderer Gruppen, die die

Menschen- und Bürgerrechte verteidigen und durchsetzen wollten. Darauf antwortete der Staat mit einer antizionistischen Kampagne, die das Interesse der Weltöffentlichkeit weckte; die Politik gegenüber der auswanderungswilligen jüdischen Minderheit schwankte zwischen repressiver Abschreckung und relativ großzügiger Behandlung der Auswanderungsanträge. Ein Höhepunkt wurde 1973 mit 35 000 Ausreisebewilligungen erreicht, danach sank die Quote wieder, was mit der Entwicklung in Israel und dem Verhältnis der UdSSR zu den USA zusammenhing. Aus anderen Motiven folgten dem Beispiel der Juden die deutschstämmigen Sowjetbürger, deren Zahl um 1970 ca. 1,8 Mio. betrug und die seit ihrer Deportation im Zweiten Weltkrieg im asiatischen Teil der Sowjetunion, etwa zur Hälfte in der kazachischen Sowjetrepublik, lebten; im Zuge der Entspannungspolitik wurde einer beschränkten Zahl die Ausreise in die Bundesrepublik Deutschland gestattet; allerdings erreichte die ihnen zugestandene Jahresquote niemals die Höhe der jüdischen, nach einem Maximum in den Jahren 1976–78 (je ca. 9000) wurde sie kontinuierlich reduziert.

Durch kalkulierte Konzessionen wollte die politische Führung Zeit für eine systemkonforme Lösung der Aufgaben gewinnen: Sowohl in der Sowjetunion selbst als auch unter anderen Bedingungen in ihrem Hegemonialbereich sollten eine bessere Erziehung der Bürger und deren umfassende Kontrolle der Ideologie wieder zu mehr Aufwind verhelfen. Aber alle Anstrengungen einer breit angelegten propagandistischen Offensive, die etwa um 1973 beschlossen wurde, verfehlten das gewünschte Ziel und waren eher kontraproduktiv. Darin zeigte sich bereits, dass sich die verändernde sowjetische Gesellschaft allmählich dem Zugriff der Partei entzog und deren Herrschaft ins Wanken brachte.

Sowjetimperialismus und Weltmachtpolitik

Die Weltmacht Sowjetunion erreichte in der Breznev-Ära ihren größten Einfluss mit einem ständig wachsenden Engagement in aller Welt. Allerdings war dies kein Erfolg von Dauer, sondern hing von einer günstigen Gesamtkonstellation ab und war zudem mit Rückschlägen und steigenden Kosten verbunden. Grundsätzlich blieb die doppelte Zielrichtung der sowjetischen Außenpolitik erhalten, sich einerseits als Staat unter anderen zu verhalten und darin mit den kapitalistischen Staaten zu kooperieren oder zu rivalisieren, andererseits durch die Ideologie bedingt enge Beziehungen zu den kommunistisch regierten Staaten zu unterhalten und diesen die sowjetische Führung aufzuzwingen. So klar diese Trennung theoretisch war, so sehr vermischten sich aber beide Komponenten im Konflikt mit dem kommunistischen China, den Breznev von seinem Vorgänger geerbt hatte: Die Hoffnung des Kreml, seine ins Wanken geratene Position als historische Führungsmacht des Weltkommunismus durch Beilegung dieses Konflikts wieder zu festigen, erfüllte sich nicht; zwar nahm Tschu En-lai am 7. November 1964 überraschend an der Revolutionsfeier in Moskau teil, aber dies bewirkte keinen Wandel in der politischen Haltung der beiden Rivalen. Der unterschwellige Konflikt schlug sogar in eine offene Konfrontation um, als es am 2. März 1969 zu Gefechten zwischen chinesischen und sowjetischen Grenztruppen am Ussuri kam. Dabei ging es vordergründig um den Besitz der im Strom liegenden Insel Damanskij (chin. Tschenpao); da aber die Unklarheiten in der Grenzführung schon vorher bekannt gewesen waren, blieben die Gründe für den Ausbruch der Feindseligkeiten unklar. Seit 1964 hatten Verhandlungen über diese Frage stattgefunden, aber erst ein Gespräch zwischen Kosygin und Tschu En-lai am 11. September 1969 in Peking bewirkte ein Nachlassen der erbitterten Polemik. Dass die folgenden Grenzverhandlungen trotzdem erfolglos blieben, lag nicht zuletzt an der Aufnahme von Gesprächen zwischen den USA und dem aufstrebenden China; Aufsehen erregte im April 1971 die Einladung einer amerikanischen Tischtennismannschaft nach Peking, die dann zu einem Besuch des amerikanischen Präsidenten Nixon in Peking führte (21.–28. Februar 1972). Dies wertete die Stellung des kommunistischen China auf, das wenig später anstelle von Taiwan den ständigen Sitz Chinas im Sicherheitsrat der Vereinten Nationen übernahm. Dieser Wandel war plötzlich und radikal. Aber das sowjetisch-chinesische Verhältnis wurde nicht nur durch die Weltpolitik bedingt, sondern hatte auch seine eigene Geschichte: Die Hauptschwierigkeit bei den sich endlos hinziehenden Verhandlungen war wohl die chinesische Forderung, die der Grenzziehung zugrundeliegenden Verträge von Aigun (1858) und Peking (1860) als ›ungleiche Verträge‹ anzuerkennen, d. h. als ein Ergebnis der imperialistischen Politik des Zarenreichs. Die Chinesen hatten damit zwar die historische Wahrheit auf ihrer Seite, aber die sowjetisch-russischen Bedenken galten offenbar den Folgerungen, die aus einem solchen Eingeständnis künftig einmal gezogen werden könnten; jedenfalls hatte dieser Konflikt mit dem Richtungsstreit in der Ideologie nichts zu tun, der sich auch dann fortsetzte, als Mao Tse-tung am 9. September 1976 starb: Der gegenseitige Vorwurf des Imperialismus passte sowohl auf die reine Machtkonfrontation als auch auf den marxistisch-leninistischen Glaubensstreit; in beiden Fragen herrschte längst ein kalter Krieg zwischen Russland und China, auch wenn die diplomatischen Beziehungen nicht abgebrochen wurden und ein bescheidener Handelsverkehr weiterlief.

Der sowjetisch-chinesische Konflikt weitete sich aus, als die Amerikaner Vietnam verließen (Unterzeichnung des Schlussdokuments der Pariser Friedenskonferenz am 2. März 1973) und sich Eisenhowers Dominotheorie bestätigte: Hatten China und die Sowjetunion noch beide zusammen Nordvietnam gegen die USA unterstützt, so kam es nun aus historischen Gründen zu chinesisch-vietnamesischen Konflikten. Dagegen baute die Sowjetunion ihre wirtschaftliche Position in Vietnam aus und ließ das Land 1978 als drittes außereuropäisches Land nach der Mongolischen Volksrepublik und Kuba in den RWG (Rat für gegenseitige Wirtschaftshilfe, ›Comecon‹) aufnehmen. Für die Chinesen musste dies bedrohlich wirken, zumal Moskau seine Truppen an der chinesischen Grenze verstärkt hatte. Die Reaktion Pekings war eindeutig: Die Chinesen forderten nun die Verminderung der sowjetischen Truppen im Grenzgebiet bis auf den Stand von 1964, den Abzug der sowjetischen Truppen aus der Mongolischen Volksrepublik und den Verzicht auf Manöver im Grenzgebiet; der chinesisch-japanische Friedens- und Freundschaftsvertrag vom 12. August 1978, die Aufnahme diplomatischer Beziehungen zu den USA und die allgemeine Öffnung zu den kapitalistischen Industrieländern mit dem Ziel wirtschaftlicher und wissenschaftlicher Kooperation verbesserten die chinesische Position weiter; die demonstrative Selbstständigkeit Hanois beantwortete Peking mit einem Krieg an der Grenze (17. Februar – 28. März 1979). Die sowjetisch-chinesischen Beziehungen hatten damit im Wesentlichen ihren gemeinsamen ideologischen Kern verloren, waren aus ökonomischen Gründen in die allgemeine Entspannungspolitik eingebettet worden und zu einem ›normalen‹ Interessenkonflikt zweier Großmächte geworden.

Dies zeigte sich auch in Moskaus Versuch, die Kooperation mit Indien zu intensivieren, das zum Rivalen Chinas im östlichen Asien aufstieg: Der Sieg Indiens über Pakistan war durch den indisch-sowjetischen Freundschaftsvertrag vom 9. August 1971 ermöglicht worden und hatte den chinesischen Schützling Pakistan auf den Status einer Mittelmacht reduziert. Die sowjetischen Beziehungen zu Indien setzten China durch die Umfassung von Süden her zwar unter Druck, sie beendeten aber auch die Rolle Moskaus als unparteiischer Schiedsrichter, als der es im Januar 1966 in Taškent zwischen Indien und Pakistan Frieden gestiftet hatte. Außerdem verschlangen die Kosten dieser Politik einen großen Teil der in Moskau für Entwicklungshilfe verfügbaren Mittel und erzwangen ferner eine Unterstützung von Indira Gandhis Notstandsregime zulasten der indischen KP. Letztlich passte zwar auch das Eingreifen der Sowjetunion in Afghanistan in die antichinesische

Politik, wenn auch der kleine Vorteil gegenüber China in keinem Verhältnis zu den weit darüber hinausgehenden Konsequenzen in der Dritten Welt stand, zumal in ihrem islamischen Teil: Schon vor dem Sturz der Monarchie in Kabul (1973) waren die afghanisch-sowjetischen Beziehungen gut, und die Sowjetunion leistete erhebliche Entwicklungshilfe (unter den Empfängern stand Afghanistan nach Indien und Ägypten an dritter Stelle) mit Schwerpunkten im Ausbau der Infrastruktur und in der Erschließung von Erdgasvorkommen, aber auch im militärischen Bereich. Als jedoch nach dem Umsturz vom 4. April 1978 die neue Regierung in Afghanistan eine noch engere Anlehnung an Moskau suchte, kam es im Land zu einem Machtkampf, in den Russland eingriff: In den Weihnachtstagen 1979 besetzte die Rote Armee nach längerer Vorbereitung das Land und provozierte damit einen erbitterten Abwehrkampf der Afghanen, der nicht nur die Grenzen einer modernen Armee im Kampf gegen die Bevölkerung aufzeigte, sondern auch das Prestige der Sowjetunion in der Welt empfindlich beschädigte. Die massive Waffenhilfe der USA für die islamisch geprägten Widerstandskämpfer ermöglichte nicht nur deren Erfolg, sondern sollte später noch verhängnisvolle Folgen haben.

Auch innerhalb der kommunistischen Parteien war die Stellung Moskaus schon länger nicht mehr unumstritten, da neben den Chinesen auch Tito in Jugoslawien seinen Anspruch auf eine eigene Richtung hatte durchsetzen können. Zur Vorbereitung eines kommunistischen Weltkonzils, auf dem das Verhalten Chinas verurteilt werden sollte, hatte der Kreml im März 1965 die Vertreter von 26 Parteien eingeladen, von denen aber nur 19 erschienen waren; da alle strittigen Themen, besonders der Konflikt mit China, aber ausgeklammert blieben, einigte man sich nur auf eine Verurteilung der amerikanischen Vietnampolitik. Als dann die kommunistische Weltkonferenz schließlich vom 5.–17. Juni 1969 Vertreter von 75 kommunistischen Parteien im Moskauer Kreml zusammenführte, hatte sich die Stimmung erheblich verändert, und zwar nicht nur wegen der Schießereien am Ussuri:

Zwar hielten sich die Teilnehmer in der Frage des sowjetisch-chinesischen Konflikts auch diesmal bedeckt und bestätigten nur sehr allgemein die führende Rolle der KPdSU, aber der Schock über den 21. August 1968, als die Streitkräfte der Sowjetunion zusammen mit Polen, Ungarn und Bulgarien die Tschechoslowakische Sozialistische Republik besetzt hatten, saß noch tief, vor allem bei den nichtregierenden kommunistischen Parteien, die den Prestigeverlust am stärksten zu spüren bekamen.

Eigentlich hätten die Ideen des ›Prager Frühlings‹ in Moskau Sympathien hervorrufen müssen, denn die neue Parteiführung unter Alexander Dubček (4. Januar 1968) versuchte einen ›Sozialismus mit menschlichem Antlitz‹ zu verwirklichen; eine lange verzögerte Entstalinisierung verband sich mit Reformen der Wirtschaft, die auch anderswo praktiziert wurden. Die Herausforderung für Moskau bestand dabei nicht in einer Änderung der Außenpolitik, sondern in der Öffnung der KP der ČSSR gegenüber der Gesellschaft, die ihr in kurzer Zeit die Sympathien der Bevölkerung eingetragen hatte. Eine solche Entwicklung musste im Kreml aber Befürchtungen wecken, die sich nicht nur auf die eigene Stellung innerhalb des Weltkommunismus bezogen, sondern auch auf den innenpolitischen Kurs der Partei, die sich eben nicht auf die Zustimmung der Bevölkerung stützen zu müssen glaubte. Die Vorbereitungen zu einem Eingreifen in der ČSSR waren schon angelaufen, als direkte Verhandlungen in Čierna/Schwarzau a. d. Theiß und Pressburg/Bratislava (29. Juli – 2. August) scheinbar zu einem Kompromiss führten; doch auch die Besuche Titos (9.–11. August) und Ceauşescus (15.–17. August) in Prag, die als moralische Unterstützung gedacht waren und auch so verstanden wurden, konnten Brežnev nicht von seinen Plänen abbringen, zumal Moskau solche Ansätze zu einer regionalen Kooperation aus eigener Initiative stets abgelehnt hatte; dabei wird vor allem die abzusehende Rückwirkung der Reformdiskussionen der Tschechen und Slowaken auf die Bevölkerung der Sowjetunion eine Rolle gespielt haben, denn deren Gedanken glichen jenen der Opposition im eigenen Land, von der auch einige Vertreter am 25. August 1968 auf dem Roten Platz vor dem Kreml gegen die Okkupation demonstrierten. Die offizielle Begründung, die Grenzen des ›sozialistischen Lagers‹ auch in der ČSSR durch Verbände der Roten Armee kontrollieren zu müssen, war dabei nur vorgeschoben, denn man wusste im Kreml genau, dass diese Grenze von niemandem bedroht war.

Den Prestigeverlust hatte der Kreml einkalkuliert und konnte erwarten, dass die Welt bald darüber hinweggehen würde; außerdem bot die sogenannte Brežnev-Doktrin von der eingeschränkten Souveränität sozialistischer Staaten eine theoretische Rechtfertigung ihrer Aktion. Aber obwohl die ›Normalisierung‹ in der ČSSR nur allmählich durchgesetzt wurde und die Rote Armee meist unauffällig im Hintergrund blieb, wirkte das Trauma von 1968, dass Moskau seine Interessen gegenüber kommunistischen Regimen mit Waffengewalt durchgesetzt hatte, in der kommunistischen Weltbewegung weiter, vor allem in Europa: Zwar erfüllte der sogenannte Eurokommunismus die in ihn gesetzten Erwartungen bzw. Befürchtungen nicht, aber er vergrößerte die Distanz gegenüber Moskau und den Widerstand gegen einen verstärkten Integrationsdruck der Moskauer Zentrale. Anstelle einer 4. Weltkonferenz der kommunistischen Parteien die für 1974 geplant war, fand im Juni 1976 in Ost-Berlin dann eine 2. gesamteuropäische Konferenz der Kommunisten statt, die trotz vollzähligen Erscheinens der Parteivertreter und Schonung der Führungsmacht kaum die Erwartungen Moskaus erfüllte, und das galt auch für die späteren Europa-Konferenzen dieser Art (Paris 1980). Ebenso wenig wurde die von der Sowjetunion gewünschte politische Institutionalisierung der Warschauer-Pakt-Organisation (WPO) ein Erfolg; sie organisierte zwar eine bessere Kommunikation, brachte aber kein einstimmiges Votum gegen China und für die Ausdehnung der WPO auf Asien zustande: Wie schon früher hatte der rumänische Einspruch die Einmütigkeit verhindert, doch hatten auch andere Mitglieder die Beschneidung der eigenen Souveränität durch die Breżnev-Doktrin nur auf echte Katastrophenfälle beschränken wollen. Eventuelle Erfolge der Hegemonialmacht aufgrund ökonomischen Drucks entzogen sich der öffentlichen Diskussion.

Dieser Demonstration der Uneinigkeit nach außen sowie der Besetzung Afghanistans folgte nur wenig später der Aufstand der Bevölkerung Polens gegen die Herrschaft der Kommunisten mit der Gründung der Gewerkschaft ›Solidarność‹ (›Solidarität‹). Die Ereignisse gingen diesmal über die inneren Unruhen in Polen aus den Jahren 1970 und 1976 hinaus, und nur durch die Verhängung des Kriegsrechts durch die polnische Regierung konnte wohl eine Einmischung der Sowjetunion verhindert werden. Es zeigte sich dabei deutlich, dass die Herrschaft des Kreml über die Länder seiner direkten und indirekten Einflusssphäre bröckelte. Dazu zählten am Rande auch die Sonderfälle Albanien und Jugoslawien, wobei Ersteres in seinem Pendeln zwischen Moskau und Peking nur ein Instrument der Irritation, Letzteres aber seit dem Tod Titos für Moskau ein Element der Unsicherheit war: Noch 1976 hatte sich der jugoslawische Parteichef anlässlich eines Besuchs von Breżnev in Belgrad geweigert, sich enger in das Moskauer System einzubinden; sein Tod kurz vor seinem 88. Geburtstag am 4. Mai 1980 änderte an dieser Konfrontation nichts. Und auch der Umgang mit den kleinen und neutralen Ländern war komplizierter geworden, wobei sie klug genug waren, sich entsprechend ihrer unterschiedlichen Lage den Moskauer Forderungen zu fügen, wie Österreich, das bei Abkommen mit der Bundesrepublik Deutschland West-Berlin ausschließen musste, oder wie Finnland, das durch eine drastische Ölpreiserhöhung erpresst wurde.

Auf der weltpolitischen Bühne war das Verhältnis zu den USA ausschlaggebend für die Möglichkeiten, Ziele und Erfolge sowjetischer Außenpolitik: Breżnev hatte seine Politik unter das Schlagwort ›Entspannung‹ gestellt; darin kam in der zweiten Hälfte der 1960er Jahre das Interesse beider Atom-Supermächte zum Ausdruck, die ökonomische Last und das steigende Risiko des nuklearen Wettrüstens einzuschränken.

Im Atomwaffensperrvertrag vom 1. Juli 1968 führten die Gespräche zu einem ersten Ergebnis; wenig später begannen Verhandlungen über eine Begrenzung der Raketenrüstung, die in ihrem ersten Abschnitt (SALT I) 1972 erfolgreich abgeschlossen werden konnten; Nixon und Brežnev unterzeichneten den Vertrag am 26. Mai in Moskau, obwohl unmittelbar vorher die spektakuläre Kursänderung der amerikanischen China-Politik erfolgt war. Eine ganze Reihe von Einzelabkommen zur Konfliktverhütung waren bis 1971 vorausgegangen, ein Abkommen zur Vermeidung eines Atomkriegs folgte, als Brežnev im Juni 1973 die Vereinigten Staaten besuchte. Aber mit der Fortsetzung der Verhandlungen über die Reduktion der Nuklearrüstung gab es alsbald Schwierigkeiten, denn der Abschluss von SALT II, der für 1974 vorgesehen war, wurde wegen wachsenden Misstrauens verschoben. Die Wechsel in der Präsidentschaft der USA haben sicher ihren Teil zur sowjetischen Zurückhaltung beigetragen. Immerhin einigten sich Brežnev und Präsident Ford im November 1974 über den Rahmen der weiteren Verhandlungen, die schließlich zu SALT II führten, dessen Vereinbarung Carter und Brežnev am 18. Juni 1979 in Wien unterzeichneten. Die Ratifizierung durch den amerikanischen Senat scheiterte dann jedoch am sowjetischen Vorgehen in Afghanistan, und damit war die Politik der Entspannung bis auf Weiteres beendet; auch das beiderseitige Interesse an Handel und wirtschaftlicher Kooperation konnte nicht verhindern, dass die Spannungen schon zuvor wieder zugenommen hatten: Als die USA die Gewährung der Meistbegünstigung im Handelsverkehr an die Zusicherung einer hohen Auswandererquote für sowjetische Juden gebunden hatten (Jackson-Junktim), kündigte die UdSSR am 15. Januar 1975 den schon 1972 abgeschlossenen Handelsvertrag; allerdings waren die Getreidelieferungen und anderer Handelsaustausch davon im Wesentlichen unberührt geblieben.

Auch andere Länder hatten die Phase der Entspannung zum Abschluss von Kooperationsvereinbarungen mit der Sowjetunion genutzt; einen Sonderfall bildete die Bundesrepublik Deutschland, die zwar einerseits wegen ihres Industriepotenzials ein bevorzugter Partner der Sowjetunion war, andererseits die Lage Berlins beachten musste: Noch 1968 hatte die Moskauer Presse die Ansätze zu einer ›neuen Ostpolitik‹ seitens der Bonner Regierung als eine besonders raffinierte Form der ›ideologischen Diversion‹ bezeichnet, aber schon im folgenden Jahr verbesserten sich beiderseits die Voraussetzungen: Gespräche über bedeutende wirtschaftliche Projekte (erstmals auch eines über die Lieferung von Röhren gegen Erdgas) kamen in Gang, noch ehe die neue Regierung der sozialliberalen Koalition unter Willy Brandt mit der Unterzeichnung des Atomwaffensperrvertrags (15. November 1969) die Voraussetzung für den Beginn von weitergehenden Verhandlungen schuf. Diese Verhandlungen über einen Gewaltverzichtsvertrag zwischen der Sowjetunion und der Bundesrepublik Deutschland endeten schließlich am 12. August 1970 mit dessen Unterzeichnung in Moskau; ihm folgte am 7. Dezember 1970 in Warschau ein entsprechender Vertrag zwischen der Bundesrepublik Deutschland und der Volksrepublik Polen über die ›Unverletzlichkeit‹ der bestehenden Grenzen und die friedliche Regelung aller anstehenden Fragen. Damit war die Voraussetzung für das Vier-Mächte-Abkommen über Berlin vom 3. September 1971 gegeben, und dieses wiederum machte den Weg für die Ratifizierung der ›Ostverträge‹ durch den deutschen Bundestag am 17. Mai 1972 frei. Auf dieser Basis entwickelte sich in den folgenden Jahren eine breit gefächerte und langfristig angelegte wirtschaftliche Zusammenarbeit, deren Bedeutung für die Sowjetunion nicht zuletzt drei Besuche Brežnevs in Bonn unterstrichen (18.–22. Mai 1973, 4.–7. Mai 1978, 23.–25. November 1981); auf Gegenbesuchen wollten deutsche Politiker der politischen Klimaverschlechterung entgegenwirken. Dabei half ihnen der Umstand, dass Moskau die Bundesrepublik Deutschland durch wirtschaftliche Bindungen und eine entgegenkommende Behandlung offenbar soweit wie möglich von den USA zu lösen versuchte; so konnte Bundeskanzler Schmidt auch nach dem NATO-Doppelbeschluss vom

12. September 1979 sowie der sowjetischen Besetzung Afghanistans und trotz des deutschen Olympiade-Boykotts am 1. Juli 1980 in Moskau ein »langfristiges Programm über die Hauptrichtungen der Zusammenarbeit der UdSSR und der BRD auf dem Gebiet der Wirtschaft und Industrie« unterzeichnen. Das starke Interesse an einer wirtschaftlich-technischen Zusammenarbeit hatte also die ideologischen Vorbehalte in den Hintergrund verwiesen.

Dieselbe Ambivalenz verdeutlichte auch das Schicksal der Konferenz für Sicherheit und Zusammenarbeit in Europa (KSZE): So lange sie geeignet schien, einen politischen Ausbau der Europäischen Wirtschaftsgemeinschaft zu verhindern und der atlantischen Verflechtung Westeuropas ein imaginäres Gesamteuropa entgegenzusetzen, drängte Moskau auf das baldige Zustandekommen; als die Schlussakte am 1. August 1975 von 35 Staaten in Helsinki unterzeichnet worden war und die Folgen der ›Zusammenarbeit‹ sichtbar wurden, die dem neuen Kurs ideologischer Verhärtung in Moskau direkt widersprachen, nahm das Interesse sehr schnell ab, wie die Folgekonferenzen in Belgrad (1977–78), Madrid (1980–83), Wien (1986–89) und wieder Helsinki (1992) sehr deutlich demonstrierten; gerade in der Frage der Menschenrechte in ›Korb III‹ hatte sich gezeigt, dass sie den Machtinteressen der Sowjetunion nicht entsprachen.

Die Sowjetunion hatte aber schon längst auch über Europa und die ihr benachbarten Länder hinausgegriffen: Stalins Rückzug auf den Sozialismus im eigenen Land gehörte einer fernen Vergangenheit an; dem globalen Anspruch der kommunistischen Ideologie war die globale Präsenz der Weltmacht Sowjetunion gefolgt. Chruščëvs Kuba-Abenteuer war verfrüht gewesen, denn damals war Moskau noch weit davon entfernt, die USA auf den wichtigsten Gebieten der Waffentechnologie und Industrieproduktion einzuholen und nach Möglichkeit zu überholen. Brežnev schuf dann systematisch die militär-technische Basis zur Realisierung dieses Anspruchs gleichzuziehen und orientierte in den 1970er Jahren auch seine Außenpolitik daran – wenn das Einholen auch nicht auf allen Gebieten möglich war, so ließ sich durch die Konzentration aller Mittel auf Nuklearrüstung, Weltraumforschung und Flottenbau die Rückständigkeit doch partiell beseitigen. Dabei spielte es auch eine Rolle, dass sich die Sowjetunion im Bereich der Ideologie für die Glaubensgenossen in aller Welt verantwortlich fühlte; es war ein verbreitetes Missverständnis, dass die Entspannungspolitik den Anspruch der Ideologie auf Weltgeltung außer Kraft gesetzt hätte: Als Somalia durch massive Militärhilfe 1974 zum sowjetischen Stützpunkt wurde, als dem Freundschaftsvertrag mit Angola 1976 sowjetische Militärhilfe in Gestalt kubanischer Helfer vorausging, wurde dies als Schock empfunden. Die Zahl der durch Freundschaftsverträge mit der Sowjetunion verbundenen Länder wuchs stetig an, und diese erwarteten Entwicklungshilfe in verschiedener Form. Dabei erwies sich die Zusammenarbeit mit islamischen Partnern als problematisch, da der Begriff ›Sozialismus‹ dort nur den Nationalismus verdeckte und Hilfe vor allem im Ausbau des staatlichen Machtapparats erwünscht war. Die Sowjetunion verfolgte dagegen vor allem eine geostrategische Konzeption, die auf eine Verstärkung der sowjetischen Position im Mittelmeer und am Pazifik, auf die Verdrängung der chinesischen Konkurrenz aus Afrika, die Ablenkung der amerikanischen Konkurrenz durch Aktivitäten des kubanischen Stellvertreters in Mittel- und Südamerika gerichtet war und Flexibilität bis hin zum kurzfristigen Partnerwechsel erforderte: Somalia wurde 1977/78 durch seinen feindlichen Nachbarn Äthiopien ersetzt, Libyen trat an die Stelle des bevölkerungsreichen Ägypten; Kairo hatte 1971 ein Freundschafts- und Unterstützungsabkommen mit Moskau abgeschlossen, aber schon ein knappes Jahr später die sowjetischen Militärberater ausgewiesen und am 15. März 1976 alle Verträge mit der UdSSR gekündigt; Versuche, unter Ausnutzung der Zypernkrise in der Türkei Ersatz zu finden, blieben erfolglos. Spannungen im Aufbau der sowjetischen Stützpunkte ergaben sich demnach aus dem Zusammenprall sowjetischer Interessen mit denen des jeweiligen Landes, aber auch daraus, dass der Protektor nicht alle materiellen Wünsche erfüllen konnte und die neuen Freunde eigene Vorstellungen von Souveränität besaßen.

Die wirtschaftlichen Probleme, der Wandel der eigenen Gesellschaft, die materiellen Kosten einer ambitionierten Weltpolitik wurden zu Beginn der 1980er Jahre zu einer Bürde, die das Land nicht mehr tragen konnte: Brežnev hat die Weltmachtposition der Sowjetunion begründet, aber viele Probleme des eigenen Landes übersehen und dessen Kräfte überdehnt. Die Ideologie des 19. Jahrhunderts bot keine Hilfe mehr; der Zenit der Sowjetunion war überschritten.

Aufbruch in eine neue Zeit?

1982	12. Nov.: Andropov Generalsekretär der KPdSU
1984	9. Febr.: Černenko Generalsekretär der KPdSU
1985	11. März: Gorbačëv Generalsekretär der KPdSU
1986	26. Apr.: Unfall im Atomkraftwerk Černobyl
1989	9. Nov.: Öffnung der Berliner Mauer
1990	15. März: Gorbačëv zum ersten Staatspräsidenten der Sowjetunion gewählt
	29. Mai: Jel'cin [El'cin] zum ersten Präsidenten der RSFSR gewählt
1991	18.–21. Aug.: Putsch in Moskau
	8. Dez.: Gründung der ›Gemeinschaft unabhängiger Staaten‹ (GUS), Ende der Sowjetunion
	25. Dez.: Rücktritt Gorbačëvs

Nachfolgeprobleme

Leonid I. Brežnev starb nach langer Krankheit am 10. November 1982 kurz vor Vollendung seines 76. Lebensjahres. Schon am folgenden Tag entschied sich das Politbüro für Jurij V. Andropov als Nachfolger und bereits am 12. November stimmte ein außerordentliches Plenum des Zentralkomitees dieser Wahl zu. Dem neuen Generalsekretär war keine lange Amtszeit beschieden, denn er verschied schon am 9. Februar 1984, auch er nach längerer schwerer Krankheit, und wenig mehr als ein Jahr später, am 10. März 1985, ereilte seinen Nachfolger Konstantin U. Černenko dasselbe Schicksal; Andropov war bei seinem Tod knapp 70, Černenko 73 Jahre alt. Innerhalb von 28 Monaten wechselte das höchste Amt einer Weltmacht also dreimal den Inhaber; naturgemäß förderte dies nicht die Stabilität bzw. die Entwicklung neuer Konzeptionen in der Politik, die angesichts der wirtschaftlichen Misere im Innern und der Isolierung nach außen dringend erforderlich waren. Die überalterte und isolierte Führung verstand zwar die Macht zu erhalten, aber sie war den neuen Anforderungen nicht gewachsen: Die Erfolge in der Militärtechnologie und Raumfahrt konnten den allgemeinen Modernisierungsrückstand nicht ausgleichen; die Ernteergebnisse waren auch weiterhin stark vom Wetter abhängig, wodurch die Versorgung der an Zahl rasch zunehmenden Bevölkerung mit Grundnahrungsmitteln auf einem wackeligen Fundament stand; die Zentralisierung und Bürokratisierung bedingten Ineffektivität und Korruption; die Unterdrückung jeder Art selbstständigen Handelns, Denkens und Glaubens konnte nur Scheinanpassung und Apathie der Betroffenen zur Folge haben.

Dabei waren vom Nachfolger Brežnevs durchaus Änderungen zu erwarten gewesen, denn seine Karriere hatte Andropov auf viele Felder geführt: Er war als Botschafter in Budapest 1956 maßgeblich an der Niederschlagung des Aufstands der Ungarn beteiligt gewesen, hatte dann als für die ›Bruderparteien‹ zuständiger Sekretär des Zentralkomitees (1962–67) weitere Auslandserfahrungen erworben und schließlich als langjähriger Chef des Komitees für Staatssicherheit (*KGB*, 1967–82) die Unterdrückung der Dissidentenbewegung gewährleistet. Zweifellos war er durch die letztgenannte Funktion über viele Aspekte der inneren Verhältnisse besser informiert als potenzielle Konkurrenten; das Plenum des Zentralkomitees hatte ihn am 24. Mai 1982 nach 15-jähriger Unterbrechung in das Sekretariat zurückgeholt, was die Vermutung nährte, der 68-jährige Andropov sei für eine noch wichtigere Aufgabe vorgesehen. Zwar hatte seit Langem Černenko als ›Kronprinz‹ gegolten, aber Brežnev war offenbar nicht mehr fähig gewesen, ihm den Weg zur Nachfolge zu ebnen; der Verteidigungsminister Ustinov und der Außenminister Gromyko sollen Andropovs Wahl durchgesetzt haben, weil sie ihm zutrauten, die prekäre Lage durch energisches Durchgreifen zu verbessern; dagegen soll der Parteiapparat Černenko als Generalsekretär bevorzugt haben. Dies würde erklären, warum sich 15 Monate später bei grundsätzlich unveränderter Lage die andere Richtung in der Partei durchsetzte.

Andropov hatte keine Zeit, seine Fähigkeiten im neuen Amt zu beweisen; das galt sowohl für ein erhofftes Aufbrechen der inneren Stagnation als auch für eine Änderung in der Außenpolitik, in der eine Rückkehr zur Entspannungspolitik als Vorbedingung auch für innere Reformen erscheinen musste. Seine kurze Aktivität deutete indes in eine andere Richtung, der vermeintlich neue Kurs bestand dabei im Grunde nur in der größeren Härte, mit der er die alten Methoden des Systems anwenden ließ, um das Pflichtbewusstsein und die Arbeitsfreude der Bevölkerung zu heben: Angefangen mit Polizei- und Militärkontrollen von Arbeitsplätzen und Läden, um gegen Drückeberger und den schwarzen Markt vorzugehen, setzte es sich in einem verstärkten Kampf gegen die Korruption fort, in ideologischer Unbeugsamkeit, in Intoleranz gegen alle Andersdenkenden und in der Förderung des Militär-Patriotismus. Aber damit kam er den Wünschen der Bevölkerung nicht entgegen, deren Existenzmöglichkeit im Alltag durch diese Maßnahmen noch stärker bedroht und der jede eigenständige Initiative genommen war. Dass Andropov freimütig zugab, er habe keine Patentrezepte zur Lösung der schwierigen wirtschaftlichen Lage, mochte man hinnehmen; aber die angekündigten Reformen im zentralen Management sowie regionale wirtschaftliche Experimente kamen offenbar über das Anfangsstadium der Planung nicht hinaus.

Auch in der Außenpolitik trat keine Änderung ein, denn der Außenminister und ›Nein-Sager‹ Gromyko hielt an allen Positionen der universalen sowjetischen Interessen wie des osteuropäischen Imperiums unbeugsam fest: Weder wurde das kostspielige und unpopuläre Engagement in Afghanistan abgebaut noch die aufwendige Unterstützung der Verbündeten in aller Welt reduziert. Im osteuropäischen Machtbereich der Sowjetunion zeigten Routine-Konferenzen des Warschauer Pakts im Jahr 1983, dass Moskau seine Kommandogewalt erhalten wollte; immerhin legte der Kreml gegen die Entlassung des Führers der Solidarność, Lech Wałęsa, aus der Haft schon zwei Tage nach dem Tod Breżnevs und gegen die Aufhebung des Kriegsrechts in Polen im Juli 1983 offenbar kein Veto ein. Das Verhältnis zum Westen blieb jedoch ambivalent und folgte ausschließlich dem eigenen Machtinteresse: Mit den USA wurden zwar weiterhin Vorschläge zur Reduzierung der Atomwaffen ausgetauscht, als aber die USA ein neues Konzept Andropovs vom 21. Dezember 1983 mit dem Vorschlag einer ›Zwischenlösung‹ beantworteten, widersprach Gromyko, der keine Kompromisse befürwortete (Ende März/Anfang April 1983). Dagegen wurden auf ganz anderer Ebene durchaus Erfolge erzielt. So hatten die USA schon am 13. November 1982 das Röhren-Erdgas-Geschäft, das insbesondere zwischen der UdSSR und der BRD stattfand, akzeptiert, und dem Versanden der Abrüstungsgespräche folgte in einigem Abstand Ende August 1983 ein neues Abkommen über Getreidelieferungen. Ökonomische Interessen der UdSSR standen auch bei den Beziehungen zu anderen Staaten im Vordergrund, vor allem in denen zur Bundesrepublik Deutschland als dem größten Lieferanten aus dem Westen. Frankreich war ökonomisch dagegen weit weniger wichtig und widmete zudem der Entwicklung in Polen traditionsgemäß besondere Aufmerksamkeit; so blieb ein Besuch des französischen Außenministers Cheysson in Moskau im Februar 1983 ohne positives Ergebnis, und mit der Ausweisung von 47 sowjetischen Diplomaten und anderen Sowjetbürgern wegen Spionage am 5. April 1983 erreichten die französisch-sowjetischen Beziehungen einen Tiefpunkt.

Nach Andropovs Tod am 9. Februar 1984 kam Černenko doch noch zum Zuge. Die Gründe für seinen späten Erfolg sind unklar; vielleicht konnte sich die Andropov-Partei nicht auf einen gemeinsamen Kandidaten einigen und wollte sich für eine voraussichtlich kurze Übergangszeit mit dem alten, kranken, zu den erforderlichen Entscheidungen gar nicht mehr fähigen Černenko abfinden. Dieser stammte aus Sibirien, war schon lange vor Brežnevs Aufstieg ein enger Vertrauter von ihm gewesen und ab 1965 als Leiter der Allgemeinen Abteilung im Sekretariat des Zentralkomitees einer der wichtigsten Zuarbeiter Brežnevs. Als dessen ›Bürovorsteher‹ stieg sein Einfluss mit der abnehmenden physischen Kraft seines Herrn und Meisters: 1976 wurde Černenko Sekretär des Zentralkomitees, 1977 Kandidat und 1978 Vollmitglied des Politbüros. Brežnev hatte diesen erfahrenen und bestinformierten Apparačik bevorzugt, weil er sich von ihm eine Fortsetzung der Linie seiner Politik versprach. Dies zeigte sich dann auch während dessen Amtszeit als Generalsekretär; im Zeichen des *Status quo* bedurfte es keiner persönlichen Initiativen des Parteichefs, zu denen dieser wohl auch gar nicht mehr fähig gewesen wäre: Der Apparat in Partei und Staat ließ die Entwicklungen weiterlaufen, die Andropov in Gang gebracht hatte, und agierte in gewohnter Weise. Das galt z. B. auch für eine seit Längerem geplante Reform des Schulwesens, die im April 1984 verabschiedet wurde und bis zum Jahr 1990 verwirklicht werden sollte; wenn dabei dem Umgang mit den Computern in den Schulen besondere Bedeutung beigemessen wurde, so zeigte sich auch in diesem Bereich die Notwendigkeit zum Abbau des Modernisierungsrückstands. Die personellen Veränderungen hielten sich unter Černenko in Grenzen, und trotz planmäßigen Engagements der leistungsfähigeren Satelliten verschlechterte sich die wirtschaftliche Situation weiter, vor allem als Folge einer Missernte im Jahr 1984. Unter diesen Umständen waren die Ziele des 11. Fünfjahresplanes nicht zu erreichen.

In der Außenpolitik blieb es bei der Mischung von kühler Distanz und pragmatischem Übereinkommen: Der Besuch des amerikanischen Präsidenten Reagan in Peking (26. April – 1. Mai 1984) hatte in Moskau die Wirkung eines Schocks und führte einerseits zum Abbruch der politischen Beziehungen zu China und andererseits zum Boykott der Olympischen Sommerspiele in Los Angeles durch die Sowjetunion und ihre Satelliten. Dennoch konnten die bilateralen Beziehungen zu China in der zweiten Jahreshälfte in wirtschaftlicher Hinsicht kräftig ausgebaut werden, und am 17. Juli 1984 wurde ein Abkommen über die Modernisierung des ›heißen Drahtes‹ zwischen Weißem Haus und Kreml abgeschlossen. Wenig später erhöhten die USA die im Abkommen von 1983 vorgesehenen Getreidelieferungen von 9 auf 22 Millionen Tonnen.

Im Jahre 1984 wuchs die Einsicht, dass es mit der herrschenden ›Gerontokratie‹ auf die Dauer nicht weitergehen könne; die Auftritte von Černenko in der Öffentlichkeit waren selten und vermittelten auch weiteren Kreisen den Eindruck, dass in absehbarer Zeit mit einem neuen Wechsel an der Spitze zu rechnen wäre. Dies brachte naturgemäß die Frage nach dem möglichen Nachfolger auf die Tagesordnung: Da Černenko kaum mehr in der Lage war, die Sitzungen der höchsten Gremien selbst zu leiten, mussten ihn andere Mitglieder des Politbüros vertreten, am häufigsten übernahm diese Aufgabe das mit Abstand jüngste Mitglied Michail Sergeevič Gorbačëv, der auch gelegentlich Vertretungen im Ausland übernahm; gerüchteweise wurde er bereits als ›2. Generalsekretär‹ bezeichnet. In der Tat entschied sich das Politbüro schon einen Tag nach dem Tod Černenkos, am 11. März 1985, für Gorbačëv als dessen Nachfolger, und am 15. März stimmte das Zentralkomitee auf dringende Empfehlung des langjährigen Außenministers Gromykos, wenn auch nicht einstimmig, dieser Wahl zu. Damit war der längst fällige Generationswechsel vollzogen.

Umbau in aller Offenheit

Michail Sergeevič Gorbačëv war am 2. März 1931 als Sohn eines Bauern im Dorf Privol'noe des Gebietes Stavropol' nördlich des Kaukasus geboren und auf Wunsch seiner Mutter getauft worden. In der sehr fruchtbaren Region und auch in der Familie war sowohl die Tradition der Grenzkosaken als auch die der freien bäuerlichen Landwirtschaft lebendig; Michail wuchs in einer Zeit auf, die durch Hungersnot, Antikulaken-Terror und ›Säuberungen‹ aller Art bis zur deutschen Besetzung im Sommer 1942 geprägt war, auch wenn sie in einem abgelegenen Dorf leichter zu überstehen war als in den Städten. Der gute Schulabschluss – einem Schulweg von täglich 40 km zum Trotz – verhalf ihm zu einem Studienplatz an der Juristischen Fakultät der Lomonosov-Universität in Moskau, das Studium (1950–55) erschloss dem ehrgeizigen Provinzler die Bereiche von Literatur und Kunst auf einem hohen Niveau, und dies förderte auch die begabte Studentin der Philosophischen Fakultät Raissa Maksimova Titarenko (1932–99), die Gorbačëv 1953 heiratete. Zu ihrem Freundeskreis gehörte auch der Tscheche Zdeněk Mlynář, der später im Prager Frühling Parteisekretär unter Dubček wurde. Damals gab es jedoch keine systemkritische Opposition, denn alle Freunde der Gorbačëvs waren entweder überzeugte Stalinisten oder gaben sich zumindest als solche aus; er selbst trat 1952 in die KPdSU ein.

Die Unruhe der letzten Stalinjahre und der Zeit danach hatten wohl bewirkt, dass das Ehepaar Gorbačëv nach dem Studium nach Stavropol' übersiedelte, obwohl man Raissa in Moskau ein Promotionsstipendium und Michail eine Stelle bei der Staatsanwaltschaft angeboten hatte. Noch im Jahr der Rückkehr (1955) wurde Gorbačëv Parteifunktionär und erreichte, beginnend als stellvertretender Leiter der Abteilung für Agitation und Propaganda im Gebietskomitee des Komsomol, nach 15 Jahren den höchsten in einer Region zu vergebenden Rang des ersten Sekretärs des Parteikomitees im Gebiet Stavropol'; damit wurde er zugleich Deputierter des Unionssowjets des Obersten Sowjets der UdSSR (1970) und Mitglied des Zentralkomitees der KPdSU (1971). Acht Jahre lang bekleidete er dieses Parteiamt, das ihn unter anderem dazu verpflichtete, die zur Kur in den Heilbädern des Nordkaukasus weilende Moskauer Prominenz gebührend zu empfangen. Diese Kontakte trugen wohl dazu bei, dass Michail Gorbačëv 1978 als Sekretär des Zentralkomitees nach Moskau geholt wurde, ein Jahr später wurde er Kandidat, 1980 Vollmitglied des Politbüros. Eine solch ungebrochene Parteikarriere erforderte nicht nur Intelligenz und Durchsetzungsfähigkeit, sondern auch ein hohes Maß an Anpassung, denn die Einflussmöglichkeiten eines Provinz-Parteifunktionärs waren nicht groß, er musste aber für die Folgen von Fehlentscheidungen der Zentrale die Verantwortung mittragen. Als Sekretär des Zentralkomitees in Moskau war er dann für viele Sektoren zuständig, darunter auch zeitweise für Ideologie und Propaganda; 1984 wurde er Vorsitzender der Ständigen Kommission für Auswärtige Angelegenheiten des Obersten Sowjets der UdSSR und leitete deren Delegation, die im Dezember 1984 auf Einladung des britischen Parlaments London besuchte. Mit diesem Besuch gewann Gorbačëv, den seine Gattin inoffiziell begleitete, im Westen eine enorme Popularität, und die Medien sahen in ihm bereits einen kommenden Mann der Moskauer Hierarchie.

Einen deutlichen Schwerpunkt in Gorbačëvs Laufbahn bildete die Landwirtschaft, der er schon durch seine Herkunft verbunden war: In Stavropol' hatte er sowohl Chruščëvs fantastische Agro-Städte planend vorbereiten als auch Brežnevs technokratische Experimente – etwa die mobilen Mähdrescherbrigaden – organisieren müssen; inzwischen hatte er ein Zweitstudium der Landwirtschaft abgeschlossen und von seiner Frau, die fünf Kolchozen der Gegend soziologisch erforschte, zusätzliche Informationen über den Alltag der Sowjetbauern erhalten. Vielleicht waren auch diese Vertrautheit mit den Problemen der Landwirtschaft und seine relativen Erfolge auf diesem Gebiet für seine Berufung nach Moskau ausschlaggebend; jedenfalls war er auch in der Parteizentrale für die Landwirtschaft zuständig, vermittelte wohl der realitätsfernen zentralen Bürokratie seine Erfahrungen und zog unauffällig Fachleute zur Beratung heran. Gorbačëv sollte später darauf hinweisen, wie lang und mühevoll sein Lernprozess als Politiker vor wie nach dem Erreichen der Spitzenstellung gewesen sei: Zum Beispiel wurde ihm ein Besuch des Studienkollegen Zdeněk Mlynář im Jahr 1967 in Stavropol' ein Jahr später als kompromittierend zur Last gelegt, und nur höchste Intervention bewahrte ihn vor negativen Folgen.

Ehe der neue Generalsekretär seine Vorstellungen von einer anderen Politik entwickeln oder gar durchsetzen konnte, musste er die eigene Position durch entsprechende Personalveränderungen im Apparat stärken: Auf Plenartagungen des Zentralkomitees im April und im Juli 1985 wurden Konkurrenten aus dem Politbüro verdrängt und durch mögliche Verbündete ersetzt; dazu zählten drei Personen, die die Entwicklung in den folgenden Jahren mitbestimmen sollten: Egor Ligačëv, Nikolaj Ryžkov und Boris Jel'cin; die beiden ersten, bisher leitende ZK-Sekretäre, wurden unmittelbar Vollmitglieder, der dritte als neuer ZK-Sekretär Kandidat des Politbüros. Alle drei hatten ein technisches Studium mit dem Ingenieur-Diplom abgeschlossen und ihre Parteikarriere im industriellen Osten (Ural und Sibirien) begonnen. Als dann Andrej Gromyko (1909–89), der ab 1957 Außenminister der UdSSR gewesen war, am 2. Juli 1985 zum Vorsitzenden des Präsidiums des Obersten Sowjets und damit zum Staatsoberhaupt gewählt worden war, übernahm dessen Amt der eben zum Vollmitglied des Politbüros aufgestiegene Georgier Eduard Ševardnadze (geb. 1928), den Gorbačëv schon aus der Stavropoler Zeit kannte und der auch in Lebenslauf und Bildungsniveau Parallen aufwies; als 1. Parteisekretär und Innenminister der Sowjetrepublik Georgien hatte er 1978 in Moskau die Erhaltung des Georgischen als alleinige Staatssprache durchgesetzt, nachdem die Studenten in Tbilissi heftig gegen die Einführung des Russischen als zweite Staatssprache der Republik demonstriert hatten. Weitere Ablösungen gab es im Jahr 1985 auch in anderen hohen Ämtern; so wurde Ryžkov (geb. 1929) im September Ministerpräsident und Jel'cin (1931–2007) im Dezember Parteichef von Moskau. Da die personellen Veränderungen in der Hierarchie auch weiter nach unten reichten, dauerte es geraume Zeit, bis sich der neue Generalsekretär im Rahmen der traditionellen ›kollektiven‹ Führung auf eine verlässliche Gefolgschaft stützen und dann ein eigenes neues Programm vorstellen konnte.

Gorbačëv nutzte dazu zahlreiche Gelegenheiten, zum einen die Reden, die der Generalsekretär aus unterschiedlichen Anlässen und an verschiedenen Orten zu halten hatte, zum anderen die grundlegenden Parteidokumente, die er mit Verbesserungen versah und teilweise neu verfasste. Die Nuancen seiner Ausführungen nahmen auf die Adressaten Rücksicht, die er gewinnen wollte; der Tenor war jedoch immer der gleiche: Die Wirtschaft müsse technologisch und organisatorisch modernisiert werden, wozu die Planung schneller als bisher zu realisieren sei. Diese ›Beschleunigungsstrategie‹ war nicht neu und hatte bisher keinen Erfolg gehabt; auch die Andeutungen über die Modernisierung unterschieden sich nicht wesentlich von jenen seiner Vorgänger; zwar war der neue Generalsekretär wesentlich jünger und ein besserer Redner als jene, aber er war klug genug, sich nicht zu früh festzulegen. Dies erfolgte dann auf dem 27. Parteikongress der KPdSU, der vom 25. Februar bis zum 6. März 1986 stattfand: Dort diskutierte und billigte das Zentralkomitee, das in seiner Zusammensetzung noch kaum vom Generationswechsel erfasst war, den politischen Bericht Gorbačëvs, den Wirtschaftsplan Ryžkovs sowie die Entwürfe für ein neues Parteiprogramm und ein neues Parteistatut. Diese Vorschläge berührten zwar nicht die ideologische Legitimation der Partei, die weiterhin in der politischen Verantwortung blieb; allerdings gingen die geplanten Veränderungen über den Bereich der Wirtschaft weit hinaus: Die später in alle Weltsprachen übernommenen Begriffe *perestrojka* (Umbau) und *glasnost'* (Offenheit) kamen darin zwar schon vor, spielten aber noch keine zentrale Rolle; erst der konkrete Inhalt, mit dem sie in der Folgezeit gefüllt wurden, hat ihnen Bedeutung verschafft. In der Diskussion auf dem Parteikongress gingen die konkreten Interpretationen weit auseinander, indem etwa Jel'cin scharfe Kritik an den bestehenden Strukturen in der Zentrale von Partei und Staat übte, während Ligačëv vor einem Übertreiben der *glasnost'* warnte; dies könne das Ansehen der Sowjetunion im Ausland beeinträchtigen und sei für den Patriotismus des Sowjetmenschen nicht zu ertragen. Damit wurde deutlich, dass der Weg zur Rehabilitierung politisch prominenter Unpersonen und zur Beseitigung großer weißer Flecken in der Geschichte der Sowjetunion noch weit war. Außerdem hielten viele Funktionäre das Verhältnis der in der Union der Sowjetrepubliken vereinten Nationalitäten zueinander für unproblematisch. Näher an der Realität waren die Partei-Ökonomen, wenn sie das Scheitern des letzten (11.) Fünfjahresplans prophezeiten und die Ziele des nächsten (12., 1986–90) niedriger ansetzten; nur die Langzeitplanung bis zum Jahr 2000 konnte als Ermutigung wirken – auch darin war das bewährte Muster zu erkennen, die Lösung anstehender Probleme weit in die Zukunft zu verlagern. Geändert hatte sich aber der Stil, indem ›Kritik und Selbstkritik‹ sich freier und öffentlich entfalten konnten; hier kündigte sich ein ›neues Denken‹ an, das zunächst aber in den allgemeinen Formulierungen eines Kurswechsels verblieb und nur langsam durchzusetzen war. So wurden weder der Hauptberater Gorbačëvs für die ökonomische Planung, Prof. A. G. Aganbegjan, noch die Wirtschaftssoziologin Tatjana I. Zaslavskaja, die schon unter Andropov in ihrer *Novosibirsker Studie* eine »umfassende und tiefgreifende« Veränderung des gesamten politischen und ökonomischen Leitungssystems gefordert hatte, in das Zentralkomitee aufgenommen; Andrej Sacharov musste noch bis zum Ende des Jahres 1986 warten, ehe er mit seiner Frau Jelena Bonner aus der Verbannung nach Moskau zurückkehren durfte.

Das Thema *perestrojka* beherrschte in der Folge die öffentliche Diskussion, ohne dass jedoch über die Richtung und das Tempo Einigkeit bestand; zu viele Probleme in der Wirtschaft und Gesellschaft, in Staat und Partei mussten gleichzeitig gelöst werden. Dazu traten andere Ereignisse, die die Staatsführung herausforderten und deren Schwäche enthüllten: Am Rande des Grotesken lag die unbehinderte Landung eines jugendlichen Amateurfliegers aus der Bundesrepublik Deutschland am 28. Mai 1987 auf dem Roten Platz vor dem

Moskauer Kreml; die für die Überwachung des Luftraums verantwortlichen Militärs wurden umgehend abgelöst; der damit verbundene Prestigeverlust minderte den Einfluss des Militärs bei den Abrüstungsverhandlungen und förderte das ›neue Denken‹ auch in der Außenpolitik. Ein schweres Erdbeben in Armenien am 7. Dezember 1988 fiel bereits in die Phase des Bürgerkriegs transkaukasischer Nationalitäten und vergrößerte das Chaos, das schon zuvor von der Moskauer Zentrale nicht zu bewältigen war. Den größten Schock hatte aber das zeitlich erste Ereignis vom 26. April 1986, die Katastrophe im Kernkraftwerk Černobyl, ausgelöst: Die Kernschmelze in einem der vier Blöcke in diesem kleinen ukrainischen Städtchen zerstörte bewohntes Land für mehrere Generationen und wurde geradezu ein Symbol für die lebensbedrohenden Aspekte der Atomenergie in aller Welt. Die Katastrophe offenbarte dabei nicht nur die Rückständigkeit auch modernster sowjetischer Technik auf diesem Gebiet, sondern ebenso die Tatsache, dass es an Offenheit gerade dann fehlte, wenn die Menschen sie am meisten benötigten: Die Soldaten und Arbeiter, die nach der Katastrophe im Reaktor eingesetzt wurden, erhielten nur unzureichendes Material und kaum Informationen; die Menschen in den verstrahlten Gebieten wurden nicht aufgeklärt. Im alten Stil wurden das Ereignis und seine weitreichenden Folgen heruntergespielt – die Feier zum 1. Mai fand wie gewohnt in Kiev statt, als sei nichts Besonderes geschehen. Erst Anfang 1987 sprach Gorbačëv in diesem Zusammenhang von krimineller Verantwortungslosigkeit, und die Aufarbeitung der Folgen dauerte auch unter internationaler Beteiligung noch lange an.

Der Unfall von Černobyl und die Art seiner Behandlung hatten die Notwendigkeit beschleunigter Reformen drastisch verdeutlicht und Gorbačëvs Position gestärkt. Aber noch waren die Gegenkräfte in Gestalt der Parteifunktionäre in der Lage, den Reformprozess zu behindern, ehe dann in einem ZK-Plenum vom 27. und 28 Januar 1987 die Verjüngung und qualitative Verbesserung der Partei-Kader beschlossen werden konnten. In seinem einleitenden Referat wurde Gorbačëv nun auch vor diesem Publikum sehr viel deutlicher: Nicht nur um wirtschaftliche Modernisierung gehe es, sondern um eine gesamtgesellschaftliche Erneuerung, um eine Wende von revolutionärem Charakter. Zwar wurde konkret nur ein neues Gesetz beschlossen, das den einzelnen staatlichen Betrieben mehr Spielraum und Eigenverantwortung einräumte (nach Zustimmung durch den Obersten Unionssowjet trat es zu Beginn des Jahres 1988 in Kraft), aber vorgeschlagen und diskutiert wurde unter anderem auch die Aufstellung von mehreren Kandidaten bei Wahlen. Hart blieb indes der Widerstand gegen zu viel *glasnost'* und eine unbeschränkte Liberalisierung der Kulturpolitik, so dass sich Gorbačëv, um diesem Widerstand zu begegnen, wenig später direkt an die Vertreter der Medien wandte und eine schärfere Kritik an den herrschenden Zuständen forderte. Dies betraf auch den Umgang mit der Vergangenheit, der durch die Vorbereitung der 70-Jahr-Feier der Oktoberrevolution hohe Aktualität besaß. Zuvor erörterte ein ZK-Plenum am 25. und 26. Juni 1987 eine radikale Reform der Wirtschaftsverwaltung, was Gorbačëv die Gelegenheit verschaffte, seinen Feldzug gegen die Bürokratie weiterzuführen sowie seine Gefolgschaft im Politbüro und im Sekretariat des Zentralkomitees durch personelle Veränderungen zu verstärken. Danach zog er sich vom 8. August bis zum 23. September aus der Öffentlichkeit zurück, um nach eigenen Angaben seine Rede zum Revolutionsjubiläum vorzubereiten, in Wirklichkeit aber, um jenes Buch über *Die Perestrojka und das neue Denken für unser Land und für die ganze Welt* zu verfassen, das am 1. November erschien und in zahllosen Übersetzungen zum politischen Bestseller wurde. Die Funktion der beiden Texte war dabei grundverschieden: Während es bei der Jubiläumsansprache darum ging, die Kontinuität der Parteigeschichte so ausgewogen mit maßvoller Kritik an einzelnen ihrer Phasen zu verbinden, dass sich weder die konservativen Bremser noch die liberalen Beschleuniger von Offenheit und Umbau herausgefordert fühlten, sollte das Buch das neue Denken des Generalsekretärs jedermann zugänglich machen, unabhängig von

Entstellungen durch die Tagesmedien; diese Entstellungen reichten von unauffälliger Zensur im Land bis zu sensationslüsternen Übertreibungen außerhalb der Sowjetunion. Die gespannte Atmosphäre zeigte sich während des Plenums des Zentralkomitees, auf dem das Jubiläum vorbereitet werden sollte, als der radikalste Reformer Boris Jel'cin die Konservativen hemmungslos angriff; als Folge verlor er unter persönlicher Mitwirkung Gorbačëvs am 2. November 1987 sein Amt als Moskauer Parteichef und auf dem nächsten ZK-Plenum im Februar 1988 auch die Mitgliedschaft (als Kandidat) im Politbüro; dies sollte aber seine politischen Aktivitäten nicht beenden. Auch diese Distanzierung Gorbačëvs von allzu eifrigen Neuerern und sein Festhalten am Erbe Lenins konnten aber nicht verhindern, dass am 13. März 1988 in der Zeitung *Sovetskaja Rossija*, dem Parteiorgan der Russischen Föderativen Sowjetrepublik, ein Leserbrief einer unbekannten Leningrader Hochschulprofessorin namens Nina Andreevna erschien, in dem sie rücksichtslos an *glasnost'*, *perestrojka* und Vergangenheitsbewältigung Kritik übte, und zwar in einem extrem neostalinistischen Stil. Leserbriefe sind eine fragwürdige Quelle, und vielleicht gab die Chemikerin nur ihre persönliche Auffassung wieder, aber ihre Kritik erinnerte doch sehr an Warnungen, die Ligačëv während Gorbačëvs Abwesenheit im Sommer zuvor ausgesprochen hatte. Außerdem musste die Zeitungsredaktion für die Veröffentlichung eines solchen Leserbriefes gute Gründe haben; Gorbačëvs Gegner machten von der bekämpften *glasnost'* demnach sehr wohl Gebrauch, wenn dies in ihrem Interesse lag.

Gegen manchen Widerstand setzte der Generalsekretär seine Vorschläge für die Entwicklung der Sowjetunion zu einem Rechtsstaat schließlich sowohl im Politbüro als auch auf der 19. Parteikonferenz vom 28. Juni – 1. Juli 1988 durch. Dass Gorbačëv auf dieser Versammlung von 5000 Delegierten unter anderem auch die Vereinigung von Partei- und Verwaltungsämtern in einer Person propagierte, war indes ein Hinweis darauf, dass er seine Pläne eher durch eine Konzentration der Macht als durch deren Delegation erreichen wollte. Dies betraf gerade auch seine Person: Ein im April 1989 zu wählender ›Kongress von Volksdeputierten‹ sollte einen neuen Obersten Unionssowjet und dessen Vorsitzenden zum Staatspräsidenten mit besonderen Vollmachten wählen; als Vorstufe dazu wurde der Generalsekretär am 1. Oktober 1988 zum Vorsitzenden des Präsidiums des Obersten Sowjets, also zum formalen Staatsoberhaupt gewählt. Am selben Tag wurde Čebrikov als KGB-Chef abgelöst, einen Tag vorher hatte das Zentralkomitee dem Vollmitglied des Politbüros Ligačëv die Zuständigkeit für die Ideologie entzogen und ihm die Landwirtschaft anvertraut, was einer Degradierung gleichkam. Die weiteren Ereignisse liefen wie geplant: Am 1. Dezember 1988 verabschiedete der Oberste Unionssowjet die neuen erforderlichen Gesetze, am 26. Dezember begann die Nominierung der Kandidaten für die Wahl zum Kongress der Volksdeputierten unter der Aufsicht der Partei, die auch einen Teil der Kandidaten selbst benannte; am 26. März 1989 fand die Wahl bei durchschnittlich 75 % Wahlbeteiligung statt, am 25. Mai trat der Kongress der Volksdeputierten zu seiner ersten Sitzung zusammen und am 15. März 1990 wählte der Kongress den Generalsekretär der KPdSU Michail Gorbačëv zum ersten Staatspräsidenten der Sowjetunion. Nur zwei Tage zuvor war dieses mit großen Vollmachten ausgestattete Amt geschaffen worden; zugleich war der Artikel 6 der Verfassung so umformuliert worden, dass die Partei ihr Machtmonopol verloren hatte. In seiner ersten Rede im neuen Amt am 28. März nahm der Staatspräsident vor dem ebenfalls neuen Präsidentschaftsrat, der sich erheblich vom Politbüro der Partei unterschied, Stellung zu dem Problem der Wirtschaft, deren Krise sich inzwischen weiter verschärft hatte.

Mit diesen Maßnahmen schien Gorbačëv die Strukturen der Macht im Innern gefestigt zu haben. Erfolge hatte er aber auch in der Außenpolitik zu verbuchen, allerdings weniger in Form einer Ausweitung des sowjetischen Einflusses als in Form eines geordneten Rückzugs: Vorrangig war die Überwindung der Isolation, in die die Sowjetunion mit der Okkupation Afghanistans geraten war; in vier Gipfeltreffen Gorbačëvs mit dem amerikanischen Präsidenten Reagan vom November 1985 (in Genf) bis Mai/Juni 1988 (in Moskau) konnte nicht nur der Stillstand nach dem Abbruch der Gespräche in Reykjavik (12. Oktober 1986) überwunden, sondern auch die Unterzeichnung des INF-Abkommens (*Intermediate nuclear forces,* Mittelstrecken-Kernwaffen, 8. Dezember 1987) in Washington erreicht werden. Voraussetzung für das sowjetische Entgegenkommen war dabei die Einsicht, dass die Kosten des Rüstungswettlaufs mit den USA und eines weltweiten imperialen Engagements auf ideologischer Grundlage viel zu hoch waren, als dass die sowjetische Wirtschaft sie auf Dauer hätte tragen können. Dies betraf insbesondere das verlustreiche Engagement in Afghanistan; am 14. April 1989 unterzeichneten die Außenminister Afghanistans, Pakistans und der Sowjetunion in Genf ein Abkommen, das den Abzug aller ausländischen Truppen bis zum 15. Februar 1990 vorsah. Demgegenüber nahmen die Kontakte mit China und Japan zwar an Zahl zu, ohne dass allerdings eine endgültige Beilegung der Grenzstreitigkeiten bzw. ein Friedensvertrag zustande gekommen wären. Kennzeichnend für diese Phase der Außenpolitik waren die persönlichen Kontakte auf höchster Ebene und die Reisediplomatie des Außenministers Ševardnadze, der kaum ein wichtiges Land auf der Welt ausgelassen hat. Richtschnur der neuen Politik war es, weitere Kosten zu vermeiden und dennoch in die zahlreichen Konflikte der Welt vermittelnd einzugreifen, um das Mitspracherecht und eigene materielle Interessen zu wahren. Dies zog Moskau aber in die verschiedenen Konfliktzonen – von Kambodscha über den Golfkrieg und die israelisch-arabische Auseinandersetzung bis nach Angola – hinein. Gesprächs- und Vermittlungsbereitschaft um des Friedens willen, die sich durchaus mit unauffälligen Waffenlieferungen kombinieren ließen, machten Gorbačëv im Westen zum populärsten Weltpolitiker, wie die überschwängliche Reaktion der Bevölkerung bei seinem mehrtägigen Besuch in der Bundesrepublik Deutschland im Juni 1989 zeigte. Im Land selbst interessierten seine außenpolitischen Erfolge indes wenig, denn der ausbleibende wirtschaftliche Erfolg der *perestrojka* reduzierte sein Ansehen erheblich.

Auch die neue Offenheit wurde zum Problem, denn wo die einen hoffnungsvoll die Aufarbeitung von ›weißen Flecken‹ in der Vergangenheit sahen, erblickten andere Teile der Gesellschaft die Zerstörung der Grundlage ihrer sozialistischen Weltanschauung. Wie nah beides nebeneinander liegen konnte, zeigt die Existenz von zwei Gesellschaften mit ähnlichem Namen, aber entgegengesetzten Zielen: Die Gruppierung *pamjat'* (Gedächtnis, Erinnerung) widmete sich unter Beimischung religiöser Traditionen bis hin zu einem primitiven Chauvinismus und zu antisemitischen Tendenzen dem tradierten Sowjetpatriotismus; eine andere Organisation war im Januar 1989 gegründet worden, die sich dem Gedenken aller Stalinopfer und in der Sowjetunion politisch Verfolgten verpflichtet sah und sich *memorial* nannte. Das ›Millenium‹, die Jahrtausendfeier der Taufe Russlands, war ein geeigneter Anlass, sich an die eigene Geschichte zu erinnern: Vor Beginn der beiden Festwochen im Juni am 29. April 1988 empfing Gorbačëv den Patriarchen Pimen im Kreml, um seine Verbundenheit mit der russisch-orthodoxen Kirche auszudrücken; in der Folge nahm die Kirche an *glasnost'* und *perestrojka* teil, entwickelte aber bald großrussisch-nationalistische Untertöne, besonders anlässlich der 400-Jahr-Feier der Begründung des Moskauer Patriarchats im Jahr 1589: Auch für die vormals unterdrückte orthodoxe Kirche wurde es zu einem Problem, das kirchliche Selbstbestimmungsrecht der Ukrainer anzuerkennen oder gar mit den westlichen Kirchen über bloße Lippenbekenntnisse hinaus zu einer Kooperation zu gelangen. Wie sehr sich Geschichte hier in die Gegenwart drängte, zeigte auch das lange Zögern, das der Aufdeckung des Geheimprotokolls zum Hitler-Stalin-Pakt von 1939 sowie der sowjetischen Schuld am Massaker von Katyń vorausging.

Das Ende der Sowjetunion

Das Jahr 1989 brachte für Mittel- und Osteuropa Umbrüche weltgeschichtlichen Ausmaßes, und zugleich traten neue Entwicklungen auf, die mit den alten eine Zeit lang konkurrierten und sie dann zum Teil ablösten: In Polen hatten Gespräche an einem ›runden Tisch‹ das Ende des kommunistischen Machtmonopols eingeleitet, was Folgewirkungen für die anderen ›sozialistischen Staaten‹ haben sollte; eine Massenflucht von Bewohnern der DDR und die Öffnung der Grenzen Ungarns im Sommer waren Signale für das Ende der sowjetischen Herrschaft in Ostmitteleuropa. Dennoch waren der Fall der Berliner Mauer, der Sturz der Regime in der Tschechoslowakei und Bulgarien, das Ende des Diktators Ceauşescu in Rumänien eine überraschende Wende – das Glacis der Sowjetunion, das Stalin im Verlauf und am Ende des Weltkriegs erworben hatte, brach in einem friedlichen Aufstand weg, ohne dass die Grenzen der Staaten infrage gestellt wurden oder zwischenstaatliche Konflikte ausbrachen. Selbst für die Wiedervereinigung der beiden deutschen Staaten in Freiheit wurden die Weichen gestellt (s. Seite 807).

Der Prozess der Umgestaltung, den Gorbačëv eingeleitet hatte, bewirkte letztlich den Zusammenbruch der sowjetischen Machtstellung. Dabei hatte das ›neue Denken‹ das alte System der Herrschaft der kommunistischen Partei reformieren, nicht jedoch abschaffen sollen: *Glasnost'*, das Offenheit und Öffentlichkeit zugleich bezeichnet, sollte Fehler des alten Systems offenlegen, die Korruption der Elite aufdecken und Geschichtsfälschungen beseitigen helfen, aber die Medien und das neue Denken hatten sich nicht an die verordneten Spielregeln gehalten und den Aufklärungsprozess immer weiter getrieben; die *perestrojka* sollte das herrschende System umgestalten, es verbessern und mit Demokratie und Marktwirtschaft in Übereinstimmung bringen, keineswegs aber die Herrschaft der Kommunistischen Partei abschaffen. Gorbačëv betrieb seine Politik auch im alten Stil, indem er immer mehr Ämter und Funktionen auf sich vereinte: Als Vorsitzender des Präsidiums des Obersten Sowjets war er zugleich Staatspräsident und Erster Sekretär der KPdSU; auf diese Weise konnte er sich auf die Träger der Staatsmacht (Bürokratie, Armee, Sicherheitsdienst) und die Funktionäre der Partei stützen, die oft genug personengleich waren.

Diese Stützen waren aber durch *perestrojka* und *glasnost'* selbst ins Wanken geraten: Die Rote Armee hatte die Niederlage in Afghanistan zu verarbeiten und die rückkehrenden, oft demoralisierten Soldaten irgendwie zu integrieren; dazu kamen Vereinbarungen über den Abzug aus Ungarn (Sommer 1989), ehe dann der Zusammenbruch der DDR und die Verträge über die Einigung Deutschlands den schrittweisen Abzug aus allen Staaten des Warschauer Paktes brachten, ja sich das Militär selbst aus den baltischen Staaten zurückziehen musste. Innerhalb von drei Jahren war die einst stolze Armee der Weltmacht Sowjetunion von mehr als 4 Millionen Mann (1989) auf 2,2 Millionen Mann (1992) geschrumpft, und hinter diesen nackten Zahlen sind die Demütigung, Arbeitslosigkeit und Wohnungsnot der demobilisierten Offiziere und Soldaten nur zu erahnen. Der Sicherheitsdienst, ein traditionelles Mittel der Machtsicherung im kommunistischen System, war durch das ›neue Denken‹ verunsichert und durch *glasnost'* oft genug bloßgestellt worden; glücklicherweise fehlte der politische Wille, die Machtmittel des Terrors einzusetzen, um die Macht der Partei zu konservieren.

In dieser politischen Zurückhaltung war der Haupteffekt der Politik von Gorbačëv zu sehen; in zahlreichen Reden und Appellen warb er immer wieder für die Ziele seiner Politik. Dabei geriet er in einen grundsätzlichen Konflikt, denn er konnte seine Reformen innerhalb der Partei nur dadurch erreichen, dass er die Funktionäre der Partei dazu gewann, auf ihre Macht zu verzichten. Der innerparteiliche Streit im Frühjahr 1990 um die Abschaffung des Verfassungsparagrafen sechs, der das Machtmonopol der Kommunistischen Partei garantierte, ist hier ein gutes Beispiel; zahlreiche Entlassungen (aus dem Zentralkomitee wurden im April 1989 100 Personen zum ›freiwilligen‹ Rücktritt gebracht) und Umbesetzungen in verschiedenen Gremien setzten das alte Spiel mit der Personalpolitik fort. Die Größenordnung dieses Problems wird rasch deutlich, wenn man sich bewusst macht, dass allein in der Planwirtschaft mehr als 18 Millionen Menschen um ihren Arbeitsplatz hätten fürchten müssen, wenn die Marktwirtschaft eingeführt worden wäre.

Zur Legitimierung seiner Politik setzte Gorbačëv auf das Prinzip der Wahl, aber nicht auf eine freie, sondern auf eine kontrollierte Wahl: Im März und April 1989 wurde der ›Kongress der Volksdeputierten‹ gewählt, der mit 2250 Mitgliedern ein wenig handlungsfähiges Mammutparlament war. Im Vorfeld hatte es bei der Kandidatenaufstellung in den dazu berufenen Parteigremien heftige Kämpfe zwischen ›Reformern‹, die die Politik Gorbačëvs unterstützten, und den ›Konservativen‹, die eben dies nicht wollten, gegeben. Typisch für die Politik Gorbačëvs war dabei, dass nur 1500 Delegierte gewählt wurden und dadurch den Volkswillen repräsentierten; die übrigen Mitglieder des Kongresses wurden von verschiedenen Organisationen benannt und eben nicht durch Wahl legitimiert. So war das Wahlergebnis erhellend und enttäuschend zugleich: Auf der einen Seite scheiterten viele alte Funktionäre in der Wahl, auch wenn manchmal kein Gegenkandidat vorhanden war (Leningrad), auf der anderen Seite kamen aber über die Organisationen manche Altkommunisten dennoch in den Kongress, wo sie gegen die Politik Gorbačëvs wetterten. Typisch war auch, dass das Prinzip der indirekten Verantwortung in die Arbeit des Kongresses eingeführt wurde; während Gorbačëv als Präsident der Mammutveranstaltung geschickt die Fäden zog und mit Verfahrenstricks seine Gegenspieler ausmanövrierte, sollte die eigentliche Macht durch Wahl aus dem Kongress in den Obersten Sowjet verlegt werden, der mit 542 Mitgliedern in zwei Kammern organisiert war: dem Unionssowjet für die Diskussion sozialer und ökonomischer Fragen und dem Nationalitätensowjet mit je 271 Delegierten. Den Höhepunkt seiner politischen Macht erreichte Gorbačëv, als er am 25. Mai 1989 vom Kongress der Volksdeputierten mit 2123 zu

87 Stimmen zum ersten Präsidenten der Sowjetunion gewählt wurde.

Wenn im Wesentlichen auch nur für die Parteimitglieder das Prinzip der Wahl zugelassen worden war, so blieb es in der Folge nicht auf diesen Kreis beschränkt; die neue Offenheit der Medien und die sich verschlechternde ökonomische Situation führte die ›Masse‹ wieder in die sowjetische Politik ein: Ab dem Sommer 1989 häuften sich Berichte über Streiks; spontane Demonstrationen fanden statt, und am 7. November 1989 wurde die traditionelle Feier der Oktoberrevolution durch eine Gegendemonstration in den Schatten gestellt. Die Zustimmung der Bevölkerung in Form der Wahl bestimmter Persönlichkeiten entwickelte sich fortan zu einem neuen Faktor der Politik: Es war eben mehr als nur ein einfacher Wahlerfolg, wenn in Moskau jener Mann, den Gorbačëv aus der Politik geworfen hatte, Boris Jel'cin, mit einem Ergebnis von fast 90 % in den Kongress entsandt wurde; hier entstand *de facto* eine neue Form von Legitimität in der sowjetischen Politik; so wurden etwa die Bürgermeister von Moskau und Leningrad (Popov und Sobčak) durch eine solche Unterstützung durch ihre Wähler zu Volkstribunen, die an der Partei vorbei und notfalls auch gegen sie Politik machen konnten.

Ein weiterer Grundzug der neuen Politik wurde an der Konzentration auf die Persönlichkeiten sichtbar: Zwar entwickelten sich Gruppierungen innerhalb des Kongresses der Volksdeputierten, die sich mit den großen Richtungen ›Reformer‹, ›gemäßigte Reformer‹ und ›Konservative‹ umschreiben lassen, aber wichtiger waren jeweils die für diese Richtungen eintretenden Personen: Jel'cin, Gorbačëv und Ligačëv in der entsprechenden Reihenfolge. Auch als, beginnend mit dem Jahr 1990, politische Parteien auf den Plan traten, sich rasch ins Unüberschaubare vermehrten und in ihrer Programmatik oft austauschbar waren, konnte man sie stets an ihren Führungspersonen unterscheiden, die in den politischen Auseinandersetzungen, die dem Ende der Sowjetunion vorausgingen, einen Machtkampf austrugen. Zur moralischen Opposition wurde in diesem Zusammenhang der Regimekritiker und Nobelpreisträger Andrej Dmitrievič Sacharov, ehe ihn am 14. Dezember 1989 der Tod aus der Arbeit an einer Rede riss; Gorbačëv hat diesen Mann geachtet, auch wenn er von Sacharov wiederholt hart kritisiert worden ist.

Im Jahr 1990 konnte Gorbačëv seine Macht zunächst weiter stärken, indem er die Weichen für den 28. Parteikongress stellte, der im Sommer die Entscheidungen der Parteiführung absegnen sollte. Im Vorfeld wurden die konservativen Kräfte in vielen kleinen Siegen ausmanövriert, und Gorbačëv erreichte auch am 10. Juli 1990 seine Wahl zum Generalsekretär der Kommunistischen Partei – zum ersten Mal wählte ein Parteitag der KPdSU den Vorsitzenden direkt – und gleichzeitig die Niederlage seines Gegenspielers Ligačëv, der nicht zu seinem Stellvertreter gewählt wurde. Am 24. September stimmte der Oberste Sowjet der Union sogar für Notstandsgesetze, die Gorbačëv für den Zeitraum von 18 Monaten das Recht gaben, mit Dekreten der Vielzahl ökonomischer Probleme Herr zu werden. Dieser Machtgewinn verschleierte indes nur, dass die Verhältnisse sich mittlerweile in eine ganz andere Richtung entwickelten.

Trotz allem Werben für die *perestrojka* blieb das eigentliche Problem die katastrophale wirtschaftliche Situation des Landes: Das alte System der Planwirtschaft war zusammengebrochen, der Wert des Rubel ging in einer galoppierenden Inflation unter, ab Juli 1989 breiteten sich die Streiks unter den Bergarbeitern aus – ein sensibler Bereich für die Energieversorgung des Landes –, eine an sich gute Ernte konnte wegen organisatorischer Probleme nur unvollkommen eingebracht werden, Schwarzhandel und organisierte Kriminalität waren auf dem Vormarsch. Für diese Verschlechterung konnte nun nicht die Regierung unter dem Ministerpräsidenten Nikolaj Ryžkov allein verantwortlich gemacht werden, sondern die Verantwortung trug jener Mann, der das alte System hatte reformieren wollen: Gorbačëv hatte in einer Rede vom 16. November 1990 die Notsituation benannt und zur Umstrukturierung der Union mehr Macht verlangt, aber sein Zenit war überschritten, und jeder verstand, wer gemeint war, wenn der langjährige Gefährte und Außenminister Eduard Ševardnadse in einer leidenschaftlichen Rede vor dem Kongress der Volksdeputierten am 20. Dezember 1990 vor einer Diktatur warnte und seinen Rücktritt von allen Ämtern erklärte.

Die Union war inzwischen durch zwei andere Bewegungen weiter geschwächt worden, denen die Zukunft gehörte: Am 11. März 1990 hatte der Oberste Sowjet Litauens mit überwältigender Mehrheit die Unabhängigkeit des Landes und die Loslösung von der Sowjetunion beschlossen, nachdem er die Annexion des Jahres 1940 für Unrecht erklärt hatte. Das litauische Parlament war damit um wenige Tage einer geplanten Gesetzesänderung im Kongress der Volksdeputierten zuvorgekommen, in der die Regeln für einen möglichen Austritt der Einzelrepubliken so restriktiv festgesetzt wurden, dass man von einem ›Austrittsverhinderungsgesetz‹ sprechen konnte. Die Reaktion Gorbačëvs auf die litauische Entscheidung kam prompt: Nach verbalen Mahnungen wurde am 18. April 1990 die Lieferung von Erdöl und Erdgas unterbrochen; diese Maßnahmen wurden in den folgenden Wochen bis zu einer fast vollständigen Wirtschaftsblockade gesteigert, während im Landesinneren Litauens Anhänger der Union und bewaffnete Kräfte für Unruhe sorgten. Diese Disziplinierungsbemühungen hatten aber nicht den gewünschten Erfolg, denn auch die baltischen Nachbarn Estland und Lettland waren auf dem Weg in die Unabhängigkeit, wenn auch politisch zurückhaltender als der emotionale Präsident des Obersten Sowjets Litauens, Vytautas Landsbergis. Allerdings war die Lage Litauens einfacher als die seiner Nachbarn, denn die ethnischen und mehrheitlich katholischen Litauer stellten in ihrer Republik mit 80 % der Bevölkerung die stärkste Bevölkerungsgruppe, demgegenüber waren die Esten in ihrer Republik mit 61,5 % und die Letten sogar mit nur 52 % in einer prekären Situation, denn ihnen standen mit 35 % bzw. 42 % Ostslaven, vornehmlich Russen, gegenüber, die sich jeweils in einer eigenen Organisation der ›Interfront‹ zusammenschlossen und massiv für den sowjetischen Gesamtstaat eintraten. Auch wenn Litauen am 16. Mai die Folgen der Unabhängigkeitserklärung und die Verselbstständigung zunächst aussetzte, um eine offizielle politische Lösung zu ermöglichen, so hatte die Abspaltung der Randrepubliken doch unaufhaltsam begonnen, und die Bestrebungen wurden mit entsprechenden Absichtserklärungen vom 9. Februar 1991 für Litauen, am 3. März 1991 für Lettland und Estland untermauert, wobei man in allen drei Fällen darauf verweisen konnte, dass die Eingliederung in die Sowjetunion im Jahr 1940 mit Gewalt und im Gefolge eines Unrechtsvertrags zwischen Hitler und Stalin erfolgt war; die Rückkehr zur Unabhängigkeit konnte aus diesem Grund als eine Ausnahmesituation dargestellt werden. Es war allen Beteiligten jedoch klar, dass die Austritte der baltischen Republiken mit ihrer eigenen, nach Westeuropa orientierten Tradition ein schlechtes Omen für die Sowjetunion waren.

Ins Mark der Sowjetunion zielte indes die Entwicklung der Russländischen Föderation (RSFSR) zur politischen Emanzipation, und an die Spitze dieser Bewegung trat Gorbačëvs politischer Gegner Boris Jel'cin, der sich hier eine Machtbasis zu schaffen wusste: Als Führer des liberalen Blocks im russländischen Obersten Sowjet, der eigentlich nur ein Drittel der Abgeordneten repräsentierte, war Jel'cin am 29. Mai 1990 im dritten Wahlgang ganz knapp mit 535 Stimmen von 1068 Delegierten zum Vorsitzenden und damit zum Präsidenten des größten Gliedstaats der Sowjetunion gewählt worden. Damit handelte es sich nicht nur um einen Machtkampf zwischen der Union und der bedeutendsten Einzelrepublik, sondern eigentlich um einen Machtkampf zwischen ihren beiden Präsidenten: Jel'cin warf unmissverständlich den Fehdehandschuh, als er am 12. Juli aus der KPdSU austrat, worin ihm die beiden anderen Volkstribunen Popov und Sobčak einen Tag später folgten.

Gorbačëv hatte einerseits mehr zur Liberalisierung der KPdSU beigetragen als je ein anderer Parteiführer vor ihm: Er hatte auf das Machtmonopol der Partei verzichtet, die Glaubens- und Gewissensfreiheit verankert (26. September 1990), den Weg für eine Wirtschaftsreform bereitet; andererseits hatte all dies aber die Partei tief gespalten, so dass aus Protest 1990 eine Million Mitglieder (von 19 Millionen) ausgetreten waren. Die Partei besaß jedoch noch eine wichtige Aufgabe, denn zusammen mit der Armee und dem militärisch-industriellen Komplex der Wirtschaft, vornehmlich der Energiewirtschaft, stellte sie die Klammer der Sowjetunion dar. Diese Klammer wurde indes zunehmend als Belastung empfunden, obwohl der Armee in den Randrepubliken immer mehr die Aufgabe zufiel, die innere Ruhe dort wiederherzustellen und Bürgerkriege zu beenden. Daraus erwuchs allerdings kein Prestigegewinn, denn die Armee galt als Faktor der Repression gegenüber den aufstrebenden Einzelrepubliken. Außerdem zahlte die Armee den Preis für das internationale Ansehen Gorbačëvs, der mit den Vereinigten Staaten über die Fortführung der Abrüstungsvereinbarungen verhandelte, im Golfkrieg die USA gegen die Aggression des Irak unterstützte und gemeinsam mit den anderen Alliierten in den Verhandlungen mit den beiden deutschen Staaten die Grundlage für die staatliche Einigung Deutschlands legte. Die geplante Rückführung der Truppen aus Deutschland (350 000 Soldaten und 200 000 Angehörige) sollte zwar durch erhebliche Geldzahlungen erleichtert werden, aber dies konnte die Perspektivlosigkeit für die weitere Zukunft kaum lindern.

Vor ihrem Sturz zeigten die alten Kräfte noch einmal ihre Macht, als Einheiten des Innenministeriums Anfang 1991 in den baltischen Staaten mit Gewalt deren Abspaltung verhindern wollten: Allein in Wilna starben bei Kämpfen um das Parlamentsgebäude und den Fernsehsender im Januar 14 Personen, und auch in anderen Städten machten sich die berüchtigten OMON-Einheiten verhasst. Gorbačëv versuchte durch ein anschließendes Referendum den Zerfallsprozess der Sowjetunion noch zu stoppen, aber am 17. März 1991 erreichte er nur ein unklares Votum: Zwar hatten 76 % derjenigen Sowjetrepubliken, die an der Abstimmung teilgenommen hatten, für den Zusammenhalt der Union votiert, aber einige Republiken hatten gar nicht teilgenommen (Armenien, Georgien, Moldawien) oder – wie die baltischen Staaten und Georgien – ein Votum für ihre Unabhängigkeit erreicht. In der Russländischen Föderation konnte Jel'cin unterdessen einen Erfolg verbuchen, indem er die Mehrheit der Wähler für seinen Plan gewann, den Präsidenten Russlands durch eine Direktwahl zu ermitteln: Am 13. Juni 1991 erlangte Jel'cin einen überzeugenden Sieg in den ersten freien Wahlen zum Präsidenten der Russländischen Föderation, und seine Amtseinführung im Juli in Gegenwart des Patriarchen der Orthodoxen Kirche erinnerte an eine Zarenkrönung. Dem Präsidenten der Sowjetunion, Gorbačëv, stand nun ein Präsident der Russländischen Föderation gegenüber, der klar machte, dass er sich den Unionsgesetzen nicht mehr unterwerfen würde.

Gorbačëv wusste, dass der Erhalt der Sowjetunion auf dem Spiel stand, und auch seine Gegner in der Partei wussten dies. Den ständig steigenden Forderungen der Einzelrepubliken, die die wirtschaftlichen Kompetenzen, die Bodenschätze, Steuereinnahmen und fast alle Attribute der Staatlichkeit für sich beanspruchten, ja einen ›Krieg der Gesetze‹ entfesselten, hielt Gorbačëv die Bemühungen um den Abschluss eines neuen Unionsvertrages mit immerhin 10 von 15 Republiken entgegen, der am 20. August 1991 in Moskau tatsächlich unterzeichnet werden sollte. Im Bewusstsein, den Gesamtstaat – wenn auch in anderer Form – gerettet zu haben, fuhr er jedoch vorher nach den anstrengenden Monaten des ständigen Kampfs zu einem Urlaub auf die Krim.

Am 18. August 1991 erhielt Gorbačëv nachmittags unangemeldeten Besuch in seiner Datscha: Vertreter der Armee und des Sicherheitsdienstes forderten ihn auf, den Notstand auszurufen und seine Funktionen niederzulegen. Als er sich weigerte, wurde er unter Hausarrest gestellt. Der oft vorausgesagte Putsch der konservativen Kräfte in der Partei, im Sicherheitsdienst und in der Armee war eingetreten: In Moskau war der Vizepräsident Gennadij Janaev an die Spitze eines ›Notstandskomitees‹ getreten und ließ am 19. August über die Medien verbreiten, dass Gorbačëv ›aus Gesundheitsgründen‹ auf seine Ämter verzichtet habe; Janaev sei gemäß der Verfassung nun Präsident. Dem Gremium gehörten unter anderen an: der Chef des Sicherheitsdienstes KGB Krjučkov, der Ministerpräsident Pavlov, der Innenminister Pugo und der Verteidigungsminister Marschall Jazov. In einer ersten Verlautbarung führte das Gremium die Zensur der Medien ein und verbot Streiks und Demonstrationen; in der folgenden Kabinettssitzung solidarisierten sich die meisten Regierungsmitglieder mit der Aktion.

Dass dieser Putsch dennoch misslang, lag nicht nur an der schlechten Planung und an der Scheu, massive Gewalt einzusetzen, sondern auch an der Haltung der Moskauer Bevölkerung, die sich um das Parlamentsgebäude (das ›weiße Haus‹) sammelte, insbesondere scheiterte er aber am mutigen Auftritt von Boris Jel'cin: Das Bild, das Jel'cin auf einem Panzer vor dem Parlamentsgebäude zeigt, ging um die Welt und signalisierte die Verbindung der durch direkte Wahl legitimierten Autorität des russländischen Präsidenten mit der Bevölkerung, die den militärischen Kräften entgegenzutreten bereit waren. Jel'cin erklärte den Putsch für illegal und verbrecherisch und verbot jede Zusammenarbeit mit den Putschisten; er übernahm das Kommando über alle auf dem Territorium der Russländischen Föderation befindlichen staatlichen und militärischen Einrichtungen; auch der Patriarch solidarisierte sich mit ihm und verurteilte den Putsch. Nach Gewaltakten, die einige Menschenleben forderten, brach der Putsch am 21. August zusammen, und die meisten Putschisten wurden festgenommen; Innenminister Pugo, Marschall Achromeev und einige andere verübten Selbstmord.

Als Gorbačëv am 22. August in die Hauptstadt zurückkehrte, wirkte nicht nur er durch die Erfahrung des Verrats vieler seiner engen Mitarbeiter erschüttert und verändert, auch die politische Lage war entscheidend umgestaltet: Da die Partei ihn verraten hatte, trat er am 24. August 1991 vom Vorsitz der Kommunistischen Partei zurück – Gorbačëv war zum Staatschef eines Staates in Agonie geworden, ohne Anhang und Machtmittel. Unbestrittener Sieger war Boris Jel'cin, der für die neuen Kräfte stand: Macht aus der Zustimmung der Bevölkerung, Verurteilung der Kommunisten, Befürwortung radikaler Reformen in der Wirtschaft. Aber auch eine Hinwendung zur russischen Vergangenheit wurde sichtbar, nicht nur in der Einschaltung der Orthodoxen Kirche in den Kampf gegen die Putschisten, sondern auch in der Aktion des Bürgermeisters von Leningrad, Anatolij Aleksandrovič Sobčak, der das Eingreifen von Truppen der Putschisten in seiner Stadt vereitelt hatte und der Stadt am 7. November ihren alten Namen zurückgab: St. Petersburg.

Die Putschisten hatten also das Gegenteil ihrer Pläne erreicht; denn die Sowjetunion war nach dem gescheiterten Putsch eigentlich nur noch ein Name: Jel'cin ließ die Kommunistische Partei verbieten; damit endete unspektakulär eine 70-jährige Herrschaft der Partei, die im Namen eines abstrakten Ideals von Gleichheit einen ›neuen Menschen‹ hatte schaffen wollen und dazu eine Terrorherrschaft installiert hatte, die zur Durchsetzung von Macht und Ideologie Ströme von Blut vergossen hatte. Die Partei war an ihrer eigenen Macht erstickt und an der Unfähigkeit, eben die ›materielle Basis‹ des ökonomischen Lebens zu garantieren und zu verbessern, die sie selbst als Grundlage aller Interessen der Menschen ausgegeben hatte. Mit ihr brach das alte System der Nomenklatura, die Herrschaft der Parteifunktionäre, zusammen, ohne dass aber die darin befindlichen Personen verschwunden wären. Demgegenüber baute sich der russische Präsident Jel'cin eigene Machtelemente einer direkten Präsidialherrschaft auf, derer er sich zur Durchsetzung seiner Politik bedienen konnte, um Störungen durch die alte Parteihierarchie und die Gegenkraft des Parlaments zu vermeiden: einen Staatsrat, der an das gleichnamige Konsultativorgan im Zarenreich erinnerte, den Ministerrat, einen Föderationsrat und einen Sicherheitsrat. In diese Gremien brachte er Leute seines Vertrauens, die ihm allein verantwortlich waren, und diese Personen kamen im Wesentlichen aus drei Gruppen: Neben Leute aus Jel'cins Heimatregion Sverdlovsk traten Reformkräfte aus den verschiedenen alten Institutionen, deren gemeinsames Interesse die pragmatische Regierung und die Sicherung des militärisch-industriellen Komplexes der Sowjetunion war, und schließlich Vertreter der demokratischen Reformbewegung. Kennzeichnend für diese Art der Herrschaftsausübung wurde es, dass alle Macht auf dem politischen Mandat des Präsidenten beruhte, dieser aber nach seiner Wahl demokratische Kontrollelemente geringschätzte. Sein Anspruch auf Demokratisierung der Gesellschaft kollidierte häufig mit rechtsstaatlichen Vorstellungen der Gewaltenteilung und der Kontrolle von Personen und Institutionen, die seinen Einfluss beschränkt hätten. Jel'cin ließ auch seinen Rivalen Gorbačëv durch sein Verhalten öffentlich dafür büßen, dass dieser ihn früher aus seinen Ämtern verjagt und gedemütigt hatte.

Der machtvolle Zug der Einzelrepubliken zu Selbstständigkeit und Unabhängigkeit war nun nicht mehr aufzuhalten. Dass die baltischen Staaten die internationale Anerkennung erreichten und am 17. September 1991 in die Vereinten Nationen aufgenommen wurden, war dabei noch hinnehmbar gewesen; kritisch war indes die Haltung der Ukraine, die historisch, ökonomisch und in der ethnischen Zusammensetzung der Bevölkerung eng mit der Russländischen Föderation verbunden war; gerade wegen der Nähe zu Russland und der oft erfahrenen Demütigung der ›Kleinrussen‹ durch Moskau war in Kiev das Bewusstsein von einer eigenen historischen Individualität gewachsen, was dem im Sommer 1990 gewählten Parlamentspräsidenten Leonid Kravčuk im Referendum vom März 1991 ein Votum für Verhandlungen über ein neues Verhältnis zur Union und den anderen Republiken eingebracht hatte. Während Gorbačëv nach dem Putsch, nur noch auf die Armee und den Kongress der Volksdeputierten als Unionsinstrumente gestützt, um einen neuen Unionsvertrag rang und diesen auch – nach langwierigen Verhandlungen – im November bis zur Unterschriftsreife brachte, war die nationale Bewegung über diese Anstrengungen hinweggegangen. In einem Referendum stimmte die Ukraine am 1. Dezember 1991 schließlich mit überwältigender Mehrheit für die Unabhängigkeit: An die Stelle der Union mit dem

Gesetzesrecht über die Einzelrepubliken traten die Republiken, die sich als Nationalstaaten verstanden und untereinander in horizontalen Verträgen eine neue Ordnung begründen wollten; am 8. Dezember proklamierten die Führer der drei slavischen Republiken Russland, Weißrussland (Belarus) und Ukraine eine ›Gemeinschaft unabhängiger Staaten‹ (GUS) und erklärten die Sowjetunion für aufgelöst; elf der zwölf früheren Teilrepubliken, alle mit Ausnahme Georgiens, beschlossen im Vertrag von Alma Ata (21. Dezember 1991), in Zukunft eine lose Verbindung zu bewahren und die ökonomischen, militärischen und sozialen Probleme auf der Basis von Verhandlungen unter Gleichen zu regeln. Gorbačëvs Versuch, Strukturen der Union zu retten oder die Union wenigstens auf einem verfassungsgemäßen Weg aufzulösen, ging ins Leere – am 25. Dezember 1991 trat Gorbačëv von seinem Amt zurück, denn der Staat, den er repräsentiert hatte, existierte nicht mehr.

Gorbačëvs persönliche Tragik war, dass er als erster modern, human und weltoffen denkender Führer der KPdSU zur Korrektur der Fehlentwicklung in seiner Partei Heilmittel einsetzte, die für das verkrustete und zentralistische System tödlich waren: Die *perestrojka* hatte keinen ›Umbau‹, sondern den Zerfall der bürokratischen Struktur bewirkt, die neue Offenheit hatte die Partei zermürbt und das Bürgerbewusstsein der Menschen gestärkt, die in ihrer Mehrheit nicht eine ›demokratisierte‹ kommunistische Partei, sondern überhaupt keine Kommunisten mehr wollten. Mit der Parteiherrschaft ging aber auch die innere Ordnung und der bescheidene Wohlstand im Land zu Ende, so dass Gorbačëv zwar im Ausland wegen seiner Politik geachtet, im Inneren aber schließlich gehasst wurde. Gorbačëv hat viel improvisiert und taktiert, und ihm fehlte wohl ein strategisches Konzept, so dass die Ergebnisse seiner Politik ihn wohl selbst am meisten überrascht haben: Als Vorsitzender der KPdSU wurde er zum erfolgreichsten Antikommunisten aller Zeiten, der wider Willen den Zusammenbruch der Sowjetunion wenn nicht verursachte, so doch einleitete. Mit seinem Namen bleibt die

Überwindung der Teilung Europas verbunden und die Beseitigung eines Systems im Namen einer Ideologie, die einmal die ›Befreiung des Menschen‹ von Ausbeutung versprochen hatte, aber zur Gewaltherrschaft einer Supermacht degeneriert war. Das Ende der Sowjetherrschaft hat einen Irrweg der russischen Geschichte beendet.

DIE RUSSLÄNDISCHE FÖDERATION

1991	10. Juli – 31. Dez. 1999: Jel'cin Präsident
1999	31. Dez.: Putin geschäftsführender Präsident
2000	7. Mai – 7. Mai 2008: Putin Präsident
2008	7. Mai: Medvedev Präsident
1994	Lukašenka Präsident von Weißrussland
1991–94	Kravčuk Präsident der Ukraine
1994–2004	Kučma Präsident der Ukraine
2004	Juščenko Präsident der Ukraine

Die politische Entwicklung unter Jel'cin

Die Rückkehr Russlands auf die Bühne der Geschichte ist mit der Person von Jel'cin verbunden: Boris Nikolaevič Jel'cin (El'cin) wurde am 1. Februar 1931 im Dorf Butka bei Sverdlovsk (heute wieder Jekaterinburg) an der Grenze zwischen Europa und Asien geboren. Nach harter Jugend in einer armen Bauernfamilie besuchte er ab 1952 die Fakultät für Bauwesen des Uraler Polytechnischen Instituts und arbeitete nach dem Diplom im Bauwesen in Sverdlovsk, wo er rasch Karriere machte und nach seinem Eintritt in die Partei (1961) schließlich 1976 zum Parteichef des der Produktionskraft nach drittgrößten Parteibezirks der Sowjetunion aufstieg. Gute Kontakte zum Militär, zur Industrie und zur Bevölkerung empfahlen ihn für einen Aufstieg in Moskau, wohin ihn Gorbačëv 1985 berief und zum Leiter der Abteilung für Bauwesen, dann zum Führer der Moskauer Parteiorganisation machte. Auch dort wurde er schnell populär, weil er sich unorthodox um die Belange der Menschen kümmerte, wodurch er sich aber die Gegnerschaft des Apparats zuzog: Im Herbst 1987 kam es zum Zerwürfnis mit Gorbačëv, weil Jel'cin auf konsequente Reformen drängte und Gorbačëv persönlich kritisierte; der politische Absturz zu einem Fachmann für Baufragen war die Folge. Der überraschende Wiederaufstieg gelang im Frühjahr 1989, als Jel'cin mit einem Rekordergebnis von 89,6 % in einem Moskauer Wahlbezirk in den Kongress der Volksdeputierten einzog und dort dann gegen den Widerstand Gorbačëvs zum Präsidenten des Obersten Sowjets und damit zum amtierenden Staatsoberhaupt der RSFSR gewählt wurde. Jel'cin war damit Gegenspieler Gorbačëvs, von dem er sich auch in seiner Persönlichkeit sehr unterschied: Beobachter nannten ihn eigensinnig, radikal, risikofreudig und volkstümlich; er habe ›drei Seelen‹ in seiner Brust, je eine als Parteikarrierist, als Reformer und als Populist.

Schon vor dem Ende der Sowjetunion hatte Jel'cin deren Rechtsnachfolge und Besitz für die Russländische Föderation beansprucht, und dies wurde sogleich auch international anerkannt: Seine innere Struktur erhielt das neue ›Russland‹ am 31. März 1992 in einem Unionsvertrag zwischen 18 der 20 als souverän bezeichneten Territorien (von Republiken bis zu autonomen Kreisen); Tatarstan und Tschetschenien beanspruchten Sonderregelungen. Im Vertrag waren die Außenpolitik, die Verteidigung, die Wahrung der Menschen- und Minderheitenrechte der Föderation übertragen und die russische Sprache zur Staatssprache erhoben worden; dagegen verlangten die Tataren einen eigenen Staat Tatarstan mit weitgehenden Autonomierechten, und die Republik Tschetschenien-Inguschetien wollte die vollständige Unabhängigkeit. Der neue Staat, offiziell ›Russländische Föderation‹ (*Rossijskaja federacija*) genannt, umfasste 17 Millionen km^2 und wurde von fast 150 Millionen Menschen bewohnt; das neue Russland gehörte also weiterhin zu den großen Staaten der Erde. Mit seinem Potenzial an Rohstoffen, mit seinen Energiereserven und den Nuklearwaffen war es dabei unverändert eine Weltmacht, besser eine Weltmacht in Wartestellung; das Hauptproblem war jedoch, dass es zuvor in dieser Form noch kein Russland gegeben hatte und man an keine nationalstaatliche Tradition anknüpfen konnte: In der Russländischen Föderation lebten neben den Russen noch Angehörige vieler anderer Völker, deren Zahl von wenigen Hunderten in Sibirien bis zu einigen Millionen reichte. Waren nun die Russen wirklich Träger des neuen Staates? Innerhalb der Russländischen Föderation traf dies sicherlich zu, wo die Russen fast 80 % der Bevölkerung ausmachten; dies setzte die Tradition des Zarenreichs und der Sowjetunion fort, in denen die Russen als die stärkste Volksgruppe sich jeweils mit dem Gesamtstaat identifiziert hatten; eine ›normale Nation‹ aber waren sie nie gewesen, da sie sich als eine ›Übernation‹ verstanden hatten, die ›gleicher‹ als die anderen Sprachgruppen gewesen war. Anders sah es dagegen in den neuentstandenen Republiken außerhalb Russlands selbst aus, wo nach dem Ende der Sowjetunion die vormalige Sonderstellung in eine Benachteiligung umgeschlagen war: Ungefähr 25 Millionen russischsprachige Menschen lebten außerhalb der Russländischen Föderation in diesen Staaten und bildeten dort eine bisweilen ungeliebte Minderheit.

Die ›Gemeinschaft unabhängiger Staaten‹ (GUS) sollte dem Anspruch nach ein Zusammenschluss von souveränen und gleichen Staaten sein, die sich zur Aufrechterhaltung der Wirtschaftseinheit in einer Rubelzone verbanden. Von einer wirklichen Gleichheit konnte indes keine Rede sein, da die Russländische Föderation durch ihr wirtschaftliches Gewicht, die Verfügung über die Energiereserven, das Oberkommando über die Armee und die Atomwaffen die übrigen weit überragte. Noch ehe sich die Gemeinschaft konsolidieren konnte, brach sie indes auseinander: Im Streit um die Aufteilung der Schwarzmeerflotte und die Stationierung von russischen Marineeinheiten in der ukrainischen, jedoch mehrheitlich von Russen bewohnten Stadt Sevastopol' behauptete Kiev sein Eigeninteresse, und im November 1992 scherte die Ukraine aus der gemeinsamen Rubelwährung aus.

Positiver gestaltete sich dagegen das Zusammenleben mit den zentralasiatischen Republiken, allen voran Kazachstan, dessen Präsident Nursultan Nasarbaev gemeinsam mit Boris

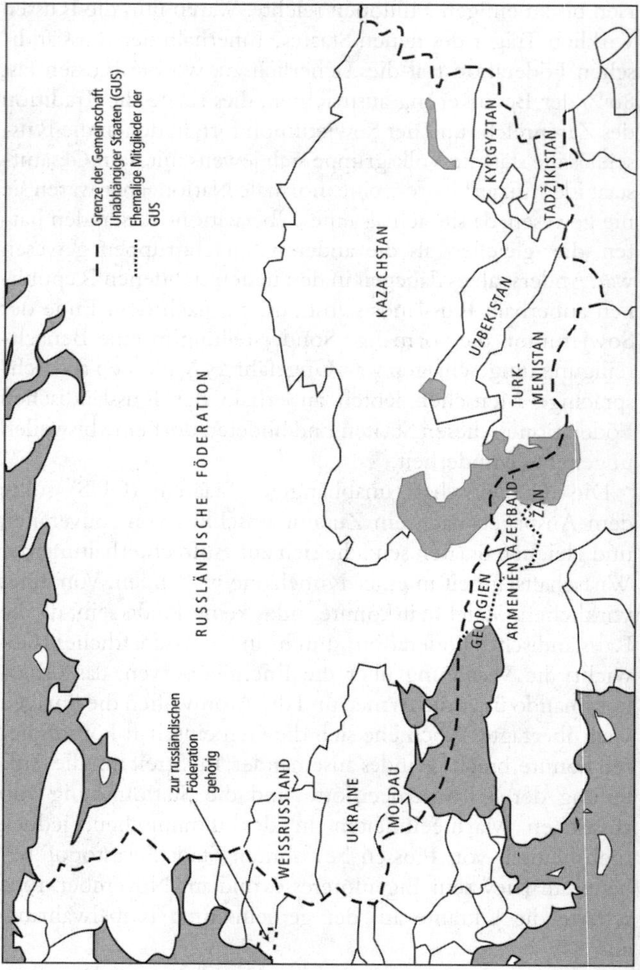

Karte 8: Die gemeinschaft Unabhängiger Staaten (GUS).

Jel'cin die Grundlagen der GUS geprägt hatte. Für das russische Selbstverständnis bot sich hier die Chance, der Hinwendung zum Westen Europas eine Alternative entgegenzusetzen, indem man für eine ›eurasische Mission‹ der Russen eintrat. Auf diese Weise brauchten sich die Russen nicht als eine ›normale Nation‹ zu definieren und konnten zwischen dem Ausland und dem ›nahen Ausland‹ unterscheiden, in dem das russische Element weiterhin eine besondere Rolle spielen sollte. Diese besondere Rolle zeigte sich in den Ereignissen an der Peripherie der GUS: In zahlreichen Fällen war die Armee unter dem Oberkommando des russischen Präsidenten Jel'cin die eigentliche Macht, die die Grenzen der Gemeinschaft nach außen und die innere Ordnung und die Binnengrenzen der Republiken sicherte, und diese Armee war ein lebendiges Erbe der Sowjetunion. Es liegt eine gewisse Ironie in der Feststellung, dass den Russen als einziger Nation der ehemaligen UdSSR der Übergang von der imperialen Macht des Zarenreichs und der Sowjetunion zu einem Nationalstaat versagt geblieben ist.

Für die Menschen wichtiger waren indes die Probleme im Innern Russlands, die durch den Kampf um die Demokratie und die Einführung der Marktwirtschaft bestimmt waren: In einem Land, das nur kurze Phasen demokratischer Selbstverwaltung gekannt (nach 1905, 1917) und das mehr als 70 Jahre Diktatur durchlitten hatte, war die Einführung von demokratischen Strukturen nicht leicht, denn alle Elemente einer Rechtsstaatlichkeit fehlten. Politische Parteien im westlichen Sinne gab es nicht; dagegen entstanden rasch viele kleine und kleinste politische Gruppierungen, die sich manchmal nur auf enger regionaler Ebene bildeten. Die staatlichen Institutionen waren abhängig von politischen Vorgaben, die entweder aus der kommunistischen Zeit stammten oder kurzfristig, zum Teil übereilt beschlossen wurden; das Prinzip der Wahl und der Streit zwischen gewählten Organen und Personen schufen eine eigene politische Wirklichkeit.

Gewählt vom Volk war der Präsident Russlands, Boris Jel'cin, und ebenfalls gewählt war das Parlament aus kommunistischer Zeit, der Kongress der Volksdeputierten Russlands, der aus seiner Mitte den Obersten Sowjet gewählt hatte; als Sprecher des Kongresses traten Ruslan Chasbulatov und sein Stellvertreter Aleksandr Ruckoj auf, die hinter sich die Mehrheit der konservativ gesinnten ehemaligen kommunistischen Abgeordneten wussten, die ein neues Selbstbewusstsein entwickelt hatten. Der Streit entbrannte nun um die Ernennung der Regierung, die entweder dem Präsidenten oder dem Parlament verantwortlich sein sollte, und hier spielte die Frage der Wirtschaftsreformen die entscheidende Rolle: Jel'cin befürwortete radikale Reformen, die der Finanzminister Egor Gajdar einführen wollte, dabei jedoch auf den Widerstand der konservativen Mehrheit des Kongresses stieß, die Gajdar am 9. Dezember 1992 die Bestätigung als Ministerpräsident verweigerte. Als Kompromisskandidat wurde dann am 14. Dezember der Repräsentant der alten Großindustrie, Viktor Černomyrdin, als Ministerpräsident bestätigt; dafür erreichte Jel'cin die Zusage von Chasbulatov, im April 1993 ein Referendum über eine neue Verfassung Russlands abzuhalten. Die außerordentlichen Vollmachten des Präsidenten Jel'cin sollten bis dahin weiter gelten, wobei der Kongress auf die Besetzung von Schlüsselstellen in der Regierung Einfluss nehmen konnte.

Weitere Ansprüche des Kongresses führten im März 1993 jedoch zu einem heftigen Schlagabtausch mit dem Präsidenten, dem die Abgeordneten die Vollmachten entziehen wollten und Verfassungsbruch vorwarfen. Ein Misstrauensvotum gegen Jel'cin scheiterte am 26. März nur knapp; dafür brachte das Referendum, das der Kongress nicht hatte verhindern können, am 25. April 1993 einen unerwartet klaren Erfolg für Jel'cin: Bei einer Wahlbeteiligung von 64,5 % sprachen 58,7 % der Wähler dem Präsidenten ihr Vertrauen aus, 67,2 % votierten für vorgezogene Parlamentswahlen, wobei die Frage der Verfassung verschoben wurde. Jel'cin ging also mit einem weiteren Wählervotum in die Auseinandersetzung, die sich in den folgenden Monaten hinzog und auf beiden Seiten mit Erbitterung und Verfahrenstricks geführt wurde. Als Jel'-

cin dann erneut Gajdar als seinen Kandidaten, diesmal für das Amt des stellvertretenden Ministerpräsidenten, präsentierte, bot der Kongress mit seiner Ablehnung den Vorwand, dass Jel'cin ihn auflöste und für den 12. Dezember 1993 Neuwahlen ausschrieb, die mit einem Referendum über die neue Verfassung verbunden werden sollten. Im Gegenzug erklärte der Kongress Jel'cin für abgesetzt und erhob Ruckoj zum Präsidenten. Damit drohte nun ein bewaffneter Konflikt zwischen den konkurrierenden Gewalten, der am 3. Oktober 1993 tatsächlich ausbrach: Eine Massendemonstration von Gegnern Jel'cins führte zu Gewalttaten, während sich die Anstifter im ›Weißen Haus‹, dem Parlamentsgebäude, verschanzt hatten; Teile der Armee, des KGB und Truppen des Innenministeriums standen indes hinter Jel'cin und schossen den Widerstand zusammen und das ›Weiße Haus‹ in Flammen. Die ›zweite Oktoberrevolution‹ hatte ungefähr 200 Menschenleben gekostet, den Kongress entmachtet, die Stellung des Präsidenten gerettet und den Weg für Neuwahlen freigemacht; zugleich aber war Jel'cin nun jenen Kräften verpflichtet, die ihm geholfen hatten. So stieg der Verteidigungsminister Gračev zu einer Schlüsselfigur auf. Dabei erinnerte die Reaktion Jel'cins, der seine Gegner in den verschiedenen Staatsstellen zum Rücktritt zwang (darunter auch den Vorsitzenden des Verfassungsgerichts Valerij Zorkin), in der Form, wenn auch nicht in der Ausführung, an Säuberungen aus kommunistischer Zeit.

Nun standen erneut Wahlen an, in denen sich das Volk zu der neuen Verfassung äußern sollte: Der Verfassungsausschuss des Kongresses hatte im Juli die Einführung eines Zweikammerparlaments gebilligt; die erste Kammer sollte den traditionsreichen Namen ›Staatsduma‹ tragen und 450 Sitze umfassen, den ›Föderationsrat‹ sollten je 2 Deputierte aus den 89 Untergliederungen der Russländischen Föderation bilden. Der Putschversuch im Oktober erlaubte es Jel'cin zudem, die Stellung des Präsidenten in der Verfassung zu stärken: Danach ernannte der Präsident den Ministerpräsidenten, ebenso den Oberkommandierenden der Streitkräfte; der Präsident berief den Sicherheitsrat und konnte ihn so mit Leuten seines Vertrauens besetzen; ein Misstrauensvotum des Parlaments gegen die Regierung konnte für drei Monate ausgesetzt werden, nach einem erneuten Misstrauensvotum konnte der Präsident die Duma auflösen; Gesetze, die die Duma mit einfacher Mehrheit beschlossen hatte, konnte der Präsident blockieren, was nur durch eine Zweidrittelmehrheit in der Duma zu lösen war. Der Präsident konnte nur bei einem groben Verstoß gegen die Verfassung angeklagt werden; wichtige Institutionen, wie die Zentralbank, wurden gestärkt und dem Einfluss des Parlaments entzogen.

Die Wahlen vom 12. Dezember 1993 brachten die Bestätigung der Verfassung durch 60 % der Wähler, aber nur 53 % der Wahlberechtigten hatten von ihrem Stimmrecht Gebrauch gemacht. Russland hatte nun eine Präsidialverfassung und war damit zur historischen Normalität einer starken Zentralgewalt zurückgekehrt; die Dekrete des Präsidenten erinnerten an die Erlasse der Zaren, wie auch das Auftreten des ›Zaren Boris‹ in den Prachträumen des Kreml an alte Zeiten gemahnte.

Die Ergebnisse der Dumawahl spiegelten die Zerrissenheit des Landes im Umbruch wider: 21 Parteien und Gruppierungen waren zur Wahl angetreten, nachdem einige radikal nationalistische Parteien schon im Vorfeld ausgeschlossen worden waren. Die reformwilligen Kräfte hatten sich in mehreren Parteien gesammelt und insgesamt keine Mehrheit erhalten: Gajdar hatte mit seiner Partei ›Russlands Wahl‹ nur 15 % der Sitze errungen, die nächststärkste Partei waren die Kommunisten mit 12,3 %. Ein Schock war das Abschneiden der ›Liberaldemokratischen Partei‹ mit 22,8 %, denn diese Partei war weder liberal noch demokratisch: Ihr Führer Vladimir Žirinovskij hatte ungeniert faschistische Parolen verbreitet, den Nachbarn Russlands gedroht und eine unversöhnliche Opposition gegen Jel'cin getrieben. Gegen eine Koalition von kommunistischen und populistisch-chauvinistischen Kräften in der Duma erschien der Präsident Jel'cin nun also als Garant der Ordnung.

Die Verhältnisse waren aber ungeordnet, denn in Russland gab es keine Tradition von Rechtsstaatlichkeit und somit keine Achtung vor staatlichen Institutionen. Jel'cin selbst legte die Verfassung in Konflikten mehrmals großzügig zu seinen Gunsten aus, und der Haupteinwand gegen die Verfassung, dass zwar die Mehrheit der Wähler, nicht jedoch die Mehrheit der Wahlberechtigten zugestimmt hätten und damit die Verfassung überhaupt nicht die notwendige absolute Mehrheit erreicht habe, wurde von Präsident und Parlament ignoriert. Auch die praktische Politik erwies sich als problematisch, denn sie bestand im Wesentlichen im Austausch von Personen, wenn Probleme auftauchten; die Reformer hatten weder im Parlament noch in der Regierung eine Mehrheit, und die Kommunisten gewannen in der an den wirtschaftlichen Verhältnissen leidenden Öffentlichkeit an Zulauf; Lokal- und Regionalwahlen zeigten bei einer Beteiligung von manchmal weniger als 25 % die Politikmüdigkeit und das Misstrauen der Bevölkerung. So blieb Präsident Jel'cin das Zentrum der Macht, die er teils über die Regierung unter Ministerpräsident Černomyrdin im Bereich der ökonomischen und sozialen Probleme, teils über den Sicherheitsrat für Außenpolitik und Sicherheitsfragen an Personen delegierte, die nur ihm verantwortlich waren. Jel'cin rückte jedoch in den Hintergrund, als er im Jahr 1995 zwei Herzattacken überstand und die Sorge über seinen Gesundheitszustand wuchs.

Die größte Krise lösten Jel'cin und Militärs um Verteidigungsminister Gračev aus, als russländische Truppen am 11. Dezember 1994 in Tschetschenien einmarschierten. Dort war der ehemalige Armeegeneral Džochar Dudaev im Oktober 1991 zum Präsidenten des Landes gewählt worden, hatte dessen Unabhängigkeit ausgerufen und den Austritt aus der Russländischen Föderation erklärt. Moskau hatte die Unruhen zunächst ignoriert und Dudaev als ›Gangsterführer‹ bezeichnet, bis Jel'cin dann im November 1994 in einem Ultimatum die Wiederherstellung der Ordnung verlangt hatte. Der erhoffte rasche Erfolg blieb jedoch aus, und in zermürbenden Kämpfen mit den freiheitsbewussten Tschetschenen offenbarten sich die Schwächen der Armee, die zwar über überlegenes Kriegsgerät verfügte, aber wegen schlechter Führung, mangelnder Moral und Versorgung trotz militärischer Erfolge die Aufständischen nicht bezwingen konnte.

Die Stimmung der Bevölkerung Russlands wurde am 17. Dezember 1995 mit der Wahl der Duma neu getestet: Die Kommunisten wurden mit 22,3 % der Wählerstimmen die stärkste Partei, während der ultranationalistische Žirinovskij den Zenit überschritten hatte und seinen Wähleranteil auf 11,2 % halbiert sah; alle Reformparteien zusammen erreichten wieder keine Mehrheit, wobei die Partei von Ministerpräsident Černomyrdin ›Unser Haus Russland‹ mit 10 % noch am besten abgeschnitten hatte. Unter den politischen Bedingungen Russlands noch wichtiger musste aber die Wahl des Präsidenten werden, die für Juni 1996 vorgesehen war, wobei lange zweifelhaft war, ob Jel'cins Gesundheit ihm eine neue Kandidatur überhaupt ermöglichen würde. Als Gegenkandidat hatte der Kommunist Gennadij Zjuganov die besten Aussichten; dazu war in den Dumawahlen ein neuer Mann aufgetreten, der auf Erfolgskurs schien: der Fallschirmjägergeneral Aleksandr Lebed'. Dieser hatte sich schon in Afghanistan einen Namen als geradliniger Soldat ohne Korruptionsverdacht gemacht, in der Dnestrrepublik einen Bürgerkrieg verhindert und im Sommer 1995 seinen Dienst quittiert, um als unabhängiger Politiker für Ruhe und Ordnung einzutreten.

In einem langen Wahlkampf voller Verdächtigungen und Putschgerüchte, den Jel'cin mit überraschendem Elan, professioneller Organisation und vielen Reisen durch das Land absolvierte, konnte er sich allmählich aus dem Tief der Wählergunst heraufarbeiten, in das er durch den sich hinziehenden verlustreichen Krieg in Tschetschenien geraten war. Am 16. Juni erreichte dann zwar keiner der Kandidaten im ersten Wahlgang die Mehrheit der abgegebenen Stimmen, aber Jel'cin lag mit 35 % knapp vor dem Kommunisten Zjuganov mit 32 %; an dritter Stelle folgte mit 15 % Lebed'. Jel'cin reagierte auf das Wahlergebnis schnell und überraschend, indem er den ungeliebten Verteidigungsminister Gračev und weitere Hardliner entließ und den Drittplacierten zum Sekretär des Sicherheitsrats und zu seinem persönlichen Sicherheitsberater ernannte; zugleich verfestigten sich die Gerüchte über eine ernsthafte Erkrankung Jel'cins, der in der Öffentlichkeit kaum mehr auftrat. Dennoch erreichte er bei der Stichwahl am 3. Juli 1996 mit knapp 54 % der Stimmen einen Sieg über den kommunistischen Herausforderer. Jel'cin ernannte daraufhin Černomyrdin wieder zum Ministerpräsidenten und berief den Wirtschaftsreformer Anatoli Čubajs zum Chef der Präsidialverwaltung sowie den Generalobersten Igor Rodionov zum Verteidigungsminister; der Einfluss Lebed's wurde durch die Gründung eines Verteidigungsrats eingeschränkt. Während die Armee in Tschetschenien in heftige Kämpfe verwickelt war, wurde Jel'cin am 9. August 1996 in einer eher schlichten Zeremonie in sein Amt eingeführt. Dabei hatten viele Beobachter den Eindruck, dass der schwer herzkranke Präsident seine zweite Amtsperiode nicht würde durchhalten können; hinter der Bühne bereitete sich bereits der Machtkampf um die Nachfolge vor, als dessen Hauptpersonen der Ministerpräsident Černomyrdin (58 Jahre), der Sicherheitsberater Lebed' (46 Jahre) und der Stabschef Čubajs (41 Jahre) auszumachen waren; Lebed' konnte sein Ansehen noch steigern, als ihm im August 1996 in schwierigen Verhandlungen ein Waffenstillstand in Tschetschenien gelang. Jel'cin behielt aber während seiner Vorbereitung auf eine Herzoperation (Anfang November), die ihn für Wochen der Öffentlichkeit entzog, die Fäden der Macht in der Hand, indem er den Ehrgeiz möglicher Nachfolger in konkurrierende Gremien einband, sich aber in konkreten Entscheidungen nur unklar äußerte und dann am 17. Oktober 1996 den ungeliebten zeitweiligen Helfer Lebed' überraschend entließ. Auch hierin ließ sich eine Rückkehr zur russischen Tradition sehen, in der ein ›ferner Zar‹ als Garant der Ordnung galt, seine oft unberechenbaren und nur ihm verantwortlichen Mitarbeiter aber die Politik ausführten.

Lebed' versuchte einen zweiten Anfang, als er sich zum Gouverneur von Krasnojarsk wählen ließ (1998); nach geringem Erfolg gegen die dortige Korruption kam er 2002 bei einem Hubschrauberunfall ums Leben.

Krankheit, Erschöpfung und wohl auch Resignation, die den Alkoholkonsum steigen ließen, prägten die letzte Phase der Herrschaft Jel'cins: Im steten Streit mit der Duma, deren nationalkommunistische Mehrheit jeden Reformansatz torpedierte, wechselte er in 17 Monaten fünf Ministerpräsidenten aus, wobei er den jungen Kirienko (geb. 1962) dreimal vorschlug; angesichts des wachsenden Chaos im Land, der Krise der Wirtschaft und Währung, wurde das Problem seiner Nachfolge zum beherrschenden Thema. Formal sollte der Präsident vom Volk gewählt werden, da aber Parteien als Institutionen keinen Kandidaten benennen durften, hing alles von einer Entscheidung Jel'cins ab, einen Nachfolger vorzuschlagen. Dazu boten sich die bisherigen Ministerpräsidenten an, dann der ehemalige Außenminister Primakov, der zum Vizepräsidenten aufgerückt war, besonders aber der Bürgermeister von Moskau, Lužkov, der die Stadt mit harter Hand erfolgreich verwaltete, mit weltstädtischem Glanz versah, als Populist hohes Ansehen genoss und sich überdies durch den Wiederaufbau der Christ-Erlöser-Kathedrale die Unterstützung der Kirche gesichert hatte. Im Hintergrund wirkte die ›Familie‹ Jel'cins, der sich einige Wirtschaftsführer angedient hatten (Berezovskij), die ihre Privilegien und Auslandskonten schützen wollten. Alle Kandidaten stach aber schließlich ein unbekannter Jurist und ehemaliger Geheimdienstmitarbeiter aus St. Petersburg aus, den Jel'cin im Mai 1998 zum stellvertretenden Chef der Präsidialverwaltung befördert hatte und am 9. August 1999 zum Ministerpräsidenten ernannte: Vladimir Vladimirovič Putin (geb. 1952). In seiner ruhigen und überlegten Art, und mit der Absicht, den Staat zu stärken, griff er nach einigen Bombenanschlägen in Moskau hart durch, ließ am 1. Oktober die Armee erneut in Tschetschenien vorgehen und konnte durch solche Maßnahmen in der russischen Öffentlichkeit und in der Armee große Zustimmung erwerben. Jel'cin betrachtete ihn als seinen ›Kronprinzen‹, und dessen Aussage, die neugegründete Partei ›Einiges Russland‹ (*Edinaja Rossija*) zu unterstützen, verhalf dieser zu einem guten Ergebnis in der Dumawahl vom 19. Dezember 1999 (23,3 %); ihre Zusammenarbeit mit der Kommunistischen Partei (24,3 %) und den ›freien Abgeordneten‹ sicherte seiner Regierung eine komfortable Mehrheit.

Mit seinem letzten Überraschungscoup erklärte Jel'cin in der Silvesternacht seinen Rücktritt vom Amt des Staatspräsidenten und schlug Putin als seinen Nachfolger vor, der dann auch am 26. März 2000 in der vorgezogenen Präsidentenwahl mit 52,9 % der abgegebenen Stimmen im ersten Wahlgang zum zweiten Präsidenten der Russländischen Föderation gewählt wurde. Die vormaligen Bewerber Lužkov und Primakov waren nach heftigen Diffamierungskampagnen in den Medien und Verfahrenstricks gar nicht erst angetreten; auch der Wahl selbst wurden Unregelmäßigkeiten nachgesagt. Nach der chaotischen und sprunghaften Herrschaft in seiner letzten Amtsperiode hatte Jel'cin seinem Nachfolger den Weg für eine andere Politik gebahnt und sich selbst einen würdigen Abschied verschafft. Am 23. April 2007 starb er in Moskau; in einem Staatsakt und nach dem Ritus der orthodoxen Kirche wurde er auf dem Friedhof im Neu-Jungfrauen-Kloster in Moskau beigesetzt.

Privatisierung und wirtschaftlicher Niedergang

Parallel zur mühsamen Restrukturierung im Bereich der Politik verlief der eher noch mühsamere Weg der Umgestaltung der Wirtschaft, gab es doch keine Vorbilder, wie man eine erfolglose Planwirtschaft in einem Riesenreich in eine Marktwirtschaft umbauen konnte. Ungelöste Strukturprobleme hatten in der letzten Phase der Sowjetunion die Wirtschaft ins Straucheln gebracht: Der Staatsplan hatte nicht funktioniert, weil wichtige Schlüsselindustrien hinter den Vorgaben zurückgeblieben waren; die Technologielücke gegenüber dem Westen hatte sich ständig vergrößert; das Preissystem war einerseits von niedrigen Energiekosten, andererseits von staatlicher Planung der Bedürfnisbefriedigung ausgegangen, war also nicht marktorientiert gewesen; die Landwirtschaft war ebenfalls hinter den Erwartungen zurückgeblieben, und schlimmer noch war, dass das Verteilungssystem der Güter nicht funktioniert hatte; spontane Streiks von Bergarbeitern im Juli 1989 waren ein Warnsignal für die wachsende Unruhe in der Bevölkerung gewesen. In einem Reformpaket hatte der Ökonom Leonid Abalkin daraufhin eine ökonomische *perestrojka* einführen wollen, indem privater Ackerbau erlaubt, ein Bankwesen eingeführt und ausländische Investitionen über gemischte Betriebe (*joint ventures* zugelassen werden sollten. Solche zaghaften Pläne wurden aber von der politischen Entwicklung überholt.

Der politische Zusammenbruch der Sowjetunion und der Golfkrieg im Juli 1990 beschleunigten dann noch zusätzlich den Prozess des ökonomischen Niedergangs: Der Staat musste die unproduktiven staatlichen Unternehmen alimentieren, was nur unter Einsatz der Notenpresse möglich war und eine Inflation in Gang setzte, die bald astronomische Höhen erreichte (im Januar 1992 allein 200 %) und die Sparguthaben der Bevölkerung vernichtete. In dieser Richtung zielten auch die Maßnahmen des Geldumtauschs: 1991 waren alle Rubelnoten zu 50 und 100 Rubel für ungültig erklärt worden, 1993 wurden alle Scheine aus dem Verkehr gezogen, die vor 1992 herausgegeben worden waren. Zwar wurde durch solche Maßnahmen, die den Geldumlauf mindern sollten, zunächst die tatsächliche Arbeitslosigkeit verschleiert, aber keine wirkliche Strukturreform ermöglicht. Die Freigabe der Preise zum 1. Januar 1992 war nur eine halbherzige Maßnahme, da die Preise für Energie und Lebensmittel davon ausgeschlossen blieben; die Schere zum Schwarzmarkt konnte damit nicht geschlossen werden. Der Staat verfügte zudem über kein System der Steuererhebung, denn in der Sowjetunion hatten die staatlich festgesetzten überhöhten Preise für Konsumartikel die erforderlichen Einnahmen gebracht; die Folge war ein gigantisches Defizit im Staatsbudget, das durch ausländische Kredite, die an die Erfüllung strenger Vorgaben des Internationalen Währungsfonds gebunden waren, nur unzulänglich ausgeglichen werden konnte. Die angestrebte Privatisierung der Wirtschaft kam nur langsam in Gang, denn dazu mussten erst die gesetzlichen Voraussetzungen geschaffen werden; auch die Mentalität der Bevölkerung und die Einstellung der Abgeordneten mussten sich erst ändern, um eine neue Gesetzgebung zu erlauben.

Zwei Optionen zur Umgestaltung der Wirtschaft standen zur Diskussion: Die radikale hätte bedeutet, durch einen Sprung in die völlige Freigabe der Wirtschaft zunächst einen Absturz in Kauf zu nehmen, aus dem dann ein langsamer Aufstieg hätte folgen können; die Angst vor sozialen Unruhen ließ dies aber als unpraktikabel erscheinen. Die Alternative lag in der Tradition halbherziger Maßnahmen aus sowjetischer Zeit, denn die Freigabe von Teilbereichen und die staatliche Stützung bankrotter Betriebe verzögerte zwar die Umstellung, ließ den Prozess aber steuerbar erscheinen. Eine weitere Grundsatzfrage der Reformer bezog sich auf das Territorium: Grigorij Javlinskij von der Partei *Jabloko* befürwortete eine Zusammenarbeit aller Staaten der GUS, die in einem Währungsverbund eine abgestimmte Wirtschaftspolitik betreiben sollten; ihm stand die Konzeption von Egor Gajdar entgegen, der von einem Aufbrechen der Rubelzone und einem Voranschreiten der Russländischen Föderation ausging, litt doch die russische Wirtschaft unter der Last der alten Sowjetrepubliken; allerdings hätte dies eine Aufkündigung des Pakts mit den anderen Republiken bedeutet und deren Abschottung untereinander bewirkt, indem sie eigene Währungen einführten und ihre Wirtschaft in eigener Regie in Ordnung bringen müssten. Die alte Sowjetunion hatte einen breiten Wirtschaftsverbund der Industrieunternehmen gekannt, die ihre Rohstoffe und Materialien auf staatliche Weisung hin aus weit auseinanderliegenden Zentren bezogen und die Faktoren Energie und Transport nicht kostengerecht bewertet hatten. Nun stellte sich bei einer Errichtung von staatlichen

Grenzen heraus, dass horizontale Strukturen geschaffen werden mussten, in denen die Industrieunternehmungen untereinander in ein neues Verhältnis treten und die Abrechnungen in Geld oder Waren vornehmen sollten. Die Anhebung der Energiepreise auf Weltmarktniveau und die Beibehaltung von Vorzugspreisen innerhalb Russlands und zwischen einigen Republiken bewirkten dann für die nicht bevorzugten Mitglieder der GUS eine enorme Verschuldung, die etwa in der Ukraine dramatische Folgen für die Energieversorgung von Industrie und Bevölkerung haben sollte.

Hauptanliegen der Reformkräfte war die Privatisierung der Wirtschaft, die nun ähnlich energisch betrieben wurde wie seinerzeit die Kommunisten die Verstaatlichung begründet und umgesetzt hatten. Zur Privatisierung fehlte aber das Wichtigste, nämlich das Geld zum Kauf der staatlichen Betriebe durch Unternehmer. Der Staat half sich in einer ersten Phase mit der Vergabe von Anrechtsscheinen (*voucher*) der einzelnen Betriebe jeweils an das Management und die Belegschaft, die eine Besitzübertragung darstellen und wegen der Eigeninteressen beider eine Produktivitätssteigerung bringen sollten. Diese Anteilscheine sollten wie Aktien Gewinne bringen, die dann von den neuen Besitzern zu versteuern wären, um mit dem Ertrag die Staatsausgaben zu decken. Dieser Vorstellung nach hätten alle Beteiligten, also auch der Staat, schließlich von der Umstellung der Eigentumsverhältnisse profitiert. Die Dinge entwickelten sich aber in einer anderen Weise: Zum einen misstrauten die Arbeiter diesen unsicheren Papieren und fürchteten die Inflation; daher verkauften sie ihre *vouchers* lieber zu einem niedrigen Preis an das Management oder an Banken und Investitionsfonds, die zu diesem Zweck in großer Zahl gegründet wurden. Auf diese Weise sammelten sich große Mengen von solchen Papieren in den Händen weniger. Zum anderen gab der Staat selbst Kredite an diese Banken aus, deren Gelder zum Teil aus den ausländischen Krediten stammten, die nun zu niedrigem Zinssatz kurzfristig an Inländer verliehen wurden und die der Staat nach einiger Zeit zu hohen Zinsen zurückzunehmen versprach. Das Problem bestand allerdings darin, dass hier nur Umbuchungen stattfanden, keine zusätzlichen Mittel zur Modernisierung der Betriebe bereitgestellt und keine Produktivitätsverbesserungen vorgenommen wurden. Der Staat finanzierte also im Grunde seine eigene Enteignung. Die zweite Phase der Privatisierung erfolgte dann nach 1994, als der Staat ganze Unternehmen zum Kauf anbot, die auf Auktionen unter Berücksichtigung eines vorher bestimmten Anfangsgebots an den jeweils Höchstbietenden abgetreten werden sollten. Auch hierbei ergaben sich zahlreiche Möglichkeiten des Unterschleifs: Die mit der Auktion beauftragten neuen Banken boten selbst mit, reduzierten oft mit willkürlichen Maßnahmen den Kreis der Bieter und wählten letztlich auch die Käufer: Aus einem Kreis von verschworenen Interessierten entstand ein neuer Stand von Bankern und Unternehmern, die untereinander durch erfolgreiche Geschäftsabschlüsse verbunden blieben, insbesondere aber durch das gemeinsame Interesse, an den entstandenen Zuständen nichts zu ändern. Die enge Verquickung von Managern und hohen Bürokraten, die über die Polizei und die Justiz den kollektiven Raub absicherten, entstand so eine neue Schicht von reichen, meist jungen und dynamischen Geschäftsleuten, den ›Oligarchen‹, die die Gesetzlosigkeit und den mangelnden Willen des Staates zur Regulierung des ›wilden Kapitalismus‹ ausnutzten. Entscheidend für den folgenden Verfall der Wirtschaft war indes, das aus all den Transaktionen, Steuerverschleierungen und anderen Maßnahmen keine Modernisierung und Produktivitätssteigerung folgte, sondern die neuen Besitzer nur am schnellen Gewinn durch die Ausschlachtung der Betriebe, den Verkauf von Immobilien und den Transfer des rasch erworbenen Geldes ins Ausland interessiert waren.

Es war eine eigenartige Erfahrung, dass einerseits das Land verarmte, auf den Straßen Moskaus Bettler auftauchten, die in öffentlichen Küchen versorgt wurden, Rentner unter das Existenzminimum gerieten und dass andererseits das Phänomen der ›neuen reichen Russen‹ auftrat: Viele aus der alten Nomenklatura der Partei hatten sich aus den Zentren der politischen Macht in die Wirtschaft gerettet, wo sie das unübersichtliche Rechts- und Finanzsystem für ihre Interessen nutzen konnten; da die Binnenpreise für Erdöl und Gas vom Staat niedrig angesetzt waren, dagegen Lizenzen für deren Export zu Weltmarktpreisen vergeben wurden, lag hier ein gewaltiges wirtschaftliches Potenzial für diese Menschen mit den entsprechenden Verbindungen zu den Schaltstellen der Macht und somit eine große Versuchung zur Korruption und Bereicherung. Der militärisch-industrielle Komplex forderte weiterhin staatliche Unterstützung, aber das Geld kam keineswegs immer bei den Lohnempfängern an: Verzögerte Zahlungen etwa im Bereich des Bergbaus, des öffentlichen Dienstes oder der Armee hatten auch im Wahlkampf Jel'cins im Sommer 1996 eine wichtige Rolle gespielt.

Besonders schlimm war das Jahr 1994, als das Bruttosozialprodukt nach dem kontinuierlichen Rückgang der vergangenen Jahre noch einmal um fast 30 % fiel, die Ernteerträge auf den niedrigsten Stand dieser Krisenzeit sanken und fast 20 % der Bevölkerung unter der Armutsgrenze lebte. Zugleich waren aber die ersten Anzeichen einer Besserung erkennbar. So gelang die Stabilisierung des Staatshaushalts, was den Forderungen des Internationalen Währungsfonds entsprach und zur Erteilung von neuen Krediten führte; damit konnte die Inflation eingedämmt und der Rubel gestärkt werden. Auch die Privatisierung der Wirtschaft, angefangen mit den kleinen Betrieben, hatte Fortschritte zur Folge und führte zu einem neuen Mittelstand, so dass 1994 etwa die Hälfte der Arbeitnehmer in privaten Betrieben tätig war. Hingegen fand weder in der Großindustrie noch in der Landwirtschaft eine Privatisierung statt; nur 2 % des landwirtschaftlichen Ertrags kamen aus privater Produktion. Hier wirkte die alte Mentalität fort, Land nicht als eine Ware wie andere zu behandeln; die Gesetzgebung und vor allem die Störmanöver der Kolchozbürokratie behinderten eine rasche Privatisierung. Es zeichnete sich zudem eine neue Regionalisierung ab, die etwa um die großen Städte mehr Wohlstand entstehen ließ als in den abgelegenen ländlichen Gebieten Russlands.

Gravierend waren die Folgen des Zusammenbruchs der Sowjetunion und der Wirtschaft insbesondere für die Bevölkerung des Landes: Die Ideologie der Kommunistischen Partei hatte einst eine ganze Werteskala neu geschaffen, in der Handarbeit vor geistiger Tätigkeit rangierte, Gleichheit – jedenfalls dem Anspruch nach – vor Verdienst stand, Handel und arbeitsloses Einkommen verpönt waren. Das Verbot der Kommunistischen Partei war daher mehr als ein politischer Einschnitt, traf dieses doch die Lebensplanung und das Wertesystem von Millionen Menschen: Plötzlich war erlaubt, was vordem verboten gewesen war, wie die ungehinderte Kritik in den Medien oder der Zugang der Welt der Kleinbürger zu den ›Errungenschaften der westliche Welt‹, die Viele als eine Überschwemmung mit Pornografie missverstanden; Einfuhren aus dem Westen galten als Statussymbol und verdrängten auch gut eingeführte eigene Waren, so dass ein Gefühl der Überfremdung aufkam; die russische Sprache nahm einen gewaltigen Schwall von westlichen Ausdrücken – wie *biznismeny* – auf.

Für viele Bewohner der Sowjetunion war deren Ende demnach ein Schock, der sie aus der Höhe einer Weltmacht mit gewaltigem Nuklearpotenzial auf den ökonomischen Stand eines Landes der Dritten Welt stürzen ließ. Wer wollte, sah überall nur Verfall: Die Wohnungsnot, ein traditionelles Problem des Landes, wurde durch die Rückführung der Armee aus den Ländern des Warschauer Pakts und aus Deutschland noch verstärkt, später noch einmal durch das Rückfluten von vielen Russen aus dem Kaukasus und aus Mittelasien, da sie sich dort mit den neuen politischen und sozialen Bedingungen nicht abfinden konnten. In den Straßen der Großstädte herrschte nicht nur die Eleganz der Neureichen, sondern auch der Terror der Unterwelt, die über Schutzgelderpressung oder schlichte Gewaltkriminalität das Leben verunsicherte. Von den neuen Freiheiten profitierten die jungen smarten Leute, die keinen Respekt vor früheren Leistungen mehr kannten und ihre Interessen rücksichtslos und meist erfolgreich vertraten. Viele der alten Kommunisten saßen weiterhin in Schlüsselstellungen und förderten oder verhinderten die Entwicklung zu ihrem eigenen Vorteil. Die armen und alten Menschen, die Rentner und Kranken, die Kinder und die weniger Beweglichen waren dagegen die Verlierer; das Bild von Kriegerwitwen, die ihre Angehörigen im ›Großen Vaterländischen Krieg‹ verloren, ihr Leben mit schwerer körperlicher Arbeit zugebracht hatten und nun vor den Bahnhöfen Moskaus mit dem Verkauf ihrer Habe oder kleiner Waren ihr Leben fristeten, war die Kehrseite der neuen Freiheiten. Was war das für ein Land geworden, in dem es keine soziale Sicherheit, kein Arbeitslosengeld und nur eine heruntergekommene Gesundheitsfürsorge gab und wo selbst die Beerdigungskosten für viele unerschwinglich hoch waren? Was Wunder, dass nicht alles aus kommunistischer Zeit verdammenswert erschien, ja die soziale Sicherheit und die Gleichheit eher eine Verklärung erfuhren: Die Zunahme von Stimmen für die alten Kommunisten – nun in mehrere Linksparteien aufgespalten – sowie spontane Demonstrationen an alten Feiertagen und unter roten Fahnen wurden nicht nur von Ewiggestrigen getragen, sondern waren oft genug Ausdruck der Verzweiflung, der Verunsicherung oder einer neuen *smuta* (›Zeit der Wirren‹ s. Seite 219ff.), die zur höchsten Rate an Selbstmorden in der Welt führten.

Der tiefste Punkt des Abstiegs war aber noch nicht erreicht, was mit daran lag, dass Russland keine Inselstellung mehr einnahm, sondern nun in die Weltwirtschaft eingebunden war. Die Haupteinnahmequelle Russlands war der Export von Erdöl und Gas zu Weltmarktpreisen, deren Schwankungen aber direkte Auswirkungen auf die Staatseinnahmen hatten. Zusätzliches Geld verschaffte sich Russland durch ausländische Direktinvestitionen oder Kredite der Weltbank. All dieses Geld wurde aber nicht zum Aufbau der Wirtschaft verwendet, sondern hauptsächlich für den Import von Konsumwaren. Entsprechend fehlte eine ausreichende eigene Warenproduktion, was durch das Schrumpfen des Bruttoinlandsprodukts 1998 auf 57 % des Standes von 1990 verdeutlicht wird; für den gleichen Zeitraum brachte die Landwirtschaft mit weniger als 50 % des vormaligen Ertrags das bisher schlechteste Ergebnis. Die Situation verschärfte sich noch, als 1997 die Asienkrise begann, in der die Finanzmärkte Japans und der ›kleinen Tiger‹ Südostasiens zusammenbrachen; auch hier waren kurzlaufende Kredite für Aktien und Immobilien verwendet worden, ohne dass daraus reale Produktion geschaffen worden war. Die Unfähigkeit der ›Tigerstaaten‹, die auflaufenden Zinsen und Tilgungsraten in Dollar zu bezahlen, erschütterten den Weltfinanzmarkt und betrafen auch Russland. Zugleich hatte sich der Ölpreis angesichts der Wirtschaftskrise und der sinkenden Nachfrage gegenüber 1990 halbiert, was Russland ebenfalls hart traf. Damit war das Land in eine ausweglose Situation geraten: Die Einnahmen aus dem Export brachen weg, ein funktionierendes Steuersystem gab es nicht, der Wert des Rubels sank stetig und musste im Sommer 1998 um 60 % gegenüber dem Dollar abgewertet werden. Zur Bedienung der Schulden fehlten für 1999 rund 13 Milliarden Dollar; im Inland konnten keine Löhne und Gehälter mehr ausbezahlt werden; der Zahlungsverkehr war zusammengebrochen, denn die Unternehmen konnten ihre Rechnungen nicht mehr begleichen; Erzeuger von Energie und Lebensmitteln erhielten kein Geld oder nach großer Verspätung durch die Inflation in ihrem realen Wert geminderte Beträge. Tauschverkehr hatte die Geldwirtschaft ersetzt, denn die Arbeiter und Unternehmen mussten ihre Erzeugnisse selbst gegen notwendige Güter eintauschen. Die Menschen waren auf die Selbstversorgung angewiesen, wobei Kriminelle in mafiaähnlichen Organisationen den primitiven Markt zusätzlich störten. Gleichzeitig konnte sich aber eine kleine Schicht von ›Oligarchen‹ weiter bereichern und ihre Gewinne ins Ausland transferieren; offizielle Stellen gaben zu, dass 1999 monatlich eine Summe von bis zu anderthalb Milliarden Dollar als Fluchtgeld auf ausländische Konten floss. Es war ein Paradox, dass Russland mehr Geld exportierte, als es an Krediten für die Staats- und Sozialausgaben erhielt: Der Staat war faktisch zusammengebrochen; 44 Millionen Russen lebten unter der Armutsgrenze; der bescheidene Wohlstand der neuen Mittelschichten war zerronnen. Im Land wuchs folgerichtig die Sehnsucht nach einem starken Staat, der die Verhältnisse ordnen und bessern konnte, und dies bedeutete für Russland einen starken Mann an der Spitze des Staates.

Russlands Wiederaufstieg unter Putin

Nichts hatte den zurückhaltenden, stets beherrscht und manchmal streng wirkenden Geheimdienstmann aus St. Petersburg dazu prädestiniert, in Moskau die höchste Stelle zu erklimmen: Vladimir Vladimirovič Putin war am 7. Oktober 1952 in einer Arbeiterfamilie in ärmlichen Verhältnissen in Leningrad geboren worden; nach einem Jurastudium war er 1975 dem KGB beigetreten, in dessen Dienst er von 1985 bis 1990 in einer eher untergeordneten Stellung in der DDR, vornehmlich in Dresden, tätig gewesen war, wo er die deutsche Sprache erlernt hatte. Der eher schmächtige und disziplinierte Mann brachte es im Judo-Sport bis zum Stadtmeister von St. Petersburg, wo er nach seiner Rückberufung in der Verwaltung im Umkreis des Juraprofessors und Bürgermeisters Sobčak eingesetzt wurde. Nach dessen Wahlniederlage 1996 wechselte Putin nach Moskau und wurde dort 1998 Direktor des Inlandgeheimdienstes der Russländischen Föderation (FSB) und 1999 Sekretär des Sicherheitsrates des Präsidenten Jel'cin, der ihn dann am 9. August 1999 zum Ministerpräsidenten ernannte. Putin hatte das Vertrauen der Umgebung (der ›Familie‹) des kranken und oft arbeitsunfähigen Präsidenten gewonnen, zu der auch der neureiche Berezovskij gehörte, unter dessen Einfluss die Wirtschaftsoligarchen die Wiederwahl Jel'cins 1996 dann maßgeblich förderten. Ferner konnte er sich auf den Kreis der Geheimdienstleute und auf seine Vertrauten aus der Petersburger Zeit stützen.

In einer programmatischen Rede zum Anlass des Milleniums war Putin wenig konkret geworden, hatte aber die Rückkehr zu einem ›starken Staat‹ versprochen und eine

›Diktatur der Gesetze‹ gefordert. Angesichts mehrerer Bombenattentate ab September 1999 in Moskau, des Vorrückens tschetschenischer Verbände und des massiven Eingreifens der russischen Truppen in Tschetschenien am 1. Oktober schien manchem Beobachter seine Amtsführung wie eine geschickte Inszenierung, die ihm über das Versprechen von Ruhe und Sicherheit nicht nur die Zustimmung der Bevölkerung einbrachte, sondern über die Förderung der Armee auch deren Unterstützung sichern sollte. Mit seiner ersten Amtshandlung nach seiner Bestellung zum Präsidenten – der Gewährung einer Amnestie für seinen Vorgänger und der Bestätigung des Besitzes für Jel'cins Umgebung – versprach er außerdem Kontinuität gegenüber dem bisherigen Regime, was sich auch darin äußerte, dass er die alte Regierungsmannschaft mit nur geringen Änderungen übernahm und erst nach etwa einem Jahr allmählich austauschte.

Der Übernahme der Herrschaft musste deren Sicherung folgen, und das bedeutete die Einbindung oder Ausschaltung konkurrierender Kräfte: Als Erstes ging Putin gegen die Gouverneure der 89 Regionen im Land vor, die durch ihre Direktwahl an Autorität gewonnen hatten und diese durch oft selbstherrliche Führung in ihrem Herrschaftsbereich und dann noch als automatische Vertreter im Föderationsrat durch ihre Immunität sicherten. Die Regionen wurden nun in sieben Großbezirken zusammengefasst, deren Leiter der Präsident selbst bestimmte und zum großen Teil aus Kreisen des Geheimdienstes auswählte.

Darauf folgte ein Vorgehen gegen die Neureichen im Land, gemeinhin die ›Oligarchen‹ genannt, die ca. 85 % der Wirtschaftsmacht in den Händen von acht Gesellschaften oder Clans zusammengefasst hatten. Ihren Einfluss und Reichtum verdankten diese den chaotischen Verhältnissen der Privatisierung und der Rechtlosigkeit im Land; in Verbindung mit der korrupten Bürokratie und unter Ausnutzung von Gesetzeslücken hatten sie ein Milliardenvermögen in Dollar angehäuft, das durch ehrliche Arbeit niemals zu erwerben gewesen wäre. Solange die ›Oligarchen‹ der Macht verbunden waren und den jeweiligen Präsidenten durch Geld und ihren Einfluss über die Medien unterstützten, ließ sie der Kreml gewähren, auch wenn belastendes Material (*kompromat*) in den Archiven gehortet wurde. Putin konnte schließlich den Einfluss von Berezovskij zurückdrängen, der sein Vermögen über fingierte Exporte der Lada-Autoproduktion erlangt hatte; die Macht Gusinskijs über zahlreiche Zeitschriften und Fernsehsender, die Putin bei seiner Kandidatur noch geholfen hatten, wurde gebrochen; der ›Bankier‹ der ›Familie‹, Abramovič, versuchte sich als Gouverneur von Tschukotka im äußersten Osten Sibiriens, verlagerte aber vorsichtshalber seinen Wohnsitz nach London. Den Höhepunkt dieses schleichenden Prozesses einer Rückgewinnung wirtschaftlicher Macht durch den Staat war aber der ›Fall‹ von Chodorkovskij, der über seinen Einfluss in der Ölproduktion (*Jukos*) zum reichsten Mann Russlands aufgestiegen und durch moderne Managementmethoden, aber auch durch soziale Maßnahmen in der Öffentlichkeit bekannt geworden war. Durch die Unterstützung eines Gegenkandidaten von Putin bei dessen Wiederwahl im Jahr 2004 zog er sich den Zorn des Präsidenten und eine Anklage vor Gericht zu, was ihm nach einem spektakulären Prozess schließlich neun Jahre Haft in einem sibirischen Lager eintrug; formal waren die hier erhobenen Vorwürfe der Steuerhinterziehung und Gesetzesübertretungen nicht zu beanstanden, nur konnte man diese Vorwürfe gegen alle aus der Gruppe der ›Oligarchen‹ erheben – und so bleibt die Frage nach dem gewählten Zeitpunkt der Anklage, der politisch motiviert sein konnte, sowie danach, ob die Behörden auf Anweisung von ganz oben handelten.

Gegen Ende der zweiten Amtszeit Putins wurde ein entsprechendes Verfahren auch anderweitig genutzt, um verlorenes Eigentum des Staates durch fragwürdige Methoden von ebenfalls fragwürdigen aktuellen Besitzern zurückzuholen. Am Ende der 8-jährigen regulären Präsidentschaft Putins besaß jedenfalls der Staat direkt oder indirekt die Aufsicht über die Presse und das Fernsehen, und die Drohung mit Repressalien erneuerte die ›Schere im Kopf‹ bei den Journalisten, was eine formelle Zensur überflüssig machte. In der Wirtschaft war der Gaskonzern Gazprom im Dienste des Staates zum Besitzer oder einflussreichen Teilhaber der gesamten Energiewirtschaft aufgestiegen, und der Vorsitz in dessen Aufsichtsrat sollte dem Nachfolger Putins den Weg bahnen. Der ›militärisch-industrielle Komplex‹ der Wirtschaft war von vornherein von der Privatisierung ausgeschlossen gewesen; über diese strategischen Interessen hinaus hatte der Staat aber auch andere Teile der Industrie zurückgewonnen, was dann offiziell als ›gelenkte Marktwirtschaft‹ geschönt wurde. Kritische Journalisten und Soziologen haben zudem darauf hingewiesen, dass Putin seine Vorstellungen von einem ›starken Staat‹ mithilfe der Geheimpolizei (*siloviki* von *sila* ›Macht‹ oder ›Gewalt‹) und einer korrupten, befehlsabhängigen Bürokratie verwirklichte, ohne dass ihm aber selbst offene Gesetzesverstöße oder persönliche Bereicherung vorgeworfen worden sind. Hinter der Fassade demokratischer Verfahrensweise war also ein autoritäres System entstanden, in dem der Begriff ›Demokratie‹ zum Schimpfwort und Synonym für Chaos und westliche Heuchelei verkommen war.

Nach der Ausschaltung der Regionalkräfte, der Wirtschaftselite und der freien Medien existierte in Russland keine Gegengewalt zur Zentrale mehr. Die willige Duma beschloss nun zusätzlich ein Wahlgesetz, mit dem kleine Parteien ausgeschlossen wurden und missliebige Kandidaten von den Wahllisten gestrichen werden konnten; die Wahlen von 2003 und 2007 brachten entsprechend auch die erwartete solide Mehrheit für die Regierung. Die Parteien konnten sich nicht zu festen Organisationen formieren, sondern orientierten sich auch weiterhin an Führungspersonen mit unklaren Programmen. Die ›inszenierte Demokratie‹ stand für die Vorstellung, dass das Parlament die Regierung zu unterstützen, nicht zu kritisieren oder zu kontrollieren habe. Und die Regierung hatte durchaus große Erfolge vorzuweisen, wenn ihr auch unverhoffte Hilfe zuteil geworden war: Der steigende Preis für Erdöl und Erdgas hatte die Mittel bereitgestellt, die aufgelaufenen Schulden unerwartet rasch zu tilgen, ja darüber hinaus am Ende der Amtszeit Putins einen beträchtlichen Devisenschatz bereitgestellt; statt auswärtige Investoren einzuwerben und mühsam einzugliedern, konnte Gazprom daher seinerseits Interessen im Ausland anmelden und Einkäufe in westlichen Firmen tätigen. Auch die Wirtschaft verzeichnete Jahr für Jahr eine Erhöhung des Bruttoinlandprodukts um ca. 6 %, was aber nicht auf eine Verbesserung der Qualität der erzeugten Produkte zurückging, wie dies beispielsweise in China der Fall war, sondern auf die einseitige Stützung auf die Rohstoffproduktion; Russland war zu einer Energiesupermacht geworden. Allerdings unterblieben auch auf diesem Gebiet grundlegende Erneuerungen, und die Verschwendung von Energie im Innern war legendär. Die Bevölkerung nahm dabei durchaus am wirtschaftlichen Aufschwung teil, denn die Inflation sank in den einstelligen Bereich, der Konsum stieg, die Versorgung besserte sich spürbar und die Arbeitslosigkeit ging zurück, was dazu führte, dass die Menschen mit den politischen Vorgaben der großen Politik und ihrem Präsidenten, der zur Kultfigur gemacht wurde, im Allgemeinen zufrieden waren; sie waren im Wesentlichen unpolitisch und mit den Alltagssorgen beschäftigt, die aus der Rechtlosigkeit und der verbreiteten Korruption herrührten: Jede Verkehrskontrolle, jeder Behördengang oder Justizfall war mit ungeplanten ›Kosten‹ einer willkürlichen Behandlung verbunden, die durch Dollar aus der Welt geschafft werden musste; der äußere Glanz der Hauptstadt Moskau verdeckte die dunklen Machenschaften von Erpresserbanden und sogar von Auftragsmördern, die nicht nur regimekritische Journalisten, sondern auch missliebige Wirtschaftskonkurrenten beiseiteschafften, ohne eine Aufklärung befürchten zu müssen.

Symptomatisch für den Staat und seine Bürokratie unter Putin war der Umgang mit Katastrophen, wie dem Krieg in Tschetschenien und verschiedenen Attentaten oder Unglücksfällen: Der Krieg in Tschetschenien zog sich hin und wurde auf beiden Seiten mit ungeheuerlicher Brutalität und mit großen Verlusten geführt. Die desolate Lage der Armee, deren Soldaten demoralisiert waren und deren Offiziere oft der Gegenseite Waffen verkauften, übertrug sich auch auf die Stimmung der russischen Bevölkerung, die durch Attentate tschetschenischer Terroristen selbst in Moskau die Folgen zu spüren bekam (Geiselnahme im Theater ›Nord-Ost‹ im Oktober 2002). Die Folge war eine wachsende Angst in der Bevölkerung und eine steigende Fremdenfeindlichkeit gegenüber allen Kaukasiern. Putin versuchte dem Problem, durch die ›Wahl‹ des Tschetschenen Achmed Kadyrov zum Präsidenten von Tschetschenien zu begegnen (Oktober 2003); nach dessen Ermordung trat sein Sohn Ramsan die Nachfolge an (Mai 2007), ohne sich aber zunächst im Land durchsetzen zu können. Die Katastrophen rissen in der Folge nicht ab: Am 1. September 2004 nahmen Rebellen ca. 1200 Menschen, meist Schulkinder, in Beslan (Inguschetien) als Geiseln; die blutige Befreiungsaktion forderte über 300 Menschenleben. Der katastrophale Zustand von Armee und Marine war durch den Untergang des modernen Atom-U-Boots ›Kursk‹ im August 2000 sichtbar geworden, durch den die gesamte Besatzung das Leben verloren hatte. Unfälle mit Flugzeugen und in Bergwerken waren häufig; in Moskau verbrannte der Fernsehturm in Ostankino (August 2000). In allen Fällen erregten dabei nicht nur die Verluste an Menschenleben die Öffentlichkeit, sondern noch mehr die Inkompetenz und die Verantwortungsscheu der Behörden, deren offiziellen Erklärungen niemand mehr glaubte, wobei die Öffentlichkeit nicht daran dachte, auch dem Präsidenten eine Mitschuld zu geben. Das alte russische Phänomen, das schon unter den Zaren und später den Sowjetherrschern beobachtet werden konnte, dass das Staatsoberhaupt über jeden Zweifel erhaben sei, setzte sich wieder durch.

Die Reform von Staat und Gesellschaft, die unter dem chaotischen Regime von Jel'cin gewisse Fortschritte gemacht hatte, war ins Stocken geraten oder gar rückläufig, wovon auch das Militär betroffen war: Seit dem Untergang der Sowjetunion hatte das Land keine äußere Bedrohung mehr zu fürchten, besaß aber nun die inneren Feinde Rost und Verfall:

Der Etat reichte nicht einmal zum Erhalt des Materialbestands oder für Treibstoff für Flugzeuge oder Schiffe; wegen mangelnder Wartung und mit ungeübter Besatzung häuften sich die Unglücksfälle. Angesichts ausbleibenden Solds für die Truppe war an eine Verbesserung der Situation nicht zu denken. Von 2,8 Millionen Mann um 1992 war die Armee auf ca. 1,02 Millionen im Jahre 2007 gesunken; Pläne zu einer Reorganisation oder gar zur Bildung einer Berufsarmee kamen nicht voran, weil dies zu teuer war. Dabei lag ein Widerspruch in der Tatsache, dass es bei den Rekruten einerseits eine ungewöhnlich hohe Todesrate gab (Unfälle, Kameradenschikane, Selbstmorde), die Armee andererseits aber ein hohes Ansehen in der Gesellschaft bewahrte. Nur die Elitetruppen und die Weltraumforschung konnten ihren Standard mühsam wahren.

Obwohl die Verfassung keine Staatsreligion vorsah, hatte die orthodoxe Kirche inzwischen wieder eine bevorzugte Stellung erhalten: Seit dem Millenniumsjahr 1988 galt die Religionsfreiheit, und nach dem Sturz des kommunistischen Systems hatte die Kirche einen großen Teil ihres Besitzes vom Staat zurückerhalten und ihre Binnenstruktur wieder aufgebaut, aber Geistliche und selbst Bischöfe – von den 124 Eparchien der GUS lagen 69 innerhalb der Föderation – verfügten nicht mehr über die traditionelle Bildung. Stattdessen verstand sich die Kirche als wahre Vertreterin des Russentums, war national und oft antisemitisch orientiert und wenig bereit, die Verstrickung zahlreicher Geistlicher in das vormalige System zu reflektieren. Mit Misstrauen betrachtete sie die Westkontakte und das Eindringen von protestantischen Sekten, gegen die sie sogar ein Religionsgesetz erreichte, das deren Tätigkeit erschwerte und der orthodoxen Kirche faktisch die Stellung einer Staatskirche eintrug. Feierliche Anlässe waren wieder von geistlichen Handlungen umrahmt, und die Amtseinführungen der Präsidenten erinnerten an alte Zarenkrönungen. Der Patriarch Aleksej II. (1990–2008), der aus einer baltendeutschen Familie stammte und die Kirche zu neuer Bedeutung führte, war der geistige Repräsentant von mehr als 100 Millionen Gläubigen und wollte die traditionellen Strukturen erhalten und festigen; dies zeigte sich etwa in der zögerlichen Einstellung zur Ökumene der christlichen Kirchen, deren Gelder man zwar benötigte, deren Einfluss, besonders den des Vatikans, man jedoch fürchtete. Die geringe Modernisierungsfähigkeit zeigte sich auch darin, dass die Versuche scheiterten, die klassische Liturgie von der (unverständlichen) kirchenslavischen Sprache in modernes Russisch zu übersetzen. Nach den Zeiten der Verfolgung hatte die Kirche demnach zu einer dienenden, aber durchaus selbstbewussten Rolle gegenüber dem Staat zurückgefunden.

Das letzte Problem der regulären Amtszeit des Präsidenten Putin war die Bestimmung seines Nachfolgers: Spekulationen, dass Putin durch eine Verfassungsänderung eine dritte Amtszeit anstreben würde, erwiesen sich letztlich als falsch und wurden durch eine andere originelle Lösung ersetzt: Der Präsident wählte den Nachfolger selbst aus, ließ ihn durch die staatlich kontrollierten Medien als einzig fähigen Kandidaten bekannt machen und dann durch eine Wahl bestätigen (2. März 2008); das Verfahren erinnerte an die spätrömische Adoption der Kaiser, die durch die Volksabstimmung eine Legitimation erhielt. Vorausgegangen war die Dumawahl vom 2. Dezember 2007, in der die Regierungspartei ›Einiges Russland‹ (*Edinaja Rossija*) 64 % der Stimmen erhalten hatte; als ihr Spitzenkandidat war inoffiziell Putin selbst benannt worden, der dann nach der Amtseinführung des neuen Präsidenten Medvedev (7. März 2008) von diesem zum Ministerpräsidenten ernannt wurde. Obwohl die Verfassung diesem Amt nur eine geringe Bedeutung als ausführendes Organ des Präsidenten einräumte, war so eine Doppelspitze entstanden, da Putin über seinen Stab von Vertrauensleuten und über sein enges persönliches Verhältnis zu seinem Nachfolger seinen Einfluss behielt, nur eben nicht mehr im Kreml residierte. Ein Gesetz vom Herbst 2008 sieht für die Zukunft eine Verlängerung der Amtsperiode des Präsidenten vor, und dies nährt die Spekulation, dass dieser wieder Putin heißen könnte.

Dmitrij Anatolevič Medvedev wurde am 14. September 1975 in Leningrad geboren; er entstammt einer bürgerlichen Familie, hat in St. Petersburg Jura studiert und unterrichtet. Über die Verbindung mit Putin ging er in die Politik, zunächst in St. Petersburg, dann im Dienst des Ministerpräsidenten Putin in Moskau; dort leitete er dessen Wahlkampf im Jahr 2000, wechselte dann in die Präsidialverwaltung seines Mentors, deren Leitung er 2003 übernahm und in der er für die Koordination zwischen Regierung und Kreml verantwortlich war. Daneben war er ab Juni 2000 im Aufsichtsrat von Gazprom tätig, dessen Vorsitz er von 2002 bis 2008 innehatte. Seine lupenreine Karriere im Schatten Putins weist ihn als einen loyalen Mitarbeiter Putins aus; er zeichnet sich durch seine bescheidene Art und ein freundliches, manchmal unbeholfenes Auftreten in der Öffentlichkeit aus. Zwar werden ihm liberale Tendenzen nachgesagt, sein politisches Eigengewicht muss sich aber erst noch erweisen. Als Omen hängt über dem Freundespaar die russische Erfahrung, dass bisher noch keine ›Doppelherrschaft‹ Bestand gehabt hat.

Gesellschaft und Kultur unter der Präsidentschaft Putins

Die Bevölkerungszahl der Russländischen Föderation betrug 2007 141 Millionen; bei einer Geburtenrate von 10 ‰ und einer Sterberate von 15 ‰ rechnet man für das Jahr 2020 mit einem Schrumpfen der Bevölkerung auf 132 Millionen. 46,5 % der Bevölkerung war männlich und 53,5 % weiblich, wobei der Unterschied in der durchschnittlichen Lebenserwartung, die bei Männern (2005) 59 Jahre, bei Frauen dagegen 72 Jahre betrug, dramatisch war. 73 % der Bevölkerung lebte in Städten (2007). Bei einer Zahl von ca. 170 Ethnien unterschiedlicher Größe machten die Russischsprachigen 80 % aus; die Zahl der Muslime war mit 8 % angesetzt, denen Schätzungen aber die doppelte Anzahl zurechneten. Im Jahr 2002 waren ca. 800 000 Russen aus Zentralasien in die Föderation eingewandert.

Die Lebensverhältnisse der Bevölkerung hatten sich unter Putin spürbar verbessert; setzt man die Konsumpreise des Jahres 2000 gleich 100, so waren sie bis 2006 zwar auf 220 geklettert, das Durchschnittseinkommen in der gleichen Zeit aber auf 250 gestiegen. Die Inflation war auf unter 10 % gefallen; die wirtschaftliche Zuwachsrate pendelte um 6 % des Bruttoinlandproduktes. Nicht am Aufschwung beteiligt waren indes die ca. 5 Millionen von der Statistik erfassten Arbeitslosen, aber auch die Rentner und große Teile der Landbevölkerung. Auf der Bevölkerung lastete zudem die undurchsichtige Rechtslage im Umgang mit den Behörden aufgrund einer selektiven Anwendung der Gesetze und die weitverbreitete Korruption, deren Kosten sich zwischen 2001 und 2005 verzehnfacht haben sollen. Korrupt war auch das Gesundheits- und Bildungswesen, wobei hier als Hauptmotiv weniger persönliches Gewinnstreben als vielmehr eine generell niedrige und unzureichende Bezahlung der dort Beschäftigten gesehen werden muss. Bei einem nur langsam wachsenden, unter undurchsichtigen Steuern, Abgaben und Kontrollen leidenden Mittelstand konnte in Russland keine politisch aktive Zivilgesellschaft entstehen.

In der Zeit Jel'cins war eine breite und freie Medienlandschaft in Russland entstanden, die eine Fülle von Zeitungen, Zeitschriften und Fernsehstationen hervorgebracht hatte; in dessen letzter Phase hatten aber die ›Oligarchen‹ ihren Einfluss auf die lukrativen Medien ausgedehnt und deren Freiheitsraum zugunsten ihrer Interessen eingeengt, wie die Kampagnen zu den Präsidentenwahlen 1996 und 2000 gezeigt hatten. Unter Putin drängte der Staat die freien Medien dann systematisch zurück, missliebige kritische Journalisten wurden entlassen oder verfolgt und die Medien gleichgeschaltet; der letzte private Fernsehsender wurde 2003 vom Netz genommen. Den Gegenkandidaten blieb damit jede Gelegenheit zu landesweiter Werbung verwehrt.

Auch in der Kunstszene waren die neuen Freiheiten seit dem Fall der Sowjetunion begeistert begrüßt worden; hier drohten aber weniger Gefahren von staatlicher Seite als durch die neue Komponente einer alldurchdringenden Kommerzialisierung, die bald eine Verflachung zur Folge hatte. Wo die Kunst von staatlichen Stellen gefördert wurde, etwa bei der Ausgestaltung der Stadt Moskau, zeigte sich dagegen entweder traditioneller Prunk (die Kathedrale) oder nationaler Schwulst (Denkmäler von Cereteli). Kritik wurde aber auch von kirchlichen Stellen geäußert, die 2007 eine Ausstellung von Bildern verhinderten, die als eine Verhöhnung der Religion empfunden wurden.

Die Zerrissenheit der Gesellschaft trat auch in der Literatur zutage. In der Sowjetzeit war die Literatur eine Gegenmacht zur verordneten Kultur gewesen und ihre Sprecher trotz Verfolgung oft die einzige moralische Instanz. Davon war nach dem Zusammenbruch des Systems nichts mehr geblieben: Die offiziell geförderten Schriftsteller waren in der Versenkung verschwunden und verarmt; die künstlerisch anerkannten mussten den neuen Gesetzen des Marktes folgen. Dies bedeutete zum einen eine Preissteigerung von Zeitungen, Zeitschriften und Büchern und damit eine Verminderung des Absatzes, zum anderen – bewusst oder unbewusst – eine Angleichung an die veränderten Bedürfnisse einer offenen Gesellschaft: Die Leserschaft hatte sich radikal verringert und verändert; sie bevorzugte eine populäre Leseware und die Behandlung von Themen, die bisher tabuisiert worden waren. Hiermit war weniger die Aufarbeitung der Vergangenheit gemeint, als vielmehr eine Thematisierung der unsicheren Gegenwart verbunden mit zum Teil abstrusen utopischen oder esoterischen Vorstellungen von einer besseren Zeit. Die alten Heroen der Literatur waren verschwunden; ihre Zunft war in eine Krise geraten, in der Trauer und Zorn dominierten, ein antiwestlicher Affekt sichtbar wurde und eine Mischung von erotischer und apokalyptischer Thematik vorherrschte.

Die politische Kultur Russlands war in der Putin-Zeit zu ihrer Traditionslinie zurückgekehrt: Ein starker Staat wurde wieder durch eine starke Persönlichkeit repräsentiert, die keine Rücksicht auf die Gesellschaft nahm, weil diese ihm auch kein Gegengewicht entgegensetzen konnte. Die staatlichen Institutionen waren schwach und unzuverlässig; die Gesetze blieben vieldeutig und auslegungsbedürftig; Politik war im Wesentlichen die Herrschaft von Personen und deren Klientel.

Bei alledem herrschte eine eigentümliche ›Hybridität‹ (Šelcova), in der eigentlich Unvereinbares zusammengebunden wurde: Die Demokratie blieb oberflächlich und wurde nur in ihren Verfahren simuliert; freier Markt und Lenkung der Wirtschaft widersprachen einander; Wahlfreiheit wurde durch die Alleinherrschaft begrenzt; Paternalismus ging mit Gleichgültigkeit gegenüber den Nöten der Menschen einher; der Präsident hatte eine offene Informationspolitik versprochen, aber in Zeiten der Krise blieben die Behörden bei Lügen und Täuschung, gegen die die Medien wegen ihrer Gängelung keine Chance hatten.

Die unter Jel'cin begonnenen Reformen waren also steckengeblieben, stattdessen herrschte Ordnung in einer ritualisierten Politik, die dem Präsidenten eine große Popularität eingetragen hatte; die steigende Kriminalität und die Unsicherheit im Alltag wurden nach Möglichkeit verdrängt. Eine ›Generation Putin‹ war entstanden, repräsentiert durch die Jugendorganisation *naši* (›Unsere‹), die auch zu organisierten Demonstrationen gegen Kritiker eingesetzt wurde. Symbolisch war in diesem Kontext der Streit um die Staatshymne: Der alten Melodie aus Sowjetzeiten wurde schließlich ein neuer Text unterlegt, den aber niemand kannte. In der Gesellschaft insgesamt herrschte ein Zwang zum Konsens, statt ein lebhafter Streit um den rechten Weg, wie in einer Demokratie üblich; Andersdenkende wurden als Feinde wahrgenommen und erlebten Ausgrenzung, Diffamierung und Verfolgung. Die Menschen hatten ihre Hoffnung auf eine grundsätzliche Veränderung verloren, die Intelligenz war in Pessimismus verfallen; in der Bevölkerung herrschten Zynismus und Gleichgültigkeit vor, bei den Alten und den Zurückgebliebenen Resignation und eine Verklärung der Vergangenheit. Es gab keinen ›russischen Traum‹ für die Zukunft, vergleichbar dem *American Dream*, denn der ersehnte starke

Staat hatte sich als eine unberechenbare Bürokratie entpuppt – das neue ›System Putin‹ wurde manchmal mit dem zynischen Wort ›Demokratur‹ belegt. Mit all seinen inneren Problemen war Russland also ein Riese auf schwankenden Beinen – was in der russischen Tradition lag. Nach seiner Abkehr vom Westen Europas suchte das Land einen eigenen Weg.

Russlands Stellung in der Welt

Im Jahr 1989 war die Sowjetunion eine Supermacht: Mit ungefähr 4,25 Millionen Mann unter Waffen und 5 Millionen in Reserve verfügte sie über die stärkste Armee der Welt, sie besaß mehr Nuklearwaffen als die USA, ihre Interkontinentalraketen galten als weiterreichend und zielgenauer als die westlichen Gegenstücke. Präsident Gorbačëv traf die großen Staatsmänner der Welt, und er genoss außerhalb seines Staates wohl ein höheres Ansehen als zu Hause. Aber die Macht war auch eine schwere Bürde, denn etwa 25–30 % des Bruttonationaleinkommens mussten für die Streitkräfte ausgegeben werden; dazu kamen die Verpflichtungen aus dem Bündnis des Warschauer Pakts und aus der Alimentierung befreundeter Staaten (z. B. Kuba und Vietnam). Der Rückzug aus dem unglücklichen Engagement in Afghanistan am 15. Februar 1989 senkte zwar die Kosten, belud die Armee aber mit dem Stigma der Niederlage. Es wurde klar, dass sich die Sowjetunion eine solche Armee nicht mehr lange würde leisten können, zumal die technische Entwicklung der Informationsverarbeitung gegenüber dem Westen zunehmend in Rückstand geriet.

Gorbačëv hatte am 7. Dezember 1988 in einer Rede vor der Vollversammlung der Vereinten Nationen erklärt, dass die *perestrojka* auch die Armee erfassen werde und die Sowjetunion die Streitkräfte einseitig um 500 000 Mann verringern wolle. Dies war eine gute Voraussetzung dafür, die Gespräche mit den USA über eine Verringerung der strategischen Waffen

(START: *Strategic Arms Reduction Talks*) zu intensivieren, was durch ein Treffen mit Präsident Bush senior Anfang Dezember 1989 auf Malta geschah. Paradoxerweise verstärkte die Entwicklung des Jahres 1989, die das Ende des sowjetischen Herrschaftsbereichs einleitete, zunächst den sowjetischen Einfluss, denn die blutige Niederschlagung der Demokratiebewegung in China auf dem ›Platz des himmlischen Friedens‹ am 3. und 4. Juni – nur sechs Wochen nach einem Besuch Gorbačëvs in Peking – konnte als Menetekel gelten, dem gegenüber die zurückhaltende Art des sowjetischen Präsidenten und sein oft zitierter Ausspruch in Ostberlin im Oktober 1989 zum Anlass des 40-jährigen Bestehens der DDR, »Wer zu spät kommt, den bestraft das Leben«, als Ausdruck staatsmännischer Weisheit angesehen wurden. Und es konnte ja als Einsicht in die gewandelten Machtverhältnisse angesehen werden, dass Moskau das Ende der kommunistischen Regime in den ›sozialistischen Ländern‹ ohne militärisches Eingreifen hinnahm, den Warschauer Pakt praktisch aussetzte (formelle Auflösung zum 1. April 1991) und den Abzug der sowjetischen Truppen aus Ungarn, der Tschechoslowakei und Polen einleitete.

Für deutsche Beobachter am wichtigsten war wohl Gorbačëvs Rolle im Prozess der Wiedervereinigung der beiden deutschen Staaten; wenngleich schwer zu beurteilen ist, ob dieser Prozess hätte gestoppt werden können, so steckte die partnerschaftliche Zusammenarbeit der Sowjetunion und der USA doch den Rahmen ab. So gelang es Bundeskanzler Helmut Kohl, wichtige Zugeständnisse zu erlangen: die Zustimmung der Weltkriegsalliierten zur Entscheidung der Deutschen in Freiheit (Verhandlungen der ›Zwei plus vier‹), die Zusicherung des Abzugs der sowjetischen Truppen aus Deutschland (bis 1994) und die Hinnahme der Forderung, dass das gesamte Deutschland in der NATO verbleiben solle. Angesichts des Machtzuwachses der Sowjetunion unter Stalin war dies alles eigentlich eine umfassende Niederlage, die die Ergebnisse des Zweiten Weltkriegs, ja in der Abspaltung der baltischen Länder die Sowjetunion selbst, aufs

Spiel setzte; gemessen daran waren die 13 Milliarden Mark, die Deutschland für die Stationierung und Rückführung der sowjetischen Truppen aufwenden wollte, gering zu bewerten; aber das Entscheidende war doch, dass mit dem Abschluss der Verhandlungen und der alliierten Zustimmung, die Einheit Deutschlands am 3. Oktober 1990 zu begründen, der Zweite Weltkrieg durch einen *De-facto*-Friedensvertrag sowie die Konfrontation der Nachkriegszeit beendet wurden: Das östliche Europa hatte die Grenzen der Nationalstaaten bewahrt, auch das wiedervereinigte Deutschland erkannte alle Grenzen endgültig an, und der Präsident der Sowjetunion hatte an der friedlichen Beendigung des Kalten Kriegs und der Begründung einer neuen Nachbarschaft im östlichen Europa einen entscheidenden Anteil. Wie wenig selbstverständlich dies war, konnte man an der Zuspitzung der Konflikte und dem Abgleiten in den Bürgerkrieg in Jugoslawien und in einigen Staaten des Kaukasus beobachten.

Gorbačëv hat jedoch für seinen Anteil an der friedlichen Umgestaltung des östlichen Europa im eigenen Land keinen Dank erhalten: Viele Sowjetbürger beklagten den Machtverlust; die innenpolitischen Kämpfe um die Einrichtung demokratischer Zustände sowie der Streit mit Boris Jel'cin überschatteten die Tatsache, dass die Staaten des östlichen Europa – mit Ausnahme der baltischen Staaten – auf friedlichem Weg zu einer neuen Freiheit gelangt waren. Gorbačëv hingegen wurde nach den Erfolgen der Jahre zuvor auf der internationalen Bühne zu einem Bittsteller, der zwar an den Konferenzen der sieben mächtigsten Industriestaaten teilnahm, aber eben das Geld nicht erhielt, das er für die Umgestaltung der Sowjetunion in einen modernen Industriestaat benötigt hätte. Es reichte nicht, dass die Bundesrepublik Deutschland ein eifriger Fürsprecher eben dieser Hilfe wurde, denn die mangelnde Rechtssicherheit im Land schreckte ausländische Investoren ab, der Internationale Währungsfonds machte hohe Auflagen, und Deutschland selbst trug schwer an der Last des Aufbaus der neuen östlichen Bundesländer. Gerade der Golfkonflikt, der nach dem Überfall des Irak auf Kuwait am 2. August 1990 dann vom 17. Januar bis zum 28. Februar 1991 in einen richtigen Krieg überging, zeigte, dass nur die USA als einzige Supermacht verblieben war, die gegebenenfalls Friedensstörer bekämpfen konnte; schon vor ihrem Ende war die Sowjetunion keine Weltmacht mehr und kam selbst auf dem eigenen Territorium kaum mit ihren Problemen zurecht (Bürgerkrieg in Georgien, Streit um Bergkarabach zwischen Armenien und Azerbeidžan).

Ende 1991 beerbte die Russländische Föderation die Sowjetunion, und sie erbte deren Besitz und deren Probleme: Der russische Präsident Jel'cin hatte die Schlüssel der Nuklearmacht übernommen, und er setzte auch die Verhandlungen mit den USA über die Reduzierung der Waffen, insbesondere der Nuklearwaffen um ca. 70 % (START II), fort. Russland war immer noch ein mächtiger Staat, der seine Interessen durchsetzen wollte und einen sensiblen Umgang erforderte. So war Jel'cin zwar zur Unterstützung der Politik der UN gegen den Irak bereit, lehnte aber eine einseitige amerikanische Politik ab; auch im Konflikt im zerfallenen Jugoslawien übernahm Russland seinen Anteil, verweigerte aber eine Unterstellung seiner Verbände unter NATO-Oberbefehl. Überhaupt gehörte die NATO zum Hauptproblem der russischen Außenpolitik: Die NATO hatte den Kalten Krieg siegreich und friedlich beendet, und damit eigentlich ihre Existenzberechtigung verloren. Musste Russland nicht im Fortbestehen, gar in Plänen zu ihrer Erweiterung um die postkommunistischen Reform-Staaten eine Misstrauenserklärung sehen? Im Dezember 1993 plädierte Präsident Jel'cin auf der Konferenz der KSZE in Budapest entschieden gegen die Aufnahme von Polen, Ungarn und der Tschechischen Republik in die NATO und erhob damit ein Mitspracherecht über die Souveränität dieser Staaten; seither wurde von der NATO und den betroffenen Staaten ebenso fest das Recht auf eine Osterweiterung betont und Russland zu einer ›Partnerschaft für den Frieden‹ eingeladen. Russland in den europäischen Friedensprozess einzubauen, die ›Westler‹ zu fördern und dem Land durch wirtschaftliche Hilfe zu einem neuen Wohlstand zu verhelfen gehörte auch zu den Zielen von Bundeskanzler Kohl, der gemeinsam mit Boris Jel'cin am 31. August 1994 die letzten russischen Truppen in Berlin verabschiedete.

Langsam verschoben sich jedoch die Gewichte in der Außenpolitik Russlands, was vor allem daran lag, dass nach der Auflösung der Sowjetunion die Ziele der ›russischen‹ Außenpolitik neu definiert werden mussten: Vordergründig am einfachsten war das Verhältnis zu den baltischen Staaten. Nach den Wirren im Jahr 1990, als Gorbačëv auch Gewalt eingesetzt hatte, um die Bestrebungen zur Unabhängigkeit Litauens, Lettlands und Estlands rückgängig zu machen, war ihre Abspaltung nach dem missglückten Coup vom August 1991 nicht mehr zu verhindern; die Aufnahme in die UN und deren Organisationen sowie in die KSZE im Oktober vollendete ihre internationale Anerkennung als selbstständige Staaten mit allen Rechten und Pflichten. Ein Problem stellte jedoch die Anwesenheit einer großen russischen Minderheit in Estland und Lettland dar, die sich jeweils über eine Diskriminierung beklagte, weil die Verleihung der neuen Staatsbürgerschaft und die Ausübung demokratischer Rechte unter anderem an die Bedingung geknüpft wurden, die Staatssprachen zu erlernen. Ein weiteres Problem bestand in der engen wirtschaftlichen Verflechtung, insbesondere der Energieversorgung, mit Russland. Dazu trat der Wunsch der baltischen Länder nach Aufnahme in die NATO und die Europäische Union.

Die übrigen Nachfolgestaaten der Sowjetunion bildeten in ihrer Mehrheit die Gemeinschaft unabhängiger Staaten (GUS), deren Zusammensetzung und Integration jedoch sehr kompliziert war: Seit im Jahr 1994 der Begriff ›nahes Ausland‹ in der russischen Politik Verwendung gefunden hatte, war klar, dass Russland mit seinem wirtschaftlichen Gewicht und seiner Armee ein wenig ›gleicher‹ als die anderen Mitglieder war; manche Beobachter sahen darin die Wiedergeburt des imperialen Denkens und eine Orientierung an einem Modell

›Eurasien‹. Bemerkenswert war jedoch, dass trotz aller Veränderungen die Außengrenze der ehemaligen Sowjetunion und die Grenzen zwischen den Republiken Bestand hatten; gemeinsam war allen Staaten der GUS auch, dass sie bald eigene Währungen einführten, aber in wirtschaftlicher Abhängigkeit von Russland verblieben, wobei der Zusammenhalt untereinander relativ lose und institutionell ungesichert war. Die Ansätze demokratischer Strukturen wurden in den meisten Fällen durch autoritäre Staatsführungen überlagert. Innerhalb der GUS lassen sich grundsätzlich drei Problemfelder beschreiben.

Im Kaukasus mit seinen unendlich vielen Bruchlinien ethnischer, religiöser und politischer Identitäten kam es sowohl zwischen einigen Einzelrepubliken als auch innerhalb einiger Staaten zu einem Ausbruch von Grausamkeit und Kriegen. Im Konflikt zwischen Armenien und Azerbeidžan ging es um die mehrheitlich armenisch besiedelte Provinz Bergkarabach (*Nagornyj Karabach*), die schließlich von Armenien faktisch ›befreit‹ wurde, was aber die beiden Staaten in Armut und politische Instabilität stürzte. In Georgien gab es sowohl einen Krieg gegen Abspaltungstendenzen in Südossetien und Abchasien als auch einen Bürgerkrieg zwischen den Anhängern des zunächst frei gewählten, dann aber zunehmend autoritär regierenden und schließlich abgesetzten Präsidenten Gamsachurdia; der neue Präsident Eduard Ševardnadse wurde in einer Wahl bestätigt. In allen Fällen hatte Russland direkt und indirekt mit seinen Truppen interveniert und nach einer Phase der blutigen Auseinandersetzungen schließlich die Ruhe wiederhergestellt: Armenien war schon von der Tradition und der geografischen Lage her auf eine enge Zusammenarbeit mit Russland angewiesen; Georgien hatte die russische Hilfe mit dem Eintritt in die GUS und der Einräumung von Militärstützpunkten bezahlt. Auch Azerbeidžan, das auf seinen Ölreichtum baute, tendierte zu einer Wiederannäherung an Moskau. Ein Sonderfall war Tschetschenien; dessen Wunsch, ganz aus der Russländischen Föderation auszuscheiden, führte nach dem Einmarsch russischer Truppen am

11. Dezember 1994 zu einem verlustreichen Krieg, der im Sommer 1996 in Verhandlungen vorübergehend beendet wurde.

Zentralasien blieb für Russland von besonderem Gewicht, und im friedlichen Zusammenleben von orthodoxen Slaven und muslimischen Autochthonen sahen manche Beobachter die eigentliche Mission Russlands und zugleich eine Garantie gegen islamischen Fundamentalismus. Von allen Staaten Zentralasiens war Kazachstan der größte, potenziell reichste, wegen seiner Bevölkerungsstruktur aber auch der komplizierteste: Ostslaven und Kazachen waren etwa gleichstark vertreten (1991: 41,1 % Kazachen, 37,3 % Russen, 5,3 % Ukrainer), die Kazachen wiesen aber einen erheblich höheren Geburtenüberschuss auf. Die politische Führung unter Nursultan Nasarbaev, der nach Unruhen im Juni 1989 an die Macht gekommen war, hatte nach zunächst langem Eintreten für den Erhalt der Sowjetunion auf eine vorsichtige Kazachisierung des nun selbstständigen Staates und eine enge Zusammenarbeit mit Russland geachtet. Alle Staaten der Region verbanden Clandenken, Reislamisierung, Vorherrschen alter kommunistischer Kader und wirtschaftliche Probleme (ökologische Belastungen). Die russische Armee sicherte in einigen Fällen (Tadžikistan, Kyrgystan) eine prekäre innere Ordnung und sollte das Eindringen ausländischer Kräfte verhindern. Die wirtschaftlichen Beziehungen zu Russland blieben lebenswichtig, sowohl was den Warenaustausch als auch was die technische Intelligenz der Russen betraf, auf die man noch nicht verzichten konnte. Dennoch kehrten Hunderttausende von Russen nach der Selbstständigkeitserklärung der neuen Staaten in die Russländische Föderation zurück, und viele Russlanddeutsche wanderten in die Bundesrepublik Deutschland aus.

Für die Stellung Russlands in Europa waren die Beziehungen zu seinen westlichen Nachbarn am wichtigsten: Zunächst betraf dies Kaliningrad, das alte Königsberg; hierbei handelte es sich jedoch nicht um ein Problem der auswärtigen Beziehungen, da das Gebiet, wenn auch vom Mutterland abgetrennt, eine Exklave Russlands blieb; die Verbindung verlief nur über die Ostsee oder über fremdes Staatsgebiet. Das Gebiet war mit einem hohen Anteil von Armeeangehörigen besiedelt und sah als eine geplante Sonderwirtschaftszone in eine unsichere ökonomische Zukunft. Konfliktreich war auch die Republik Moldavien mit ihrer mehrheitlich rumänischsprachigen Bevölkerung und das kleine, zwar noch zum Staatsgebiet von Moldavien gehörende aber autonome Gebiet Transnistrien, das für die mehrheitlich ostslavische Bevölkerung einen Sonderstatus vorsah. Besonders wichtig erschienen aber die Beziehungen zu den Nachbarstaaten Belarus (Weißrussland) und Ukraine, deren Entwicklung, obgleich beide Gründungsmitglieder der GUS waren, gegensätzlich verlief: Belarus war die ostslavische sowjetische Republik mit der am schwächsten ausgebildeten Identität. Das Land litt sehr unter den Folgen des Reaktorunglücks von Černobyl, da das Kraftwerk zwar auf ukrainischem Boden aber sehr nahe der Grenze zu Belarus liegt, und besaß nur eine gering entwickelte Wirtschaft, die in hoher Abhängigkeit von Russland stand. Nach der zögerlichen Einrichtung demokratischer Strukturen kam es zu einem Machtkampf zwischen dem gewählten Parlament und dem Präsidenten Lukašenka, der die Oberhand gewann, ein autoritäres Regime errichtete und eine enge Bindung an Russland suchte; zwischen 1995 und 1999 wurden dazu mehrere Verträge abgeschlossen, die auf die Errichtung einer russisch-weißrussischen Union abzielten: Während Lukašenka darin eine gleichberechtigte Stellung seines Landes neben der unverhältnismäßig größeren Föderation anstrebte, bot Moskau nur die Übernahme als 90. Föderationssubjekt an. Die angeblich enge Verbindung hat in den folgenden Jahren einen heftigen Streit um die Preise für Energie, der bis zur Erpressung durch Moskau führte, nicht verhindert, was letztlich zu einer gegenseitigen Abkühlung der Beziehungen geführt hat.

Zum Hauptrivalen Russlands entwickelte sich die Ukraine: Mit einer Fläche von 600 000 km^2 und einer Bevölkerung von 52 Millionen Frankreich vergleichbar, durchzogen das

Land mehrere Bruchlinien: Einer Bevölkerungsmehrheit von 72,6 % Ukrainern standen 22,2 % russischsprachige Staatsbürger gegenüber, die zum einen im östlichen Industriegebiet des Donbass, zum anderen auf der Krim lebten; durch das ukrainische Siedlungsgebiet verlief zweifach die alte Kulturgrenze des untergegangenen Habsburgerreichs (in Ostgalizien aus dem österreichischen und in Transkarpatien aus dem ungarischen Teil); der Westen des Landes mit dem alten Kulturzentrum Lemberg (L'viv, Lwów) in Galizien war erst nach dem Hitler-Stalin-Pakt an die Ukrainische Sowjetrepublik gefallen und als letzte Region war die Krim 1954 an die Ukraine übertragen worden; in der Religion stritten Russisch-Orthodoxe, Ukrainisch-Orthodoxe und Unierte miteinander. Trotz dieser Vielfalt hatte das Referendum vom 1. Dezember 1991 eine Zustimmung von 90 % der Gesamtbevölkerung für die Souveränität ergeben, und auch die zu 67 % von Russen besiedelte Krim hatte mehrheitlich zugestimmt. Die Herausbildung neuer politischer und wirtschaftlicher Strukturen erfolgte in der Folge langsamer als in Russland; Letzteres betonte immer wieder die Abhängigkeit des Nachbarn und übte durch die Erhöhung der Preise für die Lieferung von Energie (Öl und Gas) auf Weltmarktniveau politischen Druck aus, wie andererseits der Streit um die Aufteilung der Schwarzmeerflotte die Emotionen immer wieder schürte: Im Juni 1995 wurde schließlich eine Vereinbarung getroffen, derzufolge Russland 82 % der veralteten Schwarzmeerflotte und einen Stützpunkt in Sevastopol' erhalten sollte und dafür auf einen Teil der Schulden aus den Energielieferungen zu verzichten versprach. Die mehrmalige zeitweise Unterbrechung der Gaslieferungen an die Ukraine, die ihre Schulden nicht fristgerecht bezahlen konnte, wurde im Westen als Bedrohung der eigenen Bindung an das russische Gas verstanden. Gegenüber dem Westen konnte die Ukraine die Zustimmung zur Überführung der Atomwaffen an Russland zu einem politischen Handel nutzen, der ihr Kredite und Hilfe für eine Modernisierung oder gar einen Ersatz des gefürchteten Kernkraftwerks in Černobyl verschaffte. Inflation, Arbeitslosigkeit, der Zusammenbruch der Wirtschaft hatten den jungen Staat empfindlich getroffen, und eine politische Elite aus der kommunistischen Tradition tat noch relativ wenig zur Umgestaltung nach Grundsätzen des Marktes; während die Ukraine auf der einen Seite darum rang, aus der heterogenen Staatsbevölkerung eine politische Nation zu schaffen, blieb sie auf der anderen Seite die stärkste Kritikerin einer engen Zusammenarbeit in der GUS, von der sie sich immer weiter entfernte.

Von Moskau wurden die Beziehungen Russlands zur Ukraine weniger als eine Frage der Außenpolitik betrachtet, denn als ein Problem einer besonders engen Nachbarschaft, die auf eine lange gemeinsame Geschichte zurückblicken konnte. Während die Ukrainer ihre neue Souveränität leidenschaftlich bejahten und wegen der historischen Sonderbeziehungen zu den Russen als vormals diffamierte ›Kleinrussen‹ in der Frage der Eigenständigkeit mit Recht besonders empfindlich reagierten, versuchte Moskau also über politische und ökonomische Kanäle seinen Einfluss zu stärken, bis hin zu offener Einmischung in Wahlen oder provozierenden Äußerungen über die Zuordnung der Krim. Die Weigerung Russlands, einen Beitritt der Ukraine zur NATO oder zur Europäischen Union auch nur zu erwägen, ist ein klarer Beweis für die Sonderbeziehungen der beiden Nachbarstaaten.

In der Endphase von Jel'cins Präsidentschaft bestand die Außenpolitik fast nur noch aus Reaktion und leeren Protesten gegen Entscheidungen des Westens: Russland war als Bittsteller auf Kredite angewiesen; seine Teilnahme an den regelmäßigen Treffen der führenden Industriestaaten (G7-Treffen) war dem Potenzial in der Zukunft und nicht der aktuellen Bedeutung des Landes geschuldet. Im Gegenzug beteiligte sich Russland an den verschiedenen Aktionen zur Konfliktregelung auch nur halbherzig. Dies betraf insbesondere die Krise um das zerfallende Jugoslawien, in der der Kreml zwar den serbischen Standpunkt unterstützte, aber zu konkreter

Hilfe unfähig war und das Bombardement von Belgrad (März 1999) nur mit ohnmächtigem Zorn zur Kenntnis nahm. Das Gleiche galt für die Osterweiterung der NATO um die ostmitteleuropäischen (1999) und die baltischen Staaten (2004), schließlich sogar für deren Aufnahme in die Europäische Union. Gerade wegen der historischen Belastungen, und in den beiden baltischen Republiken Estland und Lettland auch wegen der russischsprachigen Minderheit, waren dies sensible Themen, die auch die russische Öffentlichkeit nicht unberührt ließ. Erst Ministerpräsident Primakov lenkte 1997 ein; Russland musste sich damit abfinden, dass es seine imperiale Stellung in Ostmitteleuropa endgültig verloren hatte. Zwar war damit keine neue reale Gefahr verbunden, aber das Gefühl, dass Russland von allen Seiten bedroht und Opfer einer gigantischen Verschwörung sei, war weitverbreitet und verstärkte eine Trotzhaltung gegenüber dem Westen Europas.

Erst der ökonomische Aufstieg Russlands unter Putin veränderte diese Situation: Die innere Stärkung des Staates durch die Übernahme von großen Teilen der Wirtschaft und der äußere Faktor von steigenden Preisen für Erdgas und Öl auf dem Weltmarkt ermöglichten die Rückzahlung der Schulden, die Anhäufung von Devisenreserven und damit die Rückkehr zu einer aktiven Außenpolitik. Russland wurde dadurch zu einem strategischen Partner und zugleich zu einem Konkurrenten des Westens. Letzteres lag an den zum Teil gegensätzlichen Interessen: Putin lehnte die monopolare Weltstruktur ab, die der amerikanische Präsident George W. Bush nach dem Terrorakt vom 9. September 2001 (World-Trade-Center) mit seinem Engagement gegen den internationalen Terror, insbesondere in Afghanistan, und mit seinem Krieg gegen den Irak und dessen angebliche Massenvernichtungswaffen (2003) sowie gegen die ›Schurkenstaaten‹ (Iran, Nordkorea) ausgerufen hatte; mit Recht verwies Putin diesbezüglich auf die UN als die geeignete Weltorganisation zur Regelung solcher Konflikte, was die USA im Bewusstsein, die einzige verbliebene Weltmacht zu sein, strikt ablehnten. Auch in anderen Krisen sprach sich Putin dagegen aus, etwa Entscheidungen der NATO oder der Europäischen Union an die Stelle der UN zu setzen (Münchener Rede vom 10. Februar 2007).

Zwar räumte der Westen Russland Konsultationen auf verschiedenen Ebenen ein (ständiger gemeinsamer Rat auf der Pariser Konferenz 1997, Treffen der G7, dann G8-Staats- und Regierungschefs), billigte ihm aber kein Recht der Mitentscheidung zu; es war daher kein Wunder, dass Moskau manche Aktionen nur halbherzig unterstützte und eine eigene selbstständige Politik betrieb (Vermittlungsversuche im Iran wegen der Urananreicherung in Russland, 2005). Dies zeigte sich besonders deutlich, als die USA ein Raketenabwehrsystem in Polen und Tschechien installieren wollten (2006/07); Russland verstand dies als Bedrohung seiner eigenen Sicherheit, obwohl das System russische Militärplanung nicht tangierte, aber wegen der mangelnden Absprache sein Prestige verletzte. Auf der Weltebene opponierte Russland gegen den Anspruch der USA, seine Interessen durch den Einsatz der überlegenen Militärmaschinerie auch allein durchzusetzen; stattdessen sah Moskau in einer multipolaren Weltordnung die Grundlage dafür, etwa die ›BRIC-Staaten‹ (Brasilien, Russland, Indien, China) und die Europäische Union stärker an der Verantwortung und damit an der Mitsprache zu beteiligen. Das Desaster der USA im Irak, die Preissteigerungen für Energie (bis Mitte 2008) und schließlich die Finanzkrise mit den stark gefallenen Energiepreisen (Ende 2008) haben letztlich den russischen Standpunkt bestätigt, seine außenpolitischen Möglichkeiten aber eingeschränkt. Bei aller Rivalität zu den USA, die sich etwa im Streit um Pipelines in Zentralasien zeigte (Russland wollte das Gas über sein Gebiet nach Westeuropa leiten und damit die Preise kontrollieren), war die Zusammenarbeit auf anderen Gebieten (Weltraumforschung) gut, wie auch die persönlichen Begegnungen nach außen harmonisch verliefen, obgleich das Misstrauen hinter dem Lächeln der Staatsmänner präsent blieb.

Neben der weltpolitischen Rivalität zu den USA und dem aufsteigenden China definierte Russland seine Interessen im ›nahen Ausland‹ deutlich und bis an den Rand eines bewaffneten Konflikts: Während der Streit um die russisch besiedelte Scheinrepublik Transnistrien und das angrenzende Moldawien nur eine Randerscheinung war, wuchsen die Beziehungen zur Ukraine und zu Georgien zu wirklichen Krisen heran: Moskau lehnte alle Formen einer Eingliederung der Ukraine in die westlichen Strukturen ab, unterstützte die jeweiligen russisch orientierten Kandidaten bei den Wahlen, wurde jedoch durch die ›Orange-Revolution‹ im Herbst 2004 mit der Wahl von Juščenko zum Präsidenten brüsk zurückgewiesen. In Georgien hatte Russland die abtrünnigen Provinzen Südossetien und Abchasien unterstützt, aber nichts gegen die Militärhilfe der USA und weitergehende Pläne einer Pipeline außerhalb des russischen Einflussbereichs unternehmen können. Erst die übereilte Militäraktion des georgischen Präsidenten Šaakašvili im Sommer 2008 bot die Möglichkeit, den russischen Einfluss durch Militäreinsatz zu stärken; den rasch herbeigeführten russischen Truppen gelang zwar ein Sieg gegen den kleinen Gegner, aber die strategischen Schwächen der eigenen Truppen wurden offenbar und Russland musste unter dem Druck der Europäer den *status quo ante* akzeptieren. Als Russland allerdings die abtrünnigen Provinzen als selbstständige Staaten anerkannte, verstieß es gegen jenes Prinzip staatlicher Souveränität, das es bei der Unabhängigkeitserklärung des Kosovo noch vertreten hatte, und blieb international isoliert. Zur Durchsetzung einer ›Monroe-Doktrin‹ im ›nahen Ausland‹ scheint Russland auf absehbare Zeit nicht imstande.

Beziehungen besonderer Art entwickelten sich zwischen Russland und Deutschland, jedoch nicht solche auf Kosten anderer Nachbarn, die den ›Rapallo-Komplex‹ der Polen hätten wiederbeleben können: Zum einen war die deutsche Seite für die Wiedervereinigung in Frieden und die Abwicklung der Folgeprobleme dankbar, zum anderen verstand die Bundesregierung ihre Russlandpolitik als europäische Ostpolitik; sie fühlte sich als ›Impulsgeber und Motor‹ (Schröder) für eine stärkere Integration Russlands in die europäischen Strukturen, warb für Kredite und Investitionen und wurde der größte Handelspartner. Andererseits wurde Russland Europas größter Lieferant für Gas und Erdöl, so dass die Befürchtung aufkam, dass eine zu große Abhängigkeit den westlichen Wirtschaften schaden könnte; die russischen Versuche, die Energielieferungen zur Disziplinierung von Weißrussland und der Ukraine und zur Erzwingung höherer Preise einzusetzen, waren ein Warnsignal. Absprachen zwischen Berlin und Moskau über den Bau einer direkten Pipeline durch die internationalen Gewässer der Ostsee erregten nicht nur bei den Polen Misstrauen, die ihrerseits gegen von Russland verhängte Einfuhrbeschränkungen für gewisse Handelswaren die westliche Solidarität einforderten.

Die guten menschlichen Beziehungen zwischen den führenden Vertretern beider Länder halfen zweifellos zu einem besseren Verständnis auf beiden Seiten: Während Bundeskanzler Schröder zu einem persönlichen Freund des russischen Präsidenten Putin wurde und ihn sogar einen ›lupenreinen Demokraten‹ nannte, verhielt sich Bundeskanzlerin Merkel sachlicher und kühler, weil sie aus ihrer DDR-Vergangenheit und ihrer Kenntnis der russischen Sprache und Kultur die Beziehungen weniger emotional, sondern vielmehr interessenbezogen bewertete; die östlichen Nachbarn Deutschlands, zumal die Polen, waren ihr für diese Einstellung dankbar. Wie schwierig die Probleme abseits der Konferenzsäle sind, erleben die ausländischen Investoren tagtäglich im Land selbst; dies signalisiert auch der Beschluss der linksnationalistischen Dumamehrheit vom 4. April 1997, der die Rückgabe der bei Kriegsende beschlagnahmten Kulturgüter an Deutschland (›Beutekunst‹) verbot; eine Regelung wird sich nur langfristig finden und nur in kleinen Schritten möglich sein, auch wenn die Wiederherstellung des Bernsteinzimmers in Carskoe Selo bei St. Petersburg (2003) als Akt guten Willens empfunden wurde.

Russland wird nicht der NATO beitreten und nicht der Europäischen Union; das Land ist zu groß und folgt eigenen Interessen. Aber an einer engen Kooperation ist beiden Seiten gelegen, und daran führt kein Weg vorbei, wenn der Friede in Europa gesichert bleiben soll. Russland beansprucht aber die Anerkennung seiner Stellung in der Welt, die zwar nicht mehr die einer Weltmacht ist, aber die einer Großmacht, die entsprechend Respekt einfordert. Für die innere Entwicklung einer Zivilgesellschaft, für den Ausbau und die Festigung der Demokratie wird es viel Zeit benötigen.

Der gewaltige Transformationsprozess des Landes von kommunistischer Gewaltherrschaft zu einer demokratischen und pluralistischen Gesellschaft hatte von einer ungünstigeren Ausgangslage aus begonnen als in den Ländern Ostmitteleuropas: Russland hatte keine Möglichkeit, sich in ein vergangenes Muster zurückzuverwandeln, wie etwa die baltischen Republiken, denn aus dem Zarenreich war es in die kommunistische Diktatur gestürzt worden, ohne eine wirklich offene Gesellschaft erfahren zu haben. Gemessen an dieser Situation war ein gewaltiger Weg zurückzulegen, der mittlerweile unumkehrbar erscheint. Die Differenzierung der Gesellschaft, eine neue politische Öffentlichkeit, die Bildung von Interessengruppen, berufsständischen und religiösen Organisationen, die Entstehung regionaler Bezugssysteme und Ansätze zu einer sich verdichtenden Rechtlichkeit des öffentlichen Lebens sind trotz aller Gegenbeispiele die Ergebnisse eines Prozesses, von dem heute erst ein Zwischenergebnis sichtbar ist. Solche Erscheinungen stehen nun auf einem festeren sozialen Fundament als zu Beginn des Jahrhunderts, weil sich die Gesellschaft durch Verstädterung und Bildungsentwicklung gewandelt hat. Dagegen knüpfte der Wunsch nach einem ›starken Mann‹ an der Spitze des Staates an alte Denkmuster an, aber statt eines Zaren erwartete man einen gewählten Garanten für Stabilität und Berechenbarkeit. Russland wird aller Voraussicht nach in absehbarer Zeit kein Land westlicher Prägung werden, sondern seinen eigenen Weg suchen. Die Verbindung von Autoritätsdenken und der

Tradition der orthodoxen Kirche, die vielfach als Erklärung für die Leidensfähigkeit der Russen ins Feld geführt werden, schließlich die gewachsenen Verbindungen zu den Völkern Mittelasiens machen eine Entwicklung wahrscheinlich, die in der Formulierung ›Russland und Europa‹ anklingt.

ZEITTAFEL

861/862	Die Berufung der Ruś
907	Feldzug des Oleg gegen Byzanz; Vertrag zwischen der Ruś und Byzanz
944	Feldzug des Igor gegen Byzanz; Friedens- und Handelsvertrag
980–1015	Großfürst Vladimir ›der Heilige‹
988	Taufe Vladimirs, Heirat mit der purpurgeborenen Anna
1015	Tod der Märtyrer Boris und Gleb, Söhne des Vladimir
1036–54	Alleinherrschaft von Jaroslav dem Weisen; Seniorat
um 1113	Erste Redaktion der *Erzählung der vergangenen Jahre* in Kiev, sog. *Nestorchronik*
1136	Novgorod wählt seinen Fürsten
1147	Erste Erwähnung von Moskau
1223	Sieg der Mongolen an der Kalka
1240	Eroberung und Zerstörung Kievs durch die Mongolen
1242	Aleksandr Nevskij schlägt die Ordensritter auf dem Eis des Peipussees
1300	Daniil, Sohn des Aleksandr Nevskij, beginnt von Moskau aus die ›Sammlung der russischen Erde‹
1326	Metropolit Petr stirbt in Moskau, seinem neuen Amtssitz
1328–41	Ivan I. Kalita gewinnt die Großfürstenwürde für Moskau
1380	Dmitrij Donskoj besiegt die Tataren auf dem ›Schnepfenfeld‹
1386	Die polnische Königin Jadwiga heiratet Jagiełło von Litauen, Beginn der Personalunion
1422–27	Sendschreiben des Metropoliten Fotij gegen die Häretiker (Strigol'niki)

1425/34–62	Großfürst Vasilij II. von Moskau; blutige Kämpfe um den Thron
1462–1505	Ivan III. Großfürst von Moskau
1472	Ivan III. heiratet Sofija/Zoë, Nichte des letzten byzantinischen Kaisers
1478	Eroberung von Novgorod, Ende von dessen politischer Selbstständigkeit
1485	Eroberung von Tveŕ: Ausschaltung des Hauptrivalen Moskaus
1521	Eroberung von Rjazań: Die ›Sammlung der russischen Länder‹ ist beendet
1533/40–84	Ivan IV. der ›Schreckliche‹
1547	Krönung Ivans IV. zum Zaren
1551	Hundertkapitelsynode, Reformen des Metropoliten Makarij
1552	Eroberung des Chanats von Kazań, Beginn der imperialen Politik
1565–72	Terrorherrschaft, *opričnina*
1579–82	Ermak beginnt die Eroberung Sibiriens (1639 wird der Pazifik erreicht)
um 1580	Einführung der ›Verbotsjahre‹; Beginn der Entwicklung zur Leibeigenschaft der Bauern
1589	Einrichtung des Patriarchats von Moskau
1605–12	›Zeit der Wirren‹ (*smuta*): falsche Zaren, ausländische Interventionen
1613–45	Zar Michail Fëdorovič Romanov, von einer Landesversammlung gewählt
1649	Gesetzbuch *Sobornoe Uloženie*, Festschreibung der Leibeigenschaft
1653	Patriarch Nikon erzwingt Reformen, Beginn des *raskol*
1654	›Vertrag‹ von Perejaslavl: Die Kosaken unter Bohdan Chmel'nyćkyj unterstellen sich dem Zaren; Beginn des Krieges mit Polen-Litauen (bis zum Vertrag von Andrusovo 1667)
1670/71	Aufstand des Steńka Razin
1689	Vertrag von Nerčinsk mit China

1696–1725	Zar Peter I. der Große
1700–21	›Nordischer Krieg‹ mit Schweden bis zum Frieden von Nystad
1703	Gründung von St. Petersburg
1724	Gründung der Russischen Akademie der Wissenschaften
1741–61	Zarin Elisabeth I.
1755	Gründung der Universität Moskau
1756–63	Siebenjähriger Krieg
1762	Peter III. befreit den Adel von der Dienstpflicht
1762–96	Zarin Katharina II.
1767/69	Beratungen der Gesetzgebungskommission, ›Bol'šoj Nakaz‹
1772	1. Teilung Polens (weitere 1793, 1795)
1773/74	Aufstand des Pugačëv
1774	Russland behauptet im Frieden von Küçük Kainarci die Landgewinne vom Osmanischen Reich nördlich des Schwarzen Meeres
1796–1801	Zar Paul I.
1801	Georgien wird Schutzgebiet Russlands
1801–25	Zar Alexander I.
1812	Napoleon in Moskau
1815	Wiener Kongress; Personalunion Russlands mit dem ›Königreich Polen‹
1825–55	Zar Nikolaus I.; Dekabristenaufstand
1830/31	Aufstand in Polen
1853–56	Krimkrieg
1855–81	Zar Alexander II., der ›Zar-Befreier‹
1858	Vertrag von Aigun mit China
1861	Manifest zur Bauernbefreiung, Ende der Leibeigenschaft
1863	Polnischer Aufstand, ›Weichselgouvernements‹
1865	Eroberung von Taškent, Beginn der Durchdringung Zentralasiens
1867	Verkauf von Alaska und der südlich anschließenden Inselgruppe an die Vereinigten Staaten von Amerika

1878	Berliner Vertrag: Russlands Einfluss auf dem Balkan wird beschränkt
1881–94	Zar Alexander III.
1891–1916	Bau der Transsibirischen Eisenbahn
1894–1917	Zar Nikolaus II.
1898	Gründungskongress der ›Sozialdemokratischen Partei Russlands‹
1904/05	Russisch-japanischer Krieg
1905	Erste Revolution
1906	Wahl zur Ersten Duma; Stolypin'sche Agrarreformen
1914	Beginn des Ersten Weltkrieges
1917	Februarrevolution; Oktoberrevolution (25. Okt./7. Nov.) durch Lenin und Trotzki
1918	3. März: Friedensvertrag von Brest-Litovsk mit den Mittelmächten
1921	18. März: Friedensvertrag von Riga mit Polen
1921–28	›Neue Ökonomische Politik‹ (NEP)
1922	3. April: Stalin wird Generalsekretär der Kommunistischen Partei
	30. Dez.: Gründung der UdSSR
1924	21. Jan.: Tod Lenins (Vorsitzender des Rates der Volkskommissare)
1928	Dez.: Beschluss zur Kollektivierung der Landwirtschaft, erster Fünfjahresplan zur forcierten Industrialisierung
1936–38	Schauprozesse
1936	6. Dez.: Zweite Verfassung der UdSSR: ›Stalinverfassung‹
1939	23. Aug.: ›Hitler-Stalin-Pakt‹
	1. Sept.: Deutscher Angriff auf Polen
1940	Annexion der Baltischen Staaten und Bessarabiens
1941	22. Juli: Hitler überfällt die Sowjetunion
1943	2. Febr.: Kapitulation der deutschen Truppen in Stalingrad, Wende des Krieges
	28. Nov. – 1. Dez.: Konferenz von Teheran

1945	4.–11. Febr.: Konferenz von Jalta 8. Mai: Deutsche Kapitulation in Berlin 17. Juli – 2. Aug. Konferenz von Potsdam
1949	25. Jan.: Gründung des Rates für Gegenseitige Wirtschaftshilfe 4. April: Gründung der ›NATO‹
1953	5. März: Tod Stalins 17. Juni: Aufstand in Ostberlin
1953–64	Chruščëv Generalsekretär der Kommunistischen Partei
1955	14. Mai: Gründung des ›Warschauer Paktes‹
1956	14.–25. Febr.: Geheimrede Chruščëvs zur Verurteilung Stalins Okt./Nov.: Volksaufstand in Ungarn
1961	13. Aug.: Beginn des Baus der Berliner Mauer
1964–82	Brežnev Generalsekretär der Kommunistischen Partei
1968	21. Aug.: Einmarsch der Truppen des ›Warschauer Paktes‹ in Prag
1970	12. Aug.: Vertrag zwischen der UdSSR und der BRD über Gewaltverzicht
1975	1. Aug.: Unterzeichnung der Schlussakte der KSZE in Helsinki
1979	26./27. Dez.: Sowjetische Intervention in Afghanistan
1982–84	Andropov, dann Černenko Generalsekretäre der Kommunistischen Partei
1985	11. Febr.: Gorbačëv wird Generalsekretär der Kommunistischen Partei
1986	26. April: Reaktorunglück in Černobyl
1989	25. Mai: Eröffnung des Volksdeputiertenkongresses, Gorbačëv wird Vorsitzender des Obersten Sowjets
1989	9. Nov.: Öffnung der Berliner Mauer
1990	15. März: Wahl Gorbačëvs zum Staatspräsidenten der UdSSR
1991	1. April: Auflösung des ›Warschauer Paktes‹

1991	12. Juni: Wahl Jel'cins zum Präsidenten Russlands
	19. Aug.: Putsch in Moskau
	8. Dez.: Auflösung der Sowjetunion, Gorbačëv tritt am 25. Dez. von seinem Amt als Präsident zurück
1992	31. März: Unionsvertrag der ›Russländischen Föderation‹
1993	25. April: Jel'cin wird durch ein Referendum als Präsident bestätigt
	3. Okt.: Putschversuch in Moskau
	12. Dez.: Verfassung der ›Russländischen Föderation‹ wird durch Volksabstimmung angenommen; Wahl zur Duma
1994	11. Dez.: Einmarsch russischer Truppen in Tschetschenien
1995	17. Dez.: Wahl zur Duma
1996	3. Juli: Jel'cin wird in einer Wahl als Präsident bestätigt
1999	9. Aug.: Putin wird zum Ministerpräsidenten ernannt
	19. Dez.: Wahl zur Duma
	31. Dez.: Rücktritt Jel'cins vom Amt des Staatspräsidenten
2000	26. März: Wahl Putins zum Staatspräsidenten
2008	2. März: Wahl Medvedevs zum Staatspräsidenten
	7. März: Putin wird zum Ministerpräsidenten ernannt

Stammtafel der Rjurikiden

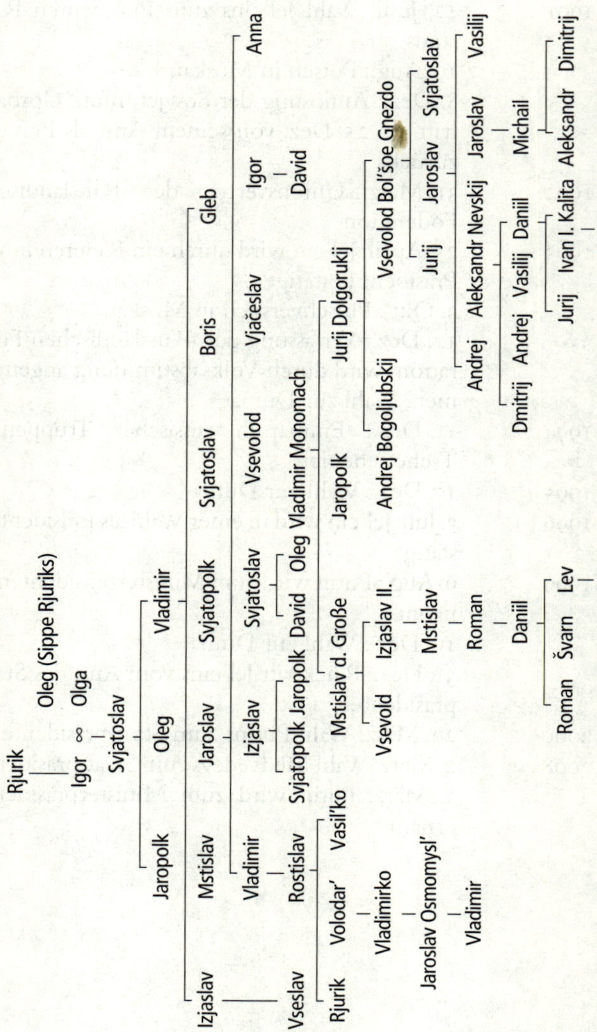

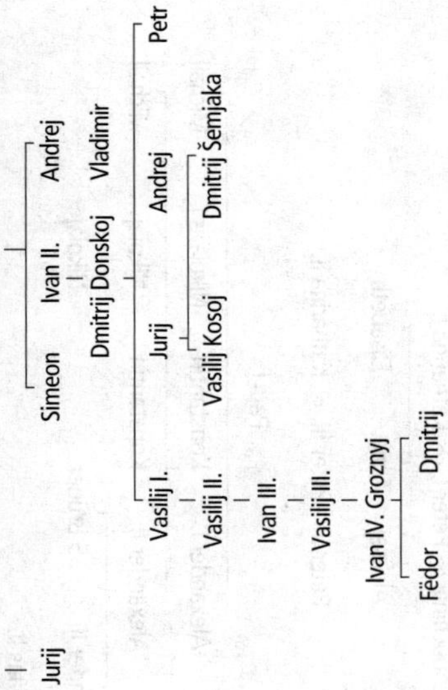
Jurij
Simeon
Ivan II.
Andrej
Dmitrij Donskoj
Vladimir
Vasilij I.
Jurij
Andrej
Petr
Vasilij II.
Vasilij Kosoj
Dmitrij Šemjaka
Ivan III.
Vasilij III.
Ivan IV. Groznyj
Fëdor
Dmitrij

Stammtafel der Dynastie Romanov

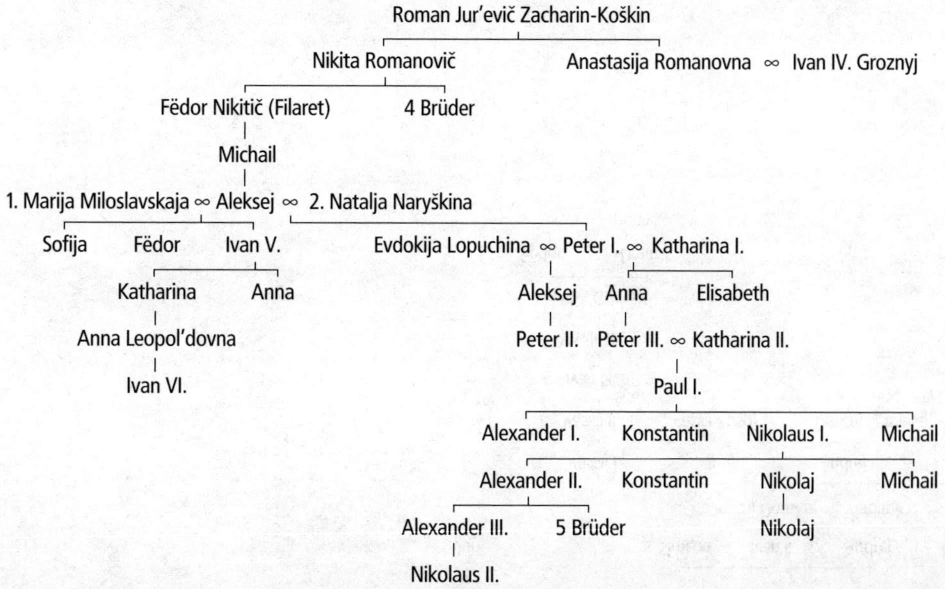

GLOSSAR UND ABKÜRZUNGEN

Apparačik – Funktionär (einer Partei)

arbiter Germaniae – ›Schiedsrichter Deutschlands‹, Beiname Alexanders I.

Assignatenrubel – Papierrubel für die Silbermünze

ASSR – Autonome Sowjetrepublik

barščina – Fronarbeit

Berlin-Ultimatum – Am 27. November 1958 forderte die Sowjetunion die Westmächte auf, Berlin zu verlassen und die Westsektoren in eine ›selbstständige Einheit – eine freie Stadt‹ – umzuwandeln.

Bogomilen – Religionsgemeinschaft auf dem Balkan mit christlichen Elementen und einer dualistischen Weltdeutung; Vorläufer der Katharer in Südfrankreich

Bojaren – niederer Adel

Bolschewist – Anhänger von Lenins Richtung der russischen Sozialdemokratie

bol'šinstvo – ›Mehrheit‹, davon ›Bolschewiki‹ abgeleitet

Bol'šoj Nakaz – ›Große Instruktion‹, Gesetzentwurf Katharinas II. von 1767

Brežnev-Doktrin – Forderung der eingeschränkten Souveränität der sozialistischen Staaten, 1968

buntari – ›Aufrührer‹, Anhänger Bakunins

burmistry – ›Bürgermeister‹, von Peter dem Großen aus dem Niederländischen übernommen

čeka – *Črezvyčajnaja kommissija,* ›Außerordentliche Komission‹, erster sowjetischer Staatssicherheitsdienst

čerń – unterste Schicht der Stadtbevölkerung

černye krest'jane – ›schwarze‹ (freie) Bauern auf Staatsland

černyj peredel – ›Schwarze Umteilung‹, gemäßigte revolutionäre Organisation *četvert'* – ›ein Viertel‹, Maßeinheit: 17,78 cm oder ca. 3 l

Chassidismus – jüdische Volksfrömmigkeit im Unterschied zur rabbinischen Strenge der Religionsausübung

cholopy – unfreie Bauern, Sklaven

commune – Revolutionärer Stadtrat von Paris, 18. März bis 28. Mai 1871

d'jak – nichtadeliger Beamter, ›Diakon‹

derevo – Baum

desjatina – 1,09 ha

deti bojarskie – ›Bojarenkinder‹, abhängige Dienstleute

družina – Gefolgschaft

duma – Beratende Versammlung, seit 1993 Bezeichnung der ersten Kammer des Russländischen Parlaments

dvorcovye krest'jane – Bauern auf Fürstenland (›Hofbauern‹)

dvorjane – ›Hofleute‹, abhängige Dienstleute

Edinaja Rossija – ›Einiges Russland‹, Regierungspartei unter Putin

Eparchie – Diözese der Ostkirche

FSB – *Federalnaja služba bezopasnosti*, ›Föderaler Sicherheitsdienst‹, Inlandsgeheimdienst der Russländischen Föderation

GAZPROM – *Gazovaja promyšlennost'*, Gas- und Erdölunternehmen

Gediminoviči – Nachkommen des litauischen Fürsten Gedimin

glasnost' – Öffentlichkeit, Programmpunkt von Gorbačëv

golyt'ba – Kosakenproletariat

gospodin – ›Herr‹, Anrede der Fürsten

gosti – russische Großkaufleute

gosudař – ›Herrscher‹, Anrede des Großfürsten, Zaren

GPU – *Gosudarstvennye političeskoe upravlenie*, ›Staatliche politische Verwaltung‹, Geheimpolizei

Grünen, die – hier: anarchistische Landbewegung unter Machno

GULag – *Glavnoe upravlenie lagerej*, ›Hauptverwaltung der Lager‹

GUS – ›Gemeinschaft Unabhängiger Staaten‹, Nachfolgeorganisation der UdSSR (*Sodružestvo Nezavisimich Gosudarstv*)

gramotnost' – Fähigkeit zum Lesen und Schreiben

izgoj – Außenseiter der Gesellschaft

jarlyk – Bestätigungsbrief der Tataren

jasak – Steuerabgabe in Sibirien

kabal'nye cholopy – unfreie Bauern aus Schuldverschreibungen

kazak – ›Freier Krieger‹, Kosake

Kellogg-Pakt – Vertrag zur Kriegsächtung 1928

KGB – *Komitet gosudarstvennoj bezopasnosti* (›Komitee für Staatssicherheit‹), russischer Sicherheitsdienst seit 1954

Kleine Entente – Bündnissystem zwischen der Tschechoslowakei, Jugoslawien und Rumänien (gegen Ungarn)

ključniki – Verwalter von Fürstengut, ›Schlüsselbewahrer‹

knjaž – Fürst

knjaženie – Fürstentum

Kolchoz – *Kollektivnoe chozjajstvo*, vergesellschaftetes Bauernland

kompromat – ›kompromittierendes Material‹

Komsomol – *Kommunističeskij Sojuz Molodëži*, kommunistische Jugendorganisation

Korb III – Bestandteil der Schlussakte der KSZE von Helsinki (1975) über die Zusammenarbeit in humanitären Fragen und die Information über bestehende Grenzen hinweg

kormlenie – Ernährung und Versorgung von Amtsträgern

kreml' – ›Burg‹, Fürstensitz in einer Stadt

krest'jane – Bauern

krepostničestvo – Leibeigenschaft

krepostnoe pravo – Bindung des Bauern an das Land und den Grundherren, ›Leibeigenschaft‹

krugovaja poruka – Gesamthaftung für die Steuern

KSZE – ›Konferenz über Sicherheit und Zusammenarbeit in Europa‹, 1973–75

kulak – ›die Faust‹, diffamierend für angebliche Großbauern

kustarničestvo – ›Handwerkelei‹, gewerbliche Heimarbeit

Legitimitätsprinzip – Souveränität der Herrscher ›von Gottes Gnaden‹

liberum veto – Einspruchsrecht eines Abgeordneten im polnischen Reichstag (*sejm*)

Materialismus, dialektischer – Lehre von den Naturgesetzen von ›These, Antithese und Synthese‹

Materialismus, historischer – Lehre vom Ablauf der Geschichte in ›Formationen‹ und deren Aufstieg durch Revolutionen

Mechanizismus – Deutung der Welt nach materialistischen Gesetzmäßigkeiten

Menschewist – ›Minderheitler‹, eigentlich die Mehrheit der russischen Sozialdemokratie gegen Lenins Parteiverständnis

mestničestvo – Rangordnung im Adel

Metropolie – ›Erzbistum‹ der orthodoxen Kirche

mir – Dorfgemeinde, ›Friede, Welt‹

mirovye posredniki – Friedensvermittler

Mitnagdim – ultraorthodoxe Richtung im Judentum

Monroe-Doktrin – Festlegung der Einflusssphäre der USA auf Amerika, 1823

MTS – Maschinen-Traktoren-Stationen

MVD – Ministerstvo vnutrennych del, ›Ministerium für innere Angelegenheiten‹

namestnik – Statthalter

narodnaja volja – ›Volkswille‹, revolutionäre Organisation *narodničestvo* – Bewegung des ›Ins-Volk-Gehen‹

narodniki – Vertreter der Bewegung des ›Ins-Volk-Gehen‹

NĖP – *Novaja ėkonomičeskaj politika,* ›Neue Ökonomische Politik‹

NKVD – *Narodnyj komissariat vnutrennych del,* ›Volkskommissariat für innere Angelegenheiten‹

obrok – Grundzins, Pacht

obščežitie – mönchisches Gemeinschaftsleben

obščina – Dorfgemeinde

obščinnyj byt – Gemeindeleben

okol'niči – Adelige am Fürstenhof

okrug – Distrikt, Verwaltungseinheit

Oktobrist – Anhänger der im Oktober 1905 gegründeten Partei

OMON – *Otrjady Milicii Osobogo Naznačenija,* Spezialeinheit der Miliz

opolčenie – Volksaufgebot

opričnina – ›Witwengut‹, Terrororganisation unter Ivan IV.

Orgbüro – Organisationsbüro (der KPdSU)

osobožitie – mönchisches Einsiedlerleben

ottepel' – Tauwetter

peredel – Umverteilung des Bodens

perestrojka – Umbau, Programmpunkt von Gorbačëv

podgotoviteli – ›Vorbereiter‹, Anhänger Lavrovs

podol – Unterstadt

pogost – Steuerbezirk

pole – Feld

polud'e – Tributerhebung

pomeščik – Gutsherr

pomest'e – Dienstgut

posadnik – Statthalter

posadskie ljudi – Stadtbevölkerung

posol'skij prikaz – ›Gesandtenamt‹, Amt für äußere Beziehungen

prikaz – Zentralamt, ›Ministerium‹

pud – 16,38 kg

pustyni – Einsiedelklöster

PZPR – *Polska zjednoczona Partia Robotnicza* (Kommunistische Partei Polens)

raby – Sklaven

raskol – Kirchenspaltung im 17. Jahrhundert

rasputica – Zeit der schlechten Wege

raznočincy – Intellektuelle verschiedener, nichtadeliger Herkunft

rjad – Vertrag

rjadoviči – abhängige Bauern, ›Vertragsbauern‹

Rjurikiden – Nachkommen Rjuriks, russische Fürstensippe

rod – Sippe

rodovoj byt – Sippenleben

Roten, die – im Bürgerkrieg: die Bolschewiki, die ›Rote Armee‹

RSFSR – *Russkaja socialističeskaja federativnaja sovetskaja respublika*, ›Russische Sozialistische Föderative Sowjetrepublik‹

Rückversicherungsvertrag – Auf drei Jahre befristeter Vertrag vom 18. Juni 1887 zwischen Deutschland und Russland

Russkaja Pravda – alte Sammlung von Rechtsnormen

RWG – ›Rat für gegenseitige Wirtschaftshilfe, *Comecon*

SALT I und II – *Strategic Arms Limitation Talks*, 1969–79, zur Begrenzung der Raketenrüstung

Samizdat – ›Selbstverlag‹

samozvanec – ›selbsternannter‹ Thronprätendent, Usurpator

SBZ – Sowjetischen Besatzungszone

sejm – polnischer Reichstag: der König, der Senat, die ›Landbotenkammer‹

siloviki – Vertreter des Inlandsgeheimdienstes

Simonie – Kauf und Verkauf von geistlichen Ämtern

šljachectvo – Adel

šljachi – Wasserscheide zwischen den Flusssystemen

sloboda – ›Freiheit‹, steuerfreie Gemeinde außerhalb der Städte

smerdy – freie Bauern in Kiever Zeit

smuta – Zeit der Wirren 1605–12

Solidarność – Name der ›freien Gewerkschaft Solidarität‹ in Polen 1980/81

sovet – Rat, Zusammenschluss, ›Sowjet‹

SSSR – *Sojuz sovetskich socialističeskich respublik*, ›Union der sowjetischen sozialistischen Republiken‹, UdSSR

staršinstvo – Seniorat

Starost – ›Ältester‹, Gemeindevorsteher, Dorfschulze

Starzen – strenge Form des russischen Mönchtums

strel'cy – ›Schützen‹, Fußtruppe

sudebnik – Gesetzbuch von 1497

tajnyj prikaz – ›geheimes Amt‹, Privatkanzlei des Zaren

tiuny – Verwalter von Fürstengut

tjaglo – Steuer

Udelfürstentum – Teilfürstentum

UdSSR – Union der sowjetischen sozialistischen Republiken

uezd – Kreis, Verwaltungseinheit

uloženie – Gesetzbuch von 1649

ustav – Statut, Gesetz

Uvarov'sche Trinität – ›Orthodoxie‹ (*pravoslavie*), ›Autokratie‹ (*samoderžavie*) und volksverbundener ›Patriotismus‹ (*narodnost'*)

vdači – abhängige Bauern, ›Schutzbauern‹

veče – Volksversammlung

velikij knjaź – Großfürst

verv – gesellschaftliche Organisation der Frühzeit, Gerichtsbezirk

vladyka – Bischof, später Erzbischof in Novgorod

volja – ungeordnete Freiheit, Willkür

voloki – Schleppstellen zwischen den Flüssen

volost' – Verwaltungsbezirk

votčina – erblicher Grundbesitz, ›Vatererbe‹

vyvod – ›Herausführen‹, Zwangsumsiedlung

Weißen, die – im Bürgerkrieg: die zarentreuen Truppen

›Weißes Haus‹ – 1990–93 Sitz des Obersten Sovets der RSFSR, dann der Russländischen Föderation; seit 1994 Sitz der Regierung

Westminsterkonvention – Vertrag zwischen Preußen und Großbritannien/Hannover, 1756

WPO – Warschauer-Pakt-Organisation

zadruga – Hausgemeinschaft

zakupy – abhängige Bauern, ›Schuldknechte‹

zapadniki – ›Westler‹

zemlja – Land

zemlja i volja – ›Land und Freiheit‹, revolutionäre Organisation

zemskij sobor – ›Landesversammlung‹

zemstvo, pl. *zemstva* – Selbstverwaltung auf Ebene der Landschaft

židovujuščie – Sekte der ›Judaisierenden‹

LITERATURHINWEISE

Eine Bibliografie zur Geschichte Russlands kann nur eine Auswahl aus einem riesigen Angebot sein; dem Charakter des Werkes von Günther Stökl als einer Standardeinführung in die russische Geschichte entsprechend steht die deutsche und westsprachliche Literatur im Zentrum, aber auch wichtige Titel in russischer Sprache werden aufgeführt. Die Titel wurden nach einzelnen Perioden und Themen geordnet; Aufsätze in Zeitschriften und Sammelbänden wurden nur in Ausnahmefällen aufgenommen; weitere Spezialliteratur lässt sich in aller Regel aus den angeführten Titeln erschließen. Über die gedruckten Bibliografien hinaus stehen elektronische Medien zur Verfügung, die auch die slavisch-sprachigen Neuerscheinungen weitgehend vollständig erfassen: Vgl. Ingo Mannteufel, ›World Wide Web-Ressourcen zu Ostmitteleuropa und zur Gemeinschaft Unabhängiger Staaten. Einführung, Voraussetzungen und Angebote‹. In: *Osteuropa* (1997), S. 103–105 (Stand vom Dezember 1996); s. auch *www.vifaost.de* (Virtuelle Fachbibliothek Osteuropa).

1. Allgemeines

Bibliografien

Fennell, J./E. Hösch/L. Müller/A. Poppe (Hgg.), *Russia Medievalis.* München 1973ff.

Schmidt, C., *Ausgewählte Bibliographien und Bibliothekskataloge zur russischen Sozialgeschichte (1861–1917).* Wiesbaden 1989.

Schmidt, C. D., *Bibliographie zur osteuropäischen Geschichte. Verzeichnis der zwischen 1965 und 1974 veröffentlichten Literatur in westeuropäischen Sprachen zur osteuropäischen Geschichte bis 1945*. Wiesbaden 1983.

Nachschlagewerke, Datensammlungen

Günther-Hielscher, K./V. Glötzer/H. W. Schaller (Hgg.), *Real- und Sachwörterbuch zum Altrussischen*. Neuwied 1985.

Hösch, E./H.-J. Grabmüller, *Daten der russischen Geschichte. Von den Anfängen bis 1917*. München 1981.

Hoffmann, P./L. Kölm (Hgg.), *Handbuch der Geschichte Russlands. Bd. 6: Einführung in Literatur, Quellen und Hilfsmittel*. Stuttgart 2004.

Langer, L. N., *Historical Dictionary of Medieval Russia*. Lanham (MD) 2002.

McCauley, M. (Hg.), *Who's who in Russia since 1900*. London u. a. 1997.

McCrea, B./J. C. Plano/G. Klein (Hgg.), *The Soviet and East European Political Dictionary*. Santa Barbara (CA)/London 1984.

Rußland-Ploetz. Russische und sowjetische Geschichte zum Nachschlagen. Freiburg i. Br. 1992.

Torke, H. J. (Hg.), *Lexikon der Geschichte Rußlands. Von den Anfängen bis zur Oktober-Revolution*. München 1985.

Wieczynski, J. (Hg.), *The Modern Encyclopedia of Russian and Soviet History*. 58 Bde. Gulf Breeze (FL) 1976–94.

Gesamtdarstellungen

Auty, R./D. Obolensky (Hgg.), *An Introduction to Russian History*. Cambridge u. a. 1976. (Dt. *Geschichte der UdSSR in drei Teilen*. Köln 1977–79.)

Donnert, E., *Russland, 860–1917. Von den Anfängen bis zum Ende der Zarenzeit*. Regensburg 1998.

Goehrke, C./M. Hellmann/R. Lorenz/P. Scheibert (Hgg.), *Rußland*. Frankfurt a. M. 1972.

Haumann, H., *Geschichte Rußlands*. München/Zürich 1996.

Hellmann, M./K. Zernack/G. Schramm (Hgg.), *Handbuch der Geschichte Rußlands*. Stuttgart 1976.

Hösch, E., *Geschichte Rußlands. Vom Kiever Reich bis zum Zerfall des Sowjetimperiums*. Stuttgart u. a. 1996.

Hosking, G., *Russland, Nation und Imperium, 1552–1917*. Berlin 2000.

Ders./R. Service (Hgg.), *Reinterpreting Russia.* London u. a. 1999.
Linke, H. G., *Geschichte Russlands. Von den Anfängen bis heute.* Darmstadt 2006.
Nolte, H. H., *Kleine Geschichte Russlands.* Stuttgart 1998.
Pipes, R., *Rußland vor der Revolution. Staat und Gesellschaft im Zarenreich.* München 1977.
Starr, S. F. (Hg.), *The Legacy of History in Russia and the New States of Eurasia. Bd. 1: International Politics of Eurasia.* Armonk (NY) 1994.
Zernack, K., *Polen und Rußland. Zwei Wege in der europäischen Geschichte.* Berlin 1994.

Quellensammlungen, Archive

Freeze, G. (Hg.), *From Supplication to Revolution. A Documentary Social History of Imperial Russia.* New York/Oxford 1988.
Grasshoff, H. (Hg.), *O Bojan, du Nachtigall der alten Zeit. 7 Jahrhunderte altrussischer Literatur.* Berlin 1975.
Kaiser, D./G. Marker (Hgg.), *Reinterpreting Russian History. Readings 860–1860.* New York/Oxford 1994.
Leadenham, C. A. (Hg.), *Guide to the Collections in the Hoover Institution Archives Relating to Imperial Russia, the Russian Revolution and Civil War, and the First Emigration.* Stanford (CA) 1986.
Russia in the Twentieth Century: The Catalogue of the Bakhmateff Archive of Russian and East European History and Culture: the Rare Books and Manuscript Library, Columbia University. Boston (MA) 1987.

Kultur

Bird, A., *A History of Russian Painting.* Boston (MA) 1987.
Brumfield, W. C., *A History of Russian Architecture.* Cambridge (MA) 1993.
Donnert, E., *Altrussisches Kulturlexikon.* Leipzig 1985.
Franz, N. (Hg.), *Lexikon der russischen Kultur.* Darmstadt 2002.
Goehrke, C., *Russischer Alltag.* 2 Bde., Zürich 2003.
Goerdt, W., *Russische Philosophie. Zugänge und Durchblicke.* Freiburg i. Br./München 1984.
Graham, L. R., *Science in Russia and the Soviet Union: A Short History.* New York 1993.
Hösch, E., *Die Kultur der Ostslaven.* Wiesbaden 1977.
Ivanits, L. J., *Russian Folk Belief.* Armonk (NY)/London 1989.

Kopelew, L./M. Keller u. a. (Hgg.), *Westöstliche Spiegelungen. Russen und Russland aus deutscher Sicht, und Deutschland und Deutsche aus russischer Sicht von den Anfängen bis zum 20. Jahrhundert*. Reihe A: Bd. 1–5, Reihe B: Bd. 1–4. München 1985–2006.

Lichatschow, D. S., *Die Kunst Rußlands. Vom Mittelalter zur Moderne*. Gütersloh/München 1992.

Masaryk, T. G., *Russische Geistes- und Religionsgeschichte*. 2 Bde. ND Frankfurt a. M. 1992.

Pietrow-Ennker, B., *Russlands ›neue Menschen‹. Die Entwicklung der Frauenbewegung von den Anfängen bis zur Oktoberrevolution*. Frankfurt a. M. 1999.

Rialand, M.-R., *L'alcool et les Russes*. Paris 1989.

Schmidt, C., *Gemalt für die Ewigkeit. Geschichte der Ikonen in Russland*. Köln u. a. 2009.

Stender-Petersen, A., *Geschichte der russischen Literatur*. 2 Bde. München 1957.

Terras, V. (Hg.), *Handbook of Russian Literature*. Yale (CO) 1985.

Tschižewskij, D., *Das heilige Rußland. Russische Geistesgeschichte*. Bd. I: *10.–17. Jahrhundert*. Hamburg 1959; Bd. II: *18.–20. Jahrhundert*. Reinbek 1961.

Utechin, S. V., *Geschichte der politischen Ideen in Russland*. Stuttgart u. a. 1966.

Weber, H. B., *The Modern Encyclopedia of Russian and Soviet Literature*. Gulf Breeze (FL) 1977ff.

Zernack, K., *Osteuropa. Eine Einführung in seine Geschichte*. München 1977.

Kirchengeschichte

Amburger, E., *Geschichte des Protestantismus in Rußland*. Stuttgart 1961.

Bremer, T., *Kreuz und Kreml. Kleine Geschichte der orthodoxen Kirche in Russland*. Freiburg i. Br. 2007.

Felmy, K. C. (Hg.), *Tausend Jahre Christentum in Rußland. Zum Millennium der Taufe der Kiever Rus'*. Göttingen 1988.

Ders., *Die orthodoxe Theologie der Gegenwart. Eine Einführung*. Darmstadt 1989.

Gamber, K., *Das heilige Rußland, 1000 Jahre Russisch-Orthodoxe Kirche*. Freiburg i. Br. u. a. 1989.

Hauptmann, G./G. Stricker (Hgg.), *Die orthodoxe Kirche in Rußland. Dokumente ihrer Geschichte (860–1980)*. Göttingen 1980.

Hosking, G. A. (Hg.), *God's Servants: Church, Nation, and State in Russia and Ukraine*. London 1990.

Kluge, R.-D./H. Setzer (Hgg.), *Tausend Jahre Russische Kirche. 988–1988. Geschichte, Wirkungen, Perspektiven.* Tübingen 1989.

Meyer, T. (Hg.), *1000 Jahre christliches Rußland. Zur Geschichte der Russisch-Orthodoxen Kirche.* Recklinghausen 1988.

Nichols, R. L./T. G. Stavrou (Hgg.), *Russian Orthodoxy under the Old Regime*. Minneapolis (MN) 1978.

Senyk, S., *A History of the Church in Ukraine*. Bd. I: *To the End of the Thirteenth Century*. Rom 1993.

Smolitsch, I., *Russisches Mönchtum. Entstehung, Entwicklung und Wesen. 988–1917.* Würzburg 1953.

Stricker, G., *Religion in Russland. Darstellung und Daten zu Geschichte und Gegenwart.* Gütersloh 1993.

Wirtschaft und Gesellschaft

Blum, J., *Lord and Peasant in Russia. From the Ninth to the Nineteenth Century*. Princeton (NJ) 1961.

Evans Clements, B./B. A. Engel/C. D. Worobec (Hgg.), *Russia's Women: Accomodation, Resistance, Transformation*. Berkeley/Los Angeles 1991.

Geyer, D. (Hg.), *Wirtschaft und Gesellschaft im vorrevolutionären Rußland*. Köln 1975.

Goehrke, C., *Die Wüstungen in der Moskauer Ruś. Studien zur Siedlungs-, Bevölkerungs- und Sozialgeschichte.* Wiesbaden 1968.

Gromyko, M. M., *Mir russkoj derevni*. Moskau 1991.

Halbach, U., *Der russische Fürstenhof vor dem 16. Jahrhundert. Eine vergleichende Untersuchung zur politischen Lexikologie und Verfassungsgeschichte der alten Ruś*. Stuttgart 1985.

Hamm, M. F. (Hg.), *The City in Russian History*. Lexington (KY) 1976.

Heller, K., *Russische Wirtschafts- und Sozialgeschichte.* Bd. I: *Die Kiever und die Moskauer Periode (9.–17. Jahrhundert)*. Darmstadt 1987.

Hellie, R., *Slavery in Russia, 1450–1725*. Chicago/London 1982.

Kappeler, A. (Hg.), *Die Russen: Ihr Nationalbewußtsein in Geschichte und Gegenwart*. Köln 1990.

Ders., *Rußland als Vielvölkerreich. Entstehung, Geschichte, Zerfall*. München 2001.

Lotman, J. M., *Rußlands Adel. Eine Kulturgeschichte von Peter I. bis Nikolaus I.* Köln u. a. 1997.

Rüss, H., *Herren und Diener. Die soziale und politische Mentalität des russischen Adels. 9.–17. Jahrhundert*. Köln u. a. 1994.

Smith, R. E. F., *Peasant Farming in Moscovy*. Cambridge u. a. 1977.

Ders./D. Christian, *Bread and Salt: A Social and Economic History of Food and Drink in Russia*. Cambridge u. a. 1984.

Szeftel, M., *Russian Institutions and Culture up to Peter the Great*. London 1975.

Militärgeschichte

Fuller, W. C., *Strategy and Power in Russia, 1600–1914*. New York 1992.

Keep, J. L. H., *Soldiers of the Tsar: Army and Society in Russia. 1462–1874*. Oxford 1985.

Regionen

Allworth, E., *The Modern Uzbeks. From the Fourteenth Century to the Present. A Cultural History*. Stanford (CA) 1990.

Altstadt, A. L., *The Azerbeijani Turks. Power and Identity under Russian Rule*. Stanford (CA) 1992.

Beyrau, D./R. Lindner (Hgg.), *Handbuch der Geschichte Weißrußlands*. Göttingen 2001.

Bobrick, B., *East of the Sun. The Conquest and Settlement of Siberia*. London 1992.

Forsyth, J., *A History of the Peoples of Siberia. Russia's North Asian Colony 1581–1990*. Cambridge 1992.

Golczewski, F. (Hg.), *Geschichte der Ukraine*. Göttingen 1993.

Hausmann, G., *›Mütterchen Wolga‹. Ein Fluss als Erinnerungsort vom 16. bis ins frühe 20. Jahrhundert*. Frankfurt a. M./New York 2009.

Heller, K./H. Jelitte (Hgg.), *Das mittlere Wolgagebiet in Geschichte und Gegenwart*. Frankfurt a. M. u. a. 1994.

Hellmann, M., *Grundzüge der Geschichte Litauens und des litauischen Volkes*. Darmstadt 1966.

Kappeler, A., *Kleine Geschichte der Ukraine*. München 2000.

Ders., *Rußland als Vielvölkerreich: Entstehung – Geschichte – Zerfall*. München 2001.

Leptin, G. (Hg.), *Sibirien. Ein russisches und sowjetisches Entwicklungsproblem*. Berlin 1986.

Levin, M. G./L. R. Potapov, *The Peoples of Siberia*. Chicago/London 1964.

Lincoln, W. B., *The Conquest of a Continent. Siberia and the Russians*. London 1994.

Olcott, M. B., *The Kazakhs*. Stanford (CA) 1995.
Raun, T. U., *Estonia and the Estonians*. Stanford (CA) 1987.
Rorlich, A. A., *The Volga Tatars. A Profile in National Resilience*. Stanford (CA) 1986.
Sarkisyanz, E., *Geschichte der orientalischen Völker Rußlands bis 1917. Eine Ergänzung zur ostslawischen Geschichte Rußlands.* München 1961.
Stephan, J. F., *The Russian Far East. A History*. Stanford (CA) 1995.
Subtelny, O., *Ukraine. A History*. Toronto u. a. 1988.
Suny, R. G. (Hg.), *Transcaucasia. Nationalism and Social Change. Essays in the History of Armenia, Azerbajian, and Georgia*. Ann Arbor 1983.
Ders., *The Making of the Georgian Nation*. London 1989.
Thomas, L., *Geschichte Sibiriens. Von den Anfängen bis zur Gegenwart*. Berlin 1982.
Wandycz, P. S., *The Lands of Partitioned Poland. 1795–1918*. Seattle/London 1974.
Wood, A. (Hg.), *The History of Siberia. From Russian Conquest to Revolution*. London/New York 1991.
Zenkovsky, S. A., *Pan-Turkism and Islam in Russia*. Cambridge (MA) 1960.

2. Die Kiever Zeit

Quellen, Gesamtdarstellungen, Nachschlagewerke

Die Erste Novgoroder Chronik nach ihrer ältesten Redaktion (Synodalhandschrift). 1016–1333/1352. Hg. Joachim Dietze. München 1972.
Franklin, S./J. Shepard, *The Emergence of Rus. 750–1200*. London/New York 1996.
Freydank, D./G. Sturm (Hgg.), *Das Vaterbuch des Kiewer Höhlenklosters*. Graz u. a. 1989.
Goehrke, C., *Frühzeit des Ostslaventums.* Darmstadt 1992.
Golb, N./O. Pritsak (Hgg.), *Khazarian Hebrew Documents of the Tenth Century*. Ithaca (NY)/London 1982.
Grasshoff, H./D. Freydank/G. Sturm (Hgg.), *Rauchspur der Tauben. Radziwill-Chronik.* Leipzig/Weimar 1986.
Janin, V. L., *Aktovye pečati Drevnej Rusi X–XV vv.* 2 Bde. Moskau 1970.
Ders. (Hg.), *Zakonodatel'stvo Drevnej Rusi.* Bd. 1: *Rossijskoe zakonodatel'stvo X–XX vekov.* Moskau 1984.

Kawerau, P. (Hg.), *Arabische Quellen zur Christianisierung Rußlands*. Wiesbaden 1967.

Lewicki, T. (Hg.), *Żródla arabskie do dziejów słowiańszczyzny*. Breslau/Krakau 1956.

Martin, J., *Medieval Russia. 980–1584*. Cambridge 1995.

Müller, L. (Hg.), *Die Nestorchronik. Die altrussische Chronik, zugeschrieben dem Mönch des Kiever Höhlenklosters Nestor, in der Redaktion des Abtes Sil'vestr aus dem Jahre 1116, rekonstruiert nach den Handschriften Lavrent'evskaja (u. a.)*. München 2001.

Obolensky, D., *The Byzantine Commonwealth: Eastern Europe 500–1500*. London 1971.

Povest' vremennych let. 2 Bde. Moskau/Leningrad 1950.

Schramm, G., ›Die Herkunft des Namens Ruś: Kritik des Forschungsstandes‹. In: *Forschungen zur osteuropäischen Geschichte 30* (1982), S. 7–49.

Stavrou, T. G./P. R. Weisensel (Hgg.), *Russian Travellers to the Christian East from the Twelth to the Twentieth Century*. Columbus (OH) 1985.

Sverdlov, M. B., *Latinojazyčnye istočniki po istorii Drevnej Rusi. Germanija, IX – pervaja polovina XII v. Moskau*, Leningrad 1989.

Trautmann, R., *Die Nestorchronik*. Leipzig 1931.

Vodoff, V., *Princes et principautés russes (X–XVII siècles)*. Paris 1988.

Landnahme und Herrschaftsbildung

Čistov, K. V. u. a., *Ėtnografija vostočnych slavjan. Očerki tradicionnoj kul'tury*. Moskau 1987.

Heller, K., *Die Normannen in Osteuropa*. Berlin 1993.

Müller-Boysen, C., *Kaufmannsschutz und Handelsrecht im frühmittelalterlichen Nordeuropa*. Neumünster 1990.

Novosel'cev, A. P. u. a. (Hgg.), *Obrazovanie drevnerusskogo gosudarstva. Spornye problemy*. Moskau 1992.

Schramm, G., *Nordpontische Ströme. Namenphilologische Zugänge zur Frühzeit des europäischen Ostens*. Göttingen 1973.

Die Steppe

Bálint, C., *Die Archäologie der Steppe: Steppenvölker zwischen Volga und Donau vom 6. bis zum 10. Jahrhundert*. Wien/Köln 1989.

Boba, I., *Nomads, Northmen and Slavs*. Den Haag/Wiesbaden 1967.

Dunlop, D. M., *The History of the Jewish Khazars*. Princeton (NJ) 1954.

Golden, P., *Khazar Studies: An Historical-Philological Inquiry into the Origins of the Khazars.* 2 Bde. Budapest 1980.

Pletneva, S. A., *Polovcy*. Moskau 1990.

Christianisierung, Beziehungen zu Byzanz, Kirchengeschichte

Dvornik, F., *Byzantine Missions Among the Slavs*. New Jersey 1970.

Fennell, J., *A History of the Russian Church to 1448*. London/New York 1995.

Hollingworth, P. (Hg.), *The Hagiography of Kievan Rus*. Bd. 2. Cambridge 1992.

Lehnhof, G., *The Martyred Princes Boris and Gleb: a Socio-Cultural Study of the Cult and the Texts*. Ohio 1989.

Malingoudi, J., *Die russisch-byzantinischen Verträge des 10. Jahrhunderts aus diplomatischer Sicht.* Thessaloniki 1994.

Müller, L., *Die Taufe Rußlands. Die Frühgeschichte des russischen Christentums bis zum Jahre 988.* München 1987.

Obolensky, D., *Byzantium and the Slavs*. New York 1994.

Podskalsky, G., *Christentum und theologische Literatur in der Kiever Rus' (988–1237)*. München 1982.

Poppe, A., *The Rise of Christian Russia*. London 1982.

Rappoport, P. A., *Building the Churches of Kievan Russia.* Aldershot 1995.

Sacharov, A. N., *Diplomatija drevnej Rusi IX – pervaja polovina X. v.* Moskau 1980.

Shchapos, Y. N., *State and Church in Early Russia. 10th–13th Centuries*. New Rochelle (NY) u. a. 1993.

Vlasto, A., *The Entry of Slavs into Christendom*. Cambridge 1970.

Vodoff, V., *Naissance de la chrétienté russe. La conversion du prince Vladimir de Kiev (988) et ses conséquences (XI–XIII siècles)*. Paris 1988.

Stadt und Land, soziale Verhältnisse

Frojanov, I. J./A. J. Dvorničenko, *Goroda – gosudarstva Drevnej Rusi.* Leningrad 1988.

Kaiser, D. H., *The Growth of the Law in Medieval Russia.* Princeton (NJ) 1980.

Kolčin, B. A. (Hg.), *Drevnaja Rus'. Gorod, zamok, selo.* Moskau 1985.
Kuza, A. V., *Malye goroda Drevnej Rusi.* Moskau 1989.
Levin, E., *Sex and Society in the World of the Orthodox Slavs. 900–1700.* London 1989.
Mühle, E., *Die städtischen Handelszentren der nordwestlichen Ruś. Anfänge und frühe Entwicklung altrussischer Städte (bis gegen Ende des 12. Jahrhunderts).* Stuttgart 1991.
Puškareva, N. L., *Ženščiny drevnej Rusi.* Moskau 1989.
Schramm, G., *Altrusslands Anfang. Historische Schlüsse aus Namen, Wörtern und Texten zum 9. und 10. Jahrhundert.* Freiburg 2002.
Steindorff, L., *Memoria in Altrußland. Untersuchungen zu den Formen christlicher Totensorge.* Stuttgart 1994.
Toločko, P. P., *Drevnerusskij feodalnyj gorod.* Kiev 1989.
Zernack, K., *Die burgstädtischen Volksversammlungen bei den Ost- und Westslaven. Studien zur verfassungsgeschichtlichen Bedeutung des Veče.* Wiesbaden 1967.

Blütezeit und Kultur

Aseev, J. S., *Architektura drevnego Kieva.* Kiev 1982.
Donnert, E., *Das Kiewer Rußland. Kultur und Geistesleben vom 9. bis zum beginnenden 13. Jahrhundert.* Leipzig u. a. 1983.
Fennell, J./A. Stokes, *Early Russian Literature.* London 1974.
Forssmann, J., *Die Beziehungen altrussischer Fürstengeschlechter zu Westeuropa.* Berlin 1970.
Marti, R. W., *Handschrift – Text – Textgruppe – Literatur. Untersuchungen zur inneren Gliederung der frühen Literatur aus dem ostslavischen Sprachbereich in den Handschriften des 11. bis 14. Jahrhunderts.* Wiesbaden 1989.
Rahbek-Schmidt, K., *Soziale Terminologie in russischen Texten des frühen Mittelalters (bis zum Jahre 1240).* Kopenhagen 1964.
Rappoport, P. A., *Drevnerusskaja architektura.* St. Petersburg 1993.
Vagner, G. K./T. F. Vladyševskaja, *Iskusstvo Drevnej Rusi.* Moskau 1993.

Niedergang und Zerfall, der Mongolensturm

Eggebrecht, A./E. Eggebrecht/M. Gutgesell (Hgg.), *Die Mongolen und ihr Weltreich.* Mainz 1989.
Fennell, J., *The Crisis of Medieval Russia. 1200–1304.* London 1983.

Halperin, C. J., *Russia and the Golden Horde. The Mongol Impact on Medieval Russian History*. Bloomington (IN) 1985.

Spuler, B., *Die Goldene Horde. Die Mongolen in Rußland. 1223–1502*. Wiesbaden 1965.

Trepavlov, V. V., *Gosudarstvennyj stroj Mongol'skoj imperii XIII v. Problema istoričeskoj preemstvennosti.* Moskau 1993.

3. Das Moskauer Russland

Der Aufstieg Moskaus

Crummey, R. O., *The Formation of Muscovy. 1304–1613*. London 1987.

Fennell, J., *The Emergence of Moscow 1304–1359.* London 1968.

Klug, E., *Das Fürstentum Tveŕ (1247–1485). Aufstieg, Selbstbehauptung und Niedergang*. Berlin 1985.

Nitsche, P. (Hg.), *Der Aufstieg Moskaus. Auszüge aus einer russischen Chronik.* 2 Bde. Graz u. a. 1966.

Ders. (Hg.), *Die Anfänge des Moskauer Staates*. Darmstadt 1977.

Stökl, G., *Der russische Staat in Mittelalter und Früher Neuzeit*. Wiesbaden 1981.

Zimin, A. A., *Rossia na rubeže XV–XVI stoletii (Očerki social'no-političeskoj istorii)*. Moskau 1982.

Außenpolitik, Litauen, Ausländerberichte

Croskey, R. M., *Muscovite Diplomatic Practice in the Reign of Ivan III.* New York/London 1987.

Crummey, R. O. (Hg.), *Rude and Barbarous Kingdom: Russia in the Accounts of Sixteenth Century English Voyagers*. Madison (WI) 1968.

Herberstein, S. von, *Das alte Rußland*. Hg. Walter Leitsch. Zürich 1984.

Jablonowksi, H., *Westrußland zwischen Wilna und Moskau. Die politische Stellung und die politischen Tendenzen der russischen Bevölkerung des Großfürstentums Litauen im 15. Jahrhundert*. Leiden 1955.

Kämpfer, F. (Hg.), *Historie vom Zartum Kasan*. Graz u. a. 1969.

Meyendorff, J., *Byzantium and the Rise of Russia. A Study of Byzantine-Russian Relations in the Fourteenth Century*. Cambridge u. a. 1981.

Scheidegger, G., *Perverses Abendland – barbarisches Rußland. Begegnungen des 16. und 17. Jahrhunderts im Schatten kultureller Mißverständnisse*. Zürich 1993.

Herrscherhaus und Herrschaftsauffassung

Alef, G., *The Origins of Muscovite Autocracy. The Age of Ivan III*. Wiesbaden 1986.

Demidova, N. F., *Služilaja bjurokratija v Rossii XVII v. i eë rol' v formirovanii absoljutizma*. Moskau 1987.

Donnert, E., *Das alte Moskau. Kultur und Gesellschaft zwischen Großfürstentum und Zarenkrone*. Wien 1976.

Egan, D. R./M. A. Egan (Hgg.), *Russian Autocrats From Ivan the Great to the Fall of the Romanov Dynasty; an Annotated Bibliography of English Language Sources to 1985*. Metuchen (NJ), London 1987.

Fennell, J., *Ivan the Great of Moscow*. London/New York 1961.

Kämpfer, F., *Das russische Herrscherbild von den Anfängen bis zu Peter dem Großen. Studien zur Entwicklung politischer Ikonologie im byzantinischen Kulturkreis*. Recklinghausen 1978.

Kollmann, N. S., *Kinship and Politics: The making of the Muscovite Political System, 1345–1547*. Stanford (CA) 1987.

Torke, H.-J., *Die staatsbedingte Gesellschaft im Moskauer Reich. Zar und Zemlja in der altrussischen Herrschaftsverfassung 1613–1689*. Leiden 1974.

Kirche, Kirchenstreit, Altgläubige

Döpmann, H. D., *Der Einfluß der Kirche auf die moskowitische Staatsidee. Staats- und Gesellschaftsdenken bei Iosif Volockij, Nil Sorskij und Vassian Patrikeev*. Berlin 1967.

Gonneau, P., *La maison de la Sainte Trinité. Un grand-monastère russe du Moyen-Age tardif (1345–1533)*. Paris 1993.

Heller, W., *Die Moskauer ›Eiferer für die Frömmigkeit‹ zwischen Staat und Kirche (1642–1652)*. Wiesbaden 1988.

Hösch, E., *Orthodoxie und Häresie im alten Rußland*. Wiesbaden 1975.

Lupinin, N., *Religious Revolt in the XVIIth Century. The Schism of the Russian Church*. Princeton (NJ) 1984.

Nolte, H.-H., *Religiöse Toleranz in Rußland. 1600–1725*. Göttingen u. a. 1969.

Skrynnikov, R. G., *Gosudarstvo i cerkov' na Rusi XIV–XVI vv. Podvižniki russkoj cerkvi*. Novosibirsk 1991.

Novgorod

Angermann, N./K. Friedland (Hgg.), *Novgorod: Markt und Kontor der Hanse*. Köln u. a. 2002.

Granberg, J., *Veche in the Chronicles of Medieval Rus. A Study of Functions and Terminology*. Göteborg 2004.

Janin, V. L., *Novgorodskye akty XII–XV vv: chronologičeskie kommentarii*. Moskau 1990.

Leuschner, J., *Novgorod. Untersuchungen zu einigen Fragen seiner Verfassungs- und Bevölkerungsstruktur*. Berlin 1980.

Nosov, E. N., *Novgorodskoe (Rjurikovo) gorodišče*. Leningrad 1990.

Pickhan, G., *Gospodin Pskov. Entstehung und Entwicklung eines städtischen Herrschaftszentrums in Altrußland*. Wiesbaden 1992.

Rybina, E. A., *Inozemnye dvory v Novgorode XII–XVII vv.* Moskau 1986.

Ivan IV. Groznyj

Auerbach, I., *Andrej Michajlovič Kurbskij. Leben in osteuropäischen Adelsgesellschaften des 16. Jahrhunderts*. München 1985.

Kämpfer, F., ›Ivan (IV.) der Schreckliche‹. In: H.-J. Torke (Hg.), *Die russischen Zaren 1547–1917*. München 1995; S. 27–49.

Kappeler, A., *Ivan Groznyj im Spiegel der ausländischen Druckschriften seiner Zeit. Ein Beitrag zur Geschichte des westlichen Rußlandbildes*. Bern 1982.

Skrynnikov, R. G., *Ivan der Schreckliche*. München 1992.

Die Zeit der Wirren

Barbour, P. L., *Dimitry, Called the Pretender. Tsar and Great Prince of All Russia, 1605–1606*. Melbourne 1967.

Dunning, Ch. S. L., *Russian's First Civil War. The Time of Trouble and the Founding of the Romanov Dynasty*. Pennsylvania 2001.

Kämpfer, F., ›Fedor (I.) Ivanovič‹. In: H.-J. Torke (Hg.), *Die russischen Zaren 1547–1917*. München 1995; S. 51–52.

Neubauer, H., ›Boris Godunov; Fedor Godunov; Pseudodemetrius; Vasilij Šujskij‹. In: H.-J. Torke (Hg.), *Die russischen Zaren 1547–1917*. München 1995; S. 53–89.

Perrie, M., *Pretenders and Popular Monarchism in Early Modern Russia*. Cambridge 1995.

Scheidegger, G., *Endzeit. Russland am Ende des 17. Jahrhunderts*. Bern u. a. 1999.

Skrynnikov, R. G., *The Time of Troubles: Russia in Crisis 1604–1618*. Gulf Breeze (FL) 1988.

Torke, H.-J. (Hg.), *Die russischen Zaren 1547–1917*. München 1995.

Die Zeit der Romanov-Zaren bis Peter

Basarab, J., *Pereiaslav 1654: A Historical Guide*. Edmonton (Can.) 1982.

Hughes, L., *Sophia, Regent of Russia, 1657–1704*. New Haven (CT)/London 1990.

Kraft, E., *Moskaus griechisches Jahrhundert. Russisch-griechische Beziehungen und metabyzantinischer Einfluß 1619–1694*. Stuttgart 1995.

Longworth, P., *Alexis. Tsar of All the Russias*. New York 1984.

O'Brien, C. B., *Russia Under Two Tsars, 1682–1689. The Regency of Sophia Alekseevna*. Berkeley/Los Angeles 1952.

Raleigh, D. J. (Hg.), *The Emperors and Empresses of Russia. Rediscovering the Romanovs*. New York/London 1995.

Torke, H.-J., ›Michail Fëdorovič; Aleksej Michajlovič; Fedor Alekseevič; Ivan V. und die Regentin Sof'ja‹. In: Ders. (Hg.), *Die russischen Zaren 1547–1917*. München 1995; S. 91–154.

Soziale Probleme, Bauern, Rechtsfragen, Adel, Wirtschaft

Akty social'no-ėkonomičeskoj istorii Severa Rossii konca XV–XVI v. Akty Soloveckogo monastyrja, 1572–1584 gg. Leningrad 1990.

Alef, G., *Rulers and Nobles in Fifteenth-Century Muscovy*. London 1983.

Baron, S. H., *Explorations in Muscovite History*. Brookfield (MA) 1991.

Boškovska, N., *Die russische Frau im 17. Jahrhundert*. Köln u. a. 1998.

Bushkovitch, P., *The Merchants of Moscow 1580–1650*. Cambridge u. a. 1980.

Camphausen, H.-W., *Die Bojarenduma unter Ivan IV. Studien zur Altmoskauer Herrschaftsordnung*. Frankfurt a. M. u. a. 1985.

Confino, M., *Domaines et seigneurs en Russie vers la fin du XVIIIe siècle. Etude de structures agraires et de mentalité économique*. Paris 1963.

Crummey, R. O., *Aristocrats and Servitors: The Boyar Elite in Russia*. Princeton (NJ) 1983.

Demkin, A. V., *Zapadnoevropejskoe kupečestvo v Rossii v XVII v*. Moskau 1994.

Gordon, L., *Cossack Rebellions: Social Turmoil in the Sixteenth-Century Ukraine*. Albany (NY) 1983.

Hellie, R., *Enserfment and Military Change in Muscovy*. Chicago 1971.

Ivonij, L. I./A. G. Mańkov (Hgg.), *Sobornoe uloženie 1649 goda. Tekst. Kommentarii*. Leningrad 1987.

Khodarskovsky, M., *Where Two Worlds Met. The Russian State and the Kalmyk Nomads, 1600–1771*. London 1992.
Knackstedt, W., *Moskau. Studien zur Geschichte einer mittelalterlichen Stadt*. Wiesbaden 1975.
Müller, K. (Hg.), *Altrussisches Hausbuch ›Domostroj‹*. Leipzig/Weimar 1987.
Rüss, H., *Adel und Adelsopposition im Moskauer Staat. 14.–16. Jahrhundert*. Wiesbaden 1975.
Šapiro, A. L. (Hg.), *Agrarnaja istorija Severo – Zapada Rossii XVII veka (naselenie, zemlevladenie, zemlepol'zovanie)*. Leningrad 1989.
Schmidt, C., *Sozialkontrolle in Moskau. Justiz, Kriminalität und Leibeigenschaft 1649–1785*. Stuttgart 1996.
Skrynnikov, R. G., *Sibirskaja ėkspedicija Ermaka*. Novosibirsk 1982.
Stanislavskij, A. L., *Graždanskaja vojna v Rossii XVII v. Kazačestvo na perelome istorii*. Moskau 1990.
Stevens, C. B., *Soldiers on the Steppe: Army Reform and Social Change in early Modern Russia*. DeKalb (IL) 1995.

4. Von Peter d. Gr. bis Paul I.

Peter der Große

Anisimov, E. V., *Vremja petrovskich reform*. Leningrad 1989.
Donnert, E., ›Peter (I.) der Große‹. In: H.-J. Torke (Hg.), *Die russischen Zaren 1547–1917*. München 1995 S. 155–178.
Hughes, L., *Peter the Great. A Biography*. New Haven (VT) 2002.
Wittram, R., *Peter I. Czar und Kaiser*. 2 Bde. Berlin/Göttingen/Heidelberg 1964.

Epigonen und Fortsetzer

Anisimov, E. V., *Rossija bez Petra. 1725–1740*. St. Petersburg 1994.
Brennan, J. F., *Enlightened Despotism in Russia. The Reign of Elisabeth, 1741–1762*. New York 1987.
Donnert, E., ›Katharina I.; Peter II.‹ In: H.-J. Torke (Hg.), *Die russischen Zaren 1547–1917*. München 1995; S. 179–190.
Fenster, A., ›Anna; Ivan IV; Elisabeth ‹. In: H.-J. Torke (Hg.), *Die russischen Zaren 1547–1917*. München 1995; S. 191–218.

Leonard, C. S., *Reform and Regicide: The Reign of Peter III of Russia*. Bloomington (IN) 1993.

Raeff, M., ›Peter III.‹ In: H.-J. Torke (Hg.), *Die russischen Zaren 1547–1917*. München 1995; S. 219–232.

Katharina II.

Alexander, J. T., *Catherine the Great: Life and Legend*. New York 1989.

Grasshoff, A. (Hg.), *Katharina II. Memoiren*. 2 Bde. München 1990.

Madariaga, I. de, *Russia in the Age of Catherine the Great*. Yale 1981.

Ders., *Catherine the Great – A Short History*. Yale 1990.

Raeff, M., ›Katharina II.‹ In: H.-J. Torke (Hg.), *Die russischen Zaren 1547–1917*. München 1995; S. 233–262.

Scharf, K. (Hg.), *Katharina II. Rußland und Europa. Beiträge zur internationalen Forschung*. Mainz 2001.

Paul I.

Fischer, A., ›Paul I.‹ In: H.-J. Torke (Hg.), *Die russischen Zaren 1547–1917*. München 1995; S. 263–274.

McGrew, R. E., *Paul I of Russia, 1754–1801*. Oxford 1992.

Außenpolitik

Donnelly, A. S., *The Russian Conquest of Bashkiria. 1552–1740. A Case Study in Imperialism*. New Haven (VT) 1968.

Khodarkovsky, M., *Russia's Steppe Frontier. The Making of a Colonial Empire, 1500–1800*. Bloomington (IN) 2002.

Mediger, W., *Moskaus Weg nach Europa. Der Aufstieg Rußlands zum europäischen Machtstaat im Zeitalter Friedrichs des Großen*. Braunschweig 1952.

Schulze-Wessel, M., *Rußlands Blick auf Preußen. Die polnische Frage in der Diplomatie und der polnischen Öffentlichkeit des Zarenreiches und des Sowjetstaates 1697–1947*. Stuttgart 1995.

Soziale Probleme, Adel und Bauern, Stadt

Aksenov, A. I., *Genealogija Moskovskogo kupečestva XVIII v. Iz istorii formirovanija russkoj buržuazii*. Moskau 1988.

Ders., *Očerki genealogii uezdnogo kupečestva XVIII v.* Moskau 1993.

Alexander, J. T., *Autocratic Politics in a National Crisis: The Imperial Russian Government and Pugachev's Rebellion 1773–1775.* Indiana 1969.

Ders., *Bubonic Plague in Early Modern Russia: Urban Health and Urban Disaster.* Baltimore (MD) 1980.

Anisimov, E. V., *Podatnaja reforma Petra I.: Vvedenie podušnoj podati v Rossii, 1719–1728.* Leningrad 1982.

Bartlett, R. P., *Human Capital: The Settlement of Foreigners in Russia 1762–1804.* Cambridge 1979.

Brandes, D., *Vom Zaren adoptiert. Die deutschen Kolonien und die Balkansiedler in Neurußland und Bessarabien 1751–1914.* 2 Bde. München 1993.

Dukes, P., *Catherine the Great and the Russian Nobility: A Study Based on the Materials of the Legislative Commission of 1767.* Cambridge 1967.

Fenster, A., *Adel und Ökonomie im vorindustriellen Rußland. Die unternehmerische Betätigung der Gutsbesitzer in der großgewerblichen Wirtschaft im 17. und 18. Jahrhundert.* Wiesbaden 1983.

Hildermeier, M., *Bürgertum und Stadt in Rußland 1760–1870. Rechtliche Lage und soziale Struktur.* Köln 1986.

Hittle, J. M., *The Service City. State and Townsmen in Russia, 1600–1800.* Cambridge (MA)/London 1979.

Jones, R. E., *The Russian Gentry and the Provincial Reforms of 1775.* Ithaca (NY) 1968.

Ders., *The Emancipation of the Russian Nobility. 1762–1785.* Princeton (NJ) 1973.

Kabuzan, V. M., *Narody Rossii v XVIII veke. Čislennost i ėtničeskij sostav.* Moskau 1990.

Knabe, B., *Die Struktur der russischen Posad-Gemeinde und der Katalog der Beschwerden und Forderungen der Kaufmannschaft (1762–1767).* Berlin 1975.

Kohut, Z. E., *Russian Centralism and Ukrainian Autonomy – Imperial Absorption of the Hetmanate 1760s–1830s.* Harvard 1988.

Lotman, J. M., *Besedy o russkoj kul'ture. Byt i tradicii russkogo dvorjanstva (XVIII – načalo XIX veka).* St. Petersburg 1994.

Meehan-Waters, B., *Autocracy and Aristocracy, the Russian Service Elite of 1730.* New Brunswick (NJ) 1982.

Mironov, B. N., *Russkij gorod v 1740–1860 gody: demografičeskoe, social'noe i ėkonomičeskoe razvitie.* Leningrad 1990.

Pallot, J./D. J. B. Shaw, *Landscape and Settlement in Romanow Russia 1613–1917*. Oxford 1990.

Raeff, M., *Origins of the Russian Intelligentsia. The Eighteenth Century Nobility*. New York 1966.

Kirche

Bryner, E., *Der geistliche Stand in Rußland. Sozialgeschichtliche Untersuchungen zu Episkopat und Gemeindegeistlichkeit der russischen orthodoxen Kirche im 18. Jahrhundert*. Göttingen 1982.

Crummey, R. O., *The Old Believers and the World of Antichrist. The Vyg Community and the Russian State 1694–1855*. Madison (WI) u. a. 1970.

Paert, I., *Old Believers. Religious Dissent and Gender in Russia, 1760–1850*. Manchester 2003.

Smolitsch, I., *Geschichte der russischen Kirche 1700–1917*. Bd. 1. Leiden 1964; Bd. 2. Hg. G. L. Freeze. Berlin 1991.

Kultur, Rechtswesen, Verwaltung

Amburger, E., *Geschichte der Behördenorganisation Rußlands von Peter dem Großen bis 1917*. Leiden 1966.

Claudon-Adhémar, C., *Image et société en Russie, 1668–1725*. Bern 1985.

Donnert, E., *Rußland im Zeitalter der Aufklärung*. Wien u. a. 1984.

Gleason, W. J., *Moral Idealists, Bureaucracy, and Catherine the Great*. Rutgers (NJ) 1981.

Keller, M. (Hg.), *Russen und Rußland aus deutscher Sicht. 18. Jahrhundert: Aufklärung. Reihe A. Bd. 2*. München 1987.

Lavrov, A. S., *Koldovstvo i religija v Rossii. 1700–1740*. Moskau 2000.

LeDonne, J. P., *Ruling Russia: Politics and Administration in the Age of Absolutism, 1762–1796*. Princeton (NJ) 1985.

Ders., *Absolutism and Ruling Class: The Formation of the Russian Political Order, 1700–1825*. Oxford/New York 1991.

Marker, G., *Publishing, Printing, and the Origins of Intellectual Life in Russia, 1700–1800*. Princeton (NJ) 1985.

Raeff, M., *The Well-Ordered Police State: Social and Institutional Change Through Law in the Germanies and Russia, 1600–1800*. New Haven (CT)/London 1983.

Wirtschaft

Blanchard, I., *Russia's ›Age of Silver‹: Precious-Metal Production and Economic Growth in the Eighteenth Century*. London/New York 1989.
Heller, K., *Die Geld- und Kreditpolitik des Russischen Reiches in der Zeit der Assignaten (1768–1839/43)*. Wiesbaden 1983.
Istomina, E. G., *Vodnye puti Rossii vo vtoroj polovine XVIII-načale XIX veka*. Moskau 1982.
Kahan, A., *The Plow, the Hammer, and the Knout. An Economic History of Eighteenth Century Russia*. Chicago/London 1985.

5. Russland im 19. Jahrhundert

Allgemeines

Cvetkovski, R., *Modernisierung durch Beschleunigung. Raum und Mobilität im Zarenreich*. Frankfurt a. M./New York 2006.
Raeff, M., *Comprendre l'Ancien Régime russe: état et société en Russie impériale. Essai d'interprétation*. Paris 1982.
Raleigh, D. J., *The Emperors and Empresses of Russia. Reconsidering the Romanovs*. London 1996.
Rogger, H., *Russia in the Age of Modernization and Revolution. 1881–1917*. London/New York 1983.
Saunders, D., *Russia in the Age of Reaction and Reform, 1801–1881*. New York 1992.
Seton Watson, H., *The Russian Empire 1801–1917*. Oxford 1967.

Alexander I.

Hartley, J. M., *Alexander I*. London u. a. 1994.
Krautheim, H.-J., ›Alexander I.‹ In: H.-J. Torke (Hg.), *Die russischen Zaren 1547–1917*. München 1995; S. 275–288.
McConnell, A., *Tsar Alexander I. Paternalistic Reformer*. New York 1970.
Thackeray, F. W., *Antecedents of Revolution: Alexander I and the Polish Kingdom, 1815–1825*. Boulder (CO) 1980.

Nikolaus I.

Katzer, N., ›Nikolaus I.‹ In: H.-J. Torke (Hg.), *Die russischen Zaren 1547–1917*. München 1995; S. 289–314.
Lincoln, W. B., *Nicholas I.: Emperor and Autocrat of All the Russias*. London/Bloomington (IN) 1978.

Alexander II.

Löwe, H.-D., ›Alexander II.‹ In: H.-J. Torke (Hg.), *Die russischen Zaren 1547–1917*. München 1995; S. 315–338.
Mosse, W. E., *Alexander II. and the Modernization of Russia*. London 1958, ND 1993.
Troyat, H., *Alexander II. von Rußland*. Frankfurt a. M. 1994.

Alexander III.

Bensidoun, S., *Alexandre III. 1881–1894*. Paris 1990.
Löwe, H.-D., ›Alexander III.‹ In: H.-J. Torke (Hg.), *Die russischen Zaren 1547–1917*. München 1995; S. 339–353.

Nikolaus II.

Ferro, M., *Nikolaus II, der letzte Zar. Eine Biographie*. Zürich 1991.
Lieven, D., *Nicholas II: Twilight of the Empire*. New York 1994.
Löwe, H.-D., ›Nikolaus II.‹ In: H.-J. Torke (Hg.), *Die russischen Zaren 1547–1917*. München 1995; S. 354–378.

Außenpolitik bis zum Krimkrieg

Grimsted, P. K., *The Foreign Ministers of Alexander I. Political Attitudes and the Conduct of Russian Diplomacy*. Berkeley/Los Angeles 1969.
Roberts, J. W., *Nicholas I. and the Russian Intervention in Hungary*. Basingstoke/London 1991.

Innenpolitik, Herrschaftsverständnis, Autokratie, Bürokratie, Militär, Justiz

Baberowski, J., *Autokratie und Justiz. Zum Verhältnis von Rechtsstaatlichkeit und Rückständigkeit im ausgehenden Zarenreich. 1864–1914*. Frankfurt a. M. 1996.

Beyrau, D., *Militär und Gesellschaft im vorrevolutionären Rußland.* Köln 1984.

Curtiss, J. S., *The Russian Army under Nicholas I, 1825–1855.* Durham (NC) 1965.

Dale, J. C. K., *Russian Seapower and the Eastern Question, 1827–1841.* London 1991.

Efremova, N. N., *Ministerstvo justicii Rossijskoj imperii, 1802–1917.* Moskau 1983.

Floyd, J. L., *State Service, Social Mobility and Imperial Russian Nobility, 1801–1856.* Ann Arbor (MI) 1983.

Jenkins, M., *Arakčeev: Grand Vizir of the Russian Empire. A Biography.* London 1969.

Lincoln, W. B., *In the Vanguard of Reform: Russia's Enlightened Bureaucrats 1825–1861.* DeKalb (IL) 1982.

Monas, S., *The Third Section. Police and Society under Nicholas I.* Cambridge (MA) 1961.

Orlovsky, D. T., *The Limits of Reform: The Ministry of Internal Affairs in Imperial Russia, 1802–1881.* Cambridge (MA) u. a. 1981.

Raeff, M., *Michael Speransky. Statesman of Imperial Russia. 1772–1839.* Den Haag 1957.

Ders., *Political Ideas and Institutions in Imperial Russia.* Boulder (CO) 1994.

Rhinelander, A. L. H., *Prince Michael Vorontsov: Viceroy to the Tsars.* Montreal u. a. 1990.

Robbins, R. G., *The Tsar's Viceroys: Russian Provincial Governors in the Last Years of the Empire.* Ithaca (NY)/London 1988.

Squire, S., *The Third Department. The Establishment and Practices of the Political Police in the Russia of Nicholas I.* Cambridge 1968.

Starr, S. F., *Decentralization and Self-Government in Russia, 1830–1970.* Princeton (NJ) 1972.

Torke, H., *Das russische Beamtentum in der ersten Hälfte des 19. Jahrhunderts.* Berlin, Wiesbaden 1967.

Wirtschafter, E. K., *From Serf to Russian Soldier.* Princeton (NJ) 1990.

Wortman, R. S., *The Development of Russian Legal Consciousness.* Chicago, London 1976.

Die Gesellschaft (bis 1848): Intelligenz, Dekabristen, Journalisten, Bauern

Alexander, M., *Der Petraševskij-Prozeß. Eine ›Verschwörung der Ideen‹ und ihre Verfolgung im Rußland von Nikolaus I.* Wiesbaden 1979.
Christoff, P. K., *The Third Heart. Some Intellectual-Ideological Currents and Cross Currents in Russia 1800–1830*. Den Haag/Paris 1970.
Ders., *K. S. Aksakov: A Study in Ideas*. Princeton (NJ) 1982.
Ders., *Ju. F. Samarin*. Boulder (CO) 1991.
Frizman, L. G., *Dekabristy i russkaja literatura*. Moskau 1988.
Hoch, S. L., *Serfdom and Social Control in Russia: Petrovskoe, a Village in Tambov*. Chicago/London 1986.
Kabuzan, V. M., *Narody Rossii v pervoj polovine XIX v. Čislennost i ėtničeskij sostav*. Moskau 1992.
Kitanina, T. M., *Rabočie Peterburga v 1800–1861 gg. Promyšlennost', formirovanie, sostav, položenie rabočich, rabočee dviženie*. Leningrad 1991.
Moon, D., *Russian Peasants and Tsarist Legislation on the Eve of the Reform: Interacting Between Peasants and Officialdom, 1825–1855*. New York 1992.
Müller, O. W., *Intelligencija. Untersuchungen zur Geschichte eines politischen Schlagwortes*. Frankfurt a. M. 1971.
Pipes, R. (Hg.), *Die russische Intelligentsia*. Stuttgart 1961.
Raeff, M., *The Decembrist Movement*. Englewood Cliffs (NJ) 1966.
Riasanovsky, N. V., *Nicholas I and Official Nationality in Russia, 1825–1855*. Berkeley/Los Angeles 1961.
Ders., *A. Parting of Ways. Government and the Educated Public in Russia 1801–1855*. Oxford 1976.
Seddon, J. H., *The Petrashevtsy: A Study of the Russian Revolutionaries of 1848*. Manchester 1985.
Venturi, F., *Roots of Revolution. A History of the Populist and Socialist Movements in Nineteenth-Century Russia*. London 1960.
Wirtschafter, E. K., *Structures of Society: Imperial Russia's ›People of Various Rangs‹*. DeKalb (IL) 1994.

Kirche, Kultur, Bildungswesen

Alston, P. L., *Education and the State in Russia*. Stanford (CA) 1969.
Brooks, J., *When Russia Learned to Read. Literacy and Popular Literature, 1861–1917*. Princeton (NJ) 1985.
Buss, A., *Die Wirtschaftsethik des russisch-orthodoxen Christentums*. Heidelberg 1989.

Costlow, J. u. a. (Hgg.), *Sexuality and the Body in Russian Culture.* Cambridge 1993.

Eklof, B., *Russian Peasant Schools: Officialdom, Village Culture, and Popular Pedagogy, 1861–1914*. Berkeley u. a. 1986.

Flynn, J. T., *The University Reform of Tsar Alexander I, 1802–1835*. Washington 1988.

Frank, S./M. D. Steinberg (Hgg.), *Cultures in Flux. Lower-Class Values, Practices, and Resistance in Late Imperial Russia*. Princeton (NJ) 1994.

Freeze, G. F., *The Parish Clergy in Nineteenth Century Russia. Crisis, Reform, Counter-Reform*. Princeton (NJ) 1983.

Hecker, H., *Russische Universalgeschichtsschreibung, von den ›vierziger Jahren‹ des 19. Jahrhunderts bis zur sowjetischen ›Weltgeschichte‹ (1955–1965)*. München/Wien 1983.

Kassow, S. D., *Students, Professors, and the State in Tsarist Russia. Berkeley u. a. 1989.*

McClelland, J. C., *Autocrats and Academics: Education, Culture, and Society in Tsarist Russia*. Chicago/London 1979.

McGrew, R. E., *Russia and the Cholera 1823–1832*. Madison/Milwaukee (WI) 1965.

McReynolds, L., *The News under Russia's Old Regime. The Development of a Mass-Circulation Press.* Princeton (NJ) 1991.

Oswalt, J., *Kirchliche Gemeinde und Bauernbefreiung. Soziales Reformdenken in der orthodoxen Gemeindegeistlichkeit Rußlands in der Ära Alexanders II.* Göttingen 1975.

Schulgin, M. L., *The Politics of Temperance: Nicholas II' Campaign Against Alcohol Abuse.* Ann Arbor (MI) 1992.

Spieler, S., *Autonomie oder Reglementierung. Die russische Universität am Vorabend des Ersten Weltkrieges.* Köln/Wien 1981.

Simon, G., *Konstantin Petrovič Pobedonoscev und die Kirchenpolitik des Heiligen Sinod 1880–1905*. Göttingen 1969.

Außenpolitik im Zeichen des Imperialismus

Beyrau, D., *Russische Orientpolitik und die Entstehung des deutschen Kaiserreiches 1866–1870/71*. Wiesbaden 1971.

Geyer, D., *Der russische Imperialismus. Studien über den Zusammenhang von innerer und äußerer Politik 1867–1914*. Göttingen 1977.

Goldfrank, D. M., *The Origins of the Crimean War*. London 1994.

Kennan, G. F., *The Fateful Alliance. France, Russia, and the Coming of the First World War.* Manchester 1984.

Rywkin, M. (Hg.), *Russian Colonial Expansion to 1917*. London/New York 1988.

Die Reformen, Bauernbefreiung, Rechtswesen

Baberowski, J., *Autokratie und Justiz. Zum Verhältnis von Rechtsstaatlichkeit und Rückständigkeit im ausgehenden Zarenreich 1864–1914*. Frankfurt a. M. 1996.

Crisp, O./L. Edmondson (Hgg.), *Civil Rights in Imperial Russia*. Oxford 1989.

Donnorummo, R. P., *The Peasants of Central Russia. Reactions to Emancipation and the Market, 1850–1900*. New York/London 1987.

Eklof, B. (Hg.), *Russia's Great Reforms, 1855–1881*. Bloomington (IN) 1994.

Emmons, T., *The Russian Landed Gentry and the Peasant Emancipation of 1861*. Cambridge 1968.

Eschment, B., *›Die Große Reform‹? Die Bauernreform von 1861 in Rußland in der vorrevolutionären Geschichtsschreibung* Münster/Hamburg 1994.

Field, D., *The End of Serfdom. Nobility and Bureaucracy in Russia, 1855–1861*. Cambridge (MA) 1976.

Kaiser, F. B., *Die russische Justizreform von 1864*. Leiden 1972.

Kaščenko, S. G., *Reforma 19 fevralja 1861 goda v Sankt-Petersburgskoj gubernii*. Leningrad 1990.

Koval'čenko, I. D., *Social'no-ėkonomičeskij stroj krest'janskogo chozjajstva Evropejskoj Rossii v epoche kapitalizma*. Moskau 1988.

Liessem, P., *Verwaltungsgerichtsbarkeit im späten Zarenreich. Der Dirigierende Senat und seine Entscheidungen zur russischen Selbstverwaltung (1854–1917)*. Frankfurt a. M. 1996.

Lincoln, W. B., *The Great Reforms: Autocracy, Bureaucracy, and the Politics of Change in Imperial Russia*. DeKalb (IL) 1990.

Macey, D. A. J., *Government and Peasant in Russia, 1861–1906. The Prehistory of the Stolypin Reforms*. DeKalb (IL) 1987.

Menning, B. W., *Bayonets before Bulletts: The Imperial Russian Army, 1861–1914*. Bloomington (IN) 1992.

Scheibert, P., *Die russische Agrarreform von 1861*. Köln/Wien 1973.

Wagner, W. G., *Marriage, Property and Law in Imperial Russia*. Oxford 1994.

Wcislo, W., *Reforming Rural Russia: State, Local Society, and National Politics, 1855–1914*. Princeton (NJ) 1990.

Worobec, C. D. *Peasant Russia: Family and Community in the Post-Emancipation Period.* Princeton (NJ) 1991.

Yaney, G., *The Urge to Mobilize: Agrarian Reform in Russia, 1861–1930.* Urbana (IL) u. a. 1982.

Die Gesellschaft (nach 1848): Adel, Narodničestvo, revolutionäre Bewegung

Bauer, H./A. Kappeler/B. Roth (Hgg.), *Die Nationalitäten des Russischen Reiches in der Volkszählung von 1897.* 2 Bde. Stuttgart 1991.

Becker, S., *Nobility and Privilege in Late Imperial Russia.* DeKalb (IL) 1985.

Bonwetsch, B., *Die russische Revolution 1917. Eine Sozialgeschichte von der Bauernbefreiung bis zum Oktoberumsturz.* Darmstadt 1991.

Brim, S., *Universitäten und Studentenbewegung in Rußland im Zeitalter der Großen Reformen 1855–1881.* Frankfurt a. M. u. a. 1985.

Clowes, E. W. (Hg.), *Between Tsar and People. Educated Society and the Quest for Public Identity in Late Imperial Russia.* Princeton (NJ) 1991.

Emmons, T./W. S. Vucinich (Hgg.), *The Zemstvo in Russia. An Experiment in Local Self-Government.* Cambridge (MA) 1982.

Frank, S. P., *Cultural Conflict and Criminality in Rural Russia, 1861–1900.* Ann Arbor (MI) 1992.

Greifman, A., *Thou Shalt Kill: Revolutionary Terrorism in Russia, 1894–1917.* Princeton (NJ) 1993.

Grenzer, A., *Adel und Landbesitz im ausgehenden Zarenreich. Der russische Landadel zwischen Selbstbehauptung und Anpassung nach Aufhebung der Leibeigenschaft.* Stuttgart 1995.

Hamburg, G., *Politics of Russian Nobility, 1881–1905.* New Brunswick (NJ) 1984.

Hardy, D., *Land and Freedom: the Origins of Russian Terrorism, 1876–1879.* New York u. a. 1987.

Haumann, H./S. Plaggenborg (Hgg.), *Aufbruch der Gesellschaft im verordneten Staat. Rußland in der Spätphase des Zarenreiches.* Frankfurt a. M. u. a. 1994.

Johnson, R. E., *Peasant and Proletarian. The Working Class of Moscow in the Late Nineteenth Century.* New Brunswick (NJ) 1979.

Löwe, H.-D., *Die Lage der Bauern in Rußland 1880–1905. Wirtschaftliche und soziale Veränderungen in der ländlichen Gesellschaft des Zarenreiches.* St. Kathrinen 1987.

Malia, M., *Alexander Herzen and the Birth of Russian Socialism. 1812–1853.* Cambridge (MA) 1961.

Manning, R. T., *The Crisis of the Old Order in Russia. Gentry and Government*. Princeton (NJ) 1982.

Maurer, T., *Hochschullehrer im Zarenreich. Ein Beitrag zur russischen Sozial- und Bildungsgeschichte*. Köln u. a. 1998.

Naimark, N. M., *Terrorists and Social Democrats: The Russian Revolutionary Movement Under Alexander III*. Cambridge (MA)/London 1983.

Renner, A., *Russischer Nationalismus und Öffentlichkeit im Zarenreich 1855–1875*. Köln u. a. 2000.

Scheibert, P., *Von Bakunin zu Lenin. Geschichte der russischen-revolutionären Ideologien 1840–1895*. Bd. 1. Leiden 1956.

Schmidt, C., *Ständerecht und Standeswechsel in Rußland 1851–1897*. Wiesbaden 1994.

Shanin, T., *Russia as a ›Developing Society‹. The Roots of Otherness: Russia's Turn of the Century*. 2 Bde. New Haven (CT)/London 1986.

Solov'ev, J. B., *Samoderžavie i dvorjanstvo v konce XIX veka*. Leningrad 1973.

Ders., *Samoderžavie i dvorjanstvo v 1902–1907*. Hg. V. N. Ginev. Leningrad 1981.

Ders., *Samoderžavie i dvorjanstvo v 1907–1914 gg*. Leningrad 1990.

Torov, J., *The Russian Noble Family. Structure and Change*. New York/London 1987.

Walkin, J., *The Rise of Democracy in Pre-revolutionary Russia: Political and Social Institutions under the Last Three Tsars*. New York 1962.

Zimmermann, J. E., *Mid-Passage: Alexander Herzen and the European Revolution, 1847–1852*. Pittsburgh (PA) 1989.

Marxismus, Entstehung der Parteien

Emmons, T., *The Formation of Political Parties and the First National Elections in Russia*. Cambridge (MA)/London 1983.

Geierhos, W., *Vera Zasulič und die russische revolutionäre Bewegung*. München 1977.

Geyer, D., *Lenin in der russischen Sozialdemokratie*. Köln/Graz 1962.

Hildermeyer, M., *Die sozialrevolutionäre Partei Rußlands. Agrarsozialismus und Modernismus im Zarenreich (1900–1914)*. Köln/Wien 1978.

Immonen, H., *The Agrarian Program of the Russian Socialist Revolutionary Party, 1900–1914*. Helsinki 1988.

Miljukov, P. N., *Vospominanija (1859–1917)*. 2 Bde. Moskau 1990.

Perrie, M., *The Agrarian Policy of the Russian Socialist-revolutionary Party from its Origins through the Revolution of 1905–1907.* London u. a. 1976.
Williams, R. C., *The Other Bolsheviks. Lenin and His Critics, 1904–1914*. Bloomington (IN) 1986.

Innenpolitik, Reaktion, Armee

Byrnes, R. F., *Pobedonostsev. His Life and Thought.* Bloomington (IN) 1968.
Gatrell, P., *Government, Industry, and Rearmament in Russia, 1900–1914. The Last Arguments of Tsarism*. Cambridge 1994.
Judge, E. H., *Plehve: Repression and Reform in Imperial Russia 1902–1904*. Syracuse (NY) 1983.
Katz, M., *M. N. Katkov. A Political Biography 1818–1887*. Den Haag 1966.
McNeal, R. H., *Tsar and Cossacks, 1855–1914*. New York 1987.
Nardova, V. A., *Samoderžavie i gorodskie dumy v Rossii v konce XIX – načale XX veka.* St. Petersburg 1994.
Pearson, T. S., *Russian Officialdom in Crisis. Autocracy and Local Self-Government, 1861–1900*. Cambridge 1989.
Stepanov, S. A., *Černaja Sotnja v Rossii (1905–1914) gg.* Moskau 1992.
Whelan, H. W., *Alexander III. and the State Council. Bureaucracy and Counter-Reform in Late Imperial Russia*. New Brunswick (NJ) 1982.
Zaionchkovsky, P. A., *The Russian Autocracy under Alexander III.* Gulf Breeze (FL) 1976.

Wirtschaftsentwicklung

Blackwell, W. L., *The Beginnings of Russian Industrialisation, 1800–1860*. Princeton (NJ) 1968.
Bochanov, A. N., *Krupnaja buržuazija Rossii konec XIX v. – 1915 g.* Moskau 1992.
Coopersmith, J., *The Electrification of Russia, 1880–1926*. Ithaca (NY)/ London 1992.
Gatrell, P., *The Tsarist Economy 1850–1917*. New York 1986.
Gregory, P. R., *Russian National Income: 1885–1913.* Cambridge u. a. 1982.
Ders., *An Economic History of Russia from Emancipation to the First Five-year Plan.* Princeton (NJ) 1994.
Guroff, G./F. V. Carstensen, *Entrepreneurship in Imperial Russia and the Soviet Union.* Princeton (NJ) 1983.

Haumann, H., *Kapitalismus im zaristischen Staat 1906–1917. Organisationsformen, Machtverhältnisse und Leistungsbilanz im Industrialisierungsprozeß*. Königstein 1980.

Haywood, R. N., *The Beginnings of Railway Development in Russia in the Reign of Nicholas I, 1835–1842*. Durham (NC) 1969.

Kraskovskij, E. J. (Hg.), *Istorija železnodorožnogo transporta Rossii*. Bd. I: *1836–1917*. St. Petersburg/Moskau 1994.

Laue, T. H. von, *Sergei Witte and the Industrialization of Russia*. New York 1974.

Lemke, H. (Hg.), *Deutsch-russische Wirtschaftsbeziehungen 1906–1914. Dokumente*. Berlin 1991.

Kirchner, W., *Die deutsche Industrie und die Industrialisierung Rußlands 1815–1914*. St. Katharinen 1986.

Moritsch, A., *Landwirtschaft und Agrarpolitik in Rußland vor der Revolution*. Köln/Wien 1986.

Owen, T., *Capitalism and Politics in Russia. A Social History of the Moscow Merchants, 1855–1905*. Cambridge (MA) u. a. 1981.

Pintner, W. M., *Russian Economic Policy under Nicholas I*. Ithaca (NY) 1967.

Ruckmann, J. A., *The Moscow Business Elite: A Social and Cultural Portrait of Two Generations, 1840–1905*. DeKalb (IL) 1984.

Thomas, L., *Streben nach Weltmachtpositionen. Rußlands Handelsflotte 1856 bis 1914*. Berlin 1995.

Juden, Deutsche Kolonisten

Aronson, I. M., *Troubled Waters. The Origins of the 1881 Anti-Jewish Pogroms in Russia*. Pittsburgh (PA) 1990.

Baron, S. W, *The Russian Jews under Tsars and Soviets*. New York/London 1964.

Busch, M., *Deutsche in St. Petersburg 1865–1914. Identität und Integration*. Essen 1995.

Dahlmann, D. (Hg.), *Zwischen Reform und Revolution: die Deutschen an der Wolga. 1860–1917*. Essen 1994.

Fleischhauer, I., *Die Deutschen im Zarenreich. Zwei Jahrhunderte deutsch-russischer Kulturgemeinschaft*. Stuttgart 1986.

Frankel, J., *Prophecy and Politics. Socialism, Nationalism, and the Russian Jews. 1862–1917*. Cambridge u. a. 1981.

Gitelman, Z., *A Century of Ambivalence: The Jews of Russia and the Soviet Union, 1881 to the Present*. New York 1988.

Haberer, E. F., *Jews and Revolution in Nineteenth-Century Russia.* Cambridge 1995.

Haumann, H., *Geschichte der Ostjuden.* München 1991.

Hofmeister, A., *Selbstorganisation und Bürgerlichkeit. Jüdisches Vereinswesen in Odessa um 1900.* Göttingen 2007.

Kagedan, A. L., *Soviet Zion: The Quest for a Russian Jewish Homeland.* New York 1994.

Kahan, A., *Essays in Jewish Social and Economic History.* Chicago 1986.

Kappeler, A. (Hg.), *Die Deutschen im russischen Reich und im Sowjetstaat.* Köln 1987.

Klier, J. D., *Russia Gathers Her Jews: The Origins of the ›Jewish Question‹ in Russia, 1772–1825.* DeKalb (IL) 1986.

Ders., *Imperial Russia's Jewish Question, 1855–1881.* Cambridge (MA) 1995.

Ders./S. Lambroza (Hgg.), *Pogroms: Anti-Jewish Violence in Modern Russian History.* Cambridge (MA) u. a. 1992.

Lederhendler, E., *The Road to Modern Jewish Politics: Political Tradition and Political Reconstruction in the Jewish Community of Tsarist Russia.* New York 1989.

Löwe, H.-D., *Antisemitismus und reaktionäre Utopie. Russischer Konservatismus im Kampf gegen den Wandel von Staat und Gesellschaft, 1890–1917.* Hamburg 1978.

Nathans, B., *Beyond the Pale. The Jewish Encounter with Late Imperial Russia.* Los Angeles/London 2002.

Neutatz, D., *Die ›deutsche Frage‹ im Schwarzmeergebiet und in Wolhynien. Politik, Wirtschaft, Mentalitäten und Alltag im Spannungsfeld von Nationalismus und Modernisierung. 1856–1914.* Stuttgart 1993.

Rest, M., *Die russische Judengesetzgebung von der ersten Polnischen Teilung bis zu ›Položenie dlja evreev‹ (1804).* Wiesbaden 1975.

Rogger, H., *Jewish Policies and Right-Wing Politics in Imperial Russia.* Basingstoke, London 1969.

Stanislawski, M., *Tsar Nicholas I and the Jews: The Transformation of Jewish Society in Russia, 1825–1855.* Philadelphia (PA) 1983.

Stadt, Alltag

Bater, J. H., *St. Petersburg. Industrialization and Change.* London 1976.

Bradley, J., *Muzhik and Muscovite: Urbanization in Late Imperial Russia.* Berkeley (CA) u. a. 1985.

Brower, D. R., *The Russian City between Tradition and Modernity, 1850–1900.* Berkeley (CA) 1990.

Christian, D., *›Living Water‹. Vodka and Russian Society on the Eve of Emancipation*. Oxford 1990.

Conroy, M. S., *In Health and in Sickness: Pharmacy, Pharmacists, and the Pharmaceutical Industry in Late Imperial, Early Soviet Russia*. Boulder (CO) 1994.

Engelstein, L., *The Key to Happiness: Sex and the Search for Modernity in Fin-de-Siècle Russia*. Ithaca (NY)/London 1992.

Frierson, C. A., *Peasant Icons. Representations of Rural People in late Nineteenth-Century Russia*. New York/Oxford 1993.

Hamm, M. F. (Hg.), *The City in Late Imperial Russia*. Bloomington (IN) 1986.

Ders., *Kiev. A Portrait, 1800–1917*. Princeton (NJ) 1993.

Hausmann, G., *Universität und städtische Gesellschaft in Odessa, 1865–1917. Soziale und nationale Selbstorganisation an der Peripherie des Zarenreiches*. Stuttgart 1998.

Herlihy, P., *Odessa: A History 1794–1914*. Cambridge 1991.

Ransel, D. L. (Hg.), *The Family in Imperial Russia. New Lines of Historical Research*. Urbana (IL) u. a. 1978.

Rustemeyer, A./D. Siebert, *Alltagsgeschichte der unteren Schichten im Russischen Reich (1861–1914). Kommentierte Bibliographie zeitgenössischer Titel und Berichte über die Forschung*. Stuttgart 1997.

Tian-Shanskaya, O. S., *Village Life in Late Tsarist Russia*. Übers. und hg. von D. L. Ransel und M. Levine. Bloomington (IN) 1993.

Züge, C. G., *Der russische Colonist oder Christian Gottlob Züge's Leben in Rußland. Nebst einer Schilderung der Sitten und Gebräuche der Russen, vornehmlich in den asiatischen Provinzen. Erläutert und mit einem Nachwort versehen von Gert Robel*. Bremen 1988.

Frauen

Bernstein, L. A., *Sonia's Daughters: Prostitution and Society in Russia*. Ann Arbor (MI) 1991.

Clements, B. E./B. A. Engel/C. Worobec (Hgg.), *Russia's Women. Accomodation, Resistance, Transformation*. Berkeley 1991.

Edmonson, L. H., *Feminism in Russia, 1900–1917*. Stanford (CA) 1984.

Dies. (Hg.), *Women and Society in Russia and the Soviet Union*. New York, Cambridge 1992.

Engel, B. A., *Mothers and Daughters: Women of the Intelligentsia in Nineteenth Century Russia*. Cambridge u. a. 1983.

Farnworth, B./L. Viola (Hgg.), *Russian Peasant Women.* New York 1992.

Fieseler, B., *Frauen auf dem Weg in die russische Sozialdemokratie, 1890–1917. Eine kollektive Biographie.* Stuttgart 1995.

Johanson, C., *Women's Struggle for Higher Education in Russia, 1855–1900*. Kingston/Montreal 1987.

Nemec, I. D. M./S. Krive (Hgg.), *Women and Writing in Russia and the USSR. A Bibliography of English Language Sources*. New York 1992.

Rustemeyer, A., *Dienstboten in Petersburg und Moskau 1861–1917. Hintergrund, Alltag, soziale Rolle*. Stuttgart 1996.

Regionen

Allworth, E. (Hg.), *Central Asia. 120 Years of Russian Rule.* Durham/London 1989.

Beauvois, D., *Le noble, le serf, et le revizor. La noblesse polonaise entre le tsarisme et les masses ukrainiennes. 1831–1863*. Paris 1985.

Ders., *La bataille de la terre en Ukraine 1863–1914. Les Polonais et les conflits socio-ethniques*. Lille 1993.

Demko, G. J., *The Russian Colonization of Kazakhstan 1896–1916*. Bloomington (IN) 1969.

Faust, W., *Rußlands goldener Boden. Der sibirische Regionalismus in der zweiten Hälfte des 19. Jahrhunderts*. Köln/Wien 1980.

Fisher, A. W., *The Crimean Tatars*. Stanford (CA) 1978.

Gammer, M., *Muslim Resistance to the Tsar: Shamil and the Conquest of Chechnia and Daghestan*. London 1994.

Gatagova, L. S., *Pravitel'stvennaja politika i narodnoe obrazovanie na Kavkaze v XIX. v*. Moskau 1993.

Gavrilov, D. V. (Hg.), *Istorija Urala v periode kapitalizma*. Moskau 1990.

Jersild, A., *Orientalism and Empire. North Caucasus Mountain Peoples and the Georgian Frontier, 1845–1918*. Montreal u. a. 2002.

Jewsbury, G. F., *The Russian Annexation of Bessarabia, 1774–1828. A Study of Imperial Expansion*. Boulder (CO)/New York 1976.

Juchneva, N. V., *Ėtničeskij sostav i ėtnosocial'naja struktura naselenija Peterburga. Vtoraja polovina XIX – načalo XX veka. Statičeskij analiz*. Leningrad 1984.

Kaczyńska, E., *Das größte Gefängnis der Welt. Sibirien als Strafkolonie zur Zarenzeit*. Frankfurt a. M./New York 1994.

Kirby, D. G., *Finland and Russia 1808–1920. From Autonomy to Independence*. London/Basingstoke 1975.

Kirimli, H., *National Movements and National Identity Among the Crimean Tatars (1905–1916)*. Leiden 1996.

Marks, S. G., *Road to Power: The Trans-Siberian Railroad and the Colonization of Asian Russia, 1850–1917*. Ithaca (NY) 1991.

Noack, C., *Muslimischer Nationalismus im Russischen Reich. Nationsbildung und Nationalbewegung bei Tataren und Baschkiren, 1861–1917*. Stuttgart 2000.

Pierce, R. A., *Russian Central Asia 1867–1917. A Study in Colonial Rule*. Berkeley/Los Angeles 1960.

Schlögel, K., *Jenseits des Großen Oktober. Petersburg 1909–21*. Berlin 1988.

Schweitzer, R., *Autonomie und Autokratie. Die Stellung des Großfürstentums Finnland im russischen Reich in der zweiten Hälfte des 19. Jahrhunderts (1863–1899)*. Gießen 1978.

Starr, S. F. (Hg.), *Russia's American Colony*. Durham (NC) 1987.

Thaden, E. C. (Hg.), *Russification in the Baltic Provinces and Finland, 1855–1914*. Princeton (NJ) 1981.

Ders., *Russia's Western Borderlands, 1710–1870*. Princeton (NJ) 1984.

Wood, A./R. A. French (Hgg.), *The Development of Siberia: Peoples and Resources*. Basingstoke/London 1989.

1905–1914

Ascher, A., *The Revolution of 1905*. Bd. I: *Russia in Disarray*. Stanford (CA) 1988; Bd. II: *Authority Restored*. Stanford 1992.

Ders., *P. A. Stolypin: The Search for Stability in Late Imperial Russia*. Stanford (CA) 2001

Bonnell, V. E., *Boots of Rebellion. Workers' Politics and Organizations in St. Petersburg and Moscow, 1900–1914* . Berkeley u. a. 1983.

Dahlmann, D., *Die Provinz wählt. Rußlands Konstitutionell-Demokratische Partei und die Dumawahlen 1906–1912*. Köln u. a. 1996.

Dumova, N. G., *Liberal v Rossii: Tragedija nesovmestnosti. Istoričeskij portret P. N. Miljukova. Čast' pervaja: Žizń v nauke*. Moskau 1993.

Edelman, R., *Gentry Politics on the Eve of the Russian Revolution: The Nationalist Party, 1907–1917*. New Brunswick (NJ) 1980.

Ders., *Proletarian Peasants. The Revolution of 1905 in Russia's Southwest*. London 1987.

Ferenczi, C., *Außenpolitik und Öffentlichkeit in Rußland 1906–1912*. Husum 1982.

Gamelin, R. Š. (Hg.), *Sovet ministrov Rossijskoj imperii 1905–1906 gg. Dokumenty i materialy*. Leningrad 1990.

Hagen, M., *Die Entfaltung politischer Öffentlichkeit in Rußland: 1906–1914*. Wiesbaden 1982.

Haimson, L. (Hg.), *The Politics of Rural Russia, 1905–1914*. Bloomington (IN) 1979.

Hildermeier, M., *Die Russische Revolution 1905–1921*. Frankfurt a. M. 1989.

Hosking, G. A., *The Russian Constitutional Experiment. Government and Duma, 1907–1914*. Cambridge (MA) 1973.

McKean, R. B., *St. Petersburg between the Revolutions. Workers and Revolutionaries, June 1907 – February 1917*. New Haven (CT) 1990.

Rawson, D. C., *Russian Rightists and the Revolution of 1905*. Cambridge 1995.

Rexheuser, R., *Dumawahlen und lokale Gesellschaft. Studien zur Sozialgeschichte der russischen Rechten vor 1917*. Köln/Wien 1980.

Rice, C. J., *Russian Workers and the Socialist-Revolutionary Party through the Revolution of 1905–1907*. New York 1988.

Scheibert, P. (Hg.), *Die russischen Parteien von 1905 bis 1917. Ein Dokumentationsband*. Darmstadt 1972.

Surh, G. D., *1905 in St. Petersburg: Labor, Society, and Revolution*. Stanford (CA) 1989.

Swain, G., *Russian Social Democracy and the Legal Labour Movement, 1906–1914*. London/Basingstoke 1983.

Szeftel, M., *The Russian Constitution of April 23, 1906. Political Institutions of the First Duma Monarchy*. Brüssel 1976.

Thurston, R. W., *Liberal City, Conservative State. Moscow and Russia's Urban Crisis, 1906–1914*. New York/London 1987.

Verner, A. M., *The Crisis of Russian Autocracy: Nicholas II and the 1905 Revolution*. Princeton (NJ) 1990.

Russland im Ersten Weltkrieg, Ende der Zarenherrschaft

Jahn, H., *Patriotic Culture in Russia during World War I*. London 1995.

Lih, L. T., *Bread and Authority in Russia, 1914–1918*. Los Angeles/Oxford 1989.

Linke, H. G., *Das zarische Rußland und der Erste Weltkrieg: Diplomatie und Kriegsziele 1914–1917*. München 1982.

6. Das bolschewistische Russland, die Sowjetunion

Allgemeines

Altrichter, H. (Hg.), *Die Sowjetunion. Von der Oktoberrevolution bis zu Stalins Tod.* Bd. 1: *Staat und Partei.* München 1986; Bd. 2: *Wirtschaft und Gesellschaft.* Hg. mit H. Haumann. München 1987.

Ders., *Kleine Geschichte der Sowjetunion 1917–1991*. München 2001.

Carr, E. H., *History of Soviet Russia.* 7 Bde. London 1950–60.

Fitzpatrick, S., *The Russian Revolution.* Oxford/New York 1994.

Haumann, H. (Hg.), *Die russische Revolution 1917*. Köln u. a. 2007.

Hildermeier, M., *Geschichte der Sowjetunion 1917–1991. Entstehung und Niedergang des ersten sozialistischen Staates*. München 1998.

Hösch, E., H.-J. Grabmüller, *Daten der sowjetischen Geschichte. Von 1917 bis zur Gegenwart.* München 1981.

Hosking, G., *The First Socialist Society. A History of the Soviet Union from Within.* Cambridge (MA) 1990.

Jackson, G./R. Devlin (Hgg.), *Dictionary of the Russian Revolution.* New York/London 1989.

Karger, A./J. Stadelbauer (Hgg.), *Sowjetunion.* Frankfurt a. M. 1987.

Keep, J. L. H., *Last of the Empires. A History of the Soviet Union, 1945–1991*. Oxford/New York 1995.

Kernig, C. D. (Hg.), *Sowjetsystem und demokratische Gesellschaft. Eine vergleichende Enzyklopädie.* 6 Bde. und 1 Sonderband. Freiburg i. Br. u. a. 1966–72.

Kort, M., *The Soviet Colossus. History and Aftermath*. London 1995.

Laird, R. D./B. A. Laird (Hgg.), *A Soviet Lexicon: Important Concepts, Terms, and Phrases*. Toronto 1987.

Lorenz, R., *Sozialgeschichte der Sowjetunion.* Bd. 1. Frankfurt a. M. 1976.

Luks, L., *Entstehung der kommunistischen Faschismustheorie. Die Auseinandersetzung der Komintern mit Faschismus und Nationalsozialismus 1921–1935*. Stuttgart 1985.

Nekrič, A. M., *Geschichte der Sowjetunion.* 2 Bde. Königstein 1981/82.

Pipes, R., *The Formation of the Soviet Union. Communism and Nationalism 1917–1923*. Cambridge 1964.

Rauch, G. von, *Geschichte der Sowjetunion.* Durchgesehen und ergänzt von W. Geierhos, Stuttgart 1990.

Rossi, J., *Spravočnik po GULAGu. Istoričeskij slovaŕ sovetskich penitenciarnych institucij i terminov, svjazannych s prinuditelnym trudom*. London 1987.
Scherer, J. L. (Hg.), *USSR Facts and Figures Annual*. Gulf Breeze (FL) 1978ff.
Torke, H.-J. (Hg.), *Historisches Lexikon der Sowjetunion 1917/22 bis 1991*. München 1993.
Volobuev, E. R. (Hg.), *Političeskie dejateli Rossii 1917. Biografičeskij slovaŕ*. Moskau 1993.

Das Jahr 1917, die Revolutionen

Altrichter, H., *Russland 1917: Ein Land auf der Suche nach sich selbst*. Paderborn u. a. 1997.
Frankel, E. R./J. Frankel/B. Knei-Paz (Hgg.), *Revolution in Russia: Reassessments of 1917*. Cambridge u. a. 1992.
Galili, Z., *The Menshevik Leaders in the Russian Revolution: Social Realities and Political Strategies*. Princeton (NJ) 1989.
Geyer, D., *Die Russische Revolution. Historische Probleme und Perspektiven*. Göttingen 1985.
Hasegawa, T., *The February Revolution: Petrograd, 1917*. Seattle/London 1981.
Hellmann, M. (Hg.), *Die russische Revolution 1917. Von der Abdankung des Zaren bis zum Staatsstreich der Bolschewiki*. München 1977.
Keep, J. L. H., *The Russian Revolution. A Study in Mass Mobilization*. London 1976.
Kenez, P., *The Birth of the Propaganda State. Soviet Methods of Mass Mobilization*. Cambridge 1985.
Koenker, D. P./W. G. Rosenberg, *Strikes and Revolution in Russia, 1917*. New Jersey 1989.
Lorenz, R./M. von Boetticher/B. Pietrow (Hgg.), *Die russische Revolution 1917. Der Aufstand der Arbeiter, Bauern und Soldaten. Eine Dokumentation*. München 1981.
Mandel, D., *The Petrograd Workers and the Fall of the Old Regime: From the February Revolution to the July Days, 1917*. New York 1983.
Ders., *The Petrograd Workers and the Soviet Seizure of Power: From the July Days to July 1918*. New York 1984.
Pipes, R., *Die russischen Revolutionen*. 4 Bde. Berlin 1992/93.
Radkey, O. H., *The Agrarian Foes of Bolshevism. Promise and Default of the Russian Socialist Revolutionaries February to October 1917*. New York/London 1962.

Ders., *Russia Goes to the Polls. The Election to the All-Russian Constituent Assembly, 1917*. Ithaca (NY)/London 1989.
Raleigh, D. J., *Revolution on the Volga: 1917 in Saratov*. Ithaca (NY)/London 1986.
Reed, J., *Zehn Tage, die die Welt erschütterten*. Reinbek 1967.
Smith, S. A., *Red Petrograd: Revolution in the Factories 1917–1918*. Cambridge u. a. 1983.

Lenin

Service, R., *Lenin, Eine Biographie*. München 2000.
Weber, G./H. Weber (Hgg.), *Lenin-Chronik*. München/Wien 1974.

Die anderen Bolschewiki, die Partei

Bergmann, T./G. Schäfer (Hgg.), *›Liebling der Partei‹. Bucharin – Theoretiker des Sozialismus. Beiträge zum internationalen Bucharin-Symposium, Wuppertal 1988*. Hamburg 1989.
Dies./M. Seldon (Hgg.), *Bukharin in Retrospect*. Armonk (NY) 1994.
Clements, B. E., *Bolshevic Feminists. The Life of Aleksandra Kollontaj*. Bloomington (IN)/London 1979.
Deutscher, I., *Trotzki*. 3 Bde. Stuttgart 1962/63.
Gluckstein, D., *The Tragedy of Bukharin*. London 1994.
Kahan, S., *The Wolf of the Kremlin. The First Biography of L. M. Kaganovitch. The Soviet Unions Architect of Fear*. New York 1987.
O'Connor, T. E., *The Engineer of Revolution. L. B. Krasin and the Bolsheviks, 1870–1926*. San Francisco/Oxford 1992.
Pomper, P., *Lenin, Trotsky, and Stalin. The Intelligentsia and Power*. New York 1990.
Rigby, T. H., *Political Elites in the USSR: Central Leaders and Local Cadres from Lenin to Gorbachev*. Brookfield (MA) 1990.
Sinclair, L., *Trotsky: A Bibliography*. 2 Bde. Brookfield (MA) 1989.
Trotzki, L., *Geschichte der russischen Revolution*. 3 Bde. Frankfurt a. M. 1973.
Wolkogonow, D., *Trotzki. Das Janusgesicht der Revolution*. Düsseldorf u. a. 1992.
Wolter, U. (Hg.), *Die linke Opposition in der Sowjetunion. Texte von 1923 bis 1928*. 5 Bde. Berlin 1975ff.

Bürgerkrieg, NĖP

Altrichter, H., *Staat und Revolution in Sowjetrußland 1917–1922/23*. Darmstadt 1981.

Ders., *Die Bauern von Tveŕ. Vom Leben auf dem russischen Dorfe zwischen Revolution und Kollektivierung*. München 1984.

Avrich, P., *Kronstadt 1921*. Princeton (NJ) 1970.

Ball, A. M., *Russia's Last Capitalists: The Nepmen, 1921–1929*. Berkeley u. a. 1987.

Ders., *And Now My Soul Is Hardened. Abandoned Children in Soviet Russia, 1918–1930*. Berkeley u. a. 1994.

Baumgart, W./K. Repgen (Hgg.), *Brest-Litovsk*. Göttingen 1969.

Benvenuti, F., *The Bolsheviks and the Red Army, 1918–1922*. Cambridge 1988.

Broido, V., *Lenin and the Mensheviks. The Persecution of Socialists under Bolshevism*. Aldershot 1987.

Brovkin, V. N., *The Mensheviks After October: Socialist Opposition and the Rise of the Bolshevik Dictatorship*. Ithaca (NY)/London 1987.

Ders., *Behind the Front Lines of the Civil War. Political Parties and Social Movements in Russia, 1918–1922*. Princeton (NJ) 1994.

Bugaj, N. F., *Črezvyčajnye organy sovetskoj vlasti: Revkomy 1918–1921*. Moskau 1990.

Burbank, J., *Intelligentsia and Revolution. Russian Views of Bolshevism, 1917–1922*. New York/Oxford 1986.

Cummins, A. G., *The Road to the NEP, the State Commission for the electrification of Russia (GOELRO): A Study in Technology, Mobilization, and Economic Planning*. Ann Arbor 1992.

Dahlmann, D., *Land und Freiheit. Machnovščina und Zapatismo als Beispiele agrarrevolutionärer Bewegungen*. Stuttgart 1986.

Deutscher, I., *Die unvollendete Revolution*. Frankfurt a. M. 1970.

Figes, O., *Peasant Russia, Civil War: The Volga Countryside in Revolution, 1917–1921*. New York 1989.

Fitzpatrick, S. (Hg.), *Russia in the Era of N.E.P. Explorations in Soviet Society and Culture*. Bloomington (IN) 1991.

Getzler, I., *Kronstadt 1917–1921: The Fate of Soviet Democracy*. Cambridge u. a. 1983.

Haumann, H., *Beginn der Planwirtschaft. Elektrifizierung, Wirtschaftsplanung und gesellschaftliche Entwicklung Sowjetrußlands 1917–1921*. Düsseldorf 1974.

Legget, G., *The Cheka: Lenin's Political Police. The All-Russian Extraordinary Commission for Combating Counter-Revolution and Sabotage (December 1917 to February 1922)*. Oxford 1986.

Malet, M., *Nestor Machno in the Russian Civil War.* London 1982.

Malle, S., *The Economic Organization of War Communism, 1918–1921*. Cambridge u. a. 1985.

Mawdsley, E., *The Russian Civil War.* Boston (MA) u. a. 1987.

McAuley, M., *Bread and Justice. State and Society in Petrograd 1917–1922*. Oxford 1991.

Merl, S. (Hg.), *Der Agrarmarkt und die Neue Ökonomische Politik. Die Anfänge staatlicher Lenkung der Landwirtschaft in der Sowjetunion 1925–1928*. München, Wien 1981.

Ders., *Sowjetmacht und Bauern. Dokumente zur Agrarpolitik der Landwirtschaft während des ›Kriegskommunismus‹ und der Neuen Ökonomischen Politik.* Berlin 1993.

Pethybridge, R., *One Step Backwards, Two Steps Forward. Soviet Society and Politics in the New Economic Policy.* Oxford 1990.

Pietsch, W., *Revolution und Staat. Institutionen als Träger der Macht in Sowjetrußland 1917–1922*. Köln 1969.

Rosenberg, W. G., *Liberals in the Russian Revolution. The Constitutional Democratic Party, 1917–1921*. Princeton (NJ) 1974.

Stalin

Baberowski, J., *Der rote Terror. Die Geschichte des Stalinismus.* München 2003.

Conquest, R., *Stalin and the Kirov Murder.* New York/Oxford 1989.

Ders., *Stalin: Breaker of Nations*. New York 1991.

Erler, G./W Süss (Hgg.), *Stalinismus. Probleme der Sowjetgesellschaft zwischen Kollektivierung und Weltkrieg.* Frankfurt a. M./New York 1982.

Kotkin, S., *Magnetic Mountain: Stalinism as a Civilization*. Berkeley 1995.

Löhmann, R., *Der Stalinmythos. Studien zur Sozialgeschichte des Personenkultes in der Sowjetunion (1929–1935)*. Münster 1990.

Löwe, H.-D., *Stalin. Der entfesselte Revolutionär*. Zürich 2002.

McNeal, R. H., *Stalin: Man and Ruler*. New York 1988.

Rosenfeldt, N. E., *Stalin's Special Departments. A Comparative Analysis of Key Sources.* Copenhagen 1989.

Ders., *Stalin's Secret Chancellery and the Comintern. Evidence about the Organizational Patterns*. Copenhagen 1991.

Tucker, R. C., *Stalin as Revolutionary 1879–1929. A Study in History and Personality*. New York 1973.

Ders., *Stalin in Power: The Revolution from Above, 1928–1941*. New York 1990.

Ward, C., *Stalin's Russia*. London u. a. 1993.

Wolkogonow, D., *Stalin. Triumph und Tragödie. Ein politisches Portrait. Düsseldorf 1989.*

Industrialisierung, Kollektivierung, Massenterror

Chlevnjuk, O. V., *1937–yi: Stalin, NKVD i sovetskoe obščestvo*. Moskau 1992.

Conquest, R., *Ernte des Todes. Stalins Holocaust in der Ukraine 1929–1933*. München 1988.

Ders., *The Great Terror: A Reassessment*. New York/Oxford 1990.

Filtzer, D., *Soviet Workers and Stalinist Industrialization: The Formation of Modern Soviet Production Relations, 1928–1941*. Armonk (NY) 1986.

Fitzpatrick, S., *Stalin's Peasants. Resistance and Survival in the Russian Village after Collectivization*. New York/Oxford 1994.

Getty, J. A., *Origins of the Great Purges. The Soviet Communist Party Reconsidered, 1933–1938*. Cambridge (Mass.) 1985, ND 1987.

Ders./R. T. Manning (Hgg.), *Stalinist Terror. New Perspectives*. Cambridge u. a. 1993.

Jakobson, M., *Origins of the GULAG. The Soviet Prison Camp System 1917–1934*. Lexington 1993.

Lewin, M., *Russian Peasants and Soviet Power. A Study of Collectivization*. London 1968.

Lorenz, R., *Anfänge der sowjetischen Industriepolitik*. Köln 1965.

Maier, R., *Die Stachanov-Bewegung 1935–1938. Der Stachanovismus als tragendes und verschärfendes Moment der Stalinisierung der sowjetischen Gesellschaft*. Stuttgart 1990.

Merl, S., *Die Anfänge der Kollektivierung in der Sowjetunion: Der Übergang zur staatlichen Reglementierung der Produktions- und Marktbeziehungen im Dorf (1928–1930)*. Wiesbaden 1985.

Ders., *Bauern unter Stalin. Die Formierung des sowjetischen Kolchossystems 1930–1941*. Berlin 1990.

Ders., *Sozialer Aufstieg im Sowjetischen Kolchossystem der 30er Jahre? Über das Schicksal der bäuerlichen Parteimitglieder, Dorfsowjetvorsitzenden, Posteninhaber in Kolchosen, Mechanisatoren und Stachanowleute* Berlin 1990.

Morris, M. W., *Stalin's Famine and Roosevelt's Recognition of Russia*. Lanham 1994.

Müller, E./H.-H. Schröder (Hgg.), *Partei, Staat und Sovetgesellschaft. Sozialgeschichtliche Aspekte politischer Macht. Dokumente 1917–1941*. Tübingen 1993.

Pirker, T. (Hg.), *Die Moskauer Schauprozesse 1936–1938*. München 1963.

Sapper, M./V. Weichsler/A. Gebert (Hgg.), ›Vernichtung durch Hunger. Der Holodomor in der Ukraine und der UdSSR‹ in: *Osteuropa* 54 (2004) Heft 12.

Schauprozesse unter Stalin 1932–1952. Zustandekommen, Hintergründe, Opfer. Mit einem Vorwort von Horst Schützler. Berlin 1990.

Schröder, H.-H., *Industrialisierung und Parteibürokratie in der Sowjetunion. Ein sozialgeschichtlicher Versuch über die Anfangsphase des Stalinismus (1928–1934)*. Wiesbaden 1988.

Serbyn, R./B. Krawchenko (Hgg.), *Famine in Ukraine 1932–1933*. Edmonton 1986.

Siegel, A., *Die Dynamik des Terrors im Stalinismus. Ein strukturtheoretischer Erklärungsversuch*. Pfaffenweiler 1992.

Außenpolitik bis zum Weltkrieg

Debo, R. K., *Survival and Consolidation. The Foreign Policy of Soviet Russia, 1918–1921*. London/Buffalo (NY) 1992.

Geyer, D. (Hg.), *Osteuropa-Handbuch. Sowjetunion. Außenpolitik*. 3 Bde. Köln/Wien 1972–76.

Goldberg, H. J. (Hg.), *Documents of Soviet-American Relations*. Bd. 1: *Intervention, Famine Relief, International Affairs 1917–1933*. Gulf Breeze (FL) 1993.

Haslam, J., *Soviet Foreign Policy, 1930–1933. The Impact of the Depression*. London/Basingstoke 1983.

Ders., *The Soviet Union and the Struggle for Collective Security in Europe 1933–39*. London/Basingstoke 1984.

Pietrow, B., *Stalismus – Sicherheit – Offensive. Das Dritte Reich in der Konzeption der sowjetischen Außenpolitik 1933 bis 1941*. Melsungen 1983.

Riddell, J. (Hg.), *The Communist International in Lenin's Time*. Bd. 1: *Lenin's Struggle for a Revolutionary International. Documents: 1907–1916*. New York 1984; Bd. 2: *The German Revolution and the Debate on Soviet Power. Documents: 1918–1919*. New York 1986; Bd. 3:

Founding the Communist International. Proceedings and Documents of the First Congress: March 1919. New York 1987.

Innenpolitik, Parteiherrschaft, Staatsaufbau, Rechtssystem, Gesellschaft

Berg, G. van den, *The Soviet System of Justice: Figures and Policy.* Dordrecht u. a. 1985.

Chlevnjuk, O. V., *Stalin i Ordžonikidze: Konflikty v Politbjuro v 30-e gody*. Moskau 1993.

Daniels, R. V., *Is Russia Reformable? Change and Resistance from Stalin to Gorbachev*. Boulder (CO)/London 1988.

Deutscher, I., *Die sowjetischen Gewerkschaften. Ihr Platz in der sowjetischen Arbeitspolitik*. Frankfurt a. M. 1969.

Gill, G., *The Rules of the Communist Party of the Soviet Union.* Armonk (NY) 1988.

Ders., *The Origins of the Stalinist Political System*. Cambridge 1990.

Ioffe, O. S./P. B. Maggs, *Soviet Law in Theory and Practice.* London u. a. 1983.

Jacobs, E. M. (Hg.), *Soviet Local Politics and Government.* London u. a. 1983.

Kavass, I. I. (Hg.), *Soviet Law in English: Research Guide and Bibliography, 1970–1987*. Buffalo (NY) 1988.

Knight, A. W., *The KGB: Police and Politics in the Soviet Union.* Boston (MA) u. a. 1988.

Laird, R. D., *The Politbüro: Demographic Trends, Gorbachev, and the Future*. Boulder (CO)/London 1986.

Little, R. D., *Governing the Soviet Union.* New York/London 1989.

Matthews, M. (Hg.), *Party, State, and Citizen in the Soviet Union: A Collection of Documents*. Armonk (NY)/London 1989.

Mawdsley, E./S. White, *The Soviet Elite from Lenin to Gorbachev. The Central Committee and its Members, 1917–1991*. Oxford 2000.

Meyer, G. (Hg.), *Das politische und gesellschaftliche System der UdSSR. Ein Quellenband*. Köln 1976.

Müller, E./H.-H. Schröder (Hgg.), *Partei, Staat und Sovetgesellschaft. Sozialgeschichtliche Aspekte politischer Macht. Dokumente 1917–1941*. Tübingen 1993.

Oberländer, E., *Sowjetpatriotismus und Geschichte. Eine Dokumentation.* Köln 1967.

Politbjuro (Hg.), *Mechanizmy političeskoj vlasti v 1930–e gody*. Moskau 1996.

Read, C. J., *Culture and Power in Revolutionary Russia. The Intelligentsia and the Transition from Tsarism to Communism.* Basingstoke/London 1990.

Reese, R. R., *The Soviet Military Experience: A History of the Soviet Army, 1917–1991. Warfare and History.* New York 2000.

Reiman, M., *Die Geburt des Stalinismus. Die UdSSR am Vorabend der ›zweiten Revolution‹.* Frankfurt a. M. 1979.

Rigby, T. H., *The Changing Soviet System: Mono-organisational Socialism from its Origins to Gorbachev's Restructuring.* Brookfield (MA) 1990.

Roggemann, H. (Hg.), *Die Staatsordnung der Sowjetunion.* Berlin 1973.

Scheibert, P., *Lenin an der Macht. Das russische Volk in der Revolution 1918–1922.* Weinheim 1984.

Schröder, H.-H., *Arbeiterschaft, Wirtschaftsführung und Parteibürokratie während der Neuen Ökonomischen Politik. Eine Sozialgeschichte der bolschewistischen Partei 1920–1928.* Berlin/Wiesbaden 1982.

Siegelbaum, L. H., *Soviet State and Society Between Revolutions, 1918–1929.* New York 1992.

Stites, R., *Revolutionary Dreams. Utopian Vision and Experimental Life in the Russian Revolution.* New York/Oxford 1989.

Tucker, R. C., *Political Culture and Leadership in Soviet Russia: From Lenin to Gorbachev.* Brighton/New York 1987.

Kultur, Bildung, Literatur

Anweiler, O./K.-H. Ruffmann (Hgg.), *Kulturpolitik der Sowjetunion.* Stuttgart 1973.

Beyrau, D., *Intelligenz und Dissens. Die russischen Bildungsschichten in der Sowjetunion 1917–1985.* Göttingen 1993.

Bljum, A. V., *Za kulisami ›Ministerstva Pravdy‹: Tajnaja istorija sovetskoj cenzury, 1917–1929.* St. Petersburg 1994.

Eimermacher, K., *Die sowjetische Literaturpolitik 1917–1932. Von der Vielfalt zur Bolschewisierung der russischen Literatur.* Bochum 1994.

Ders., *Wie grell, wie bunt, wie ungeordnet … Modelltheoretisches Nachdenken über die russische Kultur.* Bochum 1995.

Fitzpatrick, S., *The Cultural Front. Power and Culture in Revolutionary Russia.* London 1992.

Fortescue, S., *The Communist Party and Soviet Science.* Baltimore (MD) 1986.

Gassner, H. (Hg.), *Agitation zum Glück. Sowjetische Kunst der Stalinzeit.* Bremen 1994.

Gorsen, P./E. Knödler-Bunte (Hgg.), *Proletkult*. Bd. I: *System einer proletarischen Kunst. Dokumentation*; Bd. II: *Zur Praxis und Theorie einer proletarischen Kulturrevolution in Sowjetrußland 1917–1925. Dokumentation*. Stuttgart 1974/75.

Gorzka, G., *Arbeiterkultur in der Sowjetunion. Industriearbeiter-Klubs 1917–1929. Ein Beitrag zur sowjetischen Kulturgeschichte*. Berlin 1990.

Dies. (Hg.), *Kultur im Stalinismus. Sowjetische Kultur und Kunst der 1930er bis 50er Jahre*. Bremen 1994.

Holmes, L. E., *The Kremlin and the Schoolhouse. Reforming Education in Soviet Russia, 1917–1931*. Indianapolis 1991.

Kämpfer, F., *Der rote Keil. Das politische Plakat, Theorie und Geschichte*. Berlin 1985.

Kasack, W. (Hg.), *Lexikon der russischen Literatur ab 1917: Ergänzungsband*. München 1976, ND 1986.

Ders., *Die russische Schriftsteller-Emigration im 20. Jahrhundert. Beiträge zur Geschichte, den Autoren und ihren Werken*. München 1996.

Ders. (Hg.), *Russische Literaturgeschichten und Lexika der russischen Sprache. Die Handbücher des 20. Jahrhunderts. Überblick, Einführung, Wegführer*. Konstanz 1997.

Kenez, P., *Cinema and Soviet Society 1917–1953*. Cambridge 1992.

King, D., *Stalins Retuschen. Foto- und Kunstmanipulationen in der Sowjetunion*. Hamburg 1997.

Knödler-Bunte, E./G. Erler (Hgg.), *Kultur und Kulturrevolution in der Sowjetunion*. Berlin/Kronberg 1978.

Kobelt, K., *Anton Makarenko – ein stalinistischer Pädagoge. Interpretationen auf dem Hintergrund der russisch-sowjetischen Bildungspolitik*. Frankfurt a. M. u. a. 1996.

Kretzschmar, D., *Die sowjetische Kulturpolitik 1970–1985. Von der verwalteten zur selbstverwalteten Kultur. Analyse und Dokumentation*. Bochum 1993.

Lawton, A., *Kinoglasnost: Soviet Cinema in Our Time*. Cambridge 1992.

Lorenz, R. (Hg.), *Proletarische Kulturrevolution in Sowjetrußland (1917–1921). Dokumente des ›Proletkult‹*. München 1969.

Mally, L., *Culture of the Future. The Proletkult Movement in Revolutionary Russia*. Berkeley (CA) 1990.

Raeff, M., *Russia Abroad. A Cultural History of the Russian Emigration, 1919–1939*. New York/Oxford 1990.

Schlögel, K. (Hg.), *Der große Exodus. Die russische Emigration und ihre Zentren 1917–1941*. München 1994.

Sochor, Z. A., *Revolution and Culture: The Bogdanov-Lenin-Controversy.* Ithaca (NY)/London 1988.
Starr, S. F., *Red and Hot. Jazz in Rußland von 1917 bis 1990.* Wien 1990.
Stites, R., *Russian Popular Culture. Entertainment and Society since 1900. Cambridge 1990.*
Tarchanov, A. S. K., *Stalinistische Architektur.* München 1992.
Vucinich, A., *Empire of Knowledge: The Academy of Sciences of the USSR (1917–1970).* Berkeley (CA)/London 1984.

Der Zweite Weltkrieg

Eichwede, W./U. Hartung (Hgg.), *›Betr.: Sicherstellung‹. NS-Kunstraub in der Sowjetunion.* Bremen 1998.
Felstinskij, J. (Hg.), *SSSR – Germanija.* Bd. 1: *1939. Dokumenty i materialy o sovetsko-germanskich otnošenijach s aprelja po oktjabŕ 1939 g;* Bd. 2: *1939–1941. Dokumenty i materialy o sovetsko-germanskich otnošenijach s sentjabrja 1939 g. po ijun 1941 g.* Vilnius 1989.
Gross, J. T., *Revolution from Abroad: The Soviet Conquest of Poland's Western Ukraine and Western Belorussia.* Princeton (NJ) 1988.
Hilger, A., *Deutsche Kriegsgefangene in der Sowjetunion. 1941–1956. Kriegsgefangenenpolitik, Lageralltag und Erinnerung.* Essen 2000.
Nolte, H.-H. (Hg.), *Der Mensch gegen den Menschen. Überlegungen und Forschungen zum deutschen Überfall auf die Sowjetunion 1941.* Hannover 1992.
Segbers, K., *Die Sowjetunion im Zweiten Weltkrieg. Die Mobilisierung von Verwaltung, Wirtschaft und Gesellschaft im ›Großen Vaterländischen Krieg‹ 1941–1943.* München 1987.
Ueberschär, G. D./W. Wette (Hgg.), *Der deutsche Überfall auf die Sowjetunion. ›Unternehmen Barbarossa‹ 1941.* Frankfurt a. M. 1991.
Wegner, B. (Hg.), *Zwei Wege nach Moskau. Vom Hitler-Stalin-Pakt zum ›Unternehmen Barbarossa‹.* München 1991.

Außenpolitik der Weltmacht Sowjetunion

Jones, R. A., *The Soviet Concept of ›Limited Sovereignty‹ from Lenin to Gorbachev: The Brezhnev Doctrine.* New York 1990.
Kanet, R. E. (Hg.), *Soviet Foreign Policy in the 1980s.* New York 1982.
Korbonski, A./F. Fukuyama (Hgg.), *The Soviet Union and the Third World: The Last Three Decades.* Ithaca (NY)/London 1987.
Meissner, B., *Vom Sowjetimperium zum eurasischen Staatensystem. Die russische Außenpolitik im Wandel und in den Wechselbeziehungen zur Innenpolitik.* Berlin 1995.

Nolte, H.-H., *Gruppeninteressen und Außenpolitik. Die Sowjetunion in der Geschichte Internationaler Beziehungen.* Frankfurt a. M./Zürich 1979.

Resis, A., *Stalin, the Politbüro, and the Onset of the Cold War, 1945–1946.* Pittsburgh (PA) 1988.

Rubinstein, A. Z., *Moscow's Third World Strategy.* Princeton (NJ) 1988.

Schröder, H.-H., *Sowjetische Rüstungs- und Sicherheitspolitik zwischen Stagnation und Perestrojka. Eine Untersuchung der Wechselbeziehung von auswärtiger Politik und innerem Wandel in der UdSSR (1979–1991).* Baden-Baden 1995.

Ulam, A. B., *Dangerous Relations: The Soviet Union in World Politics, 1970–1982.* New York/Oxford 1983.

Innenpolitik nach Stalin, Machtkämpfe

Cohen, S. F. (Hg.), *The Soviet Union since Stalin.* Bloomington (IN) 1980.

Knight, A., *Beria: Stalins's First Lieutenant.* Princeton (NJ) 1993.

D'Agostino, A., *Soviet Succession Struggles: Kremlinology and the Russian Question from Lenin to Gorbachev.* Boston/London 1988.

Nove, A., *Stalinism and After. The Road to Gorbachev.* London 1988.

Chruščëv

Breslauer, G. W., *Khrushchev and Brezhnev as Leaders: Building Authority in Soviet Politics.* London u. a. 1982.

Chotiner, B. A., *Khrushchev's Party Reform: Coalition Building and Institutional Innovation.* Westport (CT)/London 1984.

Linden, C. A., *Krushchev and the Soviet Leadership 1957–1964.* Baltimore (MD) 1966.

McCauley, M., *Khrushchev and Krushchovism.* Bloomington (IN) 1988.

Miller, R. F./F. Fehér (Hgg.), *Khrushchev and the Communist World.* London/Canberra 1984.

Tompson, W. J., *Khrushchev. A Political Life.* New York 1994.

Brežnev

Gelman, H., *The Brezhnev Politbüro and the Decline of Detente.* Ithaca (NY)/London 1984.

Mastny, V., *Helsinki, Human Rights, and European Security: Analysis and Documentation*. Durham (NC) 1986.

Millar, J. R. (Hg.), *Cracks in the Monolith: Party Power in the Brezhnev Era*. Armonk (NY) 1992.

Die letzten bolschewistischen Führer bis Gorbačëv

Byrnes, R. F. (Hg.), *After Brezhnev: Sources of Soviet Conduct in the 1980s*. Bloomington (IN) 1983.

Gorbatschow, M. S., *»Zurück dürfen wir nicht!« Programmatische Äußerungen zur Umgestaltung der sowjetischen Gesellschaft. Eine kommentierte Auswahl der wichtigsten Reden M. S. Gorbatschows aus den Jahren 1984–1987*. Hg. H. Tennen. Bremen 1987.

Hazan, B., *From Brezhnev to Gorbachev: Infighting in the Kremlin*. Boulder (CO)/London 1987.

Kelley, D. R., *Soviet Politics from Brezhnev to Gorbachev*. New York/Westport (CT)/London 1987.

Parker, J. W., *Kremlin in Transition*. Bd. I: *From Brezhnev to Chernenko, 1978–1985*; Bd. II: *Gorbachev, 1985–1989*. Boston (MA) u. a. 1991.

Petroff, S., *The Red Eminence: A Biography of Mikhail A. Suslov*. Clifton (NJ)/Kingston 1988.

Zemtsov, I., *Chernenko. The Last Bolshevik: The Soviet Union on the Eve of Perestroika*. New Brunswick (NJ)/Oxford 1989.

Wirtschaftsprobleme

Clarke, R. A., *Soviet Economic Facts 1917–1970*. London 1972.

Goldman, M. I., *U.S.S.R. in Crisis: The Failure of an Economic System*. New York/London 1983.

Hewett, E. A., *Reforming the Soviet Economy: Equality versus Efficiency*. Washington 1988.

Medvedev, Z., *Soviet Agriculture*. New York/London 1987.

Ders., *The Legacy of Chernobyl*. New York/London 1990.

Nove, A., *An Economic History of the U.S.S.R.* Harmondsworth 1972.

Penkaitis, N./L. U. Osses, *Neuausrichtung der sowjetischen Agrarpolitik unter Gorbatschow. Eine Übersicht über die Maßnahmen im Agrarbereich*. Berlin 1987.

Ders., *Entwicklungstendenzen der Agrarstrukturen in Rußland*. Berlin 1995.

Ploss, S. I., *Conflict and Decision-Making in Soviet Russia. A Case Study of Agricultural Policy 1953–1963*. Princeton (NJ) 1963.

Raupach, H., *Geschichte der Sowjetwirtschaft.* Reinbek 1964.
Ders., *System der Sowjetwirtschaft. Theorie und Praxis.* Reinbek 1968.
Ders., *Wirtschaft und Gesellschaft Sowjetrußlands 1917–1977.* Wiesbaden 1979.
Rosenberg, W. G./L. H. Siegelbaum (Hgg.), *Social Dimensions of Soviet Industrialization.* Bloomington (IN) 1993.
Rutland, P., *The Politics of Economic Stagnation in the Soviet Union.* New York 1993.
Shcherbak, I., *Chernobyl: A Documentary Story.* New York 1989.
Siegelbaum, L. H., *Stakhanovism and the Politics of Productivity in the USSR, 1935–1941.* Cambridge u. a. 1988.
Wädekin, K.-E., *Die sowjetischen Staatsgüter. Expansion und Wandlungen des Sovchozsektors im Verhältnis zum Kolchozsektors von Stalins Tod bis heute.* Wiesbaden 1969.

Nationalitätenprobleme

Azrael, J. R. (Hg.), *Soviet Nationality Policies and Practices.* New York u. a. 1978.
Baberowski, J., *Der Feind ist überall. Stalinismus im Kaukasus.* München 2003.
Benningsen, A./S. E. Wimbush, *Muslims of the Soviet Empire. A Guide.* Bloomington (IN) 1986.
Buchsweiler, M., *Rußlanddeutsche im Sowjetsystem bis zum Zweiten Weltkrieg. Minderheitenpolitik, nationale Identität, Publizistik.* Essen 1995.
Conquest, R. (Hg.), *The Last Empire. Nationality and Soviet Future.* Stanford (CA) 1986.
Dunlop, J. B., *The Faces of Contemporary Russian Nationalism.* Princeton (NJ) 1983.
Eisfeld, A./V. Herdt (Hgg.), *Deportation, Sondersiedlung, Arbeitsarmee. Deutsche in der Sowjetunion 1941–1956.* Köln 1996.
Grotzki, J., *Konflikt im Vielvölkerstaat. Die Nationen der Sowjetunion im Aufbruch.* München/Zürich 1991.
Hajda, L./M. Beissinger (Hgg.), *The Nationalities Factor in Soviet Politics and Society.* Boulder (CO) u. a. 1990.
Halbach, U., *Das sowjetische Völkerimperium. Nationalitätenpolitik und nationale Frage.* Mannheim u. a. 1992.
Huttenbach, H. R. (Hg.), *Soviet Nationality Policies. Ruling Ethnic Groups in the USSR.* Rutherford (NJ) 1990.

Jahn, E. (Hg.), *Sozioökonomische Bedingungen der sowjetischen Außenpolitik*. Frankfurt a. M./New York 1975.

Kappeler, A. (Hg.), *Die Muslime in der Sowjetunion und in Jugoslawien. Identität, Politik, Widerstand*. Köln 1989.

Koenen, G./K. Hielscher, *Die schwarze Front. Der neue Antisemitismus in der Sowjetunion*. Reinbek 1991.

Levin, N., *The Jews in the Soviet Union since 1917. Paradox of Survival*. 2 Bde. New York/London 1988.

Mark, R. (Hg.), *Die Völker der Sowjetunion. Ein Lexikon*. Opladen 1992.

Motyl, A. J. (Hg.), *The Post-Soviet Nations: Perspectives on the Demise of the USSR*. New York 1992.

Nahaylo, B./V. Swoboda, *Soviet Disunion. A History of the Nationalities Problem in the USSR*. London 1990.

Pinkus, B., *The Jews of the Soviet Union: The History of a National Minority*. Cambridge u. a. 1988.

Ders./I. Fleischhauer, *Die Deutschen in der Sowjetunion. Geschichte einer nationalen Minderheit im 20. Jahrhundert*. Bearbeitet und hg. von K.-H. Ruffmann. Baden-Baden 1987.

Simon, G., *Nationalismus und Nationalitätenpolitik in der Sowjetunion: von der totalitären Diktatur zur nachstalinistischen Gesellschaft*. Baden-Baden 1986.

Suny, R. G., *The Revenge of the Past: Nationalism, Revolution, and the Collapse of the Soviet Union*. Stanford (CA) 1993.

Alltagsprobleme, Frauengeschichte

Boym, S., *Common Places: Mythologies of Everyday Life in Russia*. Cambridge 1994.

Buckley, M., *Women and Ideology in the Soviet Union*. Ann Arbor (MI) 1989.

Dies. (Hg.), *Perestroika and Soviet Women*. Cambridge 1992.

Goldberg Ruthchild, R. (Hg.), *Women in Russia and the Soviet Union: An Annotated Bibliography*. New York 1993.

Goldman, W. Z., *Women, the State, and Revolution: Soviet Family Policy and Social Life, 1917–1936*. Cambridge u. a. 1993.

Köbberling, A., *Zwischen Liquidation und Wiedergeburt. Frauenbewegung in Rußland von 1917 bis heute*. Frankfurt a. M. u. a. 1993.

Dies., *Das Klischee der Sowjetfrau. Stereotyp und Selbstverständnis Moskauer Frauen zwischen Stalinära und Perestrojka*. Frankfurt a. M. u. a. 1997.

Posadskaya, A. (Hg.), *Women in Russia: A New Era in Russian Feminism*. New York 1994.

Shlapentokh, V., *Public and Private Life of the Soviet People. Changing Values in Post-Stalin Russia.* New York/London 1989.

Soden, K. von, *Lust und Last. Sowjetische Frauen von Alexandra Kollontaj bis heute*. Berlin 1990.

Militär

Colton, T. J./T. Gustafson (Hgg.), *Soldiers and the Soviet State: Civil-Military Relations from Brezhnev to Gorbachev.* Princeton (NJ) 1990.

Green, W. C., *Soviet Nuclear Weapons Policy: A Research and Bibliographic Guide*. Boulder (CO)/London 1987.

Hagen, M. von, *Soldiers in the Proletarian Dictatorship: The Red Army and the Soviet Socialist State, 1917–1930*. Ithaca (NY)/London 1990.

Hansen, J. H., *Correlation of Forces: Four Decades of Soviet Military Development.* New York/London 1987.

Holloway, D., *The Soviet Union and the Arms Race.* New Haven (CT)/London 1983.

Nation, R. C., *Black Earth, Red Star: A History of Soviet Security Policy, 1917–1991*. Ithaca (NY) 1991.

Scott, H. F./W. F. Scott, *Soviet Military Doctrine: Continuity, Formulation and Dissemination.* Boulder (CO)/London 1988.

Wohlforth, W. C., *The Elusive Balance: Power and Perceptions during the Cold War.* Ithaca (NY) 1993.

Zeidler, M., *Reichswehr und Rote Armee 1920–1933. Wege und Stationen einer ungewöhnlichen Zusammenarbeit.* München 1993.

Zisk, K. M., *Engaging the Enemy: Organization Theory and Soviet Military Innovation.* Princeton (NJ) 1991.

Dissidenten

Adler, N., *Victims of Soviet Terror: The Story of the Memorial Movement.* Westport (CT) 1993.

Hopkins, M., *Russia's Underground Press: The Chronicle of Current Events (Khronika tekushchikh sobytij).* New York 1983.

Kelley, D. R., *The Solzhenitsyn – Sakharov Dialogue; Politics, Society, and the Future.* Westport (CT)/London 1982.

Lewytzkyj, B., *Politische Oppositionen in der Sowjetunion 1960–1972. Analyse und Dokumentation*. München 1972.

Sacharow, A., *Mein Leben*. München/Zürich 1991.

Scherrer, J., *Requiem für den Roten Oktober*. Leipzig 1996.

Regionen

Bahry, D., *Outside Moscow: Power, Politics, and Budgetary Policy in the Soviet Republics*. New York 1987.

Benningsen, A./M. Broxup, *The Islamic Threat to the Soviet State*. London 1983.

Hostler, C. W., *The Turks of Central Asia*. Westport (CT) 1993.

Hughes, J., *Stalin, Siberia and the Crisis of the New Economic Policy*. Cambridge 1991.

Loeber, D. A./V. S. Vardys/L. P. A. Kitching (Hgg.), *Regional Identity under Soviet Rule: The Case of the Baltic States*. Hackettstown, Kiel 1990.

Meissner, B., *Die Baltischen Staaten im weltpolitischen und völkerrechtlichen Wandel. Beiträge 1954–1994*. Hamburg 1995.

Ders./D. Loeber/C. Hasselblatt (Hgg.), *Die Außenpolitik der baltischen Staaten und die internationalen Beziehungen im Ostseeraum*. Hamburg 1995.

Misiunas, R. J./R. Taagepera, *The Baltic States. Years of Dependence, 1940–1990*. Berkeley/Los Angeles 1993.

Razgon, I. M./L. M. Gorjuskni (Hgg.), *Oktjabŕ v Sibiri. Chronika sobytij (mart 1917 – maj 1918 g.)*. Novosibirsk 1987.

Rumer, B. Z., *Soviet Central Asia: ›A Tragic Experiment‹*. Boston (MA) 1989.

Starovojtova, G. V., *Ėtničeskaja Gruppa v sovremennom sovetskom gorode. Sociologičeskie očerki*. Leningrad 1987.

Stephan, J. J., *The Russian Far East. A History*. Stanford (CA) 1994.

Weiser, A., *Die Völker Nordsibiriens unter sowjetischer Herrschaft von 1917 bis 1936*. Hohenschäftlarn 1989.

Kirche

Davis, N., *A Long Walk to Church. A Contemporary History of Russian Orthodoxy*. Boulder 1995.

Ellis, J., *The Russian Orthodox Church: A Contemporary History*. Bloomington (IN) 1986.

Mojses, P. (Hg.), *Church and State in Postwar Eastern Europe: A Bibliographical Survey*. New York/London 1987.

Petro, N. N. (Hg.), *Christianity and Russian Culture in Soviet Society.* Boulder (CO)/San Francisco/London 1990.

Pospielovsky, D., *The Russian Church under the Soviet Regime. 1910–1982*. Crestwood (NY) 1984.

Ramet, S. P. (Hg.), *Religious Policy in the Soviet Union.* New York 1993.

Glasnost' und perestrojka, das Ende der Sowjetunion

Adomeit, H./H.-H. Höhmann/G. Wagenlehner (Hgg.), *Die Sowjetunion unter Gorbatschow. Stand, Probleme und Perspektiven der Perestrojka.* Stuttgart u. a. 1990.

Aganbegyan, A., *Ökonomie und Perestroika. Gorbatschows Wirtschaftsstrategien*. Hamburg 1989.

Ahlberg, R., *Sowjetgesellschaft im Epochenwandel. Studien zur Selbstaufklärung der sowjetischen Gesellschaft in der Zeit der Perestrojka 1985–1990*. Frankfurt a. M. u. a. 1992.

Aslund, A., *Gorbachev's Struggle for Economic Reform: The Soviet Reform Process, 1985–88.* Ithaca (NY) 1989.

Blum, D. W., *Russia's Future. Consolidation or Disintegration*. Boulder (CO) 1994.

Boettke, P. J., *Why Perestroika Failed: The Politics and Economics of Social Transformation*. New York 1993.

Brown, A., *The Gorbatschow-Faktor. Wandel einer Weltmacht.* Frankfurt a. M. 2000.

Buckley, M., *Redefining Russian Society and Policy.* Boulder (CO) 1993.

Carrère d'Encausse, H., *The End of the Soviet Empire: The Triumph of the Nations*. New York 1993.

Davies, R. W., *Perestrojka und Geschichte. Die Wende in der Historiographie*. München 1991.

Dawisha, K., *Eastern Europe, Gorbachev and Reform: The Great Challenge.* Cambridge/New York 1988.

Ellman, M./V. Kontorovich (Hgg.), *The Disintegration of the Soviet Economic System*. London/New York 1992.

Friedberg, M./H. Isham (Hgg.), *Soviet Society Under Gorbachev: Current Trends and the Prospects for Reform.* Armonk (NY)/London 1987.

Friedgut, T. H./J. W. Hahn, *Local Power and Post-Soviet Politics.* Armonk (NY) 1994.

Geyer, D. (Hg.), *Die Umwertung der sowjetischen Geschichte.* Göttingen 1991.

Gill, G., *The Collapse of a Single-Party System. The Disintegration of the CPSU.* New York 1994.

Hewett, E. A./V. H. Winston (Hgg.), *Milestones in Glasnost and Perestroyka. Politics and People.* Washington (DC) 1991.

Hosking, G., *Sowjetunion. Eine Weltmacht am Scheideweg.* Bonn/Berlin 1991.

Ders., *The Awakening of the Soviet Union.* 2. erw. Ausgabe Cambridge 1991.

Ders., *Rulers and Victims: The Russians in the Soviet-Union.* Cambridge 2006.

Kappeler, A. (Hg.), *Umbau des Sowjetsystems. Sieben Aspekte eines Experiments.* Stuttgart/Bonn 1989.

Kiernan, B., *The End of Soviet Politics: Elections, Legislatures, and the Demise of the Communist Party.* Boulder (CO) 1993.

Laqueur, W., *Der lange Weg zur Freiheit. Rußland unter Gorbatschow.* Berlin 1989.

Ledeneva, A. V., *How Russia Really Works: The Informal Practices that Shaped Post-Soviet Politics and Business.* Ithaca (NY) 2006.

Lewada, J., *Die Sowjetmenschen 1989–1991. Soziogramm eines Zerfalls.* München 1993.

Meissner, B., *Die Sowjetunion im Umbruch. Historische Hintergründe, Ziele und Grenzen der Reformpolitik Gorbatschows.* Stuttgart 1988.

Murray, J., *The Russian Press from Brezhnev to Yeltsin: Behind the Paper Curtain.* Brookfield (MA) 1994.

Sakwa, R., *Gorbachev and His Reforms, 1985–1990.* New York 1991.

Ders., *Russian Politics and Society.* New York 1993.

Schewardnadse, E., *Die Zukunft gehört der Freiheit.* Reinbek 1991.

Segbers, K., *Der sowjetische Systemwandel.* Frankfurt a. M. 1989.

Ders. (Hg.), *Perestrojka: Zwischenbilanz.* Frankfurt a. M. 1990.

Sharlet, R., *Soviet Constitutional Crisis from De-Stalinization to Disintegration.* Armonk (NY) 1992.

Simon, N./G. Simon, *Verfall und Untergang des sowjetischen Imperiums.* München 1994.

Sowjetunion 1990/91. Krise – Zerfall – Neuorientierung. Hg. vom Bundesinstitut für ostwissenschaftliche und internationale Studien. München 1991.

Waksberg, A., *Die sowjetische Mafia. Organisiertes Verbrechen in der Sowjetunion.* Zürich 1992.

Ders., *Die Verfolgten Stalins. Aus den Verliesen des KGB*. Reinbek 1993.

Zemtsov, I./J. Farrar, *Gorbachev: The Man and the System*. New Brunswick (NJ)/Oxford 1989.

7. Die Russländische Föderation und die GUS

Collins, K., *Clan Politics and Regime Transition in Central Asia*. New York 2006.

Daniel, W. L., *The Orthodox Church and Civil Society in Russia*. College Station (TX) 2006.

Dave, B., *Kazakhstan: Ethnicity, Language and Power*. London 2007.

Gumppenberg, M.-C. von/U. Steinbach (Hgg.), *Der Kaukasus. Geschichte – Kultur – Politik*. München 2008.

Luong, P. J. (Hg.), *The Transformation of Central Asia. States and Society from Soviet Rule to Independence*. Ithaca (NY) 2004.

Mommsen, M., *Wohin treibt Russland? Eine Großmacht zwischen Anarchie und Demokratie*. München 1996.

Dies., *Wer herrscht in Russland? Der Kreml und die Schatten der Macht*. München 2003.

Nußberger, A., *Das System Putin. Gelenkte Demokratie und politische Justiz in Russland*. Müchen 2007.

Sakwa, R. (Hg.), *Chechnya: From Past to Future*. London 2005.

Shevchenko, J., *The Central Government of Russia: From Gorbachev to Putin*. Burlington (VT) 2004

Shevtsova, L., *Putins's Russia*. Washington (DC) 2005.

Shneidman, N. N., *Russian Literature, 1995–2002: On the Threshold of the New Millenium*. Toronto 2004.

Szporluk, R., *Russia, Ukraine, and the Breakup of the Soviet Union*. Stanford (CA) 2000.

Wilson, A., *Virtual Politics: Faking Democracy in the Post-Soviet World*. New Haven (CT) 2005

Yekelchyk, S., *Ukraine. Birth of a Modern Nation*. New York, Oxford 2007.

Personenregister

Orts- und Sachregister